제3판

민사소송법강의

이 태 영 저

法 文 社

제3판 서　문

어느덧 제3판 출간에 이르게 되었다. 제3판에서는 다음과 같은 점을 보완하였다. 우선 최근 민사소송법학회 주관으로 선별하여 각 법학전문대학원에 제공한 민사소송법표준판례를 거의 모두 반영하였다. 또한 전주가 승계참가인의 승계 여부에 대해 다투지 않으면서도 소송탈퇴, 소 취하 등을 하지 않거나 이에 대하여 피고가 부동의하여 원고가 소송에 남아 있다면 승계로 인해 중첩된 원고와 승계참가인의 청구 사이에는 필수적 공동소송에 관한 민사소송법 제67조가 적용된다고 하여 통상공동소송에 의하던 종전의 태도를 변경함으로써 많은 주목을 끌었던 대법원 2019. 10. 23. 선고 2012다46170 전원합의체 판결을 포함하여 최근의 대법원 판례를 최대한 반영하였다.

제3판에서는 민사소송법을 공부하는 학생들의 학습효율을 높이고자 몇 가지 새로운 시도를 하였다. 그중 하나는 제2판까지 중요 단어에 대하여 볼드지정을 하였던 것을 해제하고 그 대신 중요한 법리를 담고 있는 문장 단위로 볼드지정을 하였다. 또한 중요 단원에 대하여 핵심어를 지정하여 독자가 내용의 중요성을 판단하는 데 도움을 주고자 했다. 본서가 수행하여야 하는 민사소송법의 기본서이자 체계서의 역할을 도외시할 수는 없으나 다른 한편으로는 변호사시험을 준비하여야 하는 법학전문대학원생을 위해 변호사시험 출제가능범위에 있는 내용과 그 범위에 있지는 않으나 민사소송법의 이론적 · 체계적 이해를 위해 필요한 내용이 서로 구별될 수 있도록 할 필요가 있다, 이러한 필요에 부응하기 위해 후자의 내용은 작은 글씨로 처리하여 독자들의 필요와 상황에 따라 탄력적인 학습이 가능하도록 배려하였다. 그 외 저자의 강의를 듣는 학생들의 제안을 반영하여 조문해석 중심의 내용에 대하여는 조문 그 자체를 삽입함으로써 해석론의 이해를 높이고자 하였다. 마지막으로 그동안 변호사시험과 변호사시험 모의시험에 출제된 민사소송법 사례형 문제 중 20문제를 엄선하여 부록으로 추가하였다. 모쪼록 많은 도움이 되길 바라는 마음이다.

초판과 제2판의 원고작성에서도 그러하였듯 제3판의 원고작성 작업에서도 여러 제자들의 도움이 있었다. 이 글을 빌어 감사의 마음을 전한다. 아울러 제3판의 발간을 허락해주시고 정성을 다해 까다로운 편집작업을 해주신 법문사 관계자분들께도 진심으로 감사드린다.

2022. 5.
강원대학교 법학전문대학원 연구실에서
이 태 영

제2판 서　문

이 책은 초학자들이 민사소송법을 보다 쉽고 체계적으로 이해하는 데 도움이 되고자 하는 의도에서 민사소송법강의라는 이름으로 2016. 6. 처음 출간되었다. 출간 이후 독자들로부터 만사소송법을 이해하는 데 많은 도움이 되었다는 말씀을 들을 때마다 많은 보람을 느꼈다. 그러나 그동안 개정판을 내지 못해 저자로서 독자들에게 늘 송구한 마음을 가져온 것도 사실이다. 이제 그 개정판을 내게 되어 그간 가져온 마음의 짐을 다소라도 덜게 되어 다행스럽게 생각한다. 개정판에서는 초판에서 의도하지 않게 간과되었던 여러 부족함을 보완하고 최근까지 선고된 중요한 판례와 개정법령을 반영하였다.

초판 출간 당시 이미 행위무능력에 대한 민법의 개정내용을 반영한 민사소송법의 개정이 이루어지기는 하였으나 아직 시행은 되지 않은 상태이었다. 이번 제2판 개정에서는 초판 출간 당시 시행 예정이었던 민사소송법규정들이 이제 현행 민사소송법의 규정으로 소개되고 설명되었다. 한편 그동안 선고된 대법원 판결 중에는 확정판결이 있은 채권의 소멸시효중단을 위해 제기하는 확인의 소에 관한 것과 같은 새로운 태도를 취한 것도 있고 채권자대위소송에 선행된 채권자와 채무자 사이의 피보전채권에 대한 판결의 소송상 취급, 반소로 채권자취소소송이 제기된 경우 본소판단의 문제 등 기존의 판례의 태도를 기초로 이를 보다 정교하게 보완하는 판례 또한 많았다. 본서에서는 이러한 판례들을 기존의 서술체계에 편입시켜 초판에서와 같이 전체적인 흐름에서 개별적인 판례를 이해할 수 있도록 서술하는 데 주안을 두었다. 특히 기판력의 객관적 범위에 관하여 종전의 서술체계를 변경하여 기판력이 발생하는 범위와 기판력이 미치는 범위를 구분하는 등 기판력의 서술체계를 합리적으로 재편하였다. 또한 독자들이 정리에 어려움을 느낄 수 있는 소송절차의 중단, 재판상 화해 등의 부분에서는 그 내용을 도표화하여 한눈에 논리적 관계를 파악할 수 있도록 하였다. 그 외에도 목차부분과 색인부분을 QR코드를 통해 파일을 별도로 제공하여 독자들이 보다 효율적으로 내용을 이해하는 데 도움이 되도록 배려하였다. 다만 판례연습부분의 참고판례의 내용은 책에서는 이를 삭제하고 QR코드를 통해 파일로만 제공하기로 하였다. 저자는 네이버에 관련 카페(카페명: 이태영교수민사소송법강의실, 카페주소: https://cafe.

naver.com/leecp)를 운영하면서 민사소송법 최신판례, 최근 변호사시험 등의 풀이 등을 제공하고 있으며 특히 향후 중요 쟁점에 관한 강의파일을 지속적으로 업로드 할 계획을 가지고 있다. 이러한 자료들은 독자들로 하여금 본서에 대한 이해를 한층 입체적으로 할 수 있도록 도움을 줄 것이라 기대한다.

이번 개정판의 원고를 작성하는 데도 많은 분들의 도움이 있었다. 초판의 내용에 대해 많은 관심과 격려를 주신 민사소송법교수님들, 실무가분들, 독자들께 감사를 드린다. 특히 초학자의 입장에서 많은 피드백을 주고 제2판의 교정내용에 대한 도움까지 준 사랑하는 강원대학교 법학전문대학원학생들, 개정판의 출간을 위해 애써주신 법문사 사장님과 장지훈 부장님, 김용석 과장님, 김성주 대리님을 비롯한 여러 법문사 관계자분들께도 깊은 감사를 드린다.

2019. 4.

강원대학교 법학전문대학원 연구실에서

이 태 영

서 문

이 책은 법학전문대학원 강의교재로 집필되었다. 주지하다시피 교육을 통한 법조인 양성이라는 취지하에 2009년 3년 과정의 법학전문대학원이 개원하였다. 이에 법학전문대학원 설립취지에 맞는 교육을 시행하는 데 적합한 강의교재가 절실히 필요하게 되었다. 기존의 법학교과서로 사용되어온 대부분의 이론서들이 그 내용면에서 매우 훌륭하다는 점에는 이론의 여지가 없다. 그러나 이들은 이론서가 부득이하게 가지는 일반적 특성상 분량이 방대하고 서술방식이 추상적이며 난해한 이론적 논쟁에 많은 지면이 할애되어 있었다. 이로 인해 법률실무가의 길을 지망하는 법학의 초학자(初學者)들이 정해진 기간 내에 이론서의 내용을 이해하고 습득하기에는 적지 않은 어려움이 있었던 것이 사실이다. 그렇다고 법학의 기본적인 내용만을 다룬 입문서가 이를 대신할 수도 없었다. 법률실무가가 되기 위해 갖추어야 할 법학의 수준이 입문서만으로는 충족될 수 없었기 때문이다. 이러한 사정하에 법학의 초학자들은 법학의 체계와 쟁점에 대한 올바른 이해를 통해 법학공부를 하기보다는, 이른바 수험서에 의존하여 단편적 사항을 암기하는 것으로 법학공부를 대신하는 안타까운 현상이 나타나기도 하였다.

한편 법학전문대학원에서는 단지 법학이론을 전수하는 데 그치지 않고 법률실무가로서의 능력을 갖추기 위해 이론과 실무교육을 병행하여야 한다. 이를 위해 이론서 외에도 판례집, 사례집, 실무교재 등이 모두 필요하지만 3년이라는 짧은 교육기간에 이 모두를 충분히 활용하기에는 현실적인 제약이 따른다. 따라서 법학전문대학원 학생들이 여러 자료를 참고하여야 하는 부담을 줄이고 학습의 효율성도 극대화하기 위해서는 하나의 강의교재로 단원마다 기본법리의 이해, 판례학습, 사례연습, 실무에 대한 설명 등이 동시에 이루어질 수 있어야 한다고 생각하였다.

이러한 차원에서 법학전문대학원 개원에 즈음하여 타 법학과목에서 법학전문대학원 강의교재의 출간이 활발히 이루어지고 있는 것은 반가운 일이 아닐 수 없었다. 필자 역시 법률실무가에게 어떤 법학 분야 못지않게 중요한 민사소송법 분야에서도 이러한 시도가 필요하다고 생각하였다.

필자는 2009년 법학전문대학원 개원 즈음부터 법학전문대학원 민사소송법 강의교재 집필에 착수하여 우선 민사소송법 전반부 내용에 해당하는 『법학전문대학원 민사소송법 I』(ISBN 978-89-963866-0-9)을 2010년 2월에 출간한 바 있다. 그러나 내용에 수정 · 보완할 점이 많았고 민사소송법 전반부만 다룬 것이라 시중에는 판매하지 않고 수강학생들의 교재로만 사용하였다. 이후 지금까지 기존의 원고를 수정 · 보완하고 여기에 강의노트로 작성하여 정리한 민사소송법 후반부 내용을 더해 이번 『민사소송법 강의』를 출간하게 되었다. 필자는 이 책을 집필하면서 다음 사항에 역점을 두었다.

1. 초학자들이 민사소송법을 특히 어렵게 느끼는 이유 중 하나는 소송에 대한 실무 경험이 없기 때문이라고 생각한다. 일반적으로 법현상에 대한 경험이 법학공부에 큰 도움이 된다는 사실에는 굳이 긴 설명이 필요 없을 것이다. 소송에 대한 경험이 없는 대부분의 초학자들은 민사소송법의 기본개념을 사전적으로 정의한 것만으로는 이러한 것들이 왜 필요한 것인지, 어떤 법현상과 관련되는 것인지를 이해하기가 쉽지 않다. 이 책에서는 민사소송법의 기본개념을 사전적으로 정의하는 데 그치지 않고, 필요한 경우 정확성을 훼손하지 않는 범위에서 개념의 도출과정과 기능적 측면을 실무적 관점에서 설명하기 위해 노력하였다. 또한 기본법리와 관련된 판례의 소개도 단순한 나열방식을 지양하고 그 취지를 설명하여 기본법리와의 유기적 관련성을 최대한 높이고자 하였다.

2. 법률실무가는 법학지식을 현실의 사건에 적용할 수 있어야 한다. 이를 위해서는 학습단계에서부터 다양한 사례들을 접하고 이를 해결하는 능력을 키울 필요가 있다. 사례는 이론연습을 위해 만들어진 것도 있고 실제 사건에서 발생한 것도 있다. 후자는 판례에서 쉽게 발견할 수 있다. 법률실무가가 되기 위한 학습과정에서는 실제로 자주 발생하고 법리적으로도 중요성을 가지는 사건을 사례연습의 대상으로 할 때 가장 큰 효과를 볼 수 있다.

또한 법률실무가에게 판례연구의 중요성은 아무리 강조해도 지나치지 않다. 판례의 취지를 정확히 이해하고 이를 실제 사건의 처리에 활용할 수 있으려면 판결요지를 아는 것만으로는 부족하고, 판결요지에 나타난 판례의 태도가 판례에서 문제된 사건의 해결에 어떤 의미를 가지는 것인지를 이해할 필요가 있다. 이 책에서는 '판례연습'이라는 제목하에 판례에서 문제된 사건을 초학자들이 이해하기 쉽도록 단순화하여 사례모형으로 제시하고, 판례의 취지에 따른 해결 과정을 논리체계에 따라 설명하였다. 이로써 독자들은 중요판례에 대한 학습과 사례연습을 동시에 할 수 있을 것이다.

판례연습에 뒤이어 참고판결의 판결이유 일부도 수록하였다. 이는 독자들이 판결문에 나타난 실제 사건을 확인할 수 있게 하며, 법률실무가가 되었을 때 해설서 없이 판결문만으로도 판결에서 문제된 사건을 파악하고 판례의 취지를 이해할 수 있도록 하는 데 그 목적이 있다. 이와 더불어 독자들이 판례의 표현과 논리를 필자의 주관적인 각색이 전혀 개입되지 않은 원문 그대로 확인할 수 있게 하려는 의도도 있다.

3. 학자들의 이론적 논쟁은 그 자체를 장황하게 설명하기보다 민사소송법의 해석에서 이러한 논쟁이 문제되는 이유와 법적용상의 차이를 이해하기 쉽게 설명하는 데 중점을 두었다. 그 결과 학설의 내용은 기존 이론서에 비하여 간단히 설명되었고 문제제기와 적용결과 부분은 비교적 자세히 설명되었다.

4. 민사소송절차는 분쟁해결 또는 확정판결이라는 종국의 목적을 위해 여러 가지 절차가 맞물려 있는 하나의 시스템이다. 따라서 각개의 소송절차는 전체 민사소송절차의 관점에서 이해되어야 한다. 이러한 통합적 이해를 돕기 위해 책 앞부분에서 민사소송의 여러 절차와 관련된 '기본사례'를 제시하여 소송절차의 전체적 흐름을 알 수 있게 하였고 각 해당 단원에서 이를 인용하여 구체적인 설명을 하였다. 또한 이 책에는 실무에 사용되는 여러 서식도 실었는데 실무경험이 없는 독자들이 이를 통해 내용을 좀 더 명확히 이해하는 데 도움을 주기 위해서이다.

5. 법학의 내용은 흔히 나열과 구체화 등을 통해 복잡하게 전개된다. 그 과정에서 독자들은 때때로 현재 논의 중인 주제의 체계적 위치를 놓치거나 핵심 내용을 정리하는 데 어려움을 겪기도 한다. 이러한 고충을 덜어주고자 핵심적인 단어나 구절을 볼드체로 표시하고 핵심 문장은 박스로 요약 제시하여 언제든지 핵심 내용을 다시 확인할 수 있도록 하였다.

이 책의 내용을 한 문장씩 써내려갈 때마다 필자는 스스로 다음과 같은 질문을 하였다. '민사소송법의 초학자가 이 내용을 어렵지 않게 그리고 명확하게 이해할 수 있을까?' 또한 이 책의 원본이 된 필자의 강의교재로 공부하는 학생들에게는 늘 한 가지 질문을 하였다. "교재의 내용 중 이해되지 않는 부분은 없는가?" 이러한 질문을 던진 것은 초학자가 이해할 수 없는 글은 적어도 강의교재의 내용으로 적합하지 않다는 필자의 신념을 한 순간도 포기할 수 없었기 때문이다. 그 반면 책의 내용은 법률실무가가 갖추어야 할 법학의 수준을 달성하기에 충분한 것이어야 했다.

이러한 상반된 요구에 모두 '그렇다'라는 답을 얻기 위해서 필자 나름대로 내용을 소화하고 논리적 단계를 최대한 세분화하여 설명하려고 노력하였다. 종종 아무도 언급하지 않았던 근거와 결론을 제시하기도 하고 때로는 기존 이론서에서는 찾아볼 수 없는 표현방식을 사용하기도 하였다. 동시에 서술된 내용의 객관적 정확성을 잃지 않기 위해서도 노력해야 했다. 이는 적지 않은 고통과 시간이 요구되는 과정이었고, 부족한 학문적 역량 탓에 가슴을 짓누르는 부담감을 때때로 느껴야 했다. 이러한 과정에도 불구하고 초학자들이 이해하기 쉽지 않은 생경한 표현과 장황한 문장, 좀 더 쉽고 자세한 설명이 필요한 부분들이 출간을 앞둔 이 시점까지 책 곳곳에서 발견된다. 이런 이유로 독자들의 기탄없는 의견을 기다리며 이를 토대로 좀 더 완성도 높은 재판(再版)을 기대해 본다.

이 책이 나오기까지 많은 분들의 도움이 있었다. 먼저 존경하는 선배 학자들에게 마음 깊이 감사의 말씀을 드린다. 그분들의 주옥 같은 저술이 없었다면 이 책의 집필은 시도조차 할 수 없었을 것이다. 앞서 길을 밝혀준 선배 학자들의 민사소송법 이론서, 관련 분야 서적, 실무서 등을 인용함으로써 이 책을 완성할 수 있었다. 그리고 집필 과정에서 현실적인 도움을 주었던 사랑하는 제자들에게도 고마움을 표한다. 2010년 2월 출간한『법학전문대학원 민사소송법 I』집필시 필자의 조교로 일하면서 많은 도움을 준 학부 제자 허미나, 바쁜 일정에도 교정을 도와준 강원대 법학전문대학원 1기 정혜진 변호사, 이미영 변호사, 2기 노희정 변호사, 김혜주 변호사, 3기 이현동 변호사, 김민지 변호사, 박성연 변호사, 4기 장혜진 변호사, 배동훈 변호사, 5기 이종원에게도 감사의 마음을 전한다. 또한 민사소송법 강의를 분담해주고 이 책의 내용에 아낌없이 조언을 해준 친애하는 전형배 교수에게도 감사한다. 마지막으로 오랜 기간 곁을 지키며 격려해준 사랑하는 가족, 어려운 사정에서도 출간을 허락해 주신 법문사 관계자 분들께도 마음을 모아 감사드린다.

2016. 6.

강원대 법학전문대학원 연구실에서

이 태 영

차　　례

제1편 총　　론

제2편 소송의 개시

제4편 증 거

제6편 상소심절차

제1장 총 설 (581～591)

제4장 항 고 (621~625)

제5장 재항고 (626)

제6장 특별항고 (627)

제7편 재심절차

제8편 병합소송

제2장 다수당사자소송 (677~775)

제9편 간이소송절차

찾아보기

참고문헌

저 자	서 명	발행연도	인용약어
강현중	민사소송법(제7판)	2018	강현중
김상수	민사소송법판례백선(제3판)	2012	김상수
김홍규/강태원	민사소송법(제5판)	2020	김홍규/강태원
김홍엽	민사소송법(제10판)	2021	김홍엽
민일영	주석민사소송법(I)~(IV)	2018	주석민사소송법(I)~(IV)
송상현/박익환	민사소송법(신정제7판)	2014	송상현/박익환
이시윤	신민사소송법(제15판)	2021	이시윤
이시윤/조관행/이원석	판례해설민사소송법 (제4판)	2021	이시윤/조관행/이원석
이영섭	신민사소송법	1972	이영섭
전병서	기본강의민사소송법	2015	전병서
정동윤/유병현/김경욱	민사소송법(제8판)	2020	정동윤/유병현/김경욱
정영환	신민사소송법	2019	정영환
호문혁	민사소송법(제14판)	2020	호문혁
장문철	현대중재법의 이해	2000	장문철
목영준	상사중재법론	2018	목영준
유석주	부동산등기법	2010	유석주
김대순	국제법론(제12판)	2007	김대순
이석영	국제법 이론과 실제	2003	이석영
이상윤	영미법	2007	이상윤
법원행정처	법원실무제요 민사소송(Ⅲ)	2017	법원실무제요 민사소송(Ⅲ)
Othmar Jauernig (김홍규 역)	독일민사소송법	1993	Othmar Jauernig (김홍규 역)
Leo Rogenberg	입증책임론 (오석락 외 2인 공역)	1995	Leo Rogenberg (오석락 외 2인 공역)
梶村太市 · 深沢利一 (김병헌 역)	화해 · 조정의 실무	1987	梶村太市 · 深沢利一 (김병헌 역)
小山昇	民事調停法	1977	小山昇

법령 약어표

가소법	가사소송법
규칙	민사소송규칙
소심법	소액사건심판법
증집법	증권관련 집단소송법

제1편

총　론

제1편 총론

제1장 민사소송

제1절 민사소송의 개념
제2절 민사소송의 한계
제3절 소송을 갈음하는 분쟁해결제도(ADR)
제4절 민사소송의 이상과 신의칙

제2장 민사소송절차의 흐름

제1장 민사소송

제1절 민사소송의 개념

(1) 민사소송제도의 필요성

민사소송이란 무엇인가를 이야기하기에 앞서 민사소송은 왜 필요한 것인가 하는 이야기부터 해 보기로 한다. X는 일본인 Y에게 역사에 관한 고서(古書) 1권을 100만원에 매도하였으나 매매대금을 지급받지 못하였다. X는 Y에게 매매대금을 지급하여 달라고 하고 Y는 X로부터 매수한 책의 상태가 좋지 않아 매매대금을 지급할 수 없다고 주장한다. X와 Y 사이에 분쟁이 생긴 것이다. X와 Y 사이에 분쟁을 어떻게 해결할 수 있을까? X가 Y를 찾아가 스스로의 힘으로 매매대금을 가져오는 것으로 분쟁은 해결될 수 있을까? 이 경우 X의 Y에 대한 권리주장이 과연 정당한 것인지도 의문이고 Y가 X에 대하여 재차 실력행사를 하는 상황을 막을 방법도 없을 것이다. 즉 분쟁당사자의 자력구제로는 정당한 법적 상태와 법적 평화가 달성되기 어렵다. 여기서 국가제도에 의한 분쟁해결 즉 민사소송에 의한 분쟁해결의 필요성이 발생한다.

(2) 민사소송의 의의

민사소송이란 민사에 관한 소송을 말한다. 이는 소송의 대상에 따라 개념을 정의한 것이다. 이러한 개념 정의 방식에 따르면 형사에 관한 소송은 형사소송, 가사에 관한 소송은 가사소송, 행정에 관한 소송은 행정소송이 될 것이다.

민사소송의 대상으로서 민사에 관한 것이란 어떤 의미일까? **민사소송의 대상으로서 민사에 관한 것이란 대등한 주체들 사이에 생활관계로부터 발생하는 사건, 즉 사법상(私法上) 구체적 권리관계에 관한 다툼을 말한다.** 앞의 예에서 X가 Y에게 매매대금을 지급받을 권리가 있는지는 사인(私人)간의 구체적 권리관계에 관한 다툼으로서 민사소송의 대상이 된다. 그러나 매매목적물인 책에 기록된 역사에 관한 내용의 일부가 역사적 사실인지 여부는 권리관계가 아니라 사실에 관한 것이므로 원칙적으로 민사소송의 대상이 되지 않는다.[1] 또한 X와 Y 사이에 적용될 민법상 매매에 관

1) 이에 관한 유일한 예외로서 증서진부확인의 소가 있다(250조).

한 규정이 일반적으로 외국인에게도 적용되는가 하는 다툼은 구체적 권리관계가 아니라 추상적 규범에 관한 것이므로 민사소송의 대상이 되지 않는다.

법원조직법 제2조 제1항은 법원심판의 대상으로서 구체적 권리관계에 관한 다툼을 '법률상의 쟁송'이라는 용어로 표현하고 있다. 따라서 이러한 법률상의 쟁송 중에서 사법상 관련된 것이 민사소송에 해당된다고 할 수 있다. 만약 법률상의 쟁송에 해당되지 않는 사항에 관하여 소가 제기되었다면 어떻게 취급되어야 할까? 다시 말해 민사소송의 대상을 법률상의 쟁송으로 그 대상을 한정하려면 어떤 법적 규제가 필요할까? 이 문제는 주로 소송요건 편에서 다루어진다.

(3) 민사소송의 절차

앞의 예에서 X가 민사소송을 통하여 Y로부터 매매대금을 지급받으려면 구체적으로 어떤 절차가 필요할까? 우선 X는 Y에게 100만 원의 매매대금지급청구권이 있는지 재판을 통해 확정 받아야 한다. 이와 같이 재판을 통해 권리관계의 존부를 확정하는 절차를 판결절차라고 한다.

그런데 판결이 확정되기 전 Y는 자신의 재산을 모두 소비하거나 은닉할 가능성이 있다. 그렇게 되면 X가 판결절차에 의해 자신의 권리를 확정 받는다고 하더라도 현실적으로 Y로부터 매매대금을 지급받는 것은 불가능해진다. 따라서 X는 판결절차 개시 전 또는 판결절차 진행 중에 Y의 책임재산을 보전할 필요가 있다. 이를 위한 보전조치로 가압류가 취해질 수 있다.[2] 가압류는 금전채권자가 장차 강제집행에 대비하여 미리 채무자의 책임재산을 동결시켜 그 처분권을 박탈하여 두는 제도를 말한다. X는 Y의 책임재산을 보전하기 위해 가압류를 해 두어야 한다. 만약 Y가 X로부터 매수한 역사책을 아직 인도받지 못하였다면 Y는 X에 대하여 매매목적물인도청구의 소를 제기하여야 할 것이다. 이때 Y의 매매목적물인도청구권을 보전하기 위한 보전조치는 그 역사책점유의 이전을 금지시키는 가처분, 즉 점유이전금지가처분이 될 것이다. 가처분은 금전채권 이외의 채권의 집행을 보전하기 위한 제도이다. 가압류와 가처분을 보전처분이라고 한다.

판결절차에 의해 X의 권리가 확정되더라도 이것만으로는 X의 권리가 실현되지 않는다. 좀 더 쉽게 말하면 X가 승소판결을 받았다고 하여 아무 조치를 취하지 않아도 Y로부터 매매대금을 지급받게 되는 것은 아니다. X는 판결절차에 의한 집행권원(執行權原)을 기초로 Y의 책임재산에 강제집행을 하여 X의 권리를 실현하여야 한다.

---

2) 보전처분의 피보전권리와 본안의 소송물인 권리는 엄격히 일치함을 요하지 않으며 청구의 기초의 동일성이 인정되는 한 그 보전처분에 의한 보전의 효력은 본안소송의 권리에 미친다(대법원 2017. 3. 9. 선고 2016다257046 판결).

물론 모든 판결이 집행절차를 거쳐야만 그 권리가 실현되는 것은 아니다. 예를 들어 "원고와 피고는 이혼한다"와 같은 형성판결은 그 확정만으로 법률관계가 실현되고, "X부동산은 원고의 소유임을 확인한다" 같은 확인판결은 법률관계 존부의 확인만을 목적으로 하므로 집행을 요하지 않는다. 따라서 **판결 중에서는 확정된 이행판결만이 집행권원이 된다.**

집행권원은 실체법상의 이행청구권의 존재와 범위를 표시하고 그 청구권에 집행력을 인정한 공문서로 강제집행의 기초가 되는 것이다. 간단히 말하면 집행을 법적으로 정당화시켜주는 문서라고 할 수 있다. 집행권원은 확정된 종국판결(민사집행법 24조)이 가장 대표적인 것이다. 확정되지 않은 종국판결의 경우에도 집행권원으로 인정되는 경우가 있는데 가집행의 선고가 있는 종국판결이 그것이다. 민사집행법 제24조는 "강제집행은 확정된 종국판결이나 가집행의 선고가 있는 종국판결에 기초하여 한다"고 규정하고 있다. 집행권원은 이에 한하지 않는다(민사집행법 26조, 56조 참조). 나머지는 관련된 내용이 나올 때마다 설명하기로 한다.

이와 같이 넓은 의미의 민사소송에는 사법상 권리를 확정하는 판결절차 외에도 이를 보전·실현하는 보전절차와 강제집행절차가 모두 포함되지만 좁은 의미로는 판결절차만을 의미한다. 민사소송법에서는 판결절차만을 규율하고 보전절차와 강제집행절차[3]는 민사집행법에서 규율하고 있다.

(4) 민사소송의 특수성

민사소송은 당사자와 법원의 모든 소송행위로 이루어지는 절차이다. 민사소송절차를 구성하는 각각의 행위는 판결을 목표로 하여 선행행위와 후행행위가 서로 맞물려 연쇄적으로 이루어진다. 따라서 특정한 선행행위의 효력이 부정되면 뒤이어 이루어진 후행행위의 효력이 모두 문제되므로 선행행위의 효력이 문제되는 경우 절차의 안정이 중요하게 고려되어야 한다.

민사소송법은 절차의 안정성을 위해 민법에 비하여 여러 가지 특수한 규율을 하고 있다.

1) 어떤 의사표시를 할 때 보다 확실하게 하는 방법은 말로 하는 것보다는 서면에 의하는 것이다. 소를 제기할 경우 소장이라는 서면을 법원에 제출하는 것으로 한다(248조). 소액사건이 아니면 말로 소제기를 할 수 없다. 그 외에도 소의 취하 등 많은 경우에 서면에 의하도록 하고 있다. 민법에서는 특별한 경우를 제외하고는 이러한

---

3) 여기서의 강제집행절차는 개별집행절차로 그 의미를 국한하여 사용하였다. 일반집행은 채무자 회생 및 파산에 관한 법률에서 규율하고 있다. 개별집행은 채무자의 재산에 대하여 개별적으로 집행하는 것을 말하고 일반집행은 채무자의 모든 재산에 대하여 일괄하여 집행하는 것을 말한다.

규율을 찾아보기 어렵다.

2) 민법은 법률행위에 하자가 있는 경우 취소할 수 있도록 하고 있다. 그런데 민사소송법에서 취소제도를 인정하면 취소되는 행위를 기초로 이루어진 그 이후의 행위가 모두 효력을 잃게 되어 절차의 안정을 크게 해치게 된다. 그래서 민사소송법에서는 민법에서와 같은 당사자의 의사표시에 의한 취소제도를 원칙적으로 인정하지 않는다. 만약 소송행위에 하자가 있어 효력을 인정할 수 없다면 무효로 할 뿐이다. 다만 판결의 경우는 상소심 또는 재심의 판결에 의해 취소될 수 있다.

3) 어떤 사람이 대리행위를 할 때 그 대리행위가 유효하기 위해서는 대리권의 존재가 증명되어야 한다(89조 1항). 만약 민사소송에서 각각의 소송행위에 대하여 대리권의 증명을 필요로 한다면 매우 번거롭고 소송절차가 불안정해질 것이다. 그래서 민사소송법은 민법과 달리 포괄대리가 원칙이다(91조).

이외에도 여러 가지 면에서 민법과 다른 규율을 하고 있다. 이와 같이 민사소송법은 민사관계 실체법상 인정되는 권리관계를 구현하는 절차법으로서의 의미를 가지므로 민법 등과 깊은 관련을 가지면서도 절차법으로서의 특수성을 가지고 있다.

(5) 민사소송의 성질

소송은 법원과 당사자 사이에 성립되는 법률관계라고 하는 소송법률관계설[4]과 권리와 의무의 관계가 아니라 기대와 부담의 관계이므로 법률상태로 파악하는 소송법률상태설[5]이 대립한다. 전체로서의 민사소송은 법원과 당사자의 삼면관계로 이루어지는 법률관계로 보는 것이 타당하다고 생각한다.

제2절 민사소송의 한계

I. 민사소송과 다른 소송[6]

소송에는 민사에 관한 소송뿐 아니라 형사, 행정, 가사 등에 관한 소송도 있다.

4) 대법원 1990. 5. 11. 선고 89다카15199 판결. 이시윤, 7면; 정동윤/유병현/김경욱, 7면.
5) 이영섭, 25면.
6) 소송의 종류에 따라 사건번호도 달리 부여된다. 민사소송사건은 가(1심), 나(항소심), 다(상고심) 등으로 사건번호가 부여된다. 이에 대해 형사사건은 고, 노, 도, 행정사건은 구, 누, 두로 사건번호가 부여된다. 사건

이러한 소송들은 민사소송과는 다른 법원에 의해 심리되고 소송절차에 대하여 다른 법률이 적용된다. 만약 민사소송의 대상이 되지 않는 사건을 민사사건으로 소를 제기하면 그 소는 적법하지 않을 것이다. 따라서 이하에서 민사소송과 다른 소송의 관계와 구별기준은 무엇인지를 살펴보기로 한다.

1. 형사소송과의 관계

형사소송은 국가의 형벌권의 존부와 범위를 확정하는 소송이므로 원칙적으로 민사소송과는 별개의 소송이다. 그러나 하나의 사건이 민사소송의 대상이 됨과 동시에 형사소송의 대상이 되는 경우도 있을 수 있다. 예를 들어 보기로 한다. Y는 만취상태에서 운전 중 중앙선을 침범하여 마주 오던 X소유의 차량을 충격하여 X에게 100만 원의 손해를 입혔다. 이 사건에서 Y에 대한 처벌과 X의 손해배상청구는 어떤 소송절차에 의하여야 할까?

X는 Y의 행위로 인한 손해의 배상청구를 위해 Y를 상대로 민사사건으로 소를 제기할 수 있다. 한편 Y가 저지른 교통사고와 음주운전에 대한 처벌을 위해 형사소송이 개시될 것이다. 하나의 사건으로 인해 제기된 두 소송은 서로 그 목적을 달리한다. X가 Y를 상대로 제기한 소에 따른 민사소송은 X가 입은 손해를 Y로부터 배상받기 위한 목적임에 비하여 Y에 대한 형사소송은 Y의 행위에 대하여 국가형벌권을 행사하기 위한 것이다. 이와 같이 두 소송은 서로 그 목적을 달리하므로 심리절차에서도 민사소송은 당사자주의를, 형사소송은 직권주의를 원칙으로 하는 차이가 있다. 따라서 양 소송에서는 서로 다른 판단이 가능하다. 다만 판례는 특별한 사정이 없는 한 형사판결에서의 사실인정은 유력한 증거자료가 되는 것이므로 이를 배척함은 경험칙에 위배된다는 태도를 취하고 있다.[7]

한편 X는 별도의 민사소송에 의하지 않고 Y의 형사재판에서 소송촉진특례법 제25조 이하에서 규정한 배상명령신청을 통해 손해배상을 받을 수도 있다.

2. 행정소송과의 관계

(1) 어떤 사건이 민사소송의 대상이 아니라 행정소송의 대상이라면 행정법원에 소를 제기하여야 하며 민사소송법이 아닌 행정소송법에 의한 절차가 진행된다. 행정소송은 공법상의 권리관계에 관한 다툼을 그 대상으로 하는 점에서(행정소송법 1조) 사법상의

번호는 재판예규 제1481호 사건별 부호문자의 부여에 관한 예규(재일2003-1)에 의한다.

7) 대법원 1977. 11. 8. 선고 76누250 판결; 대법원 1983. 9. 13. 선고 81다1166, 81다카897 판결. 위 판결들의 문제점에 관한 지적으로는 이태영, 판결서의 증명력, 민사소송, 민사소송학회, 2013. 11, 232면 이하 참조.

권리관계에 관한 다툼을 대상으로 하는 민사소송과 구별된다. 그러나 공법상의 권리관계와 사법상의 권리관계의 구별이 반드시 명백한 것은 아니다. 판례는 이에 관해 다음과 같은 기준을 제시하고 있다.[8] ① 공권력의 주체로서 국민을 대하는 경우 또는 ② 단순한 경제적 활동의 주체로서 국민을 대하는 경우라도 그것이 공공의 복지와 밀접한 관계를 가지고 있는 때에는 공법상 권리관계라 하고 ③ 행정주체가 경제적 활동의 주체로서 활동할 때에도 공공의 복지와 밀접한 관계가 없어 사사로운 국민 상호 간의 경제적 활동과 조금도 차이가 없는 경우에는 사법상의 법률관계라고 한다.

(2) 그러나 사건에 따라서는 한 사건에 사법상 권리관계의 요소와 공법상 권리관계의 요소를 모두 포함하고 있는 경우도 있을 수 있다. 예를 들어 보기로 한다. Y시 세무서장은 X에게 1000만 원의 조세부과처분을 하여 X는 1000만 원의 세금을 납부하였다. X는 세금납부 후 Y시 세무서장의 조세부과처분이 무효임을 알고 대한민국을 상대로 이미 납부한 세금 1000만 원을 돌려달라는 부당이득반환청구의 소를 제기하려고 한다. X는 행정소송과 민사소송 중 어느 소송에 의하여야 할까?

X의 소송이 만약 행정소송이라면 민사소송과 달리 행정법원에 소를 제기하여야 하며 행정소송법에 의해 그 절차가 규율된다. Y시 세무서장의 조세부과처분은 공권력의 주체로서 한 공법상 권리관계에 관한 것이고 X의 부당이득반환청구소송 그 자체는 민사소송에 속한다. X가 세금으로 낸 돈을 국가가 취득하는 것이 정당한가는 Y시 세무서장의 조세부과처분이 유효한가에 따라 달라진다. 만약 Y시 세무서장의 조세부과처분이 무효라면 국가는 X가 세금으로 낸 돈을 법률상 원인 없이 얻은 것이 된다. 이와 같이 민사소송에서 청구의 당부를 판단하는 데 행정처분의 효력 유무가 선결문제로 되는 경우 이를 민사법원에서 심리할 수 있다는 것이 통설 · 판례이다.[9] 따라서 X의 부당이득반환청구의 소는 민사사건으로 제기되어야 한다.

그러나 민사소송의 선결문제가 되는 행정처분이 당연무효가 아니고 단순히 위법한 경우에도 민사법원이 그 행정처분의 위법성을 심사할 수 있는가는 위의 문제와 다른 문제이다. 이에 관하여는 행정행위의 적법성을 추정시키는 공정력과의 문제로 견해가 대립한다. 판례는 행정행위의 공정력 또는 집행력에 의하여 그것이 적법하게 취소되기 전까지는 유효하므로 민사소송절차에서 그 처분의 효력을 부인할 수 없다고 하여 원칙적으로 소극적인 태도를 취하고 있다.[10]

---

8) 대법원 1961. 10. 5. 선고 4292행상6 판결.

9) 대법원 1995. 4. 28. 선고 94다55019 판결. 그러나 당연무효라고 하기 위해서는 그 처분에 중대한 하자가 있는 것만으로는 부족하고 그 하자가 객관적으로(외형적으로) 명백한 것이어야 한다.

10) 대법원 1999. 8. 20. 선고 99다20179 판결. 다만 국가배상청구사건에서는 예외를 인정한 판례도

3. 가사소송과의 관계

(1) 가사소송은 가사소송법에 규정된 '가사사건'에 관한 소송이다.[11] 가사소송도 사법관계에 관한 소송이므로 성질상 넓은 의미의 민사소송의 범주에 포함된다고 할 수 있다. 그러나 가사사건은 일반 민사소송의 대상인 재산법관계와는 다른 특수성을 가지고 있으므로 가사소송법규정의 적용을 받고 가정법원이 이를 전담하고 있다.

가사소송법은 과거 가사심판법과 인사소송법을 통폐합하여 1991. 1. 1.부터 제정·시행하여 오고 있다. 가사사건은 가사소송법 제2조 제1항에서 가사소송사건으로 규정된 것과 가사비송사건으로 규정된 것이다. 가사소송사건은 혼인, 친자관계, 입양 등 신분관계에 관한 사건 및 이와 관련된 손해배상청구와 원상회복청구에 관한 사건이다. 특별한 규정이 없으면, 가사소송절차에 관하여는 민사소송법의 규정에 의하고(12조) 가사비송절차에 관하여는 비송사건절차법에 의한다(34조). 가사사건은 가정법원의 전속관할에 속한다(2조 1항).

(2) 어떤 사건이 일반 민사소송의 대상인지 아니면 가사소송의 대상인지 판단하기 쉽지 않은 경우가 있다. 예를 들어 보기로 한다. A는 법정상속인 B, C, D 중에서 B에게만 전 재산을 상속한다는 유언을 남기고 사망하였다. C와 D는 A의 상속인으로서 상속재산에 대한 권리를 주장하며 소를 제기하였다. C와 D가 제기한 소는 민사사건일까? 아니면 가사사건일까?

이 문제에 대한 해결은 가정법원의 관할사항으로 정하고 있는 가사소송법 제2조의 해석에 따라 달라질 것이다. 가사소송법은 가정법원의 관할사항으로 제2조 제1항에서 가사소송사건을 규정하고 있고 제2조 제2항에서는 다른 법률 또는 대법원규칙에서 가정법원의 권한에 속하게 한 사항을 규정하고 있다. 그런데 위의 예에서 문제되는 상속이나 유언 등은 위의 규정에 포함되어 있지 않다. 그렇다고 바로 가사사건이 아니라고 결론을 내리는 것은 성급한 것이다. 가사소송법 제2조가 가사사건에 해당하는 경우를 예를 들어 규정한 것이어서 위 조항에 규정되지 않은 것도 해석 여하에 따라 가사사건으로 될 수 있는 것인지(즉 예시적인 것인지) 아니면 위 조항에 규정된 것만 가사사건이 되는 것인지(즉 한정적으로 열거한 것인지)에 따라 달라질 것이다.

일반적으로 가사소송법 제2조는 한정적 열거주의를 취한 것으로 해석되고 있다. 만약 예시적인 것으로 해석된다면 가사소송의 해당성 자체가 불명확해져 소송절차가 매우 불안정해질 것이다. 위의 예에서 문제된 상속이나 유언 등은 가사소송법 제2조 제1항에서 가사소송으로 규정한 사항에 포함되어 있지 않다. 따라서 C와 D가

있다(대법원 1972. 4. 28. 선고 72다337 판결).

11) 가사사건은 드, 르, 므 등으로 사건번호가 부여된다.

제기한 소는 민사소송에 의해야 한다.[12)]

Ⅱ. 민사소송과 비송사건

(1) 양자의 구분

소송은 간단히 말하면 당사자가 다툼이 있는 경우 법원이 당사자의 주장 중 누구의 주장이 맞는지를 판단하는 절차라고 할 수 있다. 이러한 소송절차와는 다른 절차에 의하는 사건이 있는데 비송사건이 그것이다. 비송은 당사자의 주장을 판단하는 것이 아니라 법원이 적절한 조치를 취하는 절차를 말한다. 예를 들어 공유토지를 분할함에 있어 원고가 공유토지를 남북 방향으로 이등분하여 남쪽 방향의 토지를 원고의 소유로 해달라고 신청하였다. 원고의 이러한 신청이 소송이라면 법원은 원고의 신청을 판단하여 원고의 신청이 정당하면 원고의 신청대로 판결하고 원고의 신청이 부당하면 원고청구기각판결을 한다. 그런데 이러한 신청이 비송이면 법원은 원고의 신청에도 불구하고 원고의 신청과 다른 방식으로 토지분할을 명하거나 공유토지를 매각하여 그 대금을 분할하라는 판결을 하는 것도 가능하다.

(2) 비송사건의 본질

비송사건은 형식적으로는 비송사건절차법에 정해진 사건과 그 총칙규정의 적용·준용을 받는 사건을 말한다. 비송사건절차는 소송사건절차와는 달리 대립당사자의 구조를 취하고 있지 않고 필요적 변론의 원칙과 공개주의도 배제하고 있다. 그렇다면 어떤 사건이 비송사건절차법에 규정되어야 하는 것일까? 이에 관하여는 견해가 나누어진다. 비송사건의 본질에 관하여는 사법질서의 형성을 목적으로 한다는 목적설, 국가에 의한 사인 간의 생활관계에의 후견적 개입을 대상으로 한다는 대상설, 입법자가 명백히 비송사건에 의할 것을 정한 것을 비송사건으로 한다는 실정법설 등이 대립한다.[13)] 비송사건은 입법자가 그때그때 합목적적 필요에 의해 정한 것이 많으므로 비송사건으로 규정된 것들의 본질을 일의적으로 파악하기는 어렵고 본질론과 입법의 현실과는 언제나 다른 측면이 존재할 수 있다. 따라서 비송사건은 민사분쟁에 적용될 법률이 소송사건처럼 엄격한 판단기준을 정해놓은 것이 아니라 법원의 합목적적 재량에 맡긴 경우에 해당하는 것이라는 대상설이 비송사건의 본질을 가장

---

12) 다만 대법원 1993. 7. 16. 선고 92므372 판결에서는 민법이나 가사소송법에 규정한 바 없는 양친자존부확인의 소를 가사소송사건으로 허용하고 있다.

13) 학설들의 구체적 내용과 비판에 관하여는, 이시윤, 14면; 정동윤/유병현/김경욱, 13~14면 참조.

잘 설명한 것이라고 할 것이고 다수설이다. 판례는 비송사건절차법에 규정된 비송사건을 민사소송의 방법으로 청구하는 것은 부적법하여 각하되어야 하는 것으로 취급하고 있다.[14)]

(3) 소송의 비송화 경향

오늘날 종래에 소송으로 처리되던 사건이 비송으로 처리되는 소송의 비송화 경향이 나타나고 있다. 이는 복지국가로의 전환에 따라 국가의 후견적 역할이 강화되고 생활관계의 다양화 · 복잡화로 보다 합목적적이고 탄력적인 해결이 요구되는 것에 기인한다. 그러나 비송사건절차는 앞에서 언급한 바와 같이 소송사건절차와는 달리 대립당사자의 구조를 취하고 있지 않고 필요적 변론의 원칙과 공개주의도 배제하고 있다. 따라서 소송의 비송화는 헌법상 보장되는 재판청구권을 침해할 위험을 내포하고 있다고 할 수 있다.

제3절 소송을 갈음하는 분쟁해결제도(ADR)

Ⅰ. 개 관

(1) 필요성

우리는 앞에서 민사사건의 분쟁해결을 위한 수단으로 민사소송을 당연한 것으로 전제하고 그 의미와 한계를 살펴보았다. 다소 순서가 바뀐 듯도 하지만 분쟁을 소송에 의해 해결하는 것이 과연 최선인가에 대하여는 다시 생각해 볼 필요가 있다.

사인 간의 분쟁해결을 위한 수단으로서의 소송제도는 국가가 공권력에 터 잡아 마련된 것이다. 소송제도는 분쟁 당사자 사이에 분쟁해결을 위한 어떠한 합의도 이루어지지 않을 경우 분쟁을 강제적으로 종식시키기 위한 가장 일반적인 수단으로서 기능하여 왔다. 그러나 현대사회가 보다 다양한 형태로 발전하고 각 분야에서 발생하는 분쟁의 유형도 새로운 양상을 띠면서, 법률이론 일반에 관한 지식과 경험만을 갖춘 법관에 의한 소송제도에 대해 회의와 불만이 빈번히 표출되어 왔다.[15)]

소송제도는 모든 종류의 분쟁을 하나의 틀 안에 넣고 획일적으로 처리할 수밖에 없으므로 개개의 분쟁해결에는 적합하지 않은 경우가 많다. 그뿐만 아니라 공정성과 적정성을 강조하다 보니 절차가 지나치게 엄격해지고 법적 안정성을 확보하기 위하여 판단결과가 구체적 타당성을 해치는 경우도

14) 대법원 2013. 11. 28. 선고 2013다50367 판결.
15) 장문철, 221면.

있게 된다.[16] 또한 사법제도의 높은 소송비용과 장기간의 소송지연은 법원에의 접근에 상당한 제약이 되었고 법원의 입장에서도 소송의 폭주로 인하여 사법제도가 제대로 기능을 하지 못하게 되었다.[17]

이에 소송 이외의 분쟁해결 수단인 조정(mediation), 중재(arbitration), 그 외 이와 관련된 절차의 사용 확대에 대해 미국에서는 지난 20년간 폭넓은 지지 움직임이 있었는데 이를 보통 '대체적 분쟁해결운동(The Alternative Dispute Resolution Movement, ADR)'이라고 부른다. ADR은 소송 대신 여러 절차들을 사용하는 것을 의미한다. 이처럼 ADR은 소송에 대한 대안으로서 제시된 분쟁해결방법이라는 측면에서 소송 외적인 분쟁해결절차라고 할 수 있다.[18]

(2) 특 성

현대사회에서 크고 작은 각종 분쟁해결에 적용되는 ADR제도의 공통적인 특성으로는 다음과 같은 것을 들 수 있다. 첫째, 신속하고 저렴한 비용에 의한 분쟁해결이다. ADR은 변호사를 선임하지 않아도 되며, 채증법칙보다는 당사자 간의 협상에 의한 해결로 사실발견에 따른 절차를 줄일 수 있다. 둘째, 분쟁처리 과정에서의 법원의 개입이 가급적 배제되어 엄격하고 경직된 분쟁해결절차에서 벗어나 개개의 분쟁해결에 보다 적합한 방식을 취할 수 있다. 셋째, 당사자 본인들의 의사결정이 존중되고 변호사 역할이 축소된다. 분쟁의 해결이 당사자의 의사 결정이 무시된 채 법원의 법률에 의한 일도양단(一刀兩斷)식 재판에 의할 경우 분쟁의 특성에 따라서는 형식적 분쟁해결에 그치고 분쟁 당사자들 사이에 내재된 분쟁의 뿌리는 그대로 방치될 우려가 있다. 또한 재판에 있어서 변호사의 변론은 재판의 승소를 위한 법률적 다툼에 치중되는 경우가 많을 것이므로 이러한 변호사의 변론이 오히려 실질적인 분쟁의 상태를 악화시킬 우려도 있다. 넷째, 비공개의 사적인 절차이다. ADR은 소송과는 달리 비공개적으로 이루어지기 때문에 기업의 영업기밀이나 제품이나 서비스의 기밀이 누설되는 것을 막을 수 있다. 다섯째, 국제성이다. 기업들이 외국기업과 발생한 분쟁은 준거법과 관할재판권 등의 문제로 매우 복잡한데, ADR은 이러한 문제를 해소할 수 있는 분쟁해결제도이다.[19]

우리나라에서 일반적으로 시행되고 있는 ADR의 유형으로는 화해, 중재, 조정 등을 들 수 있으나 화해는 민사소송법에서 규율하고 있으므로 해당 부분에서 살피기로 하고 여기서는 조정과 중재에 관하여서만 보기로 한다.

오늘날 조정, 중재, 화해와 같은 소송이외의 대체적 분쟁해결제도(ADR)가 분쟁해결수단으로 주목받고 있다.

16) 목영준, 3면.

17) 김경배, 한국 대체적 분쟁해결제도의 제도화 및 발전방향에 관한 연구, 산업경제연구 제18권 제1호, 한국산업경제학회, 2005, 252면.

18) 김경배, 앞의 논문, 252면. 이런 의미에서 대체적 분쟁해결이라고 직역하는 것보다 소송대체분쟁해결이라고 하는 편이 자연스럽다는 견해도 있고(유병현, 우리나라 ADR의 발전방향, 안암법학 통권 제22호, 안암법학회, 2006. 4, 294면) 최근에는 법원에서 ADR이 활성화되어 소송 중에도 ADR을 이용하고 있어 ADR은 소송에 대한 대안이라기보다는 전통적인 법원중심적 법문화에 대한 대안으로서 ADR을 보기도 한다(김경배, 앞의 논문, 252면).

19) 김경배, 254면.

Ⅱ. 민사조정

(1) 필요성

예를 들어 보기로 한다. Y는 5억 원을 투자하여 자기 소유의 토지 위에 건물을 신축하여 타인에게 사무실 등으로 임대하여 왔다. Y가 위와 같이 건물을 건축한 지 2년 후 Y가 건축한 건물이 Y소유 토지와 인접한 X소유 토지를 일부 침범하여 건축된 사실이 밝혀졌다. X는 Y에게 Y소유 건물 중 자신의 토지를 침범한 건물 부분의 철거를 요구하였다. X소유의 토지부분을 침범한 Y의 건물부분은 건물 전체 중 일부이지만 이를 철거한다면 건물 전체가 그 효용을 잃게 된다.

X의 Y에 대한 건물철거요구는 X의 토지소유권에 기한 것이다. 만약 X가 Y를 상대로 건물철거청구의 소를 제기한다면 Y는 X의 토지에 관하여 아무런 사용수익권이 없어 Y의 건물 일부는 철거되어야 한다. 이로써 X는 토지의 소유권을 완전하게 행사할 수 있겠지만 Y는 막대한 손해를 입고 건물철거에 따른 사회경제적 손실도 클 것이다. 엄격한 법의 해석 · 적용에 따라야 하는 판결에 의한다면 이러한 결과를 피하기 어렵다. 그러나 조정에 의한다면 판결과는 다른 해결책을 찾을 수도 있다.[20] 구체적으로 X와 Y가 X소유의 토지사용계약을 체결하는 방법, Y가 X소유의 토지 일부를 매수하는 방법, X가 Y소유의 건물과 토지를 매수하는 방법 등을 생각해 볼 수 있다. 이와 같이 조정에 의하면 판결에서 할 수 없는 구체적 타당성이 있는 결론을 도출할 수 있다.

(2) 의 의

넓은 의미의 조정은 제3자가 분쟁당사자를 중개하고 양쪽의 주장을 절충하여 화해에 이르도록 알선 · 협력하는 것을 말한다. 하지만 현행 민사조정법상의 조정은 민사에 관한 분쟁을 간이한 절차에 따라 당사자 사이의 상호양해를 통하여 조리를 바탕으로 실정에 맞게 해결함을 목적으로 하는 절차를 말한다(개정 전 민사조정법 1조). 조정은 중립적 위치에 있는 제3자가 직접 분쟁을 해결하는 것이 아니라 당사자들이 분쟁을 해결하도록 돕는 역할만을 한다는 점에서 중재인의 판정에 의하여 분쟁이 해결되는 중재(Arbitration)와 다르고 분쟁 당사자들 외에 중립적 위치에 있는 제3자가 분쟁해결에 관여한다는 점에서 분쟁당사자들이 스스로 문제를 해결하는 협상(Negotiation)과 구별된다.

(3) 종 류

우리나라에서의 조정은 크게 법원에 의한 조정과 법원 외 조정으로 나누어진다. 법원에 의한 조정은 조정담당판사 또는 조정위원회에 의하여 행해지며 법원 외 조정은 해당 법률에 따른 행정기관 또는 행정기관 산하기관의 조정위원회에 의하여 행하여진다. 민사조정은 민사분쟁을 그 대상으로 하여 법원에 의한 조정에 의한다.[21] 여기에서 분쟁은 소송의 대상으로서의 분쟁과 같이 엄격하게 해석할 필요는 없고 널리 사회적 · 인격적 이익에 관한 분쟁도 족한 것으로 해석된다. 따라서 실체법상의 권리의무에 관한 분쟁뿐만 아니라 자연채무의 이행을 구하는 분쟁과 같이 소송에 의해 그 이행을 강제할 수 없는 경우에도 임의이행을 구하는 것이 허용된다는 의미에서 조정이 허용된다. 또한 아직 권리

20) 화해도 마찬가지 기능을 할 수 있다.
21) 민사조정법 제2조 참조.

로서 완전히 성숙되지 아니하여 소송으로 주장할 수 없는 경우에도 이를 근거로 그 이익을 주장하고 조정을 신청하는 것이 가능하다.[22]

(4) 절차와 효력

조정절차는 당사자의 조정신청에 의해 개시되지만 수소법원도 필요한 경우 항소심판결 전까지 계속 중인 사건을 직권으로 조정에 회부할 수 있다(민사조정법 5조, 6조). 조정은 합의된 사항을 조서에 기재함으로써 성립하며 조정조서는 재판상화해와 동일한 효력을 갖는다(민사조정법 28조, 29조). 재판상화해를 기재한 조서는 확정판결과 같은 효력이 있다(220조). 결국 조정조서는 확정판결과 같은 효력이 있다.[23] 민사집행법 제56조 제5호는 "소송상화해, 청구의 인낙 등 그 밖에 확정판결과 같은 효력을 가지는 것"을 집행권원으로서 규정하고 있다. 위의 '그 밖에 확정판결과 같은 효력을 가지는 것'에는 조정조서도 포함된다. 이로써 조정조서는 집행권원이 된다. 조정불성립이나 성립된 합의가 상당하지 아니할 때에는 원칙적으로 직권으로 조정을 갈음하는 결정[24]을 하여야 한다(민사조정법 30조). 조정이 성립하지 아니하거나 조정을 갈음하는 결정에 이의신청을 한 때에는 소가 제기된 것으로 본다(민사조정법 36조).

Ⅲ. 중 재

(1) 필요성

예를 들어 보기로 한다. A국 국적을 가진 유조선이 B국 국적을 가진 선박과 C국 영해 상에서 충돌하여 기름유출사고가 발생하였다. 이로 인한 분쟁은 어떻게 해결하는 것이 좋을까? 위의 예는 당사자가 각각 다른 국적을 가진 해상선박충돌사건이다. 이러한 사건이 어느 특정국가의 일반법원에 소가 제기된다면 여러 문제점이 제기될 수 있다. 우선 법정지에 국적을 두지 않은 당사자는 소송제도나 적용되는 법률이 매우 생소할 것이고 언어적인 장애도 감수하여야 할 것이다. 또 어느 특정당사자가 법정지국의 국적을 가졌다면 그렇지 못한 나머지 당사자들은 편파적인 소송진행과 판결선고가 이루어지지 않을까 우려할 수도 있다. 그리고 일반법원이 선박충돌, 해양오염에 관하여 전문성을 갖추어 재판을 하는 것이 가능하겠는가 하는 점도 문제된다. 이러한 여러 문제점들을 해결할 수 있는 분쟁해결방식으로 중재가 훌륭한 대안이 될 수 있다.

판결에 의한 분쟁해결은 국가권력이 확립되어야 가능한 것이다. 따라서 국가권력이 확립되기 전 분쟁해결은 중재에 의해 이루어지기도 하였다. 그런 의미에서 중재의 역사는 소송의 그것보다도 긴 것이다. 또 (소송물 가액이) 매우 소액인 사건(예를 들어 30만 원의 월세지급청구사건)인 경우에도 중

22) 梶村太市 · 深沢利一(김병헌 역), 157~158면; 민사조정에 있어서의 분쟁을 특정인 사이의 생활관계를 기반으로 한 특정목적물의 이익의 충돌(小山昇, 185면)이라고 표현하는 것도 같은 취지인 것으로 이해된다.

23) 판례는 확정된 조정을 갈음하는 결정에 인정되는 확정판결과 동일한 효력은 소송물인 권리관계의 존부에 관한 판단에만 미치므로, 소송절차 진행 중에 조정을 갈음하는 결정이 확정된 경우에 소송물 외의 권리관계에도 효력이 미치려면 특별한 사정이 없는 한 권리관계가 결정사항에 특정되거나 결정 중 청구의 표시 다음에 부가적으로 기재됨으로써 결정의 기재 내용에 의하여 소송물인 권리관계가 되었다고 인정할 수 있어야 한다고 한다(대법원 2017. 4. 26. 선고 2017다200771 판결).

24) 조정을 갈음하는 결정의 성질에 관하여는 이태영, 민사조정의 효력과 재심사유의 적용, 저스티스 통권 제108호, 한국법학원, 2008. 12, 300면 이하 참조.

재는 소송보다 간편하고 신속하게 분쟁을 해결할 수 있는 방안이 될 수 있다. 이와 같이 섭외적 요소를 가지거나 고도의 전문적 사건, 소액사건 등은 중재가 소송보다 유용한 분쟁해결수단이 될 수 있다.

(2) 의 의

중재는 보통 분쟁 당사자에 의하여 합의된 하나 또는 그 이상의 중립적인 제3자의 결정이 구속력을 갖는 분쟁해결절차를 말한다.[25] 중재에 있어서는 당사자가 판단을 맡길 제3자를 정하고 그 자(중재인)가 내린 중재판단의 결과가 어떻든 반드시 이에 따른다는 구속을 받는다. 중재(仲裁)에서 仲은 버금가다는 의미이고 裁는 재판이라는 의미이므로 중재를 글자로 풀면 재판에 버금가는 것이라고 할 수 있다. 즉 법관이 하는 재판이 아니라 중재인이 하는 중재판정에 의해 분쟁이 해결되는 절차이다.

중재는 분쟁을 중재에 의하여 해결한다는 당사자 간의 합의(중재합의)가 없으면 이용될 수 없고 합의가 필수적인 점에서 분쟁해결에 당사자의 자주성이 엄격히 확보되어 있다. 따라서 중재는 어디까지나 사적자치를 기초로 한 자주적인 분쟁해결방식이라 할 수 있다. 이 점에서 공권력에 의한 일방적·강행적 해결제도인 소송과 근본적으로 다르다.

(3) 중재판정

예로 든 위 사건의 당사자들은 제3국의 국적을 가진 이 분야의 전문가를 중재인으로 중재부탁을 하여 중재판정을 받음으로써 분쟁을 해결할 수 있다. 이렇게 내려진 중재판정은 3심제를 취하고 있는 판결과 달리 원칙적으로 단심제이며 상소할 수 없다. 중재판정은 양쪽 당사자 간에 법원의 확정판결과 동일한 효력을 가진다(중재법 35조). 그러나 중재판정이 바로 집행권원이 되지는 않는다. 중재판정을 하는 중재인이 법률전문가가 아닌 경우 중재판정에 하자가 있을 수도 있기 때문이다. 중재의 결론은 존중되어야 하므로 여기서 말하는 그 하자라는 것이 판결을 하였다면 내려졌을 결론과 다르다는 것을 의미하지는 않는다. 여기서의 하자는 예를 들면 당사자가 중재합의로서 중재의 대상으로 삼지 않은 것을 중재판정의 내용으로 하는 것이다(중재법 36조 참조). 그러면 어떻게 하여야 중재판정이 집행될 수 있을까? 중재판정이 집행되기 위해서는 별도로 법원의 집행결정을 받아야 한다(중재법 37조). 즉 법원의 집행결정이 중재에 있어서 집행권원이 된다.

(4) 중재합의의 방소항변

우리나라는 중재법에 의하여 중재를 규율하고 있으나 입법례에 따라서는 독일민사소송법과 같이 민사소송법에 중재에 관한 규정을 두는 경우도 있다. 우리 중재법에 의하면 만약 당사자 중 일부가 중재합의를 어기고 일반법원에 제소한 경우에는 본안에 관한 최초 변론시까지 방소항변(妨訴抗辯)을 할 수 있으며 이 경우 법원은 소를 각하해야 한다(중재법 9조).[26] 방소항변이란 말 그대로 하면 소송을 방해하는 항변이라는 뜻인데 소가 부적법하다는 항변을 말한다. 본안에 관한 항변과 대비되는 것이다. 여기서 본안이란 청구의 당부에 관한 것을 말한다. 위의 예에서 A국 선박이 B국 선박에 대하여 손해배

25) Bryan A Gardner, Black's Law Dictionary(8th ed), Thomson/West, 2004, p.112.

26) 이 규정은 1999. 12. 31. 전문개정시에 신설되었다. 그 이전 판례는 "중재심판을 먼저 거쳐야 한다는 주장은 사건에 관하여 본안에 관한 변론을 하기 전에 하여야 하고, 그러한 항변을 제출함이 없이 본안에 관한 실질적인 변론을 하여 본안의 심리에 들어간 후에는 그러한 방소항변을 제출할 수 없다"고 하였다(대법원 1996. 2. 23. 선고 95다17083 판결).

상청구권을 가지고 있느냐 하는 것이 본안에 관한 것이라 할 수 있다. 이러한 소를 C국 법원에 제기하는 것이 적법한가 하는 것은 소의 적법성에 관한 것으로 본안에 관한 것과는 다르다. 이에 관한 보다 자세한 내용은 앞으로 충분하게 설명될 것이다.

제4절 민사소송의 이상과 신의칙

논란이 있기는 하지만 민사소송제도는 사인의 권리를 보호하고 사법질서의 유지를 목적으로 한다고 할 수 있다. 이러한 민사소송의 목적을 달성하기 위하여 민사소송법 제1조 제1항은 "법원은 소송절차가 공정하고 신속하며 경제적으로 진행되도록 노력하여야 한다"고 하여 민사소송의 이상을, 제2항은 "당사자와 소송관계인은 신의에 따라 성실하게 소송을 수행하여야 한다"고 하여 민사소송법상의 신의칙을 각 규정하고 있다.

민사소송의 이상은 민사소송이 어떤 가치를 추구해야 하는가 하는 문제이다. 이러한 **민사소송의 이상은 민사소송의 개별규정을 해석하고 적용하는 데 근본적인 가치판단의 준거로 작용한다.** 따라서 민사소송의 이상에 관한 설명을 하는 데는 이와 관련된 민사소송의 개별제도를 언급하는 것이 불가피하다. 아직 개별제도에 대해 학습하지 않은 현재의 단계에서는 어려움이 있을 수 있으므로 우선은 전체적인 설명의 취지를 이해하는 수준에서 공부하기 바란다. 이하에서는 민사소송의 이상과 신의칙에 관하여 살펴보기로 한다.

Ⅰ. 민사소송의 이상

1. 적정(適正)

적정은 재판이 잘못 없이 올바른 것을 말한다. 재판을 통해 진실이 발견되고 이에 대해 법이 올바르게 적용되는 것은 소송에서 가장 중요하게 요구되는 것이다. 이를 위해 재판을 하는 법관에 대해서는 자격제한과 신분보장제도를 두고 불복신청제도로서 3심제도와 재심제도를 두어 재판의 잘못을 시정할 수 있도록 하였다. 심리과정에서도 교호신문제도, 직권증거조사 등의 제도를 두어 보다 객관적인 진실이 발견될 수 있도록 하였다. 교호신문제도는 증인을 신청한 당사자와 그 반대 당사자가 번

갈아서 신문하는 제도이다.

민사소송에서는 처분권주의와 변론주의로 인하여 소송에서 추구되는 적정은 보편타당한 것이 아니고 당사자 사이의 상대적인 것으로 그칠 수 있다. 처분권주의에는 재판의 대상을 당사자인 원고에게 맡긴다는 내용이 포함되어 있다. 예를 들어 원고가 A토지에 대한 소유권확인을 구하였는데 법원이 B토지에 대한 소유권확인판결을 할 수 없다. 변론주의는 법원은 당사자가 주장한 것에 대해서만 판단하고 증거도 당사자가 신청한 증거만 조사하여 사실을 인정할 수 있다는 원칙이다. 예를 들어 원고의 채무이행청구에 대하여 피고가 소멸시효 주장을 하지 않으면 원고 주장의 채권이 객관적으로 시효기간이 도과한 것이라도 법원은 소멸시효에 관한 판단을 할 수 없다. 또한 변론주의에는 당사자가 서로 다투지 않는 (주요)사실에 대하여는 법원도 그 사실을 인정하여야 한다는 내용이 포함되어 있다. 이를 자백의 구속력이라고 한다. 예를 들어 당사자 사이에 잔존채무액이 100만 원이라는 데 다툼이 없으면 잔존채무액이 객관적으로 200만 원이라고 하더라도 법원은 잔존채무액이 100만 원인 것으로 사실인정을 하여야 한다. 그렇기 때문에 법원의 객관적 사실인정에는 한계가 있을 수밖에 없다.

2. 공평(公平)

공평은 소송에서 양 당사자가 평등하게 취급되어야 하는 것을 말한다. 이를 위해서는 우선 재판을 하는 법관의 중립성이 보장되어야 하므로 법관의 제척 · 기피 · 회피 제도(41조 이하)를 두고 있다. 이들 제도는 법관이 사건이나 당사자와 관련이 있는 경우와 같이 법관의 중립성에 의심을 일으킬 사유가 있는 경우에 재판에서 배제하는 제도이다. 나중에 법원 편에서 자세히 보기로 한다. 또한 양 당사자에게 절차관여의 기회가 균등하게 보장되어야 하므로 쌍방심리주의, 소송절차의 중단 · 중지(233조 이하) 등이 채택되고 있다. 재판을 공평하게 하기 위해서 법관은 한쪽 당사자의 말만 듣고 재판을 해서는 안 되고 양당사자의 이야기를 모두 듣고 재판을 하여야 한다. 이를 쌍방심리주의라고 한다. 그런데 당사자가 사망하거나 천재지변이 일어나 당사자가 법정에 출석하기 어려운 경우가 있을 수 있다. 이러한 경우에는 재판절차를 진행해서는 안 될 것이다. 이를 소송절차의 중단 · 중지라고 한다.

3. 신속(迅速)

신속은 재판이 지연되지 않고 가능한 한 빨리 마쳐지는 것을 말한다. 재판이 신속하게 이루어지지 않으면 재판을 통한 권리보호는 그 실효성을 잃게 된다. 이는 우리 헌법이 국민의 기본권으로 보장하고 있는 것이기도 한다(헌법 27조 3항). 이를 위해 민사소송법은 여러 제도를 두고 있는데 그중에서도 대표적인 것으로 집중심리(272조)를 실현하기 위한 변론준비제도(279조 이하)[27]와 적시제출주의(146조)를 들 수 있다. 집중심리는 여러 사건을 동시에 조금씩 심리하는 것이 아니라 한 사건에 충분한 시간을 할애하여 집중적으로 심리하는 방식이다. 집중심리가 이루어지면 한 사건을 심리하는 데 소요되는 기간이 짧아져 신속한 재판이 실현될 수 있다. 그러자면 심리를 위한 준비도 필요할 것이고(변론준비제도) 당사자의 주장과 증거신청이 적절한 시기에 제출(적시제출주의)되어야 할 것이다. 또한 상고심절차에 관한 특례법상 인정되는 심리불속행제도(동법 4조)도 신속한 재판을 위해 기여하는 제도로 평가되고 있다. 심리불속행제도는 상고이유에 중대한 법령위반 등의 사유가 포함되어 있지 않으면 상고이유의 당부에 대해 본안심리를 하지 않고 상고기각을 하는 제도이다.

4. 경제(經濟)

경제란 소송에는 되도록 최소한의 비용이 소요되어야 하는 것을 말한다. 소송에 과다한 비용이 소요되면 경제적인 문제로 소송제도를 이용하는 것이 어려울 뿐 아니라 승소를 하여도 실익이 없게 되는 경우가 생긴다. 소송경제를 실현하기 위한 제도로는 소송구조제도(128조 이하), 변호사보수의 소송비용산입(109조), 소송이송제도(40조) 등이 있다.

Ⅱ. 민사소송과 신의칙

1. 총 설

민사소송상 신의성실의 원칙은 당사자와 소송관계인이 신의에 따라 성실하게 소송을 수행하여야 한다는 원칙을 말한다(1조 2항). 절차법인 민사소송법에 신의칙을 도입하는 것은 문제의 소지가 있을 수 있다. 민사소송에는 절차의 안정성이 중시되어야 하므로 이에 관한 규정은 보다 구체적이고 명확할 필요가 있는데 신의칙과 같은 일반조항이 도입되면 그 해석 · 적용이 명확하지 않아 소송절차의 안정성이 흔들릴 수 있기 때문이다. 그러나 이러한 우려에도 불구하고 오늘날에는 사법질서를 지배하는

27) 2008. 12. 26. 민사소송법 개정에 의하면 "변론 없이 판결하는 경우 외에는 바로 변론기일을 정하여야 한다. 다만, 사건을 변론준비절차에 부칠 필요가 있는 경우에는 그러하지 아니하다."고 규정(282조 1항)하고 있다.

일반원칙으로서 민사소송법에서도 일반적으로 승인되었으며[28] 1990년 민사소송법 개정으로 이에 관한 규정을 두기에 이르렀다. 민사소송법에 신의칙을 도입한다고 하더라도 신의칙은 일반조항이므로 당해 소송행위를 규율할 구체적 법규정이나 해석론에 의하여 타당한 결론을 얻을 수 있는 경우에는 그에 의하고 그렇지 않은 경우에만 보충적으로 적용되는 것이 바람직하다.[29]

판례도 신의칙과 같은 일반적 원칙을 적용하여 법이 두고 있는 구체적인 제도의 운용을 배제하는 것은 법해석에 있어 또 하나의 대원칙인 법적 안정성을 해할 위험이 있으므로 그 적용에는 신중을 기하여야 한다고 한다.[30]

2. 신의칙의 발현형태[31]

신의칙은 소송상태의 부당형성, 선행행위와 모순되는 거동, 소권의 실효, 소권의 남용 등의 형태로 나타난다.

(1) 소송상태의 부당형성

대법원 1989. 9. 12. 선고 89다카678 판결에서 문제된 사건을 예로 들어 보기로 한다. 리베리아 법인인 X회사는 1985. 12. 6. A를 대리인으로 내세워 K선박을 매수하였다. X회사는 1985. 12. 10. 키프러스 국법에 따라 서류상으로만 존재하는 X_1회사를 설립하고 K선박을 편의치적(편의상 타국의 선적으로 하는 것)시켰다(소송상태의 부당형성). X회사는 1986. 4. 9. 이 사건 선박의 선주자격으로 Y회사와 탱크청소계약을 한 바 있다. Y회사가 X회사에 대한 위 채권을 보전하기 위해 K선박에 대하여 가압류집행을 하자 X_1회사는 K선박의 소유권을 주장하며 제3자이의의 소를 제기하였다(이용행위). X_1의 제3자이의의 소는 적법한 것인지가 문제되었다. 제3자이의의 소란 제3자가 강제집행의 목적물에 대하여 소유권이 있다고 주장하거나 목적물의 양도나 인도를 막을 수 있는 권리가 있다고 주장하면서 제기하는 소이다(민사집행법 48조).

위 사건에서 X_1회사는 제3자이의의 소를 제기하여 K선박의 소유권을 주장한다. 그 목적은 Y회사의 X회사에 대한 선박수리비 채권이 K선박에 대하여 집행되는 것을 방지하기 위한 것이다. X회사와 X_1회사는 외형상으로는 별개의 회사이지만 X_1회

28) 대법원 1983. 5. 24. 선고 82다카1919 판결 참조.
29) 같은 취지로 보이는 견해로는 김홍엽, 22면; 호문혁, 51면. 양자의 구별이 쉽지 않고 종래의 이론에 의한 해석이 무리인 경우도 있어 보충성의 원칙을 그다지 엄격히 요구하고 있지 않다는 견해로는 정동윤/ 유병현/김경욱, 33면.
30) 대법원 2005. 5. 13. 선고 2004다71881 판결.
31) 민사소송에서 신의칙이 발현되는 형태에 관하여는 기존 이론서에 보다 상세히 그 예시가 나열되어 있다.

사는 X회사가 K선박을 편의치적 시켜 소유 · 운영할 목적으로 설립한 형식상의 회사(Paper Company)에 불과하다. 따라서 K선박의 실제소유자는 X회사이다. 이와 같이 당사자 한쪽이 간사한 술책을 써서 자기에게 유리한 소송상태나 상대방에게 불리한 상태를 고의로 만들어 소송법규를 적용함에 있어 이를 부당하게 이용하는 행위는 신의칙위반으로 허용되지 않는다.

(2) 선행행위와 모순되는 거동

대법원 1998. 1. 23. 선고 96다41496 판결에서 문제된 사건을 예로 들어 보기로 한다. A회사의 대표이사인 X는 1994. 11. 18. 제1심법원에 Y를 상대로 개인 명의로 소를 제기하였다. 그 후 제1차 변론기일 전인 같은 해 12. 26. A회사를 원고로 추가하는 당사자추가신청을 하여 1995. 1. 13. 제1차 변론기일에 X의 소송대리인이 소장 및 당사자추가신청서를 진술한 후 X의 소를 취하하였다. Y의 소송대리인은 당사자추가신청 및 소취하에 동의하였고 이후 A회사와 Y 사이에 변론을 거쳐 이 사건 제1심판결이 선고되었다. Y가 상고심에서 당사자추가신청이 부적법한 것이라고 다투는 경우 Y의 이러한 주장은 허용될 것인지가 문제되었다.

X는 자신이 원고가 되어 소를 제기하였으나 A회사가 정당한 원고라고 판단하여 A회사를 당사자로 추가하기 위해 당사자추가신청을 하였다. X가 A회사의 대표이사이기는 하지만 개인인 X와 A회사는 다른 법인격이기 때문이다. 판례는 민사소송법이 인정하는 피고의 경정(260조)이나 필수적 공동소송인의 추가(68조) 외의 당사자의 의사에 의한 당사자변경을 허용하지 않는다.[32] (당사자 변경은 간단히 설명하자면 당사자가 바뀌거나 추가되는 것을 말한다. 자세한 것은 민사소송법 강의 후반부에 속하는 당사자변경편에서 다루기로 한다) 판례에 따르면 X의 당사자추가신청은 부적법한 것이다.

그러나 제1심법원이 그 부적법함을 간과한 채 당사자추가신청을 받아들이고 Y도 이에 동의하였다. 또한 종전 원고인 X는 이를 전제로 소를 취하하였는데 소가 취하되면 취하된 부분에 대하여는 소가 처음부터 계속되지 않은 것으로 본다(267조 1항). 따라서 위의 사건에서도 당사자의 의사에 의한 당사자변경을 허용하지 않는 판례의 태도를 관철한다면 X의 소는 이미 취하되고 A로의 당사자변경은 허용되지 않으므로 이 사건 소는 부적법하여 각하되었어야 할 것이다. 그러나 제1심 제1차 변론기일부터 새로운 원고인 A회사와 피고 Y 사이에 본안에 관한 변론이 진행된 다음 제1심에서 본안판결이 선고되었다.

위 판결은 이러한 경우 처음부터 A회사가 종전의 소와 동일한 청구취지와 청구원

---

32) 대법원 1994. 5. 24. 선고 92다50232 판결.

인으로 피고에 대하여 별도의 소를 제기하여 본안판결을 받은 것과 마찬가지라고 할 수 있어 소송경제의 측면에서나 신의칙 등에 비추어 그 후에 새삼스럽게 당사자추가 신청의 적법 여부를 문제 삼는 것은 허용될 수 없다고 한다. 이와 같이 한쪽 당사자가 일정한 태도(이 사건에서는 원고 X의 당사자추가신청에 대한 피고 Y의 동의)를 취하여 상대방이 이를 신뢰하여 자기의 소송상태를 구축한 경우(이 사건에서는 원고 X의 소취하) 나중에 종전 태도와 모순되는 거동(이 사건에서는 피고 X가 상고심에서 당사자추가신청이 부적법하다는 주장)으로 나오는 것은 신의칙상 허용되지 않는다.

(3) 소권의 실효

대법원 2000. 4. 25. 선고 99다34475 판결에서 문제된 사건을 예로 들어 보기로 한다. X는 자신이 작성, 제출한 사직원에 기하여 의원면직통보를 받고 퇴직금 등을 수령하면서 아무런 이의의 유보를 하지 않다가 Y에게 복직신청을 하였으나 1988. 9.경 거부통보를 받았다. X는 그로부터 6년 4개월이 경과한 1995. 1. 3. Y를 상대로 위 면직처분의 효력을 다투는 소를 제기하였다. 이 소는 적법한 것인지가 문제되었다. 위 판결은 당사자 일방이 소송상 권능을 장기간 행사하지 않고 방치하여 상대방에게 더 이상 이를 행사하지 않을 것이라는 기대가 생기고 상대방이 이러한 기대에 따라 행동한 경우 나중에 이러한 권능을 행사하는 것이 신의칙상 실효되어 허용되지 않는다고 한다.

판례는 위 사례 외에도 고용관계에 관한 분쟁에서 실효의 원칙을 인정한 예가 많다.[33] 그러나 먼저 부당노동행위구제신청을 하거나 사용자와의 복귀교섭 결과를 기다리거나 사용자의 복귀약속을 믿고 기다리는 등 해고무효의 확인청구소송이 늦어진 데 상당한 이유가 있는 경우에는 신의성실의 원칙에 어긋나지 않는다고 보고 있다.[34] 한편 판례는 공동상속인 중 1인 명의로 원인 없이 경료된 소유권이전등기에 대해 다른 상속인들이 피상속인이 사망한 지 17년여 동안 이 말소청구권을 행사하지 않았더라도 그 권리를 행사하지 않으리라고 신뢰할 만한 정당한 기대를 갖게 되었다고 볼 수 있는 사정을 찾아보기 어렵다 하여 실효의 원칙의 적용을 부정한 예도 있다.[35]

---

33) 대법원 1990. 11. 23. 선고 90다카25512 판결; 대법원 1991. 4. 12. 선고 90다8084 판결; 대법원 1991. 5. 28. 선고 91다9275 판결; 대법원 1991. 10. 25. 선고 90다20428 판결 등.

34) 대법원 1992. 4. 14. 선고 92다1728 판결.

35) 대법원 1995. 2. 10. 선고 94다31624 판결.

(4) 소권의 남용

대법원 1983. 5. 24. 선고 82다카1919 판결에서 문제된 사건을 예로 들어 보기로 한다. X는 1970. 1.경 당시 M기업을 경영하는 재단법인 A학원의 이사장으로 있던 Y에게 금 4,500,000원을 대여하여 그로부터 액면 금 4,500,000원의 당좌수표 1매를 발행·교부받아 소지하고 있었다. 그런데 X는 Y가 부도를 내어 이를 지급받지 못하고 있던 중 1974. 1.경 Y의 채권자단의 일을 보고 있던 X_1에게 금 1,350,000원의 보수약정으로 A학원을 인수한 학교법인 B학원으로부터 위 수표금을 받아 달라고 의뢰하였으나 그 수표가 Y의 개인수표라는 이유로 이의 지급이 거절되었다. X와 X_1은 소를 제기하여 이를 지급받기로 하고 망 X_2에게 같은 보수약정으로 이를 의뢰하여 X_2는 1974. 4.경 자신이 원고가 되고 위 B학원을 피고로 하여 대여금청구의 소를 제기하였으나 이 대여금채무는 Y의 개인 채무이고 B학원이 인수한 A학원의 채무가 아니라 하여 제1,2심에서 모두 패소하였다. 그러자 X_2는 1976. 2. 3. 다시 위 Y를 피고로 대여금청구의 소를 제기하여 위 수표를 증거로 제시하고 X를 증인으로 신청하여 X는 "Y의 부탁으로 X_2로 하여금 Y에게 금 4,500,000원을 이자 월3푼 변제기 같은 해 3. 23.의 약정으로 대여케 하고 그 담보로 당좌수표를 교부받아 X_2에게 전하여 주었다"는 허위증언을 하였다. 이로 인해 X는 위증죄, X_2와 X_1은 위증교사죄 등으로 기소되어 각 유죄판결이 확정되었다. 한편 X_2는 위 대여금청구소송에서 승소 확정판결을 받아 위 Y부터 원리금 합계 금 14,885,900원을 지급받았으나 이를 X에게 지급하지 않았다. 이에 X는 X_2와의 당초약정 또는 Y로부터 Y의 X_2에 대한 불법행위로 인한 손해배상청구권을 양도 받았다는 것을 이유로 X_2의 상속인들을 상대로 금원지급청구의 소를 제기하였다. 이 소는 적법한 것인지가 문제되었다.

다소 복잡한 사안이므로 좀 더 간단히 정리해 보기로 한다. X는 돈을 빌려준 사람이고 Y는 X로부터 돈을 빌린 사람이다. X가 Y에게 빌려준 돈을 받으려는 과정에서 다음과 같은 일련의 사건이 발생한다.

1) X로부터 의뢰받은 X_1이 B학원에게 수표금지급청구를 하지만 지급이 거절된다.

2) X로부터 의뢰받은 X_2가 원고가 되어 B학원에 지급청구의 소를 제기하지만 이 역시 패소한다. 1), 2)에서 X가 B학원으로부터 돈을 받아 내려 한 이유는 채무자인 Y가 부도가 났기 때문이고 지급이 거절되거나 원고가 패소한 이유도 채무자는 B학원이 아니라 Y이기 때문이다.

3) 이번에는 X_2가 Y를 피고로 하여 소를 제기한다. 이 소송에서 X는 X_2가 이 사건 채권의 채권자라는 주장을 뒷받침할 허위의 증언을 한다. 이러한 증언이 허위라는 것은 X에 대한 위증죄와 X_2에 대한 위증교사죄를 선고한 판결에 의하여 밝혀진다.

4) X_2는 Y를 상대로 한 위 소송에서 받은 승소확정판결에 기하여 수표금을 지급받았다. 그러나 X_2는 그 돈을 X에게 주지 않은 채 사망하였다.

5) X는 X_2의 상속인들에게 위 돈의 지급을 구하는 소를 제기하였다.

문제는 X가 제기한 5)의 소가 적법한가 하는 것이다.

X가 한 행위에는 어떤 문제가 있는지 살펴보기로 한다.

1) 우선 X는 X_2로 하여금 자신의 채권에 관하여 소를 제기하게 하였는데 이는 소송신탁으로서 무효이다(신탁법 6조). 이 경우 왜 무효로 하는가는 소송대리 편에서 살펴보기로 한다.

2) 또한 X는 X_2와 Y와의 소송에서 허위의 증언을 함으로써 법원을 기망하여 X_2로 하여금 승소판결을 받게 하였다. 따라서 무효인 약정을 바탕으로 하고 또 스스로 불법행위를 자행한 사람인 X가 X_2의 상속인들에게 위와 같은 소를 제기하는 것은 소권을 남용한 것에 해당하여 부적법하다는 것이 위 판결의 취지이다.

3. 신의칙 위반의 효과

(1) 당사자의 소송행위가 신의칙위반인지에 관하여 그 상대방이 이를 주장하지 않은 경우에도 법원은 스스로 신의칙위반 여부를 문제 삼아 판단하여야 할까? 신의칙 위반 여부가 직권조사사항인가에 관하여는 견해가 나누어진다. 직권조사사항이라는 견해[36], 당사자와 법원 사이에서는 직권조사사항이나 당사자들 사이에서는 상대방의 원용을 기다려 참작한다는 견해[37], 직권으로 판단한다는 것이지 직권으로 조사한다는 것은 아니라는 견해[38] 등이 그것이다. 판례는 신의성실의 원칙에 반하는 것 또는 권리남용은 강행규정에 위배되는 것으로 당사자의 주장이 없더라도 법원은 직권으로 판단할 수 있다고 한다.[39] 생각건대 직권판단사항이라는 용어 자체가 소송법상 정립된 개념인지 명확하지 않고 당사자들 사이의 원용을 기다려 판단되는 경우에는 개별법규나 해석론에 의해 가능한 경우가 많을 것이므로 직권조사사항으로 보는 것이 타당하다.

(2) 신의칙에 위반한 소의 제기는 부적법하여 각하되어야 하고(다수설)[40] 그에 반하는 소송행위는 무효이다. 신의칙위반을 간과하고 선고된 판결은 유효한 것일까? 민

---

36) 강현중, 91면; 김홍엽, 30면; 송상현/박익환, 22면; 이시윤, 37면; 정영환, 137면.
37) 김홍규/강태원, 47면; 정동윤/유병현/김경욱, 38면.
38) 호문혁, 53면.
39) 대법원 1995. 12. 22. 선고 94다42129 판결.
40) 실체법상 이유가 없어 청구기각이 되어야 한다는 견해도 있다(호문혁 53면).

사소송법에서는 판결에 하자가 있다고 모두 무효로 되지는 않는다. 적어도 재심사유(451조)로 규정된 정도의 하자보다 중하지 않은 판결은 유효한 것으로 취급된다. 재심은 확정판결에 재심사유에 해당하는 중대한 하자가 있는 경우 이미 확정된 판결을 취소하고 이에 갈음하는 판결을 하는 제도이다. 판결이 확정된다는 것은 판결이 유효하다는 것을 전제로 한다. 따라서 판결에 재심사유가 있더라도 유효하게 취급된다면 그와 동등하거나 그보다 경한 하자인 경우에도 유효로 취급되는 것이 당연할 것이다. 신의칙에 위반한 것을 간과한 판결의 효력도 당연무효는 아니고 상소에 의해 취소가 가능할 뿐이다.

제2장 민사소송절차의 흐름(기본사례)

하나의 가상사건의 소송진행을 통해 민사소송의 절차의 전체적 흐름을 살펴보기로 한다. 이후 설명되는 민사소송법의 여러 장에서도 아래의 사건이 그 예로 언급되는 경우가 있을 것이다. 이하에서는 아래의 사례를 '기본사례'라고 부르기로 한다. (초학자들이 민사소송법을 공부함에 있어 흔히 겪는 애로 중에 하나는 부분적인 이해와 지식들이 전체적인 절차진행에 어떻게 연결되는지를 파악하기 힘들어 한다는 점이다. 이는 민사소송절차에 대한 경험이 없는 상태에서 책과 강의로만 민사소송법을 배우기 때문이다. 이를 보완하기 위해 민사소송법의 부분적인 학습내용을 모의기록을 통해 확인하는 것도 좋은 방법이 될 수 있다. 또 아래에서 설명하는 기본사례를 통해 소송절차의 전반적인 흐름을 숙지하는 것도 도움이 될 수 있다)

1. 사건개요

X는 변호사인 자신의 친구 L_1에게 다음과 같은 설명을 하면서 자신이 원고가 되어 소를 제기할 수 있는지 조언을 구하였다. X가 L_1에게 한 설명은 다음과 같다.

부산에 사는 X_1은 서울에 사는 Y에게 9000만 원을 대여하여 주었는데 채무이행지는 대전으로 약정하였다. X_1이 Y에게 9000만 원을 대여할 당시 Y는 W의 입회하에 X_1에게 차용증을 작성하여 주었다. 한편 X는 X_1에게 5000만 원의 공사잔대금채권이 있으나 아직 변제 받지 못하였다. X_1은 X의 채무를 변제할 자력이 없고 Y에 대한 채권행사도 하지 않는다.

이러한 X의 설명을 들은 L_1은 X가 원고가 되어 Y를 상대로 소를 제기하는 것이 가능하다고 대답하였다. 이에 X는 X_1을 대위하여 Y를 상대로 9000만 원 중 자신의 채권액에 상당하는 5000만 원을 지급하여 줄 것을 청구하는 소를 제기하기로 하였다.

2. 소의 제기

민사소송법 제248조는 소는 법원에 소장을 제출함으로써 한다고 규정하고 있다. 따라서 소를 제기한다는 것은 곧 소장을 법원에 제출한다는 것을 의미한다. X가 소를 제기하려면 소장을 작성하여야 한다.

소장에는 원고, 피고, 법원을 표시하고 청구취지와 청구원인을 기재하여야 한다

(249조).[1] 이 사건에서 원고는 X(소장 견본에서 김길동)가 될 것이고 피고는 Y(소장견본에서 서춘몽)로 하였다. 관할법원은 피고의 주소지(보통재판적, 2조)나 채무이행지(특별재판적, 8조)를 고려하여 결정되어야 한다. 청구취지는 원고가 원하는 판결의 결론을 적는 부분이다. 이 사건에서 청구취지는 “Y는 X에게 5000만 원을 지급하라”는 내용으로 하였다. 청구원인은 X_1이 Y에게 돈을 빌려준 내용과 X가 X_1에게 채권이 있어 X_1을 대위하여 자신의 X_1에 대한 채권액 범위인 5000만 원의 지급을 청구하는 소를 제기한다는 내용을 기재하였다.

이렇게 작성된 소장을 관할법원에 접수하는 것으로 소가 제기된다. 만약 관할을 그르치면 관할권 있는 법원으로의 이송의 문제가 발생할 수 있다. X는 관할법원에 소장을 접수할 때 법원이 피고에게 송달할 소장부본을 함께 첨부하여야 한다.

소의 제기는 법원에 소장을 제출함으로써 한다(248조).

3. 소장부본의 송달

소장을 접수받은 법원은 사건을 맡을 재판부를 정하는데 이를 사건을 배당한다고 한다. 사건을 배당받은 재판부의 재판장은 소장을 심사하고 아무 문제가 없으면 소장에 기재된 피고의 주소지로 소장부본을 송달한다. 소장부본은 원고가 소장을 법원에 제출할 때 함께 제출한다. 소장부본은 원고가 직접 피고에게 보내는 것이 아니라 원고가 법원에 제출하여 법원이 피고에게 보낸다.

소장부본이 피고에게 송달되어야 소제기의 소송법적 효과, 즉 소송계속의 효과가 발생한다(통설). 소송계속의 정확한 의미에 관하여는 관련된 부분에서 자세히 설명하기로 한다. 여기서는 단순히 소송 중이라는 의미 정도로 알아두면 될 것이다. 소 제기 시 기본적인 증거자료도 함께 첨부하는 것이 보통이다.

소장부본을 송달받은 피고는 원고의 주장을 인정하지 않으면 30일 내로 답변서를 제출하여야 한다. 만약 30일 내에 답변서가 제출되지 않으면 다투지 않는 것으로 보고 법원은 변론 없이 바로 원고 승소판결(무변론 판결)을 할 수 있다(257조 1항). 그러나 Y는 X의 소제기 3개월 전 이미 사망한 상태였고 Y의 상속인으로는 Y의 처로서 금융기관에 근무하고 있는 Y_1과 미성년자인 딸 Y_2가 있었다. Y_1과 Y_2의 주소는 모두 경기도 성남시 분당구로 되어 있다. Y는 이미 사망하였으므로 송달이 되지 않을 것이다.

---

1) 이에 관한 자세한 설명과 이 사건에 필요한 소장의 견본은 본서 제2편 제1장 제2절 Ⅱ.에 있다.

1) 원고의 소장 제출 → 2) 사건배당 → 3) 법원의 소장부본 송달 → 4) 피고의 답변서 제출(30일 내 답변서를 제출하지 않는 경우는 무변론판결)

4. 당사자능력과 당사자표시정정

이 사건에서는 Y에게 소장이 송달되지 않았으므로 재판장은 X에게 주소보정을 명하게 될 것이다. 그러나 Y는 이미 사망하였으므로 Y에 대한 송달을 위해 주소보정을 하는 것은 불가능하다. 소가 적법하기 위한 요건의 하나로서 소송당사자가 일반적으로 소송의 주체가 될 수 있는 능력, 즉 당사자능력이 있어야 한다. 그러나 Y와 같이 사망한 자는 당사자능력이 없다. 이런 경우 피고를 Y의 상속인인 Y_1과 Y_2로 바꾸는 것이 가능한가 하는 문제가 발생한다. 만약 Y_1과 Y_2로 당사자를 바꿀 수 없다면 Y를 상대로 한 이 사건 소는 죽은 사람을 상대로 한 것이어서 부적법한 것이 된다.

X는 Y가 사망한 사실을 모르고 Y를 피고로 하여 소를 제기하였다며 주소보정 대신 피고를 Y에서 상속인인 Y_1과 Y_2로 바꾸는 내용의 당사자표시정정신청을 하였다.[2] 법원은 대법원 판례(대법원 1996. 10. 11. 선고 96다3852 판결)에 따라 이를 허용하였다. 이로써 피고는 Y_1과 Y_2로 되었고 소장부본은 Y_1과 Y_2에게 송달되게 된다.

5. 답변서 제출

법원에 의해 당사자표시정정이 허용되어 이제 Y_1과 Y_2가 피고가 되었다. 피고가 된 Y_1과 Y_2는 법원으로부터 소장부본을 송달받았다.

당사자가 유효한 소송행위를 하기 위해서는 소송능력이 있어야 한다. Y_2는 민법상 행위능력이 없는 미성년자이므로 소송법상으로도 소송능력이 없는 소송무능력자이다. 따라서 Y_2는 단독으로 유효한 소송행위를 할 수 없으므로 친권자인 Y_1이 법정대리인으로서 Y_2를 대리하여 소송행위를 하거나 Y_1이 Y_2를 대리하여 소송대리인인 변호사를 선임하여 소송을 해야 한다. Y_1은 자신과 Y_2를 위하여 변호사 L_2를 소송대리인으로 선임하였다.

소송위임을 받은 L_2는 곧 답변서 작성을 위해 사건검토를 하였다. 피고들인 Y_1, Y_2의 답변내용은 여러 가지 경우를 가정할 수 있다. ⅰ) X의 주장내용을 모두 인정하는 경우(자백), ⅱ) 자신들은 피상속인 Y가 한 일인지 알지 못한다고 하는 경우(부지), ⅲ) Y가 X_1의 돈을 차용한 사실이 없다고 하는 경우(부인) 등이 그것이다.

2) 이 사건 내용에 따라 작성된 당사자표시정정신청서는 본서 제2편 제4장 제2절 Ⅲ.에 있다.

L_2는 두 가지 내용으로 답변서를 작성하였다. 우선 본안전 항변의 취지로서 피고들은 X가 X_1에 대해 실제로 채권이 있는지 의문이며 X의 X_1에 대한 채권이 없다면 X는 이 사건 소를 제기함에 있어 원고적격이 없으므로 이 사건 소는 부적법하다고 주장하였다. 본안전 항변이란 본안 즉 청구의 당부에 관하여 다투기에 앞서 제출하는 소의 적법 여부에 관한 피고의 항변을 말한다. 채권자대위소송에서는 피보전채권이 소송요건이므로 이를 부인하는 것은 본안전 항변에 속한다. 본안에 관하여는 Y_1의 진술에 따라 자신들은 피상속인 Y가 한 일인지 알지 못한다고 하였다.[3] 이리하여 Y_1과 Y_2는 X가 제출한 소장을 송달받은 후 30일 내로 답변서를 제출하였다.

6. 제1회 변론기일

L_2가 작성한 답변서가 수소법원(소가 제기된 법원)에 접수되자 법원은 곧 변론기일을 지정하여 양 당사자에게 변론기일 통지서를 송달하였다. 원고 X와 피고들[4]의 소송대리인 L_2는 제1회 변론기일에 출석하였다. 변론기일에서 원고 X는 소장을 진술하고 이어 L_2는 답변서를 진술하였다. 소장과 답변서는 이미 법원에 제출되었지만 당사자의 주장이 재판의 자료가 되려면 서면을 법원에 제출한 것만으로는 되지 않고 변론기일에 말로 하여야 한다. 즉 구술에 의해 제출된 주장만이 재판의 기초가 되는데 이를 구술심리주의라고 한다.

재판장은 원고에게 피고들이 이 사건 소가 원고적격이 없어 부적법하다고 하면서 만약 적법한 소라고 하더라도 원고가 주장하는 청구원인사실을 인정하고 있지 않으니 이에 관하여 증거를 제출하라고 요청하였다. 즉 X가 X_1의 피고들에 대한 권리를 대위하여 행사할 수 있기 위해 X의 X_1에 대한 채권(피보전채권)이 있다는 것과 청구원인사실을 증명할 것을 요구하고 있다. 원칙적으로 주요사실에 관하여 당사자 사이에 다툼이 있는 경우에는 증거에 의하여 사실이 인정되어야 한다. 주요사실이 무엇인지는 변론주의 편에서 설명하기로 한다.

이에 X는 소장에 첨부된 X와 X_1 사이에 체결된 갑제1호증(공사계약서)과 X_1의 명의로 된 갑제2호증(공사대금지불각서), Y명의로 된 갑제3호증(차용증) 등을 증거로 제출하였다. X가 X_1에 대하여 공사대금채권이 있다는 사실을 증명하기 위해서는 공사계약서만으로는 부족하다. 왜냐하면 도급계약은 일이 완성되어야 보수지급청구권이 생기기 때문이다. 갑제2호증으로 제출된 공사대금지불각서는 공사가 완료되었으니 공사대금을 지급한다고 약속한 문서이다. 당사자가 증거를 제출할 때 원고가 제출하

3) 이 사건 내용에 따라 작성된 답변서는 본서 제2편 제1장 제3절 Ⅳ.에 있다.
4) 여러 사람인 피고 전부를 지칭할 때는 피고들이라고 한다.

는 증거는 갑제__호증이라고 하고 피고가 제출하는 증거는 을제__호증이라고 한다.

재판장은 L_2에게 X가 제출한 문서가 작성명의인에 의하여 진정하게 작성된 것인지 여부(진정성립)에 관하여 의견(서증인부)을 물었다. 만약 X가 제출한 문서들에 관하여 진정성립이 인정되지 않으면 법원은 X의 주장이 사실인지를 판단하기 위한 증거로 사용할 수 없다. 그렇다고 X가 제출한 문서들에 관하여 진정성립이 인정되면 곧 X의 주장이 사실로 인정된다는 것을 뜻하는 것은 아니다. L_2는 X가 제출한 문서들은 피고들이 모르는 것이므로 '부지(不知)'라고 답하였다. 사문서의 진정성립에 다툼이 있는 경우 이를 증명하여야 한다(357조). 이에 X는 갑제1호증(공사계약서)과 갑제2호증(공사대금지불각서)의 진정성립을 증명하기 위해 X_1을, 갑제3호증(차용증)의 진정성립을 증명하기 위해 W를 증인으로 각각 신청하였다. 법원은 X_1, W에 대한 증인신청은 채택하되 먼저 이 사건 소의 적법 여부를 심리한 후 본안에 관하여 심리하는 것이 적절하다는 뜻에서 W에 대한 증인신문은 X_1에 대한 증언이 이루어진 후 하기로 하였다.

1) 소장 및 답변서 진술 → 2) 피고들이 원고의 주장을 다툼 → 3) 원고의 문서 제출 → 4) 문서에 관한 인부 → 5) 증인신청-채부결정

7. 제2회 변론기일

제2회 변론기일에서 먼저 X_1에 대한 증인신문이 이루어졌다. X는 X_1에게 갑제1호증과 갑제2호증을 제시하고 X_1이 작성한 서류가 맞는지를 신문하였고 X_1은 그렇다고 대답하였다. 갑제1,2호증의 진정성립을 증명하기 위한 증인신문이 이루어진 것이다. 이어 L_2는 반대신문에서 갑제1호증과 갑제2호증을 작성한 일자, 작성경위와 장소 등을 신문하여 X_1의 주신문에 대한 증언의 진실성을 확인하고자 하였다. 흔히 반대신문은 주신문에 대한 증언을 보다 구체화하고 모순된 내용의 지적을 통해 그 진실 여부를 확인한다. X_1의 증인신문에 이어 W에 대한 증인신문도 이루어졌다. W는 Y의 지인으로 원고 X를 전혀 알지 못하며 X_1도 Y가 갑제3호증을 작성할 당시 한 번 본 적이 있을 뿐이라고 증언하였다. L_2는 반대신문에서 갑제3호증에 기재된 Y의 서명을 Y가 직접 한 것인지를 물었고 W는 그렇다고 대답하였다. 증인신문이 마쳐지자 재판장은 X와 L_2에게 더 주장할 것과 신청할 증거가 있는지를 묻고 없다고 하자 변론을 종결하고 판결선고기일을 지정하였다.

증인신문(주신문 ↔ 반대신문) → 변론종결 → 선고기일 지정

8. 판결선고 및 항소

법원은 판결선고 기일에 원고전부승소 판결을 선고하고 판결정본을 각 당사자들에게 송달하였다. 판결정본이라 함은 판결문 원본과 같은 효력이 있는 일종의 판결문 사본이다. 자세한 것은 서증의 편에서 설명한다. 항소는 판결서가 송달된 날로부터 2주 이내에 하여야 한다(396조 1항). Y_1과 Y_2는 항소기간인 판결정본을 송달 받은 지 2주 내로 제1심법원에 항소장을 제출함으로써 제1심판결에 대해 항소를 하였다. 심급대리의 원칙상 L_2의 Y_1, Y_2를 위한 소송대리권은 제1심 판결정본의 송달로 소멸하였다. 심급대리란 소송대리편에서 자세히 설명하겠지만 소송대리권이 소송위임을 한 그 심급에서만 인정된다는 것이다. 예를 들어 제1심에서 변호사에게 소송위임을 하였다면 그 변호사는 제1심에서만 소송대리권을 가지고 항소심에서는 소송대리권이 인정되지 않는다. 만약 항소심에서도 소송대리권을 행사하려면 항소심에서 새로이 소송위임을 받아야 한다. 그러나 Y_1, Y_2는 L_2에게 항소심에 관한 소송위임을 하지 않았다. Y_1은 Y_2의 법정대리인으로서 소송을 진행하였으나 패소하였고 상고하지 않아 항소심판결이 확정되었다. 판결이 확정되었다는 것은 재심사유가 없는 한 더 이상 다툴 수 없다는 의미이다.

제1심판결선고 → 판결정본 송달 후 2주 내 항소 → 항소심판결선고 → (상고하지 않음)판결확정

9. 판결의 효력

X_1이 Y에게 대여하였다는 9000만 원 중 5000만 원 부분은 X의 위 소송에 의한 판결확정으로 권리행사가 되었다. X_1은 위 판결확정 후 나머지 4000만 원에 대하여도 Y_1, Y_2에 대하여 그 지급을 구하는 소를 제기하였다. 판결이 확정되면 기판력이 발생한다. 기판력이 발생된 사건에 대해 당사자는 다시 소를 제기하여 다투지 못하며 법원은 전 판결의 내용과 모순된 판결을 할 수 없다. 만약 X가 받은 위 확정판결의 기판력이 X_1에게도 미친다면 X_1은 다시 소를 제기할 수 없다. X_1은 기판력은 당사자 사이에서만 미치는데(218조 1항 참조) 전소의 당사자는 X이므로 자신에게는 전소의 기판력이 미치지 않는다고 주장하였다.

이 사건에서도 Y_1, Y_2로부터 소송위임을 받은 L_2는 X_1의 소에 대하여 X_1의 채권자인 X가 채무자 X_1을 대위하여 제3채무자인 Y_1, Y_2를 상대로 소를 제기하여 선고받은 판결의 효력은 권리의무의 귀속주체인 X_1에게도 효력이 미치므로(218조 3항 참조) 이 사건 소는 확정판결이 선고된 사건에 대하여 다시 소를 제기한 것으로 부적법하다고 주장하였다. 이에 대해 X_1은 L_2의 주장이 옳다고 하더라도 전소에서 X가 청구한 금액은 5000만 원으로서 나머지 4000만 원에 관하여는 판결을 받지 않은 것이니 4000만 원의 지급을 구하는 이 사건 소는 적법하다고 주장하였다. 이에 대해 다시 L_2는 X가 제기한 5000만 원의 지급을 구하는 소에 대한 판결의 효력은 나머지 4000만 원의 지급을 구하는 이 사건 청구에 대하여도 미쳐 Y_1, Y_2의 지급책임은 5000만 원으로 확정된 것이므로 이 사건 청구는 이유없는 것이라고 주장하였다.

판결이 확정되면 기판력이 발생한다.

10. 재 심

소송이 진행되던 중 금융기관에 근무하던 Y_1은 전 소송에서 W에 대한 증인신문이 이루어진 변론기일 직후 (W의 증언에 의하면 W와는 서로 잘 알지 못한다던) X_1이 W의 계좌에 300만 원을 입금한 사실을 우연히 알게 되었다. 이를 단서로 수사가 개시되어 수사결과 W의 계좌로 입금된 300만 원은 W가 갑제3호증이 위조된 것임에도 진실한 것이라고 허위증언한 대가라는 것이 밝혀져 W와 X_1은 위증과 위증교사죄로 각각 형사처벌을 받았다. 이에 Y_1, Y_2는 X와의 소송에서 선고되어 확정된 판결에 대해 민사소송법 제451조 제1항 제6호(문서의 위조 · 변조), 제7호(증인 등의 허위진술)에서 정한 재심사유에 해당한다고 주장하면서 재심의 소를 제기하였다.

확정판결에 대하여 재심사유가 존재하면 재심의 소를 제기할 수 있다.

제2편

소송의 개시

제1장 소의 제기

제1절 소의 개념

Ⅰ. 소의 의의

(1) **소는 원고가 피고를 상대방으로 하여 법원에 특정한 청구의 당부에 관한 심판을 요구하는 소송행위이다.**[1] 소송절차는 소에 의하여 개시되므로 소는 소송절차의 개시형식이다. 소송절차는 판결을 목적으로 한다는 점에서 판결절차라고도 한다.

(2) 원고, 피고, 법원을 소송의 주체라고 하고 '특정한 청구'를 소송물이라고 한다. 앞에서 민사소송의 대상이 되는 것은 '구체적 권리관계에 관한 다툼'이라고 하면서 '법률상의 쟁송'이라는 용어가 이러한 의미를 담고 있다고 설명하였다. 분쟁의 내용이라는 측면에서 본 '구체적 권리관계에 관한 다툼'을 심판의 대상의 측면에서 보면 '특정한 청구의 당부'라고 할 수 있다. 그리고 '구체적 권리관계에 관한 다툼'이 다분히 실체법적 관점에서 표현되었다면 '특정한 청구의 당부'는 소송법적 관점에서 기술되어 있다. **특정한 청구의 당부에 관한 것을 '본안(本案)'이라고 한다.** 소송의 주체와 소송물은 모두 소송의 요소를 이룬다.

소는 누구와의 관계에서(당사자), 어느 법원에(법원), 무엇에 관하여(심판의 대상인 청구, 즉 소송물) 심판을 구하는지 등을 특정하여야 한다(249조). 소송이 구체적 권리관계에 관한 다툼이라는 점을 생각한다면 이는 당연한 요구이다. 때때로 소는 청구와 혼용하여 사용되는 경우도 있으나 소와 청구는 개념상 구별된다. 청구는 소에 있어서 심판의 대상으로 '소송물'을 의미하며 때로는 넓은 의미로 사용되어 '소송물에 관한 심판의 요구'를 뜻하기도 한다. 그러나 청구는 소의 요소일 뿐 소 그 자체는 아니다.

(3) 소는 법원에 판결을 요구한다는 의미에서 법원에 대한 소송행위로서 재판일반(결정 · 명령 · 판결)의 요구를 의미하는 신청의 일종이다. 따라서 소는 피고에 대한 행

1) 소송행위는 소송법상의 효과의 발생을 그 본래의 주요효과로 하는 행위이다. 자세한 것은 제3편 제4장 제2절 참조.

위이거나 사법상의 행위가 아니다. 소로 인하여 시효의 중단 등 사법상의 효과가 발생하기도 한다. 그러나 이는 효과의사에 의해 발생하는 법률효과가 아니라 법률에 의해 부여되는 효과이다.

(4) 소가 제기되면 소송상 청구에 관해 소송계속(訴訟係屬)이 발생한다.[2] **소송계속은 특정한 청구에 대하여 판결절차가 특정 법원에 현실적으로 존재한다는 의미이다.** 소송계속에서 '계속'은 시간적으로 연속된다는 의미의 계속(繼續)이 아니다(계속(係屬)에서 係는 매다 또는 묶다의 의미가 있다. 소송계속을 독일어로 Rechtshängigkeit라고 하는데 계속(係屬)을 의미하는 hängigkeit의 동사형 hängen은 '(그림 같은 것을)걸다, (무엇이)매달려 있다'라는 뜻이다). 소송계속이 있어야만 특정사건에 관하여 당사자는 판결을 얻는 데 필요한 소송행위를 할 수 있고 법원도 판결을 할 수 있다. 따라서 민사소송법 규정에는 소송계속이라는 용어가 자주 등장한다. 예를 들면 이송의 효과(40조), 중복제소금지(259조), 소의 취하(266조) 등이 그것이다. 소송계속은 원고가 소를 제기하여야 발생한다. 그리고 확정판결을 얻으면 소멸한다.

(5) 소가 제기되면 법원은 판결로서 응답할 의무가 있다. 이를 당사자의 권리로 파악하면 재판을 받을 권리의 하나로서 판결청구권이 발생한다고도 할 수 있다.

Ⅱ. 소의 종류

소는 여러 가지 기준으로 그 종류를 설명할 수 있다. 소제기의 모습에 따라 나누자면 한 사람의 당사자가 하나의 청구만을 하는 소(단일한 소)와 하나의 소에 청구나 당사자가 여럿인 경우(병합의 소)가 있다. 소송의 개시가 그 소의 제기로 비로소 이루어지는 경우도 있지만 이미 소송이 개시된 후 제기되는 소도 있다. 예를 들면 원고가 피고를 상대로 소(본소)를 제기하였는데 본소 계속 중 피고가 원고를 상대로 반소를 제기하는 경우이다. 가장 중요한 것은 청구의 내용에 따른 구분이다. 이에 관하여 자세히 살펴보기로 한다.

1. 이행의 소

(1) 의 의

기본사례에서 X가 Y를 상대로 제기하였던 소는 "피고는 원고에게 돈 5000만 원

---

2) 소송계속의 발생시기는 소장송달시라고 하는 것이 통설 · 판례의 태도이다.

을 지급하라"는 판결을 구하는 것이었다. X가 구하는 판결에는 Y가 X에게 5000만원을 지급할 의무가 있다는 것과 그 의무를 이행하라는 명령이 포함되어 있다. 이와 같이 **이행의 소는 피고에 대한 특정한 이행청구권의 확정과 이행명령을 구하는 소이다.** 이행의 소는 위와 같이 금전의 지급을 구하는 것 외에도 물건의 인도를 구하는 것, 의사표시를 구하는 것 등의 작위를 구하는 것도 가능하고 부작위를 구하는 것도 가능하다. 그러나 청구권만이 그 대상이 된다.

(2) 종 류

이행의 소는 사실심변론종결시를 기준으로 그 이행기가 도래한 현재이행의 소가 원칙이다. 소송에서 권리의 존부에 대한 판단은 사실심변론종결시를 그 기준으로 한다. 소송자료는 변론에서 제출된 것만을 재판의 기초로 삼을 수 있으므로 사실심변론종결시까지 제출된 소송자료로 권리관계를 판단하여야 하기 때문이다. 따라서 소 제기시 아직 이행기가 도래하지 않았더라도 사실심변론종결시에 이행기가 도래하면 법원은 이행판결을 할 수 있다. 예외적으로 미리 청구할 필요가 있는 경우에는 아직 이행기가 도래하지 아니한 장래이행의 소도 가능하다. 미리 청구할 필요가 어떤 경우에 인정될 것인가는 소의 이익 편에서 살펴보기로 한다.

(3) 판결의 효력

이행의 소에 대한 판결이 모두 이행판결이 되는 것은 아니다. 이행의 소를 기각하는 판결은 이행청구권의 부존재를 확정할 뿐 이행명령을 하는 것은 아니므로 이는 확인판결에 불과하다. 그리고 이행청구권의 부존재에 대하여 기판력이 발생하지만 이행명령이 없으므로 집행력이 발생하지는 않는다. 집행력이란 판결 등으로 명한 이행의무를 강제집행절차에 의하여 실현할 수 있는 힘을 말한다. 따라서 집행력은 이행의무가 있는 경우에만 인정될 수 있다. 이행의 소를 인용하는 이행판결은 이행청구권의 존재의 확인과 함께 이행명령도 포함되어 있으므로 기판력뿐만 아니라 집행력도 발생한다. 따라서 피고가 판결내용을 임의이행하지 않을 경우 원고는 이행판결을 집행권원으로 하여 강제집행을 신청할 수 있다.

2. 확인의 소

(1) 의 의

확인의 소란 권리 또는 법률관계의 존부의 확인을 요구하는 소를 말한다. 확인의 소는 권리 또는 법률관계의 존부를 그 대상으로 하는 것이 원칙이다. 민사소송의 대상이 구체적 권리관계에 대한 다툼 즉 법률상의 쟁송이라는 점에서 당연하다. 그러나 예외적으로 법률관계를 증명하는 서면이 진정하게 작성되었는지 여부를 그 대상으로 하는 증서진부확인의 소도 허용된다(250조). 이에 관해 자세한 것은 소의 이익 편에서 설명하기로 한다. 확인의 소에는 적극적으로 그 존재의 확인을 구하는 적극적 확인의 소와 소극적으로 그 부존재의 확인을 구하는 소극적 확인의 소가 있다.

(2) 기 능

기본사례에서 X가 Y에 대하여 돈 5000만 원을 지급하라는 소를 제기하면 되고 그러한 채권이 있다는 확인의 소를 별도로 제기할 필요는 없다. 이와 같이 당사자에게 이행청구권이 있는 대부분의 경우는 직접 그 이행을 구하는 소를 제기하면 되고 별도로 이행청구권의 확인을 구하는 소는 필요하지 않다.

그러나 확인의 소는 다음과 같이 이행의 소가 가지지 못하는 기능도 가지고 있다. 첫째, 개개의 청구권만을 주장할 수 있는 이행의 소와는 달리 확인의 소는 소유권 등 절대권이나 임대차관계, 친자관계 등 포괄적 권리도 그 대상으로 할 수 있어 이에 관한 분쟁의 포괄적 해결이 가능하다. 둘째, 청구권의 액수를 확정할 수 없어 이행의 소를 제기할 수 없는 경우에도 확인의 소로 청구권의 존재를 확인받아 소멸시효를 중단시킬 수 있다. 셋째, 채무부존재확인의 소와 같은 소극적 확인의 소에 의해 법률관계를 명확히 함으로써 계속적으로 발생할 수 있는 분쟁을 사전에 예방할 수 있다. 이와 같이 확인의 소는 분쟁의 포괄적 해결, 소멸시효의 중단, 분쟁의 사전예방의 기능이 있다.

판례연습 대법원 2001. 7. 10. 선고 99다34390 판결

– 국가를 상대로 한 소유권확인의 소가 적법한 경우 –

Ⅰ 사건의 개요 K토지는 아직 등기부에 기재되어 있지 않은 미등기토지이나 토지대장의 소유명의는 '두야리 X'로 기재되어 있다. X는 K토지가 자신의 소유라고 주장하였다.[3] 이에 국가는 K토지대장의 소유명의자로 기재된 '두야리 X'가 K토지의 소유권을 주장하는 X와 다른 사람이라고 다투었다. X는 국가를 상대로 소유권확인의 소를 제기할 수 있는지가 문제되었다.

---

3) 판례에서 문제된 실제 사건은 X의 사망 후 X의 상속인들이 소를 제기한 사건이다.

설 명

(1) 소가 적법하려면 소의 이익이 인정되어야 한다. 소의 이익은 분쟁해결을 위해 특별히 마련된 간편한 절차가 있는 경우에는 인정되지 않는다.

미등기토지의 보존등기는 토지대장등본에 의하여 소유권을 증명하여 할 수 있다(부동산등기법 65조). 이 사건에서는 토지대장에 소유자로 기재된 '두야리 X'와 K토지의 소유권을 주장하는 X가 동일인이라는 것이 증명되어야 X가 K토지의 소유자라는 것이 인정될 수 있다.[4] 그런데 국가는 '두야리 X'가 K토지의 소유권을 주장하는 X와 다른 사람이라고 다투므로 X는 토지대장등본만으로는 소유권을 증명할 수 없다. 따라서 이 사건은 분쟁해결을 위해 특별히 마련된 간편한 절차가 있는 경우에 해당되지 않고 국가가 X의 소유권을 다투므로 확인의 이익이 인정된다.

(2) 이 경우 X가 국가를 상대로 소유권보존등기절차이행을 구하는 소를 제기하는 것은 소의 형태로 올바르지 않다. 미등기 토지 또는 건물은 '확정판결에 의하여 자기의 소유권을 증명하는 자'도 소유권보존등기를 할 수 있다(부동산등기법 65조 2호). 또한 소유권보존등기 또는 소유권보존등기의 말소등기는 등기명의인으로 될 자 또는 등기명의인이 단독으로 신청한다(동법 23조 2항). 이에 의하면 X는 K토지에 관해 자기의 소유권을 증명하는 확정판결만 있으면 등기명의인이 될 수 있으므로 굳이 보존등기청구의 소를 제기할 필요가 없기 때문이다.

참고판례 1 **대법원 2001. 7. 10. 선고 99다34390 판결【소유권확인】**

참고판례 2 **대법원 2009. 10. 15. 선고 2009다48633 판결【소유권확인】**

4) 1950. 12. 1.부터 시행된 지적법(법률 제165호) 및 그 시행령에는 멸실된 지적공부의 복구에 관하여 규정한 바가 없었고, 1975. 12. 31.부터 시행되었던 지적법(법률 제2801호)에서야 비로소 그 제13조에 근거한 같은 법 시행령 제10조에서 지적공부를 복구할 때는 소관청은 멸실 당시의 지적공부와 가장 부합된다고 인정되는 자료에 의하여 토지 표시에 관한 사항을 복구등록하되 소유자에 관한 사항은 부동산등기부나 확정판결에 의하지 않고서는 복구등록할 수 없도록 규정하고, 그 부칙 제6조에서 이 영 시행 당시 지적공부 중 토지 표시에 관한 사항은 복구되고 소유자는 복구되지 아니한 것(소관청이 임의로 소유자표시를 한 것을 포함한다)에 대하여는 제10조의 규정을 적용한다고 각 규정하였으므로, 1975. 12. 31. 개정된 지적법이 시행되기 이전에 소관청이 아무런 법적 근거 없이 과세의 편의상 임의로 복구한 토지대장은 그 소유자의 이름이 기재되어 있다 하더라도 위 지적법시행령 제10조, 부칙 제6조 등의 규정에 비추어 그 기재에 권리추정력을 인정할 수 없다는 것이 판례의 태도이다(대법원 1995. 8. 22. 선고 95다16493 판결). 따라서 토지대장의 권리추정력은 1975. 12. 31.부터 시행되었던 지적법에 의하여 작성된 것에 한하여 인정되며 그 이전의 것은 인정되지 않는다.

(3) 사실상혼인관계존부확인의 소

소의 성질에 관하여 다투어지는 것으로 사실상혼인관계존부확인의 소가 있다. 우리 민법 제812조 제1항은 혼인은 가족관계등록 등에 관한 법률에 정한 바에 의하여 신고함으로써 그 효력이 생긴다고 규정하여 법률혼주의를 취하고 있다. 그럼에도 사실상혼인관계존부확인의 소가 인정되고 있다. 가족관계의 등록 등에 관한 법률 제72조에는 사실상 혼인관계 존재확인의 재판이 확정된 경우에는 소를 제기한 사람은 재판의 확정일부터 1개월 이내에 재판서의 등본 및 확정증명서를 첨부하여 제71조의 신고를 하여야 한다고 규정되어 있다. 혼인의 실체를 갖추고 있으면서도 당사자 일방이 혼인신고에 협조하지 않아 혼인신고를 하지 못한 경우 사실상 혼인관계 존재확인의 재판을 확정 받아 단독으로 혼인신고가 가능하다.

이러한 사실상혼인관계존재확인의 소의 법적 성질은 어떻게 파악해야 할까? 이에 관하여는 i) 확인소송설, ii) 혼인관계의 의사표시를 구하는 이행소송설, iii) 형성소송설 등의 견해의 대립이 있지만 사실상혼인관계부존재확인의 소는 확인의 소이고, 사실상혼인관계존재확인의 소는 확정판결로 청구인이 일방적으로 혼인신고를 창설할 수 있으므로[5] 법률혼의 창설을 목적으로 하는 형성소송이라고 보는 견해가 유력하다.[6] 사실혼은 법률혼과 구별되므로 위의 견해와 같은 해석이 가족관계의 등록 등에 관한 법률 제72조와 조화될 수 있다고 생각한다.

(4) 확인판결의 효력

확인의 소를 인용하는 확인판결에는 기판력이 인정되나 집행력은 인정되지 않는다. 집행력은 이행명령을 강제집행절차에 의해 실현시키는 효력이므로 확인판결에는 집행력이 발생할 여지가 없다. 기판력은 확인판결에서 확정하는 권리관계의 존재 또는 부존재에 대해 발생한다.

3. 형성의 소

(1) 의 의

형성의 소란 법률관계의 변동을 선언하는 판결을 요구하는 소이다. 형성의 소가 기존의 법률관계의 변경을 요구하는 창설적 효과를 목적으로 한다는 점에서 기존 법률관계를 확정하거나 실현시키는 확인의 소나 이행의 소와 구별된다. 기본사례에서

---

5) 가족관계의 등록 등에 관한 법률 제72조 참조.
6) 김홍규/강태원, 248면; 이시윤, 205면; 정동윤/유병현/김경욱, 72면. 확인소송설을 취하는 견해로는 강현중, 305면; 김홍엽, 255면.

Y_1, Y_2는 W의 위증과 갑제3호증의 위조를 이유로 이미 확정된 판결에 대하여 재심의 소를 제기하였다. 재심의 소는 원판결의 취소와 종결된 소송의 부활을 구하는 소로서 확정판결의 취소를 구하는 점에서 소송법상의 형성의 소에 해당한다.

(2) 인정이유

형성권에는 당사자의 일방적 의사표시에 의해 행사할 수 있는 것과 소로써만 행사할 수 있는 것이 있다. 예를 들면 착오로 인한 의사표시는 당사자의 일방적 의사표시만으로 취소할 수 있다(민법 109조). 그러나 사해행위의 취소는 당사자의 일방적 의사표시만으로는 할 수 없고 법원에 그 취소를 청구하여야 한다(민법 406조). 이와 같이 **소로써만 행사할 수 있는 형성권을 실현시키기 위한 소가 형성의 소이다.** 만약 당사자의 일방적 의사표시로 행사할 수 있는 형성권의 행사의 효과에 관하여 다툼이 있다면 이는 형성의 소로써 그 해결을 구할 것이 아니라 형성권행사의 효과에 따른 법률관계의 내용에 따라 확인의 소나 이행의 소로써 다투어야 한다.

형성권의 일부를 형성의 소를 통하여만 행사할 수 있도록 한 것은 법률관계의 안정을 위하여 형성권의 행사를 곤란하게 하고 변동의 유무를 명확히 하기 위한 것이다. 또한 판결의 효력을 제3자에게 미치게 함으로써 법률관계를 획일적으로 처리하기 위함이다.[7] 따라서 형성의 소는 법률이 소로써만 형성권을 행사하도록 규정한 경우에 한하여 허용된다.[8] 판례는 형성의 소인 대표자해임청구의 소를 전제로 대표자 등에 대하여 직무집행정지와 직무대행자선임을 구하는 가처분 신청은 피보전권리가 없어 허용되지 않는다고 한다.[9] 대표자해임청구의 소는 성질상 형성의 소이지만 법률에 규정된 바 없기 때문이다.

(3) 종 류

형성의 소는 실체법상의 형성의 소와 소송법상의 형성의 소, 형식적 형성의 소로 나누어진다.

(a) 실체법상 형성의 소

실체법상 형성의 소는 실체법상의 권리관계의 변동을 구하는 소이다. 혼인의 취

7) 정동윤/유병현/김경욱, 74면.
8) 대법원 1993. 9. 14. 선고 92다35462 판결. 예외적으로 판례에 의해 인정되는 형성의 소로는 전환사채발행무효의 소(대법원 2004. 6. 25. 선고 2000다37326 판결), 신주인수권부사채발행무효의 소(대법원 2015. 12. 10. 선고 2015다202919 판결) 등이 있다.
9) 대법원 2020. 4. 24.자 2019마6918 결정.

소, 항고소송 중 취소소송, 헌법소원 등이 이에 해당한다. 다음은 실체법상 형성의 소인지 여부에 관하여 다투어지는 것들이다. ① 혼인 무효의 소는 실체법상 형성의 소라는 견해[10]와 확인의 소라고 하는 견해[11]가 대립한다. 판례는 혼인무효사유가 있는 경우 혼인무효의 소를 제기하지 않은 상태에서 이해관계인이 다른 소송에서 선결문제로서 혼인의 무효를 주장할 수 있다고 하여 확인의 소로 파악하고 있다.[12] ② 주주총회결의무효확인의 소에 관하여는 소의 성질이 다투어진다. 주주총회결의 무효확인의 소는 형성소송이라는 견해[13]와 확인소송이라는 견해[14]가 있다. 판례는 확인소송설을 취하고 있다.[15] ③ 채권자 취소소송에 관하여는 형성소송설, 이행 및 확인소송설, 병합설, 책임설 등이 대립되어 있으나, 현행민법은 "…그 취소 및 원상회복을 구할 수 있다(406조)"고 규정하고 있으므로 형성소송과 이행소송이 병합된 형태라고 보아야 한다. 본 장은 형성의 소를 개관하는 것이 목적으로 하므로 이러한 학설의 대립이 무엇에서 비롯된 것이고 논의의 실익은 무엇인지에 관한 설명은 생략하기로 한다.

(b) 소송법상의 형성의 소

소송법상의 형성의 소는 소송법상의 법률관계의 변동을 목적으로 하는 소로서 재심의 소(451조), 정기금판결 변경의 소(252조)가 그 예이다. 재심의 소는 재심의 편에서 정기금변경의 소는 기판력부분에서 다룰 것이나 모두 확정판결의 변경을 목적으로 한다.

(c) 형식적 형성의 소

형식적 형성의 소는 형식은 소송의 형식을 취하고 있으나 구체적으로 어떠한 내용의 권리관계를 형성할 것인가를 법관의 재량에 맡기고 있어 실질적으로는 비송사건인 소로서 토지경계확정의 소, 공유물분할청구의 소가 그 예이다.

공유물분할청구의 소는 민법 제269조 제1항에 근거한다. 민법 제269조 제1항은 분할의 방법에 관하여 협의가 성립되지 아니한 때에는 공유자는 법원에 그 분할을 청구할 수 있다고 규정하고 있다. 형성의 소는 명문의 규정이 있는 경우에만 인정된다는 점을 다시 한 번 상기하기 바란다. 공유물분할청구의 소는 원고가 나머지 공유

10) 정동윤/유병현/김경욱, 74면.
11) 김홍엽, 254면.
12) 대법원 2013. 9. 13. 선고 2013두9564 판결.
13) 김홍규/강태원, 287면; 이시윤, 207면; 정동윤/유병현/김경욱, 75면.
14) 강현중, 327면; 김홍엽, 257면; 정영환, 347면.
15) 대법원 1992. 8. 18. 선고 91다39924 판결.

자를 상대로 제기하는 것이지만 법원은 원고의 청구에 구속받지 않고 적당한 분할방법을 명할 수 있다는 점에서 실질적으로는 비송의 성격을 가지고 있다.

토지경계확정의 소는 두 토지의 경계를 확정짓기 위한 소이다. 토지의 경계는 원칙적으로 지적법상 지적도에 의하여야 하나 지적도상의 경계가 진실한 경계선과 다르게 잘못 작성되었다면 실제의 경계에 의하여 확정하여야 한다. 경계확정의 소는 이를 위해 제기되는 소이다. 토지경계확정의 소가 제기되면 법원은 당사자 쌍방이 주장하는 경계선에 구속되지 않고 진실하다고 인정되는 바에 따라 경계를 확정해야 한다.[16] 이 소는 명문의 근거규정이 없고 판례상 인정되는 것임에도 형성의 소의 일종인 형식적 형성의 소로 분류되고 있다.

판례 연습

대법원 1996. 4. 23. 선고 95다54761 판결

– 토지경계확정의 소에서 다툼이 없는 사실의 구속력 –

K토지의 소유자 X는 Q토지의 소유자 Y를 상대로 K토지와 Q토지의 경계를 확정하여 달라는 경계확정의 소를 제기 하였다. 법원의 심리결과 각 토지의 지적도상 경계가 과거 측량작업의 기술적 착오로 진실한 경계와 다르다는 것이 밝혀졌다. 그러나 X와 Y는 소송도중 진실한 경계가 심리결과 밝혀진 토지경계와는 다른 토지경계선이라는 것으로 일치된 주장을 하였다. 법원은 이 경우 당사자 사이에 다툼이 없으므로 당사자의 주장에 따른 경계로 판단을 하여야 할까? 아니면 당사자의 일치된 주장에 구애됨이 없이 측량된 결과에 따라 판단하여야 할까? 경계확정의 소는 실질적 비송사건으로 법원은 그 합의에 구속되지 아니하고 진실한 경계를 확정하여야 한다는 것이 판례의 태도이다.[17]

참고판례 **대법원 1996. 4. 23. 선고 95다54761 판결【토지경계확정】**

(4) 형성판결

형성의 소를 인용하는 형성판결이 확정되면 법률관계를 변경시키는 형성력이 발생한다. 형성판결에 의한 형성력의 발생으로 법률관계는 변동하므로 원칙적으로 판

16) 대법원 2021. 8. 19. 선고 2018다207830 판결.

17) 또한 대법원 1997. 7. 8. 선고 96다36517 판결은 경계확정소송의 대상이 되는 '경계'란 공적으로 설정 인증된 지번과 지번과의 경계선을 가리키는 것이고, 사적인 소유권의 경계선을 가리키는 것은 아니라고 한다. 또한 건물 소유권의 범위를 확정하기 위하여는 소유권확인소송에 의하여야 할 것이고, 공법상 경계를 확정하는 경계확정소송에 의할 수는 없다고 한다.

결의 내용을 실현시키기 위한 별도의 집행력은 요하지 않는다.[18] 형성력은 당사자뿐만 아니라 제3자에게도 미친다. 이는 기판력이 원칙적으로 소송의 당사자에게만 미치는 것과 대비된다. 형성판결은 형성권의 존재에 관하여 기판력이 발생한다(통설·판례). 형성의 소에 대하여 기각하는 판결이 확정된 경우에는 형성권의 부존재를 확인하는 확인판결로서 형성권의 부존재에 관하여 기판력이 발생한다.

제2절 소의 제기

I. 소제기의 방식

1. 소장제출주의

아래의 내용은 민사소송절차의 흐름에서 설명하였던 기본사례의 내용을 떠 올리며 확인하기 바란다. **소는 법원에 소장을 제출함으로써 제기한다**(248조). 소장에는 피고에게 소장부본을 송달하기 위해 피고의 수만큼 소장부본을 첨부하여야 한다(규칙 48조). 기본사례에서 최초 X가 Y를 상대로 소를 제기할 때는 소장부본이 1통 필요하였으나 Y_1, Y_2로 당사자정정신청이 허가된 이후에는 2통의 소장부본이 제출되어야 한다. 피고가 소송무능력자일 때에는 법정대리인, 법인인 때에는 대표자, 법인 아닌 사단이나 재단인 때에는 대표자 또는 관리인의 자격을 증명하는 서면을 소장에 붙여야 한다(규칙 63조 1항). Y_2는 미성년자로서 소송무능력자이므로 Y_1이 Y_2의 법정대리인이라는 것을 증명하는 서면(예를 들어 가족관계증명원)이 필요하다. 부동산에 관한 사건은 그 부동산의 등기부등본, 친족 상속관계 사건은 가족관계증명서, 어음 또는 수표사건은 그 어음 또는 수표의 사본을 소장에 붙여야 한다. 그 외에도 소장에는 증거로 될 문서 가운데 중요한 사본을 붙여야 한다(규칙 63조 2항).

2. 구술 등에 의한 소제기

소액사건(소가 3000만 원 이하)은 법원사무관 등의 앞에서 진술하는 것으로 구술에 의한 소의 제기를 할 수 있다(소심법 4조). 또한 소액사건에서는 양당사자가 법원에 임의

18) 다만 대법원 1981. 3. 24. 선고 80다1888, 1889 판결에서는 공유물분할청구소송의 판결에 관하여 기판력과 집행력을 인정하고 있다.

로 출석하여 변론할 수 있다(소심법 5조 1항). 이 경우에 소의 제기는 구술에 의한 진술로써 한다(소심법 5조 2항). 이를 임의출석에 의한 소의 제기라 한다.

3. 소제기의 간주

다음의 경우에는 소가 제기된 것으로 간주된다. i) 독촉절차(462조)에 의한 지급명령에 대하여 채무자의 이의가 있는 경우(472조) ii) 제소전화해(385조)가 불성립되어 당사자가 소제기 신청을 한 경우(388조) iii) 조정이 성립되지 않거나 조정에 갈음한 결정에 이의신청을 한 경우(민사조정법 36조) 등이다. 이와 같이 지급명령신청, 제소전화해신청 또는 조정신청이 후일 소송으로 이행하는 경우 그 신청을 한 때 소가 제기된 것으로 본다.

여기서 이해하여야 할 것은 소가 제기된 것으로 간주되는 시기를 지급명령신청을 하거나 화해신청 또는 조정신청을 한 때로 보는 것이 어떤 의미가 있는가 하는 것이다. 소제기의 효과 편에서 설명하겠지만 시효의 중단 또는 법률상 기간준수를 위한 소제기는 소장을 법원에 제출한 때 그 효력이 발생한다(265조). 예를 들어 분쟁을 원만히 해결하기 위해 제소전화해신청을 하였으나 화해가 성립되지 않은 경우 만약 소가 제기된 것으로 보는 시기를 화해신청시로 보지 않고 화해가 불성립되어 실제 소제기를 한 때로 본다면 제소전화해신청을 하느라 소제기를 미룬 사이 시효가 완성될 수도 있다. 위의 소제기 간주시기는 이러한 문제점을 해결해 주고 있다.

따라서 지급명령신청, 제소전화해신청 또는 조정신청이 후일 소송으로 이행하는 경우 그 신청을 한 때 시효의 중단 또는 법률상기간준수의 효력이 발생한다.[19]

Ⅱ. 소장의 기재사항

아래의 소장은 기본사례에서 X가 Y에게 소를 제기하기 위하여 법원에 제출한 소장이다. 아래에서 설명하는 소장의 기재사항에 관한 설명은 민사소송법규정에 관한 기본적인 설명에 불과하다. 실제 소장을 작성하는 것은 민사소송법을 공부한 후 별도의 과정에서 습득될 필요가 있다.[20] 다만 여기서는 소장에 기재하는 각 사항들이 민사소송법에서 어떤 의미를 가지는 것인지 이해하는 기회로 삼길 바란다.

1. 필요적 기재사항

소장의 필요적 기재사항이란 소장이 적법하려면 반드시 적어야 하는 사항이다.

19) 대법원 2015. 2. 12. 선고 2014다228440 판결.
20) 소장의 기재사항에 관한 실무적 안내서로는 사법연수원, 민사실무 Ⅰ, 2015 참조.

소장에는 당사자와 법정대리인, 청구의 취지와 원인을 적어야 한다(249조). 필요적 기재사항을 누락하였음에도 보정하지 않으면 재판장은 명령으로 소장을 각하한다(254조 2항). **판결은 당사자가 소제기한 범위 내에서 이루어진다. 따라서 당사자가 어떤 소를 제기하였는가는 소송과 판결의 기본토대를 이루는 것이다.** 이것이 소제기를 소장제출에 의하는 서면주의를 취하는 이유이고 앞에서 절차의 안정성의 한 내용으로 이미 설명한 바 있다. 소장은 소송의 핵심적 사항을 모두 기재하도록 하고 있다. 소송의 주체(당사자와 법정대리인)와 소송물(청구의 취지와 원인)에 관한 사항이 그것이다.

(1) 당사자와 법정대리인의 표시

당자사의 표시는 누가 원고이고 피고인지를 알 수 있도록 특정하여야 한다. 자연인은 성명과 주소, 법인은 상호나 명칭, 본점이나 주된 사무소의 소재지를 기재하는 것이 일반적이다. 제시된 소장에서 당사자에 관한 기재사항을 확인하기 바란다. 소장의 기재는 되도록 간결하게 기재하여야 하므로 위의 소장에서 당사자의 주소를 서울특별시로 기재하지 않고 '서울'로만 기재하였다. 서울이 특별시인 것은 공지(公知)의 사실이어서 송달에 문제가 없기 때문이다.

당사자가 무능력자인 경우에는 당사자의 법정대리인을 기재하여야 한다. 임의대리인에 관한 사항은 필요적 기재사항이 아니다. 소송당사자가 소송무능력자인 경우 반드시 법정대리인에 의해 소송이 수행되어야 하지만 임의대리인은 반드시 필요한 사항이라고 할 수 없기 때문이다.

당사자가 법인 등의 단체인 경우에는 그 대표자를 표시한다. 당사자표시에 잘못이 있는 경우에는 동일성을 해하지 않는 범위에서 표시정정을 할 수 있다. 피고를 잘못 지정한 것이 분명한 경우에는 제1심 변론종결시까지 피고를 경정할 수 있다(260조).

(2) 청구의 취지

(a) 의 의

청구의 취지는 원고가 소로써 구하는 판결의 내용과 종류를 나타내는 소의 결론부분이다. 따라서 청구취지에는 원고가 구하는 판결의 주문을 간결하고 명확하게 기재해야 한다. 소장의 청구취지 란에는 소송비용부담에 관한 재판과 가집행선고의 신청을 기재하는 것이 보통이다. 제시된 소장에서 청구취지에 관한 기재사항을 확인하기 바란다.

소 장

원 고 김 길 동
서울 서초구 서초동 ○○○
피 고 서 춘 몽
서울 서초구 서초동 ○○○
사 건 대여금 청구의 소

청 구 취 지

1. 피고는 원고에게 금 5000만 원 및 이에 대하여 이 사건 소장부본 송달 다음날부터 다 갚는 날까지 연15%의 비율에 의한 돈을 지급하라.
2. 소송비용은 피고가 부담한다.
3. 위 제1항은 가집행할 수 있다.

라는 판결을 구합니다.

청 구 원 인

1. 소외 이방석은 2012. 12. 9. 피고에게 금 9000만 원을 변제기 2015. 12. 9.로 정하여 이자는 약정함이 없이 대여하였습니다. 한편 원고는 2014. 3. 8. 소외 이방석과 건축공사에 관한 도급계약을 체결하고 공사를 완료하여 소외 이방석으로부터 공사대금을 일부 지급받고 현재 5000만 원의 공사대금채권이 남아 있습니다.
2. 피고는 갚는 날이 지난 현재까지 소외 이방석에게 위 대여금을 갚지 않고 있으며 소외 이방석 또한 피고에 대한 위 권리를 행사하지 않고 아무런 자력도 없습니다.
3. 그러므로 원고는 소외 이방석에 대한 채권을 보전하기 위해 위 대여금 중 금 5000만 원 및 이에 대한 이 사건 소장부본 송달일 다음날부터 소송촉진 등에 관한 특례법 소정의 연 15%의 비율에 의한 지연손해금을 지급받고자 이 사건 소를 제기합니다.

입 증 방 법

1. 갑제1호증	공사계약서
2. 갑제2호증	공사대금지불각서
3. 갑제3호증	차용증

첨 부 서 류

1. 위 입증방법	1통
2. 납부서	1통
3. 소장부본	1통

2016. 1. 7.

원 고 김 길 동

○○ 지방법원 귀중

(b) 명확한 기재

1) 이행의 소에 있어서는 강제집행에 의문이 없도록 이행의 대상과 내용을 구체적으로 특정하고 이행판결을 구하는 취지를 표시하여야 한다.

i) 금전지급을 구하는 경우에는 지급을 구하는 금액을 숫자로 명확히 기재하여야 한다. 예를 들면 "피고는 원고에게 50,000,000원을 지급하라"고 기재한다.

ii) 건물인도를 구하는 경우에는 지번, 구조, 면적 등을 기재하여야 한다. 예를 들면 "피고는 원고에게 서울 강남구 역삼동 78 벽돌조 기와지붕 지상 2층 주택 지상 1층 100㎡, 지상2층 70㎡를 인도하라"고 기재한다.

iii) 의사의 진술을 구하는 소는 등기절차이행을 구하는 소, 채권양도통지이행을 구하는 소 등이 그 대표적인 것이다. 예를 들면, "피고는 원고에게 별지 목록 기재 채권에 관하여 채권양도의 의사표시를 하고, 소외 ○○○(주소: 서울 서초구 서초로 123)에게 채권양도의 통지를 하라"라고 기재한다. 의사의 진술을 구하는 소를 제기하는 것은 예를 들면 채권양도인인 피고가 채무자에게 채권양도통지를 하여야 채권양수인인 원고가 채무자에게 채권양수를 주장할 수 있는데 피고가 이를 이행하지 않는 경우 그 의사표시를 갈음하는 판결을 구하는 것이다. **피고에게 일정한 의사의 진술을 명하는 판결은 원칙적으로 확정된 때 그 의사의 진술이 있는 것으로 본다**(민사집행법 263조 1항).

등기는 등기권리자와 등기의무자의 공동신청에 의하여 이루어지는 것이 원칙이다(부동산등기법 23조 1항). 등기의무자가 등기신청에 협력하지 않는 경우 등기권리자는 등기의무자를 상대로 등기절차이행을 구하는 소를 제기할 수 있다. 이 경우 청구취지에 등기원인과 그 연월일을 기재하여야 한다. 예를 들면 "피고는 원고에게 별지목록기재 부동산에 관하여 2011. 12. 1. 매매를 원인으로 한 소유권이전등기절차를 이행하라"고 기재한다. 등기부에 위 각 사항을 기재하여야 하기 때문이다. 이러한 소에 대하여 승소판결을 얻은 원고는 단독으로 등기신청을 할 수 있다(부동산등기법 23조 4항).

등기에 관한 소송의 청구취지에서 주의할 점은 '등기절차를 이행하라'고 하여야 하며 '등기하라'고 해서는 안 된다는 것이다. '등기절차를 이행하라'는 판결을 구하는 것은 등기신청에 필요한 의사표시를 구하는 것이지만 '등기하라'는 판결을 구하는 것은 등기의 기재 그 자체를 구하는 것이 된다. 피고는 등기소가 아니라 등기의무자이다.

2) 확인의 소에 있어서는 법률관계의 동일성을 인식할 수 있도록 확인을 구하는 권리관계의 대상과 내용을 특정하고 확인판결을 구하는 취지를 표시하여야 한다. 채무의 일부부존재확인을 구하는 경우에는 "원고의 피고에 대한 대여금채무는 금

3,000만 원 중 1,000만 원을 넘어서는 존재하지 아니함을 확인한다"와 같이 기본이 되는 채무를 명시하여야 한다.

3) 형성의 소에 있어서는 형성의 대상인 권리관계와 이에 대해 변동을 구하는 내용을 명시하고 형성판결을 구하는 취지를 표시하여야 한다. 예를 들어 "원고와 피고는 이혼한다"라고 표시한다. 다만 형식적 형성의 소에서는 판결의 내용이 법관의 재량에 맡겨지므로 법관의 재량권 행사의 기초를 나타내면 된다.[21]

(c) 확정적 신청

청구의 취지에서는 절차의 안정을 위해 판결을 확정적으로 요구하여야 한다. 따라서 조건이나 기한을 붙이는 청구취지는 허용되지 않는다. 다만 소송 내에서 밝혀질 사실을 조건(소송내의 조건)으로 하는 청구취지는 절차의 안정성을 해할 우려가 없으므로 허용된다. 예를 들면 (매매를 원인으로 한 소유권이전등기절차이행을 구하면서 매매가 무효일 경우를 대비하여 예비적으로 매매대금반환청구를 하는 것과 같이) 주위적 청구가 기각될 것을 대비한 예비적 청구, 또는 (매수인의 매매목적물에 대한 소유권이전등기절차이행을 구하는 소송에 대하여 매도인이 매매의 무효를 다투면서 본소청구가 인용될 것에 대비하여 매매대금지급청구의 소를 반소로 제기하는 경우와 같이) 본소청구가 인용될 것을 대비한 예비적 반소가 그것이다. 이에 관하여는 병합소송 편에서 자세히 설명하기로 한다.

(3) 청구의 원인

소장의 필요적 기재사항으로서의 청구원인은 청구취지를 보충하여 소송물을 특정함에 필요한 사실관계를 의미하는 좁은 의미의 청구원인이다.[22] 위의 소장에서 만약 소외 이방석과 피고 사이에 여러 건의 금전거래가 있었다면 소장에 기재된 청구취지만으로는 어떤 거래에서 발생한 금전채권을 청구하는 것인지 특정하기 어려울 수 있다. 이를 위해 소장의 청구원인 1.에 기재된 바와 같이 대여일, 대여금액 등을 기재할 필요가 있다. 청구원인이 넓은 의미로 사용되는 경우에는 소송물인 권리관계의 발생 원인에 해당하는 사실관계를 의미한다.

---

21) 이시윤, 270면.

22) 학설상 원고는 청구원인에 어느 정도의 사실기재를 하여야 하는가에 대하여 좁은 의미의 청구원인을 기재하여야 한다는 식별설과 넓은 의미의 청구원인을 기재하여야 한다는 이유기재설이 대립하였으나 식별설이 현재의 통설이며 소장이 준비서면을 겸하고 있는 실무경향에 비추어 보면 논의의 실익이 크다고 할 수도 없다.

2. 임의적 기재사항

소장에 기재하지 아니하여도 소장의 효력에 영향이 없으나 소장에 기재되는 사항들이다. 사건의 표시, 첨부서류, 날짜, 법원 등이 그것이나 이외에도 심리의 집중과 신속을 꾀하기 위하여 소송요건에 기초가 될 사실, 청구를 이유 있게 할 사실에 관한 주장과 이를 뒷받침할 증거방법 등을 기재하여 준비서면의 용도를 겸하고 있다(249조, 274조).

실무상으로 소장의 청구원인은 넓은 의미의 청구원인 즉 소송물인 권리관계의 발생 원인에 해당하는 사실관계를 적는 것이므로 법률요건에 맞추어 기재되어야 한다. 이를 위해서는 요건사실에 대한 이해가 필요하다.[23] 그 개념에 관하여는 변론주의 편에서 설명한다.

제3절 소제기 후 법원의 조치

Ⅰ. 사건의 배당

소장을 접수한 법원은 소장에 접수일자와 접수번호를 기재한다. 시효중단이나 법률상 기간준수의 효력은 소의 제기시에 발생하므로(265조) 소장에 기재된 접수일자가 그 기준이 된다. 접수된 소송사건은 이후 소송기록이 편성되어 특정한 재판부에 배당된다.

Ⅱ. 재판장등의 소장심사

(1) 의 의

사건을 배당받은 재판부의 재판장은 우선 소장이 방식에 적합한가를 심사한다(254조). 소장 심사는 변론을 열기에 앞서 소장의 흠을 간단하게 처리하여 소송경제를 도모하기 위한 것이므로 소송요건의 구비나 청구의 당부보다 앞서 이루어지는 것이

23) 요건사실에 관한 실무적 안내서로는 사법연수원, 요건사실론, 2015 참조.

원칙이다.[24] 소장심사의 대상은 소장의 필수적 기재사항이 기재되었는지 여부(254조 1항 1문)와 소장에 소정의 인지가 붙었는지 여부(254조 1항 2문)이다. 따라서 소장에 일응 대표자의 표시가 되어 있는 이상 설령 그 표시에 잘못이 있다고 하더라도 이를 정정 표시하라는 보정명령을 하고 그에 대한 불응을 이유로 소장을 각하하는 것은 허용되지 아니한다. 이는 소장의 필수적 기재사항이 기재되었기 때문이다. 이러한 경우에는 오로지 판결로써 소를 각하할 수 있을 뿐이다.[25]

(2) 증거방법 등의 제출의무

재판장은 소장을 심사하면서 필요하다고 인정하는 경우에는 원고에게 청구하는 이유에 대응하는 증거방법을 구체적으로 적어내도록 명할 수 있으며 원고가 소장에 인용한 서증의 등본 또는 사본을 붙이지 아니한 경우에는 이를 제출하도록 명할 수 있다(254조 4항). 위 규정은 종래 민사소송규칙의 내용을 2002년 개정시 민사소송법에 편입시킨 것으로 소장제출시부터 구체적인 입증자료를 제출하게 하여 심리의 신속과 집중을 꾀하기 위한 것이다.

(3) 보정명령

재판장은 소장을 심사하여 흠이 있으면 상당한 기간을 정하여 그 기간 내에 흠을 보정하도록 명하여야 한다. 재판장은 법원사무관등으로 하여금 위 보정명령을 하게 할 수 있다(254조 1항).

보정명령에 의하여 정해진 보정기간은 불변기간이 아니다. 불변기간은 기간을 늘이거나 줄일 수 없는 기간을 말하는 것으로 민사소송법에 '불변기간으로 한다'라고 명시되어 있다. 따라서 보정기간이 경과하였더라도 소각하 전이면 보정이 가능하다. 재판장의 보정명령은 시기적 제한이 없으므로 흠이 발견되면 상고심에서라도 가능하다.[26] 그러나 실제로 이런 경우가 많지는 않을 것이다. 재판장의 소장보정명령에 대하여는 이의신청이나 항고 등을 제기할 수 없고, 또 보정기간의 연장신청에 대한 허용 여부는 재판장의 재량에 속한다.[27]

보정명령에 응하여 보정을 한 경우, 그 보정이 부족인지의 보정이면 소장 제출시에 소급하여 적법한 소장이 제출된 것으로 보는 데 다툼이 없다. 그러나 청구내용의 불특정을 보정한 경우 소장 제출시에 소급하여 적법한 소장이 제출된 것으로 보는

---

24) 대법원 1969. 8. 28.자 69마375 결정.
25) 대법원 2013. 9. 9.자 2013마1273 결정.
26) 대법원 1969. 12. 26. 선고 67다1744, 1745, 1746 판결.
27) 대법원 1969. 12. 19.자 69마500 결정.

견해[28]도 있으나 소제기에 의해 시효중단과 기간준수의 효력이 생긴다는 점에 비추어 엄격하게 해석할 필요가 있으므로 보정시에 소장이 제출된 것으로 봄이 타당하다(다수설[29]).

(4) 소장심사권의 행사

원고가 보정기간 내에 소장의 흠을 보정하지 않는 경우에는 재판장은 명령으로 소장을 각하한다(254조 2항). 소장각하명령은 소송이 종료된다는 점에서는 소각하 판결과 동일한 효력이 있다. 그러나 소장각하명령은 소장이 수리될 수 없다고 하여 이를 반환하는 취지이므로 소가 부적법함을 이유로 하는 소각하 판결과는 개념상 구별된다.

재판장에 의한 소장심사는 소송이 본격적으로 시작하기 전에 재판장이 소장을 심사하여 소장을 보정하거나 적법하지 않은 소송을 미리 걸러내는 기능을 한다. 만약 재판장의 소장심사권의 행사기간이 이미 도과하였다면 적법하지 않은 소장에 대하여는 재판장의 명령에 의한 소장각하가 아니라 법원의 판결에 의한 소각하판결을 하여야 한다. 여기서 재판장이 소장각하권을 언제까지 행사할 수 있는가가 문제된다. 이에 관하여는 견해의 대립이 있다. 피고에게 소장부본이 송달되어 소송계속이 발생한 때까지라고 보는 견해[30]도 있지만 변론개시시까지로 보는 견해[31]가 소송경제를 도모하고자 하는 소장심사제도의 취지에 부합한다고 생각한다. 판례는 항소심 재판장의 항소장 각하명령은 항소장 송달시까지만 가능하다고 하여[32] 재판장의 소장각하권은 변론개시시까지 행사할 수 있다는 견해에 동조하는 것으로 이해된다. 재판장의 소장각하명령에 대하여는 즉시항고할 수 있다(254조 3항).

위 두 견해의 차이를 기본사례에 적용하여 확인해 보기로 한다. X가 제출한 소장에 인지를 부족하게 첨부하여 재판장이 이에 대해 보정명령을 내렸으나 X는 Y_1, Y_2에게 소장부본이 송달된 후에도 보정하지 않았다. 이 경우 전자의 견해에 의하면 더 이상 재판장의 명령에 의한 소장각하는 할 수 없으므로 소장부본이 송달된 후라면 변론이 시작되기 전이라도 법원은 일단 변론을 진행한 후 판결선고기일에 소각하 판결을 하여야 한다. 그러나 후자의 견해에 의하면 이 경우에도 변론이 시작되기 전이면 재판장의 소장각하명령에 의해 소송을 종결시킬 수가 있다. 어차피 소각하시킬 소송에 대하여 변론을 진행시킬 필요가 없기 때문이다. 이것이 후자의 견해가 소송경제의 관점에 부합한다는 이유이다. 그러나 실제 재판에서 판결선고시까지 재판장의 보정명령을 이행하지 않는 경우는 많지 않을 것이므로 두 견해의 실제상의 차이가 크다고 할 수는 없다.

28) 송상현/박익환, 253면; 호문혁, 111면.
29) 강현중, 346면; 김홍규/강태원, 126면; 김홍엽, 356면; 이시윤, 275면; 정동윤/유병현/김경욱, 94면.
30) 김홍규/강태원, 126면; 김홍엽, 358면; 호문혁, 112면.
31) 송상현/박익환, 254면; 이시윤, 276면; 정동윤/유병현/김경욱, 94면; 정영환, 448면.
32) 대법원 1981. 11. 26.자 81마275 결정; 대법원 2020. 1. 30.자 2019마5599, 5600 결정.

소장이 방식에 적합한지 여부를 심사 → 보정명령 → (변론 개시 전)재판장의 소장각하 명령, (변론 개시 후)법원의 소각하 판결

Ⅲ. 소장부본의 송달

(1) 재판장은 소장의 형식적 사항에 흠이 없거나 흠이 보정된 경우에는 소장의 부본을 피고에게 송달하여야 한다(255조). 소장부본이 송달됨으로써 피고는 원고가 자신에게 제기된 소의 내용을 알게 된다. **소장부본의 송달은 소송법적으로는 소송계속의 효과를 발생시킨다.** 약간의 논의가 없는 것은 아니나 소송계속의 발생은 소장접수가 아니라 소장송달에 의함을 유의하기 바란다. 소송계속의 개념에 대하여는 이미 살펴보았고 그 효과에 관하여는 소제기의 효과 편에서 설명하기로 한다.

소장부본의 송달에 의해 실체법상으로는 최고나 해제 등의 의사표시의 효력이 생긴다. 물론 소장에 최고나 해제 등의 의사표시의 내용이 기재된 경우에 한한다. 피고의 고의적인 이행지체나 소송지연을 막기 위해 소장부본 송달 다음날부터는 지연손해금의 법정이율을 연12%로 하고 있다(소송촉진 등에 관한 특례법 3조 1항). 앞의 소장에서 "1. 피고는 원고에게 금5000만 원 및 이에 대하여 이 사건 소장부본 송달 다음날부터 다 갚는 날까지 연15%의 비율에 의한 돈을 지급하라"고 한 청구취지의 기재부분 중 '소장부본 송달 다음날부터 다 갚는 날까지 연15%의 비율'은 당시(2015. 9. 25. 이후 2019. 5. 31.까지) 법정이율에 근거한 것이다.

(2) 소장에 기재된 피고의 주소가 잘못되었거나 법정대리인의 표시가 없어 소장부본을 송달할 수 없는 경우에는 재판장이 상당한 기간을 정하여 주소보정을 명하고 원고가 위 기간 내에 보정하지 않으면 소장을 각하한다(255조 2항). 기본사례에서는 소장부본이 Y에 송달되지는 않았지만 이는 Y의 사망으로 인한 것이므로 주소보정의 문제는 발생하지 않았다.

Ⅳ. 피고의 답변서 제출의무와 무변론 판결

1. 답변서 제출의무

피고가 원고의 청구를 다투는 경우에는 소장부본을 송달받은 날로부터 30일 이내에 답변서를 제출하여야 한다(256조 1항). 법원은 소장부본을 송달할 때 피고에게 답변서 제출의무를 알려야 한다(256조 2항). 피고에게 답변서 제출의무를 부과하는 것은 보다 신

답 변 서

원 고 김 길 동
서울 서초구 서초동 ○○○

피 고 1. 최 봉 숙
2. 서 하 늘
피고들 주소 성남시 분당구 ○○○
피고2는 미성년자이므로 법정대리인 모 최봉숙
피고들 소송 대리인 변호사 ○ ○ ○
서울 서초구 서초동 ○○○

사 건 대여금 청구의 소

답 변 취 지

1. 원고의 청구를 기각한다.
2. 소송비용은 원고가 부담한다.

라는 판결을 구합니다.

답 변 이 유

1. 원고는 소외 이방석에게 금 5000만 원의 공사대금채권이 있고 소외 이방석은 망 서춘몽에게 금 9000만 원을 대여하였다고 주장하나 피고들로서는 이에 관한 사실여부를 전혀 알지 못합니다.
2. 만약 원고가 소외 이방석에게 공사대금채권이 없다면 이 사건 소는 원고적격 없는 자가 제기한 것으로 부적법한 것입니다. 또한 피고들은 망 서춘몽이 생전에 다른 사람으로부터 돈을 빌렸다는 말을 들어 본적이 없습니다. 따라서 피고들은 원고의 청구에 응할 수 없습니다.
3. 그러므로 우선 이 사건 소는 그 적법여부가 가려져야 할 것이고 가사 적법하더라도 원고의 이 사건 청구는 이유가 없어 기각되어야 할 것입니다.

첨 부 서 류

1. 소송위임장

2016. 3. 3.

피고 1. 최 봉 숙
2. 서 하 늘
피고들 소송 대리인 변호사 ○ ○ ○

○○ 지방법원 귀중

속히 쟁점을 명확하게 함으로써 심리의 집중과 소송촉진을 도모하기 위한 것이다. 답변서는 사실상 피고가 제출하는 최초 준비서면의 의미를 가지는 것으로서 준비서면에 관한 규정을 준용한다(256조 4항). 준비서면에 관하여는 민사소송법 제274조에서 규정하고 있다.

제시된 답변서는 기본사례에서 Y_1과 Y_2가 X의 소제기에 대하여 법원에 제출한 답변서이다. 앞서 본 소송절차의 흐름에 소개된 내용이 답변서에 어떻게 반영되었는지 확인하기 바란다.

2. 무변론 판결

(1) 피고가 소장부본을 송달받은 후 30일 내에 답변서를 제출하지 않으면 법원은 피고가 청구원인사실을 자백한 것으로 보고 변론 없이 판결을 선고할 수 있다(257조 1항). 무변론 판결제도는 2002년 민사소송법 개정시 도입된 것으로 피고가 다툴 의사가 없는 경우 굳이 변론을 열어 당사자를 출석하게 하지 않고 바로 원고 승소판결을 하여 소송경제를 도모하기 위한 것이다. 따라서 무변론판결은 원고의 청구를 인용할 경우에만 가능하고, 원고의 청구가 이유 없음이 명백하더라도 변론 없이 하는 청구기각 판결은 인정되지 않는다.[33]

(2) 위 기간 내 답변서가 제출되지 아니한 경우라도 피고가 공시송달의 방법으로 소장부본을 송달 받은 경우(256조 1항 단서)[34], 직권으로 조사할 사항이 있는 경우, 판결선고기일까지 피고가 원고의 청구를 다투는 취지의 답변서를 제출한 경우(257조 1항)는 무변론 판결을 할 수 없다. 공시송달이란 예를 들면 송달 받을 자의 주소를 알 수 없어 우편으로 소송서류를 송달할 수 없는 경우에 그 서류를 법원사무관등이 보관하고 그 사유를 법원게시판에 게시하는 방법으로 하는 송달을 말한다. 이러한 송달방법으로는 피고가 소가 제기된 사실을 현실적으로 알기 어렵기 때문에 답변서제출의무가 부과되지 않는다.

Ⅴ. 변론기일지정

재판장은 민사소송법 제257조 제1항 및 제2항에 따라 변론 없이 판결하는 경우

33) 대법원 2017. 4. 26. 선고 2017다201033 판결.

34) 엄격히 말하면 피고가 공시송달에 의해 소장부본을 송달 받은 경우는 피고에게 답변서 제출의무가 없어 결과적으로 무변론판결이 허용되지 않는 경우이다. 참고로 기일통지서를 공시송달의 방법으로 송달받은 당사자가 출석하지 아니한 경우에는 기일에 불출석하여도 자백간주가 되지 않는다(150조 3항).

외에는 바로 변론기일을 정하여야 한다. 다만, 사건을 변론준비절차에 부칠 필요가 있는 경우에는 그러하지 아니하다(258조 1항)[35]. 재판장은 변론준비절차가 끝난 경우에는 바로 변론기일을 정하여야 한다(258조 2항).

---

35) 이 조항은 원래 "재판장은 제257조 제1항 및 제2항에 따라 변론 없이 판결하는 경우 외에는 바로 변론기일을 정하여야 한다. 다만, 사건을 변론준비절차에 부칠 필요가 있는 경우에는 그러하지 아니하다"라고 하여 변론준비절차에 부치는 것을 원칙으로 한 것을 2008. 12. 26. 개정에 의해 예외적인 것으로 한 것이다. 개정취지는 개정안에서 "피고가 답변서를 제출하면 재판장은 바로 변론기일을 지정하도록 하고, 필요한 경우에만 변론준비절차에 부치도록 하며, 변론준비절차는 당사자의 주장과 증거를 정리하는 절차임을 명확하게 하여, 민사소송절차가 변론기일을 중심으로 진행되도록 함으로써 당사자의 신속한 재판을 받을 권리를 보장하고 사건의 신속한 해결을 도모하려는 것임"이라고 설명하고 있다.

제2장 소송요건

제1절 소송요건

Ⅰ. 의　　의

(1) **소송요건은 소가 적법하게 평가받기 위해 갖추어야 할 요건이다.** 소송요건에 흠이 있어 소가 적법하지 않으면 본안에 관한 심리와 판결을 할 수 없고 소를 각하하여야 한다.[1] 이와 같이 소송요건이 본안에 관한 심리와 판결의 조건이 된다는 점에서 소송요건은 본안심리의 요건이며 본안판결의 요건이다.[2] 그러나 이는 소송요건이 갖추어지지 않으면 더 이상 본안심리를 해서는 안 된다는 의미이며 소송요건의 심리를 항상 본안의 심리보다 먼저 하여야 한다는 것은 아니다. 소송요건의 심리를 항상 본안의 심리보다 먼저 하는 것은 실제로 불가능한 경우도 있다. 예를 들면 건물철거소송 계속 중 철거를 구하는 건물이 멸실되면 소의 이익이 없어 소송요건을 갖추지 못한 것이 되지만 그동안은 본안심리가 진행되어야 한다. 그러나 건물이 멸실되어 소의 이익이 소멸된 이후에는 본안심리를 해서는 안 된다는 의미이다.

(2) 소송요건은 개개의 소송행위의 유효요건과는 구별된다. 소송요건에 흠이 있으면 소 전체가 부적법해지나 소송행위에 흠이 있으면 당해 소송행위만 무효로 된다. 예를 들어 기본사례에서 소송무능력자인 Y_2가 독자적으로 답변서를 제출하였다면 답변서 제출행위는 무효이지만 그렇다고 하여 소송 전체가 부적법해지는 것은 아니다. 다만 소송능력이나 대리권 등은 소송행위의 유효요건이지만 소 제기 단계에서는 소송요건이 된다. 예를 들어 기본사례에서 미성년자인 Y_2가 독자적으로 재심의 소를 제기하였다면 재심의 소 전체가 부적법해진다.

(3) 소송요건에는 재판권이나 관할과 같은 법원에 관한 것, 당사자능력, 당사자적격 등의 당사자에 관한 것, 민사소송사항이나 소의 이익 등 소송물에 관한 것 등이

---

1) 관할위반은 이송이 원칙이다.
2) 이러한 표현이 자칫 소송요건이 구비되었음을 확정하기 전에는 본안심리를 할 수 없다는 의미로 오해할 우려가 있어 적절하지 않다고 지적하는 견해도 있다(호문혁, 304면).

있다. 구체적인 것은 해당 부분에서 살펴보겠지만 소송요건이 모두 똑같은 취급을 받는 것은 아니다. 예를 들어 임의관할에 위반된 소에 대하여 제1심법원이 이를 간과하고 본안판결을 한 경우 당사자는 항소심에서 제1심법원의 관할위반을 주장하지 못한다. 그러나 전속관할위반의 경우는 그렇지 않다(411조). 또 전속관할위반은 절대적 상고이유(424조)이지만 재심사유(451조)는 아니기 때문에 전속관할에 위반된 법원의 판결은 상고의 대상이 되지만 일단 확정되면 재심으로 다툴 수 없다. 임의관할과 전속관할은 관할의 편에서 자세히 설명하겠지만 우선 당사자의 편의를 위해 인정되는 관할을 임의관할, 공익상 이유로 인정되는 관할을 전속관할이라고 알아 두기 바란다.

Ⅱ. 조 사

1. 직권조사사항과 항변사항

소송요건은 주로 재판권의 적정하고 효율적인 행사를 위한 공익적 요구에 의해 인정되는 것이다. 따라서 소송요건은 원칙적으로 피고의 주장이 없어도 법원이 직권으로 조사하여야 하는 직권조사사항이다.[3] 예를 들어 한국법원에 재판권이 없는 사항을 한국법원에 소를 제기한 경우 피고가 법원에 재판권이 없어 이 사건 소가 부적법하다고 소송에서 주장하지 않더라도 법원은 스스로 이를 문제 삼아 재판권이 있는지를 조사하여 판단하여야 한다.

그러나 중재합의(중재법 9조 1항), 부제소합의,[4] 소송비용의 담보제공(117조) 등은 주로 당사자의 이익보호를 위한 사항이므로 피고의 주장이 있는 경우에만 법원이 이에 관해 조사한다. 이러한 소송요건을 항변사항이라고 하며 소송요건에 관한 피고의 항변사항의 주장을 방소항변(妨訴抗辯)이라고 한다. 중재합의에 관한 항변은 피고가 본안에 관한 최초의 변론을 할 때까지 하여야 한다(중재법 9조 2항). 소송비용의 담보제공에 관한 항변도 피고가 이를 알고 본안에 관하여 변론하거나 변론준비기일에서 진술한 경우에는 이를 상실한다(118조).

2. 증명의 정도와 책임

소송요건의 증명에 관하여 다른 직권조사사항과 마찬가지로 자유로운 증명으로 족한가 하는 것이 문제되나 다수설은 소송요건의 중요성에 비추어 반대한다.[5] 소송

3) 대법원 1997. 10. 10. 선고 96다40578 판결.
4) 다만 판례는 직권으로 판단할 수 있다고 한다(대법원 2013. 11. 28. 선고 2011다80449 판결). 이에 관하여는 본장의 소의 이익편에서 상술한다.

요건 중 직권조사사항에 관하여는 소를 제기한 원고에게 증명책임이 있고[6] 항변사항은 이를 제출한 피고에게 증명책임이 있다. 여기서 증명책임이란 증명이 되지 못한 경우 그 불이익을 부담한다는 의미이다. 직권조사사항인 경우 원고는 소가 부적법하여 소각하의 불이익을, 항변사항의 경우 피고는 소가 적법하게 취급되어 본안에 관한 심리 · 판단이 진행되는 불이익을 부담한다는 의미이다.

3. 판단시기

(1) 소송요건의 존부는 사실심변론종결시를 기준으로 판단한다.[7] 민사소송법에서는 사실심변론종결시라는 용어가 적지 않게 등장한다. 흔히 3심제라고 하는 제1심, 항소심, 상고심 중 제1심, 항소심 등은 사실판단을 할 수 있기 때문에 사실심이라고 하고 상고심은 원칙적으로 법률판단만 가능하고 사실판단은 할 수 없기 때문에 법률심이라고 한다. 변론종결시라고 하는 것은 그 심급에서 변론을 마치는 기일을 말한다. 따라서 사실심변론종결시는 사실심에서 변론을 마치는 때가 된다. 그런데 항소심변론종결시라고 하지 않고 사실심변론종결시라고 한 것은 만약 당사자가 제1심 판결에 대하여 항소하지 않아 제1심판결로 확정된다면 이 경우 사실심변론종결시는 제1심변론종결시가 되기 때문이다.

(2) **소송요건의 존부는 사실심변론종결시를 기준으로 판단하는 이유는 본안에 관한 판결은 사실심변론종결시를 기준으로 하며 소송요건은 본안판결의 요건이기 때문이다.** 본안에 관한 판결은 사실심변론종결시를 기준으로 한다는 의미는 권리관계가 시간에 따라 변동하더라도 판결은 사실심변론종결시의 권리관계를 판단한다는 의미이다. 예를 들어 K부동산이 소제기 당시는 원고의 소유가 아니었더라도 사실심변론종결시에 원고의 소유인 경우 법원은 사실심변론종시를 기준으로 K부동산은 원고의 소유라고 판단한다는 것이다. 본안에 관한 판결을 사실심변론종결시를 기준으로 하는 이유는 판결의 기초가 되는 소송자료의 제출은 사실심변론종결시까지만 허용되고 그 이후에는 허용되지 않기 때문이다. 따라서 본안판결은 최종적으로 소송자료의 제출이 허용되는 시기인 사실심변론종결시를 기준으로 하는 것이다. 그래서 소송요건은 본안을 판단하기 위한 요건이므로 사실심변론종결시에 갖추면 된다는 것이다. 다만 예외적으로 법원의 관할권은 소를 제기한 때를 표준으로 정하며(33조), 소

---

5) 김홍엽, 269면; 정동윤/유병현/김경욱, 406면; 호문혁, 493면. 자유로운 증명에 의한다는 견해로는 강현중, 461면; 이시윤, 216면.
6) 대법원 1997. 7. 25. 선고 96다39301 판결.
7) 대법원 1997. 12. 9. 선고 97다18547 판결.

송 중 당사자능력, 소송능력, 법정대리권 등이 소멸(233조 이하)하여도 소송절차가 중단될 뿐이고 수계에 의해 다시 소송이 진행된다. 자세한 것은 해당 부분에서 살펴보기로 한다.

(3) 소송요건의 존부는 사실심변론종결시를 기준으로 판단하는 결과 소 제기 당시 소송요건을 구비하였는가 여부는 소의 적법 여부를 좌우하지 않는다. 또한 사실심변론종결시 이후에 소송요건이 새로이 구비되거나 흠이 있게 되어도 소의 적법 여부 판단에 고려되지 않는다는 것이 종래의 통설이다. 다만 판례는 상고심에서 근저당권설정등기의 말소등기절차의 이행소송 중 근저당권설정등기가 낙찰을 원인으로 하여 말소되었다면 근저당권설정등기의 말소를 구할 법률상 이익이 없게 되어 소의 이익이 없으므로 소는 부적법하다고 한다.[8]

4. 조사의 순서

소송요건 상호간의 조사의 순서는 일반적인 것으로부터 구체적인 것 순서로 판단하고 소의 이익이나 당사자적격 등은 본안의 판단과 밀접한 관련이 있으므로 나중에 판단한다(통설).

5. 조사결과

(1) 흠이 없는 경우

조사결과 소송요건의 흠이 없는 경우에는 본안에 관한 심리를 하여 판결하고 소송요건이 구비되었다는 판단을 판결에서 명시적으로 하지는 않는다. 다만 피고가 소송요건에 흠이 있다고 다투는 본안전항변을 제출한 경우에는 이를 중간판결이나 종국판결의 이유에서 판단한다. 종국판결은 법원이 심리를 마치고 계속된 사건의 일부나 전부를 그 심급에서 완결하는 판결을 말한다(198조 참조). 중간판결은 당사자 사이에 쟁점이 된 사항에 대하여 소송의 진행 중 종국판결 선고 전에 하는 판결을 말한다. 중간판결은 실무상 거의 쓰이지 않는다.

(2) 흠이 있는 경우

조사결과 소송요건에 흠이 있는 경우에는 원칙적으로 소를 각하한다.[9] 소송요건에 흠이 있더라도 보정이 가능한 경우에는 법원은 보정명령을 하고 불응한 경우에

---

8) 대법원 2003. 1. 10. 선고 2002다57904 판결.
9) 관할위반에 의한 이송이나 소송중단사유가 있는 경우는 예외이다.

만 각하한다. 그러나 보정이 불가능한 경우에는 변론 없이 소를 각하할 수 있다(219조). 소송요건은 본안판결의 요건이므로 본안에 관하여 이유가 없는 경우에도 소송요건이 갖추어지지 않으면 청구기각 판결을 할 수 없고 소각하 판결을 하여야 한다(통설·판례).[10)]

(3) 흠을 간과한 경우

소송요건의 흠을 간과하고 본안판결을 한 경우 확정 전이면 상소로써 취소할 수 있고 확정 후이면 재심사유에 해당하는 경우에 한하여 재심으로써 취소할 수 있다. 소송요건이 갖추어졌음에도 잘못 판단하여 소각하 판결이 이루어진 경우 상소로써 취소하고 원심법원에 환송함이 원칙이다(418조). 이에 대해 상소심에서 본안판결을 하면 당사자가 원심에서부터 본안판결을 받을 이익(심급의 이익)을 잃게 되기 때문이다.

제2절 소의 이익

Ⅰ. 의 의

(1) 당사자가 소를 제기하여 본안판결을 구하려면 소의 이익이 있어야 한다. 이미 소송의 목적이 달성되어 소의 이익이 없는 경우는 소는 부적법한 것이 된다. **소의 이익이란 원고가 소로써 소송물에 관한 본안판결을 구할 정당한 이익 또는 필요를 말한다.**

소의 이익에 의해 법원은 본안판결을 필요로 하는 사건에 시간과 노력을 집중할 수 있고 피고는 불필요한 소송에 응소하지 않아도 된다. 따라서 소의 이익은 국가와 당사자의 이익을 위해 불필요한 소송을 걸러내는 기능을 한다. 소를 제기함에 있어 소의 이익을 요구하면 소의 이익이 인정되지 않는 경우에는 소를 제기할 수 없게 된다. 이러한 결과가 헌법상 국민에게 보장한 재판청구권을 침해하는 것은 아닌지 의문이 제기될 수 있다. 소의 이익을 요하는 것은 무익한 소송을 방지하여 재판제도의

10) 김홍엽, 271면; 송상현/박익환, 204면; 이시윤, 217면; 정동윤/유병현/김경욱, 410면. 대법원 1983. 2. 8. 선고 81누420 판결. 이러한 통설의 태도와는 달리 소송요건과 실체법상의 요건을 동일평면에 놓고 실체법상 이유 없으면 소송요건이 구비되어 있지 않더라도 청구기각판결을 할 수 있다는 견해가 있다(호문혁, 347면).

합리적 운영을 위한 것이므로 소의 이익 자체가 헌법상 국민의 재판청구권을 침해한다고 할 수는 없다. 그러나 소의 이익을 지나치게 좁게 인정하면 재판청구권을 침해할 위험이 있으므로 다른 구제수단 등을 고려하여 신중하게 판단할 필요가 있다.

(2) 넓은 의미의 소의 이익에는 다음 세 가지를 포함한다. i) 청구내용의 본안판결을 받기에 적합한 일반적 자격을 의미하는 권리보호의 자격 또는 청구적격, ii) 원고가 소로써 소송물에 관한 본안판결을 구할 현실의 필요성 또는 이익을 의미하는 권리보호의 필요 또는 이익, iii) 당사자의 본안판결을 받기에 적합한 적격을 의미하는 당사자적격 등이다. 일반적으로 소의 이익이라고 하면 청구적격과 권리보호의 필요 또는 이익을 의미하고 가장 좁은 의미로는 권리보호의 필요 또는 이익을 말한다.

(3) 민사소송법은 소의 이익에 관하여 일반규정을 두고 있지 않으나 확인의 소의 이익에 관한 예외규정으로 증서진부확인의 소(250조), 이행의 소의 이익에 관한 예외규정으로 장래이행의 소(251조) 등의 규정을 두고 있다.

Ⅱ. 공통된 소의 이익

1. 청구가 소구가능한 법률상의 쟁송일 것

(1) 법률상의 쟁송

원고의 청구는 권리 또는 법률관계에 관한 것이어야 한다.[11] 즉 쟁송이 법률상의 것이어야 한다. 앞서 민사소송은 '법률상의 쟁송'을 그 대상으로 한다는 것을 살펴보았다. 이러한 '법률상의 쟁송'이 소의 이익에 포함됨으로써 민사소송의 대상은 법률상의 쟁송으로 한정되게 된다. 따라서 사실관계에 관한 다툼은 원칙적으로 청구적격 또는 권리보호의 자격이 없으며[12] 증서진부확인의 소(250조)의 예외가 있을 뿐이다. 증서진부확인의 소에 관하여는 해당 부분에서 살펴보기로 한다. 또한 권리 또는 법률관계는 특정 당사자 사이의 구체적 이익분쟁에 관한 것(쟁송)이어야 하며 추상적 법률의 위헌성을 다투거나 단체내부규정의 효력을 다투는 소송은 허용되지 않는다.[13]

11) 건축주 명의변경절차이행을 구하는 소와 같이 일정한 권리자를 기재하는 장부에 등재된 권리의 양수인이 양도인을 상대로 한 명의변경절차이행의 소에 관하여 판례는 소의 이익을 긍정한다(건축주 명의변경에 관하여는 대법원 1989. 5. 9. 선고 88다카6754 판결. 골프클럽회원권의 명의개서에 관하여는 대법원 1986. 6. 24. 선고 85다카2469 판결).
12) 대법원 1979. 2. 27. 선고 78다913 판결.
13) 대법원 1992. 11. 24. 선고 91다29026 판결. 그러나 권리관계의 선결관계를 이루는 경우는 내부규정의 효력을 심사할 수 있으나 특별한 사정이 없는 한 그것이 선량한 풍속 기타 사회질서에 위반되는 등 사회관념상 현저히 타당성을 잃은 것이거나 그 결정절차가 현저히 정의에 어긋난 것으로 인정되는 경우 등을 제외

(2) 소구가능성

이러한 '법률상의 쟁송'에 대하여 소의 이익이 인정되려면 소구가능하여야 한다. 소구가능하려면 법원의 권한에 속하는 것이어야 한다. 법원조직법은 법원은 헌법에 특별한 규정이 있는 경우를 제외하고는 일체의 '법률상의 쟁송'을 심판할 권한이 있다고 규정(2조)하고 있다.

그렇다면 '법률상의 쟁송' 중 법원의 심판권이 배제되는 헌법의 특별한 규정이 있는 경우란 어떤 경우일까? 헌법의 해석상 고도의 정치적 성격을 지니는 통치행위는 사법심사의 대상이 되지 않는다고 함이 일반적이다.[14] 정당(헌법 8조), 종교단체(헌법 20조), 대학(헌법 31조) 등과 같이 헌법에 의해 그 자율성이 보장되는 단체의 내부분쟁에 대해서도 원칙적으로 법원의 심판권이 미치지 않는 것으로 해석된다.[15]

그러나 승적이 제적되는 등의 징계로 사찰을 점유할 권리를 잃은 경우와 같이 구체적인 권리 또는 법률관계를 둘러싼 분쟁이 존재하고, 그 청구의 당부를 판단하기에 앞서 위 징계의 당부를 판단할 필요가 있는 경우에는 법원의 판단이 가능하다. 판례는 교회담임목사가 파직출교의 징계처분을 받자 교인들이 교회를 상대로 제기한 교회 대표자지위부존재확인을 구하는 소에 대하여 교회 대표자(담임목사)는 비법인사단의 대표자 지위를 겸유하면서 교회 재산의 관리처분과 관련한 대표권을 갖는다는 이유로 소의 이익을 인정하였다.[16] 다만 이러한 경우에도 그 판단의 내용이 종교 교리의 해석에 미치지 아니하여야 하고, 이 경우 그 종교단체 소정의 징계절차를 전혀 밟지 아니하였다거나 징계사유가 전혀 존재하지 아니한다는 등 이를 무효라고 할 특별한 사정이 없으면 그 징계는 여전히 효력을 지속한다는 것이 판례의 태도이다.[17]

2. 법률상 · 계약상 제소금지사유가 없을 것

(1) 소가 적법하려면 동일한 소가 이미 소송계속이 된 경우(중복제소금지, 259조)가 아니어야 하고, 동일한 소가 본안에 관한 종국판결이 있은 뒤 취하된 경우(재소금지, 267조)가 아니어야 한다. 또한 승소확정판결을 받은 사건과 동일한 소를 제기한 경우 기판력의 본질에 관하여 판례가 취하는 모순금지설에 의하면 소의 이익이 없어 소는 부적법하다.[18]

하고는 이를 유효한 것으로 그대로 시인하여야 할 것이라고 한다.

14) 헌법재판소 2004. 4. 29.자 2003헌마814 전원재판부 결정.

15) 대법원 1978. 12. 26. 선고 78다1118 판결.

16) 대법원 2007. 11. 16. 선고 2006다41297 판결.

17) 대법원 1992. 5. 22. 선고 91다41026 판결.

18) 기판력의 본질에 관한 반복금지설에 의하면 기판력의 존재는 소의 이익과는 다른 독립한 소극적 소송요건이다.

위의 각 경우에 동일한 소를 금지하는 이유는 해당 부분에서 살펴보기로 한다.

이미 제기된 소와 동일한 소가 제기된 경우 그 적법성은 다음의 순서에 따라 검토하는 것이 효과적일 수 있다. 우선 이미 제기된 소에 대하여 판결이 확정되었는가를 검토한다. 만약 판결이 확정되었다면 기판력이 문제된다. 만약 판결이 확정되지 않았다면 종국판결 후 소의 취하가 있었는지를 검토한다. 만약 종국판결 후 소의 취하가 있었다면 재소금지가 문제되고 그렇지 않다면 중복제소가 문제될 수 있다.

(2) 계약상 제소금지사유 중의 하나로 부제소합의가 있다. 부제소합의란 당사자 사이에 소를 제기하지 않기로 하는 합의이다. 부제소합의는 소를 제기할 권한 자체를 포기하는 것이 아니라 단지 당사자가 이로 인해 소를 제기하지 않는다는 사법상(私法上)의 부담을 지는 것이다. 따라서 부제소합의의 존재만으로 당연히 소가 부적법해지는 것은 아니며 피고가 부제소합의의 존재를 방소항변으로 주장한 경우에만 이를 위반한 소제기는 소의 이익이 없어 부적법하다.[19] 즉 부제소합의는 항변사항에 해당한다. 그러나 판례는 부제소합의에 위배되어 제기된 소는 권리보호의 이익이 없고, 또한 당사자와 소송관계인은 신의에 따라 성실하게 소송을 수행하여야 한다는 신의성실의 원칙(1조 2항)에도 어긋나는 것이므로, 소가 부제소합의에 위배되어 제기된 경우 법원은 직권으로 소의 적법 여부를 판단할 수 있다고 하여 직권조사사항이라고 한다.[20] 다만 당사자들이 이에 관해 주장하지 않은 경우에는 당사자들에게 의견진술의 기회를 주어야 하고 부제소합의를 하게 된 동기 및 경위 등에 대하여 심리하여야 한다고 한다.

부제소합의는 실체법상의 권리 그 자체를 포기하는 것은 아니지만 소송으로 자신의 권리를 행사하는 데 장애를 가져온다. 따라서 부제소합의는 당사자가 처분할 수 있는 특정한 권리관계에 관한 합의이어야 한다. 강행법인 근로기준법에 의해서 구할 수 있는 장사비와 유족보상 등에 대한 청구권은 부제소합의에 의해 영향을 받지 않는다.[21] 또한 그 합의시 예상할 수 있는 상황에 관한 것이어야 하므로 예상할 수 없었던 후유증에 대한 부제소합의는 그 효력이 인정되지 않는다.[22] 예상할 수 없었던 후유증에 대한 부제소합의는 교통사고의 피해자와 가해자 또는 보험회사와의 관계에서 종종 문제된다. 교통사고에 관한 합의를 하면서 부제소합의를 함께 하는 경우가 많다. 합의 후 후유증으로 인하여 더 큰 손해가 발생한 경우 피해자가 소를 제기할 수 있는지는 그 후유증이 합의 당시 예상가능하였는가에 달려 있게 된다.

---

19) 같은 취지의 견해로는 김홍엽, 279면.
20) 대법원 2013. 11. 28. 선고 2011다80449 판결.
21) 대법원 1977. 4. 12. 선고 76다2920 판결.
22) 대법원 1970. 8. 31. 선고 70다1284 판결.

판례 연습

대법원 1992. 3. 10. 선고 92다589 판결

– 부제소합의인지 여부가 문제된 경우 –

▮ 사건의 개요 X회사의 자동차종합보험에 가입한 A소유의 컨테이너트럭이 Y소유의 화물트럭을 충돌하여 대파되었다. X는 1989. 4. 13. Y와 사이에 위 사고로 인하여 Y가 입은 손해의 보상에 관하여, Y에게 금 1,434,900원을 지급하며, 위 사고와 관련하여 상호 일체의 권리를 포기하고 여하한 사유가 있어도 민사상의 소를 제기하지 아니하기로 합의하고 Y에게 합의금을 지급하였다. 그러나 X는 Y를 상대로 위 합의가 사고 당시 충돌한 두 차량 운전자들의 과실비율을 모르고 중대한 착오로 인하여 한 것이므로 취소한다고 주장하면서 이미 지급한 합의금의 반환을 구하는 부당이득반환청구의 소를 제기하였다. X의 주장은 이유있는 것인지 문제되었다.

설 명

X의 청구가 인용되기 위해서는 X와 Y 사이에 한 합의가 취소되어 X가 Y에게 한 합의금의 지급이 실체법상 법률상 원인 없는 것에 해당하고 소제기가 가능하여야 한다.

(1) X와 Y 사이에 한 합의가 X의 취소에 의하여 취소되는가를 판단하려면 먼저 X와 Y 사이에 먼저 어떤 합의를 한 것인지 검토되어야 할 것이다. X와 Y는 이 사건에서 민법상 화해를 한 것일까? 아니면 부제소합의를 한 것일까? 이에 대해 대법원은 부제소합의를 한 것으로 판단하였다. 그러나 위 사고와 관련하여 'Y에게 금 1,434,900원을 지급하며, 상호 일체의 권리를 포기하고'의 부분은 민법상 화해계약을, '여하한 사유가 있어도 민사상의 소를 제기하지 아니하기로'의 부분은 부제소합의를 한 것으로 보아야 하지 않을까 한다. 당사자의 의사는 민법상 화해계약 부분과 부제소합의 부분을 별개로 취급하고자 한 것이 아니라 민법상 화해계약 부분의 효력을 확고히 하기 위하여 부제소합의 부분을 추가한 것으로 보아야 한다. 그렇다면 이 사건에서 부제소합의는 민법상 화해계약의 종된 계약으로 그 효력은 민법상 화해계약의 효력에 의존하는 것으로 보는 것이 당사자의 의사에 부합한다.

(2) 민법상 화해계약은 화해당사자의 자격 또는 화해의 목적인 분쟁 이외의 사항에 착오가 있는 경우가 아니면 착오를 이유로 취소하지 못한다(민법 733조). X가 주장하는 취소사유인 '운전자의 과실비율'은 분쟁의 목적 그 자체에 해당되어 민법상 화해계약 부분에 대하여는 취소가 허용되지 않는다.

(3) 부제소합의는 그 성질에 관하여 학설의 대립이 있으나 판례와 같이 사법상의 계약으로 보면 취소가 가능하다.[23] 그러나 X가 주장하는 착오의 내용은 부제소합의에 이르게 된 경위에 해당되는 것이라고는 할 수 있을지 몰라도 부제소합의 그 자체에 대한 착오로 보기 어렵다. 즉 운전자의 과실비율에 관한 착오를 부제소합의 자체의 취소사유

23) 아래 참고판례 2 참조.

로 삼기는 어렵다는 것이다.

(4) 결론적으로 이 사건 소는 부제소합의에 위반된 소로서 권리보호의 이익이 없어 부적법하다.

참고판례 1 **대법원 1992. 3. 10. 선고 92다589 판결【부당이득금】**

참고판례 2 **대법원 1989. 10. 10. 선고 89다카1602, 1619(병합) 판결【보관금반환】**

3. 특별한 구제 절차가 없을 것

어느 분쟁해결을 위하여 적정한 판단을 받을 수 있도록 마련된 간편한 절차를 이용할 수 있었음에도 그 절차를 이용하지 않고 소를 제기하면 소의 이익이 부정된다.

(1) 하급심의 판결에 법률을 위반한 잘못이 있으면 당사자는 이를 시정하기 위해 상소제도를 이용할 수 있다. 판결에 법률을 위반한 잘못이 있다고 하더라도 당연무효가 될 정도의 중대한 사유가 아니면 당사자가 상소하지 않음으로써 판결은 확정될 수 있다. 당사자가 상소를 하지 않아 판결을 확정시킨 후 확정된 판결의 잘못을 다투기 위해 새로운 소를 제기하는 것은 허용되지 않는다.[24)]

(2) 근저당권이 설정된 후 설정된 근저당권이 이전되는 경우가 있다. 근저당권이 이전되는 경우에는 근저당권이전의 부기등기를 한다. 그런데 피담보채무가 소멸하는 등의 원인으로 근저당권설정등기와 근저당권이전의 부기등기를 말소하고자 하는 경우 근저당권이전의 부기등기의 말소를 구하는 소는 소의 이익이 없다. 왜냐하면 근저당권 이전의 부기등기는 기존의 주등기인 근저당권설정등기에 종속되어 주등기와 일체를 이루는 것이어서 근저당권설정등기의 말소만 구하면 되고 그 부기등기는 별도로 말소를 구하지 않더라도 주등기의 말소에 따라 직권으로 말소되기 때문이다.[25)] 그러나 근저당권의 주등기 자체는 유효한 것을 전제로 이와는 별도로 근저당권의 이전원인만이 무효로 되거나 취소 또는 해제된 경우와 같이 근저당권이전의 부기등기에 한하여 무효사유가 있다는 이유로 부기등기만의 효력을 다투는 경우에는 그 부기등기의 말소를 소구할 필요가 있으므로 예외적으로 소의 이익이 있다.[26)]

---

24) 대법원 2002. 9. 4. 선고 98다17145 판결.
25) 대법원 1995. 5. 26. 선고 95다7550 판결.
26) 대법원 2005. 6. 10. 선고 2002다15412, 15429 판결.

4. 소제기가 신의칙에 반하는 것이 아닐 것

소제기가 신의칙에 반하는 경우 소의 이익이 부정된다는 것이 통설 · 판례이다.[27] 판례는 학교법인의 경영권을 타에 양도하기로 결의함에 따라 그 법인 이사직을 사임한 사람이 현 이사로부터 지급받은 금원에 대한 분배금을 받지 못하자 학교법인의 이사로서의 직무수행 의사는 없으면서 오로지 학교법인이나 현 이사들로부터 다소의 금원을 지급받을 목적만으로 학교법인의 이사회결의부존재확인을 구하는 것은 권리보호의 자격 내지 소의 이익이 없는 부적법한 것이라고 하였다.[28] 그러나 이를 실체법상의 문제로 보아 소의 이익과는 무관하다는 견해도 있다.[29]

Ⅲ. 각종의 소에 특수한 소의 이익 - 권리보호의 이익 또는 필요

■ 핵심어

집행장애와 소의 이익, 소유권이전등기청구권의 가압류, 미리 청구할 필요와 담보등기말소청구, 즉시확정의 법률상 이익

1. 이행의 소

(1) 현재의 이행의 소

(a) 현재의 이행의 소는 사실심변론종결시까지 이행기가 도래한 이행청구권의 확인과 이행명령을 구하는 소이다. 이행기 도래 여부의 판단을 사실심변론종결시를 기준으로 하는 것은 본안에 관한 판단이 사실심변론종결시를 기준으로 하는 것에서 비롯되는 것임을 이미 설명한 바 있다. **현재의 이행의 소에 있어서 소의 이익은 이행청구권의 주장만으로 인정되고 이행의무자의 이행거절을 요하는 것은 아니다.** 이행청구권을 실현하려면 법원의 확정판결이 필요하기 때문이다.

(b) 판결절차는 분쟁의 관념적 해결절차로서 권리실현절차인 집행절차와는 독립하여 그 존재의의를 가진다.[30] 즉 판결절차는 원고의 청구가 이유 있는가를 판단하는 절차로서 원고가 주장하는 권리를 만족시키는 집행절차와는 구분된다. 현실적으로 집행이 어렵다고 하더라도 원고는 판결절차에 의해 자신이 주장하는 권리에 관하

---

27) 대법원 1974. 9. 24. 선고 74다767 판결. 김홍엽, 286면; 이시윤, 228면; 정동윤/유병현/김경욱, 417면.
28) 대법원 1974. 9. 24. 선고 74다767 판결.
29) 호문혁, 320면.
30) 이시윤, 229면.

여 집행권원을 취득할 필요나 시효를 중단시킬 필요도 있다. 따라서 **이행판결의 집행이 불가능하거나 현저히 곤란한 경우에도 소의 이익은 인정된다.**[31] 다음에 드는 예는 실무상 자주 문제되는 것이다.

1) X의 등기가 무단으로 Y_1, Y_2에게 순차로 경료 된 경우 X가 자신의 등기명의를 회복하려면 Y_1, Y_2를 상대로 등기말소를 구하여야 한다. 만약 X의 Y_2에 대한 등기말소청구가 패소확정되었다면 X가 Y_1에 대하여 승소확정판결을 얻는다고 하더라도 자신의 등기명의를 회복할 수 없다. 등기의 실행 면에서 최종의 등기를 방치한 채 중간의 등기명의에 대해서만 말소등기를 실행하는 것은 불가능하다. 모든 등기는 순차로 연결되어 있는데(등기연속의 원칙) 최종의 등기를 말소하지 않고 중간의 등기를 말소하면 등기의 연속성이 깨지기 때문이다.[32] 이 경우 X는 Y_1에 대한 등기말소청구의 소의 이익이 인정될까? 판례는 순차 경료된 소유권이전등기의 각 말소청구의 소에서 최종 등기명의자에 대하여 등기말소를 구할 수 있는지에 관계없이 중간의 등기명의자에 대하여 등기말소를 구할 소의 이익을 인정하고 있다.[33]

2) 일반적인 금전채권의 경우 채무자의 재산으로 그 만족을 얻어야 한다. 채무자의 재산이 제3채무자에 대한 채권이면 그 채권으로도 만족을 얻는다. 채무자의 채권에 대하여 집행을 하려면 먼저 압류를 해 두어야 한다. 그렇지 않으면 채무자가 자신의 채권을 처분하거나 변제를 받아 소비할 수도 있기 때문이다. 채권이 압류되면 제3채무자는 채무자에게 지급이 금지되며 채무자는 채권의 처분과 영수가 금지된다(민사집행법 227조 1항). 가압류의 경우도 지급이 금지된다(민사집행법 296조 3항). 그러나 채무자의 제3채무자에 대한 이행청구까지 금지되는 것은 아니므로 채무자는 제3채무자를 상대로 이행을 구하는 소를 제기할 수 있다. 다만 확정판결을 받더라도 그 집행이 제약될 뿐이다.[34] 가압류된 채권에 대하여도 채무자는 제3채무자를 상대로 그 이행을 구하는 소를 제기할 수 있고, 법원은 가압류가 되어 있음을 이유로 이를 배척할 수 없다.

3) 소유권이전등기청구권이 가압류된 경우(부동산처분금지가처분이 된 경우가 아님)에는 주의를 요한다. 예를 들어 매수인 X의 채권자 A가 X의 매도인 Y에 대한 부동산소유권이전등기청구권을 가압류한 경우이다. 이 경우에도 X는 Y를 상대로 부동산소유권이전등기절차이행을 구하는 소를 제기할 수 있다. 그러나 **소유권이전등기절차이**

31) 대법원 2016. 8. 30. 선고 2015다255265 판결.

32) 유석주, 1053면.

33) 대법원 1998. 9. 22. 선고 98다23393 판결; 대법원 2008. 6. 12. 선고 2007다36445 판결; 대법원 2017. 9. 12. 선고 2015다242849 판결.

34) 대법원 1989. 11. 24. 선고 88다카25038 판결. 국세징수법 제41조에 의한 압류의 경우에는 채무자는 채권자에게 그 채무를 지급할 수가 없고 오직 소관 세무공무원에게만 지급하여야 할 것이므로 채권자는 그 압류된 채권을 행사할 수 없다(대법원 1989. 1. 17. 선고 87다카2931 판결).

행을 명하는 판결은 의사의 진술을 명하는 판결로서 이것이 확정되면 채무자는 일방적으로 이전등기를 신청할 수 있고 제3채무자는 이를 저지할 방법이 없다. 법원은 이와 같은 경우에 가압류의 해제를 조건으로 하여서만 인용하여야 한다.[35] (관련내용 제2편 제1장 제2절 Ⅱ. 1. (2) (b) 1) iii))

4) 저당권설정등기말소소송 계속 중 경락을 원인으로 저당권설정등기가 말소된 경우[36]와 같이 이미 이행청구의 목적이 실현되었거나, 전부 멸실된 건물에 대한 소유권이전등기절차이행을 구하는 경우[37]와 같이 실익이 없는 소의 경우에는 소의 이익이 부정된다. 또한 의사의 진술을 명하는 소라고 하여도 피고 대표 위원들로 하여금 회의의 소집을 요구하게 하고 의안에 찬성하는 의사를 표시하게 하라는 것과 같이 의사의 진술이 있더라도 아무런 법적 효과가 발생하지 아니할 경우에는 소의 이익이 인정되지 않는다.[38]

(2) 장래의 이행의 소

(a) 의 의

장래의 이행의 소는 사실심변론종결시까지 아직 이행기가 도래하지 않은 이행청구권을 주장하는 소이다. 예를 들어 피고에 대해 의무의 이행을 구하는 원고에게 선이행의무(예를 들어 피담보채무를 변제하고 근저당말소를 구하는 경우)가 있는 경우에는 원고의 의무이행을 조건으로 피고의 이행의무가 인정되므로 장래이행의 소가 된다.

장래이행의 소는 아직 이행기가 도래하지 않았으므로 이행명령을 내릴 수 없다. 따라서 원칙적으로 권리보호의 필요가 없으나 채무자가 이행기에 이르러도 임의 이행을 기대할 수 없음이 명백한 경우에도 이행기를 기다려 소를 제기하여야 한다면 채권자의 보호에 충분하지 못하므로 미리 청구할 필요가 있는 경우에는 예외적으로 권리보호의 이익 또는 필요가 인정된다(251조).

(b) 청구적격

현실적으로 발생한 청구권뿐만 아니라 장래에 발생할 청구권의 이행을 구하는 청구도 청구권 발생의 기초가 되는 법률상 · 사실상 관계가 변론종결 당시 존재하고 그러한 상태가 계속될 것이 예상되면 장래이행의 소의 대상이 될 수 있다.[39]

---

35) 대법원 1992. 11. 10. 선고 92다4680 전원합의체판결.
36) 대법원 2003. 1. 10. 선고 2002다57904 판결.
37) 대법원 1976. 9. 14. 선고 75다399 판결.
38) 대법원 2016. 9. 30. 선고 2016다200552 판결.
39) 대법원 1997. 11. 11. 선고 95누4902, 4919 판결.

판례는 장래의 부당이득반환소송에 관하여 과거에는 소극적인 태도를 취하였으나 토지의 불법점유를 이유로 한 임대료 상당의 부당이득금반환청구소송에서 종전의 태도를 변경하여 이행의 소를 허용하였다.[40] 그러나 토지거래허가구역 내에 있는 토지의 매매에 기한 허가를 조건으로 한 소유권이전등기절차의 이행을 구하는 소는 허가받기 전의 상태에서는 아무런 효력이 없어 허용될 수 없다고 한다.[41]

판례연습 대법원 1993. 7. 27. 선고 92다13332 판결

– 장래의 부당이득반환청구의 가부 –

▌사건의 개요 Y는 서울특별시로부터 시유지를 매수하였다. Y와 서울특별시는 제3자인 X를 위하여 그 매수특약으로 시유지 매수 후 그 지상에 건물을 신축하고 신축건물 중 3층 부분을 X에게 무상으로 10년간 사용하게 한다는 약정을 하였다. 그러나 건물 준공 후 Y는 X의 두 차례에 걸친 사용수익 요구에도 불구하고 제3자에게 임대하여 그들로 하여금 사용수익하게 하여 왔을 뿐 아니라 서울특별시와의 위 특약의 효력 자체를 다투고 있다. 이때 X가 Y를 상대로 제기한 장래에 발생할 인도완료시까지의 손해배상 또는 부당이득을 미리 청구하는 소는 적법한지가 문제되었다.

설명

법률상 원인없이 타인의 재산 또는 노무로 인하여 이익을 얻고 이로 인하여 타인에게 손해를 가한 자는 그 이익을 반환하여야 한다(민법 741조).

X가 Y에게 이 사건 소제기로 행사한 장래에 발생할 손해배상청구권 또는 부당이득반환청구권은 아직 이행기가 도래하지 않았을 뿐 아니라 아직 손해배상청구권 또는 부당이득반환청구권 자체가 발생하지 않았다. 이행의 소에 있어서 소의 이익이 인정되려면 사실심변론종결시까지 이행기가 도래하여야 하지만 이행기가 도래하지 않은 이행청구권의 경우에도 미리 청구할 필요가 있으면 소의 이익이 인정된다(251조). 그러나 이 경우에도 그 청구권의 기초적 법률관계가 존재하고 발생할 개연성이 있어야 한다. X와 서울 특별시의 약정 및 건물신축사실에 의하여 청구권의 기초적 법률관계는 인정된다. 또한 Y가 서울특별시와 위 특약의 효력을 다투고 있으므로 피고들의 채무불이행의 상태는 장래에도 계속되리라고 충분히 예측될 수 있으므로 미리 청구할 필요가 있다. 따라서 X의 이 사건 소는 적법하다.

---

40) 대법원 1975. 4. 22. 선고 74다1184 전원합의체판결; 대법원 1993. 7. 27. 선고 92다13332 판결.

41) 대법원 1991.12. 24. 선고 90다12243 전원합의체판결. 그러나 이 경우에도 토지거래허가신청절차이행청구권을 피보전권리로 하는 매매목적물의 처분금지가처분을 구할 수 있다(대법원 1998. 12. 22. 선고 98다44376 판결). 이 판례에 대한 평석으로는 이시윤, 사법연구 제3집, 1995. 8, 178~191면 참조.

참고판례 1 대법원 1975. 4. 22. 선고 74다1184 전원합의체판결【부당이득금반환】

참고판례 2 대법원 1993. 7. 27. 선고 92다13332 판결【건물명도등】

(c) 미리 청구할 필요

장래의 이행의 소는 '미리 청구할 필요'가 있어야 권리보호의 필요가 인정된다. 미리 청구할 필요는 의무의 성질이나 의무자의 태도 등을 고려하여 개별적으로 판단한다.

1) 채무의 성질에 따른 경우

정기에 이행하지 않으면 채무본지에 따른 이행이 되지 않는 정기행위의 경우나 이행지체에 의해 회복할 수 없는 손해가 발생하는 경우에는 미리 청구할 필요가 있다.

2) 의무자의 태도에 따른 경우

ⅰ) 계속적 · 반복적 이행청구권에 대해 채무자가 이미 이행기가 도래한 의무부분을 이행하지 않는 경우

예를 들어 A시가 사실심변론종결 무렵까지 타인 소유의 토지들을 도로부지로 점유 · 사용하면서도 이에 대한 임료 상당의 부당이득금의 반환을 거부하고 있으며 그로 인한 계속적 · 반복적 이행의무에 관하여 현재의 이행기 도래분에 대하여 그 이행을 하지 아니하고 있다면, 토지소유자로서는 장래에 이행기가 도래할 부당이득금 부분에 대하여도 미리 청구할 필요가 있다.[42)]

ⅱ) 채무불이행 사유가 계속 존속할 것이 변론종결 당시에 확정적으로 예정되어 있는 경우

장래에 채무의 이행기가 도래할 예정인 경우에도 채무불이행 사유가 언제까지 존속할 것인지가 불확실하여 변론종결 당시에 확정적으로 채무자가 책임을 지는 기간을 예정할 수 없다면 장래의 이행을 명하는 판결을 할 수 없다. 그러나 채무의 이행기가 장래에 도래할 예정이고 그때까지 채무불이행 사유가 계속 존속할 것이 변론종결 당시에 확정적으로 예정되어 있다면, 장래의 이행을 명하는 판결을 할 수 있다.[43)] 예를 들어 Y와의 임대차계약 종료로 인해 임차건물로부터 퇴거할 의무가 있

42) 대법원 1994. 9. 30. 선고 94다32085 판결.
43) 대법원 2018. 7. 26. 선고 2018다227551 판결.

는 X가 A에게 건물의 열쇠를 건네주어 점유·사용케 하고 A는 Y에게 그 건물의 인도를 거부하였다. 이에 Y가 건물 인도 완료일까지 손해배상의 지급을 구하는 소를 제기하였다면 Y의 손해가 건물을 인도받을 때까지 계속해서 발생할 것이 확정적으로 예정되어 있으므로 그 소는 미리 청구할 필요가 인정된다.

iii) 의무자가 미리 의무의 내용을 다투는 경우

예를 들어 보기로 한다. 채무자가 채권자에게 자신의 채무에 대한 담보로 자신의 부동산에 가등기설정을 하여 주었다. 이때 채무자는 자신의 채무를 먼저 변제하여야만 비로소 그 채무를 담보하기 위하여 경료되었던 가등기의 말소를 구할 수 있다. 즉 담보목적의 등기가 경료된 경우 피담보채무의 변제의무는 그 등기의 말소의무보다 먼저 이행되어야 하는 선이행의무이다.44) 만약 채권자가 그 가등기 등이 채권담보의 목적으로 경료된 것임을 다툰다든지 피담보채무의 액수를 다툰다면 채무자가 채무를 변제하더라도 채권자는 위 등기말소에 협력할 의무를 이행할 것이라고 기대하기 어렵다. 이 경우 채무변제를 조건으로 한 장래이행의 소는 미리 청구할 필요가 있다.45)

또한 원고가 양도담보로 제공된 부동산의 피담보채무 전액을 변제하였음을 내세워 피고 명의의 소유권이전등기 등의 말소를 청구하면서 그가 원리금이라고 주장하는 금액을 변제 혹은 변제공탁하였으나 변제충당 방법과 이자계산 등에 관한 견해차이로 채무 전액을 소멸시키지 못하고 잔존채무가 있음이 밝혀진 경우가 있을 수 있다. 이 경우는 원고가 변제로 인한 피담보채무의 소멸을 주장하면서 제기한 소이므로 표시된 청구취지로는 현재이행의 소가 되며 앞의 경우와는 다르다. 그러나 원고의 위 청구 중에는 확정된 잔존채무의 변제를 조건으로 위 각 등기의 말소를 청구하는 취지도 포함되었다고 할 수 있다. 또한 이는 장래이행의 소로서 미리 청구할 이익이 있다. 따라서 법원은 피고에게 원고로 부터 잔존채무 및 이에 대한 완제일까지의 지연손해금을 변제 받는 것을 조건으로 위 등기의 말소를 명할 수 있다.46) (관련내용 제3편 제1장 제5절 Ⅲ. 3. (3))

3) 현재의 이행의 소와 장래의 이행의 소의 결합

주된 청구로 이행기가 도래한 대여원금의 지급이나 토지인도를 구하면서 대여원금의 완제일까지의 이자나 지연손해금, 토지인도일까지의 임료 또는 임료 상당의 부당이득금의 지급을 구하는 등의 소는 이행기가 도래한 주된 청구가 다투어지는 이상 나머지 장래이행의 소로써 구하는 의무의 이행도 임의이행을 기대하기 어려우므로

---

44) 대법원 1980. 5. 27. 선고 80다482 판결.
45) 대법원 1992. 1. 21. 선고 91다35175 판결.
46) 대법원 1981. 9. 22. 선고 80다2270 판결; 대법원 2008. 4. 10. 선고 2007다83964 판결.

미리 청구할 필요가 있다.[47)]

2. 확인의 소

확인의 소는 그 확인의 대상에 제한이 없어 불필요한 소를 걸러내는 소의 이익이 이행의 소나 형성의 소보다 더 중요한 의미를 가진다. 즉 이행의 소나 형성의 소는 이행청구권을 실현하거나 법률관계를 형성하기 위해 법원의 확정판결을 필요로 하므로 원칙적으로 소의 이익이 인정된다. 그러나 확인의 소는 권리나 법률관계의 확인이 현실적으로는 불필요하거나 그 확인을 위해 반드시 법원의 확정판결을 요하지 않는 경우가 일반적이므로 그 필요성(소의 이익)이 있는 경우에만 허용된다. 이러한 이유로 확인의 소의 소장에서는 확인의 이익이 있음을 기재함이 실무의 통례이다.

(1) 청구적격

확인의 소는 현재의 법적 분쟁을 해결하기 위한 것이므로 현재의 권리 또는 법률관계를 그 대상으로 함이 원칙이다.

(a) 확인의 소는 권리 또는 법률관계를 그 대상으로 하므로 사실관계에 관한 것은 증서의 진부(250조)에 관한 것을 제외하고는 확인의 소의 대상이 되지 않는다. 증서의 진부에 관하여는 뒤에서 설명을 한다. 확인의 이익에 관한 판례 중에는 온천관리대장상의 온천발견신고자로 등재되어 있는 자를 상대로 한 온천공의 발견신고자지위 확인을 구하는 소에 대하여 확인의 이익을 인정하지 않은 것이 있다.[48)] 판례의 이유는 확인을 받는다고 하더라도 원고 앞으로 온천공의 발견신고자의 명의변경이 이루어지는 것도 아니고, 또한 이를 근거로 온천법 제18조[49)] 소정의 온천발견신고자에게 부여되는 이익을 구할 수도 없다는 것이다.

(b) 확인의 대상이 되는 권리 또는 법률관계는 현재의 것이어야 하므로 과거나 장래의 권리 또는 법률관계는 확인의 소의 대상으로 삼을 수 없는 것이 원칙이다. 판례는 이사회 결의에 의하여 선임되었으나 각각 해임 또는 사임함으로써 이미 이사의 지위를 상실한 이사에 대하여 그 이사선임결의의 무효확인을 구하는 것은 과거의 법률관계 내지 권리관계의 확인을 구하는 것으로 소의 이익이 없다고 한다.[50)] 또한 근

---

47) 대법원 2011. 1. 27. 선고 2010다77781 판결. 이외에도 물건인도를 구하는 청구와 함께 집행불능에 대비한 대상청구를 병합한 경우에도 소송경제를 이유로 허용된다는 견해가 있다(이시윤, 234면).

48) 대법원 2004. 8. 20. 선고 2002다20353 판결.

49) 2008. 2. 29. 시행된 법률 제8852호에 의하면 제23조에 해당한다.

50) 대법원 1996. 12. 10. 선고 96다37206 판결.

저당권의 피담보채무에 관한 부존재확인의 소는 근저당권이 말소되면 과거의 권리 또는 법률관계의 존부에 관한 것으로서 확인의 이익이 인정되지 않는다.[51)]

그러나 과거의 법률관계도 현재의 권리 또는 법률상 지위에 영향을 미치고 있고 현재의 권리 또는 법률상 지위에 대한 위험이나 불안을 제거하기 위하여 법률관계에 관한 확인판결을 받는 것이 유효 · 적절한 수단이라고 인정될 때에는 확인의 이익이 있다.[52)] 예를 들어 대기처분을 받은 사람이 대기처분 동안에 입은 인사와 급여의 불이익, 대기처분 후 6개월 동안의 보직 미부여를 이유로 이루어진 자동해임의 효력 등에 관한 다툼이 있는 경우 대기처분의 무효확인을 구할 법률상의 이익이 있다.

또한 혼인, 입양과 같은 신분관계나 회사의 설립, 주주총회의 결의무효, 취소와 같은 사단적 관계, 행정처분과 같은 행정관계와 같이 그것을 전제로 하여 수많은 법률관계가 발생하고 그에 관하여 일일이 개별적으로 확인을 구하는 번잡한 절차를 반복하는 것보다 과거의 법률관계 그 자체의 확인을 구하는 편이 관련된 분쟁을 일거에 해결하는 유효적절한 수단일 수 있는 경우에도 예외적으로 확인의 이익이 인정된다.[53)]

(c) 확인의 소는 반드시 소송당사자간의 법률관계에 한하지 아니하고, 소송당사자 일방과 제3자 또는 제3자 상호간의 법률관계도 그 대상이 될 수 있다. 그러나 그러한 법률관계의 확인은 그 법률관계에 따라 제소자의 권리 또는 법적 지위에 현존하는 위험 · 불안이 야기되어 이를 제거하기 위하여 그 법률관계를 확인의 대상으로 한 확인판결에 의하여 즉시로 확정할 필요가 있고, 또한 그것이 가장 유효 · 적절한 수단이 되어야 확인의 이익이 있다.[54)]

(2) 권리보호의 필요

확인의 소는 원고의 권리 또는 법률상 지위에 현존하는 불안 · 위험이 있고 확인판결을 받는 것이 그 분쟁을 근본적으로 해결하는 가장 유효 · 적절한 수단일 때 허용된다.[55)]

(a) 즉시확정의 법률상의 이익

확인의 소는 원고의 권리 또는 법률상 지위에 현존하는 불안 · 위험이 있고 이를

51) 대법원 2013. 8. 23. 선고 2012다17585 판결.
52) 대법원 2018. 5. 30. 선고 2014다9632 판결; 대법원 2021. 4. 29. 선고 2016두39856 판결.
53) 대법원 1995. 3. 28. 선고 94므1447 판결.
54) 대법원 1996. 11. 22. 선고 96다34009 판결.
55) 대법원 2000. 4. 11. 선고 2000다5640 판결; 대법원 2017. 3. 15. 선고 2014다208255 판결; 대법원 2018. 3. 15. 선고 2016다275679 판결.

제거하기 위하여 확인판결에 의하여 즉시 확정하여야 할 법률상 이익이 있어야 한다. 이를 '즉시확정의 법률상의 이익'이라고 하며 독일민사소송법(256조)과 같은 명문의 규정은 없으나 일반적으로 인정되고 있다.

1) 법률상의 이익이어야 하므로 회사의 재산관계에 대하여 단순히 사실상, 경제상 또는 일반적, 추상적인 이해관계만을 가지는 주주가 제기하는 회사와 제3자 사이에 체결된 영업양도계약의 무효확인을 구하는 소는 권리보호의 이익이 없다.[56] 경매절차에서 유치권이 주장되는 경우 낮은 가격에 입찰이 이루어져 근저당권자의 배당액이 줄어들 위험이 있으므로 소유자 또는 근저당권자는 담보목적물에 관하여 유치권의 부존재확인을 구할 법률상 이익이 인정된다. 다만 그 담보목적물이 매각되어 소유권이 이전됨으로써 소유권을 상실하거나 근저당권이 소멸한 경우에는 그렇지 않다.[57] 경매절차에서 유치권이 주장되지 아니한 경우 담보목적물의 매각으로 근저당권이 소멸하였더라도 채권자는 유치권의 존재를 알지 못한 매수인으로부터 담보책임을 추급당할 우려가 있으므로 유치권 부존재 확인을 구할 법률상 이익이 있다. 이는 담보책임을 부담하지 않는 채무자 아닌 소유자와 다르다.

2) 불안이 현존하는 경우이어야 한다. 불안이 현존하는 경우에 관하여 판례에 나타난 예를 보면 다음과 같다.

i) 피고가 등기부와 지적공부상의 지번, 지적이 일치하지 아니함을 이유로 원고 명의의 소유권이전등기에 대하여 이를 무효라고 주장하는 때[58]와 같이 원고의 권리가 피고에 의해 부인당하는 경우

ii) 하나의 채권에 관하여 2인 이상이 서로 채권자라고 주장하고 있는 때[59]와 같이 피고가 원고의 주장과 양립가능하지 않는 주장을 하는 경우

iii) 당사자가 주장하는 법률효과가 동일하다고 하더라도 주장하는 법률요건이 다른 경우[60] (예를 들어 당사자가 서로 상대방의 계약위반을 이유로 계약해제를 주장하는 경우)

iv) 토지가 미등기이고, 토지대장이나 임야대장상에 등록명의자가 없거나 등록명의자가 누구인지 알 수 없을 때[61]와 같이 당사자 사이의 다툼이 없어도 공부상의 기재로 인하여 원고의 법적 불안이 야기되는 경우[62] (관련 판례연습 제2편 제1장 Ⅱ. 대법

---

56) 대법원 1979. 2. 13. 선고 78다1117 판결.
57) 대법원 2020. 1. 16. 선고 2019다247385 판결.
58) 대법원 1992. 7. 24. 선고 92다2202 판결.
59) 대법원 1988. 9. 27. 선고 87다카2269 판결. 이 경우 양립가능하지 않는 주장이란 참칭채권자가 채무자로부터 변제를 받아버리게 되면 진정한 채권자는 그 때문에 자기의 권리가 침해될 우려가 있다는 의미에서 사실적인 것이다. 위 판례에 대한 평석으로는 김인수, 참칭채권자 사이의 채권귀속에 관한 확인을 구할 이익 유무, 대법원판례해설 제10호(1988년 하반기), 119면 이하.
60) 대법원 2017. 3. 9. 선고 2016다256968, 256975 판결.
61) 대법원 2009. 10. 15. 선고 2009다48633 판결; 대법원 2019. 5. 16. 선고 2018다242246 판결.
62) 부동산등기법 제65조에 의해 미등기토지의 소유권보존등기는 토지 또는 임야대장에 의하여 자기 또는 피상속인이 소유자로 등록되어 있지 못하면 판결에 의하여 자기의 소유권을 증명하여야 할 수 있다.

원 2001. 7. 10. 선고 99다34390 판결)

v) 보험계약의 당사자 사이에 계약상 채무의 존부나 범위에 관하여 다툼이 있어 보험회사가 먼저 보험수익자를 상대로 소극적 확인의 소를 제기하는 경우[63] 등이 있다.

(b) 불안 제거에 유효 · 적절한 수단

원고의 권리 또는 법적 지위의 불안을 제거하는 데 확인의 소가 가장 유효 · 적절한 수단이어야 한다. 만약 확인의 소보다 더 근본적인 해결 수단이 있다면 확인의 이익은 부정된다.

1) 소극적 확인의 소

i) 자기의 권리에 대해 적극적인 확인을 구하는 것이 가능한 경우에는 그 확인을 구하여야 하고 이와 양립되지 않는 상대방 주장의 권리의 부존재확인을 구하는 소극적 확인의 소를 제기하는 것은 소의 이익이 없다.[64] 예를 들어 K부동산에 관하여 X와 Y가 서로 그 소유권을 주장하는 경우 X는 Y의 K부동산에 관한 소유권부존재확인의 소를 제기할 것이 아니라 K부동산은 X의 소유임을 확인하는 소를 제기하여야 한다. 그러나 원고에게 내세울 소유권이 없고 피고의 소유권이 부인되면 그로써 원고의 법적 지위에 대한 불안이 제거되어 분쟁이 해결될 수 있는 경우에는 피고에게 소유권의 소극적 확인을 구할 이익이 있다.

판례 연습 **대법원 1984. 3. 27. 선고 83다카2337 판결**

– 소극적 확인의 소가 인정된 경우 –

▮ 사건의 개요 X는 장인인 A를 대리인으로 하여 B로부터 대지 및 건물을 단독으로 매수하였다. 위 각 부동산을 X가 단독 매수한 것이라면 X의 단독명의로 공부상 등재되어야 할 것이다. 그런데 A는 아무런 권한 없이 X와 Y의 공동명의로 대지에 대한 소유권이전등기와 건물에 대한 가옥대장등재를 마쳤다. 이에 X는 Y를 상대로 무효인 각 1/3 지분이전등기의 말소를 구하고 대지 및 건물에 대한 지분권 기타 권리가 없다는 것의 확인을 구하는 소를 제기하였다. X의 이 사건 소에 대하여 소의 이익이 인정될 수 있는지가 문제되었다.

---

63) 대법원 2021. 6. 17. 선고 2018다257958, 257965 전원합의체 판결.
64) 대법원 1995. 10. 12. 선고 95다26131 판결.

설 명

확인의 소는 원고의 권리 또는 법률상 지위에 현존하는 불안·위험이 있고 확인판결을 받는 것이 그 분쟁을 근본적으로 해결하는 가장 유효·적절한 수단일 때 허용된다. 이 사건에서 X가 단독 매수한 부동산이 Y와 공동명의로 소유권이전등기가 되어 있으므로 X의 법률상 지위에 현존하는 불안·위험이 있다고 인정된다. 한편 자기의 권리에 대해 적극적인 확인을 구하는 것이 가능한 경우에는 그 확인을 구하여야 하고 이와 양립되지 않는 상대방 주장의 권리의 부존재를 구하는 소극적 확인의 소를 제기하는 것은 그 분쟁을 근본적으로 해결하는 가장 유효·적절한 수단이라고 할 수 없어 소의 이익이 인정되지 않는다. 만약 X가 Y를 상대로 부존재확인을 구한 1/3지분의 권리자라면 적극적으로 그 지분의 이전을 구하여야 하며 부존재를 구하는 것은 소의 이익이 없다. 그러나 K부동산에 관한 Y명의의 지분등기가 무효라면 그 권리자는 X가 아니라 B이고 X는 다만 B에게 등기이전을 구할 권리가 있을 뿐이다. 따라서 현 상태에서 X는 Y에게 적극적으로 자신의 권리를 주장할 수 없는 처지이므로 X의 위 소는 확인의 이익이 인정된다고 할 수 있다.

참고판례 **대법원 1984. 3. 27. 선고 83다카2337 판결【소유권이전등기】**[65]

ii) 한편 채무자가 채권자에 대하여 채무부담행위를 하고 그에 관하여 강제집행승낙문구가 기재된 공정증서에 대한 청구이의의 소를 제기하지 않고 공정증서의 작성원인이 된 채무에 관하여 채무부존재확인의 소를 제기한 경우 소의 이익이 인정될 수 있을까? 강제집행승낙문구가 기재된 공정증서는 집행권원의 하나로 인정된다(민사집행법 56조). 이를 집행증서(관련내용 제4편 제4장 제2절 Ⅳ. 2. (1))라 한다. 채무자는 집행권원이 가지는 집행력을 배제하기 위해서 청구이의의 소를 제기할 수 있다(동법 44조). 그러나 청구이의의 소는 판결이 확정되더라도 집행권원의 원인이 된 실체법상 권리관계에 기판력이 인정되지 않는다. 따라서 채무자가 청구이의의 소를 제기하지 않고 공정증서의 작성원인이 된 채무에 관하여 채무부존재확인의 소를 제기한 경우, 그 목적이 오로지 공정증서의 집행력 배제에 있는 것이 아닌 이상 청구이의의 소를 제기할 수 있다는 사정만으로 확인의 이익이 부정되지는 않는다.[66]

65) 이에 관한 평석으로는 윤우정, 권리의 귀속을 다투는 소에 있어서 소극적 확인의 이익, 대법원판례해설 제3호(1984년 하반기, 8), 법원도서관, 127~136면.
66) 대법원 2013. 5. 9. 선고 2012다108863 판결.

2) 당해 소송에서 판단될 것이 예정되어 있는 사항

당해 소송에서 판단될 것이 예정되어 있는 사항에 대하여는 별도로 확인의 소를 제기하는 것이 허용되지 않는다. 판례에 나타난 예를 살펴보기로 한다.

i) Y종중은 X를 상대로 소유권이전등기청구의 소를 제기하여 원고 승소판결이 확정되었다. 위 소송에서 Y종중의 소송수행은 Y종중의 대표자로 선출된 Y_1이 하였다. 그러나 X는 Y_1을 Y종중의 대표자로 선출한 종중총회의 결의는 중대한 하자가 있어 무효라고 주장한다. Y_1을 Y종중의 대표자로 선출한 종중총회의 결의가 무효이면 Y_1은 Y종중의 대표자로서 소송을 수행할 권한이 없음에도 소송을 수행한 것이 된다. 이는 민사소송법 제451조 제1항 제3호에 규정된 재심사유에 해당된다. 동조는 '법정대리권 · 소송대리권 또는 대리인이 소송행위를 하는 데에 필요한 권한의 수여에 흠이 있는 때'를 재심사유로 규정하고 있다. 대표권의 흠결은 법정대리인에 관한 규정을 준용한다(64조). X는 Y_1의 대표권 흠결을 재심의 소로 문제 삼지 않고 종중결의부존재 내지 무효확인의 소를 제기하였다. X의 위 소에 대하여 위의 사유로 재심의 소를 제기할 수 있음에도 종중결의부존재 내지 무효확인의 소를 제기한 것은 소의 이익이 없다.[67]

ii) 법원에 계속되어 있는 사건에 대하여 당사자는 다시 소를 제기하지 못한다(259조). 이를 중복제소금지의 원칙이라고 하는데 소송계속 중인 두 소송이 중복소송이 되려면 양 소송이 동일하여야 한다. 채권자가 채무인수자를 상대로 제기한 채무이행청구의 소(전소)와 채무인수자가 채권자를 상대로 제기한 원래 채무자의 채권자에 대한 채무부존재확인의 소(후소)는 그 청구취지와 청구원인이 서로 다르므로 중복소송에 해당되지 않는다. 그러나 판례는 그 채무의 부존재확인은 채무이행청구의 소에서 청구기각의 판결을 구함으로써 다툴 수 있으므로 별소로 그 채무의 부존재 확인을 구하는 것은 소의 이익이 없다고 한다.[68]

3) 본소와 반소

원고가 피고에게 제기한 소(본소)의 소송계속 중에 피고가 원고에게 본소의 소송절차를 이용하여 제기하는 본소와 관련된 소를 반소라고 한다. X의 손해배상청구의 소가 제기된 후 Y의 채무부존재확인의 소가 나중에 반소로 제기되었다면 소의 이익이 인정될까?

원래 반소청구에 있어서는 반소청구에 본소청구의 기각을 구하는 것 이상의 적극적 내용이 포함되어 있지 않다면 소의 이익이 없다. 따라서 어떤 채권에 기한 이행

---

67) 대법원 1982. 6. 8. 선고 81다636 판결.
68) 대법원 2001. 7. 24. 선고 2001다22246 판결.

의 소에 대하여 동일 채권에 관한 채무부존재확인의 반소를 제기하는 것은 그 청구의 내용이 실질적으로 본소청구의 기각을 구하는 데 그치는 것이므로 부적법하다.[69]

이번에는 반대로 Y가 손해배상과 관련한 채무부존재확인의 본소청구를 하였는데 X가 반소로써 적극적으로 손해배상청구를 하였다. 소의 이익을 판단하는 사실심변론종결시를 기준으로 하여 보면 결과적으로 본소는 반소청구의 기각을 구하는 내용을 가지는 데 불과하다. 그렇다면 이 경우에도 본소 청구는 반소청구에 의하여 사후적으로 소의 이익이 부정되는 것일까?

판례는 그러한 사정만으로 본소청구에 대한 확인의 이익이 소멸하여 본소가 부적법하게 된다고 볼 수는 없다고 한다.[70] 판례가 들고 있는 이유를 위의 사례에 맞추어 풀어서 설명하기로 한다. 만약 X의 반소로 인해 Y의 본소가 부적법해진다면 Y는 자신이 제기한 소가 어차피 부적법하여 본안에 관하여 판단 받지 못하고 X의 반소를 다투면 되니 Y의 본소를 취하하려 할 것이다. 그런데 민사소송법 제271조는 "본소가 취하된 때에는 피고는 원고의 동의 없이 반소를 취하할 수 있다"고 규정하고 있다(관련내용 제5편 제2장 제1절 Ⅲ. (2) (b)). 이에 따르면 Y는 본소를 취하한 후에는 X의 반소취하를 막을 수 없게 된다. 따라서 반소제기에도 불구하고 본소는 적법하게 취급된다.

4) 제3자와의 법률관계

확인의 소는 반드시 원 · 피고 간의 법률관계에 한하지 아니하고 원 · 피고의 일방과 제3자 또는 제3자 상호 간의 법률관계도 대상이 될 수 있다. 그러나 그러한 법률관계의 확인은 법률관계에 따라 원고의 권리 또는 법적 지위에 현존하는 위험, 불안이 야기되어 이를 제거하기 위하여 법률관계를 확인의 대상으로 삼아 원 · 피고 간의 확인판결에 의하여 즉시 확정할 필요가 있고, 또한 그것이 가장 유효 · 적절한 수단이 되어야 확인의 이익이 있다.[71]

5) 보충성

기본사례에서 X는 Y에게 돈 5000만 원의 지급을 구하는 이행의 소를 제기하는

---

69) 대법원 2007. 4. 13. 선고 2005다40709, 40716 판결.

70) 대법원 1999. 6. 8. 선고 99다17401, 17418 판결; 대법원 2010. 7. 15. 선고 2010다2428, 2435 판결. 이러한 판례의 태도에 대해 채무자의 소극적 확인의 소는 권리관계의 존부에 있어서 소송의 결말을 채권자에게 재촉하는 제소 강제적 기능을 가지는데 채권자가 반소에 의해 이행의 소를 제기하면 채무자의 소극적 확인의 소는 그 기능상의 목적을 달성하여 소의 이익이 없다고 하여야 한다는 견해가 있다. 이 견해는 독일의 통설 · 판례도 이 경우 상소심에서 재판하기에 성숙된 경우를 제외하고는 확인의 이익이 소멸한다고 풀이한다는 점도 언급하고 있다(전병서, 소극적 확인소송과 이행소송의 경합의 처리, 판례월보 제361호, 2000, 12면).

71) 대법원 1996. 11. 22. 선고 96다34009 판결; 대법원 2016. 5. 12. 선고 2013다1570 판결.

대신 5000만 원의 채권이 있음에 대하여 확인을 구하는 확인의 소를 제기하는 것은 가능할까? 위 확인의 소에서 X가 승소확정판결을 받는다고 하더라도 Y가 이행하지 않는다면 X는 다시 이행의 소를 제기하여 집행권원을 얻어야 할 것이다. 왜냐하면 확인판결은 이행명령을 포함하고 있지 않기 때문이다. 이와 같이 **이행의 소를 바로 제기할 수 있는데도 그 이행청구권 자체의 존재확인을 구하는 것은 불안제거에 별 다른 실효성이 없고 소송경제성에 비추어 바람직하지 못하므로 유효적절한 수단이라고 할 수 없다.**[72] **이를 확인의 소의 보충성이라고 한다.** 즉 이행의 소를 제기하여 분쟁을 해결할 수 있다면 확인의 소는 허용되지 않는다.

판례는 근저당권설정자가 근저당권설정계약에 기한 피담보채무가 존재하지 아니함의 확인을 구함과 함께 그 근저당권설정등기의 말소를 구하는 경우 피담보채무부존재확인청구부분의 소는 확인의 이익이 없다고 한다. 그 이유는 근저당권설정자로서는 피담보채무가 존재하지 않음을 이유로 근저당권설정등기의 말소를 구하는 것이 분쟁을 유효 · 적절하게 해결하는 직접적인 수단이라는 것이다.[73]

확인의 소의 보충성은 이행의 소와의 관계뿐만 아니라 형성의 소와의 관계에서도 적용된다. 따라서 형성의 소의 제기가 가능한데 확인의 소를 제기하는 것은 허용되지 않는다.

(3) 증서의 진부(眞否)를 확인하는 소

(a) 의 의

예를 들어 보기로 한다. X는 자신과 Y 사이에 작성된 합의서를 Y에게 제시하며 합의서의 내용대로 1억 원을 지급할 것을 요구하였다. Y는 자신은 위와 같은 합의서를 작성한 사실이 없다고 주장하면서 만약 자신이 작성한 것이 사실로 밝혀진다면 합의서의 내용대로 이행하겠다고 한다. 이 경우 X는 합의서에 의해 발생하는 자신의 권리를 실현하기 위하여 어떤 내용의 소를 제기할 수 있을까?

물론 X는 Y를 상대로 합의서의 내용대로 이행하라는 소를 제기하는 것이 가능하다. 그렇다면 X가 '합의서의 작성자가 Y인지 여부'를 확인하는 소를 제기하는 것도 가능할까? 확인의 소의 대상은 원칙적으로 권리 또는 법률관계에 관한 것이어야 한다. 그러나 '합의서의 작성자가 Y인지 여부'는 사실관계이고 권리 또는 법률관계가 아니다. 민사소송법 제250조는 확인의 소는 법률관계를 증명하는 서면이 진정한지

---

72) 대법원 1980. 3. 25. 선고 80다16, 17 판결.
73) 대법원 2000. 4. 11. 선고 2000다5640 판결. 이에 대한 비판적 견해로는 안철상, 근저당권 피담보채무부존재확인청구의 소와 확인의 이익, 민사재판의 제문제 제11권, 민사실무연구회, 2000. 4, 941면 이하 참조.

아닌지를 확정하기 위해서도 제기할 수 있다고 규정하고 있다. 즉 위 규정은 확인의 소의 대상에 관한 예외를 규정한 것이다. 위 규정에 의하여 X는 합의서의 작성자가 Y인지를 확인하는 소를 제기하는 것도 가능하다. 이를 증서진부확인의 소라고 한다. 증서진부확인의 소는 권리 또는 법률관계를 증명하는 서면이 작성명의자에 의하여 진정하게 성립하였는가 여부에 관하여 확인을 구하는 소이다.

(b) 민사소송법 제250조의 해석

증서진부확인의 소를 규정한 민사소송법 제250조에 관하여 살펴보기로 한다.

i) 여기서의 '법률관계를 증명하는 서면' 즉 증서(證書)란 그 기재 내용으로부터 직접 일정한 현재의 법률관계의 존부가 증명될 수 있는 문서를 말한다. 증서라는 말 자체에 이미 어떤 내용을 증명하는 문서라는 의미가 담겨 있기는 하지만 여기서는 그 증명의 대상이 일정한 현재의 법률관계의 존부에 한정된다. 따라서 단지 과거의 사실관계를 증명하는 문서는 여기에 해당하지 않는다. 예를 들어 차용증이나 매매계약서 등은 증서에 해당하나 영수증이나 대차대조표 등은 증서에 해당하지 않는다.[74]

ii) 문서가 작성명의자에 의하여 진정하게 성립한 것을 문서의 진정성립이라고 한다. '작성명의자'란 문서에 작성자로 표시된 자를 말한다. 위 합의서에 작성자로 X와 Y가 표시되었다면 X와 Y가 작성자이다. 지금 다투어지는 것은 Y에 관한 것이므로 Y를 중심으로 설명하면 위 합의서가 진정하게 성립하였다는 것은 위 합의서가 작성명의자인 Y의 의사로 작성되었다는 것이다. 문서의 진정성립은 민사소송법에서 중요하고도 기초적인 개념으로 실제 소송에서 자주 다투어지는 문제이다. Y가 정신을 잃고 있는 사이에 X가 몰래 Y의 인감도장을 사용하여 합의서를 작성하였다면 위 합의서의 진정성립은 부정된다. 합의서가 Y의 의사에 기하여 작성되지 않았기 때문이다. 그러나 합의서에 객관적으로 진실하지 않은 내용이 있다고 하더라도 문서의 진정성립에는 아무런 문제가 없다. 문서의 진정성립에서 오직 문제 삼는 것은 Y의 의사에 기하여 작성되었는가 하는 것이고 그 서면에 기재된 내용이 객관적 진실에 합치하는가 하는 것이 아니다.[75]

(c) 확인의 이익

1) 만약 Y가 합의서의 진정성립 외에 다른 것을 문제 삼지 않는다면 그 진정성립이 인정되는 것으로 X의 Y에 대한 이행청구권은 곧 바로 인정될 것이다. 이와 같이

74) 대법원 1967. 3. 21. 선고 66다2154 판결; 대법원 2007. 6. 14. 선고 2005다29290, 29306 판결.
75) 대법원 1989. 2. 14. 선고 88다카4710 판결.

증서진부확인의 소는 법률관계를 증명하는 서면의 진부가 확정되면 당사자가 그 서면의 진부에 관하여 더 이상 다툴 수 없게 되는 결과 법률관계에 관한 분쟁 그 자체가 해결되거나 적어도 분쟁 자체의 해결에 크게 도움이 되기 때문에 서면의 진부라는 사실관계의 확인을 그 대상으로 하지만 예외적으로 허용되는 것이다.

2) 그러나 증서진부확인의 소에서도 일반적인 확인의 소와 마찬가지로 소가 적법하기 위해 확인의 이익을 요한다. 서면에 의하여 증명되어야 할 법률관계에 관하여 이미 소가 제기되어 있는 경우에는 그 소송에서 분쟁을 해결하면 된다. 우리는 앞서 민사소송절차의 흐름에서 소송절차의 일부로서 문서의 진정성립을 확인하는 서증인부절차가 있음을 확인하였다. 이러한 서증인부절차와는 별도로 그 서면에 대한 진정성립의 확인을 구하는 소를 제기하는 것은 특별한 사정이 없는 한 확인의 이익이 없다.[76] 그러나 확인의 이익이 있으면 전의 소송에서 서증으로 제출된 증서도 진부의 확인을 구하는 소의 대상이 될 수 있다.[77]

3) 위의 예에서 Y가 합의서는 X의 강박에 의하여 작성된 것이므로 이를 취소한다고 주장하면서 X의 이행요구를 거절한 경우에도 X는 증서진부확인의 소를 제기할 수 있을까? 이 경우 쟁점은 합의서의 진정성립 여부가 아니라 Y에게 취소권이 인정되는가 하는 것이다. Y는 합의서가 자신이 작성한 것은 맞으나 그 의사표시에 하자가 있다고 주장하는 것이다. 다시 말해 합의서의 진정성립이 인정된다고 하더라도 X가 주장하는 권리관계 내지 법률적 지위의 불안이 제거될 수 없는 경우이다. 그 법적 불안을 제거하기 위하여서는 당해 권리 또는 법률관계 자체의 확인을 구하여야 할 필요가 있는데 이 경우에는 확인의 이익이 인정되지 않는다.[78]

3. 형성의 소

형성의 소는 법률의 규정이 있는 경우에 한하여 허용되므로 법률에 의하여 소의 이익이 이미 전제되어 있다고 할 수 있다. 따라서 형성의 소에서는 원칙적으로 소의 이익이 인정된다고 할 수 있으나 예외적으로 부정되는 경우도 있다. 이혼이 이루어진 후 혼인취소를 구하는 것은 소의 이익이 부정된다. 왜냐하면 혼인취소의 효력이 기왕에 소급하지 않아(민법 824조) 이혼으로 이미 혼인 취소의 판결이 실현되었기 때문이다. 강제집행이 종료된 후에 제3자이의의 소가 제기된 경우에도 소의 이익이 인정되지 않는다. 제3자이의의 소(민사집행법 48조)는 강제집행의 목적물에 대하여 소유권이나 양도 또는 인도를 저지하는 권리를 가진 제3자가 그 권리를 침해하여 현실적으로 진행되

76) 대법원 2007. 6. 14. 선고 2005다29290, 29306 판결.
77) 대법원 1968. 6. 11. 선고 68다591 판결(김상수, 123면 참조)
78) 대법원 1991. 12. 10. 선고 91다15317 판결.

고 있는 강제집행에 대하여 이의를 주장하고 집행의 배제를 구하는 소이다. 따라서 이미 강제집행이 종료되었다면 제3자이의의 소를 제기하여도 이미 종료된 강제집행을 되돌릴 수 없기 때문이다. 소제기 전 강제집행이 이미 종료된 경우뿐만 아니라 제3자이의의 소가 제기된 당시 존재하였던 강제집행이 소송계속 중 종료된 경우에도 마찬가지로 소의 이익이 없어 부적법하다.[79)]

Ⅳ. 소송상 취급

소의 이익은 소송요건으로 직권조사사항이다. 따라서 소의 이익이 없으면 소는 부적법하여 각하되어야 한다(통설·판례). 뒤에서 자세히 다루겠지만 채권자대위소송에서 피보전권리의 존재는 소송요건이라는 것이 판례의 태도이다. 기본사례에서 X의 X_1에 대한 채권이 피보전권리이므로 X의 X_1에 대한 채권이 인정되지 않는다면 X의 소는 부적법하다. 이 경우 법원은 판결로써 소를 각하하여야 한다.[80)]

---

79) 대법원 1996. 11. 22. 선고 96다37176 판결. 이에 관하여는 손한기, 반소, 고시계 제517호, 2003; 전병서, 반소, 고시연구 제23권 제12호, 1996 각 참조.

80) 대법원 1993. 7. 13. 선고 92다48857 판결. 이 판결은 법원이 잘못하여 청구기각판결을 하여도 그 청구의 본안에 대한 기판력이 발생하는 것이 아니라고 한다.

제3장 법 원

제1편 총칙
제1장 법원
제1절 관할(제2조~제40조)
제2절 법관의 제척 · 기피 · 회피(제41조~제50조)

제1절 민사재판권

Ⅰ. 의 의

앞서 예를 들었던 한국인 X가 일본인 Y에게 역사책을 매도한 사건에서 만약 X와 Y의 주소가 모두 일본이고 매매 장소도 일본이었다면 우리나라의 법원은 그 사건을 재판할 권한이 있을까? 법원이 제소된 민사사건을 재판하려면 법원에 민사사건에 관한 재판권이 있어야 한다. 민사재판권이란 민사에 관한 분쟁을 재판에 의하여 처리할 수 있는 국가권력을 말한다. 민사재판권은 형사재판권, 헌법재판권과 함께 재판권의 하나이다. 재판권은 사법권이라고도 하며 입법권, 행정권에 대립하는 개념이다. 헌법 제101조는 사법권은 법관으로 구성된 법원에 속하는 것으로 규정하고 있다. 민사재판권에는 민사본안재판권과 비송사건재판권으로 나누어진다. 민사본안재판권에는 판결을 할 수 있는 권한, 강제집행을 할 수 있는 권한과 함께 부수적으로 소송지휘권, 송달 등을 할 수 있는 권한 등이 포함된다. 민사재판권은 주로 섭외적 요소를 가지는 사건에 대하여 그 범위가 문제된다.

Ⅱ. 인적 범위

민사재판권은 국가의 영토고권 때문에 원칙적으로 대한민국 내에 있는 모든 사람에게 미친다. 다만 국제법상 원칙에 의해 면제권[1]이 인정되는 경우에는 재판권이 미

1) 면제권을 과거에 치외법권이라고 하였으나 이는 잘못된 것이라는 견해로는 정동윤/유병현/김경욱, 117면.

치지 않는다. 구체적으로는 다음의 경우에 문제된다.

1. 외국국가

국제사회에서 각 국가는 서로 독립적이고 평등하므로 원칙적으로 다른 나라의 재판권에 복종하지 않는다는 주권면제이론(sovereign immunity principle)이 19세기 이후 국제관습법으로 발전하여 왔다.[2] 초기의 주권면제이론은 거의 모든 국가행위에 대해 적용되는 절대적 면제를 의미하는 것으로서 20세기 초까지 보편적으로 인정되었다.

그러나 각국이 보다 적극적으로 상업적, 사회적 활동을 하게 되면서 절대적 주권면제이론은 오늘날 그 타당성을 상실하고 상업적이거나 비정부적 활동(iure gestionis)의 결과물인 경우에는 면제를 누리지 못한다는 제한적 면제이론(상대적 면제이론)이 보편적 원리로 인정받고 있다.[3] 제한적 면제이론에서는 재판권이 면제되는 주권적 행위(主權的 行爲)와 재판권이 면제되지 않는 사법적 행위(私法的 行爲)의 구분 기준이 문제된다. 행위의 성질을 기준으로 국가만이 할 수 있는 것인가 아니면 사인도 할 수 있는 것인가에 따라 구별하는 행위성질설이 지배적이다.[4]

판례도 과거에는 외국국가를 피고로 우리나라가 재판권을 행사할 수 없다는 절대적 면제주의를 취하였다.[5] 그러나 1998. 12. 17. 선고 97다39216 전원합의체판결[6]에서 그 태도를 변경하여 미국 비세출자금기관인 '육군 및 공군교역처'에 고용되어 근무하던 사람이 미국을 상대로 해고무효확인 및 복직할 때까지의 임금지급을 구하는 소를 한국 법원에 제기한 사건에 대하여 우리나라의 영토 내에서 행하여진 외국의 사법적 행위가 주권적 활동에 속하는 것이거나 이와 밀접한 관련이 있어서 이에 대한 재판권의 행사가 외국의 주권적 활동에 대한 부당한 간섭이 될 우려가 있다는 등의 특별한 사정이 없는 한, 외국의 사법적 행위에 대하여는 당해 국가를 피고로 하여 우리나라의 법원이 재판권을 행사할 수 있다고 하여 상대적 면제이론의 태도를 취하였다.

2. 주한미군

한미행정협정(SOFA)[7]에 의해 주한미군의 공무집행 중 불법행위로 인하여 국가 외

2) 김대순, 383면.
3) 이석영, 215면.
4) 이시윤/조관행/이원석, 19면; 정동윤/유병현/김경욱, 118면.
5) 대법원 1975. 5. 23.자 74마281 결정.
6) 이에 관한 평석으로는 석광현, 외국국가에 대한 민사재판권의 행사와 주권면제, 법조 제49권 12호(통권 제531호), 2000. 12, 290~318면.

제3자가 손해를 입은 경우에는 국가배상법에 따라 국가가 그 손해를 배상한다. 대한민국과 아메리카합중국 간의 상호방위조약 제4조에 의한 시설과 구역 및 대한민국에서의 합중국 군대의 지위에 관한 협정의 시행에 관한 민사특별법 제2조(국가의 배상책임)는 다음과 같이 규정하고 있다.

① 대한민국에 주둔하는 아메리카합중국 군대(이하 "합중국 군대"라 한다)의 구성원, 고용원 또는 합중국 군대에 파견 근무하는 대한민국의 증원군대 구성원이 그 직무를 수행하면서 대한민국에서 대한민국 정부 외의 제3자에게 손해를 입힌 경우에는 「국가배상법」에 따라 국가가 그 손해를 배상하여야 한다.
② 제1항은 합중국 군대 또는 합중국 군대에 파견 근무하는 대한민국의 증원군대가 점유 · 소유 또는 관리하는 토지의 공작물(공작물)과 그 밖의 시설 또는 물건의 설치나 관리의 하자로 인하여 대한민국 정부 외의 제3자에게 손해를 입힌 경우에도 적용한다.

그러나 계약에 의한 청구권의 실현을 위한 경우에는 계약 당사자인 미합중국을 상대로 소를 제기할 수 있다.

3. 기 타

우리나라가 가입한 1961년 외교관계에 관한 비엔나협약에 따라 외교사절단원과 그 가족은 우리나라 민사재판권에 따르지 않는다. 또한 1963년 영사관계에 관한 비엔나협약에 의하면 영사관원과 그 사무직원은 그 직무수행중의 행위에 대하여 주재국의 재판권으로부터 면제된다.

Ⅲ. 물적 범위 - 국제재판관할권

1. 의 의

국제재판관할권은 민사사건이 섭외적 요소를 가지는 경우에 어느 나라의 법원이 재판권을 가지는가 하는 문제이다. 이 문제는 재판권의 문제이므로 어느 나라의 소송법을 적용할 것인가 하는 문제(법정지법)나 어느 나라의 실체법을 적용할 것인가 하는 국제사법의 문제와는 구별된다. 또한 전체로서의 우리나라 법원이 재판권을 가지는가 하는 문제이므로 특정한 어느 법원이 사건을 담당할 것인가 하는 관할의 문

7) 대한민국과 아메리카합중국간의 상호방위조약 제4조에 의한 시설과 구역 및 대한민국에서의 합중국군대의 지위에 관한 협정.

제와도 구별된다.

2. 기 준

(1) 일반적 기준

국제재판관할권을 결정하는 일반적 기준으로는 다음과 같은 것이 제시되고 있다.

(a) 역추지설

역추지설(逆推知說)은 민사소송법상 국내법원에 토지관할권이 인정되면 우리나라 법원이 재판권을 가진다고 한다. 원래 국제재판관할권이 인정되어야 이를 전제로 국내관할권이 인정이 되는데 이 견해는 거꾸로 토지관할권으로부터 재판권을 추지하므로 역추지설이라고 한다.

(b) 관할배분설(조리설)

관할배분설은 재판의 적정, 경제, 신속 등 민사소송의 이념을 고려하여 조리에 따라 국제재판관할권을 결정하여야 한다고 한다.[8)]

(c) 수정역추지설

수정역추지설은 원칙적으로 국내 민사소송법의 토지관할의 규정에 의해 국제재판관할권을 정하되 우리나라에서 재판관할권을 갖는 것이 심히 부당한 특단의 사정이 있는 경우에는 관할배분설에 의한다고 한다.[9)]

(d) 국제사법의 규정

국제사법은 법원은 당사자 또는 분쟁이 된 사안이 대한민국과 실질적 관련이 있는 경우에 국제재판관할권을 가진다고 하면서 이 경우 법원은 실질적 관련의 유무를 판단함에 있어 국제재판관할 배분의 이념에 부합하는 합리적인 원칙에 따라야 한다고 규정(2조 1항)하고 있다. 또한 법원은 국내법의 관할 규정을 참작하여 국제재판관할권의 유무를 판단하되, 제1항의 규정의 취지에 비추어 국제재판관할의 특수성을 충분히 고려하여야 한다고 규정하고 있다(2조 2항).

---

8) 강현중, 131면; 김홍규/강태원, 73면; 김홍엽, 96면; 정동윤/유병현/김경욱, 125면; 정영환, 169면.
9) 송상현/박익환, 61면; 이시윤, 62면.

(e) 판 례

판례는 국제재판관할을 결정함에 있어서는 당사자 간의 공평, 재판의 적정·신속 및 경제를 기한다는 기본이념에 따라야 할 것이라고 한다. 구체적으로는 ① 소송당사자들의 공평·편의 그리고 예측가능성과 같은 개인적인 이익뿐만 아니라, ② 재판의 적정·신속·효율 및 판결의 실효성 등과 같은 법원 내지 국가의 이익도 함께 고려하여야 할 것이라고 한다. 이러한 다양한 이익 중 어떠한 이익을 보호할 필요가 있을지 여부는 개별 사건에서 법정지와 당사자와의 실질적 관련성 및 법정지와 분쟁이 된 사안과의 실질적 관련성을 객관적인 기준으로 삼아 합리적으로 판단하여야 한다고 한다.[10)]

(f) 결 론

국제사법 제2조와 판례를 종합하면 국제재판관할권은 민사소송법의 토지관할규정을 참작하여 국제재판관할 배분의 이념에 따라 법정지와 당사자 및 사안과의 실질적 관련성을 고려하여 판단해야 한다고 할 수 있다.

(2) 구체적 기준

(a) 가사소송에 관하여는 피고의 주소지주의 원칙에 의한다.[11)]

(b) 부동산소송은 부동산 소재국의 전속적인 국제재판관할권에 속한다.

(c) 중개보수금청구소송은 지참채무이므로 의무이행지인 채권자주소지에 국제재판관할권이 있다.[12)]

(d) 소비자계약에 관한 소송의 경우에 소비자는 그의 상거소가 있는 국가에서도 상대방에 대하여 소를 제기할 수 있고, 소비자의 상대방은 소비자에 대하여 상거소가 있는 국가에서만 소를 제기할 수 있다(국제사법 27조 4항, 5항).

(e) 근로계약의 경우에 근로자는 자신이 일상적으로 노무를 제공하거나 또는 최후로 일상적 노무를 제공하였던 국가에서 사용자에 대하여 소를 제기할 수 있다. 근로자 자신이 일상적으로 어느 한 국가 안에서 노무를 제공하지 아니하거나 아니하였던 경우에는 사용자가 그를 고용한 영업소가 있거나 있었던 국가에서도 사용자에 대하여 소를 제기할 수 있다. 근로계약의 경우에 사용자가 근로자에 대하여 제기하는 소

---

10) 대법원 2005. 1. 27. 선고 2002다59788 판결; 대법원 2021. 3. 25. 선고 2018다230588 판결.
11) 대법원 1975. 7. 22. 선고 74므22 판결.
12) 대법원 1972. 4. 20. 선고 72다248 판결.

는 근로자의 상거소가 있는 국가 또는 근로자가 일상적으로 노무를 제공하는 국가에서만 제기할 수 있다(국제사법 28조 3항, 4항).

(3) 경합과 보충

국제재판관할권은 각국에서 각각 토지관할이 인정되는 결과 중복하여 발생하는 경우도 있을 수 있다. 이와 같이 재판권이 경합하는 경우에는 한 당사자가 유리한 판결을 얻기 위해 법정지를 선택할 수 있는데 이를 재판권은 있으나 편리하지 아니한 법정의 이론(forum non conveniences)이라고 한다.[13] 또한 외국의 어느 법원에서도 사법적 구제를 받을 수 없거나 외국 판결을 받아도 우리나라에서 그 효력을 승인받기 어렵고 외국에서 집행할 수 없을 때 보충관할로서 우리나라 법원에 국제재판관할권을 인정해야 할 경우가 있을 수 있다.

국제재판관할권은 법정지와 당사자 및 사안과의 실질적 관련성을 고려하여 판단한다.

Ⅳ. 장소적 범위

민사재판권은 영토주권의 원칙에 의해 국내에만 미친다. 따라서 외국으로 소송서류를 송달하거나 외국에서 증거조사를 해야 할 경우에는 외국 공공기관의 협조, 즉 사법공조가 있어야 가능하다. 이에 국제민사사법공조법에서는 민사사건에 있어 외국으로의 사법공조촉탁절차와 외국으로부터의 사법공조촉탁에 대한 처리절차를 규정하고 있다.

사법공조는 사법공조에 관한 조약이 체결된 경우뿐만 아니라 촉탁을 받은 국가가 촉탁에 응한다는 의사를 표명한 경우에도 가능하다.[14] 외국으로의 촉탁은 원칙적으로 수소법원의 재판장이 그 외국의 관할법원 기타 공무소에 대하여 하여야 한다. 다만 송달받을 자 또는 증인신문을 받을 자가 대한민국 국민으로서 영사관계에 관한 비엔나협약에 가입한 외국에 거주하는 경우에는 그 외국에 주재하는 대한민국의 대사 · 공사 또는 영사에 대하여 한다(국제민사사법공조법 5조). 외국에 하여야 하는 송달에 관하여 당해 국가와의 사법공조가 이루어지지 않으면 공시송달에 의해 송달할 수 있다(191조).

---

13) 정동윤/유병현/김경욱, 130면. 편리하지 아니한 법정의 이론(forum non conveniences)을 부적정 법원의 원칙이라고도 한다. 법원은 소를 담당하기에 적합한 적정법원(proper place for trial)이어야 하는데 원고가 소를 제기한 법원이 적정법원이 아니라고 판단하는 경우 피고의 신청 또는 법원의 직권에 의하여 소를 각하할 수 있다(이상윤, 454면).

14) 국제민사사법공조법 제4조 참조.

V. 재판권이 없는 경우의 효과

재판권의 존재는 소송요건이므로 재판권이 없으면 소는 부적법하여 법원은 판결로써 소를 각하하여야 한다.[15] 관할위반의 경우에 이송하는 것과 다르다. 이를 간과하고 한 판결은 상소의 대상이 된다. 그러나 확정이 되더라도 재심사유에 해당되지 않아 재심에 의한 취소를 구할 수는 없다. 이러한 판결은 재판권이 미치지 않는 사람에 대하여 선고된 것이므로 내용상 효력이 발생하지는 않는다.[16] 그렇지만 일응 성립한 판결의 외관을 상소에 의해 제거할 수 있다는 점에서 상소는 여전히 그 의미가 있다.

제2절 법원의 조직

I. 법원의 의의와 종류

법원은 실정법상 여러 의미로 사용된다. 헌법상 의미로는 재판기관과 사법행정기관(법원장, 법관회의) 및 부치기관(사무국, 판사회의)을 포함한 국가기관이다. 그러나 **소송법상으로는 합의부와 단독판사와 같은 민사재판권을 행사하는 재판기관(재판부)을 의미한다.** 따라서 소송법상 의미의 법원은 일반적으로 생각하는 법원의 의미보다는 세분화된 단위이다. 하나의 법원건물 내에서도 소송법상 의미의 여러 법원이 있을 수 있다. 민사사건을 담당하는 통상의 민사법원으로서는 대법원 · 고등법원 · 지방법원이 있다.[17] 이들 민사법원 상호간에는 심급제도로서 계층적 질서를 이루고 있다.

II. 법원의 구성

(1) 소송법상 법원(재판기관)은 수소법원(受訴法院)으로서의 기능과 집행법원(執行法院)으로서의 기능을 수행한다. 수소법원이란 특정사건이 판결절차로서 과거 혹은 현

---

15) 대법원 1975. 5. 23.자 74마281 결정은 절대적 면제이론에 따른 것이었다.
16) 강현중, 145면; 이시윤, 66면; 정동윤/유병현/김경욱, 132면.
17) 지방법원의 지원과 시군법원은 지방법원의 일부에 지나지 않는다.

재 또는 장래에 계속되거나 될 예정인 법원을 말한다. 수소법원으로서의 기능은 소송사건을 수리하여 심리 · 판단하는 것이고 집행법원으로서의 기능은 강제집행을 감독 또는 수행하는 것이다.

(2) 재판기관은 합의제(合議制)와 단독제(單獨制)의 두 가지 방식으로 구성하는 것이 가능하다. 합의제는 수인의 법관이 재판기관을 구성하는 경우이며 단독제는 1인의 법관이 재판기관을 구성하는 경우이다. (합의제의 경우는 보통 세 사람의 법관으로 구성되어 재판이 이루어지므로 법원의 의견을 성립시키기 위하여 합의(合議)의 과정이 필요하다.[18] 이러한 합의(合議)는 두 사람 이상이 한 자리에 모여 의논한다는 의미로 서로 의견의 일치를 의미하는 합의(合意)와는 그 의미가 다르다. 합의(合議)는 변론을 종결한 후 판결선고 전에 법관들만으로 하는 재판절차의 일부이다. 심판의 합의는 공개하지 아니한다(법원조직법 65조). 합의심판은 헌법 및 법률에 다른 규정이 없으면 과반수로 결정한다(동법 66조). 합의제의 경우 단독제보다 사실관계를 보다 정확하고 포괄적으로 파악할 수 있고 재판의 적정성을 더 보장할 수 있다는 장점이 있다)

대법원과 고등법원은 합의제이며 지방법원은 단독제를 원칙으로 한다(동법 7조, 32조). 대법원에는 대법관 전원의 3분의 2이상으로 구성되는 (전원)합의체와 대법관 3인으로 구성되는 부를 두고 있다. 판례의 변경 등 법원조직법 제7조 제1항 각호에 정한 사유나 부를 구성하는 법관 사이에 의견이 일치하지 않는 경우를 제외하고는 부에서 재판할 수 있다.

(3) 합의심판은 원칙적으로 과반수로 결정한다(동법 66조). 대법원 합의체에서 과반수결정사항에 관하여 2설이 분립되어 각설이 과반수에 이르지 못하는 때에는 원심재판을 변경할 수 없다(동조 3항).

(4) 합의제법원을 구성하는 법관 중 1인이 재판장이 되어 법원의 대표기관으로 소송지휘권, 석명권 등 법원의 권한을 행사한다. 이에 대해 당사자가 이의를 제기하면 법원은 결정으로 그 이의신청에 대하여 재판한다(138조). 이와는 달리 기일지정, 소장각하명령 등과 같이 재판장 단독으로 그 권한을 행사하는 경우가 있다. 이에 대하여는 그 불복이 허용되는 한 즉시항고할 수 있다(254조 3항 참조).

(5) 합의체는 그 활동을 원활하게 하기 위해 재판장은 구성법관 중 1인을 지정하여 법률에 규정된 사항의 처리를 하게 할 수 있다(139조). 이와 같이 지정된 법관을 수명법관(受命法官)이라고 한다. 예를 들어 변론준비절차의 진행은 재판장이 담당하나

---

18) 이에 관하여 자세한 것은 박우동, 재판에 있어서의 합의, 민사재판의 제문제(하), 박영사, 1995, 229면 이하 참조.

재판장은 합의부원을 수명법관으로 지정하여 변론준비절차를 담당하게 할 수 있다(280조). 이는 수탁판사(受託判事)와는 구별되는 개념인데 수탁판사는 수소법원이 같은 급의 다른 법원에 일정한 사항의 처리를 부탁한 경우 그 처리를 맡은 단독판사이다. 예를 들어 법원은 수탁판사로 하여금 화해를 권고하게 할 수 있다(145조).

(6) 합의부사건에 관하여는 구성법관 중 1인이 주심법관으로 지정된다. 주심법관은 사건기록을 검토하고 합의를 준비하며 판결문작성을 한다.

제3절 관 할

제1편 총칙
제1장 법원
제1절 관할
제2조~제24조(토지관할)
제25조(관련재판적)
제26조~제27조(소송목적의 값)
제28조(지정관할: 관할의 지정)
제29조(합의관할)
제30조(변론관할)
제31조(전속관할에 따른 제외)
제32조(관할에 관한 직권조사)
제33조(관할의 표준이 되는 시기)
제34조~제40조(소송의 이송)

제1관 관할의 의의와 종류

I. 의 의

대한민국에서 일어나는 모든 사건을 한 법원에서 재판할 수는 없다. 그래서 각 법원은 관할에 따라 사건을 나누어 재판하여야 한다. **관할은 여러 법원 사이의 재판권의 분담관계를 정하는 것을 말한다.** 앞서 재판권의 문제를 설명할 때는 어떤 사건에 대하여 전체로서의 우리나라 법원이 재판을 할 권한이 있는가 하는 문제를 다루었다. 그러나 관할의 문제는 어떤 사건이 우리나라 법원 중 어느 법원이 심리·판단할 수 있는가 하는 문제이다. 관할은 재판권의 존재를 전제로 한다는 점에서 전체로서의 법원이 재판을 할 권한이 있는가 하는 재판권의 문제와 구별된다. 또한 법원 사이의 분담관계를 정하는 문제라는 점에서 특정 법원의 직무범위를 정하는 사무분담과도 구별된다. 관할은 여러 법원이 사건을 사건의 경중이나 심급, 사건관련성 등에 따라 분담함으로써 소송경제, 재판의 적정, 심리의 편의 등을 도모하기 위한 것이다.

Ⅱ. 종 류

1. 관할발생의 근거를 기준으로 한 분류

관할은 법률에 의해서만 정해지지는 않는다. 관할은 발생근거를 기준으로 법률에 의하여 직접 정해지는 법정관할과 상급법원의 지정에 의해 정해지는 지정관할, 당사자의 거동에 의한 관할 등으로 구분된다. 법정관할에는 직분관할, 사물관할, 토지관할 등이 있다. 당사자의 거동에 의한 관할에는 당사자의 합의에 의한 합의관할과 피고의 응소에 의한 변론관할이 있다. 뒤에서 하나씩 살펴보기로 한다.

2. 소송법상 효과에 따른 분류

관할은 소송법상 효과에 따라 전속관할과 임의관할로 나눌 수 있다.

(1) 전속관할은 법정관할 가운데 재판의 적정이나 공평 등 고도의 공익적 요구에 따라 특정 법원만이 배타적으로 관할권을 가지는 경우이다. 전속관할은 당사자의 합의나 피고의 응소에 의해 법률에 규정된 것과 다른 관할을 발생시킬 수 없다(31조). 또한 배타적으로 관할권을 가지므로 관할의 경합이 생길 여지가 없고 재량에 의한 이송이나 손해 지연을 피하기 위한 이송이 허용되지 않는다(34조 4항, 35조 단서).

(2) 임의관할은 당사자의 편의나 공평 등 사익적인 고려에 따라 정해진 관할이다. 따라서 당사자의 합의나 피고의 응소에 의해 법률에 규정된 것과 다른 관할을 발생시킬 수 있다. 관할에 위반하여 제기된 소라도 그것이 임의관할이면 당사자는 항소심에서 제1심법원의 관할위반을 주장하지 못한다(411조).

(3) **전속관할과 임의관할은 소의 적법성과 관련하여 차이가 있으므로 그 구분은 소송법상 중요한 의미가 있다.** 앞으로 나올 여러 종류의 관할도 전속관할과 임의관할 어느 한 쪽으로 분류된다. 직분관할은 법률의 규정이 명시하지 않아도 원칙적으로 전속관할이다. 다만 심급관할은 직분관할이지만 비약상고에 한해서는 임의관할이다.[19] 비약상고는 제1심 종국판결 뒤에 양쪽 당사자의 합의에 의하여 항소하지 않고

---

19) 대법원 1961. 10. 2. 선고 4294민재항445 판결.

바로 상고하는 경우를 말한다(390조 단서 참조). 사물관할이나 토지관할은 법률이 전속관할로 규정한 경우가 아니면 임의관할이다.

제2관 직분관할

Ⅰ. 의 의

직분관할(직무관할)은 재판작용에 따라 재판권의 분담관계를 정한 것이다. 직분관할은 전속관할이며 직권조사사항이다.

Ⅱ. 수소법원과 집행법원의 직분관할

민사소송은 사법상 권리관계를 확정하는 판결절차와 이를 실현하는 집행절차, 보전절차 등으로 나누어진다는 것을 앞에서 설명한 바 있다. 이에 따라 판결절차는 수소법원의 직분관할로 하며 집행절차는 집행법원의 직분관할로 한다. 집행절차의 일부이기는 하지만 가압류 · 가처분 등의 보전절차나 작위, 부작위청구권의 집행 등도 수소법원의 직분관할에 속한다.

Ⅲ. 지방법원 합의부와 단독판사의 직분관할

독촉절차나 공시최고절차 등 간이한 사항이나 급속을 요하는 사항에 대해서는 지방법원 단독판사의 직분관할로 하고, 지방법원 판사에 대한 제척 · 기피사건 등 신중한 판단을 요하는 사항에 대하여는 지방법원 합의부의 직분관할로 한다. 이는 사건의 경중을 기준으로 하여 구분하는 사물관할과 구별된다.

Ⅳ. 심급관할

(1) 우리나라는 제1심 재판에 대하여 항소와 상고를 할 수 있는 3심제도를 취하고 있다. 이와 같이 각 심급별로 재판권의 분담관계를 정한 것을 심급관할이라 한다. 심급관할은 비약상고를 제외하고 전속관할이 원칙이다. 제1심은 지방법원 합의부나

지방법원 단독판사, 항소심은 지방법원 본원 또는 일부지원의 합의부, 고등법원 또는 그 지부, 상고심은 대법원 또는 상고법원으로 한다.

(2) 제1심은 소의 제기, 상소심은 상소의 제기에 의해 개시되며 각각의 심급은 종국판결의 송달로써 종료된다. 종국판결이 송달된 후라도 상소제기 전이면 원심법원에서 가압류나 가처분명령을 할 권한을 가지며 소의 취하도 원심법원에서 하여야 한다.

제3관 사물관할

Ⅰ. 의 의

사물관할은 사건의 경중을 표준으로 제1심 법원의 지방법원 단독판사와 지방법원 합의부 사이의 재판권의 분담관계를 정한 것이다. 사건의 경중을 판단하는 가장 기본적인 기준은 소송목적의 값이다. 소송목적의 값[20]이란 원고가 소로써 달하려는 목적이 갖는 경제적 이익을 금전으로 평가한 값이다. 관할분배의 기준이 사건 자체에 있으므로 사물관할이라고 한다. 지방법원 단독판사와 지방법원 합의부는 조직상 같은 법원이나 소송법상으로는 별개의 법원으로 보므로 사물관할은 동일법원 내에서의 사무분담이 아니라 두 법원 사이의 관할의 문제이다. 중한 사건을 합의부에서 신중하게 심리 · 판단하는 것은 당사자의 이익을 위한 것이므로 사물관할은 임의관할이다. 따라서 당사자의 합의나 피고의 응소에 의해 변경이 가능하다.

Ⅱ. 합의부의 관할

1. 법원조직법 제32조 제1항
- **(1) 합의부의 결정**
- **(2) 대법원 규칙(민사 및 가사소송의 사물관할에 관한 규칙 제2조)**
  - 1) 소송목적의 값이 5억 원을 초과하는 사건
  - 2) 민사소송등인지법 제2조 제4항의 규정에 해당하는 민사사건
    - i) 재산권에 관한 소로서 그 소송목적의 값을 계산할 수 없는 것
    - ii) 비재산권을 목적으로 하는 소송

2. 민사소송법 제269조 제2항(합의사건의 청구를 하는 반소의 제기)

---

20) 2002년 민사소송법 개정 전에는 '소송목적의 가액'이라고 하였다(23조 참조).

법원조직법 제32조 제1항에서는 합의부에서 심판할 것으로 합의부가 결정한 사건(1호)과 대법원 규칙으로 정하는 사건(2호)을 지방법원 또는 그 지원의 합의부관할로 한다고 규정하고 있다. 동조 제1항 5호에서는 지방법원 단독판사에 대한 제척 · 기피사건을 합의부관할로 하고 있으나 이는 사물관할이 아니라 직분관할에 속한다.[21]

1. 재정(裁定)합의사건(법원조직법 32조 1항 1호)

합의부에서 심판할 것으로 합의부가 결정하여 합의부의 관할로 되는 사건이다. 이는 사건이 중한 경우 소송목적의 값에 관계없이 합의부에서 관할하여 신중하게 심리 · 판단하도록 하자는 취지이다. 그러나 실무상 그리 빈번하게 발생하는 것은 아니므로 합의사건은 보통 다음에서 보는 바와 같이 소송목적의 값에 의하여 정해진다.

2. 대법원 규칙으로 정하는 사건(법원조직법 32조 1항 2호)

여기서 말하는 대법원 규칙은 민사 및 가사소송의 사물관할에 관한 규칙이다. 이 규칙은 제1심법원 합의부가 심판할 민사사건, 가사사건의 범위를 정하는 것을 그 내용으로 하고 있다(동 규칙 1조). 합의부의 사건은 동 규칙 제2조에서 다음과 같이 규정하고 있다.

1. 소송목적의 값(소가)이 5억 원을 초과하는 민사사건
2. 민사소송 등 인지법 제2조 제4항의 규정에 해당하는 민사사건

민사소송 등 인지법 제2조 제4항에서는 재산권에 관한 소로서 그 소송목적의 값을 계산할 수 없는 것(예를 들어 특허소송)과 비재산권을 목적으로 하는 소(예를 들어 해고무효확인소송)의 소송목적의 값은 대법원 규칙으로 정한다고 규정하고 있다.[22] 여기서의 대법원 규칙이란 민사소송 등 인지규칙을 말한다.

(a) 비재산권상의 소

비재산권상의 소란 경제적 이익을 목적으로 하지 않는 소로서 명예회복을 위한 적당한 처분을 구하는 소(민사소송 등 인지규칙 14조), 해고무효확인의 소(동 규칙 15조 3항), 소비자단체소송(동 규칙 15조의2) 등이 그 예이다. 그러나 명예훼손을 이유로 한 손해배상청구나 해고무효를 이유로 한 임금청구사건은 경제적 이익을 목적으로 하는 재산권상의 소에 해당한다.

---

21) 이시윤, 98면; 정동윤/유병현/김경욱, 141면.

22) 이러한 소송들의 소가는 민사소송 등 인지규칙 제18조의2에 의해 소송에 따라 5천만 원 또는 1억 원으로 한다.

(b) 재산권상의 소로서 소송목적의 값을 산출할 수 없는 경우

특허소송(동 규칙 17조의2), 주주의 대표소송, 신주발행유지청구의 소(동 규칙 15조) 등이 여기에 해당한다.

3. 반소의 제기

피고가 반소로 합의사건에 속하는 청구를 한 때에는 본소가 단독사건이라도 합의부 관할로 한다(269조 2항). 본소와 반소는 함께 심리·판단되어야 하므로 본소가 단독사건이라고 하여 합의사건인 반소사건을 단독재판부의 관할로 할 수는 없기 때문이다. 다만 변론관할이 발생한 경우에는 그렇지 않다(269조 2항 단서). 변론관할은 피고가 제1심 법원에서 관할위반이라고 항변하지 아니하고 본안에 대하여 변론하거나 변론준비기일에서 진술한 경우 비록 관할권 없는 법원이라 하더라도 관할권이 인정되는 경우를 말한다(30조). 사물관할이 당사자의 이익을 위하여 인정되는 임의관할이라는 점에 근거한 것이다.

Ⅲ. 단독판사의 관할

제1심 민사사건 중 합의부 관할 사건을 제외한 모든 사건은 단독판사의 사물관할에 속한다(법원조직법 7조 4항).

1. 소송목적의 값이 5억 원 이하인 사건

민사 및 가사소송의 사물관할에 관한 규칙 제2조가 소송목적의 값이 5억 원을 초과하는 사건을 합의부의 사물관할로 하고 있으므로 소송목적의 값이 5억 원 이하인 사건은 단독판사의 사물관할이다.

2. 수표금·약속어음금 청구사건 등

동 규칙 제2조는 소송목적의 값이 5억 원을 초과하는 경우 원칙적으로 합의부의 관할로 규정하면서도 동조 단서에서 그 예외를 인정하고 있다. 즉 ⅰ) 수표금·약속어음금 청구사건, ⅱ) 은행·농업협동조합 등이 원고인 대여금·구상금·보증금 청구사건, ⅲ) 자동차손해배상보장법에서 정한 자동차·원동기장치자전거·철도차량의 운행 및 근로자의 업무상재해로 인한 손해배상 청구사건과 이에 관한 채무부존재확인사건은 합의부사물관할에서 제외하는 것으로 규정하고 있으므로 단독판사의 사물관할에 속한다. 동 규칙에서 어음은 약속어음으로 규정하고 있으나 환어음도 달리 취급될 이유가 없으므로 포함되는 것으로 해석된다. 이들 사건들은 사건이 정형적이고 신속한 진행이 필요하기 때문이다.

3. 재정단독사건

단독판사가 심판할 것으로 합의부가 결정한 사건은 단독판사의 사물관할로 한다(동 규칙 2조 단서 4호).

Ⅳ. 소송목적의 값

1. 산정방법: 민사소송법 제26조(소송목적의 값) + 민사소송 등 인지규칙
2. 산정시기: 민사소송 등 인지규칙 제7조(소제기 시)
3. 청구병합: 민사소송법 제27조
   제1항(합산의 원칙)
   제2항(부대청구)

민사소송 등 인지규칙
제20조(중복청구)
제21조(수단인 청구)
제22조(비재산권상의 청구의 병합)
제23조(비재산권상의 청구와 재산권상의 청구의 병합)

제26조(소송목적의 값의 산정)
① 법원조직법에서 소송목적의 값에 따라 관할을 정하는 경우 그 값은 소로 주장하는 이익을 기준으로 계산하여 정한다.
② 제1항의 값을 계산할 수 없는 경우 그 값은 민사소송등인지법의 규정에 따른다.

1. 의 의

소송목적의 값이란 원고가 소로써 달하려는 목적이 갖는 경제적 이익을 금전으로 평가한 값을 말한다. 민사소송법 제26조 제1항은 법원조직법에서 소송목적의 값에 따라 관할을 정하는 경우 그 값은 소로 주장하는 이익을 기준으로 계산하여 정한다고 규정하고 있다. 따라서 소송목적의 값은 제26조의 '소로 주장하는 이익'에 해당한다. 소송목적의 값은 사물관할의 기준이 되며 소장 등을 제출할 때 납부하는 인지액 산정의 기준이 된다.

2. 산정 방법

소가는 원고가 청구취지로써 구하는 범위 내에서 원고의 입장에서 보아 전부 승소할 경우에 직접 받게 될 경제적 이익을 객관적으로 평가한다(민사소송 등 인지규칙 6조). 작위나 부작위명령을 구하는 소에 있어서의 소가는 그 작위나 부작위의 명령을 받음으로써 원고가 받는 이익을 표준으로 하여 산정한다.[23] 소가산정의 기준에 대하여는 민사소송 등 인지규칙에서 정하고 있다.

3. 산정의 표준시기

소송목적의 값은 시간에 따라 변동할 수 있다. 따라서 소송목적의 값을 정하는 시기를 정하는 것이 필요하다. 소송목적의 값은 소를 제기한 때(법률의 규정에 의하여 소의 제기가 의제되는 경우에는 그 소를 제기한 것으로 되는 때)를 기준으로 하여 산정한다(동 규칙 7조). 법원의 관할은 소를 제기한 때를 표준으로 정한다(33조). 소제기 후 소송목적의 값이 변동한 경우에도 관할에 영향을 미치지 않는다. 그러나 단독판사 사물관할 사건이 소제기 후 원고의 청구취지 확장으로 소송목적의 값이 5억 원을 초과하는 경우에는 변론관할이 생기지 않는 한 합의부에 소송을 이송하여야 한다(34조 참조).[24] 이는 당사자의 사물관할의 이익을 보호하기 위한 것이다. 합의부 사물관할 사건이 청구취지감축이나 소의 취하 등으로 소송목적의 값이 5억 원 이하가 되는 경우에는 단독판사로 이송을 하지 않는다.

4. 청구병합의 경우

(1) 합산의 원칙

1개의 소로써 수개의 청구를 하는 경우에 그 수개의 청구의 경제적 이익이 독립한 별개의 것인 때에는 합산하여 소가를 산정한다(27조 1항, 민사소송 등 인지규칙 19조). 예를 들어 1개의 소로 대여금반환청구와 매매대금지급청구를 하는 경우이다. 그러나 소송목적의 값은 1개의 소에 있어서의 소송목적의 값이므로 복수의 소가 제기된 본소와 반소, 변론병합의 경우에는 적용되지 않는다.[25] 본소와 반소는 서로 독립한 소가 동일한 소송절차에 병합된 것이며 변론의 병합(제3편 제5장 Ⅱ. (3) 참조)은 또한 복수의 소송이 동일 소송절차에서 심리되는 경우이다.

---

23) 대법원 1969. 12. 30.자 65마198 결정.
24) 주석민사소송법(Ⅰ), 253면.
25) 이시윤, 101면.

경제적 이익이 독립한 별개이어야 하므로 그렇지 않으면 합산의 원칙이 적용되지 않는다. 합산의 원칙은 1개의 소로써 수개의 비재산권을 목적으로 하는 청구를 병합한 때(동 규칙 22조), 1개의 소로써 비재산권을 목적으로 하는 청구와 재산권을 목적으로 하는 청구를 병합한 때(동 규칙 23조 1항)에도 적용된다.

(2) 합산되지 않는 경우[26)]

(a) 중복청구

1개의 소로써 주장하는 수개의 청구의 경제적 이익이 동일하거나 중복되는 때에는 중복되는 범위 내에서 흡수되고, 그중 가장 다액인 청구의 가액을 소가로 한다(동 규칙 20조). 예를 들어 특정물인도청구를 하면서 이행불능에 대비해 특정물의 가액을 금전으로 구하는 대상청구를 병합하여 청구하는 경우가 그것이다. 원고는 위 소송을 통해 특정물인도청구 또는 대상청구 중 어느 하나의 청구에 대하여 승소판결을 받을 수는 있을지 몰라도 전부에 대한 승소판결은 받을 수 없다. 따라서 소송목적의 값도 그중 큰 것으로 정하고 두 청구의 가액을 합산하지 않는다.

판례는 소유권보존등기가 이루어지고 이에 터 잡아 근저당권설정등기가 경료된 후 그 소유등기명의가 전전 이전된 동일 부동산에 대하여 소유권보존등기명의자, 근저당권자 및 전득자 등을 공동피고로 하여 제기된 소유권보존등기, 근저당권설정등기, 소유권이전등기의 각 말소를 구하는 소는 1개의 소로써 주장하는 수 개의 청구의 경제적 이익이 동일하거나 중복되는 때에 해당된다고 한다.[27)] 원고는 위 각 청구를 통하여 완전한 소유권의 회복을 꾀하고 있는데 어느 한 청구라도 기각되면 소송의 목적이 달성될 수 없다는 점에서 타당한 판단이라고 생각한다.

(b) 수단인 청구

건물철거청구와 토지인도청구와 같이 1개의 청구가 다른 청구의 수단에 지나지 않을 때에는, 특별한 규정이 있는 경우를 제외하고, 그 가액은 소가에 산입하지 않는다. 다만, 수단인 청구의 가액이 주된 청구의 가액보다 다액인 경우에는 그 다액을 소가로 한다(동 규칙 21조).

---

26) 아래의 경우를 합산의 원칙의 예외로 설명하기도 하나 청구의 경제적 이익이 독립한 별개의 것이 아닌 경우로서 예외라기보다는 합산의 원칙이 적용되지 않는 경우라고 보아야 할 것이다.
27) 대법원 1998. 7. 27.자 98마938 결정.

(c) 부대청구(附帶請求)

과실(果實) · 손해배상 · 위약금 또는 비용의 청구가 소송의 부대목적이 되는 경우에는 그 값은 소송목적의 값에 넣지 아니한다(27조 2항). 예를 들어 대여원금을 청구하면서 그 이자도 함께 청구하는 경우이다. 기본사례에서도 5000만 원과 그 이자를 청구하였는데 그 이자에 대하여는 소송목적의 값에 넣지 않는다. 위에서 손해배상이란 주된 청구의 이행을 지연하였기 때문에 생기는 지연배상을 의미한다.[28]

(d) 비재산권상의 청구와 재산권상의 청구의 병합

1개의 소로써 비재산권을 목적으로 하는 청구와 재산권을 목적으로 하는 청구를 병합한 때(동 규칙 23조 1항)에는 합산의 원칙이 적용되나 1개의 소로써 비재산권을 목적으로 하는 소송과 그 소송의 원인이 된 사실로부터 발생하는 재산권에 관한 소송을 병합한 경우에는 액수가 많은 것을 소송목적의 값으로 한다(민사소송 등 인지법 2조 5항). 수개의 비재산권을 목적으로 하는 청구와 그 원인된 사실로부터 생기는 재산권을 목적으로 하는 청구를 1개의 소로써 제기하는 때에는 동 규칙 제22조의 규정에 의한 소가와 재산권을 목적으로 하는 청구의 소가 중 다액을 소가로 한다(동 규칙 23조 2항).

(3) 수개의 소장에 의한 소

1개의 소로써 병합 제기할 수 있는 청구를 수개의 소장으로 나누어 소를 제기하는 경우에는 각각 별도로 소가를 산정한다(동 규칙 24조).

제4관 토지관할

■ **핵심어**

재판적의 경합, 보통재판적, 피고의 응소편의, 의무이행지, 관련재판적, 공동소송인 사이의 실질적 관련성

제1편 총칙 **제1장 법원** 제1절 관할	보통재판적: 제2조 내지 제6조 특별재판적: 제7조 내지 제24조

28) 대법원 1992. 1. 7.자 91마692 결정.

Ⅰ. 의 의

일반적으로 관할이라고 하면 토지관할을 지칭하는 경우가 많다. **토지관할은 법원의 소재지를 기준으로 재판권의 분담관계를 정한 것이다.** 간단히 말해 어느 지역에 있는 법원에서 재판을 하는가 하는 문제이다.

토지관할의 발생 원인이 되는 관련지점을 재판적이라 한다. 하나의 사건에 대해 여러 법원이 관할권을 가지는 경우가 있을 수 있다. 이를 재판적의 경합이라고 하며 원고는 이 중 임의로 법원을 선택하여 소를 제기할 수 있다.

토지관할에 관한 민사소송법의 규정만으로는 관할권 있는 법원이 특정되지 않는다. 예를 들어 재판적이 서울 종로구 또는 경기도 파주시라는 것은 민사소송법의 규정에 의하여 정하여지지만 이를 관할하는 각 법원이 어디인지는 각급 법원의 설치와 관할구역에 관한 법률에 의해 정해진다. 아래 별표는 각급 법원의 설치와 관할구역에 관한 법률의 별표3이다. 아래의 표에서 서울특별시 종로구는 서울중앙지방법원의, 경기도 파주시는 의정부지방법원 고양지원의 각 관할임을 알 수 있다.

[별표 3] 〈개정 2011. 4. 5〉

고등법원 · 지방법원과 그 지원의 관할구역

<table>
<tr><th>고등법원</th><th>지방법원</th><th>지원</th><th>관할구역</th></tr>
<tr><td rowspan="7">서울</td><td>서울중앙</td><td></td><td>서울특별시 종로구 · 중구 · 성북구 · 강남구 · 서초구 · 관악구 · 동작구</td></tr>
<tr><td>서울동부</td><td></td><td>서울특별시 성동구 · 광진구 · 강동구 · 송파구</td></tr>
<tr><td>서울남부</td><td></td><td>서울특별시 영등포구 · 강서구 · 양천구 · 구로구 · 금천구</td></tr>
<tr><td>서울북부</td><td></td><td>서울특별시 동대문구 · 중랑구 · 도봉구 · 강북구 · 노원구</td></tr>
<tr><td>서울서부</td><td></td><td>서울특별시 서대문구 · 마포구 · 은평구 · 용산구</td></tr>
<tr><td rowspan="2">의정부</td><td></td><td>의정부시 · 동두천시 · 구리시 · 남양주시 · 양주시 · 연천군 · 포천시 · 가평군, 강원도 철원군. 다만, 소년보호사건은 앞의 시 · 군 외에 고양시 · 파주시</td></tr>
<tr><td>고양</td><td>고양시 · 파주시</td></tr>
<tr><td colspan="4">〈생략〉</td></tr>
<tr><td rowspan="2"></td><td rowspan="2"></td><td></td><td>광주광역시 · 나주시 · 화순군 · 장성군 · 담양군 · 곡성군 · 영광군</td></tr>
<tr><td>목포</td><td>목포시 · 무안군 · 신안군 · 함평군 · 영암군</td></tr>
</table>

광주	광주	장흥	장흥군 · 강진군
		순천	순천시 · 여수시 · 광양시 · 구례군 · 고흥군 · 보성군
		해남	해남군 · 완도군 · 진도군
	전주		전주시 · 김제시 · 완주군 · 임실군 · 진안군 · 무주군. 다만, 소년보호사건은 전라북도
		군산	군산시 · 익산시
		정읍	정읍시 · 부안군 · 고창군
		남원	남원시 · 장수군 · 순창군
	제주		제주시 · 서귀포시

재판적은 민사소송법규정(제2조~제24조)에 의하여, 관할법원은 각급 법원의 설치와 관할구역에 관한 법률에 의하여 정해진다.

Ⅱ. 보통재판적

보통재판적은 모든 사건에 관할이 생기게 하는 재판적이다. 법원의 관할은 소를 제기한 때를 표준으로 정하여지지만(33조) **소제기 당시 원고의 청구가 정당한 것인지 판단할 수 없으므로 보통재판적은 원고보다는 피고의 응소편의를 우선적으로 고려할 필요가 있다.** 이에 민사소송법은 피고의 보통재판적이 있는 곳의 법원을 관할로 하고 있다(2조). 구체적으로는 피고가 자연인이면 피고의 주소(3조)가 있는 곳의, 피고가 법인이나 그 밖의 사단 또는 재단이면 이들의 주된 사무소 또는 영업소가 있는 곳(5조)의 각 법원에 재판적이 있다. 여기서의 주소는 민법 제18조에 따라 생활의 근거가 되는 곳을 말하며 주민등록지와는 무관하다. 피고가 국가이면 소송에서 국가를 대표하는 관청(법무부) 또는 대법원이 있는 곳으로 한다(6조).[29] 민사소송법은 대한민국 국민이 대한민국에 보통재판적이 없는 경우에는 대법원 소재지를 보통재판적으로 함으로써(4조) 보통재판적이 흠결되는 경우가 없도록 하고 있다.

(기본사례에서 X가 처음부터 Y_1, Y_2에게 소를 제기하였다면 Y_1, Y_2의 보통재판적은 어디가 될까? Y_1, Y_2가 제출한 답변서의 기재에 의하면 피고들의 주소는 성남시 분당구로 되어 있다. 따라서 보통재판적은 위의 표에는 생략되어 나타나 있지 않으나 '별표3 고등법원 · 지방법원과

29) 법무부는 과천시에 소재하고 있으므로 수원지방법원, 대법원은 서울 서초구에 소재하므로 서울중앙지방법원이 그 관할법원이 된다.

그 지원의 관할구역'에 의하면 성남시가 될 것이다. 보통재판적이 성남시인 경우 수원지방법원 성남지원이 그 관할법원이 된다.)

Ⅲ. 특별재판적

특별재판적은 사건의 종류나 성질에 따라 인정되는 재판적을 말한다. 특별재판적은 대부분 사건과의 관련성이 많은 곳이므로 원고의 소송수행에 유리한 것이 보통이다. 피고가 청구원인사실을 다투면 원고는 이를 증명하여야 하는데 이 경우 관할법원이 사건과 관련성이 많은 곳이라면 그만큼 증명이 용이할 것이기 때문이다. 민사소송법은 제7조에서 제24조까지에서 여러 특별재판적을 규정하고 있으나 특히 설명이 필요한 특별재판적에 대해서만 항을 나누어 살펴보기로 한다.

1. 의무이행지

1) 재산권에 관한 소를 제기하는 경우에는 의무이행지의 법원에 제기할 수 있다(8조). 민법 제467조에서는 변제의 장소에 관하여 규정하고 있다. 이에 따르면 ① 채무의 성질 또는 당사자의 의사표시에 의해 변제 장소로 정하여진 곳, 만약 ①에 의해 정해지지 않으면 ② 특정물의 인도는 채권성립당시에 그 물건이 있던 장소, 특정물 인도 이외의 채무변제는 채권자의 현주소, 영업에 관한 채무의 변제는 채권자의 현영업소가 이행지가 된다. 다만 부동산등기의 신청에 협조할 의무의 이행지는 성질상 등기지의 특별재판적에 관한 민사소송법 제21조에 규정된 '등기할 공공기관의 소재지'이며 채권자의 주소지가 아니다.[30]

2) 채무의 내용은 제소 당시를 표준으로 하여 원고의 청구를 기준으로 정하여야 하므로 매매계약에 의한 물품인도채무의 이행지가 곧 그 계약의 해제를 전제로 한 보증금반환채무와 위약금지급채무의 이행지가 되지는 않는다.[31] 특별한 사정이 없으면 매매계약에 의한 물품인도청구는 매매 당시 그 물건이 있었던 장소가, 해제로 인한 보증금반환청구와 위약금지급청구는 채권자의 현 주소가 특별재판적이 된다(기본사례에서 X_1이 Y에게 9000만 원을 대여할 당시 채무이행지는 대전으로 약정하였다고 했다. 그러므로 대전은 특별재판적이 될 수 있다. 만약 위의 약정이 없었다면 X_1의 주소지가 이행지로서 특별재판적이 된다).

---

30) 대법원 2002. 5. 10.자 2002마1156 결정.
31) 대법원 1963. 9. 26.자 63마10 결정.

3) 사해행위취소의 소에 있어서의 의무이행지는 취소의 대상인 법률행위의 의무이행지가 아니라 취소로 인하여 형성되는 법률관계에 있어서의 의무이행지이다. 사해행위취소는 채권자에 대한 관계에서 생기는 법률효과에 불과하고 채권자의 주된 목적은 사해행위의 취소 그 자체보다는 일탈한 책임재산의 회복에 있기 때문이다.[32]

2. 어음 · 수표지급지

어음 · 수표에 관한 소를 제기하는 경우에는 지급지의 법원에 제기할 수 있다(9조). 어음 · 수표에 관한 소는 재산권에 관한 소이므로 제8조에 따르면 의무이행지에 특별재판적이 있다. 어음 · 수표에 관한 소에 있어서 지급지는 그 성질상 의무이행지로 인정되는 것으로 어음 · 수표상 지급지로 기재된 곳을 말한다.[33]

3. 불법행위지

불법행위에 관한 소를 제기하는 경우에는 행위지의 법원에 제기할 수 있다(18조). 이는 불법행위지에서 재판하는 것이 현장검증 등의 증거조사가 편리해 사실관계 확인을 위해 효율적이기 때문이다. 여기서의 불법행위는 민법상의 불법행위뿐만 아니라 자동차손해배상법 등의 특별법에 의한 손해배상책임도 포함된다. 또한 가해행위지와 결과발생지가 다르면 양쪽 모두에 관할이 발생한다.

4. 부동산이 있는 곳

부동산에 관한 소를 제기하는 경우에는 부동산이 있는 곳의 법원에 제기할 수 있다(20조). 여기서 부동산에 관한 소란 부동산에 관한 권리를 목적으로 하는 소로서 부동산 매매대금의 지급을 구하는 소는 이에 포함되지 않는다. 부동산에 관한 권리를 목적으로 하는 소는 그 권리의 성격이 물권인 경우뿐만 아니라 채권인 경우도 포함된다. 따라서 소유권에 기한 부동산인도청구뿐 아니라 매매에 기한 부동산인도청구도 이에 해당된다.

---

32) 대법원 2002. 5. 10.자 2002마1156 결정.
33) 대법원 1973. 11. 26.자 73마910 결정.

Ⅳ. 관련재판적

제25조(관련재판적)
① 하나의 소로 여러 개의 청구를 하는 경우에는 제2조 내지 제24조의 규정에 따라 그 여러 개 가운데 하나의 청구에 대한 관할권이 있는 법원에 소를 제기할 수 있다.
② 소송목적이 되는 권리나 의무가 여러 사람에게 공통되거나 사실상 또는 법률상 같은 원인으로 말미암아 그 여러 사람이 공동소송인으로서 당사자가 되는 경우에는 제1항의 규정을 준용한다.

1. 의 의

예를 들어 X가 Y를 상대로 A청구와 B청구에 관하여 소를 제기하고자 하나 두 청구의 관할법원이 서로 다르다면 각 청구에 관한 관할법원에 각각 소를 제기하여야 한다. 그러나 A와 B 청구 중 어느 한 청구에 관하여 관할권이 인정되는 법원에 두 청구에 관한 심판을 구할 수 있다면 원고뿐 아니라 피고도 한 법원에서 응소가 가능해 편리할 것이다. 또한 법원으로서도 여러 분쟁을 한 번에 해결함으로써 판결의 통일과 소송경제를 도모할 수 있다.

이와 같이 관련재판적은 하나의 소로 여러 개의 청구를 하는 경우 원래 재판적이 없는 청구에 대하여도 그곳에 토지 관할권이 있는 청구에 의해 재판적이 인정되는 것을 말한다. 민사소송법 제25조 제1항은 하나의 소로 여러 개의 청구를 하는 경우에는 제2조 내지 제24조의 규정에 따라 그 여러 개 가운데 하나의 청구에 대한 관할권 있는 법원에 소를 제기할 수 있다고 규정하고 있다.

2. 적용범위

(1) 관할원인

관련재판적은 토지관할을 그 적용대상으로 한다. 민사소송법 제25조 제1항이 지시하는 제2조 내지 제24조가 모두 토지관할에 관한 것이다. 사물관할은 제27조에 의한다. 제25조는 관련재판적의 관할권 발생이 제2조 내지 제24조 즉 보통재판적과 특별재판적인 경우로 규정하고 있으나 합의관할(29조), 변론관할(30조), 지정관할(28조)인 경우도 포함된다고 해석된다(통설). 합의관할, 변론관할, 지정관할은 해당 부분에서 설명하기로 하고 우선은 해당 조문을 참고하기 바란다. 다만 전속관할이 정해진 소는 관련재판적의 적용대상에서 제외된다(31조).

(2) 병합의 형태

관련재판적은 하나의 소로서 여러 개의 청구를 하는 경우, 즉 소의 객관적 병합의 경우에 적용된다. 소송은 1인의 원고가 1인의 피고에 대하여 하는 경우도 있지만 원고 또는 피고가 여러 사람인 경우도 있다. 이를 공동소송이라고 한다. 이에 관하여는 민사소송법 제65조 이하에 규정되어 있다. 공동소송의 경우 피고 1인에 대해 관할이 인정된다 하여 다른 피고에 대하여도 관할을 인정하면 원래 관할권 없는 피고의 관할의 이익이 침해될 우려가 있다. 예를 들어 보기로 한다. X가 A청구와 B청구에 관하여 소를 제기하였다. 위 두 청구에 대하여 관할법원이 서로 다른 경우 각 청구의 피고가 동일인이 아님에도 관련재판적이 인정된다면 피고들 중 한 사람은 관할권이 없는 법원에서 재판을 받아야 하는 불이익을 감수해야 한다. 이는 각 청구에 대하여 피고가 동일인인 경우와 그 이익상황을 달리한다.

과거에는 공동소송에도 관련재판적을 인정할 것인가에 관하여 적극설, 소극설, 절충설 등으로 견해의 대립이 있어 왔다. 1990년 민사소송법 개정으로 절충설에 따라 공동소송인들에 대한 각 청구 사이에 실질적 관련성이 인정되는 제65조 제1문의 경우만 관련재판적의 규정을 준용하도록 하였다(25조 2항). 즉 소송의 목적이 되는 권리나 의무가 여러 사람에게 공통되거나 사실상 또는 법률상 같은 원인으로 말미암아 생긴 경우이다. 수인의 연대채무자들을 상대로 한 소송은 의무가 여러 사람에게 공통된 경우라 할 수 있고 주채무자와 보증인을 공동피고로 하는 소송은 의무의 발생원인이 공통된 경우라고 할 수 있다. 이러한 경우에는 피고의 관할의 이익의 침해가 비교적 적고 법원이 공통된 쟁점을 한 번에 심리할 수 있어 심리의 효율성을 도모할 수 있다는 데 그 취지가 있다.

제5관 합의관할

■ **핵심어**

전속적 관할합의, 일정한 법률관계, 특정승계인에 대한 효력

제29조(합의관할)

① 당사자는 합의로 제1심 관할법원을 정할 수 있다.

② 제1항의 합의는 일정한 법률관계로 말미암은 소에 관하여 서면으로 하여야 한다.

Ⅰ. 의　　의

합의관할은 당사자 사이의 합의에 의해서 발생하는 관할이다(29조). 본래 임의관할은 법원 사이의 사건부담의 적절한 분배 외에도 당사자의 편의를 고려한 것이다. 또한 당사자가 관할에 관하여 합의를 하는 경우가 실제로는 그리 많지는 않아 이로 인해 법원 사이의 사건부담의 균형이 무너질 염려는 별로 없다.[34] 이에 민사소송법은 당사자가 법정관할과 달리 관할을 정하는 것을 인정하여 당사자의 편의를 도모하도록 하고 있다. 그러나 관할의 합의는 대기업이 보통거래약관 속에 포함시켜 자신들에게 편리한 재판적을 경제적 약자에게 강요할 염려가 있다. 이에 약관규제에 관한 법률(14조)에서는 관할합의조항이 고객에게 부당하게 불리한 때에는 무효로 하고 있다.

Ⅱ. 관할합의의 성질

관할합의는 관할발생의 소송법적 효과를 일으키는 소송계약이다. 따라서 소송행위로서 유효요건을 갖추어야 한다. 소송계약이므로 사법상 계약과는 별개로 사법상 계약이 효력을 상실하더라도 관할합의의 효력에 영향을 미치지 않는다. 그러나 관할합의는 재판 외에서 당사자 사이에 이루어진다는 점에서 사법상계약과 유사한 면이 있다. 이를 근거로 착오나 강박 등 의사표시에 흠이 있는 경우 민법의 규정을 유추적용한다는 것이 통설이다.

Ⅲ. 관할합의의 요건

(1) 제1심 법원의 임의관할에 관한 것일 것

(a) 관할의 합의는 제1심법원의 임의관할에 대하여 하여야 한다(29조 1항). 따라서 관할합의는 토지관할이나 사물관할에 관하여 인정되며 심급관할과 같은 전속관할에는 인정되지 않는다(31조).

(b) 관할합의의 대상이 되는 관할법원은 특정되어야 한다. 따라서 '당사자 중 일방이 지정하는 법원'에 제소할 수 있다고 하는 내용의 관할합의는 그 효력이 인정되지 않는다. 이러한 관할합의는 피고의 권리를 부당하게 침해하고 공평의 원칙에 어

34) 당사자가 분쟁이 발생하기 전에 미리 관할에 관하여 합의를 하는 경우는 계약과 관련된 분쟁이 아니면 생각하기 어렵다. 계약과 관련된 분쟁이라도 계약서에 관할합의조항을 넣거나 별도의 관할합의를 하는 것은 전문가가 아닌 일반인이 계약서를 작성하는 경우는 그리 흔하지 않다.

긋나는 결과가 되기 때문이다.[35] 그러나 관할법원은 반드시 1개의 법원에 국한될 필요는 없다.

관할법원을 특정하는 방식은 법정관할 외에 관할법원을 추가하는 부가적 합의와 특정 법원에만 관할권을 인정하는 전속적 합의가 있다. 이에 관해 당사자의 의사가 명확한 경우에는 당사자의 의사에 따른다. 그러나 당사자의 의사가 명확하지 않은 경우에는 이를 어떻게 해석할 것인가 하는 것이 문제된다. 이에 관해 ⅰ) 법정관할 중 어느 하나를 특정하는 합의는 전속적 합의이나, 법정관할이 아닌 법원을 관할법원으로 합의한 경우에는 부가적 합의라고 해석하는 견해(통설·판례)[36], ⅱ) 원칙적으로 전속적 합의로 해석하고 다만 보통거래약관에 의한 관할합의인 경우에는 ⅰ)의 견해와 동일하게 해석하는 견해[37] 등이 있다.

(2) 일정한 법률관계로 말미암은 소에 관하여 할 것

관할합의는 일정한 법률관계로 말미암은 소에 관한 것이어야 한다(29조 2항). 합의의 대상이 되는 소송에 관하여 예측이 가능하도록 하여 피고의 관할에 관한 이익을 보호하기 위한 것이다. 따라서 기본적 법률관계를 특정하는 정도로 족하며 이로 인해 파생되는 소송물을 구체적으로 특정할 것을 요하는 것은 아니다.[38]

Ⅳ. 관할합의의 시기와 방식

(1) 관할합의의 시기에 관하여는 제한이 없다. 소제기 전 기본적 법률관계가 이루어질 때(예를 들어 매매나 소비대차계약이 이루어질 때) 하는 것이 보통이나 소제기 후에도 가능하다. 다만 법원의 관할은 소를 제기한 때를 표준으로 정하므로(33조) 이미 관할권 있는 법원에 소가 제기된 후 관할합의를 하는 경우에는 소송이송의 경우에만 현실적 의미가 있다.

(2) 관할합의는 서면으로 하여야 한다(29조). 관할합의의 존재와 내용을 명확히 하여 소송절차의 안정을 도모하기 위한 것이다.

---

35) 대법원 1977. 11. 9.자 77마284 결정.
36) 대법원 1963. 5. 15. 선고 63다111 판결; 대법원 2008. 3. 13. 선고 2006다68209 판결.
37) 정동윤/유병현/김경욱, 158면.
38) 같은 취지 정동윤/유병현/김경욱, 157면.

V. 관할합의의 효력

(1) **관할권이 있는 것으로 합의한 법원에 관할권이 생긴다. 전속적 관할합의의 경우 나머지 관할법원의 관할권은 소멸한다.** 그러나 그 합의관할은 당사자의 편의와 의사를 존중하여 인정한 것이고 공익상의 요구에 의한 것이 아니므로 성질상 임의관할이다.

(2) 관할합의의 효력은 당사자에게 미치며 제3자에게는 미치지 않는다. 따라서 채권자와 보증인 사이의 관할합의의 효력은 주채무자에게 미치지 않는다.[39] 승계인의 경우에는 상속인과 같은 포괄승계인에게 관할합의의 효력이 미치는 것은 당연하다. 문제는 특정승계인이다. 여기서 특정승계인이란 소송의 목적인 실체법상 권리의무를 승계한 사람을 말한다. 관할합의는 사법상 계약과 구분되는 소송계약이므로 소송의 목적인 권리의무를 승계한 특정승계인이 당연히 관할합의의 효력을 받는다고 할 수는 없을 것이다. 그러나 **통설 · 판례는 관할합의를 권리행사의 조건으로서 권리관계에 불가분적으로 부착된 실체적 이해관계의 변경으로 보아 i) 채권과 같이 당사자가 자유로이 그 내용을 정할 수 있는 것이면 특정승계인에게 관할합의의 효력이 미치고, ii) 물권과 같이 법률상 정형화된 것이면 승계인에게 관할합의의 효력이 미치지 않는다고 해석한다.** 따라서 근저당권설정자와 근저당권자 사이의 관할합의의 효력이 근저당권설정자로부터 부동산을 양수한 자에게 미치지 않는다.[40]

VI. 국제재판관할의 합의

1. 의 의

외국의 법원을 관할법원으로 하는 당사자 간의 합의를 국제재판관할의 합의라고 한다. 예를 들어 국내에 진출한 어느 외국기업 Y가 우리나라 사람 X와 고용계약을 체결하면서 당사자 사이에 고용계약과 관련된 소송은 그 기업이 소속한 국가의 법원을 관할법원으로 하는 합의를 하는 경우이다. 국제재판관할의 합의에는 국내법원에 덧붙여 외국법원을 관할법원으로 하는 부가적 합의와 국내법원을 배제하고 외국법원을 전속적인 관할법원으로 하는 전속적 합의가 있다. 부가적 합의는 피고용자가 국내법원에도 소를 제기할 수 있으므로 그 유효성에 관하여는 원칙적으로 문제가 없

39) 대법원 1988. 10. 25. 선고 87다카1728 판결.
40) 대법원 1994. 5. 26.자 94마536 결정; 대법원 2006. 3. 2.자 2005마902 결정.

으나 전속적 합의는 국내법원에 소를 제기할 수 없으므로 어떤 요건 하에서 그 유효성이 인정될 수 있는지 문제된다.

2. 유효요건

(1) 판례는 전속적인 국제관할의 합의가 유효하기 위한 요건으로서 i) 당해사건이 대한민국 법원의 전속관할에 속하지 아니하고, ii) 지정된 외국법원이 그 외국법상 당해사건에 대하여 관할권을 가져야 하는 외에 iii) 당해사건이 그 외국법원에 대하여 합리적인 관련성을 가질 것이 요구된다고 하고 있다. 또한 전속적인 관할 합의가 현저하게 불합리하고 불공정한 경우에는 그 관할 합의는 공서양속에 반하는 법률행위에 해당하는 점에서도 무효이라고 한다.[41]

(2) 국제사법에서는 소비자계약(27조 6항) 또는 근로자계약(28조 5항)에서 ① 분쟁이 이미 발생한 경우 또는 ② 부가적 합의인 경우에 한해 서면의 방식으로 허용하고 있다.[42] 이는 약자인 소비자와 근로자를 부당한 관할합의로부터 보호하기 위한 취지이다. 위의 예에서 X와 Y기업 사이의 국제재판관할의 합의도 위의 국제사법규정을 준수하는 한도에서 유효하다.

제6관 변론관할

제30조(변론관할)
피고가 제1심 법원에서 관할위반이라고 항변하지 아니하고 본안에 대하여 변론하거나 변론준비기일에서 진술하면 그 법원은 관할권을 가진다.

Ⅰ. 의 의

변론관할은 원고가 관할권 없는 법원에 소를 제기하였으나 피고가 관할위반이라고 항변하지 않고 본안에 관하여 변론하거나 변론준비기일에서 진술하여 생기는 관할을 말한다(30조). 변론관할을 인정하는 이유는 피고가 관할위반을 문제 삼지 않고 응소한 경우 관할을 인정하는 것이 당사자의 소송수행의 편의라는 관할의 목적에 부합

41) 대법원 1997. 9. 9. 선고 96다20093 판결.
42) 일부 문헌에는 ①과 ②의 요건을 모두 요구하는 것처럼 표현된 경우가 있으나 법문상 '다음 각 호중 어느 하나에 해당하는 경우에 한하여'라고 하고 있으므로 선택적으로 요구하는 것으로 해석된다.

되고 소송경제에도 도움이 되기 때문이다.

Ⅱ. 요 건

1. 원고가 관할권 없는 제1심 법원에 소를 제기하였어야 한다

변론관할은 제1심 법원의 관할을 어겨 소를 제기한 경우에만 문제된다. 그중 토지관할과 사물관할에 대하여 인정되며 전속관할이 정하여진 소에는 적용되지 않는다(31조). 합의관할은 임의관할이므로 이를 위반하여 소를 제기한 경우 변론관할의 대상이 된다. 판례는 국제재판관할에 있어서도 당사자 사이의 공평을 해칠 우려가 없는 점, 효과적인 절차의 진행 및 소송경제에도 적합한 점 등을 근거로 변론관할을 인정한다.[43]

2. 피고가 관할권 위반의 항변을 하지 않아야 한다

변론관할은 피고의 거동에 의해 관할권이 생기는 경우이므로 피고의 관할위반의 항변이 없다는 것이 명백하여야 한다. 따라서 관할위반의 이의가 묵시적으로 이루어지거나 본안에 관한 변론에 조건이 되는 경우에도 관할위반의 항변이 있는 것으로 본다. 예를 들어 관할위반을 다투면서도 만약 관할권이 인정되는 경우를 대비하여 본안에 관하여 변론을 하는 경우는 변론관할이 생기지 않는다.

3. 피고가 본안에 관하여 구술로 변론하여야 한다

본안이란 청구의 당부에 관한 것으로 소의 적법 여부에 관한 것은 이에 해당되지 않는다. **본안에 관한 변론은 구술로서 실제로 하여야 하며 진술간주는 포함되지 않는다.**[44] 진술간주(148조)는 당사자가 자신의 주장을 적은 서면을 제출하고 불출석 등의 이유로 현실적으로 변론을 하지는 않은 경우 서면에 적힌 내용을 진술한 것으로 간주하는 것을 말한다. 이 경우는 본안에 관한 변론이 현실적으로 이루어진 경우가 아니다.

---

43) 대법원 2014. 4. 10. 선고 2012다7571 판결.
44) 대법원 1980. 9. 26.자 80마403 결정.

제7관 지정관할

지정관할은 관할법원이 재판권을 행사할 수 없거나 법원의 관할구역이 분명하지 않은 경우 상급법원의 결정에 의해 생기는 관할이다(28조).[45] 관할의 지정결정은 지정된 법원에 관할을 창설하며 당사자와 법원을 구속한다.

제8관 관할권의 조사

Ⅰ. 직권조사

민사소송법 제32조는 "법원은 관할에 관한 사항을 직권으로 조사할 수 있다"고 규정하고 있다. 이에 관해 변론관할이 생길 수 있는 임의관할의 경우는 당사자의 신청이 있는 경우에만 판단의 대상이 되는 항변사항이고 전속관할의 경우는 당사자의 신청이나 이의가 없어도 법원이 직권으로 조사하여 판단하여야 하는 직권조사사항이라는 견해가 있다.[46] 이에 대해 다수설은 관할권의 존재는 소송요건이라는 이유로 임의관할과 전속관할을 구분하지 않고 직권조사사항이라고 하며 제32조를 인용하고 있다.[47]

생각건대 제32조가 임의관할과 전속관할을 구분하여 규정하고 있지 않고 변론관할의 경우에도 그 발생 자체에 다툼이 있는 경우에는 법원이 직권으로 조사할 필요가 있다는 점에서 다수설이 타당하다. 다만 임의관할은 변론관할이 생길 수 있으므로 즉시 이송을 할 것은 아니다. 임의관할의 흠은 상소심에서 다툴 수 없으므로(411조) 이에 관한 조사는 제1심에서만 한다. 다만 국제재판관할위반의 항변은 상소심에서도 할 수 있다.[48]

---

45) 지정관할의 조문은 합의관할 앞에 위치하고 있으나 지정관할은 앞의 각 관할규정에 의한 관할법원에서 재판권을 행사하는 것이 어려울 경우에 이루어지는 것이므로 가장 뒤에 규정되는 것이 적절하다.

46) 김홍엽, 101면; 호문혁, 201면.

47) 임의관할과 전속관할을 구분하지 않고 직권조사사항이라고 하는 견해로는 강현중, 156면; 김홍규/강태원, 175면; 송상현/박익환, 84면; 이시윤, 121면; 정동윤/유병현/김경욱, 165면.

48) 대법원 2014. 4. 10. 선고 2012다7571 판결.

Ⅱ. 조사의 방법과 자료

관할권의 조사는 그 대상에 따라 다르다. 불법행위지를 재판적으로 한 소송과 같이 관할이 청구권의 성질에 따라 정해지는 경우에는 청구취지와 청구원인에서 원고의 주장 자체를 기초로 판단한다. 그러나 원고가 주장하는 불법행위지가 법원의 관할구역 내인지 여부나 의무이행지에 관한 합의의 유무처럼 청구권의 성질과 관련이 없는 것은 증거조사를 한다.

전속관할은 직권증거조사를 하여야 한다. 전속관할인지 여부는 공익과 관련된 사항이기 때문이다. 임의관할은 당사자 간에 다툼이 없으면 증명 없이 관할을 인정할 수 있다.[49]

Ⅲ. 관할결정의 표준시기

법원의 관할은 소를 제기한 때를 표준으로 정한다(33조). 관할도 소송요건의 하나이지만 사실심변론종결시를 기준으로 하는 다른 소송요건과는 달리 취급된다. 따라서 소 제기시에 법원에 관할이 인정되면 그 후 사정변경이 있어도 관할권이 없어지지 않는다. 이를 관할의 항정(管轄의 恒定)이라 한다. 예를 들어 피고의 주소지 법원에 소가 제기되었다면 소송 도중 피고의 주소지가 변경되더라도 소 제기 당시 피고의 주소지에 소재하였던 법원은 관할권이 없어지지 않는다. 그러나 관할권의 존재는 본안판결을 하기 위한 요건에 불과하므로 소 제기시에 관할이 없어도 사실심변론종결시까지 관할권이 생기면 관할위반의 흠은 치유된다.

관할의 항정은 단독사건에서 반소나 청구취지확장의 경우에는 예외가 인정된다. 피고가 반소로 합의사건에 속하는 청구를 한 때에는 본소가 단독사건이라도 합의부 관할로 한다(269조 2항). 단독판사 사물관할 사건이 소제기 후 원고의 청구취지 확장으로 소송목적의 값이 5억 원을 초과하는 경우에는 변론관할이 생기지 않는 한 합의부에 소송을 이송하여야 한다. 이 모두 사물관할과 관련된 것이다. 따라서 소송목적의 값의 산정의 표준시기와 관련하여 살펴보기 바란다.

Ⅳ. 조사의 결과

조사결과 관할권이 인정되면 법원은 사건 심리를 계속한다. 법원이 소송의 전부

---

49) 김홍규/강태원, 175면; 이시윤, 122면; 정동윤/유병현/김경욱, 166면.

또는 일부에 대하여 관할권이 없다고 인정하는 경우에는 결정으로 이를 관할법원에 이송한다(34조 1항). 흠결이 되면 소가 각하되는 일반적인 소송요건과 다른 점이다.

(1) 관할법원은 제소시를 기준으로 정하여진다(33조).
(2) 일단 정해진 관할법원은 항정된다.

제9관 소송의 이송

■ 핵심어
당사자의 이송신청권, 심급관할위반의 이송의 효력, 소송계속의 일체성, 소송이송과 시효중단의 효력

Ⅰ. 의 의

앞에서 살펴본 바와 같이 법원에 관할권이 없다고 인정되는 경우에는 사건을 이송한다. 소송의 이송은 어느 법원에 일단 계속된 소송을 그 법원의 결정으로 다른 법원에 이전시키는 것이다. 관할위반인 경우에 이송이 이루어지지만 이송의 원인은 이에 국한되지 않는다.

소송의 이송을 받은 법원은 그 소송이 처음부터 이송 받은 법원에 계속된 것으로 본다(40조). 관할위반의 경우에는 소를 각하하는 대신 관할권 있는 법원에 소송이송을 하면 원고가 다시 소를 제기하는 비용과 노력을 덜게 되고 소송계속의 이전(40조)으로 소제기에 의한 실체법상의 효과와 소송계속 중의 소송행위의 효과도 유지되어 소송경제에 도움이 된다. 관할위반이 아닌 경우에도 사건을 보다 편리한 법원에서 심리하게 함으로써 소송경제와 소송촉진이 도모된다.

Ⅱ. 이송의 원인

1. 관할위반에 의한 이송

(1) 법원은 소송의 전부 또는 일부에 대하여 관할권이 없다고 인정하는 경우에는 결정으로 이를 관할법원에 이송한다(34조 1항). 이때의 관할은 토지관할, 사물관할 모두를 포함한다. 그러나 지방법원 합의부는 소송에 대하여 전속관할위반이 아닌 한 단독판

사의 관할이라도 상당하다고 인정하는 경우 직권으로 또는 당사자의 신청에 따라 소송의 전부 또는 일부를 스스로 심리 · 재판할 수 있다(34조 3항, 4항).

(2) 위 이송규정(34조 1항)은 제1심법원 사이의 관할위반에 적용되나 그 이외의 경우에도 유추적용이 가능한지에 관하여는 다툼이 있으며 이에 관한 판례의 태도는 다음과 같다.

(a) 가정법원이 전속관할인 가사사건을 일반 민사법원에 소를 제기한 경우 소를 각하할 것이 아니라 가정법원으로 이송하여야 한다.[50)]

(b) 행정소송인 항고소송으로 제기하였어야 할 소를 민사소송으로 제기하였다 하더라도 그 법원에 관할권이 있으면 심리를 하나 그렇지 아니하면 관할법원으로 이송한다(행정소송법 7조).[51)]

(3) 소송의 이송원인은 관할위반의 이송 외에도 심리의 편의에 의한 이송(34조 2항, 35조, 36조), 반소제기에 의한 이송(269조) 등이 있다. 위의 각 이송규정은 모두 '직권 또는 당사자의 신청에 따른 결정'으로 이송을 할 수 있거나 하여야 하는 것으로 규정되어 있다. 그러나 관할위반의 이송은 다른 원인에 의한 이송과는 달리 그냥 '결정으로'라고만 규정하고 있다. 이로 인해 관할위반으로 인한 이송에는 당사자의 이송신청권이 부인되는 것인가 하는 의문이 제기된다.

이 문제를 논의하는 이유는 당사자의 이송신청권이 인정되면 법원의 이송신청의 기각결정에 대해 즉시항고를 할 수 있기 때문이다(39조 참조).[52)] (항고는 판결 이외의 재판인 결정, 명령에 대하여 하는 상소이다(439조). 항고에는 항고기간이 정해져 있지 않은 통상항고와 1주 내에 제기하여야 하는 즉시항고(444조)가 있다. 즉시항고는 집행을 정지시키는 효력을 가진다(447조)) 이에 대해 **판례는 당사자가 관할위반을 이유로 이송신청을 한 경우에도 이는 단지 법원의 직권발동을 촉구하는 의미밖에 없는 것이라고 한다.** 따라서 법원은 이 이송신청에 대하여는 재판을 할 필요가 없고, 설사 법원이 이 이송신청을 거부하는 재판을 하였다고 하여도 항고가 허용될 수 없으므로 항고심에서는 이를 각하하여야 한다고 한다.[53)] 한편 법원이 당사자의 신청에 따른 직권발동으로 이송결정을 한 경우에는 즉시항고가 허용되지만(39조), 당사자에게 이송신청권이 인정되지 않는 이상 항

---

50) 대법원 1980. 11. 25.자 80마445 결정.

51) 대법원 2021. 2. 4. 선고 2019다277133 판결.

52) 당사자에게 법률상 관할위반을 이유로 하는 이송신청권이 있고 없고를 떠나서 법원이 일단 이송신청을 기각하는 재판을 하였으면 적어도 그에 대한 불복은 허용되어야 한다는 견해도 있다(대법원 1993. 12. 6.자 93마524 전원합의체결정 반대의견 참조).

53) 대법원 1993. 12. 6.자 93마524 전원합의체결정.

고심에서 당초의 이송결정이 취소되었다 하더라도 이에 대한 신청인의 재항고는 허용되지 않는다고 한다.[54)]

이러한 판례의 태도는 i) 민사소송법 제34조 제1항은 피고의 관할이익을 보호하는 법원의 책무를 규정한 것으로 볼 것이지 피고의 이송신청권을 부정하는 취지는 아니며, ii) 관할권 있는 법원에서 재판을 받을 피고의 이익을 보호할 필요가 있고, iii) 다른 원인에 의한 이송신청의 경우와 균형이 필요하다는 점에서 부당하다.[55)]

2. 심리의 편의에 의한 이송

(1) 손해나 지연을 피하기 위한 이송

법원은 소송에 대하여 관할권이 있는 경우라도 현저한 손해 또는 지연을 피하기 위하여 필요하면 직권 또는 당사자의 신청에 따른 결정으로 소송의 전부 또는 일부를 다른 관할법원에 이송할 수 있다. 다만, 전속관할이 정하여진 소의 경우에는 그렇지 않다(35조). 토지관할에 있어 재판적의 경합이 있는 경우에 원고가 관할권 있는 법원 중 어느 법원에 소를 제기하는가는 원고의 선택에 맡겨진 것이지만 손해나 지연을 피하기 위한 이송은 원고가 소제기 한 관할법원이 현저한 손해 또는 소송지연을 초래할 구체적인 경우에 소송불경제를 피할 수 있는 제도이다.

여기서 현저한 손해란 피고가 소송을 수행함에 있어 다른 관할법원에서 심리하는 경우에 비하여 부당하게 시간과 비용이 많이 드는 경우를 의미한다. 현저한 지연이란 법원이 사건을 심리함에 있어 다른 관할법원에서 심리하는 경우에 비하여 시간과 노력이 과다하여 재판이 지연되는 경우를 말한다. 손해나 지연을 피하기 위한 이송은 임의관할에만 적용되고 전속관할에는 적용되지 않는다. 개별소송에서 발생하는 현저한 손해나 지연이 전속관할로서 보호되어야 할 공익에 우선할 수는 없기 때문이다. 전속적 합의관할의 경우에는 현저한 지연을 피하기 위한 공익적 필요가 있는 경우에 관할합의를 무시하고 다른 관할법원에 이송할 수 있다.

(2) 지방법원 단독판사로부터 지방법원 합의부로의 이송

지방법원 단독판사는 소송에 대하여 관할권이 있는 경우라도 상당하다고 인정하면 직권 또는 당사자의 신청에 따른 결정으로 소송의 전부 또는 일부를 같은 지방법원 합의부에 이송할 수 있다(34조 2항). 전속관할이 정하여져 있는 소의 경우에는 제2항의 규정을 적용하지 않는다(34조 4항).

---

54) 대법원 2018. 1. 19.자 2017마1332 결정.

55) 위 전원합의체결정의 반대의견; 이시윤, 126면; 정동윤/유병현/김경욱, 176면.

(3) 지적재산권 등에 관한 소송이송

법원은 지적재산권과 국제거래에 관한 소가 제기된 경우 직권 또는 당사자의 신청에 따른 결정으로 그 소송의 전부 또는 일부를 제24조의 규정에 따른 관할법원에 이송할 수 있다(36조 1항). 다만, 이로 인하여 소송절차를 현저하게 지연시키는 경우에는 그렇지 않다(36조 1항 단서). 이 규정은 전문재판부에서 효율적으로 사건을 처리하도록 하기 위한 것이다.

3. 반소 제기에 의한 이송

본소가 단독사건인 경우에 피고가 반소로 합의사건에 속하는 청구를 한 때에는 변론관할이 생기는 경우를 제외하고 법원은 직권 또는 당사자의 신청에 따른 결정으로 본소와 반소를 합의부에 이송하여야 한다(269조 2항). 이는 원고가 반소청구에 대하여 합의부에서 심리를 받는 이익을 보호하기 위한 것이다.

Ⅲ. 이송절차

이송은 관할위반을 원인으로 하는 경우를 제외하고는 직권 또는 당사자의 신청에 의한다. 관할위반을 원인으로 하는 경우에 판례는 당사자의 이송신청권을 인정하지 않으나 이러한 태도에 대해 비판이 제기되고 있음은 앞에서 설명한 바와 같다. 이송의 재판은 결정으로 한다. (법원의 판단은 소송의 중요사항에 대하여는 판결로 하고 소송절차 등의 부수적이거나 파생적인 사항에 대하여는 결정으로 한다)

Ⅳ. 이송의 효과[56)]

1. 구속력

소송을 이송 받은 법원은 이송결정에 따라야 하며 소송을 이송 받은 법원은 사건을 다시 다른 법원에 이송하지 못한다(38조 1항, 2항). 이를 이송결정의 구속력(拘束力)이라고 한다. 이는 관할권의 조사와 이송의 반복으로 인한 소송지연을 방지하기 위한 것이다.

---

56) 민사소송법 제38조에서는 이송결정의 효력을 규정하고 제40조에서는 이송의 효과를 규정하고 있으나 두 가지 모두를 이송의 효과 또는 효력으로 묶어 설명하는 것이 일반적이다. 그러나 엄밀하게는 위 두 가지는 구분되는 개념이다.

전속관할을 위반한 이송의 경우에도 구속력이 인정되는지는 견해가 대립된다.[57] 판례는 심급관할을 위배하여 이송한 경우에 이송결정의 기속력이 이송받은 상급심 법원에도 미친다고 한다면 당사자의 심급의 이익을 박탈하여 부당하므로 이송결정의 구속력은 이송받은 상급심 법원에는 미치지 않는다고 한다. 그러나 민사소송의 심급의 구조상 상급심의 이송결정은 특별한 사정이 없는 한 하급심을 구속하므로 심급관할을 위배한 이송결정의 기속력은 이송받은 하급심 법원에는 미친다고 한다.[58]

생각건대 이송결정의 구속력을 인정하지 않으면 반복되는 재이송으로 인해 재판청구권의 본질적 침해를 야기할 수도 있다는 점에서 전속관할위반의 경우에도 구속력을 인정하는 것이 타당하다.

2. 소송계속(訴訟係屬)의 이전

(1) 소송계속의 일체성

이송결정이 확정된 때에는 소송은 처음부터 이송받은 법원에 계속된 것으로 본다 (소송계속의 일체성)(40조 1항). 소송이송에 있어서 가장 핵심적인 내용이다. 재심의 소(456조)와 같이 소제기 기간이 정해진 경우 소가 기간 내 제기되었다면 이송시 제소기간이 도과하였더라도 제소기간을 준수한 것으로 취급된다.[59] 자세한 것은 판례연습에서 검토하기로 한다.

또한 소송계속의 이전으로 인하여 이송 전 법원에서 한 당사자와 법원의 소송행위의 효력도 이송된 법원에서 그대로 유지된다. 따라서 당사자가 이송 전 법원에 제출한 소송자료는 이송된 법원에서 다시 제출하지 않아도 판결의 기초로 된다.

(2) 시효중단의 효과

소송계속의 이전에 의하여 소제기에 의한 시효중단과 같이 실체법상의 효과도 계속 유지될까? 소제기로 인한 시효중단은 소송계속에 포함된 것이라 할 수 없어 이송에도 불구하고 당연히 시효중단의 효과도 유지된다고 할 수는 없다. 그러나 판례는 소송이 이송된 경우 법률상 기간 준수 여부의 판단 기준시기에 관하여 이송한 법원에 소가 제기된 때라고 하는 판례의 태도는 소멸시효의 중단에 관하여도 그대로 적용되어야 할 것이라고 하여 이를 긍정한다.[60] 자세한 것은 판례연습에서 검토하기

57) 구속력이 없다는 견해로는 강현중, 187면; 송상현/박익환, 115면; 호문혁, 211면. 구속력을 인정할 수 있다는 견해로는 김홍엽, 116면; 이시윤, 130면; 정동윤/유병현/김경욱, 177면; 정영환, 232면.

58) 대법원 1995. 5. 15.자 94마1059, 1060 결정.

59) 대법원 1984. 2. 28. 선고 83다카1981 전원합의체판결.

60) 대법원 2007. 11. 30. 선고 2007다54610 판결.

로 한다.

(3) 관할위반에 의한 이송의 경우

관할위반을 원인으로 하지 아니한 이송의 경우 이송결정 전 이송법원에서 한 소송행위도 이송 후 그 효력이 유지되는 것에 관해 이론이 없다. 관할위반의 경우에는 이송 전 소송행위가 실효된다는 견해[61]도 있으나 이송결정 확정 후 이송법원이 긴급처분을 할 수 있도록 한 제37조의 규정과 소송계속의 일체성을 규정한 제40조 제1항은 (관할위반의 경우에 적용을 배제한다고 규정한 바 없어) 관할위반을 원인으로 한 이송에도 적용되므로 관할위반의 경우에도 이송 후 효력이 유지된다고 함이 통설이다.

3. 소송기록의 송부

이송결정이 확정된 경우 이송결정을 한 법원의 법원서기관 · 법원사무관 · 법원주사 또는 법원주사보(이하 "법원사무관등"이라 한다)는 그 결정의 정본(正本)을 소송기록에 붙여 이송 받을 법원에 보내야 한다(40조 2항).

▌ 소송이 이송되면 소송계속도 이전된다(40조). ▌

판례 연습

대법원 1984. 2. 28. 선고 83다카1981 전원합의체판결

– 재심의 소가 관할위반으로 이송된 경우 소장 접수 시기 –

▌ 사건의 개요 X는 Y를 상대로 K토지에 관하여 소유권이전등기 및 소유권보존등기의 말소등기청구의 소를 제기하였다. 소송결과 원고 승소의 판결이 선고되었고 항소심인 서울고등법원과 대법원에서도 같은 결론이 유지되어 확정되었다. 그 후 1982. 7. 16. 제1심판결과 항소심판결에서 증거로 채용된 제1심 증인인 소외 A의 증언이 허위진술이라 하여 위증죄의 유죄판결이 선고되어 그 달 24일경 확정되었다. Y는 위 사실을 같은 달 30일 알게 되어 1982. 8. 18. 위 증언이 위증임을 재심사유로 하여 제1심법원에 이 사건 재심소장을 제출하였다(참고로 민사소송법 제451조 제1항 제7호에는 "증인 · 감정인 · 통역인의 거짓 진술 또는 당사자 신문에 따른 당사자나 법정대리인의 거짓 진술이 판결의 증거가 된 때"를 재심사유로 규정하고 있다). 그러나 위 법원은 그 해 10. 29. 위 재심사건이 그 관할에 속하지 아니한다는 이유로 서울고등법원에 이를 이송하여 그 해 11. 26.로 위 법원에 접수되었다. 이 사건에서 Y의 재심의 소는 재심제기기간을 준수하였는가 하는 것이 문제되었다.

---

61) 이영섭, 69면.

설 명

1. 재심법원과 재심의 소 제기기간

(1) 재심은 재심을 제기할 판결을 한 법원의 전속관할로 한다(453조 1항). 심급을 달리하는 법원이 같은 사건에 대하여 내린 판결에 대한 재심의 소는 상급법원이 관할한다. 다만 항소심판결과 상고심판결에 각각 독립한 재심사유가 있는 때에는 그러하지 아니하다(동조 2항). Y가 문제 삼은 재심사유는 증인의 위증으로 사실관계에 관한 것이다. 대법원은 법률심으로서 사실관계에 대한 판단을 하지 않으므로 사실관계에 관한 재심사유는 사실심법원의 관할로 한다.[62] 서울고등법원은 이 사건 판결을 내린 사실심법원으로서 상급법원이므로 서울고등법원이 이 사건 재심관할법원이 된다.

(2) 재심의 소는 당사자가 판결이 확정된 뒤 재심사유를 안 날로부터 30일 이내 또는 판결이 확정된 뒤 5년이 내에 제기하여야 한다(456조). Y가 A에 대한 위증죄의 유죄판결이 확정된 것을 안 것은 1982. 7. 30.이다.

재심의 소는 이로부터 30일 이내에 제기되어야 하므로 같은 해 8. 29.까지는 재심의 소가 제기되어야 한다(재심의 대상이 되는 판결의 확정일은 정확하게 제시되어 있지 않으므로 여기서는 편의상 이에 관하여는 고려하지 않기로 한다). Y는 재심의 소 제기기간 내인 1982. 8. 18. 재심소장을 제1심법원에 제출하였다.

2. 소송이송과 기간준수

문제는 Y가 재심관할법원을 잘못 정하여 제1심법원에 재심소장을 제출함으로써 재심의 소 제기기간 도과 후인 그해 11. 26. 재심관할법원인 서울고등법원에 사건이 이송되어 접수되었다는 데 있다. Y의 재심의 소가 소 제기 기간인 1982. 8. 18.을 준수하였는지 여부는 소장이 제1심법원에 접수된 때인 1982. 8. 18.과 서울고등법원에 접수된 때인 같은 해 11. 26. 중 어느 시기를 소장접수시기로 보는가에 따라 달라진다. 이에 대하여 대법원은 이송결정이 확정된 때에는 소송은 처음부터 이송을 받은 법원에 계속된 것으로 간주되므로 이 사건 재심의 소가 제1심법원에 재심제기 기간 내에 제기된 이상 적법한 재심 제기기간 내에 서울고등법원에 제기된 것으로 간주되는 것이라고 판단하였다. 따라서 이 사건 재심의 소는 제소기간을 준수한 것이 된다.

참고판례 **대법원 1984. 2. 28. 선고 83다카1981 전원합의체판결【소유권이전등기말소】**

---

62) 대법원 1967. 11. 21. 선고 67사74 판결; 대법원 2000. 4. 11. 선고 99재다746 판결; 대법원 2006. 4. 14. 선고 2005재다242 판결.

판례 연습 대법원 2007. 11. 30. 선고 2007다54610 판결

– 소송을 이송하는 경우, 소멸시효 중단의 기준시기 –

▌사건의 개요 X는 Y로부터 사고를 당하고 2002. 11. 17. 손해 및 가해자를 알게 되었다. X는 2005. 10. 25. Y를 피고로 하여 A법원에 이 사건 소장을 제출하였다. 그러나 A법원은 2005. 10. 31. 이 사건이 그 관할에 속하지 않는다는 이유로 B법원에 이송하여 2005. 11. 21. 기록이 접수되었다. X가 이 사건에서 주장하는 손해배상청구권이 시효로 소멸한 것은 아닌지 문제되었다.

설 명

(1) 불법행위로 인한 손해배상의 청구권은 피해자나 그 법정대리인이 그 손해 및 가해자를 안 날로부터 3년간 이를 행사하지 아니하면 시효로 인하여 소멸한다(민법 766조). 이 사건에서 시효의 기산일은 X가 손해 및 가해자를 알게 된 날인 2002. 11. 17.이다. X가 A법원에 이 사건 소장을 제출한 것은 그로부터 3년이 경과하지 않은 2005. 10. 25.이지만 기록이 관할권 있는 B법원에 접수된 때는 그로부터 3년이 경과한 2005. 11. 21.이다.

(2) 그렇다면 Y는 시효기간이 경과한 후 B법원에 기록이 접수되었으므로 X의 손해배상청구권은 시효로 소멸한 것일까? 아니면 이 경우에도 민사소송법 제40조가 적용되어 X가 A법원에 이 사건 소장을 제출한 때에 시효가 중단된 것일까? 문제는 제40조가 규정한 것은 '소송계속의 시기'에 관한 것이며 소멸시효 중단에 관한 것이 아니라는 점이다. 이에 대해 판례는 민사소송법 제265조는 소제기에 따른 시효중단 및 법률상 기간 준수의 효력발생시기에 관하여 동일하게 규정하고 있으므로 소송이 이송된 경우 법률상 기간 준수 여부의 판단 기준시기에 관하여 이송한 법원에 소가 제기된 때라고 하는 판례의 태도는 소멸시효의 중단에 관하여도 그대로 적용되어야 할 것이라고 한다. 이러한 결론에 대하여 판례가 제시하는 근거는 소멸시효중단이 제40조의 '소송계속'의 내용에 포함되어서가 아니라 제265조에서 법률상 기간 준수의 효력발생시기와 함께 규정하였다는 것이라는 점을 주목할 필요가 있다. 이에 따르면 X가 A법원에 이 사건 소장을 제출한 때에 시효가 중단된 것으로 취급된다.

참고판례 대법원 2007. 11. 30. 선고 2007다54610 판결【구상금】

제4절 법관의 제척 · 기피 · 회피

제1편 총칙
제1장 법원
제2절 법관 등의 제척 · 기피 · 회피
제41조(제척의 이유)
제42조(제척의 재판)
제43조(당사자의 기피권)
제44조 내지 제48조(제척과 기피신청의 방식과 절차)
제49조(법관의 회피)
제50조(법원사무관 등에 대한 제척 · 기피 · 회피)

Ⅰ. 의 의

법관은 공정한 재판을 위해 엄격한 중립성이 요구된다. 이를 보장하기 위한 제도로 법관의 제척 · 기피 · 회피제도가 있다. 법관의 제척 · 기피 · 회피제도는 법관이 구체적 사건과 인적 또는 물적으로 특수한 관계에 있는 경우 그 법관을 직무집행에서 배제시키는 제도이다. 공정한 재판이라는 민사소송의 이상을 실현하기 위한 일반적인 제도로서 헌법과 법률은 법관의 임용에 일정한 자격을 요구하고 사법권의 독립을 보장하며 구체적 사건에서도 법관의 제척 · 기피 · 회피제도로 법관의 중립성을 확보하고 있다.

Ⅱ. 법관의 제척(除斥)

1. 의 의

법관의 제척은 구체적 사건과 관련하여 법률에서 정한 사유가 있으면 법관이 법률상 당연히 직무집행에서 배제되는 제도이다.

2. 제척사유

(1) 법관의 제척사유는 민사소송법 제41조에 규정되어 있다. 법관의 제척사유는 크게 법관이 당사자와 관계된 사유(41조 1호, 2호, 4호)와 사건에 관계된 사유(41조 3호, 5호)로 나눌 수 있다.

(2) 법관이 당사자와 관계된 제척사유로는 1. 법관 또는 그 배우자나 배우자이었

던 사람이 사건의 당사자가 되거나, 사건의 당사자와 공동권리자 · 공동의무자 또는 상환의무자의 관계에 있는 때 2. 법관이 당사자와 친족의 관계에 있거나 그러한 관계에 있었을 때 4. 법관이 사건 당사자의 대리인이었거나 대리인이 된 때 등이 있다.

여기서 말하는 사건의 당사자와 공동권리자 · 공동의무자의 관계라 함은 소송의 목적이 된 권리관계에 관하여 공통되는 법률상 이해관계가 있어 재판의 공정성을 의심할 만한 사정이 존재하는 지위에 있는 관계를 의미하는 것으로 해석된다. 예를 들어 종중 규약을 개정한 종중 총회 결의에 대한 무효확인을 구하는 소가 제기되었는데 원심 재판부를 구성한 판사 중 1인이 당해 종중의 구성원인 경우가 이에 해당된다.[63)]

(3) 법관이 사건과 관련된 사유로는 3. 법관이 사건에 관하여 증언이나 감정(鑑定)을 하였을 때 5. 법관이 불복사건의 이전심급의 재판에 관여하였을 때(다만, 다른 법원의 촉탁에 따라 그 직무를 수행한 경우에는 그러하지 아니하다) 등이 있다.

법관의 제척사유 중 현실적으로 가장 문제가 되는 것은 제5호의 '법관이 불복사건의 이전심급의 재판에 관여하였을 때'이다. 법관의 전심관여를 제척사유로 삼은 것은 전심에 관여하여 생긴 법관의 사건에 대한 예단을 배제하여 재판의 공정성을 확보하고 심급제도를 실질적으로 보장하기 위한 것이다. 따라서 여기서의 '이전심급의 재판'이라고 함은 그 불복사건의 하급심 재판을 가리키는 것으로 재심사건에서 재심의 대상이 된 원재판은 위의 '이전심급의 재판'에 해당하지 않는다.[64)]

배제되어야 할 불복사건에 대한 법관의 예단이란 사건의 중간적 또는 최종적 결론에 대한 예단을 의미한다. 따라서 여기서의 전심'관여'라 함은 최종변론과 판결의 합의에 관여하거나 종국판결과 더불어 상급심의 판단을 받는 중간적인 재판에 관여함을 말한다. 최종변론 전의 변론이나 증거조사 또는 기일지정과 같은 소송지휘 상의 재판 등에 관여한 경우는 이에 포함되지 않는다.

판례에 나타난 예를 보기로 한다. A판사는 재판장으로서 이 사건의 제1심 제5차 변론기일부터 제9차 변론기일까지 사이에 행하여진 변론 · 증거조사 및 기일지정 등에 관여하였다. 그 후 재판부 변경으로 최종변론기일이나 합의에는 관여하지 않았다. A판사는 이 사건의 항소심판사로 정해져 판결을 하였다. 이 경우 A판사는 최종변론 이전의 변론에만 관여하고 최종변론에는 관여하지 않았으므로 제척원인이 되는 전심관여 판사로서 원심판결에 관여하였다고 볼 수 없다고 한다.[65)]

(4) **법관에게 제척사유가 있으면 법관은 법률상 당연히 그 사건의 직무집행에서**

---

63) 대법원 2010. 5. 13. 선고 2009다102254 판결.
64) 대법원 1988. 5. 10. 선고 87다카1979 판결; 대법원 2000. 8. 18. 선고 2000재다87 판결.
65) 대법원 1997. 6. 13. 선고 96다56115 판결.

배제된다. 다만 종국판결을 선고하거나 긴급을 요하는 행위는 할 수 있다(48조 단서). 제척사유 있는 법관이 한 소송행위는 무효이고 판결은 상소(424조 1항 2호)나 재심(451조 1항 2호)의 대상이 된다.

3. 절차 및 제척신청의 효과

법원은 제척의 이유가 있는 때에는 직권으로 또는 당사자의 신청에 따라 제척의 재판을 한다(42조). 제척재판의 절차 및 제척신청의 효과는 기피의 경우와 같다(44조 내지 48조).

Ⅲ. 법관의 기피(忌避)

1. 의의와 사유

기피는 법관에게 제척사유 외에 공정한 재판을 기대하기 어려운 사정이 있는 경우 당사자의 신청에 따른 재판으로 법관을 직무집행에서 배제시키는 제도이다. '법관에게 공정한 재판을 기대하기 어려운 사정'이란 통상인의 판단으로서 법관과 사건과의 관계로 보아 불공정한 재판을 할 것이라는 의혹을 갖는 것이 합리적이라고 인정될 만한 객관적인 사정을 말한다. 따라서 당사자가 불공평한 재판이 될지도 모른다고 추측할 만한 주관적인 사정은 여기에 해당되지 않는다.[66] 평균적 일반인으로서의 당사자의 관점에서 위와 같은 의심을 가질 만한 객관적인 사정이 있는 때에는 실제로 법관에게 편파성이 존재하지 아니하거나 헌법과 법률이 정한 바에 따라 공정한 재판을 할 수 있는 경우에도 기피가 인정될 수 있다.[67]

2. 절 차

(1) 기피는 당사자가 신청하여야 한다. 이 점에서 당사자가 신청을 하지 않아도 법률상 당연히 직무집행에서 배제되는 제척과 다르다. 기피신청은 당사자가 기피할 이유가 있음을 알면 지체 없이 하여야 한다. 그렇지 않고 본안에 관하여 변론하거나 변론준비기일에서 진술을 한 경우에는 기피신청을 하지 못한다(43조 2항).

(2) 기피신청에 대한 재판은 그 신청을 받은 법관의 소속법원 합의부에서 결정으로 함이 원칙이다(46조). 그러나 기피신청이 민사소송법 제44조에서 정한 방식에 어긋나거나 소송지연을 목적으로 하는 것이 분명한 경우에는 신청을 받은 법원 또는 법

66) 대법원 1992. 12. 30.자 92마783 결정.
67) 대법원 2019. 1. 4.자 2018스563 결정.

관은 결정으로 이를 각하할 수 있다(45조 1항). 이를 간이각하라고 한다. 간이각하에 대하여는 즉시항고를 할 수 있으나 집행정지의 효력을 가지지 않는다(47조 2항, 3항).

판례는 정당한 기피 사유도 없이 2차에 걸쳐 재판장에 대한 기피신청을 하고, 또 새로 바뀐 재판부에 대하여도 겨우 2차 변론기일에 이르러(1차 변론기일은 연기) 그 재판부 전체에 대하여 기피신청을 한 사안에서 간이각하가 정당하다고 한 바 있다.[68]

3. 기피신청의 효과

기피신청이 있는 경우에는 그 재판이 확정될 때까지 소송절차를 정지하여야 한다(48조 본문). 그러나 기피신청이 각하된 경우, 종국판결을 선고하거나 긴급을 요하는 행위를 하는 경우에는 그러하지 아니하다(48조 단서).[69] 긴급을 요하는 행위에는 가압류 · 가처분이나 집행정지명령 등이 해당된다.

제48조 단서에 적시된 행위가 아님에도 소송행위를 한 경우 그 행위는 위법하다. 다만 나중에 기피신청이 이유 없다는 재판이 확정되면 위법한 소송행위가 치유되는가에 관해 견해가 대립한다. 판례는 과거 적극설을 따른 예도 있었으나[70] 현재는 소극설을 취하고 있다.[71] 절충설은 기피신청에 관한 재판이 진행되는 동안에는 절차에 관여하는 것을 강요당하지 않으므로 신청인이 충분한 소송행위를 한 경우에 한하여 치유된다고 한다.[72]

생각건대 비록 사후적으로 치유되는 경우가 있다 하더라도 당사자가 아닌 법원이 흠 있는 소송행위를 굳이 하는 경우는 현실적으로 드물 것이고 바람직하지도 않다. 적극설에 따르는 경우 기피신청이 이유 있다고 인정하는 재판이 확정되는가에 따라 소송행위의 유 · 무효가 결정된다. 또한 절충설은 신청인이 충분한 소송행위를 하였는가하는 판단에 따라 소송행위의 효력이 좌우된다. 이러한 적극설이나 절충설은 절차의 안정성을 해칠 우려가 있으므로 소극설이 타당하다.

---

68) 대법원 1981. 2. 26.자 81마14 결정.

69) 대법원 2007. 6. 18.자 2007아9 결정은 민사소송법 제48조 단서에서 변론종결 후에 관여 법관에 대한 기피신청이 있는 때에는 소송절차를 정지하지 아니하고 종국판결을 선고할 수 있도록 한 취지는 이미 변론이 종결되어 종국판결의 선고만이 남은 상태에서는 사안의 실체에 대한 구체적인 자료가 대부분 드러나 법원이 어느 쪽이든 내심의 심증을 형성하고 있을 터이어서 당사자가 법원의 심증방향을 추단하여 자신에게 불이익한 판결을 피해보고자 하는 의도로 기피신청에 이르는 등 기피제도를 악용할 가능성이 높고 그렇지 아니한 경우라도 이러한 기피신청은 너무 시기에 늦은 신청이어서 이로 인하여 반대당사자의 신속한 재판을 받을 권리를 지나치게 제약하고 법관의 독립성을 침해하는 결과가 초래되기 때문에 이를 방지하기 위한 것이라고 한다.

70) 대법원 1978. 10. 31. 선고 78다1242 판결.

71) 대법원 2010. 2. 11. 선고 2009다78467, 78474 판결.

72) 김홍규/강태원, 148면; 김홍엽, 66면; 이시윤, 91면; 정동윤/유병현/김경욱, 116면; 정영환, 243면.

Ⅳ. 법관의 회피(回避)

법관의 회피는 법관이 스스로 제척 또는 기피사유가 있다고 하여 감독권 있는 법원의 허가를 받아 직무집행을 피하는 것이다(49조). 회피의 허가는 사법행정상의 처분이고 회피의 원인을 확정하는 재판이 아니므로 법관이 회피허가를 받은 후 직무집행을 하여도 위법한 것이 아니다.[73]

73) 김홍규/강태원, 149면; 송상현/박익환, 82면; 이시윤, 91면; 정동윤/유병현/김경욱, 116면.

제4장 당사자

제1편 총칙

제2장 당사자

제1절 당사자능력과 소송능력(51조 내지 64조)

제2절 공동소송(65조 내지 70조)

제3절 소송참가(71조 내지 86조)

제4절 소송대리인(87조 내지 97조)

제1절 개 관

Ⅰ. 당사자의 의의

(1) 당사자의 개념에 관하여 19세기 말까지 소송에서 다투어지는 권리관계의 주체 즉 권리자 · 의무자가 당사자라는 실질적 당사자 개념이 지배적이었다. 그러나 이러한 실질적 당사자 개념은 다른 사람의 권리의무에 관하여 제3자가 소송수행권을 가지는 제3자의 소송담당의 경우 제3자가 어떻게 당사자로서의 지위를 가지는지를 설명하기 어렵다. (예를 들어 기본사례에서 X는 Y에 대하여 실체법상 아무런 권리를 가지고 있지 않지만 X_1에 대한 채권자대위권에 기하여 원고가 되었다) 그래서 오늘날은 당사자 개념을 실체법과는 관계없는 소송법상 형식적 개념으로 파악하고 있다. 이러한 **형식적 당사자 개념에 의하면 당사자는 자기의 이름으로 국가의 권리보호를 요구하는 사람과 요구받는 상대방을 말한다.**

(2) 당사자의 호칭은 재판절차 중 제1심에서는 원고 · 피고, 항소심에서는 항소인 · 피항소인, 상고심에서는 상고인 · 피상고인 등 절차에 따라 달라진다.

(3) 다음 사례를 통하여 당사자의 개념이 소송에서 어떻게 반영되는지를 이해해 보기로 한다. Y_1은 X에게 Y가 돈이 필요하다며 Y를 대리하여 차용인을 Y로 하는 차용증을 작성하여 주고 100만 원을 차용하여 자신이 소비하였다. 그러나 Y_1은 Y를 대리할 아무런 권한이 없었고 Y는 Y_1의 위 대리행위에 대한 추인을 거절하였다.

X가 Y를 상대로 소를 제기하였다면 누가 피고인지는 당사자 개념에 따라 달라진다. Y_1은 민법 제135조(무권대리인의 상대방에 대한 책임)에 의해 100만 원의 대여금반환의무가 있다. Y는 민법상 아무런 책임도 없지만 X로부터 소제기를 당하였다. 과거의 실질적 당사자 개념에 의하면 대여금반환의 무자인 Y_1이 피고가 되어야 할 것이나 오늘날의 형식적 당사자 개념에 의하면 X로부터 소를 제기당한 Y가 피고가 된다.

X가 Y를 상대로 소를 제기하였다면 피고는 Y이므로 판결의 효력은 Y에게만 미치고 Y_1에게는 미치지 않는다. 확정판결의 기판력은 원칙적으로 소송당사자에게만 미치기 때문이다(218조). 또한 피고가 원고의 소송상 청구가 이유 있음을 자인하는 법원에 대한 일방적 의사표시인 인낙도 Y만이 할 수 있다. 이런 의미에서 당사자개념은 현실적인 의미를 가진다고 할 수 있다.

만약 소송에서 Y_1이 Y를 대리할 수 있는 권한의 존부에 관하여 다툼이 예상된다면 X는 누구를 피고로 하여 소를 제기하는 것이 좋을까? 이에 관한 해답을 얻기 위해 우선 Y와 Y_1의 실체법상 책임관계부터 살펴보기로 한다. X는 Y_1이 Y를 대리할 권한이 있음을 증명하지 못하거나 Y의 추인을 얻지 못하면 Y_1에 대하여 대여금청구 또는 손해배상청구를 할 수 있다(민법 135조). 따라서 Y_1에게 Y를 대리할 권한이 있는가 여부에 따라 X에 대한 법적 책임주체가 달라지며 이 경우 Y_1과 Y에 대한 책임은 양립하지 않는다.

그러나 X가 Y와 Y_1에 대하여 각각 소를 제기한 경우에는 서로 모순된 결과가 발생할 수 있다. X가 Y에 대하여 소를 제기하였는데 Y_1에게 Y를 대리할 권한이 없다는 이유로 X가 패소하고 다시 Y_1에 대하여 소를 제기하였으나 이번에는 Y_1에게 Y를 대리할 권한이 인정된다는 이유로 다시 X가 패소하는 경우도 이론상으로는 가능하기 때문이다. 재판은 적정을 추구하여야 하므로 재판을 통해 진실이 발견되어야 하지만 그 진실은 변론주의에 의해 당사자 사이에 상대적인 것이 될 수밖에 없다는 것은 이미 살펴본 바와 같다. 기판력이 원칙적으로 당사자 사이에서만 미치는 이유도 이에 근거하는 것이다.

한편 민사소송법 제70조 1항 후단은 공동소송인 가운데 일부에 대한 청구가 다른 공동소송인과 양립할 수 없는 경우 선택적 예비적 병합을 할 수 있음을 규정하고 있다. 따라서 X는 Y를 주위적 피고로, Y_1을 예비적 피고로 삼아 소송을 제기하여 Y_1이 Y를 대리할 권한이 없는 것으로 판명된 경우에 대비할 수 있다. 이와 유사한 실체법상 책임관계 및 소송상의 구조는 민법 제758조의 공작물 등의 점유자와 소유자의 책임에서도 발견할 수 있다.

당사자는 소송법상 형식적 개념이다.

Ⅱ. 이당사자대립주의

민사소송은 항상 두 당사자의 대립을 그 기본구조로 한다. 이를 당사자대립주의라 한다. 따라서 당사자 한쪽이면서 상대방의 대리인이 될 수 없다. 또한 자신을 상대로 한 소송은 금지된다(자기소송금지의 원칙).

예를 들어 보기로 한다. Y의 유일한 상속인인 X는 Y를 상대로 Y소유의 K토지에 관한 소유권이전등기청구의 소를 제기하였다. 소송에서는 두 당사자가 대립하여야 하므로 X는 소송에서 Y를 대리할 수 없다. 만약 소송도중 Y가 갑자기 사망하였다면

Y의 사망으로 Y의 지위는 X에게 승계되어 자기소송금지의 원칙에 의해 소송은 종료된다. 이러한 문제는 이혼소송 중에도 발생할 수 있다. 이혼소송계속 중 배우자의 일방이 사망한 경우에는 재판상 이혼청구권은 부부의 일신전속의 권리이므로 상속인이 그 소송절차를 수계할 수 없음은 물론이고, 또 그러한 경우에 검사가 이를 수계할 수 있는 특별한 규정도 없다. 따라서 이 경우 소송은 청구인의 사망과 동시에 종료하게 된다.[1)]

당사자대립주의는 당사자가 반드시 1 대 1로 존재해야 하는 것은 아니고 한쪽 또는 양쪽이 다수인 경우인 공동소송도 있다(65조). 또한 독립당사자참가처럼 당사자대립주의의 예외로서 다면소송(多面訴訟)인 경우도 있다(79조). 예를 들어 X가 Y를 상대로 K토지의 소유권확인을 구하는 소를 제기하였는데 Z가 K토지의 소유자는 자신임을 주장하면서 기왕에 계속 중인 X와 Y 사이의 소송에 당사자로서 참가하는 경우이다. 이때 Z는 원고도 아니고 피고도 아닌 독립한 당사자라는 의미에서 독립당사자라고 한다.

대립당사자는 모두 평등한 지위를 보장받아야 하므로 법원은 양쪽 당사자에게 공평하게 변론의 기회를 제공하여야 한다(공평의 원칙).

▌소송은 대립하는 두 당사자가 있어야 성립한다. ▌

Ⅲ. 당사자와 관련한 문제점

사례를 통하여 당사자와 관련하여서 어떤 문제가 제기될 수 있는지 살펴보기로 한다. 미성년자 X는 민법상 조합인 Y_1과 파산자 Y_2에게 소를 제기하였다. Y_1조합의 조합장 Y_3은 자신을 상대로 소를 제기한 것으로 믿고 X가 제기한 소에 응하였다.

(1) 소를 제기당한 Y_1과 현실적으로 피고로서 소송에 응하고 있는 Y_3 중 누구를 피고로 정하는가 하는 문제가 생긴다. 소를 제기한 X의 의사를 기준으로 하면 Y_1이 피고이다. 그러나 실제 피고로 행위하는 자를 기준으로 피고를 판단하면 Y_3이 피고가 된다. 이와 같이 구체적 소송에서 누구를 당사자로 정하는가 하는 문제를 당사자확정의 문제라고 한다. 당사자확정의 문제는 당사자의 개념의 문제와는 다르다. 당사자확정의 문제는 당사자의 개념을 형식적인 것으로 파악하더라도 발생할 수 있는 문제이다.

(2) 민법상 일반적으로 권리의무의 주체가 될 수 있는 능력 즉 권리능력이 문제되듯이 소송법상으로도 일반적으로 소송의 주체가 될 수 있는 능력 즉 당사자능력이 요구된다. 예를 들어 사망한 사람은 어느 소송에서든 소송의 주체가 될 수 없다. 한편 민법상 권리능력은 자연인과 법인에 한정되어

---

1) 대법원 1982. 10. 12. 선고 81므53 판결.

있고, 조합의 경우에는 조합원의 합유로 재산을 소유할 뿐 조합 그 자체가 권리능력자로 인정되지 않는다. 만약 Y_1이 당사자로 확정된다면 민법상 조합인 Y_1이 소송의 주체가 될 수 있는 능력, 즉 당사자능력이 있는가 하는 것이 다시 문제된다.

(3) 소를 제기한 X는 미성년자이다. 민법상 미성년자는 그 행위능력이 제한되는 것처럼 소송행위를 할 수 있는 능력 즉 소송능력도 제한된다. 따라서 법정대리인을 정하는 문제가 생긴다.

(4) Y_2는 파산자로서 자신의 재산에 대한 관리처분권이 제한된다. 이는 일반적으로 소송의 주체가 될 수 있는가 하는 문제와는 다르다. 파산자라도 권리능력자임은 분명하기 때문이다. 소송을 하는 것은 다투기만 하는 것이 아니라 때로는 상대방의 주장을 인정하기도 하고 때로는 상대방의 청구를 받아들이기도 한다. 또 소송을 진행하기 위해 실체법상 권리를 행사하여야 하는 경우도 있다. 예를 들어 매매계약의 효력을 다투기 위해 소송 도중 취소권이나 해제권 등을 행사하여야 하는 경우도 있고 현실이행을 면하기 위해 상계권을 행사하여야 하는 경우도 있다. 이와 같이 당사자는 구체적인 소송에서 소송을 수행하기에 적합한 자격이 필요한데 이를 당사자적격이라고 한다. Y_2에게 당사자적격이 인정되는가도 문제된다.

제2절 당사자 확정

■ 핵심어

실질적 표시설, 당사자표시정정, 당사자무능력자, 성명모용과 재심사유, 소제기 전 피고가 사망한 경우 소송상 취급

Ⅰ. 당사자 확정의 의의

(1) 예를 들어 보기로 한다. X는 Y종중을 상대로 소를 제기하였다. 단체가 당사자가 되는 경우 현실적으로는 그 단체의 대표자가 소송을 수행한다. 그래서 가끔 당사자가 단체인지 아니면 단체의 대표자 개인인지가 혼동되는 경우가 있다. X는 소장의 피고 표시란에 'Y종중 대표자 Y_1, 서울 중구 소공동 5-2'라고 표시하였다. X가 의도한 대로 Y종중을 피고로 하려면 소장의 피고 표시는 'Y종중, 서울 중구 소공동 5-2, 대표자 Y_1'라고 하는 것이 정확한 기재이다. Y_1은 위 소장을 보고 자신에 대하여 소가 제기된 것으로 판단하고 Y종중이 아닌 Y_1자신의 이름으로 답변서를 제출하는 등 소송에 응하였다. 이때 소를 제기한 X의 의사를 기준으로 하면 Y종중이 피고가 되지만 행위를 기준으로 하면 피고로서 응소를 한 Y_1이 피고가 된다. 이 경우 피

고를 누구로 확정하여야 할까? 피고가 확정되어야 피고의 답변서제출 여부, 소송서류를 송달 받을 자 등이 정해질 수 있다. 이와 같이 **구체적 소송에서 누가 당사자인지를 확정하는 것을 당사자 확정이라고 한다.**

(2) 당사자 확정은 형식적 당사자 개념에 따라 보통 소장에 당사자로 표시된 원고와 피고가 당사자로 된다. 대부분의 경우는 소장에 당사자로 표시된 사람이 원고나 피고로 소송수행을 한다. 물론 여기서의 소송수행은 본인이 직접 소송을 수행하는 경우도 있고 소송상의 대리인이 본인을 위하여 소송을 수행하는 경우도 있을 수 있다. 흔한 경우는 아니지만 위의 예와 같이 소장에 당사자로 표시된 자가 반드시 당사자라고 할 수 없는 경우에는 당사자 확정이 현실적으로 문제된다. 이런 의미에서 당사자 확정은 민사소송절차에서 항상 문제되어 판단대상이 되는 것은 아니고 보통의 경우에는 문제조차 되지 않는다. 소송절차상 당사자 확정절차가 별도로 있는 것도 아니다. 그러나 문제가 되는 경우에는 **당사자 확정은 당사자능력이나 소송능력 당사자적격 등의 논리적 전제가 된다.** 위의 당사자능력이나 소송능력 당사자적격 등은 구체적인 당사자를 대상으로 구비 여부를 판단하는 것이기 때문이다.

Ⅱ. 당사자 확정의 기준

당사자확정이 문제되는 경우 어떤 기준에 의하여 당사자를 확정하여야 할까? 이에 관하여는 견해가 대립된다. 우선 소장의 표시를 기준으로 하는 표시설이 있다. 표시설 중에서도 당사자란의 표시만을 기준으로 삼는 형식적 표시설이 있으나 **소장의 당사자란의 기재만이 아니라 청구의 취지나 원인 등 소장 전체를 기준으로 판단하여야 한다는 실질적 표시설이 통설·판례이다.**[2] 대법원은 소장 중 원고의 표시란에 'A, 용인군 용인읍 김량장리 77-21'이라고 기재되어 있고, 소장의 끝부분에 '위 원고 A'라고 표시하면서 A의 인장을 날인하고 있으며, 청구원인에도 '원고는 해주오씨통사랑공파종중 대표자로서…'라고 표시되어 원고가 누구인지 문제된 사안에서 이 사건 원고가 해주오씨통사랑공파종중이 아니라 자연인 A라고 판단하였다.[3] 위의 사건에서 형시적 표시설에 의하더라도 원고의 표시란에 'A'로 기재되었으므로 원고는 A로 판단될 것이다. 그러나 판례는 원고의 표시란뿐 아니라 소장의 끝부분, 청구원인의 기재부분을 모두 판단의 기준으로 삼았다는 점에서 실질적 표시설에 입각하여

---

2) 대법원 1995. 12. 5. 선고 95누1484 판결; 대법원 1996. 3. 22. 선고 94다61243 판결: 대법원 2019. 11. 15. 선고 2019다247712 판결.
3) 대법원 1996. 3. 22. 선고 94다61243 판결.

당사자를 확정하였다고 할 수 있다.

이외에도 원고의 의사에 의해 당사자를 확정한다는 의사설, 당사자로 행동하는 자를 당사자로 한다는 행위설, 기타 규범분류설 등이 주장되고 있으나 크게 논란의 대상이 되고 있지는 않다.

Ⅲ. 당사자표시의 정정

(1) 의 의

당사자의 표시에 있어서 의문이 있거나 부정확하게 기재되는 경우에 당사자의 동일성이 유지되는 범위에서 당사자표시를 바로 잡는 것을 당사자표시정정이라고 한다. 예를 들어 당사자를 A에서 B로 바꾸는 것이 아니라 당사자가 A임에는 변동이 없으나 다만 그 기재를 바로잡는 것이라면 먼저 A가 당사자라는 것이 확정될 필요가 있다. 그런 의미에서 **당사자표시정정은 당사자확정을 전제로 한다. 당사자의 동일성이 유지되지 않으면 이는 당사자변경이 된다.** 당사자표시정정신청을 받은 법원은 당사자를 확정하고 정정신청한 당사자표시가 올바른 표시이며 동일성이 인정되는지를 살피고 표시를 정정하도록 하는 조치를 취하여야 한다.[4)]

(2) 구체적 판단

(a) 당사자표시를 잘못한 경우

대법원 판결 중에는 원고 대표자가 원고를 '수원백씨 선정공파 종친회'라 잘못 기재하였다가 원고 문중인 '수원백씨 선정공파 대구시 노곡동 문중'으로 수정한 것은 당사자표시정정이라고 한 것이 있다.[5)] 위의 두 표시가 모두 같은 종중을 나타내는 것이라면 당사자표시정정으로 인정될 수 있다. 주의할 점은 법인격을 달리하거나 공동 선조를 달리하는 종중으로의 당사자표시정정은 허용되지 않는다는 것이다.[6)] 종중은 공동선조의 분묘를 수호하고 제사를 모시며 종원 사이의 친목을 도모하는 단체이므로 종중에서 모시는 공동선조가 다르면 다른 종중으로 취급된다.

(b) 당사자무능력자를 당사자로 삼은 경우

당사자능력은 소송의 주체가 될 수 있는 일반적 능력으로서 민법상 권리능력에

4) 대법원 2021. 6. 24. 선고 2019다278433 판결.
5) 대법원 1970. 2. 24. 선고 69다1774 판결.
6) 대법원 1994. 10. 11. 선고 94다19792 판결.

대응되는 것이다. 따라서 당사자능력이 없으면 소송의 당사자가 될 수 없다. 당사자능력이 없는 자를 피고로 잘못 표시하여 소가 제기된 경우 법원은 이를 어떻게 취급하여야 할까? 판례는 이 경우 당사자 표시정정신청을 받은 법원으로서는 당사자를 확정한 연후에 원고가 정정신청한 당사자 표시가 확정된 당사자의 올바른 표시이며 동일성이 인정되는지의 여부를 살피고, 그 확정된 당사자로 피고의 표시를 정정하도록 하는 조치를 취하여야 한다고 한다.[7)]

i) 학교를 당사자로 한 경우　사립학교는 사립학교 경영자 또는 학교법인에 의하여 설치 · 경영된다(사립학교법 2조). 단지 시설물에 불과하여 법인격이 없는 학교는 사립학교만을 설치 · 경영함을 목적으로 사립학교법에 의하여 설립된 학교법인과는 구별된다.[8)] 당사자능력이 없는 학교를 당사자로 삼아 소가 제기된 경우 당사자능력자인 학교법인 또는 사립학교 경영자로 당사자표시정정이 허용된다.[9)]

ii) 행정청 또는 단체의 내부기관을 당사자로 삼은 경우　행정청의 위법한 처분 등의 취소 또는 변경을 구하는 취소소송은 다른 법률에 특별한 규정이 없는 한 그 처분 등을 행한 행정청을 피고로 한다(행정소송법 13조). 행정청이란 국가 또는 지방자치단체의 기관으로서 국가나 지방자치단체의 의견을 결정하여 외부에 나타낸 기관을 말한다. 행정청은 국가 또는 공공단체의 기관에 불과하고 독립한 법인격을 갖추고 있지 않다. 예를 들어 서울시는 독립한 법인격을 가진 지방자치단체이지만 서울시장은 서울시의 기관에 불과한 행정청이다. 취소소송과 같은 행정소송에서 행정청을 피고로 하는 것은 행정소송법상 특칙으로 인정되는 것이다. 민사소송에서 당사자능력이 인정되지 않는 행정청을 피고로 삼은 경우 국가 또는 공공단체로 당사자표시정정이 허용된다.[10)] 또한 단체 내부기관을 당사자로 삼은 경우에도 단체로 당사자표시정정이 허용된다.[11)]

(3) 시　기

항소심에서 당사자표시정정이 이루어진다고 하더라도 제1심부터 같은 당사자와 소송을 하여 법원의 심리 · 판단을 받은 것이므로 당사자에게 심급의 이익을 박탈하는 것이 아니다. 따라서 당사자표시정정은 상대방의 동의 없이 항소심에서도 가능

---

7) 대법원 1996. 10. 11. 선고 96다3852 판결.
8) 예를 들어 이화여자대학교의 경우 학교법인 이화학당, 고려대학교의 경우 학교법인 고려중앙학원이 학교법인이다. 연세대학교의 경우 학교법인 연세대학교가 학교법인으로 학교법인의 명칭과 대학의 명칭이 같지만 이 경우에도 학교법인 연세대학교가 법적 주체가 된다.
9) 대법원 1978. 8. 22. 선고 78다1205 판결.
10) 대법원 2001. 11. 13. 선고 99두2017 판결.
11) 대법원 1996. 10. 11. 선고 96다3852 판결.

하다.[12] 그러나 민사소송에서 소송당사자의 존재나 당사자능력은 소송요건에 해당하고, 이미 사망한 자를 상대로 한 소의 제기는 소송요건을 갖추지 않은 것으로서 부적법하며, 소송요건의 존부는 사실심변론종결시를 기준으로 판단하므로 상고심에 이르러서는 당사자표시정정의 방법으로 그 흠결을 보정할 수 없다.[13]

(4) 당사자변경

당사자표시정정은 당사자의 동일성유지를 그 한계로 하므로 동일성의 변경을 의미하는 당사자변경과 관련되어 논의될 수밖에 없다. 당사자변경은 소송계속 중 당사자가 교체되거나 추가되는 경우를 말한다. (민사소송법상 당사자변경에는 실체법상 권리관계의 변동에 수반하여 이루어지는 소송승계와 실체법상 권리관계의 변동과 무관하게 이루어지는 임의적 당사자변경이 있다. 소송승계는 사망 등의 실체적 승계원인의 발생과 동시에 법률상 당연히 일어나는 당연승계와 특정승계원인에 의한 소송물의 양도로 구분된다. 한편 당사자의 의사에 의해 당사자가 변경되는 것을 임의적 당사자변경이라고 한다. 민사소송법상 임의적 당사자변경이 인정되는 경우로는 원고가 피고를 잘못 지정한 것이 분명한 경우에 인정되는 피고의 경정(260조)과 필수적 공동소송에서 공동소송인으로 될 자의 일부가 누락된 경우에 하는 필수적 공동소송인의 추가(68조)가 있다. 이를 법률상 임의적 당사자변경이라 한다. 판례는 위의 법률상 임의적 당사자변경 외에는 임의적 당사자변경을 허용하지 않는다.[14])

아래 서식은 기본사례에서 원고가 피고의 사망으로 인해 그 상속인들로 당사자표시정정신청을 한 것이다.

판례 연습

대법원 1986. 9. 23. 선고 85누953 판결

– 법인에서 자연인으로의 당사자표시정정 –

▮ 사건의 개요 전주세무서장은 B백화점을 운영하는 A에게 과세처분을 하였다. 이에 A는 전주세무서장을 상대로 과세처분취소청구의 소를 제기하였다. 소장의 원고 표시란에 원고는 '주식회사 B백화점' 주소는 '전주시 중앙동 2가 26의 1 대표이사 A'로 기재되어 있고 첨부서류로서 제출된 회사등기부등본의 기재에도 회사 본점소재지와 대표이사가 위와 같이 등기되어 있다. 또한 이 건 소송을 변호사에게 위임할 때에도 위임인은 B로 기재되었다. 제1심 법원은 원고가 당자사적격이 없다는 이유로 부적법각하 판결을 하였다. 그러자 원고는 항소

12) 대법원 1978. 8. 22. 선고 78다1205 판결.
13) 대법원 2012. 6. 14. 선고 2010다105310 판결.
14) 대법원 1996. 3. 22. 선고 94다61243 판결.

당사자표시정정신청

원 고 김 길 동
서울 서초구 서초동 ○○○

피 고 서 춘 몽
서울 서초구 서초동 ○○○

위 당사자 사이 귀원 ○○○○가단426 대여금에 관하여 원고는 아래와 같이 당사자 표시를 정정하여 신청한다.

아 래

피 고 서 춘 몽
주 소 : 서울 서초구 서초동 ○○○

피 고 1. 최 봉 숙
2. 서 하 늘
피고들 주소: 성남시 분당구 ○○○

첨 부 : 1. 가족관계등록부

2016. ○. ○.

원고 김 길 동

○○ 지방법원 귀중

를 하고 원고를 B백화점에서 A로 정정하는 당사자표시정정신청을 하였다. 원고의 당사자표시정정신청이 허용될 수 있는가 하는 것이 문제되었다.

설 명

(1) 이 사건 당사자적격자와 소의 적법 여부

구체적 소송에서 당사자적격자를 판단하기 위해서는 먼저 당사자가 누구인지 확정되어야 한다. 통설 · 판례는 당사자 확정에 관하여 소장의 당사자란의 기재만이 아니라 청구의 취지나 원인 등 소장 전체를 기준으로 판단하여야 한다는 실질적 표시설을 취하고 있다. 이에 의하면 원고는 B백화점으로 확정된다.

한편 세금부과처분의 취소를 구할 수 있는 사람은 세금부과처분을 받은 사람이므로 A에게 당사자적격이 있고 B백화점에게는 당사자적격이 없다. 원고로 확정된 B백화점은 이 사건 소송의 당자사적격이 없다. 따라서 이 사건 소는 부적법하다.

(2) 당사자표시정정신청의 허용 여부

원고는 항소를 하여 원고를 B백화점에서 A로 정정하는 당사자표시정정신청을 하였다. 원고가 당사자표시정정을 하고자 한 목적은 당자자적격이 있는 A를 원고로 삼아 이 사건 소를 적법하게 하기 위한 것이다. 당사자표시신청은 동일성이 인정되는 한도에서 허용된다. 따라서 원고의 당사자표시정정신청이 허용될 수 있는가 하는 것은 결국 A와 B백화점이 동일인인가 하는 데 달려 있다. 자연인 A와 법인 B백화점은 다른 법인격자이므로 동일성 유지를 전제로 하는 당사자표시정정신청은 허용되지 않는다. 만약 당사자확정을 의사설에 따라 판단한다면 A가 원고로 확정되어 당사자표시정정신청이 허용될 것이다.

(3) 당사자변경의 가능 여부

위와 같이 당사자표시정정이 허용되지 않으나 당사자변경의 가능 여부도 함께 검토하여 보기로 한다. 판례는 앞에서 언급한 바와 같이 법률상 임의적 당사자변경 외에는 임의적 당사자변경을 허용하지 않는다. 법률상 임의적 당사자변경에는 원고가 피고를 잘못 지정한 것이 분명한 경우에 인정되는 피고의 경정(260조)과 필수적 공동소송에서 공동소송인으로 될 자의 일부가 누락된 경우에 하는 필수적 공동소송인의 추가(68조)가 있다. 이 사건에서는 원고의 변경이 문제되었으므로 피고의 경정은 문제되지 않으나 피고의 변경이 문제되었다 하더라도 두 가지 이유로 가능하지 않다. 그 이유 중 하나는 피고의 경정제도는 1990. 1. 13. 신설되어 이 사건 당시에는 없었던 제도이고 또 다른 이유는 피고의 경정은 제1심에서만 허용된다는 것이다. 결국 당사자변경에 의해서도 원고를 A로 고칠 수 없다.

참고판례 **대법원 1986. 9. 23. 선고 85누953 판결【세금부과처분취소및환급금청구】**

Ⅳ. 성명모용(冒用)소송

1. 당사자

성명모용소송은 소장에 당사자로 기재되지 않은 자가 타인의 성명을 무단으로 사용하여 원고 또는 피고가 되어 소송을 하는 경우이다. 이 경우에 소장에 당사자로 표시된 자와 실제 당사자로 행동하는 자가 다르므로 당사자 확정이 문제된다. **표시설에 의하면 당사자로 표시된 피모용자가 당사자이고 모용자는 당사자가 아니다.** 소송 중 원고 측이 모용된 것으로 밝혀진 경우에는 원고에 의해 소가 제기된 것이 아니므로 판결로 소를 각하하여야 한다. 피고 측이 모용되었다면 모용자의 소송관여를 배척하고 피모용자에게 소송을 수행시켜야 한다.

2. 판결의 효력

만약 법원이 성명모용사실을 간과하고 판결을 선고한 경우에는 당사자는 피모용자이므로 피모용자에게 판결의 효력이 미친다. 그 결과 피모용자는 모용자의 소송수행에 의하여 이루어진 판결의 효력을 받게 되는 셈이다. 피모용자는 법원이 성명모용사실을 간과한 판결의 하자를 다투어야 하는데 문제는 그 사유를 무엇으로 삼는가 하는 것이다. 판결확정 전에는 상소 즉 항소나 상고에 의해 다툴 수 있다. 항소는 그 사유에 제한이 없고 상고는 민사소송법 제424조에서 정한 절대적 상고이유뿐 아니라 판결에 영향을 미친 법령위반(423조)도 상고이유로 삼을 수 있으므로 문제가 되지 않는다. 문제는 판결이 확정된 후 다투려면 재심에 의하여야 하는데 재심사유는 민사소송법 제451조에 의해 한정되어 있고 그 사유 중 성명모용은 규정되어 있지 않다. 그러나 성명모용소송은 무권대리인이 대리권을 행사한 경우에 준하는 것으로 해석한다. 따라서 동조 제1항 제3호(법정대리권 · 소송대리권 또는 대리인이 소송행위를 하는 데 필요한 권한의 수여에 흠이 있는 때)를 그 사유로 하여 재심에 의하여 그 효력을 배제시킬 수 있다.[15)]

> 성명모용소송에 의한 확정판결은 소장에 당사자로 표시된 피모용자가 제451조 제1항 3호에 의하여 재심을 청구할 수 있다.

V. 사망자를 당사자로 한 소송

소 제기 전 사망 제260조(피고의 경정) **소 제기 후 변론종결 전 사망** 제233조 제1항(당사자의 사망으로 말미암은 중단)	제451조 제1항 제3호(재심사유) **변론종결 후 사망** 제218조(기판력의 주관적 범위)

15) 대법원 1964. 3. 31. 선고 63다656 판결. 성명모용소송은 판결이 편취되는 경우의 하나로 논의되고 있다.

1. 소송계속 전 당사자가 사망한 경우

(1) 소의 적법 여부

민사소송은 두 당사자가 대립하여야 한다. **소 제기 전 이미 사망한 자를 당사자로 한 소는 두 당사자의 실질적 대립이 있는 경우가 아니므로 소는 부적법하고 법원은 소 각하판결을 하여야 한다. 이를 간과하고 한 판결은 무효이고 이에 대한 상소는 부적법하다는 것이 판례의 태도이다.**[16] 소송계속은 소장부본 송달시에 발생하므로 소제기 후 소장부본이 송달되기 전에 피고가 사망한 경우에도 마찬가지로 적용된다.[17] 다만 판례는 당사자가 사망하더라도 소송대리인의 소송대리권은 소멸하지 아니하므로(95조 1호), 당사자가 소송대리인에게 소송위임을 한 다음 소 제기 전에 사망하였는데 소송대리인이 당사자가 사망한 것을 모르고 당사자를 원고로 표시하여 소를 제기하였다면 소의 제기는 적법하고, 시효중단 등 소 제기의 효력은 상속인들에게 귀속된다고 한다.[18]

(2) 당사자표시정정신청과 상속인

(a) 당사자표시정정의 허용 여부

1) 판례의 태도

피고가 소제기 당시 이미 사망하여 소가 부적법한 경우 원래 피고로 삼았던 사망자의 상속인을 피고로 고치는 당사자표시정정에 의해 소를 적법하게 할 수는 없을까? 이에 관해 **판례는 원고가 이미 사망한 당사자를 그 사망사실을 모르고 피고로 표시하여 소를 제기하였을 경우에는 실질적인 피고는 사망자의 상속인이고 다만 그 표시를 그릇한 것에 불과하다고 하여 그 상속인들로 당사자표시정정신청을 허용한다.**[19]

2) 검 토

이러한 판례의 태도에 대하여는 좀 더 자세히 살펴볼 필요가 있다. 판례는 당사자확정에 관하여 실질적 표시설을 취하고 있다. 이에 따르면 원고가 피고로 삼은 사람이 비록 사망자라고 하더라도 피고는 여전히 사망자이며 다만 당사자능력이 인정되지 않을 뿐이다. 사망자와 그 상속인은 다른 사람이다. 따라서 양자는 동일성이 인정될 수 없으므로 당사자표시정정이 허용될 수 없고 다만 당사자변경이 문제될 뿐이라고 할 수 있다. 그러나 판례는 '사망자의 상속인이 실질적인 피고'이므로 그 상속인

---

16) 대법원 1970. 3. 24. 선고 69다929 판결; 대법원 2000. 10. 27. 선고 2000다33775 판결. 또한 상속인들의 수계신청도 허용되지 않는다. 이는 소송절차의 중단에서 다루기로 한다.
17) 대법원 2015. 1. 29. 선고 2014다34041 판결; 대법원 2017. 5. 17. 선고 2016다274188 판결.
18) 대법원 2016. 4. 2. 선고 2014다210449 판결.
19) 대법원 1983. 12. 27. 선고 82다146 판결.

으로의 당사자표시정정은 허용된다는 논리형식을 취하고 있다. 사망자의 상속인을 피고로 취급하는 것은 당사자확정의 기준을 의사설에 의한 경우에나 가능하다. 다시 말해 판례는 사망자를 상대로 한 소에 있어서 당사자확정은 예외적으로 의사설을 취하고 있다고 할 수 있다. 이와 같이 판례는 당사자 무능력자에서 당사자능력자로 당사자를 바꾸는 것을 임의적 당사자변경의 방식으로는 허용하지 않지만 당사자표시정정의 방법으로는 허용하고 있다. 이러한 경우에는 피고경정(260조)절차에 따라 해결하는 것이 옳다는 견해도 있다.[20] 피고의 경정은 원고가 피고를 잘못 지정한 것이 분명한 경우 원고가 제1심법원에 피고경정신청을 하여 법원이 결정으로 이를 허가하는 제도이다. 피고의 경정은 당사자변경의 일종이다. 최근 판례에서도 피고의 경정을 통해 해결하는 예가 나타나고 있다. 이에 관하여는 뒤에서 다시 설명하기로 한다.

3) 기본사례에서 X는 Y가 사망한 사실을 모르고 소를 제기하였다고 하여 그 상속인인 Y_1, Y_2로 당사자표시정정이 되었다. 이 경우는 원고가 소를 제기할 당시 이미 상속인이 확정된 경우이다. 그런데 소장에 피고로 표시된 자가 소제기 전 이미 사망하기는 하였으나 상속인이 소제기 후에 확정되는 경우도 있고 심지어는 당사자표시정정 후에 상속인이 변경되는 경우도 있을 수 있다. 다음의 판례연습을 통하여 자세히 살펴보기로 한다.

판례연습

대법원 2006. 7. 4.자 2005마425 결정

– 상속포기의 경우 당사자표시정정의 가부 –

X는 이미 사망한 Y를 상대로 소를 제기하였다. Y의 상속인으로는 Y_1이 있어 X는 Y_1으로 당사자표시정정신청을 하였다. 상속인은 상속개시 있음을 안 날로부터 3개월 내에 포기할 수 있다(민법 1019조 1항). 이에 따라 Y_1은 상속을 포기하였다. 상속의 포기는 상속이 개시된 때에 소급하여 그 효력이 있다(동법 1042조). Y_1의 상속포기로 Y_2가 Y의 상속인이 되었다. 이 경우 X는 Y_2로 다시 당사자표시정정신청을 하는 것이 허용될까?

이에 대해 판례는 실질적 피고로 해석되는 사망자의 상속인은 실제로 상속을 하는 사람(진정한 상속인)을 가리킨다고 한다. 위의 예에서는 Y_2가 '실제로 상속하는 사람'에 해당된다. 따라서 다시 Y_2로 당사자표시정정신청을 하는 것도 허용된다고 한다.

참고판례 대법원 2006. 7. 4.자 2005마425 결정【구상금】

20) 정동윤/유병현/김경욱, 191면; 호문혁, 224면.

▌이미 사망한 사람을 상대로 소가 제기된 경우 실질적 피고는 진정한 상속인이다(판례). ▌

(b) 피고경정의 허용 여부

소제기 당시 이미 사망한 자를 상속인으로 당사자를 바꾸는 것과 관련하여 최근의 판례는 종전의 판례에 비하여 진일보한 태도를 보이고 있다. 그 하나는 **소제기 당시 이미 사망한 자를 상속인으로 당사자를 바꾸는 것을 피고경정의 형식으로도 허용한다는 것이다. 그러나 이 경우에도 그 성질과 효과는 당사자표시정정에 의한다.**[21] 이와 아울러 당사자표시정정도 여전히 허용하고 있다. 또 다른 하나는 원고가 피고의 사망사실을 안 경우에도 당사자표시정정을 허용하며 당초 소장을 제출한 때에 소멸시효중단의 효력이 생긴다고 한다.[22]

(c) 당사자표시정정과 피고경정의 차이

원래 당사자표시정정과 피고경정의 차이는 단지 신청형식에 그치는 것이 아니다. 당사자표시정정은 당사자의 동일성의 범위에서 인정된다. 따라서 당사자표시정정은 소제기 이후에 이루어졌지만 소장 접수시 정정된 당사자에게 소가 제기된 것으로 취급된다. (기본사례에서는 X가 Y에게 소를 제기한 때 Y1, Y2에게 소를 제기한 것으로 취급된다) 한편 피고의 경정은 당사자의 동일성이 인정되지 않는 당사자변경에 해당된다. 따라서 종전 피고에 대한 소제기가 새로운 피고에 대한 소제기로 취급될 수 없다. 새로운 피고에 대한 소제기의 효과는 경정신청서를 제출한 때에 발생한다(265조).

이러한 차이는 구체적으로 법률상 기간준수와 시효중단에서 나타난다. 최초 소장 접수시에는 시효기간이 도과되지 않았으나 당사자표시정정시 또는 피고경정시 시효기간이 도과하였다면 당사자표시정정의 경우는 시효로 권리가 소멸하지 않으나 피고경정의 경우는 시효로 권리가 소멸하게 된다. 그러나 판례는 사망자를 상대로 소가 제기되었다가 상속인으로 피고를 바꾸는 피고의 경정은 민사소송법 제260조의 피고의 경정이 아니라 당사자표시정정으로 인정하여 받아들이고 있다. 따라서 시효의 중단은 소장 접수시에 발생한다.

이와 같이 해석하는 이유는 무엇일까? 소제기 당시 이미 사망한 당사자를 그 상속인으로 고치는 것이 당사자의 동일성을 유지하는 것인지 아니면 당사자변경에 해당되는 것인지는 그 신청의 내용에 의해 결정되는 것이며 그 방식에 의해 달라진다고 할 수 없다. 또한 상속인으로 피고를 바꾸는 것을

---

21) 대법원 2009. 10. 15. 선고 2009다49964 판결. 위 판결은 "변경 전후 당사자의 동일성이 인정됨을 전제로 진정한 당사자를 확정하는 표시정정의 대상으로서의 성질을 지니는 이상 비록 소송에서 피고의 표시를 바꾸면서 피고경정의 방법을 취하였다 해도 피고표시정정으로서의 법적 성질 및 효과는 잃지 않는다고 보아야 할 것이다"라고 한다.

22) 대법원 2011. 3. 10. 선고 2010다99040 판결.

피고경정의 방식으로 하였다고 하여 민사소송법 제265조에 따라 소제기의 효과가 경정신청서를 제출한 때 발생한다고 한다면 이미 사망한 사람에 대한 소제기의 시기는 원고가 당사자표시정정신청의 방식에 의하는가 아니면 피고경정의 방식에 의하는가 하는 우연적 사정에 따라 달리 판단될 것이다. 따라서 사망한 사람에 대한 소송에서 당사자표시정정신청을 허용하는 판례의 입장을 유지하는 한 피고경정신청을 당사자표시정정신청의 의미로 해석하는 것은 부득이한 것으로 보인다.

참고판례 **대법원 2009. 10. 15. 선고 2009다49964 판결【상속채무금】**

소송계속 후 당사자가 사망한 경우는 그 시기가 변론종결 전이든 후이든 당사자 확정의 문제와는 관련이 없다는 점을 우선 지적해 둔다. 그 내용도 소송절차의 중단, 소송승계, 기판력 등과 관련이 있어 이곳에서 상세히 다루는 것은 적절하지 않은 점이 있다. 그럼에도 불구하고 이곳에서 다루는 이유는 '당사자의 사망이 소송에 미치는 영향'이라는 주제를 정리하고자 하는 취지이다. 간단하게 살펴보기로 한다.

2. 소송계속 후 변론종결 전 당사자가 사망한 경우

(1) 소제기 후 변론종결 전 당사자가 사망하면 그 소송은 부적법해질까? 당사자가 사망하면 원칙적으로 소송절차는 중단된다(233조 1항).[23] 소송이 종료되지 않고 중단되는 이유는 소송의 목적인 권리의무가 상속의 대상이 되는 경우 상속인이 그 소송을 이어 받을 수 있기 때문이다. 따라서 소송의 목적인 권리의무가 상속의 대상이 되지 않거나 한쪽 당사자가 상대방의 수계인이 되는 경우에는 소송절차는 중단되지 않고 종료하게 된다. 소송의 목적인 권리의무가 상속의 대상이 되는 경우 당사자의 사망으로 상속인은 당연히 사망자의 소송상 지위를 승계한다. 이를 당연승계라 한다. 다만 수계절차를 밟아야 당사자의 사망으로 중단된 소송절차가 진행된다. 따라서 당사자의 사망으로 소가 부적법해지는 것은 아니다.

(2) 만약 법원이 당사자의 사망사실을 간과하고 판결을 선고하였다면 그 효력은 어떻게 될까? 판례는 중단사유가 발생하였음에도 불구하고 이를 간과하고 판결이 선고된 경우 당연무효는 아니고 대리권에 흠이 있는 경우와 마찬가지로 취급하여 확정 전이면 상소(424조 1항 4호), 확정 후이면 재심(451조 1항 3호)에 의하여 취소할 수 있다고 한다.[24]

---

23) 소송이 중단되지 않는 경우는 민사소송법 제238조 참조.

24) 과거 대법원 판례는 당사자의 사망을 간과하고 내려진 판결은 당연무효이고 상고의 대상도 될 수 없다고 해석하였으나(대법원 1992. 6. 12. 선고 92다13394 판결 등) 대법원 1995. 5. 23. 선고 94다28444 전원합의체판결에서 이를 폐기하고 이러한 판결도 당연무효는 아니며 상소, 재심의 소에 의해 취소할 수 있을 뿐이라고 하였다.

3. 변론종결 후 당사자가 사망한 경우

당사자가 변론종결 후에 사망한 경우에도 변론종결 전 사망한 경우와 같이 소송절차가 중단된다. 그러나 판결의 선고는 소송절차가 중단된 경우에도 할 수 있으므로(247조) 변론종결 전 사망한 경우와 달리 취급된다. 당사자가 변론종결 전 사망하면 소송절차의 중단으로 변론종결절차를 진행할 수 없으므로 결과적으로 판결의 선고를 할 수 없다. 당사자가 변론종결 후 사망하여 판결이 선고되는 경우에도 소송절차의 중단으로 상소기간이 진행하지 않는다.

Ⅵ. 소송에서의 법인격 부인

1. 문제의 소재

(1) 예를 들어 보기로 한다. X는 A회사에게 1억 원을 대여하였으나 A회사는 X에 대해 채무를 이행할 자력이 없다. A회사의 배후에는 (자연인 또는 법인인) B가 있는데 두 가지 경우를 가정해 본다. ① A회사는 자연인 B의 개인회사에 불과한 경우이다. ② B회사는 A회사와 기업의 형태 · 내용이 실질적으로 동일하고, A회사는 B회사의 채무를 면탈할 목적으로 설립된 경우이다. A회사는 자력이 없으므로 X가 B를 상대로 소를 제기하여 판결을 받거나 A를 당사자로 한 판결의 효력을 B에게 미치게 할 수 있다면 자신의 권리를 실현할 수 있을 것이다. 그러나 대여금채무자는 A이고 판결의 효력은 당사자에게만 미치는 것이 원칙이므로 B를 피고로 삼거나 A에 대한 판결의 효력을 B에게 미치게 하려면 이를 정당화할 근거가 필요하다. 이 경우에 문제되는 것이 법인격부인의 법리이다. (이에 관한 설명은 공동소송과 기판력, 당사자변경 등 민사소송법의 여러 논점에 걸쳐 있는 문제이므로 우선은 논의의 개관만을 확인하는 것으로 한다)

(2) 법인격부인의 법리는 회사의 독립된 법인격 자체는 인정하면서 특정한 법률관계에 한하여 회사의 법인격을 무시하고 그 배후에 있는 사원 또는 다른 회사를 실질적인 당사자로 취급하여 구체적으로 타당한 해결을 꾀하려는 이론이다.[25] 실체법상 인정되고 있는 법인격 부인의 법리를 소송법상으로 어떻게 반영할 수 있겠는가 하는 것에 관하여 여러 가지 문제가 제기된다.

2. 피고와 공동소송관계

(1) X가 소를 제기하려면 A회사와 B(회사) 중 누구를 당사자로 삼아야 할까? 회사의 법인격이 부인되는 경우 배후회사의 설립은 기존회사의 채무면탈이라는 위법한 목적달성을 위하여 회사제도를 남용한 것이다. 따라서 기존회사의 채권자에 대하여 위 두 회사가 별개의 법인격을 갖고 있음을 주장하는 것은 신의성실의 원칙상 허용되지 않는다. 그 결과 X는 A와 B 어느 한 쪽을 상대로 소를 제기하

25) 강현중, 206면; 김홍규/강태원, 195면; 정동윤/유병현/김경욱, 197면.

거나 모두를 피고로 하여 소를 제기하는 것이 가능하다.[26)]

(2) A와 B 모두를 피고로 하여 소를 제기하는 경우 A와 B에 대한 판결의 결론이 일률적으로 정해져야 하는 것일까? 이에 관한 논의를 하기 위해서는 먼저 공동소송의 형태에 관한 기본적인 내용에 관한 설명이 필요하다. 당사자들에 대한 판결이 일률적으로 정해져야 하는 경우(합일확정)를 필수적 공동소송이라고 한다. 공동소송이 필수적인 경우를 고유필수적 공동소송, 공동소송이 필수적인 것이 아닌 경우를 유사필수적 공동소송이라고 한다. 고유필수적 공동소송은 공동소송의 형태로 소가 제기되지 않으면 소가 부적법하다. 그러나 유사필수적 공동소송은 반드시 공동소송으로 되어야 할 필요는 없으나 공동소송으로 소가 제기되었다면 판결은 당사자 사이에 일률적으로 정해져야 한다. 통상공동소송은 공동소송인들에 대한 판결이 일률적일 것을 요하지 않는 경우이다. X의 A · B에 대한 소송의 형태는 유사필수적 공동소송이 되어야 한다는 견해도 있으나 법률상 합일확정의 필요가 없으므로 통상공동소송으로 보아야 한다.[27)] 이러한 결론은 ①, ② 모두의 경우에 동일하게 적용될 수 있다.

3. 피고의 변경

X가 소제기 당시 A회사를 피고로 삼아 소를 제기하였다가 소송 도중 A회사가 아무런 자력이 없음을 발견하고 피고를 B(회사)로 바꾸는 것이 가능할까? 이에는 A회사와 B(회사) 사이에 동일성이 인정될 수 있겠는가 하는 문제가 전제되어 있다. 만약 둘 사이의 동일성이 인정된다면 당사자표시정정으로 해결될 수 있을 것이고 동일성이 인정되지 않는다면 당사자변경의 문제가 될 것이다. 이에 관하여는 임의적 당사자변경설, 소송승계설, 당사자표시정정설 등의 학설이 대립한다.[28)] 각 학설의 이름은 당사자를 A에서 B로 바꾸는 방법을 나타낸다. 임의적 당사자변경설, 소송승계설에 의하면 ①과 ② 모두 당사자표시정정이 불가능하다. 그러나 당사자표시정정설에 따르면 위 ①과 ② 모두 당사자표시정정이 가능하다. 더 자세한 내용은 각 학설의 해당 문헌을 참고하기 바란다.

4. 판결의 효력

X가 A회사만을 상대로 확정판결을 받은 경우 B(회사)에도 판결의 효력이 미치는가 하는 것도 문제된다. ①의 경우에는 B에게 판결의 효력이 미치지 않는다. ②의 경우 수정적 임의적 당사자변경설은 B회사가 민사소송법 제218조 제1항의 '청구의 목적물을 소지한 사람'에 해당하거나 이에 준한다고 보아 B회사에게도 판결의 효력이 미친다고 한다. 그리고 B회사에 대하여는 승계집행문[29)]을 부여받아 집행이 가능하다고 한다. 그러나 소송절차 및 강제집행절차에 있어서 절차의 명확 · 안정을 중시하는

---

26) 대법원 2004. 11. 12. 선고 2002다66892 판결; 대법원 2008. 8. 21. 선고 2006다24438 판결; 대법원 2011. 5. 13. 선고 2010다94472 판결; 대법원 2016. 4. 28. 선고 2015다13690 판결.

27) 같은 취지의 견해로는 정동윤/유병현/김경욱, 198면.

28) 각 학설들의 내용에 관하여는 김홍규/강태원, 195면(당사자표시정정설); 송상현/박익환, 124면(임의적 당사자변경설); 이시윤, 142면(당사자표시정정설); 정동윤/유병현/김경욱, 198면(소송승계설) 참조.

29) 원고가 승소확정판결을 받은 후에도 자신의 권리를 현실적으로 실현하려면 강제집행을 해야 한다. 강제집행을 위해서는 확정판결문(집행권원)에 누가 집행당사자인가를 나타내는 문구(집행문)를 적은 집행력 있는 정본을 필요로 한다. 승계집행문은 집행권원이 생긴 후 집행당사자의 지위가 집행권원에 표시된 당사자 이외의 사람에게 승계된 경우 그 승계인을 집행당사자로 적는 집행문이다(민사집행법 31조).

판례에 따르면 기판력과 집행력이 B회사에 미치지 않는다.[30]

법인격이 부인되는 경우 배후에 있는 회사나 개인도 피고로 삼을 수 있다.

제3절 당사자능력

■ 핵심어

형식적 당사자능력자, 종중의 당사자능력, 조합의 당사자능력, 소제기 전 당사자의 사망을 간과한 판결의 효력

제1편 총칙
제2장 당사자
제1절 당사자능력과 소송능력

제51조(당사자능력 · 소송능력에 대한 원칙)
제52조(법인 아닌 사단 등의 당사자능력)

Ⅰ. 의 의

(1) 소송의 주체가 될 수 있는 일반적 능력을 당사자능력이라고 한다. **권리의무의 주체가 될 수 있는 일반적 능력 또는 자격인 권리능력에 대응되는 것이다.** 민사소송법 제51조는 "당사자능력, 소송능력, 소송무능력자의 법정대리와 소송행위에 필요한 권한의 수여는 이 법에 특별한 규정이 없으면 민법, 그 밖의 법률에 따른다"고 규정하고 있다.

(2) 동조에서 지시하는 당사자능력에 관한 '이 법에 특별한 규정'은 "법인이 아닌 사단이나 재단은 대표자 또는 관리인이 있는 경우에는 그 사단이나 재단의 이름으로 당사자가 될 수 있다"고 규정하고 있는 민사소송법 제52조를 의미한다. 따라서 당사자능력자에는 '민사소송법 제52조'에 의한 당사자능력자와 '민법, 그 밖의 법률'에 의한 당사자능력자가 있다. 여기서 민법에 의한 당사자능력자란 민법상 권리능력자를 말한다.[31] 이렇게 해석하는 이유는 다음 두 가지이다. 민법상 권리능력자는 당연히 민사소송법상 당사자능력자로 인정되지 않으면 소송을 통하여 자신의 권리를 실현

30) 대법원 1995. 5. 12. 선고 93다44513 판결.
31) 독일 민사소송법 제50조 제1항은 "권리능력 있는 자는 당사자능력이 있다"고 규정하고 있다.

할 수 없기 때문이다. 또 제52조의 규정은 '법인 아닌 사단이나 재단은'이라고 하여 권리능력자가 당사자능력자임을 전제하고 있다. 이상의 내용을 정리하면 민사소송법 제51조와 제52조의 해석상 당사자능력자는 민법상 권리능력자인 자연인(민법 3조), 법인(민법 34조)과 민사소송법상의 당사자능력자인 법인이 아닌 사단이나 재단(52조)이다. 강학상 전자를 실질적 당사자능력자, 후자를 형식적 당사자능력자라고도 한다.

(3) 민사소송법이 비법인의 당사자능력을 인정하는 것은 법인이 아닌 사단이나 재단이라도 사단 또는 재단으로서의 실체를 갖추고 그 대표자 또는 관리인을 통하여 사회적 활동이나 거래를 하는 경우에는, 그로 인하여 발생하는 분쟁은 그 단체의 이름으로 당사자가 되어 소송을 통하여 해결하게 하고자 함에 있다.

(4) 당사자능력이 있는지 여부는 사실심변론종결시를 기준으로 하여 판단된다.[32] 소는 당사자능력자에 의해 제기되어야 한다. 이런 의미에서 당사자능력은 소송요건이 된다. 또한 소가 제기된 후에도 당사자무능력자가 소송행위를 하면 무효가 된다. 이런 의미에서 당사자능력은 소송행위의 유효요건이 된다.

Ⅱ. 당사자능력자

1. 실질적 당사자능력자

(1) 의 의

민법상 권리능력을 가지는 자는 민사소송에 있어서 당사자능력을 갖는다. 이를 실질적 당사자능력자라고 한다. 실질적 당사자능력자에 관하여는 민법의 권리능력자에 관한 설명이 그대로 타당하다.

(2) 구체적 판단

예를 들어 보기로 한다. X사립대학은 해산한 법인인 Y에 대하여는 채무불이행을 원인으로 한 손해배상청구의 소를, 국세청에 대하여는 과세처분무효를 주장하여 부당이득반환청구의 소를 제기하였다. 이 소송에서 X, Y, 국세청은 당사자능력이 있을까?

(a) X사립대학에 대하여 검토해 보기로 한다. 각종 학교는 교육을 위한 시설에 불

---

32) 대법원 1991. 11. 26. 선고 91다30675 판결.

과하여 당사자능력이 없으므로[33] 운영주체인 국가나 자치단체, 학교법인 등이 당사자가 된다. 따라서 X사립대학은 당사자능력이 없으며 운영주체인 학교법인 등이 당사자가 되어야 한다.

(b) Y법인에 대하여 검토해 보기로 한다. 법인이 해산을 하면 바로 소멸하는 것이 아니라 청산절차를 거치므로 해산한 법인은 청산법인으로서 청산의 목적 범위 내에서 권리가 있고 의무를 부담한다(민법 81조). 따라서 해산한 법인인 Y는 청산사무종료시까지 당사자 능력을 유지한다. 따라서 X가 제기한 소가 청산의 목적범위 내라면 Y법인은 당사자능력자이다.

(c) 국세청에 대하여 검토해 보기로 한다. 우선 행정주체와 행정기관의 개념부터 살펴볼 필요가 있다. 행정법관계에서 행정권을 행사하고 그 법적 효과가 귀속되는 주체를 행정주체라고 한다. 국가나 지방자치단체가 그 예이다. 행정기관은 행정주체를 위하여 의사를 결정하고 표시하지만 그 법적 효과는 행정주체에 귀속된다. 행정주체는 민사소송법상 당사자능력자이나 행정기관은 당사자능력자가 아니다. 국세청은 행정기관의 일부인 처분청이므로 당사자능력이 없다. 행정소송에서는 처분을 행한 처분청이 당사자가 되지만(행정소송법 13조) 이는 행정소송 수행의 편의를 위해 정한 행정소송법상 특칙임은 당사자표시정정 편에서 설명한 바 있다.

(3) 흠결에 대한 조치

X의 소송대리인은 소가 부적법하여 각하되지 않도록 하기 위해서는 위 소송에 대하여 어떤 조치를 취하여야 할까? 판례는 소장에 표시된 당사자에게 당사자능력이 인정되지 않는 경우에는 소장의 전취지를 합리적으로 해석한 결과 인정되는 올바른 당사자능력자로 그 표시를 정정하는 것을 허용한다.[34] 따라서 원고인 X는 자신을 학교법인 등으로, 세금반환소송의 피고를 국세청에서 대한민국으로 각각 당사자표시정정신청하여 당사자표시를 바로잡아야 하고 원고의 이러한 신청은 허용된다.

민법상 권리능력자는 당사자능력자이다(51조).

33) 대법원 2017. 3. 15. 선고 2014다208255 판결; 대법원 2019. 3. 25.자 2016마5908 결정.

34) 대법원 1996. 10. 11. 선고 96다3852 판결; 대법원 1997. 6. 27. 선고 97누5725 판결; 대법원 1999. 4. 9. 선고 97누19731 판결.

2. 형식적 당사자능력자

(1) 의 의

(a) **법인 아닌 사단이나 재단은 대표자 또는 관리인이 있는 경우에는 그 사단이나 재단의 이름으로 당사자가 될 수 있다**(52조). 이를 형식적 당사자능력자라고 한다. 법인은 그 주된 사무소의 소재지에서 설립등기를 함으로써 성립한다(민법 33조). 법인 아닌 사단이나 재단은 단체의 실체를 갖추고 있으면서도 설립등기를 갖추지 않아 권리능력을 취득하지 못한 단체를 말한다.

(b) 법인 아닌 사단이나 재단도 단체의 이름으로 거래행위를 하고 이로 인한 분쟁이 현실적으로 발생하는 경우는 얼마든지 있다. 이러한 경우 비록 민법상 권리능력자는 아니지만 소송에서 그 주체성을 인정하는 것이 편리하다는 취지에서 당사자능력을 인정하고 있다. 만약 어떤 단체에 당사자능력이 인정되지 않으면 그 단체와 관련된 소송은 단체의 구성원들 전원이 당사자가 되어 할 수밖에 없다. 이 경우 소송관계는 단체의 구성원이 많아지는 만큼이나 매우 복잡해질 수밖에 없다. 예를 들어 소송능력도 구성원마다 일일이 따져 보아야 하고 변론기일의 출석 여부, 소송서류의 송달, 소송자료의 제출 등도 매우 번거롭고 복잡할 것이다. 그러나 단체에 당사자능력이 인정되면 소송의 주체가 단체 하나이므로 소송관계는 그만큼 단순해진다.

(2) 구체적 판단

(a) 교회와 종중

형식적 당사자능력자로는 여러 가지가 있으나[35] 그 대표적인 것으로 교회와 종중을 들 수 있다. 교회는 다수의 교인들에 의하여 조직되고, 일정한 종교활동을 하고 있으며 그 대표자가 정하여져 있다면 민사소송법 제52조에서 정하는 비법인사단으로서 당사자능력이 있다고 하는 것이 판례의 확립된 태도이다.[36] 당사자능력이 있는지 여부는 사실심의 변론종결일을 기준으로 판단하여야 한다.[37] 특히 문제가 되는 것은 교인들이 집단적으로 탈퇴한 경우이다. 종중은 공동선조의 분묘 수호와 제사 및 종중원 상호간의 친목 등을 목적으로 하는 자연발생적인 관습상의 종족집단체이다.[38] 판례는 공동선조의 후손은 성년이 되면 당연히 그 구성원이 되는 것이므로 특

---

35) 기존의 이론서에는 형식적 당사자능력자에 해당하는 여러 경우들이 소개되어 있다.
36) 대법원 1991. 11. 26. 선고 91다30675 판결; 대법원 2007. 11. 16. 선고 2006다41297 판결.
37) 대법원 1991. 11. 26. 선고 91다30675 판결.
38) 그러나 판례는 종중이 반드시 특정한 명칭의 사용 및 서면화된 종중규약이 있어야 하거나 종중의 대표자가 계속하여 선임되어 있는 등 조직을 갖추어야 하는 것도 아니라고 한다(대법원 1998. 7. 10. 선고 96다488

정 범위 내의 종원만으로 조직체를 구성하여 활동하고 있다면 이는 본래 의미의 종중으로는 볼 수 없고, 종중 유사의 권리능력 없는 사단일 뿐이라고 한다.[39] 교회와 종중에 관한 보다 구체적인 것은 당사자적격 편에서 살펴보기로 한다.

(b) 민법상의 조합

1) 당사자능력

법인 아닌 사단이나 재단은 민법상 권리능력이 인정되지는 않지만 당사자능력이 인정된다. 그렇다면 민법상 권리능력이 인정되지 않는 민법상의 조합도 당사자능력이 인정될까? 이에 관하여는 견해가 나누어진다. 긍정설은 민법상의 조합도 조합원 개인의 재산과는 독립된 조합재산을 기초로 사회적 단체로서 활동하므로 당사자능력을 인정하여야 한다고 한다.[40] 그러나 조합은 2인 이상이 상호출자하여 공동사업을 경영할 것을 약정함으로써 성립하는 것으로 조합원의 개성이 강하게 드러나는 인적 결합체이다. 따라서 조합에는 비법인사단과 같은 단체성을 인정하기 어려워 당사자능력을 부정함이 타당하다.[41] 판례도 부정설에 따르고 있으나 민법상 조합의 명칭을 가지고 있는 단체라 하더라도 사단적 조직과 운영 기타 단체로서의 주요사항이 확정되어 있는 경우에는 비법인사단으로서의 실체를 인정하고 있다.[42] 과거 주택건설촉진법상의 재건축조합에 대하여 판례는 이를 법인격 없는 사단으로 취급하였으나[43] 현재는 도시 및 주거환경정비법 제38조에 의해 법인으로 인정된다.

2) 소송관계의 간이화

조합재산에 관한 소송에서 조합의 당사자능력이 부정되면 조합의 조합원 전원이 당사자가 되어야 한다. 만약 조합원이 수만 명이라면 어떻게 소송을 수행하여야 할까? 이 경우 소송관계를 간이화시키는 조치를 강구하는 것은 매우 긴요한 일이다. 조합의 소송을 간이화 하는 방법은 한 사람 또는 소수의 사람에게 조합원들의 소송수행권을 수여하거나 한 사람 또는 소수의 사람으로 하여금 조합원들을 대리하게 하는 것이다. 구체적으로는 다음과 같은 방법을 생각해 볼 수 있다.

i) 공동의 이해관계를 가진 사람이 민사소송법 제52조의 규정에 해당되지 아니하는 경우(법인 아닌 사단 등으로서 당사자능력이 인정되지 않는 경우)에는 이들은 그 가운데서 모두를 위하여 당사자가 될 사람 또는 여러 사람을 선정하거나 이를 바꿀 수

판결).

39) 대법원 2020. 10. 15. 선고 2020다232846 판결.

40) 강현중, 211면; 김홍규/강태원, 204면.

41) 김홍엽, 154면; 이시윤, 152면; 정동윤/유병현/김경욱, 204면; 정영환, 270면; 호문혁, 236면.

42) 대법원 1992. 7. 10. 선고 92다2431 판결.

43) 대법원 1999. 10. 22. 선고 97다49398 판결.

있다(53조). 이를 선정당사자라고 하며 법률에 의하여 소송수행권의 수여가 허용되는 경우이다.

ii) 법률의 규정은 없으나 판례는 업무집행조합원에게 조합원들이 소송수행권을 수여하여 소송을 수행하게 할 수도 있다고 한다.[44]

iii) 또한 민법 제709조를 근거로 법률상대리인으로 하여 소송수행이 가능하다는 견해도 있다.[45] 해당 부분에서 다시 설명하기로 한다.

▌법인 아닌 사단이나 재단도 대표자 또는 관리인이 있는 경우에는 당사자능력이 인정된다(52조). ▌

Ⅲ. 당사자능력 흠결의 소송법상 효과

(1) 소 각하

당사자능력은 소송요건이므로 법원은 직권으로 이를 조사하여 그 흠결이 있는 경우 판결로 소를 각하한다.[46]

(2) 간과판결

당사자능력의 흠을 간과한 판결은 다음과 같은 점이 문제된다.

(a) 간과판결의 효력

1) 소제기 전 당사자가 사망한 경우

소제기 전 당사자가 사망한 경우와 같이 두당사자대립구조의 실체가 존재하지 않는 경우 이를 간과하고 한 법원의 판결은 무효이다.[47] 판례도 당사자가 소제기 이전에 이미 사망하여 주민등록이 말소된 사실을 간과한 채 본안 판단에 나아간 원심판결은 당연무효라고 한다.[48] 나아가 피고가 소제기 당시에는 생존하였으나 그후 소장부본이 송달되기 전에 사망한 경우에도 마찬가지이다.[49]

---

44) 대법원 1997. 11. 28. 선고 95다35302 판결.
45) 이시윤, 152면; 호문혁, 235면. 반대하는 견해로는 정영환 271면.
46) 판례가 당사자표시정정을 허용하는 경우가 있음은 앞서 본 바와 같다.
47) 강현중, 213면; 김홍엽, 160면; 이시윤, 144면; 정동윤/유병현/김경욱, 207면; 호문혁, 240면.
48) 대법원 2000. 10. 27. 선고 2000다33775 판결.
49) 대법원 2017. 5. 17. 선고 2016다274188 판결. 이러한 법리는 사망자를 채무자로 한 지급명령에도 적용되어 사망자를 채무자로 하여 지급명령을 신청하거나 지급명령 신청 후 정본이 송달되기 전에 채무자가 사망한 경우에는 지급명령은 효력이 없다고 한다.

2) 실종선고의 경우

ⅰ) 사 례 예를 들어 보기로 한다. X가 Y를 상대로 소를 제기하였다. 소제기 전 Y는 이미 실종선고기간인 5년이 넘도록 생사가 분명하지 않은 상태이었다. Y에 대한 실종선고는 X가 Y를 상대로 제기한 소에 대한 판결이 확정된 후에 확정되었다. 사건이 발생한 순으로 다시 정리하자면, Y는 5년 이상 생사불명(실종기간만료)-소 제기-판결확정-실종선고확정이 된다.

실종선고를 받은 자는 실종선고기간이 만료한 때에 사망한 것으로 간주된다(민법 28조). 그렇다면 X가 Y에 대해 제기한 소는 이미 사망한 사람에 대하여 소를 제기한 것과 같이 취급되어 Y에 대한 판결은 무효일까?

ⅱ) 설 명 실종선고가 확정되면 민법 제28조에 의해 Y의 사망간주시점은 실종기간만료시로서 X의 소제기 이전이 된다. 만약 Y의 당사자능력도 실종기간만료시부터 존재하지 않는 것으로 취급된다면 Y에 대한 판결은 당사자능력이 없는 자에 대한 것으로 무효가 된다. 이에 관하여 판례는 실종선고의 효력이 발생하기 전에는 실종기간이 만료된 실종자라 하여도 소송상 당사자능력을 상실하는 것은 아니라는 이유로 실종선고 확정 전에는 실종기간이 만료된 실종자를 상대로 하여 제기된 소도 적법하고 실종자를 당사자로 하여 선고된 판결도 유효하다고 한다.[50] 즉 판례는 실종선고에 의해 사망으로 간주되는 시기(실종선고만료시)와 실종선고로 인해 당사자능력을 상실하는 시기를 구분한다. 그 이유는 무엇일까? 실종선고에 의하여 사망으로 간주되는 효과는 실종자의 종래의 주소를 중심으로 한 사법적 법률관계에 국한된다. 또한 실종선고는 나중에 취소될 수도 있으므로(민법 29조) 사망에서와 같이 권리능력이 종국적 · 절대적으로 소멸하는 것이 아니기 때문이다. 따라서 Y에 대한 판결은 유효하다.

ⅲ) 소송계속 중 실종선고 확정 사례는 판결확정 후 실종선고가 확정된 경우이지만 소송계속 중 실종선고가 확정된 경우도 있을 수 있다. 당사자가 소송계속 중 사망하면 소송절차는 중단되는데 소송중단이 발생하는 시기가 실종기간만료시인지 실종선고확정시인지 하는 문제도 발생할 수 있다. 이 문제는 소송절차의 중단에서 살펴보기로 한다.

3) 당사자능력 없는 조직체의 경우

당사자능력은 없지만 실체를 갖춘 조직체가 소송을 수행한 경우 당사자능력이 없음을 간과한 판결의 효력은 어떻게 취급하여야 할까? 이에 대하여는 유효라는 견해

50) 대법원 1992. 7. 14. 선고 92다2455 판결; 대법원 2008. 6. 26. 선고 2007다11057 판결.

(유효설)가 다수설이다.[51] 다수설과는 달리 무효라는 견해(무효설)도 있다.[52] 실질적으로는 두당사자대립구조를 갖추었다는 점에서 다수설이 타당하다고 생각한다.

(b) 상소가능 여부

당사자능력의 흠결을 간과하고 판결이 선고된 경우 상소로서 다툴 수 있는가 하는 문제이다. 논리적으로는 판결이 유효로 인정되는 경우에는 상소가능성도 당연히 인정된다고 할 수 있다. 예를 들어 당사자능력은 없지만 실체를 갖춘 조직체가 소송을 수행한 경우 당사자능력이 없음을 간과한 판결의 효력을 유효로 보는 견해는 그 상소가능성도 인정한다.[53] 문제는 당사자의 실체가 인정될 수 없어 판결이 무효로 취급되는 경우이다. 이에 대해 학설은 나누어진다.[54] 판례는 소제기 전 당사자가 이미 사망한 경우 이를 간과한 판결에 대해 사망자를 상대로 한 상소를 허용하지 않는다.[55] 민사소송이 당사자의 대립을 그 본질적 형태로 하는 것이므로 이를 갖추지 못한 상소는 부적법하다는 것이다. 생각건대 당사자능력의 흠결을 간과한 판결에 대하여도 상소를 허용하는 것이 소송당사자의 구제에 보다 충실한 해석이라고 생각한다. 그렇지 않으면 외관상 성립한 판결의 존재를 부정할 방법이 마땅히 없기 때문이다.

한편 판례는 소송계속 중 어느 일방 당사자의 사망에 의한 소송절차 중단을 간과하고 변론이 종결되어 판결이 선고된 경우에는 상소와 재심을 허용한다.[56] 이 판례에 관하여는 소송절차의 중단에서 자세히 살펴보기로 한다.

(c) 재심가능 여부

당사자능력의 흠을 간과한 판결이 상소기간을 도과한 경우 재심에 의하여 다툴 수 있는가 하는 문제이다. 재심은 확정판결을 그 대상으로 하므로 재심이 가능하려면 판결이 확정되어야 한다. 또한 무효인 판결은 확정될 수 없으므로 판결이 확정되려면 판결이 유효하여야 한다. 재심가능 여부에 관하여는 견해가 나누어진다.

1) 무효설

원래 재심의 소는 확정된 판결에 대하여서만 제기할 수 있는 것이므로 당사자표

---

51) 강현중, 214면; 김홍규/강태원, 206면; 김홍엽, 160면; 송상현/박익환, 132면; 이시윤, 154면; 정동윤/유병현/김경욱, 207면.

52) 호문혁, 241면.

53) 김홍엽, 160면; 정영환, 274면.

54) 상소가 허용된다는 견해로는 김홍규/강태원, 205면; 이시윤, 154면; 정동윤/유병현/김경욱, 208면; 호문혁, 240면. 부정하는 견해로는 정영환, 273면.

55) 대법원 2000. 10. 27. 선고 2000다33775 판결.

56) 대법원 1995. 5. 23. 선고 94다28444 전원합의체판결.

시정정 등 절차를 밟지 아니하고 사망한 사람을 당사자로 하여 선고된 판결은 당연무효로서 확정력이 없어 이에 대한 재심의 소는 부적법하다고 한다.[57] 즉 판결이 무효이므로 재심의 대상이 될 수 없다는 것이다.

2) 유효설

사망한 자와 같이 당사자가 실재하지 않는 경우에는 판결이 당연무효로 되지만 조합 등과 같이 단순히 당사자능력이 인정되지 않는 경우 판결은 유효하다고 한다. 다만 사회생활 단위로서 소송상 행동하여 판결을 받은 것이므로 재심의 소로써 다툴 수는 없다고 한다.[58] 그 흠결을 간과하여 이미 선고한 판결을 유효로 하는 것은 가능해도 당사자능력이 없는 단체가 재심이라는 새로운 소를 제기하는 것이 적법할 수는 없기 때문이다. 즉 판결이 유효할 경우도 있으나 당사자능력이 없으므로 재심의 소를 제기할 수는 없다는 것이다. 또한 이러한 사유가 재심사유에 해당하는지도 의문이다. 유효설이 타당하다고 생각한다.

3) 재심설

무효인 판결도 유효한 것으로 악용될 염려가 있어 민사소송법 제451조 제1항 3호를 유추적용하여 재심으로 취소할 수 있다고 한다.[59]

(3) 당사자능력에 관한 다툼

당사자능력 없음을 이유로 각하된 경우 당사자능력이 없는 자라도 당사자능력을 다투어 상소를 제기하는 한도 내에서는 능력자로 취급되므로 상소를 제기할 수 있다.

판례는 당사자능력의 흠결을 간과한 판결에 대하여 상소 또는 재심을 허용하지 않는다.

---

57) 대법원 1994. 12. 9. 선고 94다16564 판결. 대법원 1995. 5. 23. 선고 94다28444 전원합의체판결에서 소송 중 당사자의 사망을 간과하고 한 판결에 대해 당연무효라는 종전의 태도를 변경하여 당연무효가 아니라고 하고 있으나 소제기 당시 이미 사망한 자를 피고로 하여 소를 제기한 경우에는 이를 명시적으로 변경한 바 없어 이에 관하여는 위의 94다16564 판결의 태도가 유지되고 있는 것으로 보아야 할 것이다. 무효설의 입장에 있는 것으로 보이는 견해로는 호문혁, 241면.

58) 강현중, 214면; 김홍엽, 160면; 송상현/박익환, 133면; 이시윤, 154면.

59) 정동윤/유병현/김경욱, 208면.

제4절 당사자적격

■ 핵심어

이행청구권을 주장하는 자, 단체의 당선자결의무효확인의 소, 채권자대위소송, 추심의 소, 임의적 소송담당의 허용 여부, 업무집행조합원과 임의적 소송담당, 종중소송의 당사자적격

Ⅰ. 의 의

(1) 형식적 당사자개념에 의하면 소송의 당사자는 소송의 목적이 되는 권리관계에 관하여 반드시 권리자이거나 의무자일 필요는 없다. 그러나 특정한 권리관계에 관하여 모든 사람이 소송의 당사자가 될 수 있는 것은 아니다.

예를 들어 보기로 한다. X는 Y에 대하여 100만 원의 지급청구권이 있다. X의 Y에 대한 위의 권리와는 아무런 이해관계가 없는 X_1이 X의 권리를 실현하기 위해 Y에 대하여 소를 제기할 수 있다면 어떤 문제가 생길까? 소송 중 원고는 청구의 일부 또는 전부를 포기할 경우가 있을 수 있고 피고도 청구의 일부 또는 전부를 인낙할 경우도 있다. 이는 소송의 당사자에게 소송의 목적에 관하여 일정한 처분권이 있을 것을 요한다는 것을 의미한다. 또한 X_1이 임의로 한 소송수행의 결과를 X에게 귀속시킬 수 없다. 따라서 X_1의 소제기를 허용할 아무런 필요도 정당성도 없다. 이상에서 X의 권리실현을 목적으로 소를 제기하는 자는 이를 정당화 할 어떤 자격이 필요하다는 것을 알 수 있다.

(2) 이와 같이 특정한 소송물에 관하여 정당한 당사자로서 소송을 수행하고 본안판결을 받기에 적합한 자격을 당사자적격이라고 한다. **당사자적격이 인정되려면 당사자에 의해 권리자 또는 의무자로 주장되거나 법률 또는 권리의무자 본인으로부터 소송수행권이 수여되어야 한다.**[60] 그렇지만 당사자는 반드시 실체법상의 권리의무자이어야 하는 것은 아니므로 당사자적격은 실체법상 권리의무자가 누구인가 하는 본안적격과 구별된다. 본안적격은 청구의 이유 유무가 문제됨에 대하여 당사자적격은 소의 적법 여부가 문제된다. 당사자적격자를 권한의 측면에서 파악하면 자기의 이름으로 소송수행을 할 수 있는 권한을 가진 자라고 할 수 있다. 당사자적격이 있는 자를 정당한 당사자라고도 하며 당사자적격은 민법상 관리처분권에 대응하는 개념이다.

---

60) Othmar Jauernig(김홍규 역), 109면.

Ⅱ. 당사자적격을 갖는 자

일반적으로 당사자적격자는 소송물인 권리관계의 존부 확정, 즉 소송의 승패에 대하여 법률상 이해관계를 가진 자이다.

1. 이행의 소

(1) 당사자적격자

이행의 소는 피고에 대한 특정한 이행청구권의 확정과 이행명령을 구하는 소이다. 이행의 소에서는 자기의 이행청구권을 주장하는 자가 원고적격자이며 이행의무자로 주장된 자가 피고적격자이다. 이행의 소에서 당사자적격의 유무는 주장 자체로 판단하며 실제 권리의무자인가 여부는 본안심리에서 가릴 문제이다(통설·판례).[61]

(2) 구체적 판단

이행소송에서의 당사자적격에 관한 판례로는 다음과 같은 것들이 있다.

(a) 등기의 말소절차이행을 구하는 소의 당사자적격자는 등기의무자, 즉 등기부상의 형식상 그 등기에 의하여 권리를 상실하거나 기타 불이익을 받을 자(등기명의인이거나 그 포괄승계인)이다.[62] 그러나 그 등기명의인이 허무인 또는 실체가 없는 단체인 때에는 소유자는 그와 같은 허무인 또는 실체가 없는 단체 명의로 실제 등기행위를 한 자에 대하여 등기의 말소를 구할 수 있다.[63]

(b) 건물에 의하여 불법점유를 당하고 있는 대지소유자는 건물을 전소유자로부터 매수하여 등기를 하지 않고 있는 건물점유자에 대하여도 그 건물의 철거를 요구할 수 있다.[64]

(c) 건물을 신축하여 원시적으로 그 소유권을 취득한 자로부터 그 건물을 인도받았으나 아직 등기를 하지는 않는 매수인은 그 건물의 불법점거자에 대하여 매도인을 대위하여 인도청구를 할 수 있다. 왜냐하면 매도인은 장차 적법한 소유권이전등기를 하여줄 의무와 그 건물에 대한 완전한 권리행사를 함에 지장이 없도록 협력하여 줄 의무가 있기 때문이다.[65] 그러나 매수인이 매도인을 대위함이 없이 직접 그 건물의

61) 대법원 1989. 7. 25. 선고 88다카26499 판결.
62) 대법원 1994. 2. 25. 선고 93다39225 판결.
63) 대법원 2019. 5. 30. 선고 2015다47105 판결.
64) 대법원 1967. 2. 28. 선고 66다2228 판결; 대법원 1986. 12. 23. 선고 86다카1751 판결.
65) 대법원 1973. 7. 24. 선고 73다114 판결.

불법점거자에게 인도청구를 할 수는 없다.[66]

(d) 근저당권 양도의 부기등기는 기존의 근저당권설정등기에 의한 권리의 승계를 등기부상 명시하는 것에 불과하여 그 등기에 의하여 새로운 권리가 생기는 것이 아니므로 근저당권설정등기의 말소등기청구는 양수인만을 상대로 하면 족하고 양도인은 그 말소등기청구에 있어서 피고적격이 없다.[67]

판례연습 대법원 1994. 6. 14. 선고 94다14797 판결

– 이행의 소에 있어서 원고적격자 –

▌사건의 개요 독립법인인 고속도로공사는 대한민국을 대리하여 Y로부터 K부동산을 매수하고 Y에게 매매대금을 지급하였다. 고속도로공사는 대한민국을 대리하여 K부동산을 매수한 것이므로 매매계약상의 권리자는 대한민국이다. 그런데 고속도로공사는 매매계약을 해제하고 자신이 매매대금반환청구권자임을 주장하며 Y에게 매매대금반환청구의 소를 제기하였다.

Y는 제1심 제1차 변론기일에서 원고와 피고 사이에 K부동산에 관하여 매매계약이 체결된 사실 및 매매대금수령사실을 자백하였다. (자백을 한다는 것은 상대방의 주장에 대하여 다투지 않는다는 의미이다) 고속도로공사는 위와 같이 사실과 다른 주장을 하였지만 Y도 이를 다투지는 않았다. 그러다가 Y는 항소심 제2차 변론기일에서 위 매매계약의 당사자가 고속도로공사가 아니라 국가라고 주장하였다. 이 사건에 관하여 제1심법원과 항소심법원은 어떻게 판단하여야 하는지 문제되었다.

설 명

(1) 제1심법원의 판단

고속도로공사는 자신이 매매대금반환청구권자라고 주장하므로 이 사건 소송의 원고적격자이다. 따라서 이 사건 소는 적법한 것이다. Y는 제1심에서 원고의 주장에 대하여 자백을 하였다. 법원은 당사자의 재판상 자백에 구속된다(288조 참조). 즉 법원은 다른 증거를 들어 재판상 당사자가 자백한 것과 다른 사실을 인정할 수 없다. 이를 자백의 구속력이라고 한다. 원고의 주장이 사실과는 다르지만 자백의 구속력에 의하여 제1심법원은 원고 승소판결을 선고하여야 한다.

(2) 항소심법원의 판단

제1심판결에 항소를 한 Y가 제1심에서 자백한 것을 번복하였다고 하여 제1심에서

---

66) 대법원 2007. 6. 15. 선고 2007다11347 판결.
67) 대법원 2000. 4. 11. 선고 2000다5640 판결.

한 자백의 효력이 당연히 소멸하는 것은 아니다. 재판상 자백은 그것이 진실에 반하고 착오로 인한 경우에만 취소할 수 있다(288조 단서). 항소심 판결은 이에 따라 달라질 것이다. 그러나 Y의 자백이 취소되는 경우에도 고속도로공사의 원고적격은 부인되지 않는다는 것을 다시 한 번 강조해 둔다. 왜냐하면 고속도로공사에게 원고적격이 인정되는가 하는 것은 고속도로공사의 주장만으로 판단되며 이에 대한 Y의 주장은 영향을 미치지 않기 때문이다. 결론적으로 Y의 자백이 취소되더라도 이 사건 소는 적법하다. 다만 고속도로공사의 주장을 인정할 다른 증거가 없다면 제1심판결이 취소되고 청구기각판결이 선고되어야 한다. 만약 Y의 자백이 취소되지 않는다면 이 사건 항소는 이유 없으므로 항소기각판결이 선고되어야 한다.

참고판례 **대법원 1994. 6. 14. 선고 94다14797 판결【보상금반환】**

이행의 소의 당사자적격자는 이행청구권을 주장하는 자 또는 이행의무자로 주장된 자이다.

2. 확인의 소

(1) 당사자적격자

확인의 소는 특정한 권리 또는 법률관계의 존부의 확정을 요구하는 소이다. 확인의 소에서는 그 청구에 대하여 확인의 이익을 가지는 사람이 원고적격자이고 원고의 이익과 대립되는 이익을 가진 사람이 피고적격자이다.

(2) 구체적 판단

(a) 주주총회결의무효 또는 부존재확인 · 이사회결의무효확인 등의 소

1) 주주총회결의부존재확인의 소[68]는 총회의 소집절차 또는 결의방법에 총회결의가 존재한다고 볼 수 없을 정도의 중대한 하자가 있는 것을 이유로 하여 주주총회결의의 부존재확인을 구하는 소이다. 주주총회결의 무효확인의 소와는 주주총회결의가 법률상 유효한 결의로서는 존재하지 않는다는 것의 확정을 구하는 것을 목적으로 한다는 점에서 공통의 성질의 가진다. 따라서 주주총회결의부존재확인의 소는 그 결의무효확인의 소와 마찬가지로 그 결의부존재확인판결의 효력은 제3자에게 미치고(상법 380조) 피고가 될 수 있는 자도 회사로 한정된다.[69]

---

68) 소의 성질이 학설상 다투어지나 판례는 확인의 소라고 한다(대법원 1992. 8. 18. 선고 91다39924 판결).
69) 대법원 1982. 9. 14. 선고 80다2425 전원합의체판결.

2) 주식회사의 이사회결의 또한 회사의 의사결정이고 회사는 그 결의의 효력에 관한 분쟁의 실질적인 주체라 할 것이므로 그 효력을 다투는 사람이 회사를 상대로 하여 그 결의의 무효확인을 소구할 수 있다. 그러나 그 이사회결의에 참여한 이사들은 그 이사회의 구성원에 불과하므로 특별한 사정이 없는 한 이사 개인을 상대로 하여 그 결의의 무효확인을 소구할 이익은 없다.[70)]

(b) 단체의 당선자결의무효확인의 소 등

1) 단체의 임원선거에 따른 당선자결정의 무효 여부에 대한 확인을 구하는 소에 있어서는 단체가 피고적격을 가진다. 당선자 개인을 상대로 제소하는 경우에는 그 청구를 인용하는 판결이 내려진다 하더라도 그 판결의 효력이 단체에 미친다고 할 수 없다. 따라서 이러한 소는 당사자들 사이의 분쟁을 근본적으로 해결하는 수단으로 가장 유효적절한 방법이 될 수 없다.[71)] 이러한 논리와 결론은 대표자 지위의 적극적 확인을 구하는 소에도 동일하게 적용된다.[72)]

2) 이때 단체를 대표할 자는 현재 단체의 대표자이고 그 대표자가 무효 또는 부존재확인청구의 대상이 된 결의에 의하여 선임된 이사라고 할지라도 그 소송에서 단체를 대표할 수 있는 자임에는 변함이 없다.[73)] 그 대표자에 대해 직무집행정지 및 직무대행자선임 가처분이 된 경우에는, 그 가처분에 특별한 정함이 없는 한 그 대표자는 그 본안소송에서 그 단체를 대표할 권한을 포함한 일체의 직무집행에서 배제되고 직무대행자로 선임된 자가 대표자의 직무를 대행하게 되므로, 그 본안소송에서 그 단체를 대표할 자도 직무집행을 정지당한 대표자가 아니라 대표자 직무대행자로 보아야 한다.[74)] 다만 단체의 대표자로 선임된 자가 대표자지위확인의 소를 제기한 경우에는 피고가 되는 단체의 대표자와 원고가 동일인이 되므로 민사소송법 제62조의 '법정대리인이 대리권을 행사할 수 없는 경우'에 해당하여 피고의 특별대리인을 선임하여야 한다(제64조에 의해 법인의 대표자는 법정대리인에 관한 규정을 준용).[75)]

(c) 친생자관계존부확인의 소

민법은 친생자관계존부확인의 소를 제기할 수 있는 자를 한정하여 규정(865조 1항)하고 있다.

---

70) 위 전원합의체판결.
71) 대법원 1992. 5. 12. 선고 91다37683 판결.
72) 대법원 1998. 11. 27. 선고 97다4104 판결; 대법원 2011. 2. 10. 선고 2006다65774 판결.
73) 대법원 1983. 3. 22. 선고 82다카1810 전원합의체판결.
74) 대법원 1995. 12. 12. 선고 95다31348 판결.
75) 이시윤/조관행/이원석, 82면.

판례는 민법 제865조 제1항이 정한 친생자관계존부확인의 소는 법적 친생자관계의 성립과 해소에 관한 다른 소송절차에 대하여 보충성을 가지므로 친생자관계존부확인의 소를 제기할 수 있는 자는 위 규정에서 정한 제소권자로 한정된다고 한다. 또한 종전 대법원 판례의 태도를 변경하여 민법 제777조에서 정한 친족이라는 사실만으로 당연히 친생자관계존부확인의 소를 제기할 수 있는 것은 아니라고 한다.[76]

3. 형성의 소

형성의 소는 법률관계의 발생 · 변경 · 소멸을 요구하는 소이다. 형성의 소는 법률의 규정이 있는 경우에 허용됨은 앞에서 설명한 바 있다. 따라서 형성의 소의 당사자로 될 사람은 이를 인정하는 법규 자체에서 명문으로 규정(민법 817조, 816조 등)한 경우가 많다.

예를 들어 보기로 한다. B는 A회사의 X에 대한 채무를 연대보증하였다. 그러나 A회사는 부도가 나고 B도 채무초과 상태에 빠졌다. 그 후 B는 자신의 처남인 Y에게 전 재산인 K부동산에 관한 근저당권을 설정하여 주었다. X는 채권자취소소송을 제기하여 Y명의의 근저당권을 말소하고자 한다. 누구를 피고로 삼아야 할까? 채권자취소소송은 채무자가 채권자를 해함을 알면서 자기의 책임재산을 감소시키는 법률행위를 한 경우에 채권자가 그 법률행위를 취소하고 재산을 원상으로 회복시키는 소를 말한다. 채권자취소권의 행사는 반드시 소로서만 행사하여야 하며[77] 형성의 소와 이행의 소 양쪽의 성질을 가진다(민법 406조). 또한 취소의 효과는 상대적으로만 발생하여 재산반환청구의 상대방만이 피고적격을 가지고 채무자를 상대로 그 소를 제기할 수는 없다.[78] 따라서 위 소송의 피고적격자는 Y뿐이고 B는 피고적격이 없다.

Ⅲ. 특수한 경우의 당사자적격자

1. 제3자의 소송담당

(1) 총 설

(a) 의 의

제3자의 소송담당은 실체법상 권리의무의 주체 이외의 사람이 소송수행권을 가져 당사자적격이 인정되는 경우이다. (기본사례에서 X는 Y에 대한 권리자가 아니었지만 원고

76) 대법원 2020. 6. 18. 선고 2015므8351 전원합의체 판결.
77) 대법원 1998. 3. 13. 선고 95다48599 판결.
78) 대법원 2004. 8. 30. 선고 2004다21923 판결; 대법원 2009. 1. 15. 선고 2008다72394 판결.

가 되었는데 이는 제3자의 소송담당의 한 예가 된다) 소송담당자는 자기의 이름으로 소송을 수행하고 판결의 효력을 받는 당사자이며 당사자의 대리인이 아니다. 제3자의 소송담당에는 법정소송담당과 임의적 소송담당이 있다. 법정소송담당은 권리의무의 주체의 의사와 상관없이 법률의 규정에 의하여 제3자가 소송수행권을 갖는 경우이다. 임의적 소송담당은 권리의무의 주체의 의사에 의하여 제3자가 소송수행권을 갖는 경우이다.

(b) 판결의 효력

기판력은 당사자에게만 미치는 것이 원칙이다. 그렇다면 실체법상 권리의무의 주체 이외의 자가 소송담당자로서 소송을 수행하여 받은 판결의 효력은 실체법상 권리의무자에는 미치지 않는 것일까? 만약 소송의 당사자가 아니라는 이유로 실체법상 권리의무자에게 판결의 효력이 미치지 않는다면 소송담당자의 소송수행으로 인한 판결을 통해 분쟁이 해결되기는 어려울 것이다. 이에 민사소송법은 "다른 사람을 위하여 원고나 피고가 된 사람에 대한 확정판결은 그 다른 사람에 대하여도 효력이 미친다"고 규정(218조 3항)하고 있다. 여기서 '다른 사람을 위하여 원고나 피고가 된 사람'은 소송담당자를 의미하고 '그 다른 사람'은 실체법상 권리의무자(권리의무의 귀속주체)를 의미한다.

만약 소송담당자가 불성실하게 소송을 수행하여 실체법상 권리의무자에게 불리한 판결을 받게 될 우려가 있는 경우 실체법상 권리의무자가 자신의 이익을 보호하기 위하여 취할 수 있는 수단은 없는 것일까? 민사소송법은 이 경우 공동소송적 보조참가를 인정하고 있다(78조). 자세한 내용은 해당 부분에서 살펴보기로 한다.

(2) 법정소송담당

법정소송담당은 제3자가 법률의 규정에 의하여 소송수행권을 가지게 되는 경우이다. 법정소송담당은 제3자에게 소송에서 다투어지는 권리의무에 관한 관리처분권이 인정되어 소송수행권을 가지게 되는 경우와 일정한 직무에 있는 자가 소송수행권을 가지게 되는 경우(직무상 당사자)가 있다. 전자로는 채권자대위소송을 하는 채권자가 대표적인 예이며 후자로는 가사소송에서 당사자가 사망한 후 검사가 소송을 수행하는 경우가 그 예이다.[79] (기본사례에서 X도 채권자대위소송을 하는 채권자로서 법정소송담당에 해당된다) 법정소송담당의 예로는 파산관재인(채무자 회생 및 파산에 관한 법률 359조), 상속재산관리인

79) 민법 제849조, 가사소송법 제24조 등이 그 예이다. 기존 이론서에는 이에 관한 보다 구체적인 분류와 이에 해당하는 각각의 예시들이 소개되어 있다.

(민법 153조 1항), 유언집행자(민법 1093조) 등이 있다.

(a) 채권자대위소송을 하는 채권자

1) 채권자대위소송의 의의

채권자는 자기의 채권을 보전하기 위하여 채무자의 권리를 행사할 수 있다(민법 404조). 이러한 채권자대위권을 소송상 행사하는 것이 채권자대위소송이다. 채권자대위소송의 채권자는 민법에 의하여 대위권이라는 관리처분권이 부여된 결과 채무자와 함께(병행형) 소송수행권을 가지는 제3자의 소송담당이라고 보는 것이 일반적이다. 채권자대위권의 행사요건으로 보전을 필요로 하는 채권자의 권리(피보전채권)가 존재하여야 한다. 기본사례에서 피보전채권은 X가 X_1에 대하여 가지는 5000만 원의 공사대금채권이다.

2) 원고적격

채권자대위권은 채무자의 채권자만이 행사할 수 있다. **채권자만이 채권자대위소송의 원고가 될 수 있는 자격이 있으므로 채권자대위소송에 있어 피보전채권의 존부는 원고적격의 문제이다.** 만약 피보전채권이 존재하지 않는 경우에는 채권자대위소송은 원고적격이 없이 제기된 부적법한 소로서 각하하여야 한다고 하는 것이 판례[80]·다수설이다. 이러한 판례·다수설의 태도와는 달리 채권자대위소송은 민법이 채권자에게 부여한 대위권이라는 자기의 권리를 행사하는 것이므로 제3자의 소송담당이 아니며 피보전권리가 없는 경우 청구기각판결을 하여야 한다는 견해도 있다.[81] 그러나 채권자대위소송이 피보전권리의 존부의 확정을 목적으로 하는 소송은 아니라는 점에서 위의 견해는 납득하기 어렵다.

3) 피보전채권에 대한 확정판결과 채권자대위소송

판례는 채권자대위소송에서 피보전채권이 소송요건이라는 전제에서 채권자와 채무자 사이에 피보전채권을 청구권으로 한 소송의 확정판결이 후일 채권자대위소송에 미치는 영향에 관하여 다음과 같은 태도를 취하고 있다.

ⅰ) 채권자가 채무자를 상대로 그 보전되는 청구권에 기한 이행청구의 소를 제기하여 승소판결이 확정되고 채권자가 그 확정판결에 기한 청구권을 피보전채권으로 하여 제3채무자를 상대로 채권자대위소송을 제기한 경우, **그 청구권의 발생원인이**

---

80) 대법원 1988. 6. 14. 선고 87다카2753 판결. 피대위자인 채무자가 실존인물이 아니거나 사망한 사람인 경우 채권자대위소송은 당사자적격이 없어 부적법하다는 것으로는 대법원 2021. 7. 21. 선고 2020다300893 판결.

81) 호문혁, 258면.

되는 사실관계가 제3채무자에 대한 관계에서도 증명되었다고 볼 수 있으므로 제3채무자는 채권자와 채무자 사이에 확정된 그 청구권의 존재를 다툴 수 없다고 한다.[82]

그러나 그 청구권의 취득이, 채권자로 하여금 채무자를 대신하여 소송행위를 하게 하는 것을 주목적으로 이루어진 경우와 같이, 강행법규에 위반되어 무효라고 볼 수 있는 경우 등에는 위 확정판결에도 불구하고 채권자대위소송의 제3채무자에 대한 관계에서는 피보전권리가 존재하지 아니한다고 보아야 한다고 한다. 이는 위 확정판결 또는 그와 같은 효력이 있는 재판상화해조서 등이 재심이나 준재심으로 취소되지 아니하여 채권자와 채무자 사이에서는 그 판결이나 화해가 무효라는 주장을 할 수 없는 경우라 하더라도 마찬가지라고 한다.[83]

ii) 채권자가 채무자를 상대로 소를 제기하였으나 패소의 확정판결을 받은 종전 소유권이전등기청구의 소의 청구원인이 채권자대위소송에 있어 피보전권리의 권원과 동일하다면 채권자로서는 채무자의 제3자에 대한 권리를 대위행사함으로써 위 소유권이전등기청구권을 보전할 필요가 없게 되었다고 할 것이어서 채권자의 채권자대위소송은 부적법한 것으로서 각하되어야 한다고 한다.[84]

4) 관련문제

채권자대위권은 채무자가 스스로 제3채무자에 대한 권리를 행사하지 아니하는 경우에 한하여 행사할 수 있다. 채무자인 비법인사단이 총유재산에 관하여 제기한 소가 사원총회의 결의 없이 이루어졌다는 이유로 각하판결을 받고 그 판결이 확정된 경우에는 채무자가 스스로 제3채무자에 대한 권리를 행사한 것으로 볼 수 없다.[85]

채무자의 권리에 대한 소송수행권이 채권자대위소송의 원고와 채무자에게 병행하여 인정되는 결과 채권자에 의한 채권자대위소송과 채무자에 의한 소가 함께 제기되는 경우도 있을 수 있다(중복소송의 문제). 또 채권자대위소송의 확정판결의 효력이 채무자에게 미치는가 하는 문제나 반대로 채무자가 제기한 소의 확정판결이 채권자에게 미치는가 하는 문제(기판력의 문제)도 논란이 되고 있다. 이에 관하여는 해당되는 곳에서 살펴보기로 한다.

(b) 채권추심명령을 받은 압류채권자

1) 금전채권의 집행

금전채권을 집행할 경우 집행의 대상이 되는 채무자의 재산이 부동산이면 이를 경매절차에 의해 매각하여 그 매각 대금을 집행채권자들에게 배당한다. 집행의 대상

---

82) 대법원 2000. 6. 9. 선고 98다18155 판결; 대법원 2003. 4. 11. 선고 2003다1250 판결; 대법원 2010. 11. 11. 선고 2010다43597 판결.
83) 대법원 2019. 1. 31. 선고 2017다228618 판결.
84) 대법원 2002. 5. 10. 선고 2000다55171 판결.
85) 대법원 2018. 10. 25. 선고 2018다210539 판결.

이 되는 채무자의 재산이 채권이면 채권자가 추심명령(推尋命令)을 받거나 전부명령(轉付命令)을 받아 집행한다(민사집행법 229조).[86)]

i) 추심명령　추심명령이 있는 때에는 압류채권자는 대위절차 없이 압류채권을 추심할 수 있다(동법 229조 2항). (추심에는 "찾아내어 가지거나 받아 내다"라는 의미가 있다. 논리적으로는 먼저 압류명령이 이루어져 그 처분을 제한하고 추심명령이 이루어져야 하지만 현실적으로 두 명령에 대한 신청과 명령은 한꺼번에 이루어지는 경우가 많다. 그래서 압류 및 추심명령이라고 한다) 추심명령은 제3자에게 송달된 때에 그 효력이 발생한다(동법 229조 4항, 227조 3항). 추심명령에 의하여 채권자가 채무자의 제3채무자에 대한 채권의 채권자가 되는 것은 아니다. 채권자의 채권은 채무자의 채권을 추심하여 현실적으로 만족을 얻은 경우에 소멸한다.

ii) 전부명령　금전채권의 집행은 전부명령에 의해서도 가능하다. 전부명령이 있는 때에는 압류된 채권은 지급에 갈음하여 압류채권자에게 이전된다(동법 229조 3항). 즉 전부명령에 의해 채권의 귀속주체가 채무자에게서 채권자로 바뀐다. 마치 채권양도를 한 것과 같다. (전부명령에서 전(轉)은 '바꾸다'는 의미가 있고 부(付)는 '부탁하다' '준다'는 의미가 있다. 전부명령도 추심명령처럼 압류와 전부명령을 한 번에 신청하고 한 번에 명령이 발하여지는 것이 보통이다) 전부명령은 전부명령이 제3채무자에게 송달된 때 채무를 변제한 것으로 본다(동법 231조). 즉 전부명령이 있는 경우 그 자체로 채권자의 채권은 소멸한다. 채무자의 채권으로부터 현실적으로 채권의 만족을 얻었는지는 묻지 않는다.

2) 추심의 소와 당사자적격

채권에 대한 압류 및 추심명령이 있으면 제3채무자에 대한 이행의 소는 추심채권자만이 제기할 수 있다.[87)] 채무자는 피압류채권에 대한 추심권을 상실하는 결과 이행의 소를 제기할 당사자적격을 상실한다(갈음형).[88)] 채권자가 추심명령을 받아 제3채무자에게 제기하는 소를 추심금청구의 소라고 한다. 추심금청구의 소를 제기하는 채권자는 소송의 목적인 채권의 채권자는 아니지만 소송의 당사자로서 소송을 수행한다는 점에서 제3자의 소송담당의 한 형태이다. 또한 채권자의 소송수행권은 민사집행법 제229조 제2항의 규정에 근거한다는 점에서 법정소송담당이다. 채권이 단순히 압류만 되어 있는 경우는 채무자는 피압류채권의 처분권만이 제한될 뿐이므로 제3채무자에게 이행청구가 가능하다. 그러나 **압류 및 추심명령이 있는 경우에는 채무**

86) 그 외 특별현금화 명령이라는 것도 있다(민사집행법 241조 1항).

87) 다만 채권압류 및 추심명령 결정정본이 제3채무자에게 적법하게 송달되지 아니하여 채권압류 및 추심명령의 효력이 발생하지 않으면 채권자의 추심금청구의 소는 당사자적격이 없는 자에 의하여 제기된 것으로서 부적법하다(대법원 2016. 11. 10. 선고 2014다54366 판결).

88) 대법원 2000. 4. 11. 선고 99다23888 판결; 대법원 2008. 9. 25. 선고 2007다60417 판결.

자의 추심권능마저 채권자에게 이전되므로 채무자에게는 당사자적격이 없다. 위 두 가지 경우가 다름을 유의할 필요가 있다.

한편 전부명령에 의해 법률적으로는 채권자의 채무자에 대한 채권이 변제되어 소멸된 것으로 취급되더라도 현실적으로는 채권자가 전부받은 채권이 실현되어야 할 필요가 있다. 채권자가 채무자의 제3채무자에 대한 채권을 전부받아 제3채무자에게 채권액의 지급을 구하는 소를 전부금청구의 소라고 한다. 채권자의 전부금청구의 소는 추심금청구의 소와는 달리 채권자가 전부금채권의 채권자이므로 제3자의 소송담당의 경우가 아니다. 전부명령이 있은 뒤에 채무자가 여전히 자신이 제3채무자에 대한 채권자임을 주장하여 전부된 채권의 지급을 구하는 소를 제기한 경우 법원은 청구기각판결을 하여야 한다.

채권자에게 추심명령에 의해서는 추심권능(당사자적격)이, 전부명령에 의해서는 채권 그 자체(소송물)가 이전된다.

(c) 유언집행자 · 상속재산관리인

1) 유언자는 유언으로 유언집행자를 지정할 수 있고 그 지정을 제3자에게 위탁할 수 있다(민법 1093조). 유언집행자는 유증의 목적인 재산의 관리 기타 유언의 집행에 필요한 행위를 할 권리의무가 있다(민법 1101조).

따라서 유증 목적물에 관하여 마쳐진, 유언의 집행에 방해가 되는 다른 등기의 말소절차이행을 구하는 소에 있어서는 유언집행자가 이른바 법정소송담당으로서 원고적격을 가진다. 유언집행자는 유언의 집행에 필요한 범위 내에서는 상속인과 이해상반되는 사항에 관하여도 중립적 입장에서 직무를 수행하여야 하므로, 유언집행자가 있는 경우 그의 유언집행에 필요한 한도에서 상속인의 상속재산에 대한 처분권은 제한되며 그 제한 범위 내에서 상속인은 원고적격이 없다.[89]

2) 상속재산관리인은 상속인의 존부가 분명하지 않은 때 상속재산의 관리를 위하여 법원에 의하여 선임된 자를 말한다(민법 1053조 1항). 상속재산관리인에 대하여는 그 직무와 권한 등에 관하여 부재자재산관리인에 관한 민법 제24조 내지 제26조의 규정이 준용된다(민법 1053조 2항). 판례는 재산상속인의 존재가 분명하지 아니한 상속재산에 관한 소송에 있어서 정당한 피고는 법원에 의해 선임된 상속재산관리인이라고 한다.[90]

---

89) 대법원 2010. 10. 28. 선고 2009다20840 판결.
90) 대법원 2007. 6. 28. 선고 2005다55879 판결.

판례연습 대법원 2008. 9. 25. 선고 2007다60417 판결

– 압류 및 추심명령이 있는 경우 원고적격자 –

▌사건의 개요 X는 매매계약의 해제로 인한 계약금반환채권 및 손해배상채권(이하 통칭하여 '이 사건 채권'이라고 한다)에 기하여 Y를 상대로 소를 제기하였다. 이 소송이 항소심에 소송계속 중이던 2006. 4. 25. X가 이 사건 채권을 X_1에게 양도하고 같은 날 위 채권양도 사실을 Y에게 통지하였다. X_1은 이 사건 소송에 승계참가를 하였다. 그런데 위 채권양도가 이루어지기 전인 2006. 3. 8. X의 채권자인 X_2가 X의 Y에 대한 이 사건 채권에 관하여 채권압류 및 추심명령을 받았고 위 채권압류 및 추심명령이 2006. 3. 15. 제3채무자인 Y에게 송달되었다. 이 경우 승계참가인인 X_1에게는 당사자적격이 인정되는지가 문제되었다.

설명

(1) 채무자의 제3채무자에 대한 채권압류 및 추심명령이 제3채무자에게 송달되면 채무자는 피압류채권에 대한 추심권을 상실하는 결과 피압류채권에 기한 이행의 소는 추심채권자만이 제기할 수 있게 되고, 채무자는 이행의 소를 제기할 당사자적격을 상실한다. X_2는 X의 Y에 대한 이 사건 채권에 관하여 채권압류 및 추심명령을 받았고 위 채권압류 및 추심명령이 2006. 3. 15. 제3채무자인 Y에게 송달되었으므로 이로 인하여 X는 이 사건 채권에 대한 추심권을 상실하였다.

(2) 채권양도는 양도인과 양수인 사이에 채권을 이전시킬 것을 목적으로 하는 계약이다. 채권양도에 의하여 채권은 그 동일성을 잃지 않고 양도인으로부터 양수인에게 이전된다. X_1이 X로부터 양수한 이 사건 채권은 이미 X_2의 압류 및 추심명령에 의해 X의 추심권이 이미 상실된 상태에서 이전되었으므로 X_1 또한 이 사건 소송에 승계참가를 하여도 당사자적격이 인정되지 않는다. 승계참가란 소송이 계속되어 있는 동안에 X_1과 같이 제3자가 소송목적의 권리를 승계하였다고 주장하며 소송에 참가하는 것을 말한다(81조).

참고판례 대법원 2008. 9. 25. 선고 2007다60417 판결【손해배상(기)】

(3) 임의적 소송담당

(a) 의 의

임의적 소송담당은 권리의무자의 의사에 의하여 제3자가 소송수행권을 가지는 경우이다. 선정당사자(53조)나 추심위임배서의 피배서인(어음법 18조, 수표법 23조) 등은 법률의 규정에 의해 임의적 소송담당이 인정되는 경우이다.[91] 법률의 규정에 의하여 소송담당이 인정된다고 하더라도 임의적 소송담당에 속하고 법정소송담당에 속하는 것은 아니다. 법률의 규정에 의하여 임의적 소송담당이 인정된다는 것은 임의적 소송담당이 법률에 의하여 허용된다는 의미이며 이 경우에도 소송수행권을 수여하는 것은 권리의무자의 의사에 의한 것이지 법률에 근거한 것이 아니다. 법률의 규정에 의한 임의적 소송담당의 한 경우로서 선정당사자(53조)는 조합의 당사자능력과 관련된 설명에서 언급한 적이 있다. 법률이 선정당사자제도를 인정하고 있다고 하더라도 다수의 이해관계를 가진 사람들이 선정당사자를 선정하여 소송수행권을 수여하는가는 전적으로 그 다수의 이해관계를 가진 사람의 의사에 따른다. 그런 의미에서 선정당사자는 임의적 소송담당에 속한다.

(b) 허용성

1) 원 칙

이와 같이 **임의적 소송담당은 법률의 규정에 의하여 허용되는 외에는 원칙적으로 허용되지 않는다. 그 이유로는 변호사대리의 원칙과 소송신탁금지의 취지를 들고 있다.** 변호사 대리의 원칙이란 법률에 따라 재판상행위를 할 수 있는 대리인 외에는 변호사가 아니면 소송대리인이 될 수 없다는 원칙을 말한다(87조). 우리 민사소송법은 변호사강제주의를 취하지 않는 결과 자신의 사건에 관하여는 스스로 소송을 수행할 수 있고 반드시 변호사가 대리하여야 하는 것은 아니다. 그러나 타인의 사건을 대리하려면 법정대리인이거나 법률에 따라 재판상행위를 할 수 있는 대리인 외에는 반드시 변호사이어야 한다. 소송의 수행은 매우 전문적인 지식과 경험 그리고 고도의 직업상의 윤리가 요구된다. 이에 본인의 이익과 원활한 소송진행을 위해 소송대리의 자격을 변호사로 제한하고 있다. 변호사대리의 원칙의 적용을 받는 것은 대리의 방식에 의할 경우이다. 소송수행권을 타인에게 수여하여 제3자가 당사자가 되는 제3자의 소송담당의 경우도 마찬가지 이유로 금지할 필요가 있다. 이에 신탁법 제6조는 "수탁자로 하여금 소송행위를 하게 하는 것을 주된 목적으로 하는 신탁은 무효로 한다"고 규정하고 있다. 이를 소송신탁금지라고 한다.

2) 예 외

한편 임의적 소송담당은 이러한 법의 취지를 잠탈할 염려가 없고 합리적 필요가 있는 경우에는 예외적으로 허용된다.[92]

---

91) 이러한 경우에도 그 허용성이 법률에 명시되어 있을 뿐이고 소송수행권의 수여 자체는 당사자의 의사에 기한다는 점에서 여전히 임의적 소송담당이다.

92) 대법원 2017. 3. 16. 선고 2015다3570 판결; 강현중, 224면; 김홍규/강태원, 211면; 김홍엽, 176면; 이시

i) 판례는 조합규약이나 조합결의에 의하여 자기의 이름으로 조합재산을 관리하고 대외적 업무를 집행할 권한을 수여받은 업무집행조합원이 조합재산에 관하여 조합원으로부터 임의적 소송신탁을 받아 자기 이름으로 소송을 수행하는 것을 허용하고 있다.[93] 업무집행조합원이 자기의 이름으로 소송을 수행할 수 있다는 것은 업무집행조합원이 조합재산에 관한 소송의 원고나 피고가 될 수 있다는 의미이다. 이로써 당사자능력이 인정되지 않는 조합의 소송관계를 보다 단순하게 할 수 있게 된다. 물론 조합의 소송은 조합원이 선정당사자가 되어 소송관계를 단순하게 할 수도 있지만 조합원이 다수인 경우 모든 조합원으로부터 개별적으로 소송수행권을 수여받는 것이 용이하지 않을 수 있다. 이 경우 조합규약 또는 조합결의에 의해 업무집행조합원에게 조합의 업무집행에 필요한 일체의 재판상, 재판 외의 행위를 할 수 있는 권한이 인정되면 조합원으로부터 개별적으로 소송수행권을 수여받지 않더라도 소송관계를 단순하게 할 수 있다.

ii) 판례는 집합건물의 관리단으로부터 관리업무를 위임받은 위탁관리회사는 임의적 소송신탁이 예외적으로 허용되어 특별한 사정이 없는 한 구분소유자 등을 상대로 자기의 이름으로 관리비를 청구할 당사자적격이 있다고 한다.[94]

▌임의적 소송담당은 법률에서 정한 경우 외에는 원칙적으로 허용되지 않는다. ▌

2. 고유필수적 공동소송

(1) 당사자적격

고유필수적 공동소송은 공동소송이 법률상 강제되고 또 합일확정의 필요가 있는 공동소송을 말한다(67조). **고유필수적 공동소송은 소송수행권이 여러 사람에게 공동으로 귀속되어 공동으로 원고 또는 피고가 되지 않으면 당사자적격이 없어 소가 부적법해진다.**

교회나 종중과 같이 법인 아닌 사단의 재산소유는 사원의 총유로 한다(민법 275조). 총유는 공유나 합유에 비하여 단체성이 강하고 구성원 개인들의 총유재산에 대한 지분권이 인정되지 않는다. 따라서 총유재산에 관한 소송은 (민법 제276조 소정의) 사원총회의 결의를 거쳐 법인 아닌 사단의 명의로 하거나[95] 또는 그 구성원 전원이 당사자

윤, 160면; 정동윤/유병현/김경욱, 229면; 호문혁, 252면.

93) 대법원 1984. 2. 14. 선고 83다카1815 판결; 대법원 1997. 11. 28. 선고 95다35302 판결.

94) 대법원 2016. 12. 15. 선고 2014다87885, 87892 판결.

95) 비법인사단이 총유재산에 관한 소송을 제기할 때에는 정관에 다른 정함이 있다는 등의 특별한 사정이 없는 한 사원총회 결의를 거쳐야 하므로 비법인사단이 이러한 사원총회 결의 없이 그 명의로 제기한 소송은 소

가 되어 필수적 공동소송의 형태로 할 수 있을 뿐이다. 그 사단의 구성원은 설령 그가 사단의 대표자라거나 사원총회의 결의를 거쳤다 하더라도 그 소송의 당사자가 될 수 없다. 교회나 종중의 구성원이 총유재산의 보존행위로서 소를 제기하는 경우에도 마찬가지로 당사자적격이 없다.[96] 다음은 교회와 종중에 관하여 특수한 문제를 살펴보기로 한다.

(2) 교 회

교회와 관련하여 특히 문제가 되는 것은 교인들이 집단적으로 탈퇴한 경우이다. 예를 들어 보기로 한다. 원래의 교회를 X교회라고 하고 X교회에서 교인들이 집단적으로 탈퇴하여 Y교회를 세웠다고 한다. 이 상태에서의 X교회를 X_1교회라고 한다. 이에 관한 대법원 판결[97]에 따르면 위 사례는 다음과 같이 취급된다.

ⅰ) 교회의 분열은 인정되지 않는다. 따라서 Y는 X교회와 독립된 교회로 인정되지 않는다.

ⅱ) 일부 교인들이 교회를 탈퇴하여 그 교회 교인으로서의 지위를 상실하게 되면 탈퇴가 개별적인 것이든 집단적인 것이든 이와 더불어 종전 교회의 총유 재산의 관리처분에 관한 의결에 참가할 수 있는 지위나 그 재산에 대한 사용 · 수익권을 상실한다. 따라서 이제는 Y교회의 교인들은 X교회의 총회에 참석하여 의결권을 행사할 수 없다.

ⅲ) 종전 교회는 잔존 교인들을 구성원으로 하여 실체의 동일성을 유지하면서 존속하며 종전 교회의 재산은 그 교회에 소속된 잔존 교인들의 총유로 귀속됨이 원칙이라고 한다. 즉 X교회와 X_1교회는 동일한 교회이며 X교회의 재산은 X_1교회에 속한다.

ⅳ) 다만 교인 2/3 이상의 찬성에 의한 결의요건을 갖추어 소속 교단을 탈퇴하거나 다른 교단으로 변경한 경우에 종전 교회의 실체는 이와 같이 교단을 탈퇴한 교회로서 존속하고 종전 교회 재산은 위 탈퇴한 교회 소속 교인들의 총유로 귀속된다고 한다. 따라서 Y가 교인 2/3 이상의 찬성으로 소속 교단을 탈퇴하거나 다른 교단으로 변경하였다면 X교회의 재산은 Y교회에 귀속한다.

송요건이 흠결된 것으로서 부적법하다고 한 판례로는 대법원 2013. 4. 25. 선고 2012다118594 판결.

96) 대법원 2005. 9. 15. 선고 2004다44971 전원합의체판결. 이 판결로서 법인 아닌 사단의 대표자 개인 또는 구성원 일부가 총유재산의 보존을 위한 소를 제기할 수 있다고 판시한 대법원 1958. 2. 6. 선고 4289민상617 판결; 대법원 1980. 12. 9. 선고 80다2045, 2046 판결; 대법원 1994. 4. 26. 선고 93다51591 판결 등은 위 판결의 견해와 저촉되는 범위에서 변경되었다. 총유에는 공유나 합유의 경우처럼 보존행위는 각자가 할 수 있다는 민법 제265조나 제272조의 규정이 없다.

97) 대법원 2006. 4. 20. 선고 2004다37775 전원합의체판결.

(3) 종 중

(a) 과거의 판례는 종중의 구성원은 공동선조의 후손 중 성년 이상의 남자에 한한다는 것이 확고하고도 일관된 태도였다.[98] 그러나 대법원 2005. 7. 21. 선고 2002다1178 전원합의체판결에서는 종전의 태도를 바꾸어 공동선조와 성과 본을 같이 하는 후손은 성별의 구별 없이 성년이 되면 당연히 그 구성원이 된다고 하였다. 위 판결은 우리의 전체 법질서와 현실이 남녀평등을 실현하는 방향으로 변화되었으므로 종중 구성원의 자격을 성년 남자만으로 제한하는 종래의 관습법은 이제 더 이상 법적 효력을 가질 수 없게 되었다고 한다. 다만 법적 안정성과 신의성실의 원칙에 기초한 당사자의 신뢰보호를 내용으로 하는 법치주의의 원리에 비추어 위와 같이 변경된 대법원의 견해는 이 판결 선고 이후의 종중 구성원의 자격과 이와 관련하여 새로이 성립되는 법률관계에 대하여만 적용된다고 한다.

(b) 한편 종중 대표자는 종중 규약이나 특별한 관례가 있으면 그에 따라 선출하고 그것이 없으면 일반관습에 의하여 종장 또는 문장이 그 종중원 중 성년을 소집하여 출석자의 과반수 결의로 선출하여야 한다.[99] 문장은 한 문중에서 항렬과 나이가 가장 높은 사람을 말한다. 종중 총회를 개최함에 있어서는 통지가 가능한 모든 종중원에게 개별적으로 소집통지를 하여야 하고 일부 종중원에 대한 소집통지 없이 개최된 종중 총회에서의 결의는 그 효력이 없다.[100] 따라서 위 전원합의체판결이 선고된 2005. 7. 21. 이후에 개최된 종중 총회가 남자 종중원들에게만 소집통지를 하고 여자 종중원들에게 소집통지를 하지 않은 경우 그와 같은 종중 총회에서 대표자로 선출된 자에 의하여 제기된 소는 대표권 없는 자에 의하여 제기된 것으로서 원칙적으로 부적법하다.[101] 판례는 비법인사단이 당사자인 사건에서 적법한 대표권의 존부는 소송요건으로 직권조사사항이므로 직권탐지의무까지는 없다 하더라도 그 적법성에 의심이 갈 만한 사정이 있으면 그에 관하여 심리 · 조사할 의무가 있다고 한다.[102] 만약 종중의 대표자로 자처하면서 소를 제기한 자에게 적법한 대표권이 없다는 사실이 밝혀졌다면 법원은 소를 각하하여야 하며 반드시 그 대표권의 흠결에 관하여 보정을 명한다거나 원고 종중에 대표자 표시정정을 촉구하여야 하는 것은 아니다.[103]

---

98) 대법원 1958. 11. 20. 선고 4291민상2 판결; 대법원 1981. 9. 22. 선고 81다382 판결; 대법원 1997. 11. 14. 선고 96다25715 판결; 대법원 1996. 10. 11. 선고 95다34330 판결 등.
99) 대법원 1997. 2. 28. 선고 95다44986 판결 참고(이 판결에서는 성년남자로 제한하였었다).
100) 대법원 1994. 6. 14. 선고 93다45015 판결; 대법원 2021. 11. 11. 선고 2021다238902 판결.
101) 대법원 2009. 2. 26. 선고 2008다8898 판결.
102) 대법원 2013. 4. 25. 선고 2012다118594 판결; 대법원 2021. 11. 11. 선고 2021다238902 판결.
103) 대법원 2010. 5. 27. 선고 2010두2609 판결.

교회나 종중의 경우 단체가 당사자가 되지 않으면 구성원 전원이 당사자가 되어야 당사자적격이 인정된다.

Ⅳ. 당사자적격 흠결의 효과

(1) 당사자적격은 소송요건이므로 법원이 직권으로 조사하여 흠결시 소각하 판결을 한다. 소송 중 당사자적격을 상실한 경우에는 소송승계의 문제가 생길 수 있다. 예를 들어 선정당사자 전원이 자격을 상실한 경우에는 소송을 수행할 자가 없으므로 소송절차는 중단되고 소송절차가 계속 진행되려면 선정자가 소송을 수계하여야 한다(237조 2항).

(2) 법원이 당사자적격이 없음을 간과하고 한 본안 판결은 상소로써 취소할 수 있다(423조 참조). 이러한 본안판결이 확정된 경우에 재심사유는 되지 않는다. 민사소송법 제451조에서 이를 재심사유로 규정하고 있지 않기 때문이다. 그러나 이러한 판결의 효력은 소송의 당사자에게만 효력이 미치며 제3자나 권리귀속주체에게 미치지 않는다. (제3자나 권리귀속주체에게 판결의 효력이 미치는 것을 정당화 할 근거 즉 소송수행권이 없기 때문이다) 이러한 의미에서 판결은 무효이다(통설).

제5절 소송능력

제1편 총칙
제2장 당사자
제1절 당사자능력과 소송능력
(소송능력자)
제51조(당사자능력 · 소송능력 등에 대한 원칙)
제55조(제한능력자의 소송능력)
제57조(외국인의 소송능력에 관한 특별규정)
(소송능력 등의 흠)
제59조(소송능력 등의 흠에 대한 조치)
제60조(소송능력 등의 흠과 추인)
(법인 등 단체에 준용)
제64조(법인 등 단체의 대표자)

Ⅰ. 의 의

소송능력은 소송당사자(또는 보조참가인)로서 유효하게 소송행위를 하거나 소송행위를 받기 위해 필요한 능력을 말한다. **소송능력제도는 민법상 행위능력에 대응하는 것으로서 소송상 자기의 권익을 충분히 주장하거나 옹호할 능력이 없는 자를 보호하기 위한 것이다.**[104)]

Ⅱ. 소송능력자

민사소송법 제51조는 소송능력에 관하여 민사소송법에 특별한 규정이 없으면 민법, 그 밖의 법률에 따른다고 규정하고 있다. 따라서 **소송능력은 원칙적으로 민법상 행위능력을 기준으로 결정한다.** 다만 외국인을 내국인보다 더 보호할 필요는 없으므로 본국법에 따르면 소송무능력자라도 대한민국의 법률에 따라 소송능력자이면 소송능력자로 본다(57조). 법인과 비법인사단 또는 재단의 소송능력은 법인의 본질에 관한 실재설과 의제설에 따라 설명을 달리할 수 있으나 민사소송법에서는 대표자 또는 관리인을 법정대리인에 준하여 취급하고 있다(64조).

Ⅲ. 소송무능력자

1. 민법상 제한능력자

민법상 행위능력이 없는 자는 소송법상으로도 소송무능력자이다. 과거 민법상 행위무능력자는 미성년자 · 한정치산자 · 금치산자이었다. 개정 민법은 한정치산자와 금치산자에 관한 조항을 삭제하고 성년후견제도와 한정후견제도를 신설하였다.[105)] 피성년후견인은 금치산자에, 피한정후견인은 한정치산자에 대응된다. 이에 따라 민사소송법도 2016. 2. 3. 법률 제13952호로 개정되어 2017. 2. 4.부터 시행되었다.

---

104) 민법상 행위능력제도는 주로 행위무능력에 관한 것이 주된 내용을 이루는 것처럼 민사소송법상 소송능력은 소송무능력에 관한 것이 그 주된 내용을 이룬다. 소송무능력자도 법정대리인에 의한 소송능력의 보충이 불가피하다. 따라서 법정대리인제도는 소송능력제도의 일부를 이루며 민사소송법에서도 법정대리에 관한 규정을 소송능력에 관한 규정과 함께 두고 있다. 그러나 강학상 소송상 대리인 편에서 임의대리인과 함께 설명하는 것이 일반적이므로 본서도 이에 따르기로 한다.

105) 2012. 2. 10. 개정, 법률 제11300호.

(1) 미성년자 또는 피성년후견인

미성년자는 19세 미만의 사람을 말한다(민법 4조). 피성년후견인은 질병, 장애, 노령, 그 밖의 사유로 인한 정신적 제약으로 사무를 처리할 능력이 지속적으로 결여되어 성년후견개시심판을 받은 사람을 말한다(9조). 미성년자와 피성년후견인은 원칙적으로 행위능력이 인정되지 않는다. 법정대리인의 동의를 얻지 아니한 미성년자의 법률행위와 피성년후견인의 법률행위는 취소할 수 있다(민법 5조 2항, 10조 1항). 다만 피성년후견인의 일용품의 구입 등 일상생활에 필요하고 그 대가가 과도하지 아니한 법률행위에 대하여만 예외적으로 행위능력이 인정된다(민법 10조 4항).

미성년자 또는 피성년후견인은 법정대리인에 의해서만 소송행위를 할 수 있다(55조 1항 본문). 미성년자와 피성년후견인의 소송능력은 원칙적으로 인정되지 않으므로 미성년자 또는 피성년후견인은 법정대리인의 동의를 받더라도 단독으로 소송행위를 할 수 없다. 다만 다음의 경우에는 소송능력이 인정된다(동조 1항 단서).

ⅰ) 미성년자가 독립하여 법률행위를 할 수 있는 경우 　미성년자가 독립하여 법률행위를 할 수 있는 경우에는 법정대리인의 허락을 얻어 하는 특정영업에 관한 것(민법 8조)이 이에 해당될 수 있다. 그러나 법정대리인이 처분을 허락한 재산에 관한 것(민법 6조)은 소송절차의 안정상 해당되지 않는다고 해석된다. 이외에도 미성년자가 혼인한 때에는 소송능력자가 된다(민법 826조의2).

ⅱ) 피성년후견인이 민법 제10조 제2항에 따라 취소할 수 없는 법률행위를 할 수 있는 경우 　가정법원은 취소할 수 없는 피성년후견인의 법률행위의 범위를 정할 수 있다(민법 10조 2항). 위의 법률행위에 관한 소송의 경우 피성년후견인은 소송능력자로 취급된다.

(2) 피한정후견인

피한정후견인은 질병, 장애, 그 밖의 사유로 인한 정신적 제약으로 사무를 처리할 능력이 부족한 사람으로서 한정후견개시심판을 받은 경우를 말한다. 피한정후견인은 원칙적으로 행위능력이 인정되지만 가정법원이 한정후견인의 동의를 받아야하는 범위를 정한 경우에는 예외적으로 그 행위능력이 제한된다(민법 13조).

피한정후견인의 소송능력은 원칙적으로 인정된다. 피한정후견인의 자기결정권을 존중하는 취지이다. 그러나 피한정후견인은 한정후견인의 동의가 필요한 행위에 관하여는 대리권 있는 한정후견인에 의해서만 소송행위를 할 수 있다(55조 2항).

(3) 금치산 또는 한정치산 선고의 효력이 유지되는 사람

법률 제10429호 민법 일부개정법률 부칙 제2조에 따라 금치산 또는 한정치산 선고의 효력이 유지되는 사람에 대해서는 종전 민사소송법의 규정에 따른다(부칙 3조). 종전 민사소송법규정(55조)에 따르면 금치산자 또는 한정치산자는 법정대리인에 의해서만 소송행위를 할 수 있다.

2. 근로기준법상의 특례

미성년자는 행위무능력자로 미성년자가 한 소제기는 원칙적으로 부적법하다. 한편 근로기준법은 미성년자가 독자적으로 근로계약의 체결 및 임금청구를 할 수 있음을 규정(근로기준법 67조, 68조)하고 있다. 위 규정에 비추어 미성년자가 근로계약에서 발생하는 권리를 행사하는 소에서 소송능력이 인정되는지 만약 인정된다면 어느 범위에서 인정될 것인지가 문제된다. 이에 관해 학설로는 임금청구뿐만 아니라 해당 근로계약에서 생기는 일체의 쟁송에 대한 소송능력을 인정하는 견해가 있다.[106] 판례는 단지 미성년자는 원칙적으로 법정대리인에 의하여서만 소송행위를 할 수 있으나 미성년자 자신의 노무제공에 따른 임금의 청구는 근로기준법 제68조의 규정에 의하여 미성년자가 독자적으로 할 수 있다고 한다.[107] 이에 의하면 판례가 임금청구소송에 관하여는 미성년자의 소송능력을 인정함이 분명하지만 그 외의 경우에 대하여는 언급한 바 없어 명확하지 않다.

Ⅳ. 소송능력의 소송법상 효과

1. 소송행위의 유효요건

소송능력은 개개의 소송행위의 유효요건이므로 소송무능력자의 소송행위나 소송무능력자에 대한 소송행위는 무효이다. 이는 민법상 무능력자의 행위가 취소할 수 있는 것과는 구별된다. 소송행위 무능력자의, 또는 소송무능력자에 대한 소송행위를 무효로 취급하는 이유는 소송절차는 여러 절차가 연쇄적으로 이루어지므로 행위무능력자의 법률행위처럼 취소할 수 있게 하면 소송절차의 안정성을 해치게 되기 때문이다. 따라서 소송무능력자가 변론기일에 출석하면 소송관여를 배척하여야 하고 기일불출석으로 처리된다.

---

106) 정동윤/유병현/김경욱, 212면.
107) 대법원 1981. 8. 25. 선고 80다3149 판결.

2. 보 정

소송능력에 흠이 있는 경우 법원은 기간을 정하여 이를 보정하도록 명하여야 한다(59조 전단). 보정은 소송무능력자의 소송행위를 유효하게 하고 소송능력의 흠을 보완할 조치를 취하는 것이다. 예를 들어 미성년자가 소를 제기한 경우 법정대리인인 친권자가 미성년자의 소제기를 추인하고 친권자로서 법정대리권을 증명하는 가족관계증명서를 제출하는 것이다. 만일 보정하는 것이 지연됨으로써 손해가 생길 염려가 있는 경우에는 법원은 보정하기 전의 당사자 또는 법정대리인으로 하여금 일시적으로 소송행위를 하게 할 수 있다(59조 후단).

3. 추 인

소송무능력자의 소송행위나 무능력자에 대한 소송행위는 무효이지만 이는 확정적인 것이 아니라 유동적인 것이다. 따라서 소송능력이 보정된 당사자나 법정대리인이 이를 추인하면 소급하여 유효로 된다(60조). 이러한 추인은 법원 또는 상대방에 대하여 명시 · 묵시로 할 수 있다. 또한 상급심에서도 하급심에서 한 소송무능력자의 소송행위를 추인할 수 있다.[108]

4. 소송능력에 관한 다툼

소송능력의 존부에 관하여 당사자 사이에서 다툼이 있는 경우에는 소송무능력자라고 하더라도 소송능력을 다투는 한도에서는 소송능력자로 취급된다. 그렇지 않으면 소송능력이 잘못 부정되는 경우를 바로 잡을 수 없기 때문이다.

5. 소송능력의 흠을 간과한 판결의 효력

(1) 소송행위에 소송능력을 요구하는 것은 무능력자 본인을 보호하기 위한 것이므로 소송무능력자가 승소한 경우 그 상대방은 소송무능력자임을 주장하여 상소나 재심으로 다툴 수 없다.[109]

(2) **상소 및 재심사유로 규정하고 있는 '법정대리권의 흠'**(424조 1항, 451조 1항 3호)**에는 법정대리**

---

108) 대법원 1970. 12. 22. 선고 70다2297 판결.

109) 강현중, 236면; 이시윤, 169면; 정동윤/유병현/김경욱, 217면. 판례는 상대방이 이를 재심사유로 삼기 위하여는 그러한 사유를 주장함으로써 이익을 받을 수 있는 경우에 한한다 할 것이고, 여기서 이익을 받을 수 있는 경우란 위와 같은 대표권흠결 이외의 사유로도 종전의 판결이 종국적으로 상대방의 이익이 되게 변경될 수 있는 경우를 의미한다고 한다(대법원 1983. 2. 8. 선고 80사50 판결; 대법원 2000. 12. 22. 선고 2000재다513 판결).

인에 의하지 않고 소송무능력자가 직접 소송행위를 한 경우도 포함되므로 소송무능력자가 패소한 경우에도 그 판결은 당연무효가 아니며 상소나 재심으로 다툴 수 있다. 다만 추인한 때에는 상소나 재심으로 다툴 수 없다(424조 2항, 451조 1항 3호단서).

▌ 소송무능력자의 소송행위는 무효이지만 보정이나 추인이 가능하다. ▌

제6절 변론능력

1. 의 의

변론능력은 법원에 출정하여 법원에 대하여 유효하게 소송행위를 할 수 있는 능력이다. 변론능력은 법원에 대한 소송행위를 위해 요구되는 능력이므로 상소권의 포기와 같은 당사자 사이의 소송행위를 위해서는 요구되지 않는다. 변론능력은 소송의 원활과 신속을 꾀하고 사법제도의 건전한 운영을 도모하기 위한 제도라는 점에서 본인을 보호하기 위한 소송능력제도와는 다르다.

2. 변론능력자와 변론무능력자

누구를 변론능력자로 할 것인가는 민사소송제도가 변호사강제주의를 취하는가 여부에 따라 달라진다. 변호사강제주의는 소송을 수행하려면 변호사의 대리에 의하여만 하는 원칙을 말한다.110) 변호사강제주의를 취하면 변호사에게만 변론능력이 인정된다. 우리나라는 일반적으로 변호사강제주의를 채택하고 있지 않으므로 소송능력자는 원칙적으로 변론능력을 가진다.111)

예외적으로 진술금지의 재판을 받은 경우에는 그 이후 당해 심급의 변론기일 동안 변론능력을 상실한다(144조). 이는 발언금지명령을 받은 자(135조 2항, 286조)가 당해 기일에

110) 변호사강제주의의 자세한 설명에 관하여는 홍기문, 독일에 있어서 변호사강제주의, 민사법의 실천적 과제(한도정환담교수화갑기념논문집), 2000; 오세혁, 민사소송에 있어서의 변호사강제주의, 인권과 정의 제249호, 대한변호사협회, 1997 참조.

111) 우리나라에서도 민사소송법 개정시 변호사강제주의를 도입하려는 논의가 있었는데 우리나라에서 도입하려고 했던 변호사강제주의의 내용의 요지는 고등법원 이상의 법원에 소 또는 상소를 제기하는 자는 다른 법률이 정하는 경우를 제외하고는 본인이 변호사 자격이 없는 한 변호사를 소송대리인으로 선임하지 아니하고는 본안에 관한 소송행위를 할 수 없다고 하는 것이었다(이종건, 변호사 강제주의, 시민과 변호사 통권 제69호, 서울지방변호사회, 1999, 32면).

만 변론능력이 없는 것과 구별된다. 변호사 아닌 자는 원칙적으로 타인의 소송대리인이 될 수 없는데(변호사대리의 원칙, 87조) 이를 변론능력의 제한으로 보는 견해가 다수설이다.[112]

3. 변론능력의 보완(진술보조)

2016. 2. 3. 개정된 민사소송법(2017. 2. 4.부터 시행)은 제143조의2(진술 보조)를 신설하였다. 동 규정에 의하면 질병, 장애, 연령, 그 밖의 사유로 인한 정신적 · 신체적 제약으로 소송관계를 분명하게 하기 위하여 필요한 진술을 하기 어려운 당사자는 법원의 허가를 받아 진술을 도와주는 사람과 함께 출석하여 진술할 수 있다(동조 1항). 진술보조제도는 사회적 약자의 변론능력을 보완하여 사법접근권을 보장하고 실질적 당사자 평등을 실현하기 위한 것이다.[113] 법원은 언제든지 위의 허가를 취소할 수 있다(동조 2항). 진술보조인의 자격 및 소송상 지위와 역할, 법원의 허가 요건 · 절차 등 허가 및 취소에 관한 사항은 대법원규칙으로 정한다(동조 3항).

4. 변론무능력의 효과

변론능력은 소송요건은 아니고 소송행위의 유효요건이다. 그러나 진술금지의 재판과 함께 변호사선임명령을 받은 사람이 새 기일까지 변호사를 선임하지 않은 때에는 기일에 결석한 것으로 처리할 수도 있지만 법원은 결정으로 소 또는 상소를 각하할 수도 있다(144조 4항). 변론무능력자의 소송행위는 추인할 수 없는 절대적 무효이다. 법원이 변론능력을 간과하고 판결을 한 경우에는 그 판결은 유효하고 상소나 재심에 의해 취소를 구할 수도 없다. 변론능력은 소송의 원활과 신속을 꾀하기 위한 제도이기 때문이다.

변론무능력자의 소송행위는 절대적 무효이다.

112) 강현중, 275면; 김홍엽, 191면; 송상현/박익환, 151면; 이시윤, 170면; 정동윤/유병현/김경욱, 219면.
113) 개정이유 참조.

제7절 소송상의 대리인

■ **핵심어**

법정대리권의 소멸과 통지, 비법인사단의 대표자의 소송행위, 변호사대리의 원칙, 심급대리의 원칙, 당사자의 사망과 소송대리권, 표현대리

제1편 총칙	(법정대리인) 제1절 당사자능력과 소송능력
제2장 당사자	(임의대리인) 제4절 소송대리인

Ⅰ. 의 의

(1) 소송상의 대리인은 당사자의 이름으로 소송행위를 하거나 받는 제3자를 말한다. 소송상의 대리인은 당사자의 이름으로 소송행위를 하거나 받는 자이므로 자신이 당사자가 되어 소송을 수행하는 소송담당자와는 구별된다. 오늘날 원칙적으로 모든 소송행위에 대하여 대리가 허용되며 실체법상 대리가 허용되지 않는 신분행위에도 소송에서는 대리가 허용된다. 따라서 소송무능력자뿐 아니라 소송능력자인 경우에도 전문적 지식과 경험을 요하는 소송에 대리가 이용될 필요가 있고 현실적으로도 널리 이용되고 있다.

(2) 소송상 대리인에는 아래에서 보는 바와 같이 법정대리인과 임의대리인이 있다. 개별적인 소송행위에 대하여도 대리가 가능하나 포괄대리가 원칙이며 포괄적 대리권을 가진 임의대리인을 소송대리인이라고 한다.

Ⅱ. 법정대리인

원칙: 제51조(당사자능력 · 소송능력에 대한 원칙)	권한: 제56조(법정대리인의 소송행위에 대한 특별규정)
종류: 제62조(제한능력자를 위한 특별대리인)	제58조(법정대리권 등의 증명)
제62조의2(의사무능력자를 위한 특별대리인의 선임등)	소멸: 제63조(법정대리권의 소멸통지)
	준용: 제64조(법인 등 단체의 대표자의 지위)

1. 의 의

법정대리인은 본인의 의사에 의하지 아니하고 대리인이 된 자를 말한다. 민사소송법 제51조는 법정대리에 관하여 민사소송법에 특별한 규정이 없으면 민법, 그 밖의 법률에 따른다고 규정하고 있다. **소송상 법정대리인으로 되는 자는 실체법상 법정대리인과 소송법상 특별대리인이다.**

2. 실체법상의 법정대리인

실체법상의 법정대리인은 소송법상의 법정대리인이 된다. 미성년자의 친권자(민법 909조) 또는 후견인(민법 928조, 938조), 피성년후견인 및 피한정후견인의 후견인(민법 938조) 등과 민법상 특별대리인(민법 64조, 921조), 법원이 선임한 부재자재산관리인(민법 22조) 등이 이에 해당한다.

3. 소송법상 특별대리인

2017. 2. 4.부터 시행된 개정 민사소송법(2016. 2. 3. 일부개정 법률 제13952호)은 종전 특별대리인을 제한능력자를 위한 특별대리인으로 개칭하고 의사무능력자를 위한 특별대리인제도(62조의2)를 신설하였다. 또한 i) 제한능력자를 위한 특별대리인의 선임사유로 법정대리인의 불성실하거나 미숙한 대리권 행사로 소송절차의 진행이 현저하게 방해받는 경우를 추가하고, ii) 특별대리인 선임신청권자에 지방자치단체의 장을 추가하며, iii) 법원은 소송계속 후 필요하다고 인정하는 경우 직권으로 특별대리인을 선임·개임하거나 해임할 수 있도록 하였다.

(1) 제한능력자를 위한 특별대리인(62조)

1) 미성년자·피한정후견인 또는 피성년후견인이 당사자인 경우, 그 친족, 이해관계인(미성년자·피한정후견인 또는 피성년후견인을 상대로 소송행위를 하려는 사람을 포함한다), 대리권 없는 성년후견인, 대리권 없는 한정후견인, 지방자치단체의 장 또는 검사는 i) 법정대리인이 없거나 법정대리인에게 소송에 관한 대리권이 없는 경우, ii) 법정대리인이 사실상 또는 법률상 장애로 대리권을 행사할 수 없는 경우, iii) 법정대리인의 불성실하거나 미숙한 대리권 행사로 소송절차의 진행이 현저하게 방해받는 경우 중 어느 하나에 해당되면 소송절차가 지연됨으로써 손해를 볼 염려가 있다는 것을 소명하여 수소법원(受訴法院)에 특별대리인을 선임하여 주도록 신청할 수 있다(동조 1항). 법인의 대표자 또는 제52조의 대표자 또는 관리인에게는 민사소송법상의 법정대리인에 관한 규정이 준용되므로(64조) 대표권을 행사할 대표자 등이 없는

경우에는 법인 등 단체의 경우에도 소송상 특별대리인 선임을 신청할 수 있다. 이 경우 소송법상 특별대리인은 법인 또는 법인 아닌 사단의 대표자와 동일한 권한을 가져 소송수행에 관한 일체의 소송행위를 할 수 있으므로, 소송법상 특별대리인은 특별한 사정이 없는 한 법인을 대표하여 수행하는 소송에 관하여 상소를 제기하거나 이를 취하할 권리가 있다.[114]

2) 법원은 소송계속 후 필요하다고 인정하는 경우 직권으로 특별대리인을 선임·개임하거나 해임할 수 있다(동조 2항). 특별대리인은 대리권 있는 후견인과 같은 권한이 있다. 특별대리인의 대리권의 범위에서 법정대리인의 권한은 정지된다(동조 3항). 특별대리인의 선임·개임 또는 해임은 법원의 결정으로 하며, 그 결정은 특별대리인에게 송달하여야 한다(동조 4항). 특별대리인의 보수, 선임 비용 및 소송행위에 관한 비용은 소송비용에 포함된다(동조 5항).

(2) 의사무능력자를 위한 특별대리인(62조 의2)

1) 의사능력이 없는 사람을 상대로 소송행위를 하려고 하거나 의사능력이 없는 사람이 소송행위를 하는 데 필요한 경우 특별대리인의 선임 등에 관하여는 민사소송법 제62조를 준용한다.[115] 다만, 특정후견인 또는 임의후견인도 특별대리인의 선임을 신청할 수 있다(동조 1항).

2) 위의 특별대리인이 소의 취하, 화해, 청구의 포기·인낙 또는 제80조에 따른 탈퇴를 하는 경우 법원은 그 행위가 본인의 이익을 명백히 침해한다고 인정할 때에는 그 행위가 있는 날부터 14일 이내에 결정으로 이를 허가하지 아니할 수 있다. 이 결정에 대해서는 불복할 수 없다(동조 2항).

(3) 금치산 또는 한정치산 선고의 효력이 유지되는 사람

법률 제10429호 민법 일부개정법률 부칙 제2조에 따라 금치산 또는 한정치산 선고의 효력이 유지되는 사람에 대해서는 종전 민사소송법의 규정에 따른다(부칙 3조).

(4) 판결절차 이외의 특별대리인

소송무능력자를 위한 특별대리인 외에도 특별대리인이 선임되는 경우가 있다. 증거보전의 신청은 상대방을 지정할 수 없는 경우에도 할 수 있는데 이 경우 법원은

---

114) 대법원 2018. 12. 13. 선고 2016다210849, 210856 판결.

115) 판례는 민사소송법 개정 전에도 의사무능력자에 대한 특별대리인 선임을 허용하였다(대법원 1993. 7. 27. 선고 93다8986 판결).

상대방이 될 사람을 위하여 특별대리인을 선임할 수 있다(378조). 강제집행을 개시한 뒤 채무자가 죽은 때에는 채무자에게 알려야 할 집행행위를 실시할 경우에 상속인이 없거나 상속인이 있는 곳이 분명하지 아니하면 집행법원은 채권자의 신청에 따라 상속재산 또는 상속인을 위하여 특별대리인을 선임하여야 한다(민사집행법 52조 2항).

4. 법정대리인의 권한

(1) 법정대리권의 범위

법정대리인의 대리권의 범위는 민사소송법에 특별한 규정이 없는 한 민법 그 밖의 법률에 따른다(51조).

(a) 미성년후견인, 대리권 있는 성년후견인 또는 대리권 있는 한정후견인이 상대방의 소 또는 상소 제기에 관하여 소송행위를 하는 경우에는 그 후견감독인으로부터 특별한 권한을 받을 필요가 없다(56조 1항). 그러나 법정대리인이 소의 취하, 화해, 청구의 포기 · 인낙(認諾) 또는 제80조에 따른 탈퇴를 하기 위해서는 후견감독인으로부터 특별한 권한을 받아야 한다. 다만, 후견감독인이 없는 경우에는 가정법원으로부터 특별한 권한을 받아야 한다(동조 2항).

(b) 친권자의 경우에는 위 민사소송법의 규정이 적용되지 않는다(민법 920조 참조). 따라서 친권자는 소의 취하, 소송물을 처분하는 행위 등을 함에 있어서도 친족회의 동의를 요하지 않는다.

(2) 공동대리

법정대리인이 여러 사람인 경우 공동대리인들이 공동대리를 하여야 할 소송행위의 범위가 문제된다. 민사소송법은 소송대리인이 여러 사람이 있는 경우에는 각자가 당사자를 대리한다는 개별대리의 원칙을 명문으로 규정(93조)하고 있으나 법정대리에 관하여는 이에 관한 명문의 규정이 없어 다음과 같은 해석론에 의한다.

(a) 수동대리와 송달의 경우

상대방의 소송행위를 수령하는 수동대리는 단독으로 할 수 있는 것으로 해석된다. 수동대리에 대하여도 공동대리를 관철하면 상대방이 유효한 소송행위를 하기 위해서는 본인의 법정대리인 모두에게 소송행위를 하여야 하는 결과가 되는데 이는 본인의 보호에 치우친 해석이 된다. 여러 사람이 공동으로 대리권을 행사하는 경우의 송달은 그 가운데 한 사람에게 하면 된다(180조).

(b) 능동대리의 경우

1) 대리인이 하는 소송행위 즉 능동대리의 경우에는 공동으로 하여야 본인에게 효력이 있다. 다만 공동으로 함이 명시적이어야 하는가에 관하여는 소송행위에 따라 다르다. 소의 취하, 화해 등 민사소송법 제56조 제2항에 규정된 소송행위를 하는 경우에는 법정대리인이 특별한 권한을 수여받아야 한다는 규정과의 균형상 명시적으로 공동으로 하여야 유효하다는 것이 다수설이다(56조 2항 유추적용설). 이외의 소송행위는 단독으로 하여도 다른 대리인이 이를 묵인하면 유효하다고 해석된다.

2) 각 대리인의 소송행위가 모순되는 경우에는 i) 더 이익되는 것을 받아들여야 한다는 견해[116], ii) 민사소송법 제67조를 준용하여 불리한 행위는 전원이 하여야 한다는 견해[117] 등이 있다. 위 각 해석론은 법정대리인제도의 취지인 무능력자 본인의 보호를 어느 정도까지 할 것인가 하는 문제라고 할 수 있다. 원칙적으로 전설에 찬동하나 상대방의 소송상 지위가 불안정하게 되는 점을 방지하기 위해 법원의 석명권행사가 적절하게 이루어질 필요가 있다고 생각한다.

(3) 대리권의 증명

법정대리권이 있는 사실 또는 소송행위를 위한 권한을 받은 사실은 서면으로 증명하여야 한다(58조 1항). 법원은 그 서면을 소송기록에 붙여야 한다(동조 2항).

5. 법정대리권의 소멸

(1) 법정대리권의 소멸도 민사소송법에 특별한 규정이 없으면 민법, 그 밖의 법률에 따른다. 소송 진행 중 법정대리권이 소멸되면 소송대리인이 없는 한 새로 수계절차를 밟을 때까지 소송절차는 중단된다(235조, 238조).

(2) **소송절차가 진행되는 중에 법정대리권이 소멸한 경우에는 본인 또는 대리인이 상대방에게 소멸된 사실을 통지하지 아니하면 소멸의 효력을 주장하지 못한다**(63조). 이는 민법이 대리권의 소멸을 선의·무과실의 제3자에게 대항할 수 없도록 한 규정(129조)과 다르다. 그 취지는 법정대리인의 법정대리권이 소멸하였다고 하더라도 당사자가 그 대리권의 소멸 사실을 알았는지의 여부, 모른 데에 과실이 있었는지의 여부를 불문하고 그 사실의 통지 유무에 의하여 대표권의 소멸 여부를 획일적으로 처리함으로써 소송절차의 안정과 명확을 기하기 위함이다. 민사소송법 제63조 제1항의 규정에 따라 법정대리권 소멸통지를 한 사람은 그 취지를 법원에 서면으로 신고하여야 한다(규칙 13조 1항). 법인 등의 대표자는 법정대리인에 준하여 취급되므로(64조) 이러한 법

116) 이시윤, 179면; 정동윤/유병현/김경욱, 241면; 호문혁, 281면.
117) 강현중, 253면.

리는 법인 등의 대표자의 대표권 소멸의 경우에도 적용된다.

(3) 위 규정을 관철하면 법정대리권이 소멸한 후에도 법정대리인이 상대방과 통모하여 본인에게 결정적으로 불리한 소송행위를 하는 경우를 막을 수 없게 되는 경우가 생길 수 있다. 예를 들어 원고의 구 대표자가 대표권 소멸 후 상대방에 통지 전 소를 취하하거나 피고의 구대표자가 대표권 소멸 후 상대방에 통지 전 청구를 인낙하는 경우이다. 실제 구 민사소송법하의 판례는 위 규정이 소취하의 경우에도 마찬가지로 적용된다고 하였다.[118] 현행 민사소송법에서는 법원에 법정대리권의 소멸사실이 알려진 뒤에는 법정대리인이 소의 취하, 화해, 청구의 포기 · 인낙, 소송탈퇴 등의 소송행위를 할 수 없다고 규정(63조 1항 단서, 56조 2항)하고 있다.

6. 법인 등의 대표자

(1) 법인 또는 법인 아닌 사단 또는 재단이 소송의 당사자가 되어 하는 소송행위는 법인 등의 대표자에 의해 이루어진다. **법인 등의 대표자는 법정대리인에 준하여 취급된다**(64조). 누가 대표자인가는 실체법에 따르므로 민법상 법인의 대표는 이사가 되며(민법 59조) 국가를 당사자로 하는 소송에서는 법무부장관이 국가를 대표한다(국가를 당사자로 하는 소송에 관한 법률 2조).[119]

(2) **비법인사단의 대표자가 총유물의 처분에 관한 소송행위를 하려면 특별한 사정이 없는 한 민법 제276조 제1항에 의하여 사원총회의 결의가 있어야 한다.** 만약 비법인사단인 채무자 명의로 제3채무자를 상대로 제기된 소에 대하여 사원총회의 결의 없이 총유재산에 관한 소가 제기되었다는 이유로 각하판결이 선고되어 확정되었다면 이는 채무자 스스로 제3채무자에 대한 권리를 행사한 것으로 볼 수 없다.[120] 또한 비법인사단의 대표자가 그 결의 없이 소송행위를 하였다면 이는 소송행위를 함에 필요한 특별수권을 받지 아니한 경우로서, 민사소송법 제451조 제1항 제3호 소정의 재심사유에 해당한다. 그러나 전혀 대리권을 갖지 아니한 자가 소송행위를 한 대리권 흠결의 경우와 달라서 재심제기의 기간을 규정하는 민사소송법 제456조의 적용을 배제한 제457조는 적용되지 않는다. 제457조의 '대리권의 흠'이 있는 경우란 대리권이 전혀 없는 경우를 의미하며 대리권은 있지만 소송행위를 함에 필요한 특별수권의 흠결이 있는 경우에는 적용되지 않는다.[121] 따라서 민사소송법 제456조의 재심

118) 이를 분명히 한 대법원 1998. 2. 19. 선고 95다52710 전원합의체판결로서 법원에 대한 단독행위인 소취하의 경우에는 적용되지 않는다고 한 대법원 1967. 7. 4. 선고 67다791 판결은 폐기되었다.
119) 기존 이론서에는 여러 법인의 대표기관이 보다 상세히 설명되어 있다.
120) 대법원 2018. 10. 25. 선고 2018다210539 판결.

기간은 준수하여야 한다. (관련내용 제7편 Ⅲ. 3. (3))

요컨대 비법인사단의 대표자가 총유물의 처분에 관한 소송행위를 함에 있어서 사원총회의 결의를 받지 아니한 사유는 재심사유가 되나 재심기간을 준수하지 아니할 사유가 되지는 않는다.[122]

법정대리권(대표권)의 소멸사실이 법원에 알려진 뒤에는 상대방에게 통지하지 않아도 법정대리인은 소취하 등의 행위를 할 수 없다.

Ⅲ. 임의대리인

자격: 제87조(소송대리인의 자격)
제88조(소송대리인의 자격의 예외)
대리권: (증명) 제89조(소송대리권의 증명)
(범위) 제90조 내지 제94조
(소멸) 제95조(소송대리권이 소멸되지 아니하는 경우)
제96조(소송대리권이 소멸되지 아니하는 경우)
준용: 제97조(법정대리인에 관한 규정의 준용)

1. 의 의

(1) 임의대리인은 본인의 의사에 의하여 대리권이 수여된 대리인이다. **임의대리인 중 포괄적 대리권을 가진 임의대리인을 소송대리인이라 한다.** 소송대리인은 법률상 소송대리인과 소송위임에 의한 소송대리인으로 나누어진다.

(2) 법률상 소송대리인은 법률에 따라 본인을 위해 재판상행위를 할 수 있는 자이다. 대표적인 예로는 영업에 관한 재판상 · 재판 외의 모든 행위를 할 수 있는 지배인(상법 11조)과 국가소송수행자(국가를 당사자로 하는 소송에 관한 법률 7조)[123]를 들 수 있다. (회사의 종류에 따라서는

121) 대법원 1994. 6. 24. 선고 94다4967 판결.
122) 대법원 1999. 10. 22. 선고 98다46600 판결.
123) 국가와 지방자치단체는 별개의 법인격자이다. 그럼에도 그동안 국가소송수행에 적용되는 위 규정을 근거로 지방자치단체에서도 변호사 아닌 담당공무원을 소송수행자로 지정하여 소송수행을 하여 왔던 것이 관행이었으나 판례는 지방자치단체는 국가를 당사자로 하는 소송에 관한 법률의 적용대상이 아니어서 같은 법률 제3조, 제7조에서 정한 바와 같은 소송수행자의 지정을 할 수 없고, 또한 민사소송법 제87조가 정하는 변호사대리의 원칙에 따라 변호사 아닌 사람의 소송대리는 허용되지 않는 것이므로, 원심이 변호사 아닌 피고 소속 공무원으로 하여금 소송수행자로서 피고의 소송대리를 하도록 한 것은 민사소송법 제424조 제1항 제4호가 정하는 '소송대리권의 수여에 흠이 있는 경우'에 해당하는 위법이 있다고 하였다(대법원 2006. 6. 9. 선고 2006두4035 판결).

소송이 업무의 일부가 되는 경우도 있다. 신용카드체납자에 대한 카드대금청구소송이나 교통사고로 인한 보험금지급청구소송을 생각하면 쉽게 이해될 수 있다. 그때마다 회사의 대표가 직접 모든 소송을 수행할 수는 없다. 국가의 경우에도 마찬가지이다. 이에 법률은 지배인이나 국가소송수행자에게 소송대리권을 인정하고 있다) 이외에도 민법 제709조의 업무집행조합원도 법률상 소송대리인으로 보자는 견해도 있다.[124] 이들은 본인의 의사에 의하여 법률상 소송대리인의 지위의 득실이 이루어진다는 점에서 법정대리인이 아니라 임의대리인이다.

(3) **소송위임에 의한 소송대리인은 특정사건의 처리를 위임받은 소송대리인이다.**

2. 소송대리인의 자격

(1) 변호사대리의 원칙

법률상 소송대리인 외에는 변호사가 아니면 소송대리인이 될 수 없다(87조). 이를 변호사대리의 원칙이라고 한다. 위 규정에 의하면 변호사대리의 원칙은 소송위임에 의한 소송대리인에게만 적용되고 법률상 소송대리인에게는 적용되지 않는다.[125]

우리나라는 변호사강제주의를 취하고 있지 않으므로 당사자가 직접 소송을 수행할 수 있다. 그러나 소송위임에 의해 소송대리인을 선임하는 경우에는 원칙적으로 변호사에 한정된다. 이는 원활하고 효율적인 소송절차의 진행을 도모하고 법률지식이 부족한 본인의 이익을 보호하기 위한 것이다.

(2) 예 외

이러한 변호사대리의 원칙에는 예외가 인정된다. 단독판사가 심리 · 재판하는 사건 가운데 그 소송목적의 값이 일정금액 이하인 사건에서, 당사자와 밀접한 생활관계를 맺고 있고 일정한 범위안의 친족관계에 있는 사람 또는 당사자와 고용계약 등으로 그 사건에 관한 통상사무를 처리 · 보조하여 오는 등 일정한 관계에 있는 사람이 법원의 허가를 받은 때에는 변호사 대리의 원칙이 적용되지 않는다(88조 1항). 다만 소액사건에서는 당사자의 배우자 · 직계혈족 또는 형제자매는 법원의 허가 없이 소송대리인이 될 수 있다(소심법 8조). 구체적인 사항은 대법원규칙으로 정한다(88조 2항).

---

124) 강현중, 273면; 이시윤, 183면; 정동윤/유병현/김경욱, 257면.

125) 이와 같이 변호사대리의 원칙이 법률상 소송대리인에게까지 적용되지 않는 점은 악용의 소지도 있을 수 있다. 판결에 따라서는 지배인은 법률상 소송대리인으로 변호사임을 요하지 않으나 지배인 등기가 비변호사의 소송수행의 방편이 된 경우에는 법률상 소송대리인이라 볼 수 없다고 판시한 예가 있다(서울민사지방법원 1985. 12. 18. 선고 85가단6904 판결 참조).

여기서 '단독판사가 심리 · 재판하는 사건'에는 1. 민사 및 가사소송의 사물관할에 관한 규칙 제2조 각호에 해당하는 사건(소송목적의 값이 5억 원을 초과하는 사건으로서 합의부의 심판범위에서 제외되는 사건), 2. 소송목적의 값이 소제기 당시 또는 청구취지 확장(변론의 병합 포함) 당시 1억 원을 넘지 않는 소송사건과 이러한 사건을 본안으로 하는 신청사건 등이 이에 포함된다(규칙 15조 1항).

법원의 허가를 받을 수 있는 사람으로서 '일정한 범위안의 친족관계'란 당사자의 배우자 또는 4촌 안의 친족으로서 당사자와의 생활관계에 비추어 상당하다고 인정되는 경우이고 '일정한 관계에 있는 사람'이란 당사자와 고용, 그 밖에 이에 준하는 계약관계를 맺고 그 사건에 관한 통상사무를 처리 · 보조하는 사람으로서 그 사람이 담당하는 사무와 사건의 내용 등에 비추어 상당하다고 인정되는 경우를 말한다(규칙 15조 2항).

소송위임장

원　　고　서초금고
　　　　　서울 서초구 서초동 950-2

피　　고　강남물산(주)
　　　　　서울 서초구 서초동 60-1

위 당사자간 귀원 ○○○○가단356 대여금청구사건에 관하여
주소 서울 서초구 서초동 ○○빌딩 3층
변호사 ○○○을 소송 대리인으로 위임하고, 아래 권한을 수여함.

수 권 사 항

1. 모든 소송행위
2. 반소의 제기 및 응소
3. 소의 취하, 화해, 청구의 포기 및 인낙, 참가에 의한 탈퇴
4. 복대리인의 선임
5. 목적물의 수령
6. 공탁, 공탁물 및 그 이자의 반환청구와 수령
7. 담보권 행사 최고 신청, 담보 취소신청 등 신청에 대한 동의, 담보 취소결정 정본의 수령 등 취소결정에 대한 항고권 포기

2016. ○. ○.

위임인
피고 강남물산(주) 대표이사 정일한(인)

○○지방법원 귀중

3. 소송대리권의 수여

소송대리권은 수권행위에 의하여 발생한다. 수권행위는 소송대리권의 발생이라는 소송법상의 효과를 목적으로 하는 단독의 소송행위로서 소송위임이라고도 한다. 소송위임의 경우 소송대리권의 범위를 증명하기 위하여 소송위임장을 작성한다. (변호사에게 소송위임을 하는 경우 소송위임장외에 약정서도 함께 작성하는 경우가 일반적이다. 약정서는 소송비용의 부담, 변호사에 대한 보수조건, 위임계약의 해지사유 등을 정한 것이다. 이러한 약정서는 사법상 위임계약의 내용을 증명하는 서류라고 할 수 있다. 변호사와 의뢰인 사이의 위임계약상 권리의무관계는 소송위임장에 의해 정해지는 것이 아니라 약정서에 의해 정해진다)

판례연습 **대법원 1997. 12. 12. 선고 95다20775 판결**
– 본인과 소송대리인 사이의 권리의무 발생 근거 –

▌사건의 개요 X는 K토지에 관한 소유권이전등기소송을 변호사 Y에게 위임하면서 소송위임장을 작성하였다. 위임장의 위임권한란에는 민사소송법 제90조 제1항이 규정하는 소송대리권의 법정 범위에 속하는 가압류·가처분에 관한 소송행위 등 일체의 소송행위와 변제의 영수를 할 수 있다고 기재하였다. 그러나 Y변호사는 K토지에 대한 보전조치를 취하지 않아 K토지의 소유권은 제3자인 A에게 이전되었다. 이에 X는 위 소송위임을 근거로 Y에게 손해배상을 청구할 수 있는지가 문제되었다.

설명

이 사건의 쟁점은 소송위임의 내용에 보전처분이 포함된 경우 소송대리인은 본인을 위하여 보전처분을 하여야 할 의무가 있는가 하는 것이다. 소송대리권을 수여하는 소송위임은 그 기초관계인 본인과 소송대리인 사이의 사법상의 위임계약과는 그 성격을 달리한다. 본인과 소송대리인 사이의 권리의무는 소송위임이 아닌 사법상 위임계약에 의하여 정해진다. 이 사건에서 보전처분의 권한이 소송위임사항에 포함되어 있다 하더라도 이는 소송대리권의 범위를 정한 것이며 소송대리인의 본인에 대한 의무를 정한 것이 아니다. 따라서 X는 위 소송위임계약을 근거로 Y에게 손해배상을 청구할 수는 없다.

참고판례 대법원 1997. 12. 12. 선고 95다20775 판결【손해배상(기)】

4. 소송대리권의 범위

(1) 법률상 소송대리인

법률상 소송대리인의 권한에는 아래에서 설명할 소송위임에 의한 소송대리인의 권한에 관한 민사소송법 제90조, 제91조의 규정이 적용되지 않는다(92조). **법률상 소송대리인의 소송대리권의 범위는 실체법에 의해 정해진다.** 예를 들어 지배인은 그 영업에 관하여 재판상·재판 외의 모든 행위를 할 수 있다(상법 11조). 이러한 소송대리권의 범위는 제한할 수 없다. 판례는 법무부장관이 소송수행자에게 제한을 가하였음에도 불구하고 이를 무시한 소송행위도 그 효력에는 아무런 영향이 없다고 한다.[126]

(2) 소송위임에 의한 소송대리인

소송위임에 의한 소송대리인의 대리권은 제90조에 의해 법정되어 있다(90조). 제90조에서 정한 소송대리권의 범위를 변호사인 경우에는 제한하지 못한다(91조). 그러나 변호사 아닌 소송대리인에 대하여는 제한이 가능하다(동조 단서). 아래에서는 제90조에 규정된 소송대리권의 범위에 관하여 살펴보기로 한다.

(a) 소송대리권의 법정범위(90조 1항)

소송대리인은 위임받은 사건에 대하여 특별수권사항을 제외한 일체의 소송행위와 공격·방어를 위해 사법상의 형성권을 행사할 수 있다(90조 1항). 즉, 소의 제기, 반소, 참가, 강제집행, 가압류, 가처분에 관한 소송행위를 할 수 있다. 다만 민사소송법은 특별수권사항으로서 반소의 제기를 규정하고 있으므로(동조 2항) 여기서의 반소는 상대방의 반소에 대한 응소에 국한되는 것으로 해석된다. 또한 위임에 의한 소송대리인이 가지는 대리권의 범위에는 위임을 받은 사건에 관한 실체법상 사법행위를 하는 권한도 포함된다.[127] 따라서 동조 제1항의 '변제의 영수'는 예시적인 것으로 해석된다. 앞서 제시된 소송위임장 '수권사항'에서 제1호 및 5호 내지 7호가 이에 해당된다.

(b) 특별수권사항(90조 2항)

본인에게 중대한 영향을 미치는 특별수권사항(90조 2항)은 개별적인 수권이 있어야 권한 행사가 가능하다. 이에는 반소의 제기, 소의 취하, 화해, 청구의 포기·인낙 또는 독립당사자소송에서의 탈퇴, 상소의 제기 또는 취하, 대리인의 선임 등이 있다. 앞

126) 대법원 1962. 3. 29. 선고 4294민상841 판결.
127) 대법원 2015. 10. 29. 선고 2015다32585 판결.

의 소송위임장 '수권사항'에서 제2호 내지 4호가 이에 해당된다.

1) 심급대리의 원칙

민사소송법은 상소의 제기 또는 취하를 특별수권사항의 하나로 정하고 있다. 그런데 통설과 판례[128)]는 상대방이 제기한 상소에 응소하는 경우에도 특별한 수권을 요한다고 해석한다. 상소의 제기와 상대방의 상소에 대한 응소 모두 특별한 수권을 요한다면 당초 소송위임을 받은 심급에서 판결이 선고되어 판결문이 송달된 이후에는 소송대리인은 아무런 소송대리권을 행사할 수 없다는 결론에 이른다. 즉 **한 심급이 종료하면 소송대리권도 소멸한다. 이를 심급대리의 원칙이라 한다.** 판례는 심급의 구체적 종료 시기를 당해 심급의 판결을 송달받은 때로 보고 있다.[129)]

2) 소송대리권의 부활

판례는 상급심에서 원판결이 파기환송되어 다시 원심에 소송계속된 경우 원심의 소송대리인에게 한 송달은 유효한 것이라고 한다.[130)] 원심의 소송대리인에게 한 송달이 유효하다는 것은 원심의 소송대리인에게 소송대리권이 있다는 의미이며 이는 결국 당해 심급의 종료로 소멸하였던 원심 소송대리인의 소송대리권 부활을 인정하는 것이다. 이러한 판례의 태도에 대하여는 심급대리에 관한 판례의 태도와 부합하지 않으며 당사자와 소송대리인 사이의 신뢰관계가 이미 소멸한 점을 들어 부당하다는 것이 다수설이다.[131)] 다만 판례는 파기환송된 사건이 다시 상고된 경우에는 환송 전 상고심 소송대리인의 대리권은 부활하지 않는다고 한다.[132)]

3) 복대리인

소송대리인이 특별수권으로 대리인을 선임한 경우 이를 복대리인이라고 한다. 특별수권사항으로서 '대리인의 선임(80조 2항 4호)'은 이와 같이 소송대리인이 본인의 다른 소송대리인을 선임하는 경우를 말한다. 따라서 소송대리인이 본인의 다른 소송대리인을 선임하려면 이에 관한 개별적인 수권을 받아야 한다. 대리인의 선임을 특별수권사항으로 한 것은 소송위임은 본인의 소송대리인에 대한 신뢰를 기초로 한 것이기 때문이다. 복대리인은 본인의 대리인이며 대리인의 대리인이 아니다. 따라서 복대리

128) 대법원 1994. 3. 8. 선고 93다52105 판결.

129) 대법원 1995. 12. 26. 선고 95다24609 판결. 이러한 소송대리인의 대리권의 존속기간은 소송절차의 중단 여부와 그 시기에도 영향을 미칠 수 있다. 즉 당사자가 사망하는 등 소송절차중단사유가 발생한 경우에도 소송대리인이 있으면 소송절차가 바로 중단되는 것은 아니지만(238조) 소송계속 중 소송대리권이 소멸하면 소송절차도 중단된다.

130) 대법원 1985. 5. 28. 선고 84후102 판결.

131) 이시윤, 190면; 정동윤/유병현/김경욱, 252면, 호문혁, 290면. 판례의 태도가 정당하다고 하는 견해로는 강현중, 271면; 김홍엽, 230면.

132) 대법원 1996. 4. 4.자 96마148 결정.

인의 소송수행의 법적 효과가 본인에게 미친다. 대리인을 선임할 권한은 특별수권사항이므로 복대리인은 다시 대리인을 선임할 권한이 없다.

> 법률상 소송대리인의 대리권의 범위는 실체법에 의해 정해진다. 소송위임에 의한 소송대리인의 대리권의 범위는 민사소송법 제90조에 의해 정해진다.

5. 소송대리인의 지위

(1) 소송대리인은 당사자가 아니므로 소송수행의 결과 받는 판결의 효력은 본인에게 미치고 소송대리인에게는 미치지 않는다. 소송대리인이 선임된 경우에도 본인은 소송수행권을 상실하지 않는다. 소송대리인의 사실상 진술은 당사자가 이를 곧 취소하거나 경정한 때에는 그 효력을 잃는다(94조). 이를 당사자의 경정권이라 한다.

(2) 여러 소송대리인이 있는 때에는 개별대리의 원칙상 각자가 당사자를 대리한다(93조 1항). 소송대리인의 권한을 개별대리로 한 것은 소송을 원활하고 신속하게 진행시키기 위한 공익적 목적을 달성하기 위한 것이다.[133] 따라서 개별대리의 원칙에 반하는 약정은 무효이다(동조 2항). 이 점은 각자대리를 원칙으로 하면서도 수권행위에 다른 정함이 있는 경우에는 달리 취급하는 민법의 규정(119조)과 다르다.

6. 대리권의 소멸

(1) 불소멸 사유

민사소송법은 소송대리인의 대리권이 소멸하는 사유를 적극적으로 규정하지 않고 소극적으로 소송대리권이 소멸되지 아니하는 경우에 관하여 규정하고 있다. **소송대리인의 대리권은 본인이나 법정대리인의 사망 등의 사유로 소멸하지 않는다**(95조). 이와 같이 본인의 사망으로 대리권이 소멸하는 민법(127조)의 경우와 달리 정한 것은 소송절차를 원활하고 신속하게 진행시킬 필요가 있고 수임자가 변호사인 점을 고려한 것이다.

또한 일정한 자격에 의하여 자기의 이름으로 남을 위하여 소송당사자가 된 사람이 그 자격을 잃은 경우나 선정당사자가 그 자격을 잃은 경우에도 그 소송대리인의 소송대리권이 소멸하지 않는다(96조). 제95조에 의해 당사자가 사망한 경우에도 소송대리권이 소멸하지 않는 것과의 균형상 일정한 자격에 의하여 남을 위하여 소송당사자가 된 사람이 자격을 잃는 경우에도 그 소송대리인의 소송대리권이 소멸하지 않는

---

133) 주석민사소송법(Ⅰ), 722면.

것으로 취급하는 것이다. '일정한 자격에 의하여 자기의 이름으로 남을 위하여 소송당사자가 된 사람'에 해당하는 사람으로는 파산관재인, 유언집행자, 상속재산관리인 등이 있다. 다만 채권자대위소송의 채권자나 추심명령을 받은 채권자는 자기의 권리에 기한 소송당사자이고 남을 위한 소송당사자가 아니므로 이에 해당하지 않는다.

(2) 소멸사유

(a) 민법 제127조의 사유

민법 제127조에서는 대리권의 소멸사유로 1. 본인의 사망, 2. 대리인의 사망, 성년후견의 개시 또는 파산 등을 규정하고 있다. 따라서 민사소송법 제95조가 규정하고 있는 본인의 사망을 제외한 '2. 대리인의 사망, 성년후견의 개시 또는 파산'의 경우에는 소송대리권이 소멸된다고 해석된다.

(b) 소송위임계약의 실효

소송대리권은 그 원인이 되는 소송위임계약이 실효되는 경우에도 소멸된다. 소송위임계약은 위임사무 또는 위임계약이 종료된 경우에 그 효력이 소멸된다. 위임계약은 해지(민법 689조) 또는 민법 제690조에 정한 사유가 있는 경우에 종료된다. 민법 제690조는 위임계약의 종료사유로 당사자 일방의 사망, 파산, 수임인이 성년후견개시심판을 받은 경우 등을 규정하고 있다. 위 사유들 중 민사소송법 제95조에 의해 배제되는 것을 제외한다면 대리인의 사망, 본인 또는 대리인의 파산, 대리인의 성년후견의 개시 등에 의해 위임사무가 종료되는 것으로 해석할 수 있다. 이는 민법 제127조의 사유에서 본인의 파산이 추가된 것이다.

(c) 종 합

결국 소송대리권은 위임사무의 종료, 소송위임계약의 해지, 본인의 파산, 대리인의 사망, 성년후견의 개시 또는 파산 등에 의하여 소멸한다. 소송대리인은 변호사인 경우가 대부분이므로 현실적으로 주로 문제가 되는 종료사유는 위임사무의 종료이다. 심급대리의 원칙을 취하는 현행 민사소송법의 해석상 위임사무의 종료는 당해 심급의 판결이 송달된 때이다.

7. 법정대리인 규정의 준용

소송대리인에게는 민사소송법 제58조 제2항(법정대리권 등의 증명), 제59조(소송능력 등 흠에 대한 조치), 제60조(소송능력 등의 흠과 추인)및 제63조(법정대리권의 소멸통지)의 규정을 준용한다(97조).

Ⅳ. 무권대리인

1. 의 의

무권대리인은 대리권이 없이 타인의 대리인으로 소송행위를 한 사람을 말한다. 대리인의 자격을 갖추지 못하거나 소송행위에 필요한 권한을 수여 받지 못한 경우가 이에 포함된다. 대리권의 존부는 직권조사사항으로[134] 조사결과 흠결이 있으면 보정을 명하여야 한다. 만약 보정하는 것이 지연됨으로써 손해가 생길 염려가 있는 경우에는 법원은 일시적으로 소송행위를 하게 할 수 있다(59조, 97조).

2. 대리권 흠결의 효과

대리권의 존재는 소송행위의 유효요건이므로 무권대리인의 소송행위는 무효이다. 무권대리인에 의하여 소가 제기된 경우에는 소송요건이 흠결된 소로서 보정되지 않는 한 판결로서 각하하여야 한다. 법원이 대리권 없음을 간과하고 본안판결을 한 경우에도 당연무효는 아니며 상소 또는 재심으로써 취소를 구할 수 있을 뿐이다(424조 1항 4호, 451조 1항 3호).

3. 추 인

(1) 추인의 방식

추인의 방식은 추인의 대상이 되는 소송행위에서 요구되는 방식에 의하여야 한다. 공정증서상의 집행인낙의 의사표시는 공증인 등에 대한 채무자의 단독 의사표시이므로 집행인낙에 대한 추인의 의사표시 또한 당해 공정증서를 작성한 공증인에 대하여 그 의사표시를 공증하는 방식으로 하여야 한다.[135]

무권대리인에 의한 소송행위에 대한 추인은 묵시적으로도 가능하다. 판례는 제2심에 이르러 미성년자의 친권자인 법정대리인이 선임한 소송대리인이 제1심에서 미성년자가 직접 선임한 소송대리인의 소송행위에 대하여 아무런 이의를 제기한 바 없이 제1심의 소송결과를 진술한 경우에는 이를 묵시적으로 추인한 것으로 보아야 한

134) 대법원 1993. 3. 12. 선고 92다48789, 48796 판결.
135) 대법원 2006. 3. 24. 선고 2006다2803 판결.

다고 한다.[136] (같은 취지에서 항소의 제기에 관하여 필요한 수권이 흠결된 소송대리인의 항소장 제출이 있었다고 하더라도 당사자 또는 적법한 소송대리인이 항소심에서 본안에 관하여 변론하였다면 이로써 그 항소제기 행위를 추인한 것으로 취급된다.[137])

(2) 추인의 효력

무권대리인의 소송행위는 무효이지만 확정적 무효는 아니고 당사자나 정당한 대리인이 이를 추인하면 그 소송행위는 이를 한 때 소급하여 효력이 생긴다(60조, 97조). 판례는 종중이 적법한 대표자 아닌 자가 소제기하여 수행한 소송을 추인하였다면 그 소송은 소급하여 유효한 것이고, 이에 의한 시효중단의 효력도 유효하다고 한다.[138]

(3) 일부추인

무권대리인이 행한 소송행위의 추인은 소송행위의 전체를 일괄하여 하여야 하고 일부추인은 원칙적으로 허용되지 않는다.[139] 다만 판례는 무권대리인이 변호사에게 위임하여 소를 제기하여서 승소하고 상대방의 항소로 소송이 제2심에 계속 중 그 소를 취하한 일련의 소송행위 중 소취하 행위만을 제외하고 나머지 소송행위를 추인한 사안에서 소송의 혼란을 일으킬 우려가 없고 소송경제상으로도 적절하다 하여 예외적으로 그 유효성을 인정한 바 있다.[140]

4. 쌍방대리금지

소송은 두당사자가 현실적으로 대립되어야 하므로 당사자 일방이 상대방을 대리하거나 한 사람이 양당사자를 대리하는 것은 허용되지 않는다.[141] 이러한 통상의 쌍방대리는 무권대리의 일종으로 무효이다. 다만 소송대리인이 변호사가 아닌 경우에는 당사자의 추인에 의해 유효해진다. 소송대리인이 변호사인 경우에는 변호사법 제31조 위반의 문제로 달리 취급될 여지가 있다. 변호사는 당사자 한쪽으로부터 상의를 받아 그 수임을 승낙한 사건의 상대방이 위임하는 사건에 대하여는 직무를 수행할 수 없다(변호사법 31조 1항 1호). 이 규정에 위반한 변호사의 소송행위에 대하여는 절대무효설, 유효설, 뒤에 선임한 사람이 추인하면 유효한 것으로 보는 추인설, 먼저 선임한 사람이 이의를 제기하지 않으면 유효한 것으로 보는 이의설 등이 대립한다. 위 규정은

136) 대법원 1980. 4. 22. 선고 80다308 판결.
137) 대법원 2020. 6. 25. 선고 2019다246399 판결.
138) 대법원 1992. 9. 8. 선고 92다18184 판결.
139) 대법원 2008. 8. 21. 선고 2007다79480 판결.
140) 대법원 1973. 7. 24. 선고 69다60 판결.
141) 대법원 1965. 3. 15. 선고 64다1691 판결.

먼저 선임한 사람의 보호에 그 취지가 있고 먼저 선임한 사람이 이의를 제기하지 않으면 이를 위반한 변호사의 소송행위를 유효한 것으로 취급하는 것이 소송경제와 절차의 안정성에 부합한다. 따라서 이의설이 타당하다.[142] 판례의 주류도 상대방 당사자가 그와 같은 사실을 알았거나 알 수 있었음에도 불구하고 사실심변론종결시까지 아무런 이의를 제기하지 아니하였다면 그 소송행위는 소송법상 완전한 효력이 생긴다하여 이의설에 따르고 있다.[143]

5. 표현대리

(1) 예를 들어 보기로 한다. Y주식회사의 대표이사 A는 Y회사의 대표이사직을 사임하였지만 아직 법인등기부에는 대표이사로 기재되어 있었다. X는 Y주식회사를 상대로 소를 제기하면서 Y주식회사의 법인등기부 기재내용을 그대로 믿고 소장에 Y주식회사의 대표이사를 A로 기재하였다. A 또한 이미 Y주식회사의 대표이사가 아님에도 불구하고 Y주식회사의 대표이사라고 하면서 X가 제기한 소에 응소하였다. A의 응소행위는 유효할까?

(2) A의 소송행위는 대표권 없는 소송행위이다. 그럼에도 X가 A에게 대표권이 있다고 과실 없이 믿은 경우에 A의 소송행위를 유효한 것으로 주장할 수 있는가 하는 것이 문제된다.[144] 이러한 경우 실체법상으로는 Y회사의 표현대리책임(민법 129조, 상법 395조)이 인정되나 소송행위에서도 이러한 표현대리책임에 관한 법리가 유추적용될 수 있는가에 관하여는 견해가 나누어진다.

이에 관해 외관존중의 요청은 소송행위에도 관철되어야 한다는 점에서 적극설이 주장되기도 한다. 그러나 표현대리의 규정은 실체법상 거래의 안전을 위한 것이므로 절차의 안정을 중시하는 소송행위에는 적용되지 않는다고 하는 소극설이 타당하다. 판례도 공정증서가 채무명의(집행권원)로서 집행력을 가질 수 있도록 하는 집행인낙표시는 공증인에 대한 소송행위로서 이러한 소송행위에는 민법상의 표현대리 규정이 적용 또는 준용될 수 없다고 한다.[145] 판례 또는 소극설에 따르면 A의 응소행위는 무효이다. (공정증서는 공문서 중에서 공증인 등 공증사무소가 법률행위나 사권에 관한

142) 강현중, 118면; 김홍엽, 244면; 이시윤, 198면; 정동윤/유병현/김경욱, 263면; 정영환, 334면; 호문혁, 299면.

143) 대법원 1975. 5. 13. 선고 72다1183 전원합의체판결; 대법원 1990. 11. 23. 선고 90다4037, 4044 판결; 대법원 1995. 7. 28. 선고 94다44903 판결; 대법원 2000. 12. 22. 선고 2000재다490 판결 등 참조.

144) 이 문제는 소송절차가 진행되는 중에 법정대리권이 소멸한 경우인 민사소송법 제63조의 적용문제와는 구별된다.

145) 대법원 1994. 2. 22. 선고 93다42047 판결.

사실에 관하여 작성한 문서를 말한다(공증인법 2조). 공정증서가 공문서인 이유는 공증인은 공증사무를 처리하는 직무에 관하여 공무원의 지위를 가진 것으로 보기 때문이다(동법 2조). 공정증서 중 일정한 금액의 지급이나 대체물 또는 유가증권의 일정한 수량의 급여를 목적으로 하는 청구에 관하여 작성한 것으로 채무자가 강제집행을 승낙한 취지가 적혀 있는 것을 특히 집행증서라고 하며 확정판결과 같은 집행권원의 하나이다(민사집행법 56조)).

제5장 소송물

제1절 의 의

Ⅰ. 의 의

소송물은 민사소송에 있어 심판의 대상을 말하며 소송상의 청구[1] **또는 소송의 객체라고도 한다. 소송물은 실체법상의 청구권 자체와는 구별되는 개념이다.** 예를 들어 토지의 소유자 X가 자신의 토지 위에 무단으로 건립된 건물의 철거를 구하는 소를 제기한 경우 토지소유자가 행사하는 실체법상 권리가 소유물방해배제청구권이라는 것 자체는 권리행사의 상대방이 누구인가에 따라 달라지지 않는다. 그러나 위 소송의 상대방이 Y이면 소송물은 X의 Y에 대한 건물철거를 구할 법적 지위 또는 건물철거청구권이 되고 상대방이 Y_1이면 X의 Y_1에 대한 건물철거를 구할 법적 지위 또는 건물철거청구권이 된다. 이와 같이 민사소송은 특정한 당사자 사이의 구체적 분쟁을 대상으로 하므로 철거를 구하는 상대방이 달라지면 소송물도 달라진다.

소송물은 소송에서 다툼의 대상이 되는 계쟁물과도 다르다. 건물철거소송에서 소송물은 건물철거를 구할 법적 지위 또는 건물철거청구권이고 철거의 대상이 되는 특정한 건물은 계쟁물이고 소송물은 아니다.

Ⅱ. 기 능

(1) 소송물은 소의 개시에 있어 관할을 결정하는 요소가 된다. 예를 들어 금전지급청구의 소가 제기된 경우 소송물이 어음금지급청구라면 토지관할은 어음상 지급지 법원이 될 수 있을 것이지만 불법행위에 기한 손해배상청구라면 토지관할은 불법행위지의 법원이 될 수 있다. 또한 어음금지급청구이면 그 청구 금액이 5억 원을 초과하더라도 단독판사의 사물관할이 될 것이지만 불법행위에 기한 손해배상청구라면

---

1) 민사소송법에서는 소송물의 의미로 '청구'라는 용어가 가장 많이 사용되나 청구는 실체법상 청구권을 행사하기 위한 이행소송에는 적합하나 확인소송이나 형성소송에는 적절하지 않은 면이 있다. 청구권 개념의 정립에 관하여는 호문혁, 118~119면 참조.

지급을 구하는 금액이 5억 원을 초과할 경우 합의부관할이 될 수 있다.

(2) 절차의 진행과정에 있어서 **소송물은 처분권주의의 원칙상 법원의 심판범위를 한정한다.** 만약 어음금으로 5천만 원을 청구한 사건에서 법원이 원고의 청구금액인 5천만 원을 초과하여 지급을 명한다면 이는 처분권주의에 위배된다. 또한 소송물의 동일성은 중복제소 여부를 판단하는 기준이 된다. 5천만 원의 어음금지급청구의 소가 제기되었는데 다시 동일한 어음금지급청구의 소가 제기되면 중복소송이 되어 후소는 부적법해지지만 후소가 불법행위에 기한 손해배상청구라면 중복소송이 되지 않는다.

(3) **소송물은 기판력이 미치는 객관적 범위를 정하는 기준이 된다.** 기판력은 주문(소송물에 관한 판단)에 포함된 것에 한하여 생긴다(216조). 따라서 원고가 토지의 소유자임을 주장하여 토지상에 무단으로 건립된 건물의 철거를 구하는 소에서 소송물은 건물철거청구이고 그 전제가 되는 원고의 토지소유권은 소송물이 아니므로 기판력은 원고의 토지소유권에 생기지 않는다.

(4) 실체법상으로도 소송물은 시효중단과 기간준수의 효력을 판단하는 기준이 된다. 예를 들어 제기된 소의 소송물이 A어음에 기한 어음금지급청구이면 B어음상의 어음금지급청구권에는 소송물이 다르기 때문에 시효중단의 효력이 미치지 않는다.

소송물은 기판력의 객관적 범위를 정하는 기준이 된다.

제2절 소송물 이론

소송물의 동일성을 판단하는 기준에 관하여는 다음과 같은 견해가 있다.

Ⅰ. 구실체법설(구소송물이론)

구실체법설에 의하면 소송물은 실체법상의 권리 또는 법률관계의 주장이라고 한다. 이 설에 의하면 동일한 법률관계나 급여를 목적으로 한 수개의 청구권이나 형성권의 주장은 각각 다른 소송물이다. 예를 들어 동일한 사고로 인하여 손해배상을 청구하는 경우에도 채무불이행에 의한 손해배상청구권(민법 390조)의 주장과 불법행위에 의한 손해배상청구권(민법 750조)의 주장은 서로 다른 소송물이다. 또한 동일당사자와의 이혼을 구하는 소라도 배우자의 폭행(민법 840조 3호)으로 인한 이혼청구와 배우자의 부정행위(민법 840조 1호)로 인한 이혼청구는 별개의 소송물이다. 이 설에 대해서는 사회경제적으로는 하나의 분쟁임에도 실체법상의 근거를 달리하여 소를 제기하는 경우 이를 별개의 소로 파악하여 각각 판단하여야 하는 결과 분쟁의 일회적 해결에 반한다는 등의 비판이 제기되고 있다.

Ⅱ. 소송법설(신소송물이론)

이 설은 소송물은 소송상 일정한 법적 지위의 주장이라고 보아 청구취지(신청)나 사실관계 등의 소송법적 요소를 기준으로 소송물의 동일성을 판단한다. 이 설은 구실체법설과는 달리 실체법상의 권리는 소송물의 요소가 아니고 소송물을 정당화하는 법적 근거에 불과하다고 한다. 이러한 기준은 주로 이행의 소나 형성의 소에 있어서 적용되며 확인의 소에 있어서는 소송법설에 의하더라도 '청구취지에 표시된 권리 또는 법률관계의 주장'이 소송물이라는 데 별 이견이 없다. 소송법설은 다시 아래 두 가지 설로 나누어진다.

1. 이분지설(二分肢說, 이원설)

이 설은 청구취지와 청구원인의 사실관계 두 가지를 기준으로 소송물의 동일성을 판단한다. 여기서의 사실관계는 개별규정의 요건사실보다는 넓은 개념으로 사회적·역사적으로 볼 때 1개라고 할 일련의 사실관계를 의미한다.[2] 이 설에 의하면 구실체법설이 다른 소송물로 판단하는 불법행위에 의한 손해배상청구권과 채무불이행에 의한 손해배상청구권은 청구취지가 동일한 금원지급을 구하고 있고 그 사실관계 또한 일련의 같은 사실관계를 기초로 하고 있으므로 동일한 소송물이다. 이 설에 대하여는 어음금지급청구와 원인채권의 지급청구와 같이 사실관계를 달리하면서도 동일한 목적을 구하는 경우 소송물을 달리 취급함으로써 구실체법설과 같은 문제점을 가진다는 비판이 있다.

2. 일분지설(일원설)

이 설은 청구취지만으로 소송물의 동일성을 판단하며 청구원인의 사실관계는 소

---

2) 이시윤, 246면.

송물의 요소가 아니라고 한다. 이 설은 하나의 사실관계 또는 여러 개의 사실관계로부터 여러 개의 권리가 발생하는 경우에도 여러 개의 권리가 같은 목적을 가지는 한 동일한 소송물로 취급한다. 따라서 불법행위에 의한 손해배상청구권과 채무불이행에 의한 손해배상청구권과 같이 하나의 사실관계에 기한 청구권경합의 경우뿐만 아니라 어음금지급청구와 원인채권의 지급청구와 같이 사실관계를 달리하는 청구의 경우도 동일한 목적을 가지면 소송물은 동일한 것이다.[3] 다만 금전지급이나 대체물인도청구의 소의 경우에는 청구취지뿐만 아니라 청구원인의 사실관계도 함께 참작하여 소송물의 동일성을 판단한다. 예를 들어 2005. 2. 6. 임대차계약에 기한 차임채권을 청구하는 경우와 2006. 5. 9. 발생한 대여금을 청구하는 경우 전혀 다른 목적을 가지지만 청구취지만으로는 그 동일성 여부를 판단할 수 없기 때문이다. 이 설에 대하여는 소송물의 개념을 너무 포괄적으로 판단하여 결과적으로 기판력이 미치는 범위가 지나치게 확대된다는 비판이 제기되고 있다.

Ⅲ. 신실체법설

이 설은 수정된 의미의 실체법상 권리를 소송물로 보는 견해이다. 수정된 의미의 실체법상 권리란 일정한 급여요구권 또는 처분대상이라는 사회적 실재로서의 권리를 의미한다. 이 설에 의하면 종래의 민법상 청구권경합은 동일한 급여를 요구하는 권리이거나 또는 하나의 처분대상으로 관념되므로 하나의 권리로 본다. 이 설은 결론에 있어 소송법설과 큰 차이가 없으며 넓은 의미에서 소송법설의 범주에 포함된다.[4] 이 설은 시효나 증명책임 등의 문제와 관련하여 아직 해결할 문제점을 남기고 있다.

제3절 판례의 태도

판례는 구실체법설을 취하여 실체법상의 권리 또는 법률관계의 주장을 소송물로 본다. 판례는 두 개의 소의 소송물이 동일한 법률사실에 기하고 있더라도 청구원인

3) 이시윤, 247면; 정동윤/유병현/김경욱, 274면.
4) 이시윤, 248면.

이 다르다면 그 소송물은 서로 별개라고 한다. 따라서 판결이 확정된 전소가 해고기간 동안의 임금을 종전임금에 따라 청구한 것인데 대하여, 후소는 복직의무 불이행 또는 복직거절로 인한 임금상승 누락분을 손해금으로 청구하는 것이라면 양자는 청구취지와 청구원인을 전혀 달리하고 있어 소송물 또한 별개라고 한다.[5] 소송물과 관련된 판례들을 살펴보면 다음과 같다.

(1) 소유권이전등기청구와 말소등기청구

소유권이전등기청구의 소에서 등기원인을 달리하는 경우에는 별개의 소송물로 취급한다. 따라서 매매(민법 568조)를 원인으로 한 소유권이전등기청구의 소와 취득시효완성(민법 245조)을 원인으로 한 소유권이전등기청구의 소는 각 소의 소송물이 서로 다르므로 전소판결의 기판력은 후소에 미치지 않는다.[6]

그러나 **소유권이전등기말소청구의 소의 소송물은 당해 등기의 말소등기청구권이고, 그 동일성 식별의 표준이 되는 청구원인, 즉 말소등기청구권의 발생원인은 당해 '등기원인의 무효'라고 한다.** 등기원인의 무효를 뒷받침하는 개개의 사유는 독립된 공격·방어방법에 불과하여 별개의 청구원인을 구성하지 않는다고 한다.[7] 한편 담보목적으로 경료된 소유권이전등기의 피담보채무를 변제하였음을 이유로 하여 말소를 구하는 청구와 소유권이전등기가 원인무효임을 이유로 하여 말소를 구하는 전소청구는 동일한 소송물이 아니다.[8]

(2) 근저당권설정등기말소청구

근저당권설정계약이 기망에 의하여 체결되었음을 이유로 이를 취소하고 이에 터잡아 경료된 근저당권설정등기의 말소를 구하는 청구와 피담보채무의 부존재를 원인으로 근저당권설정계약을 해지하고, 이에 터 잡아 원상회복으로서 근저당권설정등기의 말소를 구하는 청구는 서로 다른 소송물이다. 따라서 하나의 소로써 위 각 청구원인을 병합한 경우 각 그 청구원인을 달리하는 별개의 독립된 소송물로서 선택적 병합 관계에 있다.[9]

---

5) 대법원 1989. 3. 28. 선고 88다1936 판결.
6) 대법원 1981. 1. 13. 선고 80다204, 205 판결.
7) 대법원 1999. 9. 17. 선고 97다54024 판결.
8) 대법원 1983. 3. 8. 선고 82다카1203 판결.
9) 대법원 1986. 9. 23. 선고 85다353 판결.

(3) 진정명의회복을 원인으로 한 소유권이전등기청구와 말소등기청구

(a) 진정한 소유자 A명의의 등기가 원인 없이 순차로 B, C, D명의로 경료된 경우 A가 등기명의를 회복하려면 누구를 피고로 삼아 소를 제기하여야 할까? 우선 진정한 소유자 A가 B, C, D 등을 모두 피고로 삼아 각 등기명의의 말소를 구하는 방법을 생각할 수 있다. 이러한 형태의 소는 피고가 여러 사람이 되어 소송관계가 복잡해질 수도 있다. 판례는 이러한 말소청구의 방법 외에도 최종 등기명의자인 D만을 피고로 삼아 직접 D로부터 A로 이전등기를 구하는 소도 허용하고 있다. 이를 진정명의회복을 원인으로 한 소유권이전등기청구의 소라고 한다.[10] 주의할 것은 진정명의 회복을 위한 소유권이전등기청구의 소는 이미 자기 앞으로 소유권을 표상하는 등기가 되어 있었거나 법률에 의하여 소유권을 취득한 진정한 소유권자가 그 등기명의를 회복하기 위한 방법으로 그 소유권에 기하여 현재의 등기명의인을 상대로 진정한 등기명의의 회복을 원인으로 한 소유권이전등기절차의 이행을 구하는 것이다.[11] 따라서 매매계약의 매수인과 같이 단지 소유권이전등기청구권만을 주장할 수 있는 경우에는 위의 소를 제기할 수 없다.

(b) 위 두 소의 소송물은 동일한 것일까? 소송법설에 의하면 위 두 소는 청구취지가 다르므로 소송물이 동일하지 않은 것으로 판단될 것이다. 그러나 판례는 말소등기에 갈음하여 허용되는 진정명의회복을 원인으로 한 소유권이전등기청구권과 무효등기의 말소등기절차이행청구권은 어느 것이나 진정한 소유자의 등기명의를 회복하기 위한 것이라 한다. 그래서 실질적으로 그 목적이 동일하고, 두 청구권 모두 소유권에 기한 방해배제청구권으로서 그 법적 근거와 성질이 동일하므로, 비록 전자는 이전등기, 후자는 말소등기의 형식을 취하고 있다고 하더라도 그 소송물은 실질상 동일한 것이라고 한다.[12] 이러한 판례의 태도는 많은 논란의 대상이 되었다. 아래 참고판례는 위 판례의 다수의견과 별개의견, 반대의견의 요지이다.

참고판례 **대법원 2001. 9. 20. 선고 99다37894 전원합의체판결【소유권이전등기】**

10) 진정명의회복을 원인으로 한 소유권이전등기절차이행청구의 소의 허용성에 관하여 판례(대법원 1972. 12. 26. 선고 72다1846, 1847 판결)는 "등기가 원인 없이 순차로 이전되었을 경우에 진정한 소유권자가 그 소유권자명의를 회복하려면 그 등기명의인에게 그 등기에 대한 말소를 청구할 수 있을지는 몰라도 소유권회복을 원인으로 한 소유권이전등기절차의 이행을 청구할 수 없다 할 것이다"라고 하여 부정적인 태도였으나 그 후 "이미 자기 앞으로 소유권을 표상하는 등기가 되어 있었거나 법률에 의하여 소유권을 취득한 자가 진정한 등기명의를 회복하기 위한 방법으로는 현재의 등기명의인을 상대로 그 등기의 말소를 구하는 외에 '진정한 등기명의의 회복'을 원인으로 한 소유권이전등기절차의 이행을 직접 구하는 것도 허용되어야 한다" 고 하여 긍정하는 태도로 변경되었다(대법원 1990. 11. 27. 선고 89다카12398 전원합의체판결).

11) 대법원 1997. 3. 11. 선고 96다47142 판결.

12) 대법원 2001. 9. 20. 선고 99다37894 전원합의체판결.

(4) 채권자취소소송의 소송물

채권자취소소송은 채권자취소권의 요건을 갖춘 채권자가 고유의 권리로서 채무자의 재산처분 행위를 취소하고 그 원상회복을 구하는 것이므로 동일한 사해행위에 대하여 각 채권자가 제기한 채권자취소소송의 소송물은 동일한 소송물이 아니어서 중복제소에 해당하지 않는다.[13] 그러나 채권자가 사해행위의 취소를 청구하면서 그 보전하고자 하는 채권을 추가하거나 교환하는 것은 그 사해행위취소권을 이유 있게 하는 공격방법에 관한 주장을 변경하는 것일 뿐이어서 청구의 변경에 해당하지 않고 피보전권리만을 달리하여 제기한 동일한 채권자취소소송은 중복제소에 해당한다.[14] 채권자가 채무자의 어떤 금원지급행위가 사해행위에 해당된다고 하여 그 취소를 청구하면서 다만 그 금원지급행위의 법률적 평가와 관련하여 증여 또는 변제로 달리 주장하는 것은 그 사해행위취소권을 이유 있게 하는 공격방법에 관한 주장을 달리하는 것일 뿐 소송물을 달리 하는 것이 아니다.[15]

(5) 재심의 소

재심의 소에서 재심사유는 그 하나하나의 사유가 별개의 청구원인을 이룬다. 따라서 여러 개의 유죄판결이 재심대상판결의 기초가 되었는데 이후 각 유죄판결이 재심을 통하여 효력을 잃고 무죄판결이 확정된 경우, 어느 한 유죄판결이 효력을 잃고 무죄판결이 확정되었다는 사정은 특별한 사정이 없는 한 별개의 독립된 재심사유가 된다. 이는 재심대상판결의 기초가 된 각 유죄판결에 대하여 형사재심에서 인정된 재심사유가 공통된다거나 무죄판결의 이유가 동일하다고 하더라도 마찬가지이다.[16]

(6) 불법행위로 인한 손해배상청구

불법행위로 말미암아 신체의 상해를 입었기 때문에 가해자에게 대하여 손해배상을 청구할 경우 소송물은 1개일까? 판례는 그 소송물인 손해는 통상의 치료비와 같은 적극적 재산상 손해와 일실수익 상실에 따르는 소극적 재산상 손해 및 정신적 고통에 따르는 정신적 손해(위자료)의 3가지로 나누어진다고 한다.[17] 이를 손해 3분설이라고 한다. 학설로는 이외에도 소송물을 재산적 손해와 정신적 손해 두 개로 나누는 손해 2분설, 소송물이 1개라는 손해 1개설 등이 있다.

---

13) 대법원 2003. 7. 11. 선고 2003다19558 판결.
14) 대법원 2003. 5. 27. 선고 2001다13532 판결; 대법원 2012. 7. 5. 선고 2010다80503 판결.
15) 대법원 2005. 3. 25. 선고 2004다10985, 10992 판결.
16) 대법원 2019. 10. 17. 선고 2018다300470 판결.
17) 대법원 1976. 10. 12. 선고 76다1313 판결.

(7) 일부청구

(a) 문제의 소재

일부청구는 원고가 수량적으로 나눌 수 있는 급부를 나누어 그 일부를 청구하는 것이다. (기본사례에서 X는 X_1의 Y에 대한 9000만 원의 채권 중 5000만 원에 대하여만 소를 제기하였고 나중에 X_1이 다시 나머지 4000만 원에 대하여 Y_1, Y_2에게 소를 제기하여 문제가 되었다) 만약 그 일부청구만 소송물로 인정한다면 그 일부청구에 대한 판결의 효력은 아직 소를 제기하지 않은 잔부청구에는 미치지 않아 잔부청구에 대하여는 다시 소를 제기할 수 있다. 그러나 일부청구와 잔부청구가 동일한 소송물이라고 하면 잔부청구에 대하여는 다시 소를 제기할 수 없다.

민사소송의 심리에 관한 대원칙인 처분권주의에 의하면 심판의 대상과 범위는 원고의 권한에 속한다. 또한 원고가 채권 전부에 대한 승소가능성을 확신할 수 없어 일부의 청구로 그 결과를 타진하고자 할 때 일부청구는 원고에게 편리할 수 있다. 한편 일부청구는 분쟁의 일회적 해결이라는 공익적 요청과는 배치되고 피고의 방어권 행사에도 어려움을 초래할 수 있다. 이에 일부청구의 경우 일부청구만을 독립하여 소송물로 인정할 것인가 하는 것이 문제된다.

(b) 학설과 판례

학설로는, 일부청구는 잔부청구와는 독립한 소송물이라는 일부청구긍정설, 전부가 소송물이고 일부청구는 인용한도액을 정한 것으로 보는 일부청구부정설, 일부청구임을 명시한 경우에만 일부청구를 독립한 소송물로 보는 명시적 일부청구설 등이 있다.

판례는 불법행위의 피해자가 일부청구임을 명시하여 그 손해의 일부만을 청구한 경우 그 일부청구에 대한 판결의 기판력은 청구의 인용 여부에 관계없이 청구의 범위에 한하여 미치는 것이고 잔부청구에는 미치지 않는다고 하여 명시적 일부청구설을 취하고 있다.[18] 또한 일부청구임을 명시하는 방법으로는 반드시 전체 채권액을 특정하여 그중 일부만을 청구하고 나머지에 대한 청구를 유보하는 취지임을 밝혀야 할 필요는 없으며, 일부청구하는 채권의 범위를 잔부청구와 구별하여 심리의 범위를 특정할 수 있는 정도의 표시를 하는 것으로 충분하다고 한다.[19]

---

18) 대법원 1989. 6. 27. 선고 87다카2478 판결.
19) 대법원 2016. 7. 27. 선고 2013다96165 판결.

(c) 검 토

생각건대 일부청구를 무조건 잔부청구와 독립한 소송물로 인정한다면 피고의 입장에서는 원고가 소로써 구하는 일부청구가 손해의 전부인 것으로 믿고 응소를 하였다가 판결이 확정된 후 나중에 예상하지 못한 잔부청구를 당하게 되어 피고의 방어권 행사가 어려워질 수 있다. 그러나 명시적 일부청구의 경우에는 원고가 피고에게 다시 잔부청구를 한다고 하더라도 피고에게 위와 같은 문제가 발생하지 않는다는 점에서 명시적 일부청구설이 타당하다.

(8) 후발적 손해

(a) 문제의 소재

예를 들어 자동차사고로 사람이 다친 경우 피해자가 사고로 입은 장애가 사고당시에 바로 나타나지 않고 이미 발생한 손해의 배상청구에 관한 소송이 종료된 후 나타나는 경우도 있다. 이와 같이 불법행위로 인한 손해배상청구사건의 사실심변론종결 후 새로운 적극적 손해가 발생한 경우 그에 대한 손해배상청구는 인정되어야 할 것이다. 그러나 확정판결의 기판력은 동일한 소송물에 대하여 사실심의 변론종결시의 권리관계를 확정한다. 이에 어떠한 이론적 근거로 후발적 손해에 대한 배상청구를 인정할 것인가에 관하여는 견해가 나누어진다.

(b) 학 설

이에 관한 견해로는 명시적 일부청구의 잔부청구로 보는 견해(명시설), 기판력의 표준시 이후의 새로운 사유로 보는 견해(시적 한계설), 전소의 소송물과는 별개의 소송물로 보는 견해(별개 소송물설) 등이 있다. 명시설의 경우는 사실심변론종결 전 청구에 대하여 일부청구임을 명시한 경우에만 사실심변론종결 후 소송물과 별개의 소송물이라는 것이지만 별개소송물설은 명시 여부와 상관없이 별개의 소송물이 된다. 시적 한계설과 별개 소송물설은 확정판결의 효력이 사실심변론종결 후 새로운 적극적 손해에 대하여 미치지 않는다는 점에서는 같으나 그 논리적 근거를 기판력의 시적 한계로 삼는가 아니면 소송물의 동일성의 문제로 삼는가에 차이가 있다. 더 자세한 내용은 기판력 부분에서 다시 살펴보기로 한다.

(c) 판 례

판례는 전 소송의 변론종결 당시 그 손해의 발생을 예견할 수 없었고 또 그 부분청구를 포기하였다고 볼 수 없는 등 특별한 사정이 있다면 전 소송에서 그 부분에 관한 청구가 유보되어 있지 않다고 하더라도 이는 전 소송의 소송물과는 별개의 소송물이므로 전소송의 기판력에 저촉되는 것이 아니라고 하여 별개 소송물설을 취하고 있다.[20]

(9) 사원총회결의부존재확인의 소와 사원총회결의무효확인의 소

회사의 사원총회가 때로는 부적법하게 이루어지는 경우도 있을 수 있다. 예를 들어 사원총회가 적법한 소집권자에 의하여 소집되지 않았을 뿐 아니라 정당한 사원 아닌 자들이 모여서 개최한 집회에 불과하여 법률상 부존재로 볼 수밖에 없는 총회결의도 있을 수 있다. 위의 예에서 문제된 사원총회의 효력을 다투려면 사원총회부존재확인의 소를 제기하여야 할 것이다. 그럼에도 불구하고 원고가 총회결의무효확인의 소를 제기하면 그 소는 부적법하여 각하되어야 할까? 이에 대하여 판례는 회사의 총회결의에 대한 부존재확인청구나 무효확인청구는 모두 법률상 유효한 결의의 효과가 현재 존재하지 아니함을 확인받고자 하는 점에서 동일한 것이므로 이는 부존재확인의 의미로 무효확인을 청구하는 취지라고 풀이하여 적법하다고 한다.[21]

---

20) 대법원 1980. 11. 25. 선고 80다1671 판결.
21) 대법원 1983. 3. 22. 선고 82다카1810 전원합의체판결.

제6장 소제기의 효과

제2편 제1심의 소송절차
제1장 소의제기
제259조(중복된 소제기의 금지)
제265조(소제기에 따른 시효중단의 효력)

제1절 소송계속

Ⅰ. 의 의

원고가 소를 제기하면 소송계속이 발생한다. 소송계속은 법원에 특정한 청구에 관한 판결절차가 현실적으로 존재하는 상태이다. 소송계속은 특정한 청구에 관하여 성립하므로 청구가 아닌 단순한 공격·방어방법에는 소송계속이 발생하지 않는다. 소송계속은 판결절차가 현존하는 상태이므로 강제집행절차나 조정절차와 같이 판결절차 이외의 절차에 대해서는 소송계속이 발생하지 않는다.

Ⅱ. 발생시기

소송계속이 발생하는 시기는 피고에게 소장부본이 송달되어야 원고와 피고 및 법원 사이의 3면적 소송법률관계가 성립된다는 점에서 소장(부본)송달시로 보는 것이 통설이다. 판례 또한 "중복제소의 경우 전소, 후소의 판별기준은 소송계속의 발생시기 즉 소장이 피고에게 송달된 때의 선후에 의할 것이며, 비록 소제기에 앞서 가압류, 가처분 등의 보전절차가 미리 경료되어 있더라도 이를 기준으로 가릴 것은 아니다"[1]라고 하여 소장송달시에 소송계속이 발생한다고 한다.

---

1) 대법원 1989. 4. 11. 선고 87다카3155 판결.

Ⅲ. 효 과

소송계속의 발생으로 법원, 당사자, 소송물이 특정된다.[2] 또한 관련청구의 재판적이 발생할 수 있고 반소, 소송참가, 소송고지 등이 가능해진다. 소송계속의 효과로 가장 중요한 것은 중복제소금지의 효과이다. 이는 다음에서 별도로 살펴보기로 한다.

Ⅳ. 종 료

소송계속은 일반적으로 판결의 확정에 의하여 소멸한다. 그 외에도 소장의 각하, 소의 취하, 청구의 포기 · 인낙 · 화해 등에 의해서도 소멸한다.

제2절 중복된 소제기의 금지

■ **핵심어**

채권자대위소송, 채권자취소소송, 추심의 소, 소극적 확인청구, 일부청구, 상계항변

Ⅰ. 의 의

법원에 계속되어 있는 사건에 대하여 당사자는 다시 소를 제기하지 못한다(259조). 이를 중복제소금지의 원칙이라 한다. 중복된 소제기를 금지하는 이유는 동일한 사건에 대해 이중의 소제기를 하는 것을 허용하면 법원과 당사자 모두 시간과 비용을 이중으로 소요하게 되어 **소송경제에 반하고 동일한 사건에 대한 두 판결이 서로 모순저촉될 수 있기 때문이다.**

Ⅱ. 요 건

중복된 소제기에 해당하려면 이미 소송계속된 소와 동일한 소가 제기되어야 한

2) 소송계속이 발생하더라도 당사자, 소송물 등의 변경이 가능하므로 당사자, 소송물 등의 항정이 인정되는 것은 아니다(이시윤, 286면). 그러나 항정과 특정은 같은 개념이 아니다.

다. 소가 동일하다는 것은 당사자와 소송물이 동일하다는 것을 의미한다.

1. 당사자의 동일

(1) 당사자의 동일

소송이 동일하려면 전소와 후소의 당사자가 같아야 한다. 전소의 당사자가 후소의 당사자이면 되고 반드시 전소의 원고가 후소의 원고가 되고 전소의 피고가 후소의 피고가 될 필요는 없다.

(a) 예를 들어 보기로 한다. X가 Y에 대하여 X의 소유권확인의 소를 제기하고 후소에서 Y가 X에 대해 동일 물건에 관한 X의 소유권부존재확인의 소를 제기하였다. 전소의 심판의 대상은 X의 소유권존부이다. 따라서 후소로 Y가 제기한 X의 소유권부존재확인의 소에서 구하는 심판의 대상은 이미 전소에 포함되어 있다. 즉 Y가 후소를 통해 심판을 구한 것은 전소에서 X의 청구에 대해 청구기각을 구한 것 이상의 의미가 없다. 이와 같이 전소의 피고가 후소에서 전소의 청구기각과 같은 내용의 청구를 한 경우에는 전소와 후소의 원고와 피고가 뒤바뀌어도 당사자의 동일성은 충족된다.

(b) 그러나 Y가 후소를 통해 심판을 구한 것이 X의 소유권부존재확인이 아니라 동일물건에 관한 Y의 소유권확인이라면 전소와 후소는 동일한 소가 아니다. 전소에서 X의 청구가 인정되지 않더라도 이는 X의 소유가 아니라는 것을 의미할 뿐 Y의 소유인지 여부에 대한 내용은 포함되지 않는다. 어떤 물건이 X의 소유가 아니라고 해서 곧 Y의 소유가 되는 것은 아니기 때문이다. 즉 Y의 후소는 전소의 청구기각 이상의 의미가 포함되어 있다.

(c) 요컨대 전소와 후소의 원고와 피고가 뒤바뀌어도 당사자의 동일성을 충족한다. 그러나 이 경우 중복제소금지의 대상이 되는 동일 소송인가는 청구의 내용에 따라 달라진다.

(2) 후소의 당사자가 전소판결의 기판력을 받는 경우

(a) 후소의 당사자가 전소판결의 기판력을 받는 경우이면 당사자가 동일하지 않더라도 동일 사건으로서 중복제소가 된다. 후소의 당사자가 전소판결의 기판력을 받는 경우라면 후소를 제기하지 않아도 전소판결에 의하여 분쟁이 해결될 것이다. 그럼에도 불구하고 후소를 제기하는 것은 소송경제에 반하고 판결의 모순저촉을 가져올 수 있다.

(b) 후소의 당사자가 전소판결의 기판력을 받는 경우로는 변론종결 후의 승계인(218조 1항), 제3자의 소송담당에 있어 권리의무의 귀속주체(218조 3항) 등이 이에 해당한다. 제3자의 소송담당에 있어 권리의무의 귀속주체에게 기판력이 미치는 것은 당사자적격편에서 이미 설명한 바 있다. 변론종결 후의 승계인에게 기판력이 미치게 하는 이유는 예를 들어 설명하면 다음과 같다. X가 Y를 상대로 목적물인도청구의 소를 제기하여 변론이 종결되었는데 패소를 예상한 Y가 Y_1에게 목적물을 인도하였다. 이 경우 Y_1에게 X와 Y 사이의 기판력이 미치지 않는다고 하면 비록 X의 승소판결이 선고되었다고 하더라도 X와 Y 사이의 소송에 의한 판결은 무용지물이 되고 말기 때문이다.

(3) 채권자대위소송

판례, 다수설은 채권자대위소송을 제3자의 소송담당의 한 유형으로 이해한다. 그러나 기판력과 중복소송의 문제에 있어 일반적인 제3자의 소송담당과는 다른 취급을 하고 있다.

(a) 채권자대위소송계속 중 채무자가 동일내용의 소를 제기한 경우

1) 채권자대위소송이 계속되어 있는 중 채무자가 같은 내용의 후소를 제기하면 중복소송에 해당될까? 이 문제는 채권자대위소송의 기판력이 채무자에게도 미치는가 하는 문제와 관련되어 있으므로 먼저 기판력의 문제부터 살펴보기로 한다.

2) 판례는 과거에 채권자대위소송의 기판력이 채무자에게 미치지 않는다[3]고 하였다가 대법원 1975. 5. 13. 선고 74다1664 전원합의체판결에서 종전의 태도를 변경하여 채무자가 대위소송이 제기된 사실을 알았을 경우에 한하여 기판력이 미친다고 하고 있다. 이에 대한 학설로는 적극설, 소극설[4] 등도 있으나 판례와 같은 절충설이 다수설이다.[5]

3) 그렇다면 채권자대위소송이 계속되어 있는 중 채무자가 같은 내용의 후소를 제기하더라도 채권자가 대위소송을 제기한 사실을 알고 소를 제기한 경우에만 중복소송이 될까? 이에 대하여 **다수설[6]과 판례[7]는 중복소송금지는 모순되는 판결을 방**

---

3) 대법원 1970. 7. 21. 선고 70다866 판결.
4) 호문혁, 780면(이 견해는 채권자대위소송은 제3자의 소송담당이 아니라고 한다).
5) 강현중, 723면; 김홍엽, 932면; 이시윤, 667면; 정동윤/유병현/김경욱, 826면; 정영환, 1197면.
6) 강현중, 352면; 김홍엽, 373면; 정동윤/유병현/김경욱, 311면; 정영환, 458면.
7) 대법원 1974. 1. 29. 선고 73다351 판결; 대법원 1988. 9. 27. 선고 87다카1618 판결; 대법원 1995. 4. 14. 선고 94다29256 판결.

지하려는 취지이므로 기판력의 문제와는 달리 취급하여야 한다는 점을 근거로 언제나 중복소송에 해당한다고 한다(긍정설). 이러한 다수설과 판례의 태도에 대하여 채무자가 대위소송이 제기된 사실을 알았을 경우에 한하여 기판력이 미친다고 하는 위 전원합의체판결의 태도와 합치하지 않는다는 점을 지적하면서 채무자에게 대위소송이 계속 중임을 알려 소송참가의 기회를 제공하고 각하함이 타당하다는 견해도 있다(한정적 긍정설)[8]. 또한 대위소송보다는 자기의 권리행사가 우선되어야 한다는 점에서 양자는 중복소송이 아니라는 견해도 있다(부정설)[9].

생각건대 채무자의 소송을 채권자대위소송과 동일한 소송이라고 하여 언제나 부적법하다고 한다면 이는 채무자 자신의 권리행사를 가로막는 결과가 된다. 또한 기판력의 문제와도 조화시킬 필요가 있다. 이러한 의미에서 채무자에게 대위소송이 계속 중임을 알려 소송참가의 기회를 제공하고 각하하여야 한다는 한정적 긍정설이 타당하다.[10]

(b) 채무자의 제3채무자를 상대로 한 소송계속 중 채권자가 대위소송을 제기한 경우

채무자의 제3채무자를 상대로 한 소송계속 중 채권자가 대위소송을 제기한 경우는 중복소송에 해당한다는 것이 통설이다. 판례는 통설과 같은 태도를 취하였다가[11] 이후 명시적으로 종전의 판례를 폐지하지 않은 채 채권자가 대위권을 행사할 당시에 이미 채무자가 그 권리를 재판상 행사하였을 때에는 채권자는 채무자를 대위하여 채무자의 권리를 행사할 수 없다는 태도를 취하고 있다.[12]

생각건대 이 경우 후소인 대위소송은 채무자가 자기의 권리를 이미 행사하였음에도 제기된 것이므로 대위요건(민법 404조 1항)을 결하여 부적법하다.[13] 그러나 채권자대위소송이 채무자의 권리행사 후 이루어진 것이어서 부적법한 것이라고 하더라도 당연무효인 것은 아니므로 아울러 중복소송에도 해당한다. 이러한 의미에서 통설의 태도가 타당하다.

---

8) 김홍규/강태원, 308면; 이시윤, 288면.
9) 호문혁, 154면.
10) 이에 관해 자세한 것은 이태영, 채권자대위소송에 대한 채무자의 소송참가, 강원법학 제35권, 강원대학교 비교법학연구소, 2012, 323~324면 참조.
11) 대법원 1981. 7. 7. 선고 80다2751 판결.
12) 대법원 1992. 11. 10. 선고 92다30016 판결; 대법원 1993. 3. 26. 선고 92다32876 판결; 대법원 2009. 3. 12. 선고 2008다65839 판결.
13) 호문혁, 152면.

(c) 채권자대위소송의 계속 중 다른 채권자에 의해 대위소송이 제기된 경우

채권자대위소송의 계속 중 다른 채권자에 의해 대위소송이 제기된 경우에도 중복소송에 해당될까? 우선 기판력의 문제부터 검토해 보기로 한다. 판례는 어느 채권자가 채권자대위권을 행사하는 방법으로 제3채무자를 상대로 소를 제기하여 판결을 받은 경우, 어떠한 사유로든 채무자가 채권자대위소송이 제기된 사실을 알았을 경우에는 그 후 다른 채권자가 동일한 소송물에 대하여 채권자대위권에 기한 소를 제기하면 전소판결의 기판력을 받게 된다고 한다.[14] 그 이유는 채무자가 채권자대위소송이 제기된 사실을 알았을 경우에 한하여 그 판결의 효력이 채무자에게 미치기 때문이라고 한다. 그 판결의 효력이 채무자에게 미치면 왜 소를 제기하지 아니한 다른 채권자에게도 판결의 효력이 미치는지에 관하여는 논의가 없지 않지만 여기서는 더 이상 다루지 않기로 한다.

중복소송 해당 여부에 관하여 판례는 채무자가 채권자대위소송이 제기된 사실을 알았는가에 구애됨이 없이 중복소송을 인정하고 있다.[15] 학설로는 대위소송이 경합하더라도 두 채권자 사이에 기판력이 미치지 않는다고 하면서 중복소송이 아니라고 하는 견해[16], 위 전원합의체판결에서의 기판력의 태도와 일관하여 채무자가 채권자대위소송을 하는 것을 알았을 때에 다른 채권자가 제기한 대위소송은 중복소송이 된다는 견해[17]로 나누어진다. 나중의 견해가 기판력과 중복소송의 문제를 일관되게 파악한다는 점에서 타당하다고 생각한다.

> 판례는 채권자대위소송과 채무자의 제3채무자에 대한 소송은 (조건 없이) 중복소송에 해당한다고 한다.

(4) 채권자취소소송의 경합

판례는 채권자취소소송의 경우는 채권자대위소송의 경우와 달리 취급하여 수인의 채권자가 동시 또는 이시에 채권자취소 및 원상회복청구의 소를 제기하더라도 이들 소가 중복제소에 해당되지 않는다고 한다.[18] **그 이유는 채권자취소권의 요건을 갖춘 각 채권자는 고유의 권리로서 채무자의 재산처분행위를 취소하고 그 원상회복을 구할 수 있는 것이기 때문이다.** 다만 어느 한 채권자가 이미 승소확정판결을 받은 것

---

14) 대법원 1994. 8. 12. 선고 93다52808 판결.
15) 대법원 1989. 4. 11. 선고 87다카3155 판결.
16) 호문혁, 152면.
17) 이시윤, 288면.
18) 대법원 2003. 7. 11. 선고 2003다19558 판결.

만으로는 동일한 처분행위에 대한 사해행위취소청구의 권리보호이익이 없게 되는 것은 아니지만 그에 기하여 재산이나 가액의 회복을 마친 경우에 비로소 다른 채권자의 채권자취소 및 원상회복청구는 그와 중첩되는 범위 내에서 권리보호의 이익이 없게 된다고 한다.[19] (피보전채권과 중복소송의 문제에 관하여는 제2편 제5장 제3절 (4) 채권자취소송의 소송물 참조)

(5) 추심의 소

(a) 채권자는 자신의 채권을 집행하는 방법의 하나로 채무자의 제3자에 대한 채권에 관하여 압류 및 추심명령을 받아 제3채무자를 상대로 추심의 소를 제기할 수 있다(민사집행법 249조). 추심의 소는 채무자의 제3채무자에 대한 채권을 행사하는 채권자대위소송과 유사한 면이 있으나 추심의 소에 있어서는 국가가 수여한 추심권에 기한 소라는 점에서 채권자대위소송과는 구별된다.

(b) 채무자가 제3채무자를 상대로 제기한 이행의 소가 법원에 계속되어 있는 경우 채권자가 제3채무자를 상대로 제기한 추심의 소는 중복제소에 해당되는 것은 아닐까? 채무자가 제3채무자를 상대로 먼저 제기한 이행의 소와 채권자가 제3채무자를 상대로 나중에 제기한 추심의 소는 비록 당사자는 다를지라도 실질적으로 동일한 사건이라고 할 수도 있기 때문이다.[20]

이에 대해 판례는 이 경우 채권자가 제3채무자를 상대로 제기한 추심의 소는 중복된 소제기에 해당하지 않는다고 한다.[21] 제3채무자에게 불합리하게 과도한 이중응소의 부담을 지우고 본안 심리가 중복되어 당사자와 법원의 소송경제에 반한다거나 판결의 모순·저촉의 위험이 크다고 볼 수 없다는 것을 그 이유로 한다. 이는 추심명령이 발하여진 후 채무자가 먼저 소를 제기한 경우 추심채권자의 추심의 소가 중복제소에 해당하여 부적법하게 취급되는 것을 방지하기 위한 취지로 이해되나 논리적 설득력이 떨어지는 것은 사실이다.

2. 소송물의 동일

전소와 후소가 중복소송에 해당하려면 소송물이 동일하여야 한다. 소송물이 동일한가 여부에 대한 판단은 소송물이론에 따라 달라진다. 동일한 화물운송사고로 인한 손해배상책임을 묻는 소라 하더라도 구실체법설에 따르면 채무불이행에 의한 손

19) 대법원 2014. 8. 20. 선고 2014다28114 판결.
20) 대법원 2013. 12. 18. 선고 2013다202120 전원합의체판결의 소수의견.
21) 위 전원합의체판결.

해배상책임을 묻는 소와 불법행위에 기한 손해배상책임을 묻는 소의 소송물은 서로 다른 소송물이므로 중복소송에 해당되지 않는다. 그러나 소송법설에 따르면 청구원인을 이루는 실체법상의 권리관계는 소송물의 동일성에 영향을 미치지 않으므로 위의 두 소의 소송물은 동일한 것으로 중복소송에 해당한다. 구체적으로 다음의 것들이 문제된다.

(1) 심판형식의 차이

일반적으로 소로써 구하는 심판형식에 차이가 있으면 소송물도 다른 것으로 취급된다. 이행의 소는 이행청구권의 확정과 이행명령을 구하는 소이다. 한편 이행의 소에 포함된 이행청구권의 확정은 확인의 소의 형식으로도 구하는 것이 가능하다. 즉 이행의 소와 확인의 소는 당사자가 구하는 최종적인 심판형식은 다르지만 중복되는 청구부분을 포함하고 있다. 여기서 동일한 청구권에 대한 이행의 소와 확인의 소가 중복소송에 해당하는가 하는 문제가 제기된다.[22]

이에 관해서는 ⅰ) 이행의 소가 먼저 제기된 후 확인의 소가 제기되면 확인의 소에서 구하는 청구권의 확인은 이행의 소에 포함되어 있어 중복소송이 되고, 그 반대의 경우에도 청구취지의 변경으로 이행의 소로 변경이 가능하므로 굳이 별개의 소송으로 볼 필요가 없다는 견해,[23] ⅱ) 이행의 소가 먼저 제기된 후 확인의 소가 제기된 경우에는 중복소송에 해당되지만 그 반대의 경우에는 전소인 확인소송이 상고심 계속 중이면 청구취지를 변경할 수 없다거나 강제집행을 위해 이행청구가 필요하다는 이유에서 중복소송에 해당되지 않는다는 견해[24] 등이 있다.

위의 두 견해는 이행의 소가 먼저 제기된 후 확인의 소가 제기된 경우에는 중복소송이 된다는 점에는 차이가 없다. 다만 그 반대의 경우에도 중복소송에 해당된다고 볼 것인가에 관하여 차이가 있다. 확인의 소가 먼저 제기되고 이행의 소가 제기된 경우에도 심리중복으로 인한 소송불경제와 판결의 모순저촉이 발생할 수 있다. 따라서 이 경우 중복소송이 된다고 하는 것이 타당하다. 다만 확인의 소 제기 후 이행의 소를 제기할 현실적 필요가 있는 경우에는 일단 이행의 소를 제기한 후 적어도 이행의 소가 중복소송으로 각하되기 전 확인의 소를 취하하면 될 것이다.

---

22) 호문혁, 160면은 양자는 청구취지가 서로 다르므로 중복제소로 처리할 문제가 아니고 이행의 소가 계속 중이면 선후를 불문하고 확인의 소는 그 보충성으로 인한 권리보호이익이 인정되지 않아 각하되어야 한다고 하나 이 문제는 청구취지가 다름에도 불구하고 중복제소금지의 규정을 적용할 수 있는가 하는 것이다(김홍엽, 383면).

23) 김홍규/강태원, 313면; 김홍엽, 383면; 송상현/박익환, 285면; 정동윤/유병현/김경욱, 313면.

24) 이시윤, 292면; 정영환, 460면.

(2) 적극적 확인청구와 소극적 확인청구

동일 권리에 대한 원고의 적극적 확인의 소에 대해 피고가 제기한 소극적 확인의 소는 전소에 대한 원고청구기각을 구하는 것과 같아 동일한 소송물로서 중복소송에 해당된다. 그러나 소송물이 다르면 중복소송에 해당하지 않는다. 예를 들어 보기로 한다. Y_1은 Y의 X에 대한 채무를 인수하였다. 채권자 X는 채무인수자인 Y_1을 상대로 채무이행의 소를 제기하여 소송계속 중이다. 이 경우 Y_1이 X를 상대로 Y의 X에 대한 채무의 부존재확인을 구하는 것은 중복소송에 해당하지 않는다.[25] X가 제기한 소의 소송물은 X의 Y_1에 대한 채무의 이행청구권에 관한 것이고 Y_1이 제기한 소의 소송물은 X의 Y에 대한 채무의 이행청구권에 관한 것이기 때문이다.

(3) 일부청구

(a) 문제의 소재

일부청구의 계속 중 별소로써 잔부청구를 하는 경우 중복소송인지가 문제된다. 이 문제는 일부청구와 잔부청구가 동일한 소송물인가 하는 문제와 관련되어 있다. 이에 관한 학설과 판례를 소송물론에서 이미 검토한 바 있다.

만약 일부청구와 잔부청구의 소송물이 동일한 것이라는 입장을 취하면 양 소는 당연히 중복소송이 된다. 그러나 판례, 다수설과 같이 일부청구임을 명시한 경우에는 별개의 소송물이라는 입장을 취하거나 일부청구의 명시 여부와 상관없이 양 청구가 별개의 소송물이라는 입장을 취하더라도 양 소송이 당연히 중복소송이 되지 않는 것은 아니다. 왜냐하면 전소의 절차를 통해 후소의 소송물을 전소의 심판의 대상으로 삼을 수 있기 때문에 별소의 제기가 불필요하다는 논리형식도 가능하기 때문이다.

(b) 학 설

이에 관한 견해로는 ⅰ) 잔부청구는 일부청구의 소송절차에서 청구취지변경으로 가능하므로 중복소송에 해당된다고 하는 견해(중복소송설)[26], ⅱ) 일부청구는 그 범위 내에서만 소송계속의 효과가 발생하므로 잔부청구는 중복소송이 아니라는 견해(독립소송설)[27], ⅲ) 이송(각 소송이 동일심급의 별개법원에 계속 중인 경우)이나 이부(각 소송이 동일법원에 계속 중인 경우), 변론의 병합(각 소송이 동일 재판부에 계속 중인 경우) 등에

25) 대법원 2001. 7. 24. 선고 2001다22246 판결. 그러나 이 경우 소의 이익이 없다고 한다.
26) 강현중, 355면; 김홍엽, 385면; 송상현/박익환, 268면.
27) 호문혁, 158면.

의한 처리를 시도하고 소권남용이 뚜렷하면 후소를 각하하여야 한다는 견해(단일절차병합설)[28] 등이 있다.

위의 견해 중 ii)의 견해는 일부청구와 잔부청구는 다른 소송물이라는 전제에서 소송물의 동일성의 문제만으로 일부청구의 중복제소 여부를 판단하는 견해라고 할 수 있다. 이와 달리 i)과 iii)의 견해는 청구취지확장이나 이송 · 이부 등의 절차적 문제를 함께 고려하여 판단하는 견해이다.

(c) 판 례

판례는 전소송에서 불법행위를 원인으로 치료비청구를 하면서 일부만을 특정하여 청구하고 그 이외의 부분은 별소로 청구하겠다는 취지를 명시적으로 유보한 사건에서 다음과 같이 판단하였다. i) 그 전소송의 소송물은 그 청구한 일부의 치료비에 한정되는 것이고 전소송에서 한 판결의 기판력은 유보한 나머지 부분의 치료비에까지는 미치지 아니하므로 ii) 전소송의 계속 중에 동일한 불법행위를 원인으로 유보한 나머지 치료비청구를 별도로 소를 제기하였다 하더라도 중복제소에 해당하지 않는다고 한다.[29]

(d) 검 토

생각건대 일부청구임을 명시하여 일부청구와 잔부청구가 별개의 소송물로 취급되는 경우 일부청구의 판결의 기판력은 잔부청구에 미치지 않는다. 따라서 명시적 일부청구에 관한 소송계속 중 잔부청구에 관하여 소를 제기하는 것은 중복제소가 아니라고 함이 타당하다.[30] 일부청구소송절차에서 청구취지변경으로 잔부청구를 소송물로 삼을 수 있다고 하더라도 청구취지변경이 현실적으로 이루어지기 전까지는 잔부청구에 대한 소송계속은 인정되지 않는다. 또한 청구취지변경을 할 것인가는 전적으로 당사자의 의사에 맡겨진 것인데 이를 근거로 잔부청구의 별소 제기가 중복제소가 되는 것은 부당한 것이다.

(4) 상계항변

(a) 문제의 소재

1) 중복제소에 해당되려면 전소와 후소의 소송물이 동일하여야 한다. 따라서 어느

---

28) 이시윤, 293면.
29) 대법원 1985. 4. 9. 선고 84다552 판결.
30) 같은 취지로 정동윤/유병현/김경욱, 314면; 정영환, 461면.

한 소의 소송물이 다른 소에서도 소송물로 되지 않고 공격·방어방법으로 제출된 경우에는 원칙적으로 중복제소에 해당되지 않는다. 예를 들어 보기로 한다. 매도인 X가 매수인 Y에게 매매대금지급청구의 소를 제기하였다. Y는 매매목적물인도와의 동시이행을 주장하면서 별소로 X에게 매매목적물인도청구를 하였다. Y가 제기한 소의 소송물인 목적물인도청구는 X가 제기한 소에서 동시이행항변으로 제출되었을 뿐 소송물로 되지 않았다. 이러한 경우는 중복제소의 소송물의 동일성의 요건을 충족하지 않는다.

2) 그러나 Y가 X에게 X에 대한 대여금채권을 상계항변으로 제출하면서 별소로 X에 대하여 위의 소송에서 상계항변의 자동채권인 대여금채권의 지급을 구하는 소를 제기하는 경우에도 위의 결론이 반드시 타당하다고 단정하기는 어렵다. 그 이유는 다음과 같다. 만약 양 소송에서 Y의 X에 대한 대여금채권이 인정된다면 한편에서는 X가 제기한 소에서 X의 Y에 대한 매매대금채권을 상계로 소멸시키고도 다른 한편에서는 대여금채권의 집행권원을 얻을 수 있게 되어 Y의 대여금채권은 사실상 이중으로 지급될 위험이 있다. 또한 **기판력은 소송물에 관한 판단에 생기는 것이 원칙이지만 소송에서 상계항변으로 주장된 채권에는 예외적으로 기판력이 발생한다**(216조 2항)**. 따라서 두 판결의 기판력이 서로 저촉될 수 있다.** (이중지급의 위험 때문에 상계항변에 관한 판단에 기판력이 인정되는 것이지만 중복제소의 경우에는 여전히 이중지급의 위험이 있다. 상계항변에 관한 판단에 기판력이 인정되기 때문에 이중지급의 위험이 있는 것은 아니다)

3) 그렇지만 위의 두 가지 문제가 현실적으로 반드시 발생한다고 할 수도 없다. 만약 X의 매매대금채권에 대하여 Y가 소멸시효항변을 하여 Y의 항변이 이유 있는 것이라면 Y가 자신의 채권을 상계로 소멸시키지 않더라도 X의 매매대금채권은 인정되지 않는다. 그러나 X의 매매대금채권이 Y의 상계항변으로 비로소 소멸하는 것이라면 Y의 자동채권인 대여금채권도 위의 상계로 인하여 소멸한다. 따라서 Y가 소멸시효항변과 상계항변을 모두 주장하는 것이 가능하다면 Y는 먼저 소멸시효항변을 하고 소멸시효항변이 인정되지 않는 것을 조건으로(예비적으로) 상계항변을 할 것이다. 이 경우 Y의 상계항변은 판단의 대상이 되는지 여부가 확실하지 않다. 만약 소멸시효항변이 이유 있는 것이라면 상계항변은 더 이상 판단 받지 않고 X의 청구는 기각될 것이다. 따라서 판단대상이 되는지 여부가 불확실한 상계항변의 자동채권을 별소로 행사하였다고 하여 이를 항상 중복제소로 취급하는 것도 문제가 있다.

(b) 학설과 판례

상계항변으로 제출된 채권을 별소를 제기하여 그 지급을 구하는 것이 적법한가에 관하여 i) 상계항변은 방어방법으로서 주로 예비적 항변으로 주장되는 경우가 많아 법원의 판결에 의해 받아들여질지가 불분명하므로 피고의 조속한 권리실현을 위하여 별소에 의한 청구를 인정하자는 견해(적극설)[31], ii) 이부 · 이송으로 병합심리하는 것이 타당하는 견해[32], iii) 상계항변의 판단에는 기판력이 미치므로 판결의 모순을 피하기 위해 중복제소금지를 유추적용 하여야 한다는 견해[33] 등이 있다.

판례는 원고가 이미 계속 중인 소송의 소구채권을 다른 소송에서 상계항변의 자동채권으로 삼아 상계항변을 한 경우 그 상계항변은 적법한 것이라고 하여 적극설을 취하고 있다.[34]

생각건대 상계항변이 받아들여질지 불확실한 상황에서 별소를 중복제소로 취급하는 것은 논리적으로 무리가 있다. 상계항변이 무조건적이라고 하더라도 상계항변이 받아들여지지 않을 수도 있다. 따라서 적극설이 타당하다.

> 다음 소송은 중복소송에 해당하지 않는다(판례).
> 1. 일부청구임을 명시한 일부청구소송계속 중 잔부청구소송
> 2. 상계항변으로 제출된 채권의 지급을 구하는 소송

3. 전소의 소송계속 중 후소를 제기하였을 것

(1) 중복소송에 해당하려면 전소의 소송계속 중 후소가 제기되어야 한다. 전소와 후소의 판단 기준은 소송계속의 발생시기의 선후에 의한다.

원고가 소를 제기한 후 청구(소)를 변경하는 경우도 있다. 예를 들어 소제기 당시에는 A청구를 하였다가 소송계속 중 A청구를 B청구로 바꾸거나(교환적 변경) A청구에 B청구를 추가하는(추가적 변경) 경우이다. 소의 변경이 있는 경우 추가된 소의 소송계속의 효력은 그 서면을 상대방에게 송달하거나 변론기일에 이를 교부한 때에 생긴다.[35] 해당 부분에서 좀 더 자세히 설명하겠지만 청구를 추가하는 것의 법적 성질

---

31) 김홍엽, 379면. 원칙적으로 적극설을 취하면서도 기왕의 소송에서 석명권에 의하여 별소를 금하고 반소에 의하도록 하여야 한다는 견해(반소요구설)(이시윤, 290면; 정동윤/유병현/김경욱, 315면; 정영환, 462면)가 있으나 반소에 의하지 않고 별소를 제기한 경우 이를 각하하여야 한다는 것이 아니라면 근본적으로 적극설과 다른 견해라고 보기는 어렵다.

32) 호문혁, 162면.

33) 강현중, 356면.

34) 대법원 2001. 4. 27. 선고 2000다4050 판결.

35) 대법원 1992. 5. 22. 선고 91다41187 판결.

을 새로운 소를 제기한 것으로 이해하는 결과이다.

(2) 이미 동일한 사건에 관하여 전소가 제기되었다면 설령 그 전소가 소송요건을 흠결하여 부적법하다고 할지라도 후소의 변론종결시까지 취하 · 각하 등에 의하여 소송계속이 소멸되지 아니하는 한 후소는 중복소송에 해당한다.[36] 소송계속이 중복되면 중복제소가 되며 반드시 적법하게 소송계속이 되어야 하는 것은 아니기 때문이다.

(3) 후소는 반드시 독립한 단일한 소로서 제기될 것을 요하지 않으며 청구의 병합이나 전소 이외의 소에 대한 반소의 형태로 제기되어도 무방하다. 예를 들어 보기로 한다. X가 Y에 대하여 A청구를 하는 소를 제기한 후 X가 Y에게 A와 B청구를 병합하여 소를 제기하면 A청구에 대하여는 중복제소가 된다. 또한 X가 Y에 대하여 A청구를 하는 소를 제기한 후 다른 소송에서 X가 Y에 대하여 A청구를 하는 반소를 제기한 경우도 중복제소가 된다.

후소가 전소에 대한 반소로서 제기된 경우에는 판단의 모순 · 저촉의 우려가 없어 중복소송에는 해당되지 않으나 반소의 요건을 결한 것이 된다.[37] 반소는 본소청구기각을 구하는 것 이상의 의미를 포함하여야 하기 때문이다.

Ⅲ. 효 과

1. 전 · 후소의 소송계속의 경우

소가 적법하려면 동일한 소가 중복되어 제기되어서는 안 된다는 의미에서 중복소송은 소극적 소송요건이다. 중복된 소제기의 부존재가 소송요건이므로 전소가 후소의 사실심변론종결시까지 취하 · 각하 등에 의하여 소송계속이 소멸되면 후소는 중복제소금지에 위반되지 않는다.[38] 법원은 직권으로 조사하여 중복제소에 해당하면 부적법 각하한다. 이때 각하되는 소송은 나중에 소가 제기된 후소이다. 법원이 중복소송임을 간과하고 본안판결을 하였을 때는 확정 전이면 상소로 취소를 구할 수 있다.

---

36) 대법원 1998. 2. 27. 선고 97다45532 판결.

37) 대법원 2007. 4. 13. 선고 2005다40709, 40716 판결(어떤 채권에 기한 이행의 소에 대하여 동일 채권에 관한 채무부존재 확인의 반소를 제기한 사례이다).

38) 대법원 2021. 5. 7. 선고 2018다259213 판결.

2. 후소의 본안판결이 확정된 경우

만약 후소가 각하 되지 않고 본안판결이 확정되었다면 전소와 후소는 어떻게 취급하여야 할까? 후소에 대한 판결이 확정되어 이미 소송계속이 종료되었다면 중복제소금지의 위반을 이유로 법원이 소각하판결을 하거나 당사자가 상소로 다툴 수 없다. 또한 중복제소금지의 위반은 재심사유로 규정되어 있지 않다(451조 참조). 따라서 이 경우는 엄격한 의미에서 중복제소의 효과는 아니다. 다만 확정판결이 전에 선고한 확정판결에 어긋나는 때에는 재심사유에 해당한다(451조 1항 10호). 이 기준에 따라 판단하여 보기로 한다. 다음 두 가지 경우를 가정할 수 있다.

(1) 전소판결이 확정 전인 경우

하나는 후소판결만 확정되고 전소판결이 아직 확정 전인 경우이다. 이 경우는 후소판결의 효력이 전소를 구속하고 후소의 부적법은 문제되지 않는다. 중복제소금지 위반이 재심사유로 규정되어 있지 않으므로 후소의 확정판결의 효력이 존중되어야 하기 때문이다.

(2) 전소판결도 확정된 경우

다른 하나는 전소판결과 이에 저촉되는 후소판결이 모두 그대로 확정된 경우이다. 재심의 소에 의하여 후소판결이 취소될 때까지는 전소판결과 후소판결은 일단 저촉되는 상태 그대로 기판력을 갖는다.[39] 재심사유로서 '판결이 전에 선고한 확정판결에 어긋나는 경우(451조 1항 10호)'는 두 가지 의미를 내포하고 있다. 두 판결이 모두 확정되었다는 것(판결이 전에 선고한 확정판결에 어긋나는 경우이므로)과 선고시를 기준으로 후에 선고된 확정판결이 재심의 대상이 된다는 것이다. 따라서 재심에 의해 취소될 확정판결은 제소의 선후에 상관없이 나중에 선고된 판결이 된다.

모순된 판결의 우선순위
판결확정전: 소송계속발생선후 – 판결 일부확정: 확정판결우선 – 판결확정: 판결선고의 선후

Ⅳ. 국제적 중복소송

외국법원에 소가 제기되어 소송계속 중인 사건이 다시 국내법원에 소 제기된 경

39) 대법원 1997. 1. 24. 선고 96다32706 판결. 학설로는 전소판결이 우선한다는 견해와 후소판결이 우선한다는 견해가 있다.

우에도 중복소송에 해당하는가 하는 것이 문제된다. 이에는 중복소송에 해당하지 않는다는 규제소극설[40], 그 외국법원의 판결이 장차 제217조에 의해서 우리나라에서 승인받을 가능성이 예측되는 때에는 중복소송이라고 본다는 승인예측설[41], 외국이 보다 적절한 법원임에도 국내법원에 제소되면 중복소송이라는 비교형량설 등이 있다. 판결의 모순 저촉을 피하고자 하는 중복소송금지의 취지에 비추어 본다면 승인예측설이 타당하다고 생각한다.

제3절 실체법상의 효과

■ **핵심어**

새로운 방식의 확인소송, 일부청구와 시효중단, 추심의 소와 시효중단, 사해행위취소로 인한 가액배상과 지연손해금, 항쟁함에 상당한 기간의 범위

Ⅰ. 시효의 중단

1. 근 거

민법상 청구는 권리의 소멸시효진행을 중단시킨다(민법 168조 1호). 민사소송법은 이를 전제로 시효중단에 필요한 재판상 청구는 소를 제기한 때 그 효력이 생긴다고 규정(265조)하고 있다. 소의 제기에 의하여 시효가 중단되는 근거에 관하여는 판결에 의하여 권리관계가 확정되는 것이라는 견해(권리확정설)와 소제기에 의하여 권리를 행사한 것이라는 견해(권리행사설)가 있다. 판례는 소제기에 의해 권리 위에 잠자는 것이 아님을 표명한 것으로 볼 수 있다거나[42] 권리자가 자기의 권리를 자각하여 재판상 그 권리를 행사하는 것이라고 하여[43] 권리행사설에 입각하고 있다.

40) 정동윤/유병현/김경욱, 318면.
41) 강현중, 144면; 김홍엽, 389면; 이시윤, 295면; 송상현/박익환, 286면; 호문혁, 166면.
42) 대법원 2011. 7. 14. 선고 2011다19737 판결.
43) 대법원 1979. 7. 10. 선고 79다569 판결.

2. 권리행사의 형식

(1) 소의 형식

(a) 시효중단의 효력을 발생시키는 소에는 이행의 소뿐만 아니라 확인의 소, 형성의 소도 포함된다. 일반적으로는 이행의 소 제기로 시효가 중단된다. 판례는 권리가 발생한 기본적 법률관계에 관한 확인청구를 하는 경우에도 그 법률관계의 확인청구가 이로부터 발생한 권리의 실현수단이 될 수 있어 권리 위에 잠자는 것이 아님을 표명한 것으로 볼 수 있을 때에는 마찬가지로 시효가 중단된다고 한다.[44] **최근의 판례는 이미 전소 판결로 확정된 채권의 시효를 중단시키기 위해 이행소송 외에 '재판상의 청구'가 있다는 점에 대하여만 확인을 구하는 형태의 '새로운 방식의 확인소송'을 허용하고 채권자는 두 가지 형태의 소송 중 자신의 상황과 필요에 보다 적합한 것을 선택하여 제기할 수 있다고 한다.**[45]

(b) 형성의 소도 시효중단사유에 포함되지만 위법한 행정처분의 취소, 변경을 구하는 행정소송은 사권(私權)을 행사하는 것으로 볼 수 없으므로 사권에 대한 시효중단사유가 되지 못한다. 그러나 잘못 납부한 조세에 대한 부당이득반환청구권을 실현하기 위한 수단이 되는 과세처분의 취소 또는 무효확인을 구하는 소는 예외이다. 과세처분의 유효 여부는 그 과세처분으로 납부한 조세에 대한 환급청구권의 존부와 표리관계에 있으므로 조세환급을 구하는 부당이득반환청구권의 소멸시효중단사유인 재판상 청구에 해당한다고 볼 수 있기 때문이다.[46]

(2) 응소행위

소송상 원고가 되어 소를 제기한 경우뿐 아니라 권리자가 시효를 주장하는 자로부터 제소당하여 직접 응소행위로서 상대방의 청구를 적극적으로 다투면서 자신의 권리를 주장하는 것도 시효중단사유에 포함된다.[47] 이러한 해석은 권리행사설에 의해서 정당화될 수 있다.

(a) 피고가 응소행위로 한 권리주장이 시효중단사유로 취급되기 위해서는 ⅰ) 그

---

44) 대법원 1992. 3. 31. 선고 91다32053 판결.
45) 대법원 2018. 10. 18. 선고 2015다232316 전원합의체판결.
46) 위 대법원판결.
47) 대법원 1993. 12. 21. 선고 92다47861 전원합의체판결. 종전의 판례(대법원 1971. 3. 23. 선고 71다37 판결; 대법원 1974. 11. 12. 선고 74다416, 417 판결; 대법원 1978. 4. 11. 선고 76다2476 판결; 대법원 1979. 6. 12. 선고 79다573 판결 등)는 권리자가 피고가 되어 응소행위로서 한 권리의 주장은 소멸시효 내지 소유권의 취득시효에 준용되는 시효중단사유인 재판상의 청구에 해당하지 않는다고 하였으나 위 판례로서 폐기되었다.

권리 주장이 원고의 주장을 소극적으로 부인하는 것에 그치지 않고 적극적으로 자신의 권리를 주장하여야 한다.[48] 시효를 주장하는 자가 원고가 되어 소를 제기한 경우에는 피고가 단순히 자신의 권리주장에 그치는 것이 아니라 변론주의의 원칙상 시효중단의 취지가 포함된 주장을 하여야 한다.[49] ii) 또한 피고의 권리 주장이 법원에 의해 받아들여져야 한다.[50]

(b) 한편, 권리자인 피고가 응소하여 권리를 주장하였으나 그 소가 각하되거나 취하되는 등의 사유로 본안에서 그 권리주장에 관한 판단 없이 소송이 종료되었다면 시효중단의 효력이 없다.[51] 이 경우 민법 제170조 제2항을 유추적용하여 그때부터 6월 이내에 재판상의 청구 등 다른 시효중단조치를 취하면 응소시에 소급하여 시효중단의 효력이 있는 것으로 본다.[52]

(c) 응소로 인한 권리행사 그 자체와 변론주의 원칙상 요구되는 그 응소행위로 인하여 시효가 중단되었다는 주장은 서로 구분된다. 시효가 중단되었다는 주장은 반드시 응소시에 할 필요는 없고 소멸시효기간이 만료된 후라도 사실심변론종결 전에는 언제든지 할 수 있다.[53]

판례연습 대법원 1993. 12. 21. 선고 92다47861 전원합의체판결

– 응소행위에 의한 소멸시효중단 효력발생시기 –

▌사건의 개요 X는 1976. 3. 12. Y로부터 금 4,700,000원을 변제기는 그 해 12. 11.로 정하여 차용하였다. X는 위 차용금의 담보를 위하여 X소유의 부동산에 관하여 Y 앞으로 채권최고액을 위 금 4,700,000원으로 한 근저당권설정등기를 마쳐 주었다. 그 후 X가 1981. 8. 20. Y를 상대로 위 피담보채권인 대여금채권이 부존재함을 이유로 위 근저당권설정등기의 말소등기청구의 소를 제기하였다. Y는 이에 적극적으로 응소하여 원고 청구기각의 판결을 구하고 위 대여금채권이 유효하게 성립된 것이어서 이를 피담보채권으로 하는 위 근저당권설정등기는 유효하다는 내용의 답변서를 제출하였다. 소송의 제1심 법원에서는 1981. 12. 17. Y의 위 주장을 받아들여 원고패소 판결을 선고하였다. 그 후 원고의 항소기각판결을 거쳐 1982. 12. 14. 대법원에서 원고의 상고허가신청기각결정에 의하여 위 판결이 그대로 확정되었다. X

48) 대법원 1997. 12. 12. 선고 97다30288 판결.
49) 대법원 1995. 2. 28. 선고 94다18577 판결.
50) 위 대법원 1993. 12. 21. 선고 92다47861 전원합의체판결; 대법원 1997. 11. 11. 선고 96다28196 판결.
51) 대법원 2019. 3. 14. 선고 2018두56435 판결.
52) 대법원 2012. 1. 12. 선고 2011다78606 판결.
53) 대법원 2010. 8. 26. 선고 2008다42416, 42423 판결.

는 다시 위 대여금채권이 시효로 소멸하였다고 주장하면서 근저당권설정등기의 말소청구의 소를 제기하였다. 이 소송에서 피담보채권이 시효로 소멸하였는지 여부가 문제되었다.

설명

(1) 민법상 청구는 시효를 중단시키는데 재판상 청구인 경우에는 소를 제기한 때 시효가 중단된다(265조). 시효중단사유로서 재판상 청구는 소송상 원고가 되어 소를 제기한 경우뿐 아니라 권리자가 시효를 주장하는 자로부터 제소당하여 직접 응소행위로서 상대방의 청구를 적극적으로 다투면서 권리를 주장하는 것도 포함된다.

(2) 이 사건에서는 Y가 전소에서 적극적으로 응소하여 위 대여금채권이 유효하게 성립된 것이어서 이를 피담보채권으로 하는 위 근저당권설정등기는 유효하다는 내용의 답변서를 제출하였고 Y의 위 주장이 받아들여져 1982. 12. 14. 원고패소 판결이 확정되었다. 이에 의하면 위 대여금채권은 Y의 위 응소행위로 소멸시효의 진행이 중단되었다가 위 판결확정일인 1982. 12. 14.부터 새로이 시효가 진행된다.

(3) 이 사건에서는 1982. 12. 14.부터 새로이 시효가 진행된 후 아직 시효가 완성되지 아니하여 이를 전제로 X의 근저당권설정등기의 말소등기절차이행청구는 배척되었다(Y는 이 사건 소송의 변론에서 전소의 응소로 인해 위 대여금채권의 소멸시효가 중단되었다는 주장을 한 것으로 보인다).

참고판례 **대법원 1993. 12. 21. 선고 92다47861 전원합의체판결【채무부존재확인】**

(3) 권리행사의 상대방

시효중단사유로서 소송을 통한 권리행사는 권리자가 의무자에 대하여 하여야 한다. 예를 들어 보기로 한다. X는 채권자 Y에 대하여 아무런 채무도 부담하고 있지 않는 물상보증인이다. X는 Y를 상대로 피담보채무의 부존재 또는 소멸을 이유로 저당권설정등기 말소등기절차이행청구의 소를 제기하였다. 이에 채권자 겸 저당권자인 Y는 청구기각의 판결을 구하고 피담보채권의 존재를 주장하였다. 이러한 Y의 주장은 직접 채무자에 대하여 한 것은 아니므로 시효중단의 효력이 발생하지 않는다.[54)]

3. 범 위

(1) 소송물

소제기에 의해 시효가 중단되는 권리의 범위는 원칙적으로 소송물로 주장된 권리

54) 대법원 2004. 1. 16. 선고 2003다30890 판결.

관계에 한한다. 소송물이론에 관하여 구실체법설을 취하는 판례는 원고가 피고를 상대로 상법 제399조(이사의 회사에 대한 책임)에 기한 손해배상청구의 소를 제기하였다고 하여 이로써 원고의 피고에 대한 일반불법행위로 인한 손해배상청구권의 소멸시효가 중단될 수는 없다고 한다.[55] 그러나 양 채권은 동일한 목적을 달성하기 위한 것이므로 소송법설에 의하면 일반불법행위로 인한 손해배상청구권의 소멸시효도 중단된다.

(2) 공격 · 방어방법

(a) 소제기에 의한 시효중단의 범위는 소송물에 한정되는 것이 원칙이지만 판례는 권리자가 자기의 권리를 자각하여 재판상 그 권리를 행사하는 점에 주안을 두어 소송물이 되지 아니한 권리행사에 대하여도 시효중단의 효력을 인정한 예가 있다. 이를 구체적으로 설명하면 다음과 같다.

i) 소유권은 소멸시효의 대상이 되는 권리가 아니므로(민법 162조) 소제기로 소유권행사를 하였다고 하여 소유권의 소멸시효진행을 중단시키는 효력이 인정되지는 않는다. 그러나 소유권은 취득시효의 대상이 되므로(민법 245조, 246조) 취득시효의 결과 소유권이 상실되는 경우가 있을 수는 있다. 한편 소멸시효의 중단에 관한 규정은 취득시효의 중단에 준용된다(민법 247조 2항). 따라서 소제기에 의한 소유권의 행사로써 상대방의 취득시효의 진행을 중단시킬 수 있다. 예를 들면 원고가 소의 제기로 소유권을 직접 행사하는 목적물의 인도청구 내지는 소유권존부확인이나 소유권에 관한 등기청구의 소로 취득시효를 중단시킬 수 있다.

ii) 판례는 이뿐 아니라 소유권 침해의 경우에 그 소유권을 기초로 하는 방해배제 및 손해배상 혹은 부당이득반환청구도 시효중단사유로서 재판상 청구에 포함된다고 한다. 그 이유는 위와 같은 경우 권리자가 자기의 권리를 자각하여 재판상 그 권리를 행사한다는 점에 있어 서로 다를 바가 없고 또 재판상의 청구를 기판력이 미치는 범위와 일치시켜 고찰할 필요가 없기 때문이라고 한다.[56] 위 각 소의 소송물은 방해배제청구권, 손해배상청구권, 부당이득반환청구권 등이며 소유권의 존부는 위 각 소에서 소송물의 전제를 이루는 권리관계(선결적 법률관계)이다. 즉 위 각 소에서 소유권에 관한 주장은 소송물이 아니라 공격 · 방어방법에 해당하는 것이지만 이로 인해 취득시효의 진행이 중단된다는 것이다. 주의할 것은 판례의 위 태도가 모든 공격 · 방어방법에 소송상 청구의 시효중단의 효력을 인정하는 것으로 단정하기는 어

---

55) 대법원 2002. 6. 14. 선고 2002다11441 판결.
56) 대법원 1979. 7. 10. 선고 79다569 판결.

렵다는 것이다.

(b) 학설상으로도 단지 공격 · 방어방법으로 주장된 권리관계라도 청구의 인용 또는 배척을 위한 전제로 주장되고 이에 따라 판결이 선고되면 이들 권리관계에 대하여도 시효중단의 효력을 인정하여야 한다는 취지에서 판례의 위 태도를 지지하는 견해가 있다.[57]

(3) 일부청구의 경우

(a) 일부청구와 잔부청구가 별개의 소송물인지는 견해의 대립이 있으나 양자를 서로 별개의 소송물로 취급한다고 하더라도 실체법상으로는 하나의 권리이다. 따라서 일부청구의 경우에도 시효가 중단되는 권리의 범위가 소송물로 주장된 권리관계에 한한다고 할 수 있는지 문제된다.

(b) 학설로는 명시 여부를 불문하고 전부에 대하여 시효중단의 효력이 생긴다는 견해(전부중단설),[58] 명시 여부를 불문하고 청구한 일부에 대하여만 시효중단의 효력이 생긴다는 견해(일부중단설), 명시적 일부청구의 경우에는 그 일부에 대해서만, 묵시적 일부청구의 경우에는 채권의 전부에 대하여 시효중단의 효력이 생긴다는 견해(절충설)[59] 등이 있다.

(c) 판례는 절충설을 취하여 한 개의 채권 중 일부에 관하여만 판결을 구한다는 취지를 명백히 하여 소를 제기한 경우에는 소제기에 의한 소멸시효중단의 효력이 그 일부에 관하여만 발생한다고 한다.[60] 이는 소송물에 관한 명시적 일부청구설과 일관된 입장이다. 다만 채권의 일부만을 청구한 경우에도 그 취지로 보아 채권 전부에 관하여 판결을 구하는 것으로 해석된다면 그 청구액을 소송물인 채권의 전부로 보아야 하고 그 전부에 관하여 시효중단의 효력이 발생한다고 한다.[61] (판례연습 참조)

(d) 생각건대 소의 제기로 시효가 중단되는 이유는 원고가 소제기를 통하여 권리를 행사하였다는 점에 있으므로 이로 인한 시효중단의 범위도 소를 제기한 범위에 국한하는 것이 타당할 것이다. 따라서 절충설을 따르기로 한다.

---

57) 정동윤/유병현/김경욱, 321면.
58) 송상현/박익환, 290면; 정동윤/유병현/김경욱, 321면; 정영환, 468면.
59) 김홍엽, 402면; 이시윤, 298면.
60) 대법원 1985. 2. 13. 선고 84누649 판결.
61) 대법원 1992. 4. 10. 선고 91다43695 판결.

판례연습 대법원 1992. 4. 10. 선고 91다43695 판결

– 일부청구의 경우 소멸시효 중단의 효력발생 범위 –

▌사건의 개요 X는 2005. 4. 20. 사고를 당하여 2007. 9. 15. 가해자 Y를 상대로 손해배상청구의 소를 제기하였다. X는 소장에 앞으로 시행될 법원의 신체감정결과에 따라 청구금액을 확장할 뜻을 명백히 표시하면서 우선 손해배상으로 금 4,000,000원을 청구하였다. 그 후 2008. 5. 17. 제1심 법원에 청구금액을 확장하는 청구취지확장신청서를 제출하였다. Y는 X의 청구취지확장금액에 해당하는 손해배상청구권은 시효로 소멸한 것이라고 항변하였다.

X가 제1심 법원에 청구금액을 확장하는 청구취지확장신청서를 제출한 2008. 5. 17.은 사고일인 2005. 4. 20.로부터 3년의 시효기간이 도과한 것이 명백하여 X가 소장에 기재하지 않았던 나머지 청구부분은 시효로 소멸한 것인지가 문제되었다.

설명

(1) 사례 검토에 앞서 신체상해를 원인으로 한 손해배상사건의 일반적인 문제점을 설명한다. 신체상해를 원인으로 한 손해배상청구소송에서 손해의 항목은 일실수입, 치료비, 위자료 등으로 나누어진다. 이러한 각 손해의 액수는 신체감정을 통하여 노동능력상실률과 향후치료비가 확인되어야 확정될 수 있다. 최대한 단순하게 예를 들자면 1억 원의 장래소득이 예상되는데 50%의 노동능력이 상실되었다면 일실수입은 5,000만 원이 된다. 신체감정은 소송 중 소송당사자가 법원에 신청을 하여 법원이 이를 채택하면 전문적인 의료기관 등에 촉탁을 하여 이루어진다. 당사자는 신체감정결과에 따라 손해액을 산정하여 청구취지를 변경함으로써 최종적인 청구액이 확정된다. 따라서 신체상해를 원인으로 한 손해배상인 경우에는 소제기 당시 청구액을 확정할 수 없는 것이 보통이다. 그래서 흔히 "나중에 신체감정결과에 의해 청구취지를 변경하기로 하고 일단 그 손해액의 일부만을 청구한다"는 뜻을 소장에 적어 소를 제기하게 된다. 신체상해의 경우 일정시간이 경과한 후 새로운 증상이 나타나는 경우가 있고 당사자 간 합의가능성도 타진하느라 바로 소를 제기하지 않는 경우가 많다. 이에 더하여 소제기 후 신체감정결과 도착이 지연되면 소장에서 청구하지 않은 나머지 청구부분의 시효기간이 도과하는 경우가 발생할 수 있다.

(2) 소제기에 의해 시효가 중단되는 권리의 범위는 원칙적으로 소송물로 주장된 권리관계에 한한다. 일부청구의 경우 소제기에 의해 시효가 중단되는 범위에 관하여 견해의 대립이 있으나 절충설에 의하면 명시적 일부청구의 경우 그 일부에 대해서만 시효중단의 효력이 생긴다. 그러나 판례는 이에 관해 비록 그중 일부만을 청구한 경우에도 그 취지로 보아 채권 전부에 관하여 판결을 구하는 것으로 해석된다면 그 청구액을 소송물인 채권의 전부로 보아야 하고 그 전부에 관하여 시효중단의 효력이 발생한다고 해석한다.

(3) X는 소장에 앞으로 시행될 법원의 신체감정결과에 따라 청구금액을 확장할 뜻을

명백히 표시하면서 손해배상의 일부금을 청구한 것이므로 취지로 보아 채권 전부에 관하여 판결을 구하는 것으로 해석되어 그 청구액은 소송물인 채권의 전부로 보아야 하므로 그 전부에 관하여 시효중단의 효력이 발생하여 X가 소장에 기재하지 않았던 나머지 청구부분도 소제기에 의하여 시효가 중단되었다.

참고판례 **대법원 1992. 4. 10. 선고 91다43695 판결【손해배상(자)】**

4. 효력의 발생과 소멸

(1) **소제기에 의한 시효의 중단은 소를 제기한 때 발생한다**(265조).[62] **이는 소송계속의 발생시기를 소장부본 송달시로 한 것과 다르다.** 그 이유는 소장송달이 지연되어 시효가 완성되는 일이 없도록 시효중단시기를 소제기일로 획일적으로 처리하기 위한 것이다. 판례는 가압류에 관해서도 위 민사소송법 규정을 유추적용하여 가압류를 신청한 때 시효중단의 효력이 생긴다고 한다.[63]

(a) 이미 사망한 자를 피고로 하여 제기된 소는 부적법하여 이를 간과한 채 본안판단에 나아간 판결은 당연무효로서 그 효력이 상속인에게 미치지 않는다. 채권자의 이러한 제소는 권리자의 의무자에 대한 권리행사에 해당하지 않는다. 따라서 상속인을 피고로 하는 당사자표시정정이 이루어진 경우와 같은 특별한 사정이 없는 한, 처음부터 시효중단 효력이 인정되지 않는다.[64] 사망한 사람을 피신청인으로 한 가압류신청 또한 당연무효이므로 시효중단의 효력이 생기지 않는다.[65] 다만 가압류신청 당시 피신청인이 생존한 경우는 예외이다.[66]

(b) 소제기에 의한 시효중단의 효력은 소제기가 권리자에 의한 권리행사의 의미를 가지는 경우에 인정된다. 따라서 무권리자인 원고가 소를 제기하였다가 권리자로부터 권리를 양수받아 청구원인을 변경한 경우에는 소를 제기한 때가 아니라 청구원인을 변경하는 취지의 준비서면을 제출한 때에 소멸시효 중단의 효력이 발생한다.[67] 그러나 원고가 채권자대위소송 중 당해 피대위채권 자체를 양수하여 양수금청구로 소를 변경한 경우 당초의 채권자대위소송으로 인한 시효중단의 효력은 소멸하지 않

62) 따라서 소장이 접수된 날이 기준이 되고 이는 소장에 찍힌 접수인으로 확인된다.
63) 대법원 2017. 4. 7. 선고 2016다35451 판결.
64) 대법원 2014. 2. 27. 선고 2013다94312 판결.
65) 대법원 2006. 8. 24. 선고 2004다26287, 26294 판결.
66) 대법원 1976. 2. 24. 선고 75다1240 판결.
67) 대법원 2009. 2. 12. 선고 2008다84229 판결.

는다.[68] 이는 피대위채권과 양수금채권이 동일한 채권이기 때문인 것으로 이해할 수 있다.

(2) (a) 소제기에 의한 시효중단의 효력은 소의 각하, 기각 또는 취하로 인하여 소급하여 소멸한다(민법 170조). 이 경우 6개월 내에 소의 제기, 파산절차참가, 압류 또는 가압류, 가처분을 한 때에는 소제기시에 소급하여 중단된 것으로 본다(민법 170조 2항). 그러나 소가 이미 사망한 자를 피고로 하여 제기되어 시효중단이 인정되지 않는 경우 민법 제170조는 적용되지 않으며 법원이 이를 간과하여 본안판결을 한 경우에도 같다.[69] 소송이 이송된 경우에는 이송 전 법원에 대한 소제기에 의한 시효중단의 효력이 그대로 유지된다.[70]

(b) 민법 제170조 제1항에 규정하고 있는 재판상의 청구에는 권리자가 이행의 소를 대신하여 재판기관의 공권적인 법률판단을 구하는 지급명령 신청도 포함된다. 따라서 특별한 사정이 없는 한, 지급명령 신청이 각하된 경우라도 6개월 이내 다시 소를 제기하면 민법 제170조 제2항에 의하여 시효는 당초 지급명령 신청이 있었던 때에 중단된다.[71]

(c) 채무자가 제3채무자를 상대로 금전채권의 이행을 구하는 소를 제기한 후 채권자가 위 금전채권에 대하여 압류 및 추심명령을 받아 제3채무자를 상대로 추심의 소를 제기한 경우, 채무자가 권리주체의 지위에서 한 시효중단의 효력은 그 채권을 추심하는 추심채권자에게도 미친다. 따라서 채무자가 제3채무자를 상대로 제기한 소가 압류 및 추심명령으로 인한 당사자적격의 상실로 각하되더라도 추심채권자가 위 각하판결이 확정된 날로부터 6개월 내에 제3채무자를 상대로 추심의 소를 제기하였다면, 채무자가 제기한 재판상 청구로 인하여 발생한 시효중단의 효력은 추심채권자의 추심소송에서도 그대로 유지된다.[72]

(3) 최고는 6개월 내로 재판상 청구 등을 하지 않으면 시효중단의 효력이 없다(민법 174조). 최고를 하다가 소를 제기한 경우에는 소제기시로부터 6개월 내로 한 최고시에 시효중단의 효력이 발생한다.[73]

---

68) 대법원 2010. 6. 24. 선고 2010다17284 판결.
69) 대법원 2014. 2. 27. 선고 2013다94312 판결.
70) 대법원 2007. 11. 30. 선고 2007다54610 판결.
71) 대법원 2011. 11. 10. 선고 2011다54686 판결.
72) 대법원 2019. 7. 25. 선고 2019다212945 판결.
73) 대법원 1983. 7. 12. 선고 83다카437 판결. 실무상 시효기간이 임박하였으나 소제기 준비에 다소의 시일을 요하는 경우 먼저 최고를 하여 시효를 중단시키고 6개월 내로 소제기를 하는 경우도 있다.

Ⅱ. 법률상의 기간준수

1. 의 의

소송에 따라서는 소를 제기할 수 있는 기간이 정해져 있는 경우가 있다. 예를 들어 채권자취소권은 채권자가 취소원인을 안 날로부터 1년, 법률행위 있은 날로부터 5년 내에 소를 제기하여야 한다(민법 406조 2항). 이와 같이 권리나 법률상태의 보전을 위해 일정기간 내에 소를 제기하여야 하는 기간을 법률상의 기간이라고 한다. 앞에서 예를 든 채권자취소권의 행사기간 외에도 상속회복청구의 소 제기기간(민법 999조), 재심의 소 제기기간(456조) 등이 그 예가 될 수 있다.[74] 소 제기기간 내에 소가 제기되어야 하는 것은 소송요건이다. 따라서 제소기간이 도과한 후 제기된 소는 부적법 각하되어야 한다.

2. 범 위

법률상 기간준수의 효력이 미치는 범위는 소송물에 한한다. 판례는 일부청구의 경우 법률상의 기간도과 후 청구취지를 확장하더라도 일부청구를 초과하는 청구에 관하여는 법률상 기간이 도과한 것으로 보고 있다.[75]

3. 효력의 발생과 소멸

시효중단의 경우와 동일하다.

Ⅲ. 지연손해금의 법정이율의 인상

(1) 지연손해금

금전의 지급을 명하는 판결의 주문은 “피고는 원고에게 금 1,000,000원 및 이에 대한 2020. 10. 7.부터 이 사건 소장부본송달일까지는 연 5%의, 그 다음날부터 다 갚는 날까지는 연 12%의 비율에 의한 금원을 지급하라”라고 하는 식으로 원금과 함

74) 위에 예시된 기간은 조문상 일정한 기간 내에 소를 제기하여야 하는 기간에 해당한다. 이러한 규정이 없는 제척기간에 대하여 통설은 권리를 재판상 행사하여야 하는 출소기간과 같은 의미로 이해한다. 판례의 주류는 출소기간이 아닌 것으로 보나(대법원 2000. 6. 9. 선고 2000다15371 판결), 점유보호청구권과 같이 예외를 인정한 경우도 있다(대법원 2002. 4. 26. 선고 2001다8097, 8103 판결).

75) 대법원 1971. 9. 28. 선고 71다1680 판결(이 사건은 현재는 폐지된 농지개혁정리사업에 관한 특별조치법에 따른 보상금채권을 행사한 사건으로 동법에 법시행일(1968. 3. 13)로부터 1년 내 행사하지 않으면 보상금채권이 소멸하는 것으로 규정되어 있다).

께 지연손해금의 지급을 명하는 것이 보통이다. 지연손해금 즉 금전채무불이행의 손해배상액은 법정이율에 의한다. 그러나 법령(예를 들어 이자제한법 등)의 제한에 위반하지 아니한 약정이율이 있으면 그 이율에 의한다(민법 397조). 금전채권의 법정이율은 다른 법률의 규정이 없으면 연 5%로 한다(민법 379조). 금전채무불이행의 손해배상액의 약정이율이 있더라도 그 약정이율이 법정이율보다 낮은 경우에는 법정이율에 의하여 지연손해금을 정한다.[76)]

(2) 소송촉진 등에 관한 특례법 제3조 제1항

> **소송촉진 등에 관한 특례법 제3조(법정이율)**
> ① 금전채무의 전부 또는 일부의 이행을 명하는 판결(심판을 포함한다. 이하 같다)을 선고할 경우, 금전채무 불이행으로 인한 손해배상액 산정의 기준이 되는 법정이율은 그 금전채무의 이행을 구하는 소장 또는 이에 준하는 서면이 채무자에게 송달된 날의 다음 날부터는 연 100분의 40 이내의 범위에서 「은행법」에 따른 은행이 적용하는 연체금리 등 경제 여건을 고려하여 대통령령으로 정하는 이율에 따른다. 다만, 「민사소송법」 제251조에 규정된 소에 해당하는 경우에는 그러하지 아니하다.

(a) 원 칙

소송촉진 등에 관한 특례법 제3조 제1항은 금전채무의 이행을 구하는 소송의 경우 채무자가 의도적으로 소송을 지연하는 등의 방법으로 이행을 지체하는 것을 방지하기 위해 특별한 규정을 두고 있다. 위 규정에서의 대통령령은 소송촉진 등에 관한 특례법 제3조 제1항 본문의 법정이율에 관한 규정을 지칭하는 것으로 이에 의하면 소송촉진 등에 관한 특례법 제3조 제1항 본문에서 "대통령령으로 정하는 이율"이란 연 100분의 12를 말한다.[77)] 즉 민법에서 정한 연 5%의 법정이율을 연 12%로 올린 것이다. 위 규정은 이행을 명하는 판결을 선고할 경우에 적용되므로 채무자의 채무부존재확인의 소가 제기되어 채무의 존재를 일부 인정하는 확인판결을 선고할 경우에는 적용되지 않는다.[78)]

(b) 예 외

1) 소송촉진 등에 관한 특례법 제3조 제1항에 의한 법정이율의 인상은 민사소송법 제251조(장래이행의 소)의 경우에는 적용되지 않는다(동법 3조 1항 단서). 장래이행의 소는 사

76) 대법원 2009. 12. 24. 선고 2009다85342 판결.
77) 2003. 6. 1. 개정 전에는 연 25%, 2003. 6. 1. 개정 후부터는 연 20%로 정하였고, 2015. 9. 25. 이후 연 15%, 2019. 6. 1.부터는 연 12%이다.
78) 대법원 2021. 6. 3. 선고 2018다276768 판결.

실심변론종결시까지 아직 변제기가 도래하지 않았으므로 채무자인 피고가 채권의 존재와 범위를 다툰다고 하여 소송을 지연하여 이행지체를 한다고 할 수 없기 때문이다.

2) 장래이행의 소와 관련하여 사해행위취소소송에서 가액배상을 명하는 경우를 검토할 필요가 있다. 사해행위취소소송은 사해행위를 취소하고 그 원상회복으로 원물의 반환을 구하는 경우가 보통이지만 예외적으로 가액배상에 의하여야 할 경우도 있다. 예를 들면 사해행위취소소송의 목적이 된 부동산이 사해행위 전 이미 저당권이 설정되어 있었으나 사해행위 후 저당권설정등기가 말소된 경우이다. 이 경우 사해행위가 취소되어 저당권이 말소된 채로 채무자에게 부동산의 소유권이 회복되면 채무자의 책임재산이 사해행위 전보다 더 증가하게 된다. 그래서 부동산의 가액에서 말소된 저당권의 피담보채권액을 공제한 액수를 배상하도록 명한다.[79] 사해행위취소소송에 대한 판결이 가액배상을 명하는 것으로 이루어지는 경우는 금전의 지급을 명하는 판결이 된다. 이 경우에도 소송촉진 등에 관한 특례법 제3조 제1항에 의한 법정이율이 적용될까?

사해행위취소소송에 대한 판결에서 명하는 가액배상의무는 사해행위취소를 명하는 판결이 확정된 때에 비로소 발생하게 된다. 가액배상의무는 사해행위가 취소되어야 비로소 발생하는데 사해행위가 취소되려면 판결이 확정되어 판결의 효력이 발생하여야 하기 때문이다. 따라서 가액배상의무의 이행기는 판결확정시에 도래하고 사실심변론종결시까지는 그 이행기가 도래하지 않는 장래이행의 소가 된다. 따라서 동법 제3조 1항 단서가 적용되어 민법 소정의 지연손해금은 판결확정일 다음날부터 발생하게 된다.[80] 판결의 주문은 “피고는 원고에게 금 1,000,000원 및 이에 대하여 이 사건 판결확정일 다음날로부터 다 갚는 날까지 연5%의 비율에 의한 금원을 지급하라”라는 형식이 된다.

(3) 소송촉진 등에 관한 특례법 제3조 제2항

> **소송촉진 등에 관한 특례법 제3조(법정이율)**
> ② 채무자에게 그 이행의무가 있음을 선언하는 사실심 판결이 선고되기 전까지 채무자가 그 이행의무의 존재 여부나 범위에 관하여 항쟁하는 것이 타당하다고 인정되는 경우에는 그 타당한 범위에서 제1항을 적용하지 아니한다.

---

79) 대법원 2010. 7. 22. 선고 2009다60466 판결.
80) 윤경, 사해행위취소와 가액배상, 저스티스 제34권 제5호, 한국법학원, 2001, 126면 참조.

(a) 문제의 소재

소송촉진 등에 관한 특례법 제3조 제1항의 취지는 채무자가 의도적으로 소송을 지연하는 등의 방법으로 이행지체를 하는 것을 방지하기 위한 것이므로 채무자가 그 이행의무의 존재를 선언하는 사실심판결이 선고되기까지 그 존부나 범위에 관하여 항쟁함이 타당하다고 인정되는 때에는 그 상당한 범위 안에서 위 규정을 적용하지 않는다(동법 3조 2항). 여기서 '항쟁함이 타당하다고 인정되는 때'란 어떤 경우에 인정될 수 있는지가 문제된다. 이에 관하여는 대법원 1987. 5. 26. 선고 86다카1876 전원합의체판결에서 그 해석론을 밝히고 있다.

(b) 항쟁함이 타당하다고 인정되는 때의 해석

위 전원합의체판결은 소송촉진 등에 관한 특례법 제3조 제2항 소정의 "채무자가 그 이행의무의 존부나 범위에 관하여 항쟁함이 상당하다고 인정하는 때"란[81] 이행의무의 존부나 범위에 관하여 항쟁하는 채무자의 주장에 상당한 근거가 있는 때를 의미하여 결국 이 문제는 당해사건에 관한 법원의 사실인정과 그 평가에 관한 것이라고 한다. 여기서 주목할 부분은 '당해사건에 관한 법원의 사실인정과 그 평가에 관한 것'이라는 것이다. 결국 법원의 판결에 의해 인정되면 "채무자가 그 이행의무의 존부나 범위에 관하여 항쟁함이 상당하다고 인정하는 때"에 해당되는 것이다. 일단 제1심판결에 의하여 피고의 항변이 받아들여지면 항소심 판결에 의해 피고의 주장이 배척되더라도 항소심 판결선고시까지 항쟁함에 타당한 것으로 인정된다.[82] 그러나 제1심판결에 의해 피고의 항변이 배척되었는데 항소심에서도 마찬가지로 피고의 항변이 배척된 경우에는 피고가 항쟁함에 타당한 이유가 있는 것으로 인정되지 않는다.[83] 한편 채무자의 주장이 환송판결에서 받아들여진 적이 있다면, 비록 환송 후 원심이 새로운 사정을 이유로 환송 전 원심판결과 같은 내용의 판결을 선고하게 되었더라도, 환송 후 원심판결이 선고되기 전까지 항쟁함에 타당한 근거가 인정된다.[84]

(c) 상당한 범위의 해석

위 전원합의체판결이 선고되기 전 판례[85]는 소송촉진 등에 관한 특례법 제3조 제

81) 위 판결 당시 소송촉진 등에 관한 특례법 제3조 제1항의 규정에서 '상당하다고'는 2009. 11. 2. 법률 제9818호로 개정되어 현행법과 같이 '타당하다고'로 그 표현이 변경되었다.
82) 대법원 2007. 12. 27. 선고 2007다70285 판결; 대법원 2017. 2. 9. 선고 2016다258544 판결.
83) 대법원 1997. 6. 27. 선고 97다9215 판결.
84) 대법원 2020. 11. 26. 선고 2019다2049 판결.
85) 대법원 1986. 3. 11. 선고 85다카229 판결; 대법원 1984. 2. 14. 선고 83다카875, 876, 877 판결; 대법원 1984. 7. 10. 선고 84다카365 판결. 위 판결들은 위 대법원 1987. 5. 26. 선고 86다카1876 전원합의체판결

2항에 의하여 동조 제1항의 적용이 배제되는 '그 상당한 범위'는 '의무의 범위'로 해석하였다. 위와 같은 해석에 의하면 채무자가 의무의 범위에 관하여 다투고 판결에 의해 그 주장이 타당한 것으로 인정을 받은 경우에는 사실심판결선고 이후에도 피고의 지급의무에 대한 지연손해금지급비율에 관하여 위 법 제3조 제1항의 적용은 배제된다. 그러나 위 전원합의체판결에서 그 태도를 변경하여 동항 후단의 '그 상당한 범위'는 '채무자가 항쟁함이 상당한 이행의무의 범위'가 아니라 '채무자가 항쟁함에 상당한 기간의 범위'를 말한다고 하였다. 따라서 **채무자가 당해사건의 사실심에서 항쟁할 수 있는 기간은 당해사건의 사실심판결선고시까지로 보아야 하고 그 선고시 이후에는 어떤 이유로든지 위 법 제3조 제1항의 적용을 배제할 수 없다**고 하였다. 결론적으로 법원이 판결선고일 이후의 지연손해금에 대하여 소송촉진 등에 관한 특례법 제3조 제1항 소정의 이율을 적용하지 않고 민사법정이율을 적용하는 것은 허용되지 않는다.

판례 연습 대법원 1987. 5. 26. 선고 86다카1876 전원합의체판결
– 소송촉진 등에 관한 특례법 제3조 제1항의 해석 –

▌사건의 개요 X가 1983. 10. 10. Y로부터 당한 불법행위에 대해 손해배상금 42,000,000원 및 소장부본송달일인 1983. 11. 29부터 완제일까지 당시 소송촉진 등에 관한 특례법이 정하는 법정이율인 연2할5푼의 비율에 의한 지연손해금의 지급을 구하는 소를 제기하였다. 위 소송에서 Y는 X에게도 과실이 있으므로 과실상계가 되어야 한다고 항변하였다. 제1심법원은 Y의 이러한 항변을 인정하여[86] 1986. 7. 25. 판결을 선고하였다. 이 사건 제1심 판결에서 선고되어야 할 지연손해금의 범위가 문제되었다.

설명

(1) 금전의 지급을 명하는 판결의 주문은 지급하여야 할 원금과 함께 지연손해금의 지급을 명하는 것이 보통이다. 불법행위로 인한 손해배상청구권의 지연손해는 불법행위일부터 기산된다.[87] 지연손해금은 다른 법률의 규정이 없으면 연5%의 법정이율에 의하고 그 금전채무의 이행을 구하는 소장이 채무자에게 송달된 다음날부터는 소송촉진 등에 관한 특례법 제3조 제1항에 의하여 연12%의 비율에 의한다. 다만 채무자가 그 이행의무의 존재를 선언하는 사실심판결이 선고되기까지 그 존부나 범위에 관하여 항쟁함

로 폐기되었다.

86) 여기서의 법원은 상고의 대상이 된 판결을 선고한 법원이므로 항소심법원을 말한다.

87) 대법원 1993. 3. 9. 선고 92다48413 판결.

이 타당하다고 인정되는 때에는 위 규정을 적용하지 않는다.

(2) 이 사건에서는 제1심판결이 Y의 항변을 인정하였으므로 당시 소송촉진 등에 관한 특례법 제3조 제2항 소정의 '항쟁함이 상당하다고 인정되는 때'에 해당된다. 따라서 법원은 X의 손해액으로 인정되는 금액에 대한 지연손해금은 불법행위일인 1983. 10. 10.부터 제1심판결선고일인 1986. 7. 25.까지는 민사법정이율인 연5푼의 비율에 의하고 판결선고일 다음날부터 다 갚는 날까지는 당시 소송촉진 등에 관한 특례법 제3조 제2항이 정하는 법정이율인 연2할5푼의 비율에 의하여야 한다. 다만 X는 소장부본송달일인 1983. 11. 29.부터 지연손해금을 구하고 있으므로 결국 지연손해금의 기산일은 불법행위일인 1983. 10. 10.이 아니라 소장부본송달일인 1983. 11. 29.이 된다.

(3) 법원은 위와 같이 판결하지 않고 판결선고일 이후에도 민사법정이율을 적용하여 연5푼의 비율에 의한 지연손해금의 지급을 명하는 것도 적법한 것일까? 종전 판례와 같이 소송촉진 등에 관한 특례법 제3조 제2항에 의하여 동조 제1항의 적용이 배제되는 '그 상당한 범위'를 '의무의 범위'로 해석하면 판결선고일 이후에도 연5푼의 비율에 의한 지연손해금의 지급을 명할 수 있을 것이다. 그러나 위 전원합의체판결과 같이 '그 상당한 범위'를 '채무자가 항쟁함이 상당한 이행의무의 범위'가 아니라 '채무자가 항쟁함에 상당한 기간의 범위'를 의미하는 것으로 해석한다면 판결선고일 이후에도 민사법정이율을 적용하여 연5푼의 비율에 의한 지연손해금의 지급을 명하는 것은 부적법하고 판결선고일 다음날부터는 소송촉진 등에 관한 특례법 제3조 제1항이 정하는 법정이율인 연2할5푼의 비율에 의하여야 한다.

참고판례 **대법원 1987. 5. 26. 선고 86다카1876 전원합의체판결**

제3편

변　　론

제1장 심리의 기본원칙
제2장 변론의 의의와 종류
제3장 변론의 준비
제4장 변론의 내용
제5장 변론의 실시
제6장 당사자의 변론기일결석
제7장 기일 · 기간 및 송달
제8장 소송절차의 정지

제1편 총론

제2편 소송의 개시

제3편 변론

제1장 심리의 기본원칙

제1절 공개심리주의 / 제2절 쌍방심리주의
제3절 구술심리주의 / 제4절 직접심리주의
제5절 처분권주의 / 제6절 변론주의
제7절 집중심리주의 / 제8절 직권진행주의
제9절 적시제출주의

제2장 변론의 의의와 종류

제3장 변론의 준비

제4장 변론의 내용

제1절 변론의 내용 / 제2절 당사자의 소송행위

제5장 변론의 실시

제6장 당사자의 변론기일결석

제7장 기일 · 기간 및 송달

제1절 기일 / 제2절 기간
제3절 송달

제8장 소송절차의 정지

제4편 증거

제5편 소송의 종료

제6편 상소심절차

제7편 재심절차

제8편 병합소송

제9편 간이소송절차

제1장 심리의 기본원칙

제1절 공개심리주의

Ⅰ. 의 의

민사재판은 누구나 법정에서 보고 들을 수 있다. 이와 같이 재판의 심리와 판결을 일반인이 방청할 수 있는 상태에서 하는 심리원칙을 공개심리주의라고 한다. 이는 재판의 심리와 판결을 국민이 알 수 있게 하여 재판의 공정성과 사법의 신뢰를 확보하기 위한 것이다. 헌법(헌법 109조)과 법원조직법(법원조직법 57조 1항)은 “재판의 심리와 판결은 공개한다”고 규정하고 있다.

Ⅱ. 내 용

(1) 심리와 판결을 공개하여야 하는 ‘재판’은 소송사건에 관한 것이며 비송사건에 관한 것은 포함되지 않는다. 공개의 대상이 되는 것은 심리, 즉 변론기일에서의 변론과 판결의 선고이므로 변론준비절차나 재판의 합의 등의 부수적인 절차는 공개의 대상이 아니다. 재판의 공개의 대상에는 소송기록도 포함되어 누구든지 공개를 금지한 변론에 관련된 소송기록을 제외하고는 권리구제 · 학술연구 또는 공익적 목적으로 재판이 확정된 소송기록의 열람을 신청할 수 있다(162조 2항). 그러나 법원은 당해 소송관계인이 동의하지 아니하는 경우에는 열람하게 할 수 없다(동조 3항). 이외에도 당사자의 비밀보호를 위해 열람 등이 제한되는 경우도 있다(163조).

(2) 재판의 공개는 일반인에게 법정을 공개하는 것을 말하는 것이다. 그러나 개인의 사생활과 비밀을 보호하기 위해 법정 안에서 재판장의 허가 없이 녹화 · 촬영 · 중계방송 등의 행위를 하지 못한다(법원조직법 59조). 일반공개와 구별되는 것으로는 당사자공개라는 것이 있다. 이는 당사자가 심리와 증거조사에 참여할 수 있는 것을 말하는 것으로 소송기록의 열람 · 복사 등이 포함된다(162조 1항).

Ⅲ. 제 한

재판의 심리는 국가의 안전보장 · 안녕질서 또는 선량한 풍속을 해할 우려가 있는 때에는 결정으로 이를 공개하지 않을 수 있다(헌법 109조 단서, 법원조직법 57조 1항 단서). 그러나 판결의 선고는 그 공개를 제한할 수 없다.

Ⅳ. 위반의 효과

(1) 민사소송법 제424조 1항 5호는 '공개하는 규정에 어긋난 때'에 해당하는 경우 판결에 영향을 미쳤는가에 상관없이 상고이유로 규정하고 있다(424조 1항 5호). 따라서 공개주의에 위반된 재판의 판결은 상고심에서 다툴 수 있다.

(2) 민사소송법 제153조 제6호는 '변론의 공개여부와 공개하지 아니한 경우에는 그 이유'를 조서의 형식적 기재사항으로 규정하고 있다. 따라서 재판이 공개되었다는 것은 조서에 의하여 인정할 수 있다. 변론의 방식에 관한 규정이 지켜졌다는 것은 조서가 없어진 경우를 제외하고는 조서만으로 증명할 수 있다(158조). 따라서 조서에 그 기재가 없으면 재판을 공개하였다는 것은 인정되지 않는다.

제2절 쌍방심리주의

(1) 재판이 공평하게 이루어져야 하는 것은 민사소송의 이상의 하나로서 요구되는 것이다. 공평한 재판이 이루어지기 위해서 법원은 일방 당사자에게만 진술의 기회를 부여하여 재판을 하여서는 안 된다. 쌍방심리주의는 소송의 심리에서 당사자 양쪽에게 평등하게 진술할 기회를 주는 원칙을 말한다. 쌍방심리주의는 쌍방심문주의 또는 당사자평등의 원칙 또는 무기평등의 원칙이라고도 한다.

(2) 쌍방심리주의는 헌법상의 인간의 존엄과 가치(헌법 10조), 평등의 원칙(헌법 11조), 재판을 받을 권리(헌법 27조) 등이 소송에 적용되어 나타난 것이다. 민사소송에서 쌍방심리주의는 필요적 변론에 의하여 구현된다. 판결절차에서는 양 당사자를 동시에 출석시켜 변론과 증거조사를 하는 변론에 의하여야 하는데 이를 필요적 변론이라고 한다(134조 1항). 그

러나 간이 신속한 해결을 요하는 결정으로 완결할 사건에서는 쌍방심리주의를 요하지 않으므로 임의적 변론에 의한다. 임의적 변론은 반드시 변론절차를 거칠 것을 요하지 않는 것이다. 이외에도 소송절차의 중단 · 정지제도, 대리인제도 등도 쌍방심리주의를 보장하기 위한 제도이다.

(3) 나아가 민사소송에서 쌍방심리주의의 이상인 공평한 재판과 평등의 원칙이 실현되기 위해서는 당사자가 소송절차에 참여할 수 있는 기회를 평등하게 가질 뿐만 아니라 당사자의 소송상 지위가 실질적으로도 평등하게 보장되어야 한다. 이를 위해 소송능력의 불균형을 시정하기 위한 소송구조제도나 증거의 구조적 편재를 방지하기 위한 문서제출명령 또는 모색적 증명(증거조사를 통하여 구체적인 주장이나 증명의 자료를 얻어내기 위해 증명할 사항을 특정하지 않고 먼저 증거신청부터 하는 경우를 말한다) 등이 보다 적극적으로 활용될 필요가 있다.

제3절 구술심리주의

(1) 구술심리주의는 법원과 당사자의 소송행위 특히 변론과 증거조사는 말로 하여야 하며 말로 한 진술만이 판결의 기초로 될 수 있다(134조 1항, 규칙 28조)는 원칙을 말한다. 이에 대해 구술대신 서면으로 하는 원칙을 서면심리주의라 한다.

(2) 구술주의는 구술자의 구술하는 태도를 보는 것과 함께 구술하는 내용을 들을 수 있고 그 내용이 명확하지 않으면 즉시 그 자리에서 반문하여 해명을 구할 수 있어 당사자의 진의와 사건의 쟁점을 파악하기 쉽다. 또한 구술주의에 의해 직접주의가 구현되기 쉬우며 구술의 내용을 일반 방청객이 들을 수 있어 공개심리주의와 부합한다. 그러나 진술결과를 객관적으로 정리하고 보존하기 어렵고 상급심에서 하급심의 판결을 재심사하는 데 애로가 있다. 또한 합의를 하려면 합의에 참여하는 법관 모두가 사건을 충분하게 파악할 것이 요구되는데 구술주의에 의하면 주심법관이 아니면 현실적으로 사건의 내용을 정확하게 기억하기 어려워 합의제의 실효를 거두기 어려운 점도 단점으로 지적된다.

이에 반해 서면심리주의는 구술심리주의가 가지는 단점을 피할 수 있으나 쟁점의 명확화와 집중이 어렵고 공개주의가 유명무실해질 수 있다. 따라서 현실적으로는 구술심리주의와 서면심리주의 어느 하나로 일관하기는 어렵다.

(3) 민사소송법은 구술심리주의를 기본으로 하며 서면심리주의에 의해 이를 보완하고 있다. 당사자는 소송에 대하여 법원에서 변론하여야 하며(134조 1항) 변론은 당사자가 말로 중요한 사실상 또는 법률상 사항에 대하여 진술하거나, 법원이 당사자에게 말로 해당사항을 확인하는 방식으로 한다(규칙 28조). 또한 소송당사자가 자기의 주장사실을 서면에 기재하여 법원에 제출하였다 하더라도 변론에서 진술되지 아니한 이상 법원은 이를 당해사건의 판단자료로 삼을 수 없다.[1] 재판장이 허가한 경우가 아니면 증인은 서류에 의해 진술하지 못하며(331조), 판결은 재판장이 판결원본에 따라 주문을 읽어 선고하는 등(206조), 증거조사와 판결의 선고에서도 구술주의를 취하고 있다.

(4) 예외적으로 다음의 경우에는 서면에 의하도록 하고 있다.

(a) 심판의 기초가 되는 중요한 소송행위는 확실성을 기하기 위해 서면에 의한다. 예를 들어 소나 상소 또는 재심의 제기, 소 또는 상소의 취하, 청구의 변경, 관할의 합의 등이 그것이다.

(b) 당사자의 사실상 법률상 주장이 복잡한 경우 구술에만 의존하여서는 정리하기 어려우므로 당사자는 변론을 서면으로 준비하여야 한다(272조).

(c) 그 외에도 결정으로 완결할 사건에 대한 서면심리제도, 증언, 청구의 포기, 인낙, 화해 등에 있어 예외적으로 서면에 의하는 것도 인정하고 있으나 이는 구술심리주의의 단점을 보완하기 위한 것이라기보다는 당사자 또는 심리의 편의를 위한 것이라고 할 수 있다.

(5) 제도상으로는 구술심리주의를 채택하고 있으나 실제로는 이미 제출한 "○.○.○.자 준비서면을 진술한다"는 말로써 그 준비서면에 기재된 내용이 현실적으로 구술로 진술된 것으로 취급하여 구술심리주의가 형식적인 것이 되고 있다는 비판이 제기되어 왔다. 이러한 경향은 법원의 과중한 업무부담으로 주어진 법정시간 내에 사건마다 충분한 심리시간을 할애하기가 어려운 점이 주된 원인으로 작용하였다. 그러나 형식적인 구술심리주의의 운영으로는 구술심리주의의 본래 취지가 실현되기 어려우므로 법관을 대폭적으로 증원하거나 구술심리를 보다 충실하게 운영하기 위한 보다 적극적인 의지가 요청된다.

---

1) 대법원 2001. 12. 14. 선고 2001므1728, 1735 판결.

제4절 직접심리주의

Ⅰ. 의 의

직접심리주의는 판결을 하는 법관이 변론의 관여와 증거조사를 직접 하여야 하는 원칙이다(204조). 이는 다른 사람이 심리한 결과를 기초로 재판하는 간접심리주의와 대응된다. 직접주의는 재판을 하는 법관이 직접 심리함으로써 사건의 진상을 보다 정확하게 파악할 수 있는 장점이 있다. 직접심리주의가 서면심리주의와 결합하는 것이 불가능한 것은 아니나 구술주의와 결합함으로써 보다 그 취지를 잘 살릴 수 있다.

Ⅱ. 내 용

우리 민사소송법은 판결은 기본이 되는 변론에 관여한 법관이 하여야 한다고 규정(204조 1항)하여 직접주의를 채택하고 있다. 여기서의 '기본이 되는 변론'이란 변론을 종결하는 기일의 변론을 말한다. '기본이 되는 변론'의 기일에는, 당사자 쌍방이 소송관계를 표명하고 증거조사의 결과에 대하여 변론을 하며, 법원으로서는 심리를 완료하였다 하여 변론을 종결하게 되므로 소송법상 특히 중요한 의미가 있다.[2] 또한 여기서 '판결을 한다'는 것은 판결의 내용을 확정하는 것을 말하며 이미 작성된 판결서에 의하여 선고하는 것은 포함되지 않는다.[3] 단독판사나 합의부 법관의 과반수가 바뀐 경우에 당사자가 다시 증인신문신청을 한 때에는 법원은 다시 증인신문을 하여야 한다(204조 3항). 이러한 의미에서 우리 민사소송법은 증인신문에 관하여도 직접주의를 인정하고 있다고 할 수 있다.[4] 다만 당사자 사이에 다툼이 없어서 증명이 필요 없게 된 경우와 같이 법원이 소송상태에 비추어 재신문이 필요하지 아니하다고 인정하는 경우에는 재신문을 하지 않을 수도 있다.[5] 기본적 변론에 관여하지 않은 법관이 판결을 하면 '법률에 따라 판결법원을 구성하지 아니한 때'(424조 1항, 451조 1항)에 해당하여 절대적 상고이유와 재심사유에 해당된다.

---

2) 주석민사소송법(Ⅲ), 300면.
3) 강현중, 645면; 주석민사소송법(Ⅲ), 300면.
4) 정동윤/유병현/김경욱, 338면.
5) 대법원 1992. 7. 14. 선고 92누2424 판결.

Ⅲ. 변론의 갱신

(1) 변론에 관여한 법관이 바뀐 경우 다시 변론과 증거조사를 하여야 하는 것은 아니고 당사자가 종전의 변론결과를 진술하는 것으로 족하다(204조 2항). 이를 변론의 갱신이라고 하며 처음부터 심리를 되풀이 하는 것이 소송경제에 반한다는 것을 그 이유로 한다. 종전의 변론의 갱신절차는 변론결과를 실제 진술하는 것이 아니라 '변론절차를 갱신한다'는 진술로 대신하는 경향이 있었다. 2007. 7. 31. 개정된 민사소송규칙부터는 종전 변론결과의 진술은 당사자가 사실상 또는 법률상 주장, 정리된 쟁점 및 증거조사결과의 요지 등을 진술하거나, 법원이 당사자에게 해당사항을 확인하는 방식으로 할 수 있도록 하고 있다(규칙 55조).

(2) 변론의 갱신은 종전법관이 한 심리의 결과를 당사자의 보고로 대신한다는 점에서 직접심리주의가 완화된 경우이다. 다만 변론준비절차에는 위 규정이 준용되지 않는 결과(286조) 변론준비기일이 진행되는 도중 법관이 바뀐 경우에는 변론의 갱신을 요하지 않는다. 또한 소액사건에서는 판사의 경질이 있는 경우라도 변론의 갱신 없이 판결을 선고할 수 있다(소심법 9조 2항).

Ⅳ. 수명법관 또는 수탁판사에 의한 증거조사

법원은 필요하다고 인정할 때에는 법원 밖에서 증거조사를 할 수 있는데 이 경우 합의부원에게 명하거나 다른 지방법원 판사에게 촉탁할 수 있다(297조). (촉탁을 받은 다른 지방법원판사인)수탁판사는 증거조사에 관한 기록을 바로 수소법원에 보내도록 하고 있다(298조). 또한 외국에서 시행할 증거조사는 그 나라에 주재하는 대한민국 대사 · 공사 · 영사 또는 그 나라의 관할 공공기관에 촉탁한다(296조). 위 각 경우에는 간접심리주의에 의하는 것이 된다.

Ⅴ. 재판장등에 의한 변론준비절차

변론준비절차는 재판장 또는 수명법관 등이 행하게 되는데(281조), 당사자는 변론준비기일을 마친 뒤의 변론기일에서 변론준비기일의 결과를 진술하여야 한다(287조).

제5절 처분권주의

■ 핵심어

심판의 범위, 손해3분설, 일부청구와 상계, 유치권부존재확인의 소와 일부인용, 건물매수청구권의 행사와 상환이행판결

Ⅰ. 의 의

처분권주의는 절차의 개시, 심판의 대상과 범위, 절차의 종결을 당사자의 처분에 맡기는 원칙이다. 사권을 실현하는 절차인 민사소송에서 처분권주의는 사법상 인정되는 사적자치의 원칙을 소송법에 반영한 것이라 할 수 있다. 처분권주의는 변론주의와 혼용되기도 한다. 그러나 **처분권주의는 소송물에 대한 당사자의 처분권을 인정하는 원칙임에 대하여 변론주의는 소송자료(사실의 주장과 증거)에 대한 당사자의 처분권을 인정하는 원칙을 말한다.** 처분권주의는 변론주의와 함께 당사자주의에 포함되며 이는 직권주의에 대응된다.[6] 민사소송법 제203조는 "**법원은 당사자가 신청하지 아니한 사항에 대하여는 판결하지 못한다**"고 규정함으로써 처분권주의를 선언하고 있다.

Ⅱ. 절차의 개시

민사소송은 당사자의 소제기에 의해 비로소 개시되며 법원의 직권으로 개시되지 않는다. 예외적으로 소송비용의 재판(104조, 107조 1항)[7], 가집행선고(213조 1항), 재판의 누락이 있는 경우에 추가판결(212조 1항), 판결의 경정(211조 1항), 소송구조(128조 1항) 등의 부수적 재판은 당사자의 신청 없이 직권으로도 할 수 있다.

Ⅲ. 심판의 대상과 범위

심판의 대상과 범위는 당사자가 특정한 것에 국한되며 법원은 당사자가 신청하지 아니한 사항에 대해 판결하지 못한다(203조). 따라서 법원은 당사자가 신청한 것과는

---

6) 이시윤, 317면.

7) 이는 소송비용에 관하여 당사자가 부담할 소송비용을 비율로 정하는 것이 보통이며 구체적 액수를 정하는 소송비용액의 확정결정(110조)과는 구별된다. 소송비용액의 확정은 당사자의 신청에 의한다.

다른 사항을 심판의 대상으로 삼을 수 없고 당사자가 신청한 범위를 초과하여 판단할 수 없다. 이에 의해 당사자는 공격·방어의 대상과 정도를 정할 수 있어 소송의 예측이 가능해진다. 당사자가 신청하지 않은 사항에 대하여 법원이 판단을 하면 이는 당사자에게 예측할 수 없었던 재판이 되어 재판을 받을 권리가 침해될 수 있다. 상소심에서도 이와 같은 법리를 반영하여 불이익변경금지의 원칙(415조)이 인정된다.

1. 심판의 종류와 순서

법원은 이행·확인·형성의 소 등 원고가 구하는 심판의 종류에 구속된다. 예를 들어 원고가 확인의 소를 구하였는데 법원이 이행판결을 선고할 수는 없다. 또한 원고가 심판의 순서를 정한 경우 법원은 이에 구속되어 당사자가 정한 심판의 순서대로 판단해야 한다.

예를 들어 원고가 피고에게 주위적 청구로서 유효한 매매계약을 원인으로 매매대금지급청구를 하고 매매계약이 무효인 경우에 대비하여 예비적 청구로서 이미 인도한 매매목적물의 반환을 구한 경우, 법원이 주위적 청구인 매매대금지급청구의 당부를 판단하지 않고 바로 매매목적물인도판결을 하는 것은 처분권주의에 위배된다. 이러한 법리는 청구의 병합뿐만 아니라 예비적 공동소송에서도 동일하게 적용된다. 원고가 Y_1을 주위적 피고로 정하여 매매계약의 이행을 구하고, Y_2를 예비적 피고로 정하여 무권대리인의 책임을 묻는 소를 제기한 경우 법원은 Y_1에 대한 청구의 당부를 판단하지 않고 바로 Y_2에 대한 청구를 판단할 수 없다.

2. 심판의 대상 - 소송물

법원은 원고가 심판을 구하는 대상과 다른 대상에 대해 판결할 수 없다. 심판의 대상은 곧 소송물을 의미하므로 심판대상의 동일성은 소송물이론에 따라 달라진다. 예를 들어 보기로 한다. Y는 정기검사를 받는다는 구실로 이 사건 선박을 X로부터 인도 받아간 후 되돌려 주지 아니하고 계속 점유하였다. 이에 X는 불법행위에 해당한다고 주장하면서 그로 인한 손해배상을 구하였다. 법원은 X의 청구에 대하여 불법행위에 관한 판단을 하지 않고 채무불이행을 원인으로 하여 Y에게 그 배상을 명하는 판결을 하였다. 구실체법설을 취하는 판례는 이에 대해 당사자가 신청하지 아니한 사항을 판결한 것이 되어 위법하다고 한다.[8] 그러나 소송법설의 입장에서는 불법행위에 기한 손해배상청구와 채무불이행에 의한 손해배상청구는 동일한 소송물로서 공격·방어방법만을 달리하는 것이므로 위의 경우에도 처분권주의에 위배되지

8) 대법원 1989. 11. 28. 선고 88다카9982 판결.

않는다.

3. 심판의 범위

(1) 양적 상한

법원은 당사자가 구하는 심판의 범위를 초과하여 판결할 수 없다. 예를 들어 원고가 5천만 원의 지급을 구하는 소송에서 법원이 7천만 원의 지급을 명하는 판결을 하는 것은 당사자가 구한 심판의 범위를 초과한 것으로 위법하다.

(a) 소송물과의 관계

당사자가 구하는 심판의 범위는 소송물의 단위로 결정된다.

(aa) 예를 들어 보기로 한다. X는 Y의 부주의한 자동차운행으로 신체상해를 입었다. 이에 X는 Y에 대해 Y의 불법행위를 원인으로 한 손해배상청구의 소를 제기하였다. 그 청구의 내용은 치료비(적극적 재산상 손해) 100만 원과 일실수익(소극적 재산상 손해) 200만 원 및 위자료(정신적 고통에 따르는 정신적 손해) 50만 원이다. X의 청구액의 합계는 350만 원이다. 이때 법원은 치료비에 대하여는 150만 원, 일실수익에 대하여는 100만 원, 위자료에 대하여는 50만 원을 인정하는 판결을 할 수 있을까?

법원이 인정하고자 하는 손해액의 합계는 X의 청구액의 합계보다 적은 300만 원이지만 이러한 판결은 처분권주의에 위배된다. 판례에 따르면 위의 치료비청구, 일실수익청구, 위자료청구 등은 각각 별개의 소송물이다(손해3분설).[9] 따라서 법원은 치료비에 관하여 X가 청구한 100만 원을 초과하여 150만 원을 인정할 수 없다. 요컨대 판결에서 인정되는 손해의 합산액이 청구액의 합계를 초과하지 않더라도 손해의 각 항목의 청구액을 초과하여 인정하는 것은 처분권주의에 위배된다.

(bb) 판례는 이자채권의 범위는 원금 · 이율 · 시간 3개의 인자에 의해 정해지는 것이라고 한다. 따라서 금액 자체에 있어서 원고의 주장범위를 초과하지 않더라도 위 3개의 인자 중 어느 하나라도 원고의 주장범위를 넘으면 처분권주의에 위배되는 것이라 한다.[10]

(cc) 금전채무불이행의 경우에 발생하는 원본채권과 지연손해금채권은 별개의 소송물이므로, 원금과 지연손해금 부분을 각각 따로 비교하여 판단하여야 하고, 별개의 소송물을 합산한 전체 금액을 기준으로 판단하는 것은 처분권주의에 위배된다.[11]

---

9) 대법원 1976. 10. 12. 선고 76다1313 판결.
10) 대법원 1960. 9. 29. 선고 4293민상18 판결.
11) 대법원 2009. 6. 11. 선고 2009다12399 판결. 위 판결은 처분권주의의 반영이라고 할 수 있는 불이익변경금지의 원칙에 관한 것이다.

(b) 일부청구와 상계

원고가 금전채권의 일부만의 지급을 구하는 소를 제기한 것에 대해 피고가 상계항변을 한 경우 그 상계방법이 처분권주의와 관련하여 문제된다. (여기서 일부청구라는 것은 원고의 일부청구로 인하여 채권 전액과 청구액이 달라지는 경우를 의미한다. 명시적 일부청구설에 의할 경우 원고가 묵시적 일부청구를 하면 채권 전액이 소송물이 되므로 여기서 말하는 일부청구와 상계의 문제는 발생하지 않는다. 따라서 명시적 일부청구설에 의할 경우에는 명시적 일부청구를 한 경우만 문제된다)

1) 첫 번째 방법은 우선 원고의 채권금액 전액에서 상계를 한다. 상계 후 잔액이 청구액을 초과하면 청구액을, 청구액을 초과하지 않으면 잔액을 인용한다. 이를 외측설이라고 한다. 판례[12)]가 취하고 있는 태도이다. (상계 후 잔액을 그대로 인용하지 않고 청구액의 한도에서 인용하는 것은 처분권주의가 적용된 당연한 결과이고 외측설의 특별한 내용은 아니다)

2) 두 번째 방법은 원고의 채권 전액이 아니라 일부청구액에서 자동채권안분액(자동채권전액×(일부청구액/채권전액))으로 상계한 잔액을 인용하는 방법이다. 여기서 자동채권안분액이라 함은 자동채권을 전부청구에 대한 원고의 일부청구의 비율만큼 줄인 액수라는 의미이다. 이를 안분설이라고 한다.

3) 위 두 가지 방법 중 어느 것이 타당할까? 예를 들어 자동차사고로 인하여 피해자인 원고가 손해배상청구를 하는 경우 피해자 자신의 과실을 스스로 감안하여 손해액 중 일부만을 청구하는 경우도 많다. 이 경우 원고는 결국 외측설과 같은 산정방식에 의해 청구하는 것이 된다. 따라서 외측설이 당사자의 의사에 부합한다고 할 수 있다. 물론 불법행위로 인한 손해배상청구소송에서 과실상계 이외의 경우에도 외측설이 일반적으로 당사자의 의사에 부합한다고 단정하기는 어렵다.

한편 상계의 대상은 실체법상의 권리이지 소송상 청구가 아니다. 또한 일부청구는 처분권주의에 의해 소송상 심판의 대상을 한정한 것이지 이로 인해 실체법상 채권이 분할된다고 할 수는 없다. 따라서 피고가 원고의 일부청구에 대하여 상계하더라도 그 수동채권은 소구채권 전체가 되는 것이며 일부청구에 국한되지 않는다. 이러한 점에서 외측설이 타당하다.[13)]

---

12) 대법원 1976. 6. 22. 선고 75다819 판결.

13) 이에 관하여는 한범수, 금전채권의 일부청구와 상계항변, 재판과 판례 제10집(2001년), 대구판례연구회, 370면 이하 참조.

판례 연습

대법원 1984. 3. 27. 선고 83다323, 83다카1037 판결

– 금전채권의 일부를 청구한 경우 상계항변 적용 방법(외측설) –

▌사건의 개요 Y의 토지를 임차하였던 X는 임대차종료 후 Y에 대하여 임차보증금 3,500,000원과 토지에 금 1,651,900원 상당을 투자하여 공장 1동을 건축한 비용 합계 금 5,151,900원(3,500,000+1,651,900)의 채권이 있었다. 한편 Y는 X에 대하여 연체차임 등 2,662,419원의 반대채권이 있었다. X는 스스로 위 반대채권 중 금 988,351원을 공제하고 남은 나머지 금 4,163,549원(5,151,900−988,351) 중 금 3,500,000원만의 지급을 구하는 소를 제기하였다. 이 소송에서 Y는 X에 대한 2,662,419원의 채권을 자동채권으로 하여 상계항변을 하였다. 법원은 이에 대해 어떻게 판단하여야 하는지가 문제되었다.

설명

(1) 일부청구와 상계

법원은 당사자가 신청하지 아니한 사항에 대하여는 심판하지 못한다(203조). 원고가 금전채권의 일부만의 지급을 구하는 소를 제기한 경우 법원은 원고의 청구범위를 초과하여 인용할 수 없다. 원고의 일부청구에 대해 피고가 상계항변을 한 경우에는 상계의 대상이 되는 채권금액이 채권액 전부인지 아니면 일부청구액인지가 문제된다.

(2) 인용액

(a) 안분설은 일부청구액에서 자동채권안분액을 상계한다. 안분설에 의할 경우 X의 청구액 3,500,000원에서 Y의 자동채권안분액 1,808,744원(2,662,419원*(3,500,000원/5,151,900원)을 상계하면 1,691,256원(3,500,000원−1,808,744원)이 인용된다. 안분설이 외측설과는 달리 이미 원고의 일부청구에 대하여 상계한 것이므로 상계 후 잔액이 원고의 청구액을 초과하는 경우는 생기지 않는다.

(b) 외측설은 원고의 채권금액 전액에서 상계하여 잔액이 청구액을 초과하면 청구액을, 청구액을 초과하지 않으면 잔액을 인용한다. 판례는 외측설을 취하고 있다. 외측설에 의할 경우 X의 채권 전액 금 5,151,900원에서 Y의 반대채권금액 2,662,419원을 상계한다. 그 결과 2,489,481원이 남는다. 상계하고 남은 잔액인 2,489,481원이 X의 청구액인 3500,000원을 초과하지 않으므로 위 잔액을 인용한다.

참고판례 대법원 1984. 3. 27. 선고 83다323, 83다카1037 판결【보증금반환】

(2) 일부인용

원고가 소로써 인용을 구하는 청구 중에 일부만이 이유가 있는 경우가 있다. 이 경우 법원이 그 일부만을 인용하는 것은 심판의 범위가 원고의 신청범위 내이므로 처분권주의에 위배되지 않는다. 따라서 청구금액의 일부만을 인용하는 것은 당연히 허용된다.

(a) 양적 일부인용

(aa) 판례는 당사자 일방이 금전소비대차가 있음을 주장하면서 약정이율에 따른 이자의 지급을 구하는 경우, 특별한 사정이 없는 한 대여금채권의 변제기 이후의 기간에 대해서는 약정이율에 따른 지연손해금을 구하는 것으로 보아야 한다고 한다. 또한 여기에는 약정이율이 인정되지 않는다고 하더라도 법정이율에 의한 지연손해금을 구하는 취지가 포함되어 있다고 볼 수 있다고 한다. 따라서 채무자가 금전소비대차계약 공정증서의 집행력을 배제하기 위하여 제기한 청구이의의 소에서 채권자가 금전대여와 함께 약정이율에 따른 지연손해금을 주장한 경우 약정이율에 의한 지연손해금이 인정되지 않는다 하더라도 법정이율에 의한 지연손해금에 대하여는 집행력이 인정되어야 한다고 한다.[14)]

(bb) 원고가 상한을 표시하지 않고 일정액을 초과하는 채무의 부존재확인을 청구하는 경우가 있다. 예를 들어 1000만 원의 채권에 대해 원고가 피고에게 700만 원을 변제하였다고 주장하면서 "원고의 피고에 대한 채무는 금300만 원을 초과하여서는 존재하지 않음을 확인한다"는 청구취지의 채무부존재확인의 소를 제기하는 경우이다.

이에 대해 법원의 심리결과 위 700만 원 전부의 부존재가 인정되지 않는 것은 아니고 그중 500만 원 부분만 부존재가 인정된다면 이를 원고의 전부패소가 아닌 일부패소의 판결을 하는 것이 타당하다. 판례도 이러한 경우 특단의 사정이 없는 한, 법원은 그 청구의 전부를 기각할 것이 아니라 존재하는 채무부분에 대하여 일부패소의 판결을 하여야 한다고 한다.[15)] 따라서 법원은 "1. 원고의 피고에 대한 채무는 500만 원을 초과하여서는 존재하지 아니함을 확인한다. 2. 원고의 나머지 청구는 기각한다"라는 판결을 하여야 한다.

근저당권자가 유치권신고를 한 사람을 상대로 경매절차에서 유치권을 내세워 대항할 수 있는 범위를 초과하는 유치권부존재확인을 구하는 소를 제기하였는데 심리결과 유치권신고를 한 사람이 유치권의 피담보채권으로 주장하는 금액의 일부만이 경매절차에서 유치권으로 대항할 수 있는 것으로 인정되는 경우에는 법원은 특별한

---

14) 대법원 2017. 9. 26. 선고 2017다22407 판결.
15) 대법원 1994. 1. 25. 선고 93다9422 판결.

사정이 없는 한 그 유치권 부분에 대하여 일부패소판결을 하여야 한다.[16)]

(b) 질적 일부인용

원고가 피고에게 아무 조건 없이 이행청구(단순이행청구)를 하는 소를 제기하는 경우가 있다. 예를 들어 매수인(임대인)인 원고가 매도인(임차인)인 피고에게 "피고는 원고에게 K부동산을 인도하라"라고 청구하는 경우이다. 이러한 소에 대하여 피고가 매매대금지급과의 동시이행항변(매매의 경우)을 하거나 유치권항변(임대차의 경우)[17)]을 하고 위 각 항변이 이유 있다면 법원은 원고의 채무이행을 받음과 상환으로 피고의 채무이행을 명하는 상환이행판결을 하여야 한다.[18)] 이는 원고의 청구에 대하여 질적인 일부인용을 한 것으로 처분권주의에 위배되지 않는다. 따라서 법원은 "피고는 원고에게 금 1000만 원을 지급받음과 동시에 K부동산을 인도하라"고 판결한다.

(c) 새로운 법률관계가 발생하는 경우

위의 각 경우들과는 달리 피고의 항변에 의해 원고와 피고 사이에 새로운 법률관계가 발생하는 경우도 있다. 예를 들면 원고가 임대차종료를 원인으로 건물철거 및 토지인도청구의 소를 제기하였는데 이에 대해 피고가 건물매수청구권을 행사한 경우이다. 이에 관하여는 다음 판례연습을 통하여 살펴보기로 한다.

판례연습

대법원 1995. 7. 11. 선고 94다34265 전원합의체판결

– 피고가 건물매수청구권을 행사한 경우 상환이행판결 가능 여부 –

▌사건의 개요 X와 Y는 X의 대지에 관하여 K건물의 소유를 목적으로 기간의 정함이 없는 임대차계약을 체결하였다. 그 후 X는 Y를 상대로 K건물의 철거 및 이 사건 대지의 인도를 구하는 소를 제기하여 1992. 11. 23. Y에게 소장이 송달되었다. Y는 이로부터 6월이 경과한 1993. 5. 23.이후 변론에서 X에게 K건물의 매수를 청구하면서 건물인도와 건물매수대금과의 동시이행을 주장하였다. 이 경우 법원은 어떤 판결을 하여야 하는지가 문제되었다.

설명

(1) Y의 건물매수청구권행사와 소송관계

건물의 소유 등을 목적으로 한 토지임대차의 기간이 만료한 경우 건물 등이 현존하

---

16) 대법원 2016. 3. 10. 선고 2013다99409 판결.
17) 예를 들어 임차목적물에 대하여 필요비, 유익비 등을 지출한 경우. 민법 제626조, 제325조 참조.
18) 대법원 1979. 10. 10. 선고 79다1508 판결; 대법원 1969. 11. 25. 선고 69다1592 판결.

고 임차권자가 계약갱신을 청구하였으나 임대인이 이를 원하지 않은 때에 임차인이 상당한 가격으로 임대인에게 건물의 매수를 청구할 수 있다(민법 643조). 이러한 임차인의 건물매수청구권은 형성권이므로 임차인이 건물매수청구권을 행사하면 임대인과 임차인 사이에 건물에 관한 매매관계가 성립하여 임대인의 매매대금지급의무와 임차인의 건물소유권이전등기의무가 발생한다.

이 사건에서 Y가 건물매수청구권을 행사하면 X와 Y 사이에서는 매매관계가 성립하며 X의 건물철거청구는 인정될 수 없다. Y의 건물매수청구권의 행사로서 (임차인의)건물철거의무(원상회복의무)는 소멸하고 (매도인의)건물인도 및 소유권이전등기절차이행의무가 발생하였기 때문이다.

(2) 법원의 판단

(a) 법원은 당사자가 신청하지 아니한 사항에 대하여는 판결하지 못한다(203조). X는 건물소유권이전등기절차이행을 구하는 청구를 한 바 없으므로 청구변경 없이 법원이 건물소유권이전등기절차를 명하는 판결을 하는 것은 처분권주의에 위배된다.

(b) 다만 판례는 이 경우에 법원으로서는 임대인이 종전의 청구를 계속 유지할 것인지, 아니면 대금지급과 상환으로 지상물의 인도를 청구할 의사가 있는 것인지(예비적으로라도)를 석명하고 임대인이 그 석명에 응하여 소를 변경한 때에는 지상물인도의 판결을 함으로써 분쟁의 1회적 해결을 꾀하여야 한다고 봄이 상당하다고 한다. 따라서 법원이 X에게 청구변경(소 변경)에 관한 석명 없이 기각판결을 하는 것은 석명의무에 위반된다고 한다. 석명의무에 관하여 자세한 것은 변론주의에서 살펴보기로 한다.

참고판례 **대법원 1995. 7. 11. 선고 94다34265 전원합의체판결【건물명도등】**

(3) 현재이행의 소에 대한 장래이행의 판결

원고가 현재이행의 소를 구하고 있지만 아직 이행기가 도래하지 않은 경우 미리 청구할 필요가 인정된다면 법원은 장래이행판결을 하여도 처분권주의에 위배되지 않을까? 예를 들어 보기로 한다. X는 Y를 상대로 자신의 부동산이 담보목적으로 Y명의로 소유권이전등기가 경료되었다고 하면서 피담보채무의 전액을 변제하였다고 하거나 피담보채무의 일부가 남아 있음을 시인하고 그 변제와 상환으로 소유권이전등기의 회복을 구하는 소를 제기하였다. 이에 대해 Y는 이 사건 소유권이전등기가 담보목적으로 경료된 것이 아니라고 다투고 있다. 위 사건에서 판례는 Y명의의 소유권이전등기가 담보목적으로 경료된 것이라면 소송 과정에서 밝혀진 잔존 피담보채무의 지급을 조건으로 그 소유권이전등기의 회복을 구한다는 취지까지 포함되어 있는 것으로 해석하여야 하고, 그러한 경우에는 장래이행의 소로서 미리 청구할 필

요도 있다고 한다.[19]

그러나 판례는 피담보채무가 발생하지 아니한 것을 전제로 한 근저당권설정등기의 말소등기절차이행청구 중에는 피담보채무의 변제를 조건으로 한 장래의 이행을 청구하는 취지가 포함된 것으로 보지 않는다.[20] (관련내용 제2편 제2장 제2절 Ⅲ. 1. (2))

(4) 채권자취소소송의 원물반환청구에 대한 가액배상판결

사해행위를 전부 취소하고 원상회복을 구하는 채권자의 주장 속에는 사해행위를 일부 취소하고 가액의 배상을 구하는 취지도 포함되어 있으므로, 채권자가 원상회복만을 구하는 경우에도 법원은 가액의 배상을 명할 수 있다.[21]

Ⅳ. 절차의 종결

(1) 일반적인 경우

당사자는 이미 개시된 소송절차를 판결에 의하지 않고 종결시킬 수 있다. 예를 들어 원고는 소의 취하나 청구의 포기 등에 의하여 절차를 종결시킬 수 있고 피고의 인낙, 당사자 쌍방의 화해 등도 가능하다. (소를 취하하면 소송계속이 소급적으로 소멸한다. 청구의 포기는 원고가 자신의 청구가 이유 없음을 인정하는 것으로 원고 패소 확정판결과 같은 효력이 있다. 청구의 인낙은 피고가 원고의 청구가 이유 있음을 인정하는 것으로 원고 승소확정판결과 같은 효력이 있다) 이외에도 상소권의 포기나 상소의 취하에 의한 절차의 종결도 가능하다.

(2) 예외적인 경우

소송절차의 종류에 따라서는 민사소송에서 인정되는 당사자의 의사에 의한 소송절차의 종결이 인정되지 않는 경우도 있다.

(a) 행정소송의 경우

행정소송은 소송물이 공익과 관련되어 있어 이에 대한 당사자의 처분권이 제한된다. 따라서 행정소송에서는 청구의 포기 · 인낙 · 소송상화해로 인한 소송절차의 종결은 허용되지 않는다(행정소송법 26조 참조). 소송물이 공익과 관련된 것이라도 소의 취하와 같이

---

19) 대법원 1996. 11. 12. 선고 96다33938 판결.
20) 대법원 1991. 4. 23. 선고 91다6009 판결.
21) 대법원 2001. 9. 4. 선고 2000다66416 판결.

소송물의 처분을 수반하지 않는 방법으로는 당사자의 의사에 의한 절차의 종결이 가능하다.

(b) 가사소송의 경우

가사소송은 가사소송법에 특별한 규정이 있는 경우를 제외하고는 민사소송법의 규정에 의한다(가사소송법 12조). 동조 단서는 민사소송법 규정이 적용되지 않는 사항의 하나로 '청구의 인낙'을 규정하고 있지만 청구의 포기나 화해는 규정하지 않고 있다. 청구의 포기나 화해는 청구의 인낙과 마찬가지로 소송물에 대한 처분이다. 이에 청구의 포기나 화해의 경우에도 적용이 배제되는지 해석상 의문이 제기된다. 이에 관해 가사소송에서 청구의 포기는 가능하다는 견해[22]도 있고 청구의 포기가 허용되지 않으나 이혼과 파양에서는 재판상화해가 인정된다는 견해[23]도 있다.

(c) 회사소송의 경우

회사의 설립무효, 취소의 소(상법 184조) 등 회사관계소송은 원고 승소판결에 대세적 효력이 인정된다.[24] 따라서 당사자는 청구의 인낙이나 소송상화해로 소송절차를 종결할 수 없다. 그러나 패소판결에는 대세적 효력이 없으므로 청구의 포기는 가능하다(다수설).[25] 주주의 대표소송은 법원의 허가를 얻지 아니하고는 소의 취하, 청구의 포기·인낙, 화해를 할 수 없다(상법 403조 6항). 증권관련 집단소송에서는 소의 취하, 소송상의 화해 또는 청구의 포기는 법원의 허가를 받지 아니하면 그 효력이 없다(증집법 35조 1항).

Ⅴ. 처분권주의 위반의 효과

(1) 처분권주의에 위반한 판결은 위법한 것으로 확정전이면 상소에 의해 취소할 수 있다. 그러나 처분권주의 위반이 재심사유로는 규정되어 있지 않으므로(451조) 판결이 확정되었다면 재심으로 취소할 수는 없다.

(2) 소송물이론에 따라 처분권주의 위반 여부가 달라지는 경우에는 처분권주의에

22) 강현중, 608면; 송상현/박익환, 487면.
23) 김홍엽, 436면; 이시윤, 325면.
24) 예를 들어 상법 제190조에서는 제3자에 대하여 효력이 있는 판결을 '설립무효의 판결', '설립취소의 판결'이라고 하여 원고의 청구를 인용한 경우로 한정하고 있다. 그러나 판례는 이사회결의무효확인판결에 대해서는 대세적 효력을 부정하고 있다(대법원 2000. 2. 11. 선고 99다30039 판결).
25) 강현중, 608면; 송상현/박익환, 487면; 정동윤/유병현/김경욱, 357면.

위배되었다고 하여 판결이 당연무효라고 할 수는 없다.[26] 다만 당사자가 구하는 심판의 대상을 전혀 달리하여 판결이 이루어진 경우에는 당연무효라 할 것이지만 이러한 일은 매우 드물 것이다. 판결이 처분권주의에 위배된 경우라도 원고가 항소하여 판결과 같은 내용으로 청구를 변경하거나 피고의 항소에 대해 항소기각을 구하면 그 흠은 치유된다.[27] 원고가 제1심판결과 같은 청구를 하는 신청이 사후적으로 표시되었다고 할 수 있기 때문이다.

제6절 변론주의

■ **핵심어**

주장책임, 주요사실, 유권대리의 주장, 소멸시효의 기산일, 소송자료와 증거자료의 구별

Ⅰ. 의 의

(1) **변론주의는 사실의 주장과 증거 등 소송자료의 수집과 제출을 당사자의 책임으로 하고 변론에서 당사자가 제출한 소송자료만을 판결의 기초로 하는 원칙을 말한다.** 이와는 달리 소송자료의 수집과 제출을 법원의 책임으로 하는 원칙을 직권탐지주의라고 한다. 변론주의는 처분권주의를 포함하는 의미로 사용되기도 하지만 처분권주의는 소송물에 관한 원칙임에 대하여 변론주의는 소송자료에 관한 것이다.

(2) 예를 들어 보기로 한다. X가 K토지의 소유자이고 Y는 K토지 위에 무단으로 T_1과 T_2건물을 신축하였다. X가 Y를 상대로 소를 제기하여 T_1건물에 대해서만 철거를 구하는 경우 법원이 T_1건물의 철거만을 심판의 대상으로 삼아야 하는가 하는 것은 처분권주의에 속하는 문제이다. 한편 T_1건물이 K토지상에 신축되어 있다는 사실의 주장과 이를 뒷받침할 증거의 신청은 X의 책임이라는 것은 변론주의에 속하는 문제이다.

(3) 변론주의는 민사소송의 기본원칙으로서 이에 관한 직접적인 규정은 없으며 가사소송법 제12조, 제17조, 행정소송법 제26조 등의 직권탐지주의 규정으로부터 간접

26) 송상현/박익환, 380면; 이시윤, 326면; 정동윤/유병현/김경욱, 358면.
27) 김홍엽, 437면; 송상현/박익환, 381면; 이시윤, 326면; 호문혁, 400면.

적으로 도출된다.

(4) 당사자가 법원의 판단의 기초가 될 소송자료를 제출하는 것은 구술심리주의에 의하여 구술에 의하여야 한다. 따라서 법원은 당사자가 구술에 의하여 제출하지 않은 소송자료를 판단의 기초로 삼을 수 없다. 이에 관해 판례에 나타난 예로는 다음과 같은 것이 있다. X종중은 Y소유명의로 된 K토지가 X종중의 소유임을 이유로 Y를 상대로 소유권이전등기말소청구의 소를 제기하였다. 이에 Y는 항소심에서 K부동산의 취득시효완성에 관한 주장사실을 기재한 준비서면을 제출하였지만 진술되지는 않았다. 이에 항소심에서 취득시효에 관한 판단을 하지 않았더라도 항소심의 판단유탈은 인정되지 않는다.[28]

Ⅱ. 근 거

민사소송에서 변론주의가 인정되는 근거에 관하여는 견해가 대립된다. i) 민사소송은 사적자치의 원칙이 지배하는 영역에 관한 분쟁을 그 대상으로 하므로 소송자료의 수집과 제출의 책임도 당사자에게 맡기는 것이 민사소송의 본질에 부합한다는 본질설, ii) 당사자에게 소송자료의 수집과 제출책임을 지우는 것이 당사자의 이기심으로 인해 소송에 있어 진실발견에 효율적인 수단이 된다는 수단설, iii) 당사자에 의해 제출된 소송자료만을 재판의 기초로 삼는 것은 당사자들에게 예상하지 못한 판결이 선고되는 것을 방지하고 절차를 보장해 줄 수 있는 것이라는 절차보장설, iv) 위의 어느 한 근거만을 변론주의의 근거로 삼지 않고 사적자치가 지배하는 민사분쟁의 본질, 진실발견의 유효적절한 수단, 당사자에 대한 절차보장 등 다원적으로 그 근거를 파악하는 다원설 등이 그것이다.[29] 생각건대 변론주의가 항상 진실발견에 유용한 제도라고 할 수는 없다. 또한 당사자에 대한 절차의 보장이 반드시 변론주의에 의해서만 이루어질 수 있는 것도 아니다. 이러한 의미에서 본질설이 타당하다.

---

28) 대법원 1983. 12. 27. 선고 80다1302 판결.

29) 민사소송의 이념과 변론주의의 관계에 관한 문헌으로는 호문혁, 민사소송에 있어서의 이념과 변론주의에 관한 연구, 서울대학교 법학 제30권 3 · 4, 1989, 219면 이하 참조.

Ⅲ. 변론주의의 내용

1. 사실의 주장책임

(1) 주장책임의 의의

법원은 당사자가 주장하지 않은 주요사실을 판결의 기초로 삼을 수 없다. (법원은 당사자가 주장한 사실을 판결의 기초로 삼아야 한다가 아니다) 그 결과 당사자는 유리한 판결을 받기 위해 원고는 권리발생사실을, 피고는 이에 관한 항변사실을 주장하여야 한다. 만약 당사자의 주장이 없으면 그 사실은 없는 것으로 취급되어 판단을 받게 된다.[30] 이러한 불이익을 주장책임이라고 한다. 따라서 피고가 소멸시효항변을 하지 않았는데도 법원이 시효소멸을 인정하거나 피고가 이행불능의 항변을 하지 않았는데도 법원이 이행불능을 인정하여 원고의 청구를 배척하는 것은 변론주의에 위배된다.

판례 연습 **대법원 1990. 2. 27. 선고 89다카19412 판결**
– 계약금몰취 특약을 주장하지 않은 경우 법원의 판단 –

▌사건의 개요 매도인 X는 매수인 Y와 K부동산에 관하여 분양계약을 체결하고 Y에게 K부동산의 가등기를 경료하여 주었다. 위 분양계약 당시 Y는 X에게 계약금으로 7000만 원을 지급하면서 매수인이 계약사항을 이행하지 않을 때에는 매도인이 일방적으로 해약하여도 이의할 수 없고 '납부한 계약금을 매도인의 소유로 한다고 약정'하였다. 이후 X는 Y가 잔대금의 지급을 지체하였다고 주장하면서 위 분양계약을 해제하고 Y를 상대로 원상회복으로서 위 가등기의 말소등기를 구하는 소를 제기하였다. 이에 Y는, X도 Y에게 원상회복으로서 Y로부터 받은 계약금 7000만 원을 반환할 의무가 있으며 위 계약금을 반환받기 전에는 X의 가등기말소청구에 응할 수 없다고 항변하였다. 당사자가 위 사안에 나타난 것 외에는 다른 주장을 하지 않았고 당사자의 주장이 모두 사실로 인정된다면 법원은 X의 계약금반환의무에 관하여 어떠한 판단을 하여야 하는지가 문제되었다.

설명

(1) X는 Y가 이 사건 분양계약상의 잔대금지급의무의 이행을 지체하였다고 주장하면서 위 분양계약을 해제하고 그 원상회복으로서 가등기의 말소등기를 구하므로 X의 주장이 모두 사실로 인정된다면 Y는 X에게 K부동산의 가등기의 말소등기절차를 이행

30) 판례는 변론주의가 적용되는 소송절차에서 법원에 현저한 사실도 그 사실이 주요사실인 경우에는 당사자의 주장이 있어야만 비로소 판결의 기초로 할 수 있다고 한다(대법원 1965. 3. 2. 선고 64다1761 판결(이 판결은 대법원 1996. 7. 18. 선고 94다20051 전원합의체판결에 언급되어 있다)).

할 의무가 있다. 또한 매매와 같은 쌍무계약에 있어 계약해제를 원인으로 한 원상회복 의무에는 동시이행관계가 인정된다(민법 549조). 따라서 이 사건의 계약금몰취에 관한 특약이 인정되지 않는다면 Y의 가등기의 말소등기절차이행의무와 X의 계약금반환의무는 동시이행관계에 있다.

(2) 법원은 당사자가 주장하지 않은 주요사실을 판결의 기초로 삼을 수 없다(사실의 주장책임). X는 Y와의 사이에 이 사건 분양계약에서 매수인이 계약사항을 이행하지 않은 경우 매수인이 납부한 계약금은 매도인의 소유로 한다는 내용의 계약금몰취에 관한 특약이 있었다는 사실을 주장한 바 없다. 따라서 법원은 위 계약금몰취에 관한 특약이 있었다는 사실을 인정할 수 없다.

(3) 결론적으로 법원은 주장책임에 의하여 계약금몰취에 관하여는 판단할 수 없어 Y는 X로부터 계약금을 지급받음과 동시에 X에게 가등기말소등기절차를 이행하라는 판결을 하여야 한다.

참고판례 **대법원 1990. 2. 27. 선고 89다카19412 판결【건물명도등】**

(2) 주요사실과 간접사실의 구별

(a) 주요사실

1) 변론주의는 주요사실에 대해서만 인정된다. 여기서 **주요사실이라 함은 법률효과를 발생시키는 실체법상의 구성요건 해당사실을 말한다(법규기준설).**[31] 주요사실인가 간접사실인가에 따라 변론주의의 적용이 달라지기 때문에 양자를 구별하는 것은 중요한 의미가 있지만 반드시 명확한 것은 아니다. 학설상 법률효과를 발생시키는 법규의 요건사실을 주요사실로 보고 그 이외의 사실을 간접사실로 보는 견해를 법규기준설이라고 하며 통설이다.

2) 예를 들어 보기로 한다. X는 Y를 상대로 K부동산에 관하여 매매를 원인으로 한 소유권이전등기청구의 소를 제기하였다. ⅰ) 이 소송에서 X의 청구를 이유 있게 하는 주요사실은 무엇일까? 민법 제563조(매매의 의의)는 "매매는 당사자 일방이 재산권을 상대방에게 이전할 것을 약정하고 상대방이 그 대금을 지급할 것을 약정함으로써 그 효력이 생긴다"고 규정하고 있다. 따라서 X의 청구를 이유 있게 하는 주요

---

31) 대법원 1983. 12. 13. 선고 83다카1489 전원합의체판결. 이와 같은 판례의 설명방식에 의할 경우 주요사실은 요건사실과 같은 의미이다. 그러나 요건사실은 실체법규에 의하여 법률효과의 발생요건으로 규정되어 있는 사실이고 주요사실은 요건사실에 해당하는 구체적 사실이라고 하여 이를 구분하여 보는 견해도 있다(정동윤/유병현/김경욱, 362면). 이 견해에 의하면 대여금반환소송에서 대주와 차주 간의 소비대차계약은 요건사실이고 원고와 피고 사이에 특정 일자에 소비대차약정을 한 사실은 주요사실에 해당한다.

사실은 '당사자 일방이 재산권을 상대방에게 이전할 것을 약정하고 상대방이 그 대금을 지급하기로 한 내용의 약정이 있었다는 사실' 즉 '매매계약의 체결사실'이다. X가 K부동산을 매수하게 된 경위와 같은 것은 민법 제563조에서 규정한 구성요건 해당사실이 아니므로 주요사실이 아니다. 만약 X가 K부동산을 매수한 경위만을 주장하고 정작 '매매계약의 체결사실'에 대하여는 주장하지 않았다면 '매매계약의 체결사실'은 없는 것으로 취급되어 X의 청구는 인용될 수 없다. 다만 '매매계약의 체결사실'은 반드시 X에 의해서만 주장되어야 하는 것은 아니고 Y에 의해 주장되어도 무방하다. 이를 주장공통의 원칙이라고 한다. ii) X의 이러한 청구에 대하여 Y는 X가 매매대금을 아직 지급하지 않아 X의 청구에 응할 수 없다고 항변하였다. 이때 Y의 이러한 항변을 이유 있게 할 주요사실은 민법 제563조가 아니라 민법 제536조(동시이행의 항변권)에 의해 정해진다.

(b) 간접사실 · 보조사실

주요사실과 구별되는 것으로는 간접사실과 보조사실이 있다. 간접사실이나 보조사실에 대하여는 변론주의가 적용되지 않는다. 간접사실은 주요사실의 존부를 확인하는 데 도움이 됨에 그치는 사실로 징빙(徵憑)이라고도 한다. 앞에서 X가 K부동산을 매수하게 된 경위는 주요사실인 '매매계약 체결 사실'의 존부를 확인하는 데 도움을 주는 간접사실이다.[32] 보조사실은 증거능력이나 증거가치에 관한 사실로서 증인과 당사자 사이의 관계에 관한 사실이 그 예가 될 수 있다. 위의 예에서 X가 매매계약체결사실을 증명하기 위하여 매매계약서를 제출하였는데 그 매매계약서가 위조되었다는 사실도 이에 해당한다.

간접사실이나 보조사실에는 변론주의가 적용되지 않는 결과 이를 당사자가 변론에서 주장하지 않아도 법원은 증거에 의하여 인정할 수 있고 자백의 구속력도 인정되지 않는다. 그 이유는 간접사실이나 보조사실은 주요사실을 증명하기 위한 수단이라는 점에서 증거자료와 같은 기능을 가지는데 이에도 주장책임을 적용하면 법관이 자유심증주의에 따라 사실인정을 하는 것을 제약할 수 있기 때문이다. 즉 증명의 목표인 주요사실에는 변론주의가 적용되고 증명의 수단인 간접사실이나 보조사실에는 자유심증주의가 적용된다.

---

32) 대법원 1977. 1. 11. 선고 76다2083 판결 참조. 자동차 충돌로 인한 손해배상사건에서 가해차량이 피해차량의 후미를 충격하게 된 경위는 가해차량 운전자의 과실을 확인하는 데 도움이 되는 사실로서 간접사실에 해당한다는 판결로는 대법원 1979. 7. 24. 선고 79다879 판결.

(c) 문제되는 경우

주요사실과 간접사실의 구별이 문제되는 경우를 살펴보면 다음과 같다.

(aa) 대리행위

1) 앞의 예에서 X는 이 사건 매매계약을 Y와 체결하였음을 주장하였다고 가정한다. 법원의 심리결과 Y가 직접 X와 매매계약을 체결한 사실은 없으나 Y의 대리인 Y_1이 X와 매매계약을 체결한 사실이 밝혀졌다. 이 경우 Y_1의 대리행위가 있었다는 X의 주장이 없으면 법원은 Y_1이 Y를 대리하여 X와 매매계약을 체결하였다는 사실을 인정할 수 없는 것일까? 달리 말하면 대리인에 의한 계약체결의 사실은 당사자의 주장을 요하는 주요사실일까? 판례는 대리행위를 주요사실로 인정한다. (대리행위의 효력은 민법 제114조에 근거한다. 동조는 "대리인이 그 권한 내에서 본인을 위한 것임을 표시한 의사표시는 직접 본인에게 대하여 효력이 생긴다"고 규정하고 있다) 다만 그 주장이 반드시 명시적인 것일 필요는 없다고 한다. 또한 소송에서 쌍방 당사자 간에 제출된 소송자료를 통하여 심리가 됨으로써 그 주장의 존재를 인정하더라도 상대방에게 불의의 타격을 줄 우려가 없는 경우에는 그 대리행위의 주장은 있는 것으로 보아 이를 재판의 기초로 삼을 수 있다고 한다.[33]

2) 한편 판례는 유권대리의 주장에는 표현대리의 주장이 포함되지 않는다고 한다. 이는 표현대리의 성질을 무권대리로 보아 유권대리와는 주요사실을 달리한다는 것을 그 이유로 한다.[34] 이에 의하면 위의 예에서 X가 Y의 Y_1에 의한 표현대리책임을 주장하지 않았다면 법원은 X가 Y_1이 Y의 대리인으로서 X와 매매계약을 체결하였다고 주장한 것만으로는 Y에게 표현대리책임을 인정할 수 없다.

참고판례 **대법원 1983. 12. 13. 선고 83다카1489 전원합의체판결 【매매대금반환】**

(bb) 시효의 기산점

시효의 기산점에 관하여는 소멸시효와 취득시효의 경우를 달리 취급한다.

1) 소멸시효의 경우

판례는 소멸시효의 기산점은 채무의 소멸이라고 하는 법률효과 발생의 요건에 해당하므로 변론주의의 적용대상이라고 한다. 이에 따르면 본래의 소멸시효 기산일과

---

33) 대법원 1990. 6. 26. 선고 89다카15359 판결; 대법원 1996. 2. 9. 선고 95다27998 판결; 대법원 2002. 2. 26. 선고 2000다48265 판결; 대법원 2008. 4. 24. 선고 2008다5073 판결.

34) 대법원 1983. 12. 13. 선고 83다카1489 전원합의체판결. 이 판결로서 대법원 1964. 11. 30. 선고 64다1082 판결은 폐기되었다.

당사자가 주장하는 기산일이 서로 다른 경우에는 변론주의의 원칙상 법원은 당사자가 주장하는 기산일을 기준으로 소멸시효를 계산하여야 한다.[35] (민법 제162조 제1항은 "채권은 10년간 행사하지 아니하면 소멸시효가 완성한다"고 규정하고 있고 동법 제166조 제1항은 "소멸시효는 권리를 행사할 수 있는 때로부터 진행한다"고 규정하고 있다. 위 두 조항을 결합하면 "채권은 그 채권을 행사할 수 있는 때로부터 10년간 행사하지 아니하면 시효로 소멸한다"가 된다) 그러나 어떤 권리의 소멸시효기간이 얼마나 되는지에 관한 주장은 단순한 법률상의 주장에 불과하므로 변론주의의 적용대상이 되지 않고 법원이 직권으로 판단할 수 있다.[36] 따라서 피고가 어음법상 3년의 시효를 주장하였다 하더라도 법원이 민법상 10년의 소멸시효를 적용하였다고 하여 변론주의를 위반한 것은 아니다.

판례 연습

대법원 1995. 8. 25. 선고 94다35886 판결

– 소멸시효의 기산일이 주요사실인지 –

▌사건의 개요 Y_2는 Y_1의 연대보증 하에 X와 계속적인 물품외상거래를 하여 왔다. X는 Y_1를 상대로 Y_2와의 물품거래 종료시점의 물품거래대금 4억 원의 지급을 구하는 소를 제기하였다. 이에 Y_1는 물품거래 종료시점인 1990. 9. 30.을 기산점으로 하여 소멸시효 완성의 항변을 하였다. 이때 법원은 Y_1이 주장한 소멸시효의 기산일과는 달리 물품대금지급을 위하여 교부된 약속어음들의 최종 지급기일인 1991. 3. 30.에 전부 이행기가 도래하였다고 하여 1991. 3. 30.을 소멸시효의 기산점으로 삼을 수 있는지가 문제되었다.

설명

법원은 당사자가 주장하지 않은 주요사실을 판결의 기초로 삼을 수 없다. 여기서 주요사실이란 법률효과를 발생시키는 실체법상의 구성요건 해당사실을 말한다. 이 사건에서 법원이 Y_1이 주장한 소멸시효의 기산일과는 달리 물품대금지급을 위하여 교부된 약속어음들의 최종 지급기일인 1991. 3. 30.을 소멸시효의 기산점으로 삼을 수 있는지 여부는 소멸시효의 기산점이 주요사실인가 여부에 따라 달라진다.

판례는 소멸시효의 기산일은 채무의 소멸이라고 하는 법률효과 발생의 요건에 해당하는 소멸시효기간 계산의 시발점으로서 소멸시효 항변의 법률요건을 구성하는 구체적인 사실에 해당하므로 이는 변론주의의 적용 대상이라고 한다. 따라서 본래의 소멸시효 기산일과 당사자가 주장하는 기산일이 서로 다른 경우에는 변론주의의 원칙상 법원은 당사자가 주장하는 기산일을 기준으로 소멸시효를 계산하여야 한다고 한다. 이에 의하면 법원은 Y_1이 주장한 소멸시효의 기산일과는 달리 물품대금지급을 위하여 교부된 약

35) 대법원 1995. 8. 25. 선고 94다35886 판결.
36) 대법원 2013. 2. 15. 선고 2012다68217 판결; 대법원 2017. 3. 22. 선고 2016다258124 판결.

속어음들의 최종 지급기일인 1991. 3. 30.을 소멸시효의 기산점으로 삼을 수 없다.

참고판례 대법원 1995. 8. 25. 선고 94다35886 판결【보증채무금】

2) 취득시효의 경우

판례는 부동산취득시효의 기산점은 소멸시효의 기산점과는 달리 취급한다. 즉 점유개시의 시기는 취득시효의 요건사실인 점유기간을 판단하는 데 간접적이고 수단적인 구실을 하는 간접사실에 불과하다고 한다. 따라서 이에 대한 자백은 법원이나 당사자를 구속하지 않는다고 한다.[37] (민법 제245조 제1항은 "20년간 소유의 의사로 평온, 공연하게 부동산을 점유하는 자는 등기함으로써 그 소유권을 취득한다"고 규정하고 있다. 취득시효에 관하여는 "소멸시효는 권리를 행사할 수 있는 때로부터 진행한다"고 규정한 민법 제166조와 같은 규정이 없다) (뒤에서 설명하는 바와 같이 자백의 구속력은 변론주의의 한 내용이다. 따라서 자백의 구속력이 인정되지 않는다는 것은 변론주의가 적용되지 않는다는 것과 같은 의미이다) 또한 판례는 취득시효를 주장하는 자가 소를 제기한 경우 피고의 응소행위만으로 바로 시효중단의 효과가 발생하는 것이 아니고 피고가 변론에서 (예를 들어 피고의 소유승인과 같은) 시효중단의 주장 또는 이러한 취지가 포함되었다고 볼 만한 주장을 하여야 한다고 한다.[38]

판례연습 대법원 1994. 11. 4. 선고 94다37868 판결

– 점유취득시효에 있어서 점유개시일이 주요사실인지 –

▌사건의 개요 X종중은 부산 직할시 부산진구를 피고(Y)로 하여 K토지를 권원 없이 사용하였다는 이유로 부당이득반환청구의 소를 제기하였다. Y는 K토지를 부산시가 1947. 3. 17.부터 20년 이상 점유하여 이를 시효취득하였는데 지방자치법시행으로 Y가 이를 승계한 것이라고 하면서 취득시효주장을 하였다.[39]

이에 X종중은 Y측의 위 점유개시시기를 1947. 3. 17.이라고 자백하였다가 그 후 1986. 1.경부터 부산시가 이를 점유하고 있는 것이라고 그 주장을 변경하였다. 법원의 심리결과 K토지는 1986. 1.경부터 부산시가 점유하기 시작한 것으로 밝혀졌다. 이 사건에서 법원은 Y의 K토지에 대한 점유시기를 언제로 인정하여야 하는지가 문제되었다.

---

37) 대법원 1994. 11. 4. 선고 94다37868 판결.
38) 대법원 1997. 2. 28. 선고 96다26190 판결.
39) 부산시와 부산진구는 다른 법적 주체이다.

설 명

(1) 법원이 사실을 인정함에 있어 당사자 사이에 다툼이 있으면 증거에 의하여야 하지만 당사자 사이에 다툼이 없으면 법원의 사실인정권이 배제되는 결과 당사자가 인정한 대로 사실인정을 하여야 하며 그와 다른 사실을 인정할 수 없다. 이를 자백의 구속력이라고 한다. 자백의 구속력은 변론주의가 적용되는 결과 인정되는 것이다. 따라서 자백의 구속력은 주요사실에 한하여 인정된다. 이 사건에서 Y측의 점유개시시기를 언제로 인정할 것인가는 취득시효의 점유개시시기를 변론주의가 적용되는 주요사실로 볼 것인가에 달려 있다.

(2) 이에 대해 판례는 취득시효의 점유개시시기는 취득시효의 요건사실인 점유기간을 판단하는 데 간접적이고 수단적인 구실을 하는 간접사실에 불과하므로 이에 대한 자백은 법원이나 당사자를 구속하지 않는다고 한다. 따라서 법원은 Y의 자백에 구속되지 않고 증거에 의해 부산시가 K토지를 1947. 3. 17.부터 점유하였다는 사실과 다른 사실을 인정할 수 있다. (방론으로 만약 피고의 자백에 구속력이 인정된다면 Y가 자백한 진술을 번복하였으므로 그 다음은 자백의 취소가 인정될 것인가가 문제될 것이다) 이 사건에서는 법원의 심리결과 K토지는 1986. 1.경부터 부산시가 점유하기 시작한 것으로 밝혀졌으므로 Y의 점유개시시기는 이에 따라야 할 것이다.

참고판례 **대법원 1994. 11. 4. 선고 94다37868 판결【부당이득금】**

(cc) 손해배상액 산정의 요소

불법행위로 인한 손해배상액을 산정함에 있어서는 여러 사항이 확정되어야 한다. 그 예로 손해의 하나인 일실수익(불법행위로 인하여 일을 하지 못하여 상실하는 소득)을 산정함에 있어서는 피해자의 수입, 가동연한(앞으로 일을 할 수 있는 기간), 기대여명,[40] 공제할 생활비 등이 확정되어야 한다. 위의 각 사항은 주요사실에 해당되므로 변론주의가 적용된다.[41]

그 외에도 장래의 수익을 현재가치로 산정하는 방식이 확정되어야 한다. 예를 들어 현재의 100만 원이 10년 후의 100만 원과 같은 가치일 수 없기 때문이다. 현재의 100만 원에 대한 미래의 가치를 산정함에 있어 그 이율을 단리로 계산하는 방법도 있고 복리로 계산하는 방법도 있다. 이와 마찬가지로 10년 후의 100만 원에 대하여 현재의 가치를 산정하는 방법도 단리로 할인하는 방법이 있고 복리로 할인하는 방법도 있다. 전자를 호프만식($1/(1+nr)$)이라고 하고 후자를 라이프니츠식($1/(1+r)^n$)이라고

---

40) 대법원 2018. 10. 4. 선고 2016다41869 판결.

41) 대법원 1983. 6. 28. 선고 83다191 판결; 대법원 2018. 10. 4. 선고 2016다41869 판결.

한다. 실무는 주로 호프만식에 의하고 있다. 이와 같이 호프만식에 의할 것이냐 또는 라이프니츠식에 의할 것이냐 하는 현가 산정방식은 사실이 아니라 평가방식에 관한 것이므로 법원은 당사자의 주장과 상관없이 자유롭게 판단할 수 있다.[42]

(dd) 채권자의 과실

민법 제396조는 "채무불이행에 관하여 채권자에게 과실이 있는 때에는 법원은 손해배상의 책임 및 그 금액을 정함에 이를 참작하여야 한다"고 규정하고 있다. 위 규정은 민법 제763조에 의해 불법행위에도 준용된다. 과실상계에 관하여 판례는 피해자에게 과실이 인정되면 배상의무자가 피해자의 과실에 관하여 주장하지 않는 경우에도 소송자료에 의하여 과실이 인정되는 경우에는 이를 법원이 직권으로 심리 · 판단하여야 한다고 한다.[43]

(ee) 채무불이행으로 인한 손해의 발생사실과 배상액

채무불이행으로 인한 손해배상액의 예정(민법 398조)이 있는 경우에는 채권자는 채무불이행사실만 증명하면 손해의 발생 및 그 액을 증명하지 아니하고 예정배상액을 청구할 수 있다.[44] 한편 채무불이행으로 인한 손해배상 예정액의 청구와 채무불이행으로 인한 손해배상액의 청구는 그 청구원인을 달리 하는 별개의 청구이므로 손해배상 예정액의 청구 가운데 채무불이행으로 인한 손해배상액의 청구가 포함되어 있다고 볼 수 없다. 따라서 채무불이행으로 인한 손해배상액의 청구에 있어서 손해의 발생사실과 그 손해를 금전적으로 평가한 배상액에 관하여는 손해배상을 구하는 채권자가 주장 · 증명하여야 한다.[45] 금전채무불이행의 손해배상액은 법정이율에 의하고 채권자는 손해의 증명을 요하지 않지만(민법 397조 1항, 2항) 이 경우에도 지연이자 상당의 손해가 발생하였다는 취지의 주장은 하여야 한다.[46]

(ff) 추상적 개념

법률의 규정에 추상적 개념이 사용된 경우 그 추상적 개념 자체를 주요사실로 보아야 하는가 하는 문제가 있다. 예를 들어 민법 제2조의 '신의성실', 제126조의 '정당한 이유', 제750조의 '과실' 등이 이에 해당한다. 만약 위의 추상적 개념 그 자체를 주요사실로 인정하면 법원은 당사자가 이에 관하여 주장한 구체적 사실과 다른 사실

42) 대법원 1983. 6. 28. 선고 83다191 판결.
43) 대법원 1996. 10. 25. 선고 96다30113 판결. 이 판결은 과실상계제도는 채권자가 신의칙상 요구되는 주의를 다하지 아니한 경우 공평의 원칙에 따라 손해의 발생에 관한 채권자의 그와 같은 부주의를 참작하게 하려는 것이라고 한다.
44) 대법원 2000. 12. 8. 선고 2000다50350 판결.
45) 대법원 2000. 2. 11. 선고 99다49644 판결.
46) 위 대법원판결.

을 인정할 여지가 많게 되어 당사자가 예측하지 못한 판결이 선고될 가능성이 있게 된다. 예를 들어 교통사고로 피해를 입은 원고가 피고의 과실로 전방주시의무위반을 주장하였으나 법원이 원고가 주장하지 아니한 피고의 중앙선 침범사실을 인정하는 경우 피고로서는 이에 대한 방어권행사를 하지 못한 채 패소판결을 선고받게 될 수 있다. 이러한 점은 주요사실을 기계적으로 법규 속에서 찾고자 할 때 생기는 문제라고 할 수 있다. 이러한 경우에는 구체적 사실을 주요사실에 준하는 것으로 보아 이에 관한 당사자의 주장이 없으면 판결의 기초로 삼을 수 없다고 하는 견해(준주요사실적용설)가 있다.[47] 타당한 견해라고 생각한다.

(3) 소송자료와 증거자료의 구별

(a) 변론주의와 증거자료

1) 법원은 당사자가 변론에서 주장한 것만을 재판의 기초로 삼을 수 있다. **당사자가 변론에서 주장한 것이 아니면 법원이 증거조사의 결과 주요사실을 알았다 하더라도 이를 재판의 기초로 삼는 것은 변론주의에 위배된다.**[48] 예를 들어 보기로 한다. 원고의 대여금청구에 대해 피고가 소멸시효항변을 하였다. 피고의 소멸시효항변을 이유 없게 하려면 원고는 피고가 원고에 대한 채무를 승인하였다는 등의 주장을 함으로써 소멸시효중단의 재항변을 하여야 한다. 원고가 위 사실을 주장하지 않으면 법원은 위 사실을 재판의 기초로 삼을 수 없다. 다시 말하면 법원은 위 사실에 대하여 판단할 수 없어 위 사실은 인정되지 않는다.

2) 원고가 위 사실을 주장하지 않았으나 피고가 원고에 대한 채무를 승인한다는 의사표시가 적힌 문서가 증거로 제출되어 법원이 피고의 채무승인 사실을 알게 된 경우는 어떻게 될까? 이 경우에도 마찬가지로 법원은 위 사실(피고가 원고에 대한 채무를 승인하였다는 사실)을 재판의 기초로 삼을 수 없다. 왜냐하면 주장과 증거조사의 결과는 서로 구별되기 때문이다. 당사자가 변론에 제출한 사실의 주장이나 증거 등은 소송자료라고 하고 증거조사의 결과 얻어진 것은 증거자료라고 한다. 위의 예에서 원고가 피고에게 돈을 대여하였다고 진술하는 것은 원고의 주장이다. 원고가 위 주장을 증명하기 위하여 차용증을 증거로 신청할 수 있다. 법원이 위 차용증에 대하여 증거조사를 할 필요가 있다고 판단하면 원고의 증거신청을 채택하여 증거조사를 한다. 원고가 제출한 차용증은 문서이므로 증거조사는 법관이 열람하는 방식에 의한다. 이에 의해 차용증에 기재된 내용이 문서에 대한 증거조사의 결과가 된다.

---

47) 이시윤, 331면; 정동윤/유병현/김경욱, 366면.
48) 대법원 1987. 2. 24. 선고 86다카443, 444 판결.

(b) 구별의 이유

소송자료와 증거자료를 구별하는 이유는 무엇일까? 만약 **증거자료에 나타난 사실을 재판의 기초로 삼게 되면 당사자는 이에 대한 방어를 하지 못한 채 예측하지 못한 판결을 받게 될 수 있기 때문이다.** (어떤 경우에는 몇 백 또는 몇 천 쪽 분량의 문서가 증거로 제출될 수도 있다. 흔한 예는 아니지만 이러한 경우를 생각하면 쉽게 이해될 수 있다) 이는 당사자의 주장책임을 인정하는 것과도 모순되게 된다.

(c) 주장의 방법

주장은 구술심리주의에 의하여 당사자가 소송의 주체로서 변론기일에 말로(진술)하여야 한다. 당사자가 변론기일 전 주장을 적은 소장 또는 준비서면을 미리 제출하고 변론기일에서 "소장(000자 준비서면)을 진술한다"라고 진술하여도 소장 또는 준비서면에 기재된 내용을 주장한 것이 된다. 또는 당사자가 변론기일에 "증거로 제출된 문서에 기재된 내용을 원용한다"라고 진술하여도 그 문서에 기재된 내용을 주장한 것이 된다. 요컨대 당사자가 변론기일에 인용의 방식으로든 직접진술의 방식으로든 '당사자가 변론기일에서 진술'하여야 한다. 다만 주요사실에 대한 주장은 당사자가 이를 직접적으로 명백히 한 경우뿐만 아니라 당사자의 변론을 전체적으로 관찰하여 그 주장을 한 것으로 볼 수 있는 경우에도 주요사실의 주장이 있다고 보아야 한다.[49]

이와는 달리 증거조사는 당사자의 진술에 의하지 않는다. 문서는 법관이 문서를 열람(문서에 대한 증거조사방식)함으로써 그 기재내용이 증거자료가 된다. 증인신문은 당사자의 진술이 아니다. 또한 증인의 증언은 진술과 같이 말로 하는 것이기는 하지만 증명의 대상이 되는 주장이 아니라 주장을 인정하기 위한 증거자료로 주장과는 다르다. 또한 당사자본인신문 결과도 당사자가 법정에서 말로 한 것이지만 이때는 소송의 주체가 아니라 증거방법(증거조사의 대상이 되는 유형물로서 서증의 대상으로 문서, 증인신문의 대상으로 증인 등이 이에 해당한다. 흔히 증거라고 한다)으로서 한 것으로 증거자료이지 주장이 아니다.

(d) 간접주장

이와 같이 주장과 증거자료는 구별되는 것이지만 판례는 일정한 경우에는 주요사실에 대한 당사자의 주장이 명시적이지 않더라도 주장이 있는 것으로 취급한다.

i) 원고가 청구원인사실을 기재한 준비서면을 변론에서 진술하지 아니하였다. 그

---

49) 대법원 2017. 9. 12. 선고 2017다865 판결.

렇지만 원고가 신청한 증인에 대한 신문사항에 위 준비서면기재의 청구원인이 기재되어 있는 경우 원고가 증인신문을 통하여 그 청구원인사실을 주장한 것으로 인정한다.[50)]

ii) 당사자가 법원에 문서를 증거로 제출하면서 이 문서를 증거로 제출하는 이유가 어떤 사항을 증명하기 위한 것(입증취지)이라고 진술하는 것으로 문서에 기재된 내용을 주장하는 경우가 있다. 이와 같은 경우나 그 밖에 당사자의 변론을 전체적으로 관찰하여 간접적으로 주장한 것으로 볼 수 있는 경우[51)]에도 주장이 있는 것으로 인정한다.

iii) 감정서나 서증을 이익으로 원용한 경우[52)] 등이 그것이다.

이와 같이 판례가 간접주장을 인정하는 것은 당사자의 주장책임을 너무 엄격하게 해석하여 구체적 타당성을 해치는 것을 방지하고자 하는 취지로 이해할 수 있다. 그러나 한편으로는 당사자가 예상하지 못한 사실을 재판의 기초로 삼는 결과 당사자의 방어권이 침해되는 결과를 초래할 수 있으므로 상대방이 이에 대해 적극적으로 방어하지 않은 경우에는 법원은 석명권을 행사하여 주장을 명확히 하는 것이 필요하다.[53)]

(4) 주장책임의 분배와 주장공통의 원칙

(a) 주장책임의 분배

주장책임의 분배는 주요사실에 대한 주장책임을 어느 당사자가 부담하는가 하는 문제이다. **주장책임의 분배는 증명책임의 분배와 원칙적으로 일치한다**(증명책임의 개념 및 분배에 관하여는 증명책임 편 참조). 따라서 자신에게 권리가 있음을 주장하는 당사자는 주장하는 권리를 발생시키는 규정의 요건사실에 대하여 주장책임을 부담한다. 이를 다투는 상대방은 권리장애사실, 권리멸각사실, 권리저지사실에 대한 주장책임을 부담한다.

(b) 주장공통의 원칙

재판의 기초로 삼을 수 있는 사실의 주장은 진술되어야 한다. 그러나 어느 당사

---

50) 대법원 1969. 9. 30. 선고 69다1326 판결. 이 판례는 단순히 자기가 신청한 증인신문사항에 기재된 사실을 주장하는 것으로 보는 것이 아니라 진술되지 아니한 준비서면과 동일한 내용의 증인신문을 통하여 주장이 있는 것으로 보는 취지라고 해석된다.

51) 대법원 2002. 11. 8. 선고 2002다38361, 38378 판결.

52) 대법원 1993. 2. 12. 선고 91다33384, 33391(반소) 판결.

53) 간접적 주장의 경우 언제나 석명권 행사를 요한다는 견해(이시윤, 329면), 상대방의 방어권행사의 기회가 충분히 보장되었는가를 가려 석명권을 행사하여야 한다는 견해(정동윤/유병현/김경욱, 368면)가 있다.

자에 의해 진술되어도 무방하며 반드시 주장책임을 지는 당사자에 의해 진술될 필요는 없다.[54] 예를 들어 보기로 한다. 피고가 소외인(訴外人: 소송관계자가 아닌 사람)이 권한 없이 피고를 대리하였다는 취지의 주장을 하였다. 피고의 이러한 주장에는 ① 소외인이 피고를 대리하였다는 주장과 ② 그 소외인이 피고를 대리할 권한이 없었다는 주장이 포함되어 있다. 따라서 원고가 소외인이 피고를 대리하였다는 주장을 하지 아니하였더라도 소외인이 피고를 대리한 사실이 변론에서 주장된 것으로 보아 판결의 기초로 삼을 수 있다. 이를 주장공통의 원칙이라고 한다.

2. 자백의 구속력

당사자 간에 다툼이 없는 사실은 법원의 사실인정권이 배제되는 결과 증거조사를 할 필요 없이 그대로 판결의 기초로 삼아야 한다.[55] 이를 자백의 구속력이라고 한다. 자백의 대상이 되는 사실은 주요사실에 한한다. 간접사실이나 보조사실은 주요사실을 증명하는 수단이라는 점에서 법관의 자유로운 심증에 의해 사실인정이 될 필요가 있어 자백의 대상이 되지 않는 것이 원칙이다. 다만 문서의 진정성립에 관한 사실은 증거능력에 관한 것으로 보조사실에 속하나 자백의 대상으로 인정된다.[56] 여기서의 다툼 없는 사실이라 함은 당사자가 자백한 사실(288조)과 자백한 것으로 간주되는 사실(150조)을 말한다. 자백한 사실에 대하여는 법원이 반대심증을 얻었더라도 자백에 반하는 사실인정을 할 수 없다. 다만 현저한 사실에 반하는 자백은 구속력이 배제된다.[57]

3. 증거의 제출책임

(1) 법원은 원칙적으로 당사자가 신청한 증거에 대해서만 조사하여야 한다. 당사자가 증거신청을 한다는 것은 증거가 될 만한 문서 등을 단순히 제출한다는 의미와는 다르다. 예를 들어 대여금사건에서 대여사실을 증명할 수 있는 차용증을 원고가 증거신청을 하지 않고 단순히 참고자료로만 제출한 경우에는 법원은 그 차용증에 대하여 증거조사를 할 수 없다. 증거신청이라는 것은 당사자가 법원에 증거(증거방법)에 대하여 증거조사를 해달라고 신청하는 것을 말하는 것으로 사실적 의미의 제출행위와는 다르다. (그래서 간혹 법정에서 당사자가 서류 등을 특별한 진술 없이 제출하면 법원이 증거로 제출하는 것이냐(증거신청을 하는 것이냐)고 질문하는 것을 볼 수 있다)

---

54) 대법원 1990. 6. 26. 선고 89다카15359 판결.
55) 따라서 자백은 증명을 요하지 않는 불요증사실의 하나로 다루어진다.
56) 대법원 1988. 12. 20. 선고 88다카3083 판결.
57) 대법원 1959. 7. 30. 선고 4291민상551 판결.

(2) 직권증거조사는 당사자가 신청한 증거에 의해 심증을 얻을 수 없을 때 예외적으로 할 수 있다(292조).[58] 직권으로 증거를 조사한다는 의미는 직권으로 증거를 수집한다는 의미와는 다르다. 앞의 설명에서 원고가 차용증에 대하여 증거신청을 하지 않고 단순히 참고자료로만 제출하는 경우 법원이 이에 대해 증거조사를 하면 이는 직권증거조사이다. 그렇지만 법원이 그 차용증을 직권으로 수집한 것은 아니다.

(3) 증거신청은 당사자가 하면 족하고 반드시 증명책임을 진 당사자가 한 증거신청에 국한되지 않는다. 이는 증거공통의 원칙에 따른 것이다. 증거공통의 원칙이란 증거는 어느 당사자에 의하여 제출되거나 또 상대방이 이를 원용하는지 여부를 불문하고 당사자 어느 쪽에든 유리한 사실인정의 증거로 할 수 있다는 원칙을 말한다. 법원의 증거조사는 당사자가 신청한 증거에 대해서만 하여야 하나 그 조사결과에 대한 평가는 자유심증주의에 의해 법관의 자유로운 판단에 맡겨진다. 위의 예에서 원고가 차용증에 대하여 증거신청을 하지 않으면 법원은 차용증에 대하여 증거조사를 할 수 없지만 원고의 증거신청에 의해 차용증에 대해 증거조사를 하였다고 하더라도 그 차용증에 기재된 내용이 진실한 것인가에 대한 판단은 법원의 자유로운 판단에 따른다.

Ⅳ. 변론주의의 적용범위

(1) **변론주의는 소송자료 즉 주요사실과 증거방법에 대하여 적용된다.** 변론주의는 주요사실에 대하여 적용되므로 사실이 아닌 법률상의 해석 · 적용에 관한 것, 주요사실이 아닌 간접사실이나 보조사실은 변론주의가 적용되지 않는다.

예를 들어 보기로 한다. 부동산소유권이전등기청구의 경우 그 청구취지는 "피고는 원고에게 K부동산에 관하여 000자 매매를 원인으로 한 소유권이전등기절차를 이행하라"와 같이 등기원인을 기재하여야 한다. 이러한 등기원인에서 매매, 신탁해지, 교환 등은 법률판단에 속한다. 따라서 당사자가 등기원인에 대한 법률적 평가를 잘못한 경우 법원은 그 청구의 동일성이 인정되는 한 당사자가 등기원인으로 표시한 법률판단에 구애됨이 없이 정당한 법률해석에 의하여 그 원인표시를 바로 잡을 수 있다.[59]

또한 증거방법에 대하여 적용되므로 증거의 가치평가에 관한 것은 변론주의가 아니라 자유심증주의의 적용영역이다.

---

58) 그러나 소액사건에서는 판사가 필요하다고 인정하는 때에는 직권으로 증거조사를 할 수 있다(소심법 9조).
59) 대법원 1980. 12. 9. 선고 80다532 판결.

(2) 사실인정의 전제가 되는 경험칙도 변론주의가 적용되지 않고 법원이 직권으로 판단한다. 판례는 사실인 관습을 경험칙에 속하는 것으로 보아 직권판단사항에 속한다고 한 바 있다.[60)]

V. 변론주의의 수정 · 보완

변론주의는 당사자가 제출한 소송자료를 재판의 기초로 삼는 결과 소송당사자가 이를 적절히 수행할 능력이 없으면 민사소송절차에 의해 권리보호를 제대로 받지 못하는 폐단이 생길 수 있다. 소송은 전문적 지식과 경험을 요하는 분야이므로 특히 변호사 강제주의를 취하지 않는 우리나라와 같은 민사소송법제에서 당사자 본인에 의해 직접 소송이 수행되는 본인소송으로 인해 이러한 폐단은 두드러질 수 있다. 또한 당사자가 한 허위주장을 기초로 하여 사실인정을 하면 사법에 대한 불신을 초래할 수 있다. 이와 같은 이유로 당사자 사이의 소송수행능력의 불균형을 보완하고 허위의 주장으로 진실이 왜곡되는 것을 방지할 필요가 있다.

1. 진실의무

(1) 진실의무는 진실에 반하는 것을 알면서 주장하거나 진실한 것으로 알고 있는 상대방의 주장을 다투어서는 안 된다는 의무를 말한다. 우리 민사소송법은 독일 민사소송법 제138조와 같이 이를 명시한 규정은 없다. 당사자 등이 고의나 중대한 과실로 진실에 반하여 문서의 진정을 다투거나(363조), 선서한 당사자가 거짓 진술을 한 때(370조) 제재를 가하는 규정은 진실의무를 전제로 한 규정이라는 것이 통설이다. 따라서 진실의무는 단순한 윤리적 의무나 소송상의 부담이 아니라 소송법상 의무이다.[61)] 진실의무에는 유불리를 불문하고 모두 진술하여야 하는 완전의무가 포함된다는 견해가 있다.[62)] 진실의무는 당사자에 한정하지 않고 사실확정에 필요한 소송자료를 제출하는 모든 사람에게 적용되며 상대방과 법원에 대하여 부담한다.[63)]

(2) 진실의무위반의 경우 이에 관한 법적 효과를 직접적으로 규정한 것은 없다. 소송법상으로는 위 제363조와 제370조에 의한 과태료의 제재를 들 수 있고, 기일해

---

60) 대법원 1977. 4. 12. 선고 76다1124 판결.
61) 김상훈, 진실의무에 관한 소고, 민사소송 제4권, 한국민사소송법학회, 2001, 386면; 김홍엽, 454면; 정동윤/유병현/김경욱, 371면.
62) 이시윤, 334면. 이러한 견해는 진실의무와 완전의무를 병렬적으로 규정한 독일에서도 일반적인 견해이다(김상훈, 위 논문, 385면 참조).
63) 김상훈, 위 논문 388면.

태의 효과로서 의제자백이 인정되지 않는다는 견해도 있다.[64] 실체법상으로는 민법 제750조에 의한 손해배상책임, 형법 제347조에 의한 소송사기가 문제될 수 있다. 변호사는 그 직무를 수행함에 있어 진실을 은폐하거나 거짓 진술을 하여서는 안 되며(변호사법 24조) 진실의무에 위반한 경우에는 징계의 대상이 된다(변호사법 91조).

2. 석명권

제136조(석명권 · 구문권 등)

① 재판장은 소송관계를 분명하게 하기 위하여 당사자에게 사실상 또는 법률상 사항에 대하여 질문할 수 있고, 증명을 하도록 촉구할 수 있다.

② 합의부원은 재판장에게 알리고 제1항의 행위를 할 수 있다.

③ 당사자는 필요한 경우 재판장에게 상대방에 대하여 설명을 요구하여 줄 것을 요청할 수 있다.

④ 법원은 당사자가 간과하였음이 분명하다고 인정되는 법률상 사항에 관하여 당사자에게 의견을 진술할 기회를 주어야 한다.

(1) 의 의

(a) 변론주의에 의하여 당사자가 제출한 소송자료만이 재판의 기초가 된다. 또한 처분권주의에 의하여 심판의 대상과 범위는 당사자가 특정한 것에 국한된다. 따라서 당사자의 주장과 증거신청의 취지, 당사자가 심판을 구하는 대상과 범위는 명확하여야 한다. 만약 이러한 사항들이 불완전하거나 불명확한 경우 법원은 석명권을 행사할 수 있다. 석명권은 소송관계를 분명하게 하기 위하여 당사자에게 사실상 또는 법률상 사항에 대하여 질문하거나 증명을 하도록 촉구하거나 당사자가 간과하였음이 분명한 법률상 사항에 관하여 의견진술의 기회를 주는 법원의 권능을 말한다(136조).

(b) 당사자가 소송자료를 제출하였으나 그 신청이나 주장이 불완전하거나 불분명한 경우 변론주의에 의하면 그 불이익을 당사자가 부담하여야 하지만 이는 당사자의 권리보호에 충실하지 못하고 재판의 공평과 적정을 달성할 수 없게 하는 결과를 낳게 된다. 또한 당사자가 명백히 간과한 법률적 사항을 기초로 판결이 이루어지면 당사자로서는 예상하지 못한 불이익을 받을 수 있다. 이에 **법관은 제3자의 입장에서 단순히 판단하는 지위에 머무르지 않고 당사자의 소송수행능력의 부족함을 보완함으로써 보다 완전한 변론을 통해 공평하고 적정한 재판을 도모할 필요가 있다.** 이런 의미에서 석명권은 사회적 법치국가의 발현이며 변론주의의 결함을 시정하는 대헌장(Magna Carta)이라고 불리기도 한다.[65]

---

64) 김상훈, 위 논문 398면.

65) 김홍엽, 466면; 이시윤, 339면; 정동윤/유병현/김경욱, 373면.

(c) 석명권은 법원의 권능임과 동시에 의무라고 하는 것이 통설이다. 석명권은 청구취지와 원인이 불분명하거나 모순이 있는 경우 이를 바로잡아 주는 권능을 포함한다는 점에서 변론주의를 보완하는 기능을 할 뿐만 아니라 처분권주의를 보완하는 기능도 한다. 판례는 법원은 변론주의에 반하지 않는 범위 내에서 소송관계를 명료하게 하기 위하여 당사자에게 석명권 등 소송지휘권을 적절히 행사하여 가급적 실체적인 진실을 규명하고 분쟁을 효과적으로 종식시킬 수 있도록 충실히 사건을 심리하여야 한다고 한다.[66)]

(2) 석명권의 행사

(a) 석명권은 소송지휘권의 일부이므로 합의부는 재판장, 단독재판부의 경우에는 단독판사가 이를 행사한다(136조 1항). 합의부원도 재판장에게 알리고 석명권을 행사할 수 있다(동조 2항). 석명권은 법원의 권한이지만 당사자도 필요한 경우 재판장에게 상대방에 대하여 설명을 요구하여 줄 것을 요청할 수 있다(동조 3항).

(b) 석명권은 변론기일에 질문하거나 증명을 촉구하거나 당사자가 명백히 간과한 사항에 관하여 의견을 진술할 기회를 주는 방법으로 한다. 또한 재판장은 당사자에게 석명할 사항을 미리 지적하고 변론기일 전에 미리 준비하도록 명할 수 있다. 이러한 석명권의 행사는 변론준비절차에서도 적용된다(286조).

(c) 석명권의 행사는 공평하게 이루어져야 한다. 법원이 당사자의 일방에 대하여 어느 사실의 유무만을 석명하고 그 석명진술의 법률적 효과가 당사자에게 불이익함을 간과하여 그 불이익을 배제할 주장을 할 기회를 주지 않고 그 당사자에게 예상하지 못한 불이익한 판단으로 판결하는 경우도 있을 수 있다. 판례는 이와 같은 석명권의 행사는 석명권행사의 정당한 한계를 일탈하여 위법한 것이라 한다.[67)]

(d) 법원의 석명에 대하여 당사자가 반드시 이에 응하여야 할 의무가 있는 것은 아니다. 그러나 석명에 불응하여 주장이나 증명을 다하지 못하면 불이익한 재판을 받을 수 있고 공격·방어방법이 불명료하여 각하될 수 있다(149조 2항).

(3) 석명의 대상

(a) 청구취지 또는 소송물에 관한 석명

청구취지 또는 소송물이 명확하지 않거나 법률적으로 정확하지 않은 경우에 법

---

66) 대법원 2003. 1. 24. 선고 2002다61668 판결; 대법원 2017. 9. 26. 선고 2015다11984 판결.
67) 대법원 1964. 4. 28. 선고 63다735 판결.

원은 이를 바로잡기 위해 석명을 하여야 한다. 이에 관한 판례를 살펴보기로 한다. i) 미등기 무허가건물을 매수하여 점유하는 자가 제3자를 상대로 건물이 자기 소유임의 확인을 구하는 소를 제기하였다. 미등기 무허가건물을 매수하여 점유하는 자는 건물에 관하여 아직 등기를 경료하지 않았으므로 소유권을 취득한 것은 아니다. 이 경우 판례는 그 청구취지가 소유권에 준하는 사용 · 수익 · 처분의 권리가 있음의 확인을 구한다는 취지라고 보인다면 법원으로서는 석명권을 행사하여 청구취지를 바로잡게 한 후 주장하는 내용의 권리의 존부를 판단하여야 한다고 한다.[68] ii) 임대차계약종료로 인한 건물철거 및 대지인도소송에서는 피고가 건물매수청구권을 행사한 경우 법원으로서는 원고가 대금지급과 상환으로 지상물의 인도를 청구할 의사가 있는 것인지 석명하여야 한다는 것이 판례의 태도임은 앞서 본 바와 같다.[69] iii) 또한 원고가 증여를 원인으로 소유권이전등기절차이행을 구하는 사건에서 원고의 증인신문취지에 비추어 같은 날 환지약정에 의한 소유권이전등기절차이행을 구하는 취지가 엿보인다면 이는 법률적 견해의 착오에 기인한 것일 수도 있으므로 석명권을 행사하여 청구의 동일성이 인정되는 한도 내에서 그 청구취지를 명백히 하여야 한다고 한다.[70] 그러나 청구취지나 소송물에 관한 석명은 처분권주의의 대상에 관한 것으로 청구의 동일성을 초과하여 처분권주의에 위배될 정도의 석명은 허용되지 않는다.

(b) 주장사실의 석명

당사자의 주장이 불분명하거나 모순되거나 부족한 경우 법원은 이를 석명하여 바로 잡아야 한다. 판례는 피고가 소외인의 대리인과 체결한 임대차계약서의 작성일자가 소외인의 사망 후인 경우 피고의 주장과 제출증거 내용과의 모순을 지적하여 그 시정을 촉구할 석명의무가 있다고 한다.[71] 그러나 당사자가 주장하지 아니하는 공격 · 방어방법 특히 독립한 항변사유를 시사하여 그 제출을 권유함과 같은 행위는 변론주의의 원칙에 위배된다.[72] 판례는 당사자가 시효를 원용하지 않을 때에는 그것을 재판의 기초로 삼을 수 없을 뿐만 아니라 이를 석명할 의무도 없다고 한다.[73] 요컨대 주장사실에 대한 법원의 석명은 변론주의의 원칙 내에서 이루어져야 한다.

---

68) 대법원 1992. 11. 10. 선고 92다32258 판결.
69) 대법원 1995. 7. 11. 선고 94다34265 전원합의체판결.
70) 대법원 1995. 2. 10. 선고 94다16601 판결.
71) 대법원 1971. 11. 15. 선고 71다1934 판결.
72) 대법원 1981. 7. 14. 선고 80다2360 판결; 대법원 2018. 11. 9. 선고 2015다75308 판결.
73) 대법원 1969. 1. 28. 선고 68다1467 판결(이시윤/조관행/이원석, 259면).

(c) 증명촉구

재판장은 다툼이 있는 사실로서 소송의 정도로 보아 당사자가 부주의 또는 오해로 인하여 입증하지 않은 경우 당사자에게 입증을 촉구하여야 한다. 그러나 당사자가 이미 자기 주장에 대한 입증자료를 제출하고 있는 경우에는 재판장이 더 이상 입증을 촉구하지 않아도 위법이라고 할 수 없다.[74] 또한 구체적으로 입증방법까지 지시하여 증거신청을 종용할 수는 없다.[75]

판례는 특히 손해배상액과 문서의 진정성립에 관하여 보다 적극적인 증명촉구를 요구하고 있다.

i) 예를 들어 보기로 한다. 원고는 피고에게 부동산에 관한 매매계약의 해제로 인한 원상회복청구를 하고자 하나 피고의 원상회복의무가 이행불능이 되었다. 이에 원고는 피고에게 이행불능 당시의 가액반환청구를 한다. 이 경우 판례는 법원은 이행불능 당시의 당해 부동산의 가액에 관한 원고의 주장 · 입증이 미흡하더라도 적극적으로 석명권을 행사하여 주장을 정리함과 함께 입증을 촉구하여야 하고, 경우에 따라서는 직권으로라도 그 가액을 심리 · 판단하여야 한다고 한다.[76] 이러한 태도는 불법행위로 인한 손해배상청구의 경우에도 마찬가지이다.[77] (나아가 이러한 판례의 태도는 2016. 3. 2. 민사소송법 제202조의2의 신설로 입법화되었다. 이에 관하여는 관련되는 곳에서 설명하기로 한다)

ii) 문서가 증거로 제출된 경우 문서의 진정성립(형식적 증거력)이 인정되어야 그 기재내용이 사실인정의 증거로 사용될 수 있다. 여기서 진정성립이란 문서의 작성명의자가 자신의 의사로 그 문서를 작성하였다는 의미임은 앞에서 설명한 바 있다. 문서의 진정성립에 관하여 작성명의자인 당사자가 '부지'라고 답변하면 문서가 진정하게 성립되었다는 증명이 없는 한 문서의 형식적 증거력은 인정되지 않는다. 그런데 문서[78]의 인영(印影: 도장이 찍힌 형적)이 그 당사자가 진정성립을 인정한 다른 문서에 찍혀 있는 당사자 명의의 인영과 같은 것으로 보이는 경우에는 바로 형식적 증거력을 배척해서는 안 되며 법원의 석명의무가 인정된다고 한다.[79]

---

74) 대법원 1987. 3. 10. 선고 86므132 판결.
75) 대법원 1964. 11. 10. 선고 64다325 판결.
76) 대법원 1998. 5. 12. 선고 96다47913 판결.
77) 대법원 1987. 12. 22. 선고 85다카2453 판결.
78) 판례에는 '서증'이라는 용어를 쓰고 있으나 본서에서 이를 문서로 바꾸어 기술하였다. 실무에서는 문서와 서증을 혼용하고 있으나 강학상 서증은 문서에 대한 증거조사를 의미한다.
79) 대법원 1991. 11. 12. 선고 91다30712 판결. 그 석명의무의 내용에 관하여는 i) 위 당사자에게 위 문서에 찍혀 있는 당사자 명의의 인영이 본인의 인장(도장)에 의하여 찍혀진 것인지의 여부 등을 따져 보아 그 인영부분이 진정하게 성립한 것인지의 여부(인영의 진정성립은 작성명의자의 의사에 의하여 그 인장이 찍혔는가 하는 것으로 문서 자체의 진정성립과는 구별되는 개념이다. 그러나 인영의 진정성립이 인정되면 문서

(d) 지적의무

(aa) 의 의

법원은 당사자가 간과하였음이 분명하다고 인정되는 법률상 사항에 관하여 당사자에게 의견진술의 기회를 주어야 한다(136조 4항). 이를 지적의무라고 하며 독일 민사소송법이 1977년 개정시 신설된 지적의무[80]를 본받아 1990년 개정으로 신설되었다. **지적의무를 인정하는 이유는 당사자가 간과한 법률적 관점에 대하여 당사자에게 의견진술의 기회를 줌으로써 미처 예상하지 못한 판결로부터 당사자를 보호하기 위한 것이다.** 그동안 석명권은 법원의 권능인 동시에 의무인 것으로 해석되어 왔으나 지적의무의 신설로써 석명권이 법원의 의무임이 입법적으로도 명백해졌다고 할 수 있다. 판례도 당사자가 예상하지 못하였던 법률적 관점을 이유로 법원이 청구의 당부를 판단함에 있어 당사자에게 의견진술의 기회를 주지 않고 예상 외의 재판을 하는 것은 석명의무를 다하지 아니하여 위법하다고 한다.[81]

(bb) 내 용

지적의무의 대상은 당사자가 간과하였음이 분명한 법률상의 사항이다.

1) 여기서의 법률상의 사항이란 사실관계에 관한 법규적용사항인 법률적 관점을 의미한다.[82] 그러나 모든 법률적 관점이 이에 해당되는 것은 아니고 기본적이고 중요한 법률적 관점만이 문제된다.[83] 지적의무의 대상이 되는 법률상의 사항은 당사자의 신청범위 내에서 이루어져야 하므로 소송물이론에 따라 그 범위가 달리 해석될 수 있다. 예를 들어 채무불이행에 의한 손해배상책임을 구하는 소송에서 채무자의 불법행위책임을 주장하는 것은 소송법설에서는 단순한 공격·방어방법에 불과하여 당사자가 간과한 법률상의 사항이 될 수 있다. 그러나 실체법설에서는 이는 단순한 공격·방어방법이 아니라 새로운 청구에 해당되므로 지적의무의 대상이 될 수 없다.[84] 다만 판례는 손해배상청구의 법률적 근거가 계약책임인지 불법행위책임인지 당사자가 이를 명시하지 않은 경우 원고의 청구를 계약책임으로 구성하느냐 불법행위책임으로 구성하느냐에 따라 요건사실에 대한 증명책임이 달라지므로 이는 중대한 법률적 사항에 해당하여 법원은 당사자에게 의견 진술의 기회를 부여하여야 한다

의 진정성립이 추정된다)를 석명한 다음, ii) 그 결과에 따라 상대편으로 하여금 인영의 대조 등에 의하여 위 서증의 진부를 증명할 수 있는 기회를 주는 등의 방법으로, 심리를 더 하여야 한다고 하였다.

80) 당시의 제278조 제3항.

81) 대법원 2021. 9. 16. 선고 2021다200914, 200921 판결.

82) 이시윤, 346면.

83) 김홍엽, 477면; 정동윤/유병현/김경욱, 382면; 정영환, 515면.

84) 같은 취지로는 정동윤/유병현/김경욱, 385면.

고 한다.[85] 또한 당사자들이 부제소 합의의 효력이나 그 범위에 관하여 쟁점으로 삼아 소의 적법 여부를 다투지 아니하는데도 법원이 직권으로 부제소 합의에 위배되었다는 이유로 소가 부적법하다고 판단하기 위해서는 그와 같은 법률적 관점에 대하여 당사자에게 의견을 진술할 기회를 주어야 한다고 한다.[86]

2) 지적의무의 대상이 되는 법률상의 사항은 재판의 결과에 영향이 있는 것이어야 한다.[87] 지적의무는 당사자가 예상하지 못한 판결로부터 당사자를 보호하기 위한 것이므로 재판의 결과에 영향을 주는 것이어야 함이 법문상 명시되어 있지는 않으나 해석상 요구된다.

3) 지적의무의 대상이 되는 법률상 사항은 당사자가 간과하였음이 분명한 것이어야 한다. 간과하였음이 분명한 것이란 당사자가 통상인의 주의력을 가지고 있었다면 소송목적을 달성하기 위해 당연히 주장하였어야 함에도 주장하지 않은 경우이다. 이를 판단하는 데는 법률적 지식의 정도도 고려하여 본인소송은 변호사대리소송과는 달리 후하게 판단하여야 한다는 견해가 있다.[88]

(cc) 지적의무위반

법원이 지적의무에 위반하여 판결을 하고 지적의무위반이 판결에 영향을 미친 경우에는 상고이유가 된다(423조).

(e) 석명처분

법원은 소송관계를 분명하게 하기 위하여 당사자에게 질문이나 증명촉구 등을 함으로써 석명권을 행사하는 외에 일정한 처분을 할 수도 있는데 이를 석명처분이라 한다(140조). 여기서의 '소송관계'란 심리의 대상이 되는 사건의 전모를 형성하는 사실 및 쟁점을 말한다. 민사소송법 제140조에서 정한 석명처분에는 당사자본인 또는 법정대리인의 출석명령, 문서 또는 물건의 제출 · 유치명령, 검증 · 감정명령, 조사촉탁 등이 있다. 석명처분은 사실인정을 위한 증거조사와는 그 성질이 다르다. 따라서 석명처분에 의해 수집된 자료는 증거로 되지 않고 다만 변론 전체의 취지로 참작될 뿐이다.

(4) 석명권불행사의 효과

법원이 석명권을 행사하지 않아 당사자 일방에게 불리한 판결을 한 경우에 이를

---

85) 대법원 2009. 11. 12. 선고 2009다42765 판결.
86) 대법원 2013. 11. 28. 선고 2011다80449 판결.
87) 김홍엽, 477면; 이시윤, 348면; 정동윤/유병현/김경욱, 383면.
88) 이시윤, 346면.

상고이유로 삼아 원심판결의 파기를 구할 수 있는가 하는 것이 문제된다.[89] 이는 석명권의 행사를 의무로 볼 수 있는가 하는 문제와 직결되어 있다. 석명권을 법원의 권능으로만 파악하여 이를 부정하는 견해가 없지 않으나 석명권의 불행사는 상고이유가 된다고 보는 견해가 일반적이다. 판례도 당사자가 제출한 증거가 불완전 · 불명료한 경우 이를 명료하게 하거나 보충할 수 있는 기회를 주지 않은 채 그 주장을 배척하는 것은 석명의무위반으로 위법하다고 한다.[90] 다만 **석명권의 불행사가 모두 석명의무위반이 되는 것은 아니고 석명권의 불행사가 객관적 자의라고 할 정도일 때 상고이유가 된다는 견해가 다수설이고 타당하다.**[91]

Ⅵ. 변론주의의 예외

1. 직권탐지주의

(1) 의 의

재판의 기초가 되는 소송자료의 수집책임을 법원이 맡는 주의이다. 구체적으로 보면 다음과 같다. ⅰ) 당사자의 주장책임이 인정되지 않는 결과 법원은 당사자가 주장하지 않는 사실도 재판의 기초로 삼을 수 있다. ⅱ) 자백의 구속력이 인정되지 않으므로 법원은 당사자 사이에 다툼 없는 사실과 다른 사실인정이 가능하다. ⅲ) 보충적으로만 직권증거조사가 허용되는 변론주의와는 달리 법원은 직권증거조사의 책임을 지는 것이 원칙이다.

(2) 적용범위

직권탐지주의가 적용되는 대상은 공익과 관련이 있거나 판결의 효력이 제3자에게도 미치는 결과 소송자료의 수집제출 책임을 당사자에게 일임하는 것이 부당한 경우이다.

(a) 가정법원이 가사소송사건을 심리함에 있어서는 직권으로 사실조사 및 필요한 증거조사를 하여야 한다(가사소송법 17조 다류 사건은 제외). 자백에 관한 민사소송법 제288조는 적용되지 않는다(동법 12조). 가사비송사건은 특별한 규정이 없는 한 비송사건에 의하고 비송사건은 직권탐지주의에 의한다(비송사건절차법 11조). 따라서 가사비송사건에 속하는 재산분할청구에 대

---

89) 항소심은 속심제로서 주장이나 증명을 보충할 수 있으므로 주로 상고심에서 문제될 것이다.

90) 대법원 2021. 3. 11. 선고 2020다273045 판결.

91) 김홍규/강태원, 399면; 김홍엽, 471면; 송상현/박익환, 367면; 이시윤, 340면; 정동윤/유병현/김경욱, 387면; 정영환, 519면.

해 법원은 당사자의 주장에 구애되지 않고 재산분할의 대상이 무엇인지 직권으로 사실조사를 하여 포함시키거나 제외시킬 수 있다.[92]

(b) 법원은 행정소송사건에 관하여 직권으로 증거조사를 할 수 있고 당사자가 주장하지 아니한 사실에 대하여도 판단할 수 있다(행정소송법 26조). 그러나 판례는 행정소송을 변론주의를 기본구조로 하고 직권주의가 가미된 것으로 파악한다. 따라서 직권조사사항을 제외하고는 당사자가 주장하지 않은 사실이나 공격 · 방어방법의 제출을 권유하는 것은 변론주의에 위배되는 것이라고 한다.[93]

(c) 회사관계소송의 원고 승소판결은 제3자에 대하여도 그 효력이 있으므로(상법 190조) 회사관계소송의 심리를 직권탐지주의에 의한다고 볼 여지가 있다. 그러나 원고 패소판결은 당사자 사이에서만 미친다는 점과 제3자에게 판결의 효력이 미치는 경우 그 제3자는 공동소송참가(83조 참조)가 가능하다는 점에서 변론주의에 의하는 것이 타당하다는 견해가 다수설이다.[94] 다만 사정판결(상법 189조)의 경우나 회사의 현황과 제반 사정에 관하여는 직권탐지주의에 의하고 청구의 인낙이나 재판상화해는 승소확정판결과 동일한 효력을 가지므로 허용되지 않는 것으로 해석된다.

(d) 원칙적으로 변론주의가 적용되는 소송절차에서도 법규의 존부, 재판권의 존부, 제척사유의 존부, 당사자능력, 기판력의 존부 등은 직권탐지사항에 해당한다. 당사자의 이익을 넘어 중대한 공익과 관련된 사항이기 때문이다. 판례는 소송대리권의 존부는 법원의 직권탐지사항으로 의제자백에 관한 규정이 적용될 여지가 없다고 하여 소송대리권의 존부도 직권탐지사항이라고 한다.[95] 다만 직권탐지에 의하더라도 그 사실의 존부가 불명한 경우에는 입증책임의 원칙이 적용될 수밖에 없다.[96]

(3) 당사자의 지위

(a) 소송물에 대한 처분권

직권탐지주의를 취하는 소송절차에서는 당사자의 소송물에 대한 처분의 자유가 제한된다. 따라서 당사자는 청구의 포기나 인낙, 재판상의 화해를 할 수 없다. 그러나 직권탐지주의에 의하더라도 소의 개시는 당사자의 소제기에 의해서만 이루어지며 당사자는 소취하에 의해 소송을 종결시킬 수 있다.

92) 대법원 1996. 12. 23. 선고 95므1192, 1208 판결.
93) 대법원 2000. 3. 23. 선고 98두2768 판결.
94) 김홍규/강태원, 386면; 김홍엽, 461면; 송상현/박익환, 370면; 이시윤, 337면(이 견해는 제한적으로 직권탐지주의를 적용한다); 정동윤/유병현/김경욱, 389면.
95) 대법원 1999. 2. 24. 선고 97다38930 판결.
96) 대법원 1997. 7. 25. 선고 96다39301 판결.

(b) 소송자료의 제출시기

당사자는 적시에 소송자료를 제출하여야 하므로 뒤늦게 제출하여 소송의 완결을 지연시킬 때에는 실기한 공격 · 방어방법으로 각하될 수 있고(149조) 변론준비기일종결 후에도 실권효의 제재를 받는 것이 원칙이다(285조). 그러나 소송자료의 수집책임을 법원이 맡는 직권탐지주의에서는 이러한 제한이 없다.

(c) 절차보장

법원이 직권으로 소송자료를 수집한 경우에도 당사자에게 이에 의견진술의 기회를 주어야 하며 당사자는 자신에게 유리한 소송자료를 제출할 권한을 잃지 않는다.

2. 직권조사

(1) 의 의

(a) 직권조사는 당사자의 신청이나 이의가 없어도 법원이 직권으로 조사하여 판단하여야 하는 것을 말한다(통설). 직권조사의 대상이 되는 사항을 직권조사사항이라고 하며 당사자의 신청이 있는 경우에만 판단의 대상이 되는 항변사항과는 구별된다. 주로 항변사항을 제외한 소송요건이나 법규와 같은 것이 이에 해당된다.

(b) 직권조사는 당사자의 신청이나 이의가 없어도 법원이 스스로 조사 판단하는 것일 뿐 그 판단의 기초자료인 사실과 증거를 직권으로 탐지할 의무를 반드시 수반하는 것은 아니다. 즉 직권조사사항이라고 하더라도 소송자료의 수집과 제출을 변론주의에 의할 것인지 아니면 직권탐지주의에 의할 것인지는 구체적인 직권조사사항에 따라 달라진다.

예를 들어 대표권, 당사자적격, 소의 이익, 중복제소 해당 여부 등은 직권조사사항이지만 직권탐지사항은 아니다. 그러나 재판권의 존부, 제척사유의 존부, 법규의 존부 등은 고도의 공익성을 지니는 것으로 직권조사사항임과 동시에 직권탐지사항에도 해당한다. 요컨대 직권조사는 변론주의나 직권탐지와는 다른 영역에서 작용하는 것으로 그 대상의 성질에 따라 변론주의 또는 직권탐지주의 중 어느 것과도 결합할 수 있다(통설).[97]

(c) 직권조사사항은 자백의 대상이 될 수 없다.[98]

97) 정동윤/유병현/김경욱, 391면. 직권조사를 변론주의와 직권탐지의 중간적 성격을 가지는 것으로 이해하여 직권조사의 경우 당사자가 제출한 소송자료를 기초로 판단하여야 하고 직권탐지에 의할 수는 없으나 자백의 구속력은 배제된다고 하는 견해도 있다(이시윤, 337~338면).
98) 대법원 2002. 5. 14. 선고 2000다42908 판결.

(d) 공격 · 방어방법의 제출에 관하여 실기한 공격 · 방어방법의 각하 등의 제한을 받지 않는다.[99)]

(2) 적용범위

직권조사의 대상이 되는 사항으로는 임의관할위반 등의 항변사항을 제외한 소송요건, 상소요건, 절차에 있어서 강행법규의 준수 여부, 심판의 대상에 적용할 실체법의 존부, 해석, 적용 등을 들 수 있다. 판례는 신의성실의 원칙에 반하는 것 또는 권리남용은 강행규정에 위배되는 것이므로 당사자의 주장이 없더라도 법원은 직권으로 판단할 수 있다고 한다.[100)] 나아가 민법상의 과실상계에 대하여도 채권자가 신의칙상 요구되는 주의를 다하지 아니한 경우 공평의 원칙에 따라 참작하는 것으로 배상의무자가 피해자의 과실에 관하여 주장하지 않는 경우에도 소송자료에 의하여 과실이 인정되는 경우에는 이를 법원이 직권으로 심리 · 판단하여야 한다고 한다.[101)]

제7절 집중심리주의

제272조(변론의 집중과 준비)
① 변론은 집중되어야 하며, 당사자는 변론을 서면으로 준비하여야 한다.
② 단독사건의 변론은 서면으로 준비하지 아니할 수 있다. 다만, 상대방이 준비하지 아니하면 진술할 수 없는 사항은 그러하지 아니하다.

Ⅰ. 의 의

(1) 특정 법원에 제소되어 소송계속 중인 여러 사건을 처리하는 방식으로는 집중심리주의와 병행심리주의가 있다. 집중심리주의는 여러 사건을 동시에 심리하지 않고 하나의 사건을 집중적으로 심리하여 판결을 하는 심리방식을 말한다. 하나의 사건을 집중적으로 심리하려면 미리 또는 심리의 초기단계에서 사건의 쟁점을 명확히

99) 판례는 행정소송에서도 직권조사사항에 관한 것이 아닌 이상 실기한 공격 또는 방어의 방법의 각하에 관한 민사소송법 제149조 제1항이 준용된다고 한다(대법원 2003. 4. 25. 선고 2003두988 판결).
100) 대법원 1989. 9. 29. 선고 88다카17181 판결.
101) 대법원 1996. 10. 25. 선고 96다30113 판결.

하고 증명의 대상과 증거가 정리될 필요가 있다. 이에 반해 병행심리주의는 동시에 여러 변론기일에 걸쳐 여러 사건을 병행하여 사건의 심리가 이루어지는 방식이다.

(2) 병행심리주의는 사건의 심리기간이 길어 법관이 사건의 내용과 심리 당시 받은 인상에 대해 정확한 기억을 유지하기 어렵다. 또한 중간에 법관이 교체될 수도 있는데 이러한 경우에는 사건에 대한 판결을 기록에 의존하게 되므로 구술주의나 직접주의의 취지를 살리기 어렵다. 특히 병행심리주의가 수시제출주의와 결합되면 소송지연의 폐해가 발생할 가능성도 높다. 이에 반해 집중심리주의는 하나의 사건에 심리에 필요한 시간과 노력을 집중함으로써 법관의 심증형성이 보다 용이하고 구술주의와 직접주의의 장점을 살릴 수 있다. 특히 집중심리주의가 적시제출주의와 결합함으로써 재판의 신속도 도모할 수 있다.

Ⅱ. 내 용

민사소송법은 1990년도 개정 이후 '변론은 집중되어야 하며'라고 규정(272조)하여 집중심리주의를 채택하고 있다. 이에 관한 구체적인 내용을 살펴보기로 한다.

(1) 현행법은 소송이 개시된 초기에 소송자료를 충실하게 제출하도록 하고 있다. 재판장은 소장을 심사하면서 필요하다고 인정하는 경우 원고에게 청구이유에 대응하는 증거방법을 구체적으로 적어 내도록 명할 수 있다(254조 4항). 피고에게도 답변서 제출의무와 무변론판결제도를 도입하였고(256조, 257조) 답변서에는 1. 소장에 기재된 개개의 사실에 대한 인정 여부, 2. 항변과 이를 뒷받침하는 구체적 사실, 3. 위 제1호 및 제2호에 관한 증거방법 등을 기재하도록 요구하고 있다(규칙 65조).

(2) 민사소송법은 2002년도 개정을 통해 소송자료의 적시제출주의를 취함으로써 집중심리주의를 보다 실질화시켰다. 또한 2002년도 개정에 의해 변론준비절차를 원칙적인 것으로 하여 집중적인 변론의 준비를 할 수 있도록 하였다. 이러한 변론준비절차는 변론에 들어가기에 앞서 사전에 사건의 쟁점을 명확히 하고 주장과 증거를 정리하여 변론기일에서 보다 집중적인 심리를 가능하도록 하게 한다는 점에서 집중심리제도를 구현하는 중요한 제도이다. 이러한 변론준비절차규정(258조)은 민사소송절차가 변론기일을 중심으로 진행되도록 함으로써 당사자의 신속한 재판을 받을 권리를 보장하고 사건의 신속한 해결을 도모하자는 취지에서 필요한 경우에만 변론준비절차에 부치도록 하는 내용으로 2008. 12. 26. 개정되었다. 그러나 변론준비절차가 실시되는 한도에서 여전히 집중심리를 위한 제도로서 중요한 의의가 있다.

(3) 법원은 변론준비절차를 마친 경우에는 첫 변론기일을 거친 뒤 바로 변론기일을 종결할 수 있도록 하여야 한다(287조). 또한 증인신문과 당사자신문은 당사자의 주장과 증거를 정리한 뒤 집중적으로 하여야 한다(293조).

(4) 변론준비절차를 거친 사건의 경우 그 심리에 2일 이상이 소요되는 때에는 가능한 한 종결에 이르기까지 매일 변론을 진행하여야 한다. 다만, 특별한 사정이 있는 경우에도 가능한 최단기간 안의 날로 다음 변론기일을 지정하여야 한다(규칙 72조).

제8절 직권진행주의

Ⅰ. 의 의

직권진행주의는 법원의 주도하에 소송절차가 진행되는 원칙을 말한다. 이와는 달리 당사자의 주도하에 소송절차가 진행되는 원칙을 당사자진행주의라고 한다. 근대 초기 프랑스 민사소송법에서 철저한 당사자진행주의를 취한 적도 있었으나 이후 소송지연 등의 폐해가 발생하였다. 우리 민사소송법은 소송물의 특정과 소송자료의 수집과 제출에 관하여는 처분권주의와 변론주의를 취하여 당사자주의에 의하나 소송의 진행에 관하여는 직권진행주의에 의한다. 직권진행주의가 법원의 권능의 측면에서는 소송지휘권으로 나타난다.

Ⅱ. 소송지휘권

1. 의 의

소송지휘권이란 분쟁을 신속하고 공정하게 해결하기 위해 소송절차를 주재하는 법원의 권능을 말한다. 법원은 각각의 분쟁에 대하여 심리의 상태와 단계에 따라 적절하게 소송지휘권을 행사할 것이 요구되며 이에 따라 공정하고 신속한 분쟁해결의 성패가 좌우되기도 한다.

2. 내 용

소송지휘에는 종국판결 이외에 법원의 모든 소송행위가 포함된다. 당사자에 의해 소장 또는 상소장이 제출되면 법원은 이를 심사하여 부적법하면 각하한다(254조 2항, 402조 2항). 적법하게 제기된 소에 대하여 변론준비의 필요성 유무를 판단하여 변론기일을 지정하거나 필요한 경우 변론준비절차에 부치는 것도 소송지휘에 해당된다. 또한 법원은 변론기일에 심리를 함에 있어 당사자 등의 발언을 허가하거나 금지함으로써 변론을 지휘하며(135조), 불분명하거나 불완전한 소송자료에 대해 석명권(136조)을 행사하여 이를 보다 완전하고 명확하게 할 수 있다. 이외에도 불필요한 소송자료의 제출을 불허하거나 철회시키는 것, 판결하기에 성숙한 심리의 정도를 파악하여 변론을 종결하는 것, 화해의 권고(145조) 등도 이에 포함된다.

3. 주체와 형식

소송지휘는 법원의 권한에 속하지만(140조, 145조) 변론의 지휘(135조 1항)나 중복되거나 불필요한 증인신문을 제한하는 것(327조 5항)은 재판장의 권한에 속한다. 소송지휘는 변론기일에서 당사자의 발언을 허가하는 것과 같이 사실상 행사하는 경우도 있으나 법원의 결정이나 재판장의 명령과 같이 재판의 형식으로 이루어지는 것이 보통이다. 소송지휘에 관한 결정과 명령은 언제든 취소할 수 있다(222조).

4. 당사자의 신청권

소송지휘는 법원의 권한에 속하므로 이에 관한 당사자의 신청은 법원의 직권발동을 촉구하는 것에 불과하다. 따라서 법원이 이를 받아들이지 않는 경우에도 사실상 하는 것으로 족하며 반드시 재판에 의하여야 하는 것은 아니다. 그러나 재량에 의한 소송이송(34조 2항), 중단된 소송절차의 수계(241조) 등의 경우와 같이 당사자에게 소송지휘에 관한 신청권이 규정된 경우에는 신청에 대한 재판을 요한다. 앞서 관할위반에 의한 소송이송의 경우 당사자에게 소송이송신청권이 인정되는가 하는 논란은 바로 이러한 점에서 비롯된 것이다.

Ⅲ. 소송절차에 관한 이의권

1. 의 의

당사자는 법원이나 상대방 당사자의 소송행위가 소송절차에 관한 규정에 위배되는 경우에 이의를 하고 그 효력을 다툴 수 있는 권능을 가지는데 이를 소송절차에 관한 이의권이라 한다.[102] 민사소송법 제151조는 "당사자는 소송절차에 관한 규정에 어긋난 것임을 알거나, 알 수 있었을 경우에 바로 이의를 제기하지 아니하면 그 권리를 잃는다. 다만, 그 권리가 포기할 수 없는 것인 때에는 그러하지 아니하다"고 규정하고 있다. 소송절차를 준수하는 데 이해관계를 가지는 자에게 소송절차에 관한 이의권을 부여하고 소송경제와 안정을 위해 이를 행사하지 않으면 그 흠이 치유되도록 하였다.

2. 적용범위

소송절차에 관한 이의권은 법원이나 상대방의 행위가 소송절차에 관한 규정에 위배되는 경우에 적용된다. 여기서 소송절차에 관한 규정이란 소송행위의 시기, 장소, 방식 등 형식적 사항에 관한 것으로 소송행위의 내용이나 주장에 관한 것은 포함되지 않는다. 또한 법원이나 상대방의 소송행위를 그 대상으로 하며 자신의 소송행위는 그 대상이 아니다.

3. 포기와 상실

당사자는 소송절차에 관한 이의권을 적극적으로 행사하여 소송절차에 관한 규정을 위배한 법원 또는 상대방의 소송행위를 다툴 수 있다. 소송절차는 일련의 소송행위로 구성되므로 일부 소송행위의 절차위배로 그 이후의 소송절차의 효력이 부정될 수 있으나 이는 소송경제와 절차적 안정성이라는 면에서 언제나 바람직한 것이라고 할 수는 없다. 이에 민사소송법 제151조는 절차위배로 인하여 불이익을 받을 당사자가 절차위배에 관하여 바로 이의를 제기하지 않으면 이의권을 상실하는 것으로 규정하였다. 이와 같이 당사자가 절차위배를 알면서도 바로 이의권을 행사하지 않아 더 이상 이의권을 행사할 수 없게 되는 것을 이의권의 상실이라고 한다. 또한 당사자가 법원에 대한 일방적 진술로서 이의권 발생 후 이의권을 포기하는 것을 이의권의 포기라 한다. 이의권의 사전포기는 임의소송의 결과를 초래하므로 허용되지 않는다. 이의권의 포기와 상실에 의해 절차위배의 소송행위의 흠은 치유된다. 그러나 이는 소송서류의 송달[103], 기일의 통지[104], 증거조사방식의 위배[105] 등 당사자의 이익이나 편의를 위한 임의규정에 위반된 경우에 한정된다. 법원의 구성, 불변기간의 준

---

102) 2002년 민사소송법 개정 전에는 책문권이라 하였다.
103) 대법원 1998. 2. 13. 선고 95다15667 판결.
104) 대법원 1984. 4. 24. 선고 82므14 판결.
105) 대법원 1992. 10. 27. 선고 92다32463 판결.

수, 판결정본의 송달[106] 등 공익과 관련된 강행규정의 위반은 포함되지 않는다.

제9절 적시제출주의

Ⅰ. 의 의

(1) 적시제출주의는 당사자가 공격 또는 방어의 방법을 소송의 정도에 따라 적절한 시기에 제출하여야 하는 원칙을 말한다(146조). 구 민사소송법은 공격 또는 방어의 방법을 변론종결시까지 어느 때이든 제출할 수 있도록 한 수시제출주의를 취하였지만 신 민사소송법 제146조에서는 이를 버리고 적시제출주의를 취하였다.

(2) 구 민사소송법상의 수시제출주의는 동시제출주의 또는 법정순서주의의 폐단을 시정하기 위해 채택된 근대 민사소송법의 기본원칙이었다. 동시제출주의 또는 법정순서주의에서는 공격과 방어방법의 제출에 엄격한 순서를 정하여 그 순서를 지나면 당사자는 더 이상 소송자료를 제출할 수 없고 실권되게 된다. 그러나 당사자의 소송자료 제출은 모든 것을 준비하였다 일시에 제출할 수 있는 것이 아니고 상대방이 어떤 소송자료를 제출하는가에 따라 비로소 그 필요성이 생기는 경우도 있고 증거조사결과에 따라 새로운 주장이 제기되는 경우도 있다. 따라서 동시제출주의에서는 당사자들이 실권의 불이익을 피하기 위해 가정적 주장과 항변, 불필요한 증거를 모두 제출하여 사건을 불필요하게 복잡하게 만드는 폐단이 있어 왔다. 그러나 수시제출주의 또한 소송의 심리가 산만하여지고 당사자의 악의적인 소송지연을 막기 어려운 단점이 지적되었다.

(3) 신 민사소송법은 이러한 수시제출주의의 단점을 시정하기 위해 독일과 일본의 최근 입법추세에 따라 적시제출주의를 채택하고 제1심 변론의 집중을 꾀하였다. 적시제출주의는 소송자료의 제출시기가 소송의 진행정도에 따라 적절한 시기에 제출되어야 한다는 점에서 수시제출주의에 의한 소송지연을 방치하지 않는다. 그 제출시기가 법정된 것이 아니고 소송의 진행정도에 따라 적절한 시기로 탄력적으로 운영됨

106) 대법원 1979. 9. 25. 선고 78다2448 판결. 위 판결은 불변기간인 항소 제기기간에 관한 규정은 성질상 강행규정이므로 그 기간 계산의 기산점이 되는 판결정본의 송달의 하자는 이에 대한 책문권의 포기나 상실로 인하여 치유될 수 없다고 한다.

으로써 법정순서주의에 의한 경직된 소송진행을 피할 수 있다.

Ⅱ. 내 용

1. 적시제출주의의 원칙

(1) 공격 · 방어방법은 적시제출주의에 의해 소송의 정도에 따라 적절한 시기에 제출하여야 한다. 소송의 정도는 개개의 소송절차의 단계 또는 과정을 말한다.[107] 적절한 시기인가 여부는 집중심리를 위하여 신법이 마련한 소송절차의 취지와 당사자의 신의성실의 의무가 일응의 판단기준이 된다.[108]

(2) 소가 제기되면 원칙적으로 사건을 변론기일에 앞서 변론준비절차에 부치던 것을 민사소송법의 개정(2008. 12. 26. 법률 제9171호)으로 바로 변론기일을 지정하는 것을 원칙으로 하고 있다. 따라서 변론준비절차가 민사소송절차진행의 원칙이 되는 것을 전제로 한 소송단계에 따른 소송자료 제출의 적시판단기준을 일반적인 것으로 하기는 어렵다. 그러나 예외적으로 변론준비기일이 지정된다면 변론준비기일에서 당사자의 주장과 증거가 정리되어 변론이 효율적이고 집중적으로 실시될 수 있을 정도로 준비서면, 그 밖의 서류를 제출하게 하거나 주장사실을 증명할 증거를 신청하여야 한다(279조, 280조).

(3) 민사소송규칙에 따르면 새로운 공격 · 방어방법을 포함한 준비서면은 변론기일 또는 변론준비기일의 7일 전까지 상대방에게 송달될 수 있도록 적당한 시기에 제출하여야 한다(69조의3)고 규정하고 있는데 이 또한 적시제출의 한 기준이 될 수 있다.

2. 실효성 확보를 위한 제도

(1) 실기한 공격 · 방어방법의 각하

당사자가 적시제출주의를 어겨 고의 또는 중대한 과실로 공격 또는 방어방법을 뒤늦게 제출함으로써 소송의 완결을 지연시키게 하는 것으로 인정할 때에는 법원은 직권으로 또는 상대방의 신청에 따라 결정으로 이를 각하할 수 있다(149조 1항). 수시제출주의를 취하였던 구 민사소송법하에서 실기한 공격 · 방어방법의 각하는 수시제출주의를 제한하는 의미를 가졌으나 별로 활용되지 않았다. 그러나 적시제출주의를 취하

107) 정동윤/유병현/김경욱, 341면.
108) 이시윤, 351면.

는 신 민사소송법에서는 적시제출주의의 실효성을 확보하기 위한 제도로서 그 활용 여하에 따라 적시제출주의의 확립을 좌우할 수 있다.

(a) 각하요건

(aa) 적시제출주의를 어기어 공격 또는 방어방법을 뒤늦게 제출할 것

소송절차의 단계로 보아 소송자료를 보다 일찍 제출하는 것이 집중심리를 위해 바람직하고 가능하였으나 나중에 제출한 것을 말한다. 항소심에서 새로운 공격·방어방법이 제출된 경우, 시기에 늦었는가 여부는 항소심만을 기준으로 판단하지 않고 제1, 2심을 통하여 판단하여야 한다(통설·판례[109]). 이는 우리 민사소송법이 항소심을 속심(續審)으로 하고 있기 때문이며 항소심만을 기준으로 판단하면 제1심이 공동화될 우려가 있다. (항소심을 속심으로 한다는 것은 항소심이 제1심과 단절되지 않고 제1심에 이어서 재판을 한다는 의미이다. 즉 항소심에서는 항소심의 자료뿐 아니라 제1심의 소송자료도 모두 판단의 기초가 된다. 이 경우 소송당사자는 제1심에서도 제출할 수 있었던 소송자료를 상대방이 방어의 기회를 가지지 못하도록 항소심에서 제출하는 등 소송자료 제출을 되도록 늦게 하는 소송행태를 보일 수도 있다. 제1심이 공동화된다는 것은 이를 두고 하는 말이다)

예를 들어 보기로 한다. 임대인 X는 임차인 Y에게 임대차종료를 원인으로 한 건물인도청구의 소를 제기하였다. Y가 건물점유기간 중에 유익비를 지출하였다. X는 임대차 종료시 그 가액의 증가가 현존한 때에는 Y가 지출한 금액이나 그 증가액을 상환하여야 한다(민법 626조 2항 참조). Y는 위 금액을 상환 받을 때까지 임차한 건물을 유치할 수 있다. 이러한 유치권항변은 Y가 지출한 금액, 가액의 증가가 현존하는지 여부 등을 증명하기 위하여 경우에 따라서는 증인신문, 현장검증, 감정 등 여러 증거조사를 거쳐야 한다. 따라서 유치권항변을 증거조사를 요하는 다른 주장과 함께 제출하면 심리기일을 단축할 수 있다. 이러한 유치권항변을 항소심 제4회 변론기일에 비로소 제출한다면 이는 시기에 늦은 방어방법을 제출한 것이라고 할 수 있다.[110]

(bb) 당사자에게 고의 또는 중대한 과실이 있을 것

1) 공격·방어방법이 시기에 늦게 제출되었다고 하더라도 이를 각하하는 것은 자칫 재판을 받을 권리를 침해하고 적정한 재판을 하지 못할 우려가 있다.[111] 따라서 시기에 늦게 공격·방어방법이 제출된 것에 당사자의 고의 또는 중과실이 있을 것을 요한다. 판례는 항소심 계속 중에 증거서류가 위조되었다는 증거를 확보하게 된 사정 등에 비추어 제1심판결 선고 후 21개월여가 지난 뒤에 한 위조항변이 실기한 공격·방어방법이 아니라고 판단한 바 있다.[112] 당사자의 고의 또는 중과실에 대해

---

109) 대법원 1962. 4. 4. 선고 4294민상1122 판결; 대법원 2017. 5. 17. 선고 2017다1097 판결.
110) 대법원 1962. 4. 4. 선고 4294민상1122 판결.
111) 호문혁, 455면.
112) 대법원 1992. 2. 25. 선고 91다490 판결.

서는 법원이 심증을 얻어야만 이를 각하할 수 있으며, 당사자가 실기한 공격 · 방어방법의 각하를 면하기 위하여 고의 또는 중대한 과실의 부존재를 소명할 책임은 없다.[113)]

2) 고의 또는 중대한 과실은 당사자 본인 또는 소송상의 대리인 중 어느 한편에 있으면 족하다. 그러나 그 판단은 법률지식의 유무도 고려되어야 하므로 본인소송과 변호사가 소송대리를 하는 소송은 달리 판단될 수 있다. 또한 공격 · 방어방법 중 상대방 주장의 권리가 정당한 것을 전제로 하고 제출자가 일정한 부담을 가지는 상계나 건물매수청구권 등과 같은 것은 소송지연의 의도가 없는 한 고의 또는 중대한 과실을 판단함에 있어 다른 공격 · 방어방법보다는 완화된 기준이 적용되어야 한다.

(cc) 소송의 완결이 지연될 것

소송의 완결이 지연된다는 것은 공격 · 방어방법을 '심리하면' 이를 각하할 때보다 소송의 완결이 지연된다는 의미이다(절대설).[114)] 예를 들어 실기한 공격 · 방어방법이라 하더라도 따로 심리하거나 증거조사를 하여야 할 사항이 남아 있어 어차피 기일의 속행을 필요로 하고 그 속행기일의 범위 내에서 공격 · 방어방법의 심리도 마칠 수 있는 경우 또는 공격 · 방어방법의 내용이 이미 심리를 마친 소송자료의 범위 안에 포함되어 있는 경우에는 소송의 완결을 지연시키는 것으로 볼 수 없다.[115)] (예를 들어 피고가 뒤늦게 증인신청을 하였으나 이미 다음 기일에 다른 증인신문이 예정되어 있고 그 기일에 피고가 신청한 증인의 증인신문도 함께 마칠 수 있는 경우에는 소송의 완결이 지연되는 경우에 해당한다 할 수 없다)

이와는 달리 '적시에 공격 · 방어방법이 제출되었다고 가정한 경우'보다 소송의 완결이 지연되는 것을 의미한다는 견해도 있다(상대설).[116)] 이에 의하면 적시에 증거신청을 하였더라도 부득이한 사정으로 증거조사가 이루어지기 어려웠던 경우에는 늦게 증거신청을 하였다 하여 소송의 완결을 지연시키는 것으로 볼 수 없게 된다. (예를 들어 피고가 뒤늦게 증인신청을 하여 그 증인에 대한 증인신문을 하려면 현실적으로 소송의 완결이 지연되는 것은 사실이지만 피고가 증인신청을 적시에 하였더라도 증인의 부재로 인하여 그동안 증인신문이 사실상 불가능하였던 경우에는 소송의 완결이 지연되는 경우에 해당한다 할 수 없다) 상대설에 의하면 소송의 완결이 지연되는가를 판단함에 있어 '적시제출에 의한 심리완결기간'을 가정적으로 고려하여야 하는 난점이 있다.

---

113) 김경욱, 신 민사소송법상의 적시제출주의, 민사소송 제7권 제1호, 한국민사소송법학회, 2003. 2, 117면.
114) 김홍엽, 488면; 송상현/박익환, 349면; 이시윤, 355면; 정동윤/유병현/김경욱, 343면; 정영환, 539면.
115) 대법원 2000. 4. 7. 선고 99다53742 판결; 대법원 2003. 4. 25. 선고 2003두988 판결.
116) 호문혁, 456면.

(b) 각하의 대상

각하의 대상은 주장, 항변, 증거신청 등 당사자의 공격 · 방어방법이다. 소의 변경이나 반소청구 등 본안신청에 관한 것은 이에 해당되지 않는다. 실기한 공격 · 방어방법이 유일한 증거방법인 경우에도 각하의 대상이 되는가에 관하여 이를 부정하는 견해도 있으나[117] 유일한 증거방법이라고 하여 각하의 대상이 되지 않는다면 제1심 소송절차가 무의미하게 될 수도 있으므로 긍정하는 것이 타당하다.[118] 판례의 주류도 각하의 대상이 된다고 한다.[119]

(c) 각하의 절차

실기한 공격 · 방어방법에 대하여 법원은 직권으로 또는 상대방의 신청에 따라 결정으로 각하할 수 있다. 각하 여부는 법원의 재량이라는 것이 통설이다.[120] 각하는 독립된 결정으로 하거나 종국판결의 이유 중에서 판단한다. 종국판결 전에 하는 중간적 재판은 독립하여 불복신청의 대상이 되지 않는 것이 원칙이다(392조). 중간적 재판은 종국재판에 영향을 미치는데 중간적 재판만 따로 불복의 대상이 되면 그 결론이 상충될 수 있기 때문이다. 각하결정 또한 중간적 재판으로 한 각하결정은 독립하여 항고할 수 없고 종국판결과 함께 상급심에서 다투어야 한다. 각하신청이 배척된 경우 이는 소송지휘에 관한 것이므로 불복신청이 허용되지 않는다.

(2) 재정기간제도

(a) 재판장은 당사자의 의견을 들어 특정한 사항에 관하여 주장을 제출하거나 증거를 신청할 기간을 정할 수 있으며 당사자가 이 기간을 넘긴 때에는 주장을 제출하거나 증거를 신청할 수 없다(147조 1항, 2항). 이를 재정기간제도라고 한다. 공격 · 방어방법의 적시제출을 보다 적극적으로 실현하기 위한 제도이다.

(b) 재판장은 공격 · 방어방법의 제출기간을 정하기에 앞서 당사자의 의견을 듣도록 하였는데 이는 당사자의 절차권을 보장하고 제출기간을 부당하게 단기로 정하는 것을 막기 위한 것이다. 당사자가 재정기간을 넘긴 때에는 주장을 제출하거나 증거를 신청할 수 없으나 정당한 사유로 그 기간 이내에 제출 또는 신청하지 못하였다는 것을 소명한 경우에는 제출할 수 있다(147조 2항 단서).

---

117) 강현중, 417면; 송상현/박익환, 349면; 호문혁, 457면.

118) 김홍규/강태원, 409면; 김홍엽, 486면; 이시윤, 354면; 정동윤/유병현/김경욱, 343면; 정영환, 537면.

119) 대법원 1968. 1. 31. 선고 67다2628 판결; 대법원 1969. 4. 19. 선고 69다67 판결.

120) 동조는 소송완결을 위한 공익적 규정이므로 필요적으로 각하되어야 한다는 견해로는 송상현/박익환, 350면.

(c) 재정기간은 변론준비절차에서 당사자로 하여금 준비서면, 그 밖의 서류를 제출하고 이를 교환하며 주장사실을 증명할 증거를 신청할 수 있는 기간(280조)과는 구별된다. 당사자가 준비절차에서의 위 기간을 준수하지 않으면 변론준비절차는 종결된다(284조).

(3) 변론준비기일 종결에 의한 실권효

변론준비절차에서 변론준비기일에 제출하지 아니한 공격 · 방어방법은 원칙적으로 변론에서 제출할 수 없다(285조).

(4) 석명에 응하지 않는 공격 · 방어방법의 각하

당사자가 제출한 공격 또는 방어방법의 취지가 분명하지 아니한 경우에, 당사자가 필요한 설명을 하지 아니하거나 설명할 기일에 출석하지 아니한 때에는 법원은 직권으로 또는 상대방의 신청에 따라 결정으로 이를 각하할 수 있다(149조 2항).

(5) 중간판결에 저촉되는 주장의 제한

판결은 중간판결(201조)과 종국판결(198조)로 나눌 수 있다. 판결은 확정되지 않더라도 판결을 한 법원 스스로 이에 구속되어 철회하거나 변경할 수 없다. 이러한 기속력 때문에 당사자는 중간판결의 판단사항에 관하여는 당해 심급에서 공격 · 방어방법을 제출할 수 없다.

(6) 상고이유서제출기간이 지난 뒤의 새로운 상고이유의 제한

상고법원은 상고이유에 따라 불복신청의 한도 안에서 심리하므로(431조) 상고이유서 제출기간 도과 후에 원칙적으로 새로이 상고이유를 제출할 수 없다.

(7) 답변서제출의무 등

재판장은 소장을 심사하면서 필요하다고 인정하는 경우에는 원고에게 청구하는 이유에 대응하는 증거방법을 구체적으로 적어 내도록 명할 수 있으며, 원고가 소장에 인용한 서증의 등본 또는 사본을 붙이지 아니한 경우에는 이를 제출하도록 명할 수 있다(254조 4항). 피고가 원고의 청구를 다투는 경우에는 소장의 부본을 송달받은 날부터 30일 이내에 답변서를 제출하여야 한다(256조 1항). 법원은 피고가 답변서를 제출하지 아니한 때에는 청구의 원인이 된 사실을 자백한 것으로 보고 변론 없이 판결할 수 있다(257조 1항).

3. 적용범위

적시제출주의는 소송자료의 제출책임이 당사자에게 있는 변론주의가 적용되는 범위영역에서만 인정되며 실체적 진실발견이 요청되는 직권탐지주의나 직권조사사항에는 적용되지 않는다.

제2장 변론의 의의와 종류

Ⅰ. 의 의

변론은 사용하는 바에 따라 의미의 범위를 달리한다. 가장 좁은 의미로는 당사자가 법원에 소송자료를 제출하는 행위, 즉 당사자의 소송행위만을 뜻한다.[1] 가장 일반적으로 사용되는 의미이다. 이보다는 좀 더 넓은 의미로 사용되면 증거조사를 포함하기도 하며[2] 가장 넓은 의미로는 당사자의 소송행위뿐 아니라 소송지휘나 판결의 선고 등 법원의 소송행위까지 포함하기도 한다.[3]

Ⅱ. 종 류

변론은 심리절차상의 차이에 따라 필요적 변론과 임의적 변론으로 나뉜다.

1. 필요적 변론

판결을 함에 있어서는 반드시 변론을 열어야 하며 변론에서 진술되거나 현출된 내용만이 판결의 자료가 된다. 이를 필요적 변론이라고 하며 민사소송법은 "당사자는 소송에 대하여 법원에서 변론을 하여야 한다"라고 하여 원칙적으로 재판이 변론에 의할 것을 규정하고 있다(134조 1항).

판결절차에 대하여는 필요적 변론이 원칙이나 예외적으로 변론 없이 판결하는 경우도 있다. 이에 해당하는 것으로 중요한 것은 ⅰ) 피고가 소장부본을 공시송달 이외의 방법으로 송달받고도 30일 내에 답변서를 제출하지 않아 원고 승소판결을 선고하는 경우(256조, 257조), ⅱ) 상고심에서의 판결(430조), ⅲ) 부적법한 소나 상소로서 흠을 보정

---

1) 민사소송법 제134조가 "당사자는 소송에 대하여 법원에서 변론하여야 한다"라고 한 규정에서의 변론이란 이러한 의미로 사용된 것이다.

2) 민사소송법 제135조가 "변론은 재판장이 지휘한다"라고 한 규정에서의 변론이란 이러한 의미로 사용된 것이다.

3) 민사소송법 제141조가 "법원은 변론의 제한·분리 또는 병합을 명하거나, 그 명령을 취소할 수 있다"라고 한 규정에서의 변론이란 이러한 의미로 사용된 것이다.

할 수 없어 각하 판결을 하는 경우(219조, 413조) 등이 있다.[4)]

2. 임의적 변론

변론을 반드시 열어야 하는 필요적 변론과는 달리 변론을 여는 것이 법원의 재량에 의하는 경우를 임의적 변론이라고 한다. 민사소송법은 결정으로 완결할 사건에 대하여는 법원이 변론을 열 것인지 아닌지를 정한다고 규정(134조 1항 단서)하여 결정에 의하는 사건은 임의적 변론에 의하도록 하였다. 법관의 제척이나 기피(46조), 소송인수(82조), 필수적 공동소송인의 추가와 피고의 경정(68조, 260조), 항고사건(450조) 등이 그 예이다.[5)]

변론을 열지 않는 경우 법원은 소송기록에 의해 서면심리만으로 재판을 할 수 있고 당사자와 이해관계인, 그 밖의 참고인을 심문(審問)할 수도 있다(134조 2항). 심문은 당사자나 이해관계인 등에게 서면이나 구두로 진술할 기회를 주는 것으로 방식이나 대립적 구조를 요하지 않는다는 점에서 변론과는 구별된다. 임의적 변론에서는 변론이 열려도 반드시 출석하거나 출석하여 진술을 하여야 하는 것은 아니므로 기일불출석에 따른 진술간주(148조 1항), 자백간주(150조 1항), 소취하간주(268조 3항) 등의 문제는 생기지 않는다.

---

4) 이외에도 소액사건심판법 제9조 제1항의 경우와 민사소송법 제124조의 경우도 있다.

5) 개정 전 민사집행법은 가압류신청에 대한 재판은 변론하는 경우에는 종국판결로 그 밖의 경우에는 결정으로 한다고 규정(281조 1항)하였었으나 2005. 7. 28. 개정으로 가압류신청에 대한 재판은 결정으로 한다고 규정하고 언제나 임의적 변론에 의하도록 하고 있으며 이는 가처분에도 준용되고 있다(301조).

제3장 변론의 준비

변론이 변론기일에 신속하고 집중적으로 이루어지려면 변론의 준비가 필요하다. 현행법은 변론의 준비를 위해 준비서면과 변론준비절차를 두고 있다.

Ⅰ. 준비서면

1. 의 의

준비서면은 변론의 준비를 위해 당사자가 변론에서 진술할 사항을 변론기일 전에 예고적으로 기재하여 법원에 제출하는 서면이다. 준비서면은 변론의 내용을 미리 법원이나 상대방에게 알려 변론에 대비하게 하는 기능을 한다. 준비서면은 서면의 표제가 준비서면인지와 무관하게 당사자의 주장이 기재되어 있는 것으로 족하다.[1] 당사자의 주장이 기재되어 있지 않으면 준비서면이란 표제에도 불구하고 준비서면이 아니다.[2] 대법원은 피고가 소송에서 철거대상이 된 건물은 원고의 양해 아래 건립하였다는 사실을 항소장에 기재하고 항소장이 항소심 변론에서 진술된 경우 항소법원은 이에 대하여 판단하여야 한다고 한 바 있다.[3] 피고나 피상소인이 원고의 청구나 상소인의 상소에 대해 기각을 구하는 취지의 답변을 기재하여 최초로 제출하는 준비서면을 특히 답변서(256조)라고 하며 실제 표제로도 답변서라는 명칭이 사용됨이 보통이다.

2. 준비서면의 기재사항

준비서면에 기재할 사항은 민사소송법 제274조에 규정된 바에 따른다. 그 내용 중 중요한 것은 준비서면을 제출하는 당사자의 공격 또는 방어의 방법(1항 4호)과 상대방의 청구와 공격 또는 방어의 방법에 대한 진술(1항 5호)이다. 또한 위 각 사항에 대하여는 사실상 주장을 증명하기 위한 증거방법과 상대방의 증거방법에 대한 의견을 함께

1) 주장이 간과되는 것에 대비해 보통은 준비서면이라는 표제를 달지만 여타의 표제를 가진 서면도 당사자의 주장이 기재된 한도에서는 준비서면의 성격을 가진다.
2) 통설은 증거의 신청은 준비서면의 내용에 포함시키지 않는다.
3) 대법원 1973. 11. 27. 선고 73다566 판결.

적어야 한다(2항). 답변서에는 위의 각 사항 외에도 소장에 기재된 개개의 사실에 대한 인정 여부와 항변과 이를 뒷받침하는 구체적 사실을 적어야 한다(규칙 65조).

3. 준비서면의 제출 · 교환

지방법원 합의부 이상의 절차에서는 변론의 준비는 준비서면으로 하여야 한다(272조 2항 반대해석). 단독사건의 변론이라도 상대방이 준비하지 않으면 진술할 수 없는 사건도 마찬가지이다(272조 2항 단서). 준비서면은 법원을 통하여 상대방과 교환한다. 준비서면은 그것에 적힌 사항에 대하여 상대방이 준비하는 데 필요한 기간을 두고 제출하여야 하며 법원은 상대방에게 그 부본을 송달하여야 한다(273조). 재판장은 당사자의 공격 · 방어방법의 요지를 파악하기 어렵다고 인정하는 때에는 변론을 종결하기에 앞서 요약준비서면을 제출하도록 할 수 있다(278조).

4. 준비서면의 효과

(1) 제출의 효과

준비서면제출의 효과로는 다음과 같은 것을 들 수 있다.

(a) 준비서면에 기재된 사항이라도 변론에서 진술하여야 판결의 기초로 삼을 수 있으나 당사자가 준비서면을 제출하고 변론기일에 출석하지 아니한 경우 그 기재사항을 진술한 것으로 볼 수 있는데(148조 1항) 이를 진술간주라고 한다.

(b) 준비서면에 기재한 사항은 상대방의 불출석의 경우에도 이를 주장할 수 있으므로(276조 반대해석) 당사자가 공시송달 이외의 방법으로 송달을 받고도 변론기일에 출석하지 아니하는 경우에는 변론 전체의 취지로 보아 그 사실에 대하여 다툰 것으로 인정되지 않으면 결과적으로 준비서면에 기재된 사실을 자백한 것으로 간주한다(150조 3항, 1항).[4]

(c) 변론준비기일에 제출하지 아니한 공격 · 방어방법의 제출에는 실권효의 제재(285조 1항)가 따르지만 준비절차기일 전 제출한 준비서면에 기재된 사항은 변론준비기일에서 제출하지 않은 경우라도 변론에서 주장할 수 있다(동조 3항). 이외에도 소취하, 피고경정 등의 경우에 동의권이 생긴다(266조 2항, 260조).

(2) 부제출의 효과

(a) 피고가 공시송달 이외의 방법으로 소장부본을 송달 받고 30일 이내에 답변서

---

4) 그러나 실무상으로는 원고 불출석의 경우 취하간주를 유도하기 위해 준비서면을 진술하지 않는 경우도 있다.

를 제출하지 않으면 원고의 청구원인 사실을 자백한 것으로 보고 변론 없이 원고 승소판결이 선고될 수 있다(256, 257조).

(b) 당사자가 기일에 불출석한 경우 상대방이 변론에서 주장한 사실에 대하여는 자백간주가 인정되나(150조 3항, 1항) 준비서면에 의해 예고되지 아니하여 대응의 기회가 주어지지 않은 사실까지 자백간주로 인정되는 것은 쌍방심리주의에 반한다. 따라서 준비서면에 적지 않은 사실은 상대방이 출석하지 않은 때에는 변론에서 주장하지 못한다. 다만 준비서면을 필요로 하지 않는 단독사건의 변론은 예외로 한다(276조).

여기서의 사실은 주요사실뿐만 아니라 간접사실이나 보조사실도 포함한다. 다만 상대방의 주장사실에 대한 부인이나 부지는 상대방이 이미 한 주장의 범위를 초과하지 않으므로 주장이 가능하다. 또한 법률상의 진술은 사실의 주장이 아니어서 자백간주의 대상이 아니며 이에 대한 상대방의 반박이 없더라도 법원이 판단하여야 할 사항이므로 주장이 가능하다. 준비서면에 적지 않아 변론에서 주장하지 못하는 사실에 증거신청도 포함되는가에 관하여 다툼이 있다. 그 입증취지에 해당하는 사실관계가 이미 주장되거나 준비서면에 의해 예고되어 있다면 증거신청 자체가 준비서면에 예고되어 있지 않더라도 신청이 가능하다고 함이 타당하다(절충설).[5]

(c) 변론준비절차에서 당사자가 법원이 정한 기간 이내에 준비서면을 제출하지 않은 경우에는 상당한 이유가 없는 한 변론준비절차가 종결된다(284조). 이외에도 당사자의 준비서면 부제출로 인해 소송이 지연되는 경우에는 그 당사자에게 소송비용을 부담시킬 수 있다(100조).

Ⅱ. 변론준비절차

1. 의 의

변론준비절차는 변론이 효율적이고 집중적으로 실시될 수 있도록 당사자의 주장과 증거를 정리하는 절차이다(279조 1항). 변론준비절차는 변론에 앞서 주장과 증거를 정리하는 절차이므로 변론절차와는 구별되는 것이다. 2002년 개정된 신 민사소송법은 자백간주로 변론 없이 판결하는 경우 외에는 바로 사건을 변론준비절차에 부쳐야 한다고 규정(258조)하여 변론준비절차를 원칙적인 것으로 하였었다. 그러나 2008. 12. 26. 동조의 개정으로 바로 변론기일을 정하는 것을 원칙으로 하고 사건을 변론준비절차

---

5) 증거신청도 포함된다는 적극설로는 강현중, 409면; 송상현/박익환, 303면. 절충설로는 이시윤, 371면; 정동윤/유병현/김경욱, 450면.

에 부칠 필요가 있는 경우에 예외적으로 허용하는 것으로 변경하였다.

2. 변론준비절차의 개시

변론준비절차는 변론준비절차에 부칠 필요가 있는 경우에 재판장의 회부명령으로 개시된다(258조 1항). 재판장은 특별한 사정이 있는 때에는 변론기일을 연 뒤에도 사건을 변론준비절차에 부칠 수 있다(279조 2항).

3. 변론준비절차의 실시

(1) 변론준비절차의 진행은 재판장이 담당한다(280조 2항). 다만 합의사건의 경우 재판장은 합의부원을 수명법관으로 지정하여 변론준비절차를 담당하게 할 수 있고(동조 3항) 재판장은 필요하다고 인정하는 때에는 변론준비절차의 진행을 다른 판사에게 촉탁할 수 있다(동조 4항).

(2) 변론준비절차는 기간을 정하여, 당사자로 하여금 준비서면, 그 밖의 서류를 제출하게 하거나 당사자 사이에 이를 교환하게 하고 주장사실을 증명할 증거를 신청하게 하는 방법으로 진행한다(280조 1항).

(3) 변론준비절차를 진행하는 재판장등은 변론의 준비를 위하여 필요하다고 인정하면 증거결정을 할 수 있다. 재판장등은 주장과 증거를 정리하는 데 필요한 범위 안에서 증거조사를 할 수 있다. 다만, 증인신문 및 당사자신문은 제313조에 해당되는 경우에만 할 수 있다(281조). 즉 증인신문 및 당사자신문은 변론에서 하여야 하는 것이 원칙이다. 재판장등은 변론준비절차의 진행상태에 비추어 적절한 때에 화해권고(145조)나 화해권고결정(225조)을 할 수 있다. 그러나 재판장등은 본안에 관한 판결은 물론 소송이송결정이나 소송수계여부결정 등 소송에 관한 재판을 할 수는 없다.

(4) 재판장등은 변론준비절차를 진행하는 동안에 주장 및 증거를 정리하기 위하여 필요하다고 인정하는 때에는 변론준비기일을 열어 당사자를 출석하게 할 수 있다(282조 1항). 당사자는 재판장등의 허가를 얻어 변론준비기일에 제3자와 함께 출석할 수 있다(동조 3항). 사건이 변론준비절차에 부쳐진 뒤 변론준비기일이 지정됨이 없이 4월이 지난 때에는 재판장등은 즉시 변론준비기일을 지정하거나 변론준비절차를 끝내야 한다(동조 2항). 당사자는 변론준비기일이 끝날 때까지 변론의 준비에 필요한 주장과 증거를 정리하여 제출하여야 한다(동조 4항). 재판장등은 변론준비기일이 끝날 때까지 변론의 준비를 위한 모든 처분을 할 수 있다(동조 5항).

(5) 법원사무관등은 변론준비기일마다 조서를 작성하여야 한다(283조 2항, 152조). 변론준비기일의 조서에는 당사자의 진술에 따라 공격 또는 방어방법, 상대방의 청구와 공격 또는 방어방법에 대한 진술을 적어야 한다. 이 경우 특히 증거에 관한 진술은 명확히 하여야 한다(283조 1항).

(6) 변론준비기일에 양 당사자가 2회 불출석한 경우에는 변론기일에서와 같이 소 취하간주의 법리가 적용된다(286조, 268조). 그러나 변론준비기일은 변론기일과 구별되므로 변론준비기일에서 양쪽 당사자 불출석의 효과는 변론기일에 승계되지 않는다. 따라서 양쪽 당사자가 변론준비기일에 한 번, 변론기일에 두 번 불출석하였다고 하더라도 소를 취하한 것으로 간주되지는 않는다.[6)]

4. 변론준비절차의 종결

(1) 종결원인

변론준비절차에서 변론이 효율적이고 집중적으로 실시될 수 있을 정도로 당사자의 주장과 증거가 정리되었으면 이를 종결한다. 다만 변론준비절차가 위와 같은 목적을 달성하지 못하였어도 i) 사건을 변론준비절차에 부친 뒤 6월이 지난 때, ii) 당사자가 재판장등이 정한 기간 이내에 준비서면 등을 제출하지 아니하거나 증거의 신청을 하지 아니한 때, iii) 당사자가 변론준비기일에 출석하지 아니한 때 등의 경우에는 재판장등은 변론의 준비를 계속하여야 할 상당한 이유가 있지 않는 한 변론준비절차를 종결하여야 한다(284조 1항).

(2) 변론준비기일 종결의 효과

(a) 실권효

변론준비기일에 제출하지 아니한 공격 · 방어방법은 원칙적으로 변론에서 제출할 수 없다(285조 1항). 이를 실권효라고 하며 변론의 집중에 필요한 소송자료를 변론준비기일에 집약하기 위한 것이다. 그러나 서면에 의한 변론준비절차만으로 변론준비절차가 종결되고 따로 변론준비기일이 지정되지 않은 경우에는 변론준비절차에서 공격 · 방어방법이 제출되지 않았더라도 실권되지 않는다.

(b) 실권효의 예외

다음의 경우에는 변론준비기일에 제출하지 아니한 공격 · 방어방법이라도 변론에

6) 대법원 2006. 10. 27. 선고 2004다69581 판결.

서 제출할 수 있다(285조 1항 각호, 3항).

1) 그 제출로 인하여 소송을 현저히 지연시키지 아니하는 때

2) 중대한 과실 없이 변론준비절차에서 제출하지 못하였다는 것을 소명한 때

3) 법원이 직권으로 조사할 사항인 때

4) 소장 또는 변론준비절차 전에 제출한 준비서면에 기재한 때. 다만, 변론준비절차에서 철회되거나 변경된 때는 제외

5. 변론준비절차 뒤의 변론의 운영

(1) 변론기일의 지정

재판장은 변론준비절차가 끝난 경우에는 바로 변론기일을 정하여야 한다(258조 2항). 변론준비기일을 거친 사건의 경우 변론기일을 지정하는 때에는 당사자의 의견을 들어야 한다(72조).

(2) 변론에의 상정(上程)

변론준비기일을 마친 뒤의 변론기일에서 당사자는 변론준비기일의 결과를 진술하여야 한다(287조 2항). 변론준비기일 결과의 진술은 당사자가 정리된 쟁점 및 증거조사 결과의 요지 등을 진술하거나, 법원이 당사자에게 해당사항을 확인하는 방식으로 할 수 있다(규칙 72조의2). 서면에 의한 변론준비절차만으로 변론준비절차가 마쳐진 경우에도 직접주의, 구술변론주의의 요청상 변론기일에서 이를 진술하여야 판결의 기초로 삼을 수 있다.

(3) 변론의 집중

법원은 변론준비절차를 마친 경우에는 첫 변론기일을 거친 뒤 바로 변론을 종결할 수 있도록 하여야 하며, 당사자는 이에 협력하여야 한다(287조 1항). 만약 그 심리에 2일 이상이 소요되는 때에는 가능한 한 종결에 이르기까지 매일 변론을 진행하여야 한다. 다만, 특별한 사정이 있는 경우에도 가능한 최단기간 안의 날로 다음 변론기일을 지정하여야 한다(규칙 72조 1항). 법원은 변론기일에 변론준비절차에서 정리된 결과에 따라서 바로 증거조사를 하여야 한다(287조 3항).

제4장 변론의 내용

제1절 변론의 내용

피고가 답변서를 제출하지 않아 무변론 원고 승소판결을 하는 경우 외에는 바로 변론이 열리게 된다. 예외적으로 변론준비절차를 거치는 경우에는 변론준비절차종료 후에 변론이 열리게 된다. 변론기일에 있어서 당사자가 하는 변론은 본안의 신청과 공격 · 방어방법으로 이루어진다.

Ⅰ. 본안의 신청

민사소송법상 신청이란 당사자가 법원에 재판이나 송달 등 일정한 소송행위를 요구하는 것이다. 본안의 신청은 이러한 신청 중에서도 청구에 관하여 종국판결을 구하는 신청이다. 원고가 소장에 기재된 청구취지를 진술하는 것이 이에 해당한다. 신청에는 본안신청 외에도 소송절차에 관한 신청인 소송상의 신청이 있다. 원고의 본안신청에 대하여 피고가 하는 소각하나 청구기각의 재판을 구하는 반대신청을 하는 것이 보통이다. 그러나 피고의 반대신청이 없더라도 법원은 소가 소송요건을 갖추지 못하였으면 소를 각하하고 청구가 이유 없으면 청구기각을 하여야 한다. 이에 피고의 반대신청은 그로써 소송물이나 재판의 내용이 결정되는 것이 아니라는 의미에서 소송상 신청으로 보는 견해도 있다.[1] 그러나 이 또한 청구에 관하여 종국판결을 구하는 신청을 하는 것이므로 개념상으로는 본안의 신청에 해당된다.[2]

Ⅱ. 공격 · 방어방법

원고가 자기의 본안신청을 이유 있게 하기 위해 제출하는 소송자료를 공격방법이라고 한다. 그리고 피고가 원고의 청구를 배척하기 위해 제출하는 소송자료는 방어방법이라고 한다. 공격 · 방어방법은 원고 또는 피고가 제출하는 소송자료이다. 따라

1) 김홍엽, 507면; 이시윤, 383면.
2) 강현중, 105면; 김홍규/강태원, 443면; 송상현/박익환, 319면; 정동윤/유병현/김경욱, 460면; 정영환, 580면.

서 본안의 신청에 해당하는 원고의 청구변경이나 피고의 반소는 공격 · 방어방법에 해당되지 않는다. 공격 · 방어방법에는 법률상 또는 사실상의 주장, 부인 또는 항변, 증거신청, 증거항변, 개개의 소송행위의 효력과 방식에 관한 당부의 주장 등이 이에 해당된다.

1. 주장(진술)

주장은 원고의 신청을 이유 있게 하기 위해 특정한 법률효과나 사실의 존부를 법원에 알리는 방법으로 소송자료를 제출하는 행위를 말한다.[3]

(1) 법률상의 주장

법률상의 주장은 넓은 의미로는 법규의 존부나 이에 관한 해석 적용에 관한 진술을 말하지만 좁은 의미로는 구체적 권리관계에 관한 진술을 말한다. 예를 들어 매매계약 당사자가 계약위반시 계약금을 몰수하고 계약이 자동해제된다는 계약조항을 근거로 매매계약이 해제되었다는 주장은 법률상의 주장에 해당한다.[4]

당사자의 법률상 주장에 관하여는 원칙적으로 변론주의가 적용되지 않는다. 따라서 반드시 당사자가 제출한 법률상의 주장만을 재판의 기초로 하여야 하는 것은 아니다. 또한 당사자가 법률상의 주장을 하였다고 하여 반드시 법원의 판단을 요하는 것도 아니다. 당사자의 법률상 주장에 대해 상대방이 이를 인정하더라도 권리자백으로서 법원을 구속하는 효력이 발생하지 않는다는 점에서 주요사실에 대한 자백과는 다르다. 그러나 피고가 원고의 청구 그 자체를 인정하는 경우에는 청구의 인낙으로서 구속력이 인정된다(220조).

(2) 사실상의 주장

ⓐ 사실상의 주장은 구체적 사실의 존부에 대한 진술이다. 사실상의 주장의 대상이 되는 구체적 사실에는 주요사실, 간접사실, 보조사실이 있다. 주요사실에 대하여는 변론주의가 적용되므로 변론에서 주장되어야 판결의 기초로 삼을 수 있다.

ⓑ 당사자의 사실상 주장은 절차적 안정성을 위해 조건이나 기한을 붙일 수 없고 단순하여야 한다. 그러나 제1차적 주장이 배척될 것을 조건으로 한 예비적 주장은 조건의 성취 여부가 소송 내에서 확인될 수 있으므로 절차의 안정성을 해칠 우려가 없어 허용된다. 예를 들면 대리행위의 효력이 문제된 사안에서 원고가 소외인에 대

3) 넓은 의미로는 원고의 주장뿐만 아니라 피고의 항변도 포함하는 의미로도 사용된다.
4) 대법원 1982. 4. 27. 선고 80다851 판결.

한 피고의 대리권수여 주장을 하고 예비적으로는 원고가 소외인의 무권대리행위에 대한 피고의 추인 주장을 하는 경우이다. 위의 피고의 추인 주장은 피고의 소외인에 대한 대리권수여 주장이 인정되지 않을 것을 조건으로 하는 것이지만 위 조건은 소송 내에서 확인될 수 있는 것이므로 허용된다.

(c) 당사자의 사실상 주장에 대하여 상대방의 대응은 다음과 같이 나타날 수 있다. 원고의 피고에 대한 금원대여사실 주장에 대한 피고의 태도를 예로 들기로 한다.

i) 피고는 원고로부터 금원을 대여 받은 사실이 없다고 주장하는 부인(否認)의 경우

ii) 피고는 대여 받은 사실을 알지 못한다고 주장하는 부지(不知)의 경우. 부지는 부인으로 추정되지만(150조 2항) 자기가 관여한 것으로 주장된 행위나 서증에 대하여는 부인만이 가능하다.

iii) 원고의 피고에 대한 금원대여사실 주장이 맞다고 진술하는 자백(自白)의 경우

iv) 원고의 주장사실을 명백히 다투지 않는 침묵(沈默)의 경우. 당사자가 변론에서 상대방이 주장하는 사실을 명백히 다투지 않는 때에는 그 사실을 자백한 것으로 본다(150조 1항).

(기본사례에서 X가 제출한 증거에 대하여 Y_1과 Y_2가 어떻게 대응하였는지 확인해 보기 바란다)

(d) 상호모순된 전후의 진술이 있는 경우 재판상 자백이 성립한 경우가 아니면 종전의 진술은 나중의 진술에 의하여 정정된 것으로 본다.[5]

2. 증거신청

당사자가 주장한 사실에 대해 다툼이 있는 경우에는 이를 증명할 필요가 있다. 증명은 법관으로 하여금 당사자의 사실상 주장이 진실하다는 확신이 들도록 하기 위해 특정한 증거방법에 대한 조사를 요구하는 행위, 즉 증거신청으로써 한다.[6] 증거신청은 증거조사의 개시가 있기 전에는 상대방의 동의 없이 그 증거신청을 철회할 수 있다.[7] 증거신청에 대하여 상대방은 증거항변으로 대응할 수 있다. 증거항변은

5) 대법원 1993. 6. 25. 선고 92다20330 판결(피고들이 '이 사건 각 건물은 1985. 8. 2.자 원고 명의의 근저당권설정등기가 경료되기 이전에 신축되어 피고 최○○가 이를 원시취득하였다'고 하였다가 '위 근저당권설정 당시 이 사건 대지에 피고 이○○ 소유의 건물 2동이 있어 이 사건 대지 및 위 건물 2동이 함께 위 근저당권의 목적물이 되었는데, 후에 피고 이○○가 위 건물 2동을 철거한 후 피고들이 이 사건 각 건물을 신축하였다'고 한 사안이다).

6) 증거방법에 대한 조사를 요구하는 증거신청은 신청의 일종이나 사실상의 주장을 뒷받침하는 기능을 가지고 있기 때문에 공격·방어방법에 포함된다(정동윤/유병현/김경욱, 464면).

7) 대법원 1971. 3. 23. 선고 70다3013 판결.

증거신청의 적법성이나 필요성, 증거자료의 신빙성 등을 다투는 등의 진술이다. (기본사례에서 X의 증거신청을 확인해 보기 바란다)

3. 항 변

(1) 의 의

소송법상의 항변은 원고의 청구를 이유 없게 하기 위하여 제출되는 피고의 방어방법으로서 넓게는 소송절차에 관한 항변을 포함한다(통설). 소송법상의 항변은 피고가 제출하는 사실상의 주장이라는 점에서 상대방의 청구에 대한 이행거절권을 의미하는 실체법상의 항변권과는 개념상 구별된다. 통설에 따르면 소송법상 항변은 소송상의 항변과 본안의 항변으로 나눌 수 있다.

(2) 소송상의 항변

소송상의 항변은 본안전 항변과 증거항변을 포함한다.

(a) 본안전 항변

본안전 항변은 원고가 제기한 소가 소송요건을 갖추지 못하여 부적법하다는 피고의 주장이다. 소송요건은 원칙적으로 직권조사사항이므로 본안전 항변은 법원의 직권발동을 촉구하는 의미에 불과하다. 판례는 이러한 의미에서 소송요건을 갖추지 못하여 부적법하다는 피고의 주장에 대해 판단하지 아니하였다 하더라도 판단유탈의 상고이유로 삼을 수 없다고 한다.[8] 다만 중재합의와 같은 방소항변은 피고의 주장이 있어야 비로소 판단의 대상이 된다.

(b) 증거항변

증거항변은 증거신청의 적법성이나 필요성, 증거자료의 신빙성 등을 다투는 등의 진술이다. 증거의 채부는 법원의 직권사항이고 증거력의 평가도 법관의 자유심증에 의한다. 따라서 증거항변의 경우 피고의 주장이 있어야 비로소 판단의 대상이 되는 것은 아니다. 이러한 의미에서 증거항변은 진정한 의미의 항변이라고 할 수 없다.

---

8) 대법원 1994. 11. 8. 선고 94다31549 판결.

(3) 본안의 항변

(a) 의 의

본안의 항변은 피고가 원고의 청구를 배척하기 위해 제출하는 원고의 주장과 양립가능한 사실의 주장이다. 적극적 이행소송에서 원고는 자신의 청구를 이유 있게 하기 위해 권리근거규정의 요건사실을 주장하게 된다. 이에 대해 피고는 이와 양립가능한 반대규정의 요건사실을 주장하는 것을 말한다. 예를 들어 원고의 금원지급청구를 이유 있게 하는 금원대여 주장에 대하여 피고가 변제항변을 하는 것이다.

(b) 부인과의 구별

aa) 구별기준

항변은 원고의 주장사실이 진실하다는 것을 전제로 한다. 따라서 항변은 원고의 주장과 양립가능하다. 그러나 부인은 원고의 주장사실이 진실하지 않다고 주장하는 것이다. 따라서 부인은 원고의 주장과 양립가능하지 않다. 그러므로 항변과 부인의 구별기준은 원고의 주장과 양립가능한 것인가 하는 것이다.

예를 들어 보기로 한다. 원고는 금원대여사실을 주장한다. 이에 대하여 피고가 원고의 주장이 진실하다는 것을 전제로 소멸시효를 주장하는 것은 항변에 속한다. 그러나 피고가 원고 주장의 금원대여사실 자체를 다투는 것은 부인에 해당한다.

bb) 부인의 방법

피고가 원고의 주장사실을 부인하는 방법은 크게 두 가지로 나눌 수 있다. 하나는 단순히 직접적으로 원고의 주장이 진실하지 않다고 하는 방법이다. 예를 들면 원고의 대여주장에 대하여 피고가 단순히 돈을 빌린 사실이 없다고 주장하는 경우이다. 이러한 부인의 방법을 직접부인 또는 소극부인, 또는 단순부인이라고 한다. 다른 하나는 간접적으로 원고의 주장과 양립되지 않는 사실을 적극적으로 주장하여 부인하는 방법이다. 예를 들면 원고가 대여하였다는 돈에 대하여 피고가 이를 받은 것은 사실이지만 빌린 것이 아니라 물품대금으로 받은 것이라고 주장하는 것이다. 이러한 부인의 방법을 간접부인, 적극부인, 이유부부인이라고 한다.

부인과 항변의 구별기준은 원고 주장과의 양립가능성이다.

cc) 증명책임과의 관계

원고의 주장에 대하여 피고가 부인을 하는 경우 원고는 자신의 주장에 대해 증명할 책임을 진다. 그러나 피고는 원칙적으로 부인하는 사유에 관하여 별도의 증명책임을 지는 것은 아니다. 부인과 달리 피고의 항변사실에 대하여는 원고가 이를 인정하지 않으면 피고에게 증명할 책임이 있다.

법원이 판결이유를 설시하는 경우 원고의 주장사실에 대한 판단으로 족하고 이에 대한 피고의 부인까지 판단할 필요는 없다. 원고의 주장사실에 대한 판단은 이미 피고의 부인에 대한 판단까지 포함되어 있기 때문이다. 법원이 원고의 주장을 배척할 경우에도 피고의 항변에 대한 판단을 요하지 않는다. 피고의 항변은 원고의 주장이 인정되는 것을 전제하여 원고의 청구가 이유 없다는 주장이기 때문이다. 따라서 법원이 원고의 주장을 인정할 경우에는 피고의 항변에 대하여도 별도의 판단을 하여야 한다.

항변은 판단의 대상이 되며 피고가 증명책임을 진다.

(c) 항변의 형태

앞서 살펴 본 바와 같이 항변은 원고의 주장이 인정되는 것을 전제로 한다. 피고가 항변을 할 때 원고의 주장을 확정적으로 인정하는가 아니면 가정적으로 인정하는가에 따라 항변은 제한부자백과 가정적 항변(예비적 항변)으로 나누어진다.

제한부자백은 원고의 주장사실이 진실하다는 것을 확정적으로 전제하고 이와 양립가능한 별개의 사실을 주장하는 것이다. 예를 들면 원고의 금원대여주장에 대해 피고는 이를 확정적으로 인정하면서 한편으로는 소멸시효가 완성하였다고 주장하는 것이다. (이러한 주장은 준비서면에서 "~라는 원고의 주장에 대하여는 다툼이 없다. 그러나 …"와 같은 방식으로 흔히 표현된다) 이 경우 원고 주장의 대여사실에 대하여는 다툼이 없어 원고는 이를 증명할 필요가 없고 피고가 소멸시효완성사실을 증명하여야 한다.

이와 달리 가정적 항변은 원고의 주장사실을 다투면서 원고 주장이 진실하다는 것을 가정적으로 전제하고 원고의 주장사실과 양립가능한 별개의 사실을 주장하는 것이다. 예를 들면 원고의 금원대여주장을 다투나 만약 금원대여사실이 있었다 하더라도 소멸시효가 완성하였다고 주장하는 것이다. (이러한 주장은 준비서면에서 " ~라는 원고의 주장은 사실과 다르다. 만약 원고의 주장이 사실이라고 하더라도…"와 같은 방식으로 흔히 표현된다) 이 경우 원고는 대여사실을 증명하여야 하며 피고는 원고의 대여사실이 증명된 경우에 한하여 소멸시효완성사실에 대하여 증명할 필요가 생긴다.

(d) 항변의 종류

1) 항변은 반대규정의 성질에 따라 권리장애사실을 주장하는 항변, 권리소멸사

실을 주장하는 항변, 권리저지사실을 주장하는 항변 등으로 나누어진다. 각 항변의 종류에 관하여는 원고가 매매계약을 원인으로 한 소유권이전등기청구를 하면서 근거사실로서 피고와의 매매계약체결사실을 주장한 경우를 그 예로 들어 설명하기로 한다.

2) 권리장애사실을 주장하는 항변은 원고 주장의 권리가 처음부터 성립하는 것을 방해하는 규정의 요건사실을 주장하는 항변이다. 위의 예에서 피고는 매매계약의 내용이 무효여서 원고 주장의 권리가 발생하지 않는다는 취지에서 계약의 내용이 불공정하다는 사실을 주장하는 경우이다. 공서양속위반(민법 103조), 원시적 불능 등도 이에 해당한다. 매매계약의 존재가 인정되는 것을 전제로 하면서도 유효한 매매계약의 성립에 장애가 있어 매매계약으로서 효력이 발생하지 않는 경우이다.

3) 권리소멸사실을 주장하는 항변은 일단 성립한 원고 주장의 권리를 소멸시키는 규정의 요건사실을 주장하는 항변이다. 위의 예에서 원고 주장에 대해 피고가 원고의 채무불이행으로 계약을 해제하였다는 사실을 주장하는 경우이다. 변제, 소멸시효의 완성, 후발적 불능 등도 이에 해당한다.

4) 권리저지사실을 주장하는 항변은 원고 주장의 권리행사를 저지시키는 규정의 요건사실을 주장하는 항변이다. 위의 예에서 원고의 청구에 대해 피고가 원고의 매매대금지급의무와의 동시이행을 주장하는 항변이다. 유치권의 항변, 보증채무에 있어서 최고 검색의 항변권이나 한정승인 등도 이에 해당한다. 법원은 유치권항변이나 동시이행항변이 이유 있는 때에는 청구기각판결이 아니라 상환이행판결을 하여야 한다.

5) 원고는 피고의 항변에 대해 다시 항변을 할 수 있다. 이를 재항변이라고 한다.

4. 소송에 있어서 형성권의 행사

■ 핵심어

병존설, 신병존설, 상계에 관한 법원의 실질적 판단

(1) 문제의 소재

(a) 소송의 당사자가 해제권이나 상계권 등의 사법상의 형성권 행사에 따른 사법상의 효과를 소송에 주장하는 형태로서 다음 두 가지 경우가 모두 가능하다.

하나는 소송 외에서 먼저 형성권을 행사한 뒤 이에 따른 사법상의 효과를 소송에서 주장하는 것이다. 여기서 '소송 외에서'란 (준비서면에 기재하거나 법정에서 구두로 진술하는 등의 방법으로) 법원에 제출하는 주장의 형태가 아니라 소송당사자 사이에서 개인적으로 의사표시를 하는 것을 말한다. 예를 들어 원고가 피고에게 계약해제의 의사표시를 우편이나 구두로 한 후 변론에서 이 사건 계약은 해제되었다고 주장하는 경우이다. 이러한 의사표시는 비록 소송에 대비하여 한 것이라도 소송 외에서 한 것이다.

다른 하나는 소송에서 형성권을 행사함과 동시에 그 법적 효과를 주장하는 것이다. 예를 들어 원고가 변론에서 이 사건 계약을 해제한다고 진술하여 계약해제의 사법상 의사표시와 해제의 주장을 하는 경우이다. 계약 해제의 의사표시가 기재된 원고 작성의 준비서면이 피고인 상대방에게 미리 송달된 후 원고가 변론에서 이를 진술하는 경우에도 소송에서 형성권을 행사한 경우에 해당될까? 이 경우 해제의 사법상 의사표시가 송달이라는 소송절차에 의해 이루어졌으므로 소송에서 형성권을 행사한 경우에 해당된다고 할 것이다. 대법원판결 중에는 원고가 피고에게 이 사건 매매계약의 존속과는 양립할 수 없는 위약금의 지급 청구를 한 경우 그 소장이 피고에게 송달됨으로써 해제권을 행사한 것으로 본 예가 있다.[9]

(b) 소가 취하되면 소송계속이 소급적으로 소멸하게 된다(267조). 소송계속이 소급적으로 소멸하면 소송계속 중 이루어진 소송행위의 효력도 모두 소멸한다. 소송에서 형성권 행사의 효과를 주장하는 위의 두 가지 경우 중 전자의 경우에는 형성권의 행사가 소송 외에서 이루어졌으므로 형성권 행사의 효과가 소취하에 영향을 받지 않는다. 하지만 후자의 경우에는 형성권 행사의 효과도 소취하에 영향을 받아 소멸하는지가 문제된다. 이러한 문제는 소의 각하나 실기한 공격 · 방어방법의 각하의 경우에도 마찬가지로 제기될 수 있다. 예를 들어 소송에서 해제권을 행사하면서 동시에 그 법적 효과를 주장하였으나 실기한 공격 · 방어방법이라고 하여 각하된 경우 해제의 효과는 판단의 기초가 될 수 없는 것이 당연하지만 해제의 실체법상 효과까지 소멸하는가 하는 문제이다.

(2) 학설과 판례

이 문제는 소송상 형성권을 행사하는 것이 사법상의 행위인가 아니면 소송행위인가에 따라 그 결론을 달리한다. 이에 관하여는 다음과 같이 견해가 나누어진다.

(a) 병존설

외관상으로는 하나의 행위로 보이더라도 상대방에 대하여 형성권을 행사하는 사법상의 의사표시인 사법행위와 이에 의해 발생한 사법상의 효과를 법원에 진술하는

9) 대법원 1982. 5. 11. 선고 80다916 판결.

소송행위 두 가지가 병존한다는 견해이다. 이 병존설은 사법행위로서의 성질을 인정한다는 의미에서 사법행위설이라고도 한다. 이러한 병존설에 의하면 형성권 행사의 사법상의 효과가 소취하 등의 소송법상의 사유가 있는 경우에도 소멸되지 않고 존속하게 된다.

병존설을 상계의 경우에 적용하면 피고의 상계항변은 실기한 공격 · 방어방법이라고 하여 각하되더라도 상계의 사법상 의사표시는 여전히 존속하므로 상계로써 행사된 자동채권은 소멸한다. 그러나 소송법상 상계항변은 각하되었으므로 소구채권이 여전히 존재하는 것으로 인정되어 원고의 청구가 인용될 수 있게 된다.

(b) 신병존설

병존설의 위와 같은 난점을 해결하기 위해 신병존설이 주장되고 있다. 신병존설은 기본적으로는 병존설에 따르지만 상계항변의 경우에는 실기한 공격 · 방어방법으로 각하되지 않고 적법한 경우에만 사법상 효과가 발생한다는 견해이다. 이를 신병존설이라고 하며 우리나라의 다수설이다.[10] 신병존설은 상계의 경우 부당한 결론을 피하기 위하여 주장된 것이다.

(c) 판 례

판례는 소제기로써 계약해제권을 행사한 후 그 뒤 그 소송을 취하하였다 하여도 해제권은 형성권이므로 그 행사의 효력에는 아무런 영향을 미치지 아니한다고 하여 해제권행사의 경우에 병존설과 같은 태도를 취하였다.[11] 이를 두고 판례가 상계의 경우에도 병존설의 태도를 관철한다고 단정할 수는 없었다. 최근의 판례는 소송상 방어방법으로서의 상계항변은 통상 수동채권의 존재가 확정되는 것을 전제로 하여 행하여지는 일종의 예비적 항변으로서 **소송상 상계의 의사표시에 의해 확정적으로 효과가 발생하는 것이 아니라 당해 소송에서 수동채권의 존재 등 상계에 관한 법원의 실질적 판단이 이루어지는 경우에 비로소 실체법상 상계의 효과가 발생한다**[12]고 하면서 상계항변의 경우 일반적인 형성권과는 다른 취급을 하여 신병존설과 같은 태도를 취하고 있다.

다만 판례는 소송상 상계항변에 대하여 소송상 상계의 재항변을 하는 것을 허용

---

10) 김홍규/강태원, 457면; 이시윤, 393면; 정동윤/유병현/김경욱, 495면; 정영환, 593면. 이외에도 소송상 형성권의 행사를 순수한 소송행위로 보는 견해(소송행위설)나 사법행위적 성격과 소송행위적 성격을 겸하는 하나의 행위라고 보는 견해(양성설)도 있으나 국내에 그 주장자를 발견하기는 어렵다.
11) 대법원 1982. 5. 11. 선고 80다916 판결.
12) 대법원 2013. 3. 28. 선고 2011다3329 판결; 대법원 2014. 6. 12. 선고 2013다95964 판결.

하지 않으므로[13)] 소송상 상계의 재항변에 관하여는 아예 판단의 대상이 되지 않아 실체법상 상계의 효과가 발생할 여지가 없다.

(3) 검 토

위의 각 학설은 소송상 상계에 관하여 소송행위와 사법행위 양자의 존재를 인정하면서 다만 양자의 관계를 어떻게 이해할 것인가 하는 점에 있어서 차이가 있다. 따라서 위 학설의 대립은 근본적으로 소송행위와 사법행위의 구별기준에 의해 판단될 수 있는 문제가 아니고 양자의 관계를 어떻게 합목적적으로 조화시킬 것인가 하는 문제이다. 병존설에 의하면 상계항변이 시기에 늦어 각하된 경우에도 사법상 효과는 남게 되어 반대채권은 소멸하게 되나 이는 민법상 상계제도에 비추어 용인되기 어렵다. 신병존설은 상계항변이 각하된 경우에도 소구채권이 여전히 존속한다는 병존설의 문제점을 지적하고 타당한 결론을 얻고자 등장한 이론이다. 신병존설에서도 그 이론구성의 방법에 따라 무효설, 철회설, 조건설 등이 제기되고 있으나[14)] 당사자가 상계를 하는 것은 법원의 판단을 받는 것을 조건으로 상계의 효과를 생기게 하려는 의사라고 하는 조건설이 소송법과 실체법의 분리에 기초하여 민법상 상계제도와 모순되지 않고 당사자의 의사에 합치하는 이론구성으로서 타당하다.

판례연습

대법원 1982. 5. 11. 선고 80다916 판결

– 소송상 해제권 행사 후 소를 취하한 경우 해제의 효력 –

▌사건의 개요 X는 Y로부터 부동산을 매수하기로 하고 Y와 매매계약을 체결하였다. 그 후 X는 명시적으로 매매계약을 해제한다는 의사표시를 하지는 않았으나 매매계약해제를 전제로 한 위약금지급청구의 소를 제기하였다가 이를 취하하였다. 이후 X는 Y를 상대로 매매계약의 목적물인 부동산의 소유권이전등기청구의 소를 제기하였다. Y는 X와의 매매계약은 전소에서 이미 해제되었다고 항변하였다. Y의 위 항변이 이유있는지가 문제되었다. 단 Y가 이 사건 매매계약상의 의무를 위반하여 X에게 해제권이 발생한 것에 관하여는 다툼이 없는 것으로 한다.

설 명

(1) 이 사건 매매계약에 대하여 해제권 행사가 있었는지 여부

X는 매매계약해제를 전제로 한 위약금지급청구의 소를 제기하였으므로 Y에게 소장

---

13) 대법원 2014. 6. 12. 선고 2013다95964 판결. 그 이유는 법원이 원고의 소송상 상계의 재항변과 무관한 사유로 피고의 소송상 상계항변을 배척하는 경우에는 소송상 상계의 재항변을 판단할 필요가 없고, 피고의 소송상 상계항변이 이유 있다고 판단하는 경우에는 원고의 청구채권인 수동채권과 피고의 자동채권이 상계적상 당시에 대등액에서 소멸한 것으로 보게 될 것이므로 원고가 소송상 상계의 재항변으로써 상계할 대상인 피고의 자동채권이 그 범위에서 존재하지 아니하는 것이 되어 이때에도 역시 원고의 소송상 상계의 재항변에 관하여 판단할 필요가 없게 되기 때문이라 한다.

14) 이에 관하여 자세한 것은 이태영, 시기에 늦은 소송상 상계의 문제점에 관한 고찰, 고려법학, 고려대학교 법학연구소, 2013 참조.

이 송달됨으로써 이 사건 매매계약에 관하여 해제권을 행사하였다고 판단된다.

(2) 소취하 후 해제권행사의 효과가 존속하는지 여부

(a) 소가 취하되면 소가 처음부터 계속되지 아니한 것으로 본다(267조 1항). 소송 외에서 먼저 형성권을 행사한 뒤 이에 따른 사법상의 효과를 소송에서 주장하는 경우 이에 의해 당사자의 소송행위의 효력은 소멸하지만 당사자의 사법상 행위까지 소멸하는 것은 아니다. 그러나 소송에서 형성권을 행사함과 동시에 그 법적 효과를 주장하는 소송상 형성권의 행사의 경우에는 이를 사법상의 행위로 볼 것인가 소송행위로 볼 것인가에 따라 그 취급이 달라진다. 이에 관하여 판례는 소송상 형성권의 행사에 사법행위로서의 성질을 인정하여 소취하로 인하여 해제권행사의 효과에 아무런 영향이 없다고 한다.

(b) X의 해제권 행사는 Y에 대한 위약금지급청구의 소를 제기함으로써 이루어졌다고 할 수 있으므로 해제권을 소송상 행사한 경우에 해당한다. 그러나 판례에 따르면 소취하로 인하여 해제권행사의 효과에 아무런 영향이 없으므로 X의 해제권행사의 효과는 존속한다.

(3) 결 론

Y의 X와의 매매계약은 전소에서 이미 해제되었다고 한 항변은 이유있다.

참고판례 **대법원 1982. 5. 11. 선고 80다916 판결【소유권이전등기】**

제2절 당사자의 소송행위

■ **핵심어**

주요효과설, 항변권설, 표시주의, 추인과 보정

Ⅰ. 의 의

소송행위는 넓은 의미에서 법원 또는 당사자가 소송절차를 형성하는 행위이다. 법원의 소송행위는 재판이나 소송지휘 등의 국가기관의 행위이므로 당사자의 소송행위와는 전혀 다른 법적 규율에 의한다. 구체적으로 당사자의 소송행위가 의미하는 바에 관하여 그 요건과 효과가 모두 소송법에 의하여 규율되는 행위가 소송행위라는 요건효과설이 종래의 다수설이었다.[15] 그러나 **소송법상의 효과의 발생을 그 본래의 주요한 효과로 하는 행위만이 소송행위라는 주요효과설이 보다 타당하다.**[16] 이에 의하면 소송법상 그 요건과 효과가 규정되어 있지 않아도 소송법상 효과가 인정되면 소송행위로 인정될 수 있고 실체법상 효과가 아울러 발생하는 경우에도 그 본래적 효과가 소송법적 효과이면 소송행위에 해당한다. 따라서 소제기는 그로 인해 시효중단의 실체법상의 효과가 발생하지만 그 본래적 효과는 소송계속이라는 소송법적 효과이므로 소송행위에 해당한다.

Ⅱ. 종 류

(1) 당사자의 소송행위는 여러 기준으로 그 분류가 가능하지만 당사자의 소송행위로서 민사소송법상 가장 의미를 가지는 것은 신청, 주장, 증명이다. 본안의 신청은 처분권주의가 적용되며 당사자의 주장과 증거신청은 변론주의와 관련을 가지고 있다. 신청, 주장, 증명은 모두 직접 법률효과를 발생시키지 않으며 법원의 재판을 통하여 소송법상 효과가 발생한다. 예를 들어 원고가 청구나 소송이송신청을 한 경우 그 자체만으로 기판력이 발생하거나 이송의 효력이 발생하는 것이 아니다. 당사자의 주장도 그 자체로 사실로 인정되지는 않는다. 당사자가 증거신청을 한 경우에도 법원이 이를 채택하여 증거조사를 하여야 그 증거자료가 재판의 기초로 될 수 있다. 따라서 신청, 주장, 증명은 법원에 일정한 재판을 요구하거나 자료를 제공하는 취효적 소송행위(取效的 訴訟行爲)에 속한다. 이러한 취효적 소송행위는 적법하여야 함은 물론 이유도 구비하여야 한다.

(2) 당사자의 소송행위는 신청, 주장, 증명 외에도 소의 취하와 같은 단독행위와 관할의 합의와 같은 소송상 합의를 포함하는 소송법률행위도 있다. 소송법률행위는 법원의 행위를 통하지 않고 직접적으로 소송법상의 효과를 발생시키는 여효적 소송행위(與效的 訴訟行爲)에 해당한다.[17]

---

15) 송상현/박익환, 316면; 이시윤, 394면; 호문혁, 463면.
16) 김홍규/강태원, 424면; 김홍엽, 522면; 정동윤/유병현/김경욱, 470면; 정영환, 595면.
17) 여효적 소송행위에는 소송법률행위 외에도 의사의 통지(송달의 수령), 관념의 통지(소송고지), 사실행위(준비서면제출) 등이 있다.

Ⅲ. 소송상의 합의

1. 의 의

소송상의 합의는 현재 또는 장래의 소송에 대하여 영향을 미치는 법적 효과의 발생을 목적으로 하는 당사자 간의 합의이다. 소송상의 합의가 법률상 명문으로 규정된 경우도 있는데 관할의 합의(29조), 불항소합의(390조), 중재합의(중재법 9조) 등이 그 예이다.

2. 적법성

소송상의 합의가 법률에 의해 규정된 경우에는 당연히 그 적법성이 인정된다. 소취하합의나 부제소합의와 같이 법률에는 규정되어 있지 않지만 현실적으로 합의가 이루어지고 있는 경우가 있다. 이러한 경우 그 적법성을 인정할 것인가가 문제된다.

과거에는 민사소송에서 편의소송이 금지된다는 것을 근거로 적법성을 부정하는 것이 지배적이었다. 물론 전속관할이나 소송절차의 변경 등과 같이 공익에 관한 것이거나 증거력의 평가와 같이 법원의 권한에 속하는 사항은 당사자의 합의의 대상이 될 수 없다. 그러나 당사자의 의사결정의 자유가 인정되어 처분권주의나 변론주의가 적용되는 범위에서는 소송상의 합의의 적법성을 굳이 부정할 이유가 없다. 예를 들어 소의 개시에 관하여 당사자에게 처분의 자유가 인정되므로 부제소합의의 적법성 또한 인정될 수 있다. 또한 원고는 소를 취하할 수 있으므로(266조) 소를 취하하기로 당사자가 합의하는 것도 가능하다. 이러한 법리는 오늘날 일반적으로 승인되고 있다.

3. 법적 성질과 효과

(1) 문제의 소재

법률에 규정되어 있는 소송상 합의는 소송행위에 해당하고 법률의 규정에 따른 소송법적 효과가 발생한다. 그러나 법률에 규정되어 있지 않으나 적법성이 인정되는 소송상의 합의의 성질을 어떻게 파악하는가에 따라 그 효과가 달라진다. 예를 들어 당사자 사이에 소취하합의가 있는 경우 소취하와 마찬가지로 소송계속이 소급적으로 소멸하는지 아니면 원고에게 소를 취하할 의무가 발생하는지는 그 법적 성질을 소송계약으로 보는가 아니면 사법상의 계약으로 보는가에 따라 달라진다.

(2) 학 설

(a) 사법상 계약설

사법상 계약설은 소송상의 합의를 합의의 내용에 따른 의무만을 발생시키며 소송법상의 효과는 발생시키지 않는 사법상의 계약으로 본다. 사법계약설에 의하는 경우 만약 당사자가 이러한 의무를 이행하지 않는다면 소송상 합의는 어떻게 실현되어야 할까? 이 경우 일반적인 사법상의 의무처럼 소송과 강제집행을 통하여 실현하거나 집행이 불가능한 경우 손해배상을 청구할 수 있다는 견해(의무이행소구설 또는 고전적 사법행위설)도 있다. 그러나 이러한 법리구성은 당해 소송에서 소송상의 합의의 내용을 실현시키지 못하고 별도의 소송을 통해 그 실현을 구해야 하는 난점이 있다. 이에 사법상의 계약으로 보면서도 의무이행소구설과는 달리 소송상의 합의의 존재를 주장할 수 있는 항변권을 상대방에게 부여하는 것으로 보는 견해(항변권발생설 또는 발전적 사법계약설)가 있다. 예를 들어 당사자 사이에 소취하합의가 있는 경우 의무이행소구설에 의하면 원고에게 소취하의무가 발생할 뿐이다. **항변권발생설에 의하면 상대방이 항변권을 행사하면 법원은 권리보호의 이익이 없다는 이유로 소를 각하하게 된다.** 항변권발생설이 다수설[18]이며 타당하다. 다만 당사자 사이에 조건부 소취하의 합의를 한 경우에는 조건의 성취 사실이 인정되지 않는 한 그 소송을 유지할 법률상의 이익은 부정되지 않는다.[19]

(b) 소송계약설

소송계약설은 소송상의 합의를 직접적으로 소송법상의 효과를 발생시키는 소송계약으로 본다.[20] 예를 들어 소취하합의 그 자체로서 소송계속이 소급적으로 소멸한다.[21] 그 결과 무방식의 소취하합의에 의해 민사소송법이 정한 소취하와 동일한 소송법적 효과를 달성할 수 있게 된다. 이는 당사자의 합의로 민사소송법이 정한 소송행위의 요건과 방식을 충족하지 않아도 같은 소송법상 효과를 발생시킬 수 있다는 결론이 된다.[22] 나아가 소송계약설 중에는 소송상의 합의에 위반되는 경우 손해배상청구가 가능하도록 의무부과효과도 인정하자는 견해도 있다(발전적 소송계약설).[23]

---

18) 김홍엽, 525면; 송상현/박익환, 317면; 이시윤, 397면.
19) 대법원 2013. 7. 12. 선고 2013다19571 판결.
20) 김홍규/강태원, 430면; 정동윤/유병현/김경욱, 477면; 정영환, 601면.
21) 이를 소송법상의 처분효과라고 한다(정동윤/유병현/김경욱, 477면).
22) 같은 취지의 견해로는 이시윤, 397면.
23) 정동윤/유병현/김경욱, 477면. 이 견해에 대해서도 소송상의 합의가 소송상 직접적 효과를 발생시킨다면 별도의 이행의 문제는 남기지 않을 것이므로 이행의무부과효과를 인정하는 것은 논리적으로 모순이 아닌가 하는 의문이 제기될 수 있다.

(3) 판 례

판례는 소송당사자가 소송 외에서 그 소송을 취하하기로 합의한 경우 그 합의는 유효하여 원고에게 권리보호의 이익이 없으므로 원고의 소는 각하되어야 한다고 하여 항변권발생설을 취하고 있다.[24] 또한 당사자 사이에 항소취하의 합의가 있었는데도 항소취하서가 제출되지 않으면 상대방은 이를 항변으로 주장할 수 있고, 이 경우 항소심법원은 항소의 이익이 없다고 보아 그 항소를 각하하여야 한다고 한다.[25]

당사자가 소취하합의를 하더라도 소는 취하되지 않는다. 피고가 소취하합의가 있었다는 항변을 제출하면 법원은 소각하 판결을 해야 한다(항변권발생설).

4. 요건 및 효력

(1) 소송상 합의가 법률의 규정에 의해 허용되는 경우에는 그 법률의 규정에 따른 요건을 갖추어야 한다. 법률에 규정되어 있지 아니한 소송상 합의는 사법계약설을 취하는 경우 민법상의 요건을 갖추면 그 효력이 발생한다. 따라서 이 경우 당사자의 능력과 대리권은 민법상의 행위능력과 대리권으로 족하게 된다. 소송상 합의는 의사표시의 하자에 관하여도 민법의 규정이 유추적용(또는 적용)되며[26] 조건, 기한 등을 붙이는 것도 허용된다. 민사소송법이 특별히 규정(29조 2항)하고 있지 않는 한 방식의 자유가 인정된다.

(2) 소송상의 합의는 포괄승계인뿐만 아니라 권리의 내용을 자유로이 정할 수 있는 채권의 승계인에게도 효력이 미친다. 그러나 물권법정주의에 따르는 물권의 특정승계인에게는 효력이 미치지 않는다. 소송상 합의는 특정한 분쟁에 한하여 그 효력이 미치고 일체의 소송을 금지하는 포괄적인 부제소합의와 같은 것은 재판청구권을 침해하는 것으로 무효가 된다.[27]

Ⅳ. 소송행위의 법적 규율

소송행위는 개인의 사법행위와는 달리 국가재판제도 내에서 소송절차의 일부로

---

24) 대법원 1982. 3. 9. 선고 81다1312 판결. 부제소합의에 대한 같은 취지의 판결로는 대법원 1993. 5. 14. 선고 92다21760 판결.
25) 대법원 2018. 5. 30. 선고 2017다21411 판결.
26) 소취하합의의 의사표시는 민법 제109조에 따라 법률행위의 내용의 중요 부분에 착오가 있는 때에는 취소할 수 있다고 한 판례로는 대법원 2020. 10. 15. 선고 2020다227523, 227530 판결.
27) 대법원 2002. 2. 22. 선고 2000다65086 판결.

이루어진다. 사법행위에 대한 소송행위의 이러한 특질로 인해 소송행위에는 원칙적으로 사법행위에 관한 규정이 적용되지 않는다는 것이 지배적인 견해이다. 이하 이에 관해 구체적으로 살펴보기로 한다.

1. 인적 요건

당사자가 소송행위를 유효하게 하기 위해서는 당사자능력과 소송능력을 요한다. 또한 소송상 대리인의 소송행위에는 법정대리권 또는 소송대리권이 있어야 한다. 소송행위에 표현대리의 법리가 적용되는가에 관하여 다툼이 있으나 판례는 집행수락의 의사표시에 대하여 민법상의 표현대리규정이 적용 또는 유추적용될 수는 없다고 하여 소극적 태도를 취하고 있음은 앞서 살펴본 바와 같다.

2. 방식과 효력발생

소송행위가 변론에서 행하여지는 경우에는 구술주의의 원칙에 따라 법원에 대하여 구술로 행하여져야 한다. 소송행위는 법원에 대한 단독행위이므로 적법한 기일통지가 있었으면 상대방이 불출석하여도 유효하다. 그러나 소의 제기, 변경, 취하 등은 예외적으로 서면에 의하여야 하며 법원에 이를 제출하고 상대방에게 도달되어야 효력이 발생한다.

3. 소송행위의 조건과 기한

소송행위에 조건과 기한을 붙일 수 있는가가 문제된다. 조건은 장래 발생할 것이 확실하지 아니한 사실에 행위의 효력을 의존시키는 것이다. 따라서 **일반적으로 조건은 절차적 안정성이 우선적으로 고려되는 소송행위에는 친하지 않다**. 소송행위와 관련한 조건의 문제는 소송내적 조건과 소송외적 조건을 구분하여 설명하는 것이 일반적이다. 우선 소송외적 조건부 소송행위는 소송 외에서 장래 발생 여부가 불확실한 사실에 의존하므로 소송절차의 안정성을 해칠 우려가 있어 허용되지 않는다. 소송외적 조건으로 제3자의 승낙을 조건으로 한 소의 제기[28], 피고가 원고의 청구를 시인할 것을 해제조건으로 하는 소의 제기, 상대방이 상소제기를 하지 않을 것을 해제조건으로 하는 상소의 제기[29] 등이 그 예이다. 이와 달리 소송내적 조건부 소송행위는 소송진행 중에 판명될 사실을 조건으로 하므로 절차의 안정성을 해칠 우려가 없어 허용된다. 청구의 예비적 병합이나 예비적 주장, 예비적 반소, 예비적 공동소송 등

28) 정동윤/유병현/김경욱, 485면.
29) 이시윤, 399면.

이 그 예이다.[30)]

4. 소송행위의 철회

소송행위에는 처분권주의와 변론주의가 적용되므로 원칙적으로 자유로이 철회, 정정을 할 수 있다. 이러한 철회의 자유는 신청, 주장, 증명 모두에 적용된다. 그러나 소의 제기에 대해 본안에 관하여 응소한 경우(266조)나 선행자백에 대해 상대방이 원용하는 경우(288조)와 같이 당사자의 소송행위로 상대방이 일정한 소송상의 지위를 취득한 경우(구속적 소송행위)에는 그 철회가 제한된다. 소의 취하와 같이 법원의 행위가 개입되지 않고 직접 소송상의 효력을 발생시키는 여효적 소송행위는 그로 인해 상대방에게 소송상의 지위가 발생하므로 철회가 제한된다. 소송행위의 철회, 정정은 원칙적으로 사실심종결 전까지만 허용된다.[31)]

5. 소송행위의 하자와 치유

(1) 소송행위의 하자

(a) 원 칙

소송행위를 철회할 수 없는 경우 소송행위에 착오나 강박 등의 흠이 있으면 이를 이유로 민법 제109조나 제110조를 유추적용하여 소송행위의 무효나 취소를 주장할 수 있을까? 이에 관하여 소송절차를 구성하는 전형적인 소송행위, 소송절차를 종료시키는 소송행위, 소송 전 · 소송 외 소송행위 등을 나누어 살펴볼 필요가 있다.

1) **증거신청과 같이 소송절차를 구성하는 전형적인 소송행위에는 소송절차의 안정성과 명확성을 기하기 위해 표시주의와 외관주의가 관철되어야 한다. 따라서 이를 취소하는 것은 절차의 안정성을 해칠 우려가 있어 허용되지 않는다는 것이 통설이다.**

2) 관할의 합의와 같은 소송 전 · 소송 외의 소송행위는 소송절차와 직접적 관

---

30) 그러나 이러한 일반적 설명방식에는 의문의 여지가 있다. 소송외적 조건부 소송행위로 언급되고 있는 피고가 원고의 청구를 시인할 것을 해제조건으로 하는 소의 제기, 상대방이 상소제기를 하지 않을 것을 해제조건으로 하는 상소의 제기 등이 허용될 수 없음은 다툼이 없어 보이나 이러한 경우들이 소송진행 중에 판명될 수 없는 사실들, 즉 소송외적 조건인지는 의문이다. 예를 들어 상대방의 상소제기 여부는 소송 내에서 명확히 판명될 수 있는 사실이기 때문이다. 또한 예비적 공동소송의 경우 민사소송법이 명문으로 규정하기 전까지는 그 허용성에 관하여 다툼이 있어 왔고 판례는 불허하는 입장이었다. 그렇다면 그 허용성이 소송외적 조건인가 소송내적 조건인가에 달려 있고 소송내적 조건이면 모두 허용되는 것이 아니라 소송내적 조건 중에서도 법률상 명문으로 허용되거나 이에 준하는 것에 한하는 것이라 보아야 한다고 생각한다. 법률상 허용되는 예는 원칙적으로 판단대상 자체가 서로 조건을 이루는 경우들이다.

31) 대법원 1960. 8. 18. 선고 4292민상905 판결.

련성이 없으므로 의사의 흠에 관한 민법의 규정을 유추적용하여 그 취소가 허용된다.[32] 그러나 판례는 제소전화해 사건의 소송위임이 강박에 의해 이루어진 것이라 하더라도 위임인이 이를 이유로 소송위임행위를 취소할 수 없다고 하여 소극적인 태도를 취하고 있다.[33]

3) 통설은 소의 취하와 같이 소송절차를 종료시키는 소송행위에 관하여도 취소가 허용되지 않는다고 한다. 절차를 종료시키는 행위에 대하여 무효나 취소를 인정하면 일응 종료된 소송절차가 다시 부활하게 되어 소송절차의 안정성을 해치게 된다.

판례도 소의 취하는 소송행위이고 소송행위는 일반 사법상의 행위와는 달리 내심의 의사보다 그 표시를 기준으로 하여 효력 유무를 판정할 수밖에 없다고 한다.[34] 이에 따라 원고 소송대리인으로부터 소송대리인 사임신고서 제출을 지시받은 사무원이 원고 소송대리인의 의사에 반하여 소를 취하하였다고 하여도 이를 무효로 볼 수 없다고 한다.[35] 그 사무원은 원고 소송대리인의 표시기관에 해당되어 그의 착오는 원고 소송대리인의 착오라고 보아야 한다는 것이 그 이유다. 또한 판례는 소의 취하가 정당한 당사자에 의하여 이루어진 것이라면 그 취하가 타인의 기망에 인한 것이라 하더라도 이를 취소할 수 없다고 한다.[36]

(b) 예 외

1) 형사상 처벌할 수 있는 다른 사람의 행위로 인한 소송행위

민사소송법 제451조 제1항 제5호는 '형사상 처벌을 받을 다른 사람의 행위로 말미암아 자백을 하였거나 판결에 영향을 미칠 공격 또는 방어방법의 제출에 방해를 받은 때'를 재심사유로 규정하고 있다. 재심은 확정된 판결을 취소하는 제도이므로 판결확정 전 소송행위에 이러한 재심사유에 상당하는 사유가 있는 경우에도 그 취소가 가능하다. 따라서 형사상 처벌할 수 있는 다른 사람의 행위로 인하여 한 소송행위는 민사소송법 제451조 제1항 제5호를 유추적용하여 취소가 가능하다.[37]

이 경우 소송행위의 원인이 된 타인의 행위는 단지 형사상 처벌가능성이 있는 것으로 족한 것일까? 소송행위를 취소할 수 있는 사유는 취소로 인해 잃게 되는 소송절차의 안정성과의 균형상 엄격하게 해석될 필요가 있다. 재심사유로서 동호를 적용함에 있어서는 형사상 처벌 받을 타인의 행위에 대하여 유죄판결 등이 확정될 것을

32) 이시윤, 400면; 정동윤/유병현/김경욱, 483면.
33) 대법원 1997. 10. 10. 선고 96다35484 판결.
34) 대법원 2009. 4. 23. 선고 2008다95151 판결.
35) 대법원 1997. 10. 24. 선고 95다11740 판결.
36) 대법원 1979. 12. 11. 선고 76다1829 판결.
37) 강현중, 1017면.

요한다(동조 2항). 판례는 이에 더하여 그 타인의 행위에 대하여 유죄판결이 확정되고 또 그 소송행위가 그에 부합되는 의사 없이 외형적으로만 존재할 때에 한하여 그 효력을 부인할 수 있다고 한다.[38] 이러한 판례의 태도에 대하여는 구제의 길을 지나치게 좁힌다는 비판도 제기되고 있다.[39]

2) 상대방의 동의

상대방의 동의가 있는 경우이다. 판례도 자백의 취소를 상대방이 승낙한 경우에는 그 취소는 유효하다고 한다.[40]

판례연습 대법원 1984. 5. 29. 선고 82다카963 판결

– 기망을 이유로 가처분의 취하의 취소 가부 –

▎사건의 개요 X는 1973. 4. 23. 자신의 소유인 K토지를 당시 X의 처였던 Y에게 명의신탁을 하여 두었다. 그 후 X와 Y 사이에 불화가 생겨 X는 A를 소송대리인으로 하여 1979. 6. 15. Y를 상대로 K토지에 관한 처분금지가처분신청을 하고 소유권이전등기절차이행을 구하는 소를 제기하였다. 이 소송에서 Y가 X의 청구를 인낙하였다. 그 후 Y는 X를 형사고소하여 X는 구속되고 K토지에 관한 소유명의는 여전히 Y 앞으로 남아 있었다. 이를 기화로 Y는 1980. 3. 5. X가 K토지에 관한 처분금지가처분신청(이후 이 사건 가처분이라고 한다)을 취소하거나 그 집행해제를 하도록 승낙한 사실이 없음에도 불구하고 A의 사무원과 공모한 후 X로부터 그 승낙을 받았다고 A를 기망하였다. 이에 속은 A는 같은 해 3. 17. X의 대리인으로서 자신이 X로부터 수여받은 권한에 기해 법원에 위 가처분신청취하서와 집행해제원을 제출하여 위에서 본 처분금지가처분등기는 말소되고 K토지는 Y_1에게 그 소유권이 이전되었다. X는 Y_1명의의 소유권이전등기의 말소등기절차이행청구를 할 수 있는지가 문제되었다.

설명

(1) 이 사건 처분금지가처분과 소유권이전등기의 효력

채무자 소유의 부동산에 대하여 처분금지가처분결정이 된 경우에 가처분채무자는 그 부동산을 처분할 수 없는 것이 아니지만 그 처분을 가지고 가처분에 저촉하는 범위 내에서 가처분 채권자에게 대항할 수 없다.[41] 이 사건에서 처분금지가처분신청 취하가 무효라면 X의 Y_1에 대한 소유권이전등기의 말소등기절차이행청구에 Y_1은 대항할 수 없다.

---

38) 대법원 1984. 5. 29. 선고 82다카963 판결.
39) 이시윤, 400면.
40) 대법원 1967. 8. 29. 선고 67다1216 판결.
41) 대법원 1988. 9. 13. 선고 86다카191 판결.

(2) 이 사건 처분금지가처분신청취하의 효력

이 사건에서 처분금지가처분신청취하는 소송행위에 해당한다. 소송행위가 상대방의 기망에 의하여 착오로 이루어졌다 하더라도 본인이 한 소송행위로서의 효력을 부인할 수는 없다. 다만 그 형사상 처벌을 받을 타인의 행위에 대하여 유죄판결이 확정된 경우에는 민사소송법 제451조 제1항 제5호, 제2항의 규정취지를 유추해석하여 그로 인한 소송행위의 효력을 부인할 수 있다. 판례는 이 경우에 있어서도 그 소송행위가 이에 부합되는 의사 없이 외형적으로만 존재할 때에 한하여 그 효력을 부인할 수 있다고 한다. 따라서 타인의 범죄행위가 소송행위를 하는 데 착오를 일으키게 한 정도에 불과할 뿐 소송행위에 부합되는 의사가 존재할 때에는 그 소송행위의 효력을 다툴 수 없다고 한다. 이에 의하면 이 사건의 경우 X의 대리인 A는 Y의 기망행위에 의해 X의 승낙이 있었던 것으로 착오를 일으켰을 뿐 처분금지가처분신청취하의 의사표시가 없었다고 할 수는 없으므로 이 사건 처분금지가처분신청취하는 무효라 할 수 없다.

(3) X의 Y_1명의의 소유권이전등기의 말소등기절차이행청구의 가부

이 사건 처분금지가처분의 말소는 유효한 것이므로 Y_1명의의 소유권이전등기는 위 처분금지가처분에 저촉하여 이루어진 것이라고 할 수 없다.

따라서 X는 Y_1명의의 소유권이전등기의 말소등기절차이행청구를 할 수 없다.

참고판례 대법원 1984. 5. 29. 선고 82다카963 판결【소유권이전등기말소 등】

(2) 하자 있는 소송행위의 치유

소송행위가 요건을 갖추지 못한 경우 무효로 됨이 원칙이지만 이를 엄격히 관철하면 흠 있는 소송행위 이후 연쇄적으로 진행된 소송행위들의 효력이 부인되어 오히려 절차적 안정성을 해하게 되는 경우도 있을 수 있다. 이러한 취지에서 다음의 경우에는 무효인 소송행위를 유효로 하는 것이 인정된다.

(a) 소송행위에 흠이 있어 효력을 발생할 수 없는 경우에는 기존행위를 철회하고 새로이 흠 없는 소송행위를 하여 효력을 발생시킬 수 있다. 이때 발생하는 효력은 새로운 소송행위로 인한 효력이므로 새로운 소송행위의 행위기간이 준수되어야 하고 그 효력은 새로운 행위시부터 발생한다.

(b) 소송능력이나 대리권이 흠이 있는 사람이 소송행위를 한 뒤 이를 추인하면 그 소송행위는 이를 한 때에 소급하여 효력이 생긴다(60조, 97조). 판례는 대표자 자격 없는

비법인 사단의 대표자가 한 소송행위는 후에 대표자 자격을 적법하게 취득한 대표자가 그 소송행위를 추인하면 행위시에 소급하여 효력을 가지게 되고, 이러한 추인은 상고심에서도 할 수 있다고 한다.[42)]

(c) 소장이 그 요건을 갖추지 못한 경우에도 재판장이 정한 상당한 기간 내에 흠을 보정하면 유효한 것으로 된다(254조).

(d) 소송행위가 소송절차에 어긋난 경우에도 당사자가 이에 대해 즉시 이의를 제기하지 않으면 이의권의 포기 · 상실로 그 흠이 치유된다(151조).

(e) 무효행위의 전환에 관한 민법 제138조를 소송행위에도 유추적용 할 수 있는지 문제된다. 판례는 당사자가 항소를 제기하면서 추완항소라는 취지의 문언을 기재하지 아니하였다고 하더라도 증거에 의하여 그 항소기간의 도과가 그의 책임질 수 없는 사유에 기인한 것으로 인정되는 이상 그 항소는 처음부터 소송행위의 추완에 의하여 제기된 항소라고 보아야 한다고 한다.[43)] 또한 특별항고의 대상으로서 불복할 수 없는 결정에 대하여 당사자가 특별항고의 표시를 하지 않고 항고한 경우에도 법원은 이를 특별항고로 보아 기록을 대법원에 송부하여야 한다고 한다.[44)] 이와 같이 소송행위의 무효행위전환을 인정하는 판례의 태도는 타당하며 학설상으로도 이에 찬동하는 것이 다수의 견해이다.[45)]

6. 소송행위의 해석

소송행위의 해석은 실체법상의 법률행위와는 달리 철저한 표시주의와 외관주의에 따르도록 되어 있고 표시된 내용과 저촉되거나 모순되는 해석을 할 수 없는 것이 원칙이다.[46)] 다만 이를 지나치게 관철하면 도리어 당사자의 권리구제를 위한 소송제도의 목적과 소송경제에 반하는 부당한 결과를 초래할 수 있는 경우에는 그 소송행위에 관한 당사자의 주장 전체를 고찰하고 그 소송행위를 하는 당사자의 의사를 참작하여 객관적이고 합리적으로 소송행위를 해석하여야 한다.[47)]

---

42) 대법원 2019. 9. 10. 선고 2019다208953 판결.
43) 대법원 1980. 10. 14. 선고 80다1795 판결.
44) 대법원 1981. 8. 21.자 81마292 결정.
45) 강현중, 120면; 김홍규/강태원, 491면; 이시윤, 402면; 정동윤/유병현/김경욱, 491면; 정영환, 609면. 반대 김홍엽, 536면.
46) 대법원 1984. 2. 28. 선고 83다카1981 전원합의체판결.
47) 대법원은 위 판결에서 항소심판결에 대해 본안판결이 이루어져 제1심판결에 대해 재심의 소를 제기하지 못함에도(451조 3항 참조) 제1심판결에 대해 재심의 소를 제기한 사안에 대해 항소심판결을 대상으로 재심의 소를 제기한 것으로 해석하여 항소심법원에 이송하여야 한다고 판시하였다.

제5장 변론의 실시

■ 핵심어

변론의 병합, 변론의 일체성, 변론조서의 증명력

Ⅰ. 변론의 경과

변론은 재판장이 미리 지정한 변론기일에 공개된 법정에서 행한다. i) 원고는 소장에 기재된 청구취지를 진술함으로써 본안의 신청을 한다. 이에 대해 피고는 원고의 청구인낙을 할 수도 있으나 이는 드문 경우이고 보통은 소각하 또는 청구기각의 판결을 구하는 진술을 한다. 변론 준비기일을 마친 사건은 그 결과를 진술함으로써 한다. ii) 이에 각 당사자는 자신이 구하는 판결을 이유 있게 하는 진술을 하고 상대방의 주장에 대해 인정하거나 다투는 취지의 진술을 하게 된다. iii) 당사자 사이에 다툼이 없는 사실이 아닌 한 원칙적으로 이를 주장한 당사자가 이에 관한 증거를 제출하고 법원은 이에 관해 증거조사를 할 것인지를 결정하여 증거조사를 한다. iv) 변론이 판결을 하기에 성숙해지면 법원은 변론을 종결하고 지정하는 선고기일에 판결을 선고한다. 이에 관하여 기본사례와 비교하여 살펴보기 바란다.

Ⅱ. 변론의 정리

법원은 변론의 제한 · 분리 또는 병합을 명하거나, 그 명령을 취소할 수 있다(141조). 법원은 변론의 제한 · 분리 또는 병합은 소송지휘권의 행사로서 이를 적절히 행사함으로써 심리의 효율화를 도모할 수 있다.

1. 변론의 제한

변론의 제한은 하나의 사건에 여러 쟁점이 있는 경우 변론의 대상을 일정한 범위에 한정시켜 심리를 집중시키는 것이다. 예를 들어 피고가 본안전 항변을 하여 본안에 관한 쟁점에 앞서 본안전 항변에 관한 사항으로 변론을 제한하거나 소유권에 기한 토지인도소송에서 원고에게 토지소유권이 있는지가 심하게 다투어지는 경우 변론을 원고의 토지소유권에 관한 사항으로 한정하는 것이다. 변론 결과 피고의 본안전 항변이 이유 있거나 토지가 원고 소유가 아니면 바로 변론을 종결하고 소각하 또는 청구기각 판결을 하여야 한다. 그러나 원고에게 토지 소유권이 인정되면 법원은 변론의 제한을 취소하고 그 외의 쟁점에 대해 변론을 명한다.

2. 변론의 분리

변론의 분리는 하나의 소로써 여러 개의 청구가 병합되어 심리되고 있는 경우에 법원이 여러 개의 청구 중 일부에 대하여 별개의 소송절차로 심리할 것을 명하는 것이다. 변론의 분리는 분리하여 심리하는 것이 소송지연을 막고 소송관계를 단순화하는 데 도움이 되는 경우에 활용된다. 통상공동소송에서는 청구가 동종인 경우에 한하여 분리가 허용되며 필수적 공동소송, 예비적 · 선택적 공동소송, 독립당사자참가소송 등 별개로 판결할 수 없는 경우에는 분리가 허용되지 않는다.[1] 만약 소가 청구의 병합요건(253조)을 갖추지 못하였는데도 불구하고 병합청구로 제기된 경우에는 법원은 반드시 변론을 분리하여야 한다.[2]

3. 변론의 병합

변론의 병합은 법원이 한 법원에 별개로 계속되어 있는 복수의 소송을 하나의 소송절차에서 심리할 것을 명하는 것이다. 변론의 병합은 다른 소송절차에서 심리만을 동시에 진행시키는 변론의 병행과는 구별된다.[3] 변론의 병합은 청구병합의 요건을 갖추어야 한다(253조). 변론이 병합된 경우에 병합 전 각 사건에 대해 행한 증거조사의 결과가 병합 후 당연히 공통의 증거가 되는가가 문제된다. 같은 당사자 사이에서는 원용 없이도 증거자료가 되나 당사자가 다른 사건에 병합되어 공동소송이 된 경우에는 증거조사에 참여하지 아니한 당사자의 절차보장을 위해 원용을 필요로 한다고 해석된다.[4]

Ⅲ. 변론의 재개

법원은 종결된 변론을 다시 열도록 명할 수 있다(142조). 이를 변론의 재개라 한다. 변론의 재개는 변론을 종결한 뒤 판결 선고 전 심리의 미진이 발견되거나 기타 사유가 있는 경우에 한다. 변론의 재개는 법원의 직권에 속하는 사항이므로 당사자의 변

1) 김홍엽, 541면.
2) 주석민사소송법(Ⅱ), 376면.
3) 실무상 '동시진행'이란 용어를 쓰기도 한다.
4) 강현중, 416면; 김홍엽, 543면(묵시적 원용 인정); 이시윤, 405면; 정동윤/유병현/김경욱, 499면; 정영환, 613면.

론재개신청을 받아들이느냐의 여부는 법원의 재량에 의한다.[5] 그러나 판례는 ⅰ) 변론재개신청을 한 당사자가 변론종결 전에 그에게 책임을 지우기 어려운 사정으로 주장·증명을 제출할 기회를 제대로 갖지 못하였고, 그 주장·증명의 대상이 판결의 결과를 좌우할 수 있는 관건적 요증사실에 해당하는 경우 등과 같이, 당사자에게 변론을 재개하여 그 주장·증명을 제출할 기회를 주지 않은 채 패소의 판결을 하는 것이 민사소송법이 추구하는 절차적 정의에 반하는 경우, ⅱ) 법원이 사실상 또는 법률상 사항에 관한 석명의무나 지적의무 등을 위반한 채 변론을 종결하였는데 당사자가 그에 관한 주장·증명을 제출하기 위하여 변론재개신청을 한 경우 등과 같이 사건의 적정하고 공정한 해결에 영향을 미칠 수 있는 소송절차상의 위법이 드러난 경우 등에는 변론을 재개하고 심리를 속행할 의무가 있다고 한다.[6]

Ⅳ. 변론의 일체성

변론의 일체성이란 변론이 여러 기일에 걸쳐 행하여졌다 하더라도 하나의 기일에 행하여진 것으로 취급되는 것을 말한다. 수시제출주의에서는 당사자가 소송자료를 어느 시점의 변론기일에서 제출하더라도 동일한 효력을 가진다. 그러나 **적시제출주의를 취하고 있는 현행 민사소송법에서는 적시에 제출되어 실권되지 않는 소송자료만이 변론의 일체성을 가진다고 할 수 있다.** 항소심이 제1심의 속심의 구조를 가지고 있는 우리 민사소송법에서는 변론의 일체성이 제1심과 항소심 전체에 걸쳐 인정된다.

Ⅴ. 변론조서

1. 의 의

변론조서는 변론의 경과를 명확하게 기록보존하기 위해 법원사무관등이 작성하는

---

5) 대법원 1987. 12. 8. 선고 86다카1230 판결.

6) 대법원 2010. 10. 28. 선고 2010다20532 판결. 이 판결에서는 법원이 변론을 재개할 의무가 있는 예외적 요건 등을 갖추지 못하여 법원이 변론을 재개할 의무가 없는데도 변론이 재개될 것을 가정한 다음, 그와 같이 가정적으로 재개된 변론의 기일에서 새로운 주장·증명을 제출할 경우 실기한 공격·방어방법으로 각하 당하지 아니할 가능성이 있다는 사정만으로 법원이 변론을 재개할 의무가 생긴다고 할 수는 없다고 하면서 다만, 실제로 법원이 당사자의 변론재개신청을 받아들여 변론재개를 한 경우에는 소송관계는 변론재개 전의 상태로 환원되므로, 그 재개된 변론기일에서 제출된 주장·증명이 실기한 공격·방어방법에 해당되는지 여부를 판단함에 있어서는 변론재개 자체로 인한 소송완결의 지연은 고려할 필요 없이 민사소송법 제149조 제1항이 규정하는 요건을 충족하는지를 기준으로 그 해당 여부를 판단하면 된다고 한다.

변 론 조 서

2차
2007 가단 4917 부당이득금

기일 2007. 7. 14. 16:00
장소 제1호 법정

판 사 이 철 수

공개여부 : 법정공개

법원주사보 홍 길 동

고 지 된
다음기일 2007. 8. 11. 17:00

사건과 당사자를 호명

원 고 홍 영 호 출 석
피 고 김 영 희 출 석

원고

2007. 7. 11. 자 소변경 신청서 진술하고 지연이자는 2007. 7. 15.부터 완제일까지 연 2할 5푼으로 구한다고 진술.

피고

변경된 청구취지 기각 판결을 구하고, 변경된 원인 사실 부인.
지연이자 부분에 대하여는 동의.

원고

2007. 3. 23. 이하의 글씨는 (갑제4호증) 원고가 피고의 말을 듣고 정리한 것이다.

원고에게

갑제4호증의 원본을 제출할 것을 명

증거 관계 별지와 같음 (원고 서증. 증인 등)

속행
법원주사보 홍 길 동 (날인)
판 사 이 철 수 (날인)

○○ 지방법원

조서이다. 이는 소송절차의 진행을 명확히 함으로써 절차의 안정을 기하고 상급법원이 원심판결의 당부를 심사할 수 있도록 하여 준다. 법원사무관등은 변론기일에 참석하여 기일마다 조서를 작성함이 원칙이다(152조 1항). 그러나 특별한 사정이 있거나 재판장이 필요하다고 인정하는 경우에는 예외가 인정된다(동조 1항 단서, 2항).

2. 조서의 기재사항

변론조서에는 형식적 기재사항으로서 반드시 제153조 1호 내지 6호의 사항을 기재하여야 한다. 이때 재판장과 법원사무관등이 기명날인한다. 또한 실질적 기재사항으로서 변론의 요지를 적고 제154조 1호 내지 6호에 규정된 당사자나 법원의 소송행위 및 증거조사의 결과 등을 기재한다. 여기서 변론의 요지를 기재하는 것은 소극적으로는 변론의 내용을 전부 기재할 필요가 없다는 취지이지만 최소한 변론진행의 요지는 포함되어야 한다. 형식적 기재사항을 누락하면 조서가 무효가 되나 실질적 기재사항은 이를 누락하여도 조서가 무효로 되지 않는다.

(앞의 변론조서는 ○○ 지방법원의 2007가단4917 부당이득금사건의 제2차 변론조서이다. 변론조서에는 '공개여부: 법정공개'라고 되어 있으므로 위의 변론은 공개심리주의를 준수한 것으로 판단된다. 변론기일에는 당사자 본인들이 모두 출석하였음을 알 수 있다. 또한 변론의 내용으로서 원고의 소변경 신청에 관하여 원고와 피고는 진술하였고 갑제4호증에 관한 원고의 진술과 법원의 명령도 기재되어 있다)

3. 조서의 기재방법

(1) 변론조서는 실무상 기본적 변론조서, 증거조사에 관한 조서, 증거목록 등 세가지로 나누어 작성한다. 조서에는 서면, 사진, 그 밖에 법원이 적당하다고 인정하는 것을 인용하고 소송기록에 붙여 이를 조서의 일부로 삼을 수 있다(156조).

(2) 법원은 필요하다고 인정하는 경우에는 변론의 전부 또는 일부를 녹음하거나, 속기자로 하여금 받아 적도록 명할 수 있다. 또한 당사자가 녹음 또는 속기를 신청하면 특별한 사유가 없는 한 이를 명하여야 한다(159조 1항). 이때 녹음테이프와 속기록은 조서의 일부로 삼는다(동조 2항). 이는 변론의 내용을 보다 정확하고 자세하게 보존하여 집중심리제도를 제도적으로 뒷받침할 수 있도록 한 취지라고 할 수 있다.

4. 조서의 공개와 정정

조서는 관계인이 신청하면 그에게 읽어 주거나 보여주어야 한다(157조). 관계인으로 하여금 그 정확성을 확인하고 정확하지 않으면 이의를 제기할 수 있도록 하기 위한 것이다. 조서에 적힌 사항에 대하여 관계인이 이의를 제기한 때에는 조서에 그 취지를 적어야 한다(164조).[7] 이의가 정당하다고 인정되면 조서의 기재를 정정한다.

5. 증명력

변론방식에 관한 규정이 지켜졌다는 것은 조서로만 증명할 수 있다. 다만, 조서가 없어진 때에는 그렇지 않다(158조). 변론의 방식이란 변론의 외부적 형식을 말한다. 이에는 변론의 일시 및 장소, 변론의 공개유무, 관여법관, 당사자와 대리인의 출석 여부[8], 판결의 선고 일자와 선고사실[9] 등이 포함된다. 조서로만 증명한다고 함은 조서에 기재된 것은 존재하는 사실로 인정되고 기재되지 않은 것은 그 사실이 존재하는 것으로 인정되지 않으며(부존재가 증명되는 것이 아님) 다른 증거로써 이를 달리 인정할 수 없다는 의미이다. 이와 같이 민사소송법은 변론의 방식에 관하여 예외적으로 법정증거주의를 취하였다. 이는 여러 제도적 장치로 조서의 정확성이 담보되어 있는데다 소송절차에 관한 다툼을 방지하고자 하는 취지이다.

조서의 법정 증명력은 변론의 방식에만 인정된다. 그 결과 재판의 선고를 제외한 민사소송법 제154조의 실질적 기재사항에 해당하는 변론의 내용에는 증명력이 인정되지 않는다. 그러나 이 경우에도 조서는 고도의 정확성이 담보되어 있으므로 조서의 기재는 특별한 사정이 없는 한 강한 증명력을 가진다.[10]

Ⅵ. 소송기록

(1) 법원은 특정사건에 관하여 소장, 준비서면 등 당사자가 제출한 서류와 송달서류, 변론조서 등 법원이 작성한 서류를 하나로 묶어 소송기록으로 보관한다. 소송기록을 통하여 그동안의 소송절차가 어떻게 진행되었는지를 알 수 있다.

(2) 당사자나 이해관계를 소명한 제3자는 대법원규칙이 정하는 바에 따라, 소송기록의 열람 · 복사, 재판서 · 조서의 정본 · 등본 · 초본의 교부 또는 소송에 관한 사항

---

7) 판례는 변론조서에 불실의 기재가 있은 경우 그 정정을 구함에 있어서는 제146조 제2항(현행 민사소송법 제164조)에 의하여야 하며 법원사무관등의 처분에 대한 이의(223조)로 처리할 것이 아니라고 한다(대법원 1989. 9. 7.자 89마694 결정).

8) 대법원 1982. 6. 8. 선고 81다817 판결

9) 대법원 1972. 2. 29. 선고 71다2770 판결.

10) 대법원 2001. 4. 13. 선고 2001다6367 판결(원고들이 소외인의 상속재산에 관하여 자백한 내용의 조서의 기재에 강한 증명력을 인정한 사안이다).

의 증명서의 교부를 법원사무관등에게 신청할 수 있다(162조 1항). 또한 누구든지 권리구제·학술연구 또는 공익적 목적으로 대법원규칙으로 정하는 바에 따라 법원사무관등에게 재판이 확정된 소송기록의 열람을 신청할 수 있다. 다만, 공개를 금지한 변론에 관련된 소송기록이나 소송관계인이 동의하지 않는 경우에는 예외이다(동조 2항, 3항).

(3) 법원은 당사자의 신청에 따라 결정으로 소송기록 중 비밀이 적혀 있는 부분의 열람·복사, 재판서·조서 중 비밀이 적혀 있는 부분의 정본·등본·초본의 교부를 신청할 수 있는 자를 당사자로 한정할 수 있다(163조 1항). 소송기록에 기재된 개인의 사생활이나 영업상 비밀이 유출되는 것을 방지하고 하는 취지이다. 소송기록의 열람 등이 제한되는 비밀보호의 구체적 사유는 소송기록 중에 당사자의 사생활에 관한 중대한 비밀이 적혀 있고, 제3자에게 비밀 기재부분의 열람 등을 허용하면 당사자의 사회생활에 지장이 클 우려가 있는 때이거나 소송기록 중에 당사자가 가지는 영업비밀(부정경쟁방지 및 영업비밀보호에 관한 법률 제2조 제2호에 규정된 영업비밀을 말한다)이 적혀 있는 때이다. 소송기록의 열람제한의 신청이 있는 경우에는 그 신청에 관한 재판이 확정될 때까지 제3자는 비밀 기재부분의 열람 등을 신청할 수 없다(동조 2항). 소송기록을 보관하고 있는 법원은 이해관계를 소명한 제3자의 신청에 따라 소송기록열람제한의 사유가 존재하지 아니하거나 소멸되었음을 이유로 열람제한 결정을 취소할 수 있다(동조 3항).

제6장 당사자의 변론기일결석

■ 핵심어

필요적 변론, 진술간주, 진술간주와 자백성립, 자백간주, 공시송달과 자백간주, 취하간주의 효과

민사소송에 있어 법원의 재판은 당사자가 변론기일에 출석하여 구술로 변론한 자료를 기초로 한다. 따라서 당사자가 변론기일에 결석한 경우 사건 심리가 이루어질 수 없다. 이에 민사소송법은 당사자가 변론기일에 결석한 경우에 대비한 규정을 두고 있다.

한쪽 당사자의 결석: 진술간주(제148조), 자백간주(150조)
양쪽 당사자의 결석: 취하간주(268조)

Ⅰ. 당사자의 결석(기일의 해태)

당사자의 결석은 당사자가 적법한 기일통지를 받고도 변론기일에 출석하지 않거나 출석하여도 변론하지 않은 경우이다.

(1) 여기서의 변론기일은 필요적 변론이 요구되는 판결절차에서의 변론기일을 의미하며 임의적 변론에서는 당사자 불출석의 경우에도 재판진행이 가능하므로 적용되지 않는다(134조 참조).

(2) 기일결석의 효과는 당사자가 적법한 기일통지를 받고도 출석하지 아니한 경우에 적용된다. 기일의 통지는 기일통지서 또는 출석요구서를 송달하여 하므로(167조 1항) 기일통지서가 송달되지 않았거나 송달불능인 경우에는 기일결석으로 되지 않는다. 당사자가 변론기일에 출석하지 아니한 경우 상대방이 주장하는 사실을 자백한 것으로 보지만 공시송달에 의한 기일통지를 받고 불출석한 경우 자백간주의 기일결석의 효과가 생기지 않는다(150조 3항, 1항). 그러나 진술간주나 소취하간주의 경우에는 민사소송법에서 규정한 바 없다.[1] 다만 이 경우에도 공시송달의 요건을 갖추어야 적법한 기일통지로 취급된다.

1) 진술간주나 소취하간주 등도 자백간주와 마찬가지로 공시송달에 의한 기일통지의 경우에는 적용되지 않는다고 해석하는 견해가 있다(이시윤, 413면).

(3) 기일결석은 사건과 당사자의 이름을 불러 기일이 시작되어(169조) 변론이 끝날 때까지 당사자가 기일에 결석한 것을 말한다. 여기서의 당사자란 당사자본인과 대리인이 포함되는 것으로 양자 모두 결석한 경우이다. 당사자가 법정에 출석하였어도 변론하지 아니하면 결석이 되므로 진술금지의 재판을 받거나(144조) 변론하지 않고 퇴정한 경우에는 결석이 된다.

Ⅱ. 한쪽 당사자의 결석

1. 대석(對席)재판주의

변론기일에 당사자 한쪽이 결석을 한 경우 그 처리방법은 입법례에 따라 다르다. 결석재판주의에 의하면 결석자에게 일단 패소판결을 하고 결석자가 이의신청을 하면 다시 변론을 속행하는 방법이다. 이는 이의신청의 반복으로 오히려 소송지연을 초래할 수 있다. **우리 민사소송법은 한쪽 당사자가 불출석하였더라도 마치 출석하여 진술 또는 자백한 것으로 간주하여 대석적 변론에 의한 절차를 진행시키는 대석재판주의를 취하고 있다.**

2. 진술간주

(1) 진술간주는 당사자가 변론기일에 결석한 경우 결석자가 제출한 소장, 답변서, 그 밖의 준비서면에 기재한 사항을 진술한 것으로 간주하고 출석한 상대방에게 변론을 명할 수 있도록(148조) 하는 것이다. 이는 당사자 일방의 결석으로 변론기일이 공전되는 것을 막기 위한 것이다.

(2) 여기서의 변론기일은 최초기일뿐만 아니라 속행기일도 포함되며 제1심기일뿐만 아니라 항소심기일도 포함된다. 진술간주는 한쪽 당사자가 변론기일에 출석하지 아니하거나, 출석하고서도 본안에 관하여 변론하지 아니한 경우에만 적용된다. 따라서 양쪽 당사자 모두 변론기일에 출석하지 않은 경우에는 비록 한쪽 또는 양쪽 당사자가 소장 또는 준비서면을 제출하였다 하더라도 진술한 것으로 간주되지 않는다. 원고와 피고 모두에게 적용된다. 그러나 원고가 출석하지 않은 경우는 피고 또한 의도적으로 진술하지 않음으로써 쌍방불출석으로 소취하간주를 유도하는 경우가 많다. 따라서 현실적으로는 피고 불출석의 경우에 주로 적용된다.

진술간주의 대상이 되는 서면은 소장, 답변서, 그 밖의 준비서면뿐만 아니라 실질적으로 소송에 관한 당사자의 주장이 포함된 서면도 이에 해당한다.[2)]

(3) 효 과

(a) 소송당사자의 일방이 불출석한 경우 변론을 진행할 것인가 아니면 변론을 연기할 것인가는 소송지휘에 속하는 사항이므로 법원의 재량에 따른다. 그러나 변론을 진행하는 경우에는 불출석한 당사자가 제출한 준비서면 등에 기재한 사항은 반드시 진술한 것으로 간주되며 법원의 재량에 좌우되지 않는다.[3)]

(b) 준비서면 등에 기재된 사항이 진술간주된다는 것 외에는 양 당사자가 출석한 경우와 동일하게 변론이 진행된다. 따라서 원고 불출석의 경우 법원은 원고가 제출한 소장 등에 기재한 사항을 진술한 것으로 간주하고 피고에게 변론할 것을 명한다. 피고 불출석의 경우 원고의 변론에 이어 피고의 준비서면 등에 기재된 사항이 진술간주된다. 이때 **진술간주된 내용이 원고의 주장사실과 일치하는 것이면 당사자가 상대방의 주장에 대하여 명백히 다투지 않아 자백이 되는 경우가 아니고 진술간주된 내용이 상대방의 주장과 일치하여 자백이 되는 것이므로 자백간주가 아니라 재판상 자백이 성립된다.**[4)] 불출석한 당사자가 제출하여 진술한 것으로 간주되는 준비서면 등에 청구의 포기 또는 인낙, 화해의 의사표시가 적혀있고 공증사무소의 인증을 받은 경우 당사자가 법정에 출석하여 직접 청구의 포기, 인낙, 화해의 진술을 한 것과 같이 취급된다(148조 2항, 3항).[5)]

(4) 한 계

변론관할이 생기려면 피고의 본안에 관한 변론이나 준비절차에서의 진술은 현실적인 것이어야 한다. 따라서 피고의 불출석에 의하여 답변서 등이 법률상 진술간주되는 경우는 이에 포함되지 않는다.[6)] 또한 서증의 대상인 문서를 법원 외에서 증거조사하는 경우 이외에는 당사자가 변론기일 또는 준비절차기일에 출석하여 현실적으로 문서를 제출하여야 한다. 증거로 제출할 문서가 첨부된 소장 또는 준비서면 등이 진술되는 경우에도 마찬가지이다.[7)] 따라서 변론관할의 발생이나 증거신청에는 진술간주가 적용되지 않는다.

---

2) 송상현/박익환, 338면; 이시윤, 417면; 정영환, 628면.
3) 대법원 2008. 5. 8. 선고 2008다2890 판결.
4) 김홍엽, 559면; 송상현/박익환, 338면; 이시윤, 417면; 정동윤/유병현/김경욱, 512면; 정영환, 629면.
5) 이는 구 민사소송법하에서 준비서면에 청구의 포기, 인낙, 화해의 의사표시가 기재되어 있는 경우 진술간주되면 청구의 포기, 인낙, 화해 등의 법정진술과 같은 효력을 가지는가에 관하여 다툼이 있었던 것에 관하여 신 민사소송법이 그 의사표시의 중요성을 감안하여 공증사무소의 인증을 갖추는 조건으로 효력을 인정한 것이다.
6) 대법원 1980. 9. 26.자 80마403 결정.
7) 대법원 1991. 11. 8. 선고 91다15775 판결.

3. 자백간주

당사자가 상대방의 주장을 다투는 아무런 서면도 제출하지 아니한 채 변론기일에 출석하지 아니하거나 변론에서 상대방이 주장하는 사실을 명백히 다투지 아니한 때에는 그 사실을 자백한 것으로 본다. 다만 변론 전체의 취지로 보아 그 사실에 대하여 다툰 것으로 인정되는 경우에는 자백간주가 인정되지 않는다(150조 1항, 3항). 자백간주는 당사자가 공시송달의 방법으로 기일통지서를 송달받고 출석하지 아니한 경우에는 적용하지 않는다(동조 3항 단서).[8] 자백간주는 피고뿐만 아니라 원고에게도 적용된다.

자백간주가 인정되는 다른 경우로서 법원은 피고가 원고의 소장부본을 송달받은 날로부터 30일 이내에 답변서를 제출하지 않으면 청구의 원인된 사실을 자백한 것으로 보고 변론 없이 판결할 수 있다(257조 1항). 그러나 이는 변론이 열리기 전 피고의 답변서 부제출의 효과로서 인정되는 것이며 변론기일에서의 당사자의 불출석의 효과와는 구별되는 것이다.

당사자 일방이 변론기일에 불출석한 경우 자신의 주장이 기재된 서면을 제출하였는가에 따라 진술간주(148조) 또는 자백간주(150조)가 된다.

Ⅲ. 양쪽 당사자의 결석

1. 민사소송법의 규율

양쪽 당사자가 기일에 불출석한 경우 그 처리방법은 입법례마다 동일한 것은 아니다. **우리 민사소송법은 양쪽 당사자가 변론기일에 2회 결석하고 1월 내에 기일지정신청을 하지 않거나 기일지정신청에 따라 정해진 변론기일에 양쪽 당사자가 다시 결석한 경우 소를 취하한 것으로 본다(268조 1항, 2항, 3항). 상소심의 경우에는 상소를 취하한 것으로 본다(동조 4항).**

2. 취하간주의 요건

(1) 양쪽 당사자의 1회 결석

양쪽 당사자가 변론기일에 1회 불출석하였거나 출석하였더라도 변론하지 않은 경우이다. 여기서의 변론기일은 첫 기일뿐만 아니라 속행기일도 포함된다. 그러나 판결의 선고는 당사자가 출석하지 아니하여도 할 수 있으므로(207조 2항) 이에 포함되지 않

8) 그러나 판례는 일단 자백간주의 효과가 발생한 후 공시송달이 된 경우에는 이미 발생한 자백간주의 효력이 상실되지 않는다고 한 예가 있다(대법원 1988. 2. 23. 선고 87다카961 판결).

는다. 증거조사기일에 관하여 판례는 증인조사를 법정 외에서 한다는 특별한 조치가 없는 한 고지된 증거조사기일은 여기서의 변론기일이라고 한다.[9] 양쪽 당사자 모두 변론기일에 출석하지 않은 경우에는 진술간주의 규정(148조)이 적용되지 않으므로 한쪽 또는 양쪽 당사자가 소장 또는 준비서면을 제출하였다 하더라도 취하간주규정의 적용이 배제되지 않는다.

(2) 양쪽 당사자의 2회 결석

(a) 양쪽 당사자가 1회 결석 이후 지정된 변론기일에 불출석하거나 출석하였더라도 변론하지 않은 경우이다. 이때의 결석은 제1회의 결석과 반드시 연속적일 것을 요하지 않는다.

(b) 동일 심급에서의 결석임을 요한다. 따라서 기일의 결석이 제1심과 상소심에 또는 파기환송전후에 각각 1회씩 걸친 경우에는 이에 해당되지 않는다.[10]

(c) 동일절차 내의 결석임을 요한다. 따라서 변론준비기일은 변론기일의 일부이거나 일체성이 인정되지 않으므로 변론준비기일에서 양쪽 당사자 결석의 효과는 변론기일에 승계되지 않는다.[11]

(d) 소의 동일성이 유지되어야 한다. 청구의 교환적 변경이 이루어진 경우에는 소의 동일성이 없으므로 변경전후의 각 1회 불출석은 이에 해당되지 않는다.

(e) 양쪽 당사자가 적법한 기일통지를 받은 경우라야 하나 적법한 기일통지에는 공시송달에 의한 기일통지도 포함된다.[12]

(f) 두 번째 결석이 당사자의 책임 있는 사유로 인한 것임을 요하지 않는다.[13]

(3) 기일지정신청이 없거나 또는 기일지정신청 후의 양쪽의 결석

양쪽 당사자가 2회 결석 후 1월 내에 당사자가 기일지정신청을 하지 않으면 소를 취하한 것으로 본다(268조 2항). 판례는 이러한 1월의 기일지정신청기간은 불변기간이 아

---

9) 대법원 1966. 1. 31. 선고 65다2296 판결.
10) 대법원 1963. 6. 20. 선고 63다166 판결.
11) 대법원 2006. 10. 27. 선고 2004다69581 판결.
12) 대법원 1997. 7. 11. 선고 96므1380 판결 참조.
13) 1990년 민사소송법 개정 전에는 양쪽 당사자가 2회 결석하면 소의 취하가 있는 것으로 보고 두 번째 결석이 당사자의 책임 없는 사유로 인한 때에는 그 사유가 없어진 날로부터 2주일 내에 기일지정신청을 할 수 있도록 하여 두 번째 결석이 당사자의 책임 있는 사유로 인한 것이었는가에 따라 그 법적 효과를 달리하였다.

니어서 기일지정신청의 추완이 허용되지 않는다고 한다.[14] 신기일의 지정은 당사자의 기일지정신청에 의하나 법원이 직권으로 신기일을 지정할 수도 있다.[15] 이 경우에는 양쪽 당사자가 2회 결석 후 1월이 도과하였다는 것만으로는 취하간주의 효력이 생기지 않는다. 신기일 또는 그 이후의 기일에 양쪽 당사자가 결석을 하면 소가 취하된 것으로 본다(동조 3항). 양쪽 당사자의 2회 결석에 있어서의 내용은 3회 결석의 경우에도 그대로 적용된다.

3. 적용범위

(1) 취하간주는 원칙적으로 변론기일에 적용되나 변론준비기일에도 준용된다(286조).

(2) 배당이의의 소에 대하여는 민사소송법 제268조의 취하간주규정이 적용되지 않으며 민사집행법 제158조에 의하여 이의한 사람이 첫 기일에 출석하지 아니한 때에는 소를 취하한 것으로 본다.

(3) 본래의 소 계속 중 양쪽 당사자의 결석이 있은 후 반소의 제기 등 후발적 병합이 이루어진 경우 취하간주는 본래의 소에만 가분적으로 적용될 수 있다.[16]

(4) 통상 공동소송인 중 피고 1인과 상대방인 원고의 쌍방불출석으로 인한 소취하간주에 있어 그들에 대한 변론을 분리할 필요는 없다.[17]

4. 취하간주의 효과

(1) 소가 취하간주된 경우 그 효과는 원고의 의사표시에 의한 취하와 동일하다. 따라서 소송계속이 소급적으로 소멸하고 소송이 종료된다. 이러한 취하간주는 법률상 당연히 발생하는 것이고 법원의 재량이나 소송사건의 내용, 진도에 따라 임의로 처리할 수 없다. 원고가 이를 다투어 기일지정신청을 할 수는 있으나 상고를 제기할 수는 없다.[18] 원고가 기일지정신청을 한 경우 법원은 소송종료선언을 하여야 한다.

(2) 상소심에서 취하간주의 요건이 갖추어지면 상소를 취하한 것으로 보아 상소심 절차가 종결하고 원판결이 확정된다(268조 4항).

---

14) 대법원 1992. 4. 21. 선고 92마175 판결.
15) 대법원 2002. 7. 26. 선고 2001다60491 판결.
16) 강현중, 427면; 김홍엽, 558면; 이시윤, 416면; 정영환, 635면.
17) 대법원 1970. 11. 24. 선고 70다1893 판결.
18) 대법원 2019. 8. 30. 선고 2018다259541 판결.

판례 연습 대법원 1982. 6. 8. 선고 81다817 판결

– 소의 취하간주와 변론조서의 기재 –

▎사건의 개요 X와 Y의 소송에서 제1심 제3차 변론조서에 X 및 X의 대리인 X_1 각 불출석, Y의 대리인 Y_1 불출석이라고만 기재되어 있고 Y의 출석 여부에 관하여는 아무런 기재가 없었다. 그 후 제11차 변론에서는 당사자 쌍방이 불출석하고 1개월 내로 기일지정신청이 없었다. 이 사건 소는 취하된 것으로 간주된 것인지가 문제되었다.

설 명

(1) 소의 취하간주

양쪽 당사자가 2회에 걸쳐 변론기일에 출석하지 않은 경우 1월 이내에 기일지정신청을 하지 아니하면 소를 취하한 것으로 본다(268조 1항, 2항).

이 사건에서 제11차 변론기일에서 당사자 쌍방이 모두 불출석을 하고 1개월 내로 기일지정신청이 없었으므로 만약 제3차 변론기일에서 당사자 쌍방이 불출석한 것으로 취급된다면 이 사건 소는 취하된 것으로 간주될 것이다.

(2) 3차 변론기일에서의 당사자 쌍방의 불출석 여부

쌍방불출석으로 인한 취하간주의 요건으로 당사자의 불출석은 증명되어야 한다. 변론의 방식에 관한 규정이 지켜졌다는 것은 조서로만 증명할 수 있다(158조). 여기서 변론의 방식이란 변론의 외부적 형식을 말하는 것으로 당사자와 대리인의 출석 여부도 포함된다. 조서만으로 증명된다는 것은 조서에 기재된 것은 존재하는 사실로 인정되고 기재하지 않는 것은 존재하지 않는 사실로 인정되며 다른 증거로 이를 달리 인정할 수 없다는 의미이다. 이 사건 제3차 변론조서에는 Y의 출석 여부에 관하여 아무런 기재가 없으므로 Y의 불출석을 변론조서로 증명할 수 없다.

(3) 결 론

이 사건 소는 취하간주된 것이 아니다.

참고판례 대법원 1982. 6. 8. 선고 81다817 판결【소유권이전등기말소등기등】

제7장 기일 · 기간 및 송달

제1절 기 일

Ⅰ. 의 의

기일은 법원, 당사자, 그 밖의 소송관계인이 모여 소송행위를 하기 위해 정해진 시간이다. 그 목적에 따라 변론준비기일(282조), 변론기일(150조), 증거조사기일(381조), 판결선고기일(207조) 등으로 나누어진다.

Ⅱ. 기일의 지정

(1) 기일은 직권으로 또는 당사자의 신청에 따라 재판장이 지정한다. 다만 수명법관 또는 수탁판사가 신문하거나 심문하는 기일은 그 수명법관 또는 수탁판사가 지정한다(165조 1항). 기일의 지정은 미리 연월일, 개시시간, 장소를 밝혀서 하며 이를 밝히지 않은 지정은 무효이다. 기일은 필요한 경우에만 공휴일로도 지정할 수 있다(166조).[1] 기일의 지정은 재판장등이 명령의 형식으로 함이 원칙이나 판례는 기일통지서가 당사자 양쪽에 송달되었으면 기일의 지정이 있는 것으로 본다.[2]

(2) 재판장은 변론 없이 판결하는 경우 또는 사건을 변론준비절차에 부칠 필요가 있는 경우 외에는 바로 변론기일을 정하여야 한다(258조 1항). 변론준비절차에 부치는 경우에도 변론준비절차가 끝나면 당사자의 의견을 들어(규칙 72조) 바로 변론기일을 정하여야 한다(동조 2항). 변론기일을 지정함에 있어 재판장은 사건의 변론 개정시간을 구분하여 지정하여야 한다(규칙 39조). 기일을 변경하거나 변론을 연기 또는 속행하는 때에는 소송절차의 중단 또는 중지, 그 밖에 다른 특별한 사정이 없으면 다음 기일을 바로 지정하여야 한다(규칙 42조). 또한 변론재개결정을 하는 때에는 재판장은 특별한 사정이 없으면 그 결정과 동시에 변론기일을 지정하여야 한다(규칙 43조).

---

1) 그러나 소액사건심판법상 예외가 인정된다(동법 7조의2 참조).
2) 대법원 1960. 3. 24. 선고 4290민상326 판결.

Ⅲ. 기일지정신청

당사자가 법원에 기일지정신청을 하는 경우로는 다음 세 가지가 있다.

(1) 법원이 기일을 지정하지 않고 사건을 오랫동안 방치하는 경우 당사자가 법원의 직권발동을 촉구하는 의미에서 기일지정신청을 할 수 있다(165조). 소송능력이나 대리권이 없는 자가 기일지정신청을 한 경우 그 흠을 절차진행 중에 보완할 수 있으므로 법원은 이를 이유로 기일지정을 거부할 수는 없다.[3]

(2) 당사자는 소의 취하가 부존재 또는 무효라는 것을 주장하는 등 소송종료의 효력을 다투면서 기일지정신청을 할 수 있다(규칙 67조 1항). 당사자의 기일지정신청이 있는 때에는 법원은 변론을 열어 신청사유에 관하여 심리하여야 한다(동조 2항). 법원이 이를 심리한 결과 신청이 이유 없다고 인정하는 경우에는 판결로 소송의 종료를 선언하여야 한다. 신청이 이유 있다고 인정하는 경우에는 취하 당시의 소송 정도에 따라 필요한 절차를 계속하여 진행하고 중간판결 또는 종국판결에 그 판단을 표시하여야 한다(동조 3항).

(3) 양쪽 당사자가 2회 결석한 경우 취하간주를 막기 위해 1개월 내로 하는 기일지정신청이다(268조 3항).

Ⅳ. 기일의 통지와 실시

(1) 법원은 지정된 기일을 당사자 또는 소송관계인에게 기일통지서 또는 출석요구서를 송달하여 통지한다. 다만, 그 사건으로 출석한 사람에게는 기일을 직접 고지하면 된다(167조 1항). 법원은 대법원규칙(45조)이 정하는 전화 · 팩시밀리 · 보통우편 또는 전자우편 등의 간이한 방법에 따라 기일을 통지할 수 있다. 이 경우 기일에 출석하지 아니한 당사자 · 증인 또는 감정인 등에 대하여 법률상의 제재, 그 밖에 기일을 게을리 함에 따른 불이익을 줄 수 없다(167조 2항). 이외에도 출석승낙서(168조)나 법원 내에서 서류를 교부하고 영수증을 받는 것(177조)으로도 기일통지서를 송달한 것과 같은 효력을 가진다.

(2) 당사자에게 적법한 기일의 통지 없이 한 기일의 실시는 위법하다. 다만 당사자가 바로 이의를 제기하지 않으면 그 흠은 치유된다(151조). 기일통지를 받지 못해 출

---

3) 이시윤, 421면.

석할 수 없었기 때문에 패소판결을 받은 사람은 소송대리권의 수여에 흠이 있는 경우(424조 1항 4호, 451조 1항 3호)에 준하여 상소 또는 재심으로써 판결의 효력을 다툴 수 있다.[4)]

한편 판결의 선고는 당사자가 출석하지 아니하여도 선고할 수 있으므로 선고기일을 통지하지 아니하면 반드시 위법한가에 관해 의문이 있다.[5)] 이에 관해 판례는 판결로 소를 각하하는 경우 반드시 선고기일을 지정하여 당사자에게 기일통지를 하고 그 지정된 선고기일에 소각하의 종국판결을 선고하여야 하고 이런 절차를 거치지 않고 변론기일에 선고된 판결은 위법하다고 하여 선고기일의 통지를 요구한다.[6)] 그러나 기일통지 방법에 있어서는, 변론종결일에 판결선고기일을 고지한 때에는 재정(在廷)하지 아니한 당사자에게도 그 효력이 있다고 하여 완화된 태도를 보이고 있다.[7)]

(3) 기일은 지정된 일시와 장소에서 사건과 당사자의 이름을 부름으로써 시작된다(169조). 그러나 당사자 호명은 당사자 본인을 호명하는 것으로 족하며 대리인까지 호명할 필요는 없다.[8)]

V. 기일의 변경

1. 의 의

(1) 기일의 변경은 기일의 개시 전에 그 지정을 취소하고 새 기일을 지정하는 것이다. 기일의 변경은 기일 개시 전에 그 지정을 취소한다는 점에서 일단 기일 개시된 후 그 기일에는 아무런 소송행위를 하지 않고 신기일을 지정하는 연기와는 구별된다. 또한 지정된 기일에 소송행위를 하였으나 심리가 완결되지 않아 다음 기일을 지정하는 기일의 속행과도 다르다.

(2) 기일을 변경하거나 변론을 연기 또는 속행하는 때에는 소송절차의 중단 또는 중지, 그 밖에 다른 특별한 사정이 없으면 다음 기일을 바로 지정하여야 한다(규칙 42조). 따라서 기일지정의 한 형태로 다음 기일을 특정일로 정하지 않고 추후에 지정할 것을 고지하는 '기일의 추후지정'[9)]은 원칙적으로 금지된다.

---

4) 강현중, 365면; 김홍엽, 564면; 이시윤, 424면; 정동윤/유병현/김경욱, 657면; 정영환, 780면.
5) 이에 관해 상소이유가 되지 않는다는 견해(이시윤, 424면)가 있고 이러한 견해에 반대하는 견해(정동윤/유병현/김경욱, 654면)도 있다.
6) 대법원 1996. 5. 28. 선고 96누2699 판결.
7) 대법원 2003. 4. 25. 선고 2002다72514 판결.
8) 대법원 1970. 11. 24. 선고 70다1893 판결.
9) 실무상의 용어이며 흔히 '추정'이라고도 한다.

2. 변경의 요건

일단 지정된 기일을 법원이나 당사자가 함부로 변경하는 것은 소송관계인에게 피해를 입히고 소송지연을 초래할 수 있다. 이에 민사소송법은 "첫 변론기일 또는 첫 변론준비기일을 바꾸는 것은 현저한 사유가 없는 경우라도 당사자들이 합의하면 이를 허가한다"고 규정(165조 2항)하여 일정한 제한을 두고 있다.

(1) 첫 변론기일 또는 첫 변론준비기일의 변경은 당사자들의 합의만으로 허용된다. 당사자 사이에 기일변경의 합의 없이 당사자 일방이 기일변경을 신청한 경우 그 허가여부는 법원의 재량에 속한다. 여기서의 첫 기일은 제1회 기일을 의미하고 변경되거나 연기된 기일은 제외된다.[10)]

(2) 다음 변론기일 또는 변론준비기일은 현저한 사유가 있는 경우에 한하여 그 변경이 허용된다. 이는 민사소송법 제165조 제2항의 반대해석으로 인정된다. 현저한 사유는 부득이한 사유보다는 넓은 개념으로 불가항력뿐 아니라 쌍방심리주의 또는 변론권의 보장을 위해 기일변경이 필요한 경우도 포함된다. 구체적으로는 변론에 제출할 소송자료를 준비하지 못하였거나 기일에 출석할 수 없는 정당한 사유가 있는 경우가 이에 해당한다. 판례는 철도파업으로 교통이 두절된 때 현저한 사유가 있다고 인정하였다.[11)]

(3) 위의 경우 외에는 특별한 사정이 없으면 기일변경은 허용되지 않는다(규칙 41조). 또한 지정된 변론기일은 사실과 증거에 관한 조사가 충분하지 아니하다는 이유로 변경할 수 없다(규칙 72조 3항).

3. 기일변경의 절차

기일변경신청을 하는 때에는 기일변경이 필요한 사유를 밝히고, 그 사유를 소명하는 자료를 붙여야 한다(규칙 40조). 재판장이 기일변경신청을 허용할지 여부는 직권사항이므로 그 허용여부 재판에 대한 불복신청은 허용되지 않는다.

4. 변경불허에 대한 구제

기일변경이 불허되었거나 사정상 변경신청을 하지 못한 경우라도 당사자가 자기의 책임으로 돌릴 수 없는 사유로 그 기일에 출석하지 못하였고 그 때문에 공격 · 방

---

10) 강현중, 366면; 이시윤, 422면; 정동윤/유병현/김경욱, 656면; 정영환, 778면.
11) 대법원 1947. 3. 11. 선고 4279민상81 판결.

어방법을 제출할 기회를 가지지 못해 패소한 경우에는 기일에 정당하게 대리되지 않은 사람(424조 1항 4호, 451조 1항 3호)에 준하여 상소 또는 재심이 허용되어야 한다.[12)]

제2절 기 간

■ 핵심어

불변기간, 소송행위의 추후보완, 당사자가 책임질 수 없는 사유, 공시송달과 추후보완사유

Ⅰ. 기간의 종류

1. 행위기간과 유예기간

(1) 행위기간

행위기간은 소송을 신속하고 명확하게 처리하기 위해 특정한 소송행위를 그 사이에 해야 할 것이 정해진 기간이다. 당사자의 행위기간으로는 보정기간(59조 등), 답변서 제출기간(256조), 상소기간(396조 등)등이 있다. 당사자가 그 기간 중에 그 행위를 하지 않고 기간이 도과한 후에는 해당행위를 할 수 없다. 행위기간은 이러한 당사자의 행위에 관한 기간 외에도 판결선고기간(199조)과 같은 법원의 행위기간도 있으나 이를 도과시켜도 법적 효력이 없는 훈시적 의미를 가지는 데 불과하다.[13)]

(2) 유예기간

유예기간(중간기간)은 당사자 또는 이해관계인에게 숙고를 하거나 준비를 할 수 있는 기회를 주기 위한 것으로 공시송달의 효력발생기간(196조)이 이에 해당한다.[14)]

2. 법정기간과 재정기간

법정기간은 법률에 의해 정해진 기간이다. 민사소송법은 피고가 원고의 청구를

---

12) 강현중, 367면; 이시윤, 423면; 정동윤/유병현/김경욱, 657면; 정영환, 779면.

13) 이런 의미에서 당사자의 행위기간을 고유기간 또는 진정기간이라 하고 법원의 행위기간을 직무기간 또는 부진정기간이라 한다.

14) 이외에도 제척, 기피원인의 소명기간(44조 2항)도 이에 해당한다는 견해(이시윤, 425면)가 있으나 이는 행위기간에 해당한다고 봄이 타당하다(호문혁, 353면).

다투기 위해 답변서를 소장부본을 송달받은 날부터 30일 이내에 제출하도록 정하고 있다(256조 1항). 또한 항소는 판결서가 송달된 날로부터 2주 이내에 하도록 정하고 있다(396조 1항). 재정기간은 재판기관이 재판으로 정하는 기간이다. 소송능력 등에 흠이 있는 경우 법원이 보정을 명하여야 하는데 이때 그 보정기간은 법원이 정한다(59조). 소장의 보정기간 또한 같다(254조 1항).

3. 불변기간과 통상기간

법정기간 중에는 법률이 기간을 정하면서 '불변기간으로 한다'라고 규정한 것이 있다. 이를 불변기간이라고 한다. 통상기간은 법정기간 중에서 불변기간이 아닌 기간을 말한다. **불변기간은 기간을 늘이거나 줄일 수 없다**(172조 1항). 불변기간의 부가기간과 추후보완은 해당되는 곳에서 설명하기로 한다. 불변기간은 국민의 재판을 받을 권리와 직접 관련되므로 명확하게 규정되어야한다.[15] 불변기간으로는 항소(396조 2항), 상고(425조), 즉시항고(444조) 등의 상소기간과 화해권고결정(226조), 지급명령(470조) 등에 대한 이의신청기간[16] 등이 이에 해당한다. 불변기간으로 정하지 아니한 법정기간은 모두 통상기간이다. 상고이유서 제출기간(427조)에 관하여는 추후보완과 관련하여 논의가 있으나 해당되는 곳에서 설명하기로 한다.

Ⅱ. 기간의 계산

기간의 계산은 민법에 따른다(170조). 따라서 초일은 원칙적으로 산입하지 않는다(민법 157조). 기간의 말일이 토요일 또는 공휴일에 해당한 때에는 기간은 그 익일로 만료한다(민법 161조). 법정기간은 법정의 사유가 생긴 때로부터 진행한다.[17] 재정기간은 재판에서 시작하는 시기를 정한 때에는 그때부터, 정하지 아니한 경우는 재판의 효력이 생긴 때부터 진행한다(171조).

Ⅲ. 기간의 진행

소송절차의 중단 또는 중지는 기간의 진행을 정지시키며, 소송절차의 수계사실을

15) 헌법재판소 1992. 7. 23.자 90헌바2 결정(국세기본법 제56조 제2항 중 괄호부분의 위헌 여부에 관한 헌법소원에 관한 결정이다).
16) 지급명령에 대한 이의신청기간은 과거 불변기간으로 정하지 않았으나 신 민사소송법에서 불변기간으로 하였다.
17) 예를 들어 항소기간은 '판결서가 송달된 날'로부터 진행한다.

통지한 때 또는 소송절차를 다시 진행한 때부터 전체기간이 새로이 진행된다(247조).

Ⅳ. 기간의 신축

(1) 법원은 법정기간 또는 재정기간을 늘이거나 줄일 수 있는 것이 원칙이다(172조 1항 본문). 이는 법원이 소송지휘로써 소송진행에 적절한 기간으로 조절할 수 있도록 하기 위한 것이다. 예외적으로 기간의 신축이 허용되지 않는 경우가 있다. 불변기간(동항 단서), 소송행위의 추후보완(173조 2항) 등은 기간을 늘이거나 줄이는 것 모두가 허용되지 않고 공시송달기간은 기간을 줄이는 것이 허용되지 않는다(196조 3항). 이외에도 명문의 규정은 없으나 상고이유서제출기간(427조)은 기간을 줄이는 것이 허용되지 않고[18] 직무기간도 기간의 신축이 허용되지 않는 것으로 해석된다.

(2) 불변기간에 대하여는 기간의 신축이 허용되지 않지만 부가기간을 정할 수 있다(172조 2항). 부가기간은 주소 또는 거소가 멀리 떨어진 사람을 위하여 사전에 법원이 재판으로 정하며 본래의 불변기간과 일체가 된다. 주소지가 멀리 떨어져 있는지 여부는 소송대리인주소, 당사자주소의 순으로 판단한다. 불변기간이 경과한 후에는 소송행위의 추후보완이 허용될 뿐 사전구제제도인 부가기간을 정할 수는 없다. 부가기간을 정하는 재판은 소송절차에 관한 것이므로 결정으로 함이 원칙이다.

(3) 기간의 신축이나 부가기간을 정하는 것은 법원의 직권에 속한다. 따라서 당사자는 이에 관한 합의로 법원을 구속할 수 없고 불복신청도 허용되지 않는다.

Ⅴ. 소송행위의 추후보완

> **제173조(소송행위의 추후보완)**
> ① 당사자가 책임질 수 없는 사유로 말미암아 불변기간을 지킬 수 없었던 경우에는 그 사유가 없어진 날부터 2주 이내에 게을리 한 소송행위를 보완할 수 있다. 다만, 그 사유가 없어질 당시 외국에 있던 당사자에 대하여는 이 기간을 30일로 한다.
> ② 제1항의 기간에 대하여는 제172조의 규정을 적용하지 아니한다.

1. 기간의 부준수와 소송행위의 추후보완

기간의 부준수는 당사자 또는 소송관계인이 행위기간 내 소정의 소송행위를 하지

18) 김홍엽, 568면; 이시윤, 427면; 정영환, 785면.

않고 기간을 도과시킨 것을 말한다. 당사자가 기간을 준수하지 않았다고 하여 항상 구제가 불가능한 것은 아니다. 예를 들어 당사자가 답변서 제출기간(256조 1항)을 준수하지 않아 변론 없이 판결이 선고된 경우 항소의 제기 등으로 판결확정을 피할 수 있다. 이와 같이 통상기간을 준수하지 않은 경우에는 그 구제의 길이 있으나 **상소기간 등의 불변기간을 준수하지 않은 경우에는 판결이 확정되는 것과 같이 그 불이익은 중대하고 종국적인 것이 된다. 그러나 당사자가 책임질 수 없는 사유로 불변기간을 준수할 수 없었던 경우에까지 당사자에게 그와 같은 불이익을 종국적인 것으로 하는 것은 가혹하고 불합리하다.** 이에 민사소송법은 이러한 경우 소송행위의 추후보완을 허용하고 있다(173조 1항).

2. 추후보완의 대상

추후보완은 불변기간에 한하며 통상기간에 대하여는 허용되지 않는다. 상고이유서 제출기간이나 재항고이유서 제출기간을 준수하지 않으면 상고기각(429조), 재항고기각(443조)이 되어 상고기간이나 재항고기간을 준수하지 않은 것과 결과적으로 같은 효과가 발생한다. 따라서 이에 대해 불변기간에 대한 추후보완 규정을 유추적용하여야 할 필요가 있으나[19] 판례는 소극적이다.[20]

추후보완은 불변기간이 적법하게 진행되어 도과된 경우에 적용되므로 불변기간이 아예 진행되지 않은 경우에는 추후보완의 문제는 발생하지 않는다. 판례는 판결이 부적법하게 송달된 경우 항소기간이 진행되지 않으므로 추후보완의 문제는 생길 수 없고 언제라도 항소제기가 가능하다고 한다.[21]

3. 추후보완 사유

(1) 불변기간이 도과한 소송행위의 추후보완은 '당사자가 책임질 수 없는 사유'가 있는 경우에 한하여 허용된다. 판례는 여기서 말하는 '당사자가 그 책임을 질 수 없는 사유'라고 함은 당사자가 그 소송행위를 하기 위하여 일반적으로 하여야 할 주의를 다하였음에도 불구하고 그 기간을 준수할 수 없었던 사유를 가리킨다고 한다.[22] 당사자에는 당사자 본인뿐 아니라 그 소송대리인 및 대리인의 보조인도 포함된다. 따라서 소송대리인 직원의 잘못으로 상소기간이 도과한 경우에는 당사자가 책임질

19) 찬성하는 견해로는 강현중, 370면; 이시윤, 428면; 정동윤/유병현/김경욱, 661면; 정영환, 786면. 반대하는 견해로는 김홍엽, 1248면; 송상현/박익환, 275면.

20) 대법원 1981. 1. 28.자 81사2 결정. 취하간주의 경우의 기일지정신청기간(268조 2항)이 통상기간이라고 하는 것으로는 대법원 1992. 4. 21. 선고 92마175 판결.

21) 대법원 1980. 12. 9. 선고 80다1479 판결.

22) 대법원 1999. 6. 11. 선고 99다9622 판결.

수 없는 사유에 해당하지 않는다.[23)]

구체적으로는 자의 판결정본을 모가 전달하지 않았거나[24)], 우편집배원의 불성실한 업무처리로 송달불능이 된 경우[25)], 무권대리인이 소송을 수행하고 판결정본을 송달받은 경우[26)]에는 추후보완이 허용된다. 또한 판례 중에는 우편송달에 의하여 판결정본이 송달된 경우 판결정본을 송달받은 날로부터 2주 내에 항소할 수 있다는 취지의 기재에 따라 판결정본을 실제로 수령한 날로부터 14일째 항소를 제기한 경우에 추후보완을 허용한 예가 있다.[27)] 그러나 환송받은 항소심으로부터 환송 전의 항소심에서의 소송대리인이 판결정본의 송달을 받고도 당사자에게 그 사실을 알려 주지 않은 경우[28)], 소송의 적극당사자가 교도소에 수감된 경우[29)] 등은 추후보완이 허용되지 않는다.

(2) 송달은 송달받을 사람에게 직접 송달서류를 교부하는 교부송달이 원칙이다. 그러나 송달장소를 알 수 없는 경우 부득이 공시송달에 의하여야 한다. 공시송달은 법원사무관등이 송달할 서류를 보관하고 그 사유를 법원게시판에 게시하는 등의 방법으로 하는 송달을 말한다. 공시송달의 경우에는 송달서류를 송달받을 사람에게 현실적으로 전달하는 것이 아니므로 송달받을 사람이 송달서류의 내용을 실제로 알 수 없는 경우가 대부분이다. 이러한 경우에도 소송행위의 추후보완사유로서 '당사자가 책임질 수 없는 사유'를 요구할 것인가 만약 요구한다면 어떤 경우에 '당사자가 책임질 수 없는 사유'가 있다고 볼 것인가 하는 것이 문제된다.

이에 대해 **판례는 공시송달에 이르게 된 경위에 송달받을 사람의 잘못이 있다는 특별한 사정이 없는 한 송달을 모른 데 '당사자가 책임질 수 없는 사유'가 있는 것으로 인정하고 있다.**[30)] 판례에 나타난 예로는 다음과 같은 것이 있다. 제1심 소송절차에서 한 번도 빠짐없이 변론기일에 출석하여 소송을 수행하였는데 법원이 직권으로 선고기일을 연기하면서 당사자에게 이를 통지하는 절차를 누락하였다. 법원은 판결정본에 관하여는 한여름 휴가철에 연속하여 당사자에게 송달하였지만 폐문부재로

---

23) 대법원 1999. 6. 11. 선고 99다9622 판결.
24) 대법원 1992. 6. 9. 선고 92다11473 판결(이 판례는 자가 모와 부의 재산분배와 관리에 관해 다툼이 있었을 뿐 아니라 자의 소송상대방에게 자의 상속지분을 매각하면서 모 자신의 부담으로 변호사를 선임하여 자에게 소를 제기하게 한 사안에 관한 것이다).
25) 대법원 1982. 12. 28. 선고 82누486 판결.
26) 대법원 1996. 5. 31. 선고 94다55774 판결.
27) 대법원 2007. 10. 26. 선고 2007다37219 판결(우편송달은 발송한 때에 송달된 것으로 본다(189조)).
28) 대법원 1984. 6. 14. 선고 84다카744 판결. 동 판례는 사건이 상고심에서 환송되어 다시 항소심에 계속하게 된 경우에는 상고 전의 항소심에서의 소송대리인의 대리권은 그 사건이 항소심에 계속되면서 다시 부활한다고 한다. 따라서 이 경우는 소송대리인이 송달받은 것이 된다.
29) 대법원 1992. 4. 14. 선고 92다3441 판결.
30) 대법원 1997. 8. 22. 선고 96다30427 판결.

송달불능되자 이를 공시송달한 경우에도 추완항소를 허용하였다.[31] 이러한 판례의 태도는 위법한 공시송달도 유효하여 상소기간이 진행된다는 것을 전제로 하는 것이나 공시송달에 관한 민사소송법 제194조의 개정으로 재검토가 불가피할 것으로 생각된다. 자세한 것은 공시송달 편에서 설명하기로 한다.

한편 당사자가 주소를 잘못 기재하여 공시송달이 된 경우,[32] 소송계속 중 당사자가 주소변경을 법원에 신고하지 않아 공시송달이 된 경우,[33] 소장의 부본과 제1회 변론기일의 소환장이 적법하게 송달되어 소송이 진행되던 중에 소송서류의 송달이 불가능하게 되어 부득이 공시송달의 방법에 의한 경우,[34] 항소장을 제1심법원이 아닌 항소심법원에 제출하여 항소기간이 경과된 경우[35] 등에는 당사자의 과실을 인정하여 추후보완을 허용하지 않는다.

4. 추후보완절차

(1) 추후보완은 책임질 수 없는 사유가 없어진 날부터 2주 이내에 하여야 한다. 다만, 그 사유가 없어질 당시 외국에 있던 당사자에 대하여는 이 기간을 30일로 한다(173조 1항). **공시송달의 방법으로 판결이 송달된 경우에 '책임질 수 없는 사유가 없어진 날'이라 함은 당사자나 소송대리인이 단순히 판결이 있었던 사실을 안 때가 아니고 나아가 그 판결이 공시송달의 방법으로 송달된 사실을 안 때를 가리킨다.**[36] 다른 특별한 사정이 없는 한 통상의 경우에는 당사자나 소송대리인이 그 사건기록의 열람을 하거나 또는 새로이 판결정본을 영수한 때에 비로소 그 판결이 공시송달의 방법으로 송달된 사실을 알게 되었다고 보아야 한다.[37] 추후보완기간은 신축할 수 없다(173조 2항). 또한 불변기간이 아니므로 부가기간을 정할 수도 없다.

(2) 실종선고의 효력이 발생하기 전에는 실종기간이 만료된 실종자라 하여도 소송상 당사자능력을 상실하는 것은 아니므로 실종선고 확정 전에는 실종기간이 만료된 실종자를 상대로 하여 제기된 소도 적법하고 실종자를 당사자로 하여 선고된 판결도 유효하다. 실종자에 대하여 공시송달의 방법으로 소송서류가 송달된 끝에 실종자를

31) 대법원 2001. 2. 23. 선고 2000다19069 판결.
32) 대법원 1982. 8. 31.자 82마587 결정.
33) 대법원 1994. 3. 22. 선고 92다42934 판결(이 경우 당사자는 소가 제기된 사실을 알고 있었으므로 소송의 진행상태를 조사할 의무가 있다고 한다).
34) 대법원 1994. 6. 14. 선고 93다62607 판결(이 경우에도 당초 소장의 부본부터 송달이 불가능하여 공시송달의 방법에 의하여 소송서류를 송달한 경우와는 달라서 피고로서도 원고가 소를 제기한 사실을 알고 있었을 터이므로 소송의 진행상황을 조사하여 그 결과까지도 알아보아야 할 것이라고 한다).
35) 대법원 2003. 3. 28. 선고 2002다73076 판결.
36) 대법원 2019. 10. 31. 선고 2019다14479 판결.
37) 대법원 1997. 8. 22. 선고 96다30427 판결; 대법원 2021. 3. 25. 선고 2020다46601 판결.

피고로 하는 판결이 확정된 경우에는 실종자의 상속인은 실종선고 확정 후에 실종자의 소송수계인으로서 위 확정판결에 대하여 소송행위의 추완에 의한 상소를 하는 것이 가능하다.[38)]

(3) 추후보완하려는 당사자 등은 불변기간 내에 하지 못한 소송행위의 본래의 방식대로 하면 되고 독립된 추완의 신청을 해야 하는 것은 아니다. 그러나 실무에서는 추후보완임을 밝히는 것이 보통이다.

(4) 추후보완사유의 유무는 직권조사사항이다.[39)] 따라서 판례는 당사자가 항소를 제기하면서 추완항소라는 취지의 문언을 기재하지 아니하였다고 하더라도 증거에 의하여 그 항소기간의 도과가 그의 책임질 수 없는 사유에 기인한 것으로 인정되는 이상 그 항소는 처음부터 소송행위의 추완에 의하여 제기된 항소라고 보아야 한다[40)]고 한다. 그러나 추후보완사유는 상소를 추후보완하고자 하는 당사자 측에서 주장 · 증명하여야 한다.[41)] 추후보완은 독립된 신청이 아니다. 따라서 추후보완의 당부 자체에 대한 독립된 재판을 할 필요는 없고 보완되어야 할 소송행위의 적법여부를 판단하는 것으로 족하다.[42)]

(5) 상소기간이 도과하면 판결이 확정된다(498조 참조). 이러한 판결의 확정은 추후 보완신청만으로는 바로 해소되지 않는다.[43)] 이행판결이 확정되면 집행력이 발생한다. 예를 들어 건물철거를 명하는 판결이 확정되면 건물철거집행을 할 수 있다. 이에 따르면 위의 예에서 건물철거집행이 완료되어 상소추완이 무의미해질 수 있다. 이러한 확정판결의 집행을 저지시키려면 추완항소를 하였더라도 민사소송법 제500조에 의한 별도의 강제집행정지결정을 받아야 한다. 판례도 확정판결에 대한 원고의 추완항소제기가 있는 경우에도 그 추완항소에 의하여 불복항소의 대상이 된 판결이 취소될 때까지는 확정판결로서의 효력이 배제되는 것은 아니라고 한다.[44)] 다만 법원에 의해 추후보완신청이 받아들여지면 판결의 형식적 확정력은 기일의 도과가 일어나지 않은 것으로 취급되어 소급적으로 배제된다.[45)]

---

38) 대법원 1992. 7. 14. 선고 92다2455 판결.
39) 대법원 1999. 4. 27. 선고 99다3150 판결.
40) 대법원 1980. 10. 14. 선고 80다1795 판결.
41) 대법원 2012. 10. 11. 선고 2012다44730 판결; 대법원 2021. 4. 15. 선고 2019다244980, 244997 판결.
42) 주석민사소송법(Ⅲ), 46면.
43) 이시윤, 432면; 정동윤/유병현/김경욱, 665면.
44) 대법원 1978. 9. 12. 선고 76다2400 판결.
45) 같은 취지로는 정선주, 소송행위의 추후보완, 고시계 제47권 제10호, 2002, 87면; 대법원 1979. 9. 25. 선고 79다505 판결(이 판결은 추후보완신청만으로는 판결의 형식적 확정력이 배제되지 않는다는 위 대법원 1978. 9. 12. 선고 76다2400 판결에 상반된 태도를 취하는 판결로 소개되는 경우도 있으나 추후보완이 받

상소의 추완은 판결의 형식적 확정력을, 재심은 판결의 기판력을, 청구이의의 소는 판결의 집행력을 배제하기 위한 제도이다.

판례 연습

대법원 1999. 6. 11. 선고 99다9622 판결

– '당사자가 책임질 수 없는 사유'에 해당하지 않는 경우 –

▌사건의 개요 변호사 X는 피고 측 항소심 소송대리인으로서 소송을 수행하여 오다가 판결을 선고 받았다. 항소심판결은 1999. 1. 16. 토요일 근무시간인 13:00가 지나서 X의 사무실에 송달되었다. 당시 담당직원들은 대부분 퇴근하고 일부 직원 및 놀러 온 그 직원의 친구들 몇몇이 남아 있다가 판결정본의 송달 의미를 알지 못하는 직원의 친구가 책상 위에 놓여 있던 직원 A명의의 도장을 송달보고서에 날인하여 주고 원심판결 정본을 받았다. 그날 직원 A는 월차휴가일이어서 출근도 하지 아니하였다. 한편 X의 사무실 책상 위에 놓여 있던 판결정본은 월요일인 1999. 1. 18. 오전에 직원의 눈에 띄게 되었다. 그 직원은 그날 송달된 것으로 알고 판결정본 봉투에 '1999. 1. 18. 접수'라는 도장을 찍고 문서수발대장에 그 날짜로 기재하였다. X는 1999. 2. 1.을 상고마감일인 줄 알고 당일 상고를 제기하였다. 항소심 재판장은 피고의 상고가 상고기간 만료일인 1999. 1. 30.을 도과하여 제기된 것이어서 부적법하다고 하여 1999. 2. 3. 피고의 상고장을 각하하는 명령을 하였다. 이 명령은 1999. 2. 5. 피고에게 송달되었으며, 한편 피고의 소송대리인은 위 각하명령이 송달되기 전인 1999. 2. 3. 항소심판결에 대하여 추완상고장을 제출하였다. 피고의 상고추완은 적법한 것인지가 문제되었다.

설명

(1) 상고기간의 도과와 소송행위의 추후보완

상고는 판결서가 송달된 날로부터 2주 이내에 하여야 한다(425조, 396조). 이 사건 항소심 판결서는 1999. 1. 16.에 송달되었고 상고기간은 그로부터 14일이 경과한 같은 달 30.에 도과하였다. 위 상고기간은 불변기간이다(425조, 396조).

당사자가 책임질 수 없는 사유로 말미암아 불변기간을 지킬 수 없었던 경우에는 그 사유가 없어진 날부터 2주 이내에 게을리 한 소송행위를 보완할 수 있다(173조). 소송행위의 추후보완은

ⅰ) 당사자가 불변기간을 지키지 못하게 된 사정이 민사소송법 제173조에서 규정한 '당사자가 책임질 수 없는 사유'에 해당하여야 하고,

ⅱ) 당사자의 소송행위 추후보완이 책임질 수 없는 사유가 없어진 날부터 2주 이내에 이루어진 것이어야 한다.

이 사건에서 문제된 소송행위는 상고로서 상고기간은 불변기간에 해당하므로 소송행

아들여진 경우에 관한 것으로 보인다).

위의 추후보완의 대상이 된다.

(2) 피고가 책임질 수 없는 사유의 존부

당사자가 불변기간을 지키지 못하게 된 사정이 민사소송법 제173조에서 규정한 '당사자가 책임질 수 없는 사유'에 해당하여야 한다. 피고의 소송대리인 X가 상고기간을 준수할 수 없었던 사정은 X의 사무실 내부사정으로 볼 수 있는 사유로서 '당사자가 책임질 수 없는 사유'에 해당된다고 할 수 없다. 이것만으로도 피고의 추완상고는 적법한 것으로 인정될 수 없지만 상고추완기간이 준수되었는지도 검토하여 보기로 한다.

(3) 피고가 상고추완기간을 준수하였는지 여부

당사자의 소송행위추후보완은 책임질 수 없는 사유가 없어진 날부터 2주 이내에 이루어져야 한다. X의 직원은 항소심 판결정본 수령일을 1999. 1. 18.로 기재하였으므로 이 날을 '책임질 수 없는 사유가 없어진 날'로 볼 수 있다. 따라서 추완상고를 제출할 수 있는 기간은 이로부터 2주 내인 1999. 2. 1.까지(18+14=32, 32−31=1)가 될 것이다. 그러나 X는 이를 경과한 같은 달 3일 추완상고장을 제출하였으므로 상고추완기간도 준수하지 못하였다. 다만 이러한 판단은 X가 1999. 2. 1. 제출한 상고장을 추완상고로 볼 수 없다는 것을 전제로 한 것이다. X가 1999. 2. 1. 상고장을 제출한 것을 추완상고로 본다면 피고에게 상고기간을 지키지 못한 것에 대하여 책임질 수 없는 사유가 인정되지 않으나 추완상고의 기간은 준수한 것이 된다.

(4) 결 론

피고의 상고추완은 적법하지 않다.

참고판례 대법원 1999. 6. 11. 선고 99다9622 판결【손해배상(기)】

판례연습

대법원 1997. 8. 22. 선고 96다30427 판결

– 공시송달에 의한 판결정본 송달과 추완항소 –

Ⅰ 사건의 개요 Y는 X의 이 사건 소제기 당시부터 계속 그 소장기재 주소인 '서울 중랑구 중화동 274의 3'에서 거주하고 있었다. 그럼에도 불구하고 Y에 대한 이 사건 소장부본 및 변론기일 소환장이 공시송달의 방법으로 송달되어 그 소송절차가 진행되었다. 그 후 1995. 3. 30. X승소의 제1심판결이 선고되고, 그 판결정본 역시 같은 달 31일 공시송달의 방법으로 Y에게 송달되었다. Y는 소송의 진행 및 결과를 전혀 알지 못하고 있다가 1995. 6. 25. 제1심법원에서 제1심판결정본을 수령함으로써 비로소 그 판결이 공시송달의 방법으로 송달된 사실을 알게 되었다. Y는 같은 달 28일에 추완항소를 제기하였다. Y의 추완항소는 적법한 것인지

가 문제되었다.

설명

(1) 항소기간의 도과와 소송행위의 추후보완

(a) 제1심판결은 1995. 3. 31. 공시송달의 방법으로 송달되었다. 첫 공시송달은 공시송달을 실시한 날로부터 2주가 지나야 효력이 생기지만 같은 당사자에게 하는 그 뒤의 공시송달은 실시한 다음날부터 효력이 생긴다(196조). Y에 대한 판결송달의 효력은 같은 해 4. 1.부터 효력이 생긴다. 항소기간은 이로부터 2주 후인 같은 해 4. 15.이 경과함으로써 도과한다. 따라서 Y가 추완항소를 제기한 같은 해 6. 28.에는 이미 항소기간이 도과하였다.

(b) 소송행위의 추후보완에 관하여는 앞의 판례연습(대법원 1999. 6. 11. 선고 99다9622 판결)에서 설명한 바와 같다.

(2) Y가 책임질 수 없는 사유의 존부

당사자가 불변기간을 지키지 못하게 된 사정이 민사소송법 제173조에서 규정한 '당사자가 책임질 수 없는 사유'에 해당하여야 한다. 이 사건 공시송달에 이르게 된 경위에 송달받을 Y의 잘못이 있다는 특별한 사정이 없으므로 공시송달로 판결이 송달된 것을 알지 못한 것은 추완사유인 '당사자가 책임질 수 없는 사유'에 해당된다.

(3) Y가 상소추완기간을 준수하였는지 여부

당사자의 소송행위 추후보완은 책임질 수 없는 사유가 없어진 날부터 2주 이내에 이루어져야 한다. 공시송달에 의하여 판결이 송달된 경우 '책임질 수 없는 사유가 없어진 날'이란 당사자나 소송대리인이 단순히 판결이 있었던 사실을 안 때가 아니고 그 판결이 공시송달의 방법으로 송달된 사실을 안 때를 의미한다. 따라서 추완항소의 기산일은 Y가 제1심법원에서 제1심 판결정본을 수령함으로써 비로소 그 판결이 공시송달의 방법으로 송달된 사실을 알게 된 1995. 6. 25.이다. 추완항소기간은 이로부터 2주 내인 같은 해 7. 9.이다(25+14=39, 39−30=9). Y는 같은 해 6. 28. 추완항소를 하였으므로 상소추완기간을 준수하였다.

(3) 결 론

Y의 추완항소는 적법한 것이다.

참고판례 **대법원 1997. 8. 22. 선고 96다30427 판결【공유지분이전등기】**

제3절 송 달

■ 핵심어

법령상 송달영수권, 법인에 대한 송달, 우편송달, 공시송달의 효력, 송달의 하자

Ⅰ. 의 의

송달은 당사자 기타 소송관계인에게 소송상의 서류의 내용을 알 수 있는 기회를 주기 위하여 법정의 방식에 따라 하는 통지행위를 말한다. **송달은 재판권의 작용에 속하며 당사자등에게 절차권을 행사할 수 있도록 한다.**

(1) 송달은 법정의 방식에 따라 하여야 하므로 이를 요하지 않는 통지(예를 들어 제242조의 수계신청의 통지)와는 구별된다. 또한 특정인을 상대로 한다는 점에서 불특정다수인을 상대로 하는 공고(예를 들어 제480조의 공시최고의 방법으로서 공고)와도 구별된다.

(2) 송달은 특별한 규정이 없으면 법원이 직권으로 한다(174조). 이를 직권송달주의라고 하며 송달을 하는데 당사자의 신청을 요하지 않고 송달의 실시를 당사자에게 맡기지도 않는다. 이는 송달을 신속하고 확실하게 하여 이를 전제로 행하여지는 법원의 소송행위가 무의미하게 되는 것을 피하기 위한 것이다.[46] 다만 공시송달은 예외적으로 당사자의 신청에 의해서도 할 수 있다(194조 1항).[47]

Ⅱ. 송달기관

1. 송달담당기관

송달사무는 법원사무관등이 처리한다(175조 1항). 송달사무는 송달서류의 수령과 작성, 송달실시기관에 송달서류를 교부, 송달보고서의 수령과 기록편철 등이 포함된다. 다른 관내의 송달은 촉탁에 의해서도 할 수 있다(동조 2항). 송달사무는 법원사무관등이 자신의 권한과 책임으로 함이 원칙이나 공시송달은 재판장이 명하거나 취소할 수 있다

46) 주석민사소송법(Ⅲ), 85면.

47) 공시송달에 관하여 직권송달주의의 예외를 인정한 이유는 그 요건의 증명을 당사자의 책임으로 하였기 때문이라고 설명하기도 한다(이시윤, 433면). 제194조 제2항은 당사자가 공시송달을 신청한 경우에만 사유에 대한 소명책임을 인정하고 있다.

(194조 3항, 4항).

2. 송달실시기관

(1) 송달은 우편 또는 집행관에 의하거나, 그 밖에 대법원규칙이 정하는 방법에 따라서 하여야 한다(176조 1항). 우편에 의한 송달은 우편집배원이 한다(동조 2항). 송달은 우편에 의한 것이 보통이며 집행관에 의한 송달은 우편에 의한 송달이 현실적으로 이루어지지 못한 경우에 당사자의 요청으로 특별한 경우에 이루어지므로 실무상 특별송달이라고도 한다. 예외적으로 법원사무관과 법정경위가 송달실시기관이 되는 경우도 있다. 대법원 규칙에 정하는 방법에 의한 송달은 송달실시의 방법에서 살펴보기로 한다.

(2) 외국에서 할 송달 등의 촉탁(191조, 192조)은 수소법원의 재판장이 한다.

(3) 송달한 기관은 송달에 관한 사유를 서면으로 법원에 통지하여야 한다. 다만 법원이 상당하다고 인정하는 때에는 전자통신매체를 이용한 통지로 서면통지에 갈음할 수 있다(193조, 규칙 53조). 그러나 송달통지서 전산화에 따른 업무처리지침(재일 2006-2)[48] 제3조는 전자송달통지서를 원칙적인 방법으로, 종이송달통지서를 예외적인 방법으로 규정하고 있다. 실무 또한 이에 의하고 있다.

민사소송규칙 제53조 본문에 따라 송달실시기관이 송달에 관한 사유를 법원에 통지하기 위하여 작성한 서면을 송달통지서 전산화에 따른 업무처리지침에는 위와 같이 송달통지서라는 용어로 사용하고 있으나 실무상으로는 흔히 송달보고서라고 한다.[49] (송달보고서에 의하여 송달에 의한 소송법적 효과를 확인할 수 있다. 예를 들어 판결정본이 송달된 후 2주가 경과함으로써 판결이 확정되어 소송계속이 종료되었는지 여부를 송달보고서에 의하여 확인할 수 있다) 위의 서식은 송달보고서로서 적법한 송달인지 여부를 확인할 수 있는 여러 사항을 기재하도록 하고 있다. 각 사항에 관한 기재내용은 관련된 곳에서 설명한다.

---

48) 재판예규 제1117호 2007. 3. 7. 개정.

49) 문헌에 따라서는 송달을 증명하는 서류로 실무상 우편집배원은 송달통지서를, 집행관이나 법정경위는 송달보고서를 제출한다고 하여 송달통지서와 송달보고서를 구분하여 설명하기도 하고(김홍엽, 556면; 이시윤, 434면), 이를 구분하지 않고 일괄하여 송달보고서로 칭하기도 한다(정동윤/유병현/김경욱, 652면; 정영환, 688면). 실무상은 송달보고서로 통칭하는 것 같다(대법원 2009. 8. 31.자 2009스75 결정 참조).

① 행심		② 우편번호	
우편송달통지서[50)]		③ 발송일	
		④ 요 금	원
⑤ 송달서류 ⑥ 송달받을 사람	기 관 명 . . . 발송 귀하		

⑦ 영수인	
1.	⑧ 송달받을 사람 본인에게 내 주었음
2.	⑨ 송달받을 사람 부재중이므로 사리를 잘 아는 다음 사람에게 내 주었음
	⑩ 사무원
	⑪ 고용인
	⑫ 동거인
3.	⑬ 다음 사람이 정당한 사유 없이 송달받기를 거부하므로 그 장소에 서류를 두었음
	⑭ 송달받을 사람
	⑮ 사무원
	⑯ 고용인
	⑰ 동거인

⑱ 송달연월일	. . . 시 분	⑲ 배달 못한 사유			
		배달횟수 / 구 분	1회	2회	3회
⑳ 송달장소		1. 수취인 부재			
		2. 폐문부재			
위와 같이 송달하였다. . . . 우체국 집배인 ㊞		3. 수취인 불명			
		4. 주소 불명			
		5. 이사 불명			
		배 달 일 자	/	/	/
		확 인	㊞	㊞	㊞

주의 : 1. 영수인란에 받은 사람으로 하여금 서명 또는 날인하게 하기 바란다.
2. 송달장소란에는 시, 군, 읍, 면, 리, 번지를 자세하게 쓰시기 바란다.
3. 각 난중 불필요한 난은 말소하기 바란다.

송달보고서 기재상의 흠이 있다고 하여 바로 그 송달이 부적법하게 되어 무효가 되는 것은 아니다. 다른 증거방법에 의하여 송달실시행위가 적법하게 이루어졌음이 증명되는 한 송달은 유효한 것으로 해석된다.[51)]

---

50) 이는 우편송달에 의한 통지서가 아니라 우편집배원에 의한 송달통지서이다.
51) 대법원 2000. 8. 22.자 2000모42 결정.

Ⅲ. 송달서류

우편송달통지서 서식 ⑤부분에 해당하는 내용이다. 송달서류는 특별한 규정이 없으면 서류의 등본이나 부본이다(178조 1항). 송달할 서류의 제출에 갈음하여 조서, 그 밖의 서면을 작성한 때에는 그 등본이나 초본을 교부하여야 한다(동조 2항).

Ⅳ. 송달받을 사람

우편송달통지서 서식 ⑥부분에 해당하는 내용이다.

1. 송달명의인과 법정대리인

(1) 송달받을 사람은 원칙적으로 송달서류의 명의인이다. 다만 송달서류의 명의인이 소송무능력자인 경우에는 송달받을 사람은 그의 법정대리인이다(179조).

(2) 법인의 대표자 또는 법인 아닌 사단(52조) 등의 단체의 대표자 또는 관리인에게는 법정대리인에 관한 규정을 준용하므로(64조) 법인 또는 법인 아닌 사단 등에 대한 송달은 그 대표자 또는 관리인에게 한다.

(3) 국가소송에서 국가에 대한 송달은 수소법원에 대응하는 검찰청의 장에게 한다(국가를 당사자로 하는 소송에 관한 법률 9조 1항). 소송수행자 또는 소송대리인이 있는 경우에는 소송수행자 또는 소송대리인에게 송달한다(동조 2항).

2. 소송대리인

송달서류의 명의인인 당사자의 소송대리인이 있는 경우에 보통은 소송대리인이 송달을 받는다. 다만 당사자 본인이나 당사자의 동거하는 고용인에게 교부한 송달도 유효하다.[52] 여러 사람이 공동으로 대리권을 행사하는 경우의 송달은 그 가운데 한 사람에게 하면 된다(180조). 다만 공동대리인들이 송달을 받을 대리인 한 사람을 지정하여 신고한 때에는 지정된 대리인에게 송달하여야 한다(규칙 49조).

3. 법령상 송달영수권이 있는 사람

군사용의 청사 또는 선박에 속하여 있는 사람에게 할 송달은 그 청사 또는 선박

52) 대법원 1970. 6. 5.자 70마325 결정.

의 장에게 한다(181조). 교도소 · 구치소 또는 국가경찰관서의 유치장에 체포 · 구속 또는 유치된 사람에게 할 송달은 교도소 · 구치소 또는 국가경찰관서의 장에게 한다(182조). 송달을 받은 청사 등의 장은 송달을 받을 본인에게 송달된 서류를 바로 교부하여야 하고 송달을 받은 본인이 소송수행에 지장을 받지 아니하도록 조치하여야 한다(규칙 50조).[53] 판례는 수소법원이 송달을 실시함에 있어 당사자 또는 소송관계인이 교도소 등에 수감된 사실을 모르고 송달을 교도소 등의 소장에게 하지 아니하고 수감되기 전의 종전 주 · 거소에다 하였다면 무효라고 한다.[54]

4. 신고한 송달영수인

당사자 · 법정대리인 또는 소송대리인은 주소 등 외의 장소(대한민국안의 장소로 한정한다)를 송달받을 장소로 정하여 법원에 신고할 수 있다. 이 경우에는 송달영수인을 정하여 신고할 수 있다(184조).[55]

V. 송달실시의 방법

제1편 총칙
제4장 소송절차
제4절 송달
제178조(교부송달의 원칙)
제186조 제1항(근무장소 외에서의 보충송달), 제2항(근무장소에서의 보충송달), 제3항(유치송달)
제187조(우편송달), 제189조(발신주의)
제188조(송달함 송달)
제191조(외국에서 하는 송달의 방법)
제194조(공시송달의 요건), 제195조(공시송달의 방법), 제196조(공시송달의 효력 발생)

1. 교부송달[56]

교부송달은 송달받을 사람에게 직접 송달서류를 교부하는 것이다. 교부송달은 송달실시의 원칙적인 방법으로 송달은 특별한 규정이 없는 한 교부송달에 의한다

53) 판례는 교도소 또는 구치소에 구속된 자에 대한 송달은 그 소장에게 송달하면 구속된 자에게 전달되었는지 여부와 관계없이 그 효력이 생긴다고 한다(대법원 1992. 3. 10. 선고 91도3272 판결).
54) 대법원 1982. 12. 28. 선고 82다카349 전원합의체판결.
55) 구 민사소송법에서는 이 경우 송달영수인의 신고를 의무적인 것으로 하였고 이행하지 않으면 우편송달의 불이익을 받도록 하였었다(171조).
56) 문헌에 따라서는 보충송달과 유치송달을 모두 교부송달의 제목 하에 설명하는 경우도 있으나 교부송달은 송달받을 사람에게 송달하는 것을 말하므로(178조 참조) 보충송달과 유치송달은 교부송달과는 다른 송달방법이라고 하는 것이 타당하다고 생각한다.

(178조 1항). 교부송달에 의하는 경우 위의 우편송달통지서 서식에서 '1.⑧송달받을 사람 본인에게 내 주었음'에 표시가 된다.

(1) 송달할 장소

(a) 주 소

송달은 받을 사람의 주소 등(주소 · 거소 · 영업소 또는 사무소)에서 한다. 여기서의 주소는 민법상의 개념에 따라 생활의 근거가 되는 곳을 말한다(민법 18조).[57] 또한 여기서의 영업소 또는 사무소는 송달받을 사람 자신이 경영하는 영업소나 사무소를 의미한다.[58] 다만, 법정대리인에게 할 송달은 본인의 영업소나 사무소에서도 할 수 있다(183조 1항).

법인이나 법인 아닌 사단에 대한 송달은 대표자 또는 관리인의 주소지로 송달함이 원칙이다. 그러나 법인의 주소지도 적법한 송달장소이므로(183조 1항 참조) 법인등기부등본 등에 나타난 법인의 주소지(본점 소재지)로 송달을 실시할 수 있다. 법인의 주소지(본점 소재지)로 먼저 송달을 실시하였다가 송달불능된 경우에는 법인등기부등본 등에 나타난 법인의 대표자의 주소지로 송달을 실시하여야 한다. 법인이 송달장소를 신고하여 그곳으로 송달이 실시되어 오다가 송달불능된 경우에는 곧바로 발송송달을 실시하여서는 아니 되며, 법인등기부등본 등에 나타난 법인 대표자의 주소지 및 법인의 주소지로 송달을 실시하여 보아야 한다(송달사무처리의 효율화와 업무상 유의사항에 관한 예규 8조).

(b) 근무장소

위의 장소를 알지 못하거나 그 장소에서 송달할 수 없는 때에는 근무장소 등(송달받을 사람이 고용 · 위임 그 밖에 법률상 행위로 취업하고 있는 다른 사람의 주소)에서 송달할 수 있다(183조 2항). 이때의 '근무장소'는 현실의 근무장소로서 고용계약 등 법률상 행위로 취업하고 있는 지속적인 근무장소이다.[59] 판례에 따르면 송달 받을 사람이 경영하는, 그와 별도의 법인격을 가지는 회사의 사무실은 송달 받을 사람의 영업소나 사무소가 아니고 근무장소에 해당한다. 따라서 소장, 지급명령신청서 등에 기재된 주소 등의 장소에 대한 송달을 시도하지 않은 채 근무장소인 위의 사무실로 한 송달은 위법하다.[60]

---

57) 송달받을 자가 종전의 주소지에서 이사한 후 종전 주소지에 주민등록을 남겨둔 채 가끔 종전 주소지에 왕래하고 있었다면 전 · 후의 주소가 모두 송달장소가 된다(대법원 1987. 11. 10. 선고 87다카945 판결).

58) 대법원 2004. 7. 21.자 2004마535 결정.

59) 대법원 2015. 12. 10. 선고 2012다16063 판결.

60) 대법원 2004. 7. 21.자 2004마535 결정.

(c) 만나는 장소

송달받을 사람의 주소등 또는 근무장소가 국내에 없거나 알 수 없는 때에는 그를 만나는 장소에서 송달할 수 있다(동조 3항). 주소등 또는 근무장소가 있는 사람의 경우에도 송달받기를 거부하지 아니하면 만나는 장소에서 송달할 수 있다(동조 4항). 이를 출회송달(出會送達)이라고 한다.

(d) 종전에 송달받던 장소

당사자 · 법정대리인 또는 소송대리인이 송달받을 장소를 바꿀 때에는 바로 법원에 신고하여야 하며 신고하지 않으면 종전에 송달받던 장소로 송달할 수 있다(185조).

2. 보충송달

보충송달은 송달장소에서 송달받을 사람을 만나지 못한 경우 다른 사람에게 대리송달하는 것이다. 보충송달이 이루어진 경우 위의 우편송달통지서 서식에서 '2.⑨송달받을 사람이 부재중이므로 사리를 잘 아는 다음 사람에게 내 주었음'에 해당하며 실제 송달받은 사람에 따라 그 아래 사무원, 고용인, 동거인 등에 표시가 이루어지게 된다.

(1) 근무장소 외에서의 보충송달

근무장소 외의 송달할 장소에서 송달받을 사람을 만나지 못한 때에는 그 사무원, 피용자 또는 동거인으로서 사리를 분별할 지능이 있는 사람에게 서류를 교부할 수 있다(186조 1항). (예를 들어 소송대리인인 변호사에게 송달된 서류를 변호사사무실의 사무원이 수령하는 경우이다) 보충송달은 송달장소에서 하는 경우에만 허용되므로 송달장소 아닌 곳에서 사무원 등이 송달받기를 거부하지 아니한다 하더라도 그 곳에서 그 사무원 등에게 서류를 교부하는 것은 보충송달의 방법으로 부적법하다.[61] 판례는 보충송달은 사무원 등에게 서류를 교부한 때 완료되어 그 효력이 생기는 것이므로 이후의 사정은 이미 발생한 송달의 효력에 영향을 미치지 않는다고 한다.[62] 사리를 분별할 지능이란 송달의 의미를 이해하고 송달서류를 송달받을 사람에게 교부할 수 있는 정도의 능력을 말한다. 판례는 만 9세 7개월로서 초등학교 3학년 학생에 대해서도 송달수령능력을 인정한 바 있다.[63] 여기서의 동거인은 송달을 받을 자와 동일한 세대에

---

61) 대법원 2001. 8. 31.자 2001마3790 결정.
62) 대법원 1992. 2. 11. 선고 91누5877 판결; 대법원 1984. 6. 26. 선고 84누405 판결.
63) 대법원 1990. 3. 27. 선고 89누6013 판결.

속하여 생활을 같이 하는 자를 말한다.[64] 따라서 같은 가옥에 살더라도 세대와 생계를 달리하는 가옥소유자와 임차인의 관계는 동거인이 아니다.[65] 보충송달제도는 사회통념상 수령대행인이 본인에게 서류를 전달할 것이라는 합리적 기대를 전제로 하므로 본인과 당해 소송에 관하여 상반된 이해관계가 있는 수령대리인에 대하여는 보충송달을 할 수 없다.[66]

(2) 근무장소에서의 보충송달

근무장소에서 송달받을 사람을 만나지 못한 때에는 사용자 또는 그 법정대리인이나 피용자 그 밖의 종업원으로서 사리를 분별할 지능이 있는 사람이 서류의 수령을 거부하지 아니하면 그에게 서류를 교부할 수 있다(동조 2항). 서류의 수령을 거부하지 않는 경우에 한한다는 점이 일반 보충송달과 다르다.

3. 유치송달

유치송달(遺置送達)은 송달서류를 송달받을 사람 또는 제186조 제1항의 사무원, 피용자 또는 동거인이 정당한 사유 없이 송달받기를 거부하는 때에 송달할 장소에 서류를 놓아두는 것으로 하는 송달이다(동조 3항). 법문은 근무장소에서의 보충송달의 경우는 포함시키지 않았다. 유치송달에서는 송달서류를 송달할 장소에 놓아두는 것으로 송달의 효력이 생기고 실제로 송달명의인에게 전달되지 않았더라도 이는 송달의 효력과 무관하다. 유치송달이 이루어진 경우 위의 우편송달통지서 서식에서 '3.⑬다음 사람이 정당한 사유 없이 송달받기를 거부하므로 그 장소에 서류를 두었음'에 해당한다.

4. 우편송달

(1) 우편송달은 법원사무관등이 소송서류를 등기우편 등 대법원규칙이 정하는 방법으로 발송하는 송달방법이다(185조, 187조). 우편송달은 송달실시기관이 법원사무관등인 점에서 송달실시기관이 우편집배원인 우편에 의한 송달과는 다르다. 즉 우편에 의한 송달인 교부 · 보충 · 유치송달은 우편집배원이 송달서류를 교부 · 보충 · 유치하는 것

---

64) 대법원 1982. 9. 14. 선고 81다카864 판결. 그러나 주민등록상 별개의 독립한 세대를 구성하고 있지만 실제로는 생활을 같이하고 있는 경우는 여기서 말하는 동거자라고 한다(대법원 1992. 9. 14. 선고 92누2363 판결).

65) 판례는 동일 송달장소에 거주한다 하더라도 세대를 달리하는 반대당사자의 아들은 이를 동거자로 볼 수 없다고 한다(대법원 1982. 9. 14. 선고 81다카864 판결).

66) 대법원 2016. 11. 10. 선고 2014다54366 판결. 소송당사자의 허락이 있다는 등의 특별한 사정이 없는 한, 동일한 수령대행인이 소송당사자 쌍방의 소송서류를 동시에 한 보충송달은 무효라는 판례로는 대법원 2021. 3. 11. 선고 2020므11658 판결.

으로 송달이 실시된다. 그러나 우편송달은 법원사무관등이 송달서류를 우편으로 발송하는 것으로 송달이 실시된다.

(2) 우편송달로 서류를 발송한 경우에는 발송한 때에 송달된 것으로 보아 발신주의를 취하고 있다(189조). 여기서 '발송한 때'라 함은 법원사무관 등이 송달서류를 우체국 창구에 접수하여 우편함에 투입한 때를 말한다.[67] 송달의 방법은 우편제도의 발전에 맞추어 보다 유연하게 적절한 우편송달방법을 정할 수 있도록 대법원규칙이 정하는 것으로 하였다. 대법원규칙은 등기우편으로 한다고 정하고 있다(규칙 51조).

(3) 우편송달은 다음 두 가지 경우에만 허용된다. 그러나 이행권고결정(소심법 5조의3 3항)의 송달은 우편송달에 의할 수 없다.

(a) 보충송달뿐만 아니라 유치송달도 할 수 없는 경우(187조)

보충송달뿐만 아니라 유치송달도 할 수 없는 경우란 생활근거지가 변경되지는 않았으나 송달받을 수 있는 사람이 부재중이어서 보충송달이 불가능하고 폐문되어 유치송달을 할 수 없는 경우이다.[68] 위의 우편송달통지서 서식에서 '배달 못한 사유 1. 수취인 부재, 2. 폐문부재'에 해당한다.

생활의 근거지가 변경되지 않아야 하므로 송달명의인이 실제로 거주하지 않고 그 장소가 장기폐쇄되어 이곳에 대한 송달이 부적법한 경우[69]나 송달받을 사람이 가출 · 항해 · 해외유학 등으로 장기부재중이어서 보충송달이나 유치송달이 처음부터 불가능한 경우에는 우편송달을 할 수 없다.[70] 또한 교도소 · 구치소 또는 국가경찰관서의 유치장에 체포 · 구속 또는 유치된 사람에게 할 송달은 교도소 · 구치소 또는 국가경찰관서의 장에게 하여야 하므로(182조) 수감된 당사자에 대하여 종전에 송달받던 장소로 우편송달을 할 수 없다.[71] 유치송달이나 보충송달을 할 수 없는 경우이어야 하므로 송달을 받을 자만이 부재중이어서 그 밖의 동거자 등에게 보충송달이나 유치송달이 가능한 경우[72]에는 우편송달이 허용되지 않는다.

당해 서류에 관하여 교부 또는 보충 · 유치송달이 불가능할 것임을 요건으로 하는 것이므로 당해 서류의 송달에 한하여 우편송달을 할 수 있다. 따라서 그에 이은 별개의 서류 등의 송달에 관하여는 위 요건이 따로 구비되지 않는 한 당연히 우편송달

---

67) 대법원 2006. 1. 9.자 2005마1042 결정.
68) 대법원 1990. 11. 28.자 90마914 결정; 대법원 2002. 5. 17. 선고 2001다34133 판결; 대법원 2007. 10. 26. 선고 2007다37219 판결 등.
69) 조관행, 우편송달, 인권과 정의, 1991. 10, 109면.
70) 부산지방법원 2007. 11. 9. 선고 2006나7386 판결.
71) 대법원 2021. 8. 19. 선고 2021다53 판결.
72) 대법원 1991. 4. 15.자 91마162 결정.

을 할 수 있는 것은 아니다.[73)]

(b) 당사자 등이 송달장소변경을 신고하지 않고 달리 송달할 장소를 알 수 없는 경우(185조)

'달리 송달할 장소를 알 수 없는 경우'란 상대방에게 주소보정을 명하거나 직권으로 주민등록표 등을 조사할 필요까지는 없지만, 적어도 기록에 현출되어 있는 자료로 송달할 장소를 알 수 없는 경우일 것을 요한다.[74)]

송달받을 사람이 주소지에서 일시적 부재인 경우 보충송달, 유치송달 등을 고려할 수 있다. 특히 그 일시적 부재와 함께 폐문부재인 경우는 우편송달을 고려할 수 있다.

5. 송달함 송달

송달함 송달은 법원 안에 송달할 서류를 넣을 함(송달함)을 설치하여 하는 송달방법이다(188조 1항). 송달함 송달은 법원장 또는 지원장에게 서면으로 송달함의 이용신청을 한 경우에 한한다(규칙 52조). 송달서류가 많은 변호사나 기업의 경우 사서함처럼 이용하는 것이 가능하고 송달비용도 절감할 수 있다. 송달받을 사람이 송달함에서 서류를 수령하여 가지 아니한 경우에는 송달함에 서류를 넣은 지 3일이 지나면 송달된 것으로 본다(188조 3항).

6. 공시송달

제194조(공시송달의 요건)
① 당사자의 주소등 또는 근무장소를 알 수 없는 경우 또는 외국에서 하여야 할 송달에 관하여 제191조의 규정에 따를 수 없거나 이에 따라도 효력이 없을 것으로 인정되는 경우에는 법원사무관등은 직권으로 또는 당사자의 신청에 따라 공시송달을 할 수 있다.
② 제1항의 신청에는 그 사유를 소명하여야 한다.
③ 재판장은 제1항의 경우에 소송의 지연을 피하기 위하여 필요하다고 인정하는 때에는 공시송달을 명할 수 있다.
④ 재판장은 직권으로 또는 신청에 따라 법원사무관등의 공시송달처분을 취소할 수 있다.

(1) 의 의

공시송달은 법원사무관등이 송달할 서류를 보관하고 그 사유를 법원게시판에 게

---

73) 대법원 1994. 11. 11. 선고 94다36278 판결.
74) 대법원 2001. 8. 24. 선고 2001다31592 판결; 대법원 2004. 10. 15. 선고 2004다11988 판결; 대법원 2018. 4. 12. 선고 2017다53623 판결.

시하거나, 그 밖에 대법원규칙이 정하는 방법에 따라서 하는 송달방법이다(195조). 공시송달은 송달장소의 불명으로 일반적인 송달방법에 의해서는 송달을 할 수 없는 경우에도 소송절차를 진행할 수 있도록 하기 위한 것이다.

(2) 요 건

공시송달에 의해서는 송달받을 사람이 송달의 내용을 알 것을 현실적으로 기대하기 어렵기 때문에 공시송달은 다른 송달방법에 의하는 것이 불가능한 경우에만 한다. 이를 공시송달의 보충성이라 한다. 구체적으로 공시송달은 i) 당사자의 주소 등 또는 근무장소를 알 수 없는 경우 또는 ii) 외국에서 하여야 할 송달에 관하여 촉탁송달을 할 수 없거나 하더라도 효력이 없을 것으로 인정되는 경우만 허용된다(194조). '당사자의 주소 등 또는 근무장소를 알 수 없는 경우'란 주민등록표에 의하여 이를 조사하는 등 통상의 조사방법에 의하여 그 송달장소를 탐색하여도 이를 확인할 수 없을 때를 의미한다.[75]

서울동부지방법원

공시송달

사 건	2008가단79855 전세권설정등기말소등기등
원 고	김○우 외 1명
피 고	송○숙 외 1명
송달서류	판결선고기일통지서

피고1 송○숙에게 송달할 위 서류는 법원에 보관중이니 법원에 직접 방문하여 담당재판부(민사5단독)에서 위 서류를 받아 가시기 바랍니다.

2009. 11. 26.

법원주사 김○배

[연락처 : 2204-2236]

75) 대법원 1990. 12. 26. 선고 90다카25833 판결.

당사자에 대한 송달에 허용되므로 당사자가 아닌 증인에 대한 송달에는 허용되지 않는다. 판례는 법인에 대한 송달은 그 대표자에게 하여야 되는 것이므로, 법인의 대표자가 사망하고 달리 법인을 대표할 자도 정하여지지 아니하였기 때문에 법인에 대하여 송달을 할 수 없는 때에는 공시송달도 할 여지가 없다고 한다.[76]

(3) 절 차

(a) 공시송달은 직권 또는 당사자의 신청에 따라 법원사무관등이 한다(194조 1항).[77] 위 조문 개정 전에는 재판장의 명령으로만 하도록 되어 있었으나 재판업무의 효율화를 위해 재판장의 사후교정 기회를 전제로 송달사무의 전문성을 갖춘 법원사무관에게도 공시송달을 할 권한을 부여한 것이다. 당사자가 공시송달 신청을 하는 경우에는 전 주소의 불거주확인서를 제출하는 등 그 사유를 소명하여야 한다(194조 2항). 당사자의 공시송달신청이 각하된 때에는 항고할 수 있다(439조).

(b) 공시송달은 법원사무관등이 송달할 서류를 보관하고 그 사유를 법원게시판에 게시하거나, 그 밖에 대법원규칙이 정하는 방법에 따라서 하여야 한다(195조). 이에 따라 대법원 규칙에 정하는 방법은 1. 법원게시판 게시, 2. 관보 · 공보 또는 신문 게재, 3. 전자통신매체를 이용한 공시 등이 있다. 법원은 현재 '3. 전자통신매체를 이용한 공시방법'으로 대법원 홈페이지의 대법원 게시판을 이용한 공시를 하고 있다.[78]

(4) 효 력

(a) 최초의 공시송달은 실시한 날부터 2주가 지나야 효력이 생긴다. 다만, 같은 당사자에게 하는 그 뒤의 공시송달은 실시한 다음 날부터 효력이 생긴다(196조 1항). 외국에서 할 송달에 대한 공시송달의 경우에는 2월이 지나야 효력이 생긴다(동조 2항). 이 기간은 줄일 수 없다(동조 3항).

(b) **민사소송법 제194조 개정 전에는 공시송달명령에 의하여 공시송달을 한 이상 공시송달의 요건을 구비하지 않은 흠결이 있다 하더라도 공시송달의 효력에는 영향이 없다는 것이 판례의 태도이었다.**[79] 공시송달은 다른 송달과는 달리 재판장의 명

---

76) 대법원 1991. 10. 22. 선고 91다9985 판결.

77) 2014. 12. 30. 개정, 법률 제12882호.

78) 공시송달은 대법원 홈페이지 http://www.scourt.go.kr/notice/announce/announce.jsp에서 확인할 수 있다.

79) 대법원 1984. 3. 15.자 84마20 전원합의체결정. 같은 취지로 제1심판결 정본이 공시송달의 방법에 의하여 피고에게 송달되었다면 비록 피고의 주소가 허위이거나 그 요건에 미비가 있다 할지라도 그 송달은 유효한 것이므로 항소기간의 도과로 위 판결은 형식적으로 확정되어 기판력이 발생한다는 것으로는 대법원 1994. 10. 21. 선고 94다27922 판결.

령에 의해 이루어진다는 것이 그 이유이었다. 또한 판례는 공시송달을 허가하는 명령에 대하여 불복할 수도 없고 독립한 재심사유가 되지도 않는다고 하였다.[80] 다만 요건이 미비된 공시송달로 인해 패소판결을 받은 당사자가 이로 인해 항소기간마저 도과시킨 경우에는 추후보완항소를 제기할 수 있다고 하였다.[81] 그러나 이미 사망한 사람에 대한 공시송달은 위법하여 원칙적으로 무효이고 상고기간이 진행되지 않아 망인의 상속인들이 판결문을 송달받은 날로부터 적법한 상고기간 내에 제기한 상고는 유효하다고 한다.[82]

민사소송법 제194조의 개정으로 원칙적으로 공시송달은 법원사무관등이 하고(동조 1항) 재판장은 소송의 지연을 피하기 위하여 필요하다고 인정하는 때에 이를 명할 수 있도록 하였다(동조 3항). 또한 신설된 동조 제4항에 의하면 재판장은 직권으로 또는 신청에 따라 법원사무관등의 공시송달처분을 취소할 수 있다. 따라서 위와 같은 판례의 태도는 전반적인 재검토를 요하게 되었다. 이에 관하여는 i) 재판장이 사후적으로 법원사무관 등의 공시송달처분을 취소할 수 있도록 하고 있다는 점에서 공시송달처분이 법관에 의해 취소되지 않는 한 그 요건에 흠이 있더라도 유효하다는 견해[83], ii) 요건불비의 공시송달은 법원사무관 등의 직무상 의무를 위반한 것이고 당사자의 재판청구권을 침해하는 중대한 사유이므로 유효라고 보아서는 안 된다는 견해[84], iii) 요건불비의 공시송달은 제223조에 따라 그 소속법원에 이의신청을 할 수 있다는 견해[85] 등이 있다. iii)의 견해가 재판장의 공시송달처분취소권(194조 4항)을 인정한 현행 제도와 가장 조화되는 해석이라고 생각한다.

한편 요건을 갖추지 못한 공시송달은 그 유효성은 별론으로 하더라도 적법하지는 않으므로 쌍방불출석으로 인한 취하간주의 효력은 생기지 않는다.[86]

(c) 공시송달에 의해서는 송달받을 사람이 송달의 내용을 알 것을 현실적으로 기대하기 어렵다는 특성 때문에 답변서제출의무(256조 1항), 자백간주가 인정되지 않는다(150조). 또한 화해권고결정(225조 2항), 이행권고결정(소심법 5조의3 3항), 지급명령(462조)은 공시송달에 의할 수 없다.

7. 송달의 특례

(1) 민사소송규칙상의 특례

소송대리인이 변호사인 경우 민사소송규칙은 송달에 관한 특칙을 두고 있다.

---

80) 대법원 1992. 10. 9. 선고 92다12131 판결.
81) 대법원 1984. 3. 15.자 84마20 전원합의체결정; 대법원 1990. 11. 27. 선고 90다카28559 판결; 대법원 1991. 2. 27.자 90마18 결정; 대법원 1994. 10. 21. 선고 94다27922 판결 등.
82) 대법원 2005. 10. 14. 선고 2004다52705 판결.
83) 정동윤/유병현/김경욱, 677면.
84) 호문혁, 363면.
85) 이시윤, 443면.
86) 대법원 1997. 7. 11. 선고 96므1380 판결.

(a) 전화 등을 이용한 송달

변호사인 소송대리인에 대한 송달은 법원사무관등이 전화 · 팩시밀리 · 전자우편 또는 휴대전화 문자전송을 이용하여 할 수 있다. 법원사무관등은 변호사인 소송대리인에 대한 송달을 하는 때에는 이러한 송달을 우선적으로 고려하여야 한다(규칙 46조).

(b) 변호사 사이의 송달

양쪽 당사자가 변호사를 소송대리인으로 선임한 경우 한쪽 당사자의 소송대리인인 변호사가 상대방 소송대리인인 변호사에게 송달될 소송서류의 부본을 교부하거나 팩시밀리 또는 전자우편으로 보내고 그 사실을 법원에 증명[87]한 때에는 송달의 효력이 있다(47조).

(2) 민사소송 등에서의 전자문서 이용 등에 관한 법률[88]상의 특례

(a) 법원사무관등은 송달이나 통지를 받을 자가 일정한 경우에는 전산정보처리시스템에 의하여 전자적으로 송달하거나 통지할 수 있다(동법 11조 1항). 그 일정한 경우란 1. 미리 전산정보처리시스템을 이용한 민사소송 등의 진행에 동의한 등록사용자로서 대법원규칙으로 정하는 자인 경우,[89] 2. 전자문서를 출력한 서면이나 그 밖의 서류를 송달받은 후 등록사용자로서 전산정보처리시스템을 이용한 민사소송 등의 진행에 동의한 자인 경우, 3. 등록사용자가 국가, 지방자치단체, 그 밖에 그에 준하는 자로서 대법원규칙으로 정하는 자인 경우[90] 등이다.

(b) 전산정보처리시스템에 의하여 전자적으로 하는 송달은 법원사무관등이 송달할 전자문서를 전산정보처리시스템에 등재하고 그 사실을 송달받을 자에게 전자적으로 통지하는 방법으로 한다(동법 11조 3항). 소송대리인이 있는 경우에는 제1항의 송달 또는 통지는 소송대리인에게 하여야 한다(동조 2항).

여기서 전자적으로 통지하는 방법이라 함은 등록사용자가 전자소송시스템에 입력한 전자우편주소로 전자우편을 보내고 휴대전화번호로 문자메시지를 보내는 방법으로 한다. 다만 등록사용자의 요청에 따라 전자우편이나 문자메시지 중 하나를 전송하지 않을 수 있다(동 규칙 26조 1항). 위의 통지는 전자우편이 전자우편주소로 전송된 때 또는 문자메시지가 휴대전화번호로 전송된 때 효력이 생긴다(동 규칙 26조 2항).

---

87) 이를 실무상 '부본영수'라고 한다.
88) 이 법률은 2010. 3. 24. 법률 제10183호로 제정되었다.
89) 민사소송 등에서의 전자문서 이용 등에 관한 규칙 제24조 참조.
90) 동 규칙 제25조 참조.

(c) 위의 송달은 송달받을 자가 등재된 전자문서를 확인한 때에 송달된 것으로 본다. 다만, 그 등재사실을 통지한 날부터 1주 이내에 확인하지 아니하는 때에는 등재사실을 통지한 날부터 1주가 지난날에 송달된 것으로 본다(동법 11조 4항). 다만 전산정보처리시스템의 장애로 인하여 송달받을 자가 전자문서를 확인할 수 없는 기간은 위의 1주 기간에 산입하지 않는다. 이 경우 전자문서를 확인할 수 없는 기간의 계산은 대법원규칙으로 정하는 바에 따른다(동법 11조 5항).[91] 등록사용자가 책임질 수 없는 사유로 전자소송시스템에 등재된 전자문서를 법 제11조 제4항의 기간 안에 확인하지 못한 경우에는 민사소송법 제173조에 따라 게을리 한 소송행위를 보완할 수 있다(동 규칙 26조 3항).

(d) 전자소송시스템에 의하여 제출된 소송서류를 법정에서 법 제11조 제1항의 등록사용자에게 송달할 필요가 있을 때에는 「민사소송법」 제177조에 의한 방법 이외에 그 제출자로 하여금 해당 전자문서의 요지를 설명하게 하고, 송달받을 자의 요청에 따라 컴퓨터 등 정보처리능력을 갖춘 장치에 의하여 전자문서를 현출한 화면을 이용하여 주요 부분을 즉석에서 열람하는 방법으로 할 수 있다(동 규칙 27조).

Ⅵ. 외국에서 하는 송달

(1) 외국에서 하여야 하는 송달은 재판장이 그 나라에 주재하는 대한민국의 대사 · 공사 · 영사 또는 그 나라의 관할 공공기관에 촉탁한다(191조). 외국법원에 송달을 촉탁하기 위해서는 당해 국가와 사법공조에 관한 조약[92]이 체결되어 있거나 대한민국 법원의 사법공조촉탁에 응한다는 보증이 있어야 한다(국제민사사법공조법 4조).[93]

(2) 외국에서 하여야 할 송달에 관하여 송달을 촉탁할 수 없거나 촉탁하여도 효력이 없을 것으로 인정되는 경우에는 법원사무관등은 직권으로 또는 당사자의 신청에 따라 공시송달을 명할 수 있다(194조).

Ⅶ. 송달의 하자

(1) **송달장소 아닌 곳에서의 유치송달을 하는 것과 같이 법정의 방식에 위배된 송달은 원칙적으로 무효이다.** 이 경우 당사자가 이의 없이 수령하면 이의권의 포기 ·

91) 동 규칙 제28조 참조.
92) 우리나라는 2000. 1. 13. 헤이그송달협약에 가입한 바 있다.
93) 이에 관하여는 기존 이론서에 좀 더 자세히 설명되어 있다.

상실로 더 이상 송달의 무효를 주장하지 못한다.[94] 그러나 상소 제기기간과 같은 불변기간은 성질상 강행규정이므로 이의권의 포기 · 상실의 대상이 되지 않는다.[95] 또한 제1심 판결정본의 송달이 무효인 경우에는 불변기간인 항소기간이 진행될 수 없다. 따라서 항소기간의 도과를 전제로 하는 항소추완의 문제도 생기지 않는다.[96]

(2) 허위주소로 의제자백판결을 받고 판결정본이 당사자의 그 허위주소로 송달된 경우 판례의 태도는 다음과 같다.[97]

i) **그 판결정본은 아직 당사자에게 송달된 것이 아니므로 항소기간은 그 진행이 개시되지 않은 것이니 판결은 확정되었다고 할 수 없다. 따라서 당사자는 항소를 제기하여 다툴 수 있다.**

ii) 민사소송법 제451조[98] 제1항 제11호에 '당사자가 상대방의 주소 또는 거소를 알고 있었음에도 있는 곳을 잘 모른다고 하거나 주소나 거소를 거짓으로 하여 소를 제기한 때'를 재심사유로 규정하고 있으나 이는 공시송달의 방법에 의하여 상대방에게 판결정본을 송달한 경우를 말하는 것이다. (판례가 이 문제를 언급하는 이유는 다음과 같다. 허위주소로 송달된 경우가 위 제11호에 해당된다면 이는 재심사유에 해당한다는 것이므로 판결이 확정된다는 것을 의미한다. 이러한 결론은 위 판례의 태도 i)과 충돌하는 것이다)

(3) 송달이 송달받을 사람이 아닌 다른 사람에게 잘못 이루어진 경우 그 송달은 무효이나 본래 송달받을 사람이 이를 추인하면 자신에 대한 송달로서 유효한 것이 된다(60조 참조).

판례 연습

대법원 1982. 12. 28. 선고 82다카349 전원합의체판결

– 구치소 재감자에 대한 송달과 항소취하간주 –

Ⅰ 사건의 개요 X는 이 사건 소송의 피고 중 1인으로서 1981. 5. 27. 제1심판결에 불복하여 항소를 제기하였다. 이후 X는 같은 해 8. 4.부터 같은 해 12. 24.까지 영등포구치소에 수감되어 있었다. 이 사건 항소심 변론기일통지서(1차는 1981. 9. 3. 10:00 2차는 같은 해

94) 판례는 사망한 자에 대하여 실시된 송달은 위법하여 원칙적으로 무효이나, 그 사망자의 상속인이 현실적으로 그 송달서류를 수령한 경우에는 하자가 치유된다고 한다(대법원 1998. 2. 13. 선고 95다15667 판결).
95) 대법원 1972. 5. 9. 선고 72다379 판결; 대법원 2002. 11. 8. 선고 2001다84497 판결.
96) 대법원 1978. 2. 28. 선고 77다687 판결.
97) 대법원 1978. 5. 9. 선고 75다634 전원합의체판결.
98) 위 판결 당시는 민사소송법 제422조.

10. 8. 10:00)가 X의 주소지(제1심 판결 및 항소장기재의 주소임)에 각 송달되었다. 위 각 변론기일에 X는 불출석하고 원고 소송대리인은 출석하였으나 X부분에 대하여 변론하지 아니하였다. X는 같은 해 11. 10. 기일지정신청을 하였다. 그러나 항소심법원은 이 사건 소송이 쌍방불출석으로 X의 항소가 취하된 것으로 간주되어 X의 기일지정신청은 이유 없다고 판단하였다. 위 항소심법원의 판단이 적법한 것인지가 문제되었다.

설 명

(1) 쌍방불출석으로 인한 취하간주

항소심에서 양쪽 당사자가 적법한 기일의 통지를 받고도 2회에 걸쳐 변론기일에 출석하지 아니하거나 출석하였더라도 변론하지 아니한 경우 1월 이내에 기일지정신청을 하지 아니하면 항소가 취하된 것으로 간주된다(268조). 이 사건에서는 X부분에 관하여 2회에 걸쳐 당사자 쌍방의 결석이 있었고 X가 기일지정신청을 하였으나 제2회 변론기일인 1981. 10. 8.로부터 1월이 도과한 같은 해 11. 10.에 이루어졌다. 따라서 이 사건 항소가 취하간주되었는지는 변론기일통지서의 송달이 적법한 것인지에 따라 달라진다.

(2) 송달의 적법 여부

송달은 송달 받을 사람의 주소 등에서 하여야 한다(183조 1항). 그러나 교도소 · 구치소 또는 국가경찰서의 유치장에 체포 · 구속 또는 유치된 사람에게 할 송달은 교도소 · 구치소 또는 국가경찰관서의 장에게 한다(182조).

이는 교도소 등 구금장의 질서유지를 위하여 재감자를 감시하여야 할 공익상의 필요와 한편으로는 재감자에 대하여 수감되기 전의 주소, 거소 등에 송달을 하면 송달서류가 재감자에 전달되는 데 시일을 요하게 된다는 고려에서 나온 것으로 해석된다. 판례는 교도소 등의 소장은 재감자에 대한 송달에 있어서는 일종의 법정대리인으로서 재감자에 대한 송달을 교도소 등의 소장에게 하지 아니하고 그가 수감되기 전의 주 · 거소에 한 송달은 무효라고 한다.

이 사건 항소심 각 변론기일통지서는 X가 영등포구치소에 수감되어 있는 동안에 X의 주소지로 송달되었다. 따라서 위 각 송달은 부적법한 것이다.

(3) 결 론

X에 대한 적법한 송달임을 전제로 한 이 사건 항소심의 판단은 부적법한 것이다.

참고판례 대법원 1982. 12. 28. 선고 82다카349 전원합의체판결【소유권이전등기말소】

판례 연습

대법원 1978. 5. 9. 선고 75다634 전원합의체판결

– 허위주소로 판결이 송달된 경우 판결의 확정 여부 –

▌사건의 개요 X는 6 · 25사변 당시에 월북한 부재자인 Y로부터 1963. 3. 5. Y소유인 K부동산을 매수하였다는 허위의 매매계약서를 작성하였다. X는 Y를 상대로 위 매매로 인한 소유권이전등기절차 이행청구의 소(63가합5053)를 서울민사지방법원에 제기하였다. X는 Y의 주소를 서울 마포구 대흥동 723으로 허위표시하여 그 허위주소로 소송서류를 송달하게 하였다. 이로 인해 Y아닌 성명불상자가 그 소송서류를 수령하여 의제자백의 형식으로 X승소판결이 선고되었다. 그 판결정본도 위와 같은 방법으로 송달하게 하여 그로부터 14일이 경과한 후 동 판결에 기하여 K부동산에 관하여 X명의로 소유권이전등기를 경료하였다. 이 경우 Y는 X명의로 경료된 K부동산에 관한 소유권이전등기의 말소등기절차이행청구의 소를 제기할 수 있는지가 문제되었다.

설명

(1) 판결의 형식적 확정과 기판력

판결은 상소를 제기할 수 있는 기간 내에 상소제기를 하지 않으면 형식적으로 확정된다(498조 참조). 판결이 형식적으로 확정되면 기판력이 발생한다. 확정판결에 기판력이 발생하면 당사자는 이와 모순된 판단을 구할 수 없다.

이 사건 판결의 형식적 확정이 적법하게 이루어진 것이라면 Y가 X명의로 경료된 K부동산에 관한 소유권이전등기의 말소등기절차이행청구는 이미 확정된 판결과 모순된 판단을 구하는 것으로 허용되지 않는다. 따라서 Y의 위 청구가 허용되는지는 이 사건 판결이 형식적으로 확정되었는가 여부에 따라 달리 판단될 수 있다.

(2) 이 사건 판결이 형식적으로 확정되었는지 여부

상소기간은 판결서가 송달된 날로부터 진행한다(396조 참조). 상소기간의 진행이 개시되어 그 도과로 판결이 확정되려면 판결정본이 적법하게 송달되어야 한다. X는 Y의 허위주소로 소를 제기하고 소송서류와 판결정본도 그 허위주소로 송달되었다. 따라서 이 사건 판결정본의 송달은 무효이므로 이 사건 판결은 확정되지 않았다.

(3) 결 론

이 사건 판결은 형식적으로 확정되지 않았으므로 Y는 X명의로 경료된 K부동산에 관한 소유권이전등기의 말소등기청구의 소는 허용된다.

참고판례 대법원 1978. 5. 9. 선고 75다634 전원합의체판결【소유권이전등기말소등】

제8장 소송절차의 정지

■ 핵심어

당연승계긍정설, 소송대리인과 소송절차의 중단, 당사자표시와 판결의 효력, 당사자표시 누락과 상소제기의 효력, 소송절차정지의 효과, 간과판결의 효력과 상고

Ⅰ. 총 설

1. 의 의

(1) 소송절차의 정지는 소송계속 중 그 소송절차가 법률상 진행되지 않는 상태이다. 소송절차의 정지는 법원이 기일을 연기하거나 당사자가 불출석한 경우와 같이 소송절차가 사실상 정지된 상태와는 구별된다. **소송절차의 정지는 쌍방심리주의의 요구에 따라 양 당사자가 소송에 관여할 수 있는 기회를 보장하기 위한 것이다.**

(2) 소송절차의 정지는 쌍방심리주의의 요청에 의한 것이므로 양 당사자의 대석변론을 요하는 절차에 적용된다. 따라서 판결절차와 독촉절차, 제소전화해절차 등 판결절차에 준하는 절차에 적용된다. 그러나 대석변론을 요하지 않는 강제집행절차[1], 임의경매절차[2], 증거보전절차 등에는 적용되지 않는다.[3]

2. 종 류

소송절차의 정지에는 중단과 중지 두 가지가 있다. 중단은 당사자 일방에게 교체사유가 발생한 경우 새로운 소송수행자가 소송에 관여할 수 있을 때까지 법률상 당연히 소송절차의 진행이 정지되는 것이다. 중지는 법원이나 당사자에게 소송을 진행할 수 없는 장애나 진행하는 것이 부적당한 사유가 발생한 경우 절차의 진행을 정지하는 것으로 소송수행자의 교체사유가 생기지 않는다는 점에서 중단과는 구별된다. 이외에도 제척 · 기피신청(48조), 관할지정신청(규칙 9조)이 있는 경우에도 소송절차가 중지된다.

---

1) 대법원 1970. 11. 24. 선고 70다1894 판결.
2) 대법원 1998. 10. 27. 선고 97다39131 판결.
3) 가압류, 가처분절차에 대하여 소송절차의 정지가 인정된다는 견해로는 정동윤/유병현/김경욱, 681면; 정영환, 807면. 인정되지 않는다는 견해로는 김홍엽, 607면; 송상현/박익환, 382면; 이시윤, 446면. 판례는 소극적인 태도인 것 같다(대법원 1993. 7. 27. 선고 92다48017 판결 참조).

Ⅱ. 소송절차의 중단

1. 중단사유

(1) 당사자의 사망

제233조(당사자의 사망으로 말미암은 중단)
① 당사자가 죽은 때에 소송절차는 중단된다. 이 경우 상속인 · 상속재산관리인, 그 밖에 법률에 의하여 소송을 계속하여 수행할 사람이 소송절차를 수계하여야 한다.
② 상속인은 상속포기를 할 수 있는 동안 소송절차를 수계하지 못한다.

(a) 당사자가 죽은 때에 소송절차는 중단된다(233조). 소송계속 후 당사자가 사망한 경우이다. 소제기 전 당사자가 사망한 경우 판례에 따르면 당사자표시정정이 가능하다.[4] 또한 당사자가 변론종결 후 사망한 경우에도 소송절차가 중단되지만 변론종결 후의 승계인이 판결의 기판력을 받는다(218조 1항).

여기서의 사망에는 실종선고에 의한 사망간주도 포함된다.[5] 판례는 이때 실종자가 사망하였다고 보는 시기와 소송절차가 중단되는 시기를 구분한다. 즉, 소송이 적법하게 계속된 후 당해 소송의 당사자에 대하여 실종선고가 확정된 경우에는 실종선고가 확정된 때 소송절차가 중단된다고 한다. 왜냐하면 실종기간이 만료한 때라 하더라도 소송상의 지위의 승계절차는 실종선고가 확정되어야만 비로소 이를 취할 수가 있는 것이므로 실종선고가 있기까지는 소송상 당사자능력이 없다고는 할 수 없기 때문이다.[6]

판례 연습

대법원 1977. 3. 22. 선고 77다81, 82 판결
– 실종선고의 확정과 소송절차중단시기 –

X는 1973. 12. 27. Y에 대하여 소유권보존등기의 말소등기절차이행청구의 소를 제기하였다. 소가 제기될 당시에는 X의 표시를 부재자 X(그 재산관리인 X_1)로 표시하였다. 1974. 4. 9. X에 대한 실종선고가 확정되어 X는 소급하여 1955. 9. 20. 사망한 것으로 간주되었다. 이 사건에서 소송절차가 중단되는 시기는 언제인지 문제되었다. 1974. 4. 9. X에 대한 실종선고가 확정되었으므로 소송절차의 중단시기는 1974. 4. 9.이 된다.

---

4) 대법원 1983. 12. 27. 선고 82다146 판결.
5) 대법원 1983. 2. 22. 선고 82사18 판결.
6) 대법원 1977. 3. 22. 선고 77다81, 82 판결.

참고판례 대법원 1977. 3. 22. 선고 77다81, 82 판결【소유권보존등기말소】

(b) 소송계속 후 변론종결 전 당사자가 사망하였더라도 소송물인 권리의무가 승계인에게 상속된 경우에 한하여 중단이 발생한다. 다만 상대방이 그 승계인이 되는 경우에는 대립당사자구조가 소멸하여 소송이 종료되고 중단이 생길 여지가 없다. 소송물인 권리의무가 일신전속적이어서 상속의 대상이 되지 않는 경우에는 소송절차가 중단됨이 없이 소송은 종료된다. 판례는 甲이 학교법인의 이사 및 이사장의 자격으로 위 법인 이사회결의 무효확인의 소를 제기하여 수행 중 사망한 경우에는 동 이사 및 이사장의 지위는 일신전속권으로서 상속의 대상이 된다고 할 수 없으므로 동 소송은 동인의 사망으로 중단됨이 없이 종료되었다고 한 바 있다.[7]

(c) 통상공동소송에서는 공동소송인 가운데 한 사람에 관한 사항은 다른 공동소송인에게 영향을 미치지 않으므로(66조) 소송절차의 중단은 사망한 당사자와 그 상대방 사이에서만 생긴다. 그러나 필수적 공동소송에서는 한 사람에게 소송절차를 중단하여야 할 사유가 있는 경우에는 모두에게 효력이 미치므로(67조 3항) 소송절차의 중단은 소송 전체에 대하여 생긴다.

(d) 실체법상 포괄승계의 원인이 있는 때에 당연히 소송당사자가 바뀌어 소송을 인계받는 것을 당연승계라고 한다. **통설과 판례는 소송계속 중 당사자가 사망하면 상속인은 민법 제1005조에 따라 피상속인의 권리의무를 포괄적으로 승계하므로 당사자의 소송상 지위도 당연히 승계한다고 하여 상속인에 의한 소송의 당연승계를 긍정한다(당연승계긍정설).**[8] 이에 의하면 당연승계는 실체법적인 승계원인에 의하여 법률상 당연히 당사자가 교체되는 것이며 소송수계신청은 중단된 소송절차의 속행을 구하는 의미가 있을 뿐 소송수계신청이 있어야 비로소 상속인이 당사자가 되는 것은 아니라고 한다.

이와는 달리 민사소송의 형식적 당사자 개념에서는 소송 중 당사자가 사망하더라도 당사자가 당연히 상속인으로 변경되는 것은 아니고 수계절차를 밟아 당사자표시를 상속인으로 고쳐야 비로소 당사자로 변경된다고 하여 상속인의 당연승계를 부정하는 견해(당연승계부정설)도 있다.[9]

생각건대 민사소송의 당사자를 형식적 당사자개념에 의한다는 것이 반드시 당사자로 표시되어야 소송의 당사자가 된다는 것을 의미하는 것은 아니다. 또한 소송대리권은 당사자가 사망한 경우에도

7) 대법원 1981. 7. 16.자 80마370 결정.
8) 대법원 2010. 12. 23. 선고 2007다22859 판결.
9) 호문혁, 민사소송에서 당사자사망으로 인한 당사자변경에 관한 연구, 이십일세기 한국민사법학의 과제와 전망(심당 송상현 교수 화갑기념논문집), 논문집간행위원회, 2001, 553면.

소멸되지 않고(95조) 소송대리인이 있는 경우에는 당사자가 사망한 때에도 소송절차는 중단되지 않는다(238조)는 민사소송법 규정에 비추어 당연승계긍정설이 타당하다.[10)]

(2) 법인의 합병

법인이 합병에 의하여 소멸된 때에 소송절차는 중단된다(234조). 법인이 합병 이외의 사유로 해산된 때에는 청산법인으로 존속하므로(민법 81조, 상법 245조) 소송절차는 중단되지 않는다. 그러나 합병 이외의 사유라도 법인이 분할되는 경우와 같이 청산절차를 밟지 않고 소멸하는 경우에는 소송절차가 중단된다.[11)]

(3) 당사자의 소송능력 상실, 법정대리인의 사망 · 대리권의 소멸

(a) 당사자가 소송능력을 상실한 경우, 법정대리인이 사망하거나 법정대리인의 대리권이 소멸한 경우 당사자의 변경은 없으나 소송수행자가 교체되어 소송절차는 중단된다(235조). 당사자가 소송능력을 상실하는 것에는 후견개시심판을 받은 경우가 있다.

(b) 법정대리인이 사망한 경우에는 새로이 법정대리인이 된 사람이, 당사자가 소송능력을 회복하여 법정대리인이 대리권을 상실한 경우에는 소송능력을 회복한 당사자가 소송을 수계하여야 한다.

법정대리인의 사망 · 대리권의 소멸에 의한 소송절차의 중단은 법인의 대표자등의 사망 · 대표권의 소멸에도 적용된다(64조). 법정대리인의 대리권이나 대표권의 소멸에 의한 소송절차의 중단은 직무집행정지가처분을 받은 경우에도 해당된다.[12)] 법정대리권 또는 대표권의 소멸은 상대방에게 통지하여야 효력이 생기므로(63조, 64조) 이로 인한 소송절차의 중단 또한 법정대리권 또는 대표권의 소멸을 상대방에게 통지하여야 생긴다.

(4) 신탁재산에 관한 소송의 당사자인 수탁자의 임무종료

신탁으로 말미암은 수탁자의 위탁임무가 끝난 때에는 소송절차는 중단된다(236조).

(5) 소송담당자의 자격상실 또는 사망 및 선정당사자 전원의 자격상실 또는 사망

소송담당자가 자격을 잃거나 죽은 때(237조 1항), 선정당사자가 모두 자격을 잃거나 죽

10) 이에 관한 자세한 논의는 이태영, 소송계속 중 당사자의 사망과 판결의 효력, 사법 제27호, 사법발전재단, 2014. 3, 142면 이하 참조.
11) 대법원 1970. 4. 28. 선고 67다1262 판결.
12) 대법원 1980. 10. 14. 선고 80다623, 624 판결.

은 때(동조 2항)에 소송절차는 중단된다.

소송담당자의 자격상실로 소송절차가 중단되는 것은 파산관재인과 같이 소송담당자가 권리주체에 갈음하여 소송수행권을 가지는 경우이다. 채권자대위소송과 같이 권리주체와 병행하여 소송수행권을 가지는 경우는 소송절차가 중단되지 않는다는 것이 일반적인 견해이다.[13] 선정당사자의 일부만 자격을 상실한 경우에는 다른 선정당사자가 모두를 위하여 소송행위를 할 수 있으므로(54조) 소송절차는 중단되지 않는다.

(6) 파산재단에 관한 소송의 파산선고 및 파산절차의 해지

당사자가 파산선고를 받은 때에 파산재단에 관한 소송절차는 중단된다(239조). 당사자가 파산재단에 대한 관리처분권이 상실되는 결과 소송수행권을 잃기 때문이다.[14] 「채무자 회생 및 파산에 관한 법률」에 따라 파산재단에 관한 소송의 수계가 이루어진 뒤 파산절차가 해지된 때에도 소송절차는 중단된다. 이 경우 파산선고를 받은 자가 소송절차를 수계하여야 한다(240조).

2. 중단의 예외

(1) 소송대리인과 소송절차의 중단

(a) 파산으로 인한 소송절차의 중단을 제외하고는(239조, 240조) 중단사유가 발생한 당사자 쪽에 소송대리인이 있으면 소송절차는 중단되지 않는다(238조). 민사소송법은 이와 같은 중단사유가 발생하더라도 소송대리권이 소멸되지 않는 것으로 하여(95조, 96조) 소송수행의 단절이 없도록 하였다. 판례는 당사자가 소송대리인에게 소송위임을 한 다음 소제기 전에 사망하였는데 소송대리인이 당사자가 사망한 것을 모르고 당사자를 원고로 표시하여 소를 제기하였다면 소의 제기는 적법하고, 시효중단 등 소제기의 효력은 상속인들에게 귀속된다고 하고 이 경우 민사소송법 제233조 제1항이 유추적용되어 사망한 사람의 상속인들은 소송절차를 수계하여야 한다고 한다.[15] 상속인이 수계절차를 밟지 않아도 소송대리인은 당연히 새 당사자의 소송대리인이 된다. 나아가 상속인이 다수인 경우 피상속인의 소송대리인은 상속인들 전원을 위해 소송을 수행한다.[16]

(b) 소송대리인이 있으면 소송절차는 중단되지 않는다는 민사소송법 제238조의

---

13) 이에 관한 근거는 학자마다 각각 다르게 제시되고 있다. 자세한 것은 주석민사소송법(Ⅲ), 606면 참조.
14) 채무자 회생 및 파산에 관한 법률 제359조 참조.
15) 대법원 2016. 4. 29. 선고 2014다210449 판결.
16) 대법원 1991. 5. 29.자 91마342 결정.

의미에 관해 판례는 소송절차를 중단할 필요가 없게 되어 그대로 속행되므로 상속인이 소송절차를 수계함을 필요로 하지 않는다는 것이지(즉 상속인의 소송수계가 없어도 소송절차가 중단되지 않고 진행된다는 것이지) 상속인이 소송절차를 수계하지도 못한다는 뜻은 아니라고 한다.[17]

(c) **소송대리권이 당사자의 사망으로는 소멸하지 않는다고 하더라도 당해 심급은 심급의 판결을 송달받은 때 종료하므로[18] 심급대리의 원칙상 그 판결정본이 소송대리인에게 송달된 때에는 소송절차가 중단된다.[19] 그러나 소송대리인에게 상소제기의 특별수권이 있은 경우에는 소송절차가 중단되지 않는다.[20]** 이 경우 소송대리인이 상소를 제기한 때부터 소송절차가 중단되므로 이때는 상소심에서 적법한 소송수계절차를 거쳐야 소송중단이 해소된다.[21]

(2) 피상속인의 소송대리인이 소송을 수행하여 받은 판결의 효력과 상소제기의 효력

(a) 판결의 효력

이에 관하여 판례는 다음과 같은 태도를 밝힌 바 있다.[22] ⅰ) 판결은 **상속인 전원에 대하여 효력**이 있고, ⅱ) 판결의 당사자 표시에서 상속인이 밝혀진 경우에는 상속인을 소송승계인으로 하여 신당사자로 표시하고 상속인이 누구인지 모를 때에는 망인을 그대로 당사자로 표시하여도 무방하다고 하며, ⅲ) 신당사자를 잘못 표시하였다 하더라도 그 표시가 망인의 상속인, 상속승계인, 소송수계인 등 망인의 상속인임을 나타내는 문구로 되어 있으면 잘못 표시된 당사자에 대하여는 판결의 효력이 미치지 아니하고 여전히 정당한 상속인에 대하여 판결의 효력이 미친다고 한다.

(b) 상소제기의 효력

위 대법원결정에 따르면 판결의 효력은 판결의 당사자란에 표시되지 않은 정당한 상속인에게도 미치게 된다. 만약 피상속인의 소송대리인에게 상소제기의 특별수권이 있었다면 판결정본이 소송대리인에게 송달된 후에도 소송대리인의 소송대리권이 소

---

17) 대법원 1972. 10. 31. 선고 72다1271, 1272 판결.
18) 대법원 1995. 12. 26. 선고 95다24609 판결.
19) 대법원 1996. 2. 9. 선고 94다61649 판결. 피고 중 1인이 사망 당시 소송대리인이 있어 소송중단의 효과가 발생하지 아니하였다고 하더라도 판결이 송달되면 그와 동시에 고유필요적 공동소송인 전원에 대하여 중단의 효과가 발생한다는 것에는 대법원 1983. 10. 25. 선고 83다카850 판결.
20) 대법원 1991. 5. 29.자 91마342 결정 참조.
21) 대법원 2016. 9. 8. 선고 2015다39357 판결.
22) 대법원 1991. 5. 29.자 91마342 결정.

멸하지 않아 소송절차가 중단되지 않는다. 따라서 판결에 당사자표시가 잘못되었음에도 이를 신뢰하고 잘못 기재된 당사자들을 상소인 또는 피상소인으로 하여 상소가 제기되면 당사자표시에서 누락된 상속인에 대한 상소기간이 진행되어 판결이 확정된다는 결론에 이른다.

이러한 결론은 소송대리인에게 상소제기의 특별수권이 있었다는 우연적 사정에 의하여 상속인에 대한 판결확정 여부가 좌우된다는 점에서 부당하다. 이에 최근의 판례는 "당사자 표시가 잘못되었음에도 망인의 소송상 지위를 당연승계한 정당한 상속인들 모두에게 효력이 미치는 판결에 대하여 그 잘못된 당사자 표시를 신뢰한 망인의 소송대리인이나 상대방 당사자가 **그 잘못 기재된 당사자 모두를 상소인 또는 피상소인으로 표시하여 상소를 제기한 경우에는, 상소를 제기한 자의 합리적 의사에 비추어 특별한 사정이 없는 한 정당한 상속인들 모두에게 효력이 미치는 위 판결 전부에 대하여 상소가 제기된 것으로 보는 것이 타당하다**"고 한다.[23] (예를 들어 망인의 상속인으로 A, B, C 등이 있음에도 A와 B만이 소송수계를 하여 판결에 당사자로 표시되어 있는 경우 상대방이 A와 B만이 망인의 상속인인 것으로 믿고 A와 B에 대하여만 항소하였다면 이는 정당한 상속인 전부에 대하여 항소를 할 의사가 있었던 것으로 인정되어 피항소인으로 표시되지 않은 C에 대하여도 항소가 제기된 것으로 취급된다. 그러나 상대방이 판결에 당사자로 표시되어 있는 A와 B 중 A에 대해서만 항소하였다면 정당한 상속인 전부에 대하여 항소를 할 의사가 있었다고 인정되지 않아 피항소인으로 표시되지 않은 B와 C는 항소가 제기된 것으로 취급되지 않는다)

(c) 상소제기의 특별한 권한의 존속시기에 관한 재검토

위 판례의 태도는 상소를 제기한 자의 합리적 의사를 추단하여 판결의 효력이 미치는 정당한 상속인 모두에게 상소의 효력이 미치는 것으로 인정될 수 있다는 의미로 해석된다. 그러나 이러한 판례의 태도는 현실적으로 상소를 제기하지 않은 상속인에 대하여 상소제기의 의사를 추단하여 상소의 효력을 인정하는 것으로 판결의 확정이 객관적 기준에 의하여 정해지지 못한다는 문제점이 지적될 수 있다.

생각건대 판례의 위와 같은 문제점은 소송대리인에게 당사자에 의해 상소제기의 특별한 권한이 수여된 경우 당사자가 사망하더라도 소송대리인에게는 여전히 상소제기의 특별수권이 인정된다고 전제하는 데서 비롯된 것이다. 당사자에 의해 소송대리인에게 특별한 권한이 수여되었더라도 이는 당사자와 소송대리인 사이의 특별한 신임관계에 기초한 것이므로 이를 상속인과의 관계에서까지 당연히 인정해야 하는 것은 아니다. 따라서 소송대리인에게 상소제기의 특별한 권한이 수여되었다하더라도 당사자가 사망하면 그 권한은 인정되지 않아 판결송달시 소송절차는 중단된다고 해석함이 타당하다. 이에 의할 때 상속인이 소송수계 등의 방법으로 소송에 관여하지 않는 한 판결은 확정되지 않아 상속인

23) 대법원 2010. 12. 23. 선고 2007다22859 판결.

의 절차참여권은 현실적으로 보장될 수 있다.[24)]

3. 중단의 해소

소송절차의 중단은 파산관재인의 소송수계 전 파산절차해지의 경우(239조)를 제외하고는 수계신청을 하거나 법원의 속행명령에 의해 해소되고 이로써 소송절차의 진행이 재개된다.

(1) 수계신청

수계신청은 당사자측에서 중단된 소송절차의 속행을 구하는 신청이다.

(a) 수계신청권자

수계신청은 중단사유가 있는 당사자측에서 새로이 소송을 수행할 자뿐 아니라 상대방도 할 수 있다(241조). 새로이 소송을 수행할 자는 각 중단사유마다 법정되어 있다.

1) 상속의 경우 상속인 · 상속재산관리인[25)], 그 밖에 법률에 의하여 소송을 계속하여 수행할 사람이다(233조). 그 밖에 법률에 의하여 소송을 계속하여 수행할 사람이란 유언집행자[26)], 수증자[27)] 등이다. 상속인은 상속포기를 할 수 있는 동안 소송절차를 수계하지 못한다(233조 2항). 그러나 판례는 상속포기기간 중에 한 소송수계신청을 받아들여 소송절차를 진행한 하자가 있다고 하더라도 그 후 상속의 포기 없이 상속개시 있음을 안 날로부터 3월(민법 1019조)을 경과한 때에는, 그 전까지의 소송행위에 관한 하자는 치유된다고 한다.[28)] 공동상속의 경우 필수적 공동소송이 아니므로 사망한 피상속인의 공동상속인은 각각 따로 수계신청을 할 수 있다.[29)]

2) 법인합병의 경우에는 합병에 의하여 설립된 법인 또는 합병된 뒤의 존속법인이다(234조). 소송능력의 상실 · 법정대리권의 소멸의 경우는 소송능력을 회복한 자 또는 법정대리인이 된 사람이다(235조). 수탁자의 임무 종료의 경우에는 새로운 수탁자이

---

24) 이에 관한 자세한 논의는 이태영, 소송계속 중 당사자의 사망과 판결의 효력, 사법 27호, 사법발전재단, 2014. 3, 158면 이하 참조.

25) 상속재산관리인은 재산상속인의 존재가 분명하지 아니한 상속재산에 관한 소송에 있어서 당사자적격이 있다(민법 1053조, 대법원 2007. 6. 28. 선고 2005다55879 판결 참조).

26) 유언집행자는 유증의 목적인 재산의 관리 기타 유언의 집행에 필요한 행위를 할 권리의무가 있다(민법 1101조). 판례는 "지정 또는 선임에 의한 유언집행자는 상속인의 대리인으로 본다"는 민법규정(1103조)에도 불구하고 유언집행자를 법정소송담당자로 본다(대법원 1999. 11. 26. 선고 97다57733 판결; 대법원 1999. 11. 26. 선고 97다57733 판결).

27) 포괄적 유증을 받은 자는 상속인과 동일한 권리 · 의무가 있다(민법 1078조).

28) 대법원 1995. 6. 16. 선고 95다5905, 5912(참가) 판결.

29) 대법원 1963. 3. 21. 선고 62다805 판결.

다(236조).

3) 파산재단에 속하는 재산에 관하여 파산선고 당시 법원에 계속되어 있는 소송은 파산관재인 또는 상대방이 이를 수계할 수 있다(채무자 회생 및 파산에 관한 법률 347조 1항). 소송의 계속 중 채무자에 대하여 파산선고가 있었는데, 법원이 그 사실을 알지 못한 채 파산관재인의 소송수계가 이루어지지 아니한 상태로 소송절차를 진행하여 판결을 선고하였다면, 그 판결은 채무자의 파산선고로 소송절차를 수계할 파산관재인이 법률상 소송행위를 할 수 없는 상태에서 사건을 심리하고 선고한 것이므로 위법하다.[30] 다만 소장부본이 송달되기 전에 당사자에 대한 파산선고가 이루어졌다면 파산관재인의 수계신청은 허용되지 않는다. 또한 이 경우 파산재단에 관한 소송에서 채무자는 당사자적격이 없으므로, 채무자가 원고가 되어 제기한 소는 부적법한 것으로서 각하되어야 한다.[31] 파산선고 당시 계속 중이던 파산채권에 관한 소송은 파산관재인이 당연히 수계하는 것이 아니라 파산채권자의 채권신고와 그에 대한 채권조사의 결과에 따라 처리되므로, 당사자는 파산채권이 이의채권이 되지 아니한 상태에서 미리 소송수계신청을 할 수 없고, 이와 같은 소송수계신청은 부적법하다.[32] (파산채권으로 신고되면 법원이 이를 조사하는데 그 때 파산관재인 또는 파산채권자가 이의를 하는 경우 그 파산채권을 이의채권이라고 한다(채무자회생 및 파산에 관한 법률 462조). 이의채권에 대하여는 채권조사확정재판을 거치게 되고 이에 불복하는 자는 이의의 소를 제기할 수 있는데 이의의 소를 제기하는 자가 이의채권을 보유하는 파산채권자인 때에는 이의자 전원을 피고로 하고, 이의자인 때에는 그 파산채권자를 피고로 하여야 한다(동법 463조))

(b) 수계신청할 법원

수계신청을 하여야 할 법원은 중단 당시에 소송이 계속된 법원이다. 종국판결이 선고된 후 중단이 된 경우에도 판결확정 전이므로 아직 원심법원에 소송계속 중이고 상소장도 원심법원에 제출하여야 하므로(397조) 원심법원에 수계신청을 하여야 한다는 것이 통설이다. 판례는 소송절차가 중단된 상태에서 제기된 상소는 부적법한 것이지만, 상소심 법원에 수계신청을 하여 그 하자를 치유시킬 수 있다고 한다.[33]

---

30) 대법원 2014. 1. 29. 선고 2013다65222 판결; 대법원 2015. 11. 12. 선고 2014다228587 판결.

31) 대법원 2018. 6. 15. 선고 2017다289828 판결.

32) 대법원 2018. 4. 24. 선고 2017다287587 판결.

33) 대법원 1996. 2. 9. 선고 94다61649 판결; 대법원 2003. 11. 14. 선고 2003다34038 판결; 대법원 2016. 4. 29. 선고 2014다210449 판결.

(c) 수계신청절차

수계신청은 새로이 소송을 수행할 자가 서면 또는 구술로 한다(161조). 수계신청인가 여부는 신청의 내용을 기준으로 실질적으로 판단한다. 판례 중에는 당사자표시변경으로 표시하여 신청한 것을 소송수계신청의 취지로 판단한 것이 있다.[34] 수계신청이 있는 때에는 법원은 상대방에게 이를 통지하여야 하며(242조) 이로써 중단이 해소된다(247조 2항).

(d) 수계신청에 대한 재판

소송절차의 수계신청은 법원이 직권으로 조사하여 이유가 없다고 인정한 때에는 결정으로 기각하여야 한다(243조 1항). 수계신청이 기각되면 중단은 해소되지 않는다. 이 결정에 불복이 있으면 항고할 수 있다(439조). 수계신청이 이유 있을 때에는 별도의 재판을 할 필요 없이 그대로 소송절차를 진행할 수 있다.[35] 그러나 그 후에 신청인이 그 자격 없음이 판명된 경우에는 수계재판을 취소하고 신청을 각하하여야 한다. 법원이 수계재판을 취소하지 아니하고 수계인이 진정한 재산상속인이 아니어서 청구권이 없다는 이유로 본안에 관한 실체판결을 하였다면 진정수계인에 대한 관계에서는 소송은 아직도 중단상태에 있다고 할 것이지만 참칭수계인에 대한 관계에서는 판결이 확정된 이상 기판력을 가진다.[36]

한편 재판이 송달된 뒤에 중단된 소송절차의 수계[37]에 대하여는 그 재판을 한 법원이 결정하여야 한다(243조 2항). 이 결정의 송달로 중단이 해소되므로 상소기간도 이때부터 진행된다.

(2) 법원의 속행명령

법원은 당사자가 소송절차를 수계하지 아니하는 경우에 직권으로 소송절차를 계속하여 진행하도록 명할 수 있다(244조). 속행명령은 중단 당시 소송이 계속된 법원이 하며 당사자에게 송달됨으로써 중단이 해소된다. 속행명령은 중간적 재판이므로 독립하여 불복할 수 없다.

---

34) 대법원 1980. 10. 14. 선고 80다623, 624 판결.
35) 대법원 1984. 6. 12. 선고 83다카1409 판결.
36) 대법원 1981. 3. 10. 선고 80다1895 판결.
37) 변론종결 후 당사자가 사망하면 그 승계인에게 기판력이 미치므로(218조 1항) 수계절차 없이 판결을 선고할 수 있다(대법원 1989. 9. 26. 선고 87므13 판결). 그러나 그 판결이 당사자에게 송달되면 소송절차가 중단되므로 판결이 확정되지 않아 수계가 필요해진다.

Ⅲ. 소송절차의 중지

소송절차의 중지사유는 다음과 같다.

1. 당연중지

천재지변, 그 밖의 사고로 법원이 직무를 수행할 수 없을 경우에 소송절차는 그 사고가 소멸될 때까지 중지된다(245조). 이때 중지는 당연히 발생하고 별도의 결정을 요하는 것이 아니다. 직무집행불능의 상태가 소멸되면 중지도 해소된다.

2. 재정중지

당사자가 일정하지 아니한 기간 동안 소송행위를 할 수 없는 장애사유가 생긴 경우에는 법원은 결정으로 소송절차를 중지하도록 명할 수 있다(246조). 여기서의 '장애사유'란 소송대리인이 없는 상태에 당사자가 의식불명의 상태에 이르거나 재해 등으로 교통이 두절된 경우 등을 들 수 있다. 법원은 위 결정을 취소할 수 있고 이로써 중지가 해소된다.

3. 다른 법령에 의한 중지

다른 절차와의 관계에서 소송의 속행이 부적당하여 절차가 중지되는 경우이다. 여기에는 두 가지가 있다. 그 하나는 위헌여부제청(헌법재판소법 42조 1항), 조정에 회부(민사조정규칙 4조 2항) 등의 경우와 같이 절차가 당연히 중지되는 경우이다. 또 하나는 채무자의 회생 및 파산사건에서 회생절차개시의 신청(채무자 회생 및 파산에 관한 법률 44조 1항 3호), 특허심결이 선결관계에 있는 경우(특허법 164조 1항)와 같이 법원의 재량에 의해 중지되는 경우이다. 다른 민사사건이나 형사사건이 선결관계에 있는 때에도 중지를 명할 수 있다는 견해[38]도 있으나, 실무상으로는 기일을 추후지정하고 관련사건의 판결선고 후 다시 기일을 속행하는 것이 보통이다.

Ⅳ. 소송절차정지의 효과

1. 소송절차상의 행위

소송절차의 정지 중에는 소송절차상의 소송행위를 할 수 없다. 그러나 변론종결

38) 정동윤/유병현/김경욱, 690면.

후 소송절차가 중단된 경우라면 판결의 선고는 할 수 있다(247조 1항).

(1) 당사자의 행위

소송절차의 정지 중 당사자의 소송절차상의 행위는 무효이다. 그러나 정지는 당사자의 이익보호를 위한 제도이므로 정지 중 한 소송행위라도 정지사유가 발생한 당사자의 추인에 의하여 유효로 된다. 판례가 소송절차가 중단된 상태에서 제기된 상소는 부적법한 것이지만, 상소심법원에 수계신청을 하여 그 하자를 치유시킬 수 있다고 하고 있음은 앞서 살펴본 바와 같다.[39] 또한 이의권의 포기 · 상실로도 유효하게 된다. 정지기간 중 허용되지 않는 당사자의 소송행위는 소송절차상의 행위이며 소송대리인의 선임이나 해임과 같이 소송절차 외에서의 행위는 정지기간 중에도 유효하게 할 수 있다.

판례 연습 **대법원 1980. 10. 14. 선고 80다623, 624 판결**
– 소송절차 중단 중에 제기된 상소의 효력과 치유 –

▮ 사건의 개요 X는 A법인의 대표자로서 항소심소송을 수행하여 오다가 1975. 5. 8. 변호사 Y를 A법인의 소송대리인으로 선임하여 소송절차를 진행하였다. 1979. 9. 1. 서울민사지방법원의 결정에 의하여 X는 A법인 대표의 직무집행이 정지되었는데, 그 후임자나 직무대행자가 따로 선임되지 아니하였다. 항소심판결서는 1980. 2. 8. 소송대리인 Y에게 송달되었고 소송대리인 Y는 상고하였다. 상고가 제기된 이후인 1980. 7. 1. 서울민사지방법원의 결정에 의하여, 변호사 Z가 A법인의 대표자인 이사장 직무대행자로 선임되고 그에 의하여 같은 달 9. 상고법원에서 중단된 이 사건 소송절차의 수계가 이루어졌다. 위 상고는 유효한 것인지가 문제되었다.

설명

(1) 이 사건 소송절차의 중단시기

소송 중 법정대리인의 대리권이 소멸한 경우에는 소송절차가 중단된다(235조). 법인의 대표자에게는 법정대리인에 관한 규정을 준용하므로(64조) 법인의 대표자의 대표권이 소멸한 경우에도 소송절차가 중단된다. 다만 소송대리인이 있는 경우에는 소송절차가 중단되지 않는다(238조). 소송대리인은 상소제기의 특별수권이 없는 한 심급대리의 원칙에 의해 당해 심급에 한하여 대리권이 있으며 당해 심급은 당해 심급의 판결서가 송달된 때에 종료된다. 따라서 법인의 대표자의 대표권이 소멸한 경우 소송대리인이 있으면 당

39) 대법원 1996. 2. 9. 선고 94다61649 판결.

해 심급의 판결서가 송달된 때에 소송절차가 중단된다.

이 사건에서 1979. 9. A법인의 대표 X의 직무집행이 정지되었고 당시 A법인의 이 사건 소송대리인 Y가 선임되어 항소심절차가 진행 중이다가 1980. 2. 8. 항소심판결서가 Y에게 송달되었다. 따라서 이 사건 소송절차는 1980. 2. 8. 중단되었다.

(2) 상고제기의 효력

소송절차가 중단되면 소송절차상의 소송행위를 할 수 없다. 따라서 소송절차 중단 중 당사자의 소송절차상의 행위는 무효이나 이는 당사자의 이익보호를 위한 제도이므로 당사자의 추인이 있으면 유효로 된다.

소송대리인 Y는 위와 같이 소송절차가 중단된 이후에 소송대리권도 소멸된 상태에서 상고하였으므로 위 상고는 부적법한 것이다. 그러나 A법인의 이사장직무대행자로 선임된 Z에 의해 이루어진 소송수계신청에 의하여 그 하자는 치유되어 이 사건 상고절차는 소급하여 유효로 된다.

참고판례 **대법원 1980. 10. 14. 선고 80다623, 624 판결【건물철거등】**

(2) 법원의 소송행위

(a) 정지 중에 기일지정, 증거조사 등의 법원의 소송행위는 원칙적으로 무효이다. 따라서 판결의 선고와 동시에 소송절차가 중단된 경우 망인에 대하여 판결정본을 공시송달한 것은 효력이 없다.[40] 그러나 당사자의 소송행위와 마찬가지로 이의권의 포기 · 상실로 유효로 된다. 다만 항소 제기기간은 불변기간이고 이에 관한 규정은 강행규정이므로 판결정본의 부적법한 송달의 하자는 이의권의 포기 · 상실로 치유되지 않는다.[41]

(b) 판결선고의 효력은 변론종결이 소송절차의 정지에 앞서 이루어졌는지 여부에 따라 달라진다. 변론종결이 소송절차의 정지에 앞서 이루어졌다면 더 이상 당사자의 관여가 필요 없으므로 판결의 선고는 적법하다. 그러나 소송절차의 정지 이후에 변론종결이 이루어졌다면 판결의 선고는 소송에 관여할 수 있는 적법한 수계인의 권한을 배제한 결과가 되어 절차상 위법하다.

이에 관하여 판례는 ⅰ) **이러한 판결은 절차상 위법하나 당연무효는 아니고 대리권흠결을 이유로 상소 또는 재심에 의하여 그 취소를 구할 수 있을 뿐이므로,** ⅱ)

---

40) 대법원 2007. 12. 14. 선고 2007다52997 판결.
41) 대법원 1972. 5. 9. 선고 72다379 판결.

판결이 선고된 후 적법한 상속인들이 수계신청을 하여 판결을 송달받아 상고하거나 또는 사실상 송달을 받아 상고장을 제출하고 상고심에서 수계절차를 밟은 경우에도 그 수계와 상고는 적법한 것이라고 보아야 한다고 한다.[42)]

판례 연습 대법원 1995. 5. 23. 선고 94다28444 전원합의체판결

– 소송절차 중단 중에 선고된 판결의 효력 –

▎사건의 개요 X는 Y_1과 Y_2를 상대로 K토지에 관한 소유권이전등기청구의 소를 제기하였다. X가 제기한 소의 청구원인은 주위적으로는 1942년경 Y_1과 Y_2, Y_3의 피상속인인 소외 A로부터 매수하였다는 것이고 예비적으로는 X가 1942년경부터 K토지를 소유의 의사로 평온·공연하게 점유함으로써 취득시효가 완성되었다는 것이다. 1993. 7. 16. X의 주위적 및 예비적 청구를 모두 기각하는 제1심판결이 선고되고, 이에 X는 같은 해 8. 13. 항소를 제기하였다.

한편 Y_1은 같은 해 8. 30. 아직 항소심 소송대리인을 선임하지 아니한 채 사망하였다. 그러나 위 Y_1의 상속인들인 Y_2, Y_3는 그 소송수계절차를 밟음이 없이 위 Y_1이 생존하여 있는 것처럼 같은 해 10. 11. 자신들 및 Y_1명의로 변호사 M을 소송대리인으로 선임하여 그 변호사에 의하여 소송절차가 진행되었다. 항소심법원은 Y_1이 사망한 사실을 모른 채 변론을 종결한 후 1994. 5. 4. 제1심판결 중 예비적 청구에 관한 부분을 취소하고, 원고의 예비적 청구를 인용하는 판결을 선고하였으며, 그 시경 동 판결이 M에게 송달되었다. Y_2, Y_3는 같은 해 5. 30. Y_1도 상고인의 한 사람으로 표시하여 자신들과 Y_1 패소부분 전부에 관하여 불복한다는 취지의 상고장을 제출하였다. 그러나 Y_2, Y_3는 같은 해 7. 5.에 이르러 비로소 Y_1이 사망하였다고 하면서 상고심에서 소송수계신청을 함과 동시에 항소심판결의 위와 같은 절차상의 하자에 관하여는 상고이유로 삼지 아니하고 본안에 관하여만 다투는 내용의 상고이유서를 제출하였다. 이 사건 항소심판결은 적법한 것인지가 문제되었다.

설 명

(1) Y_1의 사망과 소송절차의 중단

당사자가 죽은 때에 소송절차는 중단된다(233조). 다만 소송대리인이 있는 경우에는 소송절차가 중단되지 않는다(238조). Y_1은 이 사건 항소심 계속 중인 1993. 8. 30. 소송대리인을 선임하지 아니한 채 사망하였으므로 Y_1에 대한 소송절차는 중단되었다.

---

42) 대법원 1995. 5. 23. 선고 94다28444 전원합의체판결; 대법원 2020. 6. 25. 선고 2019다246399 판결. 이러한 판례의 태도에 대해 찬성하는 것이 통설의 태도이나 소송승계와 소송수계를 구분함이 없이 소송수계가 없는 한 당사자가 여전히 사망자이므로 판결은 무효라는 견해도 있다(호문혁, 388면).

(2) 이 사건 항소심 판결의 적법 여부

소송절차가 중단되면 법원의 소송행위는 무효이다. 중단사유를 간과하고 변론이 종결되어 판결이 선고된 경우에는 그 판결은 소송에 관여할 수 있는 적법한 수계인의 권한을 배제한 결과가 되는 절차상 위법은 있지만 그 판결이 당연무효라 할 수는 없고, 다만 그 판결은 대리인에 의하여 적법하게 대리되지 않았던 경우와 마찬가지로 보아 대리권흠결을 이유로 상소(424조 1항 4호) 또는 재심(451조 1항 3호)에 의하여 그 취소를 구할 수 있을 뿐이다.

따라서 Y_1 명의의 상고 역시 소송절차가 중단된 상태에서 이미 사망한 Y_1 명의로 제기된 것이므로 적법한 것이라고 할 수 없다. 그러나 Y_1의 상속인인 Y_2, Y_3는 1994. 7. 5.에 이르러 비로소 Y_1이 사망하였다고 하면서 상고심에서 소송수계신청을 함과 동시에 항소심판결의 위와 같은 절차상의 하자에 관하여는 상고이유로 삼지 아니하고 본안에 관하여만 다투는 내용의 상고이유서를 제출하였는데 이는 항소심의 절차 및 상고를 적법한 것으로 추인한 것으로 이로써 그 하자는 치유되었다고 할 것이다.

그러므로 이 사건 항소심 판결은 적법하다.

참고판례 **대법원 1995. 5. 23. 선고 94다28444 전원합의체판결【소유권확인】**

2. 기간의 진행

소송절차의 정지는 기간의 진행을 정지시킨다. 정지가 해소되면 남은 기간이 아니라 전체기간이 새로이 진행된다(247조 2항).

사망자를 당사자로 한 소송

당사자의 사망

- 소제기 전 사망
  - 소송중 조치
    - 원칙: 피고경정(260조) (∵당사자의 동일성 변경)
    - 판례: 당사자표시정정. 단, 피고경정(260조)도 허용하나 본질은 당사자표시정정 (∵의사설)
  - 간과판결
    - 효력: 무효 (∵ 당사자대립주의)
    - 상소제기 허용 여부: 불허(판례). 다만, 당사자 구제를 위하여 외관상 성립한 판결의 존재를 부정할 필요가 있으므로 상소를 허용해야 한다는 견해도 있음
- 소송계속 중 사망
  - 중단 여부
    - 소송대리인無: 소송절차 중단 O (233조)
    - 소송대리인有: 소송절차 중단 X (238조)
      ※당사자가 사망해도 소송대리권 소멸 X (95조 1호)
      - 상소제기의 특별수권
        - 有: 상소제기시에 소송대리권이 소멸하고 소송절차가 중단됨
        - 無: 판결정본이 소송대리인에게 송달된 때 소송대리권이 소멸하고 소송절차가 중단됨
          (∵심급대리의 원칙(90조 2항 3호))
  - 판결
    - 효력범위: 정당한 상속인들 전원 (∵당연승계긍정설)
    - 일부 상속인이 누락된 경우: 잘못 기재된 당사자 모두를 상소인 또는 피상소인으로 표시하여 상소를 제기한 경우에는 상소제기자의 합리적 의사에 비추어 정당한 상속인들 모두에게 상소제기의 효력이 미침(판례)
  - 소송수계 없이 상소가 제기된 경우: 상속인들이 항소심에서 수계신청을 하고 소송대리인의 소송행위를 추인하면 하자가 치유됨(판례)
  - 상속인의 조치 – 수계신청(233조). 실체법상 포괄승계의 원인이 있는 경우에는 법률상 당연히 당사자의 소송상 지위가 승계인에게 승계됨(당연승계긍정설). 따라서 수계신청은 중단된 소송절차의 속행을 구하는 의미가 있을 뿐임
  - 간과판결의 효력 – 당연무효 아님. 상소(424조 1항 4호) 또는 재심(451조 1항 3호)에 의하여 취소 가능
- 변론종결 후 사망: 소송절차 중단(233조 1항). 판결의 선고는 가능(247조 1항)

제4편

증　거

제1장 총 설

Ⅰ. 증거의 필요성

재판은 법규의 존부와 해석을 대전제로 하고 구체적 사실을 소전제로 하여 3단 논법에 따라 권리관계의 유무를 판단한다. 따라서 법규의 존부나 해석을 명확히 하는 것과 함께 구체적 사실관계를 확정하는 것이 필요하다. 사실관계가 당사자 사이에 다툼이 없거나 법원에 현저한 것인 때에는 재판의 기초로 삼는 데 별 문제가 없으나 그렇지 않은 경우에는 법원은 사실관계의 존부를 확정하여야 한다. 이러한 사실관계의 확정은 재판의 공정성과 신뢰를 확보하기 위해 법관의 자의를 배제하고 객관적이고도 합리적으로 이루어져야 한다. 이를 위해서는 증거에 기초해 사실확정이 이루어질 필요가 있고 나아가 법규나 경험칙의 존부를 확정하는 데도 요구되는 경우가 있다.

Ⅱ. 증거의 의의

증거는 아래와 같이 여러 의미로 쓰이는데 아래 판결문의 예를 통하여 설명하기로 한다.

> 원심은 소외 망 A가 소외 W로부터 금 17,040,000원을 차용하였다는 원고들의 주장을 뒷받침할 수 있는 갑제17호증의 1, 2의 각 기재와 증인 W의 증언 등을 그 판시와 같은 이유로 믿지 아니하고 위 주장을 배척하였다. 그러나 증인 W는 1988년경 그의 언니의 친구인 X_1을 통하여 그의 남편인 위 망인에게 금 16,000,000원을 대여하고 은행 온라인으로 이자를 받아오다가 위 망인이 사망한 후 원고 X_1로부터 원리금 17,040,000원을 은행 온라인으로 변제받았다고 증언하였는바, 갑제17호증의 1, 2의 각 기재내용은 1989. 1. 28.부터 1990. 5. 22.까지 위 망인 명의로 8회에 걸쳐 금 300,000원 내지 1,080,000원이, 원고 X_1 명의로 4회에 걸쳐 위와 같은 금액이 위 W의 예금통장에 온라인으로 입금되었고, 1990. 11. 17.에는 원고 X_1명의로 금 17,040,000원이 위 예금통장에 입금되었다는 내용이므로 갑제17호증의 1, 2의 기재는 위 증인의 증언을 객관적으로 뒷받침하는 것이다. (대법원 1995. 2. 3. 선고 94누1470 판결의 내용일부를 인용함)

1. 증거방법

증거방법은 법관이 오관의 작용에 의해 조사의 대상이 되는 유형물이다. 위에 예시된 판결문에서는 증인 W와 갑제17호증이 이에 해당한다. 증거방법에는 인증(人證)에 속하는 것으로 증인, 감정인, 당사자본인 등이 있고 물증(物證)에 속하는 것으로 문서, 검증물 등이 있다.

2. 증거자료

증거자료란 증거방법의 조사에 의하여 얻은 내용을 말한다. 증언, 감정결과, 검증결과, 당사자신문결과, 문서의 기재내용 등이 이에 해당한다. 위에 예시된 판결문에서 갑제17호증의 1, 2의 각 기재와 증인 W의 증언이 이에 해당한다.

3. 증거원인

증거원인이란 법관의 심증형성의 원인이 된 자료나 상황을 말한다. 여기에는 증거자료와 변론 전체의 취지가 포함된다(202조). 위에 예시된 판결문에서 원심판결은 갑제17호증의 1, 2의 각 기재와 증인 W의 증언은 원심판결에서는 배척되었으므로 증거원인이 되지 않으나 만약 소외 망 A가 소외 W로부터 금 17,040,000원을 차용하였다는 사실인정의 자료로 쓰인다면 이는 증거원인에 해당된다.

Ⅲ. 증명의 분류

1. 직접증거와 간접증거

주요사실의 존부를 직접적으로 증명하기 위한 증거를 직접증거라고 하고 간접사실과 보조사실을 증명하기 위한 증거를 간접증거라고 한다. 예를 들어 X의 Y를 상대로 한 대여금청구사건에서 증거로 제출된 차용증은 대여사실에 관한 직접증거이다. 한편 위 차용증이 위조되었다는 Y의 항변에 대해 Y의 필적의 동일성 여부를 증명할 감정결과나 Y가 위 차용증을 직접 작성하는 것을 보았다는 증인의 증언은 보조사실에 대한 증거로서 간접증거에 해당한다.

2. 본증과 반증

(1) 당사자가 자기에게 증명책임이 있는 사실을 증명하기 위해 제출하는 증거를 본증이라고 하고 상대방에게 증명책임 있는 사실을 부정하기 위해 제출하는 증거를

반증이라고 한다. 본증은 법관에게 요증사실의 존재에 관하여 확신을 가질 정도의 증명을 요하나 반증은 요증사실의 존재에 관하여 의심을 가지게 할 정도로 족하다.[1)]

(2) 반증(Gegenbeweis)은 반대사실의 증명(Beweis des Gegenteils)과 구별된다. **반대사실의 증명은 법률에 의하여 추정되는 사실의 부존재를 증명하는 것을 말한다.**[2)] **반대사실의 증명은 법률상의 추정을 번복하기 위해 제출하는 증거로서 반증이 아니라 본증에 해당된다.**[3)] 예를 들어 물건의 점유자는 민법 제197조 제1항에 의해 소유의 의사로 점유한 것으로 추정된다. 점유자가 만약 자주점유의 권원으로서 점유물의 매수사실을 주장한다면 상대방은 위 매수사실이 없다는 것을 증명하는 것만으로는 이러한 자주점유의 추정을 번복시키기에 부족하다. 나아가 점유자가 그 점유물을 타인으로부터 임차하여 점유한 것이라는 등 외형적 · 객관적으로 보아 점유자가 타인의 소유권을 배척하고 점유할 의사를 갖고 있지 아니하였던 것이라고 볼 만한 사정을 적극적으로 증명하여야 한다.[4)] 이는 당사자가 매수사실을 주장하며 목적물인도를 청구하는 경우 상대방은 매수사실의 존재를 의심하게 할 정도의 반증을 하는 것으로 족한 경우와 구별되는 것이다.

3. 증명과 소명

넓은 의미의 증명은 법관의 심증형성의 정도에 따라 좁은 의미의 증명과 소명으로 나누어진다.

(1) 증명(證明)은 법관이 요증사실의 존재에 대해 확신을 가진 상태 또는 이를 위해 당사자가 증거를 제출하는 노력을 말한다. 소송에서 청구의 당부와 관련된 사실은 이러한 증명이 요구된다. 여기서의 확신이란 반대사실의 존재가 논리적으로 불가능한 과학적 증명이 아니라 통상인이라면 의심을 품지 아니할 정도로 진실성의 확신을 가질 수 있는 고도의 개연성을 뜻하는 역사적 증명을 의미한다.[5)]

(2) 소명(疎明)은 증명보다는 낮은 정도의 개연성을 뜻하는 것으로 법관이 어느 사실의 존재가 일응 확실할 것으로 추측을 얻은 상태 또는 이를 위해 당사자가 증거를 제출하는 노력을 말한다. 소명은 법률의 규정이 있는 경우에만 허용된다. 가압류,

1) 대법원 2003. 2. 11. 선고 2002다59122 판결.
2) Leo Rogenberg(오석락 외 2인 공역), 239면.
3) 법률상의 추정과는 달리 사실상의 추정을 번복하기 위해서는 상대방이 반증을 하는 것으로 족하며 반대사실의 증명을 할 책임까지 지는 것은 아니다(대법원 2003. 2. 11. 선고 2002다59122 판결).
4) 대법원 2003. 8. 22. 선고 2001다23225, 23232 판결 참조.
5) 대법원 1990. 6. 26. 선고 89다카7730 판결 참조.

가처분과 같이 신속한 처리를 요하는 사항이나 증언을 거부하는 이유(316조)와 같이 절차상의 사항에 관한 것이다. 소명은 즉시 조사할 수 있는 증거에 의하여야 한다(299조 1항). 따라서 소환을 필요로 하는 증인은 소명방법이 될 수 없다. 소명은 원본 아닌 사본에 의하더라도 그 증거능력을 부인할 수 없다.[6] 법원은 당사자 또는 법정대리인으로 하여금 보증금을 공탁하게 하거나, 그 주장이 진실하다는 것을 선서하게 하여 소명에 갈음할 수 있다(동조 2항). 만약 보증금을 공탁한 당사자 또는 법정대리인이 거짓진술을 한 때에는 법원은 결정으로 보증금을 몰취한다(300조).

4. 엄격한 증명과 자유로운 증명

증명은 법률에서 정한 증거조사에 따라 행하는 증명인가에 따라 엄격한 증명과 자유로운 증명으로 나누어진다.

(1) 엄격한 증명은 법률이 정한 증거방법에 대해 법률에 정한 바에 따라 증거조사절차를 하는 증명이다. 민사소송법은 제288조 이하에서 다섯 가지 증거방법에 관한 증거조사절차를 규정하고 있다. 이러한 증거조사절차에는 증거의 신빙성과 당사자의 절차참여기회를 보장하여 사실인정의 객관성을 확보할 수 있는 내용이 포함되어 있다.[7] 엄격한 증명은 소송물인 권리관계의 기초사실을 인정함에 있어 요구된다.

(2) 자유로운 증명은 증거방법과 증거조사절차에 대하여 법률의 구속을 받지 않는 증명을 말한다. 예를 들어 전문적인 경험법칙의 인정을 본래의 방법인 감정인의 감정에 의하지 않고 공무소의 의견을 조회하는 것으로 하는 것이다.[8] 엄격한 증명과 자유로운 증명은 법관의 확신의 정도에 차이가 있는 것은 아니므로 소명과는 구별된다. 자유로운 증명이 어느 정도까지 법률의 규정으로부터 자유로운가가 반드시 명확한 것은 아니나 법원이 소송 외 탐지활동을 하거나 스스로 알고 있는 사실을 이용하는 것까지 허용되는 것은 아니다.[9] 그 대상에 관하여 판결절차의 직권조사사항이나 간이 신속을 요하는 결정절차에 자유로운 증명이 허용된다는 것에는 대체로 의견이 일치되어 있다.[10] 판례는 섭외사건에 관하여 적용할 준거외국법의 내용에 대한 증명이 자유로운 증명으로 족하다고 한 바 있다.[11]

---

6) 이시윤, 461면.
7) 예를 들어 증인의 선서의무(319조), 교호신문제도(327조) 등이 그것이다.
8) 호문혁, 494면. 이러한 증명방식이 감정절차에 정해진 당사자의 참여권을 박탈하므로 바람직하지 않다는 견해로는 정동윤/유병현/김경욱, 524면.
9) 정동윤/유병현/김경욱, 523면.
10) 송상현/박익환, 508면; 이시윤, 462면; 정동윤/유병현/김경욱, 523면.
11) 대법원 1992. 7. 28. 선고 91다41897 판결.

그러나 직권조사사항 중 소송요건이나 상소요건에 대하여는 실체법상 요건과 다름이 없이 중요한 사항이므로 엄격한 증명을 요한다는 견해[12]와 대부분 소송절차 안에서 쉽게 파악될 수 있는 사실이거나 형식적인 사실이므로 법관의 판단을 신뢰하여 사안에 따른 적절한 방법을 강구할 수 있도록 자유로운 증명으로 족하다는 견해[13]로 나뉜다. 자유로운 증명으로 족하다는 견해는 그 증명의 가능성이 본안의 사항과는 다르므로 소송의 신속과 간편성을 고려한 견해이나 소송요건이나 상소요건은 본안심리의 전제가 되는 중요한 사항이므로 엄격한 증명을 요한다고 하여야 한다.

Ⅳ. 증거능력과 증명력

증거에 의해 요증사실이 증명되기 위해서는 증거능력을 갖춘 증거가 요증사실에 대하여 증거력이 인정되어야 한다.

(1) 증거능력은 유형물이 증거방법으로서 증거조사의 대상이 될 수 있는 자격을 말한다. 선서하지 아니한 감정인에 의한 감정결과는 증거능력이 없다.[14] 형사소송과는 달리 민사소송에서는 원칙적으로 증거능력을 제한하지 않는다. 따라서 형사소송법에서는 증거능력이 원칙적으로 부정되는 전문증거[15]도 민사소송법에서는 증거능력이 있다.[16]

문제가 되는 것은 대화상대방 몰래 하는 녹음이나 몰래카메라에 의한 촬영 등이다. 판례는 피해자가 피고인으로부터 걸려온 전화내용을 비밀녹음한 녹음테이프가 위법수집증거에 해당하는지 여부가 문제된 사안에서 부정적 태도를 취한 바 있다.[17] 통신비밀보호법 제3조 제1항이 "공개되지 아니한 타인간의 대화를 녹음 또는 청취하지 못한다"라고 규정하고 있으나 이는 대화에 원래부터 참여하지 않는 제3자가 그 대화를 하는 타인들 간의 발언을 녹음해서는 아니 된다는 취지라고 해석된다.[18]

그러나 종래의 학설은 이러한 증거들은 상대방의 권익을 침해하는 방법으로 이루어진 것이므로 당연히 위법수집된 증거라는 전제에서 증거능력의 인정 여부를 논의하고 있다. 이에 관하여 과거 외국에서는 법원과 당사자 사이의 신의성실의 원칙에 반하고 인격권의 침해를 가져온다고 하여 증거능력을 부정하는 견해(부정설)도 있

12) 김홍엽, 639면; 정동윤/유병현/김경욱, 524면; 정영환, 642면.
13) 강현중, 461면; 이시윤, 462면.
14) 대법원 1982. 8. 24. 선고 82다카317 판결. 감정인의 선서의무에 관하여는 민사소송법 제333조.
15) 형사소송법 제310조의2, 제316조 참조.
16) 제3자가 소송에서 다툼이 되는 내용을 사실확인서의 형태로 작성하여 법정에 증거로 제출된 경우라도 증거능력이 있다. 그러나 그 작성자가 증인으로서 같은 내용을 직접 증언한 것에 비하면 증인선서와 반대신문에 의한 진실성 담보에 차이가 있어 그 신빙성은 달리 취급될 수 있다.
17) 대법원 1997. 3. 28. 선고 97도240 판결.
18) 대법원 2006. 10. 12. 선고 2006도4981 판결; 대법원 2014. 5. 16. 선고 2013도16404 판결.

었으나 인격권의 침해가 이루어지지 않는 한도에서 증거능력이 인정된다는 견해(절충설)가 현재 우리나라 학설의 주류를 이룬다.[19] 이와 달리 위법수집증거라 하더라도 원칙적으로 그 증거능력을 인정하면서 법원에서의 증거조사가 당사자의 인격권을 침해하는 경우와 그 증거방법이 형법상 범죄행위에 의해 수집된 경우에는 증거능력을 부정해야 한다는 견해도 있다.[20] 판례는 민사소송법상 상대방의 부지중 비밀로 녹음한 녹음테이프는 증거능력이 있고, 이에 대한 증거조사는 검증의 방법에 의하여야 한다고 하여 증거능력을 긍정하고 있다.[21]

생각건대 사권의 확정을 목적으로 하는 민사소송은 국가의 형벌권의 존부를 확정하는 절차인 형사소송과 그 목적이 달라 그 증거능력의 엄격성도 달리 취급될 수 있다. 또한 상대방의 증거 없음을 틈타 거짓진술을 하는 소송당사자를 일방적으로 보호하는 것도 문제가 있을 수 있다. 그러나 실정법이 금지하는 방법으로 수집된 증거를 법원이 사실인정의 자료로 삼는 것은 법원이 재판을 통해 불법을 방치하는 결과를 초래할 수 있다. 이런 의미에서 원칙적으로 증거능력을 인정하되 인격권이 침해되는 경우와 형사상 처벌받을 행위로 수집된 증거에 대하여는 증거능력을 부정하는 것이 타당하다. 이에 의하면 증거능력을 부정하기 위해서는 상대방의 인격권이 침해된다거나 형사상 처벌받을 행위로 수집된 증거라는 것이 증명되어야 한다는 점에서 주류적 견해와 차이가 있다.

(2) 증명력은 증거자료가 요증사실의 인정에 기여하는 정도를 말한다. 다른 말로 증거가치 또는 증거력이라고도 한다. 증거력은 형식적 증거력과 실질적 증거력으로 나누어진다.[22] 증거력은 법관이 논리와 경험의 법칙에 따라 자유로이 판단한다(202조).

19) 절충설의 범주에 들 수 있는 견해로는 김홍엽, 635면; 이시윤, 458면; 정동윤/유병현/김경욱, 533면 등 있으나 그 내용은 약간씩 다르다. 호문혁, 523면에서는 이러한 절충설을 인격권침해설과 위법성설로 구분하여 설명하고 있다.

20) 호문혁, 527면.

21) 대법원 1981. 4. 14. 선고 80다2314 판결; 대법원 2009. 9. 10. 선고 2009다37138, 37145 판결.

22) 서증 부분에서 자세히 설명하기로 한다.

제2장 증명의 대상

Ⅰ. 사 실

(1) 여기서의 사실은 인식할 수 있는 외계의 사실과 내심의 사실을 말한다. 당사자 사이에 다툼이 없는 사실과 현저한 사실은 증명을 요하지 않으므로(288조) 그 외의 사실이 증명의 대상이 된다. 또한 원고 청구의 당부에 영향을 미칠 사실이어야 하므로 주장 자체로 이유 없는 경우 이에 관한 사실인정을 할 필요가 없어 증명을 요하는 사실에 포함되지 않는다. 예를 들어 원고가 출제한 시험문제를 피고가 무단으로 판매하여 원고의 저작권이 침해되었다는 것을 이유로 한 손해배상청구사건에서 시험문제의 저작권자가 원고가 아니라면 원고의 주장은 그 자체로 부당하므로 피고의 무단판매행위에 대해서는 그 사실 여부를 가릴 필요가 없다.[1] 그런 의미에서 피고의 무단판매행위가 있었는가 하는 것은 증명의 대상이 되는 사실이 아니다.

(2) 과거의 것이 일반적이나 현재나 장래의 가정적 사실[2]도 증명의 대상이 되고, 적극적 사실뿐 아니라 소극적 사실도 포함된다. 증명의 대상이 되는 사실은 주요사실이 그 주된 것이나 간접적으로 이를 추인케 하는 간접사실이나 증거능력이나 증거력과 관련된 보조사실도 그 범위에서 증명의 대상이 된다.

Ⅱ. 경험법칙

(1) 경험칙은 인간의 경험에서 얻어지는 사물에 대한 지식이나 법칙이다. 민사소송에 있어서 경험칙은 사실인정에 있어서 필수적으로 작용하며 법률행위의 해석 및 인정된 사실에 대한 법적인 가치판단의 기준이 된다.[3] 사실인정에 있어 경험칙은 구

1) 서울중앙지방법원 2006. 10. 18. 선고 2005가합73377 판결 참조.
2) 대법원 2008. 11. 13. 선고 2008다60933 판결에서 적시한 원심판결의 사실인정의 내용으로 "소외인이 현재 요양 중으로서 상병보상연금을 지급받고 있기는 하나 향후 개선가능성이 없어 보이는 데다 위 상병보상연금과 장해보상연금이 실질적으로 동일한 성격의 급여로서 소외인의 경우 요양이 종료된 후에는 계속 같은 정도의 장해급여를 수령할 것으로 보인다"는 부분이 이에 해당될 수 있다.
3) 이용우, 판례를 통해서 본 경험칙, 민사증거법(상) 재판자료 제25집, 법원행정처, 1985. 124면.

체적으로 증거의 증거가치를 평가하거나 간접사실에 의한 직접사실을 추단하는 데 작용한다.[4)]

판례에 언급된 경험칙은 무수히 많으나 몇 가지 예를 살펴보면 다음과 같다. ① 이해관계 없는 증인이 50여 년 전에 한 번 들었다는 내용을 정확하게 기억하여 진술한다는 자체가 이례에 속하므로 이를 그대로 믿기 어렵다고 하였다.[5)] ② 계약을 합의해제할 때에 원상회복에 관하여 반드시 약정을 하여야 하는 것은 아니지만, 매매계약을 합의해제하는 경우에 이미 지급된 계약금, 중도금의 반환 및 손해배상금에 관하여는 아무런 약정도 하지 아니한 채 매매계약을 해제하기만 하는 것은 우리의 경험칙에 비추어 이례에 속하는 일이라고 하였다.[6)] ③ 증권회사 직원이 증권투자로 인한 고객의 손해에 대하여 책임을 지겠다는 내용의 각서를 작성해 준 사안에서, 그 각서를 단지 그 동안의 손실에 대하여 사과하고 그 회복을 위해 최선을 다하겠다는 의미로 해석하는 것은 경험칙과 논리칙에 반하지만, 그 각서가 남편을 안심시키려는 고객의 요청에 따라 작성된 경위 등에 비추어 비진의 의사표시로서 무효라고 본 사례가 있다.[7)]

(2) 경험칙 가운데 보통인이 알 수 있는 일반 상식에 속하는 것은 증명의 대상이 되지 않는다. 그러나 일반적인 법관이 알 수 없는 고도의 전문적인 지식에 속하는 것은 재판의 공정에 대한 국민의 신뢰확보, 법관이 동시에 감정인이 될 수 없다는 민사소송법 제41조 제3호의 규정취지에 비추어 증명이 필요하다는 것이 통설이다. 그리고 이때의 증명은 자유로운 증명으로 족하다.[8)]

(3) 경험칙의 인정을 잘못한 경우 이를 법령위반으로 보아 상고이유로 삼을 수 있는가에 관하여 견해가 나누어진다. 예를 들어 알코올성 정신병 등의 병력이 있는 피해자의 노동능력을 정상인과 같이 인정한 원심판결에 대해 경험칙 위배의 위법이 있다고 하여 상고할 수 있는가 하는 것이다.[9)] 이에 대해 경험법칙도 사실판단의 자료에 불과하므로 그 존부확정도 사실심 법관의 전권에 속한다는 이유에서 부정하는 견해(사실문제설)가 있으나[10)] 경험칙은 사실판단의 대전제로 법규와 동일시하여 그 위

4) 이용우, 위 논문, 125면.
5) 대법원 1983. 4. 26. 선고 83다카57 판결.
6) 대법원 2007. 11. 29. 선고 2006다2490, 2506 판결.
7) 대법원 1999. 2. 12. 선고 98다45744 판결.
8) 이시윤, 464면; 정동윤/유병현/김경욱, 536면.
9) 이를 경험칙위배로 위법하다고 한 판례로는 대법원 1994. 10. 25. 선고 94다21566 판결.
10) 강현중, 463면(이 견해는 다만 법개념을 해석하는 작용이나 논리칙에 유사한 것에 한하여 그 위반을 상고이유로 하여야 한다고 한다); 김홍규/강태원, 509면; 송상현/박익환, 525면(이 견해는 논리칙과 경험칙에 어긋나는 사실확정이 문제되는 한도에서 상고이유로 문제될 수 있다고 한다); 호문혁, 499면.

배는 상고이유가 된다는 견해(법률문제설)가 다수설이다.[11] 판례도 다수설과 같은 태도이다.[12]

Ⅲ. 법 규

(1) 법원은 구체적 사실에 적용될 법규의 존재를 확인하고 이를 해석, 적용하는 것을 그 직책으로 하므로 법규는 원칙적으로 증명의 대상이 되지 않는다. 그러나 외국법, 관습법, 지방의 법령, 실효된 법률 등은 법관이 알고 있지 못한 경우에는 증명의 대상이 된다. 이러한 법규들은 법원이 권한으로 그 내용을 조사하여야 한다. 또한 그 방법에 있어서 법원이 합리적이라고 판단하는 방법에 의하여 조사하면 충분하고, 반드시 감정인의 감정이나 전문가의 증언 또는 국내외 공무소, 학교 등에 감정을 촉탁하거나 사실조회를 하는 등의 방법으로만 하여야 하는 것은 아니다.[13]

(2) 법원이 직권으로 증거조사를 하여도 외국법을 알 수 없는 경우 재판에 어떤 법규를 적용할 것인가에 관하여 견해가 나누어진다. 이에는 외국법의 존부를 확정할 수 없는 경우 청구를 기각하여야 한다는 견해(청구기각설),[14] 의심스러울 때는 법정지법에 의한다는 원칙에 근거하여 국내법을 적용하여 한다는 견해(국내법적용설, 법정지법설),[15] 등이 있으나 민법 제1조의 법원에 관한 원칙에 따라 조리에 의하여야 할 것이다(조리설).[16] 판례는 조리설에 따르면서 이때 조리의 내용은 가능하면 원래 적용되어야 할 외국법에 의한 해결과 가장 가까운 해결 방법을 취하기 위해서 그 외국법의 전체계적인 질서에 의해 보충 유추되어야 한다고 한다.[17]

---

11) 김홍엽, 641면; 이시윤, 465면(이 견해는 경험칙의 적용에 현저한 오류가 있는 경우에만 상고이유가 된다고 한다); 정동윤/유병현/김경욱, 536면; 정영환, 654면.
12) 대법원 1971. 11. 15. 선고 71다2070 판결.
13) 대법원 1990. 4. 10. 선고 89다카20252 판결.
14) 송상현/박익환, 524면.
15) 강현중, 464면; 이시윤, 465면.
16) 김홍엽, 642면; 정동윤/유병현/김경욱, 538면; 정영환, 655면.
17) 대법원 2000. 6. 9. 선고 98다35037 판결.

제3장 불요증사실

제1절 총 설

재판의 결과에 영향을 미치는 사실이라 하더라도 증명을 요하지 않는 경우가 있다. 민사소송법은 법원에서 당사자가 자백한 사실과 현저한 사실을 불요증사실로 규정하고 있다(288조). 변론주의가 적용되는 절차에서 당사자 사이에 다툼 없는 사실은 법원의 사실인정권이 배제되는 결과 증명을 요하지 않는다. 현저한 사실은 그 객관성으로 인해 증명을 요하지 않는다. 따라서 변론주의뿐만 아니라 직권탐지주의가 적용되는 절차에서도 현저한 사실은 증명을 요하지 않는다.

법률상 추정되는 사실에 관하여는 증명책임이 경감될 뿐이고 상대방이 반대사실을 증명하는 것이 허용되므로 불요증사실로 보는 것이 적절하지 않다는 견해[1]도 있으나 반증불가능성이 아니라 증명 없이 판결의 기초가 될 수 있다는 점에서는 불요증사실이라고 볼 수 있는 측면도 있다.[2] 그러나 여기서는 민사소송법 제288조가 불요증사실로 정한 당사자가 자백한 사실과 현저한 사실을 중심으로 살펴보기로 하고 법률상의 추정은 증명책임 편에서 다루기로 한다.

> **제288조(불요증사실)** 법원에서 당사자가 자백한 사실과 현저한 사실은 증명을 필요로 하지 아니한다. 다만, 진실에 어긋나는 자백은 그것이 착오로 말미암은 것임을 증명한 때에는 취소할 수 있다.

1) 정동윤/유병현/김경욱, 539면; 정영환, 656면.
2) 법률상 추정이 불요증사실이라는 견해로는 김홍엽, 643면; 이시윤, 466면.

제2절 재판상 자백

■ 핵심어

선결적 법률관계와 자백, 문서의 성립에 관한 자백, 패소가능성설, 자백의 구속력, 자백의 취소, 자백간주와 공시송달, 자백간주의 효력

Ⅰ. 의의와 성질

1. 의 의

재판상 자백은 당사자가 변론준비기일 또는 변론기일에서 상대방의 주장과 일치하고 자기에게 불리한 사실을 진술하는 것이다. 당사자가 재판상 자백을 하면 법원은 변론주의 원칙상 당사자가 자백한 사실을 재판의 기초로 삼아야 하며 당사자도 임의로 철회할 수 없다(288조). 당사자가 변론 또는 변론준비기일에 상대방의 주장사실을 명백히 다투지 않은 때에는 그 사실을 자백한 것으로 본다(150조). 이러한 자백간주의 경우에도 법원의 사실인정권은 배제되나 당사자는 이에 구속되지 않는다.

2. 성 질

자백의 법적 성질에 관하여는 의사표시설과 사실보고설로 견해가 나누어진다. 의사표시설은 상대방의 증명책임을 면제하여주고 자신의 방어권을 포기하는 의사표시 또는 자기에게 불리한 상대방의 주장을 재판의 기초로 삼고자 하는 의사표시라고 한다. 사실보고설은 상대방의 주장사실이 진실이라는 지식의 보고라고 한다(통설). 전설은 당사자가 상대방의 주장이 진실임을 알지 못하여도 자백이 성립되나 이를 재판의 기초로 삼고자 의욕하여야 한다. 후설은 상대방의 주장을 재판의 기초로 삼고자 의욕할 것을 요하지 않는다. 실정법의 해석상 후설이 타당하다.

Ⅱ. 요 건

1. 대 상

자백은 사실을 그 대상으로 하며 사실 이외의 권리관계에 관한 것은 자백의 대상이 되지 않음이 원칙이다. 또한 이때의 사실은 주요사실을 의미하며 간접사실이나 보조사실은 원칙적으로 자백의 대상이 되지 않는다.

(1) 사실이 아닌 권리관계에 관한 것에는 자백이 성립되지 않음이 원칙이나 다음의 경우에는 자백의 성립 여부를 검토할 필요가 있다.

(a) 당사자의 진술이 법 개념을 사용한 것이기는 하나 이러한 법 개념이 매매나 증여와 같이 널리 알려진 것이어서 법 개념을 사용한 진술이 사실관계에 대해 압축하여 진술한 것으로 볼 수 있는 경우 재판상 자백이 성립된 것으로 볼 수 있다. 나아가 대법원판결 중에는 원고 소송대리인의 "본건 토지가 1975. 12. 31 법률 제2848호 토지구획정리사업법부칙 제2항[3] 해당 토지인 사실은 다툼이 없다"란 법률상 진술이 동시에 "위 토지가 공공에 공용되는 하천임"을 전제로 하는 사실상의 진술도 포함한다고 하여 그 범위 내에서 자백이 성립된다고 한 것이 있다.[4]

(b) 자백은 주요사실을 그 대상으로 하며 법률관계 또는 권리는 자백의 대상이 되지 않는다. 그러나 당사자의 진술이 선결적 법률관계에 관한 것일 때 자백의 대상이 될 수 있는가에 관하여는 논란이 있다. 학설상으로는 이를 긍정하는 견해와 절충적 견해가 있다. 긍정하는 견해는 선결적 법률관계는 중간확인의 소(264조)의 대상이 되므로 피고가 청구인낙을 할 수도 있어 이것과의 균형상 자백을 인정하여야 한다는 것을 그 이유로 한다.[5] 절충적 견해는 선결적 법률관계에 대한 자백도 일종의 자백으로 보아 당사자에 대한 구속력을 인정하여 임의로 철회할 수 없으나 법원에 대해서는 구속력을 부정한다.[6]

이와 관련된 판례로는 다음과 같은 것이 있다. 소유권에 기한 이전등기의 말소등기절차이행을 구하는 소에 있어서 피고가 원고 주장의 소유권을 인정하는 진술은 그 소의 전제가 되는 소유권의 내용을 이루는 사실에 대한 진술로 볼 수 있으므로 이는 재판상 자백이라고 한다.[7] 그러나 같은 소유권주장이라도 선결문제가 아닌 경우에는 달리 판단하였음을 주의하여야 한다. 공사수급인이 건축재료와 노무 등을 제공하였을 경우에 그 준공된 건물의 소유권이 수급인에 귀속한다는 법리의 적용으로 수급인이 자기에게 그 소유권이 귀속되었다고 한 진술은 권리의 자백으로서 법원이 이에 기속을 받을 이유는 없다고 한다.[8] 또한 자백은 사실에 대한 진술에 한정되는 것이며, 소송물의 전제가 되는 권리관계나 법률효과를 인정하는 진술은 이른바 권리자백

---

3) 1975. 12. 31 법률 제2848호 토지구획정리사업법부칙 제2항은 "이 법 시행 이전에 인가를 받아 구획정리사업이 시행중에 있는 사도 또는 기타 공공의 용에 사실상 공하고 있는 사유지에 대하여는 사업시행인가시의 평가가액으로 환지 처분하여 청산하여야 한다"고 규정하였다.
4) 대법원 1984. 5. 29. 선고 84다122 판결.
5) 정동윤/유병현/김경욱, 540면.
6) 강현중, 467면.
7) 대법원 1989. 5. 9. 선고 87다카749 판결.
8) 대법원 1979. 6. 12. 선고 78다1992 판결; 대법원 2007. 5. 11. 선고 2006다6836 판결.

으로서 법원을 기속하지 아니하고 당사자도 자유로이 철회할 수 있다고 한다.[9] 요컨대 **판례는 사실에 대한 법적 추론의 결과에 대하여 의문의 여지가 없는 단순한 법개념에 대한 자백은 법원에 대한 구속력이 인정되는 재판상 자백으로, 추론의 결과에 대한 다툼이 있을 수 있는 경우에는 법원에 대한 구속력이 인정되지 않는 권리의 자백으로 취급한다.**[10]

생각건대 선결적 법률관계가 중간확인의 소의 대상이 되어 피고가 청구인낙을 할 수 있다고 하더라도 이는 어디까지나 처분권주의의 반영으로 당사자가 소송물에 대한 처분권을 행사하는 것이므로 이로 인해 반드시 선결적 법률관계가 자백의 대상이 되어야 하는 것은 아니다. 다만 판례와 같이 권리가 선결적 법률관계의 내용을 이루는 사실관계의 요소로서 의미를 가질 때에 자백의 성립을 인정하는 것이 타당하다.[11]

(c) 이외에 사회질서 위반과 같은 법적 사실에 대한 법적 판단이나 평가 또는 적용할 법률이나 법적 효과,[12] 법적 성질, 법규의 해석 등에 관한 법률상의 진술은 자백의 대상이 되지 않는다. 판례는 법정변제충당의 순서[13], 이행불능[14] 등의 진술은 법규의 적용에 의해 정해지는 법률효과에 관한 진술이므로 자백의 대상이 되지 않는다고 한다. 또한 법률상 유언이 아닌 것을 유언이라고 시인하였다 하여 그것이 곧 유언이 될 수 없고 이와 같은 진술은 민사소송법상의 자백이 될 수가 없다고 한다.[15]

(2) 자백의 대상은 주요사실에 한하며 간접사실이나 보조사실은 자백의 대상에 해당되지 않는다(통설·판례)[16]. 증명의 대상인 주요사실과 달리 간접사실이나 보조사실은 증명의 수단에 속하는 것이므로 이에 대해 자백의 구속력을 인정하면 법관의 자유심증을 제약하게 된다. 다만 **판례는 문서의 성립에 관한 자백은 보조사실에 관한 자백이기는 하나 그 취소에 관하여는 다른 간접사실에 관한 자백취소와는 달리 주요사실**

---

9) 이러한 태도를 취한 판례 중 대법원 1982. 4. 27. 선고 80다851 판결은 매매계약이 원고에 의하여 해제되었다는 진술이고, 대법원 1992. 2. 14. 선고 91다31494 판결은 피고 회사의 설립이 모집설립임을 전제로 하여 회사설립절차 중 창립총회가 개최되지 아니하였음을 그 무효사유로 주장한 것이고, 대법원 2007. 8. 23. 선고 2005다65449 판결은 계약의 해석에 관한 진술이다.

10) 대법원 2007. 5. 11. 선고 2006다6836 판결.

11) 선결적 법률관계에 대하여 자백을 인정하는 태도로 분류되는 견해 중에서 이러한 취지의 견해로 보이는 것으로는 김홍엽, 645면; 송상현/박익환, 531면; 정영환, 659면; 이시윤, 468면.

12) 대법원 2000. 12. 22. 선고 2000후1542 판결; 대법원 2016. 3. 24. 선고 2013다81514 판결.

13) 대법원 1998. 7. 10. 98다6763 판결.

14) 대법원 1990. 12. 11. 선고 90다7104 판결.

15) 대법원 2001. 9. 14. 선고 2000다66430, 66447 판결.

16) 대법원 1992. 11. 24. 선고 92다21135 판결; 대법원 2000. 1. 28. 선고 99다35737 판결.

의 자백취소와 동일하게 처리하여 문서의 진정성립을 인정한 당사자는 자유롭게 이를 철회할 수 없다고 한다. 이는 문서에 찍힌 인영의 진정함을 인정하였다가 나중에 이를 철회하는 경우에도 마찬가지라고 한다.[17] 만약 진정성립을 인정한 문서가 처분문서이면 법원은 그 기재 내용을 부인할 만한 분명하고도 수긍할 수 있는 반증이 없는 한 그 처분문서에 기재되어 있는 문언대로의 의사표시의 존재와 내용을 인정하여야 하므로[18] 처분문서의 진정성립의 인정은 특별한 사정이 없는 한 곧 요증사실의 인정으로 이어진다는 결론에 이른다. 따라서 당사자가 처분문서의 진정성립나 그 문서에 찍힌 인영에 관해 자백하는 것은 본안에 관해 실제로 미치는 영향에 있어서 특별한 사정이 없는 한 주요사실에 대해 자백하는 것과 동등한 중요성을 지니게 된다.

판례 연습

대법원 1988. 12. 20. 선고 88다카3083 판결
– 문서의 성립에 관한 자백의 취소 –

▌사건의 개요 X가 Y를 상대로 제기한 소에서 증거로 제출한 갑제2호증(위임장 사본)에 관하여 Y는 제1심 첫 변론기일에서 진정성립을 인정함과 아울러 문서원본 존재 사실을 인정하였다. 그 후 Y는 제3차 변론기일에 이르러 그 문서의 일부변조항변을 제출하였다. Y의 일부변조항변으로 갑제2호증의 진정성립은 인정될 수 없는 것인지가 문제되었다.

설 명

Y는 갑제2호증에 관하여 제1심 첫 변론기일에서 진정성립을 인정한 바 있다. Y가 제3차 변론기일에서 한 문서에 관한 일부변조항변은 위의 진정성립을 인정한 진술을 취소하는 의미를 가진다. 진실에 어긋나는 자백은 그것이 착오로 말미암은 것임을 증명한 때에는 취소할 수 있다(288조). 위와 같은 자백의 구속력은 주요사실에 관한 진술에 한하여 허용됨이 원칙이다. 따라서 간접사실이나 보조사실에 관한 진술에는 자백의 구속력이 인정되지 않는다. 그러나 판례는 문서의 진정성립에 관한 자백은 보조사실에 관한 자백이지만 그 취소에 관하여는 주요사실에 관한 자백과 동일하게 처리하여야 한다고 한다. 따라서 이 경우에도 자백취소에 관한 요건을 갖추지 않는 한 갑제2호증의 진정성립은 인정된다.

참고판례 대법원 1988. 12. 20. 선고 88다카3083 판결【공사대금】

17) 대법원 2001. 4. 24. 선고 2001다5654 판결.
18) 대법원 2005. 5. 13. 선고 2004다67264, 67271 판결.

2. 내 용

(1) 자백은 자기에게 불리한 사실을 그 진술의 내용으로 한다. 여기서 '자기에게 불리한 사실'이 무엇인가에 관하여 증명책임설과 패소가능성설로 견해가 나누어진다. 증명책임설은 상대방에게 증명책임이 있는 사실을 인정하는 것이 자백이라는 견해이다.[19] 이에 대해 패소가능성설은 상대방의 주장사실이 판결의 기초로 채택되면 전부 또는 일부가 패소될 가능성이 있는 경우가 자백에 해당된다는 견해이다.[20]

위 두 견해의 차이를 계약해제로 인한 원상회복청구소송의 예를 통해 보기로 한다. 이행지체를 원인으로 계약해제권이 발생하려면 상대방은 상당한 기간을 정하여 그 이행을 최고하여야 하므로(민법 544조) 이행최고의 입증책임은 원상회복청구소송의 원고에게 있다. 만약 원고가 피고의 진술과 일치하여 최고한 사실이 없다고 진술하였다면 이로 인해 원고는 패소할 가능성이 있다. 그러나 원고의 이와 같은 진술은 자기에게 증명책임 있는 사실을 스스로 부인하는 진술이지 상대방에게 증명책임이 있는 사실을 인정한 진술은 아니다. 따라서 패소가능성설에 의하면 원고의 진술은 자백이 되지만 증명책임설에 의하면 자백이 되지 않는다. 위의 예에서 보듯 패소가능성설에 의하면 증명책임설에 의하는 경우보다 자백이 성립하는 범위가 넓어진다. 패소가능성설은 자기책임의 원칙을 강조하는 데 반해 증명책임설은 이와 같은 경우는 착오나 본인소송에서 생길 수 있으므로 당사자에게 정정의 기회를 주는 것이 옳다고 한다.

자백의 내용이 반드시 증명책임의 소재와 연관되어야 할 논리적 필요성은 없다는 점에서 패소가능성설이 타당하다. 판례도 원고들이 소유권확인을 구하고 있는 사건에서 원고들의 피상속인 명의로 소유권이전등기가 마쳐진 것이라는 점은 원래 원고들이 입증책임을 부담할 사항이지만 위 소유권이전등기를 마치지 않았다는 사실을 원고들 스스로 자인한 바 있고 이를 피고가 원용한 이상 자백이 성립된다고 하여 패소가능성설을 취하고 있다.[21]

(2) 자백은 상대방의 주장과 일치하는 진술이다.

(a) 선행자백

양자의 선후는 문제되지 않으므로 당사자가 먼저 자신에게 불리한 진술을 하고 그 후 상대방이 이를 원용(援用)한 경우[22]에도 자백이 성립된다. 상대방의 원용이 있

19) 이시윤, 469면.
20) 강현중, 468면; 김홍엽, 647면; 송상현/박익환, 529면; 정동윤/유병현/김경욱, 543면; 정영환, 660면; 호문혁, 504면.
21) 대법원 1993. 9. 14. 선고 92다24899 판결.
22) 원용을 한자 그대로 풀이하면 '당겨쓰다'의 의미이다. 변론에서 보통 "피(원)고의 … 진술을 이익으로 원용한다"라는 진술을 함으로써 자백을 성립시킨다. 특정한 증거조사결과를 이익으로 원용한다는 진술도 실제 소송에서는 흔히 이루어진다. 소송에서 일반적으로 단순히 '…을 원용한다'는 진술만으로도 원용의 대상이 되는 내용을 직접 진술한 것과 같은 효과가 있다.

기 전까지는 당사자가 한 불리한 진술은 자인(自認)에 불과하고 상대방이 원용하면 비로소 자백이 성립하며 이러한 자백을 선행자백 또는 자발적 자백이라고 한다.[23] 따라서 일단 자기에게 불리한 사실을 진술한 당사자도 그 후 그 상대방의 원용이 있기 전에는 그 자인한 진술을 철회하고 이와 모순되는 진술을 자유로이 할 수 있으며 이 경우 앞의 자인진술은 소송자료로부터 제거된다.[24]

(b) 자백의 소멸

일단 자백이 성립된 후에도 자백의 내용이 된 상대방의 주장이 철회되면 자백도 소멸된다. 판례는 피고가 원고의 주장사실을 인정함으로써 자백이 성립된 후, 원고가 (청구의 교환적 변경을 위해) 기존의 주장사실에 배치되는 사실을 주장함으로써 원래의 주장사실을 철회한 경우, 이미 성립되었던 피고의 자백도 그 대상이 없어짐으로써 소멸되었다고 한다. 나아가 그 후 피고가 위 자백내용과 배치되는 주장을 함으로써 그 진술을 묵시적으로 철회하였다고 보여지는 경우, 원고가 이를 다시 원용할 수도 없다고 한다.[25]

(c) 일부자백

자백이 성립하려면 당사자의 주장이 상대방의 주장과 일치하여야 하나 완전히 일치하여야 하는 것은 아니고 일부만 일치하여도 일치한 범위 내에서 자백이 성립된다(일부자백). 여기에는 두 가지 형태가 있는데 이유부부인(理由附否認)과 제한부자백(制限附自白)이 그것이다.[26]

i) 이유부부인은 상대방의 주장을 전체적으로는 다투나 일부에 대하여는 일치된 진술을 하는 경우이다. 예를 들면 Y가 X에게 A채무의 변제로 100만 원을 지급하였다는 Y의 주장에 대하여 X가 Y로부터 A채권을 변제받은 사실은 없다고 다투면서

---

23) 학설상으로는 단순히 먼저 자진하여 한 불리한 진술을 선행자백이라고 한 경우가 많다(강현중, 468면; 이시윤, 469면). 호문혁, 505면에서는 이러한 용어상의 혼란을 정면으로 지적하면서 선행자백은 상대방이 원용하기 전의 상태를 말한다고 한다. 그러나 선행자백도 자백의 일종이라면 상대방의 원용이 있어야 하는 것으로 보아야 한다. 판례도 같은 태도이다(대법원 1986. 7. 22. 선고 85다카944 판결; 대법원 2018. 8. 1. 선고 2018다229564 판결).

24) 대법원 1986. 7. 22. 선고 85다카944 판결; 대법원 2016. 6. 9. 선고 2014다64752 판결. 피고의 원용이 없더라도 주장 자체에 의하여 이유 없다는 이유로 법원이 청구기각을 하는 수가 있는데 이 경우에는 법원에 대한 구속력을 인정한 셈이 된다는 견해(정동윤/유병현/김경욱, 544면)가 있으나 구속력과는 무관한 문제라고 생각한다.

25) 대법원 1997. 4. 22. 선고 95다10204 판결. 대법원 2015. 2. 12. 선고 2014다229870 판결은 자백의 내용이 기재된 답변서와 이를 부인하는 준비서면이 동시에 진술된 경우 자백은 성립하지 않는다고 하였다.

26) 호문혁, 505면에서는 일부자백을 양적 일부자백과 질적 일부자백으로 나누고 질적 일부자백을 다시 이유부부인과 제한부자백으로 나누어 설명하고 있다.

다만 B채권의 변제로 100만 원을 지급받은 사실은 있다고 주장하는 경우이다. 이는 A채권을 변제하였다는 Y의 주장을 전체적으로 다투나 X가 Y로부터 100만 원을 지급받았다는 것에 대하여는 부분적으로 자백이 성립된다. 이를 이유부부인, 적극부인, 간접부인이라고도 한다.

ii) 제한부 자백은 상대방의 주장사실을 인정하면서 다른 사실을 들어 그 법률효과를 부정하는 것이다. 예를 들면 X가 Y에게 100만 원을 대여하였다는 주장에 대해 Y가 위 대여사실은 인정하나 위 대여금채권은 양도되어 X는 더 이상 채권자가 아니라고 주장하거나 변제 또는 시효로 채권이 소멸되었다고 주장하는 경우이다. 이 경우 대여사실에 대하여는 자백이 성립되고 채권양도, 변제, 시효 등은 항변이 된다.

3. 형 식

자백은 변론이나 변론준비기일에서 법원에 대한 소송행위로 진술하는 것이다.

(1) 자백은 소송행위이므로 소송능력을 요하고 조건을 붙일 수 없다. 자백은 법원에 대한 일방적 진술이므로 상대방이 출석하지 아니하여도 자백할 수 있다. 또한 변론기일 등에서 구두로 진술한 경우뿐 아니라 자백하는 내용이 기재된 서면이 진술간주된 경우에도 자백은 성립된다. 자백은 주장으로서 하는 진술이므로 당사자신문으로 상대방의 주장과 일치하는 내용을 진술하였어도 이는 증거조사결과로서 자백이 되지 않는다.[27]

(2) 자백은 변론기일이나 변론준비기일에서 하여야 하며 소송 밖에서 한 불리한 진술이나 다른 소송의 변론에서 한 진술은 재판 외의 자백으로 하나의 증거원인이 될 뿐 재판상 자백의 효력이 인정되지 않는다.[28] 자백은 사실상의 진술이므로 상고심에서는 할 수 없다.

Ⅲ. 효　　력

1. 법원에 대한 구속력

(1) **당사자가 자백한 사실에 대하여는 법원의 사실인정권이 배제되는 결과 법원은 자백한 사실을 재판의 기초로 삼아야 한다. 따라서 법원은 증거조사결과나 변론 전체의 취지에 의해 자백한 사실과 다른 사실을 인정할 수 없다.**

---

27) 대법원 1964. 12. 29. 선고 64다1189 판결; 대법원 1978. 9. 12. 선고 78다879 판결.
28) 대법원 1992. 11. 10. 선고 92다22121 판결; 대법원 1996. 12. 20. 선고 95다37988 판결.

(2) 자백은 변론주의가 적용되는 소송절차에 한하여 적용되며 직권조사사항이나 직권탐지주의에 의하는 절차에 대하여는 자백의 구속력이 인정되지 않는다. 판례는 행정소송에서도 원칙적으로 변론주의가 적용되고, 행정소송법 제8조 제2항에 의하여 민사소송법 제261조가 규정하는 자백에 관한 법칙이 적용된다고 한다.[29] 회사관계소송에 대해서는 직권탐지주의가 적용되지 않아 자백의 구속력이 인정된다(다수설).[30] 그러나 판결의 대세효(상법 190조)를 들어 반대하는 견해도 있다.[31]

(3) 현저한 사실이나 불능인 사실에 대해서는 자백의 구속력이 인정되지 않는다는 것이 통설 · 판례[32]이다. 자백이 있었다 하여 객관적으로 명백한 사실에 반하여 사실인정을 하는 것은 재판의 신뢰를 잃게 하기 때문이다.

2. 당사자에 대한 구속력

(1) 자백한 당사자는 자신에게 불리한 진술을 임의로 철회할 수 없다. 당사자에 대한 이러한 자백의 구속력은 금반언의 원칙, 상대방의 신뢰보호, 소송절차의 안정을 근거로 인정된다. 또한 당사자에 대한 구속력이 인정되지 않는 자백간주(150조)와는 이 점에 있어서 효력상 차이가 있다.

(2) 다음의 경우에는 예외적으로 철회 또는 무효가 인정된다.

(a) 상대방의 동의가 있을 때

당사자가 자백을 취소하고 이에 대하여 상대방이 이의를 제기함이 없이 동의하면 반진실, 착오의 요건은 고려할 필요 없이 자백의 취소가 인정된다. 자백취소가 종전의 자백과 배치되는 주장을 하고 이에 대하여 상대방이 이의를 제기함 없이 그 주장내용을 인정한 때에는 종전의 자백은 취소되고 새로운 자백이 성립한다.[33] 그러나 판례는 자백의 취소에 대하여 상대방이 아무런 이의를 제기하고 있지 않다는 점만으로는 그 취소에 동의하였다고 볼 수는 없다고 한다.[34]

(b) 자백이 제3자의 형사상 처벌받을 행위로 말미암아 이루어진 때(451조 1항 5호)

이 경우는 재심사유에 해당되므로 자백의 진실 여부를 묻지 않고 무효를 주장할 수 있다.

29) 대법원 1992. 8. 14. 선고 91누13229 판결.
30) 김홍엽, 653면; 송상현/박익환, 532면; 정동윤/유병현/김경욱, 545면; 정영환, 663면; 호문혁, 509면.
31) 이시윤, 472면.
32) 대법원 1959. 7. 30. 선고 4291민상551 판결.
33) 대법원 1990. 11. 27. 선고 90다카20548 판결.
34) 대법원 1994. 9. 27. 선고 94다22897 판결.

(c) 자백이 진실에 반하고 착오로 말미암은 것임을 증명한 때(288조 단서)

자백을 취소하려면 자백이 진실에 반한다는 것과 착오로 인한 것이라는 것을 모두 증명하여야 하며 진실에 반하는 것임이 증명된다고 하여 착오로 인한 자백으로 추정되지는 않는다.[35] 판례는 진실에 반한다는 사실에 대한 증명은 그 반대되는 사실을 직접증거에 의하여뿐만 아니라 이를 추인할 수 있는 간접사실의 증명에 의하여도 가능하다고 한다. 또한 그 자백이 진실에 반한다는 사실이 증명된 경우라면 변론의 전 취지에 의하여 그 자백이 착오로 인한 것이라는 점을 인정할 수 있다고 한다.[36] 자백의 취소는 반드시 명시적으로 하여야만 하는 것은 아니고 종전의 자백과 배치되는 사실을 주장함으로써 묵시적으로도 할 수 있다.[37]

이러한 자백의 취소는 당사자의 착오가 중대한 과실로 인한 경우에도 인정되고 민법 제109조는 적용되지 않는다고 함이 타당하다. 물론 구속적 소송행위에 관하여는 일반적으로 소송절차의 안정성과 명확성을 위해 민법의 의사표시에 관한 규정이 적용되지 않는다. 그러나 자백의 경우 민법 제109조가 적용되지 않는 것은 이러한 소송절차의 안정성과 명확성보다는 진실에 반하는 경우 자백의 취소를 허용하여 진실발견을 추구하려는 민사소송법 제288조의 규정취지에 근거한다고 할 수 있다.[38]

(d) 당사자의 경정권

소송대리인의 자백은 당사자가 이를 곧 취소하거나 경정한 때에는 그 효력을 잃는다(94조). 여기서의 '곧'은 자백 후 객관적으로 취소할 기회가 있으면 지체 없이 하여야 한다는 것을 의미한다.[39]

Ⅳ. 자백간주

제150조(자백간주)

① 당사자가 변론에서 상대방이 주장하는 사실을 명백히 다투지 아니한 때에는 그 사실을 자백한 것으로 본다. 다만, 변론 전체의 취지로 보아 그 사실에 대하여 다툰 것으로 인정되는 경우에는 그러하지 아니하다.

② 상대방이 주장한 사실에 대하여 알지 못한다고 진술한 때에는 그 사실을 다툰 것으로 추정한다.

③ 당사자가 변론기일에 출석하지 아니하는 경우에는 제1항의 규정을 준용한다. 다만, 공시송달의 방법으로 기일통지서를 송달받은 당사자가 출석하지 아니한 경우에는 그러하지 아니하다.

---

35) 대법원 1990. 6. 26. 선고 89다카14240 판결; 대법원 1994. 9. 27. 선고 94다22897 판결.
36) 대법원 2004. 6. 11. 선고 2004다13533 판결.
37) 대법원 2001. 4. 13. 선고 2001다6367 판결.
38) 남동현, 재산법연구 제25권 제2호, 한국재산법학회, 2008, 239면.
39) 주석민사소송법(Ⅰ), 725면.

1. 의 의

자백간주는 당사자가 변론 또는 변론준비기일에서 상대방이 주장하는 사실을 명백히 다투지 아니하거나(150조 1항), 당사자가 변론기일에 출석하지 아니하는 경우(동조 3항), 피고가 답변서를 제출하지 아니하는 경우(257조 1항) 다툴 의사가 없는 것으로 보아 자백한 것으로 보는 것이다. 재판상 자백과 마찬가지로 변론주의에 한하여 적용되며 주요사실을 그 대상으로 한다.

2. 성 립

자백간주는 다음의 경우에 성립된다.

(1) 상대방의 주장사실을 명백히 다투지 않은 경우

(a) 당사자가 변론 또는 변론준비기일에서 상대방이 주장하는 사실을 명백히 다투지 아니한 때에는 그 사실을 자백한 것으로 본다. 다만, 변론 전체의 취지로 보아 그 사실에 대하여 다툰 것으로 인정되는 경우에는 그렇지 않다(150조 1항).

1) 여기서의 변론 전체의 취지란 변론의 일체성을 의미한다는 것이 다수설이다.[40] 변론의 일체성이란 변론이 여러 기일에 걸쳐 행하여졌다 하더라도 하나의 기일에 행하여진 것으로 취급되는 것을 말한다. 또한 구술심리주의에 의해 상대방의 주장을 다투는 주장은 진술되거나 진술간주되어야 한다. 따라서 변론 전체의 취지를 변론의 일체성을 의미하는 것으로 이해하면 변론에서 상대방의 주장을 당사자가 다투거나 다투는 취지의 서면이 진술간주되어야 한다. 그렇지 않으면 다툰 것으로 볼 수 없어 자백간주는 성립된다.[41]

2) 그러나 변론에서 상대방의 주장을 당사자가 다투거나 다투는 취지의 서면이 진술간주된 경우 이는 명백히 다툰 경우에 해당하여 처음부터 자백간주가 성립될 여지가 없다. 따라서 위의 변론 전체의 취지가 변론의 일체성을 의미하는 것이라고 해석하면 처음부터 자백간주에 해당되지 않아 변론 전체의 취지에 의하여 그 예외를 인정할 여지도 없게 된다. 결국 여기서의 변론 전체의 취지는 제202조의 증거원인으로서의 변론 전체의 취지와 다른 의미가 아니다.[42] 즉 여기서의 변론 전체의 취지란 증거조사의 결과를 제외한 일체의 소송자료를 말하는 것이다. 따라서 반드시 진술되거나 진술간주될 것을 요하지 않는다.

3) 판례는 원고의 청구원인사실에 대한 주장을 부인하는 취지의 피고의 답변서가 제출되었다면 진술되거나 진술간주된 바 없더라도 변론 전체의 취지에 의하여 원고의 청구를 다툰 것으로 보고 있다.[43] 판례가 위와 같이 자백간주의 불성립을 인정함에 있어 진술 또는 진술간주를 요하지 않는 것은 여기서의 변론 전체의 취지가 제202조의 증거원인으로서의 변론 전체의 취지를 의미하는 것으로 해석하는 태도가 전제되어 있다고 생각한다.

---

40) 강현중, 472면; 김홍엽, 657면; 이시윤, 474면; 정영환, 666면.
41) 정동윤/유병현/김경욱, 549면.
42) 같은 결론의 견해로는 정동윤/유병현/김경욱, 548면.
43) 대법원 1981. 7. 7. 선고 80다1424 판결.

(b) 변론 전체의 취지를 증거원인으로서의 변론 전체의 취지를 의미하는 것으로 해석하더라도 변론의 일체성에 의하여 당사자가 사실심변론종결시까지 다툰 적이 있다면 자백간주는 성립되지 않는다.[44] 만약 제1심에서 원고의 주장사실을 명백히 다투지 아니하여 자백간주로 패소한 피고가 항소심에서도 원고 청구기각의 판결을 구하였을 뿐 원고가 청구원인으로 주장한 사실에 대하여는 아무런 답변도 진술하지 않았다면 그 사실을 다툰 것으로 인정되지 않는 한 항소심에서도 자백간주가 성립한다.[45]

(2) 한 쪽 당사자가 기일에 불출석한 경우

당사자가 변론기일에 출석하지 아니하는 경우에는 상대방이 주장한 사실을 자백한 것으로 본다. 다만, 공시송달의 방법으로 기일통지서를 송달받은 당사자가 출석하지 아니한 경우에는 자백이 성립되지 않는다(150조 3항). **공시송달에 의한 기일 통지를 받은 경우에는 당사자가 기일이 있다는 것을 현실적으로 알기 어려워 다툴 기회가 보장되었다고 할 수 없기 때문이다.** 따라서 공시송달 이외의 송달로 기일통지를 받은 경우라도 당사자가 책임질 수 없는 사유로 불출석한 것이라면 자백간주가 성립되지 않는다.[46] 반면 제1심에서 피고에 대하여 공시송달로 재판이 진행되어 피고에 대한 청구가 기각되었다고 하여도 피고가 원고 청구원인을 다툰 것으로 볼 수 없으므로, 원고가 항소한 항소심에서 피고가 공시송달이 아닌 방법으로 송달받고도 다투지 아니한 경우에는 자백간주가 성립된다.[47] 당사자가 변론기일에 불출석한 경우 그가 제출한 서면에 적혀있는 사항을 진술한 것으로 간주되므로(148조) 만약 진술간주된 서면이 상대방의 주장을 다투는 취지가 기재되었다면 자백간주가 성립되지 않는다. 따라서 불출석한 당사자는 상대방의 진술을 다투는 서면을 제출하지 않은 경우에만 자백간주가 성립된다.

(3) 답변서를 제출하지 않은 경우

피고가 원고의 청구를 다투는 경우에는 공시송달 이외의 방법으로 소장의 부본을 송달받은 날부터 30일 이내에 답변서를 제출하여야 하고, 만약 위 기간 내 답변서를 제출하지 아니한 때에는 청구의 원인이 된 사실을 자백한 것으로 본다(256조, 257조). 피고가 청구의 원인이 된 사실을 모두 자백하는 취지의 답변서를 제출하고 따로 항변을

---

44) 대법원 1968. 3. 19. 선고 67다2677 판결; 대법원 2004. 9. 24. 선고 2004다21305 판결.
45) 대법원 1989. 7. 25. 선고 89다카4045 판결.
46) 이시윤, 475면; 정동윤/유병현/김경욱, 549면.
47) 대법원 2018. 7. 12. 선고 2015다36167 판결.

하지 아니한 때에도 같다.

3. 효 력

(1) 자백간주가 성립되면 법원은 이에 구속되어 그 사실을 판결의 기초로 삼아야 한다. 따라서 증거조사결과에 의해 자백간주된 사실과 다른 사실을 인정할 수 없다. 일단 자백간주의 요건이 갖추어지면 이후 공시송달로 기일소환이 있었다 하여 이미 발생한 자백간주의 효력이 상실되는 것은 아니다.[48)]

(2) 당사자가 사실심변론종결시까지 변론 전체의 취지로 보아 그 사실에 대하여 다툰 것으로 인정되는 경우 자백간주는 인정되지 않는다. 따라서 **자백간주의 경우에는 당사자에 대한 구속력이 인정되지 않고 당사자는 사실심변론종결시까지 상대방의 주장을 다툴 수 있다.**[49)] 판례는 환송 전에 다투지 아니한 사실을 환송 후 명백히 다투었을 경우에는 위 환송 전 자백간주의 효력은 없다고 한 바 있다.[50)]

제3절 현저한 사실

Ⅰ. 의 의

현저한 사실은 증거에 의하여 그 존재 여부를 인정할 필요가 없을 정도로 객관성이 담보되어 있는 사실이다. 현저한 사실은 그 객관성으로 인해 증명을 요하지 않으며 이에는 공지의 사실과 법원에 현저한 사실이 있다. 현저한 사실은 당사자가 알고 있는 것이 전제가 되므로 증명을 요하지 않을 뿐만 아니라 변론에서도 주장할 필요가 없다는 견해가 있다(주장불요설).[51)] 그러나 당사자가 알고 있다는 것과 그 사실을 주장하여 공격방어의 대상으로 삼는다는 것은 다른 차원의 문제이므로 현저한 사실을 변론주의의 예외로 인정하기는 어렵다. 따라서 비록 현저한 사실이라 하더라도

---

48) 대법원 1988. 2. 23. 선고 87다카961 판결.
49) 다만 이에는 실기한 공격 · 방어방법의 각하(149조)나 실권효(285조)의 제약이 따를 수 있으나 자백의 구속력의 문제는 아니다.
50) 대법원 1968. 9. 3. 선고 68다1147 판결.
51) 김홍규/강태원, 523면; 정동윤/유병현/김경욱, 552면.

변론에서 주장하여야 재판의 기초로 삼을 수 있다고 함이 타당하다(주장필요설).[52]

Ⅱ. 공지의 사실

공지의 사실은 일반인에게 널리 알려져 있는 사실로서 역사적으로 유명한 사건이나 보도 매체에 의해 널리 알려진 사건 등이 이에 해당한다. 판례는 종래 우리나라의 부동산시가가 판결 당시 상승세에 있었다는 사실,[53] 판결 당시 일반노동에 종사하는 사람의 월평균 가동일수가 25일인 사실[54] 등은 공지의 사실이라고 하였다. 공지의 사실이 불요증사실로 되는 것은 일반인이 알고 있어 진실성이 담보되어 있고 언제라도 그 진위를 조사할 수 있기 때문이다.[55] 따라서 공지라고 하려면 사람들이 믿어 의심하지 않을 정도에 이르러야 한다. 다수의 견해는 공지인가 여부는 사실문제이므로 상고심의 심사대상이 되지 않는다고 하면서도 그 경로는 보통 사람이 납득할 수 있어야 하며 그렇지 않으면 그 한도에서 상고심의 심사를 받아야 한다고 설명한다.[56] 판례도 공지사실 여부를 상고심의 심사대상으로 인정하고 있다.[57]

Ⅲ. 법원에 현저한 사실

(1) 법원에 현저한 사실은 법관이 직무상 경험으로 알고 있는 사실이다.[58] 예를 들어 법관이 스스로 한 재판을 들 수 있다. 그러나 법관이 직무를 통한 것이 아니라 개인적으로 알고 있는 사항은 객관성이 없으므로 법원에 현저한 사실이 아니다. 법원에 현저한 사실에 대해 증명을 요하지 않는 것은 언제든지 기록 등을 조사하여 곧 진실 여부를 확인할 수 있기 때문이다.

(2) 법원에 현저한 사실이 되기 위하여 법관이 그 사실에 관하여 명확하게 기억하고 있어야 하는지가 문제된다. 이에 대하여 법관이 기억을 하지 못하여 기록이나 자료를 참조하여야 한다면 이는 자유로운 증명에 가까운 것으로 불요증사실이라고 할

---

52) 강현중, 472면; 김홍엽, 659면; 송상현/박익환, 528면; 이시윤, 476면; 호문혁, 514면.
53) 대법원 1986. 9. 23. 선고 86누200 판결.
54) 대법원 1970. 2. 24. 선고 69다2172 제1부판결.
55) 강현중, 474면; 송상현/박익환, 526면; 이시윤, 477면.
56) 강현중, 474면; 김홍규/강태원, 522면; 김홍엽, 660면; 이시윤, 477면; 정동윤/유병현/김경욱, 552면.
57) 대법원 1967. 11. 28. 선고 67후28 제1부판결. 이 판결은 "소"도형의 일본공진사 상표가 증거를 요하지 아니할 정도로 특허국에 현저하다거나 일반에게 고지되어 있는 사실이라고는 할 수 없다고 하였다.
58) 이 개념정의는 아래에서 보는 법관의 명확한 기억을 요하는가에 따라 달라질 수 있다.

수 없다는 견해가 있다.[59] 그러나 판례는 '법원에 현저한 사실'이라 함은 법관이 직무상 경험으로 알고 있는 사실로서 그 사실의 존재에 관하여 명확한 기억을 하고 있거나 또는 기록 등을 조사하여 곧바로 그 내용을 알 수 있는 사실을 말한다고 하여 반드시 법관의 명확한 기억을 요구하지는 않는다.[60]

(3) 법원에 현저한 사실로 볼 수 있는지 여부가 문제되는 것으로 판례의 태도를 살펴보면 다음과 같다.

(a) 판례는 통계청이 정기적으로 조사 · 작성하는 한국인의 생명표에 의한 남녀별 각 연령별 기대여명은 법원에 현저한 사실로 본다. 따라서 불법행위로 인한 피해자의 일실수입 등 손해액을 산정함에 있어 기초가 되는 피해자의 기대여명은 당사자가 제출한 증거에 구애됨이 없이 그 손해 발생시점과 가장 가까운 때에 작성된 생명표에 의하여 확정할 수 있다고 한다.[61] 그러나 이를 경험칙으로 보아야 한다는 견해도 있다.[62]

(b) 판례는 일실수입의 기초가 되는 가동연한은 사실심이 사회적 제반 사정을 조사하여 이로부터 경험법칙상 추정되는 가동연한을 도출하든가, 또는 당해 피해 당사자의 연령, 직업, 경력, 건강 상태 등 구체적인 사정을 고려하여 그 가동연한을 인정할 수 있다고 한다.[63] 최근 대법원은 도시일용노동의 경험칙상 가동연한을 종전의 60세를 연장하여 만 65세까지 인정하고 있다.[64]

(c) 판례는 피해자의 장래수입상실액을 인정하는 데 이용되는 직종별임금실태조사보고서와 한국직업사전의 각 존재 및 그 기재 내용을 법원에 현저한 사실로 본다.[65]

(d) 판례는 피고와 제3자 사이에 있었던 민사소송의 확정판결의 존재를 넘어서 그 판결의 이유를 구성하는 사실관계들까지 법원의 현저한 사실로 볼 수는 없다고 한다. 확정된 관련 민사사건의 판결에서 인정된 사실은 특별한 사정이 없는 한 유력한 증거가 되지만 합리적 이유를 설시하여 배척할 수도 있는 것도 이를 전제로 한 것이라 한다.[66]

59) 호문혁, 495면.
60) 대법원 1996. 7. 18. 선고 94다20051 전원합의체판결.
61) 대법원 1999. 12. 7. 선고 99다41886 판결.
62) 이시윤, 477면; 호문혁, 517면.
63) 대법원 2001. 3. 9. 선고 2000다59920 판결.
64) 대법원 2019. 2. 21. 선고 2018다248909 전원합의체판결; 대법원 2021. 3. 11. 선고 2018다285106 판결.
65) 대법원 1996. 7. 18. 선고 94다20051 전원합의체판결.
66) 대법원 2019. 8. 9. 선고 2019다222140 판결.

제4장 증거조사절차

증거조사절차는 변론주의에 의하는 소송절차에서는 증거신청에 의해 개시되어 그 채택 여부를 법원이 결정한다(증거결정). 증거신청이 채택되면 법원은 증거조사를 실시하며 경우에 따라서는 직권으로 증거조사를 한다.

제1절 증거조사의 개시

Ⅰ. 당사자의 증거신청

증거신청은 법원에 대하여 일정한 사항을 증명하기 위해 특정한 증거방법의 조사를 신청하는 소송행위이다.

1. 증거신청의 방식

(1) 증거를 신청할 때에는 ⅰ) 증명할 사실(289조 1항), ⅱ) 증거방법(308조, 364조 등), 입증취지(규칙 74조)를 표시하여 서면 또는 말로 한다. 입증취지는 증거와 증명할 사실의 관계를 말하며 증거를 신청할 때에는 이를 구체적으로 밝혀야 한다.

(2) 증거신청은 주장사실을 증명하기 위한 것이므로 증명할 사실이 먼저 주장으로 제출되어야 하는 것이 원칙이다. 그러나 증명책임을 지는 당사자가 증명할 사항을 정확히 알지 못하는 경우 증명할 사항을 특정하여 주장하지 않고 먼저 증거신청부터 하여 증거조사를 통하여 구체적인 주장 또는 증명의 자료를 얻어 내려는 경우가 있는데 이를 모색적 증명이라고 한다. 이러한 모색적 증명은 변론주의에서는 허용되지 않는 것이 원칙이나 증거의 구조적 편재를 막기 위해 현대형 소송에서 제한적으로 허용되어야 할 것이다.[1)]

---

1) 강현중, 489면; 김홍규/강태원, 489면; 이시윤, 479면. 양자는 상호관련이 없고 제289조에 위반된다는 이유로 반대하는 견해로는 호문혁, 568면.

증 인 신 청 서[2)]

1. 사건 : 20 가

2. 증인의 표시

이 름	김 희 연		직 업		상업	
주민등록 번호	640101 − 2111111					
주 소	서울 ○○구 ○○동 123 4통 5반					
전화번호	자택	(02)555−777×	사무실	(02)777−999×	휴대폰	(015)123−456×
원 · 피고 와의관계	원고 처의 친구(고등학교 동창)					

3. 증인이 이 사건에 관여하거나 그 내용을 알게 된 경위

이 사건 임대차계약을 체결할 당시 원고, 원고의 처와 함께 계약현장에 있었음

4. 신문할 사항의 개요

① 이 사건 임대차계약 당시의 정황

② 임대차 계약서를 이중으로 작성한 이유

③

5. 희망하는 증인신문방식 (해당란에 "✓" 표시하고 희망하는 이유를 간략히 기재)

☑ 증인진술서 제출방식 ☐ 증인신문사항 제출방식

☐ 서면에 의한 증언방식

이유 : 원고측과 연락이 쉽게 되고 증인진술서 작성 의사를 밝혔음

6. 그 밖에 필요한 사항

200 . . .

○고 소송대리인 ○○○ ㊞

○○지방법원 제○부 앞

1. 증인이 이 사건에 관여하거나 그 내용을 알게 된 경위는 구체적이고 자세하게 적어야 한다.
2. 여러 명의 증인을 신청할 때에는 증인마다 증인신청서를 따로 작성하여야 한다.
3. 신청한 증인이 채택된 경우에는 법원이 명하는 바에 따라 증인진술서나 증인신문사항을 미리 제출하여야 하고, 지정된 신문기일에 증인이 틀림없이 출석할 수 있도록 필요한 조치를 취여야 한다.

---

2) 법원실무제요 민사소송(Ⅲ), 1339면.

2. 신청의 시기

증거신청은 변론종결시까지 할 수 있으나 현행 소송법은 적시제출주의를 취하고 있으므로 소송의 정도에 따라 적절한 시기에 하여야 한다. 증거신청은 기일에 하는 것이 보통이나 기일 전에도 증거신청을 할 수 있다(289조). 이를 기일전 증거신청이라고 하며 실무상으로는 소정외(所廷外)신청이라고도 한다. 변론준비절차에서는 기간을 정하여 주장사실을 증명할 증거를 신청하여야 한다(280조 1항).

3. 상대방의 진술기회 보장

증거신청이 있으면 법원은 상대방에게 이에 대해 진술할 기회를 주어야 한다. 상대방은 증거신청이 시기에 늦은 것이라거나 요증사실과 무관한 것이라는 등의 증거항변을 할 수 있다.

4. 신청의 철회

증거신청은 증거조사가 시작되기 전에는 자유로이 철회할 수 있다.[3] 그러나 증거조사가 시작되면 증거공통의 원칙에 의하여 증거조사결과가 상대방에게 유리하게 원용될 수도 있으므로 상대방의 동의가 있어야 철회할 수 있다. 증거조사가 종료되면 이미 법관의 심증이 형성되어 철회는 허용되지 않는다.

Ⅱ. 증거의 채부결정

1. 의 의

당사자가 증거신청을 하면 법원은 이를 채택하여 그 조사를 할 것인지를 결정한다. 이를 증거결정이라 한다.[4] 당사자는 증명이 필요한 사실에 대하여 증명을 할 정당한 이익이 있으므로 적법한 증거신청에 대하여 법원은 이를 받아들이는 것이 원칙이다. 그러나 증거신청이 방식에 위반되거나 시기에 늦어 부적법한 경우 법원은 증거신청을 배척하는 결정을 할 수 있다. 또한 당사자가 신청한 증거를 필요하지 아니하다고 인정한 때에는 조사하지 아니할 수 있다(290조).

'증거를 필요하지 아니하다고 인정하는 때'란 증명하려는 사실이 다툼이 없거나 신청한 증거가 증명할 사실과 무관한 경우에 이에 해당된다. 나아가 그 사실에 대하

3) 대법원 1971. 3. 23. 선고 70다3013 판결.
4) 증거결정이라는 용어는 증거의 채부결정의 의미로 사용하기도 하고, 증거신청을 채택하는 결정의 의미로 사용되기도 한다(이시윤, 481면; 정동윤/유병현/김경욱, 579면; 호문혁, 569면).

여 법관이 이미 확신을 가지고 있는 경우에도 이에 해당된다. 그러나 법관이 확신을 얻은 사실을 다투기 위해 하는 증거신청을 거부하는 것은 예단적 증거평가를 하는 것이므로 금지된다고 해석함이 타당하다.[5)]

법원은 증거조사를 할 수 있을지, 언제 할 수 있을지 알 수 없는 등의 증거조사의 장애가 있는 경우에도 법원은 그 증거를 조사하지 아니할 수 있다(291조). 동일한 사실에 대해 여러 가지 증거신청을 한 때에는 이를 모두 채택하여야 하는 것은 아니고 그중 유력한 것을 채택하여 조사하면 된다.

2. 유일한 증거

(1) 증거결정은 법원의 직권에 속하는 재량사항이나 당사자가 주장하는 사실에 대한 유일한 증거는 조사하여야 한다(290조 단서). 민사소송법이 유일한 증거에 관하여 법원의 증거결정의 재량권을 제한한 이유는 만약 유일한 증거의 신청을 배척하면 증명을 막는 결과가 되어 쌍방심리주의에 반하기 때문이다.

(2) 유일한 증거라 함은 주요사실에 관하여 당사자가 신청한 증거방법이 유일한 것으로 그 증거를 조사하지 않으면 증명의 길이 없게 되는 경우이다. i) 유일한 증거인가 여부는 신청한 증거의 수가 아니라 이미 조사한 증거가 있는가에 따라 결정된다. 따라서 특정쟁점에 대한 여러 개의 증거신청을 모두 배척한 경우에도 유일한 증거를 배척한 것이 된다. ii) 또한 사건 전체가 아니라 쟁점 단위로 판단하여야 한다. 따라서 특정한 쟁점에 관하여 증거를 하나도 조사하지 않으면 사건 전체에 대해 여러 증거를 조사하였어도 유일한 증거를 배척한 것이 된다. iii) 변론의 일체성이 인정되는 결과 유일한가 여부는 전 심급을 통하여 판단한다. iv) 주요사실에 대한 것이어야 하며 보조사실이나 간접사실에 대한 것은 포함되지 않는다. v) 유일한 증거는 자기에게 증명책임이 있는 사항에 대한 것이므로 본증에 한하고 반증에는 적용되지 않는다.[6)] vi) 구 민사소송법시대의 판례는 당사자신문은 보충적 증거방법에 불과하여 법원이 이를 채택하지 아니하였다 하여도 당사자의 주장사실에 대한 유일한 증거를 채택하지 아니한 위법이 있다고 할 수 없다고 하였으나[7)] 신 민사소송법에서는 당사자신문의 보충성이 폐지되었으므로 당사자신문도 유일한 증거가 될 수 있다.

(3) 유일한 증거는 증거조사를 거부할 수 없으나 그 증명력의 판단은 법관의 자

---

5) 정동윤/유병현/김경욱, 597면; 호문혁, 569면.
6) 대법원 1998. 6. 12. 선고 97다38510 판결; 대법원 1980. 1. 13. 선고 80다2631 판결. 강현중, 514면; 김홍엽, 667면; 정동윤/유병현/김경욱, 598면. 이에 반대하는 견해로는 이시윤, 483면.
7) 대법원 2000. 11. 24. 선고 99두3980 판결.

유심증에 의한다. 유일한 증거라 하더라도 증거신청이 부적법하거나 불필요한 경우, 증거조사의 장애가 있는 경우 등에는 증거조사를 하지 않을 수 있다.[8)]

3. 결정의 방식

법원이 당사자의 증거신청을 채택하는 증거결정은 반드시 명시적으로 하여야 하는 것은 아니고 증거조사의 일시와 장소를 고지하는 것으로 족하다. 문제는 증거신청을 배척하는 경우에도 각하결정을 하지 않고 사실상 무시할 수 있는가 하는 것이다. 판례는 당사자가 신청한 증거로서 법원이 필요 없다고 인정한 것은 조사하지 아니할 수 있는 것이고 이에 대하여 반드시 증거채부의 결정을 하여야 하는 것은 아니라고 한다.[9)] 그러나 이와 같은 판례의 태도는 증거신청을 한 당사자가 그 채택 여부를 기다리다 그대로 변론종결된 경우 다른 증거신청의 기회를 잃을 수 있다는 점에서 부당하므로 각하결정도 명시적으로 하여야 한다고 함이 타당하다(통설).[10)]

Ⅲ. 직권증거조사

(1) 변론주의를 원칙으로 하는 민사소송에서는 증거자료의 수집과 제출 책임이 당사자에게 있으므로 직권증거조사는 보충적으로만 인정된다. 민사소송법도 법원은 당사자가 신청한 증거에 의하여 심증을 얻을 수 없거나, 그 밖에 필요하다고 인정한 때에는 직권으로 증거조사를 할 수 있다고 규정하고 있다(292조). 이러한 보충적 직권증거조사는 증명책임분배의 원칙에 따라 판단하는 것이 부당하고 당사자가 스스로 증명할 능력이 없는 경우에 법원의 재량으로 행할 수 있다.[11)] 판례는 불법행위로 인하여 손해가 발생한 사실이 인정되는 경우에는 법원은 손해액에 관한 당사자의 주장과 입증이 미흡하더라도 적극적으로 석명권을 행사하여 입증을 촉구하여야 하고 경우에 따라서는 직권으로라도 손해액을 심리 판단하여야 한다고 하였다.[12)] 이러한 판례의 태도는 2016. 3. 2. 민사소송법 개정에 의한 제202조의2의 신설로 입법화되었다. 관련된 곳에서 설명하기로 한다.

---

8) 유일한 증거방법이라 하여도 그 조사에 부정기간의 장애가 있었으면 그를 조사하지 아니하였다 하여 위법이라 할 수 없다는 것으로는 대법원 1973. 12. 11. 선고 73다711 판결.
9) 대법원 1989. 9. 7.자 89마694 결정.
10) 실무상으로도 대부분의 경우에는 각하결정을 하나 채택 여부의 결정을 보류하였다가 그대로 변론종결하는 경우가 문제될 것이다.
11) 김홍엽, 671면; 이시윤, 485면.
12) 대법원 1987. 12. 22. 선고 85다카2453 판결; 대법원 2016. 11. 24. 선고 2014다81511 판결.

(2) 보충적 직권증거조사 외에 민사소송법은 공공기관 등에 대한 조사촉탁(294조), 감정의 촉탁(341조), 당사자신문(367조) 등에서 직권증거조사를 허용하고 있다. 통상의 민사소송과는 달리 소액사건이나 증권관련 집단소송에서는 직권증거조사에 보충성을 요하지 않는다(소심법 10조 1항, 증집법 30조).

제2절 증거조사의 실시

Ⅰ. 개 관

1. 증거조사의 기본원칙

(1) 증거조사는 직접심리주의의 요청상 수소법원이 그 법원 안에서 하는 것이 원칙이다. 그러나 법원이 필요하다고 인정할 때에는 법원 밖에서 증거조사를 할 수 있다. 이 경우 합의부원에게 명하거나 다른 지방법원 판사에게 촉탁할 수 있다(297조 1항).

법원은 ① 증인이 정당한 사유로 수소법원에 출석하지 못하는 때, ② 증인이 수소법원에 출석하려면 지나치게 많은 비용 또는 시간을 필요로 하는 때, ③ 그 밖의 상당한 이유가 있는 경우로서 당사자가 이의를 제기하지 아니하는 때에는 수명법관 또는 수탁판사로 하여금 증인을 신문하게 할 수 있다(313조). 나아가 외국에서도 증거조사를 실시할 수 있다. 외국에서 시행할 증거조사는 그 나라에 주재하는 대한민국 대사 · 공사 · 영사 또는 그 나라의 관할 공공기관에 촉탁한다(296조 1항). 외국에서 시행한 증거조사는 그 나라의 법률에 어긋나더라도 이 법에 어긋나지 아니하면 효력을 가진다(동조 2항).

위와 같이 법원 밖에서 증거조사를 할 때 그 결과를 당사자가 원용하여야 하는가 하는 문제가 있다. 이에는 직접주의와 구술주의의 요청상 증거조사의 결과를 당사자가 변론에서 진술(원용)하여야 한다는 견해[13], 직접심리주의의 예외로 해석하여 증거조사결과를 변론에서 제시하여 당사자에 의견진술의 기회를 주면 되고 원용까지는 불필요하다는 견해[14] 등으로 나뉜다. 생각건대 이 경우에도 직접주의는 관철되는 것이 타당하므로 원용을 요한다고 해석된다.

(2) 증거조사는 변론이 개시된 후 변론기일 또는 독립된 증거조사기일에 하는 것

---

13) 송상현/박익환, 561면; 호문혁, 574면.
14) 김홍규/강태원, 545면; 이시윤, 488면; 정영환, 684면.

이 원칙이다. 다만 변론준비절차를 거치는 경우에는 변론이 효율적이고 집중적으로 실시될 수 있도록 필요한 범위에서 증거조사를 할 수 있다(281조). 이 경우에도 증인신문 및 당사자신문은 제313조에 해당되는 경우에만 할 수 있으며(동조 단서) 당사자의 주장과 증거를 정리한 뒤 집중적으로 하여야 한다(293조). 이는 신 민사소송법상 심리의 원칙으로 요구되는 적시제출주의와 집중심리주의를 관철하기 위한 것이다.

2. 당사자의 참여

(1) 당사자는 증거조사절차에 참여할 이익을 가지므로 이를 위해 법원은 증거조사의 기일과 장소를 당사자에게 통지하여야 한다(167조, 297조 2항, 381조). 그러나 증거조사절차에 있어서 당사자참여권의 보장은 당사자에게 참여의 기회를 주는 것으로 족하며 당사자가 기일에 출석하지 아니하는 경우에도 법원은 증거조사를 할 수 있다(295조).

(2) 당사자가 참여하지 않은 채 증거조사가 완결되더라도 그 당사자는 그 증거에 대해 다시 조사를 구할 수 없다.

(3) 법원은 증거조사결과에 대하여 당사자에게 증거력이나 증거능력 등에 관한 의견진술을 할 기회를 주어야 한다. 이러한 절차권이 보장되지 않으면 그 증거자료를 채택할 수 없다.[15]

3. 증거조사조서

증거조사의 절차와 그 결과는 변론기일 또는 변론준비기일에 행하여진 경우는 변론조서(154조 2호, 3호) 또는 변론준비기일조서(283조 2항, 154조), 독립된 증거조사기일에 행하여진 경우에는 증거조사기일의 조서(160조)에 기재하여야 한다.

Ⅱ. 증인신문

1. 의 의

(1) 증인신문은 증인의 증언을 증거자료로 하기 위한 증거조사이다. 증인은 과거에 경험한 사실을 법원에 보고할 것을 명령받은 제3자이다. 증인은 자기가 경험한 사실을 보고한다는 점에서 특별한 학식과 경험을 이용한 판단을 보고하는 감정인과 다르다. 증인의 진술을 증언이라 하는데 증언은 자기가 경험한 사실을 그 내용으로

15) 이시윤, 489면; 정동윤/유병현/김경욱, 602면.

하므로 추측이나 의견은 증언의 내용이 될 수 없다.[16]

○ ○ 법 원

증 인 등 목 록[17]

20 가

고 신청 변론(준비기일)조서의 일부

기일 및 장 수	증거방법	증거결정 기일	증거결정 채부	증거조사	비고
기일외 장	문서송부촉탁 (의정부지방법원 고양지원)	기일외	(채) 부	2017.5.4. 촉탁	1차 준비 철회. 원고가 서증으로 제출
기일외 장	사실조회 (고양세무서)	기일외	(채) 부	2017.5.4. 발송 2017.5.31. 도착	
기일외 장	감정촉탁 (신체)	기일외	(채) 부	2017.5.3. 촉탁 2017.6.26. 도착	
기일외 장	검증(현장)	기일외	(채) 부	2017.7.14. 14:00(변경) 2017.8.9. 14:00(실시)	
기일외 장	감정 (사고원인)	기일외	(채) 부	2017.7.21. 감정인 이을동 지정 2017.8.9. 14:00(실시) 2017.8.23. 감정서제출	
준비 1차 장	증인 김갑동	준비 1차	(채) 부	2017.9.12. 14:00(실시)	신문사항 (2017.8.29.까지)
준비 1차 장	증인 박병정	준비 1차	(채) 부	서면증언 (2017.9.12.까지) 2017.9.11. 도착	2차 변론, 출석증언
증거보전 첨철	증인 강정동	증거보전	(채) 부	2017.7.21. 14:00(실시)	고양지원 2017.9.5. 도착 1차 변론, 현출

---

16) 민사소송규칙 제95조 2항 참조. 따라서 증인의 증언은 흔히 '무슨 말을 들어 알고 있다'라든가 '무엇을 보아 알고 있다'라는 진술형태를 가지며 '무엇이라고 생각한다'든가 '무엇일 것 같다'와 같은 진술형태는 증언의 형태로 적합하지 않다.

17) 법원실무제요 민사소송(Ⅲ), 1325면에서 인용.

(2) 증인이 될 수 있는 자격을 증인능력이라고 하는데 제3자는 누구나 증인능력을 가진다. 여기서 제3자라함은 당사자와 법정대리인, 법정대리인에 준하는 법인 등의 대표자 이외의 자를 가리킨다. 따라서 제3자의 소송담당의 경우의 권리의무귀속주체, 보조참가인 등도 증인이 될 수 있다. 공동소송인도 자기의 소송관계와 무관한 사항에 대하여는 증인이 될 수 있으나 공동의 이해관계가 있는 사항에 대하여는 당사자신문에 의하여야 한다. 판례는 당사자인신문의 방식에 의하여야 할 종친회 대표자를 증인으로 조사한 데 대하여 지체 없이 이의의 진술이 없었다면 그 증언을 채택하여 사실인정을 하였다 하더라도 위법이라 할 수 없다고 한 바 있다.[18]

2. 증인의무

우리나라의 재판권에 복종하는 사람은 모두 증인으로서 신문에 응할 공법상 의무가 있다. 그러나 공무원 또는 공무원이었던 사람을 증인으로 하여 직무상 비밀에 관한 사항을 신문할 경우에 법원은 그 증인, 해당 국가기관 등의 동의를 받아야 한다(304조 내지 306조). 증인의무는 구체적으로 다음 세 가지이다.

(1) 출석의무

출석요구를 받은 증인은 지정된 일시 · 장소에 출석할 의무가 있다. 증인신청을 한 당사자는 채택된 증인이 기일에 출석할 수 있도록 노력하여야 한다(규칙 82조). 증인에 대한 출석요구서는 부득이한 사정이 없는 한 출석할 날보다 2일 전에 송달되어야 한다(규칙 82조 2항).[19] 증인이 출석요구를 받고 기일에 출석할 수 없을 경우에는 바로 그 사유를 밝혀 신고하여야 한다(규칙 83조). 증인이 정당한 사유 없이 출석하지 아니한 때에는 다음과 같은 제재가 따른다. ① 법원은 결정으로 증인에게 이로 말미암은 소송비용을 부담하도록 명하고 500만 원 이하의 과태료에 처하는 결정을 한다(311조 1항). ② 법원은 증인이 과태료의 재판을 받고도 정당한 사유 없이 다시 출석하지 아니한 때에는 결정으로 증인을 7일 이내의 감치에 처한다(동조 2항). ③ 법원은 증인을 구인하도록 명할 수 있다(312조 1항). 이러한 구인에는 형사소송법의 구인에 관한 규정을 준용한다(동조 2항).

---

18) 대법원 1977. 10. 11. 선고 77다1316 판결.

19) 방청석에 있는 사람을 증인으로 채택하여 바로 증인신문을 하는 경우가 있는데 이를 재정증인이라 한다. 또 종래에 당사자가 증인을 대동한다는 취지에서 증인신청서에 '여비직불, 증인대동'이라 기재하면 법원도 증인소환을 하지 않는 경우가 있었는데 이는 증인의 소환을 전적으로 당사자에게 맡기는 문제가 있어 집중심리주의를 택한 현행법에서는 원칙적으로 허용되어서는 안 될 것이다(법원실무제요 민사소송(Ⅲ), 1386면).

(2) 선서의무

(a) 증인은 양심에 따라 사실 그대로를 말할 것을 선서할 의무가 있다(326조). 재판장은 선서에 앞서 증인에게 선서의 취지를 밝히고, 위증의 벌에 대하여 경고하여야 한다(320조). 선서는 선서서에 따라서 하여야 한다(321조 1항). 선서서에는 “양심에 따라 숨기거나 보태지 아니하고 사실 그대로 말하며, 만일 거짓말을 하면 위증의 벌을 받기로 맹세한다”라고 적어야 한다(동조 2항). 증인은 일어서서 엄숙하게 선서하여야 한다(동조 4항).

(b) 16세 미만인 사람과 선서의 취지를 이해하지 못하는 사람은 선서능력이 없다(322조). 민사소송법 제314조의 사유로 증언거부권이 있으나 증언을 거부하지 않은 경우 선서를 면제시킬 수 있다(323조). 또한 증인이 자기 또는 제314조 각호에 규정된 어느 한 사람과 현저한 이해관계가 있는 사항에 관하여 신문을 받을 때에는 선서를 거부할 수 있다(324조). 판례는 선서를 거부할 수 있는 증인이 선서를 거부하지 아니하고 증언을 한 경우에 재판장이 선서거부권이 있음을 고지하지 아니하였다고 하여 위법이라고 할 수 없다[20]고 하고 있으나 그 타당성에 대하여는 의문이다.

(3) 진술의무

증인은 신문에 대하여 원칙적으로 증언할 의무가 있다. 다만 다음의 경우에는 증언거부권이 인정된다. ① 증언이 증인이나 증인의 친족 또는 이러한 관계에 있었던 사람 또는 증인의 후견인 또는 증인의 후견을 받는 사람이 공소제기되거나 유죄판결을 받을 염려가 있는 사항 또는 자기나 그들에게 치욕이 될 사항에 관한 것인 때(314조), ② 변호사 · 변리사 · 공증인 · 공인회계사 · 세무사 · 의료인 · 약사, 그 밖에 법령에 따라 비밀을 지킬 의무가 있는 직책 또는 종교의 직책에 있거나 이러한 직책에 있었던 사람이 직무상 비밀에 속하는 사항에 대하여 신문을 받을 때 또는 기술 또는 직업의 비밀에 속하는 사항에 대하여 신문을 받을 때(315조 1항) 등이다. 기자의 취재원도 위의 직업의 비밀에 속하는 사항으로 보아 증언거부권을 인정하는 것이 다수설이다.[21]

3. 증인조사방식

증인신문은 당사자가 제출한 증인신문사항에 기해 신문하고 증인은 법정에 출석하여 구술로 진술하는 것이 원칙이다. 그러나 경우에 따라서는 신문에 앞서 미리 증

---

20) 대법원 1971. 4. 30. 선고 71다452 판결.

21) 강현중, 521면; 송상현/박익환, 566면; 이시윤, 494면; 정동윤/유병현/김경욱, 610면. 이와는 달리 구체적 내용을 참작하여 선별적 보호를 주장하는 견해로는 호문혁, 577면.

인진술서를 제출하게 하거나 서면증언에 의할 수도 있다.

(1) 증인진술서제출방식

법원은 효율적인 증인신문을 위하여 필요하다고 인정하는 때에는 증인을 신청한 당사자에게 증인진술서를 제출하게 할 수 있다(규칙 79조 1항). 증인진술서에는 증언할 내용을 그 시간 순서에 따라 적고, 증인이 서명날인하여야 한다(동조 2항). 증언을 할 증인이 증인을 신청한 당사자의 신문에 대하여 우호적인 답변을 할 것이 예상되는 경우 증인이 주 신문에 대해 답변할 내용을 미리 증인진술서의 형태로 적어 제출하고 주신문에서는 주요쟁점과 그 외 증인진술서의 내용이 진실한지에 관하여 신문함으로써 증인신문을 효율적으로 진행하기 위한 것이다.

(2) 서면에 의한 증언 방식

법원은 증인과 증명할 사항의 내용 등을 고려하여 상당하다고 인정하는 때에는 출석 · 증언에 갈음하여 증언할 사항을 적은 서면을 제출하게 할 수 있다(310조 1항). 증명의 필요성은 있으나 그 내용이 단순하거나 상대방이 실질적으로는 별로 다투고 있지 않아 반대신문권을 보장할 필요가 그다지 크지 않은 경우에 활용될 수 있다.

서면증언에 의하는 경우 법원은 증인을 신청한 당사자에게 증언할 사항을 적은 서면을 제출하게 하여야 하며 상대방에 대하여도 그 서면에서 회답을 바라는 사항을 적은 서면을 제출하게 할 수 있다(규칙 84조 1항). 법원은 상대방의 이의가 있거나 필요하다고 인정하는 때에는 서면증언한 증인으로 하여금 출석 · 증언하게 할 수 있다(310조 2항).

4. 증인신문의 방법

증인이 출석하면 신분증을 제시받는 등의 방법으로 증인의 동일성을 확인하고(규칙 88조) 선서를 하게 한 후 신문에 들어가는 것이 원칙이다(319조).

(1) 구술신문의 원칙

증인의 증언은 기억에 따라 말로 함이 원칙이며 재판장의 허가가 없으면 서류에 의하여 진술하지 못한다(331조). 재판장의 허가가 있으면 당사자는 문서 · 도면 · 사진 · 모형 · 장치, 그 밖의 물건을 이용하여 신문할 수 있다(규칙 96조 1항). 이 경우 문서 등이 증거조사를 하지 아니한 것인 때에는 상대방의 이의가 있으면 신문에 앞서 상대방에게 열람할 기회를 주어야 한다(동조 2항). 듣지 못하는 증인에게 서면으로 물은 때 또는 말을 못하는 증인에게 서면으로 답하게 한 때에는 재판장은 법원사무관등으로 하여금 질문 또는 회답을 적은 서면을 낭독하게 할 수 있다(규칙 99조). 재판장은 조서에 붙이거나 그 밖에 다른 필요가 있다고 인정하는 때에는 당사자에게 문서 등의 사본(사본으로 제출할 수 없는 경우에는 그 사진이나 그 밖의 적당한 물건)을 제출할 것을 명할 수 있다(규칙 96조 3항).

(2) 격리신문의 원칙

증인은 따로따로 신문하여야 한다(328조 1항). 따라서 같은 기일에 둘 이상의 증인을 신문하는 경우에는 신문하지 아니한 증인이 법정 안에 있을 때에는 필요한 경우가 아니면 법정에서 나가도록 명하여야 한다(동조 2항). 나중에 신문받는 증인이 먼저 이루어진 증인신문에 의해 영향을 받지 않도록 하기 위한 것이다. 증인이 아니더라도 법정 안에 있는 특정인 앞에서는 충분히 진술하기 어려운 현저한 사유가 있는 때에는 재판장은 당사자의 의견을 들어 그 증인이 진술하는 동안 그 사람을 법정에서 나가도록 명할 수 있다(규칙 98조). 한편 재판장은 필요하다고 인정한 때에는 증인 서로의 대질을 명할 수 있다(329조).

(3) 교호신문의 원칙

교호신문은 증인신문을 신청한 당사자가 주신문을 하고 상대방이 반대신문을 하며 재판장은 원칙적으로 당사자들이 신문을 마친 후 신문하는 방식이다. 민사소송법은 1961년 개정 법률로써 영미식의 교호신문제도를 도입하였으나 교호신문방식에 의한 증인신문은 고도로 숙련된 신문기술에 의하지 않으면 효율적으로 이루어지기 어렵다. 이에 본인소송을 허용하는 우리 민사소송법은 효율적인 신문을 위해 직권신문제도를 인정하여 이를 보완하고 있다(327조 3항). 본인소송이 많은 소액사건에서는 교호신문방식을 배제하고 증인은 판사가 신문하는 것을 원칙으로 하였다(소심법 10조 2항). 교호신문은 ① 증인신청을 한 당사자가 하는 주신문, ② 상대방이 하는 반대신문, ③ 증인신청을 한 당사자가 하는 재주신문의 순서로 진행된다(327조 1항). 재주신문 이후에는 당사자는 재판장의 허가를 받은 때에만 다시 신문할 수 있다(규칙 89조 2항).

(a) 주신문은 증명할 사항과 이에 관련된 사항에 관하여 한다(규칙 91조 1항). 주신문에서는 원칙적으로 유도신문이 금지된다(동조 2항). 반대신문은 주신문에 나타난 사항과 이에 관련된 사항에 관하여 한다(규칙 92조 1항). 반대신문에서 필요한 때에는 유도신문을 할 수 있다(동조 2항). 반대신문의 기회에 주신문에 나타나지 아니한 새로운 사항에 관하여 신문하고자 하는 때에는 재판장의 허가를 받아야 한다(동조 4항).[22] 재주신문은 반대신문에 나

22) 이러한 제한을 피하기 위하여 당사자가 특정 증인을 공동으로 신청하는 경우가 있다.

타난 사항과 이와 관련된 사항에 관하여 한다(규칙 93조 1항). 재주신문은 주신문의 예를 따른다(동조 2항).

(b) 신문은 개별적이고 구체적으로 하여야 한다(규칙 95조 1항). 증인을 모욕하거나 증인의 명예를 해치는 내용의 신문, 신문의 대상을 한정한 규정에 어긋난 신문, 의견의 진술을 구하는 신문, 증인이 직접 경험하지 아니한 사항에 관하여 진술을 구하는 신문 등은 원칙적으로 제한된다(동조 2항). 당사자는 증언의 증명력을 다투기 위하여 필요한 사항에 관한 신문을 할 수 있다(규칙 94조 1항). 이러한 신문은 증인의 경험 · 기억 또는 표현의 정확성 등 증언의 신빙성에 관련된 사항 및 증인의 이해관계 · 편견 또는 예단 등 증인의 신용성에 관련된 사항에 관하여 한다(동조 2항).

(c) 당사자의 신문이 중복되거나 쟁점과 관계가 없는 때, 그 밖에 필요한 사정이 있는 때에 재판장은 당사자의 신문을 제한할 수 있다(327조 5항). 재판장은 당사자의 신문이 끝난 뒤에 신문할 수 있으나(보충신문, 327조 2항) 필요한 경우에는 언제든지 신문할 수 있다(개입신문, 동조 3항). 법원의 직권신문은 자신에게 유리한 사항만을 확인하려는 당사자에 의한 증인신문에 비해 사실관계를 보다 객관적이고 명확하게 밝힐 수 있다. 그러나 이는 어디까지나 보충적인 것으로 행하여져야 하며 당사자에 의한 증인신문 도중 법원이 과도하게 개입하는 것은 교호신문의 원칙상 자제될 필요가 있다. 재판장이 알맞다고 인정하는 때에는 당사자의 의견을 들어 당사자에 의한 신문과 보충신문의 순서를 바꿀 수 있다(동조 4항).

(d) 당사자는 증인신문에 관한 재판장의 명령 또는 조치에 대한 이의신청을 할 수 있으며 이의신청은 그 이유를 구체적으로 밝혀 그 명령 또는 조치가 있은 후 바로 하여야 한다(규칙 97조 1항). 법원은 위 이의신청에 대하여 바로 결정으로 재판하여야 한다(동조 2항).

(4) 비디오 등 중계장치에 의한 증인신문

법원은 i) 증인이 멀리 떨어진 곳 또는 교통이 불편한 곳에 살고 있거나 그 밖의 사정으로 말미암아 법정에 직접 출석하기 어려운 경우, ii) 증인이 나이, 심신상태, 당사자나 법정대리인과의 관계, 신문사항의 내용, 그 밖의 사정으로 말미암아 법정에서 당사자 등과 대면하여 진술하면 심리적인 부담으로 정신의 평온을 현저하게 잃을 우려가 있는 경우 중 어느 하나에 해당하는 사람을 증인으로 신문하는 경우 상당하다고 인정하는 때에는 당사자의 의견을 들어 비디오 등 중계장치에 의한 중계시설을 통하여 신문할 수 있다(327조의2 1항). 이는 증거조사절차의 편리성과 효율성을 도모하고 증인 등을 배려하기 위하여 2016. 3. 2. 민사소송법 개정에 의하여 신설되었다.[23] 이러한 증인신문은 증인이 법정에 출석하여 이루어진 증인신문으로 본다(동조 2항). 이에 따른 증인신문의 절차와 방법, 그 밖에 필요한 사항은 대법원규칙으로 정한다(동조 3항).

Ⅲ. 감 정

1. 의 의

(1) 감정은 법관의 판단능력을 보충하기위해 특별한 학식과 경험을 가진 자에게 그 경험과 지식 또는 이를 이용한 판단을 보고하도록 하는 증거조사이다. 이러한 보고를 행하는 자를 감정인이라 하며 증거방법에 해당된다. 예를 들어 불법행위로 인하여 피해자가 상해를 입은 경우 손해배상액 산정을 위한 노동능력상실률감정, 점유권원 없는 부동산 점유자에 대한 임료 상당의 부당이득반환청구의 소에서 부당이득액 산정을 위한 임료감정, 의료과오소송에서 의사의 과실 여부를 판단하기 위한 진료기록감정 등이 이에 해당한다.

(2) 감정인은 제3자로서 법원에 일정한 사항을 보고한다는 점에서는 증인과 같으나 그 보고내용이 전문적 지식경험을 이용한 판단이라는 점에서 경험한 사실을 그대로 보고하는 증인과 다르다. 따라서 대체성이 없는 증인과 달리 감정인은 대체성이 인정된다. 감정증인은 특별한 학식과 경험에 의하여 알게 된 사실을 보고하는 자로 감정인과 달리 대체성이 없고 그 경험사실이 특별한 학식과 경험에 의하여 알게 된 것이라는 점에서 일반적인 증인과도 구별된다. 감정증인에 관한 신문은 증인신문에 관한 규정을 따른다. 다만 비디오 등 중계장치 등에 의한 감정증인신문에 관하여는 제339조의3(비디오 등 중계장치 등에 의한 감정인신문)[24]을 준용한다(340조).

(3) 감정은 인증의 하나로서 감정결과를 기재한 감정서는 서증의 대상이 아니다. 그러나 당사자가 당해 소송절차 외에서 개인적으로 전문가에게 의뢰하여 작성된 감정서는 서증의 대상이 될 수 있다. 이를 사감정이라고도 하는데 감정에 대한 절차와 감정인의 적격성 등이 보장되지 않으므로 민사소송법이 정한 증거조사절차로서의 감정이라고 할 수는 없다.

---

23) 개정이유 참조.
24) 이 규정은 2016. 3. 2. 민사소송법 개정에 의해 신설된 조문으로 공포일로부터 6개월 후 효력이 발생된다.

2. 감정인의 의무

(1) 감정에 필요한 학식과 경험이 있는 사람으로서 수소법원 · 수명법관 또는 수탁판사에 의해 감정인으로 지정된 사람은 민사소송법 제334조 제2항에 해당되지 않는 한 감정할 의무를 진다(334조, 335조). 감정의무는 출석의무 · 선서의무 · 감정의견보고의무를 그 내용으로 한다. 감정인으로 지정된 사람이 감정의무를 위반하면 과태료의 제재를 받는다(333조).

(2) 감정인은 감정사항이 자신의 전문분야에 속하지 아니하는 경우 또는 그에 속하더라도 다른 감정인과 함께 감정을 하여야 하는 경우에는 곧바로 법원에 감정인의 지정 취소 또는 추가 지정을 요구하여야 한다(335조의2 1항). 감정인은 감정을 다른 사람에게 위임하여서는 아니 된다(동조 2항).

위 조문은 2016. 3. 2. 민사소송법 개정에 의해 신설된 것으로 감정인의 전문성을 보장하여 감정결과의 공정성 · 투명성 · 신뢰성을 확보하기 위한 것이다.[25)]

3. 감정절차

(1) 감정은 당사자의 신청에 의함을 원칙으로 하나 법원이 필요하다고 인정하는 때에는 직권으로도 감정을 명할 수 있다(292조). 감정절차는 원칙적으로 증인신문절차를 준용한다(333조). 감정인이 성실하게 감정할 수 없는 사정이 있는 때에 당사자는 그를 기피할 수 있다. 다만, 당사자는 감정인이 감정사항에 관한 진술을 하기 전부터 기피할 이유가 있다는 것을 알고 있었던 때에는 감정사항에 관한 진술이 이루어진 뒤에 그를 기피하지 못한다(336조). 재판장은 감정인으로 하여금 서면이나 말로써 의견을 진술하게 할 수 있고 여러 감정인에게 감정을 명하는 경우에는 다 함께 또는 따로따로 의견을 진술하게 할 수 있다(339조 1항, 2항). 법원은 위 감정진술에 관하여 당사자에게 서면이나 말로써 의견을 진술할 기회를 주어야 한다(동조 3항).[26)]

(2) 2016. 3. 2. 민사소송법 개정에 의해 감정인신문제도가 신설되었는데 그 내용은 다음과 같다.

감정인은 재판장이 신문한다(339조의2 1항). 합의부원은 재판장에게 알리고 신문할 수 있다. 당사자는 재판장에게 알리고 신문할 수 있다. 다만, 당사자의 신문이 중복되거나 쟁점과 관계가 없는 때, 그 밖에 필요한 사정이 있는 때에는 재판장은 당사자의 신문을 제한할 수 있다(동조 2항).

---

25) 개정이유 참조.
26) 동항은 2016. 3. 2. 민사소송법 개정에 의해 신설되었다.

법원은 i) 감정인이 법정에 직접 출석하기 어려운 특별한 사정이 있는 경우, ii) 감정인이 외국에 거주하는 경우 중 어느 하나에 해당하는 사람을 감정인으로 신문하는 경우 상당하다고 인정하는 때에는 당사자의 의견을 들어 비디오 등 중계장치에 의한 중계시설을 통하여 신문하거나 인터넷 화상장치를 이용하여 신문할 수 있다(339조의3 1항). 이때 감정인신문에 관하여는 제327조의2(비디오 등 중계장치에 의한 증인신문) 제2항 및 제3항을 준용한다(동조 3항).

(3) 법원이 필요하다고 인정하는 경우에는 공공기관 · 학교, 그 밖에 상당한 설비가 있는 단체 또는 외국의 공공기관에 감정을 촉탁할 수 있다(341조 1항). 이를 감정촉탁이라 하며 선서에 관한 규정은 적용되지 않는다. 이 경우 법원은 필요하다고 인정하면 공공기관 · 학교, 그 밖의 단체 또는 외국 공공기관이 지정한 사람으로 하여금 감정서를 설명하게 할 수 있다(동조 2항). 이 경우에는 제339조의3(비디오 등 중계장치 등에 의한 감정인신문)을 준용한다(동조 3항).

4. 감정결과의 채택 여부

감정인의 감정결과는 당사자가 이를 증거로 원용하지 않는 경우에도 법원으로서는 증거로 할 수 있다.[27] 감정인의 감정 결과는 그 감정 방법 등이 경험칙에 반하거나 합리성이 없는 등 현저한 잘못이 없는 한 이를 존중하여야 한다.[28] 동일한 사실에 대한 상반되는 수개의 감정결과가 있고, 그중 어느 하나의 감정결과가 오류가 있음을 인정할 자료가 없는 이상 법원이 각 감정평가 중 어느 하나를 채용하여 사실을 인정하였다 하더라도 그것이 경험법칙이나 논리법칙에 위배되지 않는 한 위법하다고 할 수 없다.[29] 그러나 어떤 감정결과가 그 감정방법에 있어 적법하지 아니하거나 신빙성이 없다고 인정되어 사실인정의 증거로 할 수 없는 경우에는 다른 감정인의 감정결과에 대하여도 그 적법성을 심리하여 그에 관한 주장의 당부를 판단하여야 한다.[30] 선서하지 아니한 감정인에 의한 감정결과는 증거능력이 없으므로 이를 사실인정의 자료로 삼을 수 없으나 그 감정인이 감정한 감정결과를 기재한 서면이 당사자에 의하여 서증으로 제출되고 법원이 그 내용을 합리적이라고 인정하는 때에는 이를 사실인정의 자료로 삼을 수 있다.[31]

---

27) 대법원 1994. 8. 26. 선고 94누2718 판결.
28) 대법원 2019. 3. 14. 선고 2018다255648 판결.
29) 대법원 2005. 7. 29. 선고 2003두2311 판결.
30) 대법원 1992. 3. 27. 선고 91다34561 판결.
31) 대법원 2006. 5. 25. 선고 2005다77848 판결.

Ⅳ. 서 증

■ 핵심어

처분문서, 형식적 증거력, 진정성립의 추정, 처분문서의 실질적 증거력, 자유심증설

1. 서증의 의의

(1) 서증은 문서를 열람하여 그에 기재된 의미내용을 증거자료로 하기 위한 증거조사를 말한다. 여기서 문서란 문자, 그 밖의 기호의 조합에 의하여 의사(意思) 또는 기억 등 사고(思考)내용[32]을 표현한 종이나 기타 유형물을 말한다. 예를 들어 계약서, 사실확인서, 등기부 등이 이에 해당한다. 악보는 사고내용을 표현한 것이 아니어서 문서라 할 수 없고 녹음테이프는 사고내용을 표현한 것이나 문자나 기호로 되어 있지 않아 문서가 아니다.[33]

(2) 서증은 문서에 기재된 의미 내용을 증거자료로 하는 것이므로 문서라도 외형이나 그 존재 자체를 증거자료로 할 때에는 검증이 된다. 따라서 위조사실을 증명하기 위하여 문서를 제출한 경우 그 문서는 서증이 아니라 검증의 대상이 된다.[34]

(3) 도면 · 사진 · 녹음테이프 · 비디오테이프 · 컴퓨터용 자기디스크, 그 밖에 정보를 담기 위하여 만들어진 물건으로서 문서가 아닌 증거의 조사에 관한 사항은 감정, 서증, 검증에 관한 규정에 준하여 대법원규칙으로 정한다(374조).

2. 문서의 종류

(1) 공문서 · 사문서

(a) 공문서는 공무원이 그 권한 내의 사항에 대하여 직무상 작성한 문서이다(356조). 공문서 중 공증인 등 공증사무소가 법률행위나 사권에 관한 사실에 관하여 작성한 문서를 공정증서라 한다(공증인법 2조).[35] 공정증서에는 소비대차공정증서, 어음공정증서, 유

32) 국내서는 흔히 '사상적 의미'라는 표현을 사용하고 있으나 이러한 표현은 사상 또는 생각을 의미하는 독일어 Gedanken의 번역에서 유래한 것으로 문서를 정의함에 있어서는 '사고내용'으로 번역하는 것이 적절하다고 생각한다.

33) 판례는 녹음테이프의 증거조사는 검증의 방법에 의하여야 한다고 한다(대법원 1981. 4. 14. 선고 80다2314 판결).

34) 대법원 1992. 7. 10. 선고 92다12919 판결 참조. 이러한 결론은 진정성립의 개념규정을 어떻게 하느냐에 따라 달라질 수 있다.

35) 공증인은 공증사무를 처리하는 직무에 관하여 공무원의 지위를 가진 것으로 본다(공증인법 2조). 공정증서 중 일정한 금액의 지급이나 대체물 또는 유가증권의 일정한 수량의 급여를 목적으로 하는 청구에 관하여 작성한 것으로 채무자가 강제집행을 승낙한 취지가 적혀 있는 것을 특히 집행증서라고 하며 확정판결과 같

언공정증서(민법 1068조) 등이 있고 공증인이 작성하였다는 점에서 사인이 작성한 사서증서와는 구별된다. 사서증서란 사인이 작성한 사문서에 대해 공증인이 진정성립을 인증한 문서를 말한다. 판례는 공정증서는 공문서로서 진정성립이 추정되며 반대자료가 없는 한 그 증명력을 부정하고 그 기재와 어긋나는 사실인정을 할 수 없다고 한다.[36]

(b) 사문서는 공문서 이외의 문서이다. 공무원이 사문서에 직무상 일정한 사항을 기입하면 그 부분만 공문서가 되어 그 문서는 공사병존문서가 된다. 내용증명에 의한 우편이나 확정일자를 갖춘 임대차계약서가 그 예이다. 판례는 확정일자 있는 사문서에 대하여 공성부분의 성립만이 인정된 경우에는 당해 서면이 확정일자 당시에 존재한 사실을 증명할 뿐이고 그 내용이 진정하게 성립되었다는 사실을 증명하는 효력은 없다고 한다.[37] 또한 매도증서 등에 등기소의 등기제(登記濟)의 기재가 첨가됨으로써 사문서와 공문서로 구성된 문서는 공증에 관한 문서와는 달라 공문서 부분 성립이 인정된다고 하여 바로 사문서 부분인 매도증서 자체의 진정성립이 추정되거나 인정될 수는 없다고 한다.[38]

(2) 처분문서 · 보고문서

처분문서(Wirkende oder Tatbestandsurkunden)는 증명하고자 하는 법률행위의 원인이 되거나 법률요건이 되는 문서를 말한다.[39] 계약서, 어음이나 수표, 해제통고서 등이 그 예이다. 보고문서는 작성자가 그 서면에 의하지 않고 일어난 사건이나 상태 등을 보고하는 것이다. 등기부, 소송상의 조서, 진단서 등이 그 예이다. 처분문서는 의사표시 그 자체를, 보고문서는 보고된 사건의 내용을 그 증명의 대상으로 한다. 판결서는 그 판결이 있었던가 또 어떠한 내용의 판결이 있었던가의 사실을 증명하기 위한 것으로는 처분문서이고 판결서 중에서 한 사실판단을 이용하는 경우에는 보고문서이다.[40] 처분문서는 그 형식적 증거력이 인정되면 특별한 사정이 없는 한 실질적 증거력이 당연히 인정된다.

은 집행권원의 하나이다(민사집행법 56조 4호).

36) 대법원 1994. 6. 28. 선고 94누2046 판결.

37) 대법원 1974. 9. 24. 선고 74다234 판결.

38) 대법원 2018. 4. 12. 선고 2017다292244 판결.

39) 국내서에서는 흔히 "증명하고자 하는 법률행위가 그 문서 자체에 의하여 이루어진 경우의 문서"라고 정의되고 있다.

40) 대법원 1980. 9. 9. 선고 79다1281 전원합의체판결.

(3) 원본 · 정본 · 등본 · 초본

원본은 문서 그 자체이다. 어떤 문서의 원본은 실제로는 유일한 것이므로 원본을 제외한 나머지는 사실상 모두 사본이다. 이 중 원본의 기재내용을 모두 복사한 사본을 등본이라고 하고 일부분만 복사한 것을 초본이라고 한다. 등본 중에서 정본(正本)이라고 표시한 문서를 정본이라고 하며 원본과 같은 효력이 있다. 판결서는 정본으로 송달하여야 하는데(210조) 이는 판결서의 원본을 보존하여야 하므로 원본과 같은 효력이 있는 정본을 송달하도록 한 것이다. 등본 중에서 인증기관이 공증한 등본을 인증등본이라고 한다. 법원에 문서를 제출하거나 보낼 때에는 원본, 정본 또는 인증이 있는 등본으로 하여야 한다(355조 1항).

3. 문서의 증거능력

문서의 증거능력은 문서가 증거조사의 대상이 될 수 있는 자격을 말한다. 민사소송에서는 원칙적으로 증거능력에 제한이 없다. 판례는 소제기 이후에 작성된 사문서라는 점만으로 당연히 증거능력이 부정되는 것은 아니라고 한다.[41] 또한 문서의 제출 또는 송부는 원본, 정본 또는 인증등본으로 하여야 하므로 단순한 사본만에 의한 증거의 제출은 정확성의 보증이 없어 원칙적으로 부적법하지만 동일한 내용인 원본의 존재와 원본의 성립의 진정에 관하여 다툼이 없고 그 정확성에 문제가 없기 때문에 사본을 원본의 대용으로 하는 데 관하여 상대방으로부터 이의가 없는 경우에는 사본만의 제출에 의한 증거의 신청도 허용된다고 한다.[42]

4. 문서의 증거력

(1) 형식적 증거력

(a) 의 의

증인은 법정에 나온 증인과 신청한 증인이 동일인이어야 하는데 이는 인정신문에 의해 쉽게 판단할 수 있다. 그러나 서증의 경우에는 문서 그 자체로 판단을 할 수 없어 형식적 증거력이 문제된다. 형식적 증거력이란 어떤 증거방법이 증거자료가 될 수 있는 자격을 말한다.

문서의 형식적 증거력은 곧 문서의 진정성립을 의미한다는 것이 학설의 일반적인 태도이다.[43] 판례는 민사소송에서 문서는 진정한 것이라야 증거능력이 있는 것

41) 대법원 1992. 4. 14. 선고 91다24755 판결.
42) 대법원 2002. 8. 23. 선고 2000다66133 판결.
43) 강현중, 536면; 송상현/박익환, 578면; 이시윤, 508면; 정동윤/유병현/김경욱, 623면.

이므로 서증을 증거로 쓰는 경우에는 서증이 어떻게 하여 진정한 것인지를 밝혀 주는 것이 옳다고 할 것이나, 진정성립이 당사자 간에 다툼이 없거나 공문서로서 진정성립이 추정되는 경우 또는 당해사건의 쟁점이 되지 아니한 사실을 인정하는 경우에는 형식적 증거력에 관한 설시를 생략하였다고 하여 위법하다고 할 수 없다고 한다. 따라서 판례도 진정성립과 형식적 증거력을 같은 의미로 사용하고 있다고 할 수 있다.[44]

이와는 달리 진정하게 성립된 문서의 외형으로부터 이끌어 낼 수 있는 증거가치를 문서의 형식적 증거력이라고 하여 문서의 진정성립은 형식적·실질적 증거력의 전제가 되는 것으로 양자의 개념을 구분하는 견해도 있다.[45] 이 견해는 예를 들어 관련 거래에 관해 좀 더 시간을 두고 생각하기 위해 자신이 작성한 승낙서를 책상 위에 올려 두었는데 비서가 이를 모르고 밀봉해서 부쳐버린 경우 승낙서의 진정성립은 인정되나 승낙자가 승낙서에 적힌 의사표시를 하였다는 것은 인정하기 어렵다고 한다.

이하에서는 문서의 형식적 증거력의 개념을 진정성립과 같은 것으로 전제하고 설명하기로 한다.

(b) 진정성립의 의미

문서의 진정성립의 의미에 관하여도 견해가 일치하지 않는다. **문서의 진정성립은 그 문서의 작성명의인이 진실로 작성한 것이고 위조로 작성된 것이 아니라는 것을 의미한다는 것이 일반적이다.**[46] 이와는 달리 작성명의인이 누구냐를 따지지 않고 문서의 제출자가 그 문서의 작성자라고 주장한 사람의 의사에 의하여 작성된 것을 의미한다는 견해도 있다.[47]

원고가 제3자 명의의 문서를 제출하면서 위 문서는 피고가 위조한 것이라고 주장하는 원고의 주장이 사실로 인정되는 경우를 예로 들어 본다. 이 경우 앞의 견해에 의하면 문서의 작성명의자(제3자)와 실제 작성자(피고)가 달라 문서의 진정성립이 인정되지 않으나 뒤의 견해에 의하면 문서의 제출자인 원고가 주장하는 문서작성자(피고)와 실제 작성자(피고)가 일치하므로 문서의 진정성립이 인정된다. 또한 앞의 견해에 의하면 작성명의인이 진실로 작성한 것만이 서증의 대상이 되므로 위조문서는 서증의 대상이 되지 않고 검증의 대상이 된다.[48] 그러나 나중의 견해에 의하면 위조문서라도 작성자의 위조하겠다는 의사에 터잡아 이루어진 이상 문서로서 서증의 대상이 된다고 한다.[49]

---

44) 대법원 1993. 5. 11. 선고 92다50973 판결.
45) 정선주, 앞의 논문, 239면 이하. 호문혁, 588면에서도 진정성립과 형식적 증거력을 구분하고 있다.
46) 정동윤/유병현/김경욱, 623면; 호문혁, 588면.
47) 강현중, 538면; 이시윤, 508면.
48) 대법원 1992. 7. 10. 선고 92다12919 판결.
49) 강현중, 537면.

(c) 성립의 인부

문서가 증거로 제출되면 법원은 상대방에게 그 진정성립의 인정 여부를 묻는데 상대방이 이에 대해 답변하는 것을 성립의 인부라고 한다. 성립의 인부는 ⅰ) 성립인정, ⅱ) 침묵, ⅲ) 부인, ⅳ) 부지 등 네 가지 중의 하나로 한다. 문서가 작성명의자에 의하여 작성된 것임을 인정하는 경우에는 성립인정으로 답변한다. 이와는 달리 작성명의자가 작성한 것이 아닌 경우에는 부인으로 답하며 그 여부를 알 수 없는 경우에는 부지로 답한다.

문제되는 각 경우에 따라 구체적으로 살펴보면 다음과 같다.

① 상대방이 제출한 문서에 대하여 성립인정을 할 경우에도 그 문서가 자신에게도 유리한 경우에는 성립인정을 할 뿐 아니라 이익으로 원용한다고 답하고, 만약 성립인정은 하지만 요증사실까지 인정하는 취지는 아닐 경우에는 이를 명백히 하기 위해 답변에 입증취지부인을 첨가하는 것이 실무에서 보통이다.

② 공문서와 사문서가 결합되어 있는 문서의 인부에 있어 그 일부만을 인정하는 경우에는 공성부분 인정, 사성부분 부지 등의 방식으로 답변한다. 내용증명의 경우에는 공성부분 및 수령사실 인정, 나머지부분 부지 등의 방식으로 한다.

③ 진정성립을 부인하나 인영의 동일성은 인정하는 경우 인영부분만 인정이라고 답변하고 위조되었다고 주장 · 입증하여야 한다. 만약 백지문서에 자신이 서명날인한 경우에는 인영부분 성립인정이라고 답변하고 타인이 부당하게 내용을 보충하였음을 주장하고 증명하여야 한다.

④ 위조된 사실의 증명을 위해 위조문서를 증거로 제출하는 경우 만약 위조사실을 인정한다면 위조인 점 인정이라고 답변하고 진정한 문서임을 주장하는 경우에는 위조된 것이 아니라 000에 의해 진정하게 작성된 문서임이라고 인부한다.[50] 판례가 보조사실에 해당하는 문서의 진정성립에 관한 자백에 대하여 구속력을 인정함은 앞서 살펴본 바와 같다.[51] 문서의 진정성립을 부인하는 때에는 그 이유를 구체적으로 밝혀야 한다(규칙 116조).

---

50) 이상의 내용은 사법연수원, 민사소송실무(Ⅰ), 2010, 243~248면을 참고하였다.
51) 대법원 2001. 4. 24. 선고 2001다5654 판결.

○ ○ 법 원

서 증 목 록52)

20 가

고 제출 변론(준비기일)조서의 일부

서증번호	기일 및 장 수	서 증 명	인부기일	인부요지	비 고
1	1차 장	건물등기사항증명서	차		
2	1차 장	건물임대차계약서	1차	부지	3차 변론 인부정정. 성립인정 이익으로 원용
3	1차 장	해약통고서	1차	성립인정	
4-1	1차 장	차용증사본	1차	원본존재 및 성립인정	
4-2	1차 장	영수증사본	1차	부지 원본존재 부인	
5-1	2017.7.14. 장	기록표지	차		법원 밖 서증조사
5-2	〃 차 장	피의자신문조서	2차	성립인정 입증취지부인	〃
6-1	2차 장	등기신청서	2차	공문서부분인정 사문서부분부지	문서송부촉탁
6-2	2차 장	위임장	2차	인영부분 인정 위조 증거 항변	〃
7	2차 장	각서	2차	부지	문서제출명령
(8)	1차 장	(진정서)	3차	기각	신청인 교부
	차 장	갑제2호증	3차	독립당사자참가인 성립인정	

52) 법률실무제요 민사소송(Ⅲ), 1484면에서 인용.

(d) 증명방법

문서의 진정성립에 관하여 다툼이 있으면 문서제출자가 그 진정성립에 관하여 증명하여야 한다. 문서의 진정성립의 증명은 증인신문 또는 필적감정이나 인영감정에 의할 수 있다. 증명의 방법에 특별한 제한이 없으므로 증언에 의할 경우 작성자 아닌 제3자의 증언으로도 증명할 수 있다.[53] 민사소송법은 필적이나 인영을 굳이 감정하지 않고 필적 또는 인영을 대조하여서도 문서의 진정성립을 증명할 수 있도록 하였다(359조).[54] 또한 문서의 진정성립이 다투어지는 경우 거증자가 성립을 증명하지 아니한 경우라 할지라도 법원은 다른 증거에 의하지 아니하고 변론 전체의 취지를 참작하여 그 성립을 인정할 수도 있다.[55]

(e) 진정성립의 추정

(aa) 공문서

문서의 작성방식과 취지에 의하여 공무원이 직무상 작성한 것으로 인정한 때에는 이를 진정한 공문서로 추정한다(356조 1항). 상대방이 이를 다투려면 진정성립에 의심이 들 정도의 반증을 하는 것으로는 부족하고 반대사실을 증명하여야 한다.[56] 공문서가 진정한지 의심스러운 때에는 법원은 직권으로 해당 공공기관에 조회할 수 있다(동조 2항). 외국의 공공기관이 작성한 것으로 인정한 문서도 공문서와 같다(동조 3항).

(bb) 사문서

1) 사문서는 그것이 진정한 것임을 증명하여야 한다(357조). 사문서는 본인 또는 대리인의 서명이나 날인 또는 무인이 있는 때에는 진정한 것으로 추정한다(358조). 또한 인영의 동일성이 인정되면 인영[57]이 진정한 것으로 추정된다. 따라서 사문서의 진정성립은 두 단계의 추정을 거치게 된다.[58] 즉 i) **작성명의자의 인영이 그 사람의 인장에 의한 것(인영의 동일성)임이 인정되면 그 인영이 작성명의자의 의사에 의해 이루어진 것(인영의 진정성립)이 추정되고** ii) **인영의 진정성립이 인정되면 그 문서 전체**

---

53) 대법원 1992. 11. 24. 선고 92다21135 판결. 이 경우 그 신빙성 여부를 판단함에 있어서는 증언 내용의 합리성, 증인의 증언 태도, 다른 증거와의 합치 여부, 증인의 사건에 대한 이해관계, 당사자와의 관계 등을 종합적으로 검토하여야 한다(대법원 2015. 11. 26. 선고 2014다45317 판결; 대법원 2016. 10. 27. 선고 2014다72210 판결).

54) 판례는 육안의 대조로도 가능하다고 한다(대법원 1997. 12. 12. 선고 95다38240 판결).

55) 대법원 1993. 4. 13. 선고 92다12070 판결.

56) 김홍엽, 694면. 판례는 이 추정을 뒤집을 만한 특단의 사정이 증거에 의하여 밝혀지지 않는 한 그 성립의 진정은 부인될 수 없다고 한다(대법원 1985. 5. 14. 선고 84누786 판결).

57) 인영의 진정성립은 판례에 나타난 용례에 따른 것이다. 그러나 민사소송법 제358조의 규정에 비추어 날인의 진정성립이 보다 적절한 용어라고 생각된다.

58) 대법원 2003. 2. 11. 선고 2002다59122 판결; 대법원 1986. 2. 11. 선고 85다카1009 판결.

의 진정성립까지 추정된다. 민사소송법 제358조는 인영의 진정성립으로 인한 문서의 진정성립의 추정을 규정한 것이다.

2) 인영의 동일성에 의한 인영의 진정성립은 사실상 추정이므로 반증에 의하여 그 추정은 깨어질 수 있다. 즉 날인행위가 작성 명의인의 의사에 기한 것임에 관하여 법원으로 하여금 의심을 품게 할 수 있는 사정을 입증하면 그 진정성립의 추정은 깨어진다.[59]

만약 상대방이 "그 인영은 자신의 인장이 도용되어 날인된 것이다"라고 항변을 하면 위 추정에 어떤 영향을 미칠까? 위 항변에는 ㉠ 인영이 동일하다는 점과 ㉡ 권한 없는 자가 날인하였다는 점 두 가지에 관한 진술이 포함되어 있다. 이러한 항변은 일단 ㉠의 진술에 의해 인영의 진정성립이 추정된다. 따라서 이러한 항변을 한 상대방이 인영의 진정성립추정을 깨기 위해서는 그 인영(날인)이 타인에 의해 이루어진 것이라는 것을 증명하여야 한다(이 때의 증명은 반증이 된다). 만약 이를 증명하지 못하면 인영의 진정성립이 인정되는 결과 문서 전체의 진정성립이 추정된다.[60] 그러나 상대방은 그 인영(날인)이 타인에 의해 이루어졌다는 것을 증명하는 것으로 족하며 위 사실이 증명되면 날인한 자가 날인할 정당한 권한이 있었다는 것의 증명책임은 문서제출자에게 있다.[61]

3) 판례가 인영의 동일성에 의한 인영의 진정성립의 추정력을 인정하는 것은 먼저 내용기재가 이루어진 뒤에 인영이 압날된 경우에 한정된다.

그러나 인영 부분 등의 진정성립이 인정된다면 그 문서의 전부 또는 일부가 미완성된 상태에서 서명날인만을 먼저 하였다는 등의 사정은 이례적인 것이므로 다른 특별한 사정이 없는 한 당해 문서는 그 전체가 완성되어 있는 상태에서 작성명의인이 그러한 서명 · 날인 · 무인을 한 것으로 추정된다. 따라서 인영 부분 등의 진정성립이 인정되는 경우, 완성문서로서의 진정성립의 추정력을 뒤집으려면 그럴 만한 합리적인 이유와 이를 뒷받침할 간접반증 등의 증거가 필요하다.[62]

만약 작성명의인의 날인만 되어 있고 그 내용이 백지로 된 문서를 교부받아 후일 그 백지 부분을 작성명의자가 아닌 자가 보충한 문서임이 인정된 경우에는 문서제출자는 그 기재내용이 작성명의인으로부터 위임받은 정당한 권원에 의한 것이라는 사실을 입증할 책임이 있다.[63]

4) 민사소송법 제358조에 의한 문서의 진정성립의 추정은 증거법칙적 추정에 속

59) 대법원 1997. 6. 13. 선고 96재다462 판결.
60) 대법원 1976. 7. 27. 선고 76다1394 판결.
61) 대법원 1995. 6. 30. 선고 94다41324 판결.
62) 대법원 2003. 4. 11. 선고 2001다11406 판결.
63) 대법원 2000. 6. 9. 선고 99다37009 판결; 대법원 2003. 4. 11. 선고 2001다11406 판결.

한다.[64] 그 문서가 작성명의인의 의사에 반하여 혹은 작성명의인의 의사에 기하지 않고 작성된 것이라는 것은 그것을 주장하는 자가 적극적으로 입증하여야 하고 이 항변사실을 입증하는 증거의 증명력은 개연성만으로는 부족하다.[65]

(2) 실질적 증거력

(a) 문서의 실질적 증거력은 어떤 문서가 요증사실을 증명하는 능력 또는 증거가치를 말한다. 실질적 증거력이 인정되기 위해서는 형식적 증거력이 전제되어야 한다. 실질적 증거력에 대한 판단은 법관의 자유심증에 의한다. 따라서 재판상 자백의 대상이 되지 않는다.

(b) 문서의 실질적 증거력은 처분문서와 보고문서가 그 내용을 달리 한다.

1) **처분문서는 그 성립의 진정함이 인정되는 이상 법원은 그 기재내용을 부인할 만한 분명하고도 수긍할 수 있는 반증이 없는 한 그 처분문서에 기재되어 있는 문언대로의 의사표시의 존재와 내용을 인정하여야 한다.**[66] 이와 같이 처분문서는 그 실질적 증거력에 있어 강력한 사실상 추정을 받는다. 따라서 이에 대한 반증이 불허되는 것은 아니지만 처분문서를 배척하는 것은 일반적인 증거배척의 경우와는 달리 합리적인 이유설시를 요한다.[67] 이러한 추정의 대상은 처분문서에 기재된 의사표시의 존재와 내용에 관한 것이다. 따라서 처분문서에 나타난 당사자의 의사를 어떻게 해석할 것인가 하는 것은 별도의 판단문제로서 여러 사정을 고려하여 논리와 경험칙에 따라 합리적으로 해석하여야 하고 문언의 객관적인 의미가 명확하다면, 특별한 사정이 없는 한 문언대로 의사표시의 존재와 내용을 인정하여야 한다.[68]

이로 인해 작성명의인의 인영에 의하여 처분문서의 진정성립을 추정함에 있어서는 신중하여야 한다. 특히 처분문서의 소지자가 업무 또는 친족관계 등에 의하여 문서명의자의 위임을 받아 그의 인장을 사용하기도 하였던 사실이 밝혀진 경우라면 더욱 그렇다.[69]

---

64) 같은 견해로는 김홍엽, 694면. 법률상 추정이라는 견해로는 호문혁, 592면. 법률상 추정이 아니라는 견해로는 이시윤, 510면.

65) 대법원 2008. 11. 13. 선고 2007다82158 판결.

66) 대법원 2002. 6. 28. 선고 2002다23482 판결; 대법원 2005. 5. 13. 선고 2004다67264, 67271 판결; 대법원 2008. 5. 9.자 2007마1582 결정. 그러나 매매계약서에서 그 매매목적물로 표시된 토지의 지번이 계약서에 기재된 매매일자에 존재하지 않은 지번으로 밝혀졌다면, 처분문서상의 일시 · 장소의 기재는 보고문서의 성질을 갖는 것에 불과하므로 당사자의 주장에 따라 그 매매일자가 진실한 것인지 여부를 심리하거나 당사자가 목적물의 지번에 관하여 착오를 일으켜 계약서상 목적물을 잘못 표시하였는지 여부 등을 심리하여야 한다고 한다(대법원 1997. 4. 11. 선고 96다50520 판결).

67) 대법원 1984. 1. 31. 선고 83다카1034 판결.

68) 대법원 2019. 10. 17. 선고 2018두60588 판결.

69) 대법원 2014. 9. 26. 선고 2014다29667 판결.

2) 보고문서의 경우 처분문서와 같은 실질적 증거력이 일반적으로 추정되지는 않는다. 그러나 판례상 공문서의 경우 그 기재내용을 진실한 것으로 추정하는 예가 많다. 예를 들어 확정된 형사 또는 민사 판결에서 인정된 사실은 특별한 사정이 없는 한 유력한 증거가 되므로 합리적인 이유설시 없이 배척할 수 없다고 하고,[70] 공증문서의 경우에도 신빙성 있는 반대 자료가 없는 한 함부로 그 증명력을 부정하고 그 기재와 어긋나는 사실인정을 할 수 없다고 보아야 한다고 한다.[71]

판례 연습

대법원 2000. 10. 13. 선고 2000다38602 판결

– 진정성립이 인정되는 처분문서의 증명력 –

사건의 개요 X는 Y를 상대로 한 구상금채무이행소송에서 갑제1, 2호증의 각 2(각 약정서)를 증거로 제출하였다. 갑제1, 2호증의 각 2에는 소외 A주식회사가 X에게 부담하는 구상금채무를 Y가 연대보증한 것으로 기재되어 있고 Y의 이름 옆에 Y명의의 인장이 찍혀 있다. Y는 위 서증의 진정성립 여부에 대하여 부지라고 진술하여 다투었다. 또한 Y는 소외 A주식회사의 이사인 Y의 남편 B가 Y를 위 A회사의 감사로 등재하는 데 필요하다고 하여 건네준 피고의 인감도장을 이용하여 회사 직원인 C를 시켜 작성한 것이라고 진술하였다. Y가 이 사건 채무를 연대보증한 것으로 인정되는지가 문제되었다.

설 명

(1) Y의 진술과 갑제1, 2호증의 각 2의 진정성립 인정 여부

인영의 동일성이 인정되는 경우 인영의 진정성립이 사실상 추정되고 인영의 진정성립이 인정되는 경우 민사소송법 제358조에 의하여 문서의 진정성립이 추정된다. Y는 갑제1, 2호증의 각 2에 날인된 인영이 Y의 인감도장에 의한 것임을 인정하였다. 따라서 갑제1, 2호증의 각 2의 진정성립이 추정된다. 위의 진정성립의 추정을 깨려면 Y가 주장한 바와 같이 C가 갑제1, 2호증의 각 2에 날인한 사실이 인정되어야 한다.

(2) 갑제1, 2호증의 각 2의 증명력

처분문서는 그 성립의 진정함이 인정되는 이상 이에 표시된 의사표시의 존재와 내용을 부정할 특별한 사정이 없는 한 그 내용이 되는 법률행위가 인정된다. 갑제1, 2호증의 각 2는 처분문서에 해당된다. 따라서 Y가 이 사건 채무를 연대보증한 것으로 인정된다.

참고판례 대법원 2000. 10. 13. 선고 2000다38602 판결【구상금】

70) 대법원 1995. 1. 12. 선고 94다39215 판결; 대법원 2009. 9. 24. 선고 2008다92312, 92329 판결.
71) 대법원 1994. 6. 28. 선고 94누2046 판결.

5. 서증신청의 절차

서증신청은 다음 네 가지 방법으로 한다.

i) 증거신청자가 가지고 있는 문서이면 이를 직접제출로 한다.

ii) 상대방이나 제3자가 문서를 가지고 있으나 소지자에게 제출의무가 있으면 문서제출명령을 신청한다.

iii) 문서 소지자에게 제출의무 없는 문서는 문서송부촉탁신청으로 한다.

iv) 문서송부촉탁이 어려운 경우는 그 문서가 소재하는 장소에서 서증조사신청을 한다.

(1) 문서의 직접제출

(a) 당사자가 자신이 소지하고 있는 문서를 증거로 제출하는 경우에는 이를 직접 법원에 제출하여야 한다(343조). 문서의 직접제출은 변론준비기일 또는 변론기일에 현실적으로 하여야 하므로 문서가 첨부된 준비서면이 진술간주된다고 하여 문서가 증거로 제출되는 것은 아니다.[72]

(b) 법원에 문서를 제출하거나 보낼 때에는 원본, 정본 또는 인증이 있는 등본으로 하여야 한다(355조 1항). 따라서 사본만을 증거로 제출하는 것은 정확성의 보증이 없어 원칙적으로 부적법하다. 다만 이러한 사본의 경우에도 원본의 존재와 원본의 성립의 진정에 관하여 다툼이 없고 그 정확성에 문제가 없기 때문에 사본을 원본의 대용으로 하는 데 관하여 상대방으로부터 이의가 없는 경우에는 이의권의 포기 또는 상실로 적법하다.[73]

사본을 원본으로서 제출하는 경우에는 그 사본이 독립한 서증이 되는 것이나 그 대신 이에 의하여 원본이 제출된 것으로 되지는 아니하고, 이때에는 증거에 의하여 사본과 같은 원본이 존재하고 또 그 원본이 진정하게 성립하였음이 인정되지 않는 한 그와 같은 내용의 사본이 존재한다는 것 이상의 증거가치는 없다.[74]

사본 제출자가 원본을 분실하거나 원본이 방대한 양의 문서인 경우 등 원본문서의 제출이 불가능하거나 비실제적인 상황에서는 원본의 제출이 요구되지 않지만 이 경우 해당 서증의 신청당사자가 원본 부제출에 대한 정당성이 되는 구체적 사유를 주장 · 입증하여야 한다.[75]

---

72) 대법원 1991. 11. 8. 선고 91다15775 판결.
73) 대법원 1996. 3. 8. 선고 95다48667 판결.
74) 대법원 2002. 8. 23. 선고 2000다66133 판결.
75) 대법원 2002. 8. 23. 선고 2000다66133 판결.

(c) 문서를 제출하여 서증의 신청을 하는 때에는 문서의 기재상 명백한 경우가 아니면 문서의 제목 · 작성자 및 작성일을 밝혀야 한다(규칙 105조 1항). 서증을 제출하는 때에는 상대방의 수에 1을 더한 수의 사본을 함께 제출하여야 한다. 다만, 상당한 이유가 있는 때에는 법원은 기간을 정하여 사본을 제출하게 할 수 있다(동조 2항). 이에 따라 서증 사본을 작성하는 때에는 서증 내용의 전부를 복사하여야 한다. 이 경우 재판장이 필요하다고 인정하는 때에는 서증 사본에 원본과 틀림이 없다는 취지를 적고 기명날인 또는 서명하여야 한다(규칙 107조 1항). 서증 사본에는 원고가 제출하는 것은 "갑" 피고가 제출하는 것은 "을" 독립당사자참가인이 제출하는 것은 "병"의 부호와 서증의 제출순서에 따른 번호를 붙여야 한다(동조 2항). 같은 부호를 사용할 당사자가 여러 사람인 때에는 갑 등의 부호 다음에 "가" "나" "다" 등의 가지부호를 붙여서 사용하게 할 수 있다(동조 3항).

(d) 재판장은 서증의 내용을 이해하기 어렵거나 서증의 수가 방대한 경우 또는 서증의 입증취지가 불명확한 경우에는 당사자에게 서증과 증명할 사실의 관계를 구체적으로 밝힌 설명서를 제출할 것을 명할 수 있다(규칙 106조 1항). 이를 증거설명서라 한다. 서증이 국어 아닌 문자 또는 부호로 되어 있는 때에는 그 문서의 번역문을 붙여야 한다. 다만, 문서의 일부를 증거로 하는 때에는 재판장의 허가를 받아 그 부분의 번역문만을 붙일 수 있다(동조 2항).

(2) 문서제출명령

(a) 의 의

문서제출명령은 당사자가 문서를 가진 사람에게 그것을 제출하도록 명할 것을 신청하는 방식으로 한다(343조). 우리나라에서는 미국법상의 '증거개시제도(discovery)[76]와 같이 상대방의 증거에 대하여 포괄적 개시를 요구하는 제도는 없으나 신 민사소송법에서 문서제출의무를 일반적 의무로 규정함으로써(344조) 문서제출명령제도를 강화하여 증거의 구조적 편재로 인한 당사자 사이의 실질적 불평등을 시정하는 방법으로서 중요한 역할을 하는 것으로 평가되고 있다.

---

76) 미국법상 discovery제도는 소송의 당사자 또는 소송의 당사자가 되려는 사람이 상대방이나 제3자로부터 소송에 관계되는 정보를 얻거나 사실을 밝혀내기 위하여 이용하는 기일전 절차로서 특권에 의하여 보호되는 사실관계가 아닌 한 소송에 관련된 모든 사항에 대하여 증거제출을 요구할 수 있다. 이 제도는 증거를 보전하고 쟁점을 명확히 하며 실체적 진실을 밝히고 화해를 유도하는 기능을 수행하는 것으로 평가되고 있다. 미국법상 discovery제도에 관한 간단한 개괄적인 해설은 사법연수원, 미국 민사법, 2006, 42면 이하 참조.

(b) 문서제출의무

문서제출명령은 서증의 방법으로 증거조사를 할 수 있는 문서를 그 대상으로 한다. 따라서 검증의 대상인 동영상 파일은 문서제출명령의 대상이 될 수 없다.[77] 민사소송법에서 문서제출의무가 있는 것으로 열거된 문서는 아래와 같다.

1) 인용문서(344조 1항 1호)

당사자가 소송에서 인용한 문서를 가지고 있는 때에는 제출의무가 있다. 소송에서 자기를 위해 인용한 문서는 상대방에게도 이용할 수 있게 하는 것이 공평하다는 것을 그 이유로 한다. 여기서의 인용이란 소송에서 자기를 위한 증거로 사용한 경우뿐 아니라 자기의 주장을 명백히 하기 위하여 그 존재와 내용을 표시한 경우도 포함된다.[78]

2) 인도 · 열람문서(동조 1항 2호)

신청자가 문서를 가지고 있는 사람에게 그것을 넘겨 달라고 하거나 보겠다고 요구할 수 있는 사법상의 권리를 가지고 있는 때에 그 문서의 소지자는 제출의무가 있다. 예를 들어 변제자가 채무전부를 변제한 때에는 채권증서의 반환을 청구할 수 있는데(민법 475조) 이런 경우 채권증서의 소지자는 채권증서를 제출할 의무가 있다. 문서를 넘겨 달라고 하거나 보겠다고 요구할 수 있는 권리는 사법상의 권리에 한정되며 공법상의 권리는 공법상의 규율에 의한다. 사법상의 권리이면 권리의 성질이나 발생근거를 불문한다.[79]

3) 이익문서와 법률관계문서(동조 1항 3호)

i) 이익문서는 문서가 신청자의 이익을 위하여 작성된 것이다. 예를 들어 신청자의 권리가 기재된 위임장이 이에 해당한다. 법률관계문서는 신청자와 문서의 소지자 사이의 법률관계에 관하여 작성된 문서이다.

ii) 이익문서와 법률관계문서의 범위에 관하여는 견해가 나뉜다. 우선 이를 보다 넓게 해석하려는 견해가 있다.[80] 이 견해는 이익문서에 있어서의 이익은 직접 신청자의 이익을 위해 작성된 문서뿐 아니라 간접적으로 신청자의 이익을 위하여 작성된 것, 나아가 증거확보를 위한 문서와 같이 소송상 이익을 위한 것도 포함된다고 한다. 또한 법률관계문서에는 양자의 법률관계 자체를 기재한 문서뿐 아니라 그 법률관계의 생성과정에서 작성된 문서도 포함된다. 따라서 계약서뿐 아니라 계약체결과

---

77) 대법원 2010. 7. 14.자 2009마2105 결정.
78) 대법원 2008. 6. 12.자 2006무82 결정.
79) 대법원 1993. 6. 18.자 93마434 결정.
80) 김홍엽, 709면; 이시윤, 516면; 호문혁, 597면.

정에서 양자가 주고받은 서신 등도 이에 해당된다. 그러나 위와 같은 확대해석은 현대형 소송에서 증거의 구조적 편재를 시정하기 위한 것이었으나 현행 민사소송법 제344조 제2항에서는 일반문서에 관하여도 그 제출의무를 인정하므로 이러한 확대해석의 필요성이 없어졌다고 하여 반대하는 견해도 있다.[81] 일반문서의 제출의무에 대한 예외범위는 이익문서나 법률관계문서의 그것보다 넓다. 따라서 현행 민사소송법이 문서제출의무의 대상을 일반문서로 확대하였다 하더라도 여전히 이익문서나 법률관계문서를 종전과 같이 넓게 해석할 필요가 있다.

4) 예 외

이익문서나 법률관계문서가 다음의 경우에 해당되면 소지자는 그 제출을 거부할 수 있다. ① 공무원의 직무상 비밀에 관한 사항이 적혀 있는 문서로서 같은 조문들에 규정된 동의를 받지 아니한 문서(304조 내지 306조), ② 문서소지자나 근친자에 관하여 유죄판결을 받을 염려가 있거나 치욕이 될 증언거부사유가 적혀 있는 문서(314조), ③ 직무상 비밀이 적혀있고 비밀유지의무가 면제되지 아니한 문서(315조 1항) 등이다. 그러나 당사자의 형평상 인정되는 인용문서와 권리로서 인정되는 인도 · 열람청구문서에는 예외가 인정되지 않는다.

(c) 일반문서(344조 2항)

위에서 문서제출의무가 있는 것으로 열거된 문서에 해당되지 않는 문서라도 문서소지자는 원칙적으로 문서제출의무가 있다. 다만 다음의 세 가지 경우에는 예외이다.

① 문서소지자나 근친자에 관하여 유죄판결을 받을 염려가 있거나 치욕이 될 증언거부사유가 적혀 있는 문서(314조)이거나 직무상 비밀이 적혀 있고 비밀유지의무가 면제되지 아니한 문서(315조 1항). 여기에서 '직업의 비밀'은 그 사항이 공개되면 직업에 심각한 영향을 미치고 이후 직업의 수행이 어려운 경우를 말한다.[82]

② 오로지 문서를 가진 사람이 이용하기 위한 문서, 일기장이나 수첩이 그 예가 될 수 있다.[83]

③ 공무원 또는 공무원이었던 사람이 그 직무와 관련하여 보관하거나 가지고 있는 문서 등이다.

---

81) 정동윤/유병현/김경욱, 633면; 정영환, 717면.

82) 대법원 2015. 12. 21.자 2015마4174 결정.

83) 판례는 어느 문서가 오로지 문서를 가진 사람이 이용할 목적으로 작성되고 외부자에게 개시하는 것이 예정되어 있지 않으며 개시할 경우 문서를 가진 사람에게 심각한 불이익이 생길 염려가 있다면, 문서는 특별한 사정이 없는 한 위 규정의 자기이용문서에 해당한다고 한다(대법원 2016. 7. 1.자 2014마2239 결정).

(d) 문서제출명령의 절차

1) 신 청

문서제출신청에는 표시문서의 취지, 문서를 가진 사람, 증명할 사실, 문서를 제출하여야 하는 의무의 원인 등을 밝혀야 한다(345조). 그러나 당사자가 신청대상이 되는 문서의 취지나 그 문서로 증명할 사실을 개괄적으로 표시한 경우라도 법원은 필요하다고 인정하면 상대방 당사자에게 신청내용과 관련하여 가지고 있는 문서 또는 신청내용과 관련하여 서증으로 제출할 문서에 관하여 그 표시와 취지 등을 적어 내도록 명할 수 있다(346조). 이를 문서정보공개제도라 하며 당사자가 상대방이 소지하고 있는 문서를 특정할 수 없을 때에도 문서제출명령신청을 할 수 있도록 하기 위한 제도이다. 그러나 상대방 당사자가 문서정보공개명령에 따르지 않는 경우에도 제재수단이 없어 그 실효성이 의문시된다.

2) 심리와 재판

법원은 문서제출신청에 정당한 이유가 있다고 인정한 때에는 결정으로 문서를 가진 사람에게 그 제출을 명할 수 있다(347조 1항). 이를 문서제출명령이라 한다. 문서제출의 신청이 문서의 일부에 대하여만 이유 있다고 인정한 때에는 그 부분만의 제출을 명하여야 한다(동조 2항). 제3자에 대하여 문서의 제출을 명하는 경우에는 제3자 또는 그가 지정하는 자를 심문하여야 한다(동조 3항).

신법에서는 문서제출의무를 일반적인 의무로 확대하면서 구법과는 달리 제출의무면제사유해당 여부에 대한 심문을 필요적인 것으로 하였다. 또한 법원은 문서가 문서제출의무에 해당하는지를 판단하기 위하여 필요하다고 인정하는 때에는 문서를 가지고 있는 사람에게 그 문서를 제시하도록 명할 수 있으나 이 경우 그 문서를 다른 사람이 볼 수 없도록 비밀절차에 의하도록 하는(동조 4항) 비밀심리제도(in camera proceedings)를 도입하였다. 문서제출의 신청에 관한 결정에 대하여는 즉시항고를 할 수 있다.

(e) 문서제출명령 불응에 대한 제재

1) 당사자가 문서제출명령에 따르지 아니한 때에는 법원은 문서의 기재에 대한 상대방의 주장을 진실한 것으로 인정할 수 있다(349조). 당사자가 상대방의 사용을 방해할 목적으로 제출의무가 있는 문서를 훼손하여 버리거나 이를 사용할 수 없게 한 때에도 같다(350조). '문서의 기재에 대한 상대방의 주장을 진실한 것으로 인정할 수 있다'는 것의 의미에 관하여는 학설이 나누어진다.

문서의 성립과 내용에 대한 상대방의 주장을 진실한 것으로 인정할 수 있다는 의

미로 해석하는 견해가 있다(자유심증설).[84] **이 견해는 그 문서에 의해 증명하고자 하는 사실은 이로 인해 바로 증명되는 것은 아니고 법관의 자유심증에 의한다. 판례도 같은 태도를 취하고 있다.**[85] 예를 들어 변제사실을 증명하기 위하여 영수증의 제출을 명하였으나 상대방이 이에 응하지 않은 경우 자유심증설에 따르면 영수증의 존재와 그 기재내용은 상대방이 주장한 바와 같이 인정되나 이로 인해 변제사실이 바로 증명되는 것은 아니고 이는 법관의 자유심증에 의한다는 것이다.

이와는 달리 증명하고자 하는 사실 자체가 증명된 것으로 이해하는 견해도 있다(법정증거설). 법정증거설에 의하면 위의 예에서 변제사실이 곧바로 증명되는 결과가 된다. 만약 상대방이 영수증을 제출하였다 하더라도 변제사실은 법관의 자유심증에 의하므로 법정증거설은 상대방이 문서를 제출한 경우보다도 문서제출신청자에게 더 유리한 결과를 인정하게 된다. 넓은 의미에서는 법정증거설의 범주에 속하면서도 행정소송이나 공해소송과 같이 대상문서가 상대방의 영역에 있어서 거증자가 문서의 구체적 내용을 특정할 수 없고 달리 다른 증거에 의한 증명이 현저히 곤란한 경우에 국한하여 요증사실이 직접 증명된 것으로 보아야 한다는 견해도 있다(절충설).[86]

생각건대, 자유심증설이 민사소송법의 규정에 충실한 해석이고 그것으로 거증자의 보호에도 소홀함이 없어 보인다.

2) 제3자가 문서제출명령에 따르지 않는 때에는 500만 원 이하의 과태료의 제재를 받는다(351조). 이 경우에는 문서의 기재에 대한 상대방의 주장을 진실한 것으로 인정할 수 있다는 민사소송법 제349조의 규정이 적용되지 않는다.

(3) 문서의 송부촉탁

당사자는 법령에 의하여 문서의 정본 또는 등본을 청구할 수 있는 경우가 아니면 문서제출신청 외에도 문서소지자에게 그 문서를 보내도록 촉탁할 것을 신청함으로써도 할 수 있다(352조). 이를 문서송부촉탁신청이라고 하며 문서제출명령과는 달리 문서제출의무가 인정될 것을 요하지 않으므로 특히 문서제출의무가 없는 문서에 대하여 의미가 있다. 법원으로부터 문서의 송부를 촉탁 받은 사람은 정당한 사유가 없는 한 이에 협력하여야 한다(352의2 1항). 문서의 송부를 촉탁 받은 사람이 그 문서를 보관하

---

84) 김홍엽, 718면; 정동윤/유병현/김경욱, 638면; 호문혁, 601면.

85) 대법원 2008. 2. 28. 선고 2005다60369 판결; 대법원 2007. 9. 21. 선고 2006다9446 판결. 다만 판례는 당사자가 상대방의 사용을 방해할 목적 없이 문서가 훼손되었다고 하더라도 문서의 훼손된 부분에 잔존 부분과 상반되는 내용의 기재가 있을 가능성이 인정되어 문서 전체의 취지가 문서를 제출한 당사자의 주장에 부합한다는 확신을 할 수 없게 된다면 이로 인한 불이익은 훼손된 문서를 제출한 당사자에게 돌아가야 한다고 한다(대법원 2015. 11. 17. 선고 2014다81542 판결).

86) 송상현/박익환, 590면; 이시윤, 520면; 정영환, 722면. 일본 민사소송법(224조 3항)의 태도이기도 하다.

고 있지 아니하거나 그 밖에 송부촉탁에 따를 수 없는 사정이 있는 때에는 법원에 그 사유를 통지하여야 한다(동조 2항). 송부촉탁된 문서라고 하여 당연히 증거력이 발생하는 것은 아니며 증거력의 판단은 일반적 기준에 따른다.

(4) 문서 있는 장소에서의 서증조사

제3자가 가지고 있는 문서를 문서제출명령 또는 문서송부촉탁신청에 따라 서증으로 신청할 수 없거나 신청하기 어려운 사정이 있는 때에는 법원은 그 문서가 있는 장소에서 서증의 신청을 받아 조사할 수 있다(규칙 112조 1항). 법원 밖에서의 서증조사로써 종래 문서 소재지에서 기록검증의 방법으로 하던 관행을 시정할 수 있게 되었다. 서증조사의 신청인은 서증으로 신청한 문서의 사본을 법원에 제출하여야 한다(동조 2항). 조사결과를 기록에 나타내고 상대방이 방어할 수 있도록 하기 위한 것이다.

Ⅴ. 검 증

(1) 검증은 법관이 오관의 작용에 의하여 직접적으로 사물의 성질과 상태를 검사하여 그 결과를 증거자료로 하는 증거조사이다. 검증의 대상이 되는 것을 검증물이라 한다. 예를 들어 점유취득시효의 사실인정을 위해 대상 부동산의 점유현황에 대한 검증, 육안으로 인영의 동일성을 확인하는 경우 인영에 대한 검증, 자동차사고의 원인을 규명하기 위한 사고현장검증 등이 이에 해당한다. 동일한 목적물이라도 증거자료로 삼는 내용에 따라 증거조사의 종류가 달라진다. 동일한 문서라도 기재내용을 증거자료로 삼는 경우 서증에 해당하나 필적의 동일성을 육안으로 확인하기 위한 경우는 검증이 된다.

(2) 당사자가 검증을 신청하고자 하는 때에는 검증의 목적을 표시하여 신청하여야 한다(364조). 검증할 목적물을 제출하거나 보내는 데에는 서증에 관한 제343조(서증신청의 방식), 제347조(제출신청의 허가여부에 대한 재판), 제350조(당사자가 사용을 방해한 때의 효과), 제352조(문서송부의 촉탁), 제354조(수명법관 · 수탁판사에 의한 조사) 등의 규정을 준용한다(366조). 검증을 위해 필요한 경우에는 남의 토지나 주거 등에 들어갈 수 있으며 저항을 받은 경우에는 국가경찰공무원에게 원조를 요청할 수 있다(366조 3항).

Ⅵ. 당사자신문

1. 의 의

당사자신문은 당사자본인을 증거방법으로 하여 그가 경험한 사실에 대하여 신문하여 그 결과를 증거자료로 삼는 증거조사이다. 당사자신문에서 한 당사자본인의 진술은 증거방법으로서 한 증거자료가 되며 소송의 주체로서 하는 주장과는 다르다. 따라서 당사자본인의 진술이 상대방의 주장과 일치한다고 하더라도 양 당사자의 주장이 일치하는 자백이 되지 않는다. 법정대리인, 법인의 대표자에 대하여도 당사자신문의 규정을 준용한다(372조, 64조). 당사자가 당사자신문에서 진술하는 것은 소송주체가 아니라 증거방법으로서 하는 것이므로 소송주체의 경우 필요한 소송능력이 당사자신문에 있어서는 요구되지 않는다.

2. 보충성의 폐지

구 민사소송법은[87] 증거조사에 의하여 심증을 얻지 못한 때에 한하여 당사자신문을 할 수 있도록 하였다. 이를 당사자신문의 보충성이라 하였다. 당사자는 소송의 결과에 대해 이해관계당사자이므로 그 진술의 진실성을 담보할 수 없다는 것을 그 이유로 한다. 구법시대의 판례는 다른 증거 없이 원고본인신문결과만으로는 원고 주장의 사실을 인정할 수 없다고 하여 증거방법으로서의 보충성뿐만 아니라 증거력에 있어서의 보충성까지 확대해석하였다.[88]

그러나 신 민사소송법은 사건의 진상을 가장 잘 아는 당사자의 진술을 통해 사건의 쟁점을 보다 빨리 파악하여 소송의 신속과 적정을 도모한다는 취지에서 이러한 보충성을 폐지하였다. 따라서 과거 판례가 인정한 증거력의 보충성도 신 민사소송법상의 해석론으로는 더 이상 유지되기 어렵게 되었다. 그러나 당사자신문의 보충성을 폐지하는 것은 소송주체인 당사자를 증거방법으로 삼아 변론주의를 근간으로 하는 민사소송의 기본구조를 왜곡시킬 수 있다는 점에서 바람직하지 못하다고 생각한다.[89]

3. 절 차

당사자신문의 절차는 증인신문절차의 규정이 대부분 준용된다(373조). 다만 당사자신

87) 1999. 2. 5. 개정, 법률 제5809호 339조.
88) 대법원 1983. 6. 14. 선고 83다카95 판결.
89) 같은 취지의 견해로 호문혁, 605면.

문은 증인신문과 달리 신청 외에 직권으로도 가능하다(367조). 당사자가 정당한 사유 없이 출석하지 아니하거나 선서 또는 진술을 거부한 때에는 법원은 신문사항에 관한 상대방의 주장을 진실한 것으로 인정할 수 있다(369조). 법원이 이를 적용함에 있어서는 당사자 본인신문사항 가운데 어느 항을 진실한 것으로 인정한 연후에 그에 의하면 상대방 당사자의 요건사실에 관한 주장사실을 인정할 수 있다고 판시하여야 한다.[90] 판례는 당사자신문의 방식에 의하여야 할 종친회 대표자를 증인으로 조사한데 대하여 지체 없이 이의의 진술이 없었다면 그 증언을 채택하여 사실인정을 하였다 하더라도 위법이라 할 수 없다고 한 바 있다.[91]

Ⅶ. 그 밖의 증거에 대한 조사절차

과학기술의 발달로 새로이 등장한 매체들에 대한 증거조사를 위해 신 민사소송법에서는 '그 밖의 증거'를 증거방법으로 추가하여 도면 · 사진 · 녹음테이프 · 비디오테이프 · 컴퓨터용 자기디스크, 그 밖에 정보를 담기 위하여 만들어진 물건으로서 문서가 아닌 증거의 조사에 관한 사항은 서증, 감정, 검증의 규정에 준하여 대법원규칙으로 정하도록 하였다(374조). 자기디스크 등에 저장된 정보를 전자문서라고 하는데[92] 그 증거조사방법에 관하여 서증에 의하자는 서증설, 출력된 문서를 서증의 대상으로 삼는 신서증설, 검증에 의하자는 검증설 등이 있으나[93] 대법원규칙은 이를 아래와 같이 규정하고 있다.

1. 자기디스크 등에 기억된 문자정보 등에 대한 증거조사

컴퓨터용 자기디스크 · 광디스크, 그 밖에 이와 비슷한 정보저장매체에 기억된 문

---

90) 대법원 1990. 4. 13. 선고 89다카1084 판결. 이해를 돕기 위하여 위 판결의 일부내용을 소개하면 다음과 같다. "이 사건의 경우 원고본인신문사항 가운데 원고 앞으로의 배서가 추심위임배서라는 취지에 관한 것으로는 제7항의 "증인의 경찰에서의 진술에 의하면, 장인 이동우가 1987. 4.말 오후 1시경에 원고 본인의 집에 찾아와서 문제의 5천만 원 약속어음1매에 배서란에 도장을 찍어주면 그 돈을 찾아서 갚아 주겠다고 해서 도장을 찍어주었다고 하였는데 맞습니까"와 제15항의 "그 당시 원고 본인은 그들에게 나는 약속어음을 교환에 돌린 적도 없고 5천만 원 같은 거액의 돈은 취급하지도 않는다면서 배서한 사실이 없다는 취지로 말을 하였다는데 그런 말을 한 것은 사실입니까" 등인 바, 원심이 민사소송법 제341조를 적용하기 위해서는 원심판시처럼 피고 소송대리인의 추심위임의 배서에 관한 주장사실을 진실한 것으로 인정할 것이라고 설시할 것이 아니라 원고본인 신문사항 가운데 제7항, 제15항을 진실한 것으로 인정할 것이고 위의 신문사항에 의하면 원고 앞으로의 이 사건 배서가 추심위임의 목적으로 이루어진 사실을 인정할 수 있다고 판시하는 것이 정당할 것이다."

91) 대법원 1977. 10. 11. 선고 77다1316 판결.

92) 전자서명법 제2조 제1호 참조.

93) 학설의 자세한 내용에 관하여는 유병현, 민사소송상 전자문서와 증거, 민사소송, 한국민사소송법학회, 2002, 290면 참조.

자정보를 증거자료로 하는 경우에는 읽을 수 있도록 출력한 문서를 제출할 수 있다(규칙 120조 1항). 자기디스크 등에 기억된 문자정보를 증거로 하는 경우에 증거조사를 신청한 당사자는 법원이 명하거나 상대방이 요구한 때에는 자기디스크 등에 입력한 사람과 입력한 일시, 출력한 사람과 출력한 일시를 밝혀야 한다(동조 2항). 자기디스크 등의 진정성립과 내용의 정확성을 확인하기 위한 것이다. 자기디스크 등에 기억된 정보가 도면 · 사진 등에 관한 것인 때에도 위와 같다.

2. 음성 · 영상자료 등에 대한 증거조사

녹음 · 녹화테이프, 컴퓨터용 자기디스크 · 광디스크, 그 밖에 이와 비슷한 방법으로 음성이나 영상을 녹음 또는 녹화하여 재생할 수 있는 매체에 대한 증거조사는 녹음테이프 등을 재생하여 검증하는 방법으로 한다(규칙 121조 2항). 증거조사를 신청하는 때에는 음성이나 영상이 녹음 등이 된 사람, 녹음 등을 한 사람 및 녹음 등을 한 일시 · 장소를 밝혀야 한다(동조 1항). 녹음테이프 등에 대한 증거조사를 신청한 당사자는 법원이 명하거나 상대방이 요구한 때에는 녹음테이프 등의 녹취서, 그 밖에 그 내용을 설명하는 서면을 제출하여야 한다(동조 3항).

Ⅷ. 조사의 촉탁

법원은 공공기관 · 학교, 그 밖의 단체 · 개인 또는 외국의 공공기관에게 그 업무에 속하는 사항에 관하여 필요한 조사 또는 보관중인 문서의 등본 · 사본의 송부를 촉탁할 수 있다(294조). 실무상 사실조회신청이라고 한다. 신 민사소송법은 개인에게도 조사촉탁을 할 수 있도록 하고 보관중인 문서의 등본 · 사본의 송부를 촉탁할 수 있도록 하였다. 조사촉탁의 결과를 증거자료로 삼기 위해 당사자가 이를 원용할 필요는 없다.[94] 회보에 관하여는 이를 따로 서증으로 제출할 필요가 없다. 이는 참고서류 사본 등을 함께 보낸 경우에도 마찬가지이다. 다만 당해 기관 이외의 자가 작성한 문서로서 단순한 참고서류가 아닌 정식의 문서가 포함된 경우는 별도로 서증을 제출하여야 증거로 될 수 있다.[95]

---

94) 대법원 1981. 1. 27. 선고 80다51 판결.
95) 법원실무제요 민사소송(Ⅲ), 1544면.

Ⅸ. 증거보전

제375조(증거보전의 요건)
법원은 미리 증거조사를 하지 아니하면 그 증거를 사용하기 곤란할 사정이 있다고 인정한 때에는 당사자의 신청에 따라 이 장의 규정에 따라 증거조사를 할 수 있다.

1. 의 의

소송절차 내에서 미리 증거조사를 하지 아니하면 그 증거를 사용하기 불가능하거나 곤란할 사정이 있는 경우 본래의 소송절차와는 별도로 증거조사를 하여 그 결과를 보전하여 두는 부수절차이다.

2. 요 건

증거보전은 미리 증거조사를 하지 아니하면 그 증거를 사용하기 불가능하거나 곤란할 사정이 있는 경우에 한다. 예를 들어 증인의 사망이 임박하였거나 검증물의 현상이 변경될 가능성이 있는 경우가 이에 해당한다.

3. 절 차

증거보전은 당사자의 신청에 의하나(375조) 소송계속 중에는 직권으로 결정할 수도 있다(379조). 증거보전의 신청은 소를 제기한 뒤에는 그 증거를 사용할 심급의 법원에 한다. 그러나 소제기 후라도 급박한 경우 또는 소를 제기하기 전에는 증거방법의 소재지를 관할하는 지방법원에 하여야 한다(376조 1항, 2항). 증거보전의 결정에 대하여는 불복할 수 없다(380조). 증거보전에 관한 기록은 본안소송의 기록이 있는 법원에 보내야 한다(382조).

4. 효 력

증거보전절차에 의한 증거조사결과가 변론에 상정되면[96] 본안절차에 의한 증거조사결과와 동일한 효력이 있다. 증거보전의 결정에 대하여는 불복할 수 없다(380조). 증거보전절차에서 신문한 증인을 당사자가 변론에서 다시 신문하고자 신청한 때에는 법원은 그 증인을 신문하여야 한다(384조).

---

96) 증거보전결과의 변론에의 상정은 수소법원에 증거보전기록이 송부되면 변론기일에 '원고, 증거보전결과원용'의 형식으로 변론조서에 기재하는 방식으로 한다(법원실무제요 민사소송(Ⅲ), 1333면).

제5장 자유심증주의

제1절 의 의

자유심증주의는 법관이 사실주장의 진실 여부를 판단함에 있어 증거법칙에 구속되지 아니하고 증거조사결과와 변론 전체의 취지를 참작하여 자유로운 심증에 의한다는 원칙이다(202조). 여기서의 심증이란 법관이 사실의 진실 여부에 대하여 가지는 판단을 말한다.

자유심증주의와 대비되는 것으로 법정증거주의가 있다. 법정증거주의는 법관이 법률에 의하여 정해진 증거의 종류나 증거력에 구속되어 사실인정을 하는 것이다. 예를 들어 계약이 구두로 이루어져 계약의 존재를 증명할 증거자료로 증언만이 있을 때 자유심증주의에 의하면 증언에 대한 법관의 자유로운 심증으로 계약의 존재를 인정할 수도 있다. 그러나 계약의 존재는 반드시 문서에 의해서만 인정할 수 있다는 내용의 법률이 존재한다면 법관이 증언에 의해 계약의 존재에 대해 확신을 가지고 있다 하더라도 이를 사실로 인정할 수 없다.

법정증거주의는 법관의 자의를 배제한다는 장점이 있으나 한정적으로 유형화된 증거법칙만으로는 오늘날 복잡한 사회에서 일어나는 여러 사건에 대처할 수 없다. 이에 근대 민사송법은 자유심증주의를 택하고 있으며 우리 민사소송법도 "법원은 변론 전체의 취지와 증거조사의 결과를 참작하여 자유로운 심증으로 사회정의와 형평의 이념에 입각하여 논리와 경험의 법칙에 따라 사실주장이 진실한지 아닌지를 판단한다"고 규정(202조)하여 자유심증주의에 따르고 있다.

제2절 내 용

Ⅰ. 증거원인

1. 증거조사의 결과

증거조사의 결과는 증거방법에 대해 적법하게 증거조사를 하여 얻어진 증거자료를 말한다. 증언, 문서의 기재내용, 감정결과, 검증결과, 본인신문결과 등이 이에 해당된다. 자유심증주의는 사실인정을 위한 증거방법과 증거능력에 대하여 제한을 두지 않는다. 이에 관하여는 증거의 증명력과 증거능력에 관한 설명이 그대로 타당하다.

2. 변론 전체의 취지

(1) 변론 전체의 취지는 증거조사의 결과를 제외한 일체의 소송자료를 말한다. 구체적으로는 당사자가 주장하는 내용이나 주장의 일관성, 주장할 때의 태도, 증명의 시기, 공동피고의 자백 등 변론에 나타난 모든 사항을 말한다.

(2) 당사자 사이에 다툼 있는 사실을 변론 전체의 취지만으로 인정할 수 있겠는가에 관하여 견해가 나뉜다. 독립적 증거원인설은 변론 전체의 취지에 증거원인으로서의 독립성을 인정하여 변론 전체의 취지만으로 다툼 있는 사실을 인정할 수 있다고 한다.[1] 독립적 증거원인설은 자유심증주의의 본래의 의미에 충실하려는 견해로 독일과 일본의 통설이기도 하다. 보충적 증거원인설은 변론 전체의 취지만으로는 독립하여 사실인정의 자료로 쓰일 수 없다고 하고 다른 증거자료를 보충하는 효력만 인정한다.[2] 변론 전체의 취지만으로 사실인정을 하면 법원의 사실인정이 자의에 흐를 수 있다는 점을 근거로 한다.

생각건대 실제 논의의 실익은 크지 않을 것으로 보이나 합리적 사실인정을 담보한다는 측면에서 보충적 증거원인설이 타당해 보인다. 판례도 원칙적으로 보충적 증거원인설에 따르나[3] 문서의 진정성립[4]과 자백의 철회요건으로서의 착오[5]에 관하여

1) 강현중, 480면; 송상현/박익환, 512면; 정영환, 741면; 호문혁, 520면.
2) 김홍규/강태원, 531면; 김홍엽, 735면; 이시윤, 532면; 정동윤/유병현/김경욱, 557면.
3) 대법원 1984. 12. 26. 선고 84누329 판결.
4) 대법원 1982. 3. 23. 선고 80다1857 판결; 대법원 1987. 7. 21. 선고 87므16 판결.
5) 대법원 1991. 8. 27. 선고 91다15591, 15607(반소) 판결.

는 다른 증거자료에 의하지 않고 변론 전체의 취지만으로도 사실인정을 할 수 있다고 한다.

Ⅱ. 증거력의 자유평가

1. 자유평가의 의미

증거조사의 결과와 변론 전체의 취지의 증거력에 대하여 법관은 형식적인 증거법칙에 구속되지 않고 자유롭게 판단할 수 있다. 따라서 문서의 기재내용과 증언이 서로 모순되는 경우에도 반드시 문서의 기재내용을 우선하여야 하는 것은 아니다. 판례는 부동산의 임료상당액을 전문감정인이 아닌 일반인의 증언에 의하여 인정하였다 하더라도 반드시 부당한 것이라고 할 수는 없다고 한다.[6] 확정된 판결에서 인정된 사실과 처분문서에 관하여 판례는 강한 증거력을 인정하고 있는데 이에 관하여는 앞서 설명한 바와 같다.

2. 평가의 기준

법관이 증거력을 자유로이 판단할 수 있다는 것은 형식적인 증거법칙에 구속되지 않는다는 의미이며 그 판단기준에 있어 자의가 허용된다는 뜻은 아니다. 따라서 그 판단은 객관적으로 시인할 수 있는 합리적인 것이어야 하며 민사소송법은 사회정의와 형평의 이념에 입각하여 논리와 경험의 법칙에 의할 것을 그 판단기준으로 규정(202조)하고 있다. 이와 관련하여 판결문에 증거력판단의 이유를 명시하여야 하는가 하는 것이 문제되나 판례는 그것이 처분문서 등 특별한 증거가 아닌 한 이를 취사한다는 뜻을 설시하면 충분하고 증거가치 판단의 이유까지 설시할 필요는 없다는 태도이다.[7]

3. 증거공통의 원칙

증거는 어느 당사자에 의하여 제출되거나 또 상대방이 이를 원용하는지 여부를 불문하고 당사자 어느 쪽에든 유리한 사실인정의 증거로 할 수 있다.[8] 이를 증거공통의 원칙이라 한다. 소송자료의 제출은 변론주의에 의해 당사자가 제출하여야 하나 일단 제출된 증거의 평가는 법관의 자유로운 심증에 의하며 반드시 증거를 제출한

6) 대법원 1987. 2. 10. 선고 85다카1391 판결.
7) 대법원 1998. 12. 8. 선고 97므513, 520, 97스12 판결.
8) 대법원 2004. 5. 14. 선고 2003다57697 판결.

당사자에게 유리한 평가를 하여야 하는 것은 아니다. 따라서 증거공통의 원칙은 변론주의와 모순되지 않는다.

증거공통의 원칙이 적용되는 결과 증거조사를 통해 상대방에게 유리한 자료가 나올 수도 있기 때문에 일단 증거조사가 개시되면 증거를 신청한 당사자는 상대방의 동의 없이는 증거신청을 철회할 수 없다. 증거공통의 원칙은 통상공동소송인 사이에서도 적용되나 이해가 상반되면 원용이 없는 한 불리하게 적용되지 않는다.[9]

Ⅲ. 심증의 정도

법관은 확신의 정도에 이른 심증으로 사실인정을 하여야 한다. 민사소송법에서의 증명은 자연과학적 증명이 아니라 일반인이 생활경험에 비추어 의심을 품지 않을 정도의 확신을 의미하는 역사적 증명이다. 따라서 여기서의 확신은 완전한 정확성이 아니라 고도의 개연성을 인정하는 것을 의미한다.[10]

제3절 사실인정에 대한 상고

사실인정은 사실심의 전권이므로 사실심의 사실인정이 부당하다는 것을 이유로 법률심인 상고심에 상고할 수 없는 것이 원칙이다. 그러나 ⅰ) 위법한 증거조사결과에 의해 사실인정을 하거나 적법한 증거조사결과를 간과한 경우, ⅱ) 사실인정이 논리와 경험의 법칙에 현저히 위반된 경우 등은 자유심증주의의 한계를 이탈한 것으로 상고이유가 된다.

판례는 거래당시 원고회사 담당직원으로 있어 그 거래관계를 기억하고 있고 현재는 원고회사와 관계가 없어 공정히 증언할 수 있는 증인들을 믿지 않고 피고의 아버지의 증언과 피고가 일방적으로 작성한 문서들의 기재를 믿어 사실인정한 것에 대해 논리법칙과 경험법칙위반의 증거판단이라고 한 바 있다.[11] 사실인정이 위법하여 한

9) 강현중, 484면; 김홍규/강태원, 534면; 김홍엽, 737면; 이시윤, 740면; 정동윤/유병현/김경욱, 559면; 정영환, 883면.
10) 김홍엽, 737면; 이시윤, 535면; 호문혁, 534면. 이와는 달리 증거의 우월로 족하다는 견해도 있다(정동윤/유병현/김경욱, 561면).
11) 대법원 1962. 4. 18. 선고 4294민상1362 판결.

상고는 법령위반의 의미로서 채증법칙위반을 그 이유로 삼는 것이 일반적인 실무 예이다.[12)]

제4절 자유심증주의의 예외

Ⅰ. 증거원인의 법정

민사소송법은 자유심증주의를 원칙으로 하나 몇 가지 예외를 인정하는 규정을 두고 있다. 대리권의 서면증명(58조 1항, 89조 1항), 변론의 방식에 관한 변론조서의 법정증거력(158조), 소명방법을 즉시 조사할 수 있는 것으로 한정(299조 1항), 당사자와 법정대리인의 증인능력의 부정(367조, 372조) 등이 이에 해당한다.

Ⅱ. 증거계약

증거계약은 특정 소송사건에서 사실관계의 확정에 관한 당사자 사이의 합의이다. 증명책임계약[13)]은 사실관계확정에 관한 것이 아니라 사실관계가 증명되지 않은 경우 누가 그 불이익을 부담할 것인가 하는 문제이므로 증거계약과는 개념상 구별된다. 구체적으로 다음과 같은 것이 문제된다.

1. 자백계약

변론주의가 적용되는 범위에서는 주요사실에 대한 자백이 성립하므로 이를 다툼없는 것으로 하는 당사자간의 합의도 유효하다. 그러나 권리에 대한 자백이나 간접사실에 대한 자백은 허용되지 않으므로 이에 대한 자백계약 또한 허용되지 않는다. 직권탐지주의에 의하는 경우에도 자백계약은 허용되지 않는다.

---

12) 대법원 1994. 4. 29. 선고 93다27444 판결; 대법원 1991. 4. 23. 선고 90다카26232 판결; 대법원 1990. 5. 22. 선고 89다카35339 판결 등 참조.

13) 판례는 입증책임의 소재에 관하여 당사자 간에 특약이 있으면 특별한 사정이 없는 한 그에 따라야 하므로, 공제약관상 고지의무 위반이 공제사고의 발생에 영향을 미쳤다는 사실에 대한 입증책임이 공제자에게 있다고 규정한 경우에는 그에 따라야 한다고 한다(대법원 1997. 10. 28. 선고 97다33089 판결).

2. 증거제한계약

증거제한계약은 증거제출을 특정한 증거방법으로 제한하는 합의이다. 법원이 당사자가 제출한 증거방법에 대해 조사한 것만으로는 심증을 얻을 수 없어 보충적 직권증거조사(292조)를 하는 때에는 효력을 유지할 수 없다.

3. 중재감정계약

중재감정계약은 사실의 확정을 제3자의 감정에 의하는 합의이다. 처분가능한 권리관계의 전제가 되는 사실관계에 관한 중재감정계약은 유효하나 법관의 자유심증을 제약하지 못한다. 판례는 당사자의 약정에 의하여 지명된 감정인의 감정의견에 따라 기성고 공사금을 지급하기로 한 경우에 지명된 감정의견이 신빙성이 없다 하여 다른 합리성 있는 전문적 의견을 보충자료로 삼아 판단한 것은 적법하다고 한 바 있다.[14)]

4. 증거력계약

증거력계약은 특정 증거자료의 증거력을 인정하는 합의이다. 이러한 계약은 법관의 자유심증을 제약하므로 무효이다.

Ⅲ. 증명방해

(1) 증명방해란 증명책임을 부담하지 않는 자가 고의 또는 과실로 증명책임을 부담하는 당사자의 증명을 불가능하게 하거나 곤란하게 하는 것을 말한다. 민사소송법은 증명방해에 관해 개별규정을 두고 있을 뿐 일반규정을 두고 있지는 않다. 자유심증주의와 관련하여 의미 있는 규정으로는 당사자가 문서를 제출하지 아니한 때의 효과(349조), 당사자신문에 있어서 출석 · 선서 · 진술거부의 효과(369조) 등이 있다. 위 각 규정에 따르면 위의 각 경우 법원은 문서의 기재 또는 신문사항에 관한 상대방의 주장을 진실한 것으로 인정할 수 있다.

(2) 여기서 증명방해에 관한 두 가지 문제가 제기되는데 첫째는 일반적 규정이 없는 증명방해를 일반적 개념으로 인정할 수 있는가 하는 점이다. 즉 개별규정에 적용되지 않는 증명방해의 경우에도 이를 증명방해로 인정하여 소송법상 특수한 취급을 할 수 있겠는가 하는 것이다. 둘째는 증명방해를 일반적 개념으로 인정할 수 있다는

---

14) 대법원 1991. 4. 26. 선고 91다5556 판결.

전제하에 증명방해로 인정되는 경우 어떠한 소송법상 취급을 할 것인가 하는 것이다. 이는 주로 자유심증주의의 예외를 인정할 것인가와 관련하여 논의된다.

(3) 학설은 대체로 증명방해의 개념을 일반적으로 인정하고 있다. 증명방해의 개념은 민사소송법상의 이상인 재판의 공평 또는 신의칙을 그 근거로 하여 증거에 관한 당사자의 실질적 평등을 실현하는 기능을 한다.[15] 다만 증명방해의 소송법상 취급에 관하여는 견해가 나누어진다.

증명방해의 경우에도 자유심증주의의 예외를 인정하지는 않고 증명방해의 내용 등을 고려하여 이로 인해 증명을 방해받은 상대방의 주장에 대한 사실인정 여부를 법관의 자유재량으로 판단하여야 한다는 견해(자유심증설)가 다수설이다.[16] 이와는 달리 자유심증주의의 예외를 인정하여 증명을 방해받은 상대방의 주장을 사실로 인정하여야 한다는 견해(법정증거설)도 있도 있다.[17] 여기서의 상대방의 주장이란 증거에 관한 주장이 아니라 요증사실에 관한 주장을 의미한다. 또한 증명방해의 경우에는 증명책임이 증명방해를 한 자에게 전환된다고 하여 증명책임전환의 문제로 해결하는 견해도 있을 수 있다(증명책임전환설).

(4) **판례는 당사자 일방이 증명을 방해하는 행위를 하였더라도 법원으로서는 이를 하나의 자료로 삼아 자유로운 심증에 따라 방해자 측에게 불리한 평가를 할 수 있음에 그칠 뿐 증명책임이 전환되거나 곧바로 상대방의 주장사실이 증명되었다고 보아야 하는 것은 아니라고 한다.**[18] 또한 의사측이 진료기록을 변조한 행위에 대하여는 의료분쟁에 있어서 의사측이 가지고 있는 진료기록 등의 기재가 사실인정이나 법적 판단을 함에 있어 중요한 역할을 차지하고 있는 점을 고려하여 볼 때 그 변조이유에 대하여 상당하고도 합리적인 이유를 제시하지 못하는 한, 당사자간의 공평의 원칙 또는 신의칙에 어긋나는 입증방해행위에 해당한다고 하여 이를 하나의 자료로 하여 자유로운 심증에 따라 의사측에게 불리한 평가를 할 수 있다고 한다.[19] 즉 판례는 입증방해행위가 불리한 자료로 참고가 될 수는 있으나 이는 법관의 자유심증에 의해 판단된다는 점에서 자유심증설을 취하고 있다.

(5) 당사자가 문서를 제출하지 아니한 때의 효과(349조), 당사자신문에 있어서 출석·선서·진술거부의 효과(369조) 등에 관한 민사소송법의 규정도 증거에 관한 상대방

15) 김홍엽, 744면; 정동윤/유병현/김경욱, 529면; 정영환, 647면.
16) 김홍규/강태원, 539면; 김홍엽, 745면; 정동윤/유병현/김경욱, 531면; 정영환, 648면; 호문혁, 531면.
17) 강현중, 478면은 법정증거설의 입장에서 증명방해의 경우 신의칙상 적절한 불이익을 부여하여야 한다고 한다.
18) 대법원 2010. 5. 27. 선고 2007다25971 판결.
19) 대법원 1995. 3. 10. 선고 94다39567 판결.

의 주장을 진실한 것으로 인정할 수 있을 뿐 요증사실에 관한 상대방의 주장을 진실한 것으로 인정하여야 하는 것으로는 규정되어 있지 않다. 이는 민사소송법이 개별 규정에서 증명방해를 자유심증주의의 예외로 삼고 있지 않다는 것으로 이해할 수 있다. 또한 증명방해는 그 정도와 비난가능성, 증거의 가치 등에 있어서 구체적으로 그 정도를 달리 하므로 그 취급도 개별적으로 할 필요가 있다. 이에 대해 일률적으로 증명책임의 전환이나 사실인정의 효과를 부여하는 것은 지나치게 획일적으로 다루는 것이 될 수 있다. 따라서 자유심증설이 타당하다.

제6장 증명책임

■ 핵심어

진위불명과 증명책임, 법률요건분류설, 법률상 추정과 반대사실의 증명, 등기의 추정력

제1절 의의와 기능

(1) 소송에서 법원이 증거조사를 마친 후에도 판결의 기초가 되는 사실이 확정되지 않아 진위불명이 되는 경우가 있다. **증명책임은 이러한 진위불명의 경우에도 판결이 가능하도록 당해 사실이 존재하지 않는 것으로 취급되어 법률판단을 받게 되는 당사자 일방의 패소위험 또는 불이익을 말한다.** 이는 영미법상의 설득책임(burden of persuation)에 해당한다. 예를 들어 매매계약에 기한 매매대금청구소송에서 매매계약 사실이 증명되지 않는 경우 매매계약 사실이 존재하지 않는 것으로 취급되어 원고는 청구기각판결을 받게 되는데 이러한 원고의 패소위험 또는 불이익을 증명책임이라 한다. 또한 이러한 결과책임으로서의 증명책임을 특히 객관적 증명책임이라고 한다.

객관적 증명책임은 심리의 최종단계에서도 진위불명인 경우에 누가 불이익을 부담할 것인가의 문제이므로 처음부터 일반적으로 정해져 있으며 소송의 구체적 상황에 따라 변동하지 않는다. 위 예에서 원고가 매매계약 사실을 증명하면 진위불명으로 인한 증명책임이 더 이상 문제되지 않을 뿐이고 원고가 매매계약사실을 증명한 것으로 인하여 증명책임이 피고의 부담으로 되는 것은 아니다. 매매계약사실의 증명으로 인해 피고가 받는 패소판결은 매매계약 사실의 진위불명의 결과로 인한 불이익이 아니라 특정 소송에서 증명으로 인한 구체적 결과이다.

(2) 객관적 증명책임을 부담하는 당사자는 불이익을 면하기 위해 증거를 제출하여야 할 책임을 부담한다. 이러한 일방 당사자의 행위책임을 주관적 증명책임이라고 한다. 한편 특정 소송에서 일방 당사자는 패소판결을 피하기 위해 소송의 진행 상황에 따라 증거를 제출할 필요가 생긴다(증명의 필요). 이는 영미법상의 증거제출책임(burden of producing evidence)에 해당한다. 위의 예에서 만약 원고가 매매계약사실에 대한 유력한 증거를 제출하였다면 피고는 이로 인해 법관이 매매계약사실을 확신하지 못하도록 반대증거를 제출할 필요가 있다. 견해에 따라서는 주관적 증명책임은 객관적 증명책임을 부담하는 당사자가 불이익을 면하기 위하여 증거를 제출하여 증명활동을 하는 것을 의미하는 것으로 객관적 증명책임과 같이 고정되어 있다고 보아 증명의 필요와 구분하기도 한다.[1] 이와는 달리

1) 정동윤/유병현/김경욱, 570면(이 견해는 고정된 주관적 증명책임을 증명의 필요와 구분하여 추상적 증거제

주관적 증명책임을 증명의 필요와 같은 개념으로 이해하는 견해도 있다.[2] 이 견해에 의하면 주관적 증명책임은 구체적인 소송의 진행과정에 따라 바뀔 수 있다. 어느 견해에 의하든 주관적 증명책임은 변론주의에 의하는 소송절차에서만 적용되며 직권탐지주의에서는 그 적용이 없다.

(3) 증명책임에 관한 규정의 성질에 관하여는 다툼이 있으나 본안판단의 내용을 정하는 것과 관련되므로 실체법에 속하는 것으로 본다.[3]

제2절 증명책임의 분배

Ⅰ. 서　　설

증명책임의 분배는 요증사실이 증명되지 않은 경우 소송당사자 중 누가 증명책임을 지는가를 정하는 것이다. 요증사실이 증명되지 않은 경우 증명책임을 어떻게 정하는가에 따라 소송의 승패가 달라지므로 그 중요성이 매우 크다. 법률의 규정에 따라서는 증명책임을 명시한 경우도 있다. 예를 들어 민법 제135조는 "타인의 대리인으로 계약을 한 자가 그 대리권을 증명하지 못하고 또 본인의 추인을 얻지 못한 때에는 상대방의 선택에 좇아 계약의 이행 또는 손해배상의 책임이 있다"고 규정하여 대리권의 증명책임을 타인의 대리인으로 계약을 한 자에게 부담시키고 있다. 그러나 법률에 증명책임에 관한 규정이 없는 경우 증명책임을 어떤 기준에서 분배할 것인지 문제된다. 이에 관하여 적극적 사실인지 아니면 소극적 사실인지, 외계의 사실인지 내심의 사실인지 등 요증사실의 성질에 따라 증명책임을 나누려는 요증사실분류설이 과거의 지배적인 이론이었으나 근래에는 법규의 구조 속에서 증명책임의 분배기준을 찾는 법률요건분류설(구성요건분류설)이 지배적인 학설과 판례의 태도이다.

Ⅱ. 법률요건분류설에 의한 분배

법률요건분류설도 다시 여러 분파로 나누어지나 대표적인 **규범설에 따르면 각 당사자는 자기에게 유리한 법규의 요건사실의 존부에 대해 증명책임을 부담한다.** 이를

출책임이라고 하고 증명의 필요를 구체적 증명책임이라고 한다); 호문혁, 554면.

2) 김홍엽, 748면; 송상현/박익환, 540면; 이시윤, 542면.

3) 강현중, 491면; 김홍엽, 750면; 이시윤, 543면; 정동윤/유병현/김경욱, 571면; 정영환, 753면.

테면 소송요건의 존재는 본안 판결을 받고자 소를 제기한 원고에게 유리한 사실이므로 원고에게 증명책임이 있다. 본안에 관하여는 다음과 같다.

(1) 자신에게 권리가 있음을 주장하는 당사자는 주장하는 권리를 발생시키는 규정의 요건사실(권리근거사실)에 대하여 증명책임을 진다. 예를 들어 매매계약을 근거로 한 매매대금지급청구권(민법 536조)을 주장하는 경우에는 매매계약사실, 불법행위로 인한 손해배상청구권(민법 750조)을 주장하는 경우에는 고의 또는 과실로 인한 위법행위로 손해를 입었다는 사실 등에 대하여 증명책임을 진다.

(2) 상대방의 권리를 다투는 당사자는 반대규정의 요건사실에 대하여 증명책임을 진다. 이를 구체적으로 살펴본다. i) 상대방의 권리를 다투는 당사자는 통정허위표시, 불공정한 법률행위, 사회질서 위반 등의 요건사실(권리장애사실)에 대하여 증명책임을 진다. 즉 권리근거규정의 요건사실이 증명되었으나 위 권리장애규정의 요건사실이 증명되지 않아 권리장애사실이 부존재한 것으로 취급되는 불이익은 상대방의 권리를 다투는 당사자가 부담한다. ii) 변제, 소멸시효, 면제, 계약해제 등 일단 발생한 권리를 소멸시키는 규정의 요건사실(권리소멸사실)도 상대방의 권리를 다투는 당사자에게 증명책임이 있다. iii) 동시이행항변권, 한정승인 등과 같이 발생한 권리의 행사를 저지시키는 규정의 요건사실(권리행사저지사실)의 증명책임은 권리행사의 상대방에게 있다.

(3) 권리근거규정과 권리장애규정은 원칙규정과 예외규정의 관계로 본다. 따라서 법규정이 원칙과 단서의 형식으로 되어 있으면 단서규정은 본문의 권리발생에 대한 장애규정이 되는 것이 원칙이다. 예를 들어 민법 제203조는 "점유자가 점유물을 반환할 때에는 회복자에 대하여 점유물을 보존하기 위하여 지출한 금액 기타 필요비의 상환을 청구할 수 있다. 그러나 점유자가 과실을 취득한 경우에는 통상의 필요비는 청구하지 못한다"고 규정하고 있다. 필요비상환청구권을 주장하는 점유자는 점유물을 보존하기 위하여 금액을 지출하였음을 증명하여야 하며 회복자는 점유자가 과실을 취득하였다는 것을 증명하여 통상의 필요비지급책임을 면할 수 있다.

(4) 보통의 소송에서는 원고가 권리를 주장하여 권리근거사실에 대한 증명책임을 지고 이를 다투는 피고가 권리장애사실 · 권리멸각사실 · 권리저지사실에 대한 증명책임을 진다. 확정된 지급명령에 대한 청구이의의 소에서 증명책임은 일반 민사소송에서의 증명책임분배의 원칙에 따라 채권의 발생원인사실은 피고에게, 권리발생의

장애 또는 소멸사유에 해당하는 사실은 원고에게 있다.[4] 그러나 소극적 확인의 소에서는 보통의 소송과는 반대로 증명책임이 분배된다. 따라서 채무자인 원고가 먼저 청구를 특정하여 채무발생원인사실을 부정하는 주장을 하면 채권자인 피고는 권리관계의 요건사실에 관하여 주장 · 증명책임을 부담한다.[5]

(5) 근래에 법규의 형식에 치중하여 증명책임을 분배하는 법률요건분류설을 비판하면서 보다 실질적인 기준을 제시하는 견해가 대두되고 있다. 개연성설, 위험영역설, 증거거리설 등이 그것이다.[6]

Ⅲ. 증명책임의 전환

(1) 증명책임의 전환은 증명책임분배의 일반원칙에 대하여 특별한 경우에 법률의 규정에 의하여 예외를 인정하여 상대방이 반대사실의 증명책임을 부담하는 것이다. 예를 들면 원고가 불법행위에 의한 손해배상청구권을 주장하는 경우 과실의 증명책임은 원칙적으로 민법 제750조에 따라 원고가 부담한다. 그러나 자동차손해배상보장법 제3조에서는 운행자의 과실을 책임발생요건으로 규정하고 있지 않고 단서규정에서 오히려 운행자의 면책사유(운행자에게 과실이 없었다는 사정)를 규정하고 있다.[7] 따라서 피해자는 자동차운행자의 과실의 증명책임을 부담하지 않으며 운행자는 자신의 무과실에 대한 증명책임을 부담한다.

(2) 증명책임의 전환은 원래 법률의 규정에 의하여 인정되는 것이나 최근 해석에 의해서도 이를 인정하려는 시도나 나타나고 있다. 이러한 시도는 독일 판례를 중심으로 제조물책임소송이나 의료과오소송 등 현대형 소송에서 증명의 곤란을 덜기 위해 나타났으며 증명방해의 경우 증명책임이 전환된다고 해석하는 태도도 그 한 예이다. 우리나라 판례는 증명책임의 전환보다는 완화로써 해결하고자 하는 입장이다.

---

4) 대법원 2010. 6. 24. 선고 2010다2852 판결.
5) 대법원 1998. 3. 13. 선고 97다45259 판결.
6) 이에 관한 내용과 비판은 기존 이론서 참조.
7) 즉 자동차손해배상보장법 제3조는 불법행위책임에 대한 원칙규정인 민법 제750조의 특별규정으로서의 의미를 가지면서 동조 본문과 단서는 손해배상청구권발생의 근거규정과 장애규정 즉 원칙과 예외규정의 관계에 있다. 이러한 규정방식은 제조물책임법 제4조에서도 찾아볼 수 있다.

Ⅳ. 증명책임의 완화

증명이 곤란한 경우에는 형평의 이념을 살리기 위해 증명책임의 일반원칙을 완화하고 있다.

1. 법률상의 추정

(1) 의 의

추정이란 일반적으로 어느 사실로부터 다른 사실을 추인하는 것을 말한다. 추정에는 경험칙을 적용하는 사실상의 추정과 법규(추정규정)를 적용하는 법률상의 추정이 있다. 법률상의 추정에는 다시 사실추정과 권리추정이 있다. 사실추정은 "전후양시에 점유한 사실이 있는 때에는 그 점유는 계속한 것으로 추정한다"는 규정(민법 198조)과 같이 A사실이 있으면 B사실을 추정하는 것이다. 이에 대하여 권리추정은 "조합의 업무를 집행하는 조합원은 그 업무집행의 대리권이 있는 것으로 추정한다"는 규정(민법 709조)과 같이 A사실이 있으면 B권리를 추정하는 것이다.

(2) 효 과

(a) 법률상 추정의 경우 당사자는 증명이 어려운 추정사실을 증명하기보다는 추정규정을 이용하여 증명이 쉬운 전제사실을 증명할 수 있다. 예를 들어 부동산취득시효를 주장하는 자가 20년간 점유계속사실을 증명할 수도 있지만 그보다는 양 시점의 점유사실을 증명하는 것이 보다 용이하다. 이와 같이 추정규정은 증명책임을 지는 당사자로 하여금 보다 증명이 쉬운 증명주제를 선택할 수 있게 하여 증명책임을 완화하는 기능을 한다.

(b) 상대방은 두 가지 방법으로 이러한 추정을 뒤집을 수 있다. 하나는 전제사실에 대한 반증으로써 법관으로 하여금 전제사실의 존재에 대하여 의심을 품게 하여 처음부터 추정규정의 적용을 저지할 수 있다. 예를 들어 점유를 주장하는 자가 점유하였다는 양 시점 중 어느 한 시점에 외국에 거주하였다는 사실을 주장 · 증명하는 것이다. 이는 양 시점의 점유사실을 확신할 수 없게 하는 부인의 의미를 가지며 적극적으로 외국거주사실을 증명하여야 하는 것은 아니다. 이로 인해 양 시점의 점유사실이 증명되지 않는 경우 그 증명책임은 점유계속사실을 주장하는 자가 부담한다. 따라서 상대방이 전제사실을 다투는 것은 반증이 된다.

다른 하나는 추정사실의 부존재를 증명하는 것이다. 이때의 추정사실의 부존재의 증명은 추정사실에 의심을 들게 하는 반증이 아니라 반대사실의 증명으로써 하여야 한다. 예를 들어 양 시점 사이의 어느 기간 동안 원고가 아닌 다른 사람이 점유한 사실을 적극적으로 증명함으로써 원고가 양 시점 사이의 기간 동안 점유를 계속하였다는 추정을 뒤집는 것이다. 만약 양 시점 사이의 어느 기간 동안 원고가 아닌 다른 사람이 점유한 사실이 증명되지 못하면 그 증명책임은 점유계속사실을 다투는 자가 부담한다. 따라서 상대방이 하는 추정사실에 대한 반대사실의 증명은 반증이 아니라 본증으로써 하는 것이다.

(3) 등기의 추정력

(a) 등기의 추정력에 관하여는 명문의 규정이 없다. 그러나 **판례는 지분이전등기가 경료된 경우 그 등기는 적법하게 된 것으로서 진실한 권리상태를 공시하는 것이라고 추정된다고 하여 이를 인정하고 있다.**[8] **또한 이러한 등기의 추정력은 법률상의 추정이라고 한다.** 이에 따르면 그 등기가 위법하게 된 것이라고 주장하는 상대방에게 그 추정력을 번복할 만한 반대사실을 입증할 책임이 있다. 또한 등기원인의 존부에 관한 분쟁이 발생하여 법원의 확정판결에 의하여 그 등기원인에 기한 등기청구권이 인정된 경우 그 확정판결의 기판력이 미치지 아니하는 제3자가 위 등기원인의 부존재를 이유로 확정판결에 기한 등기의 추정력을 번복하기 위해서는 일반적으로 등기의 추정력을 번복함에 있어서 요구되는 증명의 정도를 넘는 명백한 증거나 자료가 제출되어야 한다고 한다.[9] 그러나 사망자 명의로 신청하여 이루어진 이전등기는 일단 원인무효의 등기라고 볼 것이어서 등기의 추정력을 인정할 여지가 없으므로, 등기의 유효를 주장하는 자가 현재의 실체관계와 부합함을 증명할 책임이 있다고 한다.[10]

(b) 나아가 판례는 등기의 현 소유명의인의 등기가 적법하게 이루어진 것으로 추정되는 결과 소유권이전등기가 그 처분행위에 제3자가 개입하여 이루어진 경우 그 제3자의 권한의 존재도 추정된다고 한다. 따라서 그 등기가 원인무효임을 이유로 말소를 청구하는 전 소유명의인은 그 제3자에게 전 소유명의인을 대리할 권한이 없었다든가, 또는 제3자가 전 소유명의인의 등기서류를 위조하였다는 등의 무효사실에 대한 입증책임을 진다고 한다.[11]

(c) 판례가 등기의 추정력이 깨어진 것으로 보는 경우는 이전등기와 보존등기를

8) 대법원 1992. 10. 27. 선고 92다30047 판결. 그러나 중복등기의 경우는 각 경우에 따라 다르다. 이에 관하여는 대법원 2001. 2. 15. 선고 99다66915 전원합의체판결 참조.
9) 대법원 2002. 9. 24. 선고 2002다26252 판결.
10) 대법원 2018. 11. 29. 선고 2018다200730 판결.
11) 대법원 1997. 4. 8. 선고 97다416 판결.

나누어 살펴볼 필요가 있다. i) 소유권이전등기의 경우는 상대방이 등기의 추정력을 깨뜨리려면 등기 명의자의 소유권이전등기가 전 등기 명의인의 의사에 반하여 이루어진 것으로서 무효라는 주장·입증을 하여야 한다.[12] 그 한 예로 판례는 소유권이전등기의 원인으로 주장된 계약서가 진정하지 않은 것으로 증명된 경우 등기의 적법추정이 깨어진다고 한다.[13] ii) 건물의 보존등기는 그 명의자가 신축한 것이 아니라면 그 등기의 권리추정력은 깨어지고, 그 명의자 스스로 적법하게 그 소유권을 양도받게 된 사실을 입증할 책임이 있다.[14] 또한 보존등기 명의자가 보존등기하기 이전의 소유자로부터 소유권을 양도 받은 것이라 주장하고, 전소유자가 보존등기 명의자에 대한 양도사실을 부인하는 경우에는 그 추정력은 깨어지고 보존등기 명의자는 그 양수사실을 입증할 책임이 있다.[15]

(4) 유사추정

(a) 잠정적 진실

민법 제197조 제1항은 점유자는 소유의 의사로 선의, 평온 및 공연하게 점유한 것으로 추정한다고 규정하고 있다. 이러한 추정은 A이면 B를 추정한다는 일반적인 법률상의 추정과는 달리 단순히 B를 추정한다는 형식으로 되어 있다. 즉 전제사실 없이 일정한 사실을 추정하는 것으로 이와 같이 추정된 사실을 잠정적 진실이라고 한다. 잠정적 진실의 경우 법률상 추정과는 달리 전제사실에 대한 부인으로 추정규정의 적용을 막을 수 없어 잠정적 진실에 대한 반대사실의 증명으로만 그 추정을 뒤집을 수 있다. 따라서 잠정적 진실을 다투는 자는 그 반대사실에 대하여 증명책임을 지게 되고[16] 이는 점유취득시효에 있어서 점유의 자주성에 관한 증명책임을 전환시키는 결과가 된다. 판례는 점유자가 성질상 소유의 의사가 없는 것으로 보이는 권원에 바탕을 두고 점유를 취득한 사실이 증명되었거나, 외형적·객관적으로 보아 점유자가 타인의 소유권을 배척하고 점유할 의사를 갖고 있지 아니하였던 것이라고 볼 만한 사정이 증명된 경우에는 그 추정이 깨어진다고 한다.[17]

(b) 의사추정

민법 제398조 제4항은 위약금의 약정은 손해배상액의 예정으로 추정한다고 규정하고 있다. 이는 위약금의 약정에 관한 법률행위 해석에 관한 규정으로 사실이나 권리를 추정하는 법률상의 추정과는 다르다. 이를 의사추정이라 한다.

---

12) 대법원 1997. 6. 24. 선고 97다2993 판결.
13) 대법원 1998. 9. 22. 선고 98다29568 판결.
14) 대법원 1995. 11. 10. 선고 95다13685 판결.
15) 대법원 1994. 2. 8. 선고 93다6607 판결. 부동산 소유권이전등기 등에 관한 특별조치법에 의한 등기에는 더 강한 추정력이 인정된다(대법원 1987. 10. 13. 선고 86다카2928 전원합의체판결; 대법원 2006. 2. 23. 선고 2004다29835 판결).
16) 대법원 1997. 8. 21. 선고 95다28625 전원합의체판결.
17) 대법원 1997. 8. 21. 선고 95다28625 전원합의체판결; 대법원 2008. 7. 10. 선고 2007다12364 판결.

(c) 증거법칙적 추정

민사소송법 제356조는 문서의 작성방식과 취지에 의하여 공무원이 직무상 작성한 것으로 인정한 때에는 이를 진정한 공문서로 추정한다고 규정하고 있다. 공문서의 진정성립추정은 소송법상 증거력에 관한 것이고 실체법상의 요건사실과는 직접적 관련이 없다. 이러한 추정을 증거법칙적 추정이라 한다.

2. 일응의 추정

(1) 의 의

사실상의 추정에 적용되는 경험칙은 여러 가지가 있을 수 있으며 그에 따라 증명의 정도도 각각 다를 수 있다. 일응의 추정은 사실상의 추정의 하나로서 고도의 개연성 있는 경험칙을 이용하는 추정이다. 이렇게 추정된 사실은 거의 확신에 가까운 증명에 이르게 되는데 이를 표현증명(表見證明)이라 한다.[18]

(2) 적용범위

일응의 추정 또는 표현증명은 일정한 사실이 있으면 그 자체로 곧 다른 사실을 인정하는 것이 정형적인 경우(정형적 사상경과, typischer geschehenablauf)에 적용되며 주로 불법행위의 요건사실로서 과실과 인과관계를 인정하기 위한 예가 많다. 판례상으로는 주위에 있는 다른 건물에는 이상이 없는데 계쟁건물만이 무너진 경우 그 원인이 공작물 하자로 인한 것이라고 추정한 예,[19] 의사의 척추전방유합수술 직후에 나타난 환자의 하반신 완전마비증세가 의사의 과실로 인하여 초래된 것으로 추정한 예[20]가 있다.

(3) 간접반증

간접반증은 주요사실에 대하여 일응의 추정이 생긴 경우 상대방이 그 전제사실과 양립되는 별개의 간접사실을 증명하여 주요사실에 대한 일응의 추정을 방해하는 증명활동이다.[21] 간접반증은 주요사실에 대한 증명책임을 부담하지 않는 자가 하는 것이므로 주요사실에 대하여는 반증이 된다. 그러나 일응의 추정을 생기게 하는 전제사실과 양립되는 사실을 증명하는 것으로 간접사실의 존재에 대하여 확신에 이를 정도의 증명을 요한다는 점에서 본증이다. 간접반증이론은 공해소송이나 의료과오소송에서와 같은 현대형소송에서 인과관계의 증명곤란을 더는 방안으로 이용되고 있다.

3. 현대형 소송에서의 증명책임

공해소송, 의료과오소송, 제조물책임소송 등 현대형 소송에 있어서 가해행위와 손해 사이의 인과

---

18) 호문혁, 536면에서는 일응의 추정과 표현증명의 번역상 문제점을 지적하고 있다.
19) 대법원 1974. 11. 26. 선고 74다246 판결.
20) 대법원 1993. 7. 27. 선고 92다15031 판결.
21) 기존 이론서에 흔히 나오는 예로는 차가 인도에 진입한 경우 운전자의 과실이 추정되나 그것은 대형화물차가 추돌하였기 때문이라는 것을 주장 · 입증하는 것이다.

관계를 증명하는 것은 해당 분야에 대한 고도의 전문적 지식과 증명활동을 위한 상당한 경제적 능력을 요하는 경우가 많다. 또한 가해원인에 관한 증거가 주로 가해자 측에서 보유한 경우가 많으나 그 협조를 얻는 것이 쉽지 않다. 따라서 이러한 소송의 경우 그 증명의 부담을 완화시키고자 하는 여러 시도가 나타나고 있는데 이하 판례에 나타난 예를 살펴보기로 한다.

(1) 공해소송

판례는 초기에 화력발전소에서 방출하는 아황산가스로 인해 원고의 과수가 결실이 불량하게 되었다고 주장하며 제기된 손해배상청구소송에서 가해행위와 손해 사이의 인과관계의 증명은 당해 행위가 없었더라면 결과가 발생하지 아니하였으리라는 정도의 개연성, 즉 침해행위와 손해와의 사이에 인과관계가 존재하는 상당정도의 가능성이 있다는 것을 입증함으로써 족하다고 하여 개연성설을 취한 바 있었다.[22] 이는 손해배상을 청구하는 원고에게 입증책임이 있다는 종래의 입증책임의 원칙을 유지하면서 다만 피해자의 입증범위를 완화 내지 경감하는 반면 가해자의 반증범위를 확대하자는 것을 그 골자로 하고 있다.

그러나 개연성설에 대하여는 법률상의 근거가 명확하지 않는 등 그 결함이 지적되어 왔으며 이후 판례는 개연성설을 간접반증이론으로 발전시켜 문제해결을 꾀하고 있다. 판례는 피해자가 진해화학에서 방출하는 폐수로 인해 김양식이 피해를 보았다고 주장하여 손해배상청구를 한 사건에서 가해기업이 배출한 어떤 유해한 원인물질이 피해물건에 도달하여 손해가 발생하였다면 가해자측에서 그 무해함을 입증하지 못하는 한 책임을 면할 수 없다고 봄이 사회형평의 관념에 적합하다고 하여 간접반증이론에 의한 증명책임의 분담을 인정하였다.[23]

(2) 의료과오소송

의료행위상의 주의의무위반으로 인한 손해배상청구에서 피해자측의 과실과 인과관계의 증명책임을 완화하는 것이 판례의 확립된 태도이다.[24] 과실의 증명에 관하여는 전문적 의학지식을 기준으로 하지 않고 일반인의 상식을 기준으로 하여 판단하고 있다. 또한 인과관계에 있어서도 과실 있는 의료행위와 결과 사이에 일련의 의료행위 외에 다른 원인이 개재될 수 없다는 점을 증명한 경우에는 의료상 과실과 결과 사이의 인과관계를 추정하여 직접적인 인과관계의 증명을 요구하지 않는다. 그러나 이 경우에도 의사의 과실로 인한 결과 발생을 추정할 수 있을 정도의 개연성이 담보되지 않는 사정들을 가지고 막연하게 중한 결과에서 의사의 과실과 인과관계를 추정함으로써 결과적으로 의사에게 무과실의 증명책임을 지우는 것까지 허용되는 것은 아니다.[25]

(3) 제조물책임소송

2000. 1. 12 제정(2013. 5. 22 개정)된 제조물책임법은 제조업자는 제조물의 결함으로 인하여 생명·

22) 대법원 1974. 12. 10. 선고 72다1774 판결.
23) 대법원 2012. 1. 12. 선고 2009다84608, 84615, 84622, 84639 판결; 대법원 2019. 11. 28. 선고 2016다233538, 233545 판결; 대법원 2020. 6. 25. 선고 2019다292026, 292033, 292040 판결.
24) 대법원 1995. 2. 10. 선고 93다52402 판결; 대법원 2000. 1. 21. 선고 98다50586 판결; 대법원 2006. 10. 27. 선고 2004다2342 판결.
25) 대법원 2016. 9. 23. 선고 2015다66601, 66618 판결; 대법원 2020. 11. 26. 선고 2020다244511 판결.

신체 또는 재산에 손해(당해 제조물에 대해서만 발생한 손해는 제외한다)를 입은 자에게 그 손해를 배상하여야 한다고 규정(3조 1항)하여 무과실책임을 인정하고 있고 다만 일정한 사유를 증명한 경우에 한하여 면책되도록 하였다(4조). 판례는 소비자측이 제품의 결함 및 그 결함과 손해발생과의 사이의 인과관계를 과학적 · 기술적으로 입증한다는 것은 지극히 어려우므로 그 제품이 정상적으로 사용되는 상태에서 사고가 발생한 경우 소비자 측에서 그 사고가 제조업자의 배타적 지배하에 있는 영역에서 발생하였다는 점과 그 사고가 어떤 자의 과실 없이는 통상 발생하지 않는다고 하는 사정을 증명하면, 제조업자 측에서 그 사고가 제품의 결함이 아닌 다른 원인으로 말미암아 발생한 것임을 입증하지 못하는 이상 그 제품에 결함이 존재하며 그 결함으로 말미암아 사고가 발생하였다고 추정된다고 한다.[26)]

4. 손해배상 액수의 산정

손해가 발생한 사실은 인정되나 구체적인 손해의 액수를 증명하는 것이 사안의 성질상 매우 어려운 경우에 법원은 변론 전체의 취지와 증거조사의 결과에 의하여 인정되는 모든 사정을 종합하여 상당하다고 인정되는 금액을 손해배상 액수로 정할 수 있다(202조 의2). 현대형 불법행위에서는 손해발생 사실은 인정되나 손해액의 증명이 어려운 경우가 많고 당사자가 사회적 약자이어서 변호사 없이 하는 본인소송의 경우에는 손해액의 증명이 더욱 곤란할 수 있다. 이에 손해의 공평한 부담을 도모하기 위해 기존 판례[27)]의 태도를 반영하여 2016. 3. 2. 민사소송법 개정에 의해 위 조문이 신설되었다.[28)]

Ⅴ. 증명책임과 주장책임

(1) 변론주의 하에서 주요사실은 당사자가 변론에서 주장한 경우에만 이를 판결의 기초로 삼을 수 있다. 따라서 당사자가 자신에게 유리한 사실을 주장하지 않을 경우 그 사실이 없는 것으로 취급되어 불이익을 받게 되는데 이러한 불이익을 주장책임이라 한다. 주장책임은 주장이 없는 경우 그 불이익을 누가 부담할 것인가 하는 문제이므로 주장이 있으면 그 주장이 당사자 중 누구에 의해 제출되었는지는 문제되지 않는다. 이를 주장공통의 원칙이라 한다. 주장책임은 객관적 주장책임과 주관적 주장책임으로 나누기도 하나 일반적으로 주장책임이라고 하면 객관적 주장책임을 말한다.

(2) 주요사실에 대해 당사자의 주장이 없으면 주장책임만이 문제될 뿐 사실주장을

26) 대법원 2004. 3. 12. 선고 2003다16771 판결.
27) 대법원 1987. 12. 22. 선고 85다카2453 판결.
28) 개정이유 참조.

전제로 한 증명책임의 문제는 처음부터 발생할 여지가 없다. 주요사실이 주장된 경우에도 당사자 사이에 다툼이 있는 경우에만 증명책임이 문제된다. 따라서 주장책임은 증명책임에 대해 논리적으로나 시간적으로 선행한다. 주장책임의 분배는 증명책임의 분배와 일치함이 원칙이다.

그러나 여기에는 법률의 규정상 예외가 인정되는 경우가 있다.

i) 타인의 대리인으로 계약을 한 자가 그 대리권을 증명하지 못하고 또 본인의 추인을 얻지 못한 때에는 상대방의 선택에 좇아 계약의 이행 또는 손해배상의 책임이 있다(민법 135조). 따라서 무권대리인의 책임을 묻기 위해 타인의 대리인으로 계약을 한 자가 대리권이 없었다는 주장은 그 상대방이 하여야 하나 대리권의 증명은 타인의 대리인으로 계약을 한 자가 하여야 한다.

ii) 일반적으로 채무자의 채무불이행으로 인한 손해배상을 청구함에는 채권자가 손해의 존재와 그 범위를 증명하여야 하나 금전채권의 경우 채권자는 손해의 증명을 요하지 않는다(민법 397조 2항). 이 경우에도 손해의 증명을 요하지 않을 뿐 이로 인해 주장책임까지 면제되는 것은 아니므로 손해를 주장하지 않으면 지연이자 등의 손해는 인정되지 않는다.[29]

29) 대법원 2000. 2. 11. 선고 99다49644 판결.

제5편

소송의 종료

제1편 총론
제2편 소송의 개시
제3편 변론
제4편 증거

제5편 소송의 종료

제1장 총설

제2장 당사자의 행위에 의한 종료

제1절 소의 취하
제2절 청구의 포기 · 인낙
제3절 재판상화해

제3장 종국재판에 의한 종료

제1절 재판 일반
제2절 판결

제6편 상소심절차
제7편 재심절차
제8편 병합소송
제9편 간이소송절차

제1장 총　　설

Ⅰ. 소송의 종료사유

우선 소송이 종료된다는 의미가 무엇인지부터 살펴보기로 한다. 소송의 종료에 관하여 강학상 명시적으로 합의된 개념정의가 발견되지는 않는다. 소송은 소의 제기에 의해 개시된다. 정확하게는 소장부본이 상대방에게 송달되어야 소송계속이 발생한다. 소송계속이란 특정 법원에 특정한 청구에 관하여 판결절차가 현재 존재한다는 의미를 지닌 민사소송법상의 용어로서 소송이 시간적으로 지속되고 있다는 의미가 아니라는 것을 이미 살펴본 바 있다. 일반적으로는 소송계속이 소멸하면 소송이 종료되었다고 할 수 있다. 그러나 원고가 소를 제기하였으나 소장부본이 상대방에게 송달되기 전, 즉 소송계속이 발생하기 전에 소송이 종료되는 경우도 있을 수 있다.

그러면 어떤 경우에 소송이 종료될까? 민사소송은 원고와 피고라는 두 당사자의 대립을 기본적인 요소로 하여 확정판결, 넓은 의미에서는 분쟁해결을 그 목적으로 하고 있다. 민사소송은 형사소송과 달리 사적 분쟁을 해결하기 위한 절차이므로 소송을 시작하는 것도, 소송을 끝내는 것도 당사자의 의사에 맡겨져 있다. 이를 처분권주의라고 한다. 이제 어떤 경우에 소송이 종료되는지도 알 수 있다. 우선 소송의 기본요소인 두 당사자대립구조가 소멸하면 소송이 종료된다. 또 판결이 확정되거나 당사자의 의사에 의해서도 소송이 종료된다. 어떤 경우에 판결이 확정되는지, 당사자의 의사에 의해 소송이 종료되는 소의 취하, 청구의 포기 · 인낙 · 화해가 구체적으로 어떤 것인지 등은 앞으로 해당 단원에서 살펴보기로 한다.

Ⅱ. 소송종료선언

우리나라에는 소송종료선언제도라는 것이 있다. 민사소송법에는 규정이 없고 민사소송규칙에 근거규정(규칙67조, 68조)을 두고 있다. 이해를 돕기 위해 예를 들어 보기로 한다. 당사자가 변론기일에 2회 불출석하고 1개월 내로 기일지정신청을 하지 않으면 소는 취하된 것으로 간주되어(268조 1항, 2항) 소송이 종료된다. 정확하게는 2회 불출석 후 기일지정신청기간인 1개월이 도과함으로써 소는 취하간주된다. 법원은 소취하로 인해 소송이 종료되었다는 것을 별도로 당사자에게 통지하거나 재판을 통해 선고하지 않는다. 그래서 당사자로서는 소가 취하된 사실을 모를 수도 있고 변론기일에 불출석한 것이 아니라고 다투는 경우도 있을 수 있다. 그러나 법원은 객관적으로 소가 취하되었기 때문에 더 이상 재판기일을 지정하여 재판을 열지 않아 당사자가 재판을 열어 달라고 기일지정신청을 하는 경우가 있을 수 있다.

이 경우에 법원은 당사자의 신청이 이유 있다고 판단되면 다시 말해 소가 취하된 것으로 볼 수 없다고 판단되면 재판기일을 지정하는 조치를 취하여야 한다. 그러나 만약 당사자의 신청이 이유 없다고 판단되면 아무런 조치를 취하지 않는 것이 아니라 소송종료선언이라는 것을 한다. 법원은 소송종료선언으로써 당사자에게 소송이 적법하게 종료되었음을 확인시켜주는 것이다.

주의할 점은 소송종료선언으로 소송이 종료되는 것이 아니라는 것이다. 소송종료선언 전에 법적으로는 이미 소송이 종료되었고 소송종료선언은 이를 확인하는 절차일 뿐이다. 따라서 **소송종료선언은 확인적 효력만 있을 뿐 형성적 효력이 있는 것이 아니다.** 소송종료선언이 구체적으로 어떤 경우에 이루어지는가는 소송이 종료되는 여러 경우에 따라 다르다. 기존 이론서에서는 이에 관해 상세히 다루고 있지만 소송종료사유를 모두 공부하고 난 후에야 정확한 이해가 가능하다. 지금 단계에서 중요한 것은 소송종료선언에 대한 기능과 성질에 대한 기본적인 이해라고 생각한다. (관련부분: 소의 취하/소취하의 효력을 다투는 절차)

제2장 당사자의 행위에 의한 종료

제1절 소의 취하

■ 핵심어

소 취하합의(항변권설), 소 취하의 취소, 소송계속의 소급적 소멸, 재소금지의 효력

제2편 제1심의 소송절차
제1장 소의 제기
제266조(소의 취하)
제267조(소취하의 효과)
제268조(양쪽 당사자가 출석하지 아니한 경우)

Ⅰ. 의 의

1. 개 념

민사소송에서는 당사자의 의사에 의하여 소송을 종료시키는 것이 허용된다. 그 대표적인 것이 소의 취하이다. 민사소송법 제266조 제1항은 "소는 판결이 확정될 때까지 그 전부나 일부를 취하할 수 있다"고 규정하고 있다. 소의 취하는 원고가 제기한 소의 전부 또는 일부를 철회하는 법원에 대한 단독적 소송행위이다.

소의 취하는 원고만이 할 수 있다. 피고는 소를 제기한 사람이 아니어서 소를 취하할 수 없다. 반소(269조)의 경우는 피고가 반소를 취하할 수 있지만 이때에도 본소의 피고로서가 아니라 반소의 원고로서 본소가 아닌 반소를 취하하는 것이다. 또 소의 취하는 원고 혼자서 하는 것이지 피고와 함께 하는 것이 아니다. 소를 취하하려면 피고의 동의를 받아야 하는 경우도 있지만 이 경우에도 피고의 동의는 소취하가 효력을 발생하기 위한 요건이며 피고가 소취하의 주체가 되는 것은 아니다.

원고가 소를 취하할 때 반드시 자신이 제기한 소를 전부 취하해야 하는 것은 아니고 그 일부만을 취하할 수도 있다. 예를 들어 원고가 건물인도청구와 함께 손해배상으로서 연체된 차임청구를 함께하는 경우 연체된 차임부분만 취하할 수도 있다.

소의 취하는 법원에 대하여 하는 것이다. 원고가 법정 밖에서 피고에게 소를 취하한다고 말하더라도 소는 취하되지 않는다.

2. 상소취하와의 구별

소의 취하는 상소의 취하와 구별된다. 예를 들어 보기로 한다. 원고가 소를 제기하였는데 제1심에서 패소판결을 받고 항소하였다. 원고가 항소심에서 소를 취하하면 소가 처음부터 제기되지 않은 것과 같아지기 때문에 제1심판결도 그 효력을 잃게 된다. 그러나 항소를 취하하면 원고가 한 항소가 효력을 잃게 되어 제1심판결이 확정된다. 즉 항소취하의 대상은 소가 아니라 항소이다.

3. 소가 취하되는 경우

소송에서 소가 취하되는 이유는 여러 가지가 있을 수 있다. 원고가 승소판결을 받을 가능성이 적다고 판단하고 후일을 기약하여 소를 취하할 수도 있다. 또는 소를 제기한 후 당사자 사이에 합의가 이루어져 더 이상 소송을 유지할 필요가 없어진 경우도 있을 수 있다. 이와 같은 소취하가 가지는 분쟁해결에 있어서의 기능적 측면을 이해하는 것은 소의 취하에 관한 세부적인 법리를 이해하거나 실제 소송을 수행함에 있어 도움이 될 수 있다.

Ⅱ. 소취하합의

1. 의 의

앞에서 설명한 소의 취하와는 다른 것으로 소취하합의라는 것이 있다. 이는 소송 외에서 당사자 사이에 원고가 피고에 대하여 제기한 소를 취하하기로 약정을 하는 것이다. 소송 외에서 당사자 사이에서 이루어진다는 점에서 민사소송법이 규정하고 있는 소의 취하와 다르다. ('소송 외'에서라 함은 '재판절차 외'에서라는 의미로 이해하면 좀 더 쉬울 수 있다) 예를 들어 당사자가 변론을 마친 후 법정을 나와 당사자 사이에서 소를 취하하기로 약속하면 소송 외에서 소취하합의가 이루어지는 것이 된다.

2. 법적 성질과 소송상 취급

(1) 문제의 소재

소취하합의는 당사자가 소송을 종료시킬 것을 원하여 이루어지는 것이다. 그렇다면 이러한 당사자의 의사를 존중하여 소취하와 동일한 효력을 인정할 수 있을까? 만약 이를 인정하면 법원은 당사자 사이에 소취하합의가 있었는지 알지 못하는 상태에서 소송 종료라는 법적 상태가 생길 수 있다. 또한 당사자 사이에 소취하합의가 정말 있었는지 또는 소취하합의가 유효한 것인지 등에 관해 다툼이 생길 여지도 있다. 즉 소송이 진행 중인지 종료되었는지가 불분명해져 소송절차의 안정성이 위협받게 될 수 있다. 법리적인 측면에서도 당사자 사이의 합의가 어떻게 소송의 종료라는 소송법적 효과를 발생시키는지 논리적으로 설명하기가 쉽지 않다. 이로 인해 소취하합의에 관한 법적 성질이 논의되게 되었다.

(2) 법적 성질

(a) 소취하합의의 법적 성질이 소송행위(訴訟行爲)라고 하는 견해가 있다(소송행위설). 소송행위설에 의하면 소취하합의에 의해서도 소송이 종료되는 소송법적 효과를 설명할 수 있다. 그러나 이에는 앞서 언급한 바와 같이 절차의 안정성이 문제될 수 있고 민사소송법에 규정된 바 없는 소취하합의를 과연 소송행위로 인정할 수 있는가 하는 문제점이 지적될 수 있다.

(b) 소취하합의의 법적 성질을 사법행위(私法行爲)라고 하는 견해가 있다(사법행위설). 이에 의하면 소취하의 합의가 있었다는 사실만으로는 소송이 종료되지 않는다. 왜냐하면 사법행위는 그 요건과 효과가 실체법에 의해 규율되어 소송종료라는 소송법상 효력을 발생시킬 수 없기 때문이다. 다만 당사자 사이에 소를 취하할 실체법상 권리 · 의무가 발생할 뿐이다.

따라서 당사자가 임의로 소취하합의를 이행하지 않는 경우 이를 실현하기 위한 또 다른 소송이 필요하게 된다. 이에 **다수설과 판례[1]는 소취하합의의 법적 성질을 사법행위라고 하면서도 당사자 누구든 변론에서 소취하합의사실을 주장하고 증명한다면 그 소송은 권리보호의 이익이 없어 법원은 그 소송에 대하여 소각하 판결을 하여야 한다고 한다(항변권설)**. 이에 의하면 소취하합의는 소의 취하와 그 성질이 전혀 다르며 소취하의 합의에 의해 소가 각하된다 하더라도 소가 처음부터 제기되지 않은 것과 같은 상태가 되는 것도 아니다.

(3) 소송상 취급

소취하합의를 항변권설로 이해할 때 법원이 소취하의 합의가 있었다는 사실을 알고 있다면 당사자가 이를 주장하지 않았더라도 소를 각하할 수 있을까? 이에 관한 대답은 권리보호이익이 직권조사사항이냐 항변사항이냐에 따라 달라진다. 권리보호이익에 관한 것은 항변사항이므로 당사자가 주장하지 않으면 법원이 직권으로 판단

1) 대법원 1982. 3. 9. 선고 81다1312 판결. 그러나 조건부 소취하합의를 한 경우에는 조건의 성취사실이 인정되지 않는 한 그 소송을 유지할 법률상 이익이 인정된다(대법원 2013. 7. 12. 선고 2013다19571 판결).

의 기초로 삼을 수 없다. 따라서 법원은 소취하합의가 있었다는 당사자의 주장이 없으면 소취하합의를 이유로 소를 각하할 수 없다.

Ⅲ. 소취하 요건

> **제266조(소의 취하)**
> ① 소는 판결이 확정될 때까지 그 전부나 일부를 취하할 수 있다.
> ② 소의 취하는 상대방이 본안에 관하여 준비서면을 제출하거나 변론준비기일에서 진술하거나 변론을 한 뒤에는 상대방의 동의를 받아야 효력을 가진다.

소를 취하하려면 다음과 같은 요건을 갖추어야 한다. 이는 민사소송법 제266조의 해석에 의한다.

1. 소송물

소의 취하는 소송계속을 소멸시킬 뿐 소송물의 내용에 대해 아무것도 확정짓지 않는다. 따라서 직권탐지주의가 적용되는 사항에 관하여도 소의 취하는 가능하다. 다만 고유필수적 공동소송의 경우에는 공동소송인 전원이 함께 소를 취하하지 않으면 안 되는데 그 이유는 해당 단원에서 살펴보기로 한다.[2)]

2. 시 기

소의 취하는 취하의 대상인 소가 제기된 이후에 가능함은 당연하다. 또 이미 소송이 종료된 후에는 취하의 대상인 소 자체가 소멸하므로 소를 취하하는 것은 논리적으로 불가능하다. 따라서 아직 판결절차가 진행 중이라면 판결 확정 전까지 소를 취하할 수 있고 판결이 확정된 후에는 소를 취하할 수 없다(266조 1항).

3. 피고의 동의

(1) 민사소송법 제266조 제2항의 취지

원고가 소를 취하하는 것은 피고에게 항상 이익이 될까? 아니면 기왕에 개시된 소송을 유지하는 것이 피고에게 어떤 이익이 되는 경우도 있을까? 이는 소송에 따라 다를 수 있을 것이다. 만약 원고 승소판결이 선고될 가능성이 높다면 피고도 소

---

2) 그 외 주주의 대표소송(상법 403조)과 증권관련 집단소송(증집법 35조)에서는 소를 취하하려면 법원의 허가를 얻어야 한다.

가 취하되길 원하겠지만 그렇지 않다면 피고로서는 이번 기회에 원고 패소판결을 확정지어 더 이상 소가 제기되는 일을 당하고 싶어 하지 않을 것이다. 즉 **피고에게는 원고 패소확정판결을 받을 이익이 있고 피고의 이러한 이익은 보호되어야 한다.** 다른 한편으로 원고는 자신이 제기한 소를 취하할 자유가 있다.

이와 같이 원고의 소취하의 자유와 피고의 원고 패소확정판결을 받을 이익을 조화할 필요가 생긴다. 어떤 방법으로 조화하면 좋을까? 민사소송법 제266조 제2항은 "소의 취하는 본안에 관하여 준비서면을 제출하거나 변론준비기일에서 진술하거나 변론을 한 때에는 상대방의 동의를 받아야 효력을 가진다"고 규정하고 있다. 즉 피고가 본안에 관하여 응소한 경우에는 소취하의 효력발생에 피고의 동의가 필요한 것으로 규정하고 있다. 양자의 이익을 조화시킨 입법이라 할 수 있다. 여기서 본안이란 원고청구의 당부에 관한 것을 말한다.

(2) 구체적 판단

(a) 소취하의 효력발생에 피고의 동의를 요하는 경우는 피고가 본안에 관하여 응소한 경우이어야 하므로 피고가 소의 적법성을 다툰 경우에는 본안에 관하여 응소한 경우라고 할 수 없어 피고의 동의를 요하지 않는다. 따라서 피고가 주위적으로는 소각하판결을, 예비적으로는 청구기각판결을 구하는 경우에도 피고의 본안에 관한 응소(청구기각판결을 구한 것)는 예비적인 것이므로 소취하의 효력발생에 피고의 동의를 필요로 하지 않는다.[3)]

(b) 독립당사자참가소송에 있어 본소취하에는 피고의 동의 외에 당사자참가인의 동의를 필요로 한다.[4)]

(c) 반소가 제기된 후 본소가 취하된 때에는 원고의 동의 없이 반소를 취하할 수 있다(271조). 예를 들어 원고가 매매목적물인도청구의 소를 제기하자 피고가 매매대금지급청구의 소를 반소로 제기한 후 원고가 매매목적물인도청구의 소를 취하한 경우이다. 이 경우 본소를 취하한 원고(반소피고)를 위해 반소를 유지하는 것에 관한 이익을 보호해줄 필요는 없다. 왜냐하면 원고가 반소의 제기를 유발한 본소는 스스로 취하해 놓고 반소만의 유지를 상대방에게 강요한다는 것은 공평하지 못하기 때문이다. 본소가 원고의 의사와 관계없이 부적법하다 하여 각하됨으로써 종료된 경우에는 반소의 취하에 반소피고(원고)의 동의를 요한다.[5)] (관련내용: 제2편 제2장 제2절 Ⅲ. 2.

3) 대법원 1968. 4. 23. 선고 68다217 판결.
4) 대법원 1972. 11. 30.자 72마787 결정.
5) 대법원 1984. 7. 10. 선고 84다카298 판결.

(2) (b) 3))

(d) 피고가 소취하에 대해 동의를 거절한 후 다시 동의를 하더라도 소취하의 효력은 발생하지 않는다. 원고의 소취하의 의사표시는 피고의 동의거부와 동시에 그 효력을 상실하여 피고가 다시 동의를 하여도 동의할 대상이 없기 때문이다.[6)]

4. 소송행위로서 유효요건을 갖출 것

(1) 소송행위의 일반요건

원고의 소의 취하는 소송행위이다. 따라서 소를 취하하기 위해서는 원고에게 소송능력이 있어야 하고 만약 대리인이라면 권한이 수여되어야 한다. 원칙적으로는 소송행위에 관한 일반적 법리가 그대로 타당하다.

(2) 소취하의 무효 · 취소

(a) 소취하의 의사표시에 하자가 있는 경우 민법의 규정을 준용하여 이를 취소하거나 무효를 주장하는 것이 가능할까? 일반적으로 소송행위에는 민법상의 의사표시에 관한 규정이 적용되지 않음은 소송행위론에서 이미 살펴보았다. 민법이 의사표시의 하자에 관하여 규정을 두고 있는 근본적인 이유는 표시된 의사와 표의자의 진의가 일치하지 않을 때 그 의사표시의 효력을 부인하여 표의자의 진의를 보호하기 위한 것이다. 그러나 민사소송법에서는 표의자의 진의보다는 절차의 안정성이 중시되기 때문에 그 성질상 적용되기 어려운 것이다. **통설과 판례도 소의 취하가 순수한 소송행위임을 강조하여 의사표시의 하자가 있더라도 소취하의 무효 · 취소가 허용되지 않는다고 해석한다.**[7)]

그럼에도 불구하고 소의 취하에서 새삼 문제되는 이유는 무엇일까? 보통 민사소송법에서 말하는 절차의 안정성이란 이미 이루어진 소송절차의 효력을 되도록 유지한다는 의미가 강하다. 그러나 소가 취하되면 소송절차가 종료될 뿐 새로운 소송절차가 만들어지는 것이 아니다. 즉 소의 취하를 취소하거나 무효로 한다고 해서 이미 이루어진 소송절차가 무효로 되는 것은 아니다. 또 소가 취하되면 다시 소를 제기하기 위해 비용과 시간이 추가로 드는 것에 그치지 않고 법률적으로 다시 소를 제기하지 못하는 경우가 발생할 수도 있다. 이를 재소금지(267조 2항)라고 한다. 이상의 이유로 소의 취하에도 무효 · 취소를 허용하자는 견해가 있다.[8)] 타당한 견해라고 생각한다.

(b) 한편 재심사유로 규정된 민사소송법 제451조 제1항 제5호에 규정된 '형사상

---

6) 대법원 1969. 5. 27. 선고 69다130 판결.
7) 대법원 1997. 6. 27. 선고 97다6124 판결; 대법원 2004. 7. 9. 선고 2003다46758 판결; 대법원 2009. 4. 23. 선고 2008다95151 판결.
8) 정동윤/유병현/김경욱, 703면; 호문혁, 468면.

처벌 받을 다른 사람의 행위'로 인한 소의 취하나 그 동의의 경우에는 달리 취급될 필요가 있다. 통설과 판례도 이 경우에는 무효 · 취소를 주장할 수 있다고 한다.[9] 왜 그럴까? 재심사유는 확정판결을 취소할 수 있는 중대한 하자에 해당한다. 이 경우에는 절차의 안정성 또는 법적 안정성보다 구체적 정의가 더 우선되어야 한다. 따라서 위의 재심사유를 소의 취하의 경우에도 유추적용하여 무효나 취소를 허용하는 것은 충분히 그 타당성이 있다.

다만 어떤 경우에 '형사상 처벌 받을 다른 사람의 행위'가 있다고 인정할 수 있는가에 관하여는 학설과 판례가 그 해석을 달리한다. 다수설은 위의 "형사상 처벌 받을 다른 사람의 행위에 관하여 유죄의 확정판결까지는 요하지 않는다"는 입장이지만 판례는 그 타인의 행위에 대하여 유죄판결이 확정되고(451조 2항 참조) 또 그 소송행위가 그에 부합되는 의사 없이 외형적으로만 존재할 때에 한하여 적용된다고 한다.[10]

Ⅳ. 소취하의 방법

제266조(소의 취하)
③ 소의 취하는 서면으로 하여야 한다. 다만, 변론 또는 변론준비기일에서 말로 할 수 있다.
④ 소장을 송달한 뒤에는 취하의 서면을 상대방에게 송달하여야 한다.
⑤ 제3항 단서의 경우에 상대방이 변론 또는 변론준비기일에 출석하지 아니한 때에는 그 기일의 조서등본을 송달하여야 한다.
⑥ 소취하의 서면이 송달된 날부터 2주 이내에 상대방이 이의를 제기하지 아니한 경우에는 소취하에 동의한 것으로 본다. 제3항 단서의 경우에 있어서, 상대방이 기일에 출석한 경우에는 소를 취하한 날부터, 상대방이 기일에 출석하지 아니한 경우에는 제5항의 등본이 송달된 날부터 2주 이내에 상대방이 이의를 제기하지 아니하는 때에도 또한 같다.

(1) 서면의 방식

소가 적법하게 취하되면 소송이 종료되기 때문에 나중에 이에 관한 다툼이 생기지 않도록 이를 객관적으로 명확한 방식으로 할 필요가 있다. 법률에서 일정한 행위에 객관적 명확성을 확보할 필요가 있을 때 흔히 요구되는 방식처럼 소의 취하의 경우도 서면에 의할 것을 요구하고 있다. 다만 변론 또는 변론준비기일에서 말로 할 수 있다(266조 3항). 이 경우는 소취하의 진술이 조서에 기재되기 때문이다. 소취하서 제출 후에는 상대방에 그 서면이 송달되기 전후를 묻지 않고 임의로 철회할 수 없다.[11]

---

9) 대법원 1985. 9. 24. 선고 82다카312, 313, 314 판결.
10) 대법원 1984. 5. 29. 선고 82다카963 판결.
11) 대법원 1997. 6. 27. 선고 97다6124 판결.

(2) 소취하서 등의 송달

소장을 송달한 뒤에는 소취하의 서면을 상대방에게 송달하여야 한다(266조 4항). 소취하를 변론 또는 변론준비기일에서 말로 한 경우 상대방이 변론 또는 변론준비기일에 출석하지 아니한 때에는 그 기일의 조서등본을 송달하여야 한다(동조 5항).

소취하의 서면이 송달된 날부터 2주 이내에 상대방이 이의를 제기하지 아니한 경우에는 소취하에 동의한 것으로 본다. 소의 취하를 변론 또는 변론준비기일에서 말로 한 경우 상대방이 기일에 출석한 경우에는 소를 취하한 날부터, 상대방이 기일에 출석하지 아니한 경우에는 위의 기일의 조서등본이 송달된 날부터 2주 이내에 상대방이 이의를 제기하지 아니하는 때에도 또한 같다(동조 6항). 따라서 원고가 소를 취하한 경우 피고가 소송을 계속하기를 원한다면 기간 내에 부동의의 의사표시를 적극적으로 하여야 하며 그렇지 않으면 동의간주에 의해 소가 취하됨을 주의하여야 한다.[12]

Ⅴ. 소취하의 효과

> **제267조(소취하의 효과)**
> ① 취하된 부분에 대하여는 소가 처음부터 계속되지 아니한 것으로 본다.
> ② 본안에 대한 종국판결이 있은 뒤에 소를 취하한 사람은 같은 소를 제기하지 못한다.

소가 취하되면 소송계속이 소급적으로 소멸하고 일정한 경우에는 재소가 금지된다. 이러한 소취하의 효과는 소가 취하간주된 경우에도 마찬가지로 인정된다(268조 2항).

1. 소송계속의 소급적 소멸

(1) 민사소송법 제267조 제1항은 "취하된 부분에 대하여는 소가 처음부터 제기되지 않은 것으로 본다"고 규정하고 있다. 이를 소송계속의 소급적 소멸이라고 한다. 이와 같이 소송계속이란 개념은 소의 취하에 있어 중요한 의미를 지니고 있다.

(2) **소가 취하되면 법적으로 소가 처음부터 제기되지 않은 것과 같은 상태로 간주되기 때문에 소제기 이후에 소송의 주체와 소송관계인들이 한 소송행위의 효력은 소급적으로 소멸한다.** 즉 법원의 판결, 원고의 주장과 증명, 피고의 항변, 이 모든 소송행위가 처음부터 효력이 없었던 것으로 취급된다.

---

12) 실제 소송에서 청구감축의 경우에 더 문제될 수 있다. 청구감축은 소의 일부취하의 성질을 가지는데 원고는 청구감축으로 신청하고 명시적으로 소를 취하한다고 하지 않으므로 피고로서는 동의간주의 문제를 간과하는 경우가 있을 수 있다.

소제기와 관련된 실체법상의 행위의 효력은 어떻게 될까? 구체적으로는 소제기로 인한 시효중단과 소송상 형성권을 행사한 경우가 문제된다. 재판상 청구는 소가 취하되면 시효중단의 효력이 없다(민법 170조). 소송상 형성권행사의 효력은 판례와 다수설이 신병존설에 의해 일반적인 형성권은 그 효력에 영향이 없으나 상계는 그 효력이 인정되지 않음은 소송상 형성권의 행사 편에서 이미 설명한 바와 같다.

2. 재소의 금지

(1) 의 의

(a) 소가 취하되면 소송계속이 소급적으로 소멸하므로 소가 취하되기 전 판결의 선고가 있었더라도 그 판결은 효력을 잃게 된다. 이를 관철하면 원고는 소를 취하한 후에도 아무런 장애 없이 다시 소를 제기하는 것이 가능하다는 결론에 이른다. 이러한 결론을 승인한다면 어떤 폐단이 예상될까? 극단적인 경우에는 원고가 소를 제기하였다가 패소 판결을 받으면 소를 취하한 후 다시 소를 제기하는 상황이 반복해서 벌어질 수 있다. 원고는 위와 같은 행위로 (소취하에 대한 권한이든 소제기에 대한 권한이든) 자신의 권한을 남용할 수 있다. 이에 대해 제재를 가하는 것은 소취하의 법적 효과에서 당연히 도출되는 것은 아니며 다분히 입법정책적인 고려에 의한 것이거나 권한남용에 대한 법리로 해결해야 하는 문제이다.[13]

(b) 민사소송법 제267조 제2항은 "본안에 대한 종국판결이 있은 뒤에 소를 취하한 사람은 같은 소를 제기하지 못한다"고 재소금지를 규정하고 있다. 판례는 "이는 소취하로 인하여 **그 동안 판결에 들인 법원의 노력이 무용화되고 종국판결이 당사자에 의하여 농락당하는 것을 방지하기 위한 제재적 취지의 규정**"이라고 한다.[14]

(2) 요 건

재소금지에 해당한다 하더라도 실체법상의 권리가 소멸하는 것은 아니지만[15] 권리자는 권리실현을 위해 다시 소제기를 할 수 없으므로 재소금지에 해당하는가 여부

---

13) 입법론으로서 재소금지규정을 두지 않고 재소권을 남용한다고 보일 구체적 사정이 있을 때에는 그 소를 권리보호의 이익이 없다고 하여 각하하는 것이 타당하다는 견해도 있다(호문혁, 760면).

14) 대법원 1998. 3. 13. 선고 95다48599, 48605 판결; 대법원 2009. 6. 25. 선고 2009다22037 판결. 이시윤, 574면. 이러한 설명방식은 제재의 대상을 소취하남용으로 본 것으로 소취하남용제재설이라고 한다. 이외에도 처분권주의의 원칙상 소취하 자체에 대해 제재를 한다는 것은 이론적으로 타당하지 않고 재소금지는 재소의 남용을 방지하는 취지라고 이해하는 재소남용방지설(호문혁, 806면), 위 두 취지를 아울러 가지고 있다는 이원설(정동윤/유병현/김경욱, 707면) 등이 있다. 이론적으로는 재소남용방지설이 타당해 보이나 논의의 실익은 없다.

15) 실체법상 권리에 대응한 의무는 자연채무로 남게 된다.

는 중요한 의미가 있다. 재소금지는 소송계속의 소급적 소멸과 함께 소의 취하의 효과의 하나이다. 소취하의 효과로서 소송계속의 소급적 소멸은 모든 소취하의 경우에 예외 없이 발생하는 효력이나 재소금지의 효력은 소를 취하하였다고 하여 반드시 발생하는 것은 아니고 민사소송법 제267조 제2항의 요건을 갖춘 경우에만 발생하는 효력이다. 재소금지의 효력을 설명함에 있어 소취하의 요건과 별도로 재소금지의 요건을 살펴보는 이유가 여기에 있다.

(a) 본안에 대한 종국판결 선고 후의 취하

1) 재소금지에 해당하려면 본안에 대한 종국판결이 있은 후 원고가 소를 취하하여야 한다. 종국판결이란 소 또는 상소에 의하여 계속된 사건의 전부 또는 일부를 그 심급으로써 완결하는 판결을 말한다. 종국판결에 대하여 적법한 항소 또는 상고가 제기되면 그 종국판결은 확정되지 않는다. 본안에 대한 판결이 있어야 하기 때문에 소 각하 판결과 같은 소송판결이 있은 후에 소를 취하한 경우는 다시 동일한 소를 제기할 수 있다. 왜냐하면 법원이 청구의 당부에 관하여 아직 결론을 낸 것이 아니므로 소를 취하하더라도 소의 취하로 인하여 판결에 들인 법원의 노력이 무용화되었다고 할 수 없기 때문이다. 다만 판례는 '원고는 소를 취하하고, 피고는 이에 동의한다.'는 화해조항이 있는 화해권고결정이 확정되어 소송이 종결된 경우에는 소취하한 경우와 마찬가지로 제267조 제2항의 규정에 따라 같은 소를 제기하지 못한다고 한다.[16]

2) 재소금지와 관련하여 실제 소송에서 문제될 수 있는 예를 들기로 한다. 원고는 제1심에서 패소판결을 받고 항소하였다. 항소심에서 소송진행 중 원고가 갑자기 제1심에서 판단 받은 A청구가 항소심 법원에서도 인용되기 어렵다고 판단하고 B청구로 변경하였다. 그 후 원고는 다시 생각을 바꾸어 그래도 A청구가 더 인용될 가능성이 높다고 생각하고 다시 B청구에서 A청구로 소의 교환적 변경을 하였다. 즉 항소심에서 청구를 A→B→A로 소의 교환적 변경을 한 것이다. 원고가 한 소의 교환적 변경은 적법한 것일까?

소의 교환적 변경의 법적 성질을 구소취하와 신소의 제기로 이해한다면 A청구는 제1심법원의 종국판결 선고 후에 취하하였다가 다시 소를 제기한 것이 된다. 즉 원고가 항소심에서 최종적으로 B청구를 A청구로 변경하는 것은 민사소송법 제267조 제2항의 재소금지에 위반되는 것이다. 이에 의하면 A청구로 변경하는 것은 재소금지로 인하여 더 이상 허용되지 않는다. 통설과 판례는 소의 교환적 변경을 구소취하

16) 대법원 2021. 7. 29. 선고 2018다230229 판결.

신소제기로 보고 위와 같은 논리적 과정과 결론을 지지한다.[17] 그러나 소의 교환적 변경의 법적 성질을 구소취하 신소제기로 보지 않는다면 위의 결론은 유지될 수 없다. 이에 관한 것은 소의 변경 편에서 좀 더 살펴보기로 한다.

(b) 동일한 소

재소금지에 해당하려면 취하한 소와 다시 제기한 소가 동일하여야 한다. 소가 동일하다는 것은 소의 요소가 동일하다는 것, 즉 당사자와 소송물이 동일하다는 것을 의미한다. 재소금지는 반드시 소 취하 후 새로운 소를 제기한 경우에만 적용되는 것은 아니다. 전소가 제기된 후 동일한 소를 제기하여 중복소송이 된 경우에 후소의 본안에 관한 종국판결 후 후소를 취하한 경우에도 전소는 재소금지의 제한을 받게 되어 부적법하게 된다.[18]

1) 당사자의 동일

ⅰ) 당사자 또는 포괄승계인　　취하된 소와 재소된 소가 같은 소가 되려면 양소의 당사자가 같아야 한다. 당사자가 같아야 한다고 하더라도 전소의 원고가 후소를 제기한 경우만 재소금지의 적용을 받고 피고가 소를 제기한 경우는 이에 해당되지 않는다. 민사소송법 제267조 제2항에서도 같은 소를 제기하지 못하는 사람을 '소를 취하한 사람'이라고 규정하였다. 재소금지제도의 취지상 당연하다. 원고의 상속인과 같은 원고의 포괄승계인도 원고와 동일하게 취급된다.

ⅱ) 특정승계인　　권리의 양수인과 같은 특정승계인의 경우에는 어떻게 취급될까? 예를 들어 만약 갑이라는 사람이 을을 상대로 대여금지급청구의 소를 제기하였다가 이를 취하하여 재소금지적용을 받게 되자 그 사정을 모르는 병에게 그 권리를 양도하였다고 하자. 이번에는 병이 을에게 갑으로부터 양수받은 대여금채권의 지급을 구하는 소를 제기하였다. 이 경우에는 재소금지가 적용되지 않을까?

형식논리로만 따진다면 갑과 병은 다른 사람이므로 갑이 제기한 전소와 병이 제기한 후소는 같은 소라고 할 수 없어 재소금지가 적용된다고 할 수 없을 것이다. 또 만약 병이 위 대여금채권을 양수할 당시 재소금지의 적용을 받는다는 사실을 알지 못했다면 병이 제기한 소에 대하여 갑의 소취하를 이유로 재소금지의 대상이 되게 하는 것은 병에게 부당한 것이 될 수 있다. 그러나 위의 경우에 재소를 허용하면 갑

17) 대법원 1987. 11. 10. 선고 87다카1405 판결. 따라서 피고의 항소로 인한 항소심에서 소의 교환적 변경이 적법하게 이루어졌다면 제1심판결은 소의 교환적 변경에 의한 소취하로 실효되고, 항소심의 심판대상은 새로운 소송으로 바뀌고 항소심이 사실상 제1심으로 재판하는 것이 되므로, 그 뒤에 피고가 항소를 취하한다 하더라도 항소취하는 그 대상이 없어 아무런 효력을 발생할 수 없다(대법원 1995. 1. 24. 선고 93다25875 판결).

18) 대법원 1967. 7. 18. 선고 67다1042 판결.

이 채권양도를 통해 재소금지의 제재를 회피하는 것을 용인하는 결과가 될 것이다. 이러한 이유로 일부학설[19] 및 판례는 병과 같은 특정승계인에게도 재소금지가 적용된다는 태도를 취한다.[20]

생각건대 위의 예에서 갑이 받아야 할 재소금지의 제재를 병에게 적용할 합리적인 이유는 없다. 병의 소제기를 허용하면 을이 다시 소를 제기당해야 하는 문제는 있지만 그로 인해 병의 소권행사가 당연히 제약되어야 하는 것은 아니다. 따라서 그 사정을 모르는 특정승계인에게는 재소금지의 효력이 미치지 않는다고 해석함이 타당하다.[21]

iii) 채권자대위소송 등의 경우 예를 들어 갑의 채권자 병이 갑의 대여금채권을 대위행사하여 갑의 채무자 을을 상대로 대여금지급청구의 소를 제기하였다가 취하하였다고 하자. 그 후 갑이 다시 소를 제기한 경우에 갑은 재소금지의 제재를 받을까? **판례와 다수설은 피대위자인 갑이 채권자대위권에 의한 소가 제기된 사실을 안 경우에는 재소금지의 제재를 받는다고 한다.**[22] 또 선정자와 선정당사자 사이에도 재소금지에 있어 당사자의 동일성을 인정하는 것이 일반적인 견해이다.[23] 위 문제들에 대한 논의는 판결의 효력에 관한 논의가 선행되어야 하므로 현재의 단계에서는 적절하지 않아 다음 기회로 미룬다.

2) 소송물의 동일

재소금지는 같은 소를 제기한 경우에 적용되므로 전소와 후소의 소송물은 동일한 것이어야 한다.

i) 소송물의 동일성 어떤 경우에 소송물이 동일한지는 소송물이론에 따라 그 결론이 달라진다. 구소송물이론을 취하는 판례는 전소가 소유권에 기한 인도청구의

19) 특정승계인에게 재소금지가 적용된다는 견해로는 강현중, 599면; 정동윤/유병현/김경욱, 708면. 다만 정동윤/유병현/김경욱, 798면; 김홍엽, 787면은 원칙적으로 특정승계인에 대하여 재소금지가 적용된다고 하면서도 특정승계인에게 소취하에 대한 책임이 없고 다시 소를 제기할 필요가 있는 경우에는 후소가 허용된다고 한다.

20) 대법원 1981. 7. 14. 선고 81다64, 65 판결.

21) 같은 취지의 견해로는 이시윤, 575면; 호문혁, 807면. 특정승계인에게 재소금지가 적용되지 않는다는 견해로는 김홍규/강태원, 585면; 송상현/박익환, 482면.

22) 김홍엽, 787면; 이시윤, 575면; 정동윤/유병현/김경욱, 708면; 정영환, 1047면. 대법원 1981. 1. 27. 선고, 79다1618, 1619 판결; 대법원 1996. 9. 20. 선고 93다20177, 20184 판결. 판례의 이러한 태도는 채권자대위권에 의한 소가 제기된 사실을 채무자가 알았을 때에는 그 판결의 효력은 채무자(피대위자)에게 미친다는 대법원 1975. 5. 13. 선고 74다1664 전원합의체판결과 그 맥락을 같이 한다(위 대법원 1981. 1. 27. 선고 79다1618, 1619 판결이유 참조). 채권자대위소송은 제3자의 소송담당이 아니라는 전제에서 반대하는 견해로는 호문혁, 808면.

23) 강현중, 600면; 김홍엽, 787면; 이시윤, 575면; 정동윤/유병현/김경욱, 708면; 정영환, 1047면. 반대 견해로는 호문혁, 809면.

소이고 후소가 약정에 의한 인도청구의 소인 경우[24], 전소가 아버지 소유 부동산을 증여받았음을 전제로 그 소유권의 확인을 구하는 소이고 후소가 아버지가 사망함에 따라 그 지분소유권을 상속받았음을 전제로 그 지분소유권확인을 구하는 소인 경우[25] 등은 전소와 후소의 소송물이 달라 재소금지의 원칙에 저촉되지 않는다고 한다. 그러나 신소송물이론에서는 위의 경우 동일한 소로 보아 재소금지가 적용된다.

ii) 선결적 법률관계 전소의 소송물과 후소의 소송물이 동일하지는 않지만 전소의 소송물이 후소에 선결적 법률관계를 이루는 경우에도 재소금지의 효력이 미칠까?

기판력은 주문에 포함된 것에 한하여 생기는데(216조 1항) 주문에 포함된 것이 후소에서 선결적 법률관계가 된 경우에도 전소 판결의 기판력이 작용한다. 판례와 일부 학설은 선결적 법률관계에 있어서의 재소금지의 문제에 위의 기판력의 문제에서의 논리전개방식을 동일하게 적용하여 **전소의 소송물이 후소의 소송물에 선결적 법률관계에 있는 경우 후소에 재소금지의 효력이 미친다고 한다.**[26] (위와 같은 결론을 지지하는 판례와 일부학설이 재소금지의 효력과 기판력이 동일한 효력이라고 주장하거나 재소금지의 문제를 기판력의 문제로 해결한다는 의미는 아니다. 다만 그 논리전개방식이 동일하다는 것이다)

생각건대 전소의 소송물이 후소의 소송물에 선결적 법률관계에 있는 경우 전소의 소송물에 관한 판단에 기판력이 발생하면 후소에는 비록 기각판결이 선고될 것이지만 소의 제기 자체가 부적법한 것은 아니다. 그러나 재소금지의 경우에는 소제기 자체가 허용되지 않는다. 재소금지가 기판력처럼 법적 안정성을 유지하고자 하는 것도 아닌데 위의 결론은 지나친 제재가 될 소지가 있다. 또한 재소금지의 대상으로서 '같은 소'(267조 2항)와 기판력이 미치는 범위로서 '주문에 포함된 것'(216조 1항)은 다른 의미를 포함한 규정이라는 점도 주목할 필요가 있다. 기판력이 발생하는 대상으로서의 주문에 포함된 것은 '소' 그 자체가 아니라 '청구(즉 소송물)'에 대한 판단이기 때문에 후소에서도 전소의 소송물에 해당하는 부분에 기판력이 미치고 반드시 전소의 소송물과 후소의 소송물이 동일하여야 기판력이 미치는 것은 아니다. 그러나 재소금지의 대상은 전소와 후소가 '동일한 소'이어야 하므로 소송물이 동일할 것을 요한다. 따라서 단지 전소의 소송물이 후소의 소송물에 선결적 법률관계를 이루는 경우에는 후소는 재소금지의 대상이 되지 않는다고 함이 타당하다.[27]

---

24) 대법원 1991. 1. 15. 선고 90다카25970 판결.
25) 대법원 1991. 5. 28. 선고 91다5730 판결.
26) 강현중, 600면; 김홍규/강태원, 585면; 김홍엽, 789면; 정동윤/유병현/김경욱, 709면.
27) 이시윤, 576면; 호문혁, 811면.

판례 연습

대법원 1989. 10. 10. 선고 88다카18023 판결
– 선결적 법률관계와 재소금지의 효력 –

▮ 사건의 개요 대학교수인 X는 근무하던 Y대학의 학교법인으로부터 면직처분을 받았다. X는 이러한 면직처분이 부당하다고 다투면서 Y학교법인을 상대로 면직처분무효확인을 구하는 소를 제기하였다. 그러나 제1심에서 패소하고 항소하였다가 소를 취하하였다. 그 후 X는 다시 Y학교법인을 상대로 소를 제기하였는데 이번에는 Y학교법인이 X에게 급여를 지급하지 않아 법률상 원인 없이 부당하게 이득을 얻었다고 주장하면서 부당이득반환청구의 소를 제기하였다. X가 제기한 후소는 적법한 것인지가 문제되었다.

설 명

X가 면직처분무효확인의 소를 다시 제기하는 것은 재소금지로 인해 허용되지 않음이 명백하다. X가 후소로 구한 부당이득반환청구가 인용되려면 법률상 원인 없음이 인정되어야 하므로 면직처분이 무효임이 인정되어야 한다. 따라서 전소의 소송물인 면직처분무효확인청구는 후소의 소송물인 부당이득반환청구에 선결적 법률관계에 있다. 이러한 경우에도 재소금지의 효력이 미치는가에 관하여는 논란이 있으나 판례는 이 경우에도 재소금지의 효력이 미친다고 한다.

참고판례 대법원 1989. 10. 10. 선고 88다카18023 판결

3) 권리보호 이익의 동일

예를 들기로 한다. X는 Y가 자기소유 토지를 무단점유하였다는 이유로 토지인도청구의 소를 제기하였다. 그런데 제1심에서 X의 승소판결을 받은 후 항소심 진행 중 Y가 X의 토지에서 물러나 X는 소를 취하하였다. 그런데 X가 소를 취하하자 Y는 다시 X의 토지를 무단 점유하였다. 이때 X가 다시 전소와 같은 소를 제기하면 이는 재소금지에 해당하여 부적법해지는 것일까? 이 경우에까지 재소금지에 해당한다는 것은 부당한 것이다. 그 이유는 X가 외견상 동일한 소를 제기한 것은 맞지만 전소의 취하 후에 후소를 제기할 필요성이 새로이 발생하였기 때문이다. 즉 권리보호의 이익이 다른 것이다. 이와 같이 재소금지에 해당되려면 전소와 후소가 동일한 소에 해당되어야 할 뿐만 아니라 권리보호의 이익이 동일하여야 한다.[28] 따라서 피고가 전소 취하의 전제조건인 약정사항을 지키지 아니함으로써 위 약정이 해제 또는 실효

28) 대법원 1998. 3. 13. 선고 95다48599, 48605 판결.

되는 사정변경이 발생하였다면 재소금지에 해당하지 않는다.[29]

중복제소금지의 원칙에서도 양소가 동일할 것을 요하기는 하지만 권리보호의 이익의 동일성을 요하지는 않는다. 그 이유가 무엇일까? 재소금지에서는 전소와 후소의 시차가 존재하므로 새로운 권리보호의 이익이 발생할 가능성이 있다. 새로이 발생한 권리보호의 이익은 재소의 제기를 정당화한다. 그러나 중복제소에서는 동일한 두 소송이 동시에 계속되는 경우이다. 그래서 권리보호이익이 다른 경우를 생각하기 어렵고 만약 다른 권리보호의 이익이 존재한다 하더라도 소를 중복해서 제기할 필요 없이 이미 제기된 소에서 청구원인사실의 변경을 통해 해결이 가능하다.

앞서 살펴본 바와 같이 소취하의 사정을 모르는 권리의 특별승계인에게도 재소금지의 효력이 미친다는 것이 판례의 태도이다. 이러한 판례의 태도에 의하면 재소금지의 대상은 확대될 수 있다. 그러나 특별승계인에게 있어서 권리보호의 이익이 전소송의 원고(권리의 양도인)의 권리보호의 이익과 다름이 인정된다면 이로써 재소금지의 효과는 발생하지 않게 된다. 즉 **재소금지의 효과를 받는 당사자의 범위가 권리보호의 이익의 동일성의 요건을 통하여 합리적으로 조절될 수 있다.**

(3) 재소금지의 효과

재소금지에 해당하여 원고의 재소를 제재하여야 할 필요는 단지 피고의 이익만을 위한 것이 아니다. 소취하의 남용이 이미 이루어진 판결을 무용화시킨다는 점에서 그 제재에 국가적 이익이 포함되어 있다. 따라서 재소금지에 해당되는가 여부는 피고의 주장이 없어도 법원이 직권으로 판단하여야 할 사항이다. 만약 재소금지에 해당한다면 그 소는 부적법 각하되어야 한다. 그러나 재소금지에 해당한다고 하여 실체법상의 권리까지 소멸하는 것은 아니고 자연채무로 남게 된다.[30]

> 소를 취하하면 언제나 소송계속이 소급적으로 소멸하지만 재소금지는 본안에 대한 종국판결이 있은 뒤에 소를 취하한 경우에만 문제된다.

Ⅵ. 소의 취하간주

(1) 다음의 경우에는 소가 취하된 것으로 간주된다.

(a) 당사자 양쪽이 변론기일에 2회 불출석하고 1개월 내에 기일지정신청을 하지 않거나 위 기일지정신청에 의해 지정된 기일에 당사자 양쪽이 출석하지 아니하는 경우에는 소가 취하된 것으로 간주된다(268조 2항, 3항). 이는 변론준비절차기일에도 준용된다

29) 대법원 1993. 8. 24. 선고 93다22074 판결.
30) 대법원 1989. 7. 11. 선고 87다카2406 판결.

(286조). 다만 상소심절차에서는 소의 취하가 아니라 상소가 취하된 것으로 간주된다(268조 4항).

(b) 피고경정신청이 허가된 때에는 종전의 피고에 대한 소는 취하된 것으로 본다(261조 4항).

(c) 화재, 사변 또는 그 밖의 재난으로 소송기록이 멸실된 경우 원고가 6개월 이내에 소장을 제출하지 아니하면 소의 취하가 있는 것으로 본다(법원재난에 기인한 민형사임시조치법 2, 3조).

(2) 소취하 간주의 경우에도 소송계속이 소급적으로 소멸한다. 그러나 소취하 간주의 효력이 발생하더라도 민사소송법이 이에 대해 재소금지의 규정을 두고 있지 않으므로 원고는 후일 동일한 소를 제기할 수 있다.[31]

Ⅶ. 소취하의 효력을 다투는 절차

(1) 소취하의 효력에 관하여는 법원이 직권으로 조사하여야 한다.

(2) 소의 취하가 부존재 또는 무효라는 것을 주장하는 당사자는 기일지정신청을 할 수 있다. 위의 신청이 있는 때에는 법원은 변론을 열어 신청사유에 관하여 심리하여야 한다. 법원이 이를 심리한 결과 신청이 이유 없다고 인정하는 경우에는 판결로 소송의 종료를 선언하여야 하고, 신청이 이유 있다고 인정하는 경우에는 취하 당시의 소송정도에 따라 필요한 절차를 계속하여 진행하고 중간판결 또는 종국판결에 그 판단을 표시하여야 한다(규칙 67조 1 내지 3항).

(3) 종국판결이 선고된 후 상소기록을 보내기 전에 이루어진 소의 취하에 관하여 위의 신청이 있는 때에는

① 상소의 이익 있는 당사자 모두가 상소를 한 경우(당사자 일부가 상소하고 나머지 당사자의 상소권이 소멸된 경우를 포함한다)에는 판결법원의 법원사무관등은 소송기록을 상소법원으로 보내야 하고, 상소법원은 위의 (2)와 같은 절차를 취한다.

② 위 ①의 경우가 아니면 판결법원은 신청사유에 관하여 심리한 후 신청이 이유 없다고 인정하는 때에는 판결로 소송의 종료를, 신청이 이유 있다고 인정하는 때에는 판결로 소의 취하가 무효임을 각 선언하여야 한다(규칙 67조 4항).

31) 헌법재판소 2012. 11. 29. 선고 2012헌바180 전원재판부 결정.

제2절 청구의 포기 · 인낙

민사소송법	민사집행법
第220조(화해, 청구의 포기 · 인낙조서의 효력) 第461조(준재심)	第56조(그 밖의 집행권원)

Ⅰ. 의 의

1. 개 념

(1) 소의 취하 외에도 당사자의 의사로 소송이 종료되는 경우로 청구의 포기, 청구의 인낙이라는 제도가 있다. 민사소송법 제220조는 “화해, 청구의 포기 · 인낙을 변론조서 또는 변론준비기일조서에 적은 때에는 확정판결과 같은 효력이 있다”고 규정하고 있다.

(2) 청구의 포기(Klageverzicht)는 변론 또는 변론준비기일에서 원고가 자기의 소송상 청구가 이유 없음을 자인하는 법원에 대한 일방적 의사표시이다. 청구의 인낙(Klageanerkenntnis)은 피고가 원고의 소송상의 청구가 이유 있음을 자인하는 법원에 대한 일방적 의사표시이다. 청구의 포기가 원고의 의사에 의하여 결과적으로 원고 패소확정판결과 같은 효력을 발생시키는 것이라면 청구의 인낙은 피고의 의사에 의하여 결과적으로 원고 승소확정판결과 같은 효력을 발생시키는 것이라 할 수 있다.

(3) 청구의 인낙이 실제 소송에서 자주 이루어지는 것은 아니다. 사건 당사자인 피고가 원고의 소구채권을 다투는 것은 아니지만 변제할 자력이 없다고 하는 경우, 즉 본안의 문제와 집행의 문제를 혼동하고 본안 청구를 인정하고 집행의 문제인 무자력을 항변으로 제출하는 경우가 가끔 있다. 청구의 포기도 실제 변론과정에서 흔히 볼 수 있는 것은 아니다. 그러나 재판상화해를 하는 경우에는 화해조항에 흔히 “원고는 나머지 청구를 포기한다”라는 문구가 들어간다. 화해의 속성은 상호양보에 있으므로 원고청구의 일부를 포기하는 것이다.

2. 구별개념

(1) 위의 두 제도 모두 당사자의 의사에 의해 소송을 종료시킨다는 점에서는 소의

취하와 같다. 그러나 소의 취하는 단지 소송을 종료시킬 뿐 소송물의 내용을 확정짓지 않지만 청구의 포기 또는 인낙은 소송물의 내용을 확정짓는다는 점에서 소의 취하와는 다르다고 할 수 있다.

(2) 청구의 인낙은 자백과도 다르다. 청구의 인낙은 원고청구의 당부 그 자체를 대상으로 하지만 자백은 원고청구를 이유 있게 하는 개개의 주요사실을 그 대상으로 한다.

예를 들어보기로 한다. 원고가 소유권에 기한 건물인도청구를 한 경우 원고의 청구는 건물인도청구권의 존부이고 이를 이유 있게 하는 계쟁건물이 원고의 소유라는 것이 주요사실이 된다. 이에 대해 피고가 계쟁건물이 원고의 소유라는 것을 인정한다면 그 부분에 관하여는 자백이 성립한다. 그렇다고 피고의 위 자백이 곧 원고의 청구가 이유 있다는 것을 의미하는 것은 아니다. 만약 피고가 위의 자백과 함께 계쟁건물을 점유할 권리가 있다고 항변하고 피고의 이러한 항변이 이유 있다면 원고의 청구는 기각될 수도 있다. 이와 같이 실제 소송에서는 피고는 원고의 청구를 다투면서도 원고의 주장사실 일부에 대하여는 자백하는 경우가 얼마든지 있다. 만약 위 사건에서 피고가 인낙을 하는 것이라면 아예 원고의 청구를 인낙한다거나 원고의 청구와 같이 피고는 원고에게 계쟁건물인도의무가 있다고 진술해야 한다.

Ⅱ. 법적 성질

(1) 청구의 포기 · 인낙에 실체법상의 무효 또는 취소 사유가 존재하는 경우, 예를 들어 착오로 인한 의사표시 또는 비진의 의사표시 등에 의한 청구의 포기 · 인낙이 있는 경우에 이를 이유로 그 효력을 부인할 수 있을까? 이는 청구의 포기 · 인낙의 법적 성질을 사법행위(私法行爲)로 볼 것인가 아니면 소송행위(訴訟行爲)로 볼 것인가에 따라 그 결론이 달라진다. 이에 관해 논의가 전혀 없었던 것은 아니지만 청구의 포기 · 인낙은 소송상의 청구를 인정하거나 부인하는 소송행위라고 하는 것이 오늘날의 통설과 판례이다. 소송행위설로 보는 경우에도 소송상의 의사표시로 보는 견해도 있으나 통설과 판례는 청구의 당부에 관한 단순한 관념의 의사표시로 보고 있다.[32] 이에 의하면 청구의 포기 · 인낙에 민법상 의사표시의 하자가 있더라도 그 효력을 다툴 수 없다.

(2) 민사소송법 제461조는 청구의 포기 · 인낙에 관한 다툼은 준재심에 의하도록

32) 대법원 1957. 3. 14. 선고 4289민상439 판결.

규정하고 있다. 위의 규정은 청구의 포기 · 인낙에 관한 다툼은 준재심으로만 다툴 수 있다는 취지로 해석함이 일반적이다. 만약 민사소송법이 사법행위설을 취한다면 민법상 의사표시처럼 의사표시에 의해서도 그 무효 · 취소를 주장할 수 있고 반드시 준재심에 의해서만 그 효력을 부인하도록 하지는 않았을 것이다. 따라서 민사소송법 제461조는 곧 청구의 포기 · 인낙에 대해 소송행위설을 취하는 근거가 된다.

Ⅲ. 요 건

1. 당사자에 대한 요건

청구의 포기 · 인낙은 소송행위이므로 당사자는 당사자능력이나 소송능력 등 소송행위를 유효하게 할 수 있는 요건을 갖추어야 한다. 대리인이 청구의 포기 · 인낙을 하는 경우, 후견인 경우는 후견감독인으로부터(다만 후견감독인이 없으면 가정법원으로부터) 특별한 권한을 받아야 하며(56조 2항), 소송대리인의 경우에도 특별수권사항으로 규정되어 있다(90조 2항). 이는 그 중대성과 종국성에 비추어 당연하다고 할 수 있다.

2. 소송물에 관한 요건

(1) 처분가능성

청구의 포기 · 인낙은 소송물의 처분이므로 당사자가 자유로이 처분할 수 있는 소송물에 대해서만 가능하다. 민사소송법상 판결의 효력은 소송의 당사자 사이에서만 생기는 것이 원칙이다(218조 1항). 청구의 포기 · 인낙이 확정판결과 같은 효력을 가진다고 하더라도 그 효력이 당사자에게만 미치는 한 소송물을 당사자가 자유로이 처분할 수 있다. 추심의 소에서 추심채권자가 청구의 일부를 포기하는 재판상화해를 하였다하더라도 이는 추심채권자가 적법하게 포기할 수 있는 **자신의 추심권에 관한 것**이며 자신에게 처분 권한이 없는 피압류채권 자체를 포기한 것으로 볼 수는 없다.[33]

한편 판결의 효력이 제3자에게도 미치는 경우는 당사자가 자유로이 처분할 수 있는 소송물이라고 할 수 없다. 예를 들어 행정소송법 제29조 제1항은 "처분 등을 취소하는 확정판결은 제3자에 대하여도 효력이 있다"고 규정하고 있다. 이 경우에는 당사자의 소송물에 대한 처분은 제3자의 권리관계에 영향을 주게 되므로 청구의 포기 · 인낙은 제한될 수밖에 없다. 청구인용의 경우에 판결의 대세효가 인정되는 가사소송(가사소송법 21조, 12조), 회사관계소송(상법 190조, 376조, 380조) 등의 경우도 같은 이유에서 청구인낙을 할 수

33) 대법원 2020. 10. 29. 선고 2016다35390 판결.

없다.[34)]

(2) 적법성과 이유유무

(a) 인낙의 대상이 되는 청구가 강행법규에 위반되거나 사회질서에 반하는 등 적법하지 않은 경우에도 청구의 인낙이 허용될 수 있을까? 이를 허용한다면 판결로는 가능하지 않았던 부적법한 권리관계가 청구의 인낙을 통해 인정되는 결과가 된다. 청구의 인낙은 민사소송법상 처분권주의의 반영으로 인정되는 것이다. 또한 처분권주의는 사법상의 사적자치의 반영으로 인정되는 것이다. 사법상의 사적자치가 부적법한 법률관계의 영역에까지 인정되지 않는 것처럼 처분권주의도 소송물을 부적법한 내용으로 확정짓는 것까지 용인하는 것이라고는 볼 수 없다. 그러므로 청구가 부적법한 경우에는 청구의 인낙이 허용되지 않는다고 해석된다.

(b) 청구 그 자체는 적법하지만 부적법한 원인에 의하여 발생한 경우 예를 들어 도박채권 등과 같은 경우에는 인낙이 가능할까? 이에 대하여 강행법규위반인 권리의 행사와 실현에 관하여 국가가 협력하여서는 안 되므로 청구가 부적법한 원인에 의해 발생한 경우 청구의 인낙은 허용되지 않는다(다수설).[35)]

(c) 인낙의 대상이 되는 청구가 부적법한 것은 아니지만 이유 없어 만약 판결을 한다면 마땅히 기각판결을 해야 하는 경우에도 청구의 인낙이 허용될까? 청구의 인낙이 당사자의 소송물에 대한 처분권을 존중하는 것에서 비롯된 것이므로 긍정하는 것이 타당하다.[36)] 판례도 농지개혁법 제19조 소정의 농지소재지관서의 증명이 없더라도 농지의 소유권이전등기청구의 인낙을 기재한 조서는 무효가 아니라고 하여 같은 태도이다.[37)]

---

34) 가사소송의 경우 청구의 포기가 가능한가에 관하여는 소취하와 같이 소의 철회의 성질이 있으므로 가능하다는 견해(강현중, 608면; 김홍규/강태원, 616면; 송상현/박익환, 487면), 당사자가 자유로이 처분할 수 있는 소송물이 아니므로 허용되지 않는다는 견해(이시윤, 584면; 정동윤/유병현/김경욱, 717면), 청구권의 포기 가능성에 따라 달리 판단하는 견해(김홍엽, 800면) 등으로 나누어진다.

35) 강현중, 608면; 송상현/박익환, 487면; 정동윤/유병현/김경욱, 718면; 정영환, 1062면; 호문혁 841면. 이에 대한 법원의 판단권 배제가 인낙의 취지이고 이로 인해 제3자의 지위에 영향을 줄 염려가 없다는 이유로 반대하는 견해로는 김홍엽, 802면; 이시윤, 585면. 반대견해는 같은 취지의 판례로 대법원 1969. 3. 25. 선고 68다2024 판결을 들고 있다.

36) 같은 취지의 견해로는 이시윤, 585면; 정동윤/유병현/김경욱, 718면; 정영환, 1062면.

37) 대법원 1969. 3. 25. 선고 68다2024 판결. 농지개혁법은 1950. 3. 10. 공포되어 농지개혁법 제4817호 1994. 12. 22 폐지되었다. 동법 제19조 3호는 "본법에 의하여 분배받지 않은 농지 급 상환을 완료한 농지는 소재지 관서의 증명을 얻어 당사자가 직접 매매할 수 있다"고 규정하였다.

(3) 예비적 청구만을 대상으로 한 인낙

소송에 따라서는 원고가 피고에 대하여 A청구(주위적 청구)를 하고 A청구가 기각될 것에 대비하여 B청구(예비적 청구)를 하는 경우가 있다. 예를 들어 매수인이 매도인에게 매매목적물인도청구를 하면서 매매계약이 무효인 경우를 대비하여 예비적으로 이미 지급한 매매대금의 반환청구를 하는 경우이다. 이를 청구의 예비적 병합이라고 한다. 이 경우 법원은 주위적 청구가 이유 없어 기각되는 경우에 한하여 예비적 청구를 판단한다.

이러한 예비적 병합의 경우 피고는 예비적 청구에 대하여만 인낙을 하는 것이 가능할까? 이에 관하여 판례는 주위적 청구의 당부를 먼저 판단하여 그 이유가 없을 때에만 예비적 청구에 관하여 심리 · 판단할 수 있고 예비적 청구만을 분리하여 심리하거나 일부 판결을 할 수 없으며 피고로서도 예비적 청구에 관하여만 인낙을 할 수도 없고 가사 인낙을 한 취지가 조서에 기재되었다 하더라도 그 인낙의 효력이 발생하지 않는다고 한다.[38]

이러한 판례의 태도와는 달리 주위적 청구가 인용되면 무효로 하고 주위적 청구가 기각되는 경우에만 유효로 되는 유형으로서 예비적 청구만의 인낙을 허용하자는 견해도 있다.[39] 이 견해는 위와 같은 인낙을 인정하더라도 이는 소송내적 조건을 인정하는 것이므로 절차의 안정성을 해치지 않는다는 것을 그 이유로 한다. 그러나 인낙조서는 집행권원이 된다는 점을 고려할 때 그 효력은 단순하고 종국적인 것으로 인정될 필요가 있다. 따라서 판례의 태도가 타당하다.[40]

3. 소송요건

청구의 포기 · 인낙은 본안의 확정판결과 같은 효력이 있으므로 일반적으로 소송요건을 갖추어야 한다는 것이 통설이다.[41] 만약 소가 소송요건을 갖추지 못해 부적법하면 소각하 판결을 하여야 한다. 소송요건은 재판권의 적정하고 효율적인 행사를 위한 공익적 요구에 의해 인정되는 것이므로 원칙적으로 직권조사사항이다. 그러나 항변사항에 해당되는 것도 있다. 소송요건이 항변사항인 경우에는 당사자가 한 청구의 포기 · 인낙에 소송요건흠결항변에 대한 철회의 의사표시도 함께 포함되었다고 함이 타당하다. 따라서 여기서의 소송요건은 항변사유에 속하는 소송요건을 제외한 직권조사사항으로서의 소송요건을 의미한다. 학설에 따라서는 중복제소금지에 위반

38) 대법원 1995. 7. 25. 선고 94다62017 판결.
39) 강현중, 605면; 이시윤, 584면.
40) 판례와 같은 태도를 취하는 견해로는 김홍엽, 796면; 호문혁, 841면.
41) 김홍규/강태원, 617면; 김홍엽, 802면; 이시윤, 585면; 정동윤/유병현/김경욱, 718면.

된 경우나 소의 이익이 흠결된 경우에도 청구의 포기 · 인낙을 허용하자는 견해도 있다.[42] 그러나 중복제소금지나 소의 이익이 소송요건인 이유가 청구의 포기 · 인낙에 있어 특별히 달리 취급될 이유는 없다는 점에서 타당하지 않다.

Ⅳ. 시기와 방식

청구의 포기 · 인낙은 소송계속 중 어느 심급에서나 할 수 있다. 청구의 포기나 인낙은 당사자가 기일에 출석하여 구두로 하여야 하는 것이 원칙이다. 청구의 포기 또는 인낙의 의사가 적힌 서면을 제출하여 진술간주되는 방식으로 할 수는 없다. 청구의 포기나 인낙의 종국성과 중대성에 비추어 당사자의 의사가 명확히 확인될 필요가 있기 때문이다. 그러나 때로는 당사자가 상대방의 신청을 받아들이기는 하지만 기일에 출석할 수 없거나 출석할 의사가 없는 경우도 있다. 이러한 경우에는 청구의 포기나 인낙의 의사표시가 적혀있는 서면을 공증사무소에서 인증을 받아 법원에 제출하여 청구의 포기나 인낙을 성립시킬 수도 있다(148조 2항). 이러한 경우에는 당사자가 비록 기일에 출석하여 현실적으로 진술한 것은 아니지만 당사자가 청구의 포기나 인낙의 의사를 한 것임이 명확하게 확인될 수 있다.

Ⅴ. 효 력

청구의 포기 · 인낙을 변론조서 또는 변론준비기일조서에 적은 때에는 그 조서는 확정판결과 같은 효력을 가진다(220조). 따라서 청구의 포기 · 인낙은 조서에 기재된 때에 소송이 종료되고 소송의 종류와 관계없이 기판력이 발생한다. 판결의 종류에 따라 이행판결이면 집행력(민사집행법 56조 5호)이, 형성판결이면 형성력이 발생한다.

확정판결에 중대한 흠이 있어 그 효력을 취소시키려면 재심의 소를 제기하여야 한다(451조). 청구의 포기 · 인낙에 흠이 있는 경우에는 재심사유(451조)에 해당되는 경우에 한하여 준재심에 의해서만 그 효력을 다툴 수 있다(461조). 즉 그 효력을 다투는 방법도 확정판결에 준하게 하였다. 따라서 단순한 의사표시나 상소, 기일지정신청 등의 방법으로는 그 효력을 다툴 수 없다.

---

42) 강현중, 609면; 정영환, 1062면.

제3절 재판상화해

■ 핵심어

소송행위설, 무제한 기판력설, 준재심(제461조), 재판상화해의 해제, 실효조건부화해, 창설적 효력

민사소송법
제220조(화해, 청구의 포기 · 인낙조서의 효력)
제461조(준재심)
제148조 3항(서면화해제도)

민사집행법
제56조(그 밖의 집행권원)

Ⅰ. 의의와 성질

1. 의 의

넓은 의미에서 화해는 당사자가 서로 양보하여 합의에 이르는 것을 말한다. 화해에는 민법상 화해계약도 있고 민사소송법의 재판상화해도 있다. 두 가지 모두 당사자가 서로 양보하여 합의를 한다는 점에서는 같다. 그러나 민법상 화해는 화해에 법관이 개입하지 않고 당사자 사이에서만 이루어진다. 또 화해로 인한 의무를 당사자가 이행하지 않는 경우 그 의무실현을 위해 소송을 해야 한다. 이에 반해 민사소송법의 재판상화해는 법관의 면전에서 이루어진다. 또 재판상화해가 성립되면(화해조서가 작성되면) 화해의 내용을 실현하기 위한 강제력이 부여된다.

강학상 재판상화해는 법관의 면전에서 양 당사자가 소송물에 관하여 상호 일부씩 양보하여 합의한 결과를 진술하는 행위라고 정의된다. 재판상화해에는 소송상화해와 제소전화해가 있다. 위 두 가지 중 어느 경우이든 법관 앞에서 이루어진다는 점에서 공통되지만 양자는 제소 여부에 의하여 구별된다. 제소전화해는 소가 제기되기 전에 하는 재판상화해이고 소송상화해는 소가 제기된 이후에 이루어지는 재판상화해이다.

2. 성 질

재판상화해는 당사자 사이의 분쟁을 원만하게 해결하는 매우 유용한 제도이다. 그러나 재판상화해제도에는 이론적 해명을 필요로 하는 여러 가지 문제가 있다. 이해를 돕기 위해 한 가지 예를 들어 보기로 한다. 어떤 고리대금업자가 빚에 몰린 사

람에게 2천만 원을 빌려주었다. 고리대금업자는 상대방의 궁박한 상태를 이용하여 이자제한법상의 최고이율을 훨씬 넘는 월 2할의 이자로 대여조건을 정하였다. 그리고는 위의 내용은 드러내지 않은 채 단순히 채무자가 1년 후 원리금에 해당하는 6천 800만 원(원금 2천만 원+이자 4800만 원)을 지급한다는 내용만으로 제소전화해를 해 두었다(이하 '고리대금사건'이라 한다).

채무자는 이러한 제소전화해의 효력을 다투는 것이 가능할까? 만약 가능하다면 어떤 방법으로 화해의 효력을 다툴 수 있을까? 민사소송법은 재판상화해에 확정판결과 같은 효력이 있다고 규정(220조)하고 재심사유가 있는 경우에는 준재심에 의해 다투도록 하고 있다(461조). 실체법상 하자가 있는 위 화해의 효력은 위 민사소송법의 규정들과의 관계에서 어떻게 판단되어야 할까? 이 질문에 대한 답은 화해의 성질을 어떻게 파악하는가에 따라 달라질 수 있다.

재판상화해의 성질에 관한 논의의 기본적인 두 가지 관점은 재판상화해를 사법행위로 볼 것인가 아니면 소송행위로 볼 것인가 하는 것이다. 이에 관한 학설과 판례의 태도를 살펴보기로 한다.

(1) 학 설

(a) 사법행위설

이 설은 재판상화해의 성질을 민법상 화해계약과 동일한 것이라고 한다. 재판상화해의 성질을 사법행위설이라고 한다면 재판상화해에 조건이나 기한 등을 붙일 수 있고 실체법상의 무효나 취소사유가 있으면 민법의 규정을 적용하여 그 효력을 다툴 수 있다. 따라서 위의 고리대금사건에서도 화해의 효력을 부정할 수 있다. 문제는 재판상화해에 따르는 소송법적 효과를 어떻게 설명할 것인가 하는 것이다.

이 설에 의하면 재판상화해에 소송법적 의미를 부여할 수 없기 때문에 화해조서의 작성은 화해를 공증하는 의미에 불과한 것이 된다. 그러나 이는 화해조서의 작성 자체가 재판상화해의 성립요건인 점(220조 참조)을 간과하는 것이다. 또 화해에 의하여 소송이 종료되는 것은 소송이 목적을 달성하였기 때문이라고 설명한다. 그러나 당사자 사이에 분쟁이 사법적으로 해결되었다고 하여 소송종료라는 소송법적 효과가 당연히 발생하지는 않는다. 또한 사법행위이므로 기판력이 인정되지 않는다는 결론을 취할 수밖에 없다. 사법행위설은 이와 같이 여러 이론적 난점을 가지고 있어 현재 사법행위설을 취하는 학자는 발견하기 어렵다. 그러나 앞에서 언급한 바와 같이 사법행위설은 재판상화해의 법적 성질에 관한 기본적 관점의 하나를 제시하고 있다는 점에서 그 논리구조를 명확하게 이해할 필요성은 여전히 크다고 할 수 있다.

(b) 소송행위설

이 설은 재판상화해를 민법상 화해계약과는 구분되는 것으로 소송물의 내용을 확정하여 소송을 종료시키려는 당사자의 소송행위라고 한다. 재판상화해는 소송행위이므로 소송행위에는 허용되지 않는 조건이나 기한 등을 붙일 수 없다고 한다. 또한 재판상화해가 이루어져 이미 종료된 소송을 해제에 의하여 다시 부활시킬 수도 없으며 실체법상의 무효나 취소사유가 있는 경우에도 민법의 규정을 적용하여 그 효력을 다툴 수 없다 한다.[43] 그러므로 위의 고리대금사건과 같은 경우에도 채무자는 그 효력을 다툴 수 없다.

이러한 결론은 과연 타당할까? 만약 재판상화해에 기판력이 인정된다면 문제의 심각성은 더욱 커진다. 재판상화해에 기판력이 인정된다면 그 효력을 부정하는 것은 재심에 의해서만 가능하기 때문이다. 재판상화해의 기판력 인정에 관하여는 두 가지 문제가 제기된다. 하나는 소송행위설을 취할 때 재판상화해에 기판력이 인정되는 것은 논리필연적인 것인가 하는 것이다. 또 하나는 기판력을 인정하는 것이 논리필연적인 것은 아니라 하더라도 민사소송법의 해석상 기판력이 인정되는가 하는 것이다. 이에 대해서는 소송상화해의 효력부분에서 좀 더 자세히 살펴보기로 한다. 다만 여기서는 재판상화해에 있어서 소송행위설을 취할 때 기판력 인정의 문제가 어떤 이유에서 제기될 수밖에 없는가 하는 것을 이해하는 것으로 족하다.

(c) 절충설

(aa) 양행위병존설

이 설은 재판상화해에는 민법상 화해계약과 소송종료 목적의 소송행위 등 2개의 행위가 병존한다고 한다. 즉 재판상화해에는 사법행위와 소송행위 두 개의 행위가 함께 존재한다는 견해이다. 따라서 그 효력의 유무도 실체법과 소송법에 의하여 각각 독립적으로 판단된다. 이 설에 의하면 사법행위설에 의해서는 설명될 수 없는 재판상화해의 소송법적 효과가 설명될 수 있다. 그러나 민법상 화해와는 별도로 독립한 소송행위의 존재를 인정하는 결과 여전히 소송행위설에서 지적된 것과 같은 문제점을 가진다. 따라서 위의 고리대금사건에서 소송행위로서의 화해는 재심에 의하지 않으면 그 효력을 다툴 수 없다.

(bb) 양행위경합설

이 설은 재판상화해를 당사자 사이에서는 민법상 화해계약인 동시에 법원에 대하여는 소송행위의 성질을 함께 가진 하나의 행위라고 한다.[44] 양성설이라고도 하며 독일과 일본의 통설이며 현재 우리나라의 다수설이다. 소송상화해의 본질과 민사소

---

43) 소송행위설을 취하는 견해로는 김홍규/강태원, 600면. 김홍엽, 807면; 송상현/박익환, 492면.
44) 강현중, 616면; 이시윤, 591면; 정동윤/유병현/김경욱, 726면; 정영환, 1072면; 호문혁, 822면.

송법의 규정에 비추어 타당한 견해라고 생각한다. 이 설은 병존설과 달리 재판상화해를 사법행위와 소송행위의 성질을 모두 가진 하나의 행위로 보기 때문에 실체법과 소송법이 동시에 적용된다. 즉 실체법과 소송법의 요건을 모두 갖추어야 유효한 화해로서 인정된다. 따라서 실체법과 소송법 어느 한쪽에 하자가 있어도 소송상화해의 효력이 부인될 수 있다는 결론에 이르게 된다. 위의 고리대금사건에서 이자제한법위반으로 인하여 실체법상 하자가 인정된다면 소송법상 효력도 발생하지 않는다. 이 견해에 대하여는 민사소송법의 해석상 재판상화해에 기판력이 인정된다는 전제에서 본다면 기판력을 통해 재판상화해에 법적 안정성을 확보하려는 재판상화해제도의 취지와 상충된다는 문제점이 지적될 수 있다.[45] 이에 대한 반론은 소송상화해의 효력(기판력)부분에서 다시 살펴보기로 한다.

(2) 판례의 태도

판례는 재판상화해에 관하여 초기에 재판상화해를 당사자가 상호양보하여 소송물인 권리 또는 법률관계에 관한 분쟁을 중지하는 사법상 규약인 동시에 소송을 종료할 것을 목적으로 하는 소송법상 합의라고 하여 양성설의 태도를 취하였었다.[46] 따라서 재판상화해에 무효 · 취소사유가 있을 때에는 반드시 재심을 거치지 않더라도 별소나 (소송계속이 있는 것을 전제로)기일지정신청으로 다툴 수 있도록 하였다.

그러나 1961년 민사소송법 제431조(현행 민사소송법 461조)가 개정되어 준재심의 대상에 제220조의 조서가 포함됨에 따라[47] 대법원 1962. 2. 15. 선고 4294민상914 판결 이후 그 태도를 변경하였다. 즉 **재판상의 화해를 조서에 기재한 때에는 그 조서는 확정판결과 같은 효력이 있고 당사자 간에 기판력이 생기는 것이므로 재심의 소에 의하여 취소 또는 변경이 없는 한 당사자는 그 화해의 취지에 반하는 주장을 할 수 없다고 하였고 이러한 태도는 그 이후에도 판례의 주류를 이루고 있다.**[48]

이러한 판례의 태도에 대해 대법원 판례 스스로 순수한 소송행위설을 취하고 있

45) 송상현/박익환, 491면.
46) 대법원 1955. 9. 15. 선고 4288민상229 판결.
47) 1960. 4. 4. 법률 제547호로 제정된 민사소송법 제431조에서는 "즉시항고로 불복을 신청할 수 있는 결정이나 명령이 확정한 경우에 제422조 제1항에 기재한 사유가 있는 때에는 확정판결에 대한 제422조 내지 전조의 규정에 준하여 재심을 제기할 수 있다" 하여 준재심의 대상을 즉시항고로 불복을 신청할 수 있는 결정이나 명령이 확정한 경우로 한정하였으나 위 조항은 1961. 9. 1. 법률 제706호로 개정되어 현재의 민사소송법과 같이 "제206조의 조서 또는 즉시항고로 불복을 신청할 수 있는 결정이나 명령이 확정한 경우에 제422조 제1항에 기재한 사유가 있는 때에는 확정판결에 대한 제422조 내지 전조의 규정에 준하여 재심을 제기할 수 있다"고 하여 준재심의 대상으로 청구의 포기 · 인낙 · 화해조서를 추가하였다.
48) 대법원 1990. 3. 17.자 90그3 결정; 대법원 1990. 12. 11. 선고 90다카24953 판결; 대법원 2000. 3. 10. 선고 99다67703 판결.

다고 표현한 경우도 있고[49] 학설도 위와 같은 판례의 태도를 소송행위설을 취한 것으로 이해하는 것이 일반적이다. 재판상화해를 순수한 소송행위로 이해하면 재판상화해에 조건이나 기한을 붙일 수 없다. 그러나 **판례는 재판상화해의 내용은 당사자 사이의 사법상의 화해계약의 내용을 이루는 것이라 하고**[50] **실효조건의 성취로 재판상화해는 당연히 소멸된다고 하며,**[51] **화해가 이루어지면 이는 창설적 효력을 가지는 것이므로 종전의 법률관계를 바탕으로 한 권리의무관계는 소멸한다고 한다.**[52] 이러한 판례의 태도는 순수한 소송행위설을 취하는 판례의 기본입장과는 모순되는 것이 사실이다.[53] 학자에 따라서는 판례의 태도가 순수한 소송행위설과는 구별되는 것으로 실체법적 소송행위설을 취하는 것으로 이해하기도 한다.[54]

Ⅱ. 소송상화해

1. 의 의

소송상화해는 소송계속 중 양쪽 당사자가 소송물인 권리관계의 주장을 서로 양보하여 소송을 종료시키기로 하는 기일에 있어서의 합의를 말한다. 당사자 사이에 분쟁이 발생하여 소가 제기된 경우 당사자들이 자신의 주장을 굽히지 않으면 결국 판결에 의해 분쟁이 해결될 수밖에 없다. 물론 재판에 의한 분쟁해결은 법적인 판단에 따른 것이므로 법에 의하여 보호되어야 마땅한 권리가 판결에 의해 보호될 수 있다는 점에서 긍정적인 면을 지니고 있다. 그러나 사건에 따라서는 이러한 해결이 최선의 해결이라고 할 수 없는 경우도 많다. 예를 들면 원고의 주장에 상당히 신빙성이 있는 것은 사실이지만 법관이 확신할 정도에 이르지는 못한 경우에도 판결에 의하면 원고의 주장이 명백하게 부당한 경우와 마찬가지로 원고 패소판결이 선고될 것이다. 또 예를 들어 원고의 토지에 피고의 건물 일부가 침범하여 판결에 의하면 건물이 철거되어야 하지만 당사자 사이의 화해를 통해 원고가 피고의 건물을 매수함으로써 원고와 피고 모두에게 이익이 되는 방식으로 분쟁이 해결될 수도 있다. 무엇보다도 판결보다는 화해를 통한 분쟁해결로서 당사자 사이의 감정대립을 완화하는 데 도움이 된다. 이와 같이 화해에 의한 분쟁해결은 여러 가지 장점이 있으나 지나친 화해 일

---

49) 대법원 1962. 5. 31. 선고 4293민재항6 판결; 대법원 1963. 10. 31. 선고 63다136 판결.
50) 대법원 1971. 1. 26. 선고 70다2535 판결.
51) 대법원 1993. 6. 29. 선고 92다56056 판결.
52) 대법원 1988. 1. 19. 선고 85다카1792 판결.
53) 이 점을 지적한 견해로는 이시윤, 604면; 정동윤/유병현/김경욱, 734면.
54) 강현중, 615면.

변도의 분쟁해결방식은 자칫 국민의 권리의식을 해칠 수도 있다.

2. 요 건

소송상화해의 요건에 관하여는 당사자의 의사로 소송물의 내용을 확정짓는다는 점에서 청구의 포기 · 인낙과 공통되므로 청구의 포기 · 인낙의 요건과 크게 다르지 않다. 화해의 대상이 되는 권리관계는 당사자가 자유로이 처분할 수 있는 것이어야 한다. 아래에서는 소송상화해의 특별한 점만 설명하기로 한다.

(1) 강행법규나 사회질서에 위반되는 경우

화해의 내용이 강행법규에 위반되거나 사회질서에 반하는 경우에도 소송상화해가 인정될까? 앞에서 살펴본 바와 같이 재판상화해의 성질을 사법행위로 보는가 소송행위로 보는가에 따라 그 결론이 달라진다. 소송행위설나 양행위병존설을 취한다면 위의 경우에도 그 효력을 인정하는 것이 논리적으로는 일관된다. 소송행위설을 취하는 판례는 "재판상화해가 성립되면 그 내용이 강행법규에 위배된다 할지라도 재심절차에 의하여 취소되지 아니하는 한 그 화해조서를 무효라고 주장할 수 없는 터이므로 화해에 대하여 민법 제607조, 제608조에 반한다든가 통정한 허위표시로서 무효라는 취지의 주장을 할 수 없다"고 한다.[55] 만약 사법행위설이나 양성설에 의한다면 이러한 소송상화해는 허용될 수 없다.

(2) 조건부화해

화해에 조건을 붙일 수 있을까? 다시 말해 조건부화해가 허용될까? 이에 관한 논의를 하기에 앞서 재판상화해에 조건이 붙은 형태를 예를 들어 살펴보기로 한다. X는 Y를 상대로 K토지에 관하여 매매를 원인으로 한 소유권이전등기청구의 소를 제기하였다. 소송중 당사자 사이에 소송상화해가 성립되었다. 화해의 내용은 사건에 따라 여러 가지가 있을 수 있겠지만 이 논의와 관련하여 의미 있는 아래의 A와 B 두 가지 경우를 보기로 한다.

A)
1) Y는 X로부터 100만 원을 지급받음을 조건으로 X에게 K토지에 관한 소유권이전등기절차를 이행한다.
2) 토지의 실질적인 소유자인 P가 이의를 제기하면 X는 Y에 대한 위 권리를 상실한다.

---

55) 대법원 1991. 4. 12. 선고 90다9872 판결. 같은 취지의 판례로 대법원 2002. 12. 6. 선고 2002다44014 판결.

B)

1) Y는 X로부터 100만 원을 지급받음을 조건으로 X에게 K토지에 관한 소유권이전등기절차를 이행한다.

2) 토지의 실질적인 소유자인 P가 이의를 제기하면 이 사건 화해는 실효된다.

위의 A와 B의 화해조항은 공통적으로 Y의 X에 대한 소유권이전등기절차이행의 무의 이행은 X가 Y에게 100만 원을 지급할 것을 조건으로 하고 있다. 이와 같이 의무이행에 조건을 붙이는 것은 일반적으로 허용된다.

(a) 실권조건부화해

위의 A와 B는 화해조항 1)은 공통되나 2)에서 차이가 있다. A의 화해에서는 P가 이의를 제기하면 X의 권리가 실효됨을 정하고 있다. P가 이의를 제기하여 X의 권리가 실효되더라도 위의 소송상화해 자체가 실효되는 것은 아니다. 이러한 소송상화해를 실권조건부화해라고 한다. 즉 권리를 실효시키는 조건이 화해의 내용에 포함되어 있는 것이다. 이러한 실권조건부화해는 소송상화해의 성질을 무엇으로 보는가에 관계없이 그 효력이 인정된다. 왜냐하면 이러한 조건은 소송상화해 자체에 붙은 조건이 아니라 소송상화해의 내용을 이루는 것에 불과하기 때문이다. 조건이 성취된다고 하더라도 화해의 내용을 이루는 권리가 실효될 뿐 소송상화해 자체는 실효되지 않는다.

(b) 실효조건부화해

문제가 되는 것은 B의 경우이다. B의 경우에는 화해조항 2)가 화해 자체를 실효시킬 수 있다. 이는 실효조건부화해라고 할 수 있다. 소송상화해를 실효시키는 조건이 화해의 내용에 포함되어 있다. 이러한 화해도 허용될 수 있을까? 이러한 화해가 허용된다면 실효조건의 성취로 소송상화해로 종료되었던 소송도 부활될 수 있다. 재판상화해의 법적 성질에 관한 사법행위설이나 절충설에 의하면 실효조건부화해가 사적자치의 원칙에 따라 허용된다.[56] 소송행위설에 따르면 실효조건부화해가 허용될 수 없다. 다만 소송행위설을 취하는 견해 중에는 소송행위의 확정성과 절차의 안정성을 이유로 실효조건부화해가 허용되지 않는다고 하면서도 소송절차의 안정을 위해 실효조건만 무효로 취급하여 조건 없는 소송상화해로서 효력이 있다는 견해도 있다.[57]

---

56) 이시윤, 593면; 정동윤/유병현/김경욱, 728면.

57) 송상현/박익환, 496면.

판례는 소송행위설을 취하면서도 "재판상화해에서도 제3자의 이의가 있을 때에 화해의 효력을 실효시키기로 하는 약정이 가능하고 그 실효조건의 성취로 화해의 효력은 당연히 소멸된다"고 하여 실효조건부화해를 허용하고 있다.[58] 나아가 이와 같이 화해가 실효되면 화해가 없었던 상태로 돌아가므로 화해 성립 전의 법률관계를 다시 주장할 수 있다고 한다.[59] 이러한 판례의 태도에 대한 학자들의 평가는 일치하지 않는다. 소송상화해를 소송행위라고 보더라도 소송절차를 종료시키는 것이므로 조건을 붙여도 절차의 안정성을 해할 염려가 없다는 견해도 있다.[60] 이와 달리 위 판례의 태도는 결국 구소송이 부활되고 이미 생겼던 확정판결과 동일한 효력이 있는 화해의 효력을 소멸하게 하는 것으로 법적 안정성을 중시하는 소송행위설을 따르는 판례의 기본 태도와 맞지 않는다는 견해도 있다.[61]

소송상화해의 효력은 소송이 종료되는 효력뿐 아니라 화해의 성립으로 발생하는 법률효과를 지속시킨다는 점에서의 법적 안정성도 함께 고려되어야 한다고 생각한다. 따라서 소송행위설을 취한다면 그 실효조건은 무효로 취급하는 것이 타당하다.

판례연습 대법원 1965. 3. 2. 선고 64다1514 판결

– 실효조건부화해의 효력 –

▌사건의 개요 부재자재산관리인이던 Y는 법원의 재산처분허가를 받지 아니한 채 부재자의 재산인 K토지를 X에게 매도하였다. 그러나 법원의 재산처분허가와 소유권이전등기절차가 이루어지지 않아 X는 Y를 상대로 그 이행을 구하는 소(제1소송)를 제기하였다.

소송 도중 X와 Y 사이에 다음과 같은 재판상화해가 성립되었다.

① Y는 X 및 A로부터 금10만 원을 수령함과 동시에 X에게 K토지에 관한 소유권이전등기절차를 이행한다.

② Y는 급속히 법원에 본건 재산처분 허가신청을 하여 그 결정을 얻은 후에 X에게 통지하고 X는 이로부터 10일 이내에 위 금원을 소유권이전등기 소요서류와 교환적으로 Y에게 지급한다. X가 의무를 이행하지 아니한 때에는 본건 화해는 실효가 되고 X는 T가옥을 Y에게 명도한다.

③ 위 처분허가신청이 불허된 때에는 본건 화해는 실효된다.

그 후 화해에서 정한 처분허가신청이 불허되자 X는 다시 소(제2소송)를 제기하여 승소판결을 받았다.

---

58) 대법원 1993. 6. 29. 선고 92다56056 판결.
59) 대법원 1996. 11. 15. 선고 94다35343 판결.
60) 정동윤/유병현/김경욱, 728면.
61) 이시윤, 594면.

제2소송의 판결이 확정되자 Y는 재심의 소를 제기하여 제2소송의 확정판결이 앞서 이루어진 재판상화해에 저촉되므로 민사소송법 제451조 제1항 10호에서 정한 '재심을 제기할 판결이 전에 선고한 확정판결에 어긋날 때'에 해당된다고 주장하면서 제2소송의 확정판결에 대한 취소를 구하였다. Y가 제기한 재심의 소에 대하여 법원은 어떻게 판단하여야 하는지가 문제되었다.

설 명

(1) 이 사건 화해의 실효 여부

이 사건 화해에는 "③ 위 처분허가신청이 불허된 때에는 본건 화해는 실효된다"고 하여 실효조건부조항이 있다. 또한 처분허가신청이 불허되어 위 실효조건은 성취되었다. 따라서 이 사건 화해의 실효 여부는 재판상화해에서 실효조건부화해를 인정하는가에 따라 달라진다.

재판상화해에서 실효조건부화해를 인정할 수 있는지는 재판상화해의 법적성질을 어떻게 파악하는가에 따라 그 결론이 달라질 수 있으나 판례는 소송행위설을 취하면서도 실효조건부화해를 허용하고 있다. 따라서 판례에 의하면 이 사건 화해는 실효되었다.

(2) 민사소송법 제451조 제1항 제10호 해당 여부

재심을 제기할 판결이 전에 선고한 확정판결에 어긋나는 때에는 확정된 종국판결에 대하여 재심의 소를 제기할 수 있다(451조 1항 10호). 재판상화해는 확정판결과 같은 효력을 가지므로(220조) 재심을 제기할 판결이 이미 성립한 재판상화해에 어긋나는 때에도 재심의 소를 제기할 수 있다. 제2소송의 판결은 제1소송 중 X와 Y 사이에 성립된 재판상화해(이하 이 사건 화해라 한다)의 내용 그 자체에는 저촉된다. 그러나 이 사건 화해는 실효되었으므로 Y의 재심의 소는 재심사유에 해당하지 않는다.

(3) 재심법원의 판단

Y가 주장하는 재심사유가 인정되지 않으므로 재심법원은 Y의 재심의 청구에 대하여 기각판결을 하여야 한다. (이 사건 화해가 실효된 것이라면 제1소송은 부활되어 제2소송은 중복소송이 된다. 이에 Y는 제2소송의 판결이 확정되기 전 중복제소를 간과한 흠을 주장하여 제2소송의 각하를 구할 수 있었을 것이나 그 실익은 크지 않다)

참고판례 대법원 1965. 3. 2. 선고 64다1514 판결

3. 시기와 방식

소송상화해는 소송계속 중 어느 때나 할 수 있다. 화해는 청구의 포기·인낙과 마찬가지로 당사자가 기일에 출석하여 구두로 진술하여야 하는 것이 원칙이다. 그러나

민사소송법 제148조 제3항은 서면화해제도를 도입하여 준비서면 등에 화해의 의사표시가 적혀 있고 공증사무소의 인증을 받은 경우에, 상대방 당사자가 변론기일에 출석하여 그 화해의 의사표시를 받아들인 때에는 화해가 성립된 것으로 규정하고 있다.

4. 효 력

(1) 소송의 종료

화해조서가 작성되면 확정판결과 같은 효력이 생긴다. 따라서 계속 중이던 소송은 그 범위에서 종료된다. 만약 상소심에서 화해가 성립되었다면 하급심에서의 미확정판결은 그 효력을 상실한다.

(2) 기판력

(a) 문제의 소재

기판력은 원칙적으로 확정판결에 부여된 효력으로서 동일한 사항에 대하여 후일 소송상 다시 문제가 된다 하더라도 다시 판단하는 것 자체가 금지되거나(반복금지) 그와 모순되는 판결을 할 수 없는 효력(모순금지)을 말한다. 이미 발생한 기판력을 부정하는 방법은 재심의 소를 통하여 확정판결을 취소하는 것뿐이다. 다시 말해 판결의 기판력이 인정된다는 것은 당연무효가 아닌 한 재심사유가 없으면 더 이상 그 효력을 다툴 수 없다는 것을 의미한다.

민사소송법 제220조는 화해조서는 확정판결과 같은 효력을 가진다고 규정하고 있고 제461조에서는 화해조서에 재심사유가 있는 때에는 재심규정에 준하여 재심을 제기하도록 규정하고 있다. 소송상화해에서 기판력의 문제는 이러한 민사소송법의 규정에 대한 해석, 재판상화해의 성질 등의 문제와 결부되지 않을 수 없다.

(b) 학설과 판례

1) 기판력 부정설

소송상화해를 사법행위라고 본다면 기판력을 인정하기 어렵다. 사법행위에 의해서는 소송법적인 효과인 기판력이 발생할 수 없기 때문이다.

소송상화해에 소송행위의 요소를 인정하는 견해들, 즉 소송행위설이나 양성설, 양행위병존설과 같은 입장에서는 기판력을 인정할 수 있다.[62] 그런데 소송상화해에

---

62) 호문혁, 829면에서는 이와 달리 사법행위설과 양성설에 의하면 무효 · 취소를 다툴 수 있어 기판력이 생기지 않는다고 하나 의문이다. 양성설에 의하더라도 사법상 하자가 없을 것을 조건으로 기판력이 인정된다는 견해가 가능하기 때문이다. 위 견해는 기판력인정의 논리적 전제와 기판력유지의 조건을 동일하게 취급하

소송행위의 요소를 인정하여 기판력을 인정하는 것이 논리상 가능하다고 하더라도 반드시 기판력을 인정하여야 하는가 하는 문제와는 별개일 수 있다. 왜냐하면 모든 소송행위가 기판력을 발생시키는 것은 아니기 때문이다. 이러한 이유에서 양성설을 취하면서도 기판력을 부정하는 견해도 있다.63)

기판력을 부정하는 데에는 현실적인 이유도 있다. 기판력을 다투려면 재심사유가 인정되어야 한다. 그런데 민사소송법 제451조에 나열된 재심사유는 판결의 중대한 하자를 예상하여 규정한 것이어서 소송상화해의 효력을 다툴 수 있는 사유로 삼을 만한 경우가 극히 적다. 따라서 일단 재판상화해가 성립되면 사실상 그 효력을 부정하기 어렵다. 즉 법관에 의한 판결의 효력보다도 당사자에 의한 소송상화해의 효력을 다투기가 더 어렵게 된다.64) 기판력부정설은 위와 같은 문제점들을 직시한 견해라고 할 수 있다. 그러나 기판력부정설은 소송상화해에 확정판결과 같은 효력이 인정되고 그 하자가 있는 경우 준재심으로 다투도록 한 현행법의 태도와는 쉽사리 조화되기 어렵다.65)

2) 제한적 기판력설

소송상화해에 소송행위의 요소를 인정한다면(소송행위설 또는 절충설) 기판력을 인정하는 것이 논리적으로 가능하다. 그러나 성질론에 관한 태도에 따라 구체적 차이를 나타낸다. 예를 들어 양성설은 기판력을 긍정하는 태도를 취한다 하더라도 사법상 하자가 없을 것을 전제로 할 수밖에 없다. 이에 의하면 사법상 하자로 화해가 무효 또는 취소가 되면 소송행위도 무효가 되어 기판력이 발생하지 않는다. 이를 제한적 기판력설이라 한다.66)

그러나 이러한 견해는 자칫 기판력제도를 무의미하게 할 수도 있다. 제한적 기판력설에 따라 소송상화해에 현실적으로 기판력을 인정하려면 문제된 소송상화해마다 사법상의 하자가 있었는지를 심사하여야 할 것이다. 기판력을 인정하는 근본적인 이유가 법적 안정성을 도모하고자 함인데 위의 결론은 이에 반한다.67)

3) 무제한 기판력설

판례와 같이 순수한 소송행위설을 취하는 경우에는 사법상의 하자유무와 상관없이 기판력이 인정된다. 이를 무제한기판력설이라고 한다.68) 양행위병존설을 취하는 경우에도 순수한 소송행위설과 같은 결론에 도달한다.69) 이러한 견해는 논리적 일관성에 있어 흠 잡을 데가 없고 현행 민사소송법의 규정과도 모순되지 않는다. 그러나

는 것에서 비롯된 것이 아닌가 한다.

63) 정동윤/유병현/김경욱, 733면.

64) 이에 관하여는 이태영, 조정의 효력과 재심사유의 적용, 저스티스 제108호, 한국법학원, 2008, 315면 이하 참조.

65) 그래서 기판력을 부정하는 견해는 민사소송법 제220조가 규정한 확정판결과 같은 효력이란 기판력을 의미하는 것이 아니라 집행력을 의미한다고 해석한다.

66) 강현중, 625면; 이시윤, 597면.

67) 같은 취지의 비판적 견해로는 김홍엽, 819면.

68) 대법원 1962. 2. 15. 선고 4294민상914 전원합의체판결. 김홍엽, 819면; 송상현/박익환, 495면.

69) 우리나라에 양행위병존설을 취하는 견해는 발견되지 않는다.

무제한 기판력설을 취하였을 때 예상되는 현실적인 문제점도 함께 고려해 보아야 한다. 판결의 결론은 원칙적으로 법률에 적합하게 이루어지며 적극적으로 불법적인 것이 될 수 없다. 그러나 앞의 고리대금사건에서 살펴본 것처럼 재판상화해의 내용은 불법적인 것이 될 수도 있다. 그럼에도 기판력이 인정되면 재심사유에 해당되지 않는 한 그 효력을 다투는 것이 불가능하게 된다. 이는 가볍게 보아 넘길 수 있는 문제가 아니다. 제한적 기판력설을 지지하는 견해들은 바로 무제한 기판력설의 이와 같은 문제점을 직시하였다고 할 수 있다. 양성설을 취하면서도 제한적 기판력설의 문제점을 인식하고 무제한 기판력을 취하는 견해도 있다.[70] 그러나 앞에서 본 바와 같이 양성설을 기반으로 무제한 기판력설을 도출하는 것은 논리적으로 문제가 있다고 생각한다.

4) 사 견

위의 어떤 견해도 민사소송법의 규정과의 조화로운 해석, 화해제도의 합리적 운영, 기판력이 추구하는 법적 안정성 등의 요구를 모두 충족시키지는 못한다. 그러나 화해조서의 효력을 준재심에 의하여 다투도록 규정한 민사소송법 제461조의 해석상 화해조서에 대한 기판력을 부정하기는 어렵다. 재심은 기판력을 제거하기 위한 제도이기 때문이다. 다만 당사자 사이에 화해에 의한 기판력을 법원에 의한 심리결과 성립되는 판결에 인정되는 기판력과 반드시 동일하게 취급할 필요는 없다. 즉 화해조서의 기판력을 강행법규 위반이 없는 경우에 한하여 인정한다 하더라도 기판력에 의한 법적 안정성이 근본적으로 위협을 받는다고 하는 것은 지나친 면이 있다. 따라서 제한적 기판력설을 지지한다.[71]

> 소송상화해의 효력에 관하여 판례와 같이 무제한 기판력설을 취하는 경우에는 실체법상의 하자를 이유로 소송상화해의 효력을 다툴 수 없다.

(3) 창설적 효력

(a) 의 의

창설적 효력이란 당사자 일방이 양보한 권리가 소멸되고 상대방이 화해로 인하여 그 권리를 취득하는 효력이다(민법 732조). 앞의 고리대금사건에서 "피고는 원고에게 2012년 1월 1일까지 6800만 원을 지급한다"라는 화해가 성립되었다고 가정한다. 그런데 피고는 위 기간 내에 원고에게 6800만 원을 지급하지 않았다. 만약 이에 창설적 효력이 인정되지 않는다면 원고는 화해조서를 집행권원으로 하여 위 금액을 집행하는 데 그친다. 그러나 창설적 효력이 인정된다면 화해로 인하여 원고는 피고에 대하여

---

70) 호문혁, 830면.

71) 이태영, 조정의 효력과 재심사유의 적용, 저스티스 제108호, 한국법학원, 2008, 317면에서 주장된 기판력 부정설은 개설하기로 한다.

실체법상 6800만 원의 채권이 성립되어 위 변제기 이후에 지연손해금이 인정된다.[72] 왜냐하면 창설적 효력으로 인해 원고는 피고에 대하여 실체법상 6800만 원의 채권을 취득하였기 때문이다. 또한 화해가 6800만 원이 아닌 680만 원으로 이루어졌다고 하더라도 원고의 피고에 대한 기존의 권리는 소멸하므로 원고는 피고에 대하여 680만 원 및 이에 대한 지연손해금의 지급을 청구할 수 있는 이상의 권리가 존재하지 않는다.

(b) 인정 여부

이러한 화해의 창설적 효력이 소송상화해에도 인정될까? 창설적 효력을 인정하는 것이 소송상화해를 하는 사건 당사자의 의사에는 더 부합할 것이다. 소송상화해에 사법행위의 존재 또는 요소가 포함되어 있다고 보는 사법행위설이나 절충설에 의하면 창설적 효력을 인정하는 데 논리적 어려움이 없다. 한편 순수한 소송행위설에 의하면 소송상화해에 창설적 효력을 부여하는 데에 논리적 어려움이 있다. 왜냐하면 화해의 창설적 효력이란 실체법상의 법률관계를 변동시키는 효력인데 소송행위로 실체법상의 효력을 발생시킬 수는 없기 때문이다.

판례는 순수한 소송행위설을 취하고 있으면서도 재판상화해에 창설적 효력을 인정하여 종전의 법률관계를 바탕으로 한 권리의무관계는 소멸한다고 한다. 다만 창설적 효력은 계쟁 권리관계에만 미치고 당사자 사이에 다툼이 없었던 사항에 관하여는 미치지 않는다고 한다.[73] 또한 공유토지에 관한 현물분할의 협의와 같이 등기를 요하는 권리에 관한 것인 경우에는 이에 따른 등기를 마쳐야 그 부분에 대한 대세적 권리로서의 소유권을 취득하게 된다고 한다.[74] 이와 같이 판례가 소송상화해의 창설적 효력을 인정하는 것은 재판상화해에 대하여 소송행위설을 취하는 기본 태도와는 일관되기 어렵다.

(4) 집행력

화해조서의 기재가 구체적인 이행의무를 내용으로 할 때에는 집행력을 갖는다. 민사집행법 제56조 제5호는 화해조서를 집행권원의 하나로 규정하고 있다.

---

72) 대법원 1981. 8. 25. 선고 80다2645 판결 참조.

73) 대법원 1997. 1. 24. 선고 95다32273 판결; 대법원 2019. 4. 25. 선고 2017다21176 판결. 위 판례는 민사조정법상의 조정에도 창설적 효력을 인정한다.

74) 대법원 2013. 11. 21. 선고 2011두1917 전원합의체판결. 위 판례는 공유물분할협의에 관하여 조정이 성립된 경우이다.

성질		판례 (소송행위설)	사법행위설	소송행위설	양행위병존설	양행위경합설
요건	강행법규위반	화해성립인정	화해성립부인	화해성립인정	화해성립인정	화해성립부인
	조건부화해	인정	인정	부인	인정	가능
효력	기판력	무제한인정	인정불가능	무제한인정 가능	무제한인정 가능	제한적인정 가능
	창설적 효력	인정	인정가능	인정불가능	인정가능	인정가능

5. 소송상화해의 효력을 다투는 방법

화해조서에 판결의 경정사유(211조)에 해당하는 잘못이 있음이 분명한 때에는 판결경정에 준하여 법원은 경정결정을 하는 방법으로 이를 시정할 수 있다. 화해에 무효 또는 취소의 사유가 있는 경우 화해의 효력을 다투는 방법은 기판력 인정에 관한 태도에 따라 달라진다.

(1) 기판력 부정설에 의하면 소송상화해에 기판력을 인정하지 않으므로 실체법상 무효 또는 취소사유가 있으면 굳이 준재심에 의할 필요가 없다. 따라서 소송상화해로 소송이 종료되지 않았음을 전제로 기일지정신청을 하거나 이에 관해 다툼이 있으면 화해무효확인청구를 하는 것으로 족하다.

(2) 제한적 기판력설에 의하면 실체법상 무효나 취소사유가 없는 경우에만 기판력이 인정되므로 실체법상 하자가 없는 경우에는 민사소송법 제461조에 의한 준재심에 의해서 다투고 실체법상 하자가 있는 경우에는 기일지정신청이나 화해무효확인청구로 화해의 효력을 다툴 수 있다.

(3) **무제한 기판력설에 의하면 화해에 실체법상 하자가 있는 경우에도 기판력이 인정되므로 그 효력을 다투려면 당연무효사유가 없는 한 준재심에 의하는 수밖에 없다. 무제한 기판력설에 의하는 판례는 재판상의 화해를 조서에 기재한 때에는 화해조항에서 정한 의무를 이행하지 아니하였음을 이유로 재판상화해의 해제를 주장하는 것과 같은 화해조서의 취지에 반하는 주장을 할 수 없다고 한다.**[75] 판례는 사기나 착오를 이유로 재판상화해를 취소할 수는 없고 민사소송법 제451조 제1항 제5호

---

75) 대법원 2012. 4. 12. 선고 2011다109357 판결. 그러나 판례는 매매계약과는 별도의 중간생략등기합의에 관한 재판상화해에 의해 소유권이전등기가 경료된 사안에서는 잔대금지급불이행을 이유로 매매계약을 해제를 하고 이를 원인으로 한 소유권이전등기말소청구를 인정하고 있다(대법원 1994. 12. 9. 선고 94다17680 판결).

소정의 형사상 처벌을 받을 타인의 행위로 인한 것이라 하더라도 그것이 당사자가 화해의 의사표시를 하게 된 직접적인 원인이 된 경우에만 준재심사유가 된다고 한다.[76] 또한 선행 화해와 모순되는 후행 화해를 한 경우 선행 화해에 확정판결과 같은 기판력이 발생하였으므로 후행 화해에 의해 선행 화해가 당연히 실효되는 것은 아니어서 선행 화해조서의 집행으로 인한 소유권이전등기 등이 무효가 되는 것은 아니라고 한다.[77]

6. 화해권고결정

(1) 의 의

화해권고결정은 법원 · 수명법관 · 수탁판사가 소송에 계속 중인 사건에 대하여 직권으로 당사자의 이익, 그 밖의 모든 사정을 참작하여 청구의 취지에 어긋나지 아니하는 범위 안에서 사건의 공평한 해결을 위해 화해를 권고하는 결정을 말한다. 민사소송법 제225조 내지 제232조에 규정되어 있다.

(2) 결정에 의한 화해권고

화해권고는 법원 · 수명법관 또는 수탁판사 등이 소송계속 중 직권으로 청구취지에 어긋나지 않는 범위에서 결정의 방식에 의하여 한다(225조 1항). 법원사무관등은 화해권고결정의 내용을 적은 조서 또는 결정서의 정본을 당사자에게 송달하여야 한다. 다만 그 송달은 우편송달이나 공시송달의 방식으로는 할 수 없다(동조 2항). 화해권고결정은 그 심급에서 판결이 선고된 때에는 그 효력을 잃는다(232조 2항).

(3) 이의신청

(a) 당사자는 화해권고결정에 대하여 그 조서 또는 결정서의 정본을 송달받은 날로부터 2주 이내에 이의를 신청할 수 있다. 다만 그 정본이 송달되기 전에도 이의를 신청할 수 있다(226조 1항). 위 기간은 불변기간이다(동조 2항).

(b) 이의신청은 이의신청서를 화해권고결정을 한 법원에 제출함으로써 한다(227조 1항). 이의신청서에는 당사자와 법정대리인, 화해권고결정의 표시와 그에 대한 이의신청의 취지 등을 기재하여야 한다(동조 2항). 이의신청이 법원에 접수된 때에는 법원은 상대방에게 이의신청서의 부본을 송달하여야 한다(동조 4항).

---

76) 대법원 1979. 5. 15. 선고 78다1094 판결.
77) 대법원 1994. 7. 29. 선고 92다25137 판결.

(c) 이의신청을 한 당사자는 그 심급의 판결이 선고될 때까지 상대방의 동의를 얻어 이의신청을 취하할 수 있다(228조). 이의신청권은 그 신청 전까지 포기할 수 있다(229조 1항). 이의신청권의 포기는 서면으로 하여야 한다(동조 2항).

(d) 이의신청이 법령상의 방식에 어긋나거나 신청권이 소멸된 뒤의 것임이 명백한 경우에는 그 흠을 보정할 수 없으면 각하하여야 한다(230조). 이에 대하여는 즉시항고를 할 수 있다(동조 2항). 이의신청이 적법한 때에는 소송은 화해권고결정 이전의 상태로 돌아간다. 이 경우 그 이전에 행한 소송행위는 그대로 효력을 가진다(232조 1항).

(4) 화해권고결정의 효력

화해권고결정은 이의신청기간 이내에 이의신청이 없거나 이의신청에 대한 각하결정이 확정되거나 당사자가 이의신청을 취하하거나 이의신청권을 포기한 때에는 재판상화해와 같은 효력을 가진다(231조).

Ⅲ. 제소전화해

제2편 제1심의 소송절차
제4장 제소전화해의 절차(385조 내지 389조)

> **제385조(화해신청의 방식)**
> ① 민사상 다툼에 관하여 당사자는 청구의 취지 · 원인과 다투는 사정을 밝혀 상대방의 보통재판적이 있는 곳의 지방법원에 화해를 신청할 수 있다.

1. 의의와 문제점

제소전화해는 소제기 전 당사자의 신청에 의하여 지방법원 단독판사 앞에서 화해를 하는 것을 말한다. 재판상화해의 성질과 소송상화해에서 논의되었던 효력은 제소전화해에서도 그대로 적용된다. 제소전화해는 앞에서 예를 든 고리대금사건이 그 한 예가 될 수 있다. 당사자가 민법상 화해를 하는 데 그치면 민법상 화해계약으로 정한 의무를 이행하지 않는 경우 그 의무를 실현하기 위하여 다시 소송을 하여 집행권원을 얻어야 한다. 그러나 제소전화해가 성립하여 조서가 작성되면 이를 집행권원으로 하여 채무불이행시 바로 집행이 가능하다. 이러한 제소전화해는 이용되기에 따라 사건에 대해 강행법규의 적용을 회피하고 이를 재판으로 더 이상 다투는 것이 쉽지 않다. 재판상화해의 성질과 효력, 특히 기판력 인정의 문제가 첨예하게 논의된 것도 사실은 제소전화해의 위와 같은 부작용이 적지 않은 영향을 주었다.

2. 요 건

제소전화해의 대상도 당사자가 자유로이 처분할 수 있는 권리관계에 한한다는 것은 당연하다. 민사소송법 제385조 제1항은 제소전화해신청을 '민사상 다툼'에 관하여 하도록 정하고 있다. 만약 다툼이 없는데도 제소전화해를 허용하면 제소전화해로 인해 법원이 공증기관으로 전락해 버릴 수도 있다. '다툼'의 의미를 어떻게 해석하는가는 이런 의미에서 문제될 수 있다. 학설로는 현실적으로 분쟁이 존재하여야 한다는 현실적 분쟁설[78]과 장래의 분쟁가능성으로 족하다는 장래분쟁설[79]이 있다. 그러나 제소전화해신청 전에 당사자들 사이에 이미 합의를 이루고 다만 그 형식을 구비하기 위해 다툼이 있는 것으로 신청하더라도 법원이 이에 대해 관여할 길이 없다. 따라서 이는 별 실익이 없는 논의가 아닌가 한다.

3. 신청방식

(1) 당사자는 청구의 취지 · 원인과 다투는 사정을 밝혀 상대방의 보통재판적이 있는 곳의 지방법원에 화해를 신청할 수 있다(385조 1항). 화해신청에는 그 성질에 어긋나지 아니하면 소에 관한 규정을 준용한다(동조 4항).

(2) 당사자는 제소전화해를 위하여 대리인을 선임하는 권리를 상대방에게 위임할 수 없다(385조 2항). 앞에서 예로 든 고리대금 사건과 같이 채권자가 채무자의 궁박한 상태를 이용하여 제소전화해를 함에 있어 채무자의 소송대리인을 선임하는 권한까지 위임받아 제소전화해신청을 하여 채무자에게 매우 불리한 제소전화해가 성립될 수도 있기 때문이다. 또한 법원은 필요한 경우 대리권의 유무를 조사하기 위하여 당사자본인 또는 법정대리인의 출석을 명할 수 있다(동조 3항).

4. 절 차

(1) 화해의 신청이 요건을 갖추지 못하거나 방식에 흠이 있는 때에는 법원은 이를 결정으로 각하한다. 화해의 신청인은 이에 대해 항고할 수 있다(439조). 화해신청이 적법하면 법원은 신청서부본을 피신청인에게 송달하고 화해기일을 정하여 당사자에게

78) 강현중, 632면; 김홍엽, 828면; 이시윤, 601면; 호문혁, 836면.
79) 송상현/박익환, 498면; 정동윤/유병현/김경욱, 740면.

통지하여야 한다.

(2) 화해가 성립된 때에는 법원사무관등은 조서에 당사자, 법정대리인, 청구의 취지와 원인, 화해조항, 날짜와 법원을 표시하고 판사와 법원사무관등이 기명날인한다(386조).

(3) 화해가 성립하지 아니한 때에는 법원사무관등은 그 사유를 조서에 적어야 한다(387조 1항). 법원사무관등은 위 조서를 당사자에게 송달하여야 한다(동조 3항). 신청인 또는 상대방이 기일에 출석하지 아니한 때에는 법원은 이들의 화해가 성립되지 아니한 것으로 볼 수 있다(동조 2항).

화해가 성립되지 아니한 경우에 당사자는 소제기 신청을 할 수 있다(388조 1항). 위 신청은 조서등본이 송달된 날로부터 2주 이내에 하여야 한다. 다만 조서등본이 송달되기 전에도 신청할 수 있다(동조 3항). 위 기간은 불변기간이다(동조 4항). 적법한 소제기신청이 있으면 화해신청을 한 때에 소가 제기된 것으로 본다. 이 경우 법원사무관등은 바로 소송기록을 관할법원에 보내야 한다(동조 2항).

5. 화해조서의 효력

제소전화해조서의 효력은 소송상화해조서와 마찬가지로 확정판결과 같은 효력을 가진다(220조). 그 효력을 다투는 방법 또한 같다. 다만 제소전화해는 성립되지 않더라도 단순히 화해 불성립에 그치고 소송상화해처럼 소송이 계속되는 일이 생기지 않는다. 또한 제소전화해가 실효되더라도 종전 소송이 부활하는 일도 없다.

제3장 종국재판에 의한 종료

제1절 재판 일반

(1) 재 판

재판이란 재판기관의 판단 또는 의사표시로 이에 의해 소송법상 일정한 효과가 발생하는 법원의 소송행위를 말한다. 재판에는 판결, 결정, 명령이 포함된다. 판결과 결정 및 명령은 그 대상, 방식, 효력, 불복방법 등에서 차이가 있으므로 이를 구분하는 것은 의미가 있다. 자세한 것은 관련되는 곳에서 살펴보기로 한다.

(2) 판 결

판결은 법원이 원칙적으로 필요적 변론을 거쳐 소송의 중요사항에 대한 중간적 또는 종국적 판단을 하는 것이다. 판결의 대상은 소송의 중요사항에 대한 것이기는 하나 본안에 한정되지는 않는다. 원고 승소판결뿐만 아니라 소각하 판결(219조)도 있다.

(3) 결정과 명령

결정과 명령은 파생적 사항을 그 대상으로 하며 임의적 변론에 의한다. 원칙적으로 결정은 법원의 재판이고 명령은 법관의 재판이다. 민사소송법 제34조는 "법원은 소송의 전부 또는 일부에 대하여 관할권이 없다고 인정하는 경우에는 결정으로 이를 관할법원에 이송하여야 한다"고 규정하고 있다. 즉 민사소송법은 이러한 이송결정은 법원이 주체가 되어 하는 것으로 명령이 아닌 결정의 방식으로 하는 것으로 규정하고 있다. 민사소송법 제347조 제1항은 "법원은 문서제출신청에 정당한 이유가 있다고 인정한 때에는 결정으로 문서를 가진 사람에게 그 제출을 명할 수 있다"라고 하여 법원이 주체가 되어 명령을 하는 것으로 규정하고 있다. 그러나 그 주체가 법원이므로 결정이라고 하여야 할 것이다.

제2절 판 결

제1관 판결의 종류

Ⅰ. 중간판결

1. 의 의

판결은 크게 중간판결과 종국판결로 나눌 수 있다. 예를 들어 보기로 한다. X는 A가 운전하는 차량에 동승하여 가다가 A가 운전하던 차량이 Y가 운전하는 차량과 충돌하는 사고로 인해 부상을 입었다. X는 Y의 잘못으로 사고가 났다고 주장하면서 Y를 상대로 손해배상청구를 하였다. 그러나 Y는 이 사건 사고가 A의 잘못으로 발생한 것이므로 자신은 책임이 없다고 주장한다.

X가 Y를 상대로 한 이 사건 소송에서 자신의 손해를 인정받으려면 이 사건 사고가 Y의 잘못으로 발생하였다는 점과 X가 입은 손해가 얼마인지가 증명되어야 한다. 이 사건 사고가 Y의 잘못으로 발생하였다는 사실을 증명하는 것도 쉬운 일은 아니지만 이 사건 사고로 X가 입은 손해가 얼마인지 증명하는 것 또한 그 과정이 대단히 복잡할 것으로 예상된다. X는 사고 당시 얼마를 버는 사람이었으며 향후에는 어떤 소득이 예상되는지, 이미 지급된 치료비는 얼마이고 향후에 소요될 치료비는 얼마인지, 사고로 인해 노동능력이 얼마나 상실되었는지, 이 사건 사고로 인해 상실된 노동능력은 향후 전혀 회복될 가능성이 없는 것인지 등이 주장 · 증명되어야 한다. 그러나 이와 같이 손해의 범위를 증명하였다고 하더라도 만약 이 사건 사고가 Y의 잘못으로 발생한 것이 아니라면 손해의 증명을 위해 그동안 소요되었던 노력과 비용은 모두 허사가 된다. 그렇다면 먼저 손해발생의 원인에 관한 판결을 통해 이에 관한 X의 주장이 인정되는 경우에만 손해의 범위에 관한 심리를 진행하는 것이 바람직하다.

이와 같이 중간판결은 종국판결을 하기 전에 사건의 쟁점에 관하여 판단을 하여 종국판결을 용이하게 하는 판결이다. 만약 손해발생의 원인이 Y의 과실이 아니라면 더 이상 손해의 범위에 관하여 심리 · 판단할 필요가 없으므로 중간판결을 할 것이 아니라 종국판결인 원고청구기각판결을 하여야 한다. 따라서 Y의 과실이라고 인정하는 경우에만 그 판결이 중간판결의 의미를 가진다. 이와 같이 손해의 범위에 관한 종국적 판단에 앞서 이 사건 사고가 Y의 과실로 발생하였다는 판결을 중간판결이라 한다. 이러한 중간판결은 X가 치료비청구와 일실수입청구를 하였는데 법원이 치료비청구에 관해서만 판단하고 일실수입청구에 관해서는 판단하지 아니하는 일부판결(200조)과는 개념상 구별된다.

2. 중간판결사항

> **제201조(중간판결)**
> ① 법원은 독립된 공격 또는 방어의 방법, 그 밖의 중간의 다툼에 대하여 필요한 때에는 중간판결을 할 수 있다.
> ② 청구의 원인과 액수에 대하여 다툼이 있는 경우에 그 원인에 대하여도 중간판결을 할 수 있다.

민사소송법 제201조는 중간판결을 할 수 있는 세 가지 경우를 규정하고 있다.

(1) 독립한 공격 · 방어방법

독립한 공격 · 방어방법은 그 공격 · 방어방법이 인정된다면 그 자체로 청구가 인정될 수 있거나 배척될 수 있는 경우를 말한다. 즉 청구의 인용이나 기각 여부를 결정지을 수 있는 공격 · 방어방법이다. 예를 들어 대여금지급청구소송에서 변제항변과 같은 것이다. 만약 변제항변이 인정된다면 바로 종국판결인 청구기각판결을 선고하는 것이 가능하므로 배척되는 경우에만 중간판결이 된다.

(2) 중간의 다툼

중간의 다툼은 소송상 사항에 관한 다툼으로 이에 관한 해결이 본안판단의 전제가 되는 경우를 말한다. 예를 들면 당사자의 소취하효력에 관한 다툼이 이에 해당한다. 중간의 다툼은 본안에 관한 사항이 아니고 소송상 사항이라는 점에서 첫 번째의 독립한 공격 · 방어방법과 구별된다. 위의 예에서 소취하가 인정되지 않을 때만 중간판결이 되고 소취하가 인정된다면 그로써 소송은 이미 종료된 것이므로 소송종료선언을 해야 하고 중간판결은 이루어지지 않는다. 재심사유에 관한 중간판결에 대하여는 민사소송법 제454조에 별도로 규정되어 있다.

(3) 원인판결

원인판결은 앞서 본 교통사고 사건에서와 같이 청구의 원인과 액수에 관하여 다툼이 있는 경우 먼저 청구의 원인에 관하여 하는 판결을 말한다. 여기서의 '청구의 원인'이라 함은 청구취지와 대비되는 의미의 청구원인이 아니고 청구의 범위와 대비되는 의미의 청구권의 존부를 의미한다.

3. 효 력

(1) 중간판결은 종국판결에 앞서 쟁점을 미리 정리하는 의미를 가지므로 중간판결에서 내려진 결론이 종국판결에서 번복되어서는 안 된다. 예를 들어 앞의 교통사고 사건에서 중간판결로써 Y의 과실이 인정되었다면 종국판결에서도 Y에게 책임이 있다는 것을 전제로 결론이 내려져야 한다. 즉 중간판결을 한 법원 스스로 중간판결에 구속되는 효력이 인정된다. 이를 기속력이라 한다. 물론 상급심까지 하급심의 중간판결에 구속되지는 않는다. 이는 종국판결을 취소할 수 있는 상급법원의 권한에 비추어 당연하다. 또한 중간판결에는 기판력이 인정되지 않는다. 기판력은 확정된 종국판결에 대하여 인정되는 것이 원칙이다.

(2) **중간판결은 독립하여 상소의 대상으로 삼을 수 없다. 이는 중간판결을 종국판결과 분리하여 별도로 상소의 대상으로 삼을 수 없다는 것이고 종국판결에 대한 상소와 함께 불복하는 것은 가능하다.** 중간판결은 종국판결과 일관성을 가져야 할 뿐만 아니라 종국판결에 앞서 미리 쟁점을 정리하는 의미를 가지는 것일 뿐이므로 종국판결과 분리하여 상소의 대상으로 삼는 것은 바람직하지 않다.

민사소송법 제390조, 제422조는 상소의 대상을 종국판결로 한정하고 있으나 제392조는 항소법원의 판단의 대상으로 종국판결 이전의 재판을 포함시키고 있다. 따라서 중간판결이 독립하여 불복의 대상이 될 수는 없으나 종국판결과 함께 상소심 판단의 대상에 포함될 수 있다는 것은 위의 규정들의 해석에 의해서도 도출될 수 있다.

4. 환송판결

상소심에서 원판결을 취소 또는 파기하여 사건을 원심법원에 돌려보내는 것을 환송판결이라 한다(418조, 436조). 상소심이 원판결을 취소 또는 파기하여 원심법원에 돌려보내면 당해 심급에서의 소송절차는 종결된다. 그러나 환송판결은 그 주문을 통하여 원심판결을 파기 또는 취소할 뿐 본안에 관하여는 아무런 결론도 내리지 않는다.[1] 이를 종국판결로 보아야 할지 아니면 중간판결로 보아야 할지는 이에 관한 판단은 종국판결의 의미를 본안의 종결에 중점을 둘 것이냐 아니면 심급이탈에 중점을 둘 것이냐에 따라 달라진다.

---

1) (상고심환송판결 주문 예) 원심판결을 파기하고, 사건을 서울고등법원으로 환송한다.
(항소심환송판결 주문 예) 1. 제1심판결을 취소한다. 2. 이 사건을 서울중앙지방법원에 환송한다.

과거의 판례는 종국판결을 사건 본안 자체를 당해 심급에서 종결시키는 것으로 보아 사건을 제1심법원에 환송한다는 항소심판결은 중간판결로 보았다.2) 이후 대법원은 전원합의체판결로 그 태도를 변경하여 **사건을 당해 심급에서 이탈시키는 판결을 종국판결로 보아 항소심의 환송판결은 종국판결이므로 대법원에 상고할 수 있다고 하였다.**3) 앞서 중간판결에 대하여는 독립하여 상소할 수 없다고 하였다. 그러나 판례와 같이 환송판결을 종국판결로 본다면 환송판결에 대하여도 독립하여 상소가 가능하다. 환송판결이 종국판결이라고 하더라도 그 특수성 때문에 기판력의 유무와 재심대상성에 관하여 다시 문제가 된다. 이에 관하여는 관련된 곳에서 살펴보기로 한다.

Ⅱ. 종국판결

■ **핵심어**
사건의 가분성, 재판의 누락, 판단의 누락, 추가판결의 가부

1. 의 의

종국판결의 의미를 현재의 판례의 태도와 같이 심급이탈성에 중점을 둔다면 종국판결은 소 또는 상소에 의하여 계속된 사건의 전부 또는 일부를 그 심급으로써 완결하는 판결이라고 정의할 수 있다. 법원은 소송의 심리를 마치고 나면 종국판결을 하여야 한다(198조). 종국판결은 전부판결과 일부판결, 소송판결과 본안판결로 구분할 수 있다.

2. 전부판결과 일부판결

(1) 의 의

(a) 전부판결

전부판결은 같은 소송절차에서 심판되는 청구의 전부를 동시에 완결시키는 종국판결이다. 예를 들기로 한다. X가 Y에게 임대차종료로 인한 건물인도청구의 소를 제기하면서 임대차기간에 발생한 손해배상도 함께 청구하였다. 위의 건물인도청구와 손해배상청구는 하나의 소송에 병합된 것이다. **만약 법원이 위 두 청구에 대하여 모**

2) 대법원 1970. 12. 29. 선고 70다2475 판결.
3) 대법원 1981. 9. 8. 선고 80다3271 전원합의체판결.

두 심리를 마쳤다면 1개의 판결로 동시에 위의 두 청구에 관하여 판단을 한다. 즉 전부판결이 원칙이다(198조 참조)**. 이때 판결의 개수는 둘이 아닌 하나이다.**[4] 이는 판결에 관한 중요한 여러 법리를 이해하는 데 기초가 되는 사항이다.

(b) 일부판결

> **제200조(일부판결)**
> ① 법원은 소송의 일부에 대한 심리를 마친 경우 그 일부에 대한 종국판결을 할 수 있다.
> ② 변론을 병합한 여러 개의 소송 가운데 한 개의 심리를 마친 경우와, 본소나 반소의 심리를 마친 경우에는 제1항의 규정을 준용한다.

1) 의 의

일부판결은 같은 소송절차에서 심리되는 청구들 중 일부를 다른 청구로부터 분리하여 먼저 판결하는 것을 말한다. 만약 위의 사건에서 법원이 인도청구에 대한 심리는 이미 마쳤으나 손해배상청구에 관한 심리를 마치려면 상당한 시일을 요한다고 판단되는 경우 인도청구에 관한 판결을 먼저 할 수 있다(200조 참조). 이때 아직 판결을 하지 않고 남겨둔 손해배상청구부분에 대한 판결을 나중에 하는 경우 이 판결을 잔부판결이라고 한다. 이 경우에는 판결이 하나가 아니라 둘이 된다.

2) 사건의 가분성

일부판결은 하나의 사건에 대해 판결을 나누어서 하는 것이므로 사건이 나누어질 수 있는 경우 즉 사건의 가분성이 있어야 일부판결이 허용된다. 사건의 가분성이 인정되는 경우로 먼저 청구가 복수인 경우를 떠올릴 수 있겠으나 양자가 반드시 일치하는 것은 아니다. 하나의 청구의 일부에 대해서도 가능한 경우가 있을 수 있다. 예를 들어 대여금이나 손해배상액에서 다툼이 없는 부분만 일부판결을 하는 경우이다. 한편 청구가 수개인 경우라고 하더라도 법률상 나눌 수 없는 경우가 있다. 두 가지 예를 들어 보기로 한다.

i) X가 Y에 대하여 매매를 원인으로 한 소유권이전등기청구(주위적 청구)를 하면서 변론종결 전 매매목적물에 관한 소유권이전등기가 이행불능인 경우를 대비하여 전보배상청구(예비적 청구)를 함께 하였다. 이때 전보배상청구의 판단은 소유권이전등기청구가 이유 없을 것을 조건으로 하고 있다. 이를 청구의 예비적 병합이라 한다. 이 경우 소유권이전등기청구에 관한 판단을 어떻게 하느냐에 따라 전보배상청구에 관한 판단 여부가 결정되므로 소유권이전등기청구와 전보배상청구를 별개의 판결로 판단할 수 없다. 즉 일부판결이 허용되지 않는다.

---

4) 대법원 1966. 6. 28. 선고 66다711 판결 참조.

ii) K토지는 X와 Y_1, Y_2의 공유로 되어 있다. X는 Y_1, Y_2를 상대로 K토지에 관한 공유물분할청구의 소를 제기하였다. K토지의 분할에 관한 판결의 내용은 X와 Y_1, Y_2 사이에 일률적으로 정해져야 한다. 다시 말해 X, Y_1의 단독소유로 분할되는 토지부분과 Y_2의 단독소유로 분할되는 토지부분이 서로 무관하게 정해질 수 없다. 이와 같이 소송의 승패가 일률적으로 정해져야 하는 소송을 필수적 공동소송이라고 한다. 이러한 합일확정의 필요가 있는 사건에서도 일부판결은 허용되지 않는다.

iii) 위의 두 예에서 나타난 바와 같이 **일반적으로 판결에 있어서 조건관계와 합일확정의 필요는 수개의 청구를 법률상 불가분적으로 만드는 기본적 요소라고 할 수 있다.** 물론 그 구체적 조건관계와 합일확정의 필요는 위의 예에 한정되지 않고 다양할 수 있다. 그 나머지 다양한 경우들은 관계되는 곳에서 살펴보기로 한다.

3. 재판의 누락과 추가 판결

(1) 의 의

법원이 사건의 일부에 대하여 심리가 완결되어 그 일부에 대해서만 의도적으로 하는 판결을 일부판결이라고 하고 추후에 그 나머지 부분에 대하여 하는 판결을 잔부판결이라고 한다는 것을 앞에서 살펴보았다. 이번에는 법원이 사건의 전부에 대하여 판결을 할 의사로 판결을 하였으나 실수로 사건의 일부를 객관적으로 빠뜨렸을 때 이를 재판의 누락이라고 하며 그 부분에 대하여 하는 종국판결을 추가판결이라고 한다(212조 1항). 이때 재판의 누락 여부는 주문의 기재를 기준으로 한다. 즉 판결은 판결의 주문에 기재되어야 하고 그렇지 않으면 재판의 누락이 된다.[5]

재판의 누락이 있는 부분은 재판을 누락한 그 법원에 계속되어 있다. 객관적으로는 아직 판결을 하지 않았기 때문이다. 따라서 이에 대한 판단은 재판을 누락한 법원이 추가판결로써 하여야 한다. 재판이 누락되었다고 하여 상소할 수 없다. 상소는 상소의 대상이 되는 재판이 있어야 하기 때문이다(390조, 422조, 392조). 또한 상소심판단의 대상이 될 수도 없다. 재판이 누락된 부분은 상소심이 아닌 재판을 누락한 그 법원에 계속되어 있기 때문이다. 따라서 재판을 누락하였다고 하여 한 상소는 부적법한 것이 된다.[6]

---

5) 대법원 2004. 8. 30. 선고 2004다24083 판결. 위의 판결은 "판결에는 법원의 판단을 분명하게 하기 위하여 결론을 주문에 기재하도록 되어 있으므로 재판의 누락이 있는지 여부는 우선 주문의 기재에 의하여 판정하여야 하고, 판결이유에서 청구가 이유 없다고 설시하고 있더라도 주문에서 설시가 없으면 특별한 사정이 없는 한 재판의 누락이 있다고 보아야 한다"고 한다.

6) 대법원 2004. 8. 30. 선고 2004다24083 판결.

(2) 판단의 누락

재판의 누락과 구별하여야 할 것으로 판단의 누락이 있다. 판단의 누락은 법원이 판결의 결론을 이유 있게 하기 위해 반드시 판단하여야 할 사항을 판단하지 않은 것이다. 예를 들어 보기로 한다. X가 Y에 대하여 하나의 소로 두 건의 대여금청구를 하였다. Y는 X의 두 건의 대여금청구에 대하여 모두 변제항변과 소멸시효항변을 하였다. 위 두 항변 중 어느 한 가지만 인정되더라도 원고의 청구는 기각된다. 따라서 법원이 X승소판결을 선고하려면 위의 두 항변 모두에 관하여 배척하는 판단을 하여야 한다. 만약 법원이 두 건의 대여금청구 중 어느 한 청구에 관하여 실수로 판결을 하지 않아 주문에 기재되지 않았다면 재판의 누락이 된다. 청구들 중 일부에 대한 판결을 누락하였기 때문이다. 한편 법원이 두 건의 대여금청구에 관한 판결은 하였으나 Y의 변제항변과 소멸시효항변 모두를 배척하는 판단을 하지 않고 X승소판결을 하였다면 이는 판단의 누락이 된다. 물론 위 사례에서 법원이 X패소판결을 하였다면 Y의 위 두 항변 중 어느 한 가지만 받아들이는 판단을 하였어도 X의 청구는 기각될 것이므로 굳이 두 항변 모두를 판단할 필요는 없다.

판단의 누락 여부는 판결이유를 기준으로 한다. 즉 X패소 판결시 Y의 위 두 항변에 관한 판단은 판결의 이유에 기재되어야 하며 그렇지 않으면 판단의 누락 또는 이유의 누락이 있는 경우가 된다. 재판의 누락과 판단의 누락을 구분하는 실익은 이를 다투는 방법에 있다. **만약 판단의 누락이 있다면 재판의 누락과는 달리 상소나 재심으로 다툴 수 있다**(451조 1항 9호)**. 왜냐하면 비록 판단의 누락은 있었으나 이미 종국판결은 존재하므로 상소의 대상으로 삼을 수 있고 상소를 하면 그 사건은 원심이 아닌 상소심에 계속되기 때문이다.**

(3) 일부판결을 할 수 없는 사건에 대한 일부판결

일부판결이 허용되지 않는 사건(앞의 예에서 청구의 예비적 병합이나 필수적 공동소송 등)에 대하여 법원의 실수로 일부판결을 한 경우에도 추가판결이 가능할까? 일부판결이 허용되지 않으면 추가판결도 할 수 없다. 왜냐하면 이러한 사건의 판결은 1개의 판결로만 하여야 하기 때문이다. 그렇다면 이러한 판결의 하자는 어떻게 시정되어야 할까? 두 가지 방법을 생각해 볼 수 있다. 하나는 판결확정 전 판단받지 아니한 부분에 대하여 소를 취하하고 다시 소를 제기하는 방법과 그 일부판결이 부적법하다고 상소하여 상소심에서 1개의 전부판결을 받는 방법이다.

판례는 이러한 경우 추가판결을 허용하지 않고 판단의 누락이 있는 것으로 보아 상소나 재심에 의하여 다투어야 한다고 하며[7] **통설도 같은 태도이다.** 소를 제기하는 전자의 방법도 가능할까? 상소에 의해 다투는 것이 허용된다면 전자의 방법은 이미 시작된 절차 내에서 문제를 해결할 수 있는 방법을 두고 굳이 새로운 소를 제기하는 것으로 권리보호의 이익이 인정되기 어렵다. 판례도 같은 이유에서 이러한 소는 부적법하다고 한다.[8)]

4. 소송판결과 본안판결

본안판결은 청구의 당부에 관하여 하는 판결을 말한다. 원고의 청구를 인용하는 판결이나 기각하는 판결이 이에 해당된다. 한편 소송판결은 소 또는 상소가 부적법하다고 하여 각하하는 판결을 말한다. 만약 소나 상소가 적법하다면 본안에 관한 판결만 이루어지므로 별도의 소송판결은 이루어지지 않는다. 소송종료선언도 본안판결이 아니라 소송판결에 해당한다.

제2관 판결의 성립

판결은 법원이 판결의 내용을 확정하여 그 내용에 따라 판결서를 작성하고 이 판결서에 기하여 판결을 선고하는 것으로 이루어진다.

Ⅰ. 판결내용의 확정

법원은 심리가 판결하기에 성숙한 것으로 판단되면 변론을 종결하고 판결내용을 확정하여야 한다. 판결은 직접주의의 요청상 변론에 관여한 법관이 정하여야 한다(204조 1항). 법관이 바뀐 경우에 당사자는 종전의 변론결과를 진술하여야 한다(204조 2항). 따라서 변론이 종결되었다면 종전의 변론결과를 진술하기 위하여 변론을 재개하여야 한다. 그러나 판결내용이 확정되어 법관이 판결서에 서명날인함에 지장이 있는 때에 불과한 경우는 변론을 재개할 필요 없이 다른 법관이 판결에 그 사유를 적고 서명날인하면 된다(208조 4항 참조).

단독제인 경우 그 1인 법관이 판결내용을 확정한다. 합의제인 경우 판결내용의 확정은 법관들의 합의(合議)에 의한다. 이때의 합의는 분쟁이 있을 때 당사자가 하는 합의(合意)와는 다른 것으로 재판장의 주재 하에 합의체를 구성하는 법관들이 사실인

---

7) 대법원 1981. 12. 8. 선고 80다577 판결; 대법원 2000. 11. 16. 선고 98다22253 전원합의체판결.
8) 대법원 2002. 9. 4. 선고 98다17145 판결.

정과 법률해석에 관한 의견을 표하여 판결의 결론을 이끌어 내는 법률이 정한 판결 성립절차의 하나이다. 합의에 관하여는 법원조직법 제65조, 제66조에 상세하게 규정되어 있다.

판결의 내용이 확정되면 법원은 판결 선고 전 판결서를 작성한다. 판결서는 판결의 효력이 미치는 범위를 명확히 하며 소송당사자로 하여금 판결의 이유를 확인하여 불복여부를 결정할 수 있게 해 준다.

Ⅱ. 판결서의 기재사항

판결서에는 당사자와 법정대리인, 주문, 청구의 취지 및 상소의 취지, 이유, 변론을 종결한 날짜 (다만, 변론 없이 판결하는 경우에는 판결을 선고하는 날짜), 법원 등을 적고, 판결한 법관이 서명날인하여야 한다(208조 1항).

1. 판결주문의 기재

판결주문은 그 내용이 특정되어 있고 그 주문 자체에서 특정할 수 있어야 한다.[9] 판결주문은 기판력과 형성력, 집행력의 범위를 정하는 기준이 되기 때문이다. 다만 일체의 관계가 명료하게 되어야 하는 것은 아니고 판결의 주문이 어떠한 범위에서 당사자의 청구를 인용하고 배척한 것인가를 그 이유와 대조하여 짐작할 수 있는 정도로 표시되고 집행에 의문이 없을 정도로 이를 명확히 특정하면 된다.[10]

판결주문이 위와 같은 명확성을 갖추지 못한 경우에는 부적법하므로 상소로 취소할 수 있다.[11] 판결이 이미 확정된 경우에는 재소가 가능한가가 문제된다. 판례는 화해조서에 기재된 내용이 특정되지 아니하여 강제집행을 할 수 없는 경우에는 동일한 청구에 관한 소를 제기할 소의 이익이 있다고 한다.[12] 화해조서의 효력은 확정판결과 같은 효력을 가지므로(220조) 위 판례의 취지에 비추어 판결이 이미 확정된 경우에도 재소가 가능하다고 할 수 있다. 그러나 이 경우 위 판례만으로 이미 확정된 판결이 무효라고 단정하기는 어렵다.[13]

---

9) 대법원 1983. 3. 8. 선고 82누294 판결.
10) 대법원 1995. 6. 30. 선고 94다55118 판결.
11) 대법원 2006. 3. 9. 선고 2005다60239 판결.
12) 대법원 1995. 5. 12. 선고 94다25216 판결.
13) 다만 건물 중 일부의 공유지분에 관하여 가등기에 기한 본등기와 함께 위 건물부분을 명도키로 한 화해조서와 위 건물부분을 특정하여 명도를 구하는 새로운 청구는 그 청구취지가 동일하지 아니하고, 화해조서의 목적물이 특정되지 않아 명도집행이 불가능하므로 위 청구가 위 화해조서의 기판력에 저촉되지 않는다고 한 것으로는 대법원 1992. 4. 10. 선고 91다45356, 45363 판결.

2. 판결이유의 기재

판결서의 이유에는 주문이 정당하다는 것을 인정할 수 있을 정도로 당사자의 주장, 그 밖의 공격 · 방어방법에 관한 판단을 표시한다(208조 2항). 판례는 법원의 판결에 당사자가 상고이유로 주장한 사항에 대한 구체적 · 직접적인 판단이 표시되어 있지 않았더라도 판결 이유의 전반적인 취지에 비추어 그 주장을 인용하거나 배척하였음을 알 수 있는 정도라면 판단누락이라고 할 수 없다고 한다. 또한 설령 실제로 판단을 하지 아니하였다고 하더라도 그 주장이 배척될 경우임이 분명한 때에는 판결결과에 영향이 없어 판단누락의 위법이 있다고 할 수 없다고 한다.[14)]

Ⅲ. 판결의 선고와 송달

판결은 선고에 의해 대외적으로 성립되고 효력이 발생한다(205조). 다만 심리불속행판결, 상고이유서를 제출하지 아니함으로 말미암은 상고기각판결은 선고가 필요하지 아니하며 상고인에게 송달됨으로써 그 효력이 생긴다(상고심절차에 관한 특례법 5조 2항).

제3관 판결의 효력

Ⅰ. 기속력(羈束力)

1. 기속력

판결이 일단 선고되어 성립되면 판결을 한 법원 자신도 이에 구속되며 스스로 판결을 철회하거나 변경하는 것이 허용되지 않는다. 이를 판결의 기속력 또는 구속력이라고 한다. 만약 판결의 기속력이 인정되지 않아 판결을 선고한 법원이 판결의 내용을 변경할 수 있다고 한다면 국민의 판결에 대한 신뢰나 법적 안정성은 유지되기 어렵다. 민사소송법 제205조는 "판결은 선고함으로써 효력이 생긴다"고 규정하고 있는데 위 규정에서의 '효력'은 바로 기속력을 의미한다. 판결의 기속력은 선고와 동시에 발생하며 기판력처럼 반드시 판결이 확정되어야 발생하는 것이 아니다. 법원이 한 모든 재판에 대하여 항상 기속력이 발생하는 것은 아니다. 소송의 지휘에 관한

14) 대법원 2008. 7. 10. 선고 2006재다218 판결; 대법원 2010. 4. 29. 선고 2009다88631 판결; 대법원 2018. 10. 25. 선고 2016다42800, 42817, 42824, 42831 판결.

결정과 명령은 언제든지 취소할 수 있다(222조).

2. 판결의 경정

(1) 의 의

판결의 기속력이 인정된다고 하더라도 판결내용을 실질적으로 변경하지 않는 범위 내에서 판결서에 표현상의 잘못이 생겼을 때에 판결법원 스스로 이를 고치는 것은 가능하다. 이를 판결의 경정(211조)이라 한다. 굳이 상소에 의하지 않고 간편한 절차로 판결의 명백한 오류를 시정할 수 있다는 점에 그 제도적 유용성이 있다. 판결의 경정은 화해조서, 청구의 포기 · 인낙조서(220조)뿐 아니라 결정, 명령에도 준용된다(224조 1항).

(2) 요 건

판결의 경정은 판결에 잘못된 계산이나 기재, 그 밖에 이와 비슷한 잘못이 있음이 분명한 때에 한다. 예를 들어 당사자의 성명이 잘못 기재되었거나 등기의 원인일자 또는 토지의 면적이 잘못 기재된 경우가 이에 해당된다. 표현상 잘못이 아니라 판단 자체를 잘못한 경우에는 판결경정사유에 해당되지 않는다.

(3) 절 차

판결의 경정은 직권 또는 당사자의 신청에 의한다(동조 1항). 당사자의 신청에 따라 판결의 경정을 하는 경우에는 우선 신청 당사자가 판결에 위와 같은 잘못이 있음이 분명하다는 점을 소명하여야 한다.[15] 판결의 경정은 어느 때라도 가능하다. 따라서 상소제기 후는 물론 판결 확정 후에도 판결의 경정을 할 수 있다.

판결의 경정은 경정의 대상이 된 판결을 한 법원이 하여야 하는 것이 원칙이다. 다만 상소에 의해 소송기록과 판결원본이 상소법원에 있는 경우에는 상소법원도 판결경정을 할 수 있다. 그러나 당사자 간의 원심판결의 원본과 소송기록이 우연히 상소심 법원에 있다고 하더라도, 상소심 법원이 심판의 대상이 되지도 않은 부분(예를 들어 통상공동소송에서는 공동소송인 1인이 상소하더라도 상소하지 아니한 다른 공동소송인의 판결부분은 확정되어 상소되지 않으므로 상소심 심판의 대상이 되지 않는다)에 관한 판결을 경정할 권한을 가지는 것은 아니다.[16]

판결의 경정은 결정으로 한다. 경정결정은 원본과 정본에 덧붙여 적어야 한다. 다

15) 대법원 2018. 11. 21.자 2018그636 결정.
16) 대법원 1992. 1. 29.자 91마748 결정.

만 정본에 덧붙여 적을 수 없을 때에는 결정의 정본을 작성하여 당사자에게 송달하여야 한다(동조 2항). 경정결정에 대하여는 즉시항고를 할 수 있다. 다만, 판결에 대하여 적법한 항소가 있는 때에는 항고는 허용되지 않고 항소심판단에 의한다(동조 3항). 판례는 경정결정에 대하여 즉시항고할 수 있다는 동조 제3항을 반대해석하여 경정기각결정에 대하여는 항고할 수 없고 특별항고가 허용될 뿐이라고 한다.[17] 불복할 수 없는 결정에 대하여도 민사소송법 제449조의 요건을 충족하는 경우에는 특별항고를 할 수 있다.

(4) 효 력

판결이 경정되면 원판결과 일체가 되어 판결선고시에 소급하여 그 효력이 발생한다.[18] 판결에 대한 상소기간은 경정에 의해 영향을 받지 않고 판결이 송달된 날로부터 진행한다. 경정한 결과 상소이유가 발생한 경우에는 추후보완상소(173조)를 할 수 있다.[19] 다만 판례는 상소기간 경과 후에 이루어진 판결경정 내용이 경정 이전에 비하여 불리하다는 사정만으로는 추완상소가 적법한 것으로 볼 수 없다고 한다.[20]

Ⅱ. 형식적 확정력

제498조(판결의 확정시기)
판결은 상소를 제기할 수 있는 기간 또는 그 기간 이내에 적법한 상소제기가 있을 때에는 확정되지 아니한다.

1. 의 의

항소나 상고는 판결서가 송달된 날로부터 2주 이내에 하여야 한다(396조, 425조). 위 기간이 도과하면 판결이 확정된다(498조 참조). 판결이 확정된다는 것은 소송당사자가 더 이상 상소를 제기하여 판결의 취소를 구할 수 없다는 것을 의미한다. 이와 같이 **법원이 한 종국판결에 대하여 당사자의 불복으로 상소법원에 의하여 취소할 수 없게 된 상태를 형식적으로 확정되었다고 한다.** 그리고 이러한 취소불가능성을 판결의 효력으로 보아 형식적 확정력이라 한다.

---

17) 대법원 1986. 11. 7.자 86마895 결정.
18) 대법원 1999. 12. 10. 선고 99다42346 판결.
19) 김홍규/강태원, 641면; 김홍엽, 854면; 이시윤, 625면; 정동윤/유병현/김경욱, 770면.
20) 대법원 1997. 1. 24. 선고 95므1413, 1420 판결. 위 판례의 사안은 추완상고를 삼은 사유가 경정사유와 관련이 없는 경우이었다.

2. 판결의 확정시기

(1) 판결이 확정되는 시기는 경우에 따라 다르지만 그 판단기준은 불복의 가능성이라고 할 수 있다. 상고심판결이 선고된 경우에는 더 이상 불복의 가능성이 없기 때문에 판결선고와 동시에 확정된다. 불상소의 합의가 있는 경우에도 마찬가지이다.

판결이 확정되는 가장 일반적인 경우는 상소기간 내에 상소를 제기하지 않고 상소기간을 도과시킨 경우이다. 이 경우는 상소기간만료시에 판결이 확정된다. 상소를 제기하였다가 상소를 취하한 경우도 상소제기의 효력이 소급적으로 소멸하므로 처음부터 상소를 제기하지 않은 경우와 마찬가지로 상소기간만료시에 확정된다.[21] 물론 상소기간이 만료하기 전이라도 상소권을 가진 당사자 모두가 상소권을 포기하면 상소권포기시에 판결이 확정된다. 상대방이 전부 승소하여 항소의 이익이 없는 경우에는 항소권을 가진 패소자만 항소포기를 하면 비록 상대방의 항소기간이 만료하지 않았더라도 제1심판결은 확정된다.[22]

(2) 상소기간은 판결서의 송달에 의해 진행되는데 상소기간의 만료로 판결이 확정되려면 이때의 송달이 유효한 것이어야 한다는 것이 판례의 태도임은 앞서 살펴본 바와 같다. 즉 당사자가 허위주소로 의제자백판결을 받고 그 판결정본이 당사자의 그 허위주소로 송달된 경우에는 항소기간이 진행되지 않아 판결은 확정되지 않는다.[23] 다만 공시송달의 경우에는 그 요건을 구비하지 않은 흠이 있더라도 법관의 명령에 의해 실시된 것이므로 그 송달은 유효한 것으로 취급되어 항소기간을 진행시킨다고 하는 것이 종래 판례의 태도였으나[24] 민사소송법 제194조의 개정으로 법원사무관등이 공시송달을 하게 됨에 따라 판례의 위 태도는 재고될 필요가 있게 되었다. 당사자가 책임질 수 없는 사유로 말미암아 상소기간을 지킬 수 없었던 경우에 적법하게 상소의 추후보완(173조)을 하면 판결이 확정되는지에 관하여 논란이 있음은 불변기간의 편에서 살펴본 바 있다.

3. 일부불복의 경우 판결의 확정

종국판결에 대하여 상소를 하면 판결의 확정이 차단된다(498조). 전부패소의 경우는 전부에 대하여 상소하는 경우도 많을 것이나 일부패소의 경우는 그 패소부분에 대해서만 상소하게 된다. 이와 같이 판결한 사항 전부에 대하여 불복하지 아니하고 그

---

21) 대법원 2017. 9. 21. 선고 2017다233931 판결.
22) 대법원 2006. 5. 2.자 2005마933 결정.
23) 대법원 1978. 5. 9. 선고 75다634 전원합의체판결.
24) 대법원 1984. 3. 15.자 84마20 전원합의체결정; 대법원 1994. 10. 21. 선고 94다27922 판결.

일부에 대해서만 불복하는 일부불복의 경우 불복하지 아니한 나머지 판결 부분은 언제 확정되는가 하는 문제가 일부불복의 경우 판결의 확정문제이다. 다른 측면에서는 일부불복의 경우 판결의 확정이 차단되는 범위는 어디까지인가 하는 문제라고도 할 수 있다. 이 문제는 상소의 효력 및 상소심에서의 심판의 대상 등 상소심에 관한 법리와 밀접히 관련되어 있어 현재의 단계에서 그 논리구조를 명석하게 설명하기는 어렵다. 학설의 대립이 없지 않으나 부득이 여기서는 이에 관한 판례의 태도만을 확인하기로 하고 자세한 것은 상소의 효력편에서 설명하기로 한다.

(1) 예를 들어 가옥인도와 손해배상을 청구하여 가옥인도청구는 인용되고 손해배상청구만 기각이 된 경우 그 패소부분만 항소하였다면 승소한 가옥인도청구 부분은 불복항소의 대상이 되어 있지 아니하므로 항소심의 심판범위는 될 수 없으나 승소부분도 패소부분과 함께 항소심에 이심되고 그 확정이 차단된다.[25] 이러한 법리는 상고의 경우에도 마찬가지로 적용된다.

(2) **원심판결에 대해 불복하지 않은 부분은 상소심판결로 확정된다. 제1심판결에 대해 불복하지 않은 부분은 항소심판결로 확정되고,**[26] **항소심판결에 대해 불복하지 않은 부분은 상고심판결로 확정된다.**[27] 따라서 상소심판결이 파기환송판결인 경우에는 환송 후 원심에서의 심판범위는 상소되어 상소심 심판의 대상이 되었다가 파기환송된 원심판결의 불복부분에 한정된다. (관련 내용 제6편 제1장 V.2.(3))

4. 판결의 확정증명

확정판결에 의해 강제집행 등을 하고자 하는 당사자는 법원사무관등에게 판결확정증명서의 교부를 신청할 수 있다(499조). 판결확정증명서는 소송기록이 보관되어 있는 법원에서 교부할 수 있다. 상급심에서 소송이 완결되더라도 소송이 완결된 후 소송기록은 제1심법원에서 보존하도록 되어 있으므로 제1심법원의 법원사무관등이 기록에 따라 내어주는 것이 원칙이다(동조 1항). 다만 소송기록이 아직 상급심에 있는 때에는 상급법원의 법원사무관등이 그 확정부분에 대하여만 증명서를 내어 준다(동조 2항).

---

25) 대법원 1966. 6. 28. 선고 66다711 판결.
26) 대법원 2001. 4. 27. 선고 99다30312 판결; 대법원 2015. 10. 29. 선고 2013다45037 판결.
27) 대법원 2001. 12. 24. 선고 2001다62213 판결.

Ⅲ. 기판력 일반

■ 핵심어

모순금지, 반복금지, 청구기각, 소각하, 소극적 소송요건

1. 기판력의 의의

(1) 의 의

확정판결의 기판력은 그 본질을 어떻게 보느냐에 따라 그 개념의 정의도 달라질 수 있다. 모순금지설에 의하면 기판력이란 확정판결의 주문에 포함된 법률적 판단의 내용이 이후 그 소송당사자의 관계를 규율하는 새로운 기준이 되어 동일한 사항이 소송상 문제가 되었을 때 당사자는 이에 저촉되는 주장을 할 수 없고 법원도 이에 저촉되는 판단을 할 수 없는 기속력을 의미한다.[28] 한편 반복금지설에 의하면 기판력이란 확정판결의 주문에 포함된 법률적 판단의 내용을 새로운 소송에서 다시 다투는 것이 허용되지 않는 효력을 의미한다. 기판력의 본질론에서 그 뜻을 좀 더 명확히 이해해 보기로 한다.

(2) 존재이유

판결이 확정되면 재심에 의하지 않은 한 이를 취소할 수 없다. 그러나 당사자가 확정된 종국판결과 동일한 내용의 소를 다시 제기하여 다툴 수 있고 법원도 전에 확정된 판결과 다른 내용의 판결을 할 수 있다면 당사자가 받은 전 소송의 판결에 의한 분쟁해결은 무의미해지고 전후소의 판결에 모순이 생길 수도 있다. 이러한 문제는 판결에 형식적 확정력을 인정하는 것만으로는 해결되지 않는다. 형식적 확정력은 같은 소송절차 내에서 더 이상 취소를 구할 수 없는 효력을 의미하는 데 그치기 때문이다. 분쟁의 종국적 해결과 판결의 통일은 이미 확정된 판결이 그 이후에 제기되는 소에 대하여 효력을 가질 때에만 확보될 수 있다. 기판력이 판결의 효력으로서 요구되는 이유가 여기에 있다. 기판력은 형식적 확정력과 대비하여 실질적 확정력(materierelle Rechtskraft)[29]이라고도 한다.

---

28) 대법원 1987. 6. 9. 선고 86다카2756 판결.

29) 이를 실체적 확정력이라고 하기도 하나 자칫 실체법상의 법률관계를 정하는 의미로 오해될 소지도 있어 실질적 확정력이라고 하는 것이 타당하다고 생각한다.

2. 기판력의 본질

기판력의 본질이 무엇인가에 관하여는 아래와 같은 학설이 주장되어 왔다.

(1) 실체법설

실체법설은 확정판결에 의해 실체법상의 권리가 확인되거나 창설된다고 한다. 기판력을 이와 같이 이해하면 후소 법관이 전소의 판결내용에 구속되는 이유는 확정판결에 의해 실체법상의 권리관계가 확인되거나 창설되기 때문이다.

이 견해에 대하여는 여러 비판이 제기되고 있다. 우선 이 견해는 본안에 관한 판단을 하지 않는 소송판결의 기판력을 설명할 수 없다. 소송판결은 실체법상의 권리관계와는 아무런 관련이 없기 때문이다. 또 실체법설에 의하면 소유권과 같은 절대권의 확인을 내용으로 하는 판결은 누구에게나 주장이 가능하여야 한다. 왜냐하면 소유권이라는 절대권이 객관적으로 존재하기 때문이다. 그러나 기판력은 원칙적으로 당사자 사이에서만 미친다(218조). 실체법설에 의하면 이러한 기판력의 상대적 효력을 설명하기 어렵다.

(2) 구소송법설(모순금지설)

모순금지설은 국가의 재판은 통일되어야 한다는 입장에서 기판력은 전소판결과 모순되는 후소의 판결을 금지하는 효력이라고 한다. 모순금지설은 확정판결에 후소를 재판하는 법관을 구속하는 소송법상 효과만을 인정하고 실체법상 권리에 대한 영향은 인정하지 않으므로 소송법설에 속한다. 판례도 모순금지설을 따르고 있다.

모순금지설은 후소법원이 전소법원과 모순되는 판결을 하는 것을 금지할 뿐 전소와 동일한 소를 다시 제기하는 것 자체를 금지하지는 않는다. 그렇다면 전소와 동일한 소가 제기된 후소 법원이 전소와 모순되지 않는 판결을 하기 위해서는 구체적으로 어떤 판결을 해야 될까? 모순금지설을 취하는 견해 중에는 이에 대해 다시 소를 제기하는 것은 허용되지만 같은 판결을 받을 수밖에 없으므로 소의 이익이 없어 각하된다는 견해도 있다.[30] 그러나 **판례는 전부승소한 원고가 같은 소를 제기한 경우는 소의 이익이 없어 소각하 판결을,[31] 패소판결을 받은 원고가 같은 소를 제기한 경우는 모순되는 판결을 할 수 없어 청구기각 판결을 해야 한다고 한다.[32]**

이러한 모순금지설에 대하여 반복금지설은 모순금지설이 내세우는 국가재판의 통

30) 호문혁, 738면.
31) 대법원 2016. 9. 28. 선고 2016다13482 판결.
32) 대법원 1989. 6. 27. 선고 87다카2478 판결. 판례와 같은 모순금지설을 취하는 견해로는 김홍엽, 862면.

일을 기하기 위해서는 다시 소를 제기하는 것 자체를 허용하지 않는 것이 오히려 타당하다고 비판한다. 또 판례의 태도가 전소의 승소자와 패소자에 대하여 일관되어 있지 않다는 점도 문제점으로 지적되고 있다.[33)]

(3) 신소송법설(반복금지설)

반복금지설은 기판력의 본질을 분쟁해결의 1회성에서 구하여 기판력은 다시 재판하는 것을 금지하는 구속력이라고 한다. 이에 의하면 이미 기판력이 발생한 판결의 내용과 동일한 내용의 소를 제기하는 것은 기판력에 저촉되어 부적법하다. 즉 소가 적법하려면 기판력이 존재하지 않아야 한다. 이런 의미에서 기판력은 그 자체로 소극적 소송요건이 된다.[34)] 분쟁의 종국적 해결과 판결의 통일을 위해서는 동일한 소송의 반복을 금지하는 것이 가장 근본적인 해결이라는 점에서 타당한 견해라고 생각한다.

모순금지설에 의하더라도 기판력과 저촉되는 후소에 대하여 각하판결을 하여야 한다는 결론이 도출될 수 있지만 반복금지설과는 그 이유가 다르다. 모순금지설에 의할 때 소가 부적법해지는 것은 권리보호이익이라는 소송의 일반적 요건이 흠결되었기 때문이지만 반복금지설에 의할 때는 기판력의 부존재라는 소극적 소송요건을 갖추지 못하였기 때문이다.

이러한 반복금지설에 대하여는 전소 판결의 기판력 있는 판단이 후소의 선결문제로 되는 경우에는 절차의 반복이 아님에도 기판력이 작용한다는 점을 설명하지 못한다는 것이 문제점으로 지적되고 있다. 전소 판결의 기판력 있는 판단이 후소의 선결문제가 되는 경우 기판력의 작용에 관하여는 뒤에서 살펴보기로 한다.

3. 기판력의 실질적 근거

기판력이 무엇인가 하는 질문이 기판력의 본질에 관한 문제라면 기판력은 왜 인정되어야 하는가 또는 기판력이 정당화되는 근거가 무엇인가 하는 질문에 대한 것이 기판력의 실질적 근거 또는 정당성의 근거에 관한 문제라고 할 수 있다.

(1) 법적 안정성설

이에 대한 전통적인 견해는 기판력은 법적 안정성을 위해 인정된다고 한다. 이러한 견해를 법적 안정성설이라 한다. 이에 의하면 기판력에 의한 법적 안정성을 확보하기 위해 기판력이 미치는 범위

---

33) 이시윤, 629면; 정동윤/유병현/김경욱, 780면; 호문혁, 740면.
34) 반복금지설을 취하는 견해로는 강현중, 669면; 이시윤, 629면; 정동윤/유병현/김경욱, 780면; 정영환, 1137면.

는 매우 한정된다고 한다. 따라서 판결주문에서 소송물에 관하여 한 판단에만 기판력이 미치고 판결이유에 관한 판단에는 기판력이 미치지 않는다. 또 소송의 당사자에게만 기판력이 미치고 제3자에게는 극히 예외적으로만 기판력이 미친다. 나아가 이 견해에 의하면 법적 안정성을 유지하기 위해 당사자가 전소에서 주장하지 못한 것에 대해 과실이 없더라도 후소에서 주장하는 것이 허용되지 않는다.[35] 이 견해에 대하여는 법적 안정성이 기판력의 필요성을 설명해 줄 수는 있어도 정당화의 근거는 될 수 없다는 비판이 있다.[36]

(2) 절차보장설

위의 법적 안정성설과는 달리 기판력이 인정되는 이유를 당사자에게 절차보장을 하여 주었다는 것에서 찾는 견해가 있다.[37] 즉 소송당사자에게 변론의 기회를 부여하고 소송을 수행할 권한을 부여하였으므로 기판력이 정당화된다는 견해이다. 이러한 견해를 절차보장설이라고 한다. 이 견해에 의하면 법적 안정성설과는 달리 당사자가 전소에서 주장하지 못한 것에 대해 과실이 없다면 후소에서 이를 주장하는 것이 허용된다. 그러나 이 견해는 무권대리인이 소송을 수행하거나(451조 1항 3호) 그릇된 주소로 소가 제기되어(동조 1항 11호) 당사자의 소송수행권이 침해된 경우 재심사유로 정하고 있는 우리나라의 민사소송법의 태도와는 상치된다.

(3) 이원설

이외에도 위 두 가지 견해를 모두 기판력의 실질적 근거로 삼는 이원설도 있다.[38]

(4) 사 견

위의 견해들이 모두 일면의 타당성을 가지는 것은 사실이지만 이미 확립된 제도로서의 기판력을 어느 한 학설로 설명하는 것은 무리가 있다고 생각한다. 따라서 기판력의 이론과 제도 사이의 논리적 일관성에 주목하기보다는 위의 견해들을 통해 민사소송법상 기판력에 관한 여러 규정의 취지를 밝히는 데 중점을 두는 것이 바람직하다고 생각한다.

4. 기판력의 소송법상의 취급

(1) 기판력이 인정될 때 발생하는 소송법상 효과는 기판력의 본질을 어떻게 보는가에 따라 달라짐은 앞서 살펴본 바와 같다. 모순금지설을 취하는 판례에 의하면 기판력에 저촉되는 후소에 대하여 소각하판결이나 청구기각판결을 하여야 할 것이나 반복금지설에 의하면 기판력은 소극적 소송요건으로 작용한다. 모순금지설에 의하여 청구기각판결을 하는 경우에 이는 소송물의 존부에 대한 실체적 판단을 한 본안판결

35) 김홍엽, 863면; 정동윤/유병현/김경욱, 782면.
36) 이시윤, 630면.
37) 강현중, 669면.
38) 이시윤, 630면; 정영환, 1139면.

이 된다.[39] 청구 기각의 사유가 모순된 판단의 금지라는 소송법적 사유이지만 판단의 대상은 본안에 관한 것이기 때문이다.

(2) 기판력은 법적 안정성이라는 공익상의 필요에 의해 인정되므로 직권조사사항이다. 같은 이유로 당사자의 합의에 의해 기판력을 소멸시킬 수는 없다. 그러나 기판력에 의해 확정된 권리관계를 변경하는 것은 가능하다.

(3) 민사소송법 제451조 제1항 10호는 판결이 전에 선고한 확정판결에 어긋나는 때를 재심사유로 규정하고 있다. 따라서 판결이 전소 판결의 기판력과 저촉되더라도 무효는 아니고 상소나 재심에 의하여 그 취소를 구할 수 있다.

5. 기판력 있는 판결

(1) 확정된 종국판결

(a) 종국판결이 확정되면 기판력이 발생한다. 기판력이 발생하는 가장 전형적인 경우라고 할 수 있다. 중간판결에 대하여 기판력이 인정되지 않음은 종국판결의 준비를 위해 이루어지는 중간판결의 존재의의에 비추어 당연하다.

(b) 기판력은 본안판결뿐 아니라 소송판결에도 발생한다. 소송판결에서 발생하는 기판력은 소가 부적법하다는 판단에 관한 것이므로 소송물이 아니라 소송요건의 존부에 관한 판단에 생긴다.

(c) 환송판결에는 기판력이 인정될까? 환송판결은 종국판결이라고 하는 것이 판례의 태도이지만 주문에는 본안에 관한 판단뿐 아니라 소의 적법 여부에 관한 판단도 기재되지 않는다. 판례는 환송판결은 소송물에 관하여 직접적으로 재판하지 아니하고 원심의 재판을 파기하여 다시 심리·판단하여 보라는 종국적 판단을 유보한 재판의 성질상 직접적으로 기판력이나 실체법상 형성력, 집행력이 생기지 않는다고 한다.[40]

(2) 외국법원의 확정판결

> **제217조(외국재판의 승인)**
> ① 외국법원의 확정판결 또는 이와 동일한 효력이 인정되는 재판(이하 “확정재판등”이라 한다)은 다음 각 호의 요건을 모두 갖추어야 승인된다.
> 1. 대한민국의 법령 또는 조약에 따른 국제재판관할의 원칙상 그 외국법원의 국제재판관할권이

---

39) 대법원 1989. 6. 27. 선고 87다카2478 판결.
40) 대법원 1995. 2. 14. 선고 93재다27, 34(반소) 전원합의체판결.

인정될 것
2. 패소한 피고가 소장 또는 이에 준하는 서면 및 기일통지서나 명령을 적법한 방식에 따라 방어에 필요한 시간여유를 두고 송달받았거나(공시송달이나 이와 비슷한 송달에 의한 경우를 제외한다) 송달받지 아니하였더라도 소송에 응하였을 것
3. 그 확정재판등의 내용 및 소송절차에 비추어 그 확정재판등의 승인이 대한민국의 선량한 풍속이나 그 밖의 사회질서에 어긋나지 아니할 것
4. 상호보증이 있거나 대한민국과 그 외국법원이 속하는 국가에 있어 확정재판등의 승인요건이 현저히 균형을 상실하지 아니하고 중요한 점에서 실질적으로 차이가 없을 것
② 법원은 제1항의 요건이 충족되었는지에 관하여 직권으로 조사하여야 한다.

외국법원의 판결의 경우에도 민사소송법 제217조의 요건을 갖추면 기판력이 인정된다. 동조 제4호는 "상호보증이 있거나 대한민국과 그 외국법원이 속하는 국가에 있어 확정재판등의 승인요건이 현저히 균형을 상실하지 아니하고 중요한 점에서 실질적으로 차이가 없을 것"을 규정하고 있다. 상호보증이 있다고 함은 당해 외국이 조약에 의하여 또는 그 국내법에 의하여 대한민국 판결의 당부를 조사함이 없이 우리 민사소송법의 규정과 동일한 또는 이보다도 관대한 조건 아래에서 대한민국의 판결의 효력을 인정하고 있는 경우를 말한다.[41] 이러한 상호보증은 외국의 법령, 판례 및 관례 등에 의하여 승인요건을 비교하여 인정되면 충분하고 반드시 당사국과 조약이 체결되어 있을 필요는 없으며, 해당 외국에서 구체적으로 우리나라의 같은 종류의 판결을 승인한 사례가 없다고 하더라도 실제로 승인할 것이라고 기대할 수 있을 정도이면 충분하다.[42] 상호보증이 없어도 대한민국과 그 외국법원이 속하는 국가에 있어 확정재판등의 승인요건이 현저히 균형을 상실하지 아니하고 중요한 점에서 실질적으로 차이가 없는 경우도 승인의 요건을 충족한다. 법원은 위의 요건이 충족되었는지에 관하여 직권으로 조사하여야 한다(217조 2항). 법원은 손해배상에 관한 확정재판등이 대한민국의 법률 또는 대한민국이 체결한 국제조약의 기본질서에 현저히 반하는 결과를 초래할 경우에는 해당 확정재판등의 전부 또는 일부를 승인할 수 없다(217조의2).

(3) 확정판결과 동일한 효력이 있는 것

화해조서, 청구의 포기 · 인낙조서는 확정판결과 동일한 효력이 있다(220조). 재판상 화해에 기판력을 인정할 것인가에 관하여는 다툼이 있지만 판례가 무제한 기판력설을 취하고 있음을 이미 살펴본 바 있다. 그 외 조정에 갈음한 결정에 대하여 기간 내

41) 대법원 1971. 10. 22. 선고 71다1393 판결.
42) 대법원 2016. 1. 28. 선고 2015다207747 판결; 대법원 2017. 5. 30. 선고 2012다23832 판결.

에 이의신청이 없는 경우(민사조정법 34조)나 중재판정의 경우(중재법 35조)에도 기판력이 인정된다.

청구이의의 소의 경우 그 이유가 변론이 종결된 뒤(변론 없이 한 판결의 경우에는 판결이 선고된 뒤)에 생긴 것이어야 한다(민사집행법 44조 2항). 그러나 지급명령에 대한 청구이의의 주장에 대하여는 그 이유가 반드시 변론이 종결된 뒤에 생긴 것임을 요하지 않는다(동법 58조 3항). 이는 지급명령에는 기판력이 인정되지 않는다는 것을 의미한다.[43]

(4) 결정 · 명령

소송비용확정결정(110조)처럼 실체에 관하여 종국판단을 내리는 결정 · 명령은 기판력이 인정된다. 그러나 소송지휘에 관한 결정과 명령은 언제든지 취소할 수 있으므로(222조) 기판력이 인정되지 않는다.

Ⅳ. 기판력의 범위

1. 기판력의 객관적 범위

■ **핵심어**

주문에 포함된 것, 상계항변에 관한 판단, 기판력의 관점에서 동일한 취급, 동일한 소송물, 선결관계, 모순된 반대관계

판결서에는 판결의 주문과 이유에 여러 사항에 관한 법원의 판단이 나타나 있다. 이러한 판단 사항 중 기판력은 어떤 사항에 관하여 생기는가, 또 그 기판력이 후소의 어떤 사항에 미치는가 하는 것이 기판력의 객관적 범위 또는 물적 범위에 관한 문제이다. (기판력이 생긴다는 것과 기판력이 미친다는 것은 다른 의미이다. 기판력이 생긴다는 것은 법원이 판단한 일정한 사항에 관해 기판력이 인정되는 그 자체를 말하는 것이고 기판력이 미친다는 것은 이미 발생한 기판력으로 인해 후소법원의 판단이 전소법원의 판단에 구속되는 것을 의미한다) 이와 관련한 사항을 살펴보기로 한다.[44]

(1) 기판력이 생기는 판단

> **제216조(기판력의 객관적 범위)**
> ① 확정판결은 주문에 포함된 것에 한하여 기판력을 가진다.
> ② 상계를 주장한 청구가 성립되는지 아닌지의 판단은 상계하자고 대항한 액수에 한하여 기판력을 가진다.

---

43) 대법원 2009. 7. 9. 선고 2006다73966 판결.
44) 이에 관한 서술구조는 호문혁, 701면 이하를 참고하였다.

(a) 판결주문에 포함된 판단

확정판결은 '주문에 포함된 것'에 한하여 기판력이 생기는 것이 원칙이다. 이때 '주문에 포함된 것'이란 소송판결의 경우는 소송요건의 존부에 관한 판단에, 본안판결의 경우는 소송물인 권리관계의 존부에 관한 판단을 의미한다.[45] (예를 들어 토지소유권에 기한 가등기말소청구소송에서 청구기각된 확정판결의 기판력은 소송물인 가등기말소청구권의 부존재에만 생기고 토지소유권에는 미치지 않는다.[46]) 소송판결의 기판력은 그 판결에서 확정한 소송요건의 흠결에 관하여 생기는 것이지만 당사자가 그러한 소송요건의 흠결을 보완하여 다시 소를 제기한 경우에는 그 기판력의 제한을 받지 않는다.[47] **장래이행의 소에 대한 판결과 같이 이행판결의 주문에서 변론종결 이후 기간까지의 급부의무의 이행을 명한 경우에는 그 확정판결의 기판력은 주문에 포함된 기간까지의 청구권의 존부에 대하여 미친다.**[48] 독일민사소송법(322조 1항)은 "판결은 소 또는 반소로 신청한 청구에 관한 판단에 기판력이 있다"라고 규정하여[49] '주문에 포함된 것' 대신 '청구에 관한 판단'이라는 용어를 사용하고 있다.

(b) 판결이유 중의 판단

(aa) 원 칙

1) 민사소송법 제216조 제1항이 규정한 바와 같이 기판력은 주문에 포함된 것에 한하여 생긴다. 이를 반대해석하면 판결이유 중의 판단에 관하여는 기판력이 생기지 않는다고 할 수 있다. 왜 판결이유 중의 판단에는 기판력이 생기지 않을까? 소송물은 당사자가 소송을 하면서 법원의 판단을 받고자 하는 최종목표이고 그 이유는 목표를 이루는 수단에 불과한 것이다. 따라서 법원은 판결의 결론을 이끌어 내는 데 필요한 한도에서 당사자의 주장을 자유로이 선택하여 판단하고 당사자도 승소판결을 받는 데 필요한 한도에서 다투면 된다. 그러나 판결이유에 기판력을 인정하게 되면 법원이 선택하여 판단한 이유가 무엇인가에 따라 기판력이 발생하는 사항이 달라지게 된다. 이는 **당사자에게 예상하지 못한 불이익이 될 수 있고 그 판단의 잘못을 시정할 기회를 가지는 것도 어렵다.** 그렇다고 법원이 당사자가 주장하는 모든 사항에 관하여 판단을 해야 한다면 신속한 결론을 내는 데 큰 장애가 될 것이다.

---

45) 대법원 2000. 2. 25. 선고 99다55472 판결; 대법원 2015. 10. 29. 선고 2015두44288 판결.
46) 대법원 2020. 5. 14. 선고 2019다261381 판결.
47) 대법원 2003. 4. 8. 선고 2002다70181 판결.
48) 대법원 2019. 8. 29. 선고 2019다215272 판결.
49) Urteile sind der Rechtskraft nur insoweit fähig, als über den durch die Klage oder durch die Widerklage erhobenen Anspruch entschieden ist.

2) 판결의 이유는 여러 가지 내용으로 구성되어 있다. 다음은 실제 하급심판결의 일부이다. 「살피건대, 피고가 이 사건 매매계약 체결 시 원고로부터 계약금 18,000,000원을 받은 사실(사실인정)과 이 사건 매매계약이 정지조건의 미성취로 인하여 그 효력이 발생하지 않은 점(선결적 법률관계의 판단)은 앞서 본 바와 같으므로, 이 사건 매매계약이 유효함을 전제로 한 원고의 위약금 지급청구는 이유 없으나, 이 사건 매매계약이 실효되어 피고는 원고에게 부당이득으로서 원고로부터 지급받은 계약금 18,000,000원 및 그에 대한 지연손해금을 지급할 의무는 있다 할 것이므로 원고의 예비적 청구는 위 인정범위 내에서 이유 있다(법률판단).

이에 대하여 피고는, 이○○가 피고를 대리하여 2002. 2. 27. 원고의 매매잔금 지급의무 위반을 이유로 이 사건 매매계약을 해제하면서 원고가 지급한 계약금 18,000,000원은 위약금으로 몰취되었다는 취지로 주장하나(피고의 항변), 정지조건의 미성취로 이 사건 매매계약의 효력이 발생하지 않았음은 앞서 본 바와 같으므로 이 사건 매매계약이 유효함을 전제로 한 피고의 위 주장은 이유 없다(법률판단).」[50)]

이와 같이 판결이유에는 사실인정, 선결적 법률관계에 관한 판단, 당사자의 주장 또는 항변 등에 관한 판단이 포함되어 있다. 이러한 사항들에 관하여는 기판력이 발생하지 않는다.

(bb) 예외 – 상계항변

1) 민사소송법 제216조 제2항의 규정

민사소송법 제216조 제2항은 **"상계를 주장한 청구가 성립되는지 아닌지의 판단은 상계하자고 대항한 액수에 한하여 기판력을 가진다"**라고 규정하여 기판력은 주문에 포함된 것에 한하여 생긴다는 동조 제1항의 원칙에 예외를 인정하고 있다.

2) 기판력 인정의 이유

예를 들어 보기로 한다. X는 Y에 대하여 1000만 원의 지급을 구하는 소를 제기하였다. Y는 X의 소구채권과는 별개의 X에 대한 1200만 원의 채권으로 상계한다고 항변하였다. 만약 Y의 위 상계항변이 인정된다면 X의 소구채권은 상계로 소멸되어 X의 청구는 기각될 것이다. 위 판결이 확정되면 X의 소구채권의 부존재에 기판력이 발생하여 더 이상 이를 소송에서 주장할 수 없게 된다. 그러나 Y가 상계의 자동채권으로 행사한 채권의 소멸이 주문에 포함된 사항이 아니라는 이유로 기판력이 인정되지 않는다면 Y는 위 채권을 다른 소송에서 행사하여 X로서는 전소에서 Y의 채권으로 상계된 것으로 인해 소구채권이 소멸되어 청구가 기각되고 또 후소에서 Y의 채권행사에 현실적으로 응해야 함으로써 **결과적으로 2중지급의 위험을 부담하는 불합리가 발생할 수 있다.**

3) 제216조 제2항의 해석

ⅰ) (기판력발생과 판단) '상계를 주장한 청구가 성립되는지 아닌지의 판단'을 한 경우에만 기판력이 발생한다. 만약 소구채권의 존재 자체가 인정되지 않아 상계항변이

50) 판결문 중 괄호부분은 필자가 기재한 것이다.

아예 판단될 필요가 없었던 경우라든가 아직 상계적상에 이르지 않아 상계로 주장된 자동채권(반대채권)[51]의 존재 여부를 판단하지 않고 상계항변이 배척된 경우에는 기판력이 발생하지 않는다. 이 경우에는 전소와 후소의 각 판단 사이에 서로 모순이 생길 여지가 없기 때문이다.

ii) (기판력발생과 판단내용) '상계를 주장한 청구가 성립되는지 아닌지의 판단'이라고 하였으므로 상계항변이 인정된 경우뿐만 아니라 배척된 경우에도 기판력이 발생한다. 반대채권이 부존재한다는 이유로 상계항변이 배척된 경우 판결이유 중의 판단의 기판력은 특별한 사정이 없는 한 '법원이 반대채권의 존재를 인정하였더라면 상계에 관한 실질적 판단으로 나아가 수동채권의 상계적상일까지의 원리금과 대등액에서 소멸하는 것으로 판단할 수 있었던 반대채권의 원리금 액수'의 범위에서 발생한다. 그리고 이러한 법리는 피고가 상계항변으로 주장하는 반대채권의 액수가 소송물로서 심판되는 소구채권의 액수보다 더 큰 경우에도 마찬가지로 적용된다.[52] 위의 예에서 Y의 상계항변이 반대채권의 부존재로 배척된 경우 기판력은 수동채권의 액수인 1000만 원의 범위에서 발생한다. 상계항변이 배척된 경우에는 이중지급의 위험은 없을 것이나 전소에서 인정되지 아니한 피고의 채권을 별소에 의해 인정받을 가능성을 배제하고자 하는 취지에서 기판력이 인정된다.

iii) (기판력의 내용) 상계항변이 반대채권의 부존재로 배척된 경우에는 반대채권이 존재하지 않으므로, 반대채권이 인정된 경우에는 소구채권과 함께 소멸하였으므로 현재(사실심변론종결 당시) '상계로 주장한 청구가 성립되지 아니한 판단'에 관하여 기판력이 발생함은 의문의 여지가 없다.

그런데 상계항변이 인정된 경우에 상계항변으로 주장된 반대채권이 상계로 소멸하기 전 존재하였다는 판단에 대하여도 기판력이 발생할까? 아니면 현재 반대채권이 존재하지 않는다는 판단에만 기판력이 발생할까? 이러한 의문은 제216조 제2항이 '상계를 주장한 청구가 성립되는지 아닌지의 판단'이라고 규정하고 있는 데서 비롯된다. 이에 관하여 원고의 소구채권과 반대채권이 모두 존재하고 그것이 상계에 의하여 소멸하였다는 판단에 기판력이 발생한다는 견해가 있다.[53] 위 견해는 이러한 해석이 법문에 충실하고 실제로 소구채권과 반대채권의 존재 여부가 다 같이 심리된다는 점을 논거로 한다.

생각건대 위 규정은 반대채권의 존부에 대한 판단에 기판력을 인정한다는 취지를 표현한 문언에

---

51) 반대채권은 소구채권에 상대되는 용어이고 자동채권은 수동채권에 상대되는 용어이다.

52) 대법원 2018. 8. 30. 선고 2016다46338, 46345 판결. 나아가 위 판례는 피고가 상계항변으로 2개 이상의 반대채권을 주장하였는데 법원이 그중 어느 하나의 반대채권의 존재를 인정하여 수동채권의 일부와 대등액에서 상계하는 판단을 하고, 나머지 반대채권들은 모두 부존재한다고 판단하여 그 부분 상계항변은 배척한 경우에, 수동채권 중 위와 같이 상계로 소멸하는 것으로 판단된 부분은 피고가 주장하는 반대채권들 중 그 존재가 인정되지 않은 채권들에 관한 분쟁이나 그에 관한 법원의 판단과는 관련이 없어 기판력의 관점에서 동일하게 취급할 수 없으므로, 그와 같이 반대채권들이 부존재한다는 판단에 대하여 기판력이 발생하는 전체 범위는 위와 같이 상계를 마친 후의 수동채권의 잔액을 초과할 수 없다고 보아야 한다고 한다.

53) 송상현/박익환, 452면; 이시윤, 659면; 정동윤/유병현/김경욱, 812면.

불과하다. 또한 그 판단의 내용은 반대채권이 부존재한다는 것이며 반대채권이 원래 부존재하였든 상계로 소멸하였든 이는 결론에 이르게 된 이유에 불과하다. 만약 반대채권이 상계로 소멸하기 전 존재하였다는 판단에 기판력이 인정된다면 이에 대응하여 원고의 소구채권이 상계로 소멸하기 전 존재하였다는 판단에도 기판력이 인정되어야 할 것이다. 제216조 제2항은 '상계를 주장한 청구가 성립되는지 아닌지의 판단'이라고 규정하였을 뿐 '상계를 주장한 청구가 성립되었는지 성립되지 않는지의 판단'이라고 규정하고 있지 않다. 따라서 상계항변으로 주장된 반대채권과 상계로 소멸하기 전 존재하였다는 판단에 대하여는 기판력이 발생하지 않는다고 함이 타당하다.

ⅳ) (기판력발생 범위) 상계항변에 관한 기판력은 '상계하고자 대항한 액수에 한하여' 발생한다. 위의 예에서 소구채권이 1000만 원인 경우 피고가 1200만 원의 반대채권으로 상계항변을 하면 각 채무는 상계할 수 있는 때(상계적상이 발생한 때) 대등액에서 소멸하므로(민법 493조 2항) 상계하고 남은 피고의 200만 원의 채권은 여전히 존재하여 별개의 소에서 그 지급을 구할 수 있다.

ⅴ) (소구채권과의 등가성) **판례는 상계주장에 관한 판단에 기판력이 인정되는 것은 상계를 주장한 반대채권과 그 수동채권을 기판력의 관점에서 동일하게 취급하여야 할 필요성이 인정되는 경우라고 한다.** 상계주장의 대상이 된 수동채권이 소송물로서 심판되는 소구채권이거나 그와 실질적으로 동일하다고 보이는 경우(가령 원고가 상계를 주장하면서 청구이의의 소를 제기하는 경우 등)가 이에 해당된다고 한다. 따라서 상계주장의 대상이 된 수동채권이 동시이행항변에 행사된 채권일 경우에 그러한 상계주장에 대한 판단에는 기판력이 발생하지 않는다고 한다. 그렇지 않으면 동시이행항변이 상대방의 상계의 재항변에 의하여 배척된 경우에 그 동시이행항변에 행사된 채권을 나중에 소송상 행사할 수 없게 되어 동시이행항변에 행사된 채권의 존부나 범위에 관한 판결 이유 중의 판단에 기판력이 미치는 결과에 이르기 때문이라고 한다.[54]

ⅵ) (상계계약) 여기서 말하는 상계는 민법 제492조 이하에 규정된 단독행위로서의 상계를 의미하고 상계계약은 포함되지 않는다.[55]

판례연습 동시이행항변으로 제출된 채권에 대한 상계항변과 기판력

– 대법원 2005. 7. 22. 선고 2004다17207 판결 –

▮ 사건의 개요 X는 Y로부터 K부동산을 매수하였다. X는 Y와 매매대금지급 전 K부동산을 사용하고 매매계약 해제시 점유사용료를 지급하기로 약정하였다. Y는 중도금 일부의 미지급을 이유로 계약을 해제하고 K부동산인도청구의 소를 제기하여 승소확정판결을 받았다.

---

54) 대법원 2005. 7. 22. 선고 2004다17207 판결.
55) 대법원 2014. 4. 10. 선고 2013다54390 판결.

이 소송에서 X는 이미 지급한 중도금 일부의 반환과의 동시이행항변을 하였다. 이에 Y는 점유사용료지급청구권과 상계주장을 하여 X의 위 동시이행항변은 배척되었다. 즉 X의 중도금반환채권과 Y의 점유사용료지급청구권이 상계로 소멸한 것이다. 그 후 X는 별개의 소로 중도금반환청구를 하였다. X가 제기한 소는 Y가 제기한 전소의 확정판결의 기판력에 저촉되는 것은 아닌지가 문제되었다.

설 명

(1) 확정판결의 기판력은 주문에 포함된 것에 한하여 생기는 것이 원칙이다(216조 1항). 이 때 주문에 포함된 것이란 소송물에 관한 판단을 의미한다. 이에 의하면 전소 판결의 기판력은 전소의 소송물인 Y의 K부동산인도청구권에 관한 판단에 생긴다. 후소의 소송물은 X의 중도금반환청구권으로서 전소의 소송물과 다르고 전소의 소송물을 선결적 법률관계로 하고 있지도 않다. 따라서 다음에서 검토하는 상계주장으로서 기판력이 인정되지 않는 한 전소확정판결의 기판력은 후소에 미치지 않는다.

(2) 판결이유에는 기판력이 생기지 않는 것이 원칙이나 상계로 주장된 자동채권에 대하여는 대항한 액수에 한하여 기판력을 가진다(216조 2항 참조). 이 때 상계 주장에 관한 판단에 기판력이 인정되는 것은 자동채권과 그 수동채권을 기판력의 관점에서 동일하게 취급하여야 할 필요성이 인정되는 경우이다. 상계 주장의 대상이 된 수동채권이 소송물로서 심판되는 소구채권이거나 그와 실질적으로 동일한 경우가 이에 해당된다. 만일 상계 주장의 대상이 된 수동채권이 동시이행항변에 행사된 채권일 경우에는 그러한 상계 주장에 대한 판단에 기판력이 발생하지 않는다. 따라서 전소에서 X의 중도금반환청구권에 관한 판단에는 기판력이 발생하지 않는다.

(3) 전소에서 X의 중도금반환청구권에는 기판력이 발생하지 않으므로 후소는 전소확정판결의 기판력에 저촉되지 않는다.

참고판례 **대법원 2005. 7. 22. 선고 2004다17207 판결【매매중도금】**

상계 주장에 관한 판단은 주문에 포함된 것은 아니지만 상계를 주장한 반대채권과 그 수동채권을 기판력의 관점에서 동일하게 취급하여야 할 필요성이 인정되는 경우에는 기판력이 인정된다.

(2) 기판력이 미치는 범위

(a) 동일한 소송물

후소의 소송물이 전소의 소송물과 동일한 경우에는 당연히 전소 판결의 기판력이 후소에 미친다. 그 결과 후소가 부적법 각하되는지 청구기각이 되는지는 기판력의 본질에 관한 견해에 따라 결론을 달리한다. 또 어떤 경우에 소송물이 동일하다고 볼 것인가는 소송물이론에 따라 달리 판단될 수 있다.

다만 i) 판결원본이 멸실된 경우, ii) 판결내용이 불특정한 경우,[56] iii) 시효중단의 경우 등에는 다시 소를 제기할 수 있으나 그 판결의 내용이 전소의 판결에 저촉될 수 없다.[57] 다만 시효중단을 위한 소의 경우 전소의 변론종결 후 발생한 채권소멸사유는 후소의 심리의 대상이 된다. 그 사유가 소멸시효완성인 경우에는 후소가 전소판결이 확정된 후 10년이 지나 제기되었다 하더라도 소의 이익이 없다고 하여 곧바로 소를 각하하여서는 안 되고 채무자인 피고의 항변에 따라 채권소멸 여부에 관한 본안판단을 하여야 한다.[58] 판결원본이 멸실된 경우에는 소송물이 전소의 소송물이 아니라 멸실된 판결의 내용이고, 판결내용이 불특정한 경우는 전소의 소송물이 특정되어 있지 않았으며, 시효중단의 경우는 전소에서 이행을 구하였던 것과는 달리 확인을 구한다는 점에서 반드시 기판력의 작용에 관한 예외라고 할 수는 없다.[59]

다음에서는 기판력이 미치는 동일 소송물에 관한 특수한 문제를 살펴보기로 한다.

(aa) 일부청구

1) 일부청구에 대한 판결의 기판력은 잔부청구에도 미칠까? 기판력은 소송물에 관한 판단에 미치므로 위 질문은 달리 말하면 일부청구의 경우 소송물은 그 일부에 한정되는가 하는 것이다. 일부청구에 있어서 기판력의 인정범위에 관한 문제는 당사자의 소송물에 관한 처분권과 분쟁의 일회적 해결 중 어느 것을 더 중시할 것인가 하는 문제라고 할 수도 있다. 소송물에 관한 당사자의 처분권을 중시한다면 당사자가 심판을 구한 일부에 대해서만 기판력이 미친다고 하여야 할 것이고 분쟁해결의 일회성을 중시하여 한 번의 소송으로 전부의 청구에 관한 분쟁을 종식시키려면 잔부청구에 대해서도 기판력이 미친다고 하여야 할 것이다.

2) 판례, 다수설은 명시적 일부청구설을 취하여 일부청구임을 명시한 경우에 한하여 일부청구만이 소송물이 된다고 한다. 이 견해에 의하면 잔부청구에는 기판력이 미치지 않는다는 결론에 이른다. 이러한 절충적 태도는 위의 두 가지 요구를 조화한 것이라고 할 수 있다.[60]

한편 판례는 전소에서 예상할 수 없었고 그 부분에 대한 청구를 포기하였다고 볼

56) 대법원 1998. 5. 15. 선고 97다57658 판결.
57) 대법원 1998. 6. 12. 선고 98다1645 판결; 대법원 2018. 4. 24. 선고 2017다293858 판결; 대법원 2018. 7. 19. 선고 2018다22008 전원합의체판결(이 판결에서는 시효중단을 위한 재소는 불허되어야 한다는 반대의 견이 있었다)
58) 대법원 2019. 1. 17. 선고 2018다24349 판결; 대법원 2019. 8. 29. 선고 2019다215272 판결.
59) Othmar Jauernig(김홍규 역), 374면 참조.
60) 이시윤, 653면.

수 없는 특별한 사정이 있다면 불법행위에 의해 발생한 후유장애로 인한 손해는 전소에서 그 부분에 관한 청구가 유보되어 있지 않다고 하더라도 전소의 소송물과는 별개의 소송물이므로 전소송의 기판력에 저촉되는 것이 아니라고 한다.[61] 위 판례에서 주목할 부분은 우선 후유장애의 발생을 표준시 이후에 발생한 사유로 취급하여 기판력이 미치지 않는다는 논리형식을 취하지 않고 기판력의 객관적 범위의 문제(소송물의 동일성의 문제)로 취급한다는 것이다. 또한 전소에서 일부청구임을 명시하지 않아도 예상할 수 없었던 후유장애로 인한 손해배상청구에 전소 판결의 기판력이 미치지 않는다고 하여 일부청구에 관한 판례의 기본입장을 관철시키지 않는다는 것이다.

3) 일부청구부정설에 의한다면 소송물은 청구전부가 되므로 잔부청구에 대하여도 기판력이 미친다는 결론에 이른다. 반면 일부청구긍정설에 의하면 소송물은 일부청구에 국한되므로 잔부청구에 대하여는 기판력이 미치지 않는다.

(bb) 소유권이전등기소송과 소유권이전등기말소등기소송

1) 예를 들어 X가 Y를 상대로 매매를 원인으로 한 소유권이전등기절차이행을 구하는 소를 제기하여 X패소확정판결을 받았다. 그 후 X는 다시 Y를 상대로 취득시효를 원인으로 한 소유권이전등기절차이행을 구하는 소를 제기한 경우 전소 판결의 기판력은 후소에 미칠까? 이는 양 소송의 소송물이 동일한가에 따라 결론을 달리할 것이나 판례는 소유권이전등기청구의 경우 그 이전등기의 원인마다 별개의 소송물을 이룬다고 하므로 이에 따르면 전소 판결의 기판력은 후소에 미치지 않는다.

2) 이번에는 X가 Y명의의 이전등기에 관하여 등기의 원인이 된 매매계약의 해제를 이유로 말소등기절차이행을 구하는 소를 제기하였으나 패소확정되고 후일 X가 그 매매계약이 취소되었다고 주장하면서 다시 말소등기청구의 소를 제기한 경우 전소 판결의 기판력은 후소에 미칠까? 판례는 소송물인 말소등기청구권의 발생원인은 당해 등기의 원인무효라고 하고 그 등기원인의 무효를 뒷받침하는 개개의 사유는 독립된 공격·방어방법에 불과하다고 한다.[62] 이에 따르면 전소와 후소는 동일한 소송물에 관한 소로서 전소 판결의 기판력은 후소에 미친다.

한편 이와는 구별하여야 할 것이 있다. 근저당권이 설정된 후에 그 부동산의 소유권이 제3자에게 이전된 경우 근저당권설정자인 종전의 소유자도 근저당권설정계약의 당사자로서 근저당권소멸에 따른 원상회복으로 근저당권자에게 근저당권설정

61) 대법원 2007. 4. 13. 선고 2006다78640 판결; 대법원 1980. 11. 25. 선고 80다1671 판결.
62) 대법원 1999. 9. 17. 선고 97다54024 판결.

등기의 말소를 구할 수 있는 계약상 권리가 인정된다.[63] 이러한 근저당권설정자인 종전의 소유자의 근저당말소청구권은 근저당권설정계약에 근거한 채권적 청구권으로서 물권적 청구권인 소유물방해배제청구권과는 실체법상의 법적 성질을 달리한다. 실체법상의 권리가 다르면 소송물도 다른 것으로 취급하는 구소송물이론을 취하는 판례에 의하면 이 경우 소유권에 기한 방해배제청구권의 행사로서 말소등기청구를 한 전소의 확정판결의 기판력은 원상회복으로 말소등기청구를 하는 후소에 미치지 않게 된다.[64]

3) 진정한 소유자 X의 등기명의가 원인 없이 Y_1, Y_2, Y_3명의로 경료된 경우 X가 Y_1, Y_2, Y_3를 모두 피고로 삼아 등기말소절차이행을 구하는 소를 제기하였으나 패소 확정되고 이번에는 최종등기명의자인 Y_3를 피고로 삼아 진정명의회복을 원인으로 한 소유권이전등기청구의 소를 제기한 경우 전소의 확정판결은 후소에 미칠까? 이에 관하여 판례가 양소의 소송물이 실질적으로 동일한 것이라 하여 기판력이 미친다[65]고 함은 소송물이론에서 이미 살펴본 바와 같다.

(cc) 특정부분이전등기소송과 지분이전등기소송

X가 K토지의 특정부분을 매수하였다고 주장하면서 Y를 상대로 그 특정부분에 대한 소유권이전등기청구의 소를 제기하였으나 매수부분이 특정되었다고 볼 수 없다는 이유로 청구기각판결이 선고 · 확정되었다. 이후 X는 동일 토지의 지분에 대한 소유권이전등기절차이행을 구하는 소를 다시 제기하였다. 전소 판결의 기판력은 후소에 미칠까? 이에 관해 판례는 전소와 후소는 그 각 청구취지를 달리하여 소송물이 동일하다고 볼 수 없으므로 전소 판결의 기판력은 후소에 미칠 수 없다고 한다.[66]

(b) 선결관계

(aa) 전소와 후소의 소송물은 서로 다르지만 전소의 소송물이 후소의 선결문제가 되는 경우에는 후소법원은 그 선결문제에 관하여 전소의 판단과 모순되는 판단을 할 수 없다.

예를 들어 보기로 한다. X가 Y를 상대로 K토지에 관한 소유권확인의 소를 제기하여 원고 승소확정판결을 받았다(제1소송). X는 다시 Y를 상대로 자신이 토지 소유

63) 대법원 1994. 1. 25. 선고 93다16338 전원합의체판결.
64) 대법원 1993. 9. 14. 선고 92다1353 판결. 이에 관하여는 나현, 말소등기청구소송의 소송물과 기판력, 민사소송 제16권 제1호, 2012, 257~258면.
65) 대법원 2001. 9. 20. 선고 99다37894 전원합의체판결.
66) 대법원 1995. 4. 25. 선고 94다 17956 전원합의체판결. 이에 관한 평석으로는 사동천, 일필토지 일부의 특정매매의 기판력이 지분매매에 미치는지 여부, 중앙법학 창간호, 중앙법학회, 1999, 215~234면 참조.

자임을 주장하여 K토지인도청구의 소를 제기하였다(제2소송). 제1소송판결의 내용인 'K토지에 관한 X의 소유권'은 제1소송의 소송물로서 이에 관한 판단에 기판력이 발생한다. 제2소송에서 'K토지에 관한 X의 소유권'유무는 X의 K토지인도청구권의 유무를 판단하기 위한 전제 즉 선결문제로서 작용한다. 이때 후소법원은 K토지가 X의 소유라는 전소법원의 결론과 다른 판단을 할 수 없다.67)

(또 다른 예로는 채권자가 제기한 배당이의의 소의 본안판결이 확정된 후 전소의 상대방이 채권자를 상대로 배당수령권 없음을 전제로 한 부당이득반환청구의 소를 제기한 경우이다. 이 경우 전소 확정판결에 의해 이의가 있었던 배당에 관한 실체적 배당수령권의 존부의 판단에 기판력이 생겨 후소 법원은 배당수령권의 존부에 관하여 전소 확정판결과 다른 판단을 할 수 없다.)68)

(bb) 이와 같이 전소의 소송물이 후소의 선결적 법률관계가 되는 경우 전소 판결의 기판력이 후소에 미친다(구체적으로는 전소의 소송물에 관한 판단에 생긴 기판력이 후소의 선결적 법률관계에 작용하여 결과적으로 후소에 미친다). 이는 전소의 선결적 법률관계에 관한 판단에 기판력이 발생한다는 것과는 구별하여야 한다. 예를 들어 보기로 한다. 이번에는 위의 사례에서 제2소송이 먼저 개시되었다고 가정한다. X는 Y를 상대로 X가 K토지의 소유자라는 이유로 Y에 대한 토지인도청구가 인용되는 판결을 받았다(제1소송). 그 후 X는 Y를 상대로 K토지가 X의 소유임을 확인하는 소를 제기하였다(제2소송). 제2소송에서 법원은 K토지가 X의 소유가 아니라는 판단을 할 수 있을까? 제1소송의 소송물은 X의 K토지에 관한 인도청구권의 존부이다. K토지가 X의 소유라는 것은 제1소송의 소송물을 판단하기 위한 선결문제이다. 따라서 제1소송에서 기판력은 소송물인 토지인도청구권의 존재에 관한 판단에만 생기고 선결문제인 K토지가 X의 소유라는 판단에는 생기지 않는다. 그러므로 제2소송의 법원은 제1소송에서 K토지가 X의 소유라고 한 판단에 구속되지 않는다.

(c) 모순된 반대관계

후소의 소송물이 전소의 소송물과 모순된 반대관계 있는 경우에도 전소 판결의 기판력이 후소에 미친다.

(aa) 후소의 소송물이 전소의 소송물과 모순된 반대관계에 있어 후소에 전소 판결의 기판력이 미치는 것은 전소 판결의 기판력이 생기는 소송물에 관한 판단에 한한다. 예를 들어 보기로 한다. 소유권이전등기절차의 이행을 명하는 확정판결에 의하

67) 대법원 1994. 12. 27. 선고 94다4684 판결.
68) 대법원 2000. 1. 21. 선고 99다3501 판결.

여 소유권이전등기가 마쳐진 경우에 다시 원인무효임을 내세워 그 말소등기절차의 이행을 청구하는 것은 전소 확정판결에 의하여 인정된 이전등기청구권을 부인하는 것이어서 기판력에 저촉된다. 그러나 소유권이전등기절차의 이행을 명한 확정판결의 기판력은 소송물인 그 소유권이전등기청구권의 존부에만 생기고 소유권의 귀속 자체에까지 생기는 것은 아니다.[69] 따라서 후소로 소유권확인을 구하는 것은 전소 판결의 기판력에 저촉되지 않는다. 그러나 가등기에 기한 소유권이전등기절차의 이행을 명한 전소 판결확정 후 후소로써 가등기만의 말소를 구하는 경우에는 전소에서 판단의 전제가 되었을 뿐 아직 확정되지 아니한 법률관계를 다투는 것에 불과하여 전소 판결의 기판력에 저촉되지 않는다.[70]

(bb) 후소의 소송물이 전소의 소송물과 모순된 반대관계에 있는지는 확정된 전소 판결의 내용에 따라 그 결론이 달라질 수 있다. 이는 확정된 전소 판결의 내용에 따라 기판력의 내용이 달라지기 때문이다. 예를 들어 보기로 한다. X가 Y를 상대로 K토지가 자신의 소유임을 확인하는 소유권확인의 소를 제기하여 원고 승소확정판결을 받았다(제1소송). 위 확정판결에 의해 K토지가 X의 소유라는 판단에 기판력이 발생한다. 이번에는 Y가 X를 상대로 K토지가 자신의 소유임을 확인하는 소유권확인의 소를 제기하였다(제2소송). 제1소송의 소송물은 K토지에 관한 X의 소유권의 존부이고 제2소송의 소송물은 K토지에 관한 Y소유권의 존부로서 양 소송의 소송물은 서로 다르다. 따라서 제1소송의 소송물이 제2소송의 소송물과 동일하다는 이유로 제1소송 판결의 기판력이 제2소송에 미치지는 않는다. 그러나 내용적으로는 K토지에 관하여 X소유임이 인정되면 Y의 소유는 부정될 수밖에 없다. 왜냐하면 K토지라는 단일 물건에 X와 Y 모두의 단독소유를 인정하는 것은 일물일권주의에 반하기 때문이다. 즉 양자는 모순된 반대관계에 있어 함께 인정될 수 없다. 이와 같이 전후소의 소송물이 모순된 반대관계에 있는 경우에는 전소의 소송물에 관한 판단에 발생한 기판력이 후소에 미친다.

만약 X가 제1소송에서 패소하였다면 그 기판력이 제2소송에 작용할까? X가 제기한 제1소송이 패소확정 되었다면 K토지가 X의 소유가 아니라는 판단에 기판력이 발생한다. K토지가 X의 소유가 아니라는 것은 K토지에 관하여 Y의 소유권 유무를 정하는 데 아무런 관련이 없다. K토지가 X의 소유가 아니면 Y의 소유일 수도 있지만 Y의 소유가 아니라 제3자의 소유일 수 있기 때문이다. 이 경우에는 양 소송의 소송물은 모순된 반대관계에 있지 않다. 따라서 제1소송의 판결의 기판력이 제2소송에 미치지 않는다.

---

69) 대법원 1987. 3. 24. 선고 86다카1958 판결.
70) 대법원 1995. 3. 24. 선고 93다52488 판결.

(cc) 전소 판결의 기판력이 후소에 작용하는 것은 전소와 후소의 소송물이 모순된 반대관계인 경우이고 양 소의 선결적 법률관계가 모순된 반대관계가 있는 데 불과한 경우는 전소 판결의 기판력은 후소에 미치지 않는다. 기판력은 소송물에 관한 판단에 생기고 그 전제가 되는 선결적 법률관계에는 생기지 않기 때문이다. 예를 들어 매매계약의 무효 또는 해제를 원인으로 한 매매대금반환청구에 관한 인낙조서의 기판력은 매매계약이 유효함을 전제로 제기된 소유권이전등기청구권의 존부를 소송물로 하는 후소에 미치지 않는다. 전소의 소송물인 매매대금반환청구권의 존부는 후소의 소송물인 소유권이전등기청구권의 존부와 그 자체로는 모순된 반대관계에 있지 않기 때문이다.[71)]

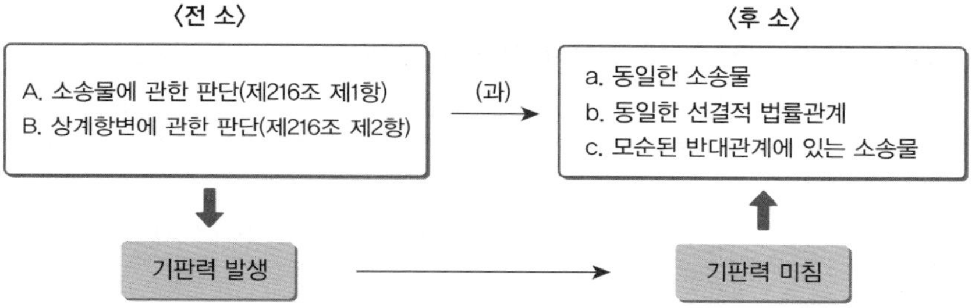

판례연습 소송물의 모순관계와 기판력

– 대법원 1995. 6. 13. 선고 93다43491 판결 –

▮ 사건의 개요 K토지에 관하여 1962. 3. 29. A명의로 소유권보존등기가 경료되었다. 그 후 K토지에 관하여 B를 거쳐 X의 피상속인인 망C 앞으로 소유권이전등기가 경료되었다. Y는 1972. 위 등기명의인들을 상대로 A명의의 소유권보존등기가 위조된 관계서류에 의하여 경료된 것이어서 원인무효이고, 이에 기한 B, C명의의 소유권이전등기도 원인무효라는 이유로 각 등기의 말소등기청구의 소를 제기하였다. C는 Y의 주장을 인정하고 Y로부터 K토지를 다시 매수하였다. 그러나 C는 한 번도 변론기일에 출석하거나 Y의 주장을 다투지 아니하여 의제자백으로 1975. 7. 23. Y승소판결이 선고되고 그 무렵 이 판결이 확정되었다. 그 후 C가 1985. 10. 11. 사망하여 X가 1986. 3. 29. 상속등기를 경료하자 Y는 1988. 4. 6. 위 말소등기절차이행을 명한 확정판결에 의하여 X명의의 소유권이전등기를 모두 말소하였다. X는 C와 Y 사이의 매매를 원인으로 K토지에 관한 소유권이전등기청구의 소를 제기하였다. X의 위 소는 전소 판결의 기판력에 저촉되는 것이 아닌지가 문제되었다.

71) 대법원 2005. 12. 23. 선고 2004다55698 판결.

설명

기판력은 전소와 동일한 소송물에 미친다. 또한 전소의 소송물과 후소의 소송물이 모순된 반대관계에 있는 경우에도 기판력이 미친다. 전소의 소송물은 등기원인의 무효를 이유로 한 말소등기청구권이고 후소의 소송물은 매매를 원인으로 한 소유권이전등기청구권으로서 양자는 동일한 소송물이 아니다. 만약 후소가 전소 확정판결에 의해 말소되었던 등기가 유효임을 이유로 소유권이전등기청구를 하는 것이라면 전소와 후소의 각 소송물은 서로 모순관계에 있어 전소 판결의 기판력은 후소에 미친다. 그러나 후소의 소유권이전등기청구는 C가 Y로부터 K토지를 매수하였다는 것을 그 원인으로 한다. 이는 전소의 소송물과는 별개의 새로운 사유에 의해 발생한 것으로 서로 모순되지 않는다. 따라서 후소는 전소 판결의 기판력에 저촉되지 않는다.

참고판례 **대법원 1995. 6. 13. 선고 93다43491 판결【소유권이전등기등】**

(3) 판결이유에 관한 판단에 구속력을 인정하기 위한 이론적 시도[72)]

(a) 문제점

기판력은 판결주문에 포함된 것에 한하여 생긴다는 원칙을 관철하면 동일한 분쟁사실을 기초로 한 반복적인 소송을 피할 수 없게 되는 경우가 있을 수 있다. 예를 들면 X가 매매를 원인으로 소유권이전등기청구의 소를 제기하여 승소확정판결을 받았으나 후소에서 전소의 피고였던 Y가 X를 상대로 매매계약의 부존재를 이유로 계쟁물에 대한 소유권확인을 구하는 경우이다. 이 경우 전소 확정판결에 의하여 기판력은 피고의 소유권이전등기절차이행의무의 존부에 미치고 그 법률적 전제인 매매계약의 존부에는 미치지 않는다. 따라서 전소에서 X의 승소판결을 위해 인정되었던 매매계약사실이 후소에서 부인되더라도 이는 기판력은 주문에 포함된 것에 한하여 생긴다고 하는 기판력의 원칙에 저촉되지 않는다. 이러한 결과는 분쟁의 일회적 해결을 도모하고 법적 안정성을 추구하는 기판력제도의 근본취지에 반하고 같은 사안에 대한 모순된 판단으로 사법불신을 초래할 수도 있다.[73)] 이러한 문제를 해결하기 위해 다음과 같은 이론이 전개되었다.

---

72) 아래 내용은 이태영, 판결서의 증명력, 민사소송 제16권 제2호, 한국민사소송법학회, 2012, 217면 이하의 내용을 발췌한 것이다.

73) 문용선, 판결이유 중의 판단의 구속력, 민사법연구 창간호, 대한민사법학회, 1991, 214면. 아울러 민사소송법 제216조의 문제점을 지적한 문헌으로는 권혁재, 확정판결의 효력범위에 관한 몇 가지 문제점 고찰, 민사소송 제10-1권, 한국민사소송법학회, 2006, 79면.

(b) 쟁점효이론

쟁점효[74]는 전소에서 당사자가 주요한 쟁점으로 다투고 법원이 이를 심리하여 내린 그 쟁점에 대한 판단과 동일한 쟁점을 주요 선결문제로 한 후소 청구의 심리에서 그 판단에 어긋나는 주장 · 입증을 허용하지 않고 이것과 모순된 판단을 금지하는 효력을 말한다. 쟁점효이론에 의하면 위의 예에서 전소에서 매매계약의 존재가 중요한 쟁점으로 취급되어 판단되었다면 후소에서도 이와 모순되는 판단을 할 수 없다.

쟁점효는 판결의 구속력을 의미한다는 점에서는 기판력과 같다. 그러나 그 구속력이 판결이유 중의 판단에 발생하고 법원이 실제로 심리 · 판단한 부분에 한하여 발생한다는 점에서 주문에만 발생하고 당사자가 다투지 아니한 사항에 대해서도 구속력이 발생하는 기판력과 다르다.

기판력이 주문 중의 소송물에 관한 판단에 한정되는 결과 당사자는 판결의 이유에 구애될 필요가 없이 유리한 판결주문을 얻는 한도에서만 다투면 되고 나머지 선결문제에 대하여 다투지 않을 자유가 있다. 그러나 일단 주요쟁점으로서 다툰 이상은 관련된 청구와 공통되는 주요 쟁점에 대해서 한 쪽 청구의 심리에서 다투어 얻은 판단은 그대로 다른 쪽의 청구의 심리에도 이를 기초로 하는 것이 공평하다는 것에서 그 근거를 찾고 있다.

(c) 신의칙설

우리나라의 다수의 견해는 쟁점효이론을 부정하고 신의칙에 의하여 해결하여야 한다고 한다. 쟁점효이론을 부정하는 이유로는 민사소송법 제216조의 문언과 중간확인의 소의 취지, 요건불명, 주문 중심의 현행 민사소송법 체계와의 부조화 등을 들고 있다.[75]

이 견해는 구체적으로 전소에서 주장 · 항변한 사항이고 판결이유에서 긍정적인 판단까지 받았다면 전소와 소송물을 달리하는 후소에서도 그 판단과 정반대의 주장 · 항변은 허용되지 않는다는 견해,[76] 현행 민사소송법상의 해석으로는 신의칙 특히 선행행위와 모순되는 거동의 금지 또는 권리실효의 원칙 등을 적극적으로 활용할 필요가 있다는 견해,[77] 특별한 사정이 있는 경우에 한하여 신의칙의 제한적 적용을 신중히 고려할 필요가 있다는 견해[78] 등으로 나타나고 있다.

(d) 판례의 태도

1) 판례는 이미 확정된 관련 민사사건 등에서 인정된 사실은 특별한 사정이 없는

---

74) 쟁점효라는 개념은 영미법의 collateral estoppel(쟁점효)법리와 兼子一 박사의 참가적 효력을 당사자 간에도 확장하고자 한다는 주장에 영향을 받아 新堂幸司에 의해 주장되었다.

75) 김홍엽, 913면; 이시윤, 655면; 정동윤/유병현/김경욱, 818면; 정영환, 1185면.

76) 이시윤, 656면.

77) 정동윤/유병현/김경욱, 818면; 정영환, 1185면.

78) 김홍엽, 914면.

한 유력한 증거가 된다고 한다.[79] 나아가 전후 두 개의 민사소송이 당사자가 같고 분쟁의 기초가 된 사실도 같으나 다만 소송물이 달라 기판력에 저촉되지 아니한 결과 새로운 청구를 할 수 있는 경우에는 더욱 더 유력한 증거가 된다고 한다.[80] 판례가 취하고 있는 위와 같은 태도를 견해에 따라서는 '증명력설'[81]이라고 하기도 하고 '판결의 증명효'[82] 또는 '증명적 효력'[83]이라고 하기도 한다.

2) 이 외에도 판결이유 중의 판단에 기판력을 인정한 것으로 평가될 수도 있는 것이 있다. 그 하나는 토지 소유자와 관습에 의한 지상권자 사이의 지료급부이행소송의 판결의 이유에서 정해진 지료에 관한 결정은 그 소송의 당사자인 토지 소유자와 관습에 의한 지상권자 사이에서는 지료결정으로서의 효력이 있다고 한 판결이다.[84] 다른 하나는 법원이 등기원인의 존재를 인정하면서 이에 기한 등기절차의 이행을 명하는 판결을 선고하고 그 판결이 확정됨에 따라 이에 기한 소유권이전등기가 마쳐진 경우, 위 기판력이 미치지 아니하는 타인이 위 등기원인의 부존재를 이유로 확정판결에 기한 등기의 추정력을 번복하기 위해서는 일반적으로 등기의 추정력을 번복함에 있어서 요구되는 입증의 정도를 넘는 명백한 증거나 자료를 제출하여야 한다고 한 판결이다.[85]

(e) 검 토

우리나라의 다수의 견해는 신의칙에 의한 해결을 주장하고 있으나 신의칙이라는 기준이 막연하여 그 구체화에 어려움이 있다는 문제점을 극복하기 어렵다. 쟁점효는 오히려 참가적 효력과 유사한 것으로 기판력과는 다르다. 이는 일본의 兼子一 박사의 참가적 효력을 당사자 간에도 확장하고자 한다는 주장이 쟁점효의 이론적 배경이 되었다는 사실에서도 잘 나타나 있다. 따라서 기판력이 아닌 쟁점효에 의하여 판결이유에 대하여 구속력을 인정하는 것은 주문에 포함된 것에 한하여 기판력을 가진다는 원칙과는 무관한 것이다. 판례는 판결서의 증명력을 인정하나 이는 증명력의 문제가 아닌 법적 구속력의 문제로 해결하는 것이 타당하여 판결서의 증명력에 관한 판례의 태도는 재고되어야 한다. 이러한 의미에서 쟁점효이론에 대하여 보다 긍정적인 검토가 필요하다고 생각한다.

---

79) 대법원 1987. 4. 28. 선고 86다카1757 판결; 대법원 2020. 7. 9. 선고 2020다208195 판결.
80) 대법원 1990. 12. 11. 선고 90다카7545 판결. 주의의무위반과 같은 불확정개념이 당사자가 주장하는 법률효과 발생에 관한 요건사실에 해당할 때에도 이를 적용한 판례로는 대법원 2018. 8. 30. 선고 2016다46338, 46345 판결.
81) 이시윤, 656면; 호문혁, 762면.
82) 김홍엽, 914면.
83) 김주, 기판력의 확장에 관한 연구, 고려대학교 대학원 박사학위논문, 2009, 96면.
84) 대법원 2003. 12. 24. 선고 2002다61934 판결.
85) 대법원 2002. 9. 24. 선고 2002다26252 판결. 이에 관한 평석으로는 황병하, 확정판결 등에 기한 등기의 원인무효와 그 등기의 추정력을 번복하기 위한 입증의 정도, 대법원판례해설 제42호, 법원도서관, 2003, 395면 이하 참조.

2. 기판력의 시적 범위(표준시)

■ 핵심어

표준시, 차단효, 표준시 후에 발생한 사유, 표준시 후 형성권의 행사, 장래이행판결의 기판력

(1) 의 의

(a) 기판력의 시적 범위는 기판력이 어느 시점에서의 권리관계에 관한 판단에 발생하는가 하는 것이다. 예를 들어 보기로 한다. X가 Y를 상대로 K부동산에 관한 소유권확인의 소를 제기하였다. 그런데 K부동산은 소제기 당시는 X의 소유였으나 변론이 시작된 후 제1심판결 선고시까지는 A의 소유이었다가 그 이후 다시 X의 소유로 되었다. 이에 대해 "K부동산은 X소유임을 확인한다"라는 항소심판결이 확정되었다면 위 확정판결은 어느 시점에서 K부동산이 X의 소유라는 것을 판단한 것이냐 하는 것이다. 이것이 기판력의 시적 범위에 관한 문제이다.

(b) 민사소송에서 판결은 당사자가 제출한 소송자료(주장과 증거)만을 판단의 기초로 삼아야 한다. 또한 소송자료의 제출은 변론기일에 하여야 한다. 이는 변론주의에 의해 요청되는 것이다. 그렇다면 법원은 당해 소송의 전 심급을 통하여 어느 시점까지 당사자가 제출한 소송자료를 판단의 기초로 삼을 수 있을까? 상고심은 법률심으로서 법률적 판단만을 할 뿐 원심법원[86]이 적법하게 한 사실확정에 구속된다(432조). 당사자도 상고심에서 새로운 소송자료를 제출할 수 없는 것이 원칙이다. 따라서 당사자가 소송자료를 최종적으로 제출할 수 있는 시점은 사실심변론종결시가 된다.

법원은 소제기 이후 판결선고시까지 소송물에 관한 권리변동이 있었다면 당연히 권리변동의 최종적인 결과에 따라 판단을 하여야 할 것이다. 기판력과 관계있는 시점은 소송중 당사자가 새로운 사실주장을 할 수 있는 최후의 시점과 동일하다.[87] 따라서 판결은 사실심변론종결시를 기준으로 권리관계에 관한 판단을 한다. 이것이 곧 기판력의 시적 기준이 되며 표준시라고도 한다. 다만 무변론판결(257조)의 경우는 표준시가 변론종결시가 아니고 판결선고시가 된다. 무변론판결은 변론 없이 하는 판결이기 때문이다. 이와 같이 **기판력은 표준시의 권리관계에 관한 판단에 발생하고 표준시 전 또는 표준시 후의 권리관계에는 기판력이 미치지 않는다.**

판례는 전소에서 대여금청구에 관한 청구기각판결이 확정된 후 후소에서 전소의 변론종결일 전 원금채권에 대하여 전소의 변론종결일까지의 지연이자를 구하는 원

86) 원심법원은 바로 직전 단계의 법원을 말한다. 항소심에서는 제1심법원이 원심법원이 된다. 상고심에서는 보통 항소심이 될 것이나 예외적으로 제1심에서 바로 상고하는 비약상고(422조 2항)의 경우에는 제1심법원이 원심법원이 된다.

87) Othmar Jauernig(김홍규 역), 389면.

고의 소는 전소 판결의 기판력을 받지 않는다고 한 바 있다.[88] 전소에서 변론종결시에 원고의 대여금채권이 존재하지 않는다는 것에 관하여 기판력이 발생한 것이고 전소의 변론종결일 전 원금채권의 존재 또는 부존재에 관하여는 전소 판결의 기판력이 발생하지 않는다. 따라서 그 지연이자를 구하는 소 역시 전소 판결의 기판력을 받지 않는다.

표준시의 원금채권부존재 판단 → 표준시 전의 원금채권존재 여부 판단 없음
→ 표준시 전까지의 지연손해금청구는 전소판결의 기판력에 저촉되지 않음

(c) 기판력의 표준시에 관한 실정법적 근거로 민사소송법 제218조와 민사집행법 제44조 제2항을 드는 것이 보통이다. 민사소송법 제218조는 기판력을 받는 소송목적의 승계인을 변론을 종결한 뒤의 승계인으로 규정하고 있다. 또한 민사집행법 제44조는 청구에 관한 이의의 소의 사유는 변론종결 후(변론 없이 한 판결의 경우에는 판결이 선고된 뒤)의 사유에 한하는 것으로 규정하고 있다. 이에 관하여는 표준시 후에 발생한 새로운 사유에서 더 살펴보기로 한다.

(2) 표준시 전에 존재한 사유 – 실권효(차단효)

(a) 의 의

기판력은 사실심변론종결시의 권리관계에 관한 판단에 발생한다. 그러나 당사자가 그 시기까지 객관적으로 존재하는 모든 소송자료를 현실적으로 제출하지 못하는 경우도 있을 수 있다. 소송당사자라고 하여 사건의 객관적 진상을 반드시 모두 알고 있는 것은 아니며 법률지식의 부족으로 필요한 주장을 다하지 못하는 경우도 있을 수 있기 때문이다. 또한 입증책임이 있는 당사자가 그 증거의 존재를 알지 못하거나 그 지배영역에 속하지 않는 경우도 있을 수 있다. 예를 들어 사건의 목격자가 있었더라도 사건의 소송당사자는 목격자가 있었는지조차 알지 못하거나 그 소재를 몰라 증인신청을 할 수 없는 경우이다. 이와 같이 **전소의 사실심변론종결시 이전에 이미 존재하였던 소송자료를 미처 제출하지 못하고 판결이 확정된 경우 당사자는 다시 소를 제기하여 그 소송자료를 제출함으로써 전소와 다른 판단을 구할 수 없다. 이를 실권효(失權效) 또는 차단효(遮斷效)라고 한다.**

(b) 전소와 후소의 관계

1) 기판력의 실권효 또는 차단효는 전소의 변론종결 전에 생긴 사유로 전소와 동

88) 대법원 1976. 12. 14. 선고 76다1488 판결.

일한 후소를 제기한 경우에 인정된다. 따라서 구체적인 경우에 차단효가 인정되는가 여부는 소송물의 동일성을 어떻게 판단하는가에 따라 그 결론을 달리할 수 있다.

판례는 확인판결에 관하여 특정 토지에 관한 소유권확인의 본안판결이 확정되면 그에 대한 권리 또는 법률관계가 그대로 확정되어 변론종결 전에 그 확인원인이 되는 다른 사실에도 그 확정판결의 기판력이 미친다고 한다.[89] 이에 따르면 전소의 원고가 피고를 상대로 소유권확인의 소를 제기하여 승소확정판결을 받은 후 후소에서 전소 피고가 전소의 변론종결 전 등기부취득시효가 완성되어 자신이 소유자라고 주장하는 것은 기판력에 저촉된다.[90] 즉 전소의 변론종결 전 전소 피고가 등기부취득시효에 의하여 소유권을 취득(민법 245조 1항 참조)하였더라도 전소 원고의 소유권을 확인하는 판결이 확정된 이상 전소 원고의 소유권도 확정된다는 것이다. 한편 전소 피고가 전소 변론종결 전 취득한 권리가 등기부취득시효에 의한 소유권이 아니라 점유취득시효에 의한 소유권이전등기청구권(민법 245조 1항)이어서 전소 피고가 후소에서 소유권이전등기절차이행을 구하는 소를 제기하는 경우에는 전소 판결의 기판력이 후소에 미치지 않는다.[91] 전소의 소송물은 소유권의 존부이고 후소의 소송물은 소유권이전등기청구권으로서 소송물을 서로 달리하기 때문이다.

2) 차단효는 전소와 후소가 동일한 소인 경우뿐 아니라 전소가 후소의 선결관계에 있어 전소 판결의 기판력이 후소에 작용하는 경우에도 인정된다. 이 경우 위 판례의 태도에 따르면 전소에서 인정된 소유권에 기하여 후소로 전소 계쟁토지 위에 건립된 건물철거와 토지인도를 구하는 소송에서 후소의 피고가 한 전소의 변론종결 전 등기부취득시효가 완성되었다는 주장에 관하여 차단효가 인정된다.

(c) 예 외

차단효는 변론종결 전에 존재하는 사유에 관하여 인정되는 것이므로 이에 대응하여 확정판결에 대하여 그 집행력의 배제를 목적으로 한 청구이의의 소의 사유도 변론종결 후에 생긴 사유에 한정하고 있다(민사집행법 44조 2항). 그러나 판례는 다음의 경우에는 변론종결 전의 사유에 대하여도 청구이의의 소를 허용한다.

ⅰ) (불법한 판결집행) 판례는 청구에 관한 이의의 소를 규정한 것은 부당한 강제집행이 행하여지지 않도록 하려는 데 있다고 한다. 따라서 판결에 의하여 확정된 청구가 그 판결의 변론종결후에 변경, 소멸된 경우뿐 아니라 판결을 집행하는 자체가 불

89) 대법원 1987. 3. 10. 선고 84다카2132 판결. 이 판결에 대하여 비판적 태도를 취하는 견해로는 호문혁, 확인판결의 기판력의 범위, 민사판례연구 제11집, 민사판례연구회, 403면 이하 참조.

90) 위의 대법원 1987. 3. 10. 선고 84다카2132 판결에서 예시한 것은 무효등기가 점유취득시효의 완성 또는 매수로 인하여 실체관계에 부합하는 경우이다.

91) 대법원 1995. 12. 8. 선고 94다35039, 35046 판결.

법한 경우에는 그 사유가 그 판결의 변론종결 전에 존재한 경우에도 청구이의의 소가 허용된다고 한다.[92] 예를 들어 공동불법행위의 피해자인 원고가 피고가 아닌 다른 불법행위자로부터 손해배상금을 수령하였음에도 이를 모르는 상대방에 이를 감추고 이미 소멸한 채권의 존재를 주장하여 승소확정판결을 받아 집행하는 것이다.

ii) (한정승인) 판례는 채무자가 한정승인사실을 주장하지 않으면 책임의 범위는 현실적인 심판의 대상으로 등장하지 않는다는 이유로 채무자가 한정승인을 하고도 채권자가 제기한 소의 사실심변론종결시까지 그 사실을 주장하지 아니하여 책임의 범위에 관한 유보가 없는 판결이 선고되어 확정되었다고 하더라도 채무자는 그 후 전소에서 주장하지 아니한 한정승인 사실을 내세워 청구에 관한 이의의 소를 제기할 수 있다고 한다.[93] 그러나 상속포기의 경우는 상속에 의한 채무의 존재 자체가 문제되어 그에 관한 확정판결의 주문에 당연히 기판력이 미치므로 이를 주장하지 않으면 실권되고 전소에서 주장하지 않은 상속포기를 내세워 청구이의의 소를 제기할 수 없다고 한다.[94]

(d) 과실의 요부

실권효는 법원의 판단에 대하여 구속력을 부여하는 취지에서 인정되는 것이므로 당사자가 전소에서 소송자료를 제출하지 못한 것에 대하여 반드시 과실이 있을 것을 요하지 않는다(통설). 판례도 "기판력은 그 소송의 변론종결 전에 있어서 주장할 수 있었던 모든 공격 및 방어방법에 미치는 것이며 그 당시 알 수 있었거나 또는 알고서 이를 주장하지 않았던 사항에 한하여 미친다고는 볼 수 없다"고 하여 같은 태도를 취하고 있다.[95]

(3) 표준시 후에 발생한 새로운 사유 – 사정변경

(a) 기판력에 의해 표준시의 권리관계가 확정된다 하더라도 표준시 이후에 권리관계는 다시 변동될 수 있으므로 표준시 이후에 발생한 사유는 실권효의 제재를 받지 않는다. 이에 관하여 다음 유형을 검토하기로 한다.

1) (변제기도래 등) 전소에서 대여금청구를 하였으나 변제기 미도래로 기각된 후 후소 제기시 변제기가 도래한 경우에는 실권효의 제재를 받지 않는다. 또한 전소에

---

92) 대법원 1984. 7. 24. 선고 84다카572 판결.
93) 대법원 2006. 10. 13. 선고 2006다23138 판결. 이 판결의 평석으로는 심우용, 청구이의사유로서의 한정승인, 대법원판례해설 제63호, 법원도서관, 2007, 400면 이하 참조.
94) 대법원 2009. 5. 28. 선고 2008다79876 판결.
95) 대법원 1980. 5. 13. 선고 80다473 판결.

서 피담보채무의 변제로 양도담보권이 소멸하였음을 원인으로 한 소유권이전등기의 회복청구가 기각되었더라도 장래 잔존 피담보채무의 변제를 조건으로 소유권이전등기의 회복을 청구하는 것은 전소의 확정판결의 기판력에 저촉되지 않는다.[96]

2) (소유권취득) 소유권확인청구의 소송물은 소유권 자체의 존부이므로, 전소에서 원고가 소유권을 주장하였다가 패소판결이 확정되었다고 하더라도, 전소 변론종결 후에 소유권을 새로이 취득하였다면 전소 판결의 기판력이 소유권확인을 구하는 후소에 미치지 않는다.[97]

3) (상속재산분할협의의 소급효) 소유권취득이 상속재산분할협의에 의한 것인 때에는 그 시기가 전소 변론종결 후라 하더라도 표준시 후에 발생한 새로운 사유인지 의문이 제기될 수 있다. 상속재산의 분할은 상속개시 된 때에 소급하여 그 효력이 있기 때문이다(민법 1015조).[98] 이에 관해 판례는 상속재산분할협의에 의한 소유권취득은 전소 변론종결 후에 발생한 사유에 해당한다고 한다.[99] 상속재산분할에 관하여 소급효를 인정하지 않으면 피상속인의 사망 후 상속인이 소유권을 취득하는 동안의 소유관계가 불분명하게 된다. 그 소급효의 인정은 이러한 문제점을 시정하기 위한 것에 불과하므로 이로 인해 상속재산분할협의의 객관적인 존재시기까지 소급하게 할 필요는 없을 것이다. 위의 판례는 이러한 의미에서 이해할 수 있다.

이에 따르면 전소에서 원고가 단독상속인이라고 주장하여 소유권확인을 구하였으나 공동상속인에 해당한다는 이유로 상속분에 해당하는 부분에 대해서만 원고의 청구를 인용한 판결이 확정되었다면 전소 판결의 기판력은 전소 변론종결 후에 상속재산분할협의에 의해 원고가 소유권을 취득한 나머지 상속분에 관한 소유권확인을 구하는 후소에는 미치지 않는다.

(b) **표준시 이후에 발생한 사유는 권리관계를 변동시키는 사유로서 새로운 사실관계를 말하는 것일 뿐 기존의 사실관계에 대한 새로운 증거자료 또는 법률의 변경이나 법원의 판단 등은 이에 포함되지 않는다.**[100] 이러한 해석은 다음 두 가지 점을 그 근거로 한다. 첫째는 기판력의 표준시를 사실심변론종결시로 정한 이유가 판결의 기초가 되는 당사자의 소송자료 제출의 최종시기와 관련을 가진다는 점이다. 둘째는 법적 근거나 평가기준이 사후적으로 변경되었다고 하여 기판력을 배제하는 것은 법적 안정성을 도모하고자 하는 기판력제도의 취지에 반한다는 점이다.

96) 대법원 2014. 1. 23. 선고 2013다64793 판결.
97) 대법원 2011. 6. 30. 선고 2011다24340 판결.
98) 이를 선언주의라고 하며 일반 공유물분할이 이전주의를 취하는 것과 다르다.
99) 대법원 2011. 6. 30. 선고 2011다24340 판결.
100) 대법원 2016. 8. 30. 선고 2016다222149 판결.

(c) 이행판결의 경우 판결이 확정되면 기판력뿐 아니라 집행력이 발생한다. 전소의 표준시 이후 새로이 발생한 사유가 있으면 전소의 패소당사자는 후소를 제기하여 전소와는 다른 판결을 받을 수는 있지만 이로써 전소에 기한 집행을 막을 수는 없다. 이 때 민사집행법 제46조 제2항에 의하여 강제집행정지를 하고 표준시 이후에 발생한 사유로 청구이의의 소(민사집행법 44조)를 제기하여 이미 발생한 집행법상의 집행력을 배제할 수 있다.

판례 연습

대법원 1992. 10. 27. 선고 91다24847, 24854(병합) 판결

– 확정판결의 기판력과 표준시 후에 발생한 새로운 사유 –

▌사건의 개요 X는 Y를 상대로 K부동산에 관한 소유권이전등기청구의 소를 제기하였다(제1소송). X의 이러한 청구에 대하여 Y는 사실심변론종결 전 이미 Y_1 앞으로 소유권이전등기를 넘겼으므로 X에 대한 이전등기의무는 이행불능이 되었다고 항변하였다. 이에 대해 X는 Y_1명의의 소유권이전등기는 통정허위표시에 기한 원인무효의 등기라고 재항변하였다. 그러나 Y의 이행불능항변이 받아들여지고 X의 재항변이 배척되어 X패소판결이 확정되었다. 이후 X는 Y_1을 상대로 한 새로운 소송(제2소송)에서 Y_1명의의 소유권이전등기는 그 일부지분은 통정허위표시에 해당되고 그 나머지 부분은 이중매도의 배임행위에 적극가담한 반사회질서의 법률행위에 해당되어 무효라는 승소판결을 받았다. X는 제2소송의 판결이 확정되자 Y를 상대로 제1소송과 동일한 청구원인에 기하여 소를 제기하였다(제3소송). 제3소송이 제1소송의 판결의 기판력에 저촉되는지가 문제되었다.

설명

1. 기판력의 차단효

기판력은 사실심변론종결시의 권리관계에 관한 판단에 발생한다. 이를 기판력의 표준시라고 한다. 전소의 사실심변론종결시 이전에 이미 존재하였던 소송자료를 미처 제출하지 못하고 판결이 확정된 경우 당사자는 다시 소를 제기하여 그 소송자료를 제출함으로써 전소와 다른 판단을 구할 수 없다. 이를 실권효(失權效) 또는 차단효(遮斷效)라고 한다.

2. 표준시 이후에 발생한 사유 해당 여부

표준시 이후에 발생한 사유는 차단효를 받지 않는다. 표준시 이후에 발생한 사유는 권리관계를 변동시키는 사유 그 자체를 의미하는 것으로 소송자료에 국한되고 법률의 변경이나 법원의 판단 등은 이에 포함되지 않는다. X가 제3소송에서 주장한 제2소송의 판결확정은 법원의 판단으로서 표준시 이후에 발생한 사유에 해당되지 않는다.

3. 결 론

제3소송은 제1소송과 동일한 소송으로서 제2소송의 판결확정은 표준시 이후에 발생한 사유라고 할 수 없어 제3소송은 제1소송의 판결의 기판력에 저촉된다.

참고판례 **대법원 1992. 10. 27. 선고 91다24847, 24854(병합) 판결【소유권이전등기】**

(4) 표준시 전에 발생한 형성권의 표준시 후의 행사

표준시 전에 존재한 형성권을 표준시 후에 행사하는 것은 표준시 전에 발생한 사유가 되어 차단효를 받을까? 예를 들어 보기로 한다. X가 Y에 대하여 매매를 원인으로 한 소유권이전등기를 구하는 소송에서 Y는 해제사유가 있었음에도 이를 주장하지 않고 있다가 X가 승소확정판결을 받아 집행하려고 하자 Y는 해제권을 행사하여 매매계약이 해제되었음을 주장하며 청구이의의 소를 제기하였다. 해제권은 전소의 표준시 전에 이미 존재하였으나 그 행사는 표준시 이후에 이루어진 경우이다. 이와 같은 문제는 비단 해제권뿐만 아니라 취소권, 건물매수청구권, 상계권 등에도 동일하게 발생한다.

(a) 상계를 제외한 일반적인 형성권의 경우

1) 상계를 제외한 일반적인 형성권의 경우 그 행사는 권리자가 결정할 사항이며 이에 차단효를 인정하면 형성권 행사기간을 단축하는 결과가 된다는 이유에서 차단효가 미치지 않는다는 견해가 있다.[101] 그러나 통설은 법률행위의 무효사유도 기판력에 의하여 차단되는데 그보다 효력이 약한 취소나 해제사유가 차단되지 않는다는 것은 균형이 맞지 않는다는 이유로 차단효를 인정한다.[102] 판례는 기판력은 후소와 동일한 내용의 전소의 변론종결 전에 있어서 주장할 수 있었던 모든 공격 · 방어방법에 미치므로 **해제사유가 전소의 변론종결 전에 존재하였다면 그 변론종결 후에 해제의 의사표시를 하였다고 하여도 이는 기판력에 저촉된다**[103]고 하여 결론적으로는 통설과 같은 태도를 취하고 있다.

2) 생각건대 전소 판결의 기판력 발생 후 청구이의의 소에서 주장할 사유는 취소사유 또는 해제사유 그 자체가 아니라 취소 또는 해제에 따른 법률상태이다. 법률행위의 취소 또는 해제는 취소권 또

101) 호문혁, 771면.
102) 강현중, 697면; 김홍규/강태원, 681면; 김홍엽, 892면; 송상현/박익환, 461면; 이시윤, 644면; 정동윤/유병현/김경욱, 796면; 정영환, 1161면.
103) 대법원 1981. 7. 7. 선고 80다2751 판결.

는 해제권을 행사하여야 비로소 그 효력이 발생한다. 따라서 역사적 시간의 기준에서는 표준시 이후 취소권 또는 해제권을 행사한 것은 표준시 이후의 사유이지 표준시 이전의 사유가 될 수 없다. 이는 취소나 해제에 소급효가 인정된다고 하여 달라지지 않는다. 이러한 점에서 표준시 이전에 존재한 취소사유나 해제사유를 표준시 이후에 발생한 취소나 해제에 따른 법률상태와 동일하게 취급하는 통설과 판례의 논리구성에는 무리가 있다. 문제는 피고가 전소에서 형성권을 행사하여 원고 승소판결을 저지하였으면 되었을 것을 판결확정 후에야 해제권 등을 행사하여 집행력을 배제하기 위한 청구이의의 소를 제기하거나 또는 채무부존재확인의 소를 제기하는 것은 분쟁의 1회적 해결에 반하고 소권을 남용하는 것이라고 할 수 있다. 따라서 이는 기판력의 차단효의 문제가 아니라 신의칙위반에 의한 후소의 적법성의 문제라고 생각한다.

(b) 상계의 경우

상계의 경우에는 일반적인 형성권과는 다른 측면이 있다. 예를 들기로 한다. Y는 X를 상대로 전세금반환청구의 소를 제기하여 Y의 승소판결이 확정되었다. 한편 위 소송 변론종결 전 이 사건 건물에 화재가 발생하여 X는 Y에 대한 손해배상채권을 취득하였으나 위 소송에서 상계권을 행사하지 않았다. X는 위 판결확정 후 자신의 Y에 대한 손해배상채권으로 상계주장을 하면서 Y에 대해 청구이의의 소를 제기하였다.[104] X의 상계주장은 받아들여질 수 있을까? 이에 관하여는 견해가 나누어진다.

1) 일반적인 형성권은 소구채권과 관련하여 발생하는 것이지만 상계는 소구채권과는 별개로 성립한 반대채권을 행사하는 것이다. 또한 상계권자의 입장에서도 상계로써 그 반대채권도 소멸되는 대가를 치른다. 따라서 표준시 이후 상계권의 행사를 불허하는 것은 피고에게 가혹하다는 이유로 일반적인 형성권의 경우에는 차단효를 인정하면서도 상계의 경우에는 차단효를 인정하지 않는 것이 통설이다.[105] 판례도 **피고가 변론종결 후에 이르러 비로소 상계의 의사표시를 한 때에는 당사자가 변론종결 전에 상계적상에 있음을 알았는가 몰랐는가에 관계없이 적법한 청구이의의 사유가 된다**고 하여 위의 견해와 같은 태도를 취하고 있다.[106]

2) 이와는 달리 표준시 이후 상계권을 행사하지 못한다고 하더라도 청구이의의 소를 제기하지 못할 뿐 반대채권으로 별도의 소를 제기할 수 있으므로 표준시 이후 상계권자가 실권된다고 하더라도 가혹할 것이 없다고 하여 상계권이 있음을 알면서도 이를 행사하지 않는 경우에는 차단효가 인정된다는 견해도 있다.[107]

3) 생각건대 비록 당사자가 변론종결 전에 상계적상에 있음을 알았다고 할지라도 차단효를 인정해 소구채권과는 별개의 채권의 행사를 강제하는 것은 부당하다. 반대채권으로 별도의 소를 제기할 수

104) 대법원 1966. 6. 28. 선고 66다780 판결 참조.
105) 강현중, 698면; 김홍규/강태원, 682면; 김홍엽, 893면; 송상현/박익환, 461면; 정동윤/유병현/김경욱, 797면; 정영환, 1161면.
106) 대법원 1966. 6. 28. 선고 66다780 판결.
107) 이시윤, 644면.

있다고 하여 차단효를 인정하는 것이 정당화되지는 않는다. 반대채권의 행사를 별소제기에 의하는가 또는 청구이의의 소제기에 의하는가는 피고의 선택에 의하여야 하기 때문이다. 따라서 상계권이 있음을 알면서도 이를 행사하지 않는 경우에도 상계권은 차단효가 인정되지 않는다고 함이 타당하다.

(c) 건물매수청구권의 경우

1) 판례는 건물의 소유를 목적으로 하는 토지임대차에 있어서 임대차가 종료함에 따라 토지의 임차인이 임대인에 대하여 건물매수청구권을 행사할 수 있음에도 불구하고 이를 행사하지 아니한 채, 토지의 임대인이 임차인에 대하여 제기한 토지인도 및 건물철거 청구소송에서 패소하여 그 패소판결이 확정되었다고 하더라도, 그 확정판결에 의하여 건물철거가 집행되지 아니한 이상 토지의 임차인으로서는 건물매수청구권을 행사하여 별소로써 임대인에 대하여 건물매매대금의 지급을 구할 수 있다[108]고 한다.

2) 다수설도 판례의 위 태도를 지지하고 있다.[109] 다수설에 속하는 견해 중 매수청구권은 전소의 토지인도 및 건물철거청구권과는 독립된 권리로서 전소 변론종결 전에 존재하고 있더라도 변론종결 후에 행사되면 변론종결 후에 발생한 사유로 새로운 소송물을 구성하게 되므로 전소 판결의 기판력에 의하여 차단될 수 없다는 것을 그 논거로 제시하는 견해가 있다.[110] 타당한 견해라고 생각한다.

3) 판례 · 다수설과는 달리 표준시 이후에 건물매수청구권의 행사가 허용되는 것은 표준시 이전에 이를 모르고 행사하지 않은 때로 한정해야 한다는 견해도 있다.[111] 또한 위 견해는 과연 위 판례의 태도가 건물매수청구권을 행사하여 전소의 청구이의의 소를 인정하는 의미도 포함하고 있는지에 관하여 의문을 제기하고 있다(위 판례는 임차인이 임대인에 대하여 매매대금지급을 구할 수 있다고 할 뿐 확정된 건물철거판결의 집행력 배제를 위해 청구이의의 소를 제기할 수 있다고 하고 있지는 않다).

(d) 백지보충권의 경우

약속어음의 소지인이 어음요건의 일부를 흠결한 이른바 백지어음에 기하여 어음금지급청구의 소를 제기하였다가 위 어음요건의 흠결을 이유로 청구기각의 판결을 받고 위 판결이 확정된 후 위 백지부분을 보충하여 완성한 어음에 기하여 다시 전소의 피고에 대하여 어음금지급청구의 소를 제기할 수 있을까? 이에 관해 판례는 전

108) 대법원 1995. 12. 26. 선고 95다42195 판결.
109) 강현중, 697면; 김홍엽, 894면; 정동윤/유병현/김경욱, 797면; 정영환, 1161면.
110) 김홍엽, 894면.
111) 이시윤, 645면.

소와 후소의 소송물이 동일하고 약속어음의 소지인이 전소의 사실심변론종결일까지 백지보충권을 행사하여 어음금의 지급을 청구할 수 있었음에도 위 변론종결일까지 백지 부분을 보충하지 않은 것이므로 후소에 의한 백지보충권행사의 주장은 특별한 사정이 없는 한 전소 판결의 기판력에 의하여 차단되어 허용되지 않는다고 한다.[112]

(5) 정기금판결에 대한 변경의 소

(a) 의 의

정기금판결에 대한 변경의 소란 정기금의 지급을 명하는 판결이 확정된 뒤에 그 액수산정의 기초가 된 사정이 현저하게 바뀜으로써 당사자 사이의 형평을 크게 침해할 특별한 사정이 생긴 때 장차 지급할 정기금액수를 바꾸어 달라는 소를 말한다(252조).

(b) 입법의 배경

정기금판결에 대한 변경의 소는 현행 민사소송법상의 제도이다. 정기금판결에 대한 변경의 소가 민사소송법상의 제도로서 인정되기 전에 선고된 대법원 1993. 12. 21. 선고 92다46226 전원합의체판결을 먼저 살펴보는 것이 정기금판결에 대한 변경의 소(이하 변경의 소라 한다)의 제도적 취지를 이해하는 데 도움이 될 수 있다.

1) 토지소유자가 법률상 원인 없이 토지를 점유하고 있는 자를 상대로 장래의 이행을 청구하는 소로써, 그 점유자가 토지를 인도할 때까지 토지를 사용·수익함으로 인하여 얻을 토지의 임료에 상당하는 부당이득금의 반환을 청구하여, 그 청구를 인용하는 판결이 1985. 4. 무렵 확정되었다. 위 소송의 사실심변론종결 후부터 1990년까지 토지의 가격이 6 내지 10배 앙등하고 그 인근 토지의 임료도 8배 이상 상승하였다. 이에 토지소유자는 위 임료상승분의 지급을 추가로 구하는 소를 제기하였다.

위 사건에 대한 판결은 위와 같은 경제적 사정의 변경으로 당사자간의 형평을 심하게 해할 특별한 사정이 생긴 때에는, 토지의 소유자는 점유자를 상대로 새로 소를 제기하여 전소 판결에서 인용된 임료액과 적정한 임료액의 차액에 상당하는 부당이득금의 반환을 청구할 수 있다고 봄이 상당하다고 판시하였다. 위 판결의 다수의견은 전소 판결에서 인용된 임료액과 적정한 임료액의 차액에 상당하는 부당이득금은 전소에서 청구하지 아니한 취지라고 보는 것이 정의와 형평의 이념에 부합된다고 하였다. 즉 전소의 청구를 일부청구라고 보고 후소의 청구를 잔부청구라고 보아 전소 판결의 기판력이 후소에 미치지 않는다고 하여 기판력의 물적 범위의 문제로 이론구성을 하였다. 이에 대해 별개의견은 이러한 사정의 변경은 전소의 변론종결시까지 주장할 수 없었던 사유가 그 후 새로 발생한 것으로 보아야 할 것이라고 하였다. 즉 기판력의 시적 범위로 해결을 하고자 하였다.

2) 위와 같은 판례의 태도는 대법원 1999. 3. 9. 선고 97다58194 판결에서 보다 정돈된 내용을 갖추게 된다. 위 대법원판결은 장래이행판결의 기판력은 그 주문에 포함된 기간까지의 청구권의 존부에 대하여 미치는 것이 원칙이지만 장래 이행기 도래분까지의 정기금의 지급을 명하는 판결이 확정된 경우 그 소송의 사실심변론종결 후에 그 액수 산정의 기초가 된 사정이 뚜렷하게 바뀜으로써 당사자 사

112) 대법원 2008. 11. 27. 선고 2008다59230 판결.

이의 형평을 크게 해할 특별한 사정이 생긴 때에는 전소에서 명시적인 일부청구가 있었던 것과 동일하게 평가하여 전소 판결의 기판력이 그 차액 부분에는 미치지 않는다고 하였다.

3) 위의 판례의 태도에 대해서는 소송의 청구가 일부인가 전부인가 하는 것이 판결 당시 객관적으로 정해지는 것이 아니라 판결 후 경제사정의 변경에 따라 달라진다는 문제점이 지적되지 않을 수 없다. 나아가 판결 후의 경제사정 여하에 따라 전소의 청구를 명시적 일부청구가 있었다고 보는 것은 더 더욱 무리한 논리구성이 아닐 수 없다. 왜냐하면 일부청구의 명시성은 근본적으로 소송 당시 당사자의 의사의 존부에 의해 정해지는 것이기 때문이다. 위 판례가 **장래이행판결의 기판력은 그 주문에 포함된 기간까지의 청구권의 존부에 대하여 미치는 것이 원칙이라고 하면서도 예외를 인정할 수밖에 없는 것 또한 문제점으로 지적되었다.** 물론 이러한 판례의 논리구성이 보다 구체적 타당성을 갖춘 결론을 도출하기 위한 노력의 결과임은 충분히 이해될 수 있는 일이다. 이에 민사소송법은 2002년 개정시 독일민사소송법 제323조를 본받아 변경의 소를 규정을 함으로써 위의 문제를 입법적으로 해결하였다.

(c) 성 질

변경의 소는 확정된 판결의 변경을 구하는 것이므로 소송상 형성의 소에 해당된다. 권리근거사실이 변경된 경우 기판력의 변경을 위해 인정되는 소로 집행력을 배제시키는 데 불과한 청구이의의 소와는 구별된다. 정기금변경의 소에 따른 판결이 정기금을 증액하는 경우에는 새로운 이행판결이 포함되므로 이행의 소의 성질도 아울러 가지게 된다. 또한 정기금지급의무의 부존재확인을 구하는 경우에는 확인판결의 성질도 가지게 된다.[113]

(d) 소송물

변경의 소의 소송물이 무엇인가에 관하여는 견해의 대립이 있다. 이에 관해 변경의 소는 전의 소송물에 대한 판결에서 정기금산정의 기초가 된 사정이 현저히 바뀐 것을 반영시키는 것으로 변경의 소의 소송물은 전소의 소송물과 같다는 견해가 있다(소송물 동일설).[114] 이와는 달리 변경의 소에서 원고가 청구하는 것은 전소확정판결에서 명한 급부의 내용을 장래를 향하여 변경해달라는 것으로 변경의 소의 소송물은 전소의 소송물과는 별개라는 견해도 있다(소송물별개설).[115] 변경의 소가 기판력의 범

---

113) 정동윤/유병현/김경욱, 801면; 정영환, 1164면; 호문혁, 790면. 정기금의 증액이든 감액이든 새로운 이행판결을 구한다는 이행의 소로서의 성질을 가진다는 견해로는 김상훈, 개정민사소송법상의 정기금판결에 대한 변경의 소, 민사소송 제7권 제2호, 2003, 231면 참조.

114) 김홍엽, 899면; 이시윤, 647면; 정동윤/유병현/김경욱, 801면; 정영환, 1165면.

115) 호문혁, 791면. 대법원 2009. 12. 24. 선고 2009다64215 판결은 "원고의 이 사건 청구 중 이 사건 소 제기일 전까지의 기간에 해당하는 부분은 확정판결이 있었던 전소와 소송물이 동일하여 그 확정판결의 기판력이 미친다고 할 것이어서, 그 중 전소의 확정판결에서 원고가 승소한 부분(전소에서 원고의 청구가 인용된 금액에 해당하는 부분)에 해당하는 부분은 권리보호의 이익이 없고, 이를 초과하는 부분은 전소의 확정판결의 기판력에 저촉되는 것이어서 받아들일 수 없는 것이고, 원고의 이 사건 청구 중 이 사건 소 제기일 이후의 기간에 해당하는 부분은 앞서 본 정기금 판결의 변경을 구하는 취지라고 봄이 상당하다고

위에 관한 예외로서 인정된다는 것은 변경의 소와 변경 전 소가 동일하다는 것을 전제로 하는 것이다. 따라서 소송물동일설이 타당하다.

(e) 소송요건

> **제252조(정기금판결과 변경의 소)**
> ① 정기금의 지급을 명한 판결이 확정된 뒤에 그 액수산정의 기초가 된 사정이 현저하게 바뀜으로써 당사자 사이의 형평을 크게 침해할 특별한 사정이 생긴 때에는 그 판결의 당사자는 장차 지급할 정기금 액수를 바꾸어 달라는 소를 제기할 수 있다.
> ② 제1항의 소는 제1심 판결법원의 전속관할로 한다.

(aa) 관할법원

변경의 소는 전소의 제1심판결법원을 전속관할로 한다(252조 2항).

(bb) 당사자

제252조 1항은 "정기금지급을 명한 판결의 당사자"가 변경의 소를 제기할 수 있는 것으로 규정하고 있다. 정기금판결에 대한 변경의 소는 정기금판결의 확정 뒤에 발생한 현저한 사정변경을 이유로 확정된 정기금판결의 기판력을 예외적으로 배제하는 것을 목적으로 하므로, 확정된 정기금판결의 당사자 또는 민사소송법 제218조 제1항에 의하여 확정판결의 기판력이 미치는 제3자만 정기금판결에 대한 변경의 소를 제기할 수 있다.[116]

판례는 토지의 전 소유자가 무단 점유자를 상대로 제기한 부당이득반환청구의 소의 변론종결 후 토지 소유권을 취득한 사람이 정기금판결에 대한 변경의 소를 제기하는 것은 부적법하다고 한다.[117] 위 소의 원고는 변론을 종결한 뒤에 전소의 소송물인 부당이득반환청구권을 승계한 것이 아니어서 전소판결의 기판력이 미치는 민사소송법 제218조 제1항의 변론을 종결한 뒤의 승계인에 해당하지 않기 때문이다.

(cc) 변경의 대상이 되는 판결

변경의 소의 대상이 되는 판결은 이미 확정된 정기금의 지급을 명하는 판결이다.

1) 정기금의 지급을 명하는 판결에 관하여 손해배상판결에 한정하는 입법례[118]도 있으나 우리 민사소송법은 이러한 제한을 두고 있지 않으므로 손해배상판결뿐 아니라 부당이득금이나 이자 등의 지급판결도 그 대상이 될 수 있다.

할 것"이라고 판시한 바 있는데 이를 두고 판례가 소송물별개설을 취하고 있는 것으로 이해하는 견해가 있다(김홍엽, 900면).

116) 대법원 2016. 6. 28. 선고 2014다31721 판결.

117) 대법원 2016. 6. 28. 선고 2014다31721 판결.

118) 일본 민사소송법 제117조 참조.

2) 변경을 구하는 정기금의 지급을 명하는 판결은 확정되어야 한다. 민사소송법 제252조는 확정판결만을 그 대상으로 규정하고 있다. 그러나 확정판결과 같은 효력이 있는 화해조서, 청구의 포기 · 인낙조서(220조) 등도 그 대상이 된다고 해석하는 것이 일반적이다.

(f) 본안요건–사정변경

민사소송법 제252조는 "정기금의 지급을 명한 판결이 확정된 뒤에 그 액수산정의 기초가 된 사정이 현저하게 바뀜으로써 당사자 사이의 형평을 크게 침해할 특별한 사정이 있는 때" 제기할 수 있는 것으로 규정하고 있다. 여기서 **'당사자 사이의 형평을 크게 침해할 특별한 사정'이란 전소 당시에 예견할 수 없는 사정이어야 하고 전소판결을 변경하지 않으면 공평의 관념에 반하는 정도이어야 한다.** 그 사정이 발생한 시기는 위 법문에서는 '정기금의 지급을 명한 판결이 확정된 뒤'라고 규정하고 있으나 변경의 소가 기판력의 표준시와 관련된 제도임을 고려할 때 전소의 변론종결시라고 해석하는 것이 타당하다. 사정변경에 관한 증명책임은 이를 주장하는 사람이 부담한다.

(g) 재 판

변경의 소가 제기되어 심리한 결과 '당사자 사이의 형평을 크게 침해할 특별한 사정'이 인정되면 전소의 확정판결을 변경하여 정기금의 액수를 증액 또는 감액하는 판결을 한다. 이때 어느 범위에서 전소 판결을 변경할 것인가가 문제된다. 사정변경이 발생한 때로부터 변경하는 것이 허용되는지 아니면 변경의 소가 제기된 이후 부분만 변경이 허용되는가 하는 것이다. 변경의 소는 이미 기판력이 발생한 전소 판결에 대하여 예외적으로 그 변경을 구하는 것을 허용하는 것이다. 따라서 전소 판결의 기판력이 발생한 것에 대한 상대방의 신뢰를 최대한 보호할 필요가 있고 변경의 소의 시기에 의해 변경의 범위가 달라짐은 소제기자의 책임으로 돌리는 것이 형평에 부합할 것이다. 따라서 변경의 소제기 이후의 지급부분만 변경이 허용된다고 해석함이 타당하다.[119]

변경의 소제기 또는 변경판결에 의해서 전소의 확정판결을 집행권원으로 한 집행이 당연히 정지되지는 않는다. 이에 민사소송법 제501조는 변경의 소의 경우 제500조를 준용함으로써 강제집행정지신청을 할 수 있도록 규정하고 있다.

---

119) 대법원 2009. 12. 24. 선고 2009다64215 판결.

3. 기판력의 주관적 범위

■ **핵심어**

적격승계설, 채권적 청구권과 소송물이론, 점유이전금지가처분, 채권자대위소송

> **제218조(기판력의 주관적 범위)**
> ① 확정판결은 당사자, 변론을 종결한 뒤의 승계인(변론 없이 한 판결의 경우에는 판결을 선고한 뒤의 승계인) 또는 그를 위하여 청구의 목적물을 소지한 사람에 대하여 효력이 미친다.
> ② 제1항의 경우에 당사자가 변론을 종결할 때(변론 없이 한 판결의 경우에는 판결을 선고할 때)까지 승계사실을 진술하지 아니한 때에는 변론을 종결한 뒤(변론 없이 한 판결의 경우에는 판결을 선고한 뒤)에 승계한 것으로 추정한다.
> ③ 다른 사람을 위하여 원고나 피고가 된 사람에 대한 확정판결은 그 다른 사람에 대하여도 효력이 미친다.
> ④ 가집행의 선고에는 제1항 내지 제3항의 규정을 준용한다.

(1) 당사자

기판력은 당사자에 한하여 미치고 제3자에게는 미치지 않는 것이 원칙이다(218조 1항 참조). **이를 기판력의 상대성의 원칙이라고 한다.** 기판력이 당사자 사이에만 미치는 것을 원칙으로 하여야 하는 이유는 다음과 같다.

1) 분쟁의 속성이라는 측면에서 나오는 이유이다. 민사소송은 구체적인 권리관계의 다툼을 그 대상으로 한다. 법원조직법 제2조에서는 이를 '법률상의 쟁송'이라는 용어로 표현하고 있다. 분쟁이 구체적이라고 하는 것은 다툼의 대상이 구체적이라는 의미도 있지만 그 다툼이 특정인 사이의 다툼이라는 의미도 내포되어 있다. 이와 같이 민사소송은 특정한 당사자 사이의 다툼이므로 판결에 의한 당사자 사이의 분쟁해결은 그 확정판결의 효력이 당사자 사이에서만 미치게 하는 것으로 족한 것이다.

2) 소송구조의 측면에서 나오는 이유이다. 민사소송은 구체적 사법적 권리관계의 다툼을 그 대상으로 하므로 사법상 사적자치가 지배되는 것을 소송법에 반영하여 처분권주의와 변론주의가 인정된다. 따라서 심판의 대상과 소송자료를 당사자의 지배에 맡기고 법원은 이를 기초로 하여서만 판단하여야 한다. 이런 의미에서 민사소송에서 판결은 진실을 추구하여야 하지만 그 진실은 절대적 진실이 아니라 소송당사자에 한정되는 상대적 진실일 수밖에 없는 한계가 있다. 특히 당사자의 자백으로 인하여 사실관계가 확정되는 경우에는 더욱 그렇다. 한편 소송의 대상이 되는 권리관계가 공익과 관련되거나 제3자의 법률상 지위와 필연적으로 관련되는 경우 예를 들어 행정소송이라든가 회사관련소송, 또는 가족관계소송 등은 위의 논리가 타당하지 않으므로 당사자 이외의 제3자에게 기판력이 인정된다.

3) 기판력의 정당성의 측면에서 나오는 이유이다. **소송의 절차참여권은 원칙적으로 당사자에게만 인정되고 제3자에게는 인정되지 않는다.** 기판력의 정당성은 법적 안정성뿐 아니라 기판력에 구속되는 당사자에게 소송절차에 대한 참여권이 보장되었다는 점에서도 그 근거를 두고 있다. **따라서 당사자가 아닌 제3자에게 기판력이 미치게 하는 것은 기판력의 정당성의 측면에서 문제가 있다.**

(2) 당사자와 동일시할 수 있는 제3자

기판력은 소송의 당사자에게 미치는 것이 원칙이지만 다음과 같은 경우에는 제3자도 당사자와 동일시 할 수 있어 기판력이 그에게도 미친다.

(a) 변론을 종결한 뒤의 승계인

(aa) 의 의

기판력은 변론을 종결한 뒤의 승계인에게도 미친다.

i) 예를 들어 보기로 한다. X가 Y를 상대로 소유권에 기한 목적물인도청구의 소를 제기하여 승소확정판결을 받았는데 그 후 Y는 그 목적물의 점유를 Y_1에게 이전하였다. 당사자가 아니라는 이유로 Y_1에게는 위 확정판결의 기판력이 미치지 않는다고 한다면 X가 받은 확정판결은 아무런 의미가 없게 되고 Y는 이러한 방법으로 얼마든지 위 확정판결을 무력화시킬 수 있다. 또한 X의 입장에서 확정판결 후 그 목적물을 처분해야 할 필요가 있을 수 있다. 그러나 이 경우에 X로부터 목적물을 양수받은 자가 확정판결의 효력을 주장할 수 없다면 목적물에 관한 X의 처분권이 사실상 제한되는 결과가 된다. 따라서 당사자는 아니지만 승계인에게도 기판력이 미치게 하여야 할 필요가 있다. 이에 민사소송법 제218조 제1항은 변론을 종결한 뒤의 승계인(변론 없이 한 판결의 경우에는 판결을 선고한 뒤의 승계인)에게도 확정판결의 효력이 미치는 것으로 규정하고 있다. 기판력이 미치는 승계의 시점을 변론종결 후라고 한 것은 기판력이 사실심변론종결시의 권리관계를 확정하므로 그 이후의 권리변동을 반영할 필요가 있기 때문이다.

ii) 승계의 전주(前主)는 원고이든 피고이든 불문한다. 또한 일반승계뿐 아니라 특정승계의 경우도 승계에 포함된다. 승계가 전주의 의사에 의해 이루어진 경우뿐 아니라 국가의 강제처분이나 법률의 규정에 의해 이루어진 경우도 승계에 해당된다.

(bb) 승계인의 범위

1) 승계의 목적에 따른 범위

i) (실체관계의존설) 당사자는 아니지만 기판력을 받는 변론을 종결한 뒤의 승계인

으로 인정되려면 무엇을 승계받아야 할까? 우선 소송물인 권리관계를 양수받은 자가 승계인에 해당된다는 것에 대하여는 별다른 의문이 없다. 예를 들어 소유권확인청구의 소에서 승소판결을 받은 원고로부터 계쟁물의 소유권을 양수받은 자는 변론을 종결한 뒤의 승계인에 해당된다. 기판력이 미치는 변론을 종결한 뒤의 승계인은 당사자로터 소송물인 권리의무를 승계받은 자에 국한된다는 견해를 실체관계의존설이라고 한다.

ii) (적격승계설) 다른 예를 들어 보기로 한다. X는 Y를 상대로 건물철거 및 토지인도 청구의 소를 제기하였다. 이 건물철거 및 토지인도 청구의 소에서 X가 행사한 실체법상의 권리는 소유권에 기한 방해배제청구권이다. Y는 그 방해상태를 만든 자이다. 그 방해상태란 X소유의 토지 위에 건물을 소유하고 있다는 사실이다. 이러한 Y로부터 변론종결한 뒤에 지상건물에 대한 소유권을 양수받은 Y_1은 이 소송의 소송물(X에 대한 건물철거 및 토지인도 의무)을 양수받은 것일까? 그렇지 않다. Y_1이 Y로부터 양수한 것은 건물의 소유권이다. 그러나 Y_1은 건물의 소유자가 됨으로써 X에 대하여 건물철거 및 토지인도의무를 부담하게 되었다. 즉 Y_1이 X에 대하여 건물철거 및 토지인도의무를 부담하게 된 것은 Y로부터 건물철거 및 토지인도의무를 양수하였기 때문이 아니라 X소유의 토지상에 건립된 건물의 소유권을 취득하였기 때문이다.

이와 같이 Y_1은 Y로부터 소송물을 승계한 것은 아니지만 철거되어야 할 건물의 소유권을 양수함으로써 X의 토지소유권에 대한 방해상태(건물)를 제거(철거)하기에 적합한 지위, 즉 소송물에 관한 당사자적격을 승계하였다고 할 수 있다. **소송물인 권리의무뿐 아니라 소송물에 관한 당사자적격을 승계한 자도 포함된다는 견해를 적격승계설이라고 하며 현재의 통설이다.**[120] 적격승계설이 타당함은 위의 예에 의해서도 확인될 수 있다.

적격승계설에 의할 때 소유권이전등기말소소송의 변론종결 후에 피고로부터 다시 소유권이전등기를 받은 사람도 변론을 종결한 뒤의 승계인으로서 위 소송의 확정판결의 기판력을 받는다. 따라서 원고 승소판결 확정 후 위의 사람을 피고로 한 말소등기청구의 소는 소의 이익이 인정되지 않아 부적법한 소가 된다.[121]

iii) (선결적 권리관계의 양수인) 위의 예와는 구별하여야 할 것이 있다. X가 건물소유권에 기하여 Y를 상대로 건물인도청구의 소를 제기하였으나 패소확정되었다. 그 후 X는 X_1에게 건물소유권을 양도하여 X_1은 건물의 소유권이전등기를 마쳤다. 이후 X_1이 Y에게 다시 건물인도청구의 소를 제기한 경우 X가 받은 확정판결의 기판력은

120) 소송물이 다른 경우에는 당사자적격의 승계인이라고 하는 것은 적절하지 않고 분쟁주체의 승계인이라고 하여야 한다고 하여 분쟁주체지위승계설을 주장하는 견해로는 정동윤/유병현/김경욱, 820면.

121) 대법원 1979. 2. 13. 선고 78다2290 판결.

X_1에게 미칠까? 이에 관하여 판례는 X가 제기한 전소의 소송물은 건물소유권이 아니라 그 물권적 청구권인 건물인도청구권이므로 그 소송에서 확정된 청구기각판결의 기판력은 건물인도청구권의 존부 그 자체에만 미치고, 소송물이 되지 아니한 건물소유권의 존부에 관하여는 미치지 않는다고 한다. 따라서 X_1이 Y에게 제기한 후소는 X_1의 소유권에 기한 건물인도청구권을 행사한 것이지 패소한 X의 건물인도청구권을 승계하여 한 것이 아니므로 X_1은 전소확정판결의 변론을 종결한 뒤의 승계인에 해당한다고 할 수 없다고 한다.[122)]

ⅳ) (가등기에 의한 본등기) 부동산등기법 제91조는 "가등기에 의한 본등기(本登記)를 한 경우 본등기의 순위는 가등기의 순위에 따른다"고 규정하고 있다. 그렇다면 위의 사례에서 Y_1이 변론종결 전 가등기를 하여 두고 변론종결한 뒤 본등기를 경료한 경우에는 승계의 시기를 언제로 보아야 할까? 가등기는 그 성질상 본등기의 순위보전의 효력만이 있어 후일 본등기가 경료된 때에는 본등기의 순위가 가등기한 때로 소급하는 것뿐이지 본등기에 의한 물권변동의 효력이 가등기한 때로 소급하여 발생하는 것은 아니다.[123)] 따라서 민사소송법 제218조 제1항의 변론을 종결한 뒤의 승계인으로서 기판력을 받는다.[124)]

적격승계설 = (변론종결 후 소송물인 권리의무 또는 당사자적격의 승계 → 변론을 종결한 뒤의 승계인)

2) 소송물이론에 따른 범위

ⅰ) 예를 들어 보기로 한다. X_1은 X로부터 그 소유의 K점포를 임차한 후 이를 Y에게 전대하였다. X_1은 Y를 상대로 점포인도청구의 소를 제기하여 승소확정판결을 받았다. 그 후 위 점포의 점유는 Y_1에게 이전되었다.

이 사례는 적격승계설을 설명하기 위해 앞서 예로 들었던 건물철거 및 토지인도 청구의 소의 사례와 어떤 점에서 차이가 있을까? 앞의 건물철거 및 토지인도 청구의 소의 사례에서는 원고가 소송상 행사한 권리는 토지소유권에 기한 물권적 청구권으로서 실체법상 승계인에게도 대항할 수 있었다. 그러나 점포인도청구의 소의 사례에서 X_1이 소송상 행사한 Y에 대한 점포인도청구권은 전대차에 기한 채권적 청구권으로서 실체법상 점포의 점유승계자인 Y_1에게 대항할 수 없는 것이다. 이러한 예비적 설명을 기초로 X_1의 Y에 대한 소송의 확정판결의 기판력은 Y_1에게도 미치는지에 대한 문제를 검토해 보기로 한다. X_1의 Y에 대한 소송에서 소송물은 소송물이론에

122) 대법원 1999. 10. 22. 선고 98다6855 판결.
123) 대법원 1992. 9. 25. 선고 92다21258 판결.
124) 대법원 1992. 10. 27. 선고 92다10883 판결.

따라 달라진다.

ii) (구소송물이론에 따르면) 이 사건 소송물은 전대인 X_1의 전차인 Y에 대한 실체법상의 점포인도청구권이 된다. 이에 의하면 Y_1은 Y로부터 소송물과는 관계없는 법적 지위를 취득한 것이 된다. 왜냐하면 X_1의 점포인도청구권은 (대세권이 아니라 Y에 대한 채권이므로) 오직 Y에 대한 권리일 뿐이고 Y_1이 점포의 점유를 취득하였다고 하여 X_1의 Y에 대한 점포인도청구권이 Y_1에게 확장되어 행사될 수 있는 것은 아니기 때문이다. 따라서 Y_1은 기판력을 받는 변론을 종결한 뒤의 승계인이 될 수 없다. 구소송물이론을 취하는 판례도 같은 태도를 취하고 있다.[125)]

그렇다면 **Y가 변론을 종결한 뒤에 Y_1에게 점유를 이전하여 판결을 무용화시키는 결과를 막을 방법은 없는 것일까? 이때는 점유이전금지가처분을 하여 두면 점유가 Y에서 Y_1로 변경되더라도 X_1은 Y_1에 대한 승계집행문(민사집행법 31조)을 부여받아 인도집행을 할 수 있다.**[126)] (강제집행을 하려면 집행문 있는 판결정본이 있어야 한다(민사집행법 28조 1항). 이를 집행력 있는 정본 또는 집행정본이라고 한다. 집행문이라는 것은 집행권원이 현재 집행력이 있다는 것과 누가 집행당사자인가를 집행권원의 끝에 적는 문구를 말한다(민사집행법 29조). 집행권원에 표시된 당사자가 집행당사자가 되는 경우에는 문제가 없으나 집행권원이 생긴 뒤 집행당사자의 지위가 변동된 경우에는 집행문에 이를 표시하여야 새로운 집행채무자에게 집행할 수 있다. 이를 승계집행문이라고 한다. 승계집행문은 일반적인 집행문에 '피고 ○○○' 대신 '피고의 ○○○의 승계인 ×××'라고 표시된다)

iii) (신소송물이론에 따르면) 이 사건 소송물은 X_1이 Y에 대해 점포인도청구를 할 수 있는 법적 지위이다. X_1이 Y에 대하여 갖는 실체법상의 점포인도청구권은 소송물을 이유 있게 하는 법적 근거 또는 공격방법에 불과하다. 이러한 신소송물의 입장에서는 Y로부터 점포의 점유를 취득한 Y_1은 기판력을 받는 변론을 종결한 뒤의 승계인에 해당된다고 한다.[127)]

iv) 위의 소송물이론에 따른 기판력의 범위의 문제는 소유권에 기한 목적물인도청구권과 매매에 기한 목적물인도청구권의 예에서도 마찬가지로 적용된다. 원고가 소유권에 기하여 목적물인도청구의 소를 제기한 경우에는 소송물이론에 관계없이 변론을 종결한 뒤 목적물의 점유를 승계한 자에게도 기판력이 미친다. 그러나 원고가 매매를 원인으로 목적물인도청구의 소를 제기한 경우에는 소송물이론에 따라 그

---

125) 대법원 1991. 1. 15. 선고 90다9964 판결(이때 전소의 원고는 점유승계인을 상대로 다시 전소와 같은 인도를 구할 소송상 이익이 있다고 한다); 대법원 1993. 2. 12. 선고 92다25151 판결.

126) 대법원 1999. 3. 23. 선고 98다59118 판결.

127) 신소송물이론의 입장에서 설명하는 견해로는 김홍규/강태원, 697면; 송상현/박익환, 466면; 이시윤, 664면; 정동윤/유병현/김경욱, 822면; 정영환, 1192면. 다만 신소송물이론을 취하면서도 소송물이론과 결부시키지 않아 구소송물이론과 같은 결론을 지지하는 견해도 있다(호문혁, 774면).

결론이 달라진다. 구소송물이론에 의하는 경우 소송물인 매매에 기한 목적물인도청구권은 매수인에 대한 채권적 청구권이다. 따라서 변론을 종결한 뒤에 목적물의 점유를 승계한 제3자는 소송물과는 무관한 법적 지위를 취득하였기 때문에 그에게는 기판력이 미치지 않는다. 그러나 신소송물이론에 의하면 소송물은 목적물인도청구를 할 수 있는 법적 지위이므로 변론을 종결한 뒤 목적물의 점유를 승계한 자에게도 기판력이 미친다.

> 구소송물이론을 따르는 판례는 채권적 청구권의 행사로서 목적물인도를 구하는 소에서 변론종결 후 계쟁물의 점유를 취득한 자는 기판력이 미치는 변론을 종결한 뒤의 승계인에 해당하지 않는다고 한다.

3) 승계인에게 고유한 방어방법이 있는 경우

i) 동산인도청구소송에서 패소한 피고로부터 목적동산을 인도받아 선의취득한 자[128]나 소유권이전등기소송에서 패소한 매도인으로부터 이중양도받아 등기를 마친 자는 점유나 등기로 인하여 소유권을 취득하게 된다. 따라서 이들 승계인에게 패소한 피고와는 달리 소유권자임을 주장하여 원고에게 대항할 수 있는 고유한 방어방법이 있다. 그러나 승계인의 이와 같은 권리는 원고와 피고와의 소송에서 주장될 기회가 없었다. 따라서 이와 같이 고유한 방어방법이 있는 자에게 변론을 종결한 뒤의 승계인이라고 하여 기판력이 미치게 한다면 승계인에 대한 절차보장의 측면에서 부당한 것이 아닌가 하는 문제가 생긴다.

ii) 이에 관하여는 형식설과 실질설의 대립이 있다. 형식설은 고유한 방어방법을 가진 자도 변론을 종결한 뒤의 승계인의 범위에 포함시킨다. 다만 위 사유를 변론을 종결한 뒤에 생긴 사유라고 보아 청구이의의 소 등으로 새로이 다툴 수 있다고 한다.[129] 실질설은 이 경우 아예 변론을 종결한 뒤의 승계인의 범위에 포함시키지 않는다.[130] **판례도 소유권이전등기를 명하는 확정판결의 변론종결 후에 그 청구목적물을 매수하여 등기를 한 제3자는 변론을 종결한 뒤의 승계인에 해당되지 아니한다[131]고 하여 실질설을 따르고 있다.** 그럼에도 불구하고 승소확정판결을 받은 원고가 승계집행문을 부여받아 집행하면 그 제3자는 어떻게 다투어야 할까? 이 경우는 승계집행문의 부여가 잘못된 것을 다투어야 하므로 집행문부여이의의 소(민사집행법 45조)를 제기하여야 한다.

---

128) 선의취득은 원시취득이므로 승계인이 되는가에 관하여는 논란의 소지가 있다.
129) 강현중, 717면; 송상현/박익환, 465면; 이시윤, 664면; 정동윤/유병현/김경욱, 824면; 정영환, 1193면.
130) 김홍엽, 927면; 호문혁, 776면.
131) 대법원 1980. 11. 25. 선고 80다2217 판결.

4) 추정승계인

변론종결 전의 승계인에게는 기판력이 미치지 않는다. 변론종결 전 승계가 있으면 당사자를 교체하여 그 승계인을 당사자로 하여 기판력을 미치게 하면 되기 때문이다. 그런데 당사자가 변론종결 전 승계사실을 진술하지 않으면 변론종결 전 당사자를 교체하여 기판력을 미치게 할 수 없다. 당연히 이에 대한 보완이 필요할 것이다. 민사소송법 제218조 제2항은 "당사자가 변론을 종결할 때(변론 없이 판결한 경우에는 판결을 선고한 때)까지 승계사실을 진술하지 아니한 때에는 변론을 종결한 뒤(변론 없이 한 판결의 경우에는 판결을 선고한 뒤)에 승계한 것으로 추정한다"고 규정하고 있다. 이를 추정승계인이라고 한다. 간단히 말하면 변론종결 전 승계하였더라도 이를 진술하지 않으면 승계인에게 기판력이 미친다는 것이다. 위 규정의 취지는 변론종결 전의 승계를 주장하는 자에게 그 입증책임이 있다는 뜻을 규정하여 변론종결 전의 승계사실이 입증되면 확정판결의 기판력이 그 승계인에게 미치지 아니한다는 것이다.[132] 따라서 소유권이전등기말소청구의 소를 제기당한 자가 소송계속 중 당해 부동산의 소유권을 타인에게 이전한 경우에는, 부동산물권 변동의 효력이 생기는 때인 소유권이전등기가 이루어진 시점을 기준으로 그 승계가 변론종결 전의 것인지 변론종결 후의 것인지 여부를 판단하여야 한다.[133]

그렇다면 누가 어떻게 승계사실을 진술하여야 한다는 것일까? 피승계인이 진술하지 않았다고 해서 승계인에게 불이익을 주는 것은 타당하지 않다는 이유에서 승계인이 하여야 한다는 견해(승계인설)[134]도 있고 승계인이든 피승계인이든 관계없다는 견해[135]도 있지만 다수설은 제218조 제2항이 진술할 사람을 당사자로 규정하고 있으므로 피승계인이 변론에서 진술하여야 한다고 한다(피승계인설).[136] 만약 확정판결의 피고측의 제1차승계가 이미 그 변론종결 이전에 있었다면 비록 그 제2차승계가 그 변론종결 이후에 있었다 할지라도 이 제2차승계인은 여기서 말하는 변론을 종결한 뒤의 승계인으로 볼 수 없다.[137]

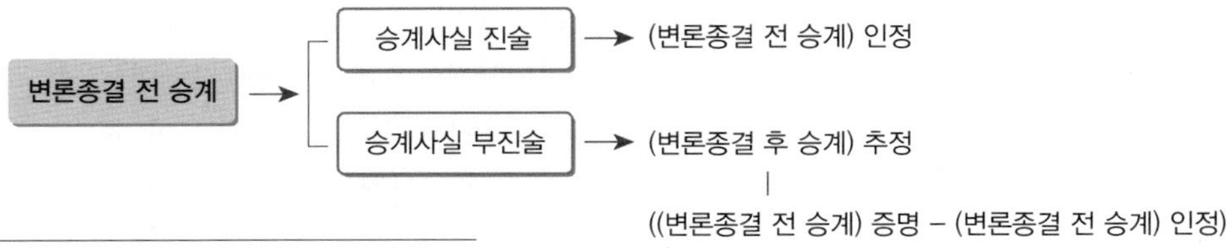

132) 대법원 1977. 7. 26. 선고 77다92 판결.
133) 대법원 2005. 11. 10. 선고 2005다34667, 34674 판결.
134) 김홍규/강태원, 699면; 송상현/박익환, 466면.
135) 호문혁, 775면.
136) 김홍엽, 929면; 이시윤, 665면; 정동윤/유병현/김경욱, 824면; 정영환, 1194면.
137) 대법원 1967. 2. 23.자 67마55 결정.

[승계인 판단구조]

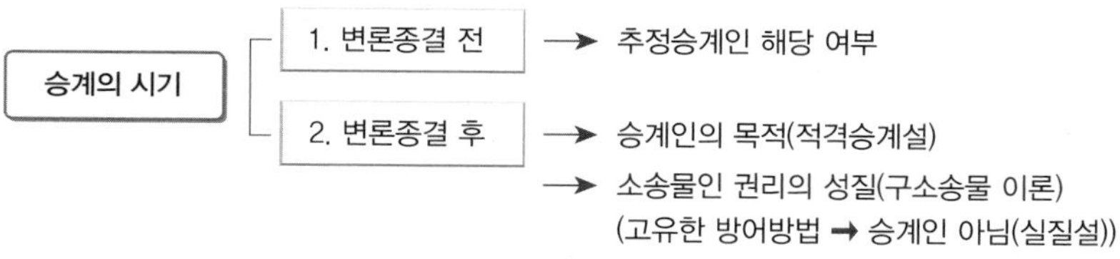

(b) 청구의 목적물의 소지자

청구목적물의 소지자에게도 기판력이 미친다.

(aa) 예를 들어 보기로 한다. X가 Y를 상대로 목적물인도청구의 소를 제기하여 승소확정판결을 받았다. 그런데 목적물은 창고업자 Y_1에게 보관되어 있었다. 위 확정판결은 Y_1에게도 미칠까? 창고업자 Y_1은 Y를 위하여 목적물을 보관할 뿐이며 목적물을 점유함에 있어 자신의 고유한 이익이 존재하는 것은 아니다. 만약 Y_1이 임차인이거나 질권자라면 그 목적물을 점유하는 자신의 고유한 이익이 존재한다. 이러한 차이는 Y_1에게 기판력을 미치게 하기 위해 절차보장이 요구되는가에 차이를 나타낸다. 만약 창고업자 Y_1처럼 그 보관에 자신의 고유한 이익이 없다면 굳이 절차보장을 하지 않고도 기판력을 미치게 하여 판결의 실효성을 확보할 수 있다.

(bb) 민사소송법 제218조 제1항은 '그를 위하여 청구의 목적물을 소지한 사람'에게도 기판력이 미친다고 규정하고 있다. 여기서 '그'란 당사자와 변론을 종결한 뒤의 승계인을 말한다. 목적물의 소지가 '그를 위하여'한 것이어야 하므로 그 소지가 자기를 위한 것인 때(목적물의 보관에 자신의 고유한 이익이 존재하는 때)에는 해당되지 않는다. 그 목적물이 '청구'의 목적물이어야 한다. 즉 그 목적물(특정물)의 인도가 청구의 내용이 되어야 한다. 그렇지 않으면 굳이 목적물의 소지자에게 기판력이 미치게 할 이유가 없다. 따라서 위 창고업자 Y_1에 대하여도 기판력이 미친다.

(cc) 청구의 목적물의 소지자는 점유보조자와는 구별된다. 판례는 주식회사의 사무실로 사용하고 있는 건물 부분에 대하여 회사의 직원들은 점유보조자에 불과할 뿐 독립한 점유주체가 아니어서 퇴거청구의 독립한 상대방이 될 수 없다고 한다.[138]

(c) 제3자의 소송담당의 경우의 권리귀속주체

(aa) 일반적인 경우

예를 들기로 한다. X가 제기한 채무이행소송에서 연대채무자 Y_1, Y_2, Y_3은 연대채무자 중의 1인인 Y를 선정당사자(53조)로 선정하여 소송을 수행하게 하였다. Y_1, Y_2,

138) 대법원 2001. 4. 27. 선고 2001다13983 판결.

Y_3 등도 실체법상 의무자이지만 소송의 당사자는 이들의 소송수행권을 행사하는 Y이다. 이와 같이 실체법상 권리 · 의무자와 소송상 당사자가 일치되지 않더라도 이는 형식적 당사자 개념에 의해 얼마든지 허용될 수 있다. 이때 Y는 다른 연대채무자들의 소송수행권을 신탁 받아 행사하는 소송담당자이며 그 다른 연대채무자들은 의무의 귀속주체가 된다.

위 소송의 확정판결의 기판력은 당사자는 아니지만 의무의 주체인 다른 연대채무자들에게도 미칠까? 만약 당사자가 아니라는 이유로 기판력이 미치지 않는다고 한다면 위 소송을 통한 분쟁의 해결은 이루어질 수 없다. 또한 Y는 다른 연대채무자들의 소송수행권을 행사하여 그 다른 연대채무자들이 직접 소송을 수행하는 것과 동일하게 소송을 수행할 수 있으므로 그 다른 연대채무자들의 절차참여권은 보장되었다고 할 수 있다.[139)]

민사소송법 제218조 제3항은 "다른 사람을 위하여 원고나 피고가 된 사람에 대한 확정판결은 그 다른 사람에 대하여도 효력이 미친다"고 규정하고 있다. 위 사례를 위 규정에 대입하면 "다른 연대채무자를 위하여 피고가 된 선정당사자 Y에 대한 확정판결은 Y를 선정당사자로 선정한 다른 연대채무자에 대하여도 효력이 미친다"가 된다. 이를 더 간단하게 정리하면 "Y에 대한 확정판결은 다른 연대채무자들에게 기판력이 미친다"는 것이 된다. 파산자와 파산관재인, 추심명령을 받은 채권자와 채무자[140)]의 사이에서도 동일한 등식이 성립될 수 있다.

(bb) 채권자대위소송의 경우

1) 문제의 소재

우선 채권자대위소송의 판결의 기판력이 채무자에게도 미치는가 하는 문제부터 검토해 보기로 한다. 이 문제는 위의 선정당사자의 경우나 파산관재인의 경우와 어떤 차이가 있을까? 선정당사자의 경우는 선정자의 의사에 의해 소송수행권이 수여되었고 선정자는 소송에서 탈퇴하여 선정당사자만이 소송을 수행한다(53조 2항). 파산관재인의 경우는 법률의 규정에 의해 소송수행권이 부여되며 파산자는 소송수행권을 상실한다(채무자 회생 및 파산에 관한 법률 359조). 따라서 권리의무의 귀속주체인 선정자 또는 파산자에게 기판력이 미치게 한다고 하여도 이를 기판력을 정당화시킬 절차보장의 문제가 제기될 여지가 없다.

그러나 채권자대위소송의 경우 채권자가 채무자를 대위하여 소송을 수행할 권한은 법률(민법 404조)에 의하여 부여되고 채무자 또한 여전히 자신의 이름으로 소를 제기할

139) 같은 취지로는 정동윤/유병현/김경욱, 826면.
140) 민사집행법 제229조 및 제232조 참조.

수 있다. 이러한 형태를 파산관재인의 경우와 같은 갈음형과 구분하여 병행형이라고 한다. 이 경우 채무자의 절차참여권을 보장함이 없이 채권자대위소송의 확정판결의 기판력을 채무자에게 미치게 하는 것이 타당한가 하는 문제가 제기된다. 현실적으로 채권자는 대위소송사건의 내용을 잘 모른 채 소송을 하여 소송을 그르칠 우려도 있고 제3채무자와 결탁하여 의도적으로 패소판결을 받을 수도 있기 때문이다. 그렇다고 채무자에게 기판력이 미치지 않는다고 하면 채무자가 다시 소를 제기하여 제3채무자는 이중으로 소송에 시달리는 경우가 있을 수도 있다.

2) 학 설

i) 이에 관하여 채무자에게는 어느 경우에든 기판력이 미치지 않는다는 소극설[141]이 있으나 위의 문제점 때문에 **채무자가 채권자대위소송이 제기된 사실을 알게 된 경우에만 채무자에게 기판력이 미친다는 절충설이 다수설이다.**[142] 채무자의 절차참여권이 보장되는 경우에만 채무자에게 기판력이 미친다는 점에서 다수설이 타당하다. 다만 채무자가 채권자대위소송의 제기사실을 알지 못한 경우에는 이에 대한 채무자의 과실유무를 불문하고 채무자에게 기판력이 미치지 않는다. 이는 채무자가 채권자대위소송이 제기된 사실을 알아야 채무자의 절차참여권이 현실적으로 보장되기 때문이다.

ii) 만약 채무자가 채권자대위소송이 제기된 사실을 알게 되었다면 채무자는 채권자대위소송에 어떤 방법으로 관여할 수 있을까? 민사소송법 제78조에 의하면 재판의 효력을 받는 자는 공동소송적 보조참가를 할 수 있다. 소송담당자에 대한 확정판결의 효력은 권리귀속주체에 대하여도 효력이 미치므로(218조 3항) 이러한 권리귀속주체는 공동소송적 보조참가(78조)가 허용된다. 채권자대위소송도 이에 포함된다는 것이 통설의 태도이다.

공동소송참가(83조)에 관하여는 채무자가 공동소송참가를 하게 되면 피참가인인 채권자와 소송물이 동일하여 중복소송이 된다는 이유로 허용되지 않는다는 것이 판례의 태도이다.[143] 그러나 이를 허용하더라도 판결의 모순저촉의 우려가 없으므로 중복소송을 금지하는 취지에 반하지 않고 대위소송의 권리자인 채무자에게 당사자로서의 절차참여권을 보장할 필요가 있다는 점에서 공동소송참가를 허용하는 것이 타

141) 호문혁, 780면.

142) 강현중, 723면; 김홍엽, 934면; 이시윤, 667면; 정동윤/유병현/김경욱, 826면; 정영환, 1197면.

143) 판례는 채권자가 민법 제404조 제1항에 의하여 채무자를 대위하여 제기한 소송이 계속 중인데 채무자가 같은 피고를 상대로 청구취지 및 청구원인을 같이 하는 내용의 소송을 제기한 경우에는 위 양 소송은 비록 당사자는 다를지라도 실질상으로는 동일 소송이라 할 것이므로 후소는 민사소송법 제234조의 중복소송금지규정에 저촉된다고 한다(대법원 1974. 1. 29. 선고 73다351 판결).

당하다고 생각한다.[144)]

3) 판 례

대법원 1975. 5. 13. 선고 74다1664 전원합의체판결은 위와 같이 채무자에게 기판력을 인정할 필요성을 직시하여 통설의 태도와 그 결론을 같이하였다. 이에 더하여 채무자가 대위소송이 제기된 것을 알게 되었다는 사실이 채무자에게 기판력이 미치는 것과 어떤 논리적 관계를 가지는지 주목할 만한 설명을 하고 있는데 그 요지는 다음과 같다. 민법 제405조 1항, 비송사건절차법 제84조[145)] 등에 의하여 대위권에 의한 제소의 고지가 이루어지면 채무자는 그 권리의 처분행위가 금지된다.[146)] 이 경우에 비록 채권자는 채무자의 대리인 자격으로가 아니고 자기이름으로 원고가 되어 제소한다고 하여도 채무자의 권리를 관리 처분할 권능을 갖고 소송을 수행한다. 이는 흡사 파산재단에 관한 소송에 있어서의 파산관재인 또는 추심명령을 받고 채무자의 채권의 추심소송을 하는 채권자의 경우와 같아서 타인의 권리에 관하여 그 자를 위하여 당사자가 되는 소위 소송신탁의 경우에 해당한다. 따라서 그 판결의 효력은 채무자에게도 있다고 보아야 한다고 한다. 즉 채무자가 대위소송이 제기된 사실을 고지 받으면 그 처분권이 제한되어 마치 갈음형의 제3자의 소송담당의 경우와 같아진다는 것이다.

위 판결의 논지에도 문제점이 없지 않다. 우선 민법 제405조 제1항에 의하면 채무자에 대한 통지는 보존행위 이외의 권리를 행사한 경우에만 요하며 보존행위의 경우는 채무자에 대한 통지를 요하지 않는데 이 경우에는 채무자에게 기판력이 미치는 것을 어떻게 설명할 것인가 하는 것이다. 또 기판력 제도라는 것이 법적 안정성을 위해 인정되는 것인데 채무자가 대위소송이 제기된 사실을 알았는가에 따라 기판력이 미치는지 여부가 달리 결정된다면 법적 안정성을 해칠 수 있다는 것이다.[147)]

이때 **채무자에게도 기판력이 미친다는 의미는 채권자대위소송의 소송물인 피대위채권의 존부에 관하여 채무자에게도 기판력이 인정된다는 것이고, 채권자대위소송의 소송요건인 피보전채권의 존부에 관하여 당해 소송의 당사자가 아닌 채무자에게 기판력이 인정된다는 것은 아니다.** 따라서 채권자가 채권자대위권을 행사하는 방법으로 제3채무자를 상대로 소를 제기하였다가 채무자를 대위할 피보전채권이 인정되지 않는다는 이유로 소각하 판결을 받아 확정된 경우 그 판결의 기판력이 채권자가 채

144) 이에 관하여는 이태영, 채권자대위소송에 대한 채무자의 소송참가, 강원법학 제35(1)권, 강원대학교 비교법학연구소, 2012, 309면.

145) 현행 비송사건절차법으로는 제49조에 해당한다.

146) 판례는 이 경우 민사집행법 제229조 제5항이 유추적용되어 피대위채권에 대한 전부명령은 우선권 있는 채권에 기초한 것이라는 등의 특별한 사정이 없는 한 무효라고 한다(대법원 2016. 8. 29. 선고 2015다236547 판결).

147) 대법원 1975. 5. 13. 선고 74다1664 전원합의체판결 소수의견 참조.

무자를 상대로 피보전채권의 이행을 구하는 소에 미치는 것은 아니다.[148] 그러나 당사자인 채권자와 제3채무자 사이에는 위의 소각하 판결의 경우에도 피보전채권의 부존재에 관하여 기판력이 발생한다.[149]

채권자대위소송의 판결의 기판력은 채무자가 채권자대위소송이 제기된 사실을 안 경우에만 채무자에게 기판력이 미친다(다수설, 판례).

4) 그 외의 경우

i) 채무자가 제3채무자를 상대로 제기한 소에 대한 판결이 확정된 후 채권자가 같은 제3채무자를 상대로 소를 제기한 경우 종전의 판례는 양 소송이 당사자만 다를 뿐 실질적으로 동일 내용의 소송이라면, 위 확정판결의 효력이 채권자대위권 행사에 의한 소송에 미친다고 하였다.[150] 그 이후 판례는 채권자가 대위권을 행사할 당시는 이미 채무자가 권리를 재판상 행사하였을 때에는 채권자는 채무자를 대위하여 채무자의 권리를 행사할 당사자적격이 없다고 한다.[151]

ii) 채권자 중 한 사람이 대위소송을 제기하여 확정판결을 받은 후 다른 채권자가 동일한 소송물에 대하여 채권자대위소송을 제기한 경우에 판례는 그 채무자가 어떤 사유로든 채권자대위소송이 제기된 것을 알았을 때에는 그 기판력은 후소에 미친다고 한다.[152] 위 판결에 그 이유가 명시되어 있지는 않으나 먼저 제기된 채권대위소송의 판결의 기판력이 채무자에게 미치려면 채무자가 소제기 사실을 알아야 하고 그로 인해 채무자에게 기판력이 미치면 다른 채권자에게도 기판력이 미친다는 논리구성이 전제된 것이 아닌가 한다.

(cc) 채권자취소소송의 경우

채권자취소권의 요건을 갖춘 각 채권자는 고유의 권리로서 채무자의 재산처분 행위를 취소하고 그 원상회복을 구할 수 있다. 따라서 어느 한 채권자가 동일한 사해행위에 관하여 채권자취소 및 원상회복청구의 소를 제기하여 승소판결을 받아 그 판결이 확정되었더라도 그것만으로는 채권자취소소송을 제기하려는 다른 채권자에게

---

148) 대법원 2014. 1. 23. 선고 2011다108095 판결.
149) 대법원 2001. 1. 16. 선고 2000다41349 판결. 채권자가 채무자를 대위하여 제3채무자를 상대로 취득시효 완성을 원인으로 한 소유권이전등기청구의 소를 제기하였다가 채무자를 대위할 피보전채권의 부존재를 이유로 소각하 판결을 선고받고 확정된 후 제3채무자가 제기한 토지인도 소송에서 채권자가 다시 위와 같은 권리가 있음을 항변사유로서 주장하는 것은 기판력에 저촉되어 허용될 수 없다고 한 사례이다.
150) 대법원 1979. 3. 13. 선고 76다688 판결.
151) 대법원 1992. 11. 10. 선고 92다30016 판결; 대법원 1993. 3. 26. 선고 92다32876 판결; 대법원 2009. 3. 12. 선고 2008다65839 판결.
152) 대법원 1994. 8. 12. 선고 93다52808 판결.

기판력이 미치지 않는다. 다만 그 확정판결에 기하여 재산이나 가액의 회복을 마친 경우에 비로소 다른 채권자의 채권자취소 및 원상회복청구는 그와 중첩되는 범위 내에서 권리보호의 이익이 없게 된다.[153] 또한 소송의 당사자가 아닌 다른 채권자가 사해행위 취소로 인한 원상회복 판결에 기하여 채무자를 대위하여 등기신청을 하여 말소등기가 마쳐졌다면 그 등기에는 절차상의 흠이 존재하지만 실체관계에 부합하는 등기로서 유효하다.[154]

(dd) 추심소송의 경우

동일한 채권에 대해 복수의 채권자들이 압류·추심명령을 받은 경우 어느 한 채권자가 제기한 추심의 소에서 확정된 판결의 기판력은 그 소송의 변론종결일 이전에 압류·추심명령을 받았던 다른 추심채권자에게 미치지 않는다.[155] 다른 추심채권자는 추심금의 소의 당사자가 아니기 때문이다. 다만 제3채무자는 집행력 있는 정본을 가진 채권자에 대한 참가명령을 신청하여 추심의 소에 대한 판결의 효력을 집행력 있는 정본을 가진 채권자에게 미치게 할 수 있다(민사집행법 249조 2항 내지 4항 참조).

(d) 소송의 탈퇴자

제3자가 독립당사자의 참가나 소송참가 또는 소송인수(82조)를 하면 종전의 원고나 피고가 탈퇴할 수 있는데 이 경우 판결의 기판력은 탈퇴한 당사자에게 미친다(80조, 82조). 자세한 것은 해당 부분에서 살펴보기로 한다.

(3) 제3자에의 확장

(a) 한정적 확장

1) 소비자단체소송

소비자단체소송은 원고의 청구를 기각하는 판결이 확정된 경우 이와 동일한 사안에 관하여는 소비자기본법 제70조의 규정에 따른 다른 단체는 단체소송을 제기할 수 없다. 소비자단체소송에 있어서 기판력의 확장은 원고의 청구를 기각하는 판결이 확정된 경우에 한정되고 원고의 청구가 인용된 경우에는 해당되지 않는다. 또한 동일 사안에 대하여 적용되므로 반드시 소송물이 동일할 것을 요하지 않으며 재소금지사유로 규정함으로써 후소에 대하여 기각판결을 하는 모순금지설과 다르다. 다만 판결이 확정된 후 그 사안과 관련하여 국가 또는 지방자치단체가 설립한 기관에 의하여 새로운 연구결과나 증거가 나타난 경우나 기각판결이 원고의 고의로 인한 것임이 밝혀진 경우 등은 그렇지 않다(동법 75조).

---

153) 대법원 2003. 7. 11. 선고 2003다19558 판결.
154) 대법원 2015. 11. 17. 선고 2013다84995 판결.
155) 대법원 2020. 10. 29. 선고 2016다35390 판결.

2) 증권관련 집단소송

증권관련 집단소송의 확정판결은 제외신고를 하지 아니한 구성원에 대하여도 그 효력이 미친다(증집법 37조). "증권관련 집단소송"이란 증권의 매매 또는 그 밖의 거래과정에서 다수인에게 피해가 발생한 경우 그중의 1인 또는 수인이 대표당사자가 되어 수행하는 손해배상청구소송을 말한다. 위 피해가 발생한 경우 그 손해의 보전에 관하여 공통의 이해관계를 가지는 피해자 전원을 총원이라고 하는데 구성원이란 총원을 구성하는 각각의 피해자를 말한다. 제외신고란 구성원이 증권관련 집단소송에 관한 판결 등의 기판력을 받지 아니하겠다는 의사를 법원에 신고하는 것을 말한다(동법 2조).

3) 채무자의 회생 및 파산

확정채권에 관하여 파산채권자표에 기재한 때에는 그 기재는 파산채권자 전원에 대하여 확정판결과 동일한 효력이 있다(채무자 회생 및 파산에 관한 법률 460조). 또한 개인회생채권의 확정에 관한 소송에 대한 판결은 개인회생채권자 전원에 대하여 그 효력이 있다(동법 607조).

(b) 일반적 확장

1) 가사소송

가류 또는 나류 가사소송사건의 청구를 인용한 확정판결은 제3자에게도 효력이 있다(가사소송법 21조 1항). 위의 소송들은 기본적 신분관계를 그 대상으로 하는 것이므로 제3자에게도 획일적으로 확정하여 신분관계를 안정시킬 필요가 있기 때문이다. 그렇다면 청구를 인용하지 않은 판결 즉 각하판결이나 청구기각판결의 경우에는 어떨까? 동조 2항은 "제1항의 청구를 배척한 판결이 확정된 경우에는 다른 제소권자는 사실심의 변론종결 전에 참가하지 못한 데 대하여 정당한 사유가 있지 아니하면 다시 소를 제기할 수 없다"고 규정하고 있다. 위 규정에서 '다시 소를 제기할 수 없다'는 것은 기판력을 의미하는 것일까? 이에 관하여는 기판력으로 이해하는 제한적 기판력확장설[156]과 소제기권을 제한하는 특별한 효력으로 보는 특수효력설[157]이 있다. 청구인용의 경우와 청구배척의 경우 확정판결의 효력을 통일적으로 파악하는 것이 타당하다는 점에서 그 효력의 성질은 기판력으로 이해되어야 한다고 생각한다.

2) 회사관계소송

상법 제190조는 "설립무효의 판결 또는 설립취소의 판결은 제3자에 대하여도 그 효력이 있다. 그러나 판결확정전에 생긴 회사와 사원 및 제3자간의 권리의무에 영향을 미치지 아니한다"고 규정하고 있다. 위 규정의 본문은 결의취소의 소(376조), 결의무효 및 부존재확인의 소(380조), 부당결의의 취소, 변경의 소(381조) 등에도 준용되고 있다. 따라서 위 각 소송의 청구인용판결에 대하여는 대세적 효력이 인정된다. 이사회결의무효확인의 소는 위 규정을 준용할 근거가 없어 판결의 대세적 효력이 인정되지 않는다.[158] 주주대표소송(403조) 또한 위 규정을 준용하고 있지 않아 대세적 효력이 인정되지 않는다.

3) 행정소송

처분 등을 취소하는 확정판결은 그 사건에 관하여 당사자인 행정청과 그 밖의 관계행정청을 기속한다(행정소송법 30조 1항). 위 규정은 무효확인소송에도 준용된다(38조).

---

156) 이시윤, 670면.
157) 김홍엽, 942면; 정동윤/유병현/김경욱, 830면.
158) 대법원 1988. 4. 25. 선고 87누399 판결.

Ⅴ. 판결의 그 밖의 효력

1. 집행력

집행력은 판결 등으로 명한 이행의무를 강제집행절차에 의하여 실현할 수 있는 효력을 말한다. 의무이행을 명하는 판결은 이행판결에 한하므로 본안판단에 관하여 집행력이 인정되는 것은 이행판결뿐이다. 형성판결과 확인판결은 소송비용의 재판부분에 한하여 집행력이 생긴다.

집행력의 범위는 기판력의 범위와 일치하는 것이 원칙이다. 다만 판례는 채권자대위권에 기한 확정판결의 기판력이 채무자에게도 미치는 경우가 있다 하더라도 확정판결의 집행력만은 원·피고 간에 생기는 것이고 원고와 채무자 사이에는 생기지 않는다고 한다.[159] 또한 판결의 기판력과 집행력은 원칙적으로 당사자에게만 미치므로 지부·분회·지회 등 법인의 하부조직을 상대로 소를 제기하여 받은 확정판결은 법인의 재산에 대한 강제집행의 집행권원으로 삼을 수 없다고 한다.[160]

2. 형성력

형성판결의 확정에 의해 실체법상 법률관계의 발생·변경·소멸을 낳는 효력이 발생하는데 이를 형성력이라고 한다. 실체법상 법률관계의 변동을 가져오는 형성력은 실체법상의 효력으로서 소송법상의 효력인 기판력과 달리 객관적으로 존재한다. 이런 의미에서 그 형성의 소가 소송법상 형성의 소가 아니면 판결의 효력은 제3자에게도 미친다.

3. 법률요건적 효력과 반사적 효력

(1) 법률요건적 효력

민법 제165조 제1항은 "판결에 의하여 확정된 채권은 단기의 소멸시효에 해당한 것이라도 그 소멸시효는 10년으로 한다"고 규정하고 있다. 채권이 판결에 의하여 확정되었다는 것은 그 소멸시효를 10년으로 하는데 법률요건으로서 작용한다. 이와 같이 민법 등에서 판결의 존재를 요건사실로 규정한 경우를 법률요건적 효력이라고 한다.

(2) 반사적 효력

보증채무에는 주채무에 대한 부종성이 인정된다(민법 430조). 따라서 주채무가 존재하지 않으면 보증채무

159) 대법원 1979. 8. 10.자 79마232 결정.
160) 대법원 2018. 9. 13. 선고 2018다231031 판결.

도 인정되지 않는다. 주채무자가 채권자에 대하여 채무부존재확인의 소를 제기하여 승소확정판결을 받으면 보증채무자도 채권자에 대하여 위 확정판결을 원용하여 보증채무의 소멸을 주장할 수 있다. 기판력은 당사자 사이에서만 미치는데 위와 같은 법현상은 어떻게 설명될 수 있을까? 특히 기판력에 관하여 소송법설을 취하는 견해는 판결의 효력이 당사자와 실체법상 의존관계에 있는 제3자에게 미치는 현상을 설명하기 쉽지 않다. 그래서 위와 같이 판결을 받은 당사자와 실체법상 특수한 의존관계에 있는 제3자에게 판결의 효력이 이익 또는 불이익하게 미치는 경우를 반사적 효력이라고 하여 법률요건적 효력의 일종으로 설명하는 견해도 있다.[161] 그러나 그 인정 여부에 관하여 다툼이 있어 아직 정립된 것으로 받아들이기는 어렵다.

Ⅵ. 판결의 흠

1. 판결의 부존재 또는 무효

판결에 그 내용상 또는 절차상 하자가 있는 경우에도 함부로 그 효력을 부인할 수 없고 원칙적으로 상소 또는 재심에 의해 그 취소를 구할 수 있을 뿐이다. 그러나 예외적으로 상소나 재심에 의하지 않고도 판결의 효력을 부정할 수 있는 경우도 있다. 판결의 부존재와 무효가 이에 해당한다. 예를 들어 판결은 선고되어야 성립하고 선고는 선고조서로써 증명되어야 한다. 따라서 선고조서가 없으면 판결은 부존재한 것으로 취급된다.[162] 또 소제기시 당사자가 이미 사망하였음에도 법원이 이를 간과하고 사망자를 당사자로 한 판결은 당사자 대립구조를 갖추지 못해 무효이다.[163] 판결이 부존재하거나 무효이면 판결로서 아무런 효력도 발생할 수 없으므로 이에 대한 상소나 재심도 허용되지 않는다.[164] 다만 경우에 따라서는 판결의 물리적 외관을 제거할 필요도 있을 것이므로 이 경우 어떠한 법적 수단을 취하여야 하는지가 문제될 수 있다.

2. 판결의 편취

(1) 의 의

판결의 편취는 당사자가 상대방이나 법원을 속여 부당한 내용의 판결을 받은 경우를 말한다. 예를 들어 ① 다른 사람의 성명을 모용하여 판결을 받은 경우, ② 당사자가 소를 취하하기로 합의한 후 이를 믿은 상대방이 불출석한 틈을 타 승소판결

161) 강현중, 731면; 이시윤, 673면.
162) 대법원 1962. 1. 18. 선고 4294민상152 판결.
163) 대법원 1982. 4. 13. 선고 81다1350 판결.
164) 대법원 2000. 10. 27. 선고 2000다33775 판결.

을 받은 경우, ③ 피고의 소재를 알고 있음에도 소재를 모른다고 법원을 속여 공시송달에 의한 소송진행을 하여 승소판결을 받은 경우, ④ 피고의 주소를 허위로 신고함으로써 허위주소로 소송서류가 송달되게 하여 피고불출석으로 자백간주가 되어 승소판결을 받은 경우 등이 이에 해당한다.

(2) 소송법상 구제수단

판결의 편취에 대한 소송법상 구제수단이 확정판결을 취소하는 재심사유와 관련되는 것은 당연할 것이다. 또한 당사자확정의 문제, 불변기간의 문제, 송달하자의 문제 등과도 관련을 가진다.

① 다른 사람의 성명모용 판결의 경우와 ② 소취하 합의 후 상대방의 불출석을 틈타 승소판결을 받은 경우 당사자는 민사소송법 제451조 제1항 3호에서 재심사유로 정한 대리권의 흠결에 준하여 재심에 의해 구제될 수 있다. 성명모용의 문제는 당사자확정에서 살펴본 바 있다.

③ 피고 소재불명으로 속여 공시송달 후 승소판결을 받은 경우는 민사소송법 제451조 제1항 11호에서 재심사유로 규정한 "당사자가 상대방의 주소 또는 거소를 알고 있음에도 있는 곳을 잘 모른다고 하거나 주소나 거소를 거짓으로 하여 소를 제기한 때"에 해당하여 재심에 의해 구제될 수 있다. 또는 위 사유는 당사자가 책임질 수 없는 사유로 불변기간을 지킬 수 없었던 경우로 항소 또는 상고의 추완(173조)을 함으로써 판결의 확정을 막고 상소를 통하여 구제받을 수도 있다.

④ 피고 허위주소로 송달하여 자백간주 후 승소판결을 받은 경우 판례는 판결정본의 송달이 무효이므로 상소기간이 진행되지 않아 판결이 확정되지 않고 상소로 다툴 수 있다는 태도를 취하고 있음은 송달의 하자 편에서 이미 살펴 본 바 있다. 또한 편취판결에 의하여 소유권이전등기가 경료된 경우 상대방은 별소로써 경료된 소유권이전등기의 말소를 구할 수도 있다.[165]

⑤ 편취된 판결이 형식적으로 확정되어 그 판결에 의한 강제집행이 현저히 부당하고 그 집행을 수인하는 것이 정의에 반하는 것이 명백한 경우에는 집행채무자는 청구이의의 소에 의하여 그 집행의 배제를 구할 수 있다.[166]

(3) 실체법상 구제수단

편취된 판결은 재심의 소에 의하여 그 취소를 구하는 것이 원칙이지만 당사자의

165) 대법원 1981. 3. 24. 선고 80다2220 판결.
166) 대법원 2001. 11. 13. 선고 99다32899 판결.

절차적 기본권이 근본적으로 침해되는 경우 등과 같이 확정판결의 효력을 존중하는 것이 정의에 반함이 명백하여 이를 묵과할 수 없는 경우에는 불법행위에 의한 손해배상청구가 가능하다.167) 그러나 부당이득반환청구는 재심의 소 등에 의해 취소되지 않는 한 허용되지 않는다.168)

제4관 종국판결의 부수적 재판

Ⅰ. 종국판결의 부수적 재판

판결에 의해 소송물 또는 소의 적법 여부에 관한 판단 외에도 소송비용부담, 가집행선고와 같은 부수적 사항에 관한 판단도 한다. 예를 들어 금 1,000,000원의 지급을 명하는 판결은 주문에서 '1. 피고는 원고에게 금 1,000,000원을 지급하라. 2. 소송비용은 피고의 부담으로 한다. 3. 위 제1항은 가집행할 수 있다'라고 적는다. 위 주문 제2항과 제3항은 소송비용과 가집행에 관한 것으로 부수적 재판이라고 할 수 있다. 이하 이러한 부수적 재판에 관하여 살펴보기로 한다.

Ⅱ. 가집행의 선고

1. 의 의

이행판결은 확정되어야 집행력이 발생하고 미확정의 이행판결에는 집행력이 발생하지 않는다. 이로 인해 패소 당사자는 집행을 막기 위해 승소의 가망이 없음에도 불필요한 상소를 하여 승소당사자의 신속한 권리실현에 어려움을 겪게 될 수도 있다. 가집행선고는 이러한 미확정의 종국판결에 확정된 경우와 마찬가지로 미리 집행력을 주는 형성적 재판이다.

가집행선고제도는 확정 전 판결에 집행력을 부여하는 제도이므로 상소심에서 얼마든지 취소·변경될 수 있다. 따라서 가집행선고시 가집행결과를 회복시킬 수 있는지 미리 고려할 필요가 있다.

---

167) 대법원 1995. 12. 5. 선고 95다21808 판결.
168) 대법원 1995. 6. 29. 선고 94다41430 판결.

제213조(가집행의 선고)
① 재산권의 청구에 관한 판결은 가집행의 선고를 붙이지 아니할 상당한 이유가 없는 한 직권으로 담보를 제공하거나, 제공하지 아니하고 가집행을 할 수 있다는 것을 선고하여야 한다. 다만, 어음금 · 수표금 청구에 관한 판결에는 담보를 제공하게 하지 아니하고 가집행의 선고를 하여야 한다.
② 법원은 직권으로 또는 당사자의 신청에 따라 채권전액을 담보로 제공하고 가집행을 면제받을 수 있다는 것을 선고할 수 있다.
③ 제1항 및 제2항의 선고는 판결주문에 적어야 한다.

2. 요 건

민사소송법 제213조 제1항은 "재산권의 청구에 관한 판결은 가집행을 붙이지 아니할 상당한 이유가 없는 한 직권으로 담보를 제공하거나 제공하지 아니하고 가집행을 할 수 있다는 것을 선고하여야 한다"고 규정하고 있다.

(1) 가집행선고는 재산권의 청구에 관한 종국판결에 대하여 한다. 재산권에 관한 청구이어야 회복이 가능하기 때문이다. 집행이 가능한 것이어야 하므로 주로 이행판결이 그 대상이 되며 형성판결이나 확인판결에는 견해의 차이는 있으나 가집행선고가 허용되지 않는다.[169]

민사집행법 제263조 제1항은 "채무자가 권리관계의 성립을 인낙한 때에는 그 조서로, 의사의 진술을 명한 판결이 확정된 때에는 그 판결로 권리관계의 성립을 인낙하거나 의사를 진술한 것으로 본다"고 규정하고 있다. 의사표시의무는 의사를 진술하는 것으로 그 집행이 이루어진다. **위 규정은 의사의 진술을 명한 판결이 확정된 때 의사를 진술한 것으로 본다는 것이므로 이는 곧 판결의 확정 그 자체로서 집행이 이루어지는 것이 된다. 따라서 이 경우 그 집행을 위해 별도의 집행문을 요하지 않는다.**[170] **통설은 위 규정을 근거로 의사의 진술을 명하는 판결에는 가집행선고를 할 수 없다고 해석한다.** 그러나 위 규정이 통설의 해석에 대한 근거가 되려면 위 규정의 존재만으로는 부족하고 위 규정에서 '판결이 확정된 때에는'이 '판결이 확정된 때에만'으로 해석될 수 있어야 한다.

(2) 제213조 제1항의 법문상 위의 요건이 갖추어지면 법원은 상당한 이유가 없는 한 반드시 가집행선고를 하여야 한다. 여기서 상당한 이유란 가집행이 취소되더라도 가집행으로 인하여 피고가 입은 손해를 회복할 수 없을 것이 예상되는 경우를 의미

---

169) 대법원 1966. 1. 25. 선고 65다22374 판결.
170) 다만 반대의무의 제공을 조건으로 하는 경우에는 동조 제2항에 따라 집행문을 내어 준 때 그 효력이 생긴다.

한다.

3. 절 차

가집행선고는 직권으로 담보를 제공하거나 제공하지 아니하고 가집행을 할 수 있다는 것을 선고하여야 한다.

1) 가집행의 선고는 법원의 직권으로 한다. 따라서 당사자의 신청은 법원의 직권발동을 촉구하는 의미를 가지는 것에 불과하다. 다만 상소심에서 불복신청이 없는 부분에 대하여 가집행선고를 하는 경우에는 당사자의 신청에 의한다(406조, 435조).

2) 가집행선고시 담보를 제공하게 하는가 여부는 법원의 재량에 의한다. 다만 어음금 · 수표금 청구에 관한 판결에는 담보를 제공하게 하지 아니하고 가집행의 선고를 하여야 한다(213조 1항 단서).

3) 법원은 직권으로 또는 당사자의 신청에 따라 채권전액을 담보로 제공하고 가집행을 면제 받을 수 있다는 것을 선고할 수 있다(동조 2항).

4) 가집행재판에 대하여는 독립하여 항소를 하지 못한다(391조). 따라서 본안판결과 함께 불복하여야 한다.

4. 효 력

가집행선고는 미확정판결에 대하여 집행력을 부여하는 제도이므로 선고에 의해 즉시 집행력이 발생한다. 민사집행법 제56조 2호는 가집행선고가 내려진 재판을 집행권원으로 규정하고 있다. 가집행선고에 기하여 일단 집행절차가 개시되면 피고가 상소하여도 강제집행이 정지되지 않으며 별도의 신청에 의한 강제집행 정지결정(501조)을 받아야 한다. 또한 상소하지 아니한 본안판결에 대한 강제집행의 정지를 구할 수 없다.[171)]

가집행으로 인한 변제의 효력은 확정적인 것이 아니고 어디까지나 상소심에서 그 가집행선고 또는 본안판결이 취소되는 것을 해제조건으로 발생하는 것에 지나지 않는다. 따라서 제1심 가집행선고부 판결에 기하여 피고가 그 가집행선고 금액을 지급하였다 하더라도 항소심 법원으로서는 이를 참작함이 없이 당해 청구의 당부를 판단하여야 한다.[172)]

171) 대법원 2006. 4. 14.자 2006카기62 결정.
172) 대법원 1993. 10. 8. 선고 93다26175, 26182(반소) 판결.

5. 실 효

가집행선고는 임시로 집행력을 부여하기 위한 것이므로 확정력이 없다. 따라서 상소심에서 가집행 선고만이 바뀌거나 가집행선고 있는 본안판결이 바뀌었을 때에는 그 한도에서 효력을 잃게 된다(215조 1항). 이와 같이 가집행선고가 효력을 상실한 경우에는 이미 집행이 이루어진 부분에 대하여 원상회복이 이루어져야 할 것이다. 원상회복을 하려면 별도의 소를 제기하는 방법도 있으나 상소심 절차에서 본안판결의 변경을 구하면서 함께 병합하여 원상회복 등의 청구를 할 수도 있다(215조 2항). 이를 실무상 용어로 가지급물 반환신청이라고 한다.

가집행선고는 미확정의 종국판결에 대하여 집행력을 부여하기 위해 인정되는 것이다.

Ⅲ. 소송비용의 재판

(1) 소송비용의 의의

판결의 주문에서 말하는 소송비용이란 당사자가 소송을 위해 지출한 비용 중에서 법령에 정한 범위에 속하는 비용을 의미한다. 소송비용에 관하여는 민사소송법 제98조 내지 제127조에서 상세하게 규정되어 있다. 또한 민사소송비용법에서도 이에 관한 규정이 있다.

(2) 소송비용부담의 재판

(a) 원 칙

1) **소송비용은 패소한 당사자가 부담하는 것이 원칙이다**(98조). 이에 관하여는 예외가 인정된다(99조, 100조 참조). 소송비용에서 많은 부분을 차지하는 것이 변호사보수이다. 소송비용으로 인정되는 변호사보수는 실제 지급한 전액이 아니라 대법원규칙에서 정하는 금액의 범위 내에서 소송비용으로 인정된다(109조). 이에 관한 대법원규칙으로는 변호사보수의 소송비용산입에 관한 규칙이 있다. 동 규칙에 의하여 소송비용에 산입되는 변호사의 보수는 당사자가 보수계약에 의하여 지급한 또는 지급할 보수액의 범위 내에서 각 심급단위로 소송목적의 값에 따라 별표의 기준에 의하여 산정된다(동 규칙 3조 1항).

2) 소취하의 경우 피고의 변제로 인한 것이라는 등의 특별한 사정이 없는 한 그 소는 원칙적으로 원고에게 무익한 것으로 취급하여 패소한 당사자에 준하여 원고가

소송비용을 부담한다.[173] 다만 소장 또는 상소장이 상대방에게 송달되기 전 소송이 종료되어 대심적 소송구조가 아닌 상태에서 비용이 지출된 경우에는 그 비용부담자 등을 정할 필요가 없다.[174]

(b) 일부패소의 경우

소송비용의 부담에 관하여 패소자부담의 원칙으로 일관한다면 일부패소의 경우에는 패소비율에 따라 부담하여야 할 것이다. 그러나 민사소송법 제101조는 "일부패소의 경우에 당사자들이 부담할 소송비용은 법원이 정한다"고 규정하고 있다. 일부패소의 경우에는 각 경우에 따라 기계적으로 패소비율에 따라 소송비용을 정하는 것이 적절하지 않을 수 있기 때문이다. 따라서 이때 각 당사자들이 부담할 소송비용은 법원이 제반사정을 종합하여 재량에 의해 정할 수 있는 것이고 반드시 청구액과 인용액의 비율만으로 정해야 하는 것은 아니다.[175]

(c) 그 외의 경우

제102조 내지 107조에서는 공동소송, 참가소송 등 여러 경우의 소송비용부담에 관하여 규정하고 있다.

(3) 소송비용부담의 재판에 대한 불복

소송비용에 관한 재판은 본안재판과 함께 항소하여야 하며 독립하여 항소하지 못한다(391조). 소송비용의 부담은 본안재판의 결과에 따라 달라지는데 본안재판과 소송비용에 관한 재판을 별도로 상소하는 것을 허용하면 그 결론이 서로 달라질 수 있기 때문이다. 나아가 소송비용의 재판에 대한 불복은 본안에 대한 상고의 전부 또는 일부가 이유 있는 경우에 한하여 허용되고, 본안에 대한 상고가 이유 없을 때에는 허용될 수 없다.[176]

(4) 소송비용확정절차

소송비용의 재판은 보통 누가 부담하는지와 그 비율만을 정하여 선고하며 구체적 액수를 특정하지 않는다. 이와 같이 소송비용의 부담을 정하는 재판에서 그 액수가

---

173) 대법원 2020. 7. 17.자 2020카확522 결정.
174) 대법원 2019. 11. 29.자 2019카확564 결정.
175) 대법원 2007. 7. 12. 선고 2005다38324 판결.
176) 대법원 1998. 9. 8. 선고 98다22048 판결; 대법원 1998. 11. 10. 선고 98다42141 판결; 대법원 2005. 3. 24. 선고 2004다71522, 71539 판결.

정하여지지 아니한 경우에 제1심 법원은 그 재판이 확정되거나, 소송비용부담의 재판이 집행력을 갖게 된 후에 당사자의 신청을 받아 결정으로 그 소송비용액을 확정한다(110조). 이를 소송비용확정결정이라고 한다. 위 확정결정을 신청할 때에는 비용계산서, 그 등본과 비용액을 소명하는 데 필요한 서면을 제출하여야 한다(동조 2항). 위 확정결정에 대하여는 즉시항고를 할 수 있다(동조 3항).

(5) 소송비용의 담보

(a) 담보제공사유

원고가 대한민국에 주소 · 사무소와 영업소를 두지 아니한 때 또는 소장 · 준비서면, 그 밖의 소송기록에 의하여 청구가 이유 없음이 명백한 때 등 소송비용에 대한 담보제공이 필요하다고 판단되는 경우에 피고의 신청이 있으면 법원은 원고에게 소송비용에 대한 담보를 제공하도록 명하여야 한다. 담보가 부족한 경우에도 또한 같다(117조 1항). 위의 경우에 법원은 직권으로 원고에게 소송비용에 대한 담보를 제공하도록 명할 수 있다(동조 2항). 청구의 일부에 대하여 다툼이 없는 경우에는 그 액수가 담보로 충분하면 담보제공을 명하지 않는다(동조 3항).

(b) 담보제공신청권

담보를 제공할 사유가 있다는 것을 알고도 피고가 본안에 관하여 변론하거나 변론준비기일에서 진술한 경우에는 담보제공을 신청하지 못한다(118조). 담보제공을 신청한 피고는 원고가 담보를 제공할 때까지 소송에 응하지 않을 수 있다(119조). 그러나 피고가 적법한 담보제공신청을 한 이상 응소를 거부하지 않고 본안에 관하여 변론 등을 하였더라도 이미 이루어진 담보제공신청의 효력이 상실되거나 그 신청이 부적법하게 되는 것은 아니다.[177]

(c) 담보제공명령

법원은 담보를 제공하도록 명하는 결정에서 담보액과 담보제공의 기간을 정하여야 한다(120조). 담보제공신청에 관한 결정에 대하여는 즉시항고를 할 수 있다(121조). 담보를 제공하여야 할 기간 이내에 원고가 이를 제공하지 아니하는 때에는 법원은 변론 없이 판결로 소를 각하할 수 있다. 다만, 판결하기 전에 담보를 제공한 때에는 그렇지 않다(124조).

---

177) 대법원 2018. 6. 1.자 2018마5162 결정.

제6편

상소심절차

제1장 총　　설

Ⅰ. 상소의 의의

상소는 재판확정 전에 당사자가 상급법원에 대하여 그 취소 · 변경을 구하는 불복신청방법을 말한다. 상소는 재판확정 전에 하는 것이고 재판확정 후에는 재심으로만 판결의 취소를 구할 수 있다. 이때 확정이라는 것은 더 이상 취소될 가능성이 없다는 형식적 확정을 의미한다. 또한 상소가 상급법원에 그 취소 · 변경을 구하는 것이라는 의미에는 재판확정 전에 상소를 하면 불복기간이 도과하더라도 원판결이 확정되지 않고(확정차단효) 사건이 상급심으로 이전된다(이심의 효력)는 것을 포함한다.

Ⅱ. 상소제도의 취지

민사소송의 이상으로서 적정은 재판이 잘못 없이 올바르게 이루어질 것을 요한다. 재판이 잘못 없이 이루어진다는 것은 재판을 통해 진실이 발견되고 이에 대해 법이 올바르게 적용된다는 것을 의미한다. 그러나 재판은 사람이 하는 것이므로 언제든지 잘못이 있을 수 있다. 이를 위해 3심제도를 두어 재판에 있을 수 있는 잘못을 시정할 수 있는 기회를 마련한 것이 상소제도의 취지라고 할 수 있다. 또한 상소를 통해 법령해석의 통일성을 기할 수 있다. 같은 사안에 대하여 법원마다 다른 법령해석을 하여 서로 다른 판결을 한다면 이는 사법제도 신뢰의 측면에서 바람직하지 않을 것이다.

상급법원은 피라미드식 구조를 가지고 있어 상고심인 대법원은 그 정점에 위치하고 있다. 이는 법령해석의 통일성을 기하여야 한다는 점에서는 불가피한 구조라고 할 수 있으나 이로 인해 상소사건이 상급심에 폭주할 가능성이 많다는 것도 쉽게 예상할 수 있다. 이러한 폐해 때문에 상소심 심판의 대상을 제한할 필요는 없는가 하는 문제도 발생한다. 그 해결은 상소심의 기능을 재판의 적정과 법령해석의 통일 중 어디에 중점을 두는가에 따라 달라질 수 있다. 현행 민사소송제도는 항소심에서는 사실문제와 법률문제를 모두 심판의 대상으로 하고 상고심에서는 법률문제만을 심판의 대상으로 하여 그 조화를 도모하고 있다. 또한 무용한 상소로 인하여 분쟁해결이 지연되고 법원의 재판부담이 증가되는 것을 방지하기 위해 상소할 이익이 있는 경우에만 상소를 허용하는 것도 필요하다.

Ⅲ. 상소의 종류

상소는 재판에 대하여 불복신청을 하는 것이다. 재판에는 판결뿐 아니라 결정, 명령도 포함되어 있다. 판결에 대한 상소에는 항소, 상고, 비약상고가 있다. 비약상고는 제1심판결에 대해 당사자의 합의로 항소를 거치지 않고 바로 상고하는 것을 말한다. 이러한 비약상고로 인해 항소를 막연히 제1심법원에 대한 불복신청이라고 정의할 수는 없고 제1심판결에 대해 직근상급법원에 불복신청을 하는 것이라고 하여야 한다. 결정, 명령에 대한 상소는 항고, 재항고가 있다.

Ⅳ. 상소요건

■ 핵심어

형식적 불복설, 신청과 주문, 상계항변의 판단, 항소기각취지와 항소심판결

상소가 적법한 것으로 취급되기 위해서는 다음과 같은 요건을 갖추어야 한다.

1. 적극적 요건

(1) 상소의 대상적격

상소가 적법하려면 먼저 상소가 허용되는 것을 대상으로 삼아야 한다. 상소는 종국판결에 대하여 할 수 있다(390조, 422조). 독립하여 상소의 대상으로 삼을 수 없는 중간판결만을 대상으로 한 상소는 부적법하다. 또한 판결경정의 대상인 것은 판결경정절차가 따로 정해져 있으므로 상소의 대상이 되지 않는다. 무효인 판결에 대한 상소나 허위주소에 의한 판결편취의 경우 상소의 대상이 되는지는 논란이 되고 있음은 앞에서 살펴본 바 있다.

(2) 상소의 방식과 시기

상소는 상소장을 원법원에 제출함으로써 한다(397조, 425조). 상소 여부는 판결의 형식적 확정 여부를 결정하는 것이므로 그 중요성에 비추어 서면에 의하게 함으로써 명확성

을 기하려는 취지이다. 따라서 반드시 서면에 의하여야 한다. 상소를 하려면 상소장을 상소법원이 아닌 원법원에 제출하여야 하는 이유는 무엇일까? 상소기간 내 상소가 제기되면 원심판결의 확정이 차단되는데 상소기간을 준수하였는지는 판결정본의 송달보고서를 포함한 소송기록상 기재에 근거하여 판단한다. 따라서 상소장은 소송기록이 보관되어 있는 원법원에 제출하여야 한다.

상소장이 접수된 원법원은 상소심법원에서 재판을 할 수 있도록 상소장과 함께 소송기록을 상소법원에 송부한다(400조). 따라서 상소장을 상소법원에 제출한 경우는 원법원에 송부되어 원법원에 접수한 때가 상소기간준수 여부의 기준이 된다.[1] 항소·상고는 판결서 정본이 송달된 날로부터 2주 내에 하여야 한다(396조). 통상의 항고는 시기에 제한이 없으나 즉시항고 또는 특별항고는 재판의 고지가 있는 날로부터 1주 내에 하여야 한다(444조, 449조).

(3) 상소의 이익

상소가 적법하기 위해서는 상소의 이익이 인정되어야 한다. 상소의 이익은 민사소송법상의 규정은 없으나 권리보호이익의 특수형태로서 무익한 상소권 행사를 견제하기 위하여 요구되고 있다.

(a) 판단기준

상소의 이익을 어떤 기준에 의해 인정할 것인가에 관하여는 다음과 같이 견해가 나누어진다.

(aa) 형식적 불복설

당사자의 신청과 판결을 형식적으로 비교하여 판결의 주문이 신청보다 질적으로나 양적으로 불리한 경우에 상소의 이익을 인정한다. 통설과 판례의 태도이다.[2] 예를 들어 법원이 원고 청구기각 또는 청구의 일부인용을 하거나 원고가 단순이행청구를 하였는데 상환이행판결을 한 경우 원고에게 상소의 이익이 인정된다. 형식적 불복설에 따르면 전부승소한 원고는 상소의 이익이 없다.

(bb) 실질적 불복설

당사자가 상급심에서 원재판보다 실체법상 유리한 판결을 받을 가능성이 있으면 상소의 이익을 인정한다. 예를 들면 원고의 청구에 대하여 청구기각판결이 아니고 소각하판결이 선고된 경우 또는 청구기각판결은 선고되었으나 소구채권의 존재가

1) 대법원 1985. 5. 24.자 85마178 결정.
2) 대법원 2002. 6. 14. 선고 99다61378 판결.

인정되고 피고의 예비적 상계항변에 의해 결과적으로 청구기각이 된 경우에는 피고에게 상소의 이익이 인정된다.

(cc) 절충설

원고에 대하여는 형식적 불복설을 기준으로, 피고에 대하여는 실질적 불복설을 기준으로 판단한다.

(dd) 신실질적 불복설

원판결의 유·불리를 기판력뿐만 아니라 집행력이나 부수적 효력을 포함하여 상소의 이익을 판단한다.

(ee) 검 토

실질적 불복설 또는 신실질적 불복설은 그 판단기준이 명확하지 않다는 것이 문제로 지적된다. 또한 절충설은 당사자를 서로 다른 기준에서 취급한다는 점에서 불합리하다. 이에 비해 형식적 불복설은 양 당사자에게 동일하고 명확한 기준을 제시하고 있다. **원고의 신청은 청구취지를, 피고의 신청은 청구기각신청을, 각 그 기준으로 삼을 수 있다. 그리고 이때의 판결은 주문이 그 기준이 된다.**

(b) 구체적인 예

다음은 형식적 불복설에 따라 구체적인 경우에 상소의 이익이 인정되는지를 판단해 보기로 한다.

(aa) 전부승소의 경우

전부승소한 당사자는 원칙적으로 상소의 이익이 없다. 따라서 전부승소한 원고가 청구취지확장을 위하여 상소하거나 전부승소한 피고가 반소제기를 위해 상소할 수 없다. 다만 묵시적 일부청구에 의해 잔부청구가 기판력을 받는 관계상 잔부청구에 대해 별소청구가 불가능한 경우에는 청구취지확장을 위해 상소할 수 있다는 것이 판례의 태도이다.[3] 이는 명시적 일부청구설을 전제로 한 태도로서 만약 일부청구의 기판력 문제에 관하여 다른 입장을 취한다면 그 결론을 달리 할 수 있다.

판례는 불법행위에 의한 손해배상청구에 관하여 손해3분설을 취하여 적극적 손해, 소극적 손해, 위자료 등의 각 손해항목을 별개의 소송물로 취급한다고 함은 이미 살펴본 바와 같다. 원고가 손해배상청구소송에서 재산상 손해부분에 대하여는 전부승소를 하였으나 위자료부분에 대하여는 일부패소를 한 경우, 원고가 패소부분에 대하여 항소를 한 후 재산상 손해에 대하여 청구취지확장을 한 사안에서 판례는 이

3) 대법원 1997. 10. 24. 선고 96다12276 판결; 대법원 2010. 11. 11. 선고 2010두14534 판결.

를 실질적으로 파악하여 위 청구취지의 확장을 허용하였다.[4] 즉 형식적으로는 재산상 손해의 청구와 위자료 청구가 별개의 소송물이므로 전부승소한 재산상 청구의 청구취지를 확장하기 위한 항소는 허용될 수 없을 것이나 실질적으로는 양자가 전체의 손해를 구성하는 항목에 불과하여 위자료 청구의 패소부분을 재산상 손해의 청구로 확장하는 것을 허용한 것이다.

(bb) 판결이유에 대한 상소

판결이유 중의 판단에 불만이 있어도 상소의 이익이 없다. 판결이유에는 기판력이 미치지 않기 때문이다. 그러나 예비적 상계항변으로 승소한 피고는 상계항변의 판단에 기판력이 발생하여 상소이익이 인정된다.[5] 이 경우는 원고의 소구채권 그 자체를 부정하여 반대채권의 존재에 대한 판단이 이루어지지 않고 원고의 청구를 기각한 판결과는 기판력의 범위(216조)를 서로 달리하기 때문이다. 한편 채권자대위소송에서 피보전권리의 발생원인에 대한 판단은 판결이유에 불과하여 이에 대한 불만이 있더라도 상소의 이익이 인정되지 않으나 소유권이전등기청구의 이전등기원인에 관한 판단은 소송물의 동일성에 관한 것이므로 이에 대한 불만이 있는 경우 상소의 이익이 인정된다. (판례연습 참조)[6]

(cc) 청구병합의 경우

예비적 병합소송은 원고가 주위적 청구에 관하여 인용판결을 구하고 주위적 청구가 기각되는 것을 조건으로 예비적 청구에 대한 인용판결을 구하는 소송이다. 따라서 예비적 병합소송에서 상소이익의 판단기준으로 삼아야 할 원고의 신청은 주위적 청구에 대한 인용판결을 구하는 것이라 할 수 있다. 한편 피고의 신청은 주위적 청구와 예비적 청구 모두에 대한 기각판결을 구하는 것이라고 할 수 있다. 따라서 주위적 청구가 인용되면 원고는 상소의 이익이 없다. 그러나 주위적 청구가 기각되고 예비적 청구가 인용된 경우에는 주위적 청구에 관해 패소판결을 받은 원고와 예비적 청구에 관해 패소판결을 받은 피고 모두에게 상소의 이익이 인정된다.

한편 선택적 병합소송은 병합된 청구 중 어느 하나에 대한 인용판결을 구하는 소송이다. 이에 대해 피고의 신청은 병합된 청구 전부에 대한 기각판결을 구하는 것이라 할 수 있다. 따라서 어느 한 청구가 인용되면 원고에게는 상소의 이익이 없으나 피고에게는 상소의 이익이 인정된다.

---

4) 대법원 1994. 6. 28. 선고 94다3063 판결. 이에 관한 평석으로는 전병식, 전부승소자의 항소의 이익과 항소심에서의 청구취지의 확장, 대법원판례해설 제21호, 법원도서관, 1994 참조.

5) 대법원 2018. 8. 30. 선고 2016다46338, 46345 판결. 김홍엽, 1213면; 이시윤, 852면; 정동윤/유병현/김경욱, 865면; 정영환, 1252면. 호문혁, 655면에서는 이를 실질적 불복설의 입장으로 설명하고 있다.

6) 대법원 1992. 3. 27. 선고 91다40696 판결.

(dd) 소각하판결의 경우

소각하판결에 대하여는 원고뿐 아니라 청구기각판결을 받지 못한 피고에게도 상소의 이익이 있다. 왜냐하면 피고도 일단 소송이 개시된 바에야 청구기각판결을 받을 이익이 있기 때문이다.

(ee) 상고의 이익

제1심판결에 대해 어느 일방 당사자만이 항소하여 항소심판결이 선고된 경우 상고이익의 판단은 무엇을 기준으로 삼아야 할까? 제1심판결에 불복신청한 당사자에 대하여는 불복신청과 항소심판결을 비교하여 상고의 이익을 결정하면 된다. 그러나 제1심판결에 불복하지 않은 당사자(피항소인)의 경우는 문제이다. 항소심에서 피항소인의 신청이 없기 때문이다. 이 경우는 항소기각의 취지(즉 제1심판결)와 항소심판결을 비교하여 결정한다. 따라서 항소인은 항소심판결이 항소인의 불복신청보다 불리하면 상고의 이익이 있다. 그러나 피항소인은 제1심판결보다 불리하지 않으면 상고의 이익이 인정되지 않는다. 예를 들어 보기로 한다. 원고가 1억 원의 지급을 구한 사건에서 6천만 원의 지급을 명하는 판결이 선고되었다. 원고만이 항소하였으나 항소심에서 항소기각판결을 받았다. 이 경우 피고는 항소심판결이 제1심판결보다 불리하지 않으므로 상고의 이익이 없다. 제1심판결에 대하여 항소나 부대항소를 하지 않은 경우 제1심판결 중 피항소인의 패소부분에 대하여는 항소심 심판의 대상에서 제외되어 항소심 법원이 판결한 바 없으므로 상고할 수 없다.[7)]

상소의 이익은 당사자의 신청(청구취지/청구기각, 불복신청/원심판결)과 판결의 주문을 비교하여 정한다(형식적 불복설).

판례 연습 **대법원 1992. 3. 27. 선고 91다40696 판결**
– 상소이익의 판단기준 –

▌사건의 개요 Y_1은 X로부터 350만 원을 차용하면서 그 담보로서 Y_1소유명의의 K부동산의 소유권을 X에게 이전하기로 약정하고 Y_1이 X에게 K부동산을 480만 원에 매매한다는 매매계약서를 작성하여 주었다. 이후 K부동산에 관하여 적법한 원인 없이 Y_2명의로 소유권이전등기가 경료되었다. 이에 X는 K부동산에 관하여 Y_1에게 매매를 원인으로 한 소유권이전등기청구권이 있음을 주장하면서 Y_2에게는 Y_1에게 소유권이전등기말소등기절차의 이행을, Y_1에게는 X에게 소유권이전등기절차의 이행을 구하는 소를 제기하였다. 이에 대해 법원은 X에

7) 대법원 2015. 10. 29. 선고 2013다45037 판결.

게 Y_1에 대한 양도담보약정을 원인으로 한 소유권이전등기청구권이 있음을 인정하여 Y_1과 Y_2에 대한 X의 청구를 모두 인용하였다. X가 이 사건 소에서 Y_1에게 소유권이전등기절차의 이행을 구한 원인은 매매이었으나 제1심판결은 이를 양도담보약정을 원인으로 한 것이다. X는 위 판결에 대하여 항소할 수 있는지가 문제되었다.

설명

(1) X가 Y_2에 대하여 한 청구는 소유권이전등기말소등기절차이행이다. X의 Y_2에 대한 청구에서는 X가 Y_1에 대하여 가지는 소유권이전등기청구권이 매매를 원인으로 한 것인가 아니면 양도담보를 원인으로 한 것인가는 채권자대위소송에 있어서 피보전채권에 관한 사항일 뿐 청구 즉 소송물에 관한 사항이 아니다. 따라서 Y_2에 대한 판결부분에 관하여 X는 자신의 신청대로 판결을 받은 것이므로 상소의 이익이 없다.

(2) 한편 X가 Y_1에 대하여 한 청구는 소유권이전등기청구로서 소유권이전등기청구소송의 경우 판례는 그 이전등기원인마다 별개의 소송물을 구성한다고 본다. 따라서 X가 K부동산에 관하여 매매를 원인으로 한 소유권이전등기청구권이 있음을 주장하여 소유권이전등기절차의 이행을 구하는 소를 제기한 것에 대하여 법원이 X에게 Y_1에 대한 양도담보약정을 원인으로 한 소유권이전등기청구권이 있음을 인정한 것은 원고의 신청과 다른 판결이 있는 경우로서 상소의 이익이 인정된다.

참고판례 대법원 1992. 3. 27. 선고 91다40696 판결【소유권이전등기】

2. 소극적 요건

상소는 상소권을 포기하거나 불상소의 합의가 있는 경우에는 부적법하다. 이하에서는 상소권의 포기와 불상소의 합의를 나누어 살펴보기로 한다.

(1) 상소권의 포기

(a) 상소권은 포기할 수 있다(394조, 425조). 다만 판결의 합일확정을 요하는 필수적 공동소송의 경우에는 공동소송인 가운데 한 사람의 소송행위는 모두의 이익을 위해서만 효력을 가지므로(67조) 공동으로 상소권을 포기한 경우만 그 효력이 있다. 예비적·선택적 공동소송의 경우에도 위 제67조의 규정은 준용되므로 필수적 공동소송과 마찬가지로 취급된다. 또한 판결의 효력이 제3자에게 미치는 경우에는 제3자에게 공동소송참가(83조)의 기회를 보장하여야 하므로 상소권을 포기할 수 없다.

(b) 판결선고 후 상소권의 포기를 할 수 있음은 의문의 여지가 없다. 판결선고 전

에도 상소권의 포기가 가능할까? 이에 대해 논란이 전혀 없는 것은 아니지만 상소권은 판결의 선고가 있어야 구체적으로 발생하므로 상소권의 포기는 판결선고 후에 가능하다는 것이 통설이다. 상소권의 포기는 상소제기 후에도 할 수 있고 이는 상소취하의 효력도 가진다(395조, 425조).

(c) 상소권의 포기는 상소를 하기 이전에는 원심법원에, 상소를 한 뒤에는 소송기록이 있는 법원에 서면으로 하여야 한다(395조, 425조). 상소를 한 뒤에는 2주 내에 소송기록이 상소법원에 송부되어야 하므로(400조, 425조) 상소권의 포기시 소송기록이 있는 법원은 원심법원이 될 수도 있고 상소법원이 될 수도 있다. 항소를 한 뒤 소송기록이 제1심법원에 있는 동안 제1심법원에 항소권포기서를 제출한 경우에는 제1심법원에 항소권포기서를 제출한 즉시 항소권포기의 효력이 발생한다.[8] 상소권의 포기는 법원에 대한 단독행위이므로 그 서면이 법원에 제출되기 전에 불상소합의를 합의해제하고 제기하는 상소는 적법하다.[9]

(2) 불상소의 합의

(a) 불상소의 합의는 상소하지 않기로 하여 특정사건을 제1심에 한정하기로 하는 소송법상 합의이다. 이는 상고는 할 수 있되 항소는 하지 않기로 하는 비약상고의 합의(390조)와는 구별된다. 불상소의 합의는 심급제도의 이용을 배제하여 간이신속하게 분쟁을 해결하고자 하는 당사자의 의사를 존중하여 그 유효성이 인정된다.[10] 당사자의 일방만이 항소를 하지 아니하기로 약정하는 합의는 공평에 어긋나 불상소의 합의로서의 효력이 없다.[11] 판결선고 전 불상소의 합의가 있는 경우 당해 심급의 판결은 판결선고와 동시에 확정되므로 그 판결선고 후에 당사자의 합의에 의해 불상소합의를 해제하고 소송계속을 부활시킬 수 없다.[12]

(b) 불상소의 합의는 판결선고 전후 어느 때나 할 수 있지만 판결선고 후에는 상소권의 포기가 가능하므로 판결선고 전에 하는 것이 보통일 것이다. 불상소의 합의는 판결이 확정되는 중대한 소송법상의 효과가 발생하게 되는 것이므로 반드시 서면에 의하여야 하며 그 서면의 문언에 의하여 당사자 쌍방이 상소를 하지 아니한다는 취지가 명백하게 표현되어 있을 것을 요한다는 것이 판례의 태도이다.[13]

---

8) 대법원 2006. 5. 2.자 2005마933 결정.
9) 대법원 1987. 6. 23. 선고 86다카2728 판결.
10) 대법원 1987. 6. 23. 선고 86다카2728 판결.
11) 대법원 1987. 6. 23. 선고 86다카2728 판결.
12) 위 대법원판결.
13) 대법원 2002. 10. 11. 선고 2000다17803 판결.

(c) 불상소의 합의는 이를 항변사항으로 보는 견해[14]와 직권조사사항으로 보는 견해[15]가 있으나 판례는 불항소 합의의 유무는 항소의 적법요건에 관한 것으로서 법원의 직권조사사항이라고 한다.[16] 당사자의 불상소합의 주장 여부에 의해 판결의 확정이 사후적으로 좌우되는 것은 바람직하지 않으므로 직권조사사항이라고 함이 타당하다고 생각한다.

Ⅴ. 상소의 효력

■ 핵심어

확정차단, 상소불가분의 원칙, 불복신청의 범위, 선고시설

1. 확정차단의 효력과 이심의 효력

(1) 상소가 제기되면 상소기간이 경과하여도 원판결은 확정되지 않는다(498조). 이를 확정차단의 효력이라고 한다. 결정 · 명령에 대하여는 판결과 달리 취급되는데 이는 결정 · 명령의 불복절차인 항고 편에서 살펴보기로 한다.

(2) 적법한 상소가 제기되면 그 소송사건 전체가 원법원을 떠나 상소심으로 이전하여 계속되게 된다. 이를 이심의 효력이라고 한다. 이러한 이심의 효력은 하급심에서 재판한 부분에 한하여 효력이 생긴다. 이로 인해 사건의 소송기록은 항소장이 각하되지 않으면 항소장이 제출된 날로부터 2주 이내에 항소법원에 송부된다(400조 1항).

일부재판의 경우에 잔부판결의 대상이 될 부분은 이심의 효력이 생기지 않는다. 또 판결의 누락이 있어 추가판결의 대상이 되어야 할 부분도 이심의 효력이 생기지 않는다. 그러나 일부판결이 허용되지 않는 예비적 병합소송에서 주위적 청구에 대해 기각판결을 하고 예비적 청구에 대해서는 판단하지 않은 경우 판결의 누락이 아니라 판결이유를 누락한 것, 즉 판단유탈이 있는 것으로 취급되어 판단하지 않은 예비적 청구에 관한 부분도 이심의 효력이 발생한다.

2. 상소심 심판의 범위

(1) 확정차단 및 이심의 범위

확정차단의 효력과 이심의 효력은 원칙적으로 상소인의 불복신청의 범위에 관계

---

14) 정영환, 1255면; 호문혁, 658면.
15) 김홍엽, 1211면; 송상현/박익환, 723면.
16) 대법원 1980. 1. 29. 선고 79다2066 판결.

없이 원판결 전부에 대하여 불가분으로 발생한다. 이를 상소불가분의 원칙이라고 한다. 여러 개의 청구에 대하여 하나의 전부판결을 한 경우 그중 하나의 청구에 대하여만 불복하여도 나머지 청구 전부에 대하여 확정이 차단되고 상급심으로 소송계속이 이전된다.

필수적 공동소송, 예비적 · 선택적 공동소송의 경우에도 당사자 중 한 사람이 상소를 하면 모든 공동소송인의 청구에 대한 판결이 확정차단되고 사건이 상소심으로 이전된다. 이는 위와 같은 소송은 판결이 당사자들 사이에 모순 없이 일률적으로 정하여져야 하기 때문이다. 그러나 이러한 판결의 합일확정의 요구를 받지 않는 통상 공동소송의 경우에는 공동소송인독립의 원칙(66조)으로 인하여 상소하지 않은 공동소송인에 대한 판결은 확정된다. 또한 청구의 일부에 대해 불상소의 합의나 항소권의 포기가 있는 경우에는 그 부분만 가분적으로 확정된다.

(2) 상소심 심판의 대상

상소불가분의 원칙에 의하여 확정차단 및 이심의 효과는 원판결 전부에 대하여 발생하지만 상소심 심판의 대상은 당사자의 불복신청의 범위에 국한된다. 불복신청의 대상이 되지 않은 나머지 청구부분이 상소심 심판의 대상이 되지 않는다면 상소불가분의 원칙에 의하여 확정이 차단되고 상소심으로 이심되는 것은 어떤 의미를 가지는 것일까?

예를 들어 보기로 한다. 원고가 A청구와 B청구에 관하여 소를 제기하였다. 제1심 법원에서 하나의 전부판결로서 A청구에 관하여는 기각하고 B청구에 관하여는 일부 인용하는 판결이 선고되었다. 원고는 A청구의 판결부분에 대하여만 항소하였다. 항소심의 심판의 대상은 당사자의 불복신청의 범위에 국한되므로 항소심 심판의 범위는 이 경우 A청구에 한정된다. 그러나 원고는 항소기간이 도과한 후에도 B청구의 패소부분에 대하여도 심판의 대상으로 삼는 항소취지확장을 할 수 있다. 왜냐하면 상소불가분의 원칙에 의하여 B청구에 대한 판결부분도 확정되지 않고 항소심에 이전되었기 때문이다. 같은 이유로 피고도 B청구의 일부패소부분에 대하여 부대항소(403조)를 제기할 수 있다.

요컨대 상소불가분의 원칙에 의하여 상소기간 중 불복의 대상이 되지 않았던 판결부분도 아직 확정되지 않은 동안 항소취지확장이나 부대항소를 통하여 상소심 심판의 대상이 될 수 있다. 부대항소에 관하여는 항소 편에서 자세히 살펴보기로 한다.

3. 불복하지 않은 나머지 판결부분의 확정시기

일부불복의 경우 불복하지 않은 나머지 판결부분은 언제 확정될까? 앞서 판결의 형식적 확정력에서 '일부불복의 경우 판결확정'이라는 문제로 이에 관한 판례의 태도를 살펴본 바 있다. 불복하지 아니한 청구에 대한 판결이 확정되려면 위와 같은 부대항소나 항소취지확장의 가능성조차 없어야 한다. 부대항소는 변론종결 전까지 할 수 있으며(403조) 항소취지의 확장의 경우도 마찬가지로 해석된다.[17] 이러한 이유로 항소심변론종결시에 불복하지 않은 나머지 판결부분이 확정된다는 견해(변론종결시설)도 있다.[18] 이 견해는 상고심에서는 상고이유서제출기간만료시에 확정된다고 한다. 왜냐하면 상고심에서의 심판의 대상은 상고이유서제출기간 내에 제출된 상고이유에 한하기 때문이다. 그러나 항소심에서의 변론의 재개가능성이나 상고심에서 직권조사사항의 경우는 상고이유에서 주장되지 않더라도 예외적으로 직권으로 심판할 수 있다는 점을 고려하여 판례의 결론과 동일하게 선고시를 확정의 시기로 보는 견해(선고시설)도 있다.[19]

생각건대 항소심에서 변론이 재개된다면 그 확정시기는 최종적인 변론의 종결시가 되는 것이 논리적일 것이다. 직권조사사항의 경우 당사자의 주장 없이도 법원이 판단할 수 있으나 그 사유 또한 당사자가 불복신청한 청구의 범위 내에서 법원이 직권으로 심리하는 것으로 보아야 할 것이다. 이러한 의미에서 변론종결시설이 타당하다.

> 일부불복의 경우 불복하지 않은 부분도 확정이 차단되어 상소심변론종결시까지는 상소취지확장 등에 의해 상소심 심판의 대상이 될 수 있다.

17) 대법원 2001. 4. 27. 선고 99다30312 판결.
18) 이시윤, 626면.
19) 강현중, 665면; 김홍엽, 850면; 정동윤/유병현/김경욱, 773면; 정영환, 1131면.

제2장 항　　소

제1절 의의와 구조

Ⅰ. 의　　의

항소는 지방법원이나 시 · 군 법원의 단독판사 또는 지방법원 합의부가 한 제1심의 종국판결에 대하여 다시 유리한 판결을 구하기 위하여 가장 가까운 상급법원에 하는 불복신청을 말한다(390조).

Ⅱ. 구　　조

항소심구조는 다음 세 가지 유형으로 나누어 볼 수 있다.

1. 복심제(覆審制)

항소심이 제1심의 소송자료와 관계없이 독자적으로 수집한 소송자료를 기초로 다시 심판을 되풀이 하는 구조이다. 당사자가 제1심에서 제출한 소송자료가 무시되고 당사자는 제1심에서 제출한 소송자료라도 항소심에서 새로이 제출하여야 한다. 이 구조에서는 당연히 당사자가 새로운 소송자료를 제출할 수 있는 권능이 인정되는데 이를 변론의 갱신권이라고 한다. 복심구조에서는 당사자가 제1심에서 소송자료를 충분히 제출하지 않고 항소심에서 소송자료가 제출되어 소송이 지연될 우려가 있다.

2. 사후심제(事後審制)

원칙적으로 새로운 소송자료의 제출을 제한하고 제1심에서 제출된 소송자료만을 기초로 제1심판결의 내용의 당부를 재심사하는 구조이다. 따라서 제1심에서 제출되지 아니한 새로운 소송자료의 제출은 제한된다. 우리 민사소송법은 상고심에서 사후심의 구조를 취하고 있다. 사후심주의는 제1심에 소송자료가 집중될 수 있는 장점이 있는 반면에 당사자가 항소심에서 소송자료를 추가로 제출할 수 없다.

3. 속심제(續審制)

제1심에서 수집한 소송자료를 기초로 하여 심리를 속행하되 여기에 새로운 소송자료를 보태어 제1심 판결의 당부를 재심사하는 구조이다. 새로운 소송자료를 제출할 수 있다는 점에서는 복심제와 같으나 제1심에서 제출된 소송자료가 무시되지 않고 이에 연속하여 제1심판결의 당부를 심사하는 구조이다. 이러한 구조에서도 당사자에게 변론의 갱신권이 인정된다. 우리 민사소송법도 항소심의 소송절차에는 특별한 규정이 없으면 제1심절차를 준용하고(408조), 제1심의 소송행위의 효력은 항소심에서도 효력을 가지는 것으로 하여(409조) 속심제를 채택하고 있다.

제2절 항소의 제기

Ⅰ. 항소제기의 방식

1. 항소장의 기재사항

항소는 항소장을 제1심법원에 제출함으로써 한다(397조 1항). 항소장에는 당사자와 법정대리인, 제1심판결의 표시와 그 판결에 대한 항소의 취지 등을 적어야 한다(동조 2항).

2. 항소취지의 기재방식

항소장에 기재되는 항소취지의 기재방식은 민사소송실무에서 취급될 부분이라고 할 수 있으나 항소심의 심판의 범위 및 판결의 내용과 밀접한 연관이 있어 그 기본적인 형태를 이해할 필요가 있다. 예를 들어 "1. 피고는 원고에게 금 100,000,000원을 지급하라. 2. 소송비용은 피고의 부담으로 한다. 3. 제1항은 가집행할 수 있다"는 판결을 구하는 내용의 청구취지에 대하여 제1심법원이 한 판결에 따라 항소취지는 다음의 예와 같이 기재한다.[1)]

---

1) 다만 소송비용과 가집행에 관한 것은 생략하기로 한다.

(1) 원고가 패소하여 항소한 경우

위의 청구취지에 대하여 예를 들어 제1심법원이 "원고의 청구를 기각한다"는 판결을 선고하여 원고가 항소하는 경우 항소취지는 "1. 제1심판결(원심판결)을 취소한다. 2. 피고는 원고에게 금 100,000,000원을 지급하라"와 같은 방식으로 기재한다.

(2) 원고가 일부승소하여 원고 또는 피고가 항소한 경우

위의 청구취지에 대하여 예를 들어 제1심법원이 "1. 피고는 원고에게 금 50,000,000원을 지급하라. 2. 원고의 나머지 청구를 기각한다"는 판결을 선고한 경우이다.

(a) 원고가 항소한 경우

항소취지는 "1. 제1심판결 중 원고 패소부분을 취소한다. 2. 피고는 원고에게 (추가로) 금 50,000,000원을 지급하라[2]"와 같은 방식으로 기재한다.

(b) 피고가 항소한 경우

항소취지는 "제1심판결 중 피고 패소부분을 취소하고 그 부분에 대한 원고의 청구를 기각한다"와 같은 방식으로 기재한다.

(3) 피고가 패소하여 항소한 경우

위의 청구취지에 대하여 예를 들어 제1심법원이 "피고는 원고에게 금 100,000,000원을 지급하라"라고 판결한 경우이다. 항소취지는 "1. 제1심판결을 취소한다. 2. 원고의 청구를 기각한다"와 같은 방식으로 기재한다.

Ⅱ. 재판장의 항소장 심사권

항소장이 제출되면 원심재판장이 이를 심사하고 항소기록이 송부된 후 항소심재판장이 다시 심사한다.

---

2) 항소심에서 원심판결의 취소와 이행명령을 구하는 것은 제1심판결에서 인용된 것을 제외한 나머지 부분에 대한 것이므로 제1심판결에서 인용된 것에 추가하여 구하는 것이며 제1심판결에서 인용된 것을 합하여 구하는 것이 아니다.

1. 원심재판장등의 항소장심사권

항소장에 민사소송법 제397조 제2항에서 정한 필수적 기재사항을 기재하지 않은 경우와 항소장에 법률의 규정에 따른 인지를 붙이지 아니한 경우에는 원심재판장은 항소인에게 상당한 기간을 정하여 그 기간 이내에 흠을 보정하도록 명하여야 한다. 원심재판장은 법원사무관등으로 하여금 위 보정명령을 하게 할 수 있다. 항소인이 위 기간 이내에 흠을 보정하지 아니한 때와, 항소기간을 넘긴 것이 분명한 때에는 원심재판장은 명령으로 항소장을 각하하여야 한다. 위 항소장각하 명령에 대하여는 즉시항고를 할 수 있다(399조).

2. 항소심재판장등의 항소장심사권

항소장이 제397조 제2항에서 정한 필수적 기재사항을 기재하지 않은 경우와 항소장에 법률의 규정에 따른 인지를 붙이지 아니하였음에도 원심재판장이 보정명령을 하지 아니한 경우, 또는 항소장의 부본을 송달할 수 없는 경우에는 항소심재판장은 항소인에게 상당한 기간을 정하여 그 기간 이내에 흠을 보정하도록 명하여야 한다. 항소심재판장은 법원사무관등으로 하여금 위 보정명령을 하게 할 수 있다(402조).

항소인이 보정기간 이내에 흠을 보정하지 아니한 때, 또는 민사소송법 제399조 제2항의 규정에 따라 원심재판장이 항소장을 각하하지 아니한 때에는 항소심재판장은 명령으로 항소장을 각하하여야 한다. 항소심재판장의 항소장 각하명령은 항소장 송달시까지만 가능하다는 것이 판례의 태도이다.[3] 다만 항소심에서 항소장 부본을 송달할 수 없어 항소심재판장이 명한 주소보정기간 내에 항소인이 피항소인의 주소를 보정하지 아니한 때에는 명령으로 항소장을 각하하여야 한다고 한다.[4] 위 항소장 각하명령에 대하여는 즉시항고를 할 수 있다(402조).

Ⅲ. 항소제기의 효력

이에 관하여는 상소의 효력에 관한 설명과 같다.

Ⅳ. 항소의 취하

(1) 항소는 항소심의 종국판결이 있기 전에 취하할 수 있다. 항소의 취하는 소송

3) 대법원 1995. 5. 3.자 95마337 결정; 대법원 2020. 1. 30.자 2019마5599, 5600 결정.
4) 대법원 2021. 4. 22.자 2017마6438 전원합의체결정.

기록이 있는 법원에 하여야 하므로 소송기록이 원심법원에 있는 때에는 원심법원에 하여야 한다(규칙 126조). 항소취하의 방식은 소취하의 규정이 준용되므로(393조 2항) 원칙적으로 서면에 의하여야 한다. 그러나 소의 취하와는 달리 피항소인의 동의를 요하지 않는다.

(2) 항소가 취하되면 항소는 소급적으로 효력을 잃고 항소심 절차가 종료된다. 항소취하는 소의 취하와는 달리 제1심 종국판결이 유효하게 존재한다. 따라서 항소기간 경과 후에 항소취하가 있는 경우에는 항소기간 만료시로 소급하여 제1심판결이 확정되나, 항소기간 경과 전에 항소취하가 있는 경우에는 항소권 포기와 달리 판결은 확정되지 아니하고 항소기간 내라면 항소인은 다시 항소의 제기가 가능하다.[5] 항소취하의 효과에 관하여 민사소송법 제393조 제2항이 소취하의 효과에 관한 민사소송법 제267조 제1항을 준용하고 있지만 항소취하의 대상은 항소이므로 소가 처음부터 계속되지 아니한 것이 아니라 항소가 처음부터 계속되지 아니한 것으로 해석하여야 한다.

(3) 항소가 제기되면 상소불가분의 원칙에 의하여 항소의 효력이 판결의 대상이 된 모든 청구에 대하여 미치므로 청구의 일부에 대한 항소취하는 효력이 없다. 따라서 병합된 수개의 청구 전부에 대하여 불복한 항소에서 그중 일부 청구에 대한 불복신청을 철회하였더라도 이는 단지 불복의 범위를 감축한 것에 불과하여 항소 자체의 효력에 아무런 영향이 없다.[6]

(4) 양쪽 당사자가 2회에 걸쳐 항소심변론기일에 출석하지 않거나 출석하더라도 변론하지 아니한 때 1개월 내로 변론기일 지정신청을 하지 않거나 기일지정신청에 따라 정한 변론기일 또는 그 뒤의 변론기일에 출석하지 않거나 출석하더라도 변론하지 아니한 경우에는 항소가 취하된 것으로 간주된다(408조, 268조).

Ⅴ. 부대항소

■ **핵심어**

비항소설, 전부승소자의 청구취지확장, 불이익변경금지의 원칙

5) 대법원 2016. 1. 14. 선고 2015므3455 판결; 대법원 2017. 9. 21. 선고 2017다233931 판결.
6) 대법원 2017. 1. 12. 선고 2016다241249 판결.

1. 의의 및 성질

피항소인은 항소권이 소멸된 뒤에도 변론이 종결될 때까지 부대항소를 할 수 있다(403조).

(1) 예를 들어 보기로 한다. 상소불가분의 원칙에서 든 예와 같이 제1심법원은 원고가 소 제기한 A청구와 B청구에 관하여 A청구는 일부인용하고, B청구는 전부인용하는 1개의 전부판결을 하였다. 피고가 B청구의 판결부분에 대하여 항소하였다. 피고의 항소로 항소심 심판의 범위는 피고가 불복한 B청구에 한정되나 원고가 A청구의 패소부분에 대하여 부대항소를 하면 항소심 심판의 범위는 A청구의 원고 패소부분에까지 확장된다. 이때 피고도 A청구의 패소부분에 대하여 항소심 심판의 범위를 확장하고자 한다면 이 또한 항소취지를 확장하는 것으로 가능하다.

이와 같이 피항소인이 항소인에 의하여 개시된 항소심 절차에 편승하여 자기에게 유리하게 항소심 심판의 범위를 확장시키는 것을 부대항소라고 한다. 위의 예에서 원고가 제1심에서 일부인용판결을 받은 경우 자신이 한 청구에 관해 전부인용판결을 받은 것은 아니었지만 소송을 빨리 종결짓고자 하는 의도로 항소하지 않았다. 그러나 피고의 항소로 소송이 계속된다면 원고로서는 제1심에서 패소한 부분을 항소심에서 부대항소로 불복신청하여 전부승소할 기회를 가질 수 있다. 이와 같이 **부대항소는 항소인의 항소심 심판범위 확장에 대응할 수 있어 공평하고 양 당사자의 불복을 동시에 해결할 수 있어 소송경제에 부합한다**는 점에서 그 제도적 타당성이 인정된다.

(2) 부대항소의 성질에 대하여는 학설이 대립된다. 항소설은 부대항소도 항소이므로 항소의 요건을 갖추어야 한다고 한다. 따라서 제1심에서 전부승소하여 항소의 이익이 없으면 부대항소는 부적법한 것이 된다. 그 결과 전부승소자가 청구의 확장, 변경, 반소제기를 위하여 하는 부대항소는 부적법한 것이 된다. 즉 항소설에 의할 때 부대항소는 원판결에 대한 불복의 의미를 포함하고 있어야 하며 그렇지 않으면 부대항소가 허용되지 않는다. **비항소설은 부대항소는 항소가 아니라고 하므로 항소의 요건을 갖출 것을 요하지 않는다. 따라서 제1심에서 전부승소하여 항소의 이익이 없어도 부대항소는 적법하다고 한다.** 그 결과 전부승소자가 청구의 확장, 변경, 반소제기를 위하여 하는 부대항소도 적법한 것이 된다. 즉 비항소설에 의할 때 부대항소는 항소심절차에서 상대방의 항소에 의해 개시된 항소심절차에서 자기에게 유리한 판결을 구하는 신청을 의미하며 반드시 원판결에 대한 불복의 의미를 가지는 것은 아니다. 통설은 비항소설에 따르고 있다.

판례는 원고는 전부승소하였기 때문에 항소하지 아니하고 피고만 항소한 사건에서 원고가 청구취지를 확장, 변경하여 그것이 피고에게 불리하게 된 경우에는 그 한도에서 부대항소를 한 취지로 볼 것이라고 하여 비항소설을 따르고 있다.[7] 이와 같이 부대항소의 성질을 항소가 아닌 것으로 보아 전부승소자가 청구취지를 확장할 수 있다면 항소인의 입장에서는 항소로 인한 심판의 범위가 자신이 불복한 범위에 국한되지 않고 피항소인의 부대항소에 의해 확장됨으로써 제1심보다 불리한 판결을 받을 수도 있게 된다.

항소설 → 원판결에 대한 불복 → 항소의 이익 필요
비항소설 → 항소심 심판범위의 확장 → 항소의 이익 불요

2. 요 건

부대항소가 적법하려면 이를 규정한 민사소송법 제403조가 정한 요건에 따라야 한다. 그 요건은 다음과 같다.

(1) 주된 항소가 적법하게 계속되어야 한다.

(2) 주된 항소의 피항소인이 항소인을 상대로 제기하여야 한다. 예를 들어 X가 Y_1, Y_2를 상대로 소를 제기하여 제1심판결을 선고받은 후 X가 Y_1만을 상대로 항소하면 피항소인인 Y_1만이 부대항소를 할 수 있고 Y_2는 부대항소를 할 수 없다. 또 Y_1만이 항소를 하면 X는 항소인인 Y_1만을 상대로 부대항소를 할 수 있을 뿐이다.

(3) 항소심변론종결 전이어야 한다.

(4) 항소권이 소멸한 경우에도 가능하다.

3. 방 식

부대항소는 항소에 관한 규정을 준용한다(405조). 따라서 항소와 같이 서면에 의하여야 하므로 부대항소는 부대항소장을 제출하는 것으로 한다. 피항소인이 청구취지확장서나 반소장을 제출한 경우 이를 부대항소로 보는 것이 위 판례의 취지이다.

---

7) 대법원 1967. 9. 19. 선고 67다1709 판결; 대법원 1980. 7. 22. 선고 80다982 판결; 대법원 1995. 6. 30. 선고 94다58261 판결.

4. 효 력

(1) 불이익변경금지의 원칙 배제

부대항소를 하면 항소인의 항소취지와 함께 부대항소를 한 부분도 항소심 심판의 대상이 되어 항소인의 입장에서는 항소심에서 제1심판결보다 불리한 재판을 받는 경우도 있을 수 있다. 즉 불이익변경금지의 원칙이 배제된다. 불이익변경금지의 원칙에 관하여는 항소심의 종국적 재판에서 살펴보기로 한다.

(2) 부대항소의 종속성

부대항소는 항소가 취하되거나 부적법하여 각하된 때에는 그 효력을 잃게 된다(404조). 이를 부대항소의 종속성이라고 한다. 다만 부대항소인이 독립하여 항소할 수 있는 기간 내에 제기한 부대항소는 독립항소로 보기 때문에(동조 단서) 항소의 취하·각하에 의하여 영향을 받지 않는다. 이를 독립부대항소라고 한다. 독립부대항소의 경우 항소의 취하·각하에 영향을 받지는 않지만 항소가 취하 또는 각하되면 독립한 항소의 요건을 갖추어야 한다. 따라서 항소가 취하·각하된 뒤에도 적법하려면 항소의 이익을 갖추고 있어야 한다.

제3절 항소심의 심리

Ⅰ. 항소의 적법성 심리

항소법원은 본안 심리에 앞서 먼저 항소의 적법성을 심리하여야 한다. 부적법한 항소로 흠을 보정할 수 없으면 변론 없이 판결로 항소를 각하할 수 있다(413조).

Ⅱ. 본안심리(이유구비성)

항소법원은 항소가 적법하면 불복의 당부에 관하여 심리하여야 한다.

1. 심리의 범위

상소불가분의 원칙에 의해 제1심에서 판결한 것이 모두 이심되나 처분권주의의 원칙상 불복신청의 한도에서만 심판의 대상이 된다. 제1심판결로 심판하지 않은 것은 이심의 대상이 되지 않으므로 항소심의 심판의 대상이 될 수 없다. 그러나 주위적 청구를 인용하여 예비적 청구를 판단하지 않은 경우나 선택적 청구 중 판단하지 않은 나머지 청구는 이심되어 심판의 대상이 된다.

2. 제1심의 속행으로서의 변론

당사자는 불복신청을 하는 데 필요한 한도에서 제1심의 변론결과를 진술하여야 하는데(407조 2항) 이를 변론의 갱신이라고 한다. 제1심 변론결과의 진술은 당사자가 사실상 또는 법률상 주장, 정리된 쟁점 및 증거조사 결과의 요지 등을 진술하거나, 법원이 당사자에게 해당사항을 확인하는 방식으로 할 수 있다(규칙 127조의2). 변론의 갱신으로써 항소심절차는 제1심절차와 단절되지 않고 그 속행절차로서의 의미를 가질 수 있다. 항소심은 속심으로서 제1심에서의 당사자의 주장이 그대로 유지되므로, 항소심 심리에서 다시 지적하지 않는다 하더라도 법원은 제1심에서의 주장을 받아들일 수 있다.[8] 또한 당사자에게는 변론의 갱신권이 인정되어 종전의 주장을 보충 또는 정정하거나 새로운 공격·방어방법을 제출할 수 있다. 이러한 변론의 갱신권이 제한 없이 인정된다면 당사자들은 제1심에서 소송자료를 성실하게 제출하지 않아 제1심이 경시되는 폐단이 있을 수도 있다. 민사소송법은 적시제출주의(146조), 재정기간(147조), 변론준비절차(410조) 등을 통하여 이러한 폐단을 시정하고 있다.

요컨대 변론의 갱신으로 항소심은 제1심에서 제출된 소송자료를 판단의 기초로 삼을 수 있게 되며 이에 더하여 당사자가 변론의 갱신권 행사로서 제출한 새로운 소송자료 또한 판단의 기초로 삼을 수 있게 된다. 따라서 변론의 갱신과 당사자의 변론갱신권은 항소심의 속심적 구조를 이루는 요소라 할 수 있다.

항소심에서 법원의 판단은 항소의 적법 여부와 항소의 적법성을 전제로 한 본안에 관한 판단 두 단계로 검토되어야 한다.

---

8) 대법원 1996. 4. 9. 선고 95다14572 판결.

제4절 항소심의 종국적 재판

Ⅰ. 항소장 각하

항소장의 방식이 민사소송법 제397조에 위배되거나 항소장에 법률의 규정에 따른 인지를 붙이지 아니한 경우 보정이 되지 않거나 항소기간을 넘긴 것이 분명한 경우 명령으로 항소장을 각하하여야 한다(399조). 항소권의 포기 등으로 제1심판결이 확정된 후에 항소장이 제출되었음이 분명한 경우도 위 규정의 취지에 비추어 항소장 각하를 하여야 한다.[9]

Ⅱ. 항소 각하

항소요건에 흠이 있어 항소가 부적법한 경우에는 판결로 항소를 각하한다. 부적법한 항소로서 흠을 보정할 수 없으면 변론 없이 판결로 항소를 각하할 수 있다(413조). 판결의 주문은 "1. 이 사건 항소를 각하한다. 2. 항소비용은 원고(피고)의 부담으로 한다"와 같은 방식으로 기재한다.

Ⅲ. 항소 기각

(1) 항소심법원의 결론이 제1심판결과 같은 경우에는 항소기각판결을 한다. 제1심판결이 정당하거나 그 이유가 정당하지 않더라도 다른 이유로 정당한 경우에도 항소기각판결을 하여야 한다(414조). 판결의 주문은 "1. 원고의 항소를 기각한다. 2. 항소비용은 원고의 부담으로 한다"와 같은 방식으로 한다.

(2) 제1심에서 예비적 상계항변에 의하여 청구기각판결이 선고된 경우에는 달리 취급되어야 한다. 청구기각판결이 선고된 경우 피고는 원칙적으로 항소의 이익이 없으나 상계항변에 의해 청구기각판결이 선고된 경우에는 상계항변에 기판력이 발생하므로 항소의 이익이 인정됨은 이미 살펴본 바와 같다. 이에 피고가 항소하여 항소법원의 심리결과 소구채권 자체가 인정되지 않아 상계할 필요 없이 청구기각판결이 선고되는 경우가 있을 수 있다. 이 경우 제1심과 항소심이 단순히 청구기각판결이라

---

9) 대법원 2006. 5. 2.자 2005마933 결정.

는 점에서 같더라도 상계항변에 기판력이 발생하므로 그 이유가 소구채권이 처음부터 존재하지 아니하면 상계로 인하여 소멸한 것인지에 따라 달리 취급된다. **항소심 심리결과 예비적 상계항변에 의하여 소구채권이 소멸하여 청구기각이 된 제1심판결과는 달리 소구채권 자체가 인정되지 않는 경우에는 항소법원은 항소기각을 할 것이 아니라 원판결을 취소하고 청구기각판결을 선고하여야 한다.** 다시 말해 제1심의 청구기각과 항소심의 청구기각의 의미가 서로 다른 것이다.

(3) 판례는 제1심에서 원고의 청구를 인용한 판결이 선고되고 이에 피고가 항소한 사건에서 원고가 항소심에서 예비적 청구를 추가하여 법원이 이를 심리한 결과, 주위적 청구는 이유 없고 항소심에서 추가된 예비적 청구가 인용되어 결과적으로 주위적 청구를 인용한 제1심판결의 주문과 같거나 유사한 결과가 된다고 하더라도 단순히 항소를 기각한다는 주문을 내어서는 안 되고 제1심판결을 취소하여 주위적 청구를 기각한 다음 예비적 청구에 따라서 다시 주문을 내야 한다고 한다.[10)]

Ⅳ. 항소인용

1. 원판결의 취소

(1) 자판의 원칙

(a) 항소법원은 제1심판결이 정당하지 아니하거나 제1심판결의 절차가 법률에 어긋날 때 이를 취소하여야 한다(416조, 417조). 항소법원이 제1심판결을 취소한 후 소 자체에 대하여 항소법원이 스스로 판결하는 것이 원칙이다. 이를 자판(自判)의 원칙이라고 한다. 항소심이 제1심의 속심이라는 것에 기인한다.

(b) 판결주문

항소인의 항소를 전부인용하여 자판하는 경우 판결주문은 항소취지와 같게 된다. 항소취지의 기재방식에 관하여는 항소제기의 방식에서 소개하였다. 항소일부인용의 경우 판결주문에는 다음과 같다.

1) 원고가 항소한 경우

1. 원심판결 중 아래에서 (추가로) 지급을 명하는 금원에 해당하는 원고 패소부분을 취소한다. 피고는 원고에게 금 50,000,000원을 지급하라.

---

10) 대법원 2011. 2. 10. 선고 2010다87702 판결.

2. 원고의 나머지 항소를 기각한다.
3. 소송비용은 모두 이를 2분하여 그중 1은 원고의 나머지는 피고의 각 부담으로 한다.
4. 제1항 중 금원지급부분은 가집행할 수 있다.

2) 피고가 항소한 경우

1. 원심판결 중 금 50,000,000원을 초과하여 지급을 명한 피고 패소부분을 취소하고 위 취소부분에 해당하는 원고의 청구를 기각한다.
2. 피고의 나머지 항소를 기각한다.
3. 소송비용은 제1, 2심 모두 이를 2분하여 그중 1은 원고의 나머지는 피고의 각 부담으로 한다.
4. 제1항의 기재 금원 중 원심판결에서 가집행선고가 붙지 아니한 부분은 가집행할 수 있다.

(2) 필수적 환송

(a) 소가 부적법하다고 각하한 제1심판결을 취소하는 경우에는 항소법원은 사건을 제1심 법원에 환송(還送)하여야 한다(418조 본문). 환송을 반드시 하여야 한다는 점에서 필수적 환송이라고 한다. 판결의 주문은 "1. 원판결을 취소한다. 2. 이 사건을 서울중앙지방법원에 환송한다"와 같은 방식으로 한다.

필수적 환송은 제1심에서 소각하판결이 있은 경우 본안에 관하여는 판단하지 않았기 때문에 제1심에 환송하여 당사자에게 3심제를 실질적으로 보장하기 위한 취지이다. 이 경우에도 제1심에서 본안판결을 할 수 있을 정도로 심리가 된 경우, 또는 당사자의 동의가 있는 경우에는 항소법원은 스스로 본안판결을 할 수 있다(동조 단서). 이러한 예외를 인정하는 이유는 굳이 환송할 이유가 없는 경우 항소법원이 자판할 수 있게 함으로써 비용과 시간을 절약하기 위한 것이다.

(b) 제1심에서 무변론판결을 하였으나 항소심에서 심리한 결과 피고에게 소장부본의 송달부터 그 후의 모든 소송서류를 적법하게 송달하지 아니한 것으로 밝혀진 경우 항소법원은 사건을 반드시 제1심법원에 환송하여야 할까? 제1심법원에 환송하지 않고 항소심에서 판단하면 당사자의 심급의 이익이 침해되게 된다. 이에 관해 판례는 심급제도의 유지나 소송절차의 적법성의 보장이라는 이념이 재판의 신속과 경제라는 민사소송제도의 또 다른 이념에 항상 우선한다고 볼 수 없고 민사소송법 제418조가 항소법원은 소가 부적법하다고 각하한 제1심판결을 취소하는 경우에만 사건을 제1심법원에 필요적으로 환송하도록 한 규정을 들어 반드시 사건을 제1심법원

에 환송하여야 하는 것은 아니라고 한다.[11]

생각건대 민사소송법 제418조의 취지는 제1심법원의 심리 · 판단이 부적법하여 제1심에서 본안심리가 실제로 이루어지지 않는 경우 항소심에서 그러한 제1심판결을 취소하여 환송함으로써 당사자의 심급의 이익을 보장하려는 데 있다. 따라서 위와 같은 판례의 해석은 재판의 신속과 경제를 중시하여 당사자의 절차참여권의 보장을 소홀히 한 것으로 수긍하기 어렵다.

(3) 이 송

관할위반을 이유로 제1심판결을 취소한 때에는 항소법원은 판결로 사건을 관할법원에 이송하여야 한다(419조). 당사자는 항소심에서 제1심법원의 임의관할의 위반을 주장하지 못하므로(411조) 위의 관할위반은 전속관할위반이라고 해석된다.

2. 불이익변경금지의 원칙

■ **핵심어**

불복신청의 한도, 청구기각사안, 항소기각설, 항소심에서 제출된 상계항변 인정

(1) 원 칙

(a) **항소심법원은 제1심판결을 그 불복신청의 한도 내에서만 바꿀 수 있다**(415조). 이를 불이익변경금지의 원칙이라고 한다. 민사소송법 제415조에서 '항소를 받아들이는 범위'라는 표제 하에 불이익변경금지의 원칙을 규정하고 있다.

예를 들어 보기로 한다. X는 Y를 상대로 건물인도 및 5,000만 원의 손해배상 청구의 소를 제기하였다. 제1심판결은 건물인도청구에 관하여는 인용하고 손해배상청구에 관하여는 2,000만 원만 인용하였다. 이에 대해 Y는 손해배상청구의 판결부분에 대해서만 항소하였다. Y의 불복신청내용은 손해배상청구 중 2000만 원을 인용한 제1심판결을 취소하고 이에 대한 청구기각판결을 구하는 것이다. 따라서 항소심의 판단범위도 이에 국한된다. 그 결과 1) 건물인도청구는 항소인이 불복신청을 한 대상이 아니므로 항소법원은 항소인에게 유리하다고 하여 건물인도청구기각판결을 할 수 없다(이익변경금지). 2) 항소인이 불복을 신청한 대상은 2,000만 원을 인용한 판결이므로 항소법원은 손해배상청구부분에 관한 심리결과 피고에게 5,000만 원을 지급할 의무가 인정된다고 하더라도 제1심판결의 2,000만 원을 초과하는 인용판결을 할 수 없다(불이익변경금지).

---

11) 대법원 2013. 8. 23. 선고 2013다28971 판결; 대법원 2020. 12. 10. 선고 2020다255085 판결.

(b) **소각하판결에 대해 원고가 항소를 제기하였는데 항소법원에서 청구기각 사안이라고 판단될 경우**에는 항소심법원은 어떤 판결을 하여야 할까? 예를 들어 국가배상청구사건에서 원심이 국가배상심의회의 배상결정을 거치지 않아 소가 부적법하다고 소각하 판결을 하였으나 국가배상법의 개정으로 임의적 전치주의로 되어 소는 적법하지만 원고가 보상받을 수 없는 권리자에 해당하는 경우이다. 소가 부적법하다고 각하한 제1심판결을 취소하는 경우에는 환송판결을 하는 것이 원칙(418조)임은 앞에서 살펴보았다. 위의 문제는 민사소송법 제418조에서 정한 환송판결을 하여야 하는 경우와 무엇이 다를까? 이 경우에도 제418조를 그대로 적용해 환송판결을 한다면 제1심으로 다시 돌아가 본안판결을 받고 항소가 되면 항소심에서 이번에는 청구기각판결이 선고될 것이다. 어차피 선고할 청구기각판결을 바로 하지 않고 다시 제1심을 거쳐서 한 결과가 된다. 과연 이러한 취급이 타당할까?

이에 관하여 소각하판결에 의해 원고에게 어떤 이익도 발생하지 않는다는 이유로 이러한 결론을 지지하는 견해(청구기각설)[12]도 있다. 그러나 소각하판결이 확정되면 소송요건의 존부에 기판력이 미쳐 나중에 소송요건을 갖추어 다시 동일한 청구에 대하여 소를 제기하는 것이 가능한 데 비하여 청구기각판결이 확정되면 변론종결 후 새로운 사유가 발생하지 않는 한 동일한 청구에 대하여 다시 소를 제기하여 승소판결을 받는 것이 불가능하다. 그렇다면 **청구기각판결이 소각하판결보다 불리한 판결이라고 할 수 있다. 판례와 일부학설은 이러한 취지에서 이 경우 항소를 기각하여야 한다는 태도를 취하고 있다**(항소기각설).[13] 그러나 항소기각은 원칙적으로 항소법원이 제1심판결과 동일한 결론을 유지할 때 하는 판결인데 제1심법원은 소각하판결을 함으로써 본안에 관한 판단을 하지 않았다는 문제점이 있다. 항소기각설의 위와 같은 점 때문에 환송판결을 하여야 한다는 견해(환송설),[14] 제418조를 적용해 원칙적으로 환송판결을 하고 예외적으로 자판을 하는 것이 타당하다는 견해(절충설)[15]도 있다. 생각건대 항소기각설은 위와 같은 문제점이 있기는 하지만 불이익변경금지의 원칙에 위배되지 않고 무용한 절차를 반복하지 않게 한다는 점에서 타당하다.

(c) 불이익변경금지의 원칙은 판결의 결론에 관한 것이므로 항소심에서 판결이유가 항소인에게 불이익하게 변경되더라도 원칙적으로 불이익변경금지의 원칙에 위배되지 않는다. 그러나 상계항변의 경우에는 예외이다. 제1심법원에서 피고의 상계항변이 인정되어 청구기각판결이 선고되었는데 이에 대해 원고만 항소하였다면 항소

---

12) 강현중, 949면; 김홍엽, 1239면; 정동윤/유병현/김경욱, 892면; 호문혁 679면.
13) 대법원 2001. 9. 7. 선고 99다50392 판결. 김홍규/강태원, 903면.
14) 송상현/박익환, 739면.
15) 이시윤, 884면; 정영환, 1290면.

법원이 상계 전 이미 소구채권이 부존재한다는 내용으로 판결이유를 변경할 수 없다. 왜냐하면 이 경우에는 반대채권이 소멸되지 않아 제1심판결보다도 원고에게 더 불이익해지기 때문이다. 따라서 이 경우에는 제1심판결과 동일한 이유로 항소기각판결을 하여야 한다.

> 제1심에서 상계항변이 제출된 경우 같은 청구기각판결이라도 소구채권의 부존재로 인한 것이 상계항변이 인정된 결과로 인한 것보다 원고에게 더 불이익한 판결이다(피고에게 더 이익되는 판결이다).

(2) 예 외

(a) 불이익변경금지의 원칙은 처분권주의가 상소심에 반영된 결과이다. 따라서 처분권주의가 적용되지 않거나 처분권이 항소당사자에게 전적으로 귀속된 것이 아닌 경우에는 불이익변경금지의 원칙이 적용되지 않는다.

(b) 피항소인의 부대항소가 있는 경우에는 부대항소한 대상도 심판의 대상에 포함되어 불이익변경금지의 원칙이 적용되지 않는다. 판례는 비항소설을 전제로 피고가 지연손해금부분만 항소하고 원금부분에 대하여 제1심에서 전부승소한 원고가 부대항소로서 원금부분에 대한 청구취지를 확장한 경우 항소심은 제1심판결의 인용금액을 초과하여 원고의 청구를 인용할 수 있다고 한다.[16]

(c) 불이익변경금지의 원칙은 직권조사사항에 대하여는 그 적용이 없다. 따라서 원고의 수개의 청구 중 하나의 청구를 인용하고 나머지 청구를 기각한 제1심판결에 대하여 원고만이 항소를 제기하고 피고가 부대항소를 하지 아니하였다고 하더라도 항소심이 원고들이 불복하지 않은 청구부분에 대하여도 확인의 이익 유무를 조사하여 각하판결을 할 수 있다.[17]

(d) '상계에 관한 주장을 인정한 때'에는 불이익변경금지의 예외가 인정된다(415조 단서).

1) 여기서 '상계에 관한 주장을 인정한 때'란 항소심에서 상계의 항변이 받아들여진 경우를 의미한다. 불이익변경금지의 원칙은 항소심법원의 심판과 관련된 것이기 때문이다. 이때 항소는 원고에 의해 이루어진 것이어야 한다. 불이익변경금지의 원칙은 항소인에게 원심판결보다 불이익한 판단을 금지하는 것인데 항소심에서 상계에 관한 주장을 인정한 판단이 주문에 영향을 미쳐 불이익을 받는 당사자는 원고이기 때문이다. 만약 제1심에서 원고의 청구가 일부 또는 전부 인용되어 피고만 항소

16) 대법원 2003. 9. 26. 선고 2001다68914 판결.
17) 대법원 1995. 7. 25. 선고 95다14817 판결.

하였는데 항소심에서 상계에 관한 주장이 인정되어 원고의 청구가 추가로 기각된다면 피고(항소인)에게는 제1심판결에 비하여 불이익한 변경이 아니므로 그 예외도 문제될 여지가 없다.

원고에 의해 항소가 이루어지려면 제1심판결에 대해 원고에게 항소의 이익이 인정되어야 한다. 따라서 제1심에서 원고의 청구가 전부인용된 경우에는 원칙적으로 위 단서의 규정이 적용될 여지가 없다. 다만 묵시적 일부청구에 대하여는 원고가 전부승소하였더라도 예외적으로 청구취지확장을 위한 항소가 허용된다는 것은 앞에서 설명한 바와 같다.

2) 항소심에서 받아들여진 상계항변은 항소심에서 제출된 것에 한한다. 제1심에서 제출되어 배척된 상계항변이 항소심에서 다시 인정되는 것은 원고에게 허용되지 않는 불이익한 판단이다.

3) 항소심에서 상계의 항변이 받아들여져서 원고에게 형식적으로 제1심법원의 판결보다 불이익하게 되어 위 단서규정이 적용되는 것은 제1심에서 원고의 청구가 일부라도 인용된 경우이어야 한다. 제1심에서 원고의 청구가 전부기각된 때에는 항소심에서 상계의 항변이 받아들여진다고 하더라도 이는 제1심법원의 판결보다 원고에게 더 불이익한 판결이 되지 않는다(제1심에서 소구채권이 인정되지 않아 원고의 청구가 전부기각되고 원고만 항소하였는데 항소심에서 소구채권이 인정되고 상계에 관한 주장도 인정된다면 이를 반영하여 원심판결을 취소하고 원고의 청구를 기각하는 판결을 하여야 한다는 것은 앞에서 설명한 바와 같다. 이 경우도 반대채권의 부존재에 기판력이 미치므로 원고(항소인)에게 제1심판결에 비하여 불이익한 변경이 아니다).

4) 결론적으로 **제1심에서 원고의 청구가 일부인용되거나 묵시적 일부청구가 전부인용되어 원고가 항소하여 항소심에서 제출된 상계항변이 인정되면 불이익변경금지의 원칙에 의해 항소기각판결을 할 것이 아니라 그 예외로 상계로 소멸한 부분에 대하여는 청구기각판결을 하여야 한다는 것이 위 단서규정의 취지이다.** 그 이유는 상계로 소구채권과 함께 피고의 반대채권도 소멸하므로 실질적으로 원고에게 불이익할 것이 없기 때문이다.

(e) 판결의 합일확정을 요하는 예비적 · 선택적 공동소송이나 독립당사자참가소송에서는 상소하지 아니한 패소 당사자의 판결부분에 대하여도 상소심에서 더 유리하게 변경될 수 있다.

(f) 소송비용의 재판과 가집행선고의 변경은 당사자의 신청이 없어도 할 수 있으므로(104조, 213조) 불이익변경금지의 원칙이 적용되지 않는다.

제3장 상 고

제1절 총 설

Ⅰ. 상고의 개념

상고는 원칙적으로 항소심법원의 종국판결에 대한 법률심의 상소로서 원판결의 당부를 전적으로 법률적인 측면에서만 심사할 것을 구하는 불복신청을 말한다. 예외적으로 제1심판결선고 후 당사자간 합의가 있으면 제1심판결에 대해 직접 상고할 수 있는데(390조 1항 단서) 이를 비약상고라고 한다.

Ⅱ. 상고제도의 목적

여러 하급심에서 판결의 전제로서 문제되었던 법령의 해석이 상고법원을 통하여 최종적으로 이루어진다는 점에서 상고제도는 법령해석의 통일을 그 목적으로 한다. 또한 하급심의 부당한 판결을 상고심을 통해 시정함으로써 당사자의 권리구제도 도모할 수 있다. 상고제도의 위 두 가지 목적 중에서 법령해석의 통일을 강조한다면 상고이유도 법령위반에 국한될 필요가 있고 상고법원도 대법원 하나만 두어야 할 것이다. 만약 당사자의 권리구제를 강조한다면 상고이유를 법령위반에 국한시키지 않아야 할 것이다. 현재 우리 민사소송법은 상고이유를 법령위반에 국한하고 있고 상고법원도 대법원 하나만 두고 있으므로 위의 두 가지 목적 중 법령해석의 통일에 보다 중점을 두고 있다고 할 수 있다.

Ⅲ. 법률심으로서의 상고심

(1) 상고심은 원심법원의 판결이 법령을 위반하였는지 여부만을 그 판단의 대상으로 한다. 이러한 의미에서 상고심은 법률심이라고 할 수 있다. 그 결과 원심판결이

적법하게 확정한 사실은 상고법원을 기속하여(432조) 상고심은 원심판결과 다른 사실인정을 할 수 없다. 판례는 의사표시와 관련하여 그 의도하려는 목적을 확정하는 것은 사실인정의 문제이고 그것이 가지는 법률적 의미는 의사표시해석으로서 법률문제라고 한다.[1] 청구의 변경, 반소제기 등은 상고심에서 허용되지 않는다. 만약 상고심에서 청구의 변경, 반소제기 등이 허용된다면 상고법원이 이를 심리하기 위하여 새로운 사실심리를 해야 하는데 이는 법률심으로서의 상고심의 성격과 모순되기 때문이다. 상고심은 법령위반만을 상고이유로 하여(423조, 424조) 원판결의 당부를 법률적 측면에서만 심사하게 되므로 그 심리구조가 사후심적 구조를 가지게 된다.

(2) 예외적으로 직권조사사항을 판단할 경우에는 새로운 사실을 판단의 기초로 삼을 수 있고 필요한 증거조사를 할 수 있다(434조).

제2절 상고이유

Ⅰ. 개 관

(1) 소송의 당사자가 원심판결에 불복하여 상고를 함에 있어 불복의 사유로 삼을 수 있는 것을 상고이유라고 한다. 상고심은 법률심이므로 법령위반만이 상고이유가 되는 것은 의문이 없으나 모든 법령위반이 상고이유가 되지는 않는다. 민사소송법은 상고이유로서 일반적 상고이유(423조)와 절대적 상고이유(424조)를 규정하고 있다. 그러나 상고심절차에 관한 특례법은 심리불속행제도(審理不續行制度)를 두어 동법 제4조에 규정한 어느 하나의 사유를 포함하지 아니한다고 인정되면 더 나아가 심리를 하지 아니하고 판결로 상고를 기각하도록 하였다. 동법 제1조는 "이 법은 상고심절차에 관한 특례를 규정함으로써 대법원이 법률심으로서의 기능을 효율적으로 수행하고, 법률관계를 신속하게 확정함을 목적으로 한다"고 규정하여 그 입법목적을 밝히고 있다.

(2) 상고가 민사소송법에 규정된 상고이유를 포함하고 있지 않으면 상고는 부적법

1) 대법원 2011. 1. 13. 선고 2010다69940 판결.

한 것이지만 상고심절차에 관한 특례법 제4조에 규정된 사유를 포함하고 있지 않은 경우에는 심리를 하지 않고 상고가 기각된다는 점에서 차이가 있다. 그러나 민사소송법상의 상고이유는 상고심절차에 관한 특례법상 심리불속행제도에 의해 사실상 다시 한 번 제한되어 법률심으로서의 기능을 효율적으로 수행하고, 법률관계를 신속하게 확정하는 기능을 하는 반면 국민의 권리구제기회는 그만큼 제약되는 결과가 되는 것도 사실이다.

Ⅱ. 민사소송법상의 상고이유

1. 일반적 상고이유

일반적 상고이유는 원심판결에 영향을 미친 법령위반이 있는 경우이다(423조).

(1) '법령'위반

1) 상고이유로서 원심판결이 위반한 '법령'에 관하여 민사소송법 제423조는 헌법, 법률, 명령, 규칙 등을 들고 있으나 이는 예시에 불과한 것으로 이외에도 조례, 조약, 관습법, 외국법 등 법원이 적용하여야 할 모든 법규가 이에 포함된다.

2) 헌법위반은 판결내용 자체가 위헌인 경우와 위헌인 법률 등을 적용하여 재판한 경우가 모두 법령위반으로서 헌법위반에 포함된다. 법률위반 또한 법률을 위반한 명령·규칙을 원판결에 적용한 경우와 원판결이 법률적용을 잘못하거나 법률의 해석을 잘못한 경우가 포함된다.

3) 경험칙위반이 법령위반에 해당하는가는 경험칙을 법규로 보는가에 따라 달라진다. 판례는 처가 남편으로부터 그 재산의 처분권을 위임받았다면 이를 미성년자인 아들에게 소유권이전등기를 경료한 후 제3자에게 처분하는 것은 이례적인 것에 속하는 것으로서 그렇게 하여야 할 특단의 사정에 대한 심리를 다하지 아니하고 처분권 위임사실을 확정한 것은 증거없이 경험칙에 위배하여 사실을 확정한 위법이 있다고 하여 경험칙위반을 상고이유로 인정한 바 있다.[2] 사실인정에 있어서 경험칙위반을 흔히 채증법칙(採證法則)위반이라고 하여 상고이유로 삼고 있다. 채증법칙위반을 상고이유로서 일반적으로 인정하게 되면 원심판결에서 사실인정의 문제가 경험칙위배라는 이유로 결국 상고이유가 되는 폐단이 생기게 될 우려도 없다고 할 수 없다.

---

2) 대법원 1971. 11. 15. 선고 71다2070 판결.

(2) 법령'위반'

원심판결이 법령에 '위반'되었다고 함은 원심법원이 법령의 내용이나 취지를 잘못 이해한 경우(법령 해석의 과오) 또는 올바르게 법령해석을 하였어도 법령을 구체적인 사건에 잘못 적용한 경우(법령 적용의 과오)를 의미한다. 이러한 법령위반에는 실체법을 위반하여 청구의 당부판단을 잘못한 경우도 있을 수 있고(판단상의 과오) 청구의 당부판단을 잘못한 실체법의 위반은 없으나 절차법규를 위반하여 절차상의 위법이 있는 경우도 있을 수 있다(절차상의 과오). 원심법원이 사건에 필요한 심리를 다하지 않고 심리를 마친 경우 이를 심리미진이라는 절차상의 위법이 있는 경우로 주장하여 상고이유로 삼을 수 있는가에 관하여 논란이 있지만 판례는 이 경우에도 상고이유가 된다고 한다.[3]

(3) 판결에 영향

원심판결의 법령위반은 판결에 영향을 미친 것이어야 한다. 이는 법령위반과 판결주문과의 사이에 인과관계가 있어야 한다는 것을 의미한다.

법령위반과 판결주문과의 사이에 인과관계는 어떤 경우에 인정될까? 원심에 법령위반이 없었더라면 원심판결의 결론이 달라질 가능성이 있는 것만으로도 인과관계가 인정된다는 견해(가능성설)[4]와 단순한 가능성보다는 좀 더 강한 개연성이 있어야 인과관계가 인정된다는 견해(개연성설)[5]가 있다. 이에 관하여 논란은 있으나 우리 민사소송법에서는 가능성으로 족한 것으로 해석된다.

2. 절대적 상고이유

(1) 상고이유 중에는 원판결의 결과에의 영향 유무에 관계없이 중대한 절차상의 과오로서 상고이유가 되는 경우도 있는데 이를 절대적 상고이유라고 한다(424조). 절대적 상고이유로는

1. 법률에 따라 판결법원을 구성하지 아니한 때,
2. 법률에 따라 판결에 관여할 수 없는 판사가 판결에 관여한 때,
3. 전속관할에 관한 규정에 어긋난 때,
4. 법정대리권 · 소송대리권 또는 대리인의 소송행위에 대한 특별한 권한의 수여에 흠이 있는 때,

---

3) 대법원 2012. 11. 29. 선고 2012다44471 판결; 대법원 2012. 12. 13. 선고 2011다25695 판결 등.
4) 이시윤, 895면; 정동윤/유병현/김경욱, 900면; 정영환, 1304면.
5) 강현중, 953면.

5. 변론을 공개하는 규정에 어긋난 때,
6. 판결의 이유를 밝히지 아니하거나 이유에 모순이 있는 때 등이 있다.

여기서 특히 설명을 요하는 부분은 4. 법정대리권 · 소송대리권 또는 대리인의 소송행위에 대한 특별한 권한의 수여에 흠이 있는 때와 6. 판결의 이유를 밝히지 아니하거나 이유에 모순이 있는 때이다.

(2) 대리권에 흠이 있는 때

민사소송법 제424조 제4호는 '법정대리권 · 소송대리권 또는 대리인의 소송행위에 대한 특별한 권한의 수여에 흠이 있는 때'를 절대적 상고이유의 하나로 규정하고 있다. 대리인으로 소송수행을 한 자에게 대리권이 없는 경우, 대리권은 있지만 필요한 특별한 권한을 받지 아니한 경우, 소송무능력자가 소송수행을 하여 판결을 선고 받은 경우에 적용된다. 또한 당사자의 절차참여권이 침해된 경우에 유추적용된다. 성명모용소송의 경우, 당사자의 사망으로 소송절차가 중단된 것을 간과하고 판결이 선고된 경우 등이 그것이다. 그러나 추인한 때에는 상고이유가 되지 않는다(424조 2항 참조).

(3) 이유불명시 · 이유모순

판결서에는 그 이유를 기재하여야 한다(208조 1항 4호). 이는 법원의 판단과정에 합리성과 객관성을 검증하려는 것이므로[6] 그 기재가 누락되거나 불명확한 경우에는 상고이유가 된다(424조 1항 6호). 이유불명시는 판결에 이유를 전혀 기재하지 아니하거나 이유의 일부를 빠뜨리는 경우 또는 이유의 어느 부분이 명확하지 아니하여 법원이 어떻게 사실을 인정하고 법규를 해석 · 적용하여 주문에 이르렀는지가 불명확한 경우를 말한다.[7] 이유모순은 판결 이유의 모순이 있어 일관성이 없는 경우를 말한다. 판례는 판결에 이유기재가 전혀 없어 당사자의 상고이유에 대한 당부를 상고심법원이 판단할 수 없는 경우 그와 같은 사유는 당사자의 주장이 없어도 법원이 직권으로 조사하여 판단할 수 있다고 한다.[8]

3. 재심사유

재심사유는 확정판결의 취소사유이므로 확정 전 판결의 취소사유로 삼을 수 있다. 민사소송법 제451조 제1항 단서는 상소에 의해 재심사유를 주장할 수 있음을 규

---

6) 대법원 2021. 2. 4. 선고 2020다259506 판결.
7) 대법원 1995. 3. 3. 선고 92다55770 판결.
8) 대법원 2005. 1. 28. 선고 2004다38624 판결.

정하고 있다.

재심사유 중 가벌적 재심사유에 해당하는 제451조 제1항 4호 내지 7호의 경우에는 처벌받을 행위에 대하여 유죄의 판결이나 과태료부과의 재판이 확정된 때 또는 증거부족 외의 이유로 유죄의 확정판결이나 과태료부과의 확정재판을 할 수 없을 때에만 재심의 소를 제기할 수 있다(동조 2항). 여기서 위 사유를 상고이유로 삼는 경우에도 제451조 제2항의 요건을 구비하여야 하는지가 문제될 수 있다. 위 조문을 형식적으로만 해석하면 제451조 제2항은 재심의 소의 경우를 규정하고 있을 뿐이므로 상고의 경우에까지 관철되어야 하는 것은 아니다. 그러나 상고의 경우 제451조 제2항의 적용을 배제하면 상고심에서 제451조 제1항 4호 내지 7호의 사유에 해당하는지 여부를 심리하기 위하여 사실심리를 하여야 하는데 이는 상고심이 법률심이라는 측면과 상충된다. 따라서 상고의 경우에도 제451조 제2항의 요건을 갖추어야 하는 것으로 해석된다.[9)]

상고이유를 삼을 수 있는 재심사유는 당해사건에 존재하는 재심사유에 국한된다. 따라서 당해사건과 관련된 다른 사건에 재심사유가 존재한다는 점을 상고이유로 삼을 수는 없다.[10)]

Ⅲ. 소액사건심판법상의 상고이유

소액사건의 상고는 소액사건심판법 제3조에 의하여 민사소송법의 적용이 배제되고 1. 법률 · 명령 · 규칙 또는 처분의 헌법위반 여부와 명령 · 규칙 또는 처분의 법률위반 여부에 대한 판단이 부당한 때, 2. 대법원의 판례에 상반되는 판단을 한 때에 한하여 상고이유가 된다.

---

9) 김홍엽, 1246면; 이시윤, 899면; 정영환, 1307면. 대법원 1977. 6. 28. 선고 77다540 판결.
10) 대법원 2001. 1. 16. 선고 2000다41349 판결.

제3절 상고심의 절차

Ⅰ. 상고심의 개시

1. 상고의 제기

상고의 제기는 상고기간 내에 상고장을 원심법원에 제출하는 것으로 한다(425조). 상고심절차는 항소심절차에 관한 규정이 준용된다(425조). 구체적인 절차는 다음과 같다. 상고장이 접수된 원심법원은 원심재판장이 상고장 심사를 한 후 상고법원에 소송기록을 송부한다. 상고심으로 소송기록이 송부되면 상고심재판장이 상고장을 심사한 후 상고장부본을 피상고인에게 송달한다. 상고법원의 사무관등은 원심법원의 법원사무관등으로부터 소송기록을 받은 때에는 바로 그 사유를 당사자에게 통지하여야 한다(소송기록접수의 통지, 426조).

2. 상고이유서의 제출

(1) 상고인은 상고장에 상고이유를 적지 아니한 때에는 위 소송기록의 접수통지를 받은 날로부터 20일 이내에 상고이유서를 제출하여야 한다(427조). 상고이유서 강제주의를 취하는 것은 법률심인 상고심 재판을 서면심리에 의하여 신속하고 원활하게 하기 위한 것이다. 판례는 상고법원은 상고이유에 의하여 불복신청한 한도 내에서만 조사 · 판단할 수 있으므로, 상고이유서에는 상고이유를 특정하여 원심판결의 어떤 점이 법령에 어떻게 위반되었는지에 관하여 구체적이고도 명시적인 이유의 설시가 있어야 할 것이고, 상고인이 제출한 상고이유서에 위와 같은 구체적이고도 명시적인 이유의 설시가 없는 때에는 상고이유서를 제출하지 않은 것으로 취급할 수밖에 없다고 한다.[11)]

(2) 상고인이 위 기간 내에 상고이유서를 제출하지 아니한 때에는 상고법원은 변론 없이 판결로 상고를 기각하여야 한다. 다만 직권으로 조사하여야 할 사유가 있는 때에는 예외로 한다(429조).

(3) 상고이유서 제출기간은 법정기간이지만 불변기간(172조)은 아니다. 판례는 상고이유서 제출기간은 불변기간이 아니므로 추완신청의 대상이 될 수 없다고 한다.[12)]

---

11) 대법원 2004. 10. 28. 선고 2003다65438, 65445 판결; 대법원 2017. 5. 31. 선고 2017다216981 판결.
12) 대법원 1981. 1. 28.자 81사2 결정.

다만 우체국 집배원의 배달 착오로 상고인이 소송기록접수통지서를 송달받지 못하여 상고이유서 제출기간 내에 상고이유서를 제출하지 못한 경우에는 민사소송법 제451조 제1항 제3호에 규정된 '법정대리권, 소송대리권 또는 대리인이 소송행위를 함에 필요한 수권의 흠결이 있는 때'에 준하여 재심사유에 해당한다고 한다.[13)]

3. 부대상고

판례는 항소심에서와 같이 상고심에서도 부대상고를 허용한다. 부대상고장을 제출할 수 있는 시기는 항소심에서의 변론종결시에 대응하는 상고이유서 제출기간 만료시라고 한다.[14)]

Ⅱ. 심리불속행제도 — 심리속행사유의 심사

1. 의 의

1994. 7. 27. **제정된 상고심절차에 관한 특례법에 의하면 상고인 주장의 상고이유에 중대한 법령위반에 관한 사항 등의 사유**(상고심절차에 관한 특례법 4조의 사유)**가 포함되어 있지 않으면 상고이유의 당부에 관하여 더 이상 본안심리를 속행하지 아니하고 판결로 상고를 기각하도록 되어 있다**(4조). 이를 심리불속행제도라고 하는데 이는 상고심절차에 관한 특례를 규정함으로써 대법원이 법률심으로서의 기능을 효율적으로 수행하고 법률관계를 신속하게 확정함을 목적으로 한다(동법 1조). 심리불속행제도는 민사소송뿐 아니라 가사소송 및 행정소송에도 적용된다(동법 2조).

2. 심리속행사유

심리속행사유로는 아래와 같은 것이 있다(동법 4조 1항 1호 내지 6호).

1. 원심판결(原審判決)이 헌법에 위반되거나, 헌법을 부당하게 해석한 경우
2. 원심판결이 명령 · 규칙 또는 처분의 법률위반 여부에 대하여 부당하게 판단한 경우
3. 원심판결이 법률 · 명령 · 규칙 또는 처분에 대하여 대법원 판례와 상반되게 해석한 경우
4. 법률 · 명령 · 규칙 또는 처분에 대한 해석에 관하여 대법원 판례가 없거나 대법원 판례를 변경할 필요가 있는 경우

13) 대법원 1998. 12. 11. 선고 97재다445 판결.
14) 대법원 1995. 11. 14. 선고 94다34449 판결.

5. 제1호부터 제4호까지의 규정 외에 중대한 법령위반에 관한 사항이 있는 경우
6. 「민사소송법」 제424조 제1항 제1호부터 제5호까지에 규정된 사유가 있는 경우

위 제5호에 의하여 가장 중요한 심리속행사유는 '중대한 법령위반'이라고 할 수 있다. '중대한 법령위반'은 '법령의 중대한 위반'을 의미한다. 대법원은 상고이유에 관한 주장이 위 어느 하나의 사유에 포함되지 아니한다고 인정되면 더 나아가 심리하지 아니하고 판결로 상고를 기각한다. 또한 상고이유가 위의 심리속행사유에 해당한다고 하여도 그 주장 자체로 보아 이유가 없는 때 또는 원심판결과 관계가 없거나 원심판결에 영향을 미치지 아니하는 때에는 심리속행을 하지 않는다(동법 4조 3항).

3. 심리불속행으로 인한 상고기각판결의 특례

심리불속행 판결에는 이유를 적지 않을 수 있고 선고도 필요하지 않으며 판결이 상고인에게 전달됨으로써 그 효력이 생긴다(동법 5조 1항, 2항).

Ⅲ. 상고심의 본안심리

1. 상고이유서의 송달과 답변서의 제출

상고법원은 상고이유서의 제출을 받은 경우 지체 없이 피상고인에게 그 부본이나 등본을 송달하여야 한다(428조 1항). 피상고인은 위 서면을 송달받은 날로부터 10일 이내에 답변서를 제출할 수 있다(동조 2항). 상고법원은 제출된 답변서부본이나 등본을 상고인에게 송달하여야 한다(동조 3항).

2. 심리의 범위

심리가 속행된 사건에 관하여 상고법원은 상고이유에 따라 불복신청의 한도 안에서 심리한다(431조). 상고법원은 법률심이므로 새로이 소송자료를 수집하여 사실확정을 할 수 없고 원심판결이 적법하게 확정한 사실은 상고법원을 기속한다(432조). 따라서 청구의 추가나 변경, 반소 등은 허용되지 않는다. 다만 직권조사사항에 관하여는 예외로 취급된다(434조). 판례는 확정판결의 존부는 직권조사사항으로 당사자는 확정판결의 존재를 사실심변론종결시까지 주장하지 아니하였다 하더라도 상고심에서 새로이 이를 주장, 증명할 수 있다고 한다.[15]

---

15) 대법원 2006. 10. 13. 선고 2004두10227 판결.

3. 심리의 방법

상고심에서의 변론은 반드시 열어야 하는 것은 아니므로 임의적 변론절차에 의한다. 따라서 상고법원은 상고장 · 상고이유서 · 답변서, 그 밖의 소송기록에 의하여 변론 없이 판결할 수 있다(430조 1항). 상고법원이 소송관계를 분명하게 하기 위하여 필요한 경우에는 특정한 사항에 관하여 변론을 열어 참고인의 진술을 들을 수 있다(430조 2항).

Ⅳ. 상고심의 종료

■ 핵심어

환송 전 항소심의 속행, 파기환송부분, 환송판결의 기속력, 상고법원의 법률상 및 사실상 판단

1. 상고장 각하명령

상고장에 흠이 보정되지 않거나 상고기간이 도과하여 상고가 제기된 때에는 상고심 재판장은 명령으로 상고장을 각하한다(425조, 402조).

2. 상고각하판결

부적법한 상고로 흠을 보정할 수 없으면 변론 없이 판결로 상고를 각하한다(425조, 413조).

3. 상고기각판결

1) 원심판결이 정당하다고 인정되거나 원심판결이 정당하지 않으나 다른 이유에 따라 그 판결이 정당하여 상고가 이유 없다고 인정될 때(425조, 414조),

2) 기간 내에 상고이유서를 제출하지 아니한 때(429조),

3) 심리불속행 등의 경우에는 상고기각판결을 한다.

4. 상고인용판결 – 원판결의 파기

상고법원은 상고에 정당한 이유가 있다고 인정되거나(436조) 직권조사사항에 관하여 조사한 결과 원판결이 부당한 때에는 원심판결을 파기하여야 한다. 다만 상고법원은 비약상고에 대하여는 원심판결의 사실확정이 법률에 어긋난다는 것을 이유로 그 판결을 파기하지 못한다(433조).

(1) 환송 또는 이송

상고법원이 원심판결을 파기하는 때에는 원심법원에 환송하는 것이 원칙이다. 전속관할 위반의 경우에는 관할권 있는 법원에 이송한다(436조). 예외적으로 1. 확정된 사실에 대하여 법령적용이 어긋난다 하여 판결을 파기하는 경우에 사건이 그 사실을 바탕으로 재판하기에 충분한 때, 2. 사건이 법원의 권한에 속하지 아니한다고 하여 판결을 파기하는 때(437조)에는 자판을 한다.

(a) 환송 후의 심리절차

1) 원심법원에 환송된 사건은 환송받은 법원에 당연히 계속된다. 이때 환송 후 항소심의 변론은 환송 전 항소심의 속행의 의미를 가진다. 따라서 환송 후의 항소심의 변론은 환송 전의 변론을 재개하여 진행하게 되고 당해 소송절차에서 허용되는 일체의 소송행위가 허용된다. 다만 원심판결에 관여한 판사는 환송 후 항소심의 재판에 관여하지 못한다(436조 3항). 따라서 변론갱신절차를 밟아야 한다.

2) 환송 전 항소심의 소송대리인의 대리권은 환송에 의하여 당연히 부활된다는 것이 판례의 태도이다.[16)]

3) **환송 후 심판의 대상은 원심판결 중 상고법원에서 파기되어 환송된 부분에 국한된다. 심판의 범위도 상고인의 패소부분을 초과하여 상고인에게 불리한 판결을 할 수 없다. 그러나 환송 후 항소심의 소송절차는 환송 전 항소심의 속행이므로 부대항소, 청구의 확장 등에 의해 심판의 범위가 확장될 수 있어 이러한 때에는 환송 전의 판결보다 상고인에게 불리해질 수도 있다.**[17)]

항소심의 종국판결이 있은 후라도 그 종국판결이 상고심에서 파기되어 사건이 다시 항소심에 환송된 경우에는 먼저 있은 종국판결은 그 효력을 잃고 그 종국판결이 없었던 것과 같은 상태로 돌아가게 된다. 따라서 새로운 종국판결이 있기까지는 항소인은 피항소인이 부대항소를 제기하였는지 여부에 관계없이 항소를 취하할 수 있다는 것이 판례의 태도이다.[18)] 이에 의하면 피항소인은 부대항소의 이익을 잃게 되어 환송 전 판결보다 더 불리한 판결을 받게 될 수도 있다.

원고의 청구가 일부인용된 환송 전 원심판결에 대하여 피고만이 상고하여 상고심에서 피고 패소부분을 파기환송한 경우, 환송 전 원심판결 중 원고 패소부분은 확정되었으므로 환송 후 원심이 심리할 수 없다. 그러나 원고가 환송 후 원심에서 소를

16) 대법원 1984. 6. 14. 선고 84다카744 판결.
17) 대법원 1991. 11. 22. 선고 91다18132 판결.
18) 대법원 1995. 3. 10. 선고 94다51543 판결; 대법원 2014. 6. 12. 선고 2014다11376, 11383 판결.

교환적으로 변경하면 제1심판결은 소취하로 실효되고 항소심의 심판대상은 교환된 청구가 되어 항소심은 사실상 1심이 된다.[19]

(b) 환송판결의 기속력

1) 의 의

환송 또는 이송을 받은 법원이 다시 심판을 하는 경우에는 상고법원이 파기의 이유로 한 법률상 및 사실상의 판단에 기속된다(436조 2항 단서). 만약 환송판결의 기속력이 인정되지 않는다면 상고법원이 원심판결을 파기환송하였음에도 판결을 환송받은 하급심법원이 또다시 파기된 판결과 같은 판결을 선고할 수 있게 된다. 이로써 하급심판결과 상고법원의 파기환송판결이 계속 반복될 수 있게 되어 분쟁의 종국적 해결이 지연되고 심급제도도 무의미하게 된다. 따라서 환송판결의 기속력은 소송경제와 심급제도의 유지를 위해 필요하며 또한 법령해석의 통일을 기하는 데도 기여하게 된다.

2) 성 질

기속력은 법원조직법 제8조와 민사소송법 제436조 제2항에 의하여 인정되고 기판력과는 다른 절차 안의 특수한 효력이라는 것이 다수설과 판례의 태도이다(특수효력설).[20]

3) 범 위

환송판결의 기속력은 상고법원의 판결의 이유에 포함된 판단에 미친다. 당해사건에만 국한되므로 다른 사건에는 기속력이 미치지 않는다. 기속력이 환송받은 법원에 미치는 것은 당연하다. 뿐만 아니라 환송판결의 취지를 관철하기 위해서는 환송판결을 한 상고법원 자신에게도 환송판결의 기속력이 미친다고 해석된다.[21] 그러나 대법원의 전원합의체가 종전의 환송판결의 법률상 판단을 변경할 필요가 있다고 인정하는 경우에는, 그에 기속되지 않고 통상적인 법령의 해석 · 적용에 관한 의견의 변경절차에 따라 이를 변경할 수 있다.[22] 또한 환송판결 선고 이후 헌법재판소가 환송판결의 기속적 판단의 기초가 된 법률 조항을 위헌으로 선언하여 그 법률 조항의 효력이 상실된 때에는 그 범위에서 환송판결의 기속력은 미치지 않는다.[23]

---

19) 대법원 2013. 2. 28. 선고 2011다31706 판결.
20) 대법원 1995. 2. 14. 선고 93재다27 전원합의체판결.
21) 대법원 1981. 2. 24. 선고 80다2029 전원합의체판결; 대법원 1995. 8. 22. 선고 94다43078 판결.
22) 대법원 2001. 3. 15. 선고 98두15597 전원합의체판결.
23) 대법원 2020. 11. 26. 선고 2019다2049 판결.

4) 기속력의 내용

환송판결은 상고법원이 파기의 이유로 삼은 사실상 및 법률상 판단에 그 기속력이 미친다. 상고심은 법률심이므로 본안에 관하여 새로운 사실인정을 할 수 없다. 따라서 여기서의 사실상 판단이라 함은 절차상의 직권조사사항에 관하여 한 사실상의 판단을 의미한다.[24)]

기속력이 인정되는 상고법원의 법률상 판단이라 함은 상고법원의 법령의 해석·적용에 관한 견해를 의미한다. 이외에도 판례는 구체적 사실에 대한 법률적 평가판단과 증거의 취사선택 등 증거판단에 의한 사실의 확정과 같은 사실상의 판단에도 기속력이 미친다고 한다.[25)] 또한 상고법원이 명시적으로 설시한 법률상 판단뿐 아니라 명시적으로 설시하지 아니하였더라도 파기이유로 한 부분과 논리적·필연적 관계가 있어서 상고법원이 파기이유의 전제로서 당연히 판단하였다고 볼 수 있는 법률상 판단도 포함되는 것으로 해석된다.[26)]

환송판결은 상고법원이 파기의 이유로 삼은 사실상 및 법률상 판단에 그 기속력이 미치므로 사건을 환송받은 법원은 상고법원의 파기이유에 따르더라도 다른 이유에서 원심판결의 결론을 그대로 유지할 수 있다. 판례는 환송을 받은 법원의 심리과정에서 당사자의 주장·증명이 새로이 제출되거나 또는 보강되어 상고법원의 기속적 판단의 기초가 된 사실관계에 변동이 생긴 때에는 환송판결의 기속력은 미치지 않는다고 한다.[27)]

(2) 자 판

상고법원은 i) 확정된 사실에 대한 법령 해석·적용의 잘못을 이유로 원판결을 파기하는 경우 사건이 그 사실을 바탕으로 재판하기 충분한 때, ii) 사건이 법원의 권한에 속하지 아니한다고 파기하는 경우에는 상고법원 스스로 종국판결을 하여야 하는데 이를 자판이라고 한다(437조).

---

24) 대법원 2000. 4. 25. 선고 2000다6858 판결.
25) 대법원 1983. 6. 14. 선고 82누480 판결.
26) 대법원 2012. 3. 29. 선고 2011다106136 판결.
27) 대법원 2012. 1. 12. 선고 2010다87757 판결.

제4장 항　　고

1. 의　의

항고는 판결 이외의 재판인 결정 · 명령에 대한 독립의 간이한 상소를 말한다. 항고는 상급법원에 대한 불복신청인 상소이므로 동일심급에 대하여 하는 불복신청인 이의신청과는 구별된다.

소송절차에 관한 신청을 기각한 결정이나 명령에 대하여 불복하면 항고할 수 있다(439조). 또한 결정이나 명령으로 재판할 수 없는 사항에 대하여 결정 또는 명령을 한 때에도 항고할 수 있다(440조).

2. 종　류

(1) 통상항고와 즉시항고

통상항고는 항고기간의 제한이 없는 항고를 말한다. 즉시항고는 재판이 고지된 날로부터 1주 이내에 하여야 하는 항고를 말한다(444조 1항). 이때 1주의 기간은 불변기간이다(동조 2항). 통상항고가 원칙이며 즉시항고는 "즉시 항고할 수 있다"고 명문의 규정이 있는 경우에 예외적으로 허용되는 것이다.

항고로서만 불복할 수 있는 재판은 집행력이 있다(민사집행법 56조 1호). 따라서 항고에 의하여 항고의 대상이 되는 재판의 집행이 당연히 정지되는지가 문제될 수 있다. 이에 관하여는 즉시항고와 통상항고가 규정에 있어 차이가 있다. 즉시항고는 예외(47조 3항, 68조 5항)가 있기는 하지만 원칙적으로 집행을 정지시키는 효력을 가진다(447조). 이와 달리 통상항고는 "항고법원 또는 원심법원이나 판사는 항고에 대한 결정이 있을 때까지 원심재판의 집행을 정지하거나 그 밖의 필요한 처분을 명할 수 있다"고 규정(448조)하고 있어 항고에 의해 당연히 집행이 정지되지는 않는다.

(2) 항고와 재항고

항고는 결정 · 명령에 대하여 처음으로 하는 항고이며 재항고는 항고법원의 결정과 고등법원 또는 항소법원의 결정 및 명령에 대하여 법률심인 대법원에 항고하는 것을 말한다. 항고법원의 소송절차에는 항소심의 규정이 준용되며 재항고와 이에 관한 소송절차에는 상고에 관한 절차가 준용된다(443조).

(3) 특별항고

특별항고는 불복할 수 없는 결정, 명령에 대하여 재판에 영향을 미친 헌법 위반이 있거나 재판의 전제가 된 명령 · 규칙 · 처분의 헌법 · 법률의 위반 여부에 대한 판단이 부당하다는 것을 이유로 대법원에 하는 항고를 말한다(449조).

3. 항고가 허용되는 결정 · 명령

항고는 모든 결정과 명령에 대하여 인정되는 것은 아니고 다음의 경우에 인정된다.

(1) 소송절차에 관한 신청을 기각한 결정 · 명령

민사소송법 제439조는 "소송절차에 관한 신청을 기각한 결정이나 명령에 대하여 불복하면 항고할 수 있다"고 규정하고 있다.

1) 여기서의 '소송절차에 관한 신청'이란 예를 들어 공시송달신청(194조)이나 수계신청(243조)과 같이 본안과는 직접적인 관련이 없는 절차에 관한 신청을 의미한다. 이러한 **'소송절차에 관한 신청'은 당사자에게 신청권이 인정되는 경우에 한하며 당사자에게 신청권이 없어 법원의 직권발동을 촉구하는 의미에서 한 신청은 기각되더라도 항고할 수 없다.** 판례는 당사자가 관할위반을 이유로 한 이송신청을 한 경우 이는 단지 법원의 직권발동을 촉구하는 의미밖에 없어 법원은 이 이송신청에 대하여는 재판을 할 필요가 없고, 설사 법원이 이 이송신청을 거부하는 재판을 하였다고 하여도 항고가 허용될 수 없으므로 항고심에서는 이를 각하하여야 한다고 한다.[1]

2) 민사소송법 제439조는 소송절차에 관한 신청을 '기각'한 결정이나 명령에 대하여 항고할 수 있는 것으로 규정하고 있으나 '각하'한 결정이나 명령에 대하여도 항고할 수 있는 것으로 해석된다. 그러나 소송절차에 관한 신청을 인용한 경우에는 항고할 수 없다. 왜냐하면 신청인으로서는 자신이 한 신청이 인용되었으므로 불복할 이유가 없고 그 상대방은 자신이 한 신청이 배척된 것이 아니기 때문이다.

(2) 형식에 어긋나는 결정 · 명령

민사소송법 제440조는 "결정이나 명령으로 재판할 수 없는 사항에 대하여 결정 또는 명령을 한 때에는 항고할 수 있다"고 규정하고 있다. 위 규정은 결정이나 명령으로 재판할 수 없는 사항 즉 판결에 의하여야 할 사항을 결정이나 명령으로 한 때

---

1) 대법원 1993. 12. 6.자 93마524 전원합의체결정.

에는 상소로 불복할 수 없다는 것을 전제로 한 것이라고 해석할 수 있다. 만약 이 경우 상소에 의한 불복이 가능하다면 굳이 항고를 허용할 필요가 없을 것이다. 또한 판결에 의하여야 할 사항을 결정이나 명령으로 한 때 항고를 허용하지 않는다면 당사자는 이에 대해 불복할 방법이 없게 된다.

(3) 즉시항고 규정이 있는 경우

민사소송법은 여러 개별규정에 의해 즉시항고를 허용하고 있다. 이송결정과 이송기각결정(39조), 제척 또는 기피신청을 배척하는 결정(47조 2항) 등이 그것이다. 한편 집행절차에 관한 집행법원의 재판에 대하여는 특별한 규정이 있어야만 즉시항고를 할 수 있다(민사집행법 15조). 예를 들어 금전채권의 압류명령의 신청에 관한 재판(동법 227조 4항), 추심명령과 전부명령(동법 229조 6항)의 신청에 관한 재판에 대하여는 위의 각 규정에 근거하여 즉시항고를 할 수 있다.

4. 항고가 허용되지 않는 결정 · 명령

(1) 불복이 법률의 규정에 의하여 허용되지 않는 경우도 있다. 예를 들어 관할의 지정에 관한 결정에는 민사소송법 제28조 제2항에 의하여 불복이 허용되지 않는다.

(2) 민사소송법 제470조는 지급명령에 대하여는 그 명령을 송달 받은 때로부터 2주내에 이의신청을 할 수 있도록 규정하고 있는데 이와 같이 법률이 항고 이외의 다른 방법으로 불복할 수 있도록 규정한 경우에는 항고를 할 수 없다.

(3) 수명법관이나 수탁판사의 재판에 대하여 불복하는 당사자는 수소법원에 이의신청을 할 수 있는데 이를 준항고라 한다. 다만 그 재판이 수소법원의 재판인 경우로서 항고할 수 있는 때에 한한다(441조 1항). 위의 규정은 상고심이나 제2심에 계속된 사건에 대한 수명법관이나 수탁판사의 재판에도 준용된다(동조 3항). 이러한 준항고에 대한 재판에 대하여는 항고할 수 있다(동조 2항).

(4) 이외에도 대법원의 결정 · 명령에 대하여는 대법원이 최종심이므로 항고할 수 없고 중간적 재판에 대하여는 독립하여 불복할 수 없으므로 항고할 수 없다.

5. 항고의 절차

(1) 항고의 제기

원재판에 의하여 불이익을 받는 당사자 또는 제3자는 항고를 제기할 수 있으며 항고는 원심법원에 항고장을 제출함으로써 한다(445조). 판례는 결정 · 명령은 원본이 법원사무관등에게 교부되었을 때 성립한 것으로 보아야 하고 이미 성립한 결정 · 명령에 대하여는 고지되어 효력을 발생하기 전에도 이에 불복하여 항고할 수 있다고 한다.[2)]

항고이유서는 반드시 제출하여야 하는 것은 아니지만 민사집행법상 즉시항고의 경우 항고장에 항고이유를 적지 아니한 때에는 항고장을 제출한 날로부터 10일 이내에 항고이유서를 원심법원에 제출하여야 한다(민사집행법 15조).

(2) 항고제기의 효력

(a) 기속력의 배제[3)]

1) 판결의 경우 일단 선고되면 판결을 선고한 법원은 이에 기속되어 선고한 판결을 스스로 변경할 수 없다. 이를 기속력이라 한다. 그러나 **항고가 제기되면 원심법원은 스스로 항고의 당부를 심사할 수 있으며 만일 항고에 정당한 이유가 있다고 인정하는 때에는 그 재판을 경정하여야 한다(446조). 이와 같이 기속력을 배제하는 이유는 상급심의 절차를 생략하여 간이하고 신속하게 사건을 처리하고 당사자의 이익을 보호하기 위한 것이다.**

2) 여기서의 '경정'은 불복의 대상이 된 원재판에 대한 상급심의 재판을 갈음하는 의미를 가진다. 따라서 판결의 경정과는 달리 단순한 기재상의 잘못을 바로 잡는 것에 국한되지 않고 원재판을 취소하거나 변경하는 것을 포함한다. 이러한 경정은 항고가 적법한 경우에만 가능하다(통설 · 판례).[4)]

3) 경정결정을 하면 항고의 목적이 달성되어 항고절차는 종료된다. 다만 경정결정에 대하여는 별도의 항고가 허용된다. 만약 항고법원에 의해 경정결정이 취소되면 경정결정이 없는 상태로 환원되어 당초의 항고가 존속된다.

4) 기속력의 배제는 통상항고와 즉시항고 모든 경우에 적용된다.[5)] 특별항고의 경우에도 기속력을 배제하여 원심법원에 반성의 기회를 부여하는 것은 특별항고를 인

---

2) 대법원 2014. 10. 8.자 2014마667 전원합의체결정. 이로써 아직 효력이 발생하지 아니한 결정에 대하여는 항고권이 발생하지 아니하고 항고권 발생 전에 한 항고는 부적법한 것으로 각하하여야 한다는 대법원 1983. 3. 29.자 83스5 결정; 대법원 1983. 3. 31.자 83그9 결정; 대법원 1983. 4. 12.자 83스8 결정 등은 변경되었다.

3) 다른 문헌에서는 이를 재도의 고안(再度의 考案)이라고 소개하고 있으나 이러한 용어를 사용하는 것이 적절한 것인지 의문이다. 이를 재판의 정정이라고 칭하는 견해로는 호문혁, 713면.

4) 대법원 1967. 3. 22.자 67마141 결정. 이에 대해 부적법한 항고라도 항고가 이유 있으면 경정을 할 수 있다는 견해로는 호문혁, 713면.

5) 즉시항고의 경우에는 기속력이 인정되는 결정 · 명령에 대한 것이므로 재도의 고안이 허용되지 않는다는 견해로는 정동윤/유병현/김경욱, 932면.

정한 취지에 맞지 않으므로 특별항고가 있는 경우 원심법원은 경정결정을 할 수 없고 기록을 그대로 대법원에 송부하여야 한다는 것이 판례의 태도이다.[6]

(b) 이심 및 집행정지의 효력

항고가 제기되면 사건은 항고심으로 이심된다. 즉시항고가 제기되면 이미 발생한 집행력이 배제되지만(447조) 통상항고의 경우에는 항고만으로 집행력이 정지되지는 않는다. 항고법원 또는 원심법원이나 판사는 항고에 대한 결정이 있을 때까지 원심재판의 집행을 정지하거나 그 밖에 필요한 처분을 명할 수 있다(448조).

(3) 항고심의 심판

(a) 항고심의 절차는 항소심의 규정이 준용된다(443조 1항). 항고심의 절차는 결정절차이므로 항고법원이 변론을 열 것인지 아닌지를 정하며 판결절차와 같은 필요적 변론절차가 요구되지 않는다(134조 단서). 또한 항고법원의 조사범위는 항고이유에 의하여 제한되는 것이 아니므로 항고법원은 항고이유의 주장유무에 관계없이 기록에 나타난 자료의 진실 여부를 직권으로 조사하여 심리 · 판단하여야 한다.[7]

(b) 항고심의 종국재판은 결정의 형식으로 하지만 항소심과 같이 항고각하 · 항고기각 및 항고인용으로 한다. 판결의 경우 상고법원이 원심판결을 파기환송하면 원심판결에 관여한 판사는 환송 후 재판에 관여하지 못한다(436조 3항). 그러나 항고의 경우에는 상고심 절차에 관한 민사소송법 제436조 제3항의 규정이 준용될 수 없으므로 환송 전 제1심결정에 관여하였던 판사가 환송 후 제1심결정에 관여하여도 위법이 아니라는 것이 판례의 태도이다.[8]

---

6) 대법원 2001. 2. 28.자 2001그4 결정.
7) 대법원 1982. 10. 12.자 82마523 결정.
8) 대법원 1975. 3. 12.자 74마413 결정.

제5장 재항고

1. 의 의

재항고는 항고법원 · 고등법원 또는 항소법원의 결정 및 명령에 대하여 대법원에 하는 항고이다. 재항고는 재판에 영향을 미친 헌법 · 법률 · 명령 또는 규칙의 위반을 이유로 드는 때에만 할 수 있다(442조). 재항고의 경우에 상고심절차에 관한 특례법 제4조 2항 및 3항이 준용되어 항고이유는 이에 의해 다시 제한된다(동법 7조).

2. 대 상

항고법원의 재판이 재항고의 대상이 되는가 여부는 항고법원의 재판의 내용에 따라 결정된다. 항고를 각하하거나 기각하는 결정은 재항고가 가능하다. 항고를 인용하는 결정에 대하여는 그 내용이 항고에 적합한 것이어야 한다.

재항고도 통상항고와 즉시항고로 나누어질 수 있다. 즉시항고를 각하하거나 기각하는 항고법원의 재판은 즉시항고의 대상이 된다. 그러나 항고심이 원재판을 취소하여 새로운 재판을 하는 경우는 그 새로운 재판의 내용에 따라 달라진다. 따라서 재항고가 통상항고인가 즉시항고인가는 항고재판의 내용에 의해 정해지는 것이다.[9]

3. 절 차

재항고와 이에 관한 소송절차는 민사소송법의 상고에 관한 규정이 준용된다(443조 2항). 재항고 제기기간의 준수 여부는 재항고장이 원심법원에 접수된 때를 기준으로 판단한다. 따라서 재항고장을 다른 법원에 제출하여 원심법원에 송부하는 동안 재항고 기간이 도과되어 접수되었다면 재항고는 부적법한 것이 된다.[10]

---

9) 대법원 2007. 7. 2.자 2006마409 결정.
10) 대법원 1984. 4. 28.자 84마251 결정.

제6장 특별항고

특별항고는 불복할 수 없는 결정이나 명령에 대하여 대법원에 하는 항고이다(449조). 특별항고는 1) 재판에 영향을 미친 헌법위반이 있거나 2) 재판의 전제가 된 명령·규칙·처분의 헌법 또는 법률의 위반 여부에 대한 판단이 부당하다는 것을 이유로 하는 때 제기할 수 있다. 따라서 결정이 법률을 위반하였다는 사유만으로는 적법한 특별항고이유에 해당하지 않는다.[11] 특별항고는 재판이 고지된 날로부터 1주 이내에 하여야 하며 위 기간은 불변기간이다(동조 2항, 3항).

특별항고가 제기되더라도 항고의 대상이 되는 재판의 집행이 정지되는 것은 아니며 원심법원 또는 대법원은 집행정지처분을 명할 수 있다(450조, 448조). 항고의 경우 인정되는 기속력의 배제는 특별항고를 인정한 취지에 맞지 않으므로 특별항고가 있는 경우 원심법원은 경정결정을 할 수 없고 기록을 그대로 대법원에 송부하여야 한다.[12] 특별항고의 소송절차에 관하여는 상고에 관한 규정을 준용한다(450조). 상고심절차에 관한 특례법은 특별항고에도 준용된다(동법 제7조). 그러나 준용되는 심리속행사유보다 민사소송법상 특별항고의 사유가 더 엄격해 상고심절차에 관한 특례법이 준용될 여지는 없다.

11) 대법원 2008. 1. 24.자 2007그18 결정.
12) 대법원 2001. 2. 28.자 2001그4 결정.

제 7 편

재심절차

제1편 총론
제2편 소송의 개시
제3편 변론
제4편 증거
제5편 소송의 종료
제6편 상소심절차

제7편 재심절차

제8편 병합소송
제9편 간이소송절차

Ⅰ. 재심의 개념

재심은 확정된 종국판결에 재심사유에 해당하는 중대한 하자가 있는 경우 판결한 법원에 그 판결의 취소와 이미 종결되었던 사건의 재심판을 구하는 비상의 불복신청 방법을 말한다. 확정된 판결은 법적 안정성을 위해 존중되어야 하나 중대한 하자가 있는 경우에는 이를 취소하여 구체적 정의에 부합하도록 하는 제도이다.[1] 따라서 재심제도는 법적 안정성과 구체적 정의의 조화를 도모하기 위한 제도라고 할 수 있다.

Ⅱ. 재심소송의 소송물

(1) 확정된 판결에 대한 재심의 소는 확정된 판결의 취소와 본안사건에 관하여 확정된 판결에 갈음한 판결을 구하는 복합적 목적을 가진 것으로서 재심의 허부와 재심이 허용됨을 전제로 한 본안심판의 두 단계로 구성된다.[2] 여기서 확정된 판결의 취소요구도 소송물로 인정할 것인가 아니면 구소송의 소송물만 소송물로 인정할 것인가에 관하여 견해가 대립된다. 일원론(본안소송설)은 재심의 소의 소송물은 구소송의 소송물로 이루어지며 재심사유는 구소송물에 관하여 심리 · 판단을 하기 위한 전제가 될 뿐 소송물이 되는 것은 아니라고 한다. 이에 대하여 이원론은 재심의 소의 소송물은 확정판결의 취소요구와 구소송의 소송물로 이루어진다고 한다. 이원론에 의할 때 재심의 소는 확정판결의 취소요구를 포함하게 되므로 형성소송으로 보게 된다. 이원론이 종래의 통설이었으나 최근 일원설도 유력한 견해로 인정되고 있다.

(2) 이원설에 의할 경우에도 확정판결의 취소요구를 구성하는 개개의 재심사유마다 별개의 소송물로 볼 것인지는 소송물이론에 따라 그 결론을 달리한다. 구실체법설은 각 재심사유마다 별개의 소송물이 되는 것으로 파악한다. 판례도 각 재심사유는 개개의 재심사유가 독립된 것으로서 어느 한 가지 사유를 들어 재심의 소를 제기하였다가 패소판결이 확정되었다고 하더라도 다른 재심사유가 있는 경우에는 그 재심사유로써 다시 재심의 소를 제기할 수 있다고 한다.[3] 신소송물이론 가운데에서도 이분지설은 각 재심사유는 다른 사실관계를 전제로 한 것이므로 구실체법설과 같은 결론을 취한다. 신소송물의 일분지설은 재심의 소의 소송물은 확정판결의 취소를 구하는 법적 지위의 주장이며 각 재심사유는 공격 · 방어방법에 불과한 것으로 파악한다.

---

1) 대법원 2019. 10. 17. 선고 2018다300470 판결.
2) 대법원 1994. 12. 27. 선고 92다22473, 22480 판결.
3) 대법원 1992. 10. 9. 선고 92므266 판결; 대법원 2019. 10. 17. 선고 2018다300470 판결.

Ⅲ. 재심의 소의 요건

1. 대 상

재심의 소는 확정된 종국판결을 그 대상으로 한다(451조 1항 본문).

(1) 재심의 소의 대상이 되려면 종국판결이어야 한다. 따라서 중간적 재판은 원칙적으로 재심의 대상이 되지 않는다. 다만 중간적 재판이라고 하더라도 그것이 종국판결의 기본이 되는 재판이고 재심사유가 있으면 그 재판에 대하여 독립된 불복방법이 있는 경우라도 이를 재심사유로 삼아 종국판결에 대하여 재심의 소를 제기할 수 있다(452조). 여기서 '종국판결의 기본이 되는 재판'이란 종국판결의 전제가 되어 그 종국판결에 직접 영향을 준 재판(중간판결이나, 종국판결에 선행된 소송절차상의 결정이나 명령)을 가리키는 것이고 재심대상 판결의 원심판결은 여기에 해당하지 않는다.[4] 종국판결의 기본이 되는 재판에 재심사유가 인정되는 경우 독립된 불복방법이 있다면 먼저 기본이 되는 재판을 취소한 후 이를 사유로 삼아 다시 종국판결에 대하여 재심의 소를 제기하여야 한다. 제452조는 이러한 절차의 번거로움을 피하기 위한 취지에서 규정된 것이다.

재심의 소의 대상으로 종국판결인가가 문제되는 것은 환송판결이다. 판례는 일반적으로 종국판결이란 사건의 전부 또는 일부에 대하여 심판을 마치고 그 심급을 이탈시키는 판결이라고 이해하여 환송판결도 종국판결로서 상소의 대상이 된다고 한다.[5] 그러나 **환송판결이 재심의 대상으로서 종국판결에는 해당되지 않는다**고 하고 있는데 그 이유는 다음과 같다. 재심제도의 목적에 비추어 볼 때 **재심의 대상이 되는 '확정된 종국판결'이란 당해사건에 대한 소송절차를 최종적으로 종결시켜 그것에 하자가 있다고 하더라도 다시 통상의 절차로는 더 이상 다툴 수 없는 기판력이나 형성력, 집행력을 갖는 판결을 뜻하는 것이다.** 환송판결은 환송받은 하급심에서 다시 심리를 계속하게 되므로 소송절차를 최종적으로 종결시키는 판결은 아니라는 것이다. 또한 원심의 재판을 파기하여 다시 심리 · 판단하여 보라는 종국적 판단을 유보한 재판의 성질상 직접적으로 기판력이나 실체법상 형성력, 집행력이 생기지 아니한다고 하겠으므로 이는 중간판결의 특성을 갖는 판결이라고 한다.[6]

(2) 제1심판결에 대하여 항소가 제기되어 이에 대한 판결이 선고된 경우 재심의 소를 항소심판결 외에 제1심판결에 대하여도 할 수 있을까? 이에 관하여 민사소송

4) 대법원 1990. 2. 13. 선고 89재누106 판결.
5) 대법원 1981. 9. 8. 선고 80다3271 전원합의체판결.
6) 대법원 1995. 2. 14. 선고 93재다27, 34(반소) 전원합의체판결.

법 제451조 제3항은 항소심에서 사건에 대하여 본안판결을 하였을 때에는 제1심판결에 대하여 재심의 소를 제기하지 못한다고 규정하고 있다. 그 이유는 만약 항소가 기각되어 제1심판결이 유지된 경우에는 항소기각판결에 대하여 재심의 소를 제기하는 것으로 족하고 항소가 인용된 경우에는 제1심판결이 취소되었으므로 제1심판결을 재심의 소의 대상으로 삼을 수 없기 때문이다. 이와는 달리 제1심판결에 대한 항소가 부적법하여 항소각하판결이 있은 경우에는 항소심에서 제1심판결의 당부에 관하여 심리되지 않았으므로 제1심판결은 재심의 대상이 되며 항소각하판결 또한 재심사유가 존재하면 재심의 대상이 될 수 있다.

(3) 재심의 소의 대상이 되려면 확정판결이어야 한다. 따라서 사망한 사람을 당사자로 하여 선고된 판결과 같이 당연무효인 판결은 재심의 소의 대상이 될 수 없다.[7] 확정된 재심판결에 재심사유가 있을 때에는 확정된 재심판결에 대하여 재심의 소를 제기할 수 있다.[8]

(4) 재심의 소는 판결에 대하여 허용되는 것이 원칙이지만 민사소송법 제220조의 조서(화해조서, 청구의 포기 · 인낙조서) 또는 즉시항고로 불복할 수 있는 명령이 확정된 경우에도 재심의 소를 제기할 수 있다(461조). 이를 준재심의 소라고 한다.

2. 재심당사자

(1) 원 칙

재심의 소는 확정판결을 취소하여 기판력을 배제하기 위한 것이므로 재심의 소의 당사자는 원칙적으로 확정판결의 기판력을 받는 자이다. 따라서 확정판결의 당사자 및 그 변론종결 후의 승계인과 승소당사자가 타인을 위해 원고 또는 피고가 된 경우 그 확정판결의 효력을 받는 타인(선정자) 등이 재심의 소의 당사자가 될 수 있다.[9] 또한 재심의 소에 있어서 재심원고는 확정판결의 효력을 받는 자로서 그 취소를 구할 이익이 있는 자라야 할 것이므로 전부승소한 당사자는 재심의 소를 제기할 이익이 없다.[10]

(2) 채권자대위소송

채무자와 제3채무자 사이의 소송에 의한 확정판결에 대하여 채권자가 재심의 소

7) 대법원 1994. 12. 9. 선고 94다16564 판결.
8) 대법원 2016. 1. 28. 선고 2013다51933 판결.
9) 대법원 1987. 12. 8. 선고 87재다24 판결.
10) 대법원 1993. 4. 27. 선고 92다24608 판결.

를 제기할 수 있을까? 판례는 이 경우 상소의 제기와 마찬가지로 종전 재심대상판결에 대하여 불복하여 종전 소송절차의 재개, 속행 및 재심판을 구하는 재심의 소제기는 채권자대위권의 목적이 될 수 없다고 한다.[11] 그 이유는 채무자와 제3채무자 사이의 소송이 계속된 이후의 소송수행과 관련한 개개의 소송상 행위는 그 권리의 행사를 소송당사자인 채무자의 의사에 맡기는 것이 타당하므로 채권자대위가 허용될 수 없는 것과 같은 취지라고 한다.

(3) 소송참가

(a) 독립당사자참가

타인 사이에 재심소송이 계속 중 제3자가 독립당사자참가를 하는 것이 허용될까? 독립당사자참가란 타인간의 소송의 목적이 자기의 권리라고 주장하거나 그 소송결과에 따라 권리가 침해된다고 주장하면서 제3자가 소송에 참가하는 것이다(79조). 따라서 독립당사자참가는 타인간의 소송이 계속 중이어야 하고 이에 대한 판결이 확정된 경우는 허용되지 않는다. 제3자가 타인 간의 재심소송에 당사자참가를 한 경우 그 참가는 재심대상판결에 재심사유가 있음이 인정되어 본안소송이 부활되는 단계를 위하여 한 것으로 취급된다.[12]

(b) 보조참가

소송결과에 이해관계 있는 제3자는 한 쪽 당사자를 돕기 위하여 법원에 계속 중인 소송에 참가할 수 있는데 이를 보조참가라 한다(71조). 전 소송의 보조참가인은 재심의 소를 제기할 수 있고 전 소송의 보조참가인이 아니더라도 제3자는 보조참가신청과 동시에 재심의 소를 제기할 수 있다. 보조참가인은 피참가인이 당사자로 되어 있는 기존의 소송을 전제로 피참가인을 승소시키기 위하여 참가하는 것이기 때문에 소의 변경과 같이 기존의 소송형태를 변형시키는 행위는 할 수 없다. 판례는 각 재심사유를 별개의 소송물로 파악하여 보조참가인은 피참가인이 당사자로 되어 있는 기존의 소송을 전제로 피참가인을 승소시키기 위하여 참가하는 것이기 때문에 피참가인이 주장하지 않은 새로운 재심사유를 주장하여 재심청구를 추가할 수 없다고 한다.[13]

---

11) 대법원 2012. 12. 27. 선고 2012다75239 판결.
12) 대법원 1994. 12. 27. 선고 92다22473, 22480 판결.
13) 대법원 1992. 10. 9. 선고 92므266 판결.

(c) 공동소송적 보조참가

재판의 효력이 미치는 제3자가 보조참가하는 경우를 공동소송적 보조참가라고 한다(78조). 재심의 소를 취하하는 것은 통상의 소를 취하하는 것과는 달리 확정된 종국판결에 대한 불복의 기회를 상실하게 하여 더 이상 확정판결의 효력을 배제할 수 없게 하는 행위이다. 즉 이는 재판의 효력과 직접적인 관련이 있는 소송행위로서 확정판결의 효력이 미치는 공동소송적 보조참가인에 대하여는 불리한 행위이다. 따라서 재심의 소에 공동소송적 보조참가인이 참가한 후에는 피참가인이 재심의 소를 취하하더라도 공동소송적 보조참가인의 동의가 없는 한 효력이 없다. 이는 재심의 소를 피참가인이 제기한 경우나 통상의 보조참가인이 제기한 경우에도 마찬가지이다.[14)]

(4) 필수적 공동소송

필수적 공동소송에서는 한 사람의 소송행위는 모두의 이익을 위하여서만 효력을 가진다(67조). 따라서 필수적 공동소송인이었던 사람 중의 한 사람이 재심의 소를 제기하면 나머지 공동소송인도 모두 재심의 원고가 된다. 그러나 그 상대방은 공동소송인 전원을 상대로 재심의 소를 제기하여야 한다.

3. 재심제기의 기간

(1) 재심의 소는 판결이 확정된 뒤 재심의 사유를 안 날로부터 30일 이내에 제기하여야 한다(456조 1항). 증인의 거짓 진술이 판결의 증거가 된 때를 재심사유로 하는 경우에 그 증언이 위증이라는 유죄 판결이 확정된 사실을 알았다면 그때부터 재심제기의 기간이 진행한다.[15)] 위의 재심제기의 기간은 불변기간이다(동조 2항). 따라서 추후보완이 인정된다.

(a) 판례는 민사소송법 제451조 제1항 각호 소정의 재심사유는 각각 별개의 청구원인을 이루는 것이므로 재심의 소 제기기간의 준수 여부도 위 각호 소정의 재심사유별로 가려보아야 한다고 한다. 따라서 재심의 소를 재심제기기간 내에 제기하였더라도 재심의 소 제기기간 경과 후에 비로소 주장한 재심사유 부분에 관한 재심의 소는 재심제기기간이 도과하여 부적법한 것이 된다.[16)]

(b) 형사상 가벌적 행위를 재심사유로 하는 동조 제1항 제4호 내지 제7호의 경우에는 처벌받을 행위에 대하여 유죄의 판결이나 과태료의 부과의 재판이 확정된 때

14) 대법원 2015. 10. 29. 선고 2014다13044 판결.
15) 대법원 1996. 5. 31. 선고 95다33993 판결.
16) 대법원 1990. 12. 26. 선고 90재다19 판결.

또는 증거부족 외의 이유로 유죄의 확정판결이나 과태료부과의 확정재판을 할 수 없을 때에만 재심의 소를 제기할 수 있다(동조 2항). 따라서 재심제기기간도 위와 같이 재심제기가 가능한 때로부터 진행한다.

(2) 재심의 소는 판결이 확정된 뒤 5년이 지난 때에도 제기하지 못한다(456조 3항). 만약 재심사유가 판결확정 뒤에 생긴 때에는 그 사유가 발생한 날부터 위의 5년을 계산한다(동조 4항). 위 기간은 제척기간이므로 추후보완이 인정되지 않는다.

(3) 대리권의 흠 또는 재심을 제기할 판결이 전에 선고한 확정판결에 어긋나는 때(451조 1항 10호)에는 위의 재심기간이 적용되지 않는다(457조). 대리권의 흠은 당사자의 절차참여권을 보장하기 위해, 확정판결에 어긋나는 때에는 판결의 통일성을 확보하기 위한 취지이다. 판례는 위의 대리권의 흠이라고 함은 대리권이 전혀 없는 경우를 의미하는 것이므로, 대리권은 있지만 소송행위를 함에 필요한 특별수권의 흠결이 있는 경우에는 위 제457조가 적용되지 않는다고 한다.[17]

Ⅳ. 재심사유

1. 의 의

재심사유는 민사소송법 제451조 제1항의 각 호의 사유에 한정된다. 재심의 소는 민사소송법 제451조 제1항의 각 호의 사유를 주장한 경우에 한하여 그 적법성이 인정된다. 따라서 재심의 소가 위 각 사유에 해당하지 아니하는 사유를 주장하여 제기된 경우에는 부적법하여 각하된다.

2. 보충성

당사자가 상소에 의하여 재심사유를 주장하였거나 이를 알고도 주장하지 않은 경우에는 재심의 소를 제기할 수 없다(451조 1항 단서). 여기에서 “이를 알고 주장하지 아니한 때”라고 함은 재심사유가 있는 것을 알았음에도 불구하고 상소를 제기하고도 상소심에서 그 사유를 주장하지 아니한 경우뿐만 아니라, 상소를 제기하지 아니하여 판결이 그대로 확정된 경우까지도 포함한다.[18] 따라서 재심의 소는 재심사유를 상소에 의해 주장할 수 없었던 경우에 한하여 허용되는데 이를 보충성이라고 한다.

위의 보충성이 인정되려면 재심사유는 모두 상소이유가 되어야 한다. 민사소송법

17) 대법원 1994. 6. 24. 선고 94다4967 판결.
18) 대법원 1991. 11. 12. 선고 91다29057 판결.

제424조의 상고이유가 재심사유와 일치하는 것은 아니지만 판결이 확정된 경우에도 재심사유가 인정되면 취소될 수 있으므로 재심사유는 민사소송법에 의해 상고이유로 규정된 경우가 아니더라도 상고이유가 된다고 해석된다. 소액사건의 경우에는 소액사건심판법 제3조에 열거된 사유가 있는 경우에만 상고가 인정되므로 재심사유가 곧 상고이유가 된다는 해석을 할 수 없어 재심의 보충성은 인정되지 않는다.

3. 각개의 사유

재심사유는 민사소송법 제451조 제1항 제1호 내지 제11호에 열거되어 있는데 이는 예시적인 것이 아니라 한정적으로 열거되어 있는 것으로 위 각 사유에 해당되지 않으면 재심의 소를 제기할 수 없다. 재심사유 중 제1호 내지 제3호와 제11호는 절차상의 하자에 관한 것으로 판결에 영향을 미쳤는가를 불문하고 재심사유가 되지만 제4호 내지 제10호는 판결결과에 영향을 미칠 가능성이 있어야 한다. 그중에서도 제4호 내지 제7호는 판결에 영향을 미친 가벌적 행위에 관하여 규정하고 있는데 그 행위에 대하여 유죄의 판결이나 과태료부과의 재판이 확정된 때 또는 증거부족 외의 이유로 유죄의 확정 판결이나 과태료부과의 확정재판을 할 수 없을 때에만 재심의 소를 제기할 수 있다(451조 2항). 이를 증거확실의 원칙이라고 한다. 다만 판례는 그 확정판결을 기다리지 않고 재심의 소가 제기되어도 재심의 소의 판결이 있을 때까지 유죄의 확정판결이 있으면 그 재심의 소는 적법하다고 한다.[19]

(1) 법률에 따라 판결법원을 구성하지 아니한 때(1호)

판결은 기본이 되는 변론에 관여한 법관이 하여야 하므로(204조 1항) 기본이 되는 변론에 관여하지 아니한 법관이 판결에 관여하는 경우 재심사유에 해당한다. 대법관 전원의 3분의 2에 미달하는 대법관만으로 구성된 부에서 종전 대법원의 법률해석 적용에 관한 의견을 변경하는 판결을 심판하였다면 이 역시 재심사유가 된다.[20]

(2) 법률상 그 재판에 관여할 수 없는 법관이 관여한 때(2호)

제척사유(41조)가 있거나 기피신청이 이유 있다는 결정(46조)이 확정된 법관이 재판에 관여하는 경우, 상고심에서 파기환송된 원심판결에 관여한 법관이 환송 후 재판에 관여하는 경우(436조 3항) 등이 본 재심사유에 해당한다.

---

19) 대법원 1983. 12. 27. 선고 82다146 판결.
20) 대법원 2011. 7. 21. 선고 2011재다199 전원합의체판결.

(3) 대리권의 수여에 흠이 있는 때(3호)

(a) **"대리권의 수여에 흠이 있는 때"란 무권대리인이 대리인으로서 본인을 위하여 실질적인 소송행위를 하였을 경우뿐 아니라 대리권의 흠결로 인하여 판결을 선고받은 본인이나 그의 소송대리인이 실질적인 소송행위를 할 수 없었던 경우도 이에 해당된다.**

(b) 예를 들어 보기로 한다. X는 Y종중의 대표자가 특별히 선임된 바 없음에도 Y종중의 대표자로 X의 아들 Y_1이 선출되었다는 내용의 종중결의서를 위조하여 이를 소장에 첨부하여 Y종중을 피고로 하여 K부동산에 관한 소를 제기하였다. 이 소송은 의제자백으로 원고 승소판결이 선고되었는데 변론기일소환장은 Y_1에게 교부송달되고 판결선고기일소환장 및 판결정본은 Y_1의 조모 또는 모를 통하여 보충송달의 방법으로 Y_1에게 송달되었다. 그 후 Y종중의 항소 없이 항소기간이 도과하였다.[21] 이 경우는 Y종중의 참칭대표자인 Y_1이 Y종중의 대표자로서 행위를 한 것은 아니다. 그러나 Y_1이 Y종중의 적법한 대표자가 아님에도 Y_1이 마치 적법한 대표자인 것처럼 종중결의서가 위조되어 소가 제기된 결과 Y종중은 실질적인 소송행위를 할 수 없었다. 판례는 이 경우 항소기간의 진행으로 판결은 확정되고 대리권의 흠결에 의한 재심사유에 해당하는 것으로 볼 수 있다고 한다.[22] 이는 허위주소로 판결정본이 송달되어 판결이 확정되지 아니하는 경우와는 구별된다.[23]

(c) **대리권의 흠결에 관한 재심사유는 당사자의 절차참여권이 침해된 경우에도 유추적용된다.** 판례는 소송계속 중 어느 일방 당사자의 사망에 의한 소송절차 중단을 간과하고 변론이 종결되어 판결이 선고된 경우에는 그 판결은 소송에 관여할 수 있는 적법한 수계인의 권한을 배제한 결과가 되는 절차상 위법은 있지만 그 판결이 당연무효라 할 수는 없고, 다만 그 판결은 대리인에 의하여 적법하게 대리되지 않았던 경우와 마찬가지로 보아 대리권흠결을 이유로 상소 또는 재심에 의하여 그 취소를 구할 수 있다고 한다.[24]

(4) 재판에 관여한 법관이 그 사건에 관하여 직무에 관한 죄를 범한 때(4호)

이 경우는 제451조 제2항의 요건을 갖추어야 재심사유가 된다.

---

21) 대법원 1994. 1. 11. 선고 92다47632 판결.
22) 대법원 1994. 1. 11. 선고 92다47632 판결.
23) 대법원 1978. 5. 9. 선고 75다634 전원합의체판결.
24) 대법원 1995. 5. 23. 선고 94다28444 전원합의체판결.

(5) 형사상 처벌 받을 다른 사람의 행위로 자백을 하였거나 공격 · 또는 방어방법의 제출을 방해 받은 때(5호)

"형사상 처벌 받을 다른 사람의 행위"란 형사법상 범죄행위를 의미한다. 다른 사람의 범죄행위와 자백 또는 공격 · 방어방법의 제출방해 및 불리한 판결 사이에 직접적 인과관계가 필요하다. 따라서 타인의 형사처벌을 받을 행위로 인하여 당해 소송절차에서 당사자의 공격 · 방어방법의 제출에 직접 방해받은 경우를 말하는 것이고 당해 소송절차와 관계없이 타인의 범죄행위로 인하여 실체법상의 어떤 효과발생이 저지되었다든가 어떤 사실이 조작되었기 때문에 그 결과 법원이 사실인정을 그르치게 된 경우는 이에 포함되지 않는다. 예를 들어 채권양도인이 피고인 채무자에게 배달된 채권양도통지를 채무자가 읽기 전에 찢어버린 행위로 채권양도통지의 효력발생이 저지된 경우라 하더라도 이는 소송절차에서 피고의 방어방법 제출이 직접 방해받게 되었다고는 할 수 없는 것이므로 재심사유에 해당되지 않는다.[25] 판례는 형사상 처벌을 받을 다른 사람의 행위로 말미암아 상소 취하를 하여 원심판결이 확정된 경우에도 자백에 준하여 재심사유가 된다고 한다.[26]

(6) 판결의 증거가 된 문서 등이 위조 또는 변조된 것인 때(6호)

"판결의 증거로 된 문서가 위조 또는 변조된 것인 때"라 함은 위조나 변조된 문서가 판결주문을 유지하는 근거가 된 사실인정의 증거로 채택된 경우를 말한다. 따라서 재심대상판결의 사실인정의 증거로 채용되지 않았다면 문서가 변조되었다는 유죄의 확정판결이 있었더라도 재심사유에 해당하지 않는다.[27]

(7) 증인 등의 거짓진술이 판결의 증거가 된 때(7호)

"증인 등의 거짓진술이 판결의 증거로 사용된 때"라 함은 판결주문을 유지하는 근거된 사실을 인정하는 증거로 채택된 때를 말하는 것으로 그 진술이 없었다면 판결주문이 달라질 수도 있을 것이라는 일응의 개연성이 있는 경우를 말한다.

(8) 판결의 기초가 된 재판 또는 행정처분이 다른 재판이나 행정처분에 따라 바뀐 때(8호)

재판이나 행정처분이 "판결의 기초로 되었다"고 함은 재판 또는 행정처분이 확정

---

25) 대법원 1982. 10. 12. 선고 82다카664 판결.
26) 대법원 2012. 6. 14. 선고 2010다86112 판결.
27) 대법원 1992. 11. 10. 선고 91다27495 판결.

판결에 법률적으로 구속력을 미치는 경우 또는 확정판결에서 사실인정의 자료가 되었고, 그 변경이 확정판결의 사실인정에 영향을 미칠 가능성이 있는 경우를 말한다.[28] 그러나 재판내용이 담겨진 문서가 확정판결이 선고된 소송절차에서 반드시 증거방법으로 제출되어 그 문서의 기재 내용이 증거자료로 채택된 경우에 한정되는 것은 아니다.[29]

이러한 재판 또는 행정처분이 "다른 재판이나 행정처분에 따라 바뀐 때"란 그 후의 다른 재판이나 행정처분에 따라 확정적이고 또한 소급적으로 변경된 경우를 말한다. 따라서 판결의 전제로 된 행정처분의 적법 여부에 관한 법원의 해석이나 판단이 그 후 다른 사건에서의 판례변경으로 그와 상반된 해석을 내렸다는 것만으로는 이에 해당하지 않는다.[30]

(9) 판결에 영향을 미칠 중요한 사항에 관하여 판단을 누락한 때(9호)

"판단을 누락한 때"란 당사자가 적법하게 제출한 공격·방어방법으로 당연히 판결의 결론에 영향이 있는 것에 대하여 판결이유 중에서 판단을 표시하지 아니한 경우를 말한다. 따라서 그 판단내용에 잘못이 있다거나 이유를 상세히 설시하지 않는 것은 이에 해당하지 않는다.[31]

(10) 재심을 제기할 판결이 전에 선고한 확정판결에 어긋나는 때(10호)

"재심을 제기할 판결이 전에 선고한 확정판결에 어긋나는 때"란 전에 선고한 확정판결의 효력이 재심대상판결 당사자에게 미치는 경우로서 양 판결이 저촉되는 때를 말한다. 본 재심사유는 두 판결의 기판력의 충돌을 조정하기 위한 것이다. 따라서 전에 선고한 확정판결이 재심대상판결과 내용이 유사한 사건에 관한 것이라고 하여도 당사자들을 달리하여 판결의 기판력이 재심대상판결의 당사자에게 미치지 아니하는 때에는 재심사유에 해당하지 않는다.[32]

(11) 당사자가 상대방의 주소 등을 알고 있었음에도 소재불명 또는 허위주소로 소를 제기한 때(11호)

이에 관하여는 송달의 하자 편에서 설명한 내용 참조.

---

28) 대법원 2019. 10. 17. 선고 2018다300470 판결.
29) 대법원 2005. 6. 24. 선고 2003다55936 판결.
30) 대법원 1987. 12. 8. 선고 87다카2088 판결.
31) 대법원 1984. 2. 28.자 83사5 결정.
32) 대법원 2011. 7. 21. 선고 2011재다199 전원합의체판결.

Ⅴ. 재심소송절차

1. 관할법원

(1) 원 칙

(a) 재심의 소는 재심을 제기할 판결을 한 법원의 전속관할에 속한다(453조 1항). 예를 들어 제1심에서 선고된 판결이 확정되어 재심의 소를 제기하는 경우 관할법원은 제1심법원이 된다. 이는 재심의 소가 일단 종결된 종전 소송절차의 속행이라는 실질을 가지고 있기 때문이다.[33] 위 원칙은 같은 사건에 대하여 심급을 달리하는 법원이 각각 선고한 판결이 확정된 경우에도 적용될 수 있다. 예를 들어 같은 사건에 대해 제1심에서 원고청구기각, 항소심에서 항소각하, 상고심에서 상고기각의 각 판결이 선고되어 확정된 경우 각 판결마다 재심사유가 있다면 각 판결이 별도로 재심의 소의 대상이 될 수 있는데 이때 관할법원은 재심의 소를 제기할 판결을 한 법원이 되는 것이 원칙이다.

(b) 항소심에서 사건에 대하여 본안판결을 하였을 때에는 제1심판결에 대하여 재심의 소를 제기하지 못한다(451조 3항). 따라서 이 경우에는 항소심법원의 판결만이 재심의 소의 대상이 되므로 재심을 제기할 판결을 한 법원인 항소심법원만이 그 관할법원이 된다.

(2) 원칙의 적용이 배제되는 경우

(a) 상고심에는 직권조사사항이 아닌 이상 사실인정의 권한이 없다. 따라서 민사소송법 제451조 제1항 6호 또는 7호와 같은 사실인정 그 자체를 재심사유로 삼는 경우에는 사실심법원에 관할권이 있고 상고심법원에는 관할권이 인정되지 않는다.[34]

(b) 민사소송법 제453조 제2항 본문은 "심급을 달리하는 법원이 같은 사건에 대하여 내린 판결에 대한 재심의 소는 상급법원이 관할한다"고 규정하고 있다. 항소심법원이 본안판결을 한 경우에는 제451조 제3항에 의해 항소심판결로 재심의 소의 대상이 제한되므로 제453조 제2항 본문이 적용될 여지가 없다. 또한 재심의 소가 제1심판결과 항소심판결에 대하여 병합하여 제기되지 않고 별도로 제기된 경우에는 제453조 제1항이 적용되어 제1심판결은 제1심법원이, 항소심판결은 항소심법원이 각각 재심의 소의 관할법원이 된다. 따라서 제453조 제2항 본문은 항소심에서 본안판

33) 주석민사소송법(Ⅶ), 79면.
34) 대법원 1983. 4. 26. 선고 83사2 판결.

결 이외의 판결에 대하여 제1심판결과 병합하여 재심의 소가 제기된 경우에 적용된다. 이는 상급심법원에서 하급심법원의 재심사건을 함께 심리 · 판단하여 재판의 모순 · 저촉을 피하고 당사자의 편의를 도모하기 위한 것이다.35) 이에 의하면 제1심의 종국판결과 항소심법원의 항소각하판결이 확정되어 당사자가 위 두 개의 확정판결에 존재하는 각각의 재심사유를 모두 주장하기 위해 제1심판결과 항소심판결에 대한 재심의 소를 병합하여 제기하는 경우에는 민사소송법 제453조 제2항 본문이 적용되어 항소심법원만이 관할법원이 된다.

(c) 동일사건에 항소심판결과 상고심판결에 각각 독립된 재심사유가 있는 때에는 항소심법원과 상고심법원이 모두 재심의 소의 관할법원이 된다(453조 2항 단서). 만약 상고심법원에서 항소심 판결의 재심사유를 심리하여 이유 있다고 인정되는 경우에는 원판결을 파기환송하여 항소심에서 심리하게 된다. 따라서 이 경우 동항 본문을 적용하여 재심의 소의 관할법원을 상고심법원으로만 한정하는 것은 소송경제에 부합하지 않으므로 항소심법원과 상고심법원이 모두 재심의 소의 관할법원으로 할 수 있도록 한 것이다.

(3) 소송상 취급

당사자가 관할권 없는 법원에 재심의 소를 제기한 경우 재심의 소송요건을 갖추지 못한 부적법한 소이며 단순히 관할을 위반하여 제기된 소가 아니다. 그러나 이를 각하할 것은 아니고 관할법원에 이송하여야 한다. 이때 재심제기기간의 준수 여부는 당사자가 재심의 소를 제기한 때를 기준으로 하며 관할권 있는 법원에 이송된 때를 기준으로 하지 않는다.36)

2. 재심의 소의 제기

재심의 소송절차에는 각 심급의 소송절차에 관한 규정을 준용한다(455조). 따라서 재심의 소는 원칙적으로 소장을 제출함으로써 제기한다(248조). 재심소장에는 1. 당사자와 법정대리인, 2. 재심할 판결의 표시와 그 판결에 대하여 재심을 청구하는 취지, 3. 재심의 이유를 기재하여야 한다(458조). 재심의 소가 제기되었다고 하여 확정판결의 집행력이 소멸하는 것은 아니다. 다만 법원은 민사소송법 제500조에 따라 강제집행을 일시정지하도록 명할 수 있다. 재심청구와 일반 민사상 청구의 병합은 허용되지

35) 주석민사소송법(Ⅶ), 80면.

36) 대법원 1984. 2. 28. 선고 83다카1981 전원합의체판결; 대법원 1995. 6. 19.자 94마2513 결정; 대법원 1994. 10. 15.자 94재다413 결정.

않는다.[37)]

3. 재심의 소의 심판

(1) 재심의 소의 심판에도 각 심급의 소송절차에 관한 규정이 준용된다(455조). 제451조 제1항 제4호 내지 제7호 소정의 재심사유에 관하여 동조 제2항의 유죄판결 등의 확정은 재심의 소의 요건에 해당하여 이를 갖추지 못한 경우에는 재심의 소 자체가 부적법해진다.[38)] 재심법원은 먼저 재심의 소의 적법 여부에 관하여 심리하여 소송의 일반요건이나 재심의 소의 특수요건을 갖추지 못하고 이를 보정하지 않거나 보정할 수 없는 경우에는 재심의 소를 각하하여야 한다.

(2) 재심법원은 재심의 소가 적법한 것으로 인정되는 경우 재심사유의 존부에 관하여 심리하여야 하는데 심리결과 재심사유가 없는 것으로 인정되면 본안에 관하여 심리하지 않고 종국판결로 재심청구를 기각한다.[39)]

(3) 재심사유가 있다고 인정되는 경우 재심법원은 본안에 관하여 심리하여야 한다. 재심의 소의 대상이 확정된 재심판결인 경우 본안에 관하여 심리한다는 것은 종전 재심청구에 관한 변론을 재개하여 속행하는 것을 말한다. 따라서 종전 재심청구에 관하여 다시 심리한 결과 원래의 확정판결에 재심사유가 인정되지 않을 경우에는 재심판결을 취소하고 종전 재심청구를 기각하여야 하며 원래의 확정판결 사건의 본안에 관하여 다시 심리와 재판을 할 수는 없다.[40)] 본안의 변론과 재판은 재심청구이유의 범위 안에서 하여야 하며 재심의 이유는 바꿀 수 있다(459조 1항, 2항).

재심법원은 심리결과 원판결이 부당하다고 인정되면 이를 취소하고 이에 갈음하는 판결을 선고한다. 이에 의해 원판결이 소급적으로 소멸하므로 이때의 재심법원의 판결은 형성판결의 성질을 갖는다. 재심은 상소와 유사한 성질을 갖는 것으로서 불이익변경금지의 원칙이 적용되어 부대재심이 제기되지 않는 한 재심원고에 대하여 원래의 확정판결보다 불이익한 판결을 할 수 없다.[41)]

원판결이 정당하다고 인정되면 재심사유가 있더라도 법원은 재심의 청구를 기각하여야 한다(460조). 예를 들어 재심사유는 인정되나 원판결의 표준시 전의 다른 사유로 원판결이 정당하거나 원판결의 표준시 이후 발생한 사유로 원판결의 결론이 정당한 경우이다.

---

37) 대법원 1971. 3. 31. 선고 71다8 판결.
38) 대법원 1989. 10. 24. 선고 88다카29658 판결.
39) 대법원 1990. 12. 7. 선고 90다카21886 판결.
40) 대법원 2015. 12. 23. 선고 2013다17124 판결.
41) 대법원 2003. 7. 22. 선고 2001다76298 판결.

(4) 재심의 소에 대한 판결에 대하여는 그 심급에 따라 상소할 수 있다. 재심법원이 상고심인 경우에는 불복할 수 없다.

Ⅵ. 준재심

1. 의 의

확정 판결과 같은 효력을 가지는 조서와 즉시항고로 불복을 신청할 수 있는 것으로서 확정된 결정·명령에 재심사유가 있을 때 재심의 소에 준하여 준재심을 제기하는 것을 말한다(461조).

2. 준재심의 소

(1) 준재심의 대상이 되는 민사소송법 제220조의 조서에는 화해, 청구의 포기·인낙조서 이외에 재판상화해와 동일한 효력을 지닌 조정조서도 포함된다(민사조정법 29조). 확정판결에 대한 재심의 소의 소송절차를 준용한다.

(2) 준재심은 제451조의 재심사유를 그 사유로 하지만 판결을 전제로 한 재심사유는 준재심의 사유로 삼을 수 없다. 다만 법원이 직권으로 조정을 갈음하는 결정을 한 경우 이는 수소법원의 사실인정과 판단에 기초하여 이루어진 것으로서 만약 관련된 재판내용이 위 조정을 갈음하는 결정에서 사실인정의 자료가 되었고 그 재판의 변경이 그 조정을 갈음하는 결정에 영향을 미칠 가능성이 있다면 제451조 제1항 제8호(판결의 기초가 된 재판이 바뀐 때)를 준재심의 사유로 삼을 수 있다.[42]

(3) 재심의 사유가 있는 경우라도 판결이 정당하다고 인정한 때에는 법원은 재심의 청구를 기각하여야 한다(460조). 그러나 제소전화해에 있어서는 종결될 본안소송이 계속되었던 것이 아니므로 그 화해의 내용이 되는 법률관계의 실체관계의 부합 여부를 따질 수 없다. 따라서 제소전화해조서를 대상으로 한 준재심의 소에서는 제460조가 적용될 여지는 없고, 재심사유가 인정되는 이상 화해조서를 취소할 수밖에 없다.[43]

---

42) 대법원 2005. 6. 24. 선고 2003다55936 판결.
43) 대법원 1998. 10. 9. 선고 96다44051 판결.

제8편

병합소송

제1편 총론
제2편 소송의 개시
제3편 변론
제4편 증거
제5편 소송의 종료
제6편 상소심절차
제7편 재심절차

제8편 병합소송

제1장 병합청구소송

제1절 소의 객관적 병합
제2절 청구의 변경
제3절 반소
제4절 중간확인의 소

제2장 다수당사자소송

제1절 공동소송
제2절 선정당사자
제3절 집단소송
제4절 제3자의 소송참가
제5절 당사자의 변경

제9편 간이소송절차

제1장 병합청구소송

가장 단순한 형태의 소송은 1명의 원고가 1개의 청구에 관하여 1명의 피고를 상대로 소를 제기하는 것이다. 그러나 현실적으로는 소송이 반드시 위의 형태만을 가지는 것은 아니고 청구가 2개 이상인 경우도 있고 원고와 피고 어느 일방 또는 쌍방이 2인 이상인 경우도 있다. 또 원고와 피고 외에 또 다른 소송주체(예를 들어 독립당사자참가인)도 있을 수 있다. 이와 같이 청구가 복수이거나 소송주체가 복수인 경우를 병합소송(=복수의 소송, 복합적 소송)이라고 하고 병합소송 중에서도 병합청구소송(=복수청구소송)은 청구가 복수인 경우이다.[1] 병합청구소송은 소가 제기될 때부터 청구가 복수인 경우도 있고 하나의 청구로 소가 제기된 다음 나중에 청구가 복수로 되는 경우도 있다. 병합청구소송은 민사소송법 제2편 제1심 소송절차 제1장 소의 제기편에 규정되어 있다.

제1절 소의 객관적 병합

■ **핵심어**

관련재판적, 동일취지의 급부청구, 청구의 양립불가능성, 심판의 순위. 병합청구의 성질

Ⅰ. 의　　의

(1) 민사소송법은 여러 개의 청구를 하나의 소로 제기하는 경우를 소의 객관적 병합으로 규정하고 있다(253조). **소의 객관적 병합은 소가 제기될 때부터 청구가 복수인 경우(원시적 병합)에 한정되고 일단 하나의 청구로 소가 제기된 다음 나중에 청구가 복수가 되는 경우(후발적 병합)는 포함되지 않는다.**

(2) 소의 객관적 병합은 청구가 병합되었다는 것이므로 공격 · 방어방법이 복수라

1) 복수청구소송은 청구의 숫자에 의미를 둔 표현이라면, 병합청구소송은 여러 청구를 하나의 소송절차에 묶었다는 것에 의미를 둔 표현이라고 할 수 있다.

는 것과는 구별되는 개념이다. 또한 무엇이 청구이고 무엇이 공격 · 방어방법에 불과한 것인가는 소송물이론에 따라 달라진다. 소의 객관적 병합이 허용되면 각 청구에 대하여 따로따로 소송을 하지 않아도 되므로 소송경제를 도모할 수 있고 병합의 형태에 따라서는 판결의 모순저촉도 피할 수 있다.

Ⅱ. 요 건

1. 소송절차의 공통

(1) 하나의 소로 여러 개의 청구에 관하여 심판을 구하는 소를 제기하려면 각 청구를 하나의 소송절차에서 심리하고 판단할 수 있어야 한다. 예를 들어 통상의 민사사건과 가처분에 대한 이의사건은 다른 종류의 소송절차에 따르는 것이므로 변론을 병합할 수 없다.[2)]

(2) 가사소송절차는 원칙적으로 민사소송법에 따르지만 가류 및 나류 가사소송사건(가사소송법 2조 참조)에 관하여는 민사소송법상 심리에 관한 일부규정의 적용이 배제된다(가사소송법 12조). 따라서 가류 및 나류 가사소송사건은 민사소송사건과 병합하여 소를 제기할 수 없다.

(3) 행정소송에는 직권심리가 인정되는 결과(행정소송법 26조) 변론주의가 적용되지 않으므로 행정사건을 민사사건과 병합하여 소를 제기하는 것은 허용되지 않는 것이 원칙이다. 그러나 취소소송에는 사실심의 변론종결시까지 관련청구소송을 병합하거나 피고 외의 자를 상대로 한 관련청구소송을 취소소송이 계속된 법원에 병합하여 제기할 수 있다. 여기서 관련청구라 함은 취소소송의 대상이 되는 당해 처분 등과 관련되는 손해배상 · 부당이득반환 · 원상회복 등 청구소송을 말한다(행정소송법 10조).

(4) 새로운 청구를 병합하여 재심의 소를 제기하는 것은 허용될 수 있을까? 재심의 소의 소송물은 이원론에 의하면 재심대상판결의 취소요구와 그 본소의 청구이다. 소유권이전등기소송의 확정판결에 대해 피고들이 재심청구를 한 사건에서 판례는 피고들이 재심대상판결의 취소와 그 본소청구의 기각을 구하는 외에, 원고와 승계인을 상대로 재심대상판결에 의하여 경료된 원고 명의의 소유권이전등기와 그 후 승계인의 명의로 경료된 소유권이전등기의 각 말소를 구하는 청구를 병합하여 제기할 수

2) 대법원 2003. 8. 22. 선고 2001다23225, 23232 판결. 같은 취지의 판례로는 대법원 2009. 9. 10. 선고 2009다41977 판결.

는 없다고 하여 이를 불허하는 태도를 취하고 있다.[3)]

이러한 판례의 태도를 지지하는 견해도 있다.[4)] 이 견해는 재심의 소는 종국판결의 기판력을 배제하기 위한 비상구제수단으로서 통상의 소송절차와 그 성질을 달리한다고 한다. 그러나 다수설은 분쟁의 일회적 해결에 도움이 되고 가집행선고 실효에 따른 가지급물반환신청이 인정되는 것과의 균형상 허용된다고 한다.[5)] 다만 상소심에서의 재심의 소에서 청구를 병합하는 것은 병합된 청구에 관하여 상대방의 심급의 이익을 해칠 수 있으므로 허용되지 않는다.

생각건대 재심의 소에 병합청구를 인정하여 재심대상판결과 이와 관련된 청구를 한 번에 해결하는 것과 재심의 소로 판결을 받은 후 이를 근거로 다시 소를 제기하는 것은 당사자의 권리구제 상황에 있어서 큰 차이를 나타낸다. 또한 재심대상판결의 취소를 전제로 그 본소의 청구도 재심의 소의 소송물에 포함된다(이원론)는 점에서 보면 재심의 소에 재심대상판결에 의해 집행된 권리상태를 되돌리기 위한 청구를 병합한다고 하여 소송절차의 진행에 장애를 초래한다고 하기 어렵다. 다수설이 타당하다.

2. 관할의 공통

하나의 소에 병합된 각 청구에 대하여 법원은 관할권이 있어야 한다. 하나의 소로 여러 개의 청구를 하는 경우 그 여러 개 가운데 하나의 청구에 대한 관할권이 있는 법원은 다른 청구에 대하여도 관련재판적(25조)이 인정된다. 따라서 다른 청구가 다른 법원의 전속관할에 속하는 경우가 아니라면 관할은 문제되지 않는다.

Ⅲ. 병합의 모습

1. 단순병합

(1) 의 의

단순병합은 원고가 여러 개의 청구 모두에 관한 심판을 구하는 형태의 병합이다. 단순병합의 경우 법원은 병합된 청구 모두에 관하여 심판하여야 하므로 각 청구는 서로 양립가능한 것이어야 한다. 단순병합의 경우 청구취지의 예는 다음과 같다.

(청구취지)

1. 피고는 원고에게,

가. 별지목록기재 건물을 인도하고,

나. 금 3,000,000원을 지급하라.

---

3) 대법원 1997. 5. 28. 선고 96다41649 판결.

4) 강현중, 750면; 김홍엽, 980면.

5) 김홍규/강태원, 736면; 송상현/박익환, 606면; 이시윤, 701면; 정동윤/유병현/김경욱, 970면; 정영환, 1375면; 호문혁, 853면.

(2) 소송물

청구가 병합되어야 하므로 청구가 수개이어야 하며 하나의 청구에 공격방법이 수개인 경우는 이에 해당되지 않는다. 원고가 불법행위에 대한 손해배상청구로서 적극적 손해, 소극적 손해, 정신적 손해 세 가지를 구한 경우 판례의 태도(손해3분설)에 의하면 청구의 단순병합으로 취급된다.[6]

2. 선택적 병합

(1) 의 의

선택적 병합은 원고가 병합된 여러 개의 청구 가운데 하나가 인용되면 소의 목적을 달성할 수 있어서 다른 청구에 대하여는 심판을 바라지 않는 형태의 병합이다. 즉 어느 한 청구가 인용될 것을 해제조건으로 하여 수개의 청구에 관한 심판을 구하는 병합 형태이다. 판례는 청구의 선택적 병합은 양립할 수 있는 수개의 경합적 청구권에 기하여 동일 취지의 급부를 구하거나 양립할 수 있는 수 개의 형성권에 기하여 동일한 형성적 효과를 구하는 경우에 인정되며 **논리적으로 양립할 수 없는 수 개의 청구는 선택적 병합의 형태로 청구할 수 없다**고 한다.[7] 선택적 병합의 경우 청구취지의 예는 다음과 같다.

(청구취지)[8]

선택적으로, 피고는 원고에게 별지목록기재 부동산에 관하여 부당이득반환을 원인으로 한 소유권이전등기절차를 이행하라. 또는 피고는 원고에게 별지목록기재 부동산에 관하여 진정명의회복을 원인으로 한 소유권이전등기절차를 이행하라.

(2) 소송물

위의 청구취지 예에서 원고는 소유권이전등기회복을 하는 것이 목적이므로 그 원인이 부당이득반환에 의한 것이든 아니면 진정명의회복을 원인으로 한 것이든 어느 한 가지만 인용되면 족하다. 위의 소 형태를 선택적 병합이라고 하는 것에는 소유권이전등기청구를 함에 있어서 그 원인에 따라 소송물이 다르다는 태도가 전제되어 있다.

구소송물이론을 취하는 판례에 따르면 이혼소송의 경우 각 이혼사유마다 별개의

---

6) 대법원 1976. 10. 12. 선고 76다1313 판결.
7) 대법원 1982. 7. 13. 선고 81다카1120 판결.
8) 서울고등법원 2008. 1. 25. 선고 2007나25034 판결.

소송물로 취급하고, 손해배상청구소송의 경우에도 그 원인이 채무불이행인가 불법행위에 의한 것인가에 따라 다른 소송물로 취급된다. 이에 의하면 이혼소송에 있어 여러 이혼사유를 선택적으로 주장하거나 손해배상청구소송에 있어 채무불이행과 불법행위를 선택적으로 주장하면 선택적 병합이 될 것이지만 그 청구취지에 원인이 표시되지는 않으므로 청구취지는 "원고와 피고는 이혼한다" 또는 "피고는 원고에게 금 000원을 지급하라"는 등으로 단순하게 표시된다.

그러나 신소송물이론에 의하면 위의 경우는 실체법상 청구권이 경합된 경우에 불과하여 하나의 청구이고 청구병합의 형태로 취급하지 않는다. 신소송물이론에 의하더라도 선택채권(예를 들어 민법 제135조의 무권대리인의 책임)이나 임의채권(예를 들어 민법 제764조의 손해배상청구에 갈음한 명예회복처분청구)의 경우에는 선택적 병합이 가능하다.

3. 예비적 병합

(1) 의 의

예비적 병합은 양립될 수 없는 여러 개의 청구를 하면서 제1차 청구가 기각되거나 각하될 것에 대비하여 제2차 청구에 대하여 심판을 구하는 형태의 청구병합이다. 예를 들면 원고가 주위적으로는 매매계약에 기한 매매대금지급청구를 하면서 예비적으로 매매계약이 무효일 것에 대비하여 매매목적물반환청구를 하는 경우이다. 예비적 병합의 경우 청구취지의 예는 다음과 같다.

(청구취지)

피고는 원고에게, 주위적으로 금1,000,000원을 지급하고, 예비적으로 별지목록기재 부동산을 인도하라.

(2) 허용성

민사소송에서 소송행위에 조건을 붙이는 것은 소송절차의 안정성을 해칠 우려가 있어 원칙적으로 허용되지 않지만 예비적 병합의 경우에는 소송진행 중 판명될 사실을 조건으로 하여 절차의 안정성을 해칠 우려가 없으므로 허용된다.

(3) 청구의 양립불가능

(a) 원 칙

예비적 병합은 주위적 청구 전부가 기각될 것을 조건으로 예비적 청구를 하는 것이다. 따라서 **예비적 병합은 두 청구가 양립가능하지 않은 경우에 허용되는 것이 원칙이다.** 예비적 병합이 허용된다는 것은 주위적 청구를 먼저 판단하고 주위적 청구가 기각되는 경우 예비적 청구도 판단하여야 한다는 것을 의미한다.

(b) 양립가능한 경우

(aa) 양 청구가 양립가능한 경우에도 예비적 병합이 허용될까? 다수설은 양립불가능성을 예비적 병합의 요건으로 들고 있어 양 청구가 양립가능한 경우에는 예비적 병합이 허용되지 않는다고 하나[9] 이 경우에도 예비적 병합이 허용된다는 견해도 있다.[10]

(bb) 판례는 논리적으로 양립할 수 있는 수개의 청구라 하더라도 당사자가 심판의 순위를 붙여 청구를 할 합리적 필요성이 있는 경우에는 당사자가 붙인 심판의 순위에 따라서 당사자가 먼저 심판을 구하는 청구를 심리하여 이유가 없으면 다음 청구를 심리하여야 한다고 하여 이러한 형태의 예비적 병합을 허용하고 있는데 이를 부진정 예비적 병합이라고 한다.[11]

그러나 같은 목적물에 관하여 같은 청구원인을 내용으로 하면서 주된 청구의 수량만을 감축하여 한 경우,[12] 주위적으로 무조건적인 소유권이전등기절차의 이행을 구하고, 예비적으로 금전지급과 상환으로 소유권이전등기절차의 이행을 구하는 경우와 같이 예비적 청구가 주위적 청구를 질적으로 일부 감축하는 것일 뿐 그 목적물과 청구원인이 주위적 청구와 동일한 경우[13] 등은 예비적 청구라고는 볼 수 없다고 한다. 판례에 나타난 부진정 예비적 병합의 예는 다음과 같다.

1) 당사자가 주위적으로 계쟁부동산 전부에 관한 소유권이전등기를 구하고 예비적으로 계쟁부동산의 지분에 관한 이전등기를 구하는 경우 양 청구는 양립가능하나 크기에 있어 차이가 있으므로 당사자가 심판의 순위를 붙여 청구를 할 합리적 필요성이 인정되고 법원이 주위적 청구를 기각하는 경우 예비적 청구에 관하여도 판단하여야 한다고 한다.[14]

2) 양 청구가 실질적으로 선택적 관계에 있으나 당사자가 주위적 · 예비적 병합형태로 제기한 소도 이른바 부진정 예비적 병합청구의 소로서 이를 허용한다.

---

9) 김홍규/강태원, 736면, 734면; 김홍엽, 987면; 송상현/박익환, 604면; 이시윤 704면; 정동윤/유병현/김경욱, 974면.

10) 호문혁, 856면.

11) 독일 민사소송법상 부진정 병합은 제1차 청구가 인용될 것을 조건으로 제2차 청구에 관하여 심판을 구하는 병합의 형태를 의미하는데 우리나라의 판례상 인정되는 부진정 병합과는 그 의미가 다르다.

12) 대법원 1972. 2. 29. 선고 71다1313 판결; 대법원 2017. 2. 21. 선고 2016다225353 판결.

13) 대법원 1999. 4. 23. 선고 98다61463 판결.

14) 대법원 2002. 2. 8. 선고 2001다17633 판결.

3) 주위적 청구가 전부인용되지 않을 경우 그 인용되지 아니한 수액의 범위에서 예비적 청구를 하는 것도 허용한다.[15] 따라서 주위적 청구를 (일부라도) 기각하는 경우 예비적 청구에 관하여도 판단하여야 한다. 예를 들어 기본적으로 피고에게 1억원의 지급을 구하는 사건에서 원고가 주위적으로는 대여금청구, 예비적으로는 불법행위(사기)를 원인으로 한 손해배상청구를 한 경우 제1심법원은 심판순위에 관하여는 원고의 의사에 따라 주위적 청구인 대여금청구를 먼저 판단하고 주위적 청구를 (일부라도)기각하는 경우에는 예비적 청구인 손해배상청구를 판단하여야 한다. 만약 주위적 청구에 관해 전부인용을 하지 않으면서 예비적 청구에 관하여 판단하지 않는 경우 상소되면 예비적 청구부분은 재판의 누락이 아니라 판단의 누락이 되어 상소심에 이심된다. 이 경우 상소심판단의 범위에 관하여는 해당 부분에서 설명하기로 한다.

4) 주위적 청구의 일부를 특정하여 그 부분이 인용될 것을 해제조건으로 한 예비적 청구도 특별히 소송절차의 안정을 해친다거나 예비적 청구의 성질에 반하는 것이 아닌 한 허용된다.[16]

(4) 본래의 급부에 대한 이행청구와 대상청구의 병합

급부가 후발적으로 불능하게 되어 급부를 불능하게 하는 사정의 결과로 채무자가 채권의 목적물에 관하여 '대신하는 이익'을 취득한 경우 채권자에게는 대상청구권이 인정된다.[17] 예를 들어 경매 목적물인 토지가 경락허가결정 이후 하천구역에 편입됨으로써 소유자의 매수인에 대한 소유권이전등기의무가 이행불능이 된 경우, 매수인은 소유자가 지급받게 되는 손실보상금에 대한 대상청구권을 행사할 수 있다.[18] 본래의 급부가 변론종결시까지 이행불능이 될 것을 대비하여 본래의 급부를 주위적 청구로 하고 대상청구를 예비적 청구로 한 경우에는 예비적 병합이 된다.[19] 이행불능의 여부는 변론종결시를 기준으로 판단되는 것이므로 변론종결시까지는 이행이 가능할 것으로 예상되나 판결 후 집행시에 집행불능이 될 것에 대비하여 대상청구를 병합하는 경우에는 적어도 변론종결시에는 양 청구가 양립가능하여 이 경우에는 예비적 병합이 아니라 단순병합이 된다.[20]

---

15) 대법원 2002. 9. 4. 선고 98다17145 판결.
16) 대법원 1996. 2. 9. 선고 94다50274 판결.
17) 대법원 2003. 11. 14. 선고 2003다35482 판결.
18) 대법원 2002. 2. 8. 선고 99다23901 판결.
19) 대법원 1962. 6. 14. 선고 62다172 판결.
20) 대법원 1975. 7. 22. 선고 75다450 판결.

Ⅳ. 병합청구의 심판

1. 판단의 방법

(1) 단순병합은 모든 청구에 대하여 판단하여야 한다.

(2) 선택적 병합에서는 어느 하나에 대하여 인용하면 원고의 목적이 달성되므로 나머지 청구를 판단할 필요가 없다. 이 경우는 일부판결이 아니라 전부판결이 된다. 그러나 **선택적 청구 중 하나만을 기각하는 일부판결은 수개의 청구가 하나의 소송절차에 불가분적으로 결합되어 있는 선택적 병합의 성질에 반하는 것으로서 법률상 허용되지 않는다.**[21] **따라서 이 경우에는 모든 청구에 대하여 기각하는 판단을 하여야 한다.** 일부의 청구를 기각하면서도 나머지 청구를 판단하지 않은 경우에는 재판의 누락이 아니라 판단의 누락이 된다.

판례는 명예훼손으로 인한 손해배상청구사건에서 새로운 명예훼손행위를 청구원인으로 추가하였다면 새로운 손해배상청구를 선택적으로 병합하는 것이므로 새로운 명예훼손행위를 원인으로 한 선택적 병합청구에 관하여 아무런 판단도 하지 아니한 채 원고의 청구를 기각하는 것은 판단누락에 해당한다고 한다.[22]

(3) 예비적 병합에서 원고가 소를 통하여 달성하고자 하는 것은 1차적으로는 주위적 청구를 인용 받는 데 있으므로 주위적 청구를 인용하면 예비적 청구에 대하여 판단할 필요가 없다. 그러나 주위적 청구를 기각하면 예비적 청구를 판단하여야 한다. 법원은 예비적 청구만을 분리하여 일부판결을 할 수 없으며, 피고도 예비적 청구에 관해서만 인낙을 할 수는 없다.[23]

2. 상소심의 판단

(1) 단순병합

(a) 확정차단 및 이심의 효력

상소의 효력에 관한 일반원칙이 그대로 적용되어 판결한 부분에만 확정차단 및 이심의 효력이 생긴다. 따라서 제1심에서 전부판결을 한 경우에는 일부에 대하여 불

---

21) 대법원 1998. 7. 24. 선고 96다99 판결; 대법원 2018. 6. 15. 선고 2016다229478 판결. 선택적으로 병합된 수개의 청구를 모두 기각한 항소심판결에 대하여 원고가 상고한 경우에 상고법원이 선택적 청구 중 어느 하나의 청구에 관한 상고가 이유 있다고 인정할 때에는 원심판결을 전부 파기하여야 한다(대법원 2017. 10. 26. 선고 2015다42599 판결).

22) 대법원 2010. 5. 13. 선고 2010다8365 판결.

23) 대법원 1995. 7. 25. 선고 94다62017 판결.

복을 하더라도 상소불가분의 원칙에 의해 병합된 청구에 대한 판결 전체에 대하여 확정차단과 이심의 효력이 생긴다. 그러나 제1심에서 일부판결을 한 경우에는 상소불가분의 원칙이 제1심에서 판결한 부분에 대하여 작용하므로 판결한 부분만이 나머지 부분과 분리되어 확정차단되고 항소심에 이심된다. 판례는 논리적으로 전혀 관계가 없어 단순병합으로 구해야 할 수 개의 청구를 선택적 병합으로 청구하는 것은 허용되지 않으므로 이 경우 제1심 법원이 그중 하나의 청구에 대해서만 한 판결에 대하여 피고만이 항소하였다면 제1심법원이 판단하지 않은 나머지 청구는 여전히 제1심에 남아 있게 된다고 한다.[24]

논리적으로 전혀 관계가 없어 순수하게 단순병합으로 구하여야 할 수 개의 청구를 선택적 청구로 병합하여 청구하는 것은 부적법하여 허용되지 않는다 할 것인바, 원고가 그와 같은 형태로 소를 제기한 경우 제1심법원이 본안에 관하여 심리 · 판단하기 위해서는 소송지휘권을 적절히 행사하여 이를 단순병합 청구로 보정하게 하는 등의 조치를 취하여야 할 것이고, 법원이 이러한 조치를 취함이 없이 본안판결을 하면서 그중 하나의 청구에 대하여만 심리 · 판단하여 이를 인용하고 나머지 청구에 대한 심리 · 판단을 모두 생략하는 내용의 판결을 하였다고 하더라도, 그로 인하여 청구의 병합 형태가 적법한 선택적 병합 관계로 바뀔 수는 없다 할 것이므로, 이러한 판결에 대하여 피고만이 항소한 경우 제1심법원이 심리 · 판단하여 인용한 청구만이 항소심으로 이심될 뿐, 나머지 심리 · 판단하지 않은 청구는 여전히 제1심에 남아 있게 된다.

(b) 심판의 대상

불이익변경금지의 원칙에 따라 원칙적으로 불복신청한 부분만 심판의 대상이 된다.[25] 그러나 직권조사사항인 경우에는 불이익변경금지의 원칙이 적용되지 않아 원고가 제1심에서 일부인용판결을 선고받고 패소한 부분만 불복한 경우에도 항소심법원은 원심판결을 취소하고 소 전체에 대하여 각하판결을 할 수 있다는 것이 판례의 태도이다.[26] 이에 따르면 항소심법원은 원고가 불복하지 않은 청구에 관하여 확인의 이익이 없다는 이유로 소각하 판결을 할 수 있다.

---

24) 대법원 2008. 12. 11. 선고 2006다5550 판결.
25) 대법원 2008. 12. 11. 선고 2005다51471 판결.
26) 대법원 1995. 7. 25. 선고 95다14817 판결.

(2) 선택적 병합

(a) 확정차단 및 이심의 효력

선택적 병합의 경우에는 일부판결이 인정되지 않는다. 각 청구가 선택적으로 심판을 구하는 조건으로 결합되어 있기 때문이다. 그 결과 제1심에서 일부의 청구를 인용하여 나머지 청구를 판단하지 않은 경우 그 일부에 대하여 불복을 하더라도 상소불가분의 원칙에 의해 병합된 청구 전체에 대하여 확정차단과 이심의 효력이 생긴다.

(b) 심판의 대상

(aa) 원고가 불복한 경우

제1심에서 원고 패소판결이 선고되어 원고가 항소한 경우에는 상소의 효력에 관한 일반원칙이 그대로 적용된다. 따라서 불이익변경금지의 원칙에 의해 불복한 범위만 항소심 심판의 대상이 된다.[27)]

그 결과 제1심에서 원고의 청구가 전부기각된 판결에 대하여 원고가 모두 불복한 경우에는 제1심의 청구가 모두 항소심 심판의 대상이 된다. 그러나 제1심에서 전부기각된 판결에 대하여 원고가 일부에 대하여만 불복한 경우에는 원고 스스로 각 청구의 선택적 인용을 구하는 조건을 해제하였다고 볼 수 있다. 따라서 불복한 범위만 심판의 대상이 되어 항소심법원은 불복하지 않은 청구가 이유 있다고 하여 원심판결을 취소할 수 없다.

(bb) 피고가 불복한 경우

1) (심판의 대상) 제1심에서 원고 승소판결이 선고되어 피고가 항소한 경우에도 불이익변경금지의 원칙에 의해 불복한 범위에서 항소심 심판의 대상이 정하여진다. 다만 이 경우 청구 사이의 결합관계도 고려되어야 한다. 따라서 **제1심에서 판단의 대상이 되지 않았던 청구도 항소심 심판의 대상이 된다. 각 청구가 불가분적으로 결합되어 있으므로** 항소심 심리결과 제1심에서 인용된 청구에 이유가 없다고 인정되면 제1심에서 판단의 대상이 되지 않았던 나머지 청구에 관하여도 심리하여야 하기 때문이다.

(항소심 판단) 제1심에서 인용된 청구와 제1심에서 판단의 대상이 되지 않았던 나머지 청구는 등가적인 것이므로 피고가 불복의 대상으로 삼지 않았던 나머지 청구를

---

27) 선택적으로 병합된 수개의 청구를 모두 기각한 항소심판결에 대하여 원고가 상고한 경우에 상고심법원이 선택적 청구 중 어느 하나의 청구에 관한 상고가 이유 있다고 인정할 때에는 원심판결을 전부 파기하여야 한다(대법원 2018. 6. 15. 선고 2016다229478 판결).

항소심에서 심판의 대상으로 삼았다고 하여 불이익변경금지의 원칙을 위반한 것이라고 할 수는 없다. 판례도 이 경우 항소심법원은 제1심에서 인용된 청구를 먼저 심리하여 판단할 필요는 없고, 선택적으로 병합된 수개의 청구 중 제1심에서 심판되지 아니한 청구를 임의로 선택하여 심판할 수 있다고 한다. 이는 원고의 청구를 인용한 판결에 대하여 피고가 항소를 제기하여 항소심에 이심된 후 청구가 선택적으로 병합된 경우에도 마찬가지라고 한다.[28] 이 경우 항소심 심리결과 원심이 인정한 청구와 다른 청구가 이유 있다고 인정된다면 구소송물이론에 의하면 양 청구는 별개의 소송물이므로 항소심법원은 제1심판결을 취소하고 다른 청구를 인용하는 판결을 하여야 한다.[29] 그러나 신소송물이론에 의할 때 실체법상 청구권이 경합된 경우이어서 소송물이 동일하고 다른 공격 · 방어방법을 인정한 것에 불과하다면 항소심법원은 피고의 항소를 기각하는 판결을 하여야 한다(항소기각설).[30]

2) (실질적 선택적 병합관계의 경우)

(판례의 태도) 실질적으로 선택적 병합관계에 있는 두 청구에 관하여 당사자가 주위적 · 예비적으로 순위를 붙여 청구한 경우 판례는 이를 부진정 예비적 병합청구의 소로 취급하여 주위적 청구를 기각하는 경우 예비적 청구에 관하여 판단하여야 한다는 것은 앞에서 살펴본 바와 같다. 한편 **판례는 병합의 형태가 선택적 병합인지 예비적 병합인지는 병합청구의 성질을 기준으로 판단하여야 하고, 항소심에서의 심판범위도 그러한 병합청구의 성질을 기준으로 결정하여야 한다고 한다.**[31] 위 판례의 태도를 종합하면 실질적으로 선택적 병합관계에 있는 두 청구에 관하여 당사자가 주위적 · 예비적으로 순위를 붙여 청구한 경우 심판의 순위에 관하여는 원고의 의사에 따르고 심판의 범위에 관하여는 병합청구의 성질에 따라 객관적으로 정한다는 것이 판례의 취지라고 이해할 수 있다. 이에 따르면 실질적으로 선택적 병합 관계에 있는 두 청구에 관하여 당사자가 주위적 · 예비적으로 순위를 붙여 청구하였고, 그에 대하여 제1심법원이 주위적 청구를 기각하고 예비적 청구만을 인용하는 판결을 선고하여 피고만이 항소를 제기한 경우에도, 항소심으로서는 두 청구 모두를 심판의 대상으로 삼아 판단하여야 한다.[32]

(적용) 심판의 범위를 청구의 예비적 병합의 예로 취급하는 것과 청구의 선택적 병합의 예로 취급하는 것은 다음과 같은 차이가 있다. 앞서 부진정 예비적 병합청구

28) 대법원 1992. 9. 14. 선고 92다7023 판결; 대법원 2006. 4. 27. 선고 2006다7587, 7594 판결.
29) 대법원 1992. 9. 14. 선고 92다7023 판결. 김홍엽, 996면.
30) 강현중, 368면; 이시윤, 705면. 소송물이론에 따라 적용상의 차이를 보다 상세히 설명하고 있는 문헌으로는 정영환, 836면.
31) 대법원 2014. 5. 29. 선고 2013다96868 판결; 대법원 2018. 2. 28. 선고 2013다26425 판결.
32) 위 대법원 판결; 대법원 2021. 6. 24. 선고 2016두61877 판결.

의 소에서 든 예(주위적으로는 대여금청구, 예비적으로는 불법행위를 원인으로 한 손해배상청구를 한 사례)로 살펴보기로 한다. 제1심법원이 주위적 청구인 대여금청구를 기각, 예비적 청구인 손해배상청구를 인용하고 이에 대해 피고만이 항소하였는데 항소심법원의 심리결과 예비적 청구가 이유 없는 경우이다. 이를 예비적 병합으로 취급하는 경우 심판의 대상은 주위적 청구인 대여금청구가 이유 있더라도 피고만이 항소하였으므로 불이익변경금지의 원칙에 의하여 항소심 심판의 대상은 예비적 청구인 손해배상청구에 한정된다. 따라서 항소심법원은 제1심판결을 취소하고 손해배상청구를 기각하는 판결을 하여야 한다. 한편 이를 선택적 병합으로 취급하는 경우 항소심 심판의 범위에는 두 청구 모두 포함되어 예비적 청구인 손해배상청구가 이유 없더라도 주위적 청구인 대여금청구는 인용될 수 있다.

(검토) 위 판례의 태도는 다음과 같은 이유에서 타당하다. 실질적으로 선택적 병합관계에 있는 청구에 관하여 원고가 심판의 순서를 정해 소를 제기한 경우 법원은 이를 존중하여 그 순서에 따라 심판하여야 하지만 위와 같은 원고의 의사는 단지 제1심법원의 심판순서를 정한 것에 불과하고 실질적으로 예비적 청구와 선택적 관계에 있는 주위적 청구를 심판의 대상에서 배제하려는 것으로까지 볼 수는 없다. 또한 제1심법원의 판결에 대해 피고만이 항소한 경우에도 제1심법원에서 인용되지 않은 청구가 항소심 심판의 대상이 되는 것은 **선택적 병합의 경우 병합된 양 청구가 서로 등가적인 것이어서 불이익변경금지의 원칙이 적용되지 않기 때문이다.** 이때 양 청구가 등가적인가 하는 것의 판단은 당사자의 의사가 아니라 양 청구의 객관적 성질에 의해 정해진다. 따라서 부진정 예비적 병합의 경우 심판의 범위는 당사자의 의사가 아니라 청구의 객관적 성질에 의해 정해진다고 함이 타당하다.

(3) 예비적 병합

(a) 확정차단 및 이심의 효력

예비적 병합은 각 청구가 조건에 의해 불가분적으로 결합되어 있다는 점에서는 선택적 병합과 같다. 따라서 제1심에서 주위적 청구를 먼저 판단하지 않고 예비적 청구를 판단하는 경우 또는 주위적 청구를 기각하면서 예비적 청구를 판단하지 않은 경우 판단의 누락으로 보아 판단하지 않은 주위적 또는 예비적 청구도 항소심에 이심된다.[33] 이러한 법리는 부진정 예비적 병합의 경우에도 동일하다.[34] 또한 제1심에서 주위적 청구가 기각되고 예비적 청구가 인용된 경우 피고만이 패소부분에 대하여

---

33) 대법원 2017. 3. 30. 선고 2016다253297 판결.
34) 대법원 2021. 5. 7. 선고 2020다292411 판결.

항소하더라도 불복하지 아니한 주위적 청구부분도 확정이 차단되고 이심의 효력이 생긴다. 그러나 **불복한 범위를 초과하여 심판의 대상이 되지는 않는다.**[35]

(b) 심판의 대상

(aa) 원고가 불복한 경우

상소의 효력에 관한 일반원칙이 적용됨은 선택적 병합에서와 같다. 제1심에서 주위적 청구와 예비적 청구 모두 기각된 경우 원고가 이에 대해 모두 불복하여 항소하면 주위적 청구와 예비적 청구 모두 항소심 심판의 대상이 된다. 그러나 주위적 청구와 예비적 청구 중 그 일부에 대하여만 불복하여 항소하면 불복의 대상이 된 청구만이 항소심 심판의 대상이 되며 나머지 청구는 심판의 대상이 되지 않는다. 각 청구 사이에 존재하는 심판에 관한 조건이 원고의 일부불복에 의해 해제되었기 때문이다.

제1심에서 주위적 청구가 기각되고 예비적 청구가 인용된 경우 원고만이 패소부분에 대하여 항소한 경우에는 불이익변경금지의 원칙에 의해 주위적 청구부분만 심판의 대상이 된다. 심리결과 주위적 청구와 예비적 청구 모두 이유 없다고 판단되어도 예비적 청구에 대하여 기각판결을 할 수 없다.

(bb) 피고가 불복한 경우

1) 제1심에서 주위적 청구가 인용되어 피고가 항소한 경우 제1심에서 판단 받지 않은 예비적 청구도 항소심에 이심되고 심판의 대상이 된다.[36] 왜냐하면 항소심에서 주위적 청구가 기각되면 예비적 청구도 판단을 하여야 하기 때문이다.

2) 제1심에서 주위적 청구가 기각되고 예비적 청구가 인용된 경우 피고만이 패소부분에 대하여 항소하면 불복하지 아니한 주위적 청구부분도 이심되지만 불이익변경금지의 원칙에 의해 심판의 대상이 되지 않는다. 따라서 이 경우 예비적 청구부분만 심판의 대상이 된다.

3) 원고의 주위적 청구를 기각하면서 예비적 청구를 일부 인용한 환송 전 항소심 판결에 대하여 피고만이 상고한 경우 불이익변경금지의 원칙에 의해 주위적 청구는 상고심심판의 대상이 되지 않는다. 따라서 상고심은 환송 전 항소심판결 중 예비적 청구에 관한 피고 패소부분만 파기하여야 하고, 파기환송의 대상이 되지 아니한 주위적 청구부분은 예비적 청구에 관한 파기환송판결의 선고와 동시에 확정된다. 그 결과 환송 후 원심에서의 심판범위는 예비적 청구 중 피고 패소부분에 한정된다.[37]

---

35) 대법원 2002. 9. 4. 선고 98다17145 판결.
36) 대법원 2000. 11. 16. 선고 98다22253 전원합의체판결.
37) 대법원 2001. 12. 24. 선고 2001다62213 판결.

병합형태	결합관계	제1심 심판대상	항소심 심판대상	불이익변경금지원칙
단순병합	없음	모든 청구	불복신청대상에 국한	적용
선택적 병합	선택적	기각의 경우에만 모든 청구	불복신청대상에 국한되지 않음(등가성)	각 청구의 등가성을 고려하여 판단
예비적 병합	예비적	주위적 청구 기각의 경우에만 예비적 청구	불복신청대상+예비적 청구(예비적 심판조건)	각 청구의 부등가성을 고려하여 판단

제2절 청구의 변경

■ **핵심어**

소송경제, 피고의 방어, 교환적 변경, 구청구부분의 소 취하, 청구기초의 동일성, 소송자료의 공통

Ⅰ. 의 의

(1) 원고는 청구의 기초가 바뀌지 아니하는 한도 안에서 변론을 종결할 때까지 청구취지 또는 청구원인을 변경할 수 있다(262조 1항). 청구의 변경은 소송계속 후 원고가 같은 피고에 대한 본래의 청구를 변경하는 것을 말한다. 법전상의 용어로는 청구의 변경이라고 하나 독일법의 Klageänderung의 용례에 따라 소의 변경이라고도 한다. 그러나 청구의 변경만이 소의 변경이며 소의 요소라 하더라도 당사자나 법원의 변경은 소의 변경이 아니다.

(2) 청구의 변경이 인정되는 이유는 무엇일까? 예를 들어 보기로 한다. 원고가 매매를 원인으로 한 목적물인도청구를 하였다. 소송중 목적물이 멸실되어 이행불능이 되었다. 만약 이행불능에 의한 전보배상청구로 청구의 변경이 인정되지 않는다면 기존의 소를 취하하고 새로운 소를 제기하여야 한다. 이는 그동안 진행해 온 변론의 결과를 무의미하게 하여 소송경제에도 반할 뿐 아니라 원고에게도 가혹한 결과가 될 것이다. 한편 청구의 변경을 무제한 허용하여 기존의 청구와 무관한 청구로 변경되거나 항소심에서 변경된다면 피고가 원고의 청구에 대하여 방어하기가 어려워지며

제1심부터 재판을 받을 수 있는 심급의 이익도 빼앗기는 결과가 된다. 그러므로 청구의 변경을 허용하되 또 한편으로 그 제한이 필요하기도 하다.

Ⅱ. 청구의 변경에 해당되는 경우

1. 소송물의 변경

청구를 무엇으로 보는가는 소송물이론에 따라 달라지므로 청구의 변경에 해당되는가 여부도 소송물이론에 따라 달라진다. 매매를 원인으로 하여 소유권이전등기청구를 하다가 그 원인을 취득시효로 변경한 경우 구소송물이론에 의하면 청구의 변경에 해당될 것이나 신소송물이론에 의하면 공격방법의 변경에 불과하다. 사해행위 취소소송에서 피보전채권을 추가하거나 교환하는 것은 소송물의 변경이 아니라 공격·방어방법의 변경에 불과하여 청구의 변경에 해당되지 않는다.[38)]

2. 소 또는 목적물의 변경

소의 종류, 소의 목적물의 변경으로 인한 청구취지의 변경은 청구의 변경에 해당한다. 예를 들어 목적물인도청구를 소유권확인청구로 변경하는 것은 소의 종류를 변경한 것으로 청구의 변경에 해당한다. 또 물건인도청구를 금전지급청구로 변경하는 것도 소의 목적물을 변경한 것으로 청구의 변경에 해당한다.

3. 청구취지확장

청구금액을 증액하거나 청구의 대상을 일부에서 전부로 확장하는 등과 같이 청구취지를 확장하는 것도 청구의 변경에 해당한다. 예를 들어 5천만 원의 금원지급청구를 1억 원으로 변경하는 경우이다. 그러나 청구취지의 감축은 소의 일부취하로 취급되며 청구의 변경에 해당하지 않는다.[39)] 또한 청구의 포기에도 해당되지 않는다.[40)] 따라서 그 요건과 효과는 소의 취하규정에 따르며 청구변경의 규정에 의하지 않는다.

---

38) 대법원 2012. 7. 5. 선고 2010다80503 판결.
39) 대법원 1993. 9. 14. 선고 93누9460 판결.
40) 대법원 1983. 8. 23. 선고 83다카450 판결.

Ⅲ. 종 류

1. 추가적 변경

청구의 추가적 변경은 구청구를 유지하고 새로운 청구를 추가하는 것이다. 청구를 추가하는 형태에 따라 단순 또는 선택적 또는 예비적 병합이 될 수 있다. 예를 들어 토지인도청구소송 중 임료 상당의 부당이득반환청구를 추가하는 경우에는 청구의 단순병합이 된다. 따라서 추가적 변경의 경우 병합의 형태를 명백히 할 필요가 있다.

2. 교환적 변경

청구의 교환적 변경은 소유권이전등기청구를 전보배상청구로 변경하는 것과 같이 구청구에 갈음하여 새로운 청구를 하는 것이다. **통설과 판례[41]는 청구의 교환적 변경은 독자적인 청구의 변경이 아니며 구청구부분의 소취하와 신청구의 추가를 결합한 형태라고 한다.** 청구의 교환적 변경을 구청구의 취하와 신청구의 추가를 결합한 형태라고 이해할 경우 신청구의 추가에 관하여는 청구변경의 요건이 요구되겠지만 구청구의 취하에 관하여 소취하의 규정을 적용하게 된다. 다만 판례는 구청구를 취하한다는 명백한 표시가 없이 신청구를 한 경우에 신청구가 부적법하여 법원의 판단을 받을 수 없는 청구인 경우까지도 구청구가 취하되는 교환적 변경이라고 볼 수는 없다고 한다.[42]

이러한 통설과 판례의 태도와는 달리 청구의 교환적 변경은 위와 같은 결합형식이 아니라 전형적인 청구의 변경이라고 하는 견해도 있다.[43] 이 견해에 의하면 청구의 교환적 변경은 청구의 변경에 관한 규정에 의해서만 규율되게 된다.

이하 통설과 판례의 입장에서 이에 관한 개별적인 문제를 검토하기로 한다.

(1) 청구의 교환적 변경에 피고의 동의가 필요한가 하는 문제이다. 원고의 소제기에 대하여 피고가 본안에 관하여 응소한 경우 소의 취하는 피고의 동의가 있어야 효력을 가진다(266조 2항). 따라서 청구의 교환적 변경에 소취하의 요소가 있다고 전제하면 피고의 동의를 요한다고 하는 것이 논리적일 것이다. 통설은 이러한 결론을 지지하나 판례는 피고의 동의를 요하지 않는다고 한다.[44] 청구의 교환적 변경은 소취하의

---

41) 강현중, 770면; 김홍규/강태원, 744면; 김홍엽, 1001면; 송상현/박익환, 612면; 이시윤, 712면; 정동윤/유병현/김경욱, 985면; 정영환, 844면. 대법원 1987. 6. 9. 선고 86다카2600 판결.

42) 대법원 1975. 5. 13. 선고 73다1449 판결.

43) 호문혁, 869면.

44) 대법원 1970. 2. 24. 선고 69다2172 제1부판결.

특수형태로서 민사소송법 제262조 제1항이 소취하의 일반규정의 요건에 우선한다는 이유에서 판례의 태도를 지지하는 견해도 있다.[45)]

(2) 피고의 항소로 인한 항소심에서 소의 교환적 변경이 적법하게 이루어졌다면 소의 교환적 변경에 의한 소취하로 제1심판결은 실효되고 항소심의 심판대상은 새로운 청구로 바뀐다. 따라서 항소심은 제1심판결이 있음을 전제로 한 항소각하 판결을 할 수 없다.[46)] 또 항소심법원은 새로운 청구에 대해 사실상 제1심법원으로 재판하는 것이므로 그 후 항소취하를 하더라도 그 대상이 없어 아무런 효력을 발생할 수 없다는 것이 판례의 태도이다.[47)] 따라서 항소취하를 하더라도 제1심판결은 확정되지 않는다.

원고의 청구가 항소심에서 일부인용된 후 피고가 상고하여 파기환송되었다면 항소심에서의 판단의 대상은 피고가 패소한 부분에 한정되고 원고 패소부분은 확정된다. 이때 원고가 항소심에서 청구의 교환적 변경을 하면 제1심판결은 소취하로 실효된다. 따라서 항소심의 심판대상은 교환된 청구에 대한 새로운 소송으로 바뀌어 항소심은 사실상 제1심으로 재판하는 것이 된다.[48)]

(3) 항소심에서 청구가 교환적으로 변경된 경우에는 구청구는 취하되고 신청구가 심판의 대상이 되는 것이므로 항소심법원은 구청구에 대하여 판단하면 안 되고 신청구에 대하여 판단하여야 한다.[49)] 또한 구청구는 제1심판결 후에 취하된 것이 되므로 이후 다시 구청구로 변경하는 것은 재소금지에 위배된 부적법한 것이어서 각하된다는 것이 판례의 태도이다.[50)]

(4) 재판상 청구를 하였더라도 소가 취하된 경우에는 시효중단의 효력이 없다(민법 170조). 그렇다면 원고가 채권자대위소송 중 당해 피대위채권 자체를 양수하여 양수금청구로 소를 변경한 경우 당초의 채권자대위소송으로 인한 시효중단의 효력은 소멸할까? 판례는 이 경우를 청구원인의 교환적 변경으로서 채권자대위권에 기한 구청구는 취하된 것으로 보아야 한다면서도 양 청구의 소송물이 동일하다는 점, 원고를 '권리 위에 잠자는 자'로 볼 수 없는 점 등에 비추어 볼 때 당초의 채권자대위소송으로 인한 시효중단의 효력이 소멸하지 않는다고 한다.[51)]

45) 정영환, 845면.
46) 대법원 2018. 5. 30. 선고 2017다21411 판결.
47) 대법원 1995. 1. 24. 선고 93다25875 판결.
48) 대법원 2013. 2. 28. 선고 2011다31706 판결.
49) 대법원 2003. 1. 24. 선고 2002다56987 판결; 대법원 2017. 2. 21. 선고 2016다45595 판결.
50) 대법원 1969. 5. 27. 선고 68다1798 판결.
51) 대법원 2010. 6. 24. 선고 2010다17284 판결.

3. 청구변경의 형태가 불분명한 경우

청구의 변경이 추가적인가 교환적인가에 따라 심판의 범위가 달라지므로 이는 당사자에게 중요한 의미가 있다. 이를 명확히 표시한 경우는 별 문제가 없으나 당사자가 구청구를 취하한다는 명백한 표시 없이 새로운 청구취지를 항소장에 기재하는 등으로 그 변경형태가 불명할 경우에는 사실심 법원으로서는 청구변경의 취지가 교환적인가 추가적인가에 대하여 석명으로 이를 밝혀 볼 의무가 있다는 것이 판례의 태도이다.[52)]

Ⅳ. 요 건

> **제262조(청구의 변경)**
> ① 원고는 청구의 기초가 바뀌지 아니하는 한도 안에서 변론을 종결할 때(변론 없이 한 판결의 경우에는 판결을 선고할 때)까지 청구의 취지 또는 원인을 바꿀 수 있다. 다만, 소송절차를 현저히 지연시키는 경우에는 그러하지 아니하다.
> ② 청구취지의 변경은 서면으로 신청하여야 한다.
> ③ 제2항의 서면은 상대방에게 송달하여야 한다.

적법한 청구의 변경은 민사소송법 제262조의 요건을 갖추어야 한다.

1. 청구기초의 동일성

(1) 청구의 변경이 적법하려면 청구기초의 동일성이 있어야 한다. **피고의 방어대상이 변경되어 입게 될 불이익을 배제하기 위한 것이다.** 청구기초의 동일성은 피고의 이익을 위하여 요구되는 것이므로 피고의 동의가 있으면 청구기초의 동일성은 요하지 않는다고 해석된다.

(2) 청구기초의 동일성을 판단하는 기준에 관하여는 학설이 나누어진다. 전법률적인 사실적 분쟁이익 자체가 공통인 것을 의미한다는 이익설, 권리관계의 발생원인인 기본적 사회현상으로서의 사실의 공통을 의미한다는 기본적 사실설, 신청구와 구청구의 사실자료 사이의 심리의 계속적 시행을 정당화할 정도의 공통성이 있는 경우를 의미한다는 사실자료공통설 등이 그것이다. 청구변경에 있어서 청구기초의 동일성을 요하는 이유가 피고의 방어대상의 변경으로 인한 불이익을 배제하고 소송경제를 도모하기 위한 취지라는 점에 비추어 보면 사실자료공통설이 타당하다.

---

52) 대법원 1987. 6. 9. 선고 86다카2600 판결.

판례는 동일한 생활사실 또는 동일한 경제적 이익에 관한 분쟁에 있어서 그 해결 방법에 차이가 있음에 불과한 경우에 청구기초의 동일성이 있다고 인정하고 새로운 청구의 심리를 위하여 종전의 소송자료를 대부분 이용할 수 있는 경우는 소송절차를 지연케 함이 현저하다고 할 수 없다는 태도를 취하고 있으나[53] 실제 적용에 있어서 사실자료공통설과 차이는 없다고 판단된다. 판례상 청구기초의 동일성이 있다고 인정된 예로는 i) 매매로 인한 이전등기청구를 전보배상으로 변경하는 경우[54], ii) 채무부존재확인청구에서 이를 전제로 한 부당이득반환청구로 변경하는 경우[55], iii) 어음청구를 원인채권청구로 변경하는 경우[56] 등이 있다.

2. 소송절차를 현저히 지연시키지 않을 것

판례가 청구의 변경으로 소송절차를 현저히 지연시키는지 여부는 새로운 청구의 심리를 위하여 종전의 소송자료를 대부분 이용할 수 있는가를 그 판단기준으로 삼고 있음은 앞서 본 바와 같다. 소송절차를 현저히 지연시키지 않을 것은 공익적 요건이므로 피고의 동의로도 면제되지 않는다.

3. 사실심에 계속되고 변론종결 전일 것

상고심에서는 새로운 주장과 증거조사가 허용되지 않아 청구의 변경도 허용되지 않는다. 전부승소자가 단순히 청구취지확장을 위해 항소하는 것은 항소의 이익이 없어 허용되지 않고 다만 묵시적 일부청구의 경우에는 예외적으로 허용된다.

V. 절 차

청구의 변경은 서면으로 신청하여야 하고 상대방에게 송달되어야 한다(262조 2항, 3항).

VI. 청구변경신청에 대한 조치

청구의 변경을 허가하는 경우에는 별도의 재판을 요하지 않지만 청구변경을 불허하는 경우에는 허가를 하지 아니하는 결정을 하여야 한다(263조).

---

53) 대법원 1998. 4. 24. 선고 97다44416 판결; 대법원 2017. 5. 30. 선고 2017다211146 판결.
54) 대법원 1969. 7. 22. 선고 69다413 판결.
55) 대법원 1966. 3. 22. 선고 65다2635 판결.
56) 대법원 1961. 11. 2. 선고 4293민상325 판결.

제3절 반 소

■ 핵심어

독립의 소, 본소청구기각 이상의 내용, 예비적 반소, 본소방어방법과의 관련성, 사해행위취소와 반소

Ⅰ. 의 의

(1) 반소는 소송계속 중 피고가 그 소송절차를 이용하여 원고에 대하여 제기하는 소를 말한다(269조). 예를 들어 원고가 매매를 원인으로 한 소유권이전등기청구의 소를 제기한 것에 대해 피고는 매매대금지급청구의 반소를 제기할 수 있다. 반소가 제기되면 원고가 제기한 소는 반소와 구별하여 본소라고 하며 본소원고는 반소피고의 지위를 겸하고 본소피고는 반소원고의 지위를 겸하게 된다.

(2) 반소가 허용되는 이유는 무엇일까? 원고는 본소의 청구취지를 변경할 수 있는데 피고도 원고에 대한 자신의 청구에 관하여 본소절차를 이용하여 법원의 판단을 받을 수 있도록 하는 것이 공평하다고 할 수 있다. 또한 본소청구와 관련된 청구를 하나의 절차에서 심판하여 소송경제를 도모하고 판단의 모순을 회피할 수 있다. 위의 예에서 반소가 허용되면 피고도 소유권이전등기를 해주면서 매매대금을 지급받을 수 있고 또 반소가 본소와 한 번에 심리 · 판단되므로 동일한 소송자료의 제출도 한 번으로 족하며 판단의 모순이 발생할 가능성이 없다.

(3) **반소는 독립의 소이고 방어방법이 아니다.** 원고가 매매계약에 기한 소유권이전등기청구의 소를 제기한 경우 피고는 원고에 대한 매매대금지급청구권을 동시이행항변으로 행사할 수 있고 이와 별도로 반소를 제기할 수도 있다. 다음 주문 예를 통하여 그 차이를 알아보기로 한다.

(동시이행항변으로만 주장된 경우)

피고는 원고로부터 금 1,000,000원을 지급받음과 상환으로 원고에게 별지목록기재 부동산에 관하여 2010. 5. 10. 매매를 원인으로 한 소유권이전등기절차를 이행하라.

(본소에 대해 동시이행항변을 하였을 뿐 아니라 반소제기도 한 경우)

1. 피고(반소원고)는 원고(반소피고)로부터 금 1,000,000원을 지급받음과 상환으로 원고(반소피고)에게 별지목록기재 부동산에 관하여 2010. 5. 10. 매매를 원인으로 한 소

유권이전등기절차를 이행하라.
2. 원고(반소피고)는 피고(반소원고)로부터 별지목록기재 부동산에 관하여 2010. 5. 10. 매매를 원인으로 한 소유권이전등기절차를 경료받음과 상환으로 피고(반소원고)에게 금 1,000,000원을 지급하라.

피고가 매매대금지급청구권을 동시이행항변으로만 주장한 경우에는 원고가 위 주문이 기재된 판결문을 집행권원으로 하여 피고에 대한 소유권이전등기절차이행을 집행함에 있어 매매대금지급은 단지 집행의 조건이 될 뿐이다. 즉 피고는 위 판결문을 집행권원으로 하여 원고에 대한 매매대금지급을 집행할 수는 없다. 그러나 피고가 매매대금지급청구의 반소를 제기한 경우에는 그 지급의무가 명시된 판결문을 집행권원으로 하여 원고에 대한 매매대금지급의 집행이 가능하다.

(4) **반소에는 본소의 청구기각신청 이상의 적극적 내용이 포함되어야 한다.** 예를 들어 채무이행의 본소청구에 대한 채무부존재확인을 구하는 반소는 본소에서 피고가 청구기각을 구하는 것 이상의 의미가 없어 소의 이익이 인정되지 않으므로 적법하지 않다. 즉 본소의 청구기각판결로도 그 목적을 충분히 달성할 수 있고 굳이 별도로 반소청구를 할 필요성이 존재하지 않는다.

그러나 채무부존재확인청구의 본소에 대하여 채무이행을 구하는 반소가 제기된 경우는 달리 취급된다.[57] 본소의 청구기각판결이 선고된다고 하더라도 그 판단은 채무가 존재한다는 사실에 그치고 존재하는 채무의 존재범위의 확인과 그 이행명령은 이에 포함되지 않기 때문이다. 따라서 채무이행을 구하는 반소청구는 채무의 존재범위의 확인과 그 이행명령을 구하는 것으로 본소청구기각 이상의 의미를 포함하고 있어 적법하다.

이때 반소로 인해 도리어 본소가 부적법해지는 것은 아닐까? 본소청구는 반소청구의 기각을 구하는 것 이상의 의미가 없기 때문이다. 채무부존재확인청구의 본소에 대하여 채무이행의 반소가 제기된 경우 원고는 반소청구에 관한 판단을 받는 것만으로도 본소의 목적을 달성할 수 있는 것은 사실이다. 그렇다고 하여 이를 이유로 본소를 부적법한 것으로 취급하면 법원의 실무운용은 원고에게 부적법 각하될 것이 예

57) 채무부존재확인소송은 채권자가 소 이외의 다른 방식으로 분쟁의 해결을 도모하는 경우 상대방으로 하여금 적극적 이행의 소를 제기하도록 압박하는 수단으로 활용되기도 한다. 이를 제소강제적 기능이라고 표현하기도 한다. 예를 들면 자동차사고의 피해자는 피해금액에 관하여 보험회사와 합의가 되지 않는 경우 금융감독원원장에게 조정신청을 할 수 있고 그 조정이 성립되면 재판상화해와 동일한 효력을 가진다(금융위원회의 설치 등에 관한 법률 53조). 자동차보험회사가 위의 조정을 원하지 않고 재판으로 분쟁해결을 원하는 경우는 채무부존재확인소송을 제기하며 이 경우 금융위원회에서 진행되던 조정절차는 중지된다(동법 56조). 이때 피해자는 이미 제기된 채무부존재확인소송에서 피해금액을 인정받고자 적극적 이행의 소를 반소로 제기하는 경우가 많다.

정된 본소를 취하할 것을 권고하는 방향으로 이루어질 수 있다. 한편 본소가 취하된 때에는 피고는 원고의 동의 없이 반소를 취하할 수 있다(271조). 이 경우 본소를 취하한 원고는 법원에 의해 아무런 판단도 받을 수 없게 되어 당초 추구한 기판력을 취득할 수 없게 된다. 판례는 이러한 이유에서 위와 같은 반소가 제기되었다는 사정만으로 본소청구에 대한 확인의 이익이 소멸하였다고 볼 수 없다고 한다.58) 판례의 위 태도는 타당한 것이라 생각한다.

Ⅱ. 종 류

1. 단순반소 · 예비적 반소

일반적인 반소의 형태는 원고의 본소청구의 결과와 상관없이 반소청구의 심판을 요구하는 것이다. 본소의 결론과 아무런 조건관계에 있지 않다는 점에서 단순반소라고도 한다. 이와 달리 본소청구가 인용될 것을 조건으로 반소청구의 심판을 구하는 경우도 있다. 이를 예비적 반소라고 한다. 예를 들면 매매를 원인으로 한 소유권이전등기청구의 소에서 피고가 매매의 효력을 인정하면서 매매대금지급청구를 반소로 구하는 경우는 단순반소가 될 것이다. 그러나 피고가 매매의 효력을 다투지만 본소판결에서 매매의 효력이 인정되어 소유권이전등기청구가 인용될 것을 대비하여 한 매매대금지급청구의 소는 예비적 반소가 된다. 항소심에서 제1심에서 선고한 본안판결을 바꾸는 것에 피고의 가지급물반환 신청도 소송중의 소의 일종으로서 그 성질은 예비적 반소이다.59)

2. 재반소

피고의 반소에 대하여 원고의 재반소도 허용될까? 원고가 본소의 이혼청구에 병합하여 재산분할청구를 제기한 후 피고가 반소로서 이혼청구를 한 사안에서 판례는 다음과 같이 판단하여 재반소의 형태를 허용한 바 있다. 이 경우 원고가 반대의 의사를 표시하였다는 등의 특별한 사정이 없는 한, 원고의 재산분할청구 중에는 본소의 이혼청구가 받아들여지지 않고 피고의 반소청구에 의하여 이혼이 명하여지는 경우에도 재산을 분할해 달라는 취지의 청구가 포함된 것으로 봄이 상당하다고 한다. 이때 원고의 재산분할청구는 피고의 반소청구에 대한 재반소로서의 실질을 가진다고 한다.60)

---

58) 대법원 2010. 7. 15. 선고 2010다2428, 2435 판결.
59) 대법원 2005. 1. 13. 선고 2004다19647 판결.

3. 제3자 반소

피고가 원고 이외의 제3자를 추가하여 반소피고로 하는 반소는 원칙적으로 허용되지 않는다. 다만 피고가 제기하려는 반소가 필수적 공동소송이 될 때에는 민사소송법 제68조의 필수적 공동소송인 추가의 요건을 갖추면 허용될 수 있다.[61]

Ⅲ. 요 건

> **제269조(반소)**
> ① 피고는 소송절차를 현저히 지연시키지 아니하는 경우에만 변론을 종결할 때까지 본소가 계속된 법원에 반소를 제기할 수 있다. 다만, 소송의 목적이 된 청구가 다른 법원의 관할에 전속되지 아니하고 본소의 청구 또는 방어의 방법과 서로 관련이 있어야 한다.
> ② 본소가 단독사건인 경우에 피고가 반소로 합의사건에 속하는 청구를 한 때에는 법원은 직권 또는 당사자의 신청에 따른 결정으로 본소와 반소를 합의부에 이송하여야 한다. 다만, 반소에 관하여 제30조의 규정에 따른 관할권이 있는 경우에는 그러하지 아니하다.

반소가 적법하려면 민사소송법 제269조에서 규정한 다음의 요건을 갖추어야 한다.

1. 본소의 청구 또는 방어방법과의 관련성

(1) 본소청구와의 관련성은 법률관계, 청구원인, 대상, 발생원인 등이 공통되는 경우이다. 예를 들면 매매목적물인도청구의 본소에 대하여 매매대금지급을 구하는 반소청구는 매매라는 동일한 청구원인에 근거한다.

(2) 반소는 본소의 방어방법과의 관련성이 인정되는 경우에도 허용된다. 예를 들면 목적물인도청구의 본소에 대하여 유치권항변을 하면서 반소로서 그 피담보채권의 지급을 구하는 경우 그 피담보채권은 본소청구와는 직접적인 관련성이 없으나 본소청구를 저지하는 유치권항변과의 관련성으로 인해 반소가 허용된다.

본소의 방어방법과 관련된 반소는 그 방어방법이 반소제기 당시 현실적으로 제출되어야 하고 적법한 것이어야 한다. 그 이유는 그 방어방법이 본소에 있어 이유유무를 떠나 최소한 심리의 대상은 되어야 심리자료에 있어서 반소와의 관련성을 인정할 수 있기 때문이다. 따라서 여기서의 적법성은 심리의 대상으로 삼기에 적법한 것을 의미하는 것이지 실체법상 이유유무를 의미하는 것은 아니다. 예를 들어 실기한 공격 · 방어방법으로 각하된 항변을 반소로 제기하는 것은 부적법한 반소이지만 상계

60) 대법원 2001. 6. 15. 선고 2001므626, 633 판결.
61) 대법원 2015. 5. 29. 선고 2014다235042, 235059, 235066 판결.

금지채권을 상계항변으로 제출한 경우에는 단지 실체법상 이유 없는 경우에 불과하여 그 자동채권의 지급을 구하는 반소제기는 적법한 것이다.[62] 그러나 다수설은 심리의 대상으로 삼기에 적합할 뿐 아니라 실체법상으로도 적법한 것이어야 한다고 하여 반대의 견해이다.[63] 본소에 대한 항변이 부적법하여 배척된다면 반소청구와 병합하여 변론과 증거조사를 할 수 없다는 것을 그 이유로 한다.[64]

(3) 점유권에 기인한 소는 본권에 관한 이유로 재판하지 못한다(민법 208조 2항). 위 규정에 의해 피고가 원고의 점유권행사에 대항하여 본권을 방어방법으로 제출하여 원고청구의 기각을 구하는 것은 허용되지 않는다. 그렇다면 원고의 점유권에 기한 본소에 대해 피고가 이번에는 방어방법이 아닌 독립의 청구 즉 본권에 기한 반소를 제기하는 것은 허용될까? 판례는 만약 이 경우까지 본권의 행사를 금지한다면 적법하게 본권에 기한 인도청구권을 행사할 수 없다는 취지에서 반소에 의한 본권의 행사를 허용한다.[65]

(4) 위의 요건은 본소원고를 위한 사익적 요건이므로 위의 요건을 갖추지 못하였더라도 원고의 동의가 있으면 반소는 적법하다.

2. 본소의 소송절차를 현저히 지연시키지 않을 것

반소는 본소절차를 현저히 지연시키지 않는 경우에만 허용된다. 이는 본소의 진행을 지연시키기 위해 반소가 남용되는 것을 방지하기 위한 것이다.

3. 본소가 사실심에 계속되고 변론종결 전일 것

(1) 반소를 제기하려면 본소가 사실심에 계속되어야 한다.

(a) 반소가 제기되면 반소청구를 심리하기 위해 소송자료의 제출과 증거조사가 필요하므로 법률심인 상고심에서는 허용되지 않는다.

(b) 반소는 항소심에서도 할 수 있으나 원칙적으로 상대방의 동의를 요한다. 다만 상대방이 이의를 제기하지 않고 본안에 관하여 변론을 한 때에는 반소제기에 동의한 것으로 본다(동조 2항). 그러나 항소심에서 피고가 반소장을 진술한 데 대하여 원고가 "반소기각 답변"을 한 것만으로는 "이의없이 반소의 본안에 관하여 변론을 한 때"에 해

62) 같은 취지의 견해로 호문혁, 893면.
63) 강현중, 792면; 김홍엽, 1023면; 이시윤, 729면; 정동윤/유병현/김경욱, 1004면.
64) 이시윤, 729면.
65) 대법원 1970. 6. 30. 선고 68다1416 판결.

당한다고 볼 수 없다.[66]

항소심에서의 반소제기에 상대방의 동의를 요하도록 한 것은 반소청구에 대하여 상대방이 제1심부터 법원의 심리를 받을 수 있는 이익(심급의 이익)이 침해되지 않도록 하기 위한 것이다. 따라서 상대방의 심급의 이익을 해할 우려가 없는 경우에는 상대방의 동의를 요하지 않는다(412조 1항).

예를 들어 매매를 원인으로 한 소유권이전등기청구의 본소에 대하여 피고가 제1심에서 이미 매매대금과의 동시이행항변을 주장하였다면 항소심에서 피고가 원고의 동의 없이도 반소로 매매대금지급청구를 할 수 있다. 왜냐하면 반소청구의 기초를 이루는 실질적인 쟁점에 관하여 제1심에서 본소의 청구원인 또는 방어방법과 관련하여 충분히 심리되었다면 항소심에서 반소를 제기하였다고 하여 상대방에게 심급의 이익을 잃게 한다고 할 수 없기 때문이다.[67]

(2) 반소는 본소의 소송절차를 이용하여 제기하는 소이므로 본소가 소송계속 중이어야 한다.

본소의 소송계속은 반소를 제기할 당시 요구되는 것이며 반소제기 이후에는 본소의 계속이 요구되지 않는다. 따라서 반소제기 후 본소가 취하되어도 반소가 사후적으로 부적법해지는 것은 아니다. 다만 본소가 취하된 때에는 피고는 원고의 동의 없이 반소도 취하할 수 있다(271조). 반소는 본소의 제기로 비롯된 것이므로 원고가 본소를 취하한 때에는 피고가 원고의 동의 없이 반소를 취하할 수 있도록 하는 것이 공평하다. 이는 본소취하의 경우에만 적용되며 본소가 각하된 경우에는 반소를 취하하려면 상대방의 동의가 있어야 한다.[68]

상소기간의 도과로 본소의 판결이 확정되면 소송계속이 소멸하므로 반소를 제기할 수 없다. 이때 피고가 본소에 대한 추완항소를 하면서 항소심에서 비로소 반소를 제기한 경우 항소가 부적법 각하되면 반소도 소멸한다는 것이 판례의 태도이다.[69] 추완항소가 부적법하면 소송계속이 부활할 수 없기 때문이다. 다만 반소가 소멸하였다는 표현보다는 반소가 부적법하다는 표현이 보다 정확할 것이다.

4. 반소가 다른 법원의 전속관할에 속하지 않을 것

반소청구가 본소가 제기된 법원과 다른 법원의 전속관할에 속하는 경우에는 본소가 계속된 법원에 반소를 제기할 수 없다(269조 1항 단서). 본소가 단독사건인 경우에 피고가

66) 대법원 1991. 3. 27. 선고 91다1783, 1790(반소) 판결.
67) 대법원 1996. 3. 26. 선고 95다45545, 45552, 45569 판결.
68) 대법원 1984. 7. 10. 선고 84다카298 판결.
69) 대법원 2003. 6. 13. 선고 2003다16962, 16979 판결.

반소로 합의사건에 속하는 청구를 한 때에는 법원은 직권 또는 당사자의 신청에 따른 결정으로 본소와 반소를 합의부에 이송하여야 한다. 다만 반소에 관하여 변론관할이 인정되는 경우에는 이송할 필요가 없다(269조).

Ⅳ. 절차와 심판

(1) 반소는 본소에 관한 규정을 따른다(270조). 반소가 적법하려면 소로서의 일반적 요건 외에 반소의 요건을 갖추어야 한다. 만약 소의 일반적 요건은 갖추었으나 반소의 요건을 갖추지 못한 경우 그 취급에 관하여 판결로 소를 각하하여야 한다는 견해(각하설: 판례)[70]와 독립한 소로서 본소와 분리하여 심판하여야 한다는 견해(분리심판설: 통설)[71]로 나누어진다. 반소를 제기한 피고의 의사에 반하지 않는 한 독립한 소로서 본소와 분리하여 심판하는 것이 소송경제의 측면에서 타당하다.

(2) 원고의 본소 청구에 대하여 피고가 본소 청구를 다투면서 사해행위의 취소 및 원상회복을 구하는 반소를 적법하게 제기한 경우(예를 들어 차량 소유자가 본소로 저당권의 말소를 청구하자 저당권자가 차량 소유권 취득의 원인이 된 매매계약이 사해행위라고 주장하면서 반소로 그 취소를 청구한 경우), 그 사해행위의 취소 여부는 반소의 청구원인임과 동시에 본소 청구에 대한 방어방법이자, 본소 청구인용 여부의 선결문제가 될 수 있다. 사해행위취소판결은 형성판결이므로 확정되어야만 사해행위취소의 효력이 생긴다. 그러나 법원이 사해행위취소의 반소 청구가 이유 있다고 판단하여, 사해행위의 취소 및 원상회복을 명하는 판결을 선고하는 경우, 비록 그 반소 청구에 대한 판결이 확정되지 않았다고 하더라도, 원고의 소유권 취득의 원인이 된 법률행위가 취소되었음을 전제로 원고의 본소 청구를 심리하여 판단할 수 있다. 이와 같이 하더라도 원고의 소송상 지위가 불안정해진다고 볼 수도 없고 본소 청구에 대한 판결과 반소 청구에 대한 판결의 모순 저촉을 피할 수 있기 때문이다.[72]

(3) 피고의 예비적 반소는 본소청구가 인용될 것을 조건으로 심판을 구하는 것이다. 따라서 제1심이 원고의 본소청구를 배척한 이상 피고의 예비적 반소는 제1심의 심판대상이 될 수 없다. 그러나 원고의 본소청구를 기각한 제1심 판결에 대하여 원

70) 대법원 1965. 12. 7. 선고 65다2034, 2035 판결.
71) 강현중, 794면; 김홍규/강태원, 762면; 송상현/박익환, 627면; 이시윤, 733면; 정동윤/유병현/김경욱, 1007면; 정영환, 868면; 호문혁, 895면. 원칙적으로는 분리심판설을 취하나 항소심에 상대방의 심급의 이익을 해할 우려가 있는 경우에는 각하하여야 한다는 견해로는 김홍엽, 1029면.
72) 대법원 2019. 3. 14. 선고 2018다277785(본소) 근저당권말소, 2018다277792(반소) 판결.

고만이 항소한 경우 항소심에서 원고의 본소청구를 인용하면 피고의 예비적 반소도 판단하여야 한다.[73]

제4절 중간확인의 소

Ⅰ. 의 의

(1) 중간확인의 소는 소송계속 중 본소청구를 판단함에 있어 다툼이 있는 선결적 법률관계의 존부에 대하여 당사자가 본소법원에 확인을 구하는 소이다(264조). 원고가 제기하는 중간확인의 소는 청구의 추가적 변경에 해당하고 피고가 제기하는 것은 반소에 해당한다.

(2) 중간확인의 소는 실무상 그다지 빈번히 사용되지는 않지만 기판력과의 관계에서 유의할 점이 있다. 기판력은 소송물에 관한 판단에 생기고 선결적 법률관계에 관한 판단에는 생기지 않는다. 예를 들어 소유권에 기한 목적물인도청구의 소에서 기판력은 목적물인도청구에 관한 판단에 생기고 그 선결적 법률관계에 있는 원고의 목적물에 대한 소유권 유무에 관한 판단에는 생기지 않는다.

그러나 원고가 중간확인의 소로 목적물에 대한 소유권의 확인을 구하면 이에 대한 확정판결의 기판력은 원고의 목적물에 대한 소유권 유무에 관한 판단에 생긴다. 왜냐하면 목적물에 대한 원고의 소유권 유무는 중간확인의 소에 있어서 소송물이기 때문이다. 중간확인의 소라고 하여 선결적 법률관계에 관한 판단에 기판력이 생기는 예외가 인정되는 것은 아니다. 단지 중간확인의 소의 소송물이 원래의 소의 선결적 법률관계가 될 뿐이다. 중간확인의 소를 제기하는 목적도 원래의 소에 있어서 선결적 법률관계에 관한 판단에 기판력을 얻는 데 있다.

(3) 당사자는 선결적 법률관계에 대한 기판력 있는 판결을 얻기 위해 별도로 소를 제기할 수도 있으나 중간확인의 소에 의하면 판결의 모순 저촉을 피하고 소송경제를 도모할 수 있다.

---

73) 대법원 2006. 6. 29. 선고 2006다19061, 19078 판결.

Ⅱ. 요 건

> **제264조(중간확인의 소)**
> ① 재판이 소송의 진행중에 쟁점이 된 법률관계의 성립여부에 매인 때에 당사자는 따로 그 법률관계의 확인을 구하는 소를 제기할 수 있다. 다만, 이는 그 확인청구가 다른 법원의 관할에 전속되지 아니하는 때에 한한다.
> ② 제1항의 청구는 서면으로 하여야 한다.
> ③ 제2항의 서면은 상대방에게 송달하여야 한다.

1. 다툼 있는 선결적 법률관계의 확인을 구할 것

중간확인의 소는 다툼 있는 선결적 법률관계에 관한 것이어야 한다. 민사소송법 제264조는 '재판이 소송의 진행 중에 쟁점이 된 법률관계의 성립에 매인 때'라고 규정하여 이를 명시하고 있다. 선결적 법률관계에 관하여 다툼이 있으면 당연히 확인의 이익이 인정되며 별도의 확인의 이익을 요하지 않는다.

2. 사실심에 계속되고 변론종결 전일 것

중간확인의 소는 변론종결 전 사실심법원에 제기되어야 한다. 중간확인의 소가 제기되면 그 소의 청구의 당부에 관한 심리 · 판단이 필요하다. 따라서 원심판결의 당부를 사후적으로 법률적 관점에서 심리 · 판단하는 상고법원에는 제기할 수 없다.

중간확인의 소의 청구는 본소의 청구와 선결적 법률관계에 있으므로 이미 제1심에서 본소청구의 공격 · 방어방법으로서 심리를 거친 것으로 볼 수 있다. 따라서 항소심에서 중간확인의 소를 제기하더라도 상대방의 심급의 이익을 해한다고 할 수 없다. 판례도 소유권이전등기나 그 말소등기 청구의 소가 계속 중 당해 부동산에 대한 소유권 확인청구를 추가하는 소변경을 제2심에서도 유효하게 할 수 있다고 한다.[74]

3. 다른 법원의 전속관할에 속하지 않을 것

민사소송법 제264조 제1항은 본문에서 중간확인의 소를 제기할 수 있음을 규정하면서 다만 이를 중간확인청구가 다른 법원의 관할에 전속되지 아니하는 때로 한정하고 있다. 따라서 중간확인의 소는 본소의 수소법원에 적극적으로 관할권이 인정되지 않더라도 다른 법원의 전속관할이 아닌 한 본소의 수소법원에 소를 제기할 수 있다. 만약 중간확인의 소가 다른 법원의 전속관할에 속하면 독립한 소로 취급될 수 있는

---

74) 대법원 1973. 9. 12. 선고 72다1436 판결.

경우에 한하여 이를 관할법원에 이송하여야 한다.[75]

4. 본소청구와 같은 소송절차에 의할 것

중간확인의 소의 청구는 본소청구와 같은 소송절차에서 심리될 수 있는 것이어야 한다. 따라서 본소청구와 그 소송절차를 달리하는 가사사건은 중간확인의 소의 대상이 될 수 없다.

행정소송법 제11조 제1항은 "처분등의 효력 유무 또는 존재 여부가 민사소송의 선결문제로 되어 당해 민사소송의 수소법원이 이를 심리 · 판단하는 경우에는 제17조, 제25조, 제26조 및 제33조의 규정을 준용한다"고 규정하여 민사소송에서 행정처분무효확인을 선결문제로 심리할 수 있음을 규정하고 있다. 그렇다면 행정처분무효확인을 중간확인의 소로도 제기할 수 있을까? 위 규정을 근거로 이를 긍정하는 견해가 있다.[76] 그러나 위 규정은 행정처분무효확인을 민사소송의 선결문제로 심리 · 판단할 수 있다는 것이며 이를 소송물로 하여 심리할 수 있는가는 이와는 별개의 문제이다. 행정처분무효확인을 구하는 소는 행정소송에 의하여 이루어지는 것으로 민사소송과 그 절차를 달리하므로 중간확인의 소를 제기할 수 없다고 함이 타당하다.[77]

Ⅲ. 절차 및 심판

1. 절　차

(1) 소제기의 형식

중간확인의 소는 서면으로 제기한다(264조 2항). 법원은 위 서면을 상대방에게 송달하여야 한다(동조 3항).

(2) 합산의 원칙 적용 여부

하나의 소로 여러 개의 청구를 하는 경우에는 합산하여 소송목적의 값을 정한다(27조). 이에 대해 단독판사의 본소사건에 중간확인의 소가 제기된 경우 형식은 독립의 소이므로 사물관할을 판단함에 있어 하나의 소로 여러 개의 청구를 하는 경우에 적용되는 합산의 원칙이 적용되지 않는다고 해석된다.[78]

---

75) 김홍엽, 1015면; 송상현/박익환, 620면; 이시윤, 723면; 정영환, 873면.
76) 송상현/박익환, 620면; 이시윤, 723면; 정영환, 873면; 호문혁, 886면.
77) 강현중, 786면; 김홍엽, 1016면.
78) 중간확인의 소를 원고가 제기하는 경우는 청구의 추가적 변경에 해당하므로 합산하고 피고가 제기하는 경

(3) 소송대리인의 특별수권 요부

중간확인의 소가 원고의 소송대리인에 의하여 제기되는 경우에는 청구의 추가적 변경에 해당하여 특별수권을 요하지 않으나 피고의 소송대리인에 의하여 제기되는 경우는 반소에 해당하여 특별수권을 요한다(90조 2항 1호).[79]

2. 심 판

(1) 중간확인의 소의 요건을 갖춘 경우에는 본소와 병합하여 심리 · 판단한다. 그 요건에 흠결이 있는 경우에는 독립한 소의 요건을 갖춘 경우에 한하여 독립한 소로 취급하여 심리 · 판단하고 독립한 소의 요건을 갖추지 못한 경우에는 부적법 각하한다.

(2) 본소와 중간확인의 소에 대한 판결은 그 결론이 모순되어서는 안 된다. 그러나 이론상으로는 별개의 소에 대한 판단이므로 반드시 전부판결에 의하여야 하는 것은 아니고 일부판결도 가능하다.

우에는 반소이므로 합산하지 않는다는 견해도 있다(김홍엽, 1017면). 그러나 동일한 청구에 대한 합산 여부가 중간확인의 소를 누가 제기하였는가에 따라 달리 정해진다고 하기는 어렵다.

79) 강현중, 786면; 김홍엽, 1018면; 송상현/박익환, 621면; 이시윤, 724면; 정동윤/유병현/김경욱, 1012면.

제2장 다수당사자소송

소송이 성립하려면 당사자가 서로 대립하여야 하므로 최소한 1인의 원고와 1인의 피고가 필요하다. 현실의 소송에서는 원고와 피고가 1인에 한하지 않고 2인 이상인 경우도 많으며 원고 또는 피고와는 독립된 지위를 가지는 독립당사자참가인이 소송의 당사자로 인정되는 경우가 있다. 이와 같이 1개의 소송절차에 3인 이상의 자가 동시에 또는 때를 달리하여 당사자로서 절차에 관여하는 소송형태를 다수당사자소송이라고 한다. 원고 또는 피고를 다수의 사람으로 하여 소를 제기하면 처음부터 다수의 사람이 소송의 당사자가 된다. 소를 제기할 때는 두 사람만이 소송의 당사자로 되었으나 소송계속 중 제3자가 당사자로서 소송에 참가하거나 당사자를 추가하여 다수당사자소송으로 되는 경우도 있다. 다수당사자소송은 여러 당사자들 사이에 분쟁을 일거에 해결한다는 장점이 있으나 소송이 복잡해진다는 단점도 있다. 또한 한 당사자에 대하여는 심리가 마쳐져도 다른 당사자에 대하여 심리가 마쳐지지 않아 사건의 종결이 늦어지는 경우도 있다. 사회가 복잡해지면서 소송에서 다수당사자소송이 늘어나고 있다. 다수당사자소송에서는 다수당사자소송이 발생하는 여러 경우에 따라 그 소송상 취급을 어떻게 달리 하는지 살펴보기로 한다.

제1절 공동소송

제1관 의 의

공동소송은 원고 또는 피고가 여러 사람인 경우이다. 하나의 소에 청구가 여럿인 경우에 소의 객관적 병합이라고 하는 것과 대응되는 개념이다. 공동소송 또한 소송관계가 복잡해질 수 있다. 따라서 공동소송의 형태로 심리·판단하는 것이 필요하고 가능한 경우에만 허용될 필요가 있다. 민사소송법 제65조는 이에 관하여 규정하고 있다. 공동소송에는 통상공동소송과 필수적 공동소송, 예비적 선택적 공동소송 등 여러 형태가 있는데 그 형태에 따라 소송상 취급을 달리한다. 우선 공동소송 일반에 대하여 요구되는 사항을 설명하고 각 공동소송의 형태에 따른 특수한 것은 각 공동소송의 구체적 형태에 따라 설명하기로 한다.

제2관 발생원인과 소멸원인

Ⅰ. 발생원인

공동소송은 처음부터 여러 사람을 원고 또는 피고로 삼아 소가 제기되는 경우(원시적 발생), 소제기 당시에는 단일한 소송이었으나 소송계속 중 여러 사람이 원고 또는 피고가 되는 경우(후발적 발생)도 있다. 후자의 경우로서 민사소송법이 규정하고 있는 것으로는 필수적 공동소송인이나 예비적 공동소송인을 추가하는 경우(68조, 70조), 참가나 인수에 의하여 소송을 승계하는 경우(81조, 82조), 제3자가 공동소송인으로 참가하는 경우(83조), 변론을 병합하는 경우(141조), 여러 사람이 당연승계를 하는 경우 등이 있다. 위 각 경우에 관하여는 해당 부분에서 자세히 설명하기로 하고 여기서는 이를 개관만 하는 것으로 한다.

Ⅱ. 소멸원인

공동소송인 중 일부에 대한 소송관계가 판결, 소의 취하, 청구의 포기 · 인낙 등에 의하여 소멸하는 경우 공동소송관계도 소멸한다. 또한 변론이 분리(141조)되는 경우에도 단일소송관계로 된다.

제3관 일반요건

어떤 소송이 공동소송으로서 적법하려면 공동소송으로 진행될 필요가 있고 공동소송을 하는 것이 가능하여야 한다. 공동소송으로 진행될 필요가 있다는 것은 공동소송인의 청구가 서로 관련성이 있어 병합심리를 하기에 적합한 것이어야 한다는 것을 의미한다. 서로 아무런 관련이 없는 청구에 관하여 병합심리를 하는 것은 소송관계를 복잡하게 만들 뿐이기 때문이다. 또한 공동소송을 하는 것이 가능하다는 것은 공동소송인의 각 청구를 하나의 법원, 하나의 소송절차에서 함께 심리하는 것이 가능하여야 한다는 것을 의미한다.

Ⅰ. 주관적 요건-항변사항

> **제65조(공동소송의 요건)**
> 소송목적이 되는 권리나 의무가 여러 사람에게 공통되거나 사실상 또는 법률상 같은 원인으로 말미암아 생긴 경우에는 그 여러 사람이 공동소송인으로서 당사자가 될 수 있다. 소송목적이 되는 권리나 의무가 같은 종류의 것이고, 사실상 또는 법률상 같은 종류의 원인으로 말미암은 것인 경우에도 또한 같다.

민사소송법 제65조는 공동소송의 각 청구가 아래 각 경우 중 어느 하나에 해당되어 서로 관련성이 있을 것을 요구하고 있다. 이 요건은 피고의 이의가 있는 경우에만 그 구비여부를 조사하여 판단할 항변사항이다. 청구의 관련성이 인정되는 경우로는 다음과 같은 것이 있다.

1. 소송의 목적이 되는 권리 · 의무가 여러 사람에게 공통되는 경우

예를 들어 동일 목적물에 대한 공유자 또는 합유자는 공유물 또는 합유물에 대하여 그 지분의 양은 다를 수는 있으나 권리의 내용은 같다. 또 연대채무자들 상호간도 의무의 범위는 다를 수 있으나 부담의 한도에서 의무의 내용은 같다. 이러한 공유자 또는 합유자, 연대채무자들이 공동소송인이 되는 경우에는 소송의 목적이 되는 권리 · 의무가 여러 사람에게 공통되는 경우라고 할 수 있다.

2. 소송의 목적이 되는 권리, 의무의 발생원인이 사실상 또는 법률상 같은 원인으로 말미암아 생긴 경우

예를 들어 유조선의 좌초로 대량의 기름이 유출되는 사고나 산사태 등으로 동일사고에 의해 여러 사람의 피해자들이 발생한 사건은 그 원인이 사실상 공통되는 경우라고 할 수 있다. 보증채무는 주채무의 성립에 필요한 법률상 원인을 공통으로 한다는 점에서 주채무와 그 원인이 법률상 공통된다고 할 수 있다.

3. 소송목적이 되는 권리나 의무가 같은 종류의 것이고, 사실상 또는 법률상 같은 종류의 원인으로 말미암은 것인 경우

이 경우는 내용이 같지 않으나 종류가 같은 경우이다. 따라서 그 공통성은 위의 두 경우에 비하여 현저히 낮기 때문에 소송목적과 원인 두 가지 모두에 있어 같은 종류일 것을 요한다. 예를 들면 한 건설회사가 어느 아파트단지를 건설하여 여러 사람에게 분양하는 경우 그 원인이 되는 매매는 각각의 분양계약에 의해 이루어져 그 원인이 다르고 계약 당사자가 다르므로 소송의 목적이 되는 권리 · 의무의 내용도 다르다. 그러나 각 분양계약은 같은 종류의 것이고 그로 인해 발생하는 권리인 매매대금지급청구권이나 소유권이전등기청구권 등도 같은 종류의 것이다.

Ⅱ. 객관적 요건-직권조사사항

청구는 특정 당사자와 특정 당사자 사이에 성립하는 것이다. 당사자가 여러 사람인 경우에도 청구는 1인의 원고와 1인의 피고 상호간에 개별적으로 성립하므로 공동소송에서는 청구가 병합될 수밖에 없다. 따라서 공동소송은 청구병합의 요건(253조)을 아울러 갖추어야 하므로 각 청구가 같은 종류의 소송절차에 따르고 공통의 관할권이 인정되어야 한다. 청구병합의 경우 관할권에 관하여는 관련재판적(25조 1항)이 적용되지만 공동소송의 경우에는 위의 1과 2의 경우에만 관련재판적을 인정하고 있다(동조 2항). 이 요건은 피고의 이의가 없어도 조사하여 판단하여야 할 직권조사사항이다.

제4관 공동소송의 종류

공동소송은 통상공동소송과 필수적 공동소송 두 가지로 나누어진다. 이 두 가지를 나누는 기준은 판결의 합일확정이 필수적인가 여부에 있다. 공동소송에서 가장 기본적이고 핵심적인 개념이 합일확정이다. 합일확정이란 분쟁의 승패가 공동소송인 모두에 대하여 일률적으로 결정되는 것을 말한다. 자세한 설명은 필수적 공동소송에서 하기로 한다. 합일확정이 필수적인지 아닌지에 따라 소송절차와 판결 등 여러 가지 면에서 차이를 나타내게 된다.

Ⅰ. 통상공동소송

■ 핵심어

공동소송인독립의 원칙, 재판에 대한 불신, 주장공통, 변론주의

1. 의 의

통상공동소송은 공동소송인 사이에서 승패가 일률적으로 될 필요가 없는 공동소송, 즉 합일확정의 필요가 없는 소송을 말한다. 예를 들어 동일한 교통사고의 피해자들이 제기한 공동소송은 피해자의 과실 여부, 손해발생 여부 등이 피해자마다 다를 수 있어 그 승패가 일률적으로 정해질 필요가 없다. 판례는 순차 경료된 등기 또는 수인 앞으로 경료된 공유등기의 말소등기청구소송은 권리관계의 합일적인 확정을 필요로 하는 필수적 공동소송이 아니라 통상공동소송이라고 한다.[1]

2. 공동소송인독립의 원칙

(1) 개 념

통상공동소송에서는 각 공동소송인의 소송행위나 그에 대한 소송행위 및 그 1인에 관한 사항은 다른 공동소송인에게 영향을 미치지 않는다(66조). 통상공동소송은 1개의 소송절차에서 수인의 당사자가 한 번에 소송을 한다는 것을 의미하는 것에 불과하므로 이를 반영한 것이다. 민사소송법 제66조는 한 사람의 소송행위와 한 사람에 관한 사항에 관하여만 규정하고 있으나 아래에서 보는 바와 같이 공동소송인독립의 원칙은 이에 한하지 않는다.

(2) 내 용

(a) 소송요건은 소송당사자 사이에 개별적으로 판단된다. 예를 들어 원고 2명이 공동소송인이 된 경우 그중 1인에 대하여 당사자적격이 없다면 그 원고의 소만 부적법하며 이러한 사정이 다른 원고에게 미치지 않는다.

(b) 각 당사자가 제출한 소송자료는 변론주의에 의해 소송자료를 제출한 각 당사자에 대한 재판의 기초가 될 뿐 다른 공동소송인에 대하여도 재판의 기초가 되는 것은 아니다.

(c) 소송의 진행도 독립하여 진행된다. 따라서 공동소송인 1인이 사망하여 소송절

---

1) 대법원 1991. 4. 12. 선고 90다9872 판결; 대법원 2008. 6. 12. 선고 2007다36445 판결.

차가 중단된 경우에도 이는 다른 공동소송인의 소송절차 진행에 영향을 미치지 않는다. 또 **공동소송인 1인이 상소를 한 경우 판결의 확정차단 및 이심의 효력은 상소를 한 당사자에게 미칠 뿐이어서 상소를 하지 않은 다른 공동소송인에 대한 판결은 확정된다.**

(d) 소송상 지위도 독립되어 있다. 각 공동소송인은 자신의 소송에 대하여만 당사자이므로 다른 공동소송인의 소송에 대하여 대리인이나 증인이 될 수 있다.

(e) 심리와 판결의 분리가 가능하다. 심리를 위해 필요한 경우 변론을 분리하는 것이 가능하며 일부판결도 허용된다.

3. 공동소송인독립의 원칙의 수정

공동소송인독립의 원칙을 예외 없이 관철하면 하나의 역사적 사실에 대하여 공동소송인에게 각각 다른 판단이 내려질 수 있다. 예를 들어 동일한 교통사고의 피해자 X_1, X_2가 가해자 Y를 상대로 한 소송에서 X_1은 가해자가 중앙선을 침범하였다는 사실을 주장하였으나 X_2는 이러한 사실을 주장하지 않았다고 하자. 이 경우 공동소송인독립의 원칙을 관철하면 Y의 중앙선침범 여부에 관하여 X_1과 X_2에게 각각 다른 사실을 인정할 수밖에 없는 결과가 초래될 수 있다. 공동소송인독립의 원칙을 예외 없이 관철하여 위와 같은 결과가 초래되더라도 감수하여야 하는 것일까? 적정한 재판을 추구하여야 하는 민사소송의 이상에 비추어 이러한 결과는 재판에 대한 불신을 초래할 수 있다. 그 예외가 논의되는 이유가 바로 여기에 있다.

공동소송인독립의 원칙에 관하여 문제되는 것은 주로 사실인정에 관련된다. 다시 말해 공동소송인 일부가 제출한 소송자료(주장이나 증거신청)를 다른 공동소송인에게도 재판의 기초로 삼아 사실인정에 영향을 미치게 할 수 있는가 하는 것이다. 따라서 공동소송인독립의 원칙의 수정론도 이에 관하여 문제된다.

(1) 증거공통

(a) 증거공통은 한 사람의 공동소송인이 제출한 증거로 인한 증거자료는 다른 공동소송인의 원용 없이도 그를 위한 유리한 사실인정의 자료로 사용할 수 있다는 것을 말한다. 이를 인정하는 것이 증거공통의 원칙이다. 한편 변론주의에서 증거공통의 원칙은 당사자가 제출한 증거로 인한 증거자료가 상대방에게도 유리한 사실인정의 자료로 사용될 수 있다는 의미로도 쓰인다. 이러한 의미의 증거공통의 원칙이 인정되는 것은 논란이 없다. 이와는 달리 통상공동소송에서 말하는 증거공통의 원칙은

공동소송인 사이의 증거공통의 원칙을 말한다. 공동소송인독립의 원칙을 관철하면 한 사람의 공동소송인이 증거를 제출하더라도 다른 공동소송인에게 아무런 영향이 없어야 한다. 그런 의미에서 증거공통의 원칙은 공동소송인 독립의 원칙의 예외로서 의미를 가진다. 통설은 이러한 증거공통의 원칙을 인정하고 있다.

(b) 증거공통의 원칙은 증거를 제출하지 않은 다른 공동소송인이 원용을 하지 않은 경우에 의미를 가진다. (원용(援用)의 한자를 직역하면 '끌어다 쓴다'는 의미이다) 예를 들어 X_1이 Y가 중앙선을 침범하였다는 증거를 제출하고 X_2가 'X_1이 제출한 증거를 원용한다'고 하면 X_2에게는 자신도 X_1이 제출한 증거를 제출한 것과 마찬가지의 소송법상 효과가 인정된다. 즉 X_2가 이를 원용한 경우에는 굳이 증거공통의 원칙이 인정되지 않더라도 원용에 의해 증거제출과 같은 효력이 인정된다. 결국 X_2가 원용을 한 경우에는 그 원용에 의하여, 원용을 하지 않은 경우에는 증거공통의 원칙에 의해 X_2에게도 X_1이 제출한 증거로 유리한 사실인정을 할 수 있다.

(c) 증거공통의 원칙은 증거를 제출하지 아니한 다른 공동소송인에게 원용 없이도 유리한 사실인정을 할 수 있다는 것이므로 공동소송인 사이에 이해상반이 있는 경우에는 적용되지 않는다. 즉 증거를 제출한 공동소송인에게는 유리하지만 나머지 공동소송인에게 불리한 것으로는 적용되지 않는다. 물론 이 경우에도 다른 공동소송인이 이를 원용을 한다면 그 원용의 효과로 인정되는 것은 당연하다.

증거공통의 원칙은 공동소송인 중 한 사람이 자백한 경우에도 적용되지 않는다.[2] 증거공통의 원칙이 다른 공동소송인에게 유리한 사실인정을 하는 경우에만 적용된다는 것을 의미한다는 점에서도 자백은 그 적용이 배제된다. 물론 다른 공동소송인에 대해서는 변론 전체의 취지로 영향을 미칠 수 있다.[3]

(2) 주장공통

(a) **주장공통은 공동소송인 중 한 사람이 다른 공동소송인에게 유리한 주장을 한 경우 다른 공동소송인의 원용이 없이도 그에 대하여 효력이 미친다는 것인데 이를 인정하는 것이 주장공통의 원칙이다.** 이 원칙을 인정하게 되면 앞의 예에서 X_1이 Y가 중앙선을 침범하였다는 주장을 하였으나 X_2는 위의 주장을 하지 않은 경우 X_2의 원용 없이도 X_2에 대한 판결에서 Y가 중앙선을 침범하였다는 주장을 재판의 기초로 삼을 수 있게 된다.

---

2) 대법원 1968. 5. 14. 선고 67다2787 판결. 자백은 증거제출과는 다른 것이므로 이를 증거공통의 원칙에서 언급하는 것 자체가 적절한 것인지 의문의 소지가 있으나 일반적인 서술체계에 따르기로 한다.

3) 대법원 1976. 8. 24. 선고 75다2152 판결.

만약 X_2가 X_1의 주장을 원용한 경우에는 주장공통의 원칙과 상관없이 X_1의 주장이 X_2에게 그 효력이 미치므로 X_2에 대하여도 Y의 중앙선침범 사실을 인정을 할 수 있다. 만약 주장공통의 원칙이 인정되지 않고 X_2가 X_1의 주장을 원용하지도 않으면 X_1에 대하여는 Y의 중앙선침범사실을 인정을 할 수 있으나 X_2에 대해서는 Y의 중앙선침범사실을 인정할 수 없다.

(b) 주장공통의 원칙을 인정할 것인가에 관하여 학설은 긍정설과 부정설로 나누어진다. 주장공통의 원칙을 인정하는 긍정설은 주장공통의 원칙을 부정하면 한 사건에서 동일한 사항에 대하여 공동소송인마다 다른 사실인정을 함으로써 재판의 불신이 초래될 것이라는 것을 그 근거로 한다.[4] 긍정설 중에는 공동소송인 중 한 사람에 의하여 공통사실이 주장되었을 때에 다른 공동소송인이 이와 저촉되는 행위를 적극적으로 한 바 없고 그 주장이 다른 공동소송인에게 이익이 되는 한 그 다른 공동소송인에게도 효력이 미친다고 하는 한정적 긍정설도 있다.[5]

주장공통의 원칙을 인정하지 않는 부정설은 공동소송인독립의 원칙과 변론주의를 그 근거로 들고 있다.[6] 즉 다른 공동소송인의 주장은 공동소송인의 주장으로 취급될 수 없으므로(공동소송인독립의 원칙) 주장하지 않은 사항에 대하여 재판의 기초로 삼을 수 없다(변론주의)는 것이다. 공동소송인독립의 원칙과 변론주의를 근거로 하는 부정설이 타당하다고 생각한다. **판례도 변론주의의 원칙을 근거로 부정설을 취하고 있다.**[7]

Ⅱ. 필수적 공동소송

■ **핵심어**

합일확정, 공동소송의 법률상 강제, 관리처분권의 공동귀속, 판결효력의 제3자에 대한 확장, 1인의 상소제기의 효력

필수적 공동소송은 공동소송인 사이에 합일확정을 필수적으로 하는 공동소송, 즉 소송의 승패가 일률적으로 정해져야 하는 소송을 말한다(67조 1항). 소송의 승패가 일률적으로 정해져야 한다는 것의 의미에 관하여 다음 두 가지 예를 들어 살펴보기로 한다.

---

4) 김홍규/강태원, 768면.
5) 강현중, 803면; 이시윤, 741면; 정영환 884면.
6) 김홍엽, 1038면; 송상현/박익환, 635면; 정동윤/유병현/김경욱, 1021면; 호문혁, 905면.
7) 대법원 1994. 5. 10. 선고 93다47196 판결.

중혼의 경우 제3자도 혼인취소의 소를 제기할 수 있다(민법 818조). 이 경우 부부가 공동으로 피고가 되어야 한다(가사소송법 24조 2항). 혼인취소소송에서는 배우자 모두에게 취소판결을 하든가 아니면 기각판결을 하여야 하며 어느 일방 배우자에게만 취소판결을 하고 나머지 배우자에게는 기각하는 판결을 할 수는 없다. 이 경우 합일확정은 공동소송인 사이에 동일한 내용의 판결을 의미한다. 한편 공유토지분할소송에서는 각 공유자에게 분할되는 토지부분이 중복되는 판결을 할 수 없다. 이 경우 합일확정은 공동소송인 사이에 모순 없는 판결을 의미한다.

필수적 공동소송은 고유필수적 공동소송과 유사필수적 공동소송으로 나누어진다.

1. 고유필수적 공동소송

고유필수적 공동소송은 소송공동이 법률상 강제되고 또 합일확정의 필요가 있는 공동소송을 말한다. 고유필수적 공동소송에는 필수적 공동소송의 핵심 개념요소인 합일확정 외에 소송공동이 법률상 강제될 것이 추가로 요구된다. 공동소송이 법률상 강제된다는 것은 공동소송으로 되지 않으면 소가 부적법하여 각하된다는 것을 의미한다.

예를 들어 본다. 필수적 공동소송에서 자주 문제되는 것 중의 하나는 공유물분할소송이다. 네 명의 공동소유자 A, B, C, D가 공동소유하고 있던 토지를 분할하려고 한다. 공유토지의 모든 부분이 A, B, C, D의 공동소유이므로 공유자 전원이 함께 하지 않고 공유토지를 분할하는 것은 불가능하다. 따라서 A가 소를 제기하려면 나머지 공유자 B, C, D가 모두 피고가 되어야 하고 B만을 피고로 삼으려면 나머지 공유자 A, C, D 모두가 원고가 되어야 한다. 소송의 원고가 되지 않은 나머지 공유자는 반드시 공동의 피고가 되어야 한다. 이것이 고유필수적 공동소송이다. 공유물의 처분 · 변경은 다른 공유자의 동의를 요한다(민법 264조). 이에 대응하여 소송수행권도 A, B, C, D에 공동으로 귀속된다. 공유자 중 일부만 당사자가 되면 소는 소송수행권의 흠결로 인해 부적법하여 각하된다.

이와 같이 **고유필수적 공동소송은 실체법상의 관리처분권이 공동으로 귀속되는 경우에 요구된다(관리처분권설)**. 따라서 고유필수적 공동소송을 실체법상 요구에 의한 공동소송이라고도 하며 이는 소송법상 요구에 의한 유사필수적 공동소송과 대비된다. **고유필수적 공동소송은 주로 민법상 공동소유의 경우에 문제된다.** 이하 개별적인 문제에 대해 살펴보기로 한다.

(1) 다른 사람들 사이의 권리관계를 목적으로 하는 소

다른 사람들 사이의 권리관계를 목적으로 하는 소는 그 다른 사람들이 모두 당사자가 되어야 한다. 그 권리관계는 재산법상의 관계일 수도 있고 가족법상의 관계일 수도 있다. 재산법상의 공유관계를 종료시키기 위한 공유물분할소송(민법 269조)은 다른 공유자 전원을 공동피고로 하여야 한다. 가족법상의 관계를 확인하기 위한 친생자관계 부존재확인의 소는 제3자가 생존하는 부모와 자를 공동피고로 하여 소를 제기하여야 한다(가사소송법 28조, 24조).

(2) 공유관계소송

공유에 관한 소송은 공유물분할소송에 한정되지 않고 여러 가지가 있다. 공유에 관한 소송은 언제나 필수적 공동소송이 될까? 공유지분에 관한 소송과 공유물에 관한 소송으로 나누어 살펴보기로 한다.

(a) 공유지분에 관한 소송

공유자는 다른 공유자의 동의 없이 자신의 지분을 처분할 수 있다(민법 263조). 공유의 경우 그 다른 공동소유에 비하여 그 결합의 정도가 약하기 때문이다. 따라서 이 경우에는 반드시 공동소송에 의할 필요가 없다. 예를 들어 공유자의 1인이 자기의 공유지분을 다른 사람에게 매도한 경우 그 다른 사람이 매수한 지분에 관한 지분이전등기청구의 소를 제기하는 것은 지분을 매도한 공유자 1인을 피고로 하는 것으로 족하다. 이와 같이 일반적으로 공유지분에 관한 소송은 필수적 공동소송에 해당되지 않는다고 할 수 있으나 구체적으로 어떤 경우가 공유지분에 관한 소송인지 판단하는 것이 필요하다.

소송의 목적이 공유지분 그 자체인 경우에는 공유지분에 관한 소송이라고 할 수 있을 것이다. 판례는 수인이 토지를 공유하는 경우에 공유자들의 소유권이 지분의 형식으로 공존하는 것뿐이고, 그 처분권이 공동에 속하는 것은 아니므로 공유토지의 일부에 대하여 취득시효완성을 원인으로 공유자들을 상대로 그 시효취득부분에 대한 소유권이전등기절차의 이행을 청구하는 소송은 필수적 공동소송이라고 할 수 없다고 한다.[8] 즉 판례는 수인이 공유하는 토지의 소유권이전등기를 구하는 소송을 각각의 공유자에 대하여 그 지분의 이전을 한 번에 구하는 소송으로 파악한 것이다.

---

8) 대법원 1994. 12. 27. 선고 93다32880, 32897 판결.

(b) 공유물에 관한 소송

1) 능동소송

(aa) 민법규정

공유자는 다른 공유자의 동의 없이 공유물을 처분하거나 변경하지 못한다(민법 264조). 공유물의 관리에 관한 사항은 공유자의 지분의 과반수로써 결정한다. 그러나 보존행위는 각자가 할 수 있다(민법 265조). 보존행위란 물건이 멸실되거나 훼손되는 것을 막아 현상을 유지하는 행위를 말한다.

(bb) 보존행위

i) 공유물의 보존행위는 공유자 각자가 할 수 있으므로 이를 위한 소는 공유자가 단독으로 제기하는 것이 가능하며 필수적 공동소송에 해당되지 않는다. 공유토지상의 방해를 제거하기 위한 공유물의 인도를 구하는 소, 공유부동산에 관하여 제3자 명의로 원인무효의 소유권이전등기가 경료되어 있는 경우 제3자에 대하여 그 등기 전부의 말소를 구하는 소 등이 이에 해당한다. 다만 판례는 공유물의 소수지분권자인 피고가 다른 공유자와 협의하지 않고 공유물의 전부 또는 일부를 독점적으로 점유하는 경우 다른 소수지분권자인 원고가 피고를 상대로 공유물의 인도를 청구할 수는 없다고 한다.[9]

ii) 공유자 1인은 위의 무효등기에 관하여 전부말소를 구할 수 있다. 그 이유는 제3자 명의의 등기가 다른 공유자의 지분까지 말소되지 않는 한 공유자가 다른 공유자에 대한 자기의 지분을 주장할 수 없기 때문이다.[10] 즉 지분은 비율로 존재하는 것이므로 공유자 자신의 지분의 주장을 위해서도 공유물 전체에 대한 방해상태가 제거될 필요가 있다. 이는 공유자 1인이 자기의 지분을 근거로 공유물 전체에 대한 방해제거청구를 할 수 있다는 것이지 다른 공유자의 지분까지 대외적으로 주장할 수 있다는 의미는 아니다. 따라서 공유자가 다른 공유자의 지분권을 대외적으로 주장하면서 자신의 소유지분을 침해하는 지분 범위를 초과하는 부분에 대하여 공유물에 관한 보존행위로서 무효라고 하여 그 부분 등기의 말소를 구할 수는 없다.[11]

iii) 취득시효의 중단은 당사자 및 그 승계인에게만 효력이 있다(민법 169조, 247조 2항 참조). 공유자 1인이 공유물의 보존행위로서 한 소의 제기는 공유물 전체를 그 목적으로 하였더라도 공유자 1인이 자기지분을 행사한 것이므로 그 시효중단의 효력은 재판상 청구

---

9) 대법원 2020. 5. 21. 선고 2018다287522 전원합의체판결.
10) 김재형, 판례월보 제305호, 판례월보사, 1996, 19면.
11) 대법원 2010. 1. 14. 선고 2009다67429 판결.

를 한 그 공유자에 한하여 발생하고 다른 공유자에게는 미치지 않는다.[12] 또한 공유물에 끼친 불법행위를 이유로 하는 손해배상청구권은 특별한 사유가 없는 한 각 공유자가 지분에 대응하는 비율의 한도 내에서만 이를 행사할 수 있다.[13] 그 손해배상청구권의 행사는 공유물의 보존행위가 아니기 때문이다.

iv) 공유물 전체에 대한 소유관계의 확인을 구하는 소는 제3자를 상대로 공유자 모두의 지분이 주장되어야 한다. 따라서 공유자 전원이 소를 제기하여야 하고 그 일부만이 소를 제기하면 그 소는 당사자적격의 흠결로 부적법하다. 그러나 판례는 이 경우 당사자적격의 흠결을 이유로 하지 않고 확인의 이익이 없다는 이유로 부적법한 것으로 처리하고 있다.[14]

(cc) 처분 · 변경 등의 행위

i) 공유물의 분할은 공유물의 처분 · 변경행위에 속한다. 공유자들이 현물분할을 하는 경우에도 공유물의 각 부분은 특정인의 단독소유로 전환된다. 또한 공유물분할은 공유자 전원에 대하여 일률적으로 (상호 모순 없이) 정해져야 하기 때문에 일부의 공유자를 배제한 채 공유물의 분할이 이루어지는 것을 생각하기는 어렵다.[15] 따라서 공유물분할소송은 공유자 전원이 원고 또는 피고 중 어느 한쪽 당사자로 될 수는 없고 일부의 공유자가 원고가 되면 그 나머지 공유자들은 모두 피고가 되어야 하는 고유필수적 공동소송이다. 이는 소제기시뿐 아니라 소송계속 중에도 요구된다. 따라서 공유물분할소송이 항소심계속 중 당사자인 공유자의 일부 지분이 제3자에게 이전되었으나, 그 제3자가 당사자로 참가하지 않은 경우 공유물분할소송은 부적법하게 된다.[16]

ii) 공유토지의 경계를 확정하는 것도 처분 · 변경행위에 속한다. 공유토지의 경계확정에 따라서 공유물의 범위가 달라지므로 공유자 전원에 대하여 일률적으로 (같은 내용으로) 정하여져야 한다. 따라서 공유토지의 경계확정의 소는 공유자 전원이 원고 또는 피고 중 어느 한쪽 당사자로 되어야 하고 인근토지의 소유자가 그 상대방이 되는 고유필수적 공동소송이다.

---

12) 대법원 1979. 6. 26. 선고 79다639 판결.
13) 대법원 1970. 4. 14. 선고 70다171 판결.
14) 대법원 1994. 11. 11. 선고 94다35008 판결.
15) 이는 공유물분할소송에서 공유자 전원이 당사자가 되어야 한다는 의미이지 모든 공유자에게 공유관계를 해소하는 판결을 하여야 한다는 것은 아니다. 분할청구자의 지분 한도 안에서 현물분할을 하고 분할을 원하지 않는 나머지 공유자는 공유로 남게 하는 방법도 허용된다. 그러나 공유물분할을 청구한 공유자의 지분한도 안에서는 공유물을 현물 또는 경매 · 분할함으로써 공유관계를 해소하고 단독소유권을 인정해야 하며 분할청구자에 대하여는 공유관계를 유지하도록 하는 것은 허용되지 않는다(대법원 2011. 3. 10. 선고 2010다92506 판결).
16) 대법원 2014. 1. 29. 선고 2013다78556 판결.

iii) 어떤 재산이 상속재산에 속하는가 여부는 공동상속인들 사이에 일률적으로(같은 내용으로) 정해져야 한다. 상속재산은 공동상속인들 사이에 분할의 대상이 되는데(민법 1012조 이하) 그 분할의 대상이 공동상속인 사이에서 다를 수 없기 때문이다. 따라서 공동상속인이 다른 공동상속인을 상대로 어떤 재산이 상속재산임의 확인을 구하는 소는 고유필수적 공동소송에 속한다.[17)]

2) 수동소송

(aa) 공유자들이 소제기를 당하여 피고가 된 수동소송은 공유자들의 행위에 의한 것이 아니다. 따라서 그 소송형태는 공유자행위의 성질(보존행위인가 처분 · 변경행위인가)이 아니라 합일확정의 필요가 있는가 여부에 의해 결정된다. 공유물분할소송과 경계확정의 소는 공유자들이 피고로 되는 수동소송의 경우에도 합일확정의 필요상 고유필수적 공동소송이 된다.

(bb) 공유물의 반환 또는 철거소송의 경우 판례는 공유자 각자에 대하여 그의 지분권 한도 내에서의 인도 또는 철거를 구하는 것이므로 고유필수적 공동소송이 아니라고 한다.[18)] 이에 의하는 경우 공유자 1인에 대한 반환 또는 철거소송도 적법하다. 다만 집행을 하려면 모든 공유자에 대한 판결을 필요로 한다.

(cc) 공유토지의 일부에 대하여 취득시효완성을 원인으로 공유자들을 상대로 그 시효취득부분에 대한 소유권이전등기절차의 이행을 구하는 소의 경우 판례가 토지를 수인이 공유하더라도 이는 공유자들의 소유권이 지분의 형식으로 공존하는 것뿐이고, 그 처분권이 공동에 속하는 것은 아니므로 필수적 공동소송이라고 할 수 없다[19)]고 한 것은 앞서 공유지분에 관한 소송에서 살펴본 바와 같다.

(c) 공동매수의 경우

1) 채권담보를 위한 공동매수

수인의 채권자가 각기 채권을 담보하기 위하여 채무자와 채무자 소유의 부동산에 관하여 수인의 채권자를 공동매수인으로 하는 1개의 매매예약을 체결하고 그에 따라 수인의 채권자 공동명의로 그 부동산에 가등기를 마친 경우, 수인의 채권자가 공동으로 매매예약완결권을 가지는 관계인지 여부는 매매예약의 내용에 따라 정해진다. 만약 매매예약에서 그러한 내용을 명시적으로 정하지 않은 경우에는 수인의 채권자가 공동으로 매매예약을 체결하게 된 동기 및 경위, 매매예약에 의하여 달성하려는

17) 대법원 2007. 8. 24. 선고 2006다40980 판결.
18) 대법원 1969. 7. 22. 선고 69다609 판결; 대법원 1993. 2. 23. 선고 92다49218 판결.
19) 대법원 1994. 12. 27. 선고 93다32880, 32897 판결.

담보의 목적 등을 종합적으로 고려하여 판단하여야 한다.[20] 이에 의하면 갑이 을에게 돈을 대여하면서 담보 목적으로 을 소유의 부동산 지분에 관하여 을의 다른 채권자들과 공동명의로 매매예약을 체결하고 각자의 채권액의 비율에 따라 지분을 특정하여 가등기를 마친 경우, 채권자가 각자의 지분별로 별개의 독립적인 매매예약완결권을 갖는 것으로 보아, 갑이 단독으로 담보목적물 중 자신의 지분에 관하여 매매예약완결권을 행사할 수 있고, 이에 따라 단독으로 자신의 지분에 관하여 가등기에 기한 본등기절차의 이행을 구할 수 있다.

2) 공동사업을 경영하기 위한 공동매수

조합은 2인 이상이 상호출자 하여 공동사업을 경영할 것을 목적으로 하는 단체이다(민법 703조). 조합관계소송은 뒤에서 보는 바와 같이 고유필수적 공동소송이다. 부동산 공동매수인들에게 단순한 전매차익을 넘어 '공동사업을 경영할 목적'이 있었다고 인정되는 경우에는 그 수인을 조합원으로 하는 동업체에서 매수하여 그 동업자들은 토지에 대한 소유권이전등기청구권을 준합유하는 관계에 있다. 따라서 매도인이 소유권 전부의 이전의무를 그 동업체에 대하여 부담하므로 매수인 전원이 소송의 당사자가 되어야 하는 고유필수적 공동소송이 된다.[21]

3) 전매차익을 얻을 목적으로 한 공동매수

수인이 전매차익을 얻을 목적으로 부동산을 공동매수한 경우에는 공동매수인들 사이에서 그 매수한 토지를 공유가 아닌 동업체의 재산으로 귀속시키고 공동매수인 전원의 의사에 기해 전원의 계산으로 처분한 후 그 이익을 분배하기로 하는 명시적 또는 묵시적 의사의 합치가 있어야만 공동사업을 위해 동업체에서 매수한 것이 될 수 있다. 따라서 이 경우에는 필수적 공동소송이 된다.

이와 달리 공동매수 후 매수인별로 토지에 관하여 공유에 기한 지분권을 가지고 각자 자유롭게 그 지분권을 처분하여 대가를 취득할 수 있도록 한 것이라면 이를 동업체에서 매수한 것으로 볼 수는 없다. 따라서 이 경우에는 필수적 공동소송이라고 볼 수 없고 매수인은 매도인에게 개별적으로 자신의 지분이전을 구하는 소를 제기하는 것이 가능하다.[22]

---

20) 대법원 2012. 2. 16. 선고 2010다82530 전원합의체판결. 이 판결에 의해 1인의 채무자에 대한 수인의 채권자의 채권을 담보하기 위하여 그 수인의 채권자와 채무자가 채무자 소유의 부동산에 관하여 수인의 채권자를 권리자로 하는 1개의 매매예약을 체결하고 그에 따른 가등기를 마친 경우에, 매매예약의 내용이나 매매예약완결권 행사와 관련한 당사자의 의사와 관계없이 언제나 수인의 채권자가 공동으로 매매예약완결권을 가진다고 보고, 매매예약완결의 의사표시도 수인의 채권자 전원이 공동으로 행사하여야 한다는 취지의 대법원 1984. 6. 12. 선고 83다카2282 판결; 대법원 1985. 5. 28. 선고 84다카2188 판결; 대법원 1985. 10. 8. 선고 85다카604 판결; 대법원 1987. 5. 26. 선고 85다카2203 판결 등은 변경되었다.

21) 대법원 2007. 6. 14. 선고 2005다5140 판결; 대법원 2002. 6. 14. 선고 2000다30622 판결.

(d) 공동명의 예금의 경우

은행에 공동명의로 예금을 하고 은행에 대하여 그 권리를 함께 행사하기로 한 경우에 만일 동업 자금을 공동명의로 예금한 것이라면 채권의 준합유관계에 있어 필수적 공동소송에 의한다. 반면 공동명의 예금채권자들 각자가 출연한 돈을 동업 이외의 특정 목적이 달성되기 전에는 공동명의 예금채권자가 단독으로 예금을 인출할 수 없도록 하는 등의 목적으로 공동명의로 예금을 개설한 때에는 하나의 예금채권이 분량적으로 분할되어 각 공동명의 예금채권자들에게 귀속되므로 필수적 공동소송에 의하지 않는다. 다만 은행과 공동명의 예금채권자들 사이에 공동반환의 특약이 존재하는 경우 은행에 대한 지급 청구만을 공동명의 예금채권자들 모두가 공동으로 하여야 하는 부담이 남게 될 뿐이다.[23]

(3) 합유 또는 총유관계소송

(a) 합유관계소송

1) 합유는 수인이 조합체로서 물건을 소유하는 형태이다(민법 271조 1항). 예를 들어 동업을 하는 경우이다. 또한 수탁자가 수인 있는 때에는 신탁재산은 합유로 한다(신탁법 50조). 판례는 합유로 소유권이전등기가 된 부동산에 관하여 명의신탁 해지를 원인으로 한 소유권이전등기절차의 이행을 구하는 소송은 고유필수적 공동소송에 해당하며 그 명의신탁 해지를 구하는 당사자가 합유자 중의 1인이라도 마찬가지라고 한다.[24] 합유물을 처분 · 변경함에는 합유자 전원의 동의가 있어야 한다(민법 272조). 그러나 보존행위는 각자가 할 수 있다(동조 단서). 합유자는 전원의 동의 없이는 합유지분에 관한 처분을 할 수 없다(민법 273조).

따라서 합유물에 관한 소송이든 합유지분에 관한 소송이든 모두 고유필수적 공동소송이라고 할 수 있다. 다만 보존행위에 관한 것은 각자가 할 수 있으므로(민법 272조 단서) 고유필수적 공동소송에 의하지 않는다. 또한 조합의 채권자가 각 조합원에 대한 개인적 책임에 기하여 그 채권을 행사하는 경우 조합원 각자를 상대로 이행의 소를 제기할 수 있다.[25]

2) 판례의 태도와 같이 조합의 당사자능력을 인정하지 않는다면 보존행위 이외의 조합에 관한 소송에서 당사자는 조합이 될 수 없고 조합원 전원이 되어야 한다. 이

---

22) 대법원 2007. 6. 14. 선고 2005다5140 판결.
23) 대법원 2008. 10. 9. 선고 2005다72430 판결.
24) 대법원 2015. 9. 10. 선고 2014다73794, 73800 판결.
25) 대법원 1991. 11. 22. 선고 91다30705 판결.

경우 소송의 간이화방안이 문제되며 판례는 임의적 소송담당을 인정하는 것으로 그 해결을 꾀하고 있음은 임의적 소송담당에서 설명한 바 있다.

(b) 총유관계소송

1) 총유관계가 인정되는 단체로는 종중, 교회 등이 있다. 이러한 단체들은 비법인 사단으로 민사소송법상 형식적 당사자능력자(52조)이다. 따라서 총유관계에 관한 소송은 그 단체가 당사자가 될 수 있다.

2) 총유물의 관리 및 처분은 사원총회의 결의에 의한다(민법 276조). 따라서 총유관계에 관한 소송에서 단체가 당사자가 되지 않는 경우에는 사원 전원이 당사자가 되어야 하는 필수적 공동소송이 된다. 총유에는 합유의 경우처럼 보존행위를 각자가 할 수 있다는 규정이 없다. 판례는 총유관계에 관한 소송은 보존행위에 해당하는 것이라고 하더라도 필수적 공동소송에 의하여야 한다고 한다.[26] 이에 의하면 종중소유의 부동산에 관하여 적법한 원인 없이 제3자에게 소유권이전등기가 경료된 경우 종중의 대표자 개인이 종중결의에 의하여 위 등기의 말소를 구하는 소를 제기하는 것은 비록 보존행위에 속하는 것이지만 부적법하며 종중이나 종중원 전원의 명의로 소를 제기하여야 한다.

2. 유사필수적 공동소송

(1) 유사필수적 공동소송은 공동소송이 강제되지 않으나 일단 공동소송이 된 경우에는 합일확정의 필요가 있는 공동소송을 말한다. 공동소송이 법률상 강제되는 것은 아니므로 권리자 또는 의무자의 일부가 당사자에서 제외되었더라도 소는 적법하다. 또한 권리자 또는 의무자 전부가 함께 소를 제기하였더라도 일부의 소를 취하하는 것이 가능하다. 소송요건의 일부에 흠결이 있더라도 그 사람에 대한 소만 각하되고 다른 사람의 소에는 영향을 미치지 않는다.

(2) 어떤 경우에 유사필수적 공동소송이 인정될까? 우선 공동소송이 법률상 강제되지 않으려면 관리처분권이 공동으로 귀속되는 경우는 아니어야 한다. 한편 **판결이 합일확정될 필요가 있으려면 소송법상 판결의 효력이 제3자에게 확장될 경우이어야 한다.** 관리처분권이 공동으로 귀속되지 않으면서 판결의 효력도 제3자에게 확장되지 않는다면 당사자들에 대한 판결의 결론이 굳이 일률적이지 않더라도 문제될 이유는 없을 것이기 때문이다. 여기서의 판결의 효력이라 함은 판결의 본래적 효력인 기판

26) 대법원 2010. 2. 11. 선고 2009다83650 판결.

력, 집행력, 형성력 등을 의미한다. 이외에도 반사적 효력도 포함한다(다수설·판례27)). 이런 의미에서 유사필수적 공동소송은 고유필수적 공동소송과 달리 소송법상 이유에 의한 필수적 공동소송이라고 한다.

예를 들어 보기로 한다. 주식회사의 경우 총회의 소집절차 또는 결의방법이 법령 또는 정관에 위반하거나 현저하게 불공정한 때 또는 그 결의의 내용이 정관에 위반한 때에는 주주·이사 또는 감사는 결의의 날로부터 2월 내에 주주총회결의취소의 소를 제기할 수 있다(상법 376조 1항). 주주에 의해 위의 결의취소의 소가 제기되는 경우 소를 제기하는 자가 반드시 주주 전원일 필요는 없다. 그러나 주주총회결의 취소의 판결은 제3자에게도 효력이 있으므로(상법 376조 2항, 190조) 일단 원고가 된 주주들 사이에서는 같은 내용의 판결이 선고되어야 한다. 그렇지 않으면 제3자에게 서로 다른 내용의 판결의 효력이 인정되어 법률관계에 혼란이 초래될 것이기 때문이다. 따라서 위 소는 유사필수적 공동소송에 해당된다. 이러한 법리는 주주총회결의의 부존재 또는 무효 확인을 구하는 소의 경우에도 마찬가지로 적용된다.[28]

3. 이론상 합일확정소송

이론상 합일확정소송은 관리처분권이 공동으로 귀속되거나 판결의 효력이 제3자에게 미치지 않아 합일확정이 법률상 요구되는 것은 아니지만 논리적으로는 필요한 경우를 말한다.

예를 들어 보기로 한다. X소유의 부동산에 관하여 Y_1이 원인 없이 이전등기를 경료하였다. Y_1은 다시 자신의 등기에 터 잡아 Y_2에게 이전등기를 경료해 주었다. X는 Y_1과 Y_2를 상대로 말소등기청구의 소를 제기하였다. Y_1의 등기가 무효이면 Y_2의 등기 또한 무효일 수밖에 없다. 따라서 논리적으로는 Y_1과 Y_2에 대한 소송의 승패가 일률적으로 결정될 필요가 있다. 그러나 이 경우는 관리처분권이 공동으로 귀속되거나 판결의 효력이 제3자에게 미치는 경우가 아니다.

순차 경료된 소유권이전등기의 말소등기청구소송을 필수적 공동소송으로 보지 않고 통상공동소송으로 보는 데에는 별 이견이 없다. 판례 또한 통상공동소송으로 취급하며 결론의 모순이 발생하더라도 변론주의 원칙상 부득이한 것이라고 한다.[29]

---

27) 대법원 1991. 12. 27. 선고 91다23486 판결.
28) 대법원 2021. 7. 22. 선고 2020다284977 전원합의체판결.
29) 대법원 1991. 4. 12. 선고 90다9872 판결.

4. 필수적 공동소송의 심판

(1) 연합관계

통상공동소송에서는 공동소송인독립의 원칙이 지배하여 공동소송인 상호간에 서로 독립하여 소송이 진행된다. 그러나 필수적 공동소송에서는 합일확정의 필요상 공동소송인 상호간에 연합관계가 인정된다. 공동소송인 상호간에 인정되는 연합관계는 구체적으로 민사소송법 제67조 내지 제69조의 규정이 적용되어 소송의 진행과 심리판단에 있어 특별한 규율을 받는 것으로 나타난다. **이러한 연합관계로 인해 소송자료의 통일과 소송진행의 통일이 이루어지고 이는 곧 재판의 통일로 이어지게 된다.**

(2) 소송요건의 조사

(a) 필수적 공동소송에 있어서 합일확정의 요구상 공동소송인 상호간에 연합관계가 인정되지만 소송관계는 복수이므로 소송요건은 각 공동소송인별로 조사되어야 한다. 조사결과 소송요건의 흠결이 있는 경우 그 효과는 필수적 공동소송의 유형에 따라 달라진다. 고유필수적 공동소송의 경우 공동소송이 법률상 강제되므로 공동소송인 1인에 관한 소송요건의 흠결로 전 소가 부적법해져 각하되어야 한다. 그러나 공동소송이 법률상 강제되지 않는 유사필수적 공동소송의 경우에는 당해 공동소송인의 소만 부적법해지고 각하되는 것에 그친다. 이러한 이유에서 고유필수적 공동소송에서는 원고들 일부의 소취하 또는 피고들 일부에 대한 소취하는 특별한 사정이 없는 한 그 효력이 생기지 않는다.[30] 그러나 유사필수적 공동소송에서는 공동소송인 일부에 대한 소취하도 효력이 있으며 원고들 중 일부가 소를 취하하는 경우에 다른 공동소송인의 동의를 받을 필요가 없다.[31]

(b) 소송요건은 변론종결시까지 갖추면 적법한 소로서 취급되어 본안판결을 받을 수 있다. 고유필수적 공동소송에서 공동소송인으로 되어야 할 사람이 누락되었으나 아직 변론이 종결되지 않은 경우 이를 공동소송인으로 추가할 수 있다면 이미 소송절차의 진행이 이루어진 소가 부적법 각하되지 않고 본안판결을 받을 수 있다. 이에 민사소송법은 법원은 공동소송인 가운데 일부가 누락된 경우 제1심의 변론이 종결할 때까지 원고 또는 피고를 추가할 수 있다는 규정을 두고 있다(68조 1항). 이 규정은 공동소송이 법률상 강제되는 고유필수적 공동소송에만 적용된다. 자세한 해석은 당사자의 변경에서 살펴보기로 한다.

30) 대법원 2007. 8. 24. 선고 2006다40980 판결.
31) 대법원 2013. 3. 28. 선고 2011두13729 판결.

(3) 소송자료의 통일

> **제67조(필수적 공동소송에 대한 특별규정)**
> ① 소송목적이 공동소송인 모두에게 합일적으로 확정되어야 할 공동소송의 경우에 공동소송인 가운데 한 사람의 소송행위는 모두의 이익을 위하여서만 효력을 가진다.
> ② 제1항의 공동소송에서 공동소송인 가운데 한 사람에 대한 상대방의 소송행위는 공동소송인 모두에게 효력이 미친다.
> ③ 제1항의 공동소송에서 공동소송인 가운데 한 사람에게 소송절차를 중단 또는 중지하여야 할 이유가 있는 경우 그 중단 또는 중지는 모두에게 효력이 미친다.

(a) 능동적 소송행위

공동소송인 중 한 사람의 소송행위(능동적 소송행위)는 전원의 이익을 위해서만 효력이 있다(67조 1항). 공동소송인 전원의 이익이 되는 소송행위란 예를 들면 원고의 청구원인 사실을 부인하거나 항변을 제출하거나 기일에 출석하거나 피고로서 본안에 관하여 응소하여 원고의 소취하에 피고들의 동의를 요하도록 하는 것이다. 위 규정의 반대해석상 불리한 소송행위는 전원이 해야 한다. 예를 들어 청구의 포기나 인낙, 자백과 같은 소송행위는 공동소송인 전원이 하여야 효력이 있다.

(b) 수동적 소송행위

공동소송인 중 한 사람에 대한 상대방의 소송행위(수동적 소송행위)는 이익 또는 불이익을 불문하고 다른 공동소송인 모두에게 효력이 미친다(67조 2항). 수동적 소송행위에서도 능동적 소송행위에서와 같이 공동소송인 전원의 이익을 위해서만 효력이 생기는 것으로 하면 공동소송인에게 일방적으로 유리하게 취급하는 것이 되기 때문이다. 이로써 능동적 소송행위와 수동적 소송행위의 소송상 취급은 그 균형을 이루게 된다.

(4) 소송 진행의 통일

(a) 소송절차의 진행

변론기일이나 증거조사기일 등 소송절차의 진행은 공동소송인 모두에 대하여 같은 기일에 이루어져야 한다. 따라서 변론의 분리는 허용되지 않는다. 만약 1인에 대하여 중단 또는 중지사유가 있으면 모두에게 효력이 미쳐(67조 3항) 모든 공동소송인에 대한 소송절차가 중단 또는 중지된다. 판결도 같은 기일에 함께 하여야 하며 일부판결은 허용되지 않는다. 상소기간은 개별적으로 진행되나, 전원의 기간 만료로만 확

정된다.[32]

(b) 상 소

(aa) **공동소송인의 판결선고에 대하여 1인이 상소를 제기하면 전원에 대하여 확정차단되고 전 소송이 이심된다.** 이때 상소의 효력을 받는 다른 공동소송인은 상소한 당사자와 함께 상소인이 된다는 견해(상소인설)가 있다. 만약 그렇다면 상소하지 아니한 공동소송인도 상소취지를 확장하거나 상소취하를 할 수 있다. 이외에도 상소한 자를 그의 선정당사자로 보는 견해(선정당사자설)도 있으나 단순한 상소심의 당사자라고 하는 견해(단순한 상소심 당사자설)가 통설과 판례의 태도이다.[33]

(bb) 공동소송인이 소송무능력자인 경우 법정대리인이 소송행위를 하여야 한다(55조 참조). 이때 법정대리인은 후견감독인의 동의를 받아야 한다(민법 950조). 다만 법정대리인이 상대방의 소제기 또는 상소에 관하여 소송행위를 하는 경우에는 후견감독인의 동의를 받을 필요가 없다(56조 1항). 민사소송법 제56조 제1항은 상대방이 제기한 소 또는 상소에 대하여 수동적 당사자가 소송행위를 하는 경우를 규정하고 있다. 필수적 공동소송인 가운데 한 사람이 상소를 제기한 경우 다른 필수적 공동소송인은 상소인이 아니라 단순한 상소심 당사자이므로 상소의 상대방은 아니지만 수동적 당사자가 된다. 민사소송법 제69조는 필수적 공동소송인 가운데 한 사람이 상소를 제기한 경우 다른 필수적 공동소송인이 그 상소심에서 하는 소송행위에는 제56조 1항을 준용한다(69조). 따라서 상소를 제기하지 아니한 소송무능력자인 다른 필수적 공동소송인의 법정대리인은 상대방이 상소를 한 것에 대하여 소송행위를 하는 것에 준하여 후견감독인의 동의를 요하지 않는다.

(5) 본안재판의 통일

필수적 공동소송에 대하여 본안판결을 할 때에는 공동소송인 전원에 대한 하나의 종국판결을 선고하여야 하며 공동소송인 일부에 대해서만 판결하거나 남은 공동소송인에 대해 추가판결을 하는 것은 모두 허용되지 않는다.[34] 또한 **판결은 일률적인 것이어야 하며 그 결론이 서로 모순된 것이 될 수 없다.**

---

32) 대법원 2017. 9. 21. 선고 2017다233931 판결.
33) 대법원 1995. 1. 12. 선고 94다33002 판결.
34) 대법원 2011. 6. 24. 선고 2011다1323 판결.

판례 연습

대법원 1983. 10. 25. 선고 83다카850 판결

– 필수적 공동소송과 소송절차의 중단 –

▌사건의 개요 X는 7인의 합유로 소유권이전등기가 되어 있는 부동산에 관하여 명의신탁해지를 원인으로 한 소유권이전등기청구의 소를 제기하였다. 제1심법원은 이 사건 소에 관하여 판결을 선고하고 그 판결을 제1심소송을 대리하여 온 피고들 소송대리인에게 송달하였다. 한편 피고들 중 1인인 Y는 제1심판결 전 사망하였다. 제1심판결 선고 후 Y의 이름으로 새로이 소송대리인이 선임되고 그 소송대리인이 항소를 제기하여 항소심에서의 소송절차가 진행된 결과 항소심판결이 선고되었다. 위 항소심판결은 적법한 것인지가 문제되었다.

설명

1. 이 사건 소의 형태

이 사건 소는 7인의 합유물에 관한 소이므로 판결이 합일적으로 확정되어야 하는 필수적 공동소송에 해당된다. 필수적 공동소송의 경우 공동소송에서 공동소송인 가운데 한 사람에게 소송절차를 중단 또는 중지하여야 할 이유가 있는 경우 그 중단 또는 중지는 모두에게 효력이 미친다(67조 3항).

2. Y사망의 소송법적 효과

당사자가 사망한 때에 소송절차가 중단된다(233조 1항). 다만 소송대리인이 있는 경우에는 예외이다(238조). Y는 제1심판결선고 전 사망하였으나 Y에게 소송대리인이 있었으므로 Y의 사망에 의해 바로 소송절차가 중단되지는 않는다. 소송대리인의 소송대리권은 심급대리의 원칙상 당해 심급이 종료할 때 소멸한다. 따라서 Y의 사망으로 피고들 소송대리인에게 제1심판결이 송달된 때 소송절차는 중단되며 이때 소송절차 중단의 효력은 피고들 모두에게 미친다. 제1심판결선고 후 Y의 이름으로 소송대리인이 선임되고 그 소송대리인이 항소를 제기한 것은 소송절차의 중단 중에 이루어진 것이므로 그 효력이 인정되지 않는다.

3. 이 사건 항소심판결의 적법 여부

이 사건 항소는 소송절차중단 중에 이루어진 것으로 부적법하여 그 효력이 인정되지 않고 이 사건 항소심판결 또한 소송절차의 중단 중에 이루어진 것이므로 부적법하다.

참고판례 대법원 1983. 10. 25. 선고 83다카850 판결【소유권이전등기】

필수적 공동소송은 판결이 합일확정되어야 하므로 소송자료와 소송진행이 통일되어야 한다. 판결의 합일확정이 요구되지 않는 통상공동소송에서는 공동소송인독립의 원칙이 인정된다.

제5관 공동소송의 특수 태양

Ⅰ. 예비적 · 선택적 공동소송

■ 핵심어

법률상 양립할 수 없는 경우, 사실관계, 법률적 평가, 법률효과, 필수적 공동소송규정 준용, 소송물에 관한 처분의 자유

1. 의 의

(1) 예비적 · 선택적 공동소송은 공동소송인들 사이의 법률상 양립할 수 없는 각 청구에 대하여 하나의 소송절차에서 심판을 구하는 소송이다(70조 1항). 다음과 같은 경우가 그 예가 될 수 있다.

공작물의 설치 또는 보존의 하자로 인하여 타인에게 손해를 가한 때에는 공작물 점유자가 1차적인 배상책임을 지고 그 점유자가 손해의 방지에 필요한 주의를 다 한 때에는 소유자가 그 손해를 배상할 책임을 진다(민법 758조). 공작물의 하자로 인해 손해를 입은 사람이 그 손해배상을 구하는 소를 제기함에 있어 공작물의 점유자를 1차(주위적) 피고로 하고 소유자를 2차(예비적) 피고로 삼아 소를 제기할 수 있다면 만약 점유자가 자신의 주의의무를 다 한 것을 증명하더라도 소유자에게 승소판결을 받을 수 있다.

한편 타인의 대리인으로 칭하는 사람과 계약을 한 경우 만약 그 사람에게 타인을 대리할 권한이 있다면 그 타인에게 계약이행을 구하는 소를 제기하면 된다. 그러나 만약 대리권의 존부에 관하여 그 타인과 다툼이 있다면 그 타인을 제1차 피고로 하고 대리인으로 칭하던 사람을 제2차 피고로 삼아 대리권이 증명되거나 추인을 한 사실이 증명된다면 그 타인(본인)에게, 그렇지 않다면 대리인이라고 칭한 사람에게 승소판결을 받을 수 있다(민법 135조 참조).

(2) 이러한 소송형태는 분쟁의 일회적 해결을 도모하고 재판의 통일을 기할 수 있으며 원고에게도 편리한 점이 있으나 예비적 피고의 소송상 지위가 매우 불안정해질 수 있다. 왜냐하면 주위적 피고에 대하여 원고 승소판결이 선고된다면 논리적으로는 예비적 피고에 대하여 판단할 필요가 없고 그 판결이 상소심에서 번복된다면 예비적 피고였던 사람은 다시 소제기를 당할 가능성이 있기 때문이다. 이러한 이유로 과거에는 위의 공동소송형태를 허용할 것인지에 관하여 긍정하는 견해와 부정하는 견해

가 나누어졌었고 판례는 부정설을 취하고 있었다.[35] 그러나 2002년 민사소송법 개정으로 예비적 공동소송뿐 아니라 선택적 공동소송도 인정하여 그동안의 논란을 입법적으로 해결하였다(70조 1항). 다만 예비적 공동소송인 또는 나머지 선택적 공동소송인의 소송상 지위의 불안정을 해소하기 위해 모든 공동소송인에 관한 청구에 대하여 판결을 하도록 하였다(동조 2항).

2. 소송의 형태

(1) 선택적 또는 예비적 공동소송은 ⅰ) 공동소송인 가운데 일부의 청구가 다른 공동소송인의 청구와 양립할 수 없는 경우(능동형, 70조 1항 전단) 즉 원고 측 공동소송의 경우에도 허용되고, ⅱ) 공동소송인 가운데 일부에 대한 청구가 다른 공동소송인에 대한 청구와 양립할 수 없는 경우(수동형, 동조 1항 후단) 즉 피고 측 공동소송의 경우에도 허용된다.

(2) 민사소송법은 제70조에서 필수적 공동소송인의 추가에 관한 제68조의 규정도 준용하고 있으므로 반드시 처음부터 예비적 또는 선택적 공동소송으로 되는 형태(원시형)만 아니라 소제기 후 공동소송인이 추가되어 후발적으로 예비적 또는 선택적 공동소송이 되는 것(후발형)도 허용된다.

3. 요 건

> **제70조(예비적 · 선택적 공동소송에 대한 특별규정)**
> ① 공동소송인 가운데 일부의 청구가 다른 공동소송인의 청구와 법률상 양립할 수 없거나 공동소송인 가운데 일부에 대한 청구가 다른 공동소송인에 대한 청구와 법률상 양립할 수 없는 경우에는 제67조 내지 제69조를 준용한다. 다만, 청구의 포기 · 인낙, 화해 및 소의 취하의 경우에는 그러하지 아니하다.
> ② 제1항의 소송에서는 모든 공동소송인에 관한 청구에 대하여 판결을 하여야 한다.

예비적 · 선택적 공동소송인 사이의 청구는 '법률상 양립할 수 없는 경우'이어야 한다(70조). 그 이유는 무엇일까? 만약 청구의 법률상 양립이 가능한 경우에도 예비적 · 선택적 공동소송을 허용한다면 승소의 가능성 있는 모든 자가 공동원고가 되거나 승소의 가능성 있는 모든 자를 공동피고로 삼아 소가 제기되어 실질적으로 남소의 폐해가 예상되고 소송관계도 복잡해질 수 있다.

여기서 법률상 양립할 수 없는 공동소송인 사이의 청구는 반드시 '공동소송인 가

35) 대법원 2002. 11. 8. 선고 2001두3181 판결; 대법원 1982. 3. 23. 선고 80다2840 판결.

운데 일부에 대한 모든 청구'를 의미하는 것은 아니다. 주위적 피고에 대한 주위적·예비적 청구 중 주위적 청구 부분이 인용되지 아니할 경우 그와 법률상 양립할 수 없는 관계에 있는 예비적 피고에 대한 청구를 인용하여 달라는 취지로 결합하여 소를 제기하는 것도 가능하다.[36)]

판례는 '법률상 양립할 수 없는 경우'에 해당하는 경우를 다음과 같이 설명하고 있다.[37)]

(1) 동일한 사실관계에 대한 법률적인 평가를 달리하여 두 청구 중 어느 한쪽에 대한 법률효과가 인정되면 다른 쪽에 대한 법률효과가 부정됨으로써 두 청구가 모두 인용될 수는 없는 관계에 있는 경우이다. 위의 공작물 점유자와 소유자의 책임관계가 그 예가 될 수 있다. 동일한 사실관계에 대하여 점유자가 손해의 방지에 필요한 주의를 해태하였는지 여부에 관한 법률적 평가에 따라 점유자의 책임이 인정되면 소유자에 대한 책임이 부정되고 점유자의 책임이 부정되면 소유자에 대한 책임이 인정된다.

한편 판례는 어떤 물건에 대한 점유·사용으로 인한 직접점유자와 간접점유자의 부당이득반환의무는 부진정연대채무의 관계에 있다고 하면서 이들 공동피고에 대한 각 청구는 법률상 양립할 수 없는 것이 아니므로 예비적·선택적 공동소송이라고 할 수 없다고 한다.[38)]

(2) 당사자들 사이의 사실관계 여하에 의하여 또는 청구원인을 구성하는 택일적 사실인정에 의하여 어느 일방의 법률효과를 긍정하거나 부정하고 이로써 다른 일방의 법률효과를 부정하거나 긍정하는 반대의 결과가 되는 경우이다.

예를 들어 매수인이 매도인으로부터 매매목적물에 관한 소유권이전등기를 경료받은 제3자를 상대로 통정허위표시로 인한 말소등기절차이행을 구하는 소를 제기하면서 만약 통정허위표시를 증명하지 못하는 경우에는 매도인에게 이행불능을 원인으로 한 전보배상을 구하기 위하여 매도인을 예비적 피고로 삼는 경우이다. 매도인의 소유권이전등기의무가 이행불능의 상태인 것으로 인정되려면 매도인이 그 부동산의 소유권에 관한 등기를 회복하여 매수인에게 이전등기를 해줄 수 있는 특별한 사정이 없어야 한다.[39)]

---

36) 대법원 2015. 6. 11. 선고 2014다232913 판결. 동 판결은 이 경우 주위적 피고에 대한 예비적 청구와 예비적 피고에 대한 청구가 서로 양립할 수 있는 관계에 있으면 양 청구를 병합하여 통상공동소송으로 보아 심리·판단할 수 있고 이러한 법리는 원고가 주위적 피고에 대하여 실질적으로 선택적 병합관계에 있는 두 청구를 주위적·예비적으로 순위를 붙여 청구한 경우에도 그대로 적용된다고 한다.

37) 대법원 2008. 3. 27. 선고 2005다49430 판결.

38) 대법원 2012. 9. 27. 선고 2011다76747 판결.

위의 예에서 제3자 명의의 등기가 통정허위표시에 의한 것이라면 제3자에 대한 원고의 청구가 인용될 수 있고 통정허위표시에 의한 것이 아니라면 매도인의 매수인에 대한 소유권이전등기의무는 이행불능이 되므로 원고의 매도인에 대한 청구가 인용될 수 있다. 즉 통정허위표시의 인정 여부에 따라 각 공동소송인에 대한 법률효과가 반대로 나타나게 된다.

(3) 이러한 법률상 양립불가능성은 실체법적으로 서로 양립할 수 없는 경우뿐 아니라 소송법상으로 서로 양립할 수 없는 경우를 포함한다. 소송법상 서로 양립할 수 없는 경우란 예를 들어 법인 또는 비법인 등 당사자능력이 있는 단체의 대표자 또는 구성원의 지위에 관한 확인소송에서 그 대표자 또는 구성원 개인뿐 아니라 그가 소속된 단체를 공동피고로 하여 소가 제기된 경우 누가 피고적격을 가지는지에 관한 법률적 평가에 따라 어느 한 쪽에 대한 청구는 부적법하고 다른 쪽의 청구만이 적법하게 될 수 있다.[40] 위의 예는 소송법상 당사자적격의 문제가 양립불가능한 경우이다.

4. 심판방법

(1) **예비적 · 선택적 공동소송인 사이의 청구는 법률상 양립할 수 없는 관계에 있으므로 그 판결의 내용이 모순되지 않고 일률적이어야 한다. 따라서 필수적 공동소송에 관한 민사소송법 제67조 내지 제69조의 규정이 준용된다**(70조 1항 본문).

(2) 예비적 · 선택적 공동소송은 필수적 공동소송의 경우처럼 실체법상 관리처분권이 공동으로 귀속하거나 판결의 효력이 제3자에게 미치는 경우가 아니다. 따라서 판결에 의한다면 합일확정을 요하겠지만 공동소송인이 개별적으로 소송물을 처분하는 행위까지 막는 것은 소송물에 관한 처분의 자유를 불필요하게 제한하는 것이 된다. 이러한 이유에서 청구의 포기 · 인낙, 화해 및 소의 취하의 경우에는 필수적 공동소송에 관한 규정이 준용되지 않는다(동조 단서). 따라서 공동소송인 중 일부가 소를 취하하거나 일부 공동소송인에 대한 소를 취하할 수 있고, 이 경우 소를 취하하지 않은 나머지 공동소송인에 관한 청구 부분은 여전히 심판의 대상이 된다.[41] 이는 조정에 갈음하는 결정이나 화해권고결정에도 마찬가지로 적용된다. 다만 조정을 갈음하는 결정 등에서 분리 확정을 불허하고 있거나, 그 결정에서 정한 사항이 공동소송인들에게 공통되는 법률관계를 형성함을 전제로 하여 이해관계를 조절하는 경우에는

39) 대법원 2010. 4. 29. 선고 2009다99129 판결.
40) 대법원 2007. 6. 26.자 2007마515 결정.
41) 대법원 2018. 2. 13. 선고 2015다242429 판결.

분리 확정이 허용되지 않는다.[42]

(3) 예비적 · 선택적 공동소송은 청구의 예비적 또는 선택적 병합과는 달리 모든 공동소송인에 관한 청구에 대하여 판결을 하여야 한다(70조 2항). 예비적 · 선택적 당사자의 지위가 불안정해지는 것을 방지하기 위한 것이다. 따라서 그중 일부 공동소송인에 대하여만 판결을 하거나 남겨진 자를 위하여 추가판결을 하는 것은 허용되지 않는다.[43] 예비적 · 선택적 공동소송에서 일부 공동소송인에 대한 청구에 관하여만 선고된 판결은 일부판결이 아니라 흠 있는 전부판결로서 이때 누락된 공동소송인은 상소를 제기할 이익을 가진다.[44]

(4) 예비적 공동소송에서 주위적 공동소송인과 예비적 공동소송인 중 어느 한 사람이 상소를 제기하면 다른 공동소송인에 관한 청구부분도 확정이 차단되고 상소심에 이심되어 심판대상이 되고, 이러한 경우 상소심의 심판대상은 주위적 · 예비적 공동소송인들 및 상대방 당사자 간 결론의 합일확정 필요성을 고려하여 판단하여야 한다.[45]

Ⅱ. 추가적 공동소송

제3자가 새로 당사자로 추가되어 공동소송의 형태로 되는 경우로서 현행법이 명문으로 인정하는 예로는 필수적 공동소송인의 추가(68조), 예비적 · 선택적 공동소송인의 추가(70조), 참가승계(81조), 인수승계(82조) 등이 있다. 당사자변경의 부분에서 자세히 살펴보기로 한다.

제2절 선정당사자

■ **핵심어**

소송수행권의 수여, 임의적 소송담당, 공동의 이해관계, 권리귀속주체

---

42) 대법원 2015. 3. 20. 선고 2014다75202 판결.
43) 대법원 2014. 3. 27. 선고 2009다104960, 104977 판결; 대법원 2018. 2. 13. 선고 2015다242429 판결.
44) 대법원 2008. 3. 27. 선고 2005다49430 판결.
45) 대법원 2011. 2. 24. 선고 2009다43355 판결; 대법원 2015. 3. 20. 선고 2014다75202 판결.

Ⅰ. 의 의

(1) 선정당사자는 공동의 이해관계에 있는 여러 사람이 공동소송인이 되어 소송을 하여야 할 경우 그 가운데서 모두를 위하여 소송을 수행할 당사자로 선출된 사람을 말한다(53조). 다수의 사람이 공동의 이해관계를 가지는 경우 그 다수의 사람이 모두 공동소송인이 되어 소송을 수행하는 것이 원칙이다. 그러나 그 다수의 사람 모두가 공동소송인이 되면 송달이나 변론 등이 복잡하여 소송진행이 원활하지 못할 수도 있고 필수적 공동소송의 경우에는 한 사람의 사망 등의 사유로 인해 소송진행에 지장이 초래될 수도 있다. 선정당사자제도는 이와 같은 공동소송관계를 단순화시켜 소송관계를 간편하게 처리할 수 있도록 마련된 제도이다. 선정당사자를 선정하는 사람을 선정자라고 하고 동일한 선정당사자를 선정하는 선정자의 집단을 선정자단이라고 한다.

(2) **선정당사자는 공동의 이해관계가 있는 여러 사람으로부터 소송수행권을 수여받아 소송당사자가 되는 경우이므로 임의적 소송담당의 한 경우이다.** 따라서 단지 당사자로부터 소송대리권을 수여받아 소송대리인이 된 경우와는 구별된다. 선정당사자가 소송을 수행하여 받은 확정판결의 효력은 민사소송법 제218조 제3항에 의한 권리의무의 귀속주체로서 선정자에게 미치지만 소송대리인이 소송을 수행하여 받은 확정판결의 효력은 동조 제1항의 당사자로서 당사자 본인에게 미친다. 또한 선정당사자의 선정에 흠결이 있는 경우에는 당사자적격이 문제되지만 소송대리권의 수여의 효력이 문제되는 경우에는 소송대리인의 소송행위의 효력이 문제될 뿐이다.

Ⅱ. 요 건

> **제53조(선정당사자)**
> ① 공동의 이해관계를 가진 여러 사람이 제52조의 규정에 해당되지 아니하는 경우에는, 이들은 그 가운데에서 모두를 위하여 당사자가 될 한 사람 또는 여러 사람을 선정하거나 이를 바꿀 수 있다.
> ② 소송이 법원에 계속된 뒤 제1항의 규정에 따라 당사자를 바꾼 때에는 그 전의 당사자는 당연히 소송에서 탈퇴한 것으로 본다.

1. 공동소송을 할 여러 사람이 있을 것

이론적으로는 공동소송을 할 사람이 둘 이상이면 선정당사자를 선정할 수 있으나 선정당사자제도가 복잡한 공동소송관계를 간편하게 하기 위한 제도이므로 실제로는 공동소송관계를 복잡하게 할 만큼의 여러 사람이 있는 경우에 선정당사자제도가 활용될 것이다.

2. 공동의 이해관계가 있을 것

(1) 공동소송을 할 여러 사람은 공동의 이해관계가 있어야 한다. **여기서 '공동의 이해관계'란 다수자 상호간에 공동소송인이 될 관계에 있고 주요한 공격 · 방어방법을 공통으로 하는 경우를 의미한다**(통설). 다수자 상호간에 공동소송인이 될 관계에 있기 위해서는 민사소송법 제65조의 공동소송의 요건을 충족하는 것으로 족하다.

(2) 주요한 공격 · 방어방법을 공통으로 하는 경우에 해당되는지는 구체적으로 검토될 필요가 있다. 동조의 전문이 규정한 '소송의 목적이 되는 권리나 의무가 여러 사람에게 공통되거나 사실상 법률상 같은 원인으로 말미암아 생긴 경우'에는 주요한 공격 · 방어방법을 공통으로 하는 경우에 해당됨에 의문이 없다. 그 여러 사람이 총유나 합유관계에 있어 필수적 공동소송관계에 있는 경우는 물론이고 공유자나 동일한 사고에 의한 다수의 피해자들도 이에 해당된다. 동조 후문이 규정한 '소송의 목적이 되는 권리나 의무가 같은 종류의 것이고 사실상 법률상 같은 종류의 원인으로 말미암은 것인 경우'에는 반드시 주요한 공격 · 방어방법을 공통으로 하는 경우에 해당된다고 단정할 수 없다.

(3) 다음은 '소송의 목적이 되는 권리나 의무가 같은 종류의 것이고 사실상 법률상 같은 종류의 원인으로 말미암은 것인 경우'에 속하는 것으로 주요한 공격 · 방어방법을 공통으로 하는 경우에 해당 여부가 판례상 문제된 것이다.

1) 임차인들이 갑을 임대차계약상의 임대인이라고 주장하면서 갑에게 그 각 보증금의 전부 내지 일부의 반환을 청구하는 경우, 그 사건의 쟁점은 갑이 임대차계약상의 임대인으로서 계약당사자인지 여부에 있으므로, 그 임차인들은 상호간에 공동소송인이 될 관계가 있을 뿐 아니라 주요한 공격 · 방어방법을 공통으로 하는 경우에 해당된다고 한다.[46]

2) 원고 등이 각 해당 근저당권자를 상대로 한 근저당권설정등기말소청구사건을 병합한 경우에는 소송의 목적이 된 권리가 동종이고 발생원인이 동종인 것에 불과하고 주요한 공격 · 방어방법을 공통으로 하는 경우에는 해당하지 않는다고 한다.[47]

---

46) 대법원 1999. 8. 24. 선고 99다15474 판결.
47) 대법원 1997. 7. 25. 선고 97다362 판결.

(4) 공동소송을 할 여러 사람에게 공동의 이해관계가 있어야 선정당사자의 선정이 적법하여 선정당사자가 된 자에게 적법한 소송수행권이 인정되므로 이는 당사자적격의 문제이다. 따라서 증거조사의 결과 인정될 것을 요하지 않고 당사자의 주장을 기초로 판단하는 것으로 족하다.

3. 공동의 이해관계에 있는 자 중에서 선정할 것

선정당사자는 공동의 이해관계에 있는 자 중에서 선정하여야 한다. 그렇지 않으면 변호사 아닌 자에게 소송대리권 대신 소송수행권을 수여하여 변호사대리의 원칙(87조)을 잠탈할 우려가 있기 때문이다.

Ⅲ. 선정의 방법

1. 선정행위

(1) 선정행위는 선정당사자를 선정하는 행위를 말한다. 선정행위는 민사소송법 제53조에서 정한 요건에 따라 선정당사자에게 소송수행권의 수여라는 소송법적 효과를 발생시키는 소송행위이다. 따라서 선정을 함에는 소송능력을 요하며 조건을 붙일 수 없다. 또한 선정행위는 선정자가 일방적으로 선정당사자에게 소송수행권을 수여하는 행위로서 대리권의 수여처럼 단독적 소송행위에 속한다.

(2) 선정에 특별한 제한이 없으면 선정의 효력은 당해 심급에 한정되는 것이 아니라 소송이 종료될 때까지 존속된다. 다만 선정자가 심급을 한정하여 선정하는 것도 허용된다는 것이 통설 · 판례[48](긍정설)이므로 심급을 한정하여 선정한 경우에는 한정된 그 심급까지 선정의 효력이 존속한다. 한편 선정자가 심급을 한정하여 선정하는 것도 허용되지 않는다는 견해(부정설)에 의하면 심급을 한정하는 조건이 있더라도 선정당사자는 소송종료시까지 소송수행권을 갖는다.[49] 부정설은 선정당사자제도의 취지가 소송의 단순화에 있다는 것을 근거로 들고 있다. 그러나 선정당사자의 권한을 심급에 한정시키는 것이 선정당사자제도의 취지를 무의미하게 할 정도라고 평가하기 어렵고 부정설은 선정자의 권한을 제약할 우려가 있으므로 긍정설이 타당하다.

---

48) 대법원 2003. 11. 14. 선고 2003다34038 판결.
49) 이시윤, 766면.

2. 선정의 방법

(1) 선정당사자의 선정은 선정자 각자가 선정당사자에게 소송수행권을 수여하는 방법으로 한다. 선정당사자는 자신에게 소송수행권을 수여한 선정자에 대해서만 선정당사자가 된다. 이 점에서 다수결에 의해 대표자를 선출하는 것과 다르다. 예를 들어 10명 중 6명은 X에게, 3명은 Y에게 자신의 권한을 수여하였다고 하자. 대표자를 선출하는 방식에 의하면 과반수인 6명으로부터 권한을 수여받은 X가 10명 모두를 대표하게 된다. 그러나 선정당사자제도에서는 X는 자신에게 소송수행권을 수여한 6명에 대한 선정당사자가 되고 Y 또한 자신에게 소송수행권을 수여한 3명에 대한 선정당사자가 된다. 누구에게도 소송수행권을 수여하지 않은 나머지 1명은 스스로 당사자가 되어 소송을 수행하게 된다.

(2) 선정은 반드시 소 제기 전에 하여야 하는 것은 아니고 소송계속 중에도 할 수 있다. 다만 소송계속 중 선정이 이루어지면 그전의 당사자는 당연히 소송에서 탈퇴한 것으로 본다(53조 2항).

(3) 선정행위 자체가 반드시 서면에 의해 이루어져야 하는 것은 아니지만 소송행위를 위한 권한을 받은 사실은 서면으로 증명하여야 하므로(58조 1항) 선정서를 법원에 제출하는 것이 보통이고 그 선정서는 소송기록에 첨부된다(58조 2항).

Ⅳ. 선정의 효과

1. 선정당사자의 지위

(1) **선정당사자는 대리권을 수여받은 자가 아니라 소송수행권을 수여받은 자이므로 대리인이 아니라 당사자 본인이다.** 선정당사자는 당사자로서 소송상 권한을 행사하므로 민사소송법 제90조에서 정한 소송대리권의 범위에 따른 제약을 받지 않는다. 따라서 선정당사자는 특별한 약정이 없는 한 상소제기를 할 수 있다.[50] 또한 선정당사자가 개개의 소송행위를 함에 있어서 선정자의 개별적인 동의가 필요한 것도 아니다.[51] 그 결과 선정당사자는 선정자들로부터 소송수행을 위한 포괄적인 수권을 받은 것으로 일체의 소송행위는 물론 소송수행에 필요한 사법상의 행위도 할 수 있다.

(2) 선정당사자가 수인인 경우 그 소송의 형태는 선정을 한 다수자 본래의 소송형

50) 대법원 2015. 10. 15. 선고 2015다31513 판결.
51) 대법원 2003. 5. 30. 선고 2001다10748 판결.

태와 선정형태(선정당사자의 소송수행권 귀속형태)에 의해 달라진다.

각 당사자마다 한 사람의 선정당사자만 선정한 경우 소송형태는 선정자 본래의 소송형태에 의해 결정된다. 예를 들어 10명 중 5명은 X만을, 나머지 5명은 Y만을 선정당사자로 선정한 경우 만약 그 10명이 통상공동소송의 관계에 있다면 선정당사자 2명도 통상공동소송의 관계에 있다. 이와 달리 그 10명이 필수적 공동소송관계에 있다면 선정당사자 2명도 필수적 공동소송의 관계에 있다.

한편 각 당사자가 복수의 선정당사자를 선정한 경우 소송형태는 선정당사자의 소송수행권의 귀속형태에 의해 정해진다. 예를 들어 선정자 10명이 통상공동소송관계에 있어도 그 10명이 각각 X와 Y 모두에게 소송수행권을 수여하였다면 X와 Y는 10명의 소송수행권을 합유하는 관계에 있으므로 필수적 공동소송관계에 있다.

2. 선정자의 지위

(1) 소송계속 중 선정당사자가 선정되면 선정자는 당연히 소송에서 탈퇴한 것으로 본다(53조 2항). 당연히 소송에서 탈퇴한 것으로 보므로 별도의 탈퇴행위를 요하지 않는다.

(2) 선정자가 선정당사자를 선정한 경우 선정자는 당사자적격(소송수행권)을 상실하는지에 관하여 적격유지설과 적격상실설로 견해가 나누어진다. 선정당사자제도가 소송관계를 간편하게 하기 위해 인정된 제도라는 것을 고려한다면 당사자적격을 상실한다고 함이 타당하다(적격상실설).[52] 이와 같이 해석하더라도 선정자는 선정당사자를 소송 중 언제라도 바꿀 수 있으므로(53조 1항) 선정당사자가 독단적으로 소송을 수행하는 것은 저지할 수 있다.

(3) **선정당사자는 제3자의 소송담당으로 그에 대한 확정판결의 효력은 권리귀속 주체인 선정자에게도 미친다**(218조 3항). 그 판결에는 판결문 뒤에 선정자목록을 첨부하여 선정자가 누구인지 알 수 있도록 한다. 선정자가 동일한 청구에 관하여 소를 제기하거나 제기 당하면 선정당사자가 받은 판결과 모순저촉이 될 수 있으므로 중복소송이 된다.[53] 중복소송 여부는 판결의 모순저촉을 피하기 위한 것인데 선정자가 당사자적격을 상실하였다 하더라도 선정자에 대한 확정판결의 효력을 받기 때문이다. 선정당사자가 받은 확정판결을 집행권원으로 하여 강제집행을 하는 경우 판결의 당사자와 집행당사자가 일치하지 않으므로 승계집행문(민사집행법 31조)을 받아야 한다.

---

52) 적격상실설로는 강현중, 839면; 김홍규, 강태원, 794면; 김홍엽, 1093면; 송상현/박익환, 176면; 호문혁, 945면. 적격유지설로는 이시윤, 768면; 정동윤/유병현/김경욱, 1046면; 정영환, 997면.

53) 김홍엽, 1094면; 이시윤, 768면; 정동윤/유병현/김경욱, 1046면; 호문혁, 945면.

3. 선정당사자의 자격상실

> **제54조(선정당사자 일부의 자격상실)** 제53조의 규정에 따라 선정된 여러 당사자 가운데 죽거나 그 자격을 잃은 사람이 있는 경우에는 다른 당사자가 모두를 위하여 소송행위를 한다.

(1) 선정당사자의 지위는 선정자의 선정에 의해 발생한 것이므로 선정자가 선정취소를 하면 선정당사자는 그 자격을 상실한다. 선정자가 선정당사자를 다른 사람으로 바꾸는 것도 가능하다(53조). 법정대리권의 소멸통지에 관한 민사소송법 제63조가 선정당사자에게도 준용되므로(동조 2항) 선정의 취소나 변경은 이를 상대방에게 통지하지 않으면 그 효력을 주장하지 못한다. 그러나 선정의 철회는 반드시 명시적이어야만 하는 것은 아니고 묵시적으로도 가능하다.[54]

(2) 선정당사자는 공동의 이해관계를 가진 여러 사람 중에서 선정되어야 하므로, 선정당사자 본인에 대한 부분의 소가 취하되거나 판결이 확정되는 등으로 공동의 이해관계가 소멸하는 경우에는 선정당사자의 자격을 당연히 상실한다.[55]

(3) 선정당사자의 소송수행권은 선정자를 위해 수여된 것이고 선정당사자의 고유의 이익을 위한 것이 아니다. 따라서 여러 선정당사자 가운데 죽거나 그 자격을 잃은 사람이 있는 경우에는 소송절차가 중단되는 것이 아니라 다른 선정당사자가 모두를 위하여 소송행위를 한다(54조). 그러나 선정당사자 모두가 자격을 잃거나 죽은 때에는 소송을 수행할 당사자가 없게 되므로 소송절차는 중단된다. 이 경우 선정자 모두 또는 새로 당사자로 선정된 사람이 소송절차를 수계하여야 한다(237조 2항). 다만 소송대리인이 있는 경우에는 소송절차는 중단되지 않는다(238조).

Ⅴ. 자격흠결의 효과

(1) 선정당사자의 자격은 당사자적격의 문제이므로 직권조사사항이다. 보정과 추인에 관하여는 소송능력 등의 흠의 경우에 관한 규정(59조, 60조)을 준용한다(61조).

(2) 선정이 취소되는 등으로 선정당사자의 자격에 흠결이 있음에도 이를 간과하여 본안판결이 선고된 경우 상소에 의해 취소할 수 있지만 재심사유가 되지는 않는다(통설).

판례도 공동의 이해관계가 없는 자가 선정당사자로 선정되었음에도 법원이 그러

---

54) 대법원 2015. 10. 15. 선고 2015다31513 판결.

55) 대법원 2006. 9. 28. 선고 2006다28775 판결; 대법원 2015. 10. 15. 선고 2015다31513 판결.

한 선정당사자자격의 흠을 간과하여 그를 당사자로 한 판결이 확정된 경우, 선정자가 스스로 당해 소송의 공동소송인 중 1인인 선정당사자에게 소송수행권을 수여하는 선정행위를 하였다면 그 선정자로서는 실질적인 소송행위를 할 기회 또는 적법하게 당해 소송에 관여할 기회를 박탈당한 것이 아니므로 재심사유에 해당되지 않는다고 한다.[56)]

제3절 집단소송

Ⅰ. 집단소송제도의 개관

(1) 현대사회에서는 소액 다수의 피해가 발생하는 일이 빈번하다. 개인정보의 대량유출이나 기업의 분식회계 또는 주가조작 등에 의해 다수자가 피해를 입게 되는 것이 그 예가 될 수 있다. 이러한 피해를 보상하기 위한 소송은 기존의 전통적인 소송제도만으로는 충분하지 않다. 피해 당사자 모두가 소송의 당사자가 되어 직접 소송을 수행하는 것이 현실적으로 어려움이 있고 소를 제기하지는 않았지만 동일한 피해를 입은 사람에게도 동일 사안에 대한 판결의 효력이 미치게 할 필요도 있다. 이에 관한 입법례로 대표당사자소송(class action)과 단체소송(verbandsklage)이 있다.

(2) 대표당사자소송은 다수의 피해자들이 원인이나 쟁점을 공통으로 하는 소액의 손해배상청구권을 가지고 있는 경우에 그 피해자집단에서 대표자가 나와서 그 집단에 속하는 총원의 청구금액을 일괄하여 소구하거나 탈법행위의 금지를 요구하는 소송형태를 말한다. 미국 연방민사소송규칙에서 규정된 제도이다(23조). 이 제도에서는 대표당사자가 피해자 전체의 이익을 대표할 수 있다고 인정되면 각 피해자의 개별적인 수권 없이도 당연히 권한의 수여가 있는 것으로 본다는 점에서 선정당사자제도와 다르다. 우리나라의 증권관련 집단소송은 대표당사자제도를 본받은 것이라 할 수 있다.

(3) 단체소송은 독일의 부정경쟁방지법, 보통약관의 규제에 관한 법률 등에 의해 당사자적격이 부여된 영업자단체나 소비자단체가 전체 영업자나 소비자를 위하여 당사자적격을 가지고 소송을 하는 형태이다. 다수피해자의 대표자가 아닌 단체가 당사자적격을 가진다는 점에서 대표자소송과 다르고 단체가 받는 승소판결의 효력은 단체 이외의 사람에게도 확장된다는 점에서 전통적인 기판력제도와도 다른 점이 있다. 우리나라의 소비자단체소송과 개인정보단체소송은 이를 본받은 것이라고 할 수 있다.

56) 대법원 2007. 7. 12. 선고 2005다10470 판결.

Ⅱ. 증권관련 집단소송

1. 의 의

증권관련 집단소송은 증권관련 집단소송법에서 규정하고 있는데 이에 의하면 증권의 매매 또는 그 밖의 거래과정에서 다수인에게 피해가 발생한 경우 그중의 1인 또는 수인이 대표당사자가 되어 수행하는 손해배상청구소송을 말한다(2조 1호).[57] 증권관련 집단소송은 증권의 거래과정에서 발생한 집단적인 피해를 효율적으로 구제하고 이를 통하여 기업의 경영투명성을 높이기 위하여 인정된 제도이다(1조).

2. 허가요건

(1) 자본시장과 금융투자업에 관한 법률에 따른 손해배상청구일 것

증권관련 집단소송은 증권관련 집단소송법 제3조에서 정한 자본시장과 금융투자업에 관한 법률에 따른 손해배상청구일 것을 요한다(3조).

(2) 구성원 등에 관한 요건

증권관련 집단소송 사건은 다음 각 호의 요건을 갖추어야 한다(12조 1항).

1. 구성원이 50인 이상이고, 청구의 원인이 된 행위 당시를 기준으로 그 구성원이 보유하고 있는 증권의 합계가 피고 회사의 발행 증권 총수의 1만분의 1 이상일 것. 다만 증권관련 집단소송의 소가 제기된 후 위 요건을 충족하지 못하게 된 경우에도 제소의 효력에는 영향이 없다. 증권의 매매 또는 그 밖의 거래과정에서 다수인에게 피해가 발생한 경우 그 손해의 보전에 관하여 공통의 이해관계를 가지는 피해자 전원을 총원이라고 하는데 구성원이란 총원을 구성하는 각각의 피해자를 말한다(2조 2호, 3호).
2. 제3조 제1항 각 호의 손해배상청구로서 법률상 또는 사실상의 중요한 쟁점이 모든 구성원에게 공통될 것
3. 증권관련 집단소송이 총원의 권리 실현이나 이익 보호에 적합하고 효율적인 수단일 것

(3) 대표당사자 및 소송대리의 요건

대표당사자란 법원의 허가를 받아 총원을 위하여 증권관련 집단소송 절차를 수행하는 1인 또는 수인의 구성원을 말한다(2조 4호). 대표당사자는 구성원 중 해당 증권관련 집단소송으로 얻을 수 있는 경제적 이익이 가장 큰 자 등 총원의 이익을 공정하고 적절하게 대표할 수 있는 구성원이어야 한다(11조 1항). 증권관련 집단소송의 원고측 소송대리인은 총원의 이익을 공정하고 적절하게 대리할 수 있는 자이어야 한다(동조 2항). 최근 3년간 3건 이상의 증권관련 집단소송에 대표당사자 또는 대표당사자의 소송대리인으로 관여하였던 자는 증권관련 집단소송의 대표당사자 또는 원고측 소송대리인이 될 수 없다. 다만, 여러 사정에 비추어 볼 때 제1항 및 제2항에 따른 요건을 충족하는 데에 지장이 없다고 법원이 인정하는 자는 예외로 한다(동조 3항).

---

57) 이하 증권관련 집단소송의 조문은 증권관련 집단소송법에 관한 것이다.

3. 소송허가절차

(1) 소장과 소송허가신청서의 제출

대표당사자가 되기 위하여 증권관련 집단소송의 소를 제기하는 자는 소장(訴狀)과 소송허가신청서를 법원에 제출하여야 한다(7조 1항). 그 관할은 피고의 보통재판적(普通裁判籍) 소재지를 관할하는 지방법원 본원 합의부의 전속관할로 한다(4조). 소장에는 제7조 제1항에 따라 소를 제기하는 자와 그 법정대리인, 원고측 소송대리인, 피고, 청구의 취지와 원인, 총원의 범위 등을 기재하여야 한다(8조). 소송허가신청서에 기재할 사항과 첨부서류에 관하여는 동법 제9조에서 규정하고 있다.

(2) 소제기의 공고와 대표당사자의 선임

법원은 소장 및 소송허가신청서를 접수한 날부터 10일 이내에 1. 증권관련 집단소송의 소가 제기되었다는 사실, 2. 총원의 범위, 3. 청구의 취지 및 원인의 요지, 4. 대표당사자가 되기를 원하는 구성원은 공고가 있는 날부터 30일 이내에 법원에 신청서를 제출하여야 한다는 사실 등을 전국을 보급지역으로 하는 일간신문에 게재하는 등 대법원규칙으로 정하는 방법으로 공고하여야 한다(10조 1항). 또한 위와 같이 공고를 한 날부터 50일 이내에 소를 제기하는 자와 소송허가신청서를 제출한 구성원 중 제11조에 따른 요건을 갖춘 자로서 총원의 이익을 대표하기에 가장 적합한 자를 결정으로 대표당사자로 선임한다(동조 4항).

(3) 허가결정

법원은 소송허가요건에 적합한 경우에만 결정으로 증권관련 집단소송을 허가한다(15조 1항). 법원은 제15조 제1항에 따른 소송허가 결정이 확정되면 지체 없이 이에 관한 사항을 구성원에게 고지하여야 하고(18조) 지정거래소에 즉시 통보하여야 한다(19조 1항). 이를 통보받은 지정거래소는 그 내용을 일반인이 알 수 있도록 공시하여야 한다(동조 2항).

4. 소송절차의 특칙

(1) 총원의 범위 변경과 제외신고

법원은 필요하다고 인정할 때에는 직권 또는 신청에 의하여 결정으로 총원의 범위를 변경할 수 있다(27조 1항). 구성원도 제외신고 기간 내에 서면으로 법원에 제외신고를 할 수 있다(28조 1항). 제외신고란 구성원이 증권관련 집단소송에 관한 판결 등의 기판력을 받지 아니하겠다는 의사를 법원에 신고하는 것을 말한다(2조 5호). 제외신고 기간이 끝나기 전에 증권관련 집단소송의 목적으로 된 권리와 동일한 권리에 대하여 개별적으로 소를 제기하는 자는 제외신고를 한 것으로 본다. 다만, 제외신고 기간 내에 소를 취하한 경우에는 예외로 한다(28조 2항).

(2) 대표당사자

대표당사자가 둘 이상인 경우에는 필수적 공동소송에 관한 민사소송법 제67조 재1항 및 제2항을 준용한다(20조). 법원은 대표당사자가 총원의 이익을 공정하고 적절하게 대표하고 있지 못하거나 그 밖의 중대한 사유가 있을 때에는 직권으로 또는 다른 대표당사자의 신청에 의하여 그 대표당사자의 소송수행을 결정으로 금지할 수 있다(22조 1항). 위 결정에 대하여는 즉시항고할 수 있다(동조 3항). 대표당사자는 정당한 이유가 있을 때에는 법원의 허가를 받아 사임할 수 있다(23조).

대표당사자의 전부가 사망 또는 사임하거나 위와 같이 소송수행이 금지된 경우에는 소송절차는 중단된다(24조 1항). 이 경우 대표당사자가 되려는 구성원은 법원의 허가를 받아 중단된 소송절차를 수계하여야 하고(동조 2항) 소송절차의 중단 후 1년 이내에 수계 신청이 없는 때에는 소가 취하된 것으로 본다(동조 3항). 법원은 위와 같이 대표당사자가 변경된 경우에는 적절한 방법으로 구성원에게 그 사실을 고지하여야 한다(25조).

(3) 소송대리인

증권관련 집단소송의 원고측 소송대리인은 정당한 이유가 있을 때에는 법원의 허가를 받아 사임할 수 있다(26조 1항). 대표당사자는 상당한 사유가 있을 때에는 법원의 허가를 받아 소송대리인을 해임, 추가 선임 또는 교체할 수 있다(동조 2항). 증권관련 집단소송의 원고측 소송대리인 전원이 사망 또는 사임하거나 해임된 경우에는 소송절차는 중단된다(동조 3항). 이 경우 대표당사자는 법원의 허가를 받아 소송대리인을 선임하여 소송절차를 수계하여야 한다(동조 4항). 원고측 소송대리인의 사망 등으로 소송절차의 중단 후 1년 이내에 수계 신청이 없는 때에는 그 증권관련 집단소송은 취하된 것으로 본다(동조 5항).

(4) 증거조사

법원은 필요하다고 인정할 때에는 직권으로 증거조사를 할 수 있고(30조) 구성원과 대표당사자를 신문할 수 있다(31조). 또한 법원은 필요하다고 인정할 때에는 소송과 관련 있는 문서를 가지고 있는 자에게 그 문서의 제출을 명하거나 송부를 촉탁할 수 있다(32조 1항). 법원은 미리 증거조사를 하지 아니하면 그 증거를 사용하기 곤란한 사정이 있지 아니한 경우에도 필요하다고 인정할 때에는 당사자의 신청에 의하여 증거조사를 할 수 있다(33조).

(5) 손해배상액의 산정

손해배상액의 산정에 관하여 자본시장과 금융투자업에 관한 법률이나 그 밖의 다른 법률에 규정이 있는 경우에는 그에 따르지만 이에 의하거나 증거조사를 통하여도 정확한 손해액을 산정하기 곤란한 경우에는 여러 사정을 고려하여 표본적 · 평균적 · 통계적 방법 또는 그 밖의 합리적인 방법으로 손해액을 정할 수 있다(34조).

(6) 소의 취하 등에 의한 소송의 종료

증권관련 집단소송의 경우 소의 취하, 소송상의 화해 또는 청구의 포기는 법원의 허가를 받지 아니하면 그 효력이 없다(35조 1항). 법원은 제1항에 따라 소의 취하, 소송상의 화해 또는 청구의 포기의 허가에 관한 결정을 하려는 경우에는 미리 구성원에게 이를 고지하여 의견을 진술할 기회를 주어야 한다(동조 2항).

(7) 기판력의 주관적 범위

확정판결은 제외신고를 하지 아니한 구성원에 대하여도 그 효력이 미친다(37조).

(8) 상소의 제기

상소의 취하 또는 상소권의 포기는 법원의 허가를 받지 아니하면 그 효력이 없다(38조 1항). 대표당사자가 정하여진 기간 이내에 상소하지 아니한 경우에는 상소제기 기간이 끝난 때부터 30일 이내에 구성원이 법원의 허가를 받아 상소를 목적으로 하는 대표당사자가 될 수 있다(동조 2항). 이 경우 상소는 법원의 허가를 받은 날부터 2주 이내에 제기하여야 한다(동조 3항).

Ⅲ. 소비자단체소송

1. 의 의

소비자단체소송은 소비자기본법 제70조 이하에 규정된 것으로 소비자의 생명 · 신체 또는 재산에 대한 권익을 직접적으로 침해하고 그 침해가 계속되는 경우 법원에 소비자권익침해행위의 금지 · 중지를 구하는 소송을 말한다.[58]

2. 특 례

(1) 관 할

소비자단체소송은 피고의 주된 사무소 또는 영업소가 있는 곳, 주된 사무소나 영업소가 없는 경우에는 주된 업무담당자의 주소가 있는 곳의 지방법원 본원 합의부의 관할에 전속한다(71조).

(2) 원고적격자

소비자단체소송은 다음 단체의 경우에 제기할 수 있다(70조 1항).

1. 소비자보호법 제29조의 규정에 따라 공정거래위원회에 등록한 소비자단체로서 일정한 요건을 모두 갖춘 단체
2. 상공회의소법에 따른 대한상공회의소, 중소기업협동조합법에 따른 중소기업협동조합중앙회 및 전국 단위의 경제단체로서 대통령령이 정하는 단체
3. 비영리민간단체 지원법 제2조의 규정에 따른 비영리민간단체로서 일정한 요건을 모두 갖춘 단체

(3) 소송허가

단체소송을 제기하는 단체는 소장과 함께 다음 각 호의 사항을 기재한 소송허가신청서를 법원에

58) 이하 소비자단체소송에 관한 조문은 소비자보호법에 관한 것이다.

제출하여야 한다(73조). 법원은 다음 각 호의 요건을 모두 갖춘 경우에 한하여 결정으로 단체소송을 허가한다(74조 1항). 단체소송을 허가하거나 불허가하는 결정에 대하여는 즉시항고할 수 있다(동조 2항).

1. 물품 등의 사용으로 인하여 소비자의 생명 · 신체 또는 재산에 피해가 발생하거나 발생할 우려가 있는 등 다수 소비자의 권익보호 및 피해예방을 위한 공익상의 필요가 있을 것
2. 제73조의 규정에 따른 소송허가신청서의 기재사항에 흠결이 없을 것
3. 소제기단체가 사업자에게 소비자권익 침해행위를 금지 · 중지할 것을 서면으로 요청한 후 14일이 경과하였을 것

(4) 판결의 효력

원고의 청구를 기각하는 판결이 확정된 경우 이와 동일한 사안에 관하여 다른 단체는 단체소송을 제기할 수 없다. 다만, 다음 각 호의 어느 하나에 해당하는 경우에는 예외로 한다(75조).

1. 판결이 확정된 후 그 사안과 관련하여 국가 또는 지방자치단체가 설립한 기관에 의하여 새로운 연구결과나 증거가 나타난 경우
2. 기각판결이 원고의 고의로 인한 것임이 밝혀진 경우

Ⅳ. 개인정보단체소송

1. 의 의

개인정보단체소송은 개인정보 보호법 제51조 이하에 규정된 바에 의해 개인정보처리자가 집단분쟁조정을 거부하거나 집단분쟁조정의 결과를 수락하지 아니한 경우 동법이 정한 단체가 제기하는 법원에 권리침해 행위의 금지 · 중지를 구하는 소송을 말한다.[59]

2. 특 례

개인정보단체소송의 경우 단체소송의 원고는 변호사를 소송대리인으로 선임하여야 하고(53조) 단체소송을 제기하는 단체는 소장과 함께 소송허가신청서를 법원에 제출하여야 한다(54조). 원고의 청구를 기각하는 판결이 확정된 경우 이와 동일한 사안에 관하여는 제51조에 따른 다른 단체는 원칙적으로 단체소송을 제기할 수 없다(56조).

59) 이하 개인정보단체소송에 관한 조문은 개인정보 보호법에 관한 것이다.

제4절 제3자의 소송참가

당사자참가: 독립당사자참가(79조), 공동소송참가(83조)

보조참가: 통상의 보조참가(71조 이하), 공동소송적 보조참가(78조)

제1관 개 관

타인 사이에 소송이 계속 중인 경우 소송의 당사자가 아닌 제3자가 그 소송의 결과에 따라 권리의 침해나 이해관계가 예상되는 경우 소송에 참가하여 소송수행을 하는 것이 필요할 수 있다. 이와 같이 소송참가는 제3자가 자기의 법률상 지위를 보호하기 위하여 현재 계속 중인 다른 사람 사이의 소송에 관여하는 것을 말한다. 소송참가에는 여러가지 형태가 있으나 다른 사람 사이에 소송이 계속될 것이 공통적으로 요구된다. 또한 다른 사람 사이에 계속되고 있는 소송에 관여하려면 합당한 이유가 있어야 할 것이다. 그 이유를 참가이유라고 한다. 이는 참가의 형태마다 달라질 수 있다.

참가의 형태는 크게 두 가지로 나눌 수 있다. 하나는 보조참가이고 다른 하나는 당사자참가이다. 보조참가와 당사자참가를 나누는 기준은 소송에 참가하면서 참가인이 당사자로서 자신의 청구를 하는 경우는 당사자참가(독립당사자참가(79조), 공동소송참가(83조))이고 자신의 청구를 하지 않고 다만 기존 당사자를 위해 보조적인 역할을 하는 데 그치는 경우는 보조참가(통상의 보조참가(71조 이하), 공동소송적 보조참가(78조))가 된다. 당사자참가인과 보조참가인은 소송상 지위가 당연히 서로 다를 수밖에 없다.

요컨대 **참가의 이유에 따라 참가의 형태가 달라지고 이에 따라 소송에서의 참가인의 소송상 지위가 달라진다. 따라서 각 참가형태를 규정한 민사소송법의 규정에서 참가이유와 참가인의 소송상지위를 해석하는 것이 그 핵심적인 내용이 된다.**

제2관 형 태

Ⅰ. 보조참가

■ 핵심어
소송결과에 대한 이해관계, 종속적 지위, 피참가인의 소송행위에 어긋나는 행위, 참가적 효력, 책임분담

1. 의 의

소송결과에 이해관계가 있는 제3자는 한쪽 당사자를 돕기 위하여 법원에 계속 중인 소송에 참가할 수 있다. 다만, 소송절차를 현저하게 지연시키는 경우에는 그러하지 아니하다(71조). 이를 보조참가라 한다. 공동소송적 보조참가도 있으므로 단순히 보조참가라고만 하는 경우에는 공동소송적 보조참가를 지칭하는 것이 아니고 민사소송법 제71조에서 규정된 보조참가를 의미한다. 예를 들어 보기로 한다. X가 Y를 상대로 보증금지급청구의 소를 제기한 경우 Y가 패소하면 나중에 채무자인 Z에게 구상금청구의 소를 제기할 것을 대비해 Z가 X와 Y의 소송에 보조참가를 하여 Y의 승소를 도울 수 있다. 이때 Z는 Y의 승소를 도울 뿐 자신의 청구에 관하여 심판을 받는 당사자는 아니다.

2. 요 건[60]

(1) 다른 사람 사이의 소송계속 중일 것

(a) 다른 사람 사이의 소송

보조참가는 다른 사람의 소송에 참가하는 것이므로 참가하고자 하는 다른 사람의 소송이 계속 중일 것을 요한다. 따라서 소송당사자가 상대방의 보조참가인이 될 수는 없다. 그러나 통상공동소송의 경우 다른 공동소송인 또는 그 공동소송인의 상대방을 위한 보조참가는 가능하다.[61]

당사자의 양쪽을 상대방으로 한 독립당사자참가(쌍면참가)만 허용되었던 구민사소

---

60) 판례는 아래의 요건 외에도 보조참가를 할 수 있는 제3자는 민사소송법상의 당사자능력 및 소송능력을 갖춘 자이어야 한다고 한다(대법원 2002. 9. 24. 선고 99두1519 판결).

61) 소송의 당사자이면서도 보조참가가 허용되는 공동소송을 통상공동소송으로 한정하지 않고 설명하는 견해(김홍엽, 1106면; 이시윤, 785면)도 있으나 필수적 공동소송의 경우는 합일확정이 요구되고 1인의 소송행위가 공동소송인 모두의 이익을 위하여서 효력을 가지므로 보조참가는 허용되지 않는다고 보아야 한다.

송법 당시 판례는 소송당사자인 독립당사자참가인은 그의 상대방 당사자인 원 · 피고의 어느 한 쪽을 위하여 보조참가를 할 수는 없는 것이므로 보조참가인이 독립당사자참가를 하였다면 그와 동시에 보조참가는 종료된다고 하였다.[62] 그러나 당사자 한쪽을 상대방으로 한 당사자참가(편면참가)도 허용되는 현행 민사소송법에서는 독립당사자참가인의 상대방이 아닌 당사자에 대하여는 보조참가가 허용된다고 해석함이 타당하다.

(b) 소송계속 중

소송계속은 판결절차의 현존을 의미한다. 따라서 판결절차가 현존하는 한 상고심에서도 보조참가가 허용되고 다만 사실심에서와 같은 사실의 주장과 증거제출이 제약될 뿐이다. 판결확정 후라도 상소의 추완이나 재심의 소를 제기함과 동시에 보조참가를 할 수 있다.[63]

판결절차가 아닌 결정절차에서도 보조참가가 허용될까? 독촉절차와 같이 이의신청에 의하여 판결절차로 이행될 절차(472조 참조)의 경우에는 보조참가를 허용하는 데 별다른 이견이 없다. 그 외의 결정절차는 어느 범위에서 보조참가가 허용될 수 있을까? 이는 보조참가의 본질을 다른 사람의 승소보조에 둘 것인가 아니면 보조참가를 하는 자의 이해관계에 둘 것인가에 따라 그 판단이 달라질 수 있다. 만약 다른 사람의 승소보조에 중점을 둔다면 보조참가가 허용되는 결정절차는 대립당사자 구조를 가진 절차에 한한다.[64] 이와는 달리 보조참가를 하는 자의 이해관계에 중점을 둔다면 대립당사자 구조를 가지지 않는 결정절차에도 보조참가가 허용된다.[65] 전자의 견해가 소송에 대하여 보조참가를 허용한 민사소송법규정에 부합하는 해석이라고 생각한다. 판례도 부동산경락허가결정과 같이 대립하는 당사자 구조를 가지지 못한 결정절차에 있어서는 보조참가를 할 수가 없다고 한다.[66]

그렇다면 어떤 결정절차가 대립당사자 구조를 가진 절차일까? 판례는 보전처분명령이 결정으로 이루어지는 경우가 이에 해당한다고 한다. 보전처분명령의 경우에는 당사자대립주의는 통상의 판결절차에서와 같이 전면적이고 완전한 형태로 나타나지 않다가 보전처분에 대한 이의나 불복신청의 절차에서 비로소 분명한 형태로 나타나게 된다. 따라서 보전소송도 민사소송절차의 일환으로서 대립당사자의 존재를 전제로 하는 것이라고 한다.[67] 보전처분이 결정으로 이루어지는 경우란 가압류 · 가처분신청에 대한 결정(민사집행법 281조, 301조), 가압류 · 가처분 이의신청에 대한 결정(민사집행법 286조, 301조) 등이다.

(2) 소송의 결과에 대한 이해관계

보조참가에 있어 다른 사람의 소송에 참가하는 것이 정당화되는 이유 즉 참가이

62) 대법원 1993. 4. 27. 선고 93다5727, 5734 판결. 독립당사자참가를 하면서 예비적으로 보조참가를 하는 것도 허용되지 않는다는 판례로는 대법원 1994. 12. 27. 선고 92다22473, 22480 판결.
63) 대법원 1981. 9. 22. 선고 81다334 판결; 이시윤, 785면; 김홍규/강태원, 848면.
64) 김홍규/강태원, 849면; 김홍엽, 1107면; 송상현/박익환, 656면.
65) 이시윤, 785면; 정동윤/유병현/김경욱, 1061면; 호문혁, 960면.
66) 대법원 1994. 1. 20.자 93마1701 결정.
67) 대법원 2004. 12. 10. 선고 2004다38921 판결.

유가 인정되려면 참가인이 현재 계속 중인 다른 사람의 소송의 결과에 이해관계가 있을 것을 요한다.

(a) 소송의 결과에 대한 이해관계

민사소송법 제71조는 그 이해관계가 소송의 결과에 대하여 있을 것을 요구하고 있다. 확정판결의 기판력은 주문에 포함된 것에 한하여 생기고 그 이유에는 생기지 않는다. 따라서 법적 구속력이 인정되는 소송의 결과는 판결의 주문에서 판단한 것에 한한다.[68] 이때의 판결의 주문에서 판단한 것이란 소송물에 관한 판단을 의미한다.

(b) 법률상 이해관계

1) 이때의 이해관계는 법률상 이해관계이어야 하고 사실상, 경제상 또는 감정상의 이해관계는 이에 해당하지 않는다. 법률상 이해관계가 있으려면 어떤 관계에 있어야 할까? 판례는 다음 두 가지 경우에 이를 인정하고 있다.[69]

그 하나는 **소송의 판결의 기판력이나 집행력을 당연히 받는 경우이다.** 확정판결의 효력은 당사자 사이에서만 미치는 것이 원칙이지만 예외적으로 제3자에게 미치는 경우도 있는 데 주주총회결의취소의 소(상법 376조 1항)가 그 한 예가 될 수 있다. 이 경우는 공동소송적 보조참가에 관한 민사소송법 제78조에서 규정한 재판의 효력이 참가인에게도 미치는 경우에 해당한다. 따라서 판결의 효력을 받는 경우는 공동소송적 보조참가로 되는 경우가 많을 것이다.

또 다른 하나는 당해 소송의 판결의 효력이 직접 미치지는 않아도 적어도 그 판결을 전제로 하여 보조참가를 하려는 자의 법률상의 지위가 결정되는 관계에 있는 경우이다. 다시 말해 **판결의 효력이 직접 미치지는 않지만 자기의 법률상 지위가 소송물인 권리관계의 존부에 논리적으로 의존하는 관계에 있는 경우이다.**

2) 위의 예에서 Y가 패소하여 Y가 X에게 보증채무를 부담하는 것으로 확정(소송의 결과)된다고 하더라도 Z가 위 판결의 효력을 받는 것은 아니지만 Z가 주채무자로서 보증채무자 Y에 대하여 구상채무자가 되는지 여부(법률상 지위)가 Y가 X에 대하여 보증채무를 부담하는가 여부(소송물인 권리관계의 존부)에 논리적으로 의존하는 관계에 있다(민법 441조, 444조 참조).

또한 공동불법행위자는 피해자에 대하여 부진정연대책임을 지며 어느 연대채무자

68) 김홍엽, 1108면; 이시윤, 786면; 정동윤/유병현/김경욱, 1062면; 호문혁, 960면. 소송의 결과를 판결주문에서 판단한 것 외에 판결이유에서 판단한 것까지 포함하자는 견해(강현중, 851면)도 있으나 이는 민사소송법의 규정에 반하는 해석이다(김홍엽, 1108면).

69) 대법원 2007. 4. 26. 선고 2005다19156 판결; 대법원 2014. 5. 29.자 2014마4009 결정.

가 자기의 출재로 공동면책된 경우에는 다른 연대채무자는 부담부분에 대하여 구상의무를 부담한다(민법 760조, 425조). 따라서 불법행위로 인한 손해배상책임을 지는 자는 피해자가 다른 공동불법행위자들을 상대로 제기한 손해배상청구의 소의 결과에 대하여 법률상 이해관계를 가진다.[70)]

(3) 소송절차를 현저히 지연시키지 않을 것

보조참가는 소송절차를 현저히 지연시키는 경우에는 허용되지 않는다(71조 단서). 이러한 요건은 공익적 사항으로 직권조사사항이다.

3. 참가절차

(1) 참가신청

(a) 방 식

참가신청은 참가의 취지와 이유를 밝혀 참가하고자 하는 소송이 계속된 법원에 제기하여야 한다(72조 1항). 보조참가는 어느 한 당사자의 승소를 보조하기 위한 것이므로 대립하는 당사자 어느 한쪽에만 참가하여야 하며 이미 상대방에 참가한 경우에는 먼저 한 참가를 취하하여야 한다. 반드시 서면으로 하여야 하는 것은 아니고 구두로 신청하는 것도 가능하다. 서면으로 참가를 신청한 경우에는 법원은 그 서면을 양쪽 당사자에게 송달하여야 한다(동조 2항).

(b) 참가신청은 참가인으로서 할 수 있는 소송행위와 동시에 할 수 있다. 따라서 당해 심급의 판결선고 후 상소제기와 동시에 보조참가를 신청할 수 있다. 또한 판결확정 후 상소의 추완이나 재심의 소를 제기함과 동시에 보조참가를 할 수 있다.

(2) 참가허부의 재판

참가허부의 재판은 결정으로 한다. 그러나 종국판결로서 그 허부를 심판하였을 경우도 그 재판에 대한 상소가 가능하여 위법은 아니다.[71)]

(a) 당사자가 참가에 대하여 이의를 신청한 때

당사자가 참가에 대하여 이의를 신청한 때에는 참가인은 참가의 이유를 소명하여야 하며 법원은 참가를 허가할 것인지 아닌지를 결정하여야 한다(73조 1항). 이의신청은

---

70) 대법원 1999. 7. 9. 선고 99다12796 판결.
71) 대법원 1962. 1. 11. 선고 4294민상558 판결.

피참가인의 상대방과 피참가인 모두 할 수 있다. 당사자가 참가에 대하여 이의를 신청하지 아니한 채 변론하거나 변론준비기일에서 진술한 경우에는 이의를 신청할 권리를 잃는다(74조).

(b) 법원이 직권으로 참가의 이유를 소명하도록 명한 때

법원은 직권으로 참가인에게 참가의 이유를 소명하도록 명할 수 있으며 참가의 이유가 있다고 인정되지 아니하는 때에는 참가를 허가하지 아니하는 결정을 하여야 한다(73조 2항).

(c) 참가허부의 결정에 대한 불복

위 각 결정에 대하여는 즉시항고를 할 수 있다(73조 3항). 참가허가결정에 대한 즉시항고는 이의신청을 한 당사자뿐 아니라 이의신청권을 잃지 않은 상대방도 할 수 있다. 참가불허결정에 대한 즉시항고는 참가인뿐 아니라 피참가인도 할 수 있다.[72]

(d) 참가허부결정과 참가인의 소송행위

참가인은 그의 참가에 대한 이의신청이 있는 경우라도 참가를 허가하지 아니하는 결정이 확정될 때까지 소송행위를 할 수 있다(75조 1항). 참가를 허가하지 아니하는 결정이 확정된 경우 참가인의 소송행위는 그 효력을 잃지만 당사자가 이를 원용한 경우에는 그 효력을 가진다(75조 2항). 이를 인정하지 않으면 보조참가인이 사실상 소송을 주도한 경우 피참가인에게 불의타가 될 수 있고 동일한 소송행위를 반복하게 되어 소송경제에 반하기 때문이다. 위의 원용은 묵시적 또는 포괄적으로도 가능하다.

다만 판례는 증거를 제출한 참가인의 참가신청이 부적법 각하되는 경우라도 법원이 이미 실시한 증거방법에 의하여 법원이 얻은 증거자료의 효력에는 아무런 영향이 없다고 한다.[73]

4. 참가의 종료

참가인은 언제나 참가신청을 취하할 수 있다. 참가인이 참가신청을 취하한 경우 그동안 참가인이 한 소송행위는 당사자가 이를 원용하지 않는 한 그 효력을 잃는다(다수설).[74] 참가인이 참가신청을 취하한 경우에도 참가적 효력은 여전히 참가인에게 미

72) 김홍엽, 1113면.

73) 대법원 1971. 3. 31. 선고 71다309 판결.

74) 강현중, 854면; 송상현/박익환, 660면; 정동윤/유병현/김경욱, 1065면; 정영환, 942면. 당사자의 원용 여부에 상관없이 효력을 상실하지 않는다는 견해로는 김홍엽, 1111면; 이시윤, 789면.

친다. 이러한 해석은 소송고지를 하면 피고지자가 소송에 참가하지 않아도 참가적 효력이 미치는 것으로 규정한 민사소송법 제86조와의 균형상 타당하다.

5. 참가인의 소송상 지위

참가인은 다른 사람의 승소를 돕는 사람이므로 당사자와 같은 완전히 독자적인 소송상 지위가 인정되지는 않는다. 참가인이 할 수 있는 행위와 할 수 없는 행위가 무엇인지는 위와 같은 참가인의 본질과 이에 대한 민사소송법상의 규정에 따라 달리 해석된다. 참가인이 할 수 있는 행위 또는 할 수 없는 행위는 참가인의 종속적 지위 또는 독립적 지위의 각 범주에 포함되어 설명될 필요가 있다.

(1) 소송의 제3자적 지위

참가인은 상대방에 청구를 하거나 상대방으로부터 청구를 당한 자가 아니므로 당사자가 아니라 제3자의 지위를 가진다. 따라서 증인이나 감정인이 될 수 있다. 또한 참가인이 사망하여도 소송절차는 중단되지 않는다.

(2) 독자적 지위

참가인은 자기의 법률상 이해관계를 지키기 위해 소송에 관여하는 자이므로 어느 정도 독자적 지위를 가진다. 따라서 기일통지, 소송서류의 송달을 당사자와 별도로 하여야 한다. 참가인은 소송에 관하여 공격, 방어, 이의, 상소, 등 모든 소송행위를 자신의 이름으로 할 수 있다(76조 1항 본문).

(3) 종속적 지위

참가인은 피참가인의 승소를 보조하는 자이므로 피참가인의 관계에서 종속적 지위를 가진다.

> **제76조(참가인의 소송행위)**
> ① 참가인은 소송에 관하여 공격 · 방어 · 이의 · 상소, 그 밖의 모든 소송행위를 할 수 있다. 다만, 참가할 때의 소송의 진행정도에 따라 할 수 없는 소송행위는 그러하지 아니하다.
> ② 참가인의 소송행위가 피참가인의 소송행위에 어긋나는 경우에는 그 참가인의 소송행위는 효력을 가지지 아니한다.

(a) 피참가인도 할 수 없는 행위(76조 1항 단서)

참가인이 참가할 때의 소송의 진행정도에 따라 피참가인이 할 수 없는 소송행위는 참가인도 할 수 없다. 예를 들어 피고 참가인이 상고장을 제출한 경우에 피고 참가인에 대하여 판결정본이 송달된 때로부터 기산한다면 상고기간 내의 상고라 하더라도 이미 피참가인인 피고에 대한 관계에 있어서 상고기간이 경과한 것이라면 피고 참가인의 상고 역시 상고기간 경과 후의 것이 되어 피고 참가인의 상고는 부적법한 것이 된다.[75]

(b) 피참가인의 소송행위에 어긋나는 행위(76조 2항)

1) 참가인의 소송행위가 피참가인의 소송행위에 어긋나는 경우라 함은 참가인의 소송행위가 피참가인의 행위와 명백히 적극적으로 배치되는 경우를 말하고 소극적으로만 피참가인의 행위와 불일치하는 때에는 이에 해당하지 않는다. 따라서 피참가인인 피고가 원고의 주장사실을 명백히 다투지 아니하여 민사소송법 제150조에 의하여 그 사실을 자백한 것으로 보게 될 경우라도 참가인이 보조참가를 신청하면서 그 사실에 대하여 다투는 것은 피참가인의 행위와 명백히 적극적으로 배치되는 경우라 할 수 없어 그 소송행위의 효력은 부정되지 않는다.[76]

2) 참가인의 소송행위가 피참가인의 소송행위에 어긋나는 경우 참가인의 소송행위의 효력이 부정되는 것은 피참가인의 소송행위를 우선한다는 의미일 뿐 소송행위의 선후가 문제되는 것은 아니다. 따라서 참가인이 먼저 상고를 하였으나 피참가인이 나중에 상고포기를 한 경우에도 마찬가지로 참가인이 한 상고의 효력은 부정된다.

(c) 소송물을 처분하거나 확장하는 행위

참가인은 피참가인의 승소보조자에 불과하여 소송물에 대한 지배권은 인정되지 않는다. 따라서 청구의 변경[77] 또는 반소, 중간확인의 소 등을 제기할 수 없다.

(d) 피참가인에게 불리한 행위

참가인은 피참가인의 승소를 보조하는 사람이기 때문에 소의 취하나 상소권의 포기 등의 피참가인에게 불리한 행위를 할 수 없다. 같은 이유로 재판상 자백도 할 수 없다(통설). 그러나 참가인이 피참가인의 상대방의 주장과 부합하는 증거를 제출하면서

---

75) 대법원 2007. 9. 6. 선고 2007다41966 판결.
76) 대법원 2007. 11. 29. 선고 2007다53310 판결.
77) 대법원 1989. 4. 25. 선고 86다카2329 판결(이 사안은 소유권이전등기의 주위적 청구에 대하여 참가인이 주위적 청구와는 다른 등기원인 일자로 예비적 청구를 추가한 것이다). 또한 판례(대법원 1992. 10. 9. 선고 92므266 판결)는 피참가인이 재심의 소에서 주장한 바 없는 사유를 참가인이 주장하는 것은 재심청구를 추가하는 것으로 허용될 수 없다고 한다. 이는 각 개의 재심사유마다 별개의 소송물이라고 하는 구소송물의 입장을 전제로 한 판단이다.

피참가인의 소송행위와 저촉되지 않는 경우에는 법원이 이에 터 잡아 피참가인에게 불이익한 사실을 인정할 수 있다.[78]

(e) **피참가인의 사법상 권리행사**

참가인이 소송상 필요하다고 하여 피참가인의 사법상 권리를 행사할 수는 없다(다수설). 따라서 피참가인의 상계권, 해제권, 취소권 등을 소송상 필요하다고 하여 참가인이 행사할 수는 없다.

6. 참가인에 대한 판결의 효력

> **제77조(참가인에 대한 재판의 효력)** 재판은 다음 각 호 가운데 어느 하나에 해당하지 아니하면 참가인에게도 그 효력이 미친다.
> 1. 제76조의 규정에 따라 참가인이 소송행위를 할 수 없거나, 그 소송행위가 효력을 가지지 아니하는 때
> 2. 피참가인이 참가인의 소송행위를 방해한 때
> 3. 피참가인이 참가인이 할 수 없는 소송행위를 고의나 과실로 하지 아니한 때

(1) 효력의 성질

(a) 확정판결의 기판력은 소송당사자에게 미치는 것이 원칙이다(218조). 한편 민사소송법 제77조는 참가인에게도 재판의 효력이 미친다고 규정하고 있다. 그렇다면 제77조에서 규정한 재판의 효력은 무엇을 의미하는 것일까? **이때 재판의 효력은 기판력과는 구별되는 참가적 효력을 의미하는 것으로서 패소한 피참가인이 참가인을 상대로 소를 제기하는 경우 참가인이 판결의 내용이 부당하다고 주장할 수 없는 구속력을 말한다는 것이 통설과 판례의 태도이다(참가적 효력설).**[79] 여기서 말하는 '판결의 내용'이 의미하는 것은 효력의 객관적 범위에서 설명하는 바와 같다.

제77조에서 규정한 효력을 기판력으로 해석할 수 없는 이유는 무엇일까? 제77조에 규정된 재판의 효력이 인정되는 이유가 기판력이 인정되는 이유와 다르기 때문이다. 기판력은 법원의 공권적 판단에 대하여 법적 안정성을 부여하기 위한 제도이다. 그러나 참가인에게 재판의 효력이 미치도록 한 것은 참가인과 피참가인이 공동으로 소송을 수행한 결과 패소판결이 선고된 경우 그 책임을 분담하여야 한다는 공평의 사상에 근거하고 있다. 이러한 이유에서 제77조에서는 참가인이 책임질 수 없는 사유로 패소한 경우에는 참가인에게 재판의 효력이 미치지 않는 것으로 하고 있다.

---

78) 대법원 1994. 4. 29. 선고 94다3629 판결.
79) 대법원 1988. 12. 13. 선고 86다카2289 판결.

(b) 참가적 효력은 참가인과 피참가인 사이에 미치는 효력으로서 피참가인의 상대방에게는 미치지 않는다. 최근에는 신기판력설이라 하여 참가인과 피참가인 사이에서는 참가적 효력이 생기고 참가인과 상대방 당사자 사이에서는 기판력이나 쟁점효가 생긴다는 견해[80)]가 있으나 아직 확립된 이론이라고 할 수는 없다.

(2) 효력의 범위

(a) 주관적 범위

참가적 효력은 참가인과 피참가인 사이에서만 생기고 참가인과 상대방 사이에서는 생기지 않는다. 위의 X와 Y 사이의 보증금지급청구의 소에서 Z가 주채무의 부존재를 주장하면서 Y에게 보조참가를 하였으나 Y가 패소하고 후일 Z를 상대로 구상금청구의 소를 제기하였다면 Z는 이 소송에서 주채무의 부존재를 주장할 수 없다. 그러나 이러한 참가적 효력은 참가인과 피참가인 사이에서만 미치고 피참가인의 상대방에 대하여는 미치지 않으므로 X가 다시 Z를 상대로 소를 제기하면 Z는 X에 대하여는 주채무의 부존재를 다툴 수 있다.

(b) 객관적 범위

참가적 효력은 판결주문뿐 아니라 판결이유에 대한 판단에도 생긴다. 그러나 판결이유라고 하더라도 전소 확정판결의 결론의 기초가 된 사실상 및 법률상의 판단으로서 참가인이 피참가인과 공동이익으로 주장하거나 다툴 수 있었던 사항에 한하여 생긴다.[81)] 따라서 전소 확정판결에 필수적인 요소가 아니어서 결론에 영향을 미칠 수 없는 부가적 또는 보충적인 판단이나 방론 등에는 참가적 효력이 생기지 않는다.[82)]

(3) 참가적 효력의 배제

전소에서 피참가인이 패소한 경우라도 그 책임을 참가인과 분담하는 것이 부당한 경우에는 참가적 효력이 미치지 않는다. 민사소송법 제77조는 그 사유를 아래와 같이 구체화하여 명시하고 있다. 참가적 효력은 보조참가에 의해 원칙적으로 참가인에게 불이익하게 미치므로 참가적 효력을 배제하는 사유는 참가인이 이를 주장 · 증명하여야 한다.

---

80) 강현중, 858면에 소개되어 있다.
81) 대법원 2020. 1. 30. 선고 2019다268252 판결.
82) 대법원 1997. 9. 5. 선고 95다42133 판결.

1) 참가인이 참가할 때의 소송의 진행정도에 따라 소송행위를 할 수 없거나 피참가인이 참가인의 소송행위와 어긋나는 소송행위를 하여 그 소송행위가 효력을 가지지 아니하는 때(동조 1호).

2) 피참가인이 참가인의 소송행위를 방해한 때(동조 2호). 판례는 참가인이 피참가인의 주장사실을 다투었으나 피참가인이 자백한 경우 피참가인이 참가인의 소송행위를 방해하여 참가적 효력이 미치지 않는다고 한다.[83)]

3) 피참가인이 참가인이 할 수 없는 소송행위를 고의나 과실로 하지 아니한 때(동조 3호).

(4) 기판력과의 차이

참가적 효력은 당사자 사이의 공평을 도모하기 위한 것으로 법적 안정성을 위해 인정되는 기판력과는 다르다. 양자의 구체적인 차이는 다음과 같다.

1) 기판력은 원칙적으로 당사자에게 미치나 참가적 효력은 참가인과 피참가인 사이에 미친다.

2) 기판력은 주문에 포함된 것에 한하여 생기나 참가적 효력은 판결이유에도 생긴다.

3) 참가적 효력에는 기판력과 달리 제외사유가 인정된다.

4) 기판력은 직권조사사항이지만 참가적 효력은 항변사항이다.

판례 연습

대법원 1988. 12. 13. 선고 86다카2289 판결

– 보조참가인에게 미치는 재판의 효력 –

▌사건의 개요 B는 이 사건 아파트 공사 도중 자금부족 등의 이유로 X에게 이 사건 아파트 골조와 그 부지 등을 매도하였다. 아파트건설사업 면허가 없는 X는 Y의 명의를 빌려 이 사건 아파트를 완공하였다. 한편 Y는 A로부터 5억 원을 대여 받고 이 사건 아파트를 담보로 제공하였다.

A는 Y를 상대로 이 사건 아파트의 지분이전 및 인도를 구하는 소를 제기하였다(제1소송). 제1소송에서 X는 Y를 위하여 보조참가를 하여 A의 주장을 다투었으나 Y는 A의 청구를 인낙하였다. 그 후 X는 Y를 상대로 이 사건 아파트를 원시취득하였다고 주장하면서 이 사건 아파트에 관한 소유권확인의 소를 제기하였다(제2소송). Y는 제1소송의 인낙의 효력은 제1소송의 보조참가인이었던 X에게 미친다고 주장하면서 청구기각판결을 구하였다. Y의 위 주장은 타당한 것인지

83) 대법원 1974. 6. 4. 선고 73다1030 판결.

가 문제되었다.

설 명

1. X에게 인낙의 효력이 미치는지 여부

피고가 원고의 청구에 관하여 인낙하면 원고 승소확정판결과 같은 효력이 생긴다(220조). 따라서 Y의 인낙에 의해 A의 청구를 인용하는 판결이 확정된 것과 같은 기판력이 발생한다. 기판력은 원칙적으로 당사자 사이에서만 미친다(218조 1항). X는 Y의 보조참가인으로서 당사자가 아니므로 X에게는 위 인낙의 효력이 미치지 않는다.

2. X의 보조참가와 판결의 효력

소송의 결과에 이해관계가 있는 제3자는 한 쪽 당사자를 돕기 위하여 법원에 계속 중인 소송에 참가할 수 있다(71조). 제1소송의 결과 A가 승소하여 이 사건 아파트의 지분을 자신의 명의로 이전하게 되면 X는 그 지분 상당의 소유권을 행사할 수 없다. 따라서 X는 소송의 결과에 관하여 이해관계 있는 자이고, 그가 제1소송에 대하여 한 보조참가는 적법하다.

재판은 참가인에게도 그 효력이 미친다(77조 본문). 이때의 효력은 참가적 효력을 의미하는 것으로 패소한 피참가인이 참가인을 상대로 소를 제기하는 경우 참가인이 판결의 내용을 부당하다고 주장할 수 없는 구속력을 말한다. 다만 피참가인이 참가인의 소송행위를 방해한 때에는 재판의 효력이 참가인에게 미치지 않는다(77조 2호). 제1소송에서 X는 Y의 보조참가인으로서 A의 주장을 다투었으나 Y가 인낙하였으므로 민사소송법 제77조 제2호의 '피참가인이 참가인의 소송행위를 방해한 때'에 해당하여 X에게 참가적 효력이 미치지 않는다.

3. 결 론

Y의 위 주장은 타당하지 않다.

참고판례 대법원 1988. 12. 13. 선고 86다카2289 판결【소유권이전등기등】

Ⅱ. 공동소송적 보조참가

■ **핵심어**

재판의 효력이 미치는 제3자, 필수적 공동소송인에 대한 규정 준용, 재판의 효력에 관한 피참가인의 행위의 효력

1. 의 의

(1) 공동소송적 보조참가는 재판의 효력이 미치는 제3자가 보조참가하는 경우이

다(78조). 여기서의 재판의 효력은 기판력, 형성력, 집행력(판결의 본래적 효력) 등을 의미하는 것으로 기판력에 한정되지는 않는다.[84] 그러나 반사적 효력이 미치는 경우에는 공동소송적 보조참가가 허용되지 않는다.

(2) 공동소송적 보조참가는 판결의 효력을 받지 아니하는 통상의 보조참가보다는 강한 소송수행권을 부여할 필요가 있다. 그렇지만 당사자로서 참가하는 것은 아니므로 민사소송법 제83조의 공동소송참가와는 달리 반드시 당사자적격을 요하지는 않는다.

(3) 당사자의 참가가 통상의 보조참가, 공동소송적 보조참가, 공동소송참가 중 어디에 해당하는가는 당사자가 신청한 참가의 형태에 의하는 것이 아니라 법원이 참가사유를 객관적으로 판단하여 정하여야 한다.[85] 따라서 참가인이 참가형태를 특정하지 아니하고 단순히 소송참가라고만 하여 소송참가신청을 하는 경우에는 위 기준에 따라 참가사유의 존부에 따라 정하면 될 것이다.

만약 참가인이 공동소송적 보조참가를 할 수 있는데도 통상의 보조참가를 하거나 공동소송참가를 할 수 있는데도 공동소송적 보조참가를 하는 것으로 특정하여 참가한 경우에는 어떻게 판단하여야 할까? 즉 더 높은 지위의 소송참가가 가능함에도 더 낮은 지위의 참가를 신청한 경우이다. 이 경우 판례는 법원이 참가사유를 객관적으로 판단하여 결정하여야 한다는 태도이다.[86]

이번에는 판결의 결과에 이해관계는 있지만 판결의 효력을 받지 아니하는 사람이 공동소송적 보조참가를 하는 경우에는 어떻게 취급하여야 할까? 즉 참가인이 더 높은 지위의 참가를 신청하여 그 자체로는 참가가 부적법하지만 더 낮은 지위의 참가형태로서는 적법한 경우이다. 이 경우에는 당사자의 참가신청을 부적법한 것으로 각하할 것이 아니라 참가사유가 인정되는 한도에서 참가를 허용하여야 할 것이다.

2. 인정되는 경우

공동소송적 보조참가는 재판의 효력이 미치는 제3자가 하는 것이므로 재판의 효력이 당사자 외에 제3자에게도 미치는 경우에 인정된다. 이에는 다음과 같은 것이 있다.

---

84) 김상균, 공동소송적 보조참가에 관한 고찰, 법조 제570호, 2004, 79면.

85) 김홍엽, 1124면; 이시윤, 795면; 정동윤/유병현/김경욱, 1074면. 대법원 2001. 1. 19. 선고 2000다59333 판결도 같은 취지로 해석된다.

86) 대법원 2013. 3. 28. 선고 2011두13729 판결. 이 경우 참가인의 의사를 존중하여야 한다는 견해로는 정영환, 954면.

(1) 제3자의 소송담당의 경우

소송담당자가 소송을 수행한 경우 소송담당자에 대한 확정판결은 권리의무의 귀속주체에게도 기판력이 미친다(218조 3항). 따라서 소송담당의 형태가 갈음형인 경우 권리의무의 귀속주체는 공동소송적 보조참가를 할 수 있다. 병행형인 경우에도 권리의무의 귀속주체가 당사자적격을 상실하지 않아 공동소송참가가 되어야 할 것으로 보이나 중복소송의 문제가 제기될 수 있다. 이와 관련된 구체적 내용은 당사자참가에서 설명하기로 한다.

(2) 판결의 효력이 일반 제3자에게 미치는 경우

가사소송 · 행정소송 · 회사관계소송 등과 같이 판결의 효력이 일반 제3자에게 미치는 경우 판결의 효력을 받는 제3자는 공동소송적 보조참가를 할 수 있다.

(3) 청구의 목적물의 소지자의 경우

청구의 목적물의 소지자에게도 기판력이 미치나(218조 1항) 청구에 관한 독자적인 이익이 인정되지 않으므로 공동소송적 보조참가가 인정되지 않는다.

3. 공동소송적 보조참가인의 지위

판결의 효력을 받을 관계에 있는 자가 처음부터 공동소송인으로 되었다면 필수적 공동소송의 관계에 있었을 것이다. 따라서 공동소송적 보조참가인은 형식적으로는 보조참가인이나 유사필수적 공동소송인에 준한다.[87] 이에 **민사소송법 제78조는 공동소송적 보조참가에 관하여 필수적 공동소송인에 대한 특별규정인 제67조 및 69조를 준용하고 있다. 이에 저촉되는 한도에서 제76조(참가인의 소송행위)의 적용은 배제된다.**

(1) 참가인과 피참가인 중 한 사람의 소송행위는 모두의 이익을 위하여서만 효력을 가진다(67조 1항). 그 결과 제76조 제2항의 적용이 배제되어 피참가인이 불리한 행위를 단독으로 하여도 효력이 없고 참가인이 피참가인이 한 행위와 저촉되는 행위를 하더라도 참가인과 피참가인 모두에게 이익이 되면 그 효력이 인정된다. 이에 의하면 참가인이 상고한 경우 피참가인이 상고취하나 상고포기를 하여도 참가인의 동의가 없는 한 참가인에 대한 관계에서는 그 효력이 없다.[88] 참가인이 제기한 재심의

87) 대법원 2013. 3. 28. 선고 2011두13729 판결.
88) 대법원 1970. 7. 28. 선고 70누35 판결.

소를 피참가인이 취하하는 경우에도 참가인에 대한 관계에서는 그 효력이 없다.[89] 재심의 소를 취하하는 것은 더 이상 확정판결의 효력을 배제할 수 없게 하는 행위로서 확정판결의 효력이 미치는 공동소송적 보조참가인에 대하여는 불리한 행위이기 때문이다. 이는 재심의 소를 피참가인이 제기한 경우나 통상의 보조참가인이 제기한 경우에도 마찬가지이다. 다만 소의 취하는 재판의 효력과 직접적으로 관련이 없는 소송행위이므로 피참가인이 참가인의 동의 없이 할 수 있다는 것이 판례의 태도이다.[90]

(2) 참가인과 피참가인 가운데 한 사람에게 소송절차를 중단 또는 중지하여야 할 이유가 있는 경우 그 중단 또는 중지는 모두에게 효력이 미친다(67조 3항).[91]

(3) **참가인의 상소기간은 피참가인의 상소기간과 독립하여 진행하는 것으로 해석된다.** 따라서 피참가인의 상소기간이 도과하여도 참가인의 상소기간이 도과하지 않았으면 참가인은 상소를 제기할 수 있다. 패소한 피참가인이 상소를 제기한 경우 상소를 제기하지 아니한 소송무능력자인 참가인의 법정대리인은 소송행위를 함에 있어 후견감독인의 동의를 요하지 않는다(78조, 69조).

(4) 공동소송적 보조참가인도 원래 당사자가 아니라 보조참가인의 성질을 가지므로 그 외의 사항에 관하여는 통상의 보조참가인과 같다.[92] 따라서 참가인의 소송의 진행정도에 따라 할 수 없는 소송행위는 허용되지 않으며 소송물을 처분하거나 변경하는 등의 행위도 허용되지 않는다. 예를 들어 보조참가인의 재심청구 당시 피참가인인 재심청구인이 이미 사망하여 당사자능력이 없다면, 이를 허용하는 규정 등이 없는 한 보조참가인의 재심청구는 허용되지 않는다.[93]

89) 대법원 2015. 10. 29. 선고 2014다13044 판결.
90) 대법원 2013. 3. 28. 선고 2011두13729 판결.
91) 강현중, 862면; 김홍규/강태원, 817면; 송상현/박익환, 670면; 정동윤/유병현/김경욱, 1076면; 정영환, 953면; 호문혁, 970면. 이에 대해 무조건적으로 소송절차를 정지하면 제3자의 당사자적격을 부정한 취지가 몰각된다는 이유로 참가인을 제외한 소송진행이 참가인의 이익을 해할 우려가 있는 경우에만 정지된다고 해석하는 견해로는 김홍엽, 1129면; 이시윤, 798면.
92) 대법원 2015. 10. 29. 선고 2014다13044 판결.
93) 대법원 2018. 11. 29. 선고 2018므14210 판결.

판례 연습

대법원 2001. 1. 19. 선고 2000다59333 판결
– 보조참가의 형태와 피참가인의 자백의 효력 –

▌사건의 개요 Y_1은 Y로부터 부동산을 매수하였지만 그 소유권이전등기는 미루고 있었다. 그 사이 X는 Y에 대한 채권이 있다고 주장하면서 위 부동산에 가압류를 하고 본안소송을 제기하였다. 위 부동산에 관하여 소유권이전등기를 마친 Y_1은 X가 승소하여 가압류에 기한 강제집행을 할 경우 위 부동산의 소유권을 상실하는 손해를 입게 되며 X의 채권은 허위채권이라고 주장하면서 위 소송에 참가하였다. 그러나 Y는 X의 주장사실을 자백하였다. Y_1은 자신의 소송참가가 공동소송적 보조참가이어서 Y의 위 자백은 효력이 없다고 주장하였다. Y_1의 위 주장은 정당한 것인지가 문제되었다.

설 명

1. Y_1의 소송참가형태

참가인의 소송참가형태는 참가인의 신청에 상관없이 법원이 그 사유를 객관적으로 판단하여 정한다. Y_1의 주장과 같은 사유만으로는 X와 Y 사이의 소송의 판결의 효력이 Y_1에게 미친다고 할 수 없다. 다만 Y_1은 위 소송의 결과에 대하여 Y_1이 주장한 바와 같은 법률상 이해관계가 있다. 따라서 Y_1의 소송참가는 통상의 보조참가이다.

2. Y의 자백의 효력

공동소송적 보조참가의 경우에는 필수적 공동소송에 관한 민사소송법 제67조를 준용하는 결과 참가인과 피참가인의 소송행위는 모두의 이익을 위하여서만 효력을 가진다. 따라서 피참가인이 상대방의 주장사실을 자백하더라도 그 효력이 인정되지 않는다. 한편 통상의 보조참가의 경우에는 참가인의 소송행위가 피참가인의 소송행위에 어긋나는 경우에는 그 효력이 없다. 따라서 참가인이 피참가인의 상대방의 주장사실을 다투어도 피참가인이 이를 자백하면 참가인의 주장은 효력을 가지지 않는다. Y_1의 소송참가는 통상의 보조참가로 판단되므로 Y가 자백한 이상 Y_1이 X의 주장을 다툴 수 없다.

3. 결 론

그러므로 Y_1의 주장은 부당하다.

참고판례 대법원 2001. 1. 19. 선고 2000다59333 판결【구상금】

Ⅲ. 공동소송참가

■ 핵심어

합일확정, 고유필수적 공동소송, 당사자적격, 채권자대위소송

1. 의 의

공동소송참가란 소송의 목적이 한쪽 당사자와 제3자에게 합일적으로 확정되어야 할 경우 소송계속 중에 그 제3자가 원고 또는 피고의 공동소송인으로 참가하는 것이다(83조). 예를 들어 주주의 일부가 주주총회결의취소의 소(상법 376조)를 제기한 후 판결의 효력을 받는 다른 주주가 공동원고로서 소송에 참가하는 경우가 이에 해당한다. 이 경우 제3자는 별개의 소를 제기하는 것보다는 기왕 계속 중인 소송에 참가하여 다투는 것이 소송경제에 부합한다. 또한 소송에 참가하더라도 공동소송적 보조참가를 하는 것보다는 직접 그 소송의 당사자로 참가하는 것이 자신의 이익을 보호하는 데 더 적합하다. 특히 고유필수적 공동소송에서 당사자의 일부가 누락된 경우 공동소송참가가 허용된다면 이를 통해 소를 적법하게 할 수 있다.

2. 참가요건

(1) 소송계속

공동소송참가는 다른 사람 사이의 소송이 계속 중이어야 할 수 있다. 이 점에 대하여는 보조참가와 다르지 않으나 공동소송참가는 당사자참가이므로 항소심에서 참가를 할 경우 참가인의 심급의 이익이 박탈되는 것이 아닌가 하는 문제가 생긴다. 판례는 공동소송참가는 소송의 목적이 당사자 일방과 제3자에 대하여 합일적으로 확정될 경우에 한하여 인정되므로 심급이익 박탈의 문제는 발생하지 않는다고 한다.[94] 즉 참가인이 항소심에서 소송에 참가하였다고 하더라도 그 판결은 다른 공동소송인이 제1심부터 한 소송행위의 결과를 반영하여 합일적으로 정하여지기 때문이다. 참가할 제3자가 판결의 효력을 받으므로 상고심에서도 참가를 허용하여 방어의 기회를 주어야 한다는 견해가 있다.[95] 그러나 공동소송참가는 신소제기의 실질을 가지므로 상고심에서는 허용되지 않는다고 해석된다.[96]

---

94) 대법원 2002. 3. 15. 선고 2000다9086 판결.

95) 이시윤, 820면; 정동윤/유병현/김경욱, 1082면; 정영환, 908면; 호문혁, 974면. 유사필수적 공동소송관계에서는 상고심에서도 허용된다는 견해로는 강현중, 888면.

96) 대법원 1961. 5. 4. 선고 4292민상853 판결. 김홍엽, 1163면.

(2) 합일확정

(a) **공동소송참가는 소송목적이 한쪽 당사자와 제3자에게 합일적으로 확정되어야 할 경우에 적용된다.** 여기서의 합일적으로 확정되어야 할 관계란 제3자가 처음부터 소송의 당사자가 되었더라면 판결이 합일적으로 확정되었어야 할 관계 즉 필수적 공동소송의 관계에 있는 경우를 말한다. 따라서 공동소송참가에 의해 소송계속 중 필수적 공동소송인을 추가할 수 있다.

(b) 공동소송참가 외에도 민사소송법 제68조에서 규정한 필수적 공동소송인의 추가에 의해서 소송계속 중 필수적 공동소송인을 추가할 수 있다. 다만 필수적 공동소송인의 추가는 제1심의 변론을 종결할 때까지 원고의 신청에 의하여 한다(동조 1항). 이는 필수적 공동소송인의 누락으로 인하여 소가 부적법해지는 것을 방지하기 위한 것이다. 따라서 위 규정은 공동소송이 법률상 강제되는 고유필수적 공동소송에서만 적용되는 것으로 해석됨은 필수적 공동소송 편에서 설명한 바와 같다.

그렇다면 공동소송참가는 위 제68조가 적용되는 고유필수적 공동소송을 제외한 유사필수적 공동소송에만 적용되는 것일까? 제68조는 제1심에 한하여 필수적 공동소송인의 추가를 허용하고 있으므로 만약 고유필수적 공동소송에 공동소송참가를 허용하지 않으면 상소심에서 누락된 공동소송인을 추가할 방법이 없다. 따라서 **제68조의 적용이 있는 고유필수적 공동소송의 경우에도 공동소송참가가 허용된다고 해석된다**(통설).[97]

(3) 당사자적격

공동소송참가는 당사자로서 소송에 참가하는 것이므로 참가인은 당사자적격이 있어야 한다. 당사자적격이 없으면 공동소송참가는 할 수 없고 공동소송적 보조참가만 할 수 있다. 제3자의 소송담당에 의한 소송 중 파산자, 추심채무자 등과 같이 권리의무의 주체이기는 하나 관리처분권이 없어 소송수행권이 인정되지 않는 자의 경우(갈음형)에는 당사자적격이 인정되지 않으므로 공동소송참가를 할 수 없다. 그러나 채권자대위소송이나 주주에 의한 회사대표소송 등과 같은 경우(병행형)에는 소를 제기하지 아니한 채무자나 회사도 소송수행권을 잃지 않는 결과 일응은 공동소송참가를 할 수 있는 것으로 보이지만 공동소송참가를 하는 경우 중복소송 또는 당사자적격과 관련한 문제도 검토되어야 한다.

---

97) 강현중, 888면; 김홍규/강태원, 821면; 김홍엽, 1170면; 송상현/박익환, 709면; 이시윤, 821면; 정동윤/유병현/김경욱, 1083면; 정영환, 910면; 호문혁, 975면.

(a) 채권자대위소송의 경우

1) 채무자

채권자대위소송의 경우 채무자가 대위소송의 사실을 안 경우에는 기판력이 채무자에게 미치므로 채무자의 공동소송적 보조참가는 허용된다(통설). 채무자의 공동소송참가가 허용되는가에 관하여는 견해가 나누어진다. 다수설은 중복소송이 되어 허용되지 않는다고 한다.[98] 판례도 같은 태도이다.[99] 다른 견해는 채권자대위소송이 제기되면 채무자는 당사자적격을 잃어 공동소송참가를 할 수 없다고 한다.[100] 그러나 채권자대위소송이 제기되었다고 하여 채무자가 당사자적격을 잃는다고 할 수는 없고 병합심리되고 판결의 합일확정이 요구되는 필수적 공동소송에서는 판결의 모순저촉의 위험이 없으므로 공동소송참가가 불가능한 이유를 중복소송에서 그 근거를 찾는 것은 부당하다. 따라서 채권자대위소송에서 채무자는 공동소송참가를 할 수 있다고 함이 타당하다.[101]

2) 다른 채권자

판례는 채권자대위소송 계속 중 다른 채권자가 동일 채무자를 대위하여 채권자대위권을 행사하면서 공동소송참가를 할 경우 각기 대위행사하는 피대위채권이 동일하여 양 청구의 소송물이 동일하다면 '소송의 목적이 한쪽 당사자와 제3자에게 합일적으로 확정되어야 할 경우'에 해당하여 그 참가신청은 적법하다고 한다. 또한 원고가 명시적 일부청구를 하여 피대위채권의 일부만을 청구한 경우에는 참가인의 청구금액이 원고의 청구금액을 초과하지 않는 한 위 합일확정의 필요가 인정된다고 한다.[102]

(b) 주주대표소송의 경우

발행주식의 총수의 100분의 1 이상에 해당하는 주식을 가진 주주는 회사에 대하여 이사의 책임을 추궁할 소의 제기를 청구할 수 있고 회사가 위 청구를 받을 날로부터 30일 이내에 소를 제기하지 아니한 때에는 위 주식을 가진 주주는 즉시 회사를 위하여 소를 제기할 수 있다(상법 403조). 이를 주주대표소송이라고 한다. 이 경우 회사는 위 소송에 참가할 수 있다(상법 404조). 이러한 회사의 소송참가의 형태는 무엇으로 파악하

---

98) 송상현/박익환, 710면; 이시윤 820면; 정동윤/유병현/김경욱, 1083면; 정영환, 909면.
99) 대법원 1974. 1. 29. 선고 73다351 판결; 대법원 1995. 4. 14. 선고 94다29256 판결.
100) 김홍엽, 1165면.
101) 김상균, 공동소송적 보조참가에 관한 고찰, 법조 제570호, 2004, 79면. 이에 관해 자세한 논의는 이태영, 채권자대위소송에 대한 채무자의 소송참가, 강원법학 제35권, 2012, 329면 이하 참조.
102) 대법원 2015. 7. 23. 선고 2013다30301 판결.

여야 할까?

판례는 주주의 대표소송이 회사의 권리보호에 미흡하여 회사의 이익이 침해될 염려가 있는 경우 회사는 당사자로서 소송에 참가할 수 있다고 한다.[103] 회사가 공동소송인으로 참가하는 것은 오히려 소송경제에 도움이 되고 판결의 모순저촉을 유발할 가능성도 없다는 것을 그 이유로 한다. 이러한 판례의 태도와는 달리 이 경우에는 중복소송이 되어 공동소송적 보조참가만 허용된다는 견해도 있다.[104] 그러나 채권자대위소송에서 채무자의 소송참가와 마찬가지로 판결의 모순저촉이 될 가능성이 없으므로 중복소송에 해당되지 않고 따라서 공동소송참가가 허용된다고 함이 타당하다.[105]

3. 참가절차 및 소송관계

(1) 참가신청

공동소송참가의 신청은 민사소송법 제72조가 준용되는 결과 보조참가의 방식에 의한다(83조 2항). 다만 공동소송참가는 보조참가와는 달리 원고측 참가인 경우에는 소의 제기, 피고측 참가인 경우에는 청구기각을 구하는 실질을 가지므로 소제기를 구두로도 할 수 있는 소액사건을 제외하고는 서면에 의하여야 한다. 참가신청서에는 참가취지로서 당사자 어느 쪽에 참가하는지를 기재하고 참가이유로서 합일확정이 되는 사유를 기재하여야 한다.

(2) 참가신청에 대한 재판

공동소송참가는 소제기의 실질을 가지므로 당사자는 이에 이의신청을 할 수 없고 법원은 그 요건을 갖추지 못한 경우 종국판결로서 부적법 각하하여야 한다. 다만 공동소송참가로서 요건을 갖추지 못한 신청이라 하더라도 공동소송적 보조참가의 요건을 갖춘 경우에는 공동소송적 보조참가로 취급할 수 있다(통설).[106]

(3) 소송관계

공동소송참가가 적법하다고 인정되면 참가인과 피참가인은 공동소송인이 된다. 그 소송관계는 필수적 공동소송으로서 민사소송법 제67조가 적용된다.

---

103) 대법원 2002. 3. 15. 선고 2000다9086 판결.
104) 이시윤, 796면.
105) 김홍엽, 1176면; 호문혁, 976면.
106) 강현중, 889면; 김홍규/강태원, 822면; 김홍엽, 1171면: 송상현/박익환, 710면; 이시윤, 822면; 정동윤/유병현/김경욱, 1084면; 정영환, 910면; 호문혁, 977면.

> 다른 사람 사이에 소송이 계속 중인 경우 제3자는
> 1. 그 소송의 결과(판결의 주문에서 판단한 것)에 법률상 이해관계가 있는 때에는 보조참가(71조)를,
> 2. 그 재판의 효력을 받는 때에는 공동소송적 보조참가(78조)를,
> 3. 소송의 목적이 당사자와 제3자에게 합일적으로 확정되어야 할 경우는 공동소송참가(83조)를 할 수 있다.

Ⅳ. 소송고지

1. 의 의

(1) 소송고지는 소송이 계속된 때에 당사자가 그 소송에 참가할 수 있는 제3자에게 소송계속의 사실을 법정의 방식(85조)에 따라 통지하는 것이다(84조). 법정의 방식에 따라 할 것이 요구되는 민사소송법상 제도의 하나로 인정되는 것이므로 고지인이 법정의 방식에 의하지 않고 개인적으로 피고지인에게 소송계속의 사실을 통보하는 것은 소송고지가 아니다.

(2) **소송고지제도는 피고지자에게 소송에 참가하여 그 이익을 옹호할 기회를 주고 그 소송의 판결의 참가적 효력을 미치게 할 수 있다는 점에서 실익이 있다.** 보조참가에서 든 예에서 만약 주채무자 Z가 X와 Y 사이의 소송에 스스로 참가하지 않았다면 Y는 X와의 소송에 패소한 후 Z를 상대로 구상금청구의 소를 제기한 경우 Z는 X와 Y와의 소송 당시 이미 주채무는 소멸하였으므로 전소 판결은 부당한 것이라고 주장할 수 있다. 그러나 Y가 X와의 소송 중 Z에게 소송고지를 하면 Z의 소송참가와 상관없이 Z에게 참가적 효력을 미치게 할 수 있다.

2. 요 건

> **제84조(소송고지의 요건)**
> ① 소송이 법원에 계속된 때에는 당사자는 참가할 수 있는 제3자에게 소송고지를 할 수 있다.
> ② 소송고지를 받은 사람은 다시 소송고지를 할 수 있다.

(1) 소송계속 중일 것

소송고지는 소송에 참가할 사람에게 소송계속의 사실을 알리는 것이므로 소송계속 중에만 할 수 있다. 결정절차에서 소송고지가 허용되는가 하는 문제에는 통상의 보조참가에서의 논의가 그대로 적용될 수 있다. 따라서 대립당사자구조를 가지는 결정절차에서는 소송고지가 허용된다.

(2) 고지자

소송고지를 할 수 있는 사람은 소송의 당사자(84조 1항)와 소송고지를 받은 사람(피고지자)(동조 2항)이다. 피고지자도 소송고지를 할 수 있으므로 보조참가인도 소송고지를 할 수 있다고 해석된다. 소송고지는 고지할 사람의 의사에 맡겨진 것이나 법률상 강제되는 경우도 있다.[107]

(3) 피고지자

피고지자는 소송에 참가할 수 있는 제3자이다(84조 1항). 여기에서 참가란 보조참가에 국한되지 않고 공동소송적 보조참가, 공동소송참가, 독립당사자참가, 계쟁물의 양도에 의한 소송승계 등이 포함된다. 소송계속 중 계쟁물이 양도된 경우에는 그 양수인이 참가승계(81조)를 할 수 있기 때문이다. 자세한 것은 해당 부분에서 설명하기로 한다.

3. 절 차

(1) 소송고지서의 제출

소송고지를 위하여서는 그 이유와 소송의 진행정도를 적은 서면을 법원에 제출하여야 한다(85조 1항). 소송고지의 이유는 피고지자가 소송에 참가할 수 있는 사유에 관한 것이므로 소송의 내용 즉 청구취지와 청구원인이 기재되어야 하고 소송의 결과에 대해 피고지자가 어떤 이해관계를 가지는지가 명시되어야 한다. 이제 막 소장이 제출된 상태인지 아니면 증거조사를 모두 마치고 항소심에서 변론종결을 앞두고 있는지에 따라 피고지자가 소송참가 여부를 결정하는 데 영향을 줄 수 있으므로 소송의 진행의 정도도 기재되어야 한다.

(2) 소송고지서의 송달

법원은 소송고지서를 피고지자에게 송달하여야 하지만 피고지자의 소송참가에 대비시키기 위해 상대방에게도 송달하여야 한다(85조 2항). 소송고지의 효력은 그 고지서를 법원에 제출한 때 생기는 것이 아니라 피고지자에게 적법하게 송달된 때 비로소 생긴다.[108]

---

107) 이에는 추심의 소(민사집행법 238조), 주주대표소송(상법 404조 2항) 등이 있다. 다만 채권자가 보전행위 이외의 권리를 행사하는 경우 채무자에게 통지할 것을 규정한 민법 제405조는 통지의 대상이 권리행사 사실로 소송계속 사실에 국한되는 것은 아니다. 채무자는 위 통지로 소제기 사실을 알게 되어 참가적 효력이 아닌 기판력을 받게 된다.

108) 대법원 1975. 4. 22. 선고 74다1519 판결.

4. 소송고지의 효과

(1) 피고지자의 지위

참가 여부는 피고지자의 자유이다. 그러나 피고지자가 소송고지를 받고도 소송에 참가하지 않으면 참가적 효력을 받을 뿐 소송절차에 관여할 수 있는 지위를 취득할 수 없으므로 법원은 피고지자에게 기일통지 등의 조치를 취할 필요가 없다.

(2) 참가적 효력

소송고지를 받은 사람이 참가하지 아니한 경우라도 제77조(참가인에 대한 재판의 효력)의 규정을 적용할 때에는 참가할 수 있었을 때에 참가한 것으로 본다(86조). 여기서 "제77조의 규정을 적용할 때"란 피참가인과 그 상대방 사이의 소송에 대한 재판의 효력이 보조참가인에게 미치는 경우를 말한다. 따라서 **피고지자는 소송참가와 상관없이 소송고지서가 피고지자에게 송달된 때에 참가한 것으로 취급되어 참가적 효력을 받는다.**

(3) 시효중단의 효과

소송고지는 어음 · 수표의 상환청구권에 대하여 소멸시효중단의 효과가 있고 중단된 시효는 재판이 확정된 때로부터 다시 진행을 개시한다(어음법 80조, 수표법 64조). 위 규정 외에는 소송고지로 인하여 시효중단의 효력을 인정한 규정은 없다. 다만 최고의 경우에는 시효중단의 효력이 인정되며 이 경우 6개월 내로 재판상 청구 등을 하여야 한다(민법 174조).

소송고지를 민법상 시효중단 사유인 최고로 볼 수 있을까? 판례는 소송고지가 그 요건을 갖춘 경우에 그 소송고지서에 고지자가 피고지자에 대하여 채무의 이행을 청구하는 의사가 표명되어 있으면 민법 제174조에 정한 시효중단사유로서의 최고의 효력이 인정된다고 한다. 이때 시효중단의 효력발생시기는 소송고지서를 법원에 제출한 때라고 한다.[109] 시효중단의 시기를 소송고지서가 피고지인에게 송달된 때라고 해석하면 소송고지서의 송달이 법원에 의해 지체되는 경우 고지자가 불이익을 받을 수 있기 때문이다. 나아가 판례는 고지자로서는 소송고지를 통하여 당해 소송의 결과에 따라 피고지자에게 권리를 행사하겠다는 취지의 의사를 표명한 것이므로 당해 소송이 계속 중인 동안은 최고에 의하여 권리를 행사하고 있는 상태가 지속되는 것으로 보아 민법 제174조에 규정된 6월의 기간은 당해 소송이 종료된 때로부터 기산되는 것으로 해석한다.[110]

109) 대법원 2015. 5. 14. 선고 2014다16494 판결.
110) 대법원 2009. 7. 9. 선고 2009다14340 판결.

판례 연습

대법원 1991. 6. 25. 선고 88다카6358 판결

– 피고지자에 대한 참가적 효력 –

▮ 사건의 개요 A는 Y에 대한 목재대금채권을 전액 X에게 양도하고 1983. 5. 25. 위 채권양도사실을 확정일자 있는 증서에 의하여 Y에게 통지하였다. X는 1983. 12. 30. 위 채권양수사실을 주장하여 Y를 상대로 소를 제기하였다(제1소송). 한편 X_1은 1984. 3. 12. A의 Y에 대한 위 목재대금채권에 관하여 각 채권압류 및 전부명령을 받은 다음 위 X의 Y에 대한 소송계속 중 Y를 상대로 전부금청구의 소를 제기하였다(제2소송). Y는 위 전부금청구소송에서 X에게 소송고지를 하였으나 X는 위 전부금청구소송에 참가하지 않았다. 또한 Y는 위 전부금청구소송에서 위 채권압류 및 전부명령을 받기 전에 A가 위 목재대금채권을 X에게 양도하고 위 양도통지를 하였다는 사실을 항변으로 제출하지 않았다. 이에 제2소송의 수소법원은 위 채권압류 및 전부명령과 X의 위 채권양수의 효력의 우열에 관하여 아무런 판단을 하지 아니한 채 Y에게 패소판결을 선고하여 판결이 확정되었다. 제1소송에서 X는 위 채권압류 및 전부명령과 X의 위 채권양수의 효력의 우열에 관하여 제2소송의 판결에 구속되는지가 문제되었다.

설명

1. X에 대한 소송고지의 효력

소송이 법원에 계속된 때에는 당사자는 참가할 수 있는 제3자에게 소송고지를 할 수 있다(84조). 제2소송에서 X_1이 받은 채권압류 및 전부명령의 효력이 X의 채권양수의 효력보다 우선하는 것이 인정되어 Y에 대한 패소판결이 확정되면 X는 더 이상 Y에게 양수한 채권을 행사할 수 없다. 따라서 X는 제2소송의 결과에 대하여 이해관계가 있는 자로서 민사소송법 제84조의 소송에 참가할 수 있는 제3자에 해당하므로 X에 대한 소송고지는 그 효력이 있다.

2. X에 대한 제2소송의 판결의 구속력

소송고지를 받는 사람이 참가하지 아니한 경우라도 참가할 수 있었을 때에 참가한 것으로 보아 재판의 효력이 미친다(86조, 77조). 이러한 참가적 효력은 피고지자가 후일 고지자와의 소송에서 전소확정판결에서의 결론의 기초가 된 사실상 법률상의 판단에 반하는 것을 주장할 수 없게 된다는 것을 의미한다. 따라서 제2소송에서 X가 소송참가를 하지 아니하고 Y도 위 채권양도통지가 있었다는 사실을 항변으로 제기하지 아니하여 위 채권압류 및 전부명령과 위 채권양도의 효력의 우열에 관하여 아무런 판단이 없었다면 X는 제2소송의 판결의 결과에 구속되지 않는다.

3. 결 론

X는 제1소송에서 위 채권압류 및 전부명령과 X의 위 채권양수의 효력의 우열에 관하여 제2소송의 판결에 구속되지 않는다.

참고판례 대법원 1991. 6. 25. 선고 88다카6358 판결【물품대금】

Ⅴ. 독립당사자참가

■ 핵심어

권리의 양립불가능성, 부동산이중매매, 사해의사설, 사해행위를 이유로 한 사해방지참가, 제67조의 준용과 적용배제, 판결의 합일확정과 불이익변경금지의 원칙

1. 의 의

(1) 소송목적의 전부나 일부가 자기의 권리라고 주장하거나 소송결과에 따라 권리가 침해된다고 주장하는 제3자는 당사자의 양쪽 또는 한쪽을 상대방으로 하여 당사자로서 소송에 참가할 수 있다(79조). 이를 독립당사자참가라 하며 그중 소송목적의 전부나 일부가 자기의 권리라고 주장하며 하는 참가를 권리주장참가, 소송결과에 따라 권리가 침해된다고 주장하며 하는 참가를 사해방지참가라고 한다.

(2) 독립당사자참가인은 본소송의 원고나 피고 어느 쪽에도 가담하지 않고 본소송의 각 당사자와 독립한 지위에서 소송을 수행한다는 점에서 본소송의 원고 또는 피고와 공동소송인의 관계에 있는 공동소송참가와는 구별된다. 또한 독립당사자참가인은 당사자의 지위에서 소송을 수행하므로 당사자의 지위에 있지 않으면서 당사자를 보조하는데 그치는 보조참가와도 구별된다.

(3) 독립당사자참가제도에 의해 원고, 피고, 참가인의 소송을 한 번에 해결할 수 있다. 이로 인해 소송경제를 도모하고 판결의 모순저촉을 피할 수 있다.

2. 구 조

(1) 문제점

독립당사자참가에 의한 소송은 원고와 피고 이외에 독립당사자라는 제3의 당사자가 인정된다. 이를 두 당사자가 대립하는 통상의 소송구조에 비추어 독립당사자참가의 소송구조를 어떻게 이해할 것인가 하는 문제가 제기된다. 이에 따라 구체적인 소송상 취급과 설명방법이 달라질 수 있다. 이 문제의 검토를 위해서는 우선 독립당사자참가제도가 어떻게 생성되었는지 그 연혁을 살펴볼 필요가 있다.

(2) 연 혁

독일 민사소송법에는 주참가(Hauptintervention)제도라는 것이 있다(ZPO 64조). 이는 우리나라의 독립당사자참가제도와는 다른 것으로 타인 사이에 계속 중인 소송의 목적물인 물건이나 권리에 대하여 제3자가 소송의 양 당사자를 상대로 독립된 소를 제기하는 것이다. 그 사유는 우리 민사소송법상 권리주장참가사유에 대응된다. 이러한 주참가제도는 본소송과는 별개의 소로 제기되며 본소송과 병합되는 것이 아니다.

한편 1926년 개정 전의 일본의 구민사소송법 제51조는 제1항에서 독일의 주참가제도를 도입하고 제2항에서는 프랑스의 사해재심의 규정을 본받아 사해방지참가제도를 규정하였다. 그 후 1926년 일본민사소송법 개정에 의해 주참가와는 별도로 독립당사자참가제도가 새로이 규정되고 주참가제도는 1997년 개정시 삭제되었다. 결국 독립당사자참가는 일본 민사소송법이 독일의 주참가제도를 바탕으로 창안된 권리주장참가와 프랑스의 사해재심을 도입하여 하나의 제도로서 규정한 것을 우리 민사소송법이 도입한 것이다.[111] 이와 같이 권리주장참가와 사해방지참가는 그 연혁을 달리한다. 또한 권리주장참가에 있어서 본소송과는 별개의 소로 취급하는 해석론은 독일의 주참가제도가 그 배경을 이룬 것이라 생각한다.

(3) 구 조

통상의 소송은 원고와 피고 두 당사자로만 이루어져 있다. 참가인을 원고 및 피고와는 독립된 당사자로 파악할 것인가 아니면 원고 또는 피고 중 어느 하나로 볼 것인가? 이것이 독립당사자참가에 있어 소송구조의 문제이다. 이에 관하여는 학설의 대립이 있어 왔다.

(a) 3개소송병합설

3개소송병합설은 독립당사자참가소송을 3개의 소송이 병합된 것으로 파악한다.[112] 예를 들어 보기로 한다. X와 Y 사이의 소송 중 Z가 독립당사자참가를 하였다. 이를 3개의 소송이 병합된 것으로 이해하면 X와 Y 사이의 소송, Y와 Z 사이의 소송, Z와 X 사이의 소송 등 3개의 소송이 병합된 것이 된다. 이 경우 Z는 위 3개의 소송에서 원고이거나 피고가 된다. 즉 전통적인 2당사자 대립구조 하에서 독립당사자참가소송의 구조를 파악한다. 그러나 독립당사자참가가 있는 경우 필수적 공동소송에 관한 민사소송법 제67조가 준용되는데(79조 2항) 위와 같이 3개의 소송으로 그 소송구조를

111) 강현중, 868면; 정동윤/유병현/김경욱, 1085면, 정영환, 912면.
112) 이시윤, 805면; 호문혁, 980면.

파악하는 경우에는 결론이 각각 달라도 무방하다. 즉 굳이 필수적 공동소송에서와 같이 당사자 사이의 합일확정을 요구할 이유가 없으므로 민사소송법 제67조가 준용되는 근거를 설명하기 어렵다.

(b) 3면소송설

3면소송설은 원고, 피고, 참가인이 서로 대립하는 3면의 1개 소송관계가 성립된 것으로 이해한다.[113] 이에 의하면 독립당사자참가인은 1개의 소송 내에서 원고도 피고도 아닌 제3의 당사자가 된다. 이에 대하여는 원고의 본소 또는 참가인의 참가신청을 취하 또는 각하하는 것이 허용되는 이유를 설명하기 어렵다는 비판이 있다.[114] 그러나 소송구조를 1개의 소송으로 파악하는 것과 독립당사자참가가 신소제기의 실질을 가지고 있다는 것은 다른 것으로 보아야 한다. 즉 독립당사자참가소송을 1개의 소송으로 파악하더라도 독립당사자참가의 실질이 신소제기이므로 원고의 본소 또는 참가인의 참가신청을 취하 또는 각하하는 것이 허용되는 이유는 설명될 수 있다. 판례 또한 3당사자 사이의 3면적 소송관계를 하나의 판결로써 모순 없이 일시에 해결하려는 것이라고 하여 3면소송설을 취하고 있다.[115]

3. 참가요건

> **제79조(독립당사자참가)**
> ① 소송목적의 전부나 일부가 자기의 권리라고 주장하거나, 소송결과에 따라 권리가 침해된다고 주장하는 제3자는 당사자의 양 쪽 또는 한 쪽을 상대방으로 하여 당사자로서 소송에 참가할 수 있다.
> ② 제1항의 경우에는 제67조 및 제72조의 규정을 준용한다.

(1) 다른 사람 사이에 소송계속 중일 것

(a) 독립당사자참가는 다른 사람 사이에 소송계속 중일 것을 요한다. 소송계속 중이어야 하므로 참가하는 절차는 판결절차이거나 이에 준하는 절차이어야 한다. 독촉절차도 이의신청 후 판결절차로 이행하므로 참가할 수 있는 절차에 포함된다(통설).

(b) 독립당사자참가는 참가하려는 소송이 사실심변론종결 전이어야 한다. 독립당사자참가는 실질에 있어서 신소제기의 성질을 가지고 있으므로 본안에 관하여 새로운 사실인정을 할 수 없는 상고심에서는 독립당사자참가를 할 수 없다.[116] 이에 대해

113) 강현중, 870면; 김홍엽, 1139면; 송상현/박익환, 676면; 정동윤/유병현/김경욱, 1086면; 정영환, 914면.
114) 이시윤, 804면; 호문혁, 980면.
115) 대법원 1991. 12. 24. 선고 91다21145, 21152 판결.

상고심에서 원판결이 파기되어 사실심으로 이송 또는 환송되면 사실심리를 받게 되므로 독립당사자참가가 허용된다는 견해도 있다.[117] 이 견해는 다만 상고가 각하 또는 기각될 경우에는 참가신청을 부적법 각하하거나 제1심으로 이송하여야 한다고 한다. 위의 견해도 결국은 사건이 사실심으로 환송 또는 이송되는 경우를 전제로 상고심에서 독립당사자참가가 가능하다는 것이다. 독립당사자참가 자체를 상고심에서 할 수 있는가의 문제와 독립당사자참가신청을 상고심에서도 할 수 있는가 하는 문제는 구별될 필요가 있다. 그런 의미에서 상고심에서는 독립당사자참가를 할 수 없다.

(2) 참가이유

(a) 권리주장참가

1) 의 의

권리주장참가는 "소송목적의 전부 또는 일부가 자기의 권리임을 주장"하면서 타인의 소송에 참가하는 경우이다. **여기서 '자기의 권리'라는 것은 참가인의 권리가 원고의 본소청구와 양립되지 않는 권리 또는 그에 우선할 수 있는 권리를 말한다.**[118] 예를 들어 원고가 토지의 점유취득시효완성을 원인으로 피고에게 소유권이전등기를 구하는 본소에 대하여 참가인이 원고와 피고를 상대로 그 토지가 자신의 소유라는 확인을 구함과 아울러 원고가 점유하고 있는 부분의 인도를 구하는 경우이다.[119] 그러나 위의 소송에서 그 토지가 자신의 소유라는 확인을 구함이 없이 단순히 매매를 이유로 토지인도를 구하는 독립당사자참가는 원고의 청구와 참가인의 청구가 서로 양립할 수 있으므로 부적법하다.[120]

2) 양립불가능의 판단기준

참가인의 청구가 주장 자체로 양립할 수 없는 관계이면 족하고 반드시 심리결과 양립할 수 없는 관계임이 인정될 것을 요하는 것은 아니다(다수설, 판례[121]). 예를 들어 원고가 건물의 증축부분에 대하여 소유권에 기한 인도청구를 하는 본소송에 소유권을 주장하면서 소유권확인 및 인도를 구하는 독립당사자참가는 참가인이 주장하는 권리가 양립할 수 없는 관계에 있으므로 본안심리결과 증축부분이 기존건물에 부합하여 원고의 소유로 판단된다 하더라도 적법한 것이다.[122]

---

116) 대법원 1994. 2. 22. 선고 93다43682, 51309 판결. 김홍엽, 1140면; 송상현/박익환, 679면; 호문혁 981면.
117) 강현중, 871면; 김홍규/강태원, 827면; 이시윤, 805면; 정동윤/유병현/김경욱, 1093면; 정영환, 916면.
118) 대법원 2013. 11. 28. 선고 2011다74192, 74208 판결; 대법원 2017. 4. 26. 선고 2014다221777, 221784 판결.
119) 대법원 1997. 9. 12. 선고 95다25886 판결.
120) 대법원 1982. 12. 14. 선고 80다1872 판결.
121) 대법원 1992. 12. 8. 선고 92다26772, 26789 판결.

또한 권리주장참가는 소송의 목적의 전부나 일부가 자기의 권리임을 주장하면 되는 것이므로 참가하려는 소송에 수개의 청구가 병합된 경우 그중 어느 하나의 청구라도 독립당사자참가인의 주장과 양립하지 않는 관계에 있으면 그 본소청구에 대한 참가가 허용된다.[123]

양립불가능성의 판단에 있어 부동산 이중매매로 인한 독립당사자참가에 관하여는 아래와 같이 유형별로 나누어 검토할 필요가 있다.

3) 부동산 이중매매의 경우

부동산 이중매매의 경우 문제점을 예를 들어 검토해 보기로 한다. Y는 자신의 부동산을 X_1에게 매도한 후 다시 X_2에게 매도하였다. 제2매수인 X_2가 매도인 Y를 상대로 소유권이전등기를 구하는 소송에 제1매수인 X_1이 참가한 경우이다. X_1이 다음과 같은 주장을 한 것으로 가정할 수 있다.

(aa) X_1이 소유권이전등기청구권은 자신에게도 있다고 주장하면서 X_2에 대하여는 소유권이전등기청구권의 확인청구를, Y에 대하여는 소유권이전등기를 구하는 독립당사자참가를 한 경우이다. X_1이 참가신청에서 주장하는 권리는 Y에 대한 채권적 청구권으로서 X_2의 Y에 대한 소송에서 X_2가 주장하는 권리와 얼마든지 양립이 가능하다. 따라서 이 경우는 권리주장참가의 이유가 되지 못한다.

(bb) 참가인 X_1은 X_2에 대하여는 소유권이전등기청구권의 확인청구를, Y에 대하여는 소유권이전등기청구를 하면서 X_2와 Y 사이의 매매계약은 무효이고 X_1 자신만이 소유권이전등기청구권자라고 주장하는 경우이다. (aa)의 예와 다른 점은 X_1이 Y와 X_2 사이의 매매계약의 효력을 부인하면서 Y에 대한 자신의 소유권이전등기청구권만이 인정되어야 한다고 주장한다는 것이다.

이 경우에는 권리주장참가가 될 수 있을까? 본소 원고의 청구와 참가인의 청구의 양립불가능성은 참가인의 주장 자체에 의하여 인정되면 충분하므로 이 경우 독립당사자참가가 허용된다는 견해(제1설)가 있다.[124] 이와는 달리 권리주장참가는 소송의 목적이 자기에게 속함을 주장하는 경우인데 부동산 이중매매의 경우에는 참가인의 청구가 본소 원고의 청구와는 별개라는 견해(제2설)도 있다.[125] 판례도 아직 자기 앞으로의 등기를 경유하지 못한 이상 제3자에게는 그 소유권을 대항하거나 주장할 수 없어 결국 피고에 대한 청구만이 성립될 수 있을 뿐이어서 그 참가는 부적법하다고 한다.[126]

---

122) 대법원 1992. 12. 8. 선고 92다26772, 26789 판결.
123) 대법원 2007. 6. 15. 선고 2006다80322 판결.
124) 김홍규/강태원, 825면; 송상현/박익환, 681면; 이시윤, 807면.
125) 강현중, 874면; 김홍엽, 1146면; 정동윤/유병현/김경욱, 1089면; 호문혁, 983면.

위의 각 학설과 판례가 취하는 결론의 차이는 무엇에 기인하는 것일까? 이는 참가인의 '주장'이 의미하는 바가 무엇인가에 대한 해석의 차이에 있다. 참가인의 '주장'이 의미하는 것은 X_1이 Y에 대하여 행사하는 권리가 X_2의 권리와 양립불가능하거나 우선한다는 주장일까? 아니면 X_1이 Y에 대하여 행사하는 권리가 소유권이전등기청구권이라는 주장일까? 제1설은 전자의 의미로 이해하고 제2설과 판례는 후자의 의미로 이해한다. 이를 판단하는 기준은 독립당사자참가의 제도적 취지에서 구할 수 있다. 독립당사자참가는 서로 양립할 수 없는 권리관계의 다툼을 하나의 소송절차에서 해결하기 위한 것이다. 그렇다면 참가인이 양립불가능하다고 주장하는 것만으로는 부족하고 참가인에 의해 주장된 권리가 존재한다는 것을 전제로 하여 이를 객관적으로 판단하였을 때 양립불가능함이 인정되어야 한다. 이는 참가인의 권리가 본안심리결과 인정되는가 하는 문제와는 다른 것이다. 따라서 제2설과 판례의 태도가 타당하다.

(cc) 참가인 X_1이 매매계약 당사자는 X_2가 아니라 자신이라고 주장하면서 Y를 상대로 그 소유권이전등기절차를 구하고 X_2에 대하여 소유권이전등기청구권 부존재확인의 소를 구하는 경우이다. 이 경우는 매매계약이 두 차례에 걸쳐 이루어진 부동산 이중매매와는 달리 하나의 매매계약에서 당사자가 누구인가의 문제이다. 이 경우는 참가인의 주장에 의하면 하나의 매매계약에서 X_1의 매수인의 지위와 X_2의 매수인의 지위가 양립할 수 없으므로 독립당사자참가가 허용된다.[127] 판례도 이 경우에는 확인의 이익이 있는 적법한 것이라고 한다.[128]

(b) 사해방지참가

1) 의 의

사해방지참가는 제3자가 소송의 결과에 따라 권리가 침해된다고 주장하면서 참가하는 경우이다. 소송의 결과에 따라 권리가 침해된다고 주장하는 것으로 족하고 본소청구와 참가인의 청구가 양립불가능할 것을 요하지 않는다.[129]

2) 권리침해의 의미

(aa) 학설과 판례

'권리침해'의 의미에 관하여는 견해가 나누어진다. 넓은 의미의 판결의 효력이 제3자에게 미치는 경우에 한정하여 사해방지참가를 할 수 있다고 하는 판결효설, 소송의 결과 실질상 권리침해를 받을 제3자는 참가할 수 있다고 하는 이해관계설 등이 있으나 본소의 당사자가 그 소송을 통하여 참가인을 해할 의사가 있다고 객관적으로 인정되는 경우에 참가할 수 있다고 하는 사해의사설이 다수설이다.

126) 대법원 1966. 7. 19. 선고 66다896 판결.
127) 김홍엽, 1146면; 이시윤, 807면; 정동윤/유병현/김경욱, 1089면; 정영환, 918면.
128) 대법원 1988. 3. 8. 선고 86다148(본소), 149(반소), 150(참가), 86다카762(본소), 763(반소), 764(참가) 판결.
129) 대법원 1996. 3. 8. 선고 95다22795, 22801 판결.

판례도 사해의사를 갖고 있다고 객관적으로 인정되고 그 소송의 결과 제3자의 권리 또는 법률상의 지위가 침해될 염려가 있다고 인정되는 경우에 그 참가의 요건이 갖추어진다고 하여 사해의사설을 취하고 있다.[130)]

(bb) 판단기준

사해방지참가를 위한 권리침해가 판례와 같이 사해의사와 권리 또는 법률상의 지위가 침해될 염려가 있는 경우에 인정된다고 할 때 그 판단기준은 무엇일까? 이를 위 판례에서 문제된 사건을 통하여 알아보기로 한다. 위 판례에서 문제된 사건은 말소된 선순위 저당권등기의 회복을 구하는 본소송에 대하여 사해방지참가를 하면서 후순위저당권자가 원고 저당권의 부존재확인을 구한 것이다.

우선 말소된 등기의 회복을 구하는 소에 관한 기본적 법리에 관하여 살펴본다. 말소된 등기가 회복되려면 그 말소등기가 원인 무효(불법말소사실)라는 것이 인정되어야 한다. 또한 말소된 등기의 회복을 신청하는 경우에 등기상 이해관계 있는 제3자가 있을 때에는 그 제3자의 승낙이 있어야 한다(부동산등기법 59조). 여기서 등기상 이해관계 있는 제3자란 말소회복등기가 되면 손해를 입을 우려가 있는 사람으로서 그 손해를 입을 우려가 있다는 것이 기존의 등기 기재에 의하여 형식적으로 인정되는 자를 의미한다.[131)] 저당권의 경우 순위확정의 원칙이 인정되지 않으므로 말소된 저당권설정등기의 회복등기에 대하여 후순위근저당권자는 등기상 이해관계 있는 제3자에 해당된다. 따라서 말소된 등기의 회복을 구하는 자는 등기의무자에 대한 회복등기청구의 소와 등기상 이해관계 있는 제3자에 대한 승낙의 의사표시를 구하는 소를 제기할 필요가 있다. 위 두 소는 병합하여 한 번에 제기될 수도 있지만 먼저 회복등기를 명하는 판결을 얻고 나서 등기상 이해관계 있는 제3자에게 승낙의 의사표시를 구하는 소를 제기할 수도 있다.

문제된 사건에서 피고들 중 1인은 주소불명으로 변론기일에 출석하지 않고 변론기일에 출석한 나머지 피고는 원고들의 주장사실을 다투지 않았다. 이에 대해 판례는 원고들과 피고들 사이의 이 사건 소가 원고들 자신의 정당한 권리실현 또는 그 법률상의 지위의 확보수단으로서 제기된 것이라기보다는 피고들에 대한 다른 권리자인 후순위 저당권자를 배제하려는 데 더 중점이 있다고 보여, 원·피고들에게 사해의사가 있다고 판단하였다.[132)] 물론 원고들은 피고들을 상대로 승소판결을 얻는다고 하더라도 후순위저당권자를 상대로 승낙을 구하는 소를 별도로 제기하여 승소판결을 받아야 하고 그 판결의 기판력이 후순위저당권자에게 미치는 것은 아니다. 그러나 등기가 등기권리자의 의사에 의하지 아니하고 말소되어 그 말소등기가 원인무효인 경우에는 등기상 이해관계 있는 제3자는 그의 선의, 악의를 묻지 아니하고 등기권리자의 회복등기절차에 필요한 승낙을 할 의무가 있다.[133)]

130) 대법원 2001. 8. 24. 선고 2000다12785, 12792 판결.
131) 대법원 2013. 7. 11. 선고 2013다18011 판결.
132) 대법원 2001. 8. 24. 선고 2000다12785, 12792 판결. 판례상 나타난 사해의사를 판단하는 기준에 관하여는 김룡환, 판례에 나타난 사해방지참가의 이유, 민사재판의 제문제 제8권, 한국사법행정학회, 615면.

따라서 저당권설정등기의 그 회복등기를 구하는 본안소송에서 불법말소사실이 인정되면 이는 승낙의 의사표시를 구하는 소송에서도 유지되어 후순위 근저당권자는 선순위 근저당권을 수인할 수밖에 없다. 이에 판례는 본안소송의 결과는 당연히 후순위 근저당권자를 상대로 승낙을 구하는 소에 사실상 영향을 미치게 됨으로써 후순위 근저당권자의 권리의 실현 또는 법률상의 지위가 침해될 염려가 있다고 판단하여 후순위근저당권자가 (원고의) 저당권부존재확인을 구하는 사해방지참가를 허용하였다.

3) 사해행위를 이유로 한 사해방지참가

채권자는 원고의 피고에 대한 청구의 원인행위가 사해행위라는 이유로 원고에 대하여 사해행위취소를 구하는 사해방지참가를 하는 것이 허용될까? 사해행위취소의 판결은 채권자와 수익자 또는 전득자 사이에서만 상대적으로 그 효력이 미치고 채무자와 수익자 또는 전득자의 법률관계에는 아무런 영향을 미치지 않는다. **이러한 상대적 효력으로 인하여 채권자의 청구가 그대로 받아들여진다고 하더라도 원고와 피고 사이의 법률관계에는 아무런 영향이 없다. 따라서 이러한 참가신청은 사해방지참가의 목적을 달성할 수 없으므로 부적법하다는 것이 판례의 태도이다.**[134)]

그러나 위 소송에서 원고와 피고를 상대로 하여 사해소송의 청구원인이 된 법률행위의 무효확인을 구하는 사해방지참가는 사해판결이 선고 · 확정되고 집행됨으로써 자기의 권리 또는 법률상의 지위가 침해되는 것을 방지하기 위한 유효적절한 수단이 된다. 따라서 이는 확인의 이익이 있는 적법한 것이다.[135)]

판례연습 **대법원 1997. 6. 27. 선고 95다40977, 40984 판결**

– 독립당사자참가 해당 여부 –

❙ 사건의 개요 A는 1992. 9. 28. Y에 대하여 가지고 있는 전세보증금 반환채권(이후 이 사건 채권이라고 한다)을 X에게 양도하고 이 사건 채권양도의 확정일자 있는 통지는 1992. 9. 29.에 채무자인 Y에게 도달하였다. 한편 A의 채권자인 Z는 이 사건 채권에 대한 압류 및 전부명령을 받아 위 명령은 1992. 10. 1. Y에게 송달되어 그 즈음 확정되었다. X는 Y에 대하여 위와 같이 양수한 채권에 기한 양수금지급을 구하는 소를 제기하였는데 이에 대해 Z는 X에 대하여는 A와 X 사이의 채권양도계약의 취소를 구하고, Y에 대해서는 전부금을 청구하면서 독립당사자참가를 하였다. Z의 이 사건 소송참가는 적법한 것인지가 문제되었다.

---

133) 대법원 1997. 9. 30. 선고 95다39526 판결.
134) 대법원 2014. 6. 12. 선고 2012다47548, 47555 판결.
135) 대법원 1990. 7. 13. 선고 89다카20719 판결.

설명

1. 권리주장참가의 적법 여부

권리주장참가는 독립당사자참가인이 소송목적의 전부나 일부가 자기의 권리라고 주장하면서 참가(79조 1항)하는 것으로 참가인의 권리가 원고의 본소 청구와 양립되지 않거나 우선하는 것이어야 한다. Z가 받은 이 사건 채권에 관한 압류 및 전부명령은 X가 이 사건 채권을 양수하여 채권양도의 확정일자 있는 통지를 갖춘 1992. 9. 29.이후인 1992. 10. 1. 송달되었으므로 위 채권양도계약을 취소한다는 판결이 확정될 때까지는 무효이다. 따라서 Z의 주장 자체에 의하더라도 Z가 주장하는 권리는 본소 청구에 우선하는 것이라 할 수 없다. 따라서 Z의 권리주장참가는 부적법하다.

2. 사해방지참가의 적법 여부

(1) 사해방지참가의 요건

사해방지참가는 본소의 소송결과에 따라 권리가 침해되는 경우에 인정된다. 소송결과에 따라 권리가 침해되는 경우란 본소의 원고와 피고가 당해 소송을 통하여 제3자를 해할 의사를 갖고 있다고 객관적으로 인정되고 그 소송의 결과 제3자의 권리 또는 법률상의 지위가 침해될 염려가 있어야 한다(사해의사설).

(2) 사해방지참가의 적법 여부

이 사건에서는 X와 Y가 Z를 해할 의사로 소송을 한다고 할 수 없어 사해의사가 인정되지 않는다. 한편 전부명령이 확정된 경우에는 전부명령이 제3자에게 송달된 때에 채무자가 채무를 변제한 것으로 보나 전부명령이 제3채무자에게 송달될 때에 피압류채권이 존재하지 않으면 전부명령은 무효이므로, 피압류채권이 전부채권자에게 이전되거나 집행채권이 변제되어 소멸하는 효과는 발생할 수 없다(민사집행법 231조).[136] Z의 위 채권압류 및 전부명령이 이미 양도된 채권에 대한 것이어서 무효라고 한다면 Z는 A에 대한 채권자로서의 지위를 잃지 않아 채권자취소소송을 제기할 수 있다. 또한 X가 Y에 대하여 승소판결을 받는다 하더라도 그 판결의 효력은 소송의 당사자가 아닌 Z에게 미치지 않아 Z는 X에 대하여 (A의 X에 대한 이 사건 채권양도에 관하여) 채권자취소권을 행사하는 데 아무런 지장을 받지 않는다. 따라서 Z는 이 사건 소송에 의해 권리 또는 법률상 지위가 침해될 염려가 없다. 결국 Z의 사해방지참가는 그 사유가 인정되지 않아 부적법하다.

3. 결 론

Z의 독립당사자참가는 부적법한 것이다.

참고판례 **대법원 1997. 6. 27. 선고 95다40977, 40984 판결【양수금 · 전부금】**

136) 대법원 1981. 9. 22. 선고 80누484 판결; 대법원 2004. 1. 5.자 2003마1667 결정; 대법원 2007. 4. 12. 선고 2005다1407 판결.

(3) 참가의 취지

(a) 쌍면참가와 편면참가

독립당사자참가는 참가인이 원고와 피고 양쪽에 대하여 각기 청구를 하는 경우(쌍면참가)도 있을 수 있고 참가인이 원고와 피고 어느 한 쪽에 대하여만 청구를 하는 경우(편면참가)도 있을 수 있다. 과거 개정 전 민사소송법 제72조 제1항은 "소송의 목적의 전부나 일부가 자기의 권리임을 주장하거나 소송의 결과에 의하여 권리의 침해를 받을 것을 주장하는 제3자는 당사자로서 소송에 참가할 수 있다"고만 규정하여 편면참가가 인정되는지에 관하여 해석상 의문의 소지가 있었다. 당시에도 학설상으로는 편면참가를 인정하는 것이 다수설이었지만 판례는 편면참가를 인정하지 않았다.[137] 현행 민사소송법 제79조 제1항은 "소송목적의 전부나 일부가 자기의 권리라고 주장하거나, 소송결과에 따라 권리가 침해된다고 주장하는 제3자는 당사자의 양쪽 또는 한 쪽을 상대방으로 하여 당사자로서 소송에 참가할 수 있다"고 하여 편면참가를 명문으로 허용하고 있다.

(b) 권리주장참가와 사해방지참가

참가인이 동일한 본소송에 대하여 참가를 하면서 권리주장참가와 사해방지참가 모두를 주장한 경우에는 법원은 두 가지의 참가가 모두 있는 것으로 취급하여 판단하여야 한다.[138] 만약 참가인이 참가신청에서 독립당사자참가인지 사해방지참가인지 명백히 밝히지 않은 경우 판례는 권리주장참가를 한 것으로 보아야 할 것이라고 하면서도[139] 석명권의 행사를 통하여 그 참가가 권리주장참가인지 사해방지참가인지의 여부를 명백히 한 연후에 참가의 적법 여부를 심리하여야 한다고 한다.[140]

(4) 소의 병합요건

여러 개의 청구는 같은 종류의 소송절차에 따르는 경우에만 하나의 소를 제기할 수 있다(253조). 독립당사자참가소송은 참가인의 원 · 피고에 대한 청구가 원고의 피고에 대한 본소청구에 병합되어 심리되는 것이므로 참가를 하기 위해서는 참가인의 청구가 본소청구와 동종의 절차에서 심리 · 판단될 수 있는 것이어야 한다. 따라서 본소송이 민사소송인 경우 참가인은 행정소송의 대상이 되는 청구로 참가할 수 없다.[141]

137) 대법원 1995. 6. 16. 선고 95다5905, 5912(참가) 판결.
138) 대법원 1992. 5. 26. 선고 91다4669 판결.
139) 대법원 1992. 5. 26. 선고 91다4669 판결.
140) 대법원 1994. 11. 25. 선고 94다12517 판결.
141) 대법원 1995. 6. 30. 선고 94다14391 판결.

(5) 소송요건

독립당사자참가는 신소제기의 실질이 있으므로 독립한 소로서 소송요건을 갖추어야 한다. 따라서 참가인은 당사자능력과 소송능력, 당사자적격이 있어야 한다. 또한 참가신청에 시효중단 및 기간준수의 효력이 인정된다. 참가신청의 상대방인 본소송의 원고나 피고는 참가인에 대하여 반소제기를 할 수 있다.[142]

4. 참가절차

(1) 참가신청

독립당사자참가신청의 방식은 보조참가신청에 준한다(79조 2항). 그러나 신소제기의 실질이 있으므로 서면에 의하여야 하고 본소송의 당사자의 이의신청은 허용되지 않는다.

독립당사자참가인은 소송당사자이므로 그의 상대방 당사자인 원 · 피고의 어느 한 쪽을 위하여 보조참가를 할 수는 없다. 따라서 보조참가인이 독립당사자참가를 하였다면 그와 동시에 보조참가는 종료된 것으로 취급된다.[143]

(2) 중첩적 참가와 4면소송

중첩적 독립당사자참가는 제3자가 독립당사자참가를 한 후 제2의 제3자가 본소의 당사자를 상대로 독립당사자참가를 하는 것을 말한다. 판례는 중첩적 참가는 허용하나 참가인 상호간의 소송관계는 성립하지 않는다고 하여 4면소송의 성립을 부정한다.[144]

5. 참가소송의 심판

(1) 참가요건 및 소송요건의 조사

참가요건은 직권으로 조사하여 만약 흠결이 있으면 판결로 각하하여야 한다. 그러나 참가요건에 흠이 있더라도 병합심리가 허용되면 통상공동소송으로 심리하고 병합심리가 허용되지 않으면 별개의 독립의 소로 심리하여야 한다.[145] 그러나 판례는 참가요건에 흠이 있을 때는 부적법 각하하여야 한다는 태도이다.[146]

---

142) 대법원 1969. 5. 13. 선고 68다656, 657, 658 판결.
143) 대법원 1993. 4. 27. 선고 93다5727 판결.
144) 대법원 1958. 11. 20. 선고 4290민상308, 309, 310, 311 판결.
145) 송상현/박익환, 688면; 이시윤, 815면; 정동윤/유병현/김경욱, 1096면; 정영환, 925면; 호문혁, 989면.
146) 대법원 1993. 3. 12. 선고 92다48789, 48796 판결. 판례와 같은 견해로는 김홍엽, 1152면.

(2) 본안의 심판

본소송의 청구와 참가인의 청구는 그 심리와 판결이 통일적으로 되어야 한다. 이에 독립당사자참가소송에는 필수적 공동소송에 관한 제67조의 규정이 준용된다(79조 2항). **그러나 연합관계인 필수적 공동소송과는 달리 상호 대립 견제관계를 반영하기 위한 것이다.** 따라서 소송물에 대한 모순된 결론은 허용되지 않으나 본소송과 참가신청의 운명이 항상 함께 되어야 하는 것은 아니다. 이에 관하여 구체적으로 살펴보기로 한다.

(a) 소송행위

독립당사자참가는 연합관계인 필수적 공동소송과는 달리 상호 대립 견제관계를 반영하기 위한 것이므로 필수적 공동소송과는 달리 참가인의 소송행위가 원고나 피고의 소송행위와 저촉될 수 있다. 독립당사자참가의 목적이 본소청구를 다투기 위한 것이므로 참가인의 소송행위가 원고나 피고의 소송행위와 저촉되는 것이 허용되지 않는다면 참가소송은 무의미한 것이 될 것이다. 이런 의미에서 공동소송인 한 사람의 소송행위는 모두의 이익을 위하여서면 효력을 가진다고 규정한 민사소송법 제67조 1항의 규정은 그 적용이 배제된다고 해석된다. 상소기간과 같이 소송행위를 하기 위한 기간도 개별적으로 진행한다.

(b) 심리와 판결의 통일

1) 독립당사자참가소송에 대한 판결은 합일확정을 요하므로 본소송의 청구와 이에 대한 참가인의 청구는 그 심리와 판결이 통일적으로 이루어져야 한다. 이를 위해서는 필수적 공동소송관계에 따르므로 소송자료의 통일이 요구되고 개별적인 소송물에 대한 처분권이 제한된다. 따라서 원 · 피고 사이에만 재판상화해를 하는 것은 3자 간의 합일확정의 목적에 반하기 때문에 허용되지 않는다. 그 결과 독립당사자참가인이 화해권고결정에 대하여 이의한 경우, 이의의 효력이 원 · 피고 사이에도 미친다.[147] 또한 두 당사자 사이의 소송행위가 나머지 1인에게 불이익이 되는 경우, 두 당사자 간에도 효력이 발생하지 않으므로 원고의 주장을 피고가 다투지 않아도 자백의 구속력이 인정되지 않는다.[148]

2) 기일도 공통으로 시행되어야 한다. 본소송의 청구와 이에 대한 참가인의 청구에 관하여 1개의 전부판결을 하여야 하고 일부판결을 하거나 추가판결을 하는 것은

147) 대법원 2005. 5. 26. 선고 2004다25901, 25918 판결.
148) 대법원 2009. 1. 30. 선고 2007다9030 판결.

허용되지 않는다.[149] **패소자 중 1인이 상소하면 상소하지 아니한 나머지 패소자의 판결도 확정이 차단되고 이심된다는 것이 다수설, 판례이다**(이심설. 반대는 분리확정설).[150] 이때 상소하지 아니한 패소자는 상소심에서 상소인도 피상소인도 아닌 단순한 상소심당사자라고 한다(상소심당사자설).[151] 다만 제1심 판결에서 참가인의 독립당사자참가신청을 각하하고 원고의 청구를 기각한 데 대하여 원고만이 항소한 경우에는 위 참가신청에 대한 각하판결 부분은 분리확정된다.[152]

3) **상소법원은 상소를 한 당사자에 관한 판결과 합일 확정을 위해 필요한 한도에서 상소를 하지 않은 패소자에게 유리하게 원심판결을 변경할 수 있다**(통설·판례[153]). 즉 합일확정이 요구되는 경우 불이익변경금지의 원칙이 배제된다. 그러나 합일확정의 필요가 없다면 불이익변경금지의 원칙은 그대로 적용된다.

예를 들어 독립당사자참가소송에서 원고의 피고에 대한 청구를 인용하고 참가인의 참가신청을 각하한 제1심판결에 대하여 참가인만이 항소하였다고 하자. 이에 항소심법원이 참가인의 항소를 기각하는 경우 제1심판결과 같이 참가신청이 부적법하다는 것이므로 참가인의 청구를 판단하지 않는다. 독립당사자참가에서 합일확정은 본소송의 청구와 참가인의 청구에 대한 판단을 모순 없이 하는 것을 의미하므로 참가인의 청구에 관한 판단이 포함되어 있지 아니한 항소심판결에는 합일확정의 필요가 있다고 할 수 없다. 따라서 이 경우에는 합일확정을 이유로 불이익변경금지의 원칙이 배제되지 않는다. 이에 의하면 항소심법원이 제1심판결 중 피고가 항소하지도 않은 본소부분을 취소하고 원고의 피고에 대한 청구를 기각하는 것은 불이익변경금지의 원칙에 위반되어 부적법하다.[154]

6. 단일소송 또는 공동소송으로 환원

(1) 본소의 취하 또는 각하

참가인에게도 본소 유지의 이익이 있으므로 본소의 취하는 피고 외에 참가인의 동의도 요한다.[155] 본소가 취하 또는 각하되면 쌍면적 참가에서는 참가인이 원·피고 양쪽을 상대로 한 공동소송으로 남고(통설·판례[156]: 공동소송잔존설, 반대: 전소송종

149) 대법원 1995. 12. 8. 선고 95다44191 판결.
150) 대법원 1995. 12. 8. 선고 95다44191 판결.
151) 대법원 1981. 12. 8. 선고 80다577 판결.
152) 대법원 1992. 5. 26. 선고 91다4669, 91다4676 판결.
153) 대법원 2007. 10. 26. 선고 2006다86573, 86580 판결.
154) 대법원 2007. 12. 14. 선고 2007다37776 판결.
155) 대법원 1972. 11. 30.자 72마787 결정.
156) 대법원 1991. 1. 25. 선고 90다4723 판결.

료설) 편면참가에서는 참가인과 피참가인의 단일소송으로 남게 된다. 이때 당사자참가인의 원고 또는 피고에 대한 소가 독립의 소로서의 소송요건을 갖춘 이상, 그 소송계속은 적법하며, 종래의 3면소송 당시에 필요하였던 당사자참가의 요건이 구비될 것은 요하지 않는다.[157]

(2) 참가신청의 취하 또는 각하

참가신청이 모두 취하되거나 각하되면 본소송만 남게 된다. 독립당사자참가는 신소제기의 실질을 가지므로 원고나 피고가 본안에 관하여 응소한 경우에는 쌍방 당사자의 동의가 있어야 취하의 효력이 생긴다(통설, 판례).[158] 쌍면참가에서 어느 한 당사자에 대한 참가만 취하 또는 각하되면 나머지 당사자에 대한 편면참가로 존속한다. 참가신청이 취하 또는 각하된 경우 참가인이 이미 제출한 소송자료는 본소송의 판단의 대상이 될 수 있을까? 이에 관하여는 참가신청이 취하된 경우와 각하된 경우를 나누어 검토할 필요가 있다.[159] 참가신청이 취하된 경우 참가인의 소송행위의 효력은 소급적으로 소멸하므로 참가인이 이미 제출한 소송자료는 당사자가 이를 원용하지 않는 한 판단의 기초로 삼을 수 없다. 그러나 참가신청이 각하된 경우에는 그 취하의 경우와 달리 취급될 수 있다. 판례는 이 경우 참가인이 제출하였던 증거방법은 원·피고 당사자가 수용하지 않는 한 원·피고 간의 소송에 있어서 증거판단을 할 필요가 없다고 하면서도[160] 이미 법원이 실시한 증거방법에 의하여 법원이 얻은 증거자료의 효력에 아무런 영향이 없다고 한다.[161]

(3) 원고 또는 피고의 탈퇴

(a) 탈퇴가 가능한 참가형태

제79조의 규정에 따라 '자기의 권리를 주장하기 위하여' 소송에 참가한 사람이 있는 경우 그가 참가하기 전의 원고나 피고는 상대방의 승낙을 받아 소송에서 탈퇴할 수 있다. 다만, 판결은 탈퇴한 당사자에 대하여도 그 효력이 미친다(80조). 본소송의 원고 또는 피고가 참가인의 청구를 인정하는 경우 굳이 당사자로 남을 필요가 없기 때문이다. 제80조는 소송탈퇴를 할 수 있는 경우로서 '자기의 권리를 주장하기 위하여 소송에 참가하는 사람이 있는 경우'로 한정하고 있으므로 권리주장참가에만 한정

157) 대법원 1991. 1. 25. 선고 90다4723 판결.
158) 대법원 1981. 12. 8. 선고 80다577 판결.
159) 이에 관해 대다수의 견해는 이를 구분하지 않는다.
160) 대법원 1962. 5. 24. 선고 4294민상251 판결.
161) 대법원 1971. 3. 31. 선고 71다309 판결.

되고 사해방지참가에는 허용되지 않는가 하는 의문이 제기된다. 제80조의 법문에 충실하게 해석하여 소송탈퇴는 권리주장참가에만 허용된다는 견해[162]도 있으나 사해방지참가의 경우에도 가능하다는 견해가 다수설이다.[163] 사해방지참가라고 하여 달리 취급될 이유가 없으므로 다수설이 타당하다.

(b) 상대방과 참가인의 승낙의 요부

제80조에 의하면 참가인이 참가하기 전의 원고나 피고가 소송에서 탈퇴하는 경우 상대방의 승낙을 받을 것을 요한다. 위 규정에서 상대방이란 본소송의 상대방만을 의미하여 본소송의 원고나 피고가 소송에서 탈퇴를 하는 경우 참가인의 승낙은 필요하지 않은 것일까? 다수설은 탈퇴로 참가인의 이익을 해칠 염려가 없으므로 참가인의 승낙은 요하지 않는다고 해석한다. 나아가 다수설은 탈퇴자에게 판결의 효력이 미치므로 상대방에게 불이익을 줄 염려가 없어 위의 규정에도 불구하고 상대방의 승낙도 요하지 않는다고 해석한다.[164] 그러나 이러한 해석은 제80조의 규정에 어긋나므로 상대방의 승낙을 요한다고 하여야 한다.[165]

(c) 탈퇴한 당사자에 대한 판결의 효력

1) 참가인의 참가 전 원고나 피고가 소송에서 탈퇴한 경우 판결은 탈퇴한 당사자에 대하여도 그 효력이 미친다(80조 단서). 이를 정당화할 이론적 근거는 무엇일까? 일본의 학자들을 중심으로 여러 논의가 진행되어 왔다. 조건부 포기인낙설은 자기의 소송상 지위를 참가인과 상대방 사이의 소송수행의 결과에 일임하고 이를 조건으로 참가인 및 상대방의 자기에 대한 청구에 관하여 포기 또는 인낙을 하는 행위로 본다. 이 견해는 탈퇴자에게 유리한 판결이 선고된 경우를 설명하기 어렵다. 최근에는 탈퇴자가 잔존당사자와 참가인에게 소송수행권을 부여하였기 때문이라는 소송담당설을 주장하는 견해가 지지를 얻고 있다.[166]

2) 탈퇴한 당사자에 미치는 판결의 효력은 탈퇴를 인정한 실익을 확보한다는 의미에서 기판력과 집행력을 포함한다고 해석된다(통설). 이때 종전 당사자가 탈퇴하면 종전 당사자에 대하여는 무엇을 집행권원으로 삼을 것인지가 문제된다. 종전 당사자가 탈퇴한 경우 참가인과 잔존당사자 사이의 판결 중 주문에서 탈퇴자에 대한 이행

---

162) 송상현/박익환, 695면; 호문혁, 998면.
163) 강현중, 885면; 김홍규/강태원, 836면; 김홍엽, 1160면; 이시윤, 818면; 정동윤/유병현/김경욱, 1101면; 정영환, 932면.
164) 강현중, 885면; 김홍규/강태원, 837면; 이시윤, 819면; 정동윤/유병현/김경욱, 1102면; 정영환, 932면.
165) 김홍엽, 1159면; 송상현/박익환, 695면; 호문혁, 999면.
166) 김홍엽, 1161면; 이시윤, 818면; 정동윤/유병현/김경욱, 1103면.

의무를 선언하여야 하고 이것이 집행권원이 된다는 것이 통설의 태도이다.

3) 재판상 청구는 소송의 각하, 기각 또는 취하의 경우에는 시효중단의 효력이 없다(민법 170조 1항). 다만 이 경우에 6개월 내에 재판상 청구를 한 때에는 시효는 최초의 재판상 청구로 인하여 중단된 것으로 본다(동조 2항).

원고나 피고가 소송에서 탈퇴한 후 잔존소송에서 내린 판결은 탈퇴자에게도 효력이 미치므로 소송탈퇴는 소취하와 그 성질을 달리한다. 따라서 원고가 전소에서 탈퇴한 후 인수참가인의 소송목적 양수의 효력이 부정되어 인수참가인에 대하여 청구기각 또는 소각하 판결이 선고된 후 원고가 탈퇴 전과 같은 재판상 청구를 하였다면 원고가 재판상 청구를 제기한 때가 소송탈퇴를 한 때로부터 6개월이 경과하였더라도 위 판결확정일로부터 6개월 내라면 탈퇴 전에 원고가 제기한 재판상 청구로 인하여 발생한 시효중단의 효력은 그대로 유지된다.[167)]

제5절 당사자의 변경

소송승계: 당연승계(233조 이하), 소송물의 양도에 의한 승계(81조, 82조)	임의적 당사자변경: 피고의 경정(260조), 필수적 공동소송인의 추가(68조)

제1관 의 의

(1) 당사자의 변경은 소송계속 중에 새로운 당사자가 소송에 가입하여 당사자가 교체되거나 추가되는 것을 말한다. 예를 들어 공유자 전원이 소송의 당사자가 되어야 하는 공유물분할소송에서 소송 중 공유자 1인이 자신의 공유지분을 제3자에게 양도하였거나 공유자의 일부를 누락하여 소를 제기한 경우, 당사자변경의 방법으로 이를 소송에 반영할 수 있다. 당사자변경은 당사자의 동일성이 유지되지 않는다는 점에서 단순히 당사자의 표시를 고치는 당사자표시정정과 다르다.

(2) 당사자의 변경에는 소송승계와 임의적 당사자의 변경이 있다. **소송승계는 소**

167) 대법원 2017. 7. 18. 선고 2016다35789 판결.

송 중 소송물인 권리 또는 법률관계에 변동이 생겨 이를 소송에 반영하는 제도라는 점에서 그렇지 않은 임의적 당사자의 변경과 다르다. 이에 양자는 소송법적인 효과도 달리 정해진다. 따라서 양자의 근본적 구별기준인 '소송물인 권리 또는 법률관계의 변동'이란 무엇이고 양자의 소송상 취급은 어떻게 다른 것인지 또 임의적 당사자의 변경은 민사소송법의 규정이 없는 경우에도 일반적으로 허용되는지 등이 본 절의 중요한 내용이 된다.

제2관 소송승계

■ **핵심어**

당연승계긍정설, 소송승계주의와 당사자항정의 효력, 적격승계설, 청구변경형 소송승계, 소송승계의 효과

Ⅰ. 의 의

(1) 소송의 승계는 소송이 계속되는 중에 소송물인 권리 또는 법률관계에 변동이 생겨 새로운 승계인이 당사자가 되어 종전 당사자의 소송상 지위를 이전받는 것을 말한다. 예를 들어 소유권확인의 소를 제기한 원고가 사망하여 그 상속인이 계쟁물의 소유자가 된 경우 상속인이 소송의 당사자가 되는 것을 말한다. 승계인이 이전받는 종전 당사자의 소송상 지위에는 소제기에 의한 기간준수의 효력과 같이 유리한 것뿐 아니라 자백과 같이 불리한 것도 포함된다.

(2) 소송의 승계에는 단지 당사자가 되는 것에 그치는 것이 아니라 종전 당사자의 지위를 이전 받는다는 의미도 포함되어 있다. 변론종결 전 소송물인 권리 또는 법률관계를 승계받은 자는 소송의 당사자가 되어 소송승계인이 된다. 이는 변론종결 후 소송물인 권리 또는 법률관계를 승계 받은 자(변론종결 후의 승계인)가 소송을 승계하는 것이 아니라 기판력을 받는 데 그치는 것과 구별된다(218조 1항). **소송승계제도를 인정하는 이유는 승계 전 이미 소송절차에서 형성된 당사자의 소송상 지위를 보장하고자 하는 데 있다.** 소송승계에는 당연승계와 소송물의 양도가 있다.

Ⅱ. 당연승계

1. 의 의

(1) 당연승계는 실체법상 승계원인이 있는 때에 법률상 당연히 당사자가 교체되어 새로운 당사자가 기존 당사자의 소송상 지위를 이전받는 경우를 말한다. 당연승계는 실체법상 포괄승계의 원인이 있는 경우로 그 개념이 정의되기도 하지만 아래에서 보는 바와 같이 당연승계의 원인은 반드시 실체법상 포괄승계의 원인이 있는 경우에 국한되는 것은 아니다.

(2) 당연승계의 원인이 발생하면 소송당사자가 소송을 수행할 수 있을 때까지 소송절차를 중단할 필요가 있다. 이러한 경우를 민사소송법은 제233조 이하에서 소송절차의 중단사유로 규정하고 있다. 그러나 당연승계사유와 소송절차의 중단사유가 반드시 일치하는 것은 아니다. 예를 들어 소송중 당사자가 소송능력을 상실하거나 당사자의 법정대리인이 죽거나 대리권을 잃은 경우 당사자의 절차참여권 보장을 위해 소송능력을 회복한 당사자 또는 법정대리인이 된 사람이 소송을 수계할 때까지 소송절차가 중단되지만(235조) 당사자가 변경되는 것은 아니다. 또한 당사자의 사망 등으로 당연승계의 원인이 있다고 하더라도 사망한 당사자에게 소송대리인이 있는 경우에는 소송절차가 중단되지 않는다(238조).

2. 원 인

(1) 실체법상 포괄승계가 있으면 소송법상 당연승계가 이루어진다. 실체법상 포괄승계의 원인으로는 당사자의 사망(233조 1항)과 법인의 합병(234조)이 있다. 당사자가 사망한 경우는 상속인, 법인이 합병된 경우는 합병에 의하여 설립된 법인(신설합병의 경우) 또는 존속법인(흡수합병의 경우)이 각각 승계인이 된다. 당사자의 사망은 당연승계의 원인이 되지만 일신전속적인 권리는 상속의 대상이 되지 않아 소송이 종료된다.

(2) 실체법상 포괄승계가 없더라도 소송법상 당연승계가 이루어지는 경우도 있다. 실체법상 포괄승계의 원인에는 해당되지 않으나 당연승계의 원인이 되는 것으로는 수탁자의 임무종료(236조), 일정한 자격에 의하여 당사자가 된 사람의 자격 상실(237조), 파산선고(239조), 파산절차의 해지(240조) 등이 있다. 수탁자의 임무종료의 경우는 새로운 수탁자, 일정한 자격에 의하여 당사자가 된 사람의 자격 상실의 경우는 같은 자격을 가진 사람, 파산선고의 경우는 파산관재인(채무자 회생 및 파산에 관한 법률 359조), 파산절차의 해지의 경우는 파산선고를 받은 자가 각각 승계인이 된다.

3. 소송상의 취급

(1) 당사자지위 이전

당연승계의 원인이 있으면 당사자의 지위가 법률상 당연히 승계인에게 이전하며 소송수계에 의해서만 비로소 당사자가 되는 것은 아니다. 이를 당연승계긍정설이라고 하며 통설과 판례의 태도이다.[168)]

이와 달리 당연승계를 부정하는 견해도 있는데 이를 당연승계부정설이라고 한다. 이 견해는 당연승계개념이 오늘날 형식적 당사자개념과 맞지 않는다고 한다. 오늘날 형식적 당사자 개념에 의하면 당사자란 실체법상의 권리의무자가 아니라 자기의 이름으로 소를 제기하거나 제기당한 자를 의미하므로 실체법상 권리의무자라 하더라도 당사자로 표시되어야 당사자라고 한다. 따라서 이러한 당사자개념을 전제로 하면 소송수계 전의 승계인은 당사자라고 할 수 없고 소송수계를 하여야만 당사자의 지위를 취득한다고 한다. 이에 더하여 상속인은 상속포기를 할 수 있으므로 반드시 실체법상 권리의무자라고 단정할 수도 없다는 문제점도 아울러 지적하고 있다.[169)]

그러나 오늘날의 형식적 당사자개념이 반드시 표시주의에 의해서만 유지될 수 있는 것은 아니며 당연승계부정설은 당사자가 사망한 경우에도 소송대리인이 있으면 소송절차가 중단되지 않는 것으로 규정한 민사소송법 제238조의 규정과 조화되기 어렵다.[170)] 이러한 의미에서 당연승계긍정설이 타당하다.

(2) 판결의 효력

(a) 소송절차가 중단된 경우

당연승계의 원인이 발생하여 소송절차가 중단된 경우 소송절차의 중단 중에 한 소송행위는 원칙적으로 무효이다. 중단된 소송절차는 승계인 또는 상대방에 의한 수계신청이나 법원의 속행명령에 의해 속행된다(241조, 244조). 당사자가 사망하여 소송절차가 중단되었음에도 법원이 이를 간과하고 사망자의 이름으로 판결을 한 경우 그 판결은 상속인의 절차권을 침해하여 위법한 것이나 당연무효는 아니며 상소나 재심으로 취소할 수 있다는 것이 판례의 태도이다.[171)] 판결의 효력은 원칙적으로 소송당사자에게만 미치기 때문에 만약 상속인이 아직 수계를 하지 않았다고 하여 소송당사자가 아니라고 한다면 판결의 효력은 인정될 수 없을 것이다. 따라서 위 판례의 태도에는

168) 대법원 2010. 12. 23. 선고 2007다22859 판결.
169) 호문혁, 1021면.
170) 이에 관해 자세한 것은 이태영, 소송계속 중 당사자의 사망과 판결의 효력, 사법 제27호, 사법발전재단, 2014, 145면 이하 참조.
171) 대법원 1995. 5. 23. 선고 94다28444 전원합의체판결.

아직 소송을 수계하지 않은 상속인도 이미 소송의 당사자라는 것이 전제되어 있다.

(b) 소송절차가 중단되지 않는 경우

당연승계의 원인이 발생하여도 소송절차가 중단되지 않을 수도 있다. 예를 들어 사망한 당사자에게 소송대리인이 있는 경우이다(238조). 이 경우에는 소송절차의 진행에 아무런 영향이 없고 소송대리인은 상속인들 전원을 위하여 소송을 수행하게 되는 것이며 그 사건의 판결은 상속인들 전원에 대하여 효력이 있다.

이때 상속인이 밝혀진 경우에는 상속인을 소송승계인으로 하여 신당사자로 표시할 것이지만 상속인이 누구인지 모를 때에는 망인을 그대로 당사자로 표시하여도 무방하며, 가령 신당사자를 잘못 표시하였다 하더라도 그 표시가 망인의 상속인, 상속승계인, 소송수계인 등 망인의 상속인임을 나타내는 문구로 되어 있으면 잘못 표시된 당사자에 대하여는 판결의 효력이 미치지 아니하고 여전히 정당한 상속인에 대하여 판결의 효력이 미친다는 것이 판례의 태도이다.[172)]

판결 전에 승계사실과 승계인이 판명된 경우에는 따로 수계절차를 밟을 필요 없이 판결에 당사자를 승계인으로 표시한다(망 ***의 상속인 ○○○). 판결 후 승계사실과 승계인이 판명된 경우에는 판결문에 승계인이 표시되지 않으므로 승계집행문(민사집행법 31조)을 부여받아야 한다.

> 판례 · 통설은 소송계속 중 당사자가 사망한 경우 상속인이 당연히 소송을 승계한다고 한다(당연승계긍정설).

Ⅲ. 소송물의 양도에 의한 승계

1. 의 의

(1) 소송계속 중 소송물인 권리관계에 관한 당사자적격이 특정적으로 제3자에게 이전됨으로써 소송상 지위가 이전되는 경우를 말한다. 그러나 당연승계와는 달리 승계원인이 발생한 것 자체만으로는 소송의 당사자가 변경되지 않으며 소송참가신청이나 인수신청을 하여야 소송의 승계가 이루어진다.

(2) 우리나라에서는 '소송물의 양도'라는 용어로 통용되나 소송물인 권리관계의 양도뿐 아니라 그 권리관계가 귀속되는 물건이 양도되는 경우도 포함되므로 '계쟁물의

172) 대법원 1991. 5. 29.자 91마342 결정.

양도'로 표현하는 것이 적절하다는 견해도 있다.[173] 또한 여기서의 소송물이란 소송상 청구의 원인이 되는 실체법상의 권리관계를 의미하는데 소송물이론에서 소송법설을 취하면서 이러한 용어를 쓰는 것은 부적절하다고 하면서 '특정승계'라는 표현을 쓰는 견해도 있다.[174] 독일민사소송법(265조 1항)에서는 계쟁 중인 물건, 청구권으로 표현하고 있고 우리 민사소송법(81조, 82조)에서는 소송의 목적인 권리 또는 의무라고 하고 있다.

2. 입법례와 보완책

(1) 입법례

과거 로마법에서는 소송 중 소송물의 양도를 금지하는 입법태도를 취하기도 하였으나 이는 당사자의 소송물에 대한 처분권을 지나치게 제한하는 결과가 되어 근대에 이르러는 소송물의 양도를 허용하고 있다. 이 경우 소송의 당사자를 변경할 것인가에 관하여 각국의 입법은 그 태도를 달리한다.

(a) 당사자항정주의

소송물이 양도되어도 종전의 당사자가 승계인을 위하여 계속 소송수행권을 가지며 판결의 효력은 승계인에게 미치게 하는 입법주의이다. 독일민사소송법은 "소송계속이 어느 소송당사자의 계쟁 중인 물건(in Streit befangene Sache)을 처분하거나 행사된 청구권을 양도하는 권리를 배제하는 것은 아니다"(265조 1항)라고 하여 양도허용주의를 취하고[175] "그 처분이나 채권양도는 소송에 아무런 영향을 미치지 아니한다..(생략)"(265조 2항)라고 하여 당사자항정주의를 취하고 있다.[176] 또 "소송이 계속된 후 그 당사자들의 권리승계인이 된 자"에게도 판결의 기판력이 미치도록 하고 있다(325조 1항).[177] 이 경우에는 이미 이해관계가 없어진 양도인이 소송을 수행하게 되어 양수인의 보호에 미흡할 수 있다는 문제점이 지적될 수 있다.

(b) 소송승계주의

소송물이 양도되면 승계인이 새로운 당사자로 종전 당사자의 소송상 지위를 승계

---

173) 정동윤/유병현/김경욱, 1109면.

174) 호문혁, 1009면.

175) Die Rechtshängigkeit schließt das Recht der einen oder der anderen Partei nicht aus, die in Streit befangene Sache zu veräußern oder den geltend gemachten Anspruch abzutreten.

176) Die Veräußerung oder Abtretung hat auf den Prozess keinen Einfluss.

177) Das rechtskräftige Urteil wirkt für und gegen die Parteien und die Personen, die nach dem Eintritt der Rechtshängigkeit Rechtsnachfolger der Parteien geworden sind.

하는 것으로 하는 입법주의이다. 우리나라 민사소송법(81조, 82조)이 취하고 있는 태도이다. 그러나 소송물이 양도되었더라도 참가나 인수 등에 의해 현실적으로 소송승계가 이루어지지 않아 소송에 반영되지 않는 경우에는 양도인을 상대로 판결을 받는 것이 되어 상대방의 입장에서는 무의미한 것이 될 수 있다. 따라서 이에 관한 보완책이 필요하게 된다.

(2) 보완책

(a) 가처분제도

1) 가처분은 임시지위를 정하기 위한 가처분(민사집행법 300조 2항)과 다툼의 대상이 되는 가처분(동조 1항)으로 나눌 수 있다. 임시지위를 정하기 위한 가처분은 계속하는 권리관계에 대하여 채권자에게 끼칠 현저한 손해를 피하거나 급박한 위험을 막기 위한 경우 발령하는 가처분을 말한다. 예를 들어 직무집행정지 및 대행자선임가처분, 공사중지가처분, 인도단행가처분 등이 이에 해당한다. 다툼의 대상에 관한 가처분(동조 1항)은 현상이 바뀌면 당사자의 권리를 실현하지 못하거나 이를 실현하는 것이 매우 곤란할 염려가 있는 경우에 발령하는 가처분을 말한다. 입법례에 따라서는 계쟁물에 관한 가처분(일본)이라고 하기도 하고 소송물에 관한 가처분(독일)이라고 하기도 한다. 소송승계주의의 보완책으로서의 가처분은 다툼의 대상이 되는 가처분을 말한다.

2) 다툼의 대상이 되는 가처분으로 소송물의 양도와 관련된 예로는 점포인도청구를 함에 있어서 소송계속 중 점포의 점유자가 변경되어 판결을 받아도 집행이 곤란해질 것을 대비하여 하는 점유이전금지가처분이 있다. **점유이전금지가처분은 그 목적물의 점유이전을 금지하는 것이다. 그럼에도 불구하고 점유가 이전되었을 때에는 가처분채무자는 가처분채권자에 대한 관계에 있어서 여전히 그 점유자의 지위에 있다는 의미에서 당사자항정의 효력이 인정된다.** 따라서 판결문에 표시되는 인도의무의 당사자는 여전히 피고이므로 가처분 이후에 매매나 임대차 등에 기하여 가처분채무자로부터 점유를 이전받은 제3자에 대하여 가처분채권자가 가처분 자체의 효력으로 직접 퇴거를 강제할 수는 없다. 그러나 가처분채권자로서는 본안판결의 집행단계에서 승계집행문을 부여받아서 그 제3자의 점유를 배제할 수 있다.[178]

3) 다툼의 대상이 되는 가처분의 또 다른 예로는 부동산소유권이전등기청구소송을 하면서 부동산의 소유등기명의자가 변경될 것을 대비하여 하는 부동산처분금지가처분이다. **이 경우 가처분채무자는 그 부동산을 처분할 수 없는 것은 아니지만 그 처분을 가지고 가처분에 저촉하는 범위 내에서 가처분채권자에게 대항할 수 없**

178) 대법원 1999. 3. 23. 선고 98다59118 판결.

다.[179] 만약 가처분등기 이후에 제3자 명의의 소유권이전등기가 경료된 경우에는 가처분권리자는 확정된 소유권이전등기청구소송의 승소판결문으로 소유권이전등기신청과 함께 단독으로 그 가처분등기 이후에 경료된 제3자 명의의 소유권이전등기의 말소신청도 동시에 하여 그 가처분등기 이후의 소유권이전등기를 말소하고 가처분권리자의 소유권이전등기를 할 수 있다.[180]

(b) 추정승계인

기판력은 당사자에게 미치는 것이 원칙이지만 변론을 종결한 뒤의 승계인에게도 미친다(218조 1항). 변론을 종결하기 전에 승계한 사람이 있는 경우 당사자가 변론을 종결할 때까지 승계사실을 진술하지 아니한 때에는 변론을 종결한 뒤에 승계한 것으로 추정한다(동조 2항). 이를 추정승계인이라 함은 기판력의 주관적 범위에서 이미 설명한 바 있다. 변론종결 전 소송물의 양도가 있었으나 이를 소송에 반영하지 않은 경우 이러한 추정승계인 제도를 통해 승계인에게 기판력을 미치게 하여 당사자항정의 효과를 거둘 수 있다.

3. 원 인

(1) 소송물인 권리의무가 양도된 경우뿐 아니라 소송물인 권리관계의 목적 물건(계쟁물)이 양도된 경우도 포함된다. 소송물 자체를 양도하는 것으로는 대여금지급청구소송에서 대여금채권을 양도하는 것, 계쟁물을 양도하는 것으로는 건물철거소송에서 건물의 소유권을 이전하는 것이 그 예가 될 수 있다.

(2) 유 형

(a) 단순형 소송승계

승계의 전후를 통하여 청구의 내용은 동일하지만 당사자가 다른 경우이다. 이러한 형태의 승계가 인정되는 것에는 별 문제가 없다. 예를 들어 소유권확인청구소송에서 목적물건의 소유권(소송물)이 원고로부터 제3자에게 이전되어 제3자가 소송을 승계하는 경우이다. 이 경우 목적물건의 소유권확인이라는 청구의 내용은 동일한 것이다. 또 한 예로 건물철거소송에서 철거대상건물의 소유권(당사자적격)이 제3자에게

---

179) 대법원 1988. 9. 13. 선고 86다카191 판결.

180) 처분금지가처분채권자가 가처분채무자를 등기의무자로 하여 소유권이전등기 또는 소유권이전(보존)등기 말소등기신청 등을 하는 경우의 업무처리지침 개정 2011. 10. 12[등기예규 제1412호, 시행 2011. 10. 13] 참조.

양도된 경우이다(적격승계설). 이 소송의 소송물은 토지소유권에 기한 방해배제청구권으로서 건물철거청구권이라 할 수 있다. 제3자는 철거대상건물의 소유권을 취득함으로써 피고적격을 취득하게 되었다. 이러한 적격승계설은 소송승계의 대상이 소송물 그 자체뿐 아니라 당사자적격도 포함된다는 의미를 가진다. 또한 뒤에서 보는 분쟁주체지위승계설과 구별된다.

(b) 청구변경형 소송승계

1) 승계의 전후를 통하여 당사자와 청구가 모두 달라지는 경우이다. 예를 들어 건물철거소송 중에 건물이 임대되어 세입자가 입주한 경우에는 건물소유자에 대한 철거청구에 세입자에 대한 퇴거청구가 추가될 필요가 있게 된다. 또 소유권이전등기청구소송 중 피고로부터 새로이 소유권이전등기를 경료받은 자가 있는 경우에는 새로운 피고와 그 피고에 대한 새로운 말소등기청구가 추가될 필요가 있게 된다.

위의 예에서도 알 수 있듯이 청구변경형은 주로 피고로 될 자가 변경되는 경우에 문제된다. 뒤에서 다시 다루겠지만 피고가 변경되는 경우는 승계인으로 될 자가 스스로 참가하기보다는 원고가 승계인이 될 자를 소송에 끌어 들이는 경우, 즉 소송인수(82조)의 경우가 많을 것이다. 소송의 인수는 제3자가 소송의 목적인 권리 또는 의무의 전부나 일부를 승계한 때에 허용된다. 위의 청구변경형인 경우에는 청구내용의 변경이 있기 때문에 민사소송법 제82조에서 규정한 "소송의 목적인 권리나 의무를 승계한 때"라고 볼 수 있을지가 문제된다.

2) 판례는 소송당사자가 제3자로 하여금 그 소송을 인수하게 하기 위하여서는 그 제3자가 소송계속 중 그 소송의 목적된 채무를 승계하였음을 전제로 하여 그 제3자에 대하여 인수한 소송의 목적된 채무이행을 구하는 경우에 허용되고 그 소송의 목적된 채무와는 전혀 별개의 채무의 이행을 구하기 위한 경우에는 허용될 수 없다고 한다.[181] 또한 **부동산소유권이전등기청구소송 계속 중 그 소송목적이 된 부동산에 대한 이전등기이행채무 자체를 승계함이 없이 단순히 같은 부동산에 대한 소유권이전등기(또는 근저당설정등기)가 제3자 앞으로 경료되었다 하여도 이는 민사소송법 제75조[182] 제1항 소정의 "그 소송의 목적이 된 채무를 승계한 때"에 해당한다고 할 수 없으므로 위 제3자에 대하여 등기말소를 구하기 위한 소송의 인수는 허용되지 않는다고 한다.**[183] 위 판례들의 취지에 비추어 볼 때 판례는 청구변경형 소송승계에 관하여는 소극적인 태도인 것으로 이해된다.

---

181) 대법원 1971. 7. 6.자 71다726 결정.
182) 현행 민사소송법 제82조.
183) 대법원 1983. 3. 22.자 80마283 결정.

3) 이에 관하여 학설은 견해가 나누어진다. 청구변경형 소송승계를 부정하는 견해는 이를 인정하면 심리가 복잡해지고 심리대상이 불명확해진다는 것을 그 근거로 한다.[184] 이를 긍정하는 견해는 대체로 새청구와 구청구가 주요한 쟁점을 공통으로 하고 승계인과의 분쟁이 (사회통념상) 구당사자 사이의 분쟁으로부터 파생 발전하였다고 보이는 경우에 분쟁의 1회적 해결을 위해 허용함이 타당하다고 한다.[185]

생각건대 제82조에서 규정한 "소송의 목적인 권리나 의무를 승계한 때"란 소송물 또는 계쟁물 그 자체의 승계뿐 아니라 그로부터 파생된 권리 또는 의무를 승계한 경우까지 포함된다고 해석할 여지가 있다. 이러한 해석은 분쟁의 1회적 해결을 위해 필요하다는 점에서 본래의 소송물 또는 계쟁물에서 파생된 권리의무에 의한 청구가 추가되는 경우에는 승계를 허용하는 것이 타당하다. 다만 이 경우 추가되는 청구가 본래의 소송물에서 파생되었는지는 사회통념이 아니라 법률적 판단에 의하여야 한다.

4) 청구변경형 소송승계의 경우에는 새로운 소송물이 추가되는 것이므로 당사자적격이 이전되었다고 보기는 어렵고 분쟁주체의 이전이라고 보아야 한다는 견해가 있다(분쟁주체지위승계설).[186] 그러나 이 경우에도 전자의 권리를 이전받아 피고적격을 취득한 것이므로 피고적격이 이전된 것이라고 볼 수 있다.[187] 또한 당사자적격과는 구별되는 이른바 '분쟁주체지위'의 법률적 개념은 어떻게 정의될 수 있으며 어떠한 이유로 소송승계를 정당화할 수 있는지 명확하지 않다.

한편 청구변경형 소송승계를 부정하는 견해를 적격승계설이라고 하고 청구변경형 소송승계를 인정하는 견해를 분쟁주체지위승계설이라고 설명하는 경우도 있다.[188] 그러나 앞에서 살펴본 바와 같이 청구변경형 소송승계와 분쟁주체지위승계설은 논리적 필연관계에 있지 않다. 또한 적격승계설과 분쟁주체지위승계설은 무엇을 승계하여 승계인이 당사자가 될 수 있는가에 관한 학설로서 청구변경형 소송승계를 인정할 것인가 하는 문제와는 논의의 대상을 달리한다. 청구변경형 소송승계를 인정하는 견해가 반드시 분쟁주체지위승계설을 주장하는 것도 아니다.[189]

> 판례는 소송물의 양도에 의한 소송승계에는 소송물인 권리 또는 의무가 양도된 경우뿐 아니라 소송물인 권리관계의 목적물건(계쟁물)이 양도된 경우도 포함된다고 한다. 그러나 청구변경형 소송승계는 인정하지 않는다.

(3) 승계인의 범위

소송물의 양도에 의한 승계에는 소송의 목적인 권리의무를 승계한 경우뿐 아니라 당사자적격을 승계한 경우가 포함된다. 종래의 다수설과 판례는 소송물의 양도에

---

184) 김홍엽, 1190면.
185) 강현중, 904면; 송상현/박익환, 705면; 이시윤, 837면. 정동윤/유병현/김경욱, 1111면; 정영환, 981면.
186) 정동윤/유병현/김경욱, 1112면.
187) 주석민사소송법(Ⅰ), 637면.
188) 김홍엽, 1189면; 정영환, 982면.
189) 예를 들어 이시윤, 837면.

의한 승계와 변론을 종결한 뒤의 승계인의 범위를 같은 기준에 의하여 판단하여 왔다. 이는 당사자의 소송수행의 결과를 승계인에게 인계시켜 소송에 의한 분쟁해결의 실효성을 확보하고 당사자 사이의 형평을 도모한다는 점에서 양자는 동일하다는 것에 근거한다.[190] 그러나 앞서 살펴본 바와 같이 소송물의 양도에 의한 승계에는 청구변경형 소송승계가 포함되므로 변론을 종결한 뒤의 승계인보다 그 범위가 넓다고 할 수 있다.

4. 승계의 방식과 절차

소송물의 양도가 있는 경우 승계의 방식으로는 참가승계와 인수승계가 있다.

(1) 참가승계

> **제81조(승계인의 소송참가)**
> 소송이 법원에 계속되어 있는 동안에 제3자가 소송목적인 권리 또는 의무의 전부나 일부를 승계하였다고 주장하며 제79조의 규정에 따라 소송에 참가한 경우 그 참가는 소송이 법원에 처음 계속된 때에 소급하여 시효의 중단 또는 법률상 기간준수의 효력이 생긴다.

(a) 참가승계는 소송계속 중 소송목적인 권리나 의무의 전부나 일부의 승계인이 독립당사자참가의 방식으로 스스로 참가하여 새로운 당사자가 되는 것을 말한다(81조). 소유물반환청구권의 행사로서 토지인도청구의 소를 제기한 자로부터 토지 소유권을 양도받아 소송에 참가하는 경우가 그 예가 될 수 있다.

(b) 소송참가에 관한 민사소송법 제81조는 제79조(독립당사자참가)에 따라 소송에 참가한 경우를 규정하고 있다. 따라서 소송참가의 방식은 독립당사자참가의 방식에 의하지만 참가승계인이 피승계인과 반드시 대립적 소송관계에 서는 것은 아니다. 이에 관하여는 다음에 설명하는 승계의 효과에 관한 내용을 참고하기 바란다.

참가요건은 소송요건에 대응하는 것이므로 직권조사사항에 속한다. 참가신청이 이유가 있는지 여부는 신청의 이유로 주장된 사실관계 자체에 의하여 판단한다. 참가신청의 이유로 주장하는 사실관계 자체에서 승계적격의 흠이 명백하지 않는 한 심리결과 승계 사실이 인정되지 않으면 승계참가인의 청구를 기각하는 판결을 해야지 승계참가 신청을 각하하는 판결을 할 것은 아니다.[191]

참가요건은 소송요건에 해당하는 것이므로 흠이 있는 경우에는 변론을 거쳐 판결

---

190) 정동윤/유병현/김경욱, 1112면.
191) 대법원 2014. 10. 27. 선고 2013다67105, 67112 판결.

로써 이를 각하한다.[192] 이는 결정의 방식으로 하는 소송인수와 다르다. 참가요건에 흠이 없는 경우에는 본안에 관하여 심리 · 판단한다. 심리결과 승계사실이 인정되지 않으면 청구기각판결을 한다.

(2) 인수승계

> **제82조(승계인의 소송인수)**
> ① 소송이 법원에 계속되어 있는 동안에 제3자가 소송목적인 권리 또는 의무의 전부나 일부를 승계한 때에는 법원은 당사자의 신청에 따라 그 제3자로 하여금 소송을 인수하게 할 수 있다.
> ② 법원은 제1항의 규정에 따른 결정을 할 때에는 당사자와 제3자를 심문하여야 한다.
> ③ 제1항의 소송인수의 경우에는 제80조의 규정 가운데 탈퇴 및 판결의 효력에 관한 것과, 제81조의 규정 가운데 참가의 효력에 관한 것을 준용한다.

(a) 인수승계는 소송계속 중 소송의 목적인 권리 또는 의무의 전부나 일부를 승계한 제3자를 소송에 강제로 끌어들이는 것을 말한다(82조). 피고가 원고로부터 소유물반환청구권의 행사로서 토지인도청구의 소를 제기당하자 피고로부터 토지의 점유를 이전받은 제3자를 소송에 끌어들이는 경우가 그 예가 될 수 있다.

(b) 인수승계신청은 당사자의 신청에 의한다(82조 1항). 여기서 신청을 할 수 있는 '당사자'라 함은 피승계인의 상대방뿐 아니라 피승계인도 포함된다(통설). 위의 예에서 피고로부터 토지의 점유를 이전받은 제3자를 소송에 끌어들이기 위해 원고(피승계인의 상대방)가 인수승계신청을 할 수도 있지만 피고(피승계인)도 자신의 소송상 지위를 제3자에게 인수시켜 피고의 지위로부터 벗어날 수 있다. 다만 승계인은 인수승계신청을 할 수 없다.[193] 승계인은 참가신청을 할 수 있으므로 굳이 인수신청을 허용할 필요가 없고 제82조 1항 법문은 인수신청권자로 '당사자'로 규정하고 있기 때문이다.

판례는 법원은 당사자에게 채무승계인의 소송인수신청을 하도록 촉구하는 등 석명권행사의 의무까지 있는 것은 아니라고 한다.[194]

(c) 법원은 소송인수신청에 대해 당사자와 제3자를 심문하고 허가 여부를 결정으로 재판한다(82조 2항). 인수신청이 이유가 있는지 여부는 신청의 이유로 주장된 사실관계 자체에 의하여 판단하여야 함은 소송참가신청을 한 경우와 동일하다.[195] 심문결과 승계인적격에 흠이 있는 것이 분명한 경우에는 인수승계신청각하결정을 한다. 판례는 소송인수신청을 각하하는 결정에 대하여는 신청인이 항고할 수 있고, 이와 같이

192) 대법원 2007. 8. 23.자 2006마1171 결정.
193) 김홍엽, 1195면; 이시윤, 838면. 반대 견해로는 송상현/박익환, 707면.
194) 대법원 1975. 9. 9. 선고 75다689 판결.
195) 대법원 2005. 10. 27. 선고 2003다66691 판결.

항고로써 불복을 신청할 수 있는 재판은 상소심법원의 판단대상이 되지 않는다고 한다.[196] 심문결과 승계인적격에 흠이 있는 것이 분명하지 않은 경우에는 인수승계결정을 한다. 소송인수를 명하는 결정은 승계인의 적격을 인정하여 이를 당사자로서 취급하는 취지의 중간적 재판이므로 이에 불복이 있으면 본안에 대한 판결과 함께 상소할 수 있을 뿐이고, 승계인이 위 결정에 대하여 독립하여 불복할 수 없다.[197]

5. 효 과

(1) 승계인에 대한 효과

승계가 적법한 경우 승계인이 전주[198]의 소송상의 지위를 승계하며 전주와 상대방 사이의 소송상태에 구속된다. 따라서 전주가 한 주장 또는 증거신청이나 상대방이 전주에게 한 소송행위의 효력은 승계인의 원용 없이도 승계인에게 그대로 유지된다. 또한 승계가 이루어지면 소송이 법원에 처음 계속된 때에 소급하여 시효중단 또는 기간준수의 효력이 생긴다(81조, 82조 3항).

(2) 기존 당사자에 대한 효과

(a) 전주가 탈퇴한 경우

소송승계가 있는 경우 전주는 상대방의 승낙을 받아 소송에서 탈퇴할 수 있다(82조 3항, 80조). 이 경우 탈퇴자에 대한 소송은 종료되고 잔존하는 소송에 대한 판결의 효력은 탈퇴자에게도 미친다. 판례는 승계참가가 부적법한 경우에는 피참가인의 소송탈퇴는 허용되지 않고 피참가인과 상대방 사이의 소송관계가 유효하게 존속한다고 한다.[199] 이에 따르면 제1심법원이 승계참가인의 참가신청이 부적법함을 간과하고 승계참가인과 상대방 사이의 소송에 대해서만 한 판결에 대하여 상소가 제기된 경우에 피참가인과 상대방 사이의 소송은 여전히 탈퇴 당시의 심급인 제1심법원에 계속된다.

소각하, 청구기각의 경우 재판상 청구의 시효중단의 효력은 없으나 6개월 내로 다시 재판상 청구를 한 때에는 최초의 소제기 시 시효가 중단된 것으로 본다(민법 170조). 판례는 인수참가인의 소송목적 양수 효력이 부정되어 인수참가인에 대한 청구기각 또는 소각하 판결이 확정된 날부터 6개월 내에 탈퇴한 원고가 다시 탈퇴 전과 같은 재판상의 청구 등을 한 때에는, 탈퇴 전에 원고가 제기한 재판상의 청구로 인하여

196) 대법원 1995. 6. 30. 선고 95다12927 판결. 신청각하결정은 종국적 재판이므로 제390조 단서가 적용될 여지가 없어 판례가 부당하다는 견해로는 김홍엽, 1198면.
197) 대법원 1981. 10. 29.자 81마357 결정.
198) 전주(前主)란 피승계인으로서 기존 소송당사자를 말한다.
199) 대법원 2012. 4. 26. 선고 2011다85789 판결.

발생한 시효중단의 효력은 그대로 유지된다고 한다.[200]

(b) 전주가 탈퇴하지 않는 경우

승계인이 소송물의 일부만을 승계하였거나 전주가 승계인이 소송물을 승계한 사실을 다투는 경우에는 전주의 탈퇴는 이루어지지 않을 수 있다. 전주가 승계인이 소송물을 승계한 사실을 다투는 경우에는 3면소송으로 독립당사자참가와 같은 구조를 가지므로 독립당사자참가에 관한 제79조가 적용되는 결과 필수적 공동소송에 관한 제67조가 준용된다(79조 2항). **판례는 전주가 승계참가인의 승계 여부에 대해 다투지 않으면서도 소송탈퇴, 소 취하 등을 하지 않거나 이에 대하여 피고가 부동의하여 원고가 소송에 남아 있다면 승계로 인해 중첩된 원고와 승계참가인의 청구 사이에는 필수적 공동소송에 관한 민사소송법 제67조가 적용된다고 한다.**[201] 이에 따르면 제1심판결 중 계쟁권리 일부에 대한 승계참가인과 피고만이 그 패소부분에 대해 항소하여도 원고 청구부분을 포함한 제1심판결 전체의 확정이 차단되고 이심의 효력이 생긴다.

판례 연습

대법원 2003. 2. 26. 선고 2000다42786 판결

– 주식양수인의 신주발행무효의 소에 대한 승계참가 –

▌사건의 개요 Y회사의 대주주 일가는 Y회사의 자산을 매각한 대금을 횡령한 후 유령회사인 Z를 내세워 그 은닉자금으로 1998. 5. 15. Y회사의 신주를 전량 인수하였다. 이에 Y회사의 주주인 X회사는 위 신주발행일로부터 6개월이 경과하기 전 신주발행무효의 소를 제기하였다. X회사는 소송 중 X_1회사에 Y회사의 주식을 양도하였다. 신주발행일로부터 6개월이 도과한 후 Y회사의 주식을 양수한 X_1회사는 위 소송에 승계참가를 하였다.

이에 대해 피고 Y회사는 다음과 같이 다투었다.

1) 승계참가인 X_1회사는 원고 Y회사로부터 주식을 양수받았을 뿐 이 사건 소의 소송물 자체를 양수받은 것이 아니어서 승계참가적격이 없다.

2) X_1회사의 소송참가는 신주발행일로부터 6개월이 도과한 후 이루어진 것이므로 제소기간을 도과하여 부적법한 것이다. 피고 Y회사의 위 각 주장은 이유가 있는 것인지 문제되었다.

---

200) 대법원 2017. 7. 18. 선고 2016다35789 판결.

201) 대법원 2019. 10. 23. 선고 2012다46170 전원합의체판결. 이는 통상공동소송에 의한다는 종전의 태도를 변경한 것이다. 위 판례에 대한 비판적 검토는 이태영, 권리승계형 참가승계의 소송관계, 강원법학, 제63권, 2021. 5, 243~273면 참조.

설 명

1. X회사가 제기한 소의 적법 여부

X_1회사의 이 사건 승계참가의 적법성은 이 사건 신주발행무효의 소가 적법한 것을 그 전제로 한다. 신주발행의 무효는 주주·이사 또는 감사에 한하여 신주를 발행한 날로부터 6월 내에 소만으로 이를 주장할 수 있다(상법 429조). 따라서 X회사가 Y회사의 주주로서 신주를 발행한 날로부터 6월 내에 제기한 이 사건 소는 적법하다.

2. X_1회사의 승계참가의 적법 여부

(a) 승계참가적격 여부

승계참가인 X_1회사는 원고 Y회사로부터 주식을 양수받아 Y회사의 주주가 되었으므로 이 사건 소의 원고적격은 소송 중 X회사에서 X_1회사로 이전되었다.[202] 민사소송법 제82조에서 규정하고 있는 소송의 목적물인 권리관계의 승계라 함은 소송물인 권리관계의 양도뿐만 아니라 당사자적격이전의 원인이 되는 실체법상의 권리이전을 널리 포함하는 것이므로, 신주발행무효의 소송계속 중 그 원고적격의 근거가 되는 주식이 양도된 경우 그 양수인은 양도인이 이미 소제기하여 계속 중인 소송을 적법하게 승계할 수 있다. 따라서 X로부터 Y회사의 주식을 양수한 X_1회사는 이 사건 소송을 적법하게 승계할 수 있다.

(b) 제소기간준수 여부

승계참가는 소송이 법원에 계속된 때에 소급하여 시효중단 또는 기간준수의 효력이 생긴다(81조). 신주발행무효의 소에 승계참가하는 경우에도 그 제소기간의 준수 여부는 승계참가시가 아닌 원래의 소 제기시를 기준으로 판단하여야 한다. 따라서 X_1회사는 신주발행일로부터 6월 내에 소를 제기한 것으로 취급되어 제소기간을 준수한 것으로 판단된다.

3. 결 론

그러므로 피고 Y회사의 각 주장은 이유 없다.

참고판례 **대법원 2003. 2. 26. 선고 2000다42786 판결【신주발행무효확인】**

제3관 임의적 당사자의 변경

■ **핵심어**

당사자의 의사, 허용성, 신소제기·구소취하설

---

202) 실제 사건에서는 X_1회사가 승계참가시 주주명부의 명의개서를 마치지 않았으나 판례는 소송 중 명의개서를 마치고 변론을 하여 이전의 소송행위에 관하여 추인한 것으로 판단하였다.

Ⅰ. 의 의

임의적 당사자의 변경은 당사자의 의사에 의하여 당사자가 교체되거나 추가되는 경우를 말한다. 좁은 의미로는 교체되는 경우만을 의미한다. 당사자적격이 승계되는 경우가 아니라는 점에서 소송승계와 구별된다. 다시 말해 **소송계속 중 소송물 또는 계쟁물과 관련된 실체법상 권리변동이 없음에도 불구하고 기존 소송당사자의 의사로 당사자가 변경되는 경우이다.**

Ⅱ. 허 용 성

(1) 민사소송법상 명문으로 임의적 당사자의 변경을 허용하는 경우가 있다. 필수적 공동소송인의 추가(68조), 예비적·선택적 공동소송인의 추가(70조 1항), 피고의 경정(260조) 등이 그것이다.[203] 명문의 규정이 없는 경우에도 임의적 당사자의 변경을 일반적으로 허용할 것인가 하는 것이 문제된다. 예를 들어 원고가 단체의 대표자 개인을 피고로 삼아 이행의 소를 제기하였으나 그 이행의무자가 대표자 개인이 아니라 단체인 것이 판명되자 피고를 단체로 교체하는 것이 가능한가 하는 것이다. 이는 소송 도중 당사자적격의 변동이 발생하여 이루어지는 소송승계의 경우와는 다르다.

(2) **판례는 법률의 규정이 있는 경우 외에는 임의적 당사자의 변경을 원칙적으로 허용하지 않는다.**[204] **다만 당사자무능력자를 당사자능력자로 고치는 경우 당사자표시정정의 방식으로 허용한다.** 예를 들어 이미 사망한 자를 피고로 하여 소를 제기한 후 피고를 상속인으로 바꾸거나 시설물에 불과하여 당사자무능력자인 학교를 당사자능력자인 학교법인으로 바꾸는 당사자표시정정을 허용한다.

당사자의 변경은 당사자의 동일성이 인정되지 않는다는 점에서 동일성이 인정되는 당사자표시정정과는 구별된다. 따라서 판례의 위와 같은 태도는 이미 사망한 자와 그 상속인이 동일인이라는 것이 전제되어 있다고 할 수 있다. 이에 관하여는 당사자확정의 편에서 다룬 바 있다. 결국 소제기 전 이미 사망한 자를 피고로 한 소송에서 상속인을 피고로 바꾸는 것은 임의적 당사자의 변경을 허용하지 않는 판례에 의하더라도 허용되며 단지 그 방법이 당사자의 변경이 아닌 당사자표시정정에 의한다는 점에서 차이가 있을 뿐이다.

---

203) 임의적 당사자변경은 당사자의 의사에 의하여 당사자가 교체되거나 추가되는 경우이므로 참가인의 신청에 의해 이루어지는 독립당사자참가나 공동소송참가는 임의적 당사자변경에 해당하지 않는다.

204) 대법원 2003. 3. 11. 선고 2002두8459 판결.

(3) 이에 관해 소송경제 및 분쟁해결의 1회성에 비추어 타당한 경우에 허용하자는 견해가 있다.[205] 이 견해는 당사자가 당사자적격자를 잘못 판단하여 소를 제기한 경우 당사자변경을 허용하지 않으면 종전의 소를 취하하고 새로운 소를 제기하여야 하는데 이는 소송경제에 반하고 소송관계인에게도 불편하다는 것이다. 그러나 이를 제한적으로만 허용하는 규정을 둔 민사소송법의 취지에 비추어 보거나 당사자의 변경을 제한 없이 허용하는 경우 소송절차의 혼란과 상대방의 방어권행사의 지장을 초래할 수 있다는 점에서 허용되지 않는다는 불허설이 타당하다.[206]

Ⅲ. 성 질

(1) 임의적 당사자의 변경이 허용되는 경우 그 법적 성질이 문제되는 이유는 신당사자가 구당사자의 소송상 지위를 승계하는가와 밀접한 관련을 가지고 있기 때문이다. **우리나라의 다수설은 신당사자에 대한 신소제기와 구당사자에 대한 구소취하가 복합적으로 행하여지는 신소제기 · 구소취하설(복합설)을 취한다.**[207] 이 설에 의하면 신당사자는 구당사자의 소송수행의 결과를 승계하지 않아 소송의 연속성이 단절된다. 또한 새로운 소의 제기이므로 임의적 당사자변경은 제1심에 국한되게 된다. 이와는 달리 당사자의 변경을 생기게 할 목적으로 이루어진 특수한 단일행위로 파악하여 그 요건과 효과가 별도로 정해져야 한다는 특수행위설[208]도 있으나 아래서 보는 바와 같이 신소제기 · 구소취하설이 민사소송법의 규정에 부합한다.

(2) 민사소송법은 피고경정의 경우 피고가 본안에 응소한 경우에는 피고의 동의를 받아야 하는 것으로 규정(260조 1항)하고 있다. 또한 경정신청을 허가하는 결정을 한 때에는 종전의 피고에 대한 소는 취하된 것으로 본다고 규정(261조 4항)하고 있다. 이러한 규정들은 신소제기 · 구소취하설의 태도와 부합한다.[209]

---

205) 이시윤, 824면.
206) 김홍엽, 1173면.
207) 강현중, 891면; 김홍규/강태원, 846면; 김홍엽, 1174면; 송상현/박익환, 698면; 이시윤, 825면.
208) 정동윤/유병현/김경욱, 1126면; 정영환, 966면; 호문혁, 1004면.
209) 이외에도 청구변경에 관한 민사소송법 제262조가 준용된다는 청구변경설도 소개되고 있으나 당사자의 변경에 관한 특성을 충분히 설명하지 못할 뿐더러 지지하는 학자도 찾아보기 힘들다.

Ⅳ. 법률상의 임의적 당사자변경

1. 피고의 경정

(1) 의 의

원고가 피고를 잘못 지정한 것이 분명한 경우에는 제1심 법원은 변론을 종결할 때까지 원고의 신청에 따라 결정으로 피고를 경정하도록 허가할 수 있다(260조 1항 본문). 이를 피고의 경정이라고 한다.

(2) 요 건

(a) 피고를 잘못 지정한 것이 분명한 경우

원고가 피고를 잘못 지정한 것이 분명한 경우에 인정된다. 피고를 잘못 지정한 것이 분명한 때라고 함은 청구취지나 청구원인의 기재 내용 자체로 보아 원고가 법률적 평가를 그르치는 등의 이유로 피고의 지정이 잘못된 것이 명백하거나 법인격의 유무에 관하여 착오를 일으킨 것이 명백한 경우 등을 말한다. 따라서 사실의 인정과 법률판단에 의해 누가 법률행위의 당사자인지 인정할 수 있는 경우에는 이에 해당하지 않는다.[210] 예를 들어 원고가 A를 계약당사자로 지목하여 A를 상대로 소를 제기하였으나 증거조사결과 소제기 전 이미 B에게 계약당사자의 지위가 이전된 것이 밝혀진 경우에는 민사소송법 제260조에 의한 피고의 경정을 할 수 있는 경우에 해당되지 않는다.

(b) 석명권 행사 요부

판례는 원고가 피고를 잘못 지정하였다면 법원으로서는 당연히 석명권을 행사하여 원고로 하여금 피고를 경정하게 하여 소송을 진행하게 하였어야 할 것임에도 불구하고 이러한 조치를 취하지 아니한 채 피고의 지정이 잘못되었다는 이유로 소를 각하한 것은 위법하다고 한다.[211] 그러나 법원이 피고적격에 관하여 석명에 응할 기회를 충분히 제공하였음에도 피고경정을 하지 않은 경우에는 소를 부적법 각하하여야 한다.[212]

---

210) 대법원 1997. 10. 17.자 97마1632 결정.
211) 대법원 2004. 7. 8. 선고 2002두7852 판결.
212) 대법원 2009. 7. 9. 선고 2007두16608 판결.

(c) 시 기

피고의 경정은 제1심에 한하여 허용된다(260조 1항). 다만 가사소송법 제15조 제1항은 "민사소송법 제68조 또는 제260조에 따라 필수적 공동소송인을 추가하거나 피고를 경정하는 것은 사실심의 변론종결시까지 할 수 있다"고 규정하고 있어 가사소송의 경우는 항소심에서도 피고의 경정이 허용된다. 또한 행정소송법 제14조 제1항은 "원고가 피고를 잘못 지정한 때에는 법원은 원고의 신청에 의하여 결정으로써 피고의 경정을 허가할 수 있다"고만 규정하고 있어 행정소송의 경우에도 항소심에서 피고의 경정이 허용된다.[213]

(3) 절 차

(a) 경정신청

경정신청은 원고가 소제기 후 제1심 변론종결시까지 제1심법원에 서면으로 신청하여야 한다(260조 1, 2항). 경정신청서는 상대방에게 송달하여야 하나 피고에게 소장부본을 송달하지 아니한 경우는 송달하지 않는다(동조 3항). 피고가 본안에 관하여 응소한 경우(본안에 관하여 준비서면을 제출하거나 변론을 한 경우)에는 그의 동의를 받아야 한다(동조 1항 단서). 그러나 피고가 경정신청서를 송달 받은 날로부터 2주 이내에 이의를 제기하지 아니하면 동의한 것으로 본다(동조 4항). 이는 원고가 소를 취하하는 경우와 같은 규정방식이라고 할 수 있다(266조 참조).

(b) 경정허부결정과 불복

1) 원고의 경정신청에 대한 법원의 허부재판은 결정으로 한다. 법원의 허부결정은 피고에게 송달하여야 한다. 그러나 피고에게 소장부본을 송달하지 않은 때에는 허부결정도 송달하지 않는다(261조 1항). 신청을 허가하는 결정을 한 때에는 그 결정을 정본과 소장의 부본을 새로운 피고에게 송달하여야 한다(동조 2항). 새로운 피고에 대하여 소송에 대비할 수 있도록 하여야 하기 때문이다.

2) 신청을 허가하는 결정에 대하여는 동의가 없었다는 사유로만 즉시항고를 할 수 있다(동조 3항). 따라서 그 외의 사유로는 불복할 수 없다. 종국판결 이전의 재판은 항소법원의 판단의 대상이 되나 불복할 수 없는 재판은 그 대상에서 제외되므로(392조 참조) 항소심판단의 대상도 되지 않는다. 특별항고는 불복할 수 없는 재판을 그 대상으로 하나(449조 참조) 신청을 허가하는 결정에 대한 불복은 그 불복사유가 제한될 뿐 불복할 수

---

213) 대법원 2006. 2. 23.자 2005부4 결정.

없는 재판은 아니므로 특별항고의 대상이 되지 않는다.

신청을 기각하는 결정은 소송절차에 관한 신청을 기각한 결정에 해당하여 통상항고의 대상이 된다(439조 참조). 따라서 불복할 수 있는 재판이므로 특별항고의 대상이 될 수는 없다.

(4) 효 과

(a) 시효중단 · 기간준수의 효력 발생시기

시효중단 · 기간준수의 효력은 경정신청서를 법원에 제출한 때에 발생한다(265조). 피고경정신청서의 제출에 의해 새로운 피고에 대한 신소가 제기된 것으로 보기 때문이다.

다만 판례는 소제기 전 이미 사망한 사람을 상대로 한 소송에서 당사자표시정정 신청으로 상속인을 피고로 고치는 것을 허용하면서도 피고의 경정에 의한 방식도 아울러 허용하고 있다. 이 경우 시효중단 · 기간준수의 효력은 원고가 소를 제기한 때 발생하는 것으로 보는데 이는 제265조의 예외를 인정한 것이라기보다는 이때의 피고의 경정은 당사자표시정정의 의미를 가지는 것으로 보기 때문이다. 자세한 것은 당사자확정 편에서 이미 설명한 바 있다.

(b) 종전 피고의 소송수행결과

종전의 피고가 해온 소송수행의 결과는 신당사자의 원용이 없는 한 신당사자에게 효력이 없다. 피고의 경정에 의해 종전의 피고에 대한 소는 취하되었으므로 구당사자가 한 소송행위의 효력은 소급적으로 소멸하기 때문이다. 다만 신당사자가 종전 피고의 소송수행결과를 원용한 경우에는 자신이 소송행위를 한 것이므로 신당사자에게 효력이 발생한다.

2. 필수적 공동소송인의 추가

(1) 의 의

법원은 필수적 공동소송인 가운데 일부가 누락된 경우에는 제1심의 변론을 종결할 때까지 원고의 신청에 따라 결정으로 원고 또는 피고를 추가하도록 허가할 수 있다(68조 1항 본문).

(2) 요 건

(a) 필수적 공동소송인 가운데 일부가 누락된 경우에는 제1심의 변론을 종결할 때까지 원고 또는 피고를 추가할 수 있다. 필수적 공동소송인의 추가가 상소심에서도 허용된다면 추가될 당사자(특히 동의 없이도 추가가 가능한 피고의 경우)는 제1심부터 소송을 수행하여 재판을 받을 수 있는 권리(심급의 이익)를 잃게 된다. 따라서 추가될 당사자의 심급의 이익을 보호하기 위하여 제1심 변론종결시까지만 필수적 공동소송인의 추가가 허용된다(68조 1항). 그러나 가사소송의 경우 항소심에서도 추가가 허용됨은 피고의 경정에서와 같다.

(b) 필수적 공동소송인의 추가는 당사자의 일부가 누락되어 소가 부적법해지는 것을 방지하기 위한 제도이므로 고유필수적 공동소송의 경우에만 적용된다.

(c) 원고의 추가는 추가될 사람의 동의를 받은 경우에만 허가할 수 있다(동조 1항 단서). 원고의 추가에 추가될 사람의 동의를 요하는 이유는 신당사자의 절차보장을 위한 것이다. 따라서 기존의 원고들이 수행한 소송의 결과가 원고측에 불리하여 원고 패소의 가능성이 많다면 원고로 추가될 사람은 동의를 거절하여 소송의 당사자가 되지 않을 수 있다. 피고는 자신의 의사와 무관하게 소를 제기당하는 사람이므로 동의가 필요하지 않다.

(3) 절 차

필수적 공동소송인을 추가하는 신청은 서면에 의한다(규칙 14조). 성질상 추가될 당사자와의 사이에 새로운 소를 제기하는 것이기 때문이다.

(4) 효 과

필수적 공동소송인이 추가되면 처음에 소가 제기된 때에 추가된 당사자와의 사이에 소가 제기된 것으로 본다(동조 3항). 따라서 시효중단 및 기간준수의 효과도 처음 소를 제기한 때 발생한 것으로 본다. 이 점에서 피고의 경정과 달리 취급되나 만약 누락된 공동소송인을 추가한 때부터 추가된 당사자의 소가 제기된 것으로 본다면 그 이전에 제기된 필수적 공동소송은 추가시까지 당사자적격이 없어 부적법한 것으로 취급될 수밖에 없게 된다. 필수적 공동소송의 경우 공동소송인 가운데 한 사람의 소송행위는 모두의 이익을 위하여서만 효력을 가진다(67조 1항). 따라서 종전 공동소송인의 소송수행결과는 이익이 되는 한도에서 추가된 당사자에게도 효력이 미친다. 이는 추가된 당사자가 기존의 당사자의 소송상 지위를 승계하였기 때문이 아니라 필수적 공동소송에 있어 합일확정의 요청에 의한 것이다.

(5) 예비적 · 선택적 공동소송인의 추가

필수적 공동소송인의 추가를 규정한 제68조는 예비적 · 선택적 공동소송인의 경우에도 준용된다(70조 1항). 이를 인정하지 않는 경우에도 고유필수적 공동소송의 경우처럼 당사자적격의 흠결로 소가 부적법해지는 문제는 발생하지 않으나 소송진행 중 밝혀진 사항을 반영하여 당사자를 추가함으로써 분쟁의 1회적 해결을 도모할 수 있다.

제9편

간이소송절차

제9편 간이소송절차

제1장 소액사건심판절차

소액사건심판절차는 소액사건심판법에 따라 처리되는 절차를 말한다. 소액사건심판법은 소액사건의 간이 · 신속한 처리를 위해 통상의 민사소송절차에 대한 여러 가지 특례를 규정하고 있다. 이하 이에 관하여 살펴보기로 한다.

Ⅰ. 소액사건 및 관할

1. 소액사건

소액사건심판법이 적용되는 소액사건이란 제소한 때의 소송목적의 값이 3,000만 원을 초과하지 아니하는 금전 기타 대체물이나 유가증권의 일정한 수량의 지급을 목적으로 하는 제1심의 민사사건을 말한다(소액사건심판규칙 1조의2 본문).

(1) 소액사건은 제소한 때의 소송목적의 값이 3,000만 원을 초과하지 아니하는 사건이다. 소송목적의 값이 3,000만 원을 초과하지 아니하는지 여부의 판단은 제소시를 기준으로 한다. 다만, ⅰ) 소의 변경으로 본문의 경우에 해당하지 아니하게 된 사건, ⅱ) 당사자참가, 중간확인의 소 또는 반소의 제기 및 변론의 병합으로 인하여 본문의 경우에 해당하지 않는 사건과 병합심리하게 된 사건 등은 제외된다(동규칙 1조의2 단서).

(2) 소액사건은 금전 기타 대체물이나 유가증권의 일정한 수량의 지급을 목적으로 하는 청구에 관한 사건이다. 따라서 특정물에 관한 청구는 소송목적의 값이 3,000만 원을 초과하지 않더라도 소액사건에 해당되지 않는다. 금전 기타 대체물이나 유가증권의 일정한 수량의 지급을 목적으로 하는 청구라도 채권자는 소액사건심판법의 적용을 받을 목적으로 청구를 분할하여 그 일부만을 청구할 수 없다(소심법 5조의2 1항). 이에 위반한 소는 판결로 각하하여야 한다(소심법 동조 2항).

(3) 소액사건심판법은 제1심 소송절차에만 적용된다. 따라서 항소심 이후의 소액사건에 관한 절차는 민사소송법에 의한다.

2. 관 할

소액사건은 지방법원, 지방법원 지원 및 시 · 군 법원의 단독판사의 사물관할에 속한다(법원조직법 7조 4항, 33조, 34조). 그러나 고유의 사물관할로 취급되는 것은 아니고 민사단독사건 중에서 소가에 따라 특례로 처리하는 것에 불과하여 사안의 성질로 보아 간이한 절차로 빠르게 처리될 수 없는 사건은 통상절차에 따라 처리할 수도 있다. 따라서 단독판사가 그 사건을 지방법원 및 지원의 합의부에 이송할 수 있다.[1)]

Ⅱ. 이행권고제도

1. 이행권고결정

(1) 법원은 소가 제기된 경우에 결정으로 소장부본이나 제소조서등본을 첨부하여 피고에게 청구취지대로 이행할 것을 권고할 수 있다(소심법 5조의3 1항). 이를 이행권고결정이라고 한다. 이행권고결정은 소액사건을 소송절차에 의한 심리에 앞서 이루어지는 절차로 당사자의 변론기일 출석의 부담을 덜고 사건을 간편하게 처리하기 위한 것이다. 다만, 독촉절차 또는 조정절차에서 소송절차로 이행된 때, 청구취지나 청구원인이 불명한 때, 그 밖에 이행권고를 하기에 적절하지 아니하다고 인정하는 때에는 이행권고결정을 할 수 없다. 이행권고결정에는 당사자, 법정대리인, 청구의 취지와 원인, 이행조항을 기재하고, 피고가 이의신청을 할 수 있음과 이행권고결정의 효력의 취지를 부기하여야 한다(소심법 동조 2항).

(2) 법원사무관등은 이행권고결정서의 등본을 피고에게 송달하여야 한다. 다만, 그 송달은 우편송달이나 공시송달 등의 방법으로는 할 수 없다(소심법 동조 3항). 피고의 이의신청권을 실질적으로 보장하기 위한 것이다. 법원은 위의 방법에 의하지 아니하고는 피고에게 이행권고결정서의 등본을 송달할 수 없는 때에는 지체 없이 변론기일을 지정하여야 한다(소심법 동조 4항).

2. 이의신청

(1) 피고는 이행권고결정서의 등본을 송달받은 날부터 2주일 내에 서면으로 이의신청을 할 수 있다. 다만, 그 등본이 송달되기 전에도 이의신청을 할 수 있다(소심법 5조의4 1항). 위 기간은 불변기간이다(소심법 동조 2항). 법원은 위의 이의신청이 있는 때에는 지체 없이 변론기일을 지정하여야 한다(소심법 동조 3항). 이의신청을 한 피고는 제1심판결이 선고되기 전까지 이의신청을 취하할 수 있다(소심법 동조 4항). 피고가 이의신청을 한 때에는 원고가 주장한 사실을 다툰 것으로 본다(소심법 동조 5항).

---

1) 대법원 1974. 7. 23.자 74마71 결정.

(2) 법원은 이의신청이 적법하지 아니하다고 인정되는 경우에는 그 흠을 보정할 수 없으면 결정으로 이를 각하하여야 한다(소심법 5조의5 1항). 위의 결정에 대하여는 즉시항고를 할 수 있다(소심법 동조 2항).

(3) 피고는 부득이한 사유로 이의신청 기간 내에 이의신청을 할 수 없었던 경우에는 그 사유가 없어진 후 2주일 내에 이의신청을 추후보완할 수 있다. 다만, 그 사유가 없어질 당시 외국에 있는 피고에 대하여는 그 기간을 30일로 한다(소심법 5조의6 1항). 피고는 이의신청과 동시에 서면으로 그 추후보완사유를 소명하여야 한다(소심법 동조 2항). 법원은 추후보완사유가 이유 없다고 인정되는 때에는 결정으로 이의신청을 각하하여야 한다(소심법 동조 3항). 위 결정에 대하여는 즉시항고를 할 수 있다(소심법 동조 4항). 이의신청의 추후보완이 있는 때에는 재심 또는 상소의 추후보완신청으로 말미암은 집행정지에 관한 규정인 민사소송법 제500조를 준용한다(소심법 동조 5항).

3. 이행권고결정의 효력

(1) 이행권고결정은 피고가 이의신청기간 내에 이의신청을 하지 아니한 때, 이의신청에 대한 각하결정이 확정된 때, 이의신청이 취하된 때에는 확정판결과 같은 효력을 가진다(소심법 5조의7 1항). 법원사무관등은 이행권고결정이 확정판결과 같은 효력을 가지게 된 때에는 이행권고결정서의 정본을 원고에게 송달하여야 한다(소심법 동조 2항). 이에 해당하지 아니하는 이행권고결정은 제1심법원에서 판결이 선고된 때에는 그 효력을 잃는다(소심법 동조 3항).

(2) 확정된 이행권고결정에 관하여는 청구에 관한 이의의 소를 제기할 수 있다. 그러나 그 이유가 변론이 종결된 뒤에 생긴 것이어야 한다는 민사집행법 제44조 제2항의 규정에 의한 제한을 받지 않으므로(소심법 5조의8 3항) 그 결정 전에 생긴 사유도 청구에 관한 이의의 소에서 주장할 수 있다.[2] 따라서 확정된 이행권고결정에 확정판결이 가지는 효력 중 기판력을 제외한 나머지 효력인 집행력 및 법률요건적 효력 등의 부수적 효력은 인정되지만 기판력은 인정되지 않는다. 또한 확정된 이행권고결정에 설사 재심사유에 해당하는 하자가 있다고 하더라도 이를 이유로 민사소송법 제461조가 정한 준재심의 소를 제기할 수는 없고, 청구이의의 소를 제기하거나 또는 전체로서의 강제집행이 이미 완료된 경우에는 부당이득반환청구의 소 등을 제기할 수 있을 뿐이다.[3]

---

2) 대법원 2009. 7. 9. 선고 2006다73966 판결.
3) 대법원 2009. 5. 14. 선고 2006다34190 판결.

4. 이행권고결정에 기한 강제집행의 특칙

강제집행은 집행문이 있는 판결정본이 있어야 할 수 있는 것이 원칙이다(민사집행법 28조). 그러나 이행권고결정에 기한 강제집행은 집행문을 부여받을 필요 없이 이행권고결정서의 정본에 의하여 행한다. 다만, 이행권고결정의 집행에 조건을 붙인 경우, 당사자의 승계인을 위하여 강제집행을 하는 경우, 당사자의 승계인에 대하여 강제집행을 하는 경우는 예외이다(소심법 5조의8 1항). 원고가 여러 통의 이행권고결정서의 정본을 신청하거나, 전에 내어준 이행권고결정서 정본을 돌려주지 아니하고 다시 이행권고결정서 정본을 신청한 때에는 법원사무관등이 이를 부여한다. 이 경우 그 사유를 원본과 정본에 적어야 한다(소심법 동조 2항). 청구에 관한 이의의 주장에 관하여는 민사집행법 제44조 제2항의 규정에 의한 제한을 받지 않음은 앞에서 설명한 바와 같다.

Ⅲ. 제도상 특칙

1. 소송 개시상의 특칙

(a) 구술에 의한 소제기

통상절차에서 소의 제기는 소장을 제출함으로써 한다(248조). 그러나 소액사건에서는 구술로써도 소를 제기할 수 있다(소심법 4조 1항). 이때 법원사무관등은 제소조서를 작성하고 이에 기명날인하여야 한다(소심법 동조 3항). 또한 당사자쌍방이 임의로 법원에 출석하여 소송에 관하여 변론할 수 있는데 이때 구술에 의한 진술로써 소를 제기할 수 있다(소심법 5조). 소장부본이나 제소조서등본은 지체 없이 피고에게 송달하여야 한다. 다만, 피고에게 이행권고결정서의 등본이 송달된 때에는 소장부본이나 제소조서등본이 송달된 것으로 본다(소심법 6조).

(b) 비변호사의 소송대리에 대한 법원의 허가불요

통상절차에서는 변호사가 아니면 소송대리인이 될 수 없는 것이 원칙이고(87조) 예외적으로 변호사 아닌 자가 소송대리인이 되는 것이 허용되는 경우에도 법원의 허가를 요한다(88조). 그러나 소액사건에서는 당사자의 배우자 · 직계혈족 또는 형제자매는 법원의 허가 없이 소송대리인이 될 수 있다(소심법 8조).

2. 심리절차상의 특칙

(1) 1회 심리의 원칙

소의 제기가 있는 경우에 판사는 답변서 제출기간을 기다리지 않고 바로 변론기일을 정할 수 있고(소심법 7조 1항) 되도록 1회의 변론기일로 심리를 마치도록 하여야 한다(소심법 동조 2항). 또한 그 목적을 달성하기 위하여 판사는 변론기일 전이라도 당사자로 하여금 증거신청을 하게 하는 등 필요한 조치를 취할 수 있다(소심법 동조 3항).

(2) 공휴일 · 야간의 개정

통상절차의 기일은 필요한 경우에만 공휴일로 정할 수 있음이 원칙이다(166조). 그러나 소액사건에서 판사는 필요한 경우 근무시간외 또는 공휴일에도 개정할 수 있다(소심법 7조의2). 직장에 근무하는 당사자의 편의를 위한 것이다.

(3) 필요적 변론의 배제

통상의 판결절차에서는 반드시 변론을 열어야 함이 원칙이다(134조 참조). 그러나 소액사건에서 법원은 소장 · 준비서면 기타 소송기록에 의하여 청구가 이유 없음이 명백한 때에는 변론 없이 청구를 기각할 수 있다(소심법 9조 1항).

(4) 변론갱신의 생략

통상절차에서는 직접주의의 요청상 법관이 바뀐 경우에 당사자는 종전의 변론결과를 진술함으로써 변론절차를 갱신하여야 한다(203조 2항). 그러나 소액사건에서는 판사의 경질이 있는 경우라도 변론의 갱신 없이 판결할 수 있다(소심법 9조 2항).

(5) 조서의 기재생략

통상절차에서 법원사무관등은 변론기일에 참석하여 기일마다 변론조서를 작성하여야 하고(152조) 그 기재사항은 법정되어 있다(153조). 그러나 소액사건에서 조서는 당사자의 이의가 있는 경우를 제외하고 판사의 허가가 있는 때에는 이에 기재할 사항을 생략할 수 있다(소심법 11조 1항). 이는 변론의 방식에 관한 규정의 준수와 화해 · 인낙 · 포기 · 취하 및 자백에 대하여는 이를 적용하지 아니한다(소심법 동조 2항).

3. 증거조사에 관한 특칙

(1) 직권증거조사

직권에 의한 증거조사는 법원이 당사자가 신청한 증거에 의하여 심증을 얻을 수 없거나 그 밖에 필요하다고 인정한 때 한다(292조). 그러나 소액사건에서 판사는 필요하다고 인정한 때에는 직권으로 증거조사를 할 수 있다. 그 증거조사의 결과에 관하여는 당사자의 의견을 들어야 한다(소심법 10조 1항).

(2) 법관에 의한 증인신문

통상절차에서 재판장의 증인신문은 당사자에 의한 신문이 끝난 뒤에 하는 것이 원칙이다(327조 2항). 그러나 소액사건에서 증인은 판사가 신문한다. 당사자는 판사에게 고하고 신문할 수 있다(소심법 10조 2항).

(3) 신문에 갈음한 서면제출

증인의 증언은 서류에 의해 하지 못하며 말로 하여야 한다(331조). 이러한 증인신문 규정은 감정에도 준용된다(333조). 그러나 소액사건에서 판사는 상당하다고 인정한 때에는 증인 또는 감정인의 신문에 갈음하여 서면을 제출하게 할 수 있다(소심법 10조 3항).

4. 판결에 관한 특칙

통상절차에서 판결은 변론이 종결된 날로부터 2주 이내에 선고하여야 한다(207조). 그러나 소액사건에서 판결의 선고는 변론종결 후 즉시 할 수 있다(소심법 11조의2 1항). 판결을 선고함에는 주문을 낭독하고 주문이 정당함을 인정할 수 있는 범위 안에서 그 이유의 요지를 구술로 설명하여야 한다(동조 2항). 통상절차에서 판결서에는 이유를 기재하여야 하나(208조) 소액사건에서는 이유를 기재하지 아니할 수 있다(소심법 11조의2 3항).

5. 불복절차에 관한 특칙

(1) 소액사건에 대한 지방법원 본원 합의부의 제2심판결이나 결정 · 명령에 대하여는 다음 두 가지 경우에 한하여 대법원에 상고 또는 재항고를 할 수 있다(소심법 3조). i) 법률 · 명령 · 규칙 또는 처분의 헌법위반 여부와 명령 · 규칙 또는 처분의 법률위반 여부에 대한 판단이 부당한 때, ii) 대법원의 판례에 상반되는 판단을 한 때이다.

(2) 위에서 '대법원의 판례에 상반되는 판단을 한 때'라 함은 구체적인 당해사건에 적용될 법령의 해석에 관하여 대법원이 내린 판단과 상반되는 해석을 한 경우를 말

하고, 단순한 채증법칙 위반이나 법리오해 등은 이에 해당하지 않는다. 그리고 '구체적인 당해사건에 적용될 법령의 해석에 관한 대법원의 판단'이란 구체적인 당해사건의 사안에 적용될 법령조항의 전부 또는 일부에 관한 정의적 해석을 한 판례의 판단을 말하고, '원심이 상반된 해석을 한다'함은 그 법령조항에 관한 대법원의 그 정의적 해석과 반대되는 해석을 하거나 반대되는 해석 견해를 전제로 당해사건에 그 법령조항의 적용 여부를 판단한 경우를 말한다.[4)]

(3) 소액사건의 경우 상고 또는 재항고사유는 위의 두 가지 경우에 한하는 것으로 규정되어 있고 그 이외의 통상절차에서 상고이유로 규정한 '법령위반'과 같은 사유는 상고 또는 재항고사유로 규정하고 있지 않다. 그러나 판례는 소액사건에 있어서 구체적 사건에 적용할 법령의 해석에 관한 대법원판례가 아직 없어 국민생활의 법적 안정성을 해칠 것이 우려되는 특별한 사정이 있는 경우에는 법령해석의 통일이라는 대법원의 본질적 기능을 수행하는 차원에서 실체법 해석적용에 있어서의 잘못에 관하여 판단할 수 있다고 한다.[5)]

4) 대법원 2010. 12. 9. 선고 2010다62413 판결.
5) 대법원 2004. 8. 20. 선고 2003다1878 판결.

제2장 독촉절차

Ⅰ. 의 의

독촉절차는 금전 그 밖에 대체물(代替物)이나 유가증권의 일정한 수량의 지급을 목적으로 하는 청구에 대하여 당사자 사이에 다툼이 없는 것을 전제로 간이 · 신속한 절차에 의하여 지급명령이라는 집행권원을 얻게 하는 약식소송절차를 말한다(462조). 독촉절차에서 지급명령을 신청하는 당사자를 채권자, 그 상대방을 채무자라고 한다. 독촉절차의 대상이 되는 청구를 통상의 절차에 의할 것인지 아니면 독촉절차에 의할 것인지는 채권자의 선택에 의한다. 지급명령에 대하여 채무자가 이의를 제기하면 통상절차로 이행된다.

독촉절차는 민사소송법 제462조 내지 제472조의 규정에 의한다. 독촉절차는 2006년부터 시행된 '독촉절차에서의 전자문서 이용 등에 관한 법률'에 의해 전자문서를 이용하여서도 할 수 있었다. 동법은 '민사소송 등에서의 전자문서 이용 등에 관한 법률'이 2014. 5. 20. 개정되면서 폐지되어 전자문서에 의한 독촉절차는 '민사소송 등에서의 전자문서 이용 등에 관한 법률'에 의하게 되었다.

Ⅱ. 지급명령의 신청

1. 관 할

독촉절차는 채무자의 보통재판적이 있는 곳의 지방법원이나 제7조(근무지의 특별재판적) 내지 제9조(어음 · 수표지급지의 특별재판적), 제12조(사무소 · 영업소가 있는 곳의 특별재판적) 또는 제18조(불법행위지의 특별재판적)의 규정에 의한 관할법원의 전속관할로 한다(463조). 그 외 민사소송법 총칙의 특별재판적에 관한 규정은 적용되지 않는다. 독촉절차는 청구목적의 값에 상관없이 지방법원 단독판사 또는 시 · 군법원 단독판사의 직분관할에 속한다(법원조직법 7조, 34조 1항 2호). 지급명령의 신청에는 그 성질에 어긋나지 아니하면 소에 관한 규정을 준용하므로(464조) 관할의 구비유무는 지급명령신청시를 기준으로 판단한다(33조).

2. 요 건

독촉절차의 요건은 민사소송법 제462조에 의한다.

(1) 독촉절차는 금전, 그 밖에 대체물(代替物)이나 유가증권의 일정한 수량의 지급을 목적으로 하는 사법상의 청구를 그 대상으로 한다.

(a) 독촉절차에 의하여 발하여진 지급명령에 대하여 이의신청이 있으면 통상의 민사소송절차에 의하게 되므로 독촉절차에 의할 수 있는 청구는 민사소송의 대상에 속하는 사법상의 것이어야 한다. 당사자 사이의 관계가 공법관계라 할지라도 구체적 청구가 사법상 권리이면 민사소송의 대상이 된다. 판례는 이러한 의미에서 징발보상금청구[1]나 공법인에 대한 급여청구권[2]이 민사소송의 대상이라고 한 바 있다.

(b) 독촉절차는 금전, 그 밖에 대체물(代替物)이나 유가증권의 일정한 수량의 지급을 목적으로 하는 청구를 그 대상으로 한다. 지급명령에 의하여 즉시 집행이 용이하고 잘못 지급명령이 발하여져 집행이 이루어진 경우에도 원상회복이 가능하여야 하기 때문이다.

(c) 독촉절차의 목적은 간이 · 신속한 청구권의 실현에 있으므로 즉시 집행할 수 있는 청구에 허용된다. 따라서 상환이행 청구도 가능하다. 조건부 · 기한부 청구에 대하여는 지급명령이 허용되지 않는다(통설). 이와는 달리 기한미도래의 청구는 기한도래 전 지급명령을 발할 수 없고 정지조건부 청구는 조건의 성취가 확정되지 않아 즉시 강제집행이 가능한지를 지급명령의 단계에서 판단할 수 없으므로 모두 지급명령이 허용되지 않지만 해제조건부 청구는 즉시 강제집행을 할 수 있으므로 지급명령이 허용된다는 견해가 있다.[3] 예비적 청구도 먼저 주위적 청구의 이유유무가 심리를 통해 판단되어야 하므로 다툼이 없는 것을 전제로 한 지급명령이 허용되지 않는다.[4]

(2) 독촉절차는 채무자에 대한 지급명령을 대한민국에서 공시송달 외의 방법으로 송달할 수 있는 경우에 한한다. 그 이유를 신속하게 집행권을 만들려는 독촉절차의 목적 때문이라고 설명하기도 하나[5] 지급명령에 대한 채무자의 이의신청권을 실질적으로 보장하기 위한 것이 보다 주된 이유라고 생각한다.[6] 다만 소송촉진특례법 제20조의2 제1항 각호에 규정된 금융기관 등이 사업으로 취득하여 행사하는 대여금, 구

1) 대법원 1970. 3. 10. 선고 69다1886 판결.
2) 대법원 1967. 1. 31. 선고 66다2270 판결.
3) 주석민사소송법(Ⅶ), 134면.
4) 주석민사소송법(Ⅶ), 134면.
5) 정동윤/유병현/김경욱, 1145면.
6) 주석민사소송법(Ⅶ), 135면.

상금, 보증금 및 그 양수금 채권에 대하여 지급명령을 신청하는 경우에는 채무자에 대한 지급을 공시송달에 의하여 송달하여야 하는 경우에도 지급명령을 할 수 있다. 지급명령이 공시송달의 방법으로 송달되어 채무자가 이의신청의 기간을 지킬 수 없었던 경우 민사소송법 제173조 제1항에서 정한 소송행위의 추후보완 사유가 있는 것으로 본다(소송촉진 등에 관한 특례법 20조의2 5항).

3. 절 차

지급명령의 신청에는 그 성질에 어긋나지 아니하면 소에 관한 규정을 준용한다(464조). 따라서 신청은 원칙적으로 서면으로 하여야 하며(248조)[7] 신청서에 당사자와 법정대리인, 청구의 취지와 원인을 적어야 한다(249조). 다만, 인지액은 소장 인지액의 1/10이다(민사소송 등 인지법 7조 2항). 지급명령신청은 이행의 소를 대신하여 제기되는 것이므로 시효중단사유로서 '재판상 청구'에 해당하여 그 신청시에 시효중단의 효력이 생긴다.[8]

Ⅲ. 지급명령신청에 대한 재판

1. 신청의 각하

(1) 지급명령의 신청이 i) 관할 또는 신청요건에 어긋나는 때, ii) 신청의 취지로 보아 청구에 정당한 이유가 없는 것이 명백한 때에는 그 신청을 각하하여야 한다. 청구의 일부에 대하여 지급명령을 할 수 없는 때에 그 일부에 대하여도 또한 같다(465조 1항).

(2) 신청을 각하하는 결정에 대하여는 불복할 수 없다(동조 2항). 신청각하결정에 대하여는 기판력이 인정되지 않으므로(민사집행법 58조 3항 참조) 다시 지급명령신청을 하거나 소를 제기하는 것이 가능하기 때문이다.

(3) 지급명령 신청이 각하된 경우라도 6개월 이내 다시 소를 제기한 경우라면 민법 제170조 재2항에 의하여 시효는 당초 지급명령 신청이 있었던 때에 중단된 것으로 본다.[9]

---

7) 이시윤, 969면; 정동윤/유병현/김경욱, 1118면. 한편 민사소송법 제161조를 근거로 말로도 할 수 있다는 견해로는 주석민사소송법(Ⅶ), 162면.
8) 대법원 2011. 11. 10. 선고 2011다54686 판결.
9) 대법원 2011. 11. 10. 선고 2011다54686 판결.

2. 지급명령

(1) 지급명령신청에 각하사유가 없으면 지급명령을 발한다. 다만, 채권자는 법원으로부터 채무자의 주소를 보정하라는 명령을 받은 경우에 소제기신청을 할 수 있고(466조 1항) 지급명령을 공시송달에 의하지 아니하고는 송달할 수 없거나 외국으로 송달하여야 할 때에는 법원은 직권에 의한 결정으로 사건을 소송절차에 부칠 수 있는데(동조 2항) 이러한 경우에는 독촉절차는 소송으로 이행되므로 지급명령을 하지 않는다(466조).

(2) 지급명령의 성질은 결정이다. 지급명령은 채무자를 심문하지 아니하며(467조) 신청의 이유유무도 심리하지 않는다. 지급명령에는 당사자, 법정대리인, 청구의 취지와 원인을 적고, 채무자가 지급명령이 송달된 날부터 2주 이내에 이의신청을 할 수 있다는 것을 덧붙여 적어야 한다(468조). 지급명령은 당사자에게 송달하여야 한다(469조 1항).

(3) 결정과 명령은 상당한 방법으로 고지하면 효력을 가진다(221조). 따라서 지급명령도 채무자에게 송달된 때 효력이 발생한다고 해석된다. 채무자가 지급명령을 송달받은 날부터 2주 이내에 이의신청을 한 때에는 지급명령은 그 범위 안에서 효력을 잃는다(470조 1항).

Ⅳ. 소송으로의 이행

1. 원 인

(1) 채권자의 신청 또는 법원의 결정

채권자가 법원으로부터 채무자의 주소를 보정하라는 명령을 받아 소제기신청을 한 경우, 지급명령을 공시송달에 의하지 아니하고는 송달할 수 없거나 외국으로 송달하여야 하여 법원이 직권에 의한 결정으로 사건을 소송절차에 부치는 결정을 한 경우에는 독촉절차는 소송으로 이행되며 지급명령을 신청한 때에 소가 제기된 것으로 본다(466조 1항, 2항, 472조 1항).

(2) 채무자의 지급명령에 대한 이의신청

(a) 채무자는 지급명령에 대하여 이의신청을 할 수 있다(469조 2항). 이의신청은 채무자가 지급명령을 송달받은 날부터 2주 이내에 하여야 한다. 위 기간은 불변기간이다

(470조 2항). 법원은 이의신청이 부적법하다고 인정한 때에는 결정으로 이를 각하하여야 한다(471조 1항). 위 결정에 대하여는 즉시항고를 할 수 있다(동조 2항). 소송으로 이행된 뒤에 이의가 부적법한 것으로 밝혀진 경우 절차의 안정성을 위해 사후의 법원을 구속한다(구속설).[10]

(b) 적법한 이의신청이 제기되면 지급명령은 그 범위 안에서 효력을 잃고(470조 1항) 지급명령을 신청한 때에 이의신청된 청구목적의 값에 관하여 소가 제기된 것으로 본다(472조 1항). 채무자의 이의에 의해 지급명령이 그 효력을 잃게 되므로 청구의 이유유무가 심판의 대상이 된다.

(c) 지급명령에 대한 이의신청은 부적법한 경우 그에 대한 각하결정이 있기 전 이를 취하할 수 있다. 적법한 이의신청이 제기된 경우에는 지급명령이 실효되어 독촉절차가 소멸되고 지급명령을 신청한 때에 소가 제기된 것으로 보아 소송절차로 이행된다. 이때에도 이의신청의 취하를 인정하게 되면 이로써 이미 소멸된 독촉절차의 부활을 허용하는 것이 된다. 이에 관해 이의신청으로 인해 지급명령의 실효는 확정적인 것이 되고 독촉절차가 소멸되었으므로 그 취하의 여지가 없다는 견해(소송이행조치시설)가 있다.[11] 판례도 독촉법원이 가집행선고전의 이의신청을 적법한 것으로 인정하고 따라서 지급명령이 신청된 때에 소가 제기된 것으로 간주되어 기록을 관할법원에 송부한 후에는 그 이의를 취하할 수 없다고 한다.[12] 이와는 달리 채무자의 의사에 부합하고 채권자에게도 이익이 된다는 이유로 제1심판결선고시까지 취하가 가능하다는 견해(제1심판결선고시설)도 있다.[13] 후자의 견해가 타당하다.

2. 소송으로의 이행에 따른 처리

민사소송법 제472조의 규정에 따라 소가 제기된 것으로 보는 경우, 지급명령을 발령한 법원은 채권자에게 상당한 기간을 정하여, 소를 제기하는 경우 소장에 붙여야 할 인지액에서 소제기신청 또는 지급명령신청시에 붙인 인지액을 뺀 액수의 인지를 보정하도록 명하여야 한다(473조 1항). 위 기간 이내에 인지를 보정하지 아니한 때에는 위 법원은 결정으로 지급명령신청서를 각하하여야 한다. 이 결정에 대하여는 즉시항고를 할 수 있다(동조 2항). 인지가 보정되면 법원사무관등은 바로 소송기록을 관할법원에 보내야 한다. 이 경우 사건이 합의부의 관할에 해당되면 법원사무관등은 바로 소

10) 송상현/박익환, 822면; 이시윤, 971면; 정동윤/유병현/김경욱, 1122면. 반대 견해로는 정영환, 1220면.
11) 김홍엽, 1255면; 이시윤, 972면.
12) 대법원 1977. 7. 12. 선고 76다2146, 2147 판결.
13) 정동윤/유병현/김경욱, 1120면; 정영환, 1219면.

송기록을 관할법원 합의부에 보내야 한다(동조 3항). 독촉절차가 소송으로 이행된 경우 독촉절차의 비용은 소송비용의 일부로 한다(동조 4항).

3. 소송으로의 이행 후 소송절차

독촉절차가 소송으로 이행된 후에는 제1심 소송절차에 의한다. 지급명령에 대한 이의신청서에 기재한 이의사유라고 하더라도 변론기일에 이를 주장하지 아니하면 효력이 없다.[14)]

Ⅴ. 확정된 지급명령의 효력

(1) 지급명령에 대하여 이의신청이 없거나, 이의신청을 취하하거나, 각하결정이 확정된 때에는 지급명령은 확정판결과 같은 효력이 있다(474조). 따라서 지급명령에서 확정된 채권은 단기의 소멸시효에 해당하는 것이라도 민법 제165조의 판결에 의하여 확정된 채권으로 그 소멸시효기간이 10년으로 연장된다.[15)] 확정된 지급명령은 집행권원으로 집행력이 인정된다(민사집행법 56조 3호). 확정된 지급명령에 기한 강제집행은 집행문을 부여 받을 필요가 없이 지급명령정본에 의하여 집행한다(동법 58조 1항 본문).

(2) 지급명령에 대하여 청구이의의 소를 제기하는 경우 그 이유가 변론이 종결된 뒤에 생긴 것이어야 한다는 민사집행법 제44조 제2항의 규정은 적용되지 않으므로(동법 58조 3항) 지급명령 발령 전에 생긴 청구권의 불성립이나 무효 등의 사유를 그 지급명령에 관한 이의의 소에서 주장할 수 있다. 이러한 의미에서 지급명령에는 기판력이 인정되지 않는다. 또한 지급명령에 대한 집행력의 배제를 목적으로 제기된 청구이의의 소에서 지급명령 발령 전에 발생한 청구권의 일부 불성립이나 소멸 등의 사유로 청구이의가 일부 받아들여지는 경우에는, 지급명령 이전부터 청구이의의 사실심판결 선고시까지 그 청구권에 관한 이행의무의 존부나 범위에 관하여 항쟁함이 상당한 경우에 해당하여 위 기간 범위 안에서는 소송촉진 등에 관한 특례법 제3조 제1항의 이율이 적용되지 않는다.[16)]

---

14) 대법원 1970. 12. 22. 선고 70다2297 판결.
15) 대법원 2009. 9. 24. 선고 2009다39530 판결.
16) 대법원 2009. 7. 9. 선고 2006다73966 판결.

부 록

변호사시험 및 모의시험 20제 문제와 풀이

제2편 소송의 개시

1. 소의 이익(장래이행의 소/저당권설정등기말소청구의 소)

〈출처: 2013년도 제2회 변호사시험 제1문의 1 문제 2. 나 변형문제〉♣

〈공통된 기초사실〉

A 주식회사(대표이사 B)는 2009. 1. 3. 乙로부터 乙 소유의 X 부동산을 대금 7억 원에 매수하면서, 계약금 1억 원을 계약 당일 지급하였다. 乙은 2008. 11.경 丙으로부터 1억 5,000만 원을 차용하면서 그 담보로 丙에게 X 부동산에 관하여 저당권(이하 '이 사건 저당권'이라 함)을 설정하고 그 등기를 마쳐준 바 있는데, 丙은 2008. 12.경 丁에게 위 대여금 채권을 양도하고 이를 乙에게 통지하는 한편 이 사건 저당권을 양도하고 같은 날 丁에게 이 사건 저당권 이전의 부기등기를 마쳐 주었다.

〈소송의 경과〉

A 주식회사는 2012. 10.경 乙 · 丁을 상대로 이 사건 소를 제기하여, ① 乙에 대하여는 X 부동산에 관하여 이 사건 매매계약을 원인으로 한 소유권이전등기를 구하고, ② 丁에 대하여는 乙이 丁에게 이 사건 저당권에 의한 피담보채무를 전액 변제하였다고 주장하면서 이 사건 매매계 약에 기한 소유권이전등기청구권 보전을 위하여 乙을 대위하여 소유권에 기한 방해배제로서 X 부동산에 관하여 마쳐진 이 사건 저당권 설정등기 및 이 사건 저당권 이전 부기등기의 각 말소등기를 구하였다.

丁이 제1회 변론기일에 출석하여 저당권의 피담보채권 중 2,000만 원이 변제되지 아니한 채 남아 있다고 주장하였고, 심리결과 그 것이 사실로 인정되었다.

〈문제〉

법원은 A 주식회사가 丁에 대하여 제기한 이 사건 저당권 설정등기 말소등기청구의 소에 대하여 어떤 판결을 하여야 하는가? (15점) (채권자대위소송의 요건은 문제 삼지 않기로 한다)

〈목차〉

Ⅰ. 문제의 소재
Ⅱ. 이 사건 소의 성질
Ⅲ. 소의 적법 여부
Ⅳ. 본안에 관한 판단
Ⅴ. 결 론

〈논점〉

1. 담보등기말소청구의 소에서 잔존채무가 있음이 밝혀진 경우(대법원 2008. 4. 10. 선고 2007다83964 판결)
2. 피담보채무가 발생하지 아니한 것을 전제로 한 담보등기말소청구(대법원 1991. 4. 23. 선고 91다 6009 판결)

♣ 각 문제의 모범답안 및 답안작성시 유의사항에 관하여는 이태영 저, 민사소송법사례연습 제2판, 퍼플 해당 문제 참조.

〈답〉

법원은 "丁은 乙로부터 2000만 원을 지급받는 것을 조건으로 A 주식회사에게 저당권설정등기말소절차를 이행하라"는 판결을 선고하여야 한다.

2. 소송의 이송(토지관할, 변론관할)

〈출처: 2020년도 제1차 변호사시험 모의시험 제1문의 1〉

〈문제〉

부산광역시 동래구[토지관할 법원은 부산지방법원임]에 거주하는 甲은 경상남도 양산시[토지관할 법원은 울산지방법원임]에 있는 영업소 겸 공장에서 각종 자동차 부품을 생산해 자동차 제조 회사에 납품하는 기업을 경영하는 사람이고, 乙 주식회사는 자동차 부품을 생산하는데 필요한 각종 기계 · 기구를 제조 · 판매하는 회사로서 주된 사무소는 경기도 수원시[토지관할 법원은 수원지방법원임]에 있다. 甲은 부산광역시 강서구[토지관할 법원은 부산지방법원 서부지원 임]에 있는 乙 주식회사의 부산영업소에서 乙 주식회사가 제조 · 판매하는 공작기계를 구입했는데 그 기계에 중대한 하자가 있어 그것으로 생산한 자동차 부품에 많은 하자가 발생해 막대한 손해를 입었다는 취지로 주장하면서 부산지방법원에 乙 주식회사에 대한 손해배상 청구의 소를 제기했다. 乙 주식회사는 그 사건의 관할법원에 관해서는 아무런 언급도 하지 않은 채 乙 주식회사가 甲에게 제조 · 공급한 기계에는 아무런 하자도 없다고 주장하는 답변서를 부산지방법원에 제출했다. 그 후 부산지방법원은 민사소송법 제34조 제1항의 규정에 의해 이 소송을 수원지방법원으로 이송하는 결정을 했다. 그 이송결정은 법률상 타당한가? (20점)

〈목차〉

Ⅰ. 문제의 소재
Ⅱ. 부산지방법원의 관할권 존부
  1. 재판적에 의한 관할권의 존부
  2. 변론관할의 발생 여부
Ⅲ. 이송결정의 타당 여부
Ⅳ. 결 론

〈논점〉

1. 변론관할과 피고의 진술(대법원 1980. 9. 26.자 80마403 결정)

〈답〉

부산지방법원의 이송결정은 법률상 타당하다.

3. 소제기 전 당사자 사망의 소송법적 효과

〈출처: 2018년도 제3차 변호사시험 모의시험 제1문의 2 문제 1〉

〈사실관계〉

甲, 乙, 丙은 X토지를 공동으로 매수하여 甲 명의로 1/2의, 乙과 丙 명의로 각 1/4의 각 지분 소유권이전등기를 마친 X토지의 공유자들이다. 그런데 甲은 乙, 丙과의 공유관계를 해소하고자 분할에 관한 협의를 하였으나 원만히 합의가 이루어지지 않았다. 이에 甲은 乙, 丙을 상대로 'X토지를 경매에 부쳐 그 대금을 지분비율에 따라 분할한다.'라는 취지의 공유물분할청구의 소(이하 '이 사건 소'라 한다)를 제기하였다.

〈문제〉

甲은 소송대리인 A에게 이 사건 소의 소송위임을 한 다음 소 제기 전에 사망하였는데 그 상속인으로는 B가 있었다. 그 후 소송대리인 A가 甲의 사망사실을 모르고 甲을 당사자로 표시하여 소를 제기하였다. 제1심 법원은 甲의 사망사실을 모른 채, 심리 결과 甲의 청구원인 사실이 인정된다는 이유로 청구인용 판결을 선고하였다. 이 판결은 유효한가? (10점)

〈목차〉

Ⅰ. 문제의 소재	Ⅲ. 제1심판결의 유효 여부
Ⅱ. 소의 적법 여부	Ⅳ. 결 론

〈논점〉

1. 당사자대립구조 흠결과 판결의 효력(대법원 2015. 1. 29. 선고 2014다34041 판결)
2. 원고가 소송위임 후 소 제기 전에 사망한 경우(대법원 2016. 4. 29. 선고 2014다210449 판결)
3. 소송절차 중단을 간과한 판결의 효력(대법원 1995. 5. 23. 선고 94다28444 전원합의체 판결)
4. 당사자의 사망과 판결의 효력(대법원 1992. 11. 5.자 91마342 결정)

〈답〉

제1심판결은 유효하다.

4. 이행소송의 원고적격

〈출처: 2014년도 제3회 변호사시험 제1문의 3 문제 1〉

〈사실관계〉

A가 B에 대하여 가지는 1억 원의 대여금 채권을 A가 C에게 2012. 2. 9.에 채권양도하고 A 가 2012. 4. 9. B에게 내용증명 우편으로 채권양도통지를 하여 2012. 4. 11.에 위 내용증명 우편이 B에게 송달되었다. 위 대여금 채권에 대하여 A의 채권자인 D가 제주지방법원에 채권 가압류신청을 하여 위 법원이 2012. 3. 15. 채권자 D, 채무자 A, 제3채무자 B, 청구금액 5천만 원으로 된 채권가압류 결정을 발한 다음 위 결정이 2012. 3. 17.에 B에게 송달되었다. C는 위 양수금 채권 1억 원(지연손해금은 청구하지 아니한다)의 지급을 구하는 소송을 B를 상대로 2013. 1. 3.에 제기하였다. C가 위 양수금 청구소송을 제기하기 전인 2012. 4. 2. 제주지방법원에서 채권자 D는 청구채권 원금 5천만 원과 이자 및 지연손해금 800만 원 등 합계 5,800만 원으로 하여 위 채권가압류결정에 기하여 본압류로 전이하는 채권압류 및 전부명령을 발령받아 그 결정은 2012. 4. 4.에 D, A, B에게 각 동시에 송달되었고, 위 채권압류 및 전부명령이 2012. 4. 12.에 확정되었다.

〈문제〉

위 양수금소송에서 피고 B는 위 압류 및 전부명령으로 인하여 C는 원고 적격이 없다고 주장하는데 이에 대하여 법원은 어떤 판단을 하여야 하는지와 그 근거를 서술하시오. (10점)

〈목차〉

〈논점〉

1. 채권양수인과 동일 채권에 대하여 가압류명령을 집행한 자 사이의 우열(대법원 1994. 4. 26. 선고 93다24223 전원합의체 판결)
2. 가압류된 채권양도의 효력(대법원 2002. 4. 26. 선고 2001다59033 판결)

〈답〉

법원은 피고 B의 주장에 대하여 이유 없다는 판단을 하여야 한다.

5. 채권자대위소송과 원고적격

〈출처: 2015년도 제4회 변호사시험 제1문의 1 문제 1〉

〈기초적 사실관계〉

B는 2002. 1. 1. 주택을 신축할 목적으로 C로부터 X토지를 매매대금 10억 원에 매수하면서, 소유권이전등기는 추후 B가 요구하는 때에 마쳐주기로 하였다. B 는 2002. 4. 5. 매매대금 전액을 지급하고 C에게 X토지에 관한 소유권이전등기절차의 이행을 요구하였는데, C는 X토지를 매도할 당시보다 시가가 2배 이상 상승하였다고 주장하면서 매매대금으로 10억 원을 더 주지 않으면 B에게 소유권이전등기를 마쳐줄 수 없다고 하였다. B는 C에게 수차례 소유권이전등기절차의 이행을 구하다가 2009. 12. 4. A에게 X토지를 25억 원에 매도하였다.

〈추가적 사실관계〉

A는 2011. 5. 8. 법원에 C를 상대로 B에 대한 X토지에 관한 소유권이전등기청구권을 보전하기 위하여 B를 대위하여 2002. 1. 1.자 매매를 원인으로 한 소유권이전등기절차 이행을 구하는 소를 제기하였다.

〈문제〉

재판과정에서, A가 2010. 9. 10. B를 상대로 X토지에 관하여 2009. 12. 4.자 매매를 원인으로 한 소유권이전등기청구의 소를 제기하였다가 그 매매계약이 적법하게 해제되었다는 이유로 패소판결을 선고받아 그 판결이 2010. 12. 30. 확정된 사실이 밝혀졌다. 이 경우 법원은 어떠한 판단을 하여야 하며, 그 이유는 무엇인가? (10점)

〈목차〉

〈논점〉

1. 피보전채권의 부존재와 원고적격(대법원 1994. 11. 8. 선고 94다31549 판결)
2. 피보전채권에 관한 소송의 확정판결과 보전의 필요성
   (1) 원고승소확정판결의 경우(대법원 2010. 11. 11. 선고 2010다43597 판결)
   (2) 피고승소확정판결의 경우(대법원 2002. 5. 10. 선고 2000다55171 판결)

〈답〉

법원은 A가 C를 상대로 한 소유권이전등기절차이행의 소를 각하하는 판결을 선고하여야 한다.

6. 일부청구와 중복제소

〈출처: 2018년도 제1차 변호사시험 모의시험 제1문의 2 문제 3〉

〈공통된 사실관계〉

甲은 "乙이 甲과의 운송계약에 따라 甲 소유의 시가 8억 원 상당의 X 기계를 운반하던 중 X 기계가 멸실되었다."라고 주장하면서 乙을 상대로 불법행위 또는 채무불이행으로 인한 손해배상금 8억 원의 지급을 청구하는 소(이하 'A소'라고 한다)를 제기하였다.

※ 아래 각 문제는 서로 별개임. 재판상 자백 및 소송상 신의칙 위반은 고려하지 말 것.

〈변경된 사실관계〉

A소의 소송과정에서 甲은 "X 기계의 시가는 10억 원이고, 청구금액 8억 원은 그 중 일부 금액이다."라고 명시적으로 주장하였다.

〈문제〉

甲이 A소의 소송계속 중에 X 기계 멸실을 이유로 하여 乙을 상대로 불법행위로 인한 손해배상금 2억 원(A소에서 유보된 나머지 손해액)의 지급을 청구하는 별소(이하 'B소'라고 한다)를 제기하였다면, B소는 적법한가? (20점)

〈목차〉

Ⅰ. 문제의 소재
Ⅱ. B소가 중복제소인지 여부
  1. 민사소송법 제259조 해당 여부
  2. A소와 B소의 소송물이 동일한지 여부
  3. B소가 중복제소인지 여부
Ⅲ. 결 론

〈논점〉

일부청구와 중복제소(대법원 1985. 4. 9. 선고 84다552 판결)

〈답〉

(그 외 달리 소를 부적법하게 할 사유가 없으므로) B소는 적법하다.

제3편 변 론

7. 처분권주의, 변론주의(소유권이전등기의 원인)

〈출처: 2019년도 제2차 변호사시험 모의시험 제1문의 4 문제 1〉

〈기초적 사실관계〉

甲 소유인 X 토지에 관하여 乙 앞으로 매매를 원인으로 한 소유권이전등기(이하 '이 사건 등기'라고 한다)가 마쳐졌다. 丙은 "丙은 甲으로부터 X 토지를 매수하였으므로 甲에 대하여 X 토지에 관한 소유권이전등기청구권을 갖는다. 그리고 乙은 甲으로부터 X 토지를 매수하지 않았음에도 등기관련서류를 위조하여 이 사건 등기를 마쳤으므로 이 사건 등기는 원인무효이다. 따라서 丙은 甲에 대한 위 소유권이전등기청구권을 보전하기 위하여 甲을 대위하여 乙을 상대로 이 사건 등기의 말소를 청구할 수 있다."라고 주장하면서, 甲과 乙을 공동피고로 하여, 甲에 대하여는 丙에게 X 토지에 관하여 매매를 원인으로 한 소유권이전등기절차를 이행할 것을 청구하고, 乙에 대하여는 甲에게 이 사건 등기의 말소등기절차를 이행할 것을 청구하는 소를 제기하였다.

소송과정에서 甲, 乙, 丙 중 누구도 "甲이 丙에게 X 토지를 증여하였다."라는 주장을 하지 않았는데, 제1심 법원은 甲이 제출한 증거를 통하여 '甲이 丙에게 X 토지를 매도한 것이 아니라 증여하였다.'는 확신을 갖게 되었다. 이에 제1심 법원은 甲에 대하여는 丙에게 X 토지에 관하여 증여를 원인으로 한 소유권이전등기절차를 이행할 것을 명하고, 乙에 대하여는 甲에게 이 사건 등기의 말소등기절차를 이행할 것을 명하는 판결을 선고하였다(乙에 대한 판결에 있어, 법원은 丙의 甲에 대한 증여를 원인으로 한 소유권이전등기청구권을 피보전권리로 인정하였다).

〈문제〉

제1심판결 중 甲에 대하여 증여를 원인으로 한 소유권이전등기절차의 이행을 명한 부분은 타당한가? (15점)

〈목차〉

Ⅰ. 문제의 소재
Ⅲ. 처분권주의 위반 여부
Ⅳ. 결 론

〈논점〉

1. 주요사실의 의미(대법원 2018. 12. 27. 선고 2015다58440, 58457 판결)
2. 소유권이전등기청구와 처분권주의(대법원 1992. 3. 27. 선고 91다40696 판결)

〈답〉

제1심 판결 중 甲에 대하여 증여를 원인으로 한 소유권이전등기절차의 이행을 명한 부분은 타당하지 않다.

8. 소송행위의 추후보완, 소송절차 중단

〈출처: 2019년도 제8회 변호사시험 제1문의 2 문제 2〉

〈기초적 사실관계〉

甲은 乙로부터 X부동산을 5억 원에 매수하였다며 2017. 3. 2. 乙을 상대로 "乙은 甲에게 X부동산에 관하여 2015. 7. 1. 매매를 원인으로 한 소유권이전등기절차를 이행하라."라는 취지의 소유권이전등기청구의 소를 제기하였다.

〈추가적 사실관계〉

제1심 법원이 甲의 청구를 기각하자 甲이 항소하였고 乙은 甲의 항소 직후 사망하였다. 그런데 항소심 법원이 이를 간과한 채 소송을 진행하여 항소장 부본 및 변론기일 소환장이 공시송달의 방법으로 송달되었다. 항소심 법원은 甲의 항소를 받아들여 甲의 청구를 인용하는 판결을 선고하였고 판결문까지 공시송달의 방법으로 송달되었다. 乙의 상속인으로는 A, B가 있고 A, B는 상소기간 도과 후인 2018. 10. 28.에야 이러한 사실을 알게 되었는데, A는 위 판결을 그대로 받아들이기로 했으나 B는 위 판결의 효력을 다투고 있다.

〈문제〉

B가 혼자서 2018. 11. 5. 추후보완상고를 제기하였다면 이는 적법한가? (15점)

〈목차〉

Ⅰ. 문제의 소재
Ⅱ. 항소심판결의 유효 여부
Ⅲ. 항소심 판결의 확정 여부
Ⅳ. B의 추후보완상고의 적법 여부
Ⅴ. 결 론

〈논점〉

1. 소송계속 중 당사자의 사망을 간과한 판결의 무효 여부(대법원 1995. 5. 23. 선고 94다28444 전원합의체 판결)
2. 사망한 자에 대한 공시송달/미확정판결에 대한 추완상고(대법원 2005. 10. 14. 선고 2004다52705 판결)

〈답〉

B의 추후보완상고는 소송수계와 함께 이루어졌다면(또는 상고심에서 소송수계가 되었다면) 상고기간 내에 제출된 상고로서 적법하다.

제4편 증 거

9. 재판상 자백

〈출처: 2017년도 제2차 변호사시험 모의시험 제1문의 1 문제 2〉

〈사실관계〉

甲은 2016. 5. 1. 자신의 X 기계를 乙에게 소유권유보부매매로 하여 乙이 경영하는 공장에 위 X 기계를 설치해 주었다. 그런데 乙이 위 X 기계에 대한 대금을 지급하기로 한 약속을 지키지 못하자, 甲은 乙에 대하여 2016. 9. 10. 위 매매계약을 해제하였다. 그런데 위 X 기계가 설치된 乙 소유의 공장대지 및 건물에 대하여 丙이 저당권을 취득하고, 丙의 저당권 실행을 위한 경매절차에서 위 공장대지 및 건물과 더불어 「공장 및 광업재단 저당법」에 따라 저당목적물로 경매목록에 기재되어 있던 위 X 기계를 丁이 매수하였다. 이에 대하여 甲이 丁을 상대로 위 X 기계에 대한 소유권 확인의 소를 제기하였고, 丙을 상대로 자신의 기계가 경매되었다고 주장하며 별소로 X 기계의 매각대금 상당액인 1억 원의 부당이득반환 청구의 소를 제기하였다.

※ 「공장 및 광업재단 저당법」에 의하면, 공장의 소유자가 공장에 속하는 토지에 설정한 저당권의 효력은 건물을 제외한 그 토지에 부가되어 이와 일체를 이루는 물건과 그 토지에 설치된 기계, 기구 기타의 공장의 공용물에 미친다.

〈문제〉

甲은 위 부당이득반환소송의 제1회 변론기일에 丙에 대한 1억 원의 부당이득반환청구권의 발생요건사실을 모두 주장 · 증명하였다. 그 후 甲은 제2회 변론기일 전에 준비서면을 제출하였는데, 이 준비서면에 甲이 丙으로부터 위 부당이득금 1억 원을 지급받았다는 내용이 기재되어 있었다. 제2회 변론기일에 甲은 출석하지 않았고 丙은 출석하여 '甲이 丙으로부터 위 부당이득금을 지급받았다는 甲의 주장을 丙의 이익으로 원용한다'라고 진술하였다. 제3회 변론기일에는 甲과 丙 모두 출석하였는데, 甲은 '甲이 丙으로부터 위 부당이득금을 반환받은 적이 없고, 위 준비서면의 내용은 진술하지 않겠다'라고 진술하였다. 법원은 제3회 변론기일에 증거조사를 하고 변론을 종결하였는데, 위 증거조사 결과 甲이 丙으로부터 위 부당이득금을 반환받았는지 여부에 대하여 확신을 갖지 못하였다. 법원은 어떠한 판결을 하여야 하는가? (30점)

〈목차〉

〈논점〉

1. 진술과 재판상 자백의 성립(대법원 2015. 2. 12. 선고 2014다229870 판결)
2. 당사자 일방의 불출석과 진술간주(대법원 2008. 5. 8. 선고 2008다2890 판결)
3. 불리한 진술의 의미(대법원 1993. 9. 14. 선고 92다24899 판결)
4. 선행자백(대법원 2016. 6. 9. 선고 2014다64752 판결)

〈답〉

법원은 청구기각판결을 선고하여야 한다.

10. 문서의 증거력

〈출처: 2019년도 제1차 변호사시험 모의시험 제1문의 4 문제 1〉

〈기초적 사실관계〉

甲 소유의 X 토지에 관하여 乙 앞으로 매매를 원인으로 한 소유권이전등기가 마쳐졌다. 甲은 "甲이 乙에게 X 토지를 대금 10억 원에 매도하는 내용의 매매계약(이하 '이 사건 계약'이라고 한다)을 체결한 후 위 소유권이전등기를 마쳤는데, 乙은 아직 대금을 지급하지 않았다."라고 주장하면서 乙을 상대로 주위적으로는 대금 10억 원의 지급을 청구하는 한편, 이 사건 계약 체결 사실이 인정되지 않을 것에 대비하여 예비적으로는 위 소유권이전등기의 말소를 청구하는 소를 제기하였다.

〈추가적 사실관계〉

제1심 소송과정에서 乙이 이 사건 계약을 체결한 적이 없다고 진술하자, 甲은 이 사건 계약 체결 사실에 대한 증거로 이 사건 계약 내용이 기재된 매매계약서를 제출하였다. 이에 乙은 "위 매매계약서의 매수인란에 날인된 인영은 乙의 인장에 의한 것이지만, 乙은 위 인영을 날인한 적이 없다."라고 진술하였다. 심리 결과 위 인영은 丙이 날인한 것으로 밝혀지자, 甲은 "丙이 乙 의 위임을 받아 위 인영을 날인하였다."라고 진술하였고, 乙은 "날인을 위임한 사실이 없다."라고 주장하였다.

법원은 乙이 丙에게 날인을 위임을 하였는지 여부에 대해 확신을 갖지 못 하였고, 위 매매계약서 외에 달리 이 사건 계약 체결 사실을 인정할 만한 증거가 없는 상태이다.

〈문제〉

제1심 법원은 주위적 청구에 대하여 어떠한 판단을 하여야 하는가? (15점)

〈목차〉

Ⅰ. 문제의 소재	Ⅲ. 이 사건 계약체결사실의 존부
Ⅱ. 이 사건 매매계약서의 형식적 증거력의 인정 여부	Ⅳ. 결 론

〈논점〉

1. 문서의 형식적 증거력과 실질적 증거력(대법원 2002. 8. 23. 선고 2000다66133 판결)
2. 날인의 진정성립과 작성권한의 증명책임(대법원 2009. 9. 24. 선고 2009다37831 판결)
3. 문서의 성립에 관한 자백(대법원 2001. 4. 24. 선고 2001다5654 판결)

〈답〉

제1심 법원은 주위적 청구를 기각하는 판결을 하여야 한다.

제5편 소송의 종료

11. 소취하, 소취하 합의

〈출처: 2015년도 제2차 변호사시험 모의시험 제1문의 1 문제 1 가문, 나문〉

〈사실관계〉

甲은 2012. 5. 6. 乙이 운전하는 영업용택시를 타고 귀가하던 중 자신이 탄 택시와 丙이 운전하던 승용차가 교차로에서 충돌하는 교통사고를 당하여 안면부 열상과 뇌진탕 등의 상해를 입었다. 수사결과 丙이 교통신호를 위반한 과실이 인정되어 丙에게 벌금 300만 원의 약식명령이 내려지자 甲은 2013. 2. 5. 丙을 상대로 이미 지출된 치료비 3,000만 원 상당의 손해배상을 청구하는 소송('전소'라고 한다)을 제기하였다.

※ 아래 각 지문의 내용은 상호 무관함.

〈문제〉

1. 전소에서 丙은 자신이 교통신호를 위반하지 않았다고 주장하면서 청구기각을 구하는 답변서를 제출하였는데, 얼마 후 甲과 丙은 2013. 2. 25. 소외에서 "1. 丙은 甲에게 치료비 2,000 만 원을 지급한다.
2. 甲은 진행 중인 손해배상청구의 소를 취하하고, 민형사상 일체의 이의를 제기하지 아니한다."는 내용으로 서면 합의하였고, 丙은 그 합의서를 법원에 제출하였다.
   가. 甲과 丙이 변론준비기일에 1회 불출석하고, 법원이 제1회 변론기일소환장을 송달하자 丙은 "2013. 2. 25. 합의로 소송은 종료되었으므로 출석하지 않겠다"는 내용으로 불출석신고서를 법원에 제출하였으며, 甲과 丙은 지정된 제1회 변론기일에 출석하지 않았다. 이 경우 소송종료 여부에 관하여 검토하시오 (15점)
   나. 甲과 丙이 출석한 변론기일에서 丙이 "합의에 따라 甲에게 합의금 2,000만 원을 지급하였으므로 소송이 끝난 것으로 안다"고 주장하자, 甲은 "丙과 합의한 금액에는 위자료가 포함되어 있지 않고, 추가로 지출된 치료비도 있어서 소를 취하할 수 없다"고 주장하였다. 법원은 甲, 丙의 위와 같은 주장에 대하여 어떻게 판단하여야 할 것인가? (15점)

〈가문 답〉

〈목차〉

Ⅰ. 문제의 소재
Ⅱ. 전소의 취하 여부
  1. 甲과 丙 합의의 성질
  2. 소취하 여부
Ⅲ. 전소의 취하간주 여부
Ⅳ. 결 론

〈논점〉

1. 소취하 합의의 효력(대법원 1982. 3. 9. 선고 81다1312 판결)
2. 취하간주의 요건(대법원 2006. 10. 27. 선고 2004다69581 판결)

〈답〉

전소는 소송종료되지 않았다.

〈나문 답〉

〈목차〉

Ⅰ. 문제의 소재
Ⅱ. 丙의 주장에 관한 판단
Ⅲ. 甲의 주장에 관한 판단
Ⅳ. 결 론

〈답〉

법원은 소각하 판결을 선고하여야 하며 판결이유에서 丙의 소송종료주장과 甲의 소취하 합의 취소주장은 이유 없다고 판단하여야 한다.

12. 기판력의 객관적 범위(선결적 법률관계, 차단효, 기판력의 소송상 취급)

〈출처: 2021년도 변호사시험 제1문의 4〉

〈사실관계〉

X토지의 등기부에는 甲 명의 소유권보존등기 다음에 乙 명의 소유권이전등기가 마쳐져 있다. 甲은 乙을 피고로 삼아 乙 명의 등기가 위조서류에 의하여 마쳐진 원인무효라는 이유로 '1) X토지가 甲 소유임을 확인한다. 2) 乙은 甲에게 乙 명의 소유권이전등기의 말소등기절차를 이행하라'는 취지의 소(이하 '전소'라고 함)를 제기하여 승소판결을 받고 그 판결이 확정되었다. 甲 은 위 판결에 기해 乙 명의 소유권이전등기를 말소하였다.

〈문제〉

乙은 甲을 상대로 소유권에 기하여 X토지의 인도를 구하는 후소를 제기하였다. 그 소송에서 乙은, 전소의 변론종결 전에 乙이 甲의 정당한 대리인에게서 X토지를 매수하여 소유권이전 등기를 마친 것으로 X토지는 乙 소유인데, 전소에서는 이를 제대로 증명하지 못하여 패소하였을 뿐이라고 주장하였다. 후소에서 乙의 주장이 인정된다면 乙은 승소할 수 있는가? (15점)

〈목차〉

Ⅰ. 문제의 소재
Ⅱ. 후소가 전소 확정판결의 기판력에 저촉되는지 여부
Ⅲ. 기판력에 저촉되는 후소에 대한 법원의 판단
Ⅳ. 결 론

〈논점〉

1. 기판력이 미치는 범위(대법원 2013. 11. 28. 선고 2013다19083 판결)
2. 선결적 법률관계와 기판력(대법원 2000. 6. 9. 선고 98다18155 판결)

〈답〉

후소에서 乙의 주장이 인정된다 하더라도 乙은 승소할 수 없다.

13. 기판력의 시적범위(변론종결 후 상계권행사, 표준시)

〈출처: 2020년도 제9회 변호사시험 제1문의 3 문제 2, 문제 3〉

〈기초적 사실관계〉

甲은 2008. 4. 1. 乙에게 1억 원을 변제기 2009. 3. 31.로 정하여 대여하였다.

※ 아래 각 문제는 서로 독립적임.

※ 아래 문제에서 공휴일 여부는 고려하지 말 것.

〈문제 2〉

甲은 2012. 4. 1. 乙을 상대로 위 대여금 채권 1억 원의 지급을 청구하는 소를 제기하여 청구 인용 판결을 선고받아 위 판결이 확정되었다. 한편 乙에게는 甲에 대한 1억 원의 손해배상 채권이 있었고, 위 소송의 사실심 변론종결 당시 위 두 채권은 상계적상에 있었으며, 乙도 위 두 채권이 상계적상에 있음을 알고 있었다. 甲이 위 확정판결로 강제집행을 하려고 하자, 乙은 비로소 위 손해배상 채권으로 위 대여금 채권과 상계한다고 주장하면서 위 확정판결의 집행력을 배제하기 위한 청구이의의 소를 제기하였다. 乙의 상계 주장은 적법한 청구이의의 사유에 해당하는가? (15점)

〈문제 3〉

甲은 2012. 4. 1. 乙을 상대로 위 대여금 1억 원의 지급을 청구하는 소(전소)를 제기하였으나, 법원은 대여사실에 대한 증명이 부족하다는 이유로 2012. 6. 30. 변론을 종결하고 2012. 7. 14. 원고 청구기각판결을 선고하였으며, 위 판결은 2012. 8. 20. 확정되었다. 甲은 2012. 12. 1. 乙을 상대로 위 대여금에 대하여 2012. 7. 1.부터 다 갚는 날까지 연 5%의 비율로 계산한 지연손해금의 지급을 청구하는 소(후소)를 제기하였다. 후소에서의 증거조사 결과 위 대여사실이 증명되었다면 후소 법원은 어떠한 판결을 하여야 하는가? (소 각하/청구기각/청구 인용) (20점)

〈문제 2 답〉

〈목차〉

Ⅰ. 문제의 소재
Ⅱ. 乙의 상계권 행사가 적법한 청구이의의 사유 인지 여부
Ⅲ. 결 론

〈논점〉

1. 변론종결 후 해제권 행사와 기판력(대법원 1981. 7. 7. 선고 80다2751 판결)
2. 변론종결 후 상계권 행사와 청구이의의 사유(대법원 1966. 6. 28. 선고 66다780 판결)

〈답〉

乙의 상계주장은 적법한 청구이의의 사유에 해당한다.

〈문제 3 답〉

〈목차〉

Ⅰ. 문제의 소재
Ⅱ. 후소가 전소 확정판결의 기판력에 저촉되는지 여부
Ⅲ. 기판력에 저촉되는 후소에 대한 법원의 판단
Ⅳ. 결 론

〈논점〉

기판력의 시적범위(대법원 1976. 12. 14. 선고 76다1488 판결)

〈답〉

후소 법원은 甲의 청구를 기각하는 판결을 선고하여야 한다.

14. 변론을 종결한 뒤의 승계인(소유권이전등기말소청구의 소)

〈출처: 2019년도 제8회 변호사시험 제1문의 3 문제 3〉

〈기초적 사실관계〉

甲종중의 대표자 乙은 2018. 5.경 일부 종원들이 乙 몰래 甲종중 소유의 X토지를 종원 丙에게 매도하고 관련서류를 위조하여 소유권이전등기를 마쳐 준 사실을 알게 되어 甲종중을 원고로 하여 丙을 상대로 X토지에 관한 소유권이전등기말소청구의 소를 제기하였다.

〈추가적 사실관계〉

제1심에서 甲종중의 청구를 인용하는 판결이 선고되어 확정되었다. 이에 甲종중이 丙의 소유권이전등기를 말소하기 위하여 새로운 등기부등본을 발급받아 보고, 丙이 丁에게 위 소송의 변론종결 전에 소유권이전등기를 마쳐 주었으며, 다시 丁이 戊에게 위 소송의 변론종결 후에 소유권이전등기를 마쳐 준 사실을 비로소 알게 되었다.

〈문제〉

위 판결의 효력이 丁과 戊에게 미치는지 여부와 甲종중이 丁과 戊 명의의 각 소유권이전등기를 말소할 수 있는 방법을 서술하시오. (15점)

〈목차〉

Ⅰ. 문제의 소재
Ⅱ. 판결의 효력이 丁과 戊에게 미치는지 여부
Ⅲ. 甲종중이 丁과 戊명의의 각 소유권이전등기를 말소할 수 있는 방법
Ⅳ. 결 론

〈논점〉

1. 소송물과 변론을 종결한 뒤의 승계인(대법원 1991. 1. 15. 선고 90다9964 판결)
2. 민사소송법 제218조 제2항의 취지(대법원 1977. 7. 26. 선고 77다92 판결 참조)
3. 부동산물권변동과 승계시점의 판단기준(대법원 2005. 11. 10. 선고 2005다34667,34674 판결)
4. 1차 승계가 변론종결 전 있었던 경우 기판력 승계(대법원 1967. 2. 23.자 67마55 결정)
5. 처분금지가처분의 효력(대법원 1988. 9. 13. 선고 86다카191 판결)
6. 판결서의 증명력(대법원 1990. 12. 11. 선고 90다카7545 판결)

〈답〉

1. 이 사건 판결의 효력은 丁과 戊에게 미치지 않는다.
2. 甲종중은 丁과 戊명의의 소유권이전등기가 이루어지기 전 X토지에 처분금지가처분을 하

거나 새로이 丁과 戊명의의 각 소유권이전등기말소청구의 소를 제기하여야 한다.

제6편 상소심절차

15. 항 소

〈출처: 2018년도 제3차 변호사시험 모의시험 제1문의 4 문제 1〉

〈사실관계〉

甲은 乙에게 1억 원을 대여하였다고 주장하면서, 乙을 상대로 위 1억 원의 반환을 구하는 소송을 제기하였다. 이에 대하여 乙은 甲으로부터 위 1억 원을 차용한 사실이 없고, 설령 차용하였다고 하더라도 甲에 대한 1억 원 손해배상채권으로 甲의 위 대여금 채권과 상계한다고 주장하였다.

※ 아래 설문 1.과 설문 2.는 상호 무관함.

〈문제 1〉

제1심 법원은 甲이 청구한 대여금 채권의 발생을 인정하면서도 乙이 한 상계항변을 전부 받아들여 甲의 청구를 기각하였다. 이와 관련하여 다음 각 경우 항소심 법원은 어떠한 판결을 선고하여야 할 것인가? (아래 설문 가.와 설문 나.는 상호 무관함) (설문 가와 나를 합하여 20점)

가. 제1심 판결에 대해 甲이 항소하고, 乙은 항소심 변론종결 시까지 부대항소를 제기하지 아니하였는데, 항소심 법원이 심리한 결과 甲의 대여금 채권이 인정되지 않는다고 판단한 경우

나. 제1심 판결에 대해 乙이 항소하고, 甲은 항소심 변론종결 시까지 부대항소를 제기하지 아니하였는데, 항소심 법원이 심리한 결과 甲의 대여금 채권은 인정되고, 乙의 손해배상채권은 인정되지 않는다고 판단한 경우

〈문제 2〉

제1심 법원은 甲의 대여금 채권이 인정되지 않는다는 이유로 청구기각 판결을 선고하였다.

이에 대하여 甲이 항소를 제기하고 乙은 부대항소를 제기하지 않았는데, 항소심 법원은 甲이 주장하는 대여금 채권의 발생은 인정되지만 乙의 상계항변도 이유 있다고 판단하였다. 항소심 법원은 어떤 판결을 선고하여야 할 것인가? (10점)

〈문제 1 답〉

〈목차〉

Ⅰ. 문제의 소재	Ⅳ. 설문 가의 경우 항소심법원의 판단
Ⅱ. 항소의 이익	Ⅴ. 설문 나의 경우 항소심 법원의 판단
Ⅲ. 불이익변경금지의 원칙	Ⅵ. 결 론

〈논점〉

1. 불이익변경금지원칙(대법원 2005. 8. 19. 선고 2004다8197, 8203 판결)
2. 불이익변경금지원칙과 그 판단기준(대법원 2013. 7. 11. 선고 2011다18864 판결)
3. 상계항변을 인정한 제1심 판결에 대해 원고만이 항소한 경우(대법원 2010. 12. 23. 선고

2010다 67258 판결)

4. 상계항변을 인정한 제1심 판결에 대해 피고만이 항소한 경우(대법원 1995. 9. 29. 선고 94다 18911 판결)

〈답〉

항소심법원은 설문 가, 설문 나 모두 항소기각판결을 선고하여야 한다.

〈문제 2 답〉

〈목차〉

Ⅰ. 문제의 소재
Ⅱ. 제1심 판결이 정당한지 여부
Ⅲ. 결 론

〈답〉

항소심 법원은 제1심 판결을 취소하고 상계항변이 이유 있음을 근거로 청구기각판결을 선고하여야 한다.

제8편 병합소송

16. 단순병합의 심판

〈출처: 2016년도 제3차 변호사시험 모의시험 제1문의 2 문제 3〉

〈공통된 사실관계〉

甲과 乙은 "乙이 甲에게 백미(쌀) 50가마를 대금 1,000만 원에 매도하되, 乙은 대금 전액을 지급받음과 상환으로 甲에게 백미 50가마를 인도한다"는 내용의 매매계약(이하 '이 사건 계약' 이라고 한다)을 체결하였고, 丙은 이 사건 계약에 기하여 乙이 甲에게 부담하는 채무를 연대보증하였다. 그 후 甲은 乙과 丙을 상대로 백미 50가마의 인도를 구하는 소를 제기하였다(청구취지는 "乙과 丙은 연대하여 甲에게 백미 50가마를 인도하라"이다). 이 소송에서 이 사건 계약체결사실 및 위 연대보증사실은 모두 주장 · 증명되었다. (위 소제기와 관련하여 청구의 목적물은 적법하게 특정되었다고 본다.)

〈변경된 사실관계〉

위 소제기 당시 甲은 乙의 甲에 대한 백미인도의무가 판결확정 후에 집행불능이 되는 경우에 대비하여 乙과 丙에 대한 위 백미인도청구에 '백미에 대한 강제집행이 불능인 때에는 乙과 丙은 연대하여 甲에게 백미 1가마당 20만 원의 비율로 환산한 금원을 지급하라'는 청구를 병합하여 소를 제기하였다.

〈문제〉

법원이 甲의 乙과 丙에 대한 백미인도청구를 인용하는 경우, 甲의 乙과 丙에 대한 금원지급 청구에 대하여 본안판결을 하여야 하는가? (25점)

〈목차〉

〈논점〉

1. 본래적 급부청구에 대상청구를 예비적으로 병합한 경우의 심판(대법원 2011. 8. 18. 선고 2011다30666 판결)

〈답〉

법원은 乙, 丙에 대한 금원지급청구에 대하여 본안판결을 하여야 한다.

17. 통상공동소송(주장공통의 원칙)

〈출처: 2020년도 제3차 변호사시험 모의시험 제1문의 1〉

〈문제〉

甲은 2020. 4. 5. 丁, 丙을 상대로, "甲은 2010. 1. 5. 乙에게 1억 원을 변제기 2010. 3. 4., 이자 월 0.5%(월 50만 원, 매월 4일 지급)로 정하여 대여하였고, 丙은 乙의 위 채무를 연대보증하였다. 乙은 2016. 9. 30. 사망하였고, 그 유일한 상속자로는 아들 丁이 있다. 따라서 丁, 丙은 연대하여 위 채무를 변제할 의무가 있다."고 주장하면서, '丁, 丙은 연대하여 甲에게 1억 원 및 이에 대하여 2010. 1. 5.부터 갚는 날까지 월 0.5%의 비율로 계산한 돈을 지급하라.'는 소를 제기하였다. 丁에 대하여는 2020. 4. 20. 소장 부본이 적법하게 교부송달되었으나, 丙에 대하여는 이사불명으로 송달불능이 되었고, 법원은 2020. 5. 15. 공시송달명령을 하였다. 丙은 변론기일에 출석하지 않고, 甲, 丁만 출석하였는데, 丁은 "甲이 2010. 1. 5. 乙에게 1억 원을 변제기 2010. 3. 4., 이자 월 0.5%, 매월 4일 지급 조건으로 대여한 사실, 乙이 2016. 9. 30. 사망하여 丁이 乙을 단독상속한 사실은 다툼이 없으나, 위 대여금과 이자, 지연손해금은 민사채무로서 그 소멸시효기간은 10년이므로, 각 그 변제기로부터 10년이 도과하여 시효소멸하였다."고 항변하였다. 甲은 이에 대하여 "위 대여금과 이자, 지연손해금의 소멸시효기간이 10년인 사실은 다툼이 없으나, 甲은 2016. 9. 25. 乙을 채무자로 하고 위 대여금, 이자, 지연손해금을 피보전채권으로 하여 乙 소유의 X부동산에 관하여 부동산가압류신청을 하였고, 2016. 10. 4. 법원이 가압류결정을 하였으며, 2016. 10. 7. X부동산에 관하여 가압류기입등기가 마쳐졌으므로, 위 대여금과 이자, 지연손해금 채무의 시효는 중단되었다."고 재항변하였다. 법원은 심리 결과, 甲이 주장하는 대여일, 변제기, 이율은 인정되나 다만 대여금의 액수는 1 억 원이 아니라 8,000만 원만 인정되고, 한편 위 가압류 관련 甲의 주장사실은 모두 진실하다는 확신을 갖게 되었다. 법원은 어떠한 판결을 하여야 하며(소각하/청구기각/청구인용/청구일부 인용, 단 일부인용시 피고별로 인용범위를 정확하게 기재), 그 근거는 무엇인가? (40점)

〈목차〉

〈논점〉

1. 통상의 공동소송과 주장공통의 원칙(대법원 1994. 5. 10. 선고 93다47196 판결)
2. 지연손해금의 소멸시효기간(대법원 2010. 9. 9. 선고 2010다28031 판결)
3. 채무불이행으로 인한 손해배상청구권의 소멸시효 기산일(대법원 1995. 6. 30. 선고 94다54269 판결)
4. 소멸시효기간과 변론주의(대법원 2017. 3. 22. 선고 2016다258124 판결)
5. 사망한 사람을 피신청인으로 한 가압류신청의 효력(대법원 2006. 8. 24. 선고 2004다26287, 26294 판결)
6. 신청 당시 생존한 사람을 피신청인으로 한 가압류신청의 효력(대법원 1976. 2. 24. 선고 75다1240 판결)
7. 가압류의 시효중단효력 발생시기(대법원 2017. 4. 7. 선고 2016다35451 판결)

〈답〉

법원은 "1. 丁은 甲에게 1억 원 및 이에 대한 2010. 3. 5.부터 완제일까지 월 0.5%의 비율에 의한 금원을 지급하고 丙은 丁과 연대하여 위 금원 중 8,000만 원 및 이에 대하여 2010. 3. 5.부터 완제일까지 월 0.5%의 비율에 의한 금원을 지급하라. 2. 甲의 나머지 청구를 각 기각한다."라는 판결을 하여야 한다.

18. 보조참가(보조참가인의 행위의 효력, 참가적 효력) 〈출처: 2021년도 제10회 변호사시험 제1문의 2〉

〈기초적 사실관계〉

甲은 2018. 4. 1. 乙에게 금 1억 원을 대여하였고, 丙은 乙을 위하여 이를 연대보증하였다. 甲은 2019. 2. 1. 丙을 상대로 대여금 채무의 연대보증채무의 이행을 구하는 소(이하 '전소'라고 함)를 제기하였고, 丙은 전소의 제1회 변론기일에서 '대여금 채무의 주채무가 2018. 10. 1. 乙의 변제로 소멸하였다'고 주장하였다. 전소의 1심 진행 도중 乙이 주채무를 변제하였음을 주장하며 보조참가를 하였다(보조참가는 적법한 것을 전제로 할 것. 아래 각 설문은 독립적 사안임).

〈추가적 사실관계 1〉

丙은 1심에서 패소하였고, 위 판결정본은 2019. 6. 11. 乙에게, 2019. 6. 15. 甲과 丙에게 각

송달되었다. 이에 대하여 乙만이 2019. 6. 28. 항소하였고 丙은 2019. 7. 14. 乙의 항소를 취하하였다.

〈문제 1〉
乙의 항소와 丙의 항소 취하는 각각 유효한가? (10점)

〈추가적 사실관계 2〉
丙은 제2회 변론기일에서 제1회 변론기일에 출석하여 진술한 '주채무가 乙의 변제로 소멸하였다'는 주장을 철회하고, 주채무는 아직 변제되지 않았다는 사실, 丙이 乙의 주채무에 대하여 연대보증계약을 체결한 사실을 인정하였다. 이로 인하여 甲의 승소판결이 선고되었고 그 판결이 확정되자 丙은 판결에 따른 연대보증채무를 변제하였다. 이후 丙은 乙을 상대로 위 연대보증채무의 이행에 따른 구상금 청구의 소(이하 '후소'라고 함)를 제기하였고 이에 대해 乙은 전소 제기 전에 이미 주채무를 자신이 변제하였으므로 丙의 청구는 기각되어야 한다고 주장하였다.

〈문제 2〉
후소 법원은 乙의 주채무 변제사실을 인정할 수 있는가? (10점)

〈문제 1 답〉

〈목차〉

Ⅰ. 문제의 소재
Ⅱ. 乙 항소의 유효 여부
Ⅲ. 丙의 항소 취하의 유효 여부
Ⅳ. 결 론

〈답〉
乙의 항소와 丙의 항소 취하는 각각 유효하다.

〈문제 2 답〉

〈목차〉

Ⅰ. 문제의 소재
Ⅱ. 乙에 대한 참가적 효력 인정 여부
Ⅲ. 주채무 변제사실 인정에 전소판결의 기판력이 미치는지 여부
Ⅳ. 결 론

〈논점〉
1. 보조참가인이 제기한 항소에 대한 참가인의 취하 가능 여부(대법원 2010. 10. 14. 선고 2010다 38168 판결)
2. 참가적 효력(대법원 1997. 9. 5. 선고 95다42133 판결)
3. 참가적 효력의 주관적 범위와 배제사유(대법원 1974. 6. 4. 선고 73다1030 판결)

〈답〉
후소 법원은 사실인정 여부에 따라 乙의 주채무 변제사실을 인정할 수 있다.

19. 독립당사자참가(참가요건, 항소심 심판)

〈출처: 2021년도 제10회 변호사시험 제1문의 3〉

〈기초적 사실관계〉

X토지의 매수인인 甲은 2017. 7. 4. 매도인인 乙을 상대로 매매를 원인으로 한 소유권이전 등기청구를 하였다. 이에 丙은 2017. 9. 10. 乙을 상대로 X토지의 취득시효 완성을 원인으로 한 소유권이전등기청구를 하여 권리주장참가로서 독립당사자참가신청을 하였다. 이후 1심 법원은 甲의 乙에 대한 청구를 인용하고 丙의 참가신청을 각하하였다.

〈문제 1〉

丙의 참가신청을 각하한 1심 법원의 판단은 타당한가? (5점)

〈추가적 사실관계〉

1심 법원의 판단에 대하여 丙만 항소하였다. 항소법원은 丙의 항소를 기각하면서, 1심 판결 중 甲이 승소한 본소 청구 부분을 취소하고, 甲의 乙에 대한 청구를 기각하였다.

〈문제 2〉

이러한 항소법원의 판단은 타당한가? (15점)

〈문제 1 답〉

〈답〉

丙의 참가신청을 각하한 1심 법원의 판단은 타당하다.

〈문제 2 답〉

〈목차〉

Ⅰ. 문제의 소재	Ⅲ. 이 사건 항소심 심판의 범위
Ⅱ. 丙 항소의 효력	Ⅳ. 결 론

〈논점〉

1. 권리주장참가가 허용되는 경우(대법원 2017. 4. 26. 선고 2014다221777, 221784 판결)
2. 독립당사자참가의 항소심 심판범위(대법원 2007. 12. 14. 선고 2007다37776 판결)

〈답〉

항소법원의 판단은 타당하지 않다.

20. 인수승계, 기판력, 변론을 종결한 뒤의 승계인

〈출처: 2017년도 제3차 변호사시험 모의시험 제1문의 2〉

〈기초적 사실관계〉

甲은 乙에게 1억 원을 대여한 후 그 반환을 구하는 소를 제기하였다.

※ 각 문제는 서로 별개임.

〈문제 1〉
위 소송 도중 甲은 丙이 위 1억 원의 반환채무를 면책적으로 인수하였다고 주장하면서 丙을 승계인으로 하는 교환적 인수승계신청을 하였다. 심리 결과 丙이 위 1억 원의 반환채무를 인수한 사실이 없는 것으로 밝혀졌다. 이 소송에서 법원은 甲과 丙 사이에 어떠한 재판을 하여야 하는가? (乙에 대한 재판은 논외로 할 것) (15점)

〈문제 2〉
위 소송 결과 甲의 승소판결이 확정되었다. 그 후 丙은 乙로부터 위 1억 원의 반환채무를 면책적으로 인수하였다. 그 후 甲은 丙을 상대로 위 1억 원의 지급을 구하는 소를 제기하였다. 법원은 어떠한 재판을 하여야 하는가? (15점)

〈문제 1 답〉

〈목차〉

Ⅰ. 문제의 소재	Ⅲ. 丙에 대한 청구에 관한 판단
Ⅱ. 인수승계신청의 인용 여부	Ⅳ. 결 론

〈논점〉
소송인수신청의 판단기초(대법원 2005. 10. 27. 선고 2003다66691 판결)

〈답〉
법원은, 1. 丙에 대한 인수승계신청에 대하여는 이를 인용하는 결정을, 2. 丙에 대한 청구에 대하여는 이를 기각하는 판결을, 각 선고하여야 한다.

〈문제 2 답〉

〈목차〉

Ⅰ. 문제의 소재	Ⅲ. 甲의 丙에 대한 소에 관한 판단
Ⅱ. 甲의 乙에 대한 소의 확정판결의 기판력이 丙에게 미치는지 여부	Ⅳ. 결 론

〈논점〉
변론을 종결한 뒤의 승계인에 대한 소의 이익(대법원 2016. 9. 28. 선고 2016다13482 판결)

〈답〉
법원은 甲의 丙에 대한 소에 대하여 소각하 판결을 선고하여야 한다.

판례색인

대 법 원

[판 결]

[결 정]

하 급 심

헌법재판소

사항색인

[ㅅ]

[ㅊ]

저자 약력

■ 이 태 영

고려대학교 법과대학 법학과 졸업
제33회 사법시험 합격
고려대학교 대학원 법학석사
변호사
현 강원대학교 법학전문대학원 교수 민사소송법 전공
변호사시험 출제위원
email: pylee@kangwon.ac.kr

››› 주요저서 및 논문

민사조정의 효력과 재심사유의 적용(2008. 12. 저스티스)
민사법이론과 실무교수법(2008. 12. 민사법학)
판결서의 증명력(2012. 민사소송)
시기에 늦은 소송상 상계의 문제점에 관한 고찰(2013. 9. 고려법학)
소송계속 중 당사자의 사망과 판결의 효력(2014. 3. 사법)
소유권이전등기청구권에 대한 처분금지가처분의 효력(2018. 6. 강원법학)
민사소송법강의 초판(2016. 6. 법문사)
민사소송법사례연습(2021. 6. 퍼플)

민사소송법강의 [제3판]

2016년 6월 20일 초판 발행
2019년 6월 15일 제2판 발행
2022년 6월 25일 제3판 1쇄 발행

저 자 이 태 영
발행인 배 효 선
발행처 도서출판 法 文 社
주 소 10881 경기도 파주시 회동길 37-29
등 록 1957년 12월 12일/제2-76호(윤)
전 화 (031)955-6500~6 FAX (031)955-6525
E-mail (영업)bms@bobmunsa.co.kr
(편집)edit66@bobmunsa.co.kr
홈페이지 http://www.bobmunsa.co.kr
조 판 법 문 사 전 산 실

정가 47,000원 ISBN 978-89-18-91314-8